약전으로 읽는 문학사

1

근대문학100년 연구총서 02

약전으로 읽는 문학사 1 — **해방 전**

초판 인쇄 2008년 11월 10일 **초판 발행** 2008년 11월 20일

지은이 근대문학100년 연구총서 편찬위원회 **펴낸이** 박성모 **펴낸곳** 소명출판 **출판등록** 제13-522호

주소 서울시 서초구 서초동 1621-18 란빌딩 1층

전화 02-585-7840 **팩스** 02-585-7848 **전자우편** somyong@korea.com

값 33,000원

ISBN 978-89-5626-336-6 93810
ISBN 978-89-5626-334-2 (전7권)

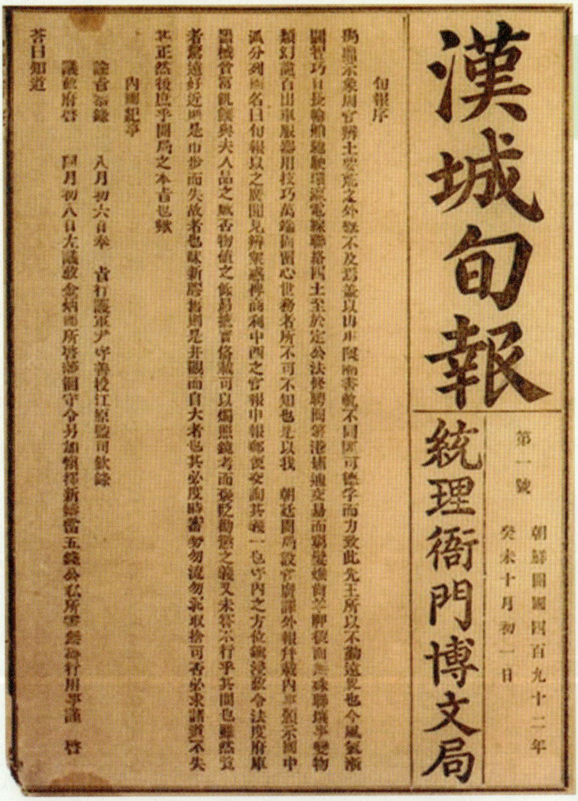

漢城旬報

統理衙門博文局

第一號

朝鮮開國四百九十二年

癸未十月初一日

旬報序

고종 20년(1883)에 창간된 우리 나라 최초의 근대 신문 『한성순보』. 순간(旬刊 : 열흘 간격으로 발행하는 발행물) 신문

1906년 6월 17일 창간한 『만세보』

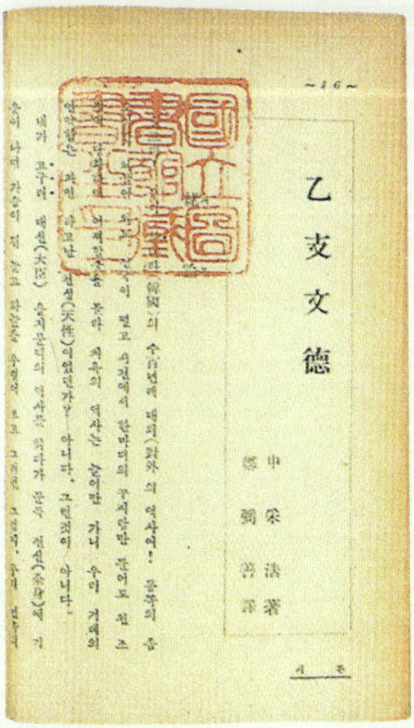

(위) 1920년대 북경 망명시절의 단재 신채호

(아래) 신채호의 소설 『을지문덕』(1908)

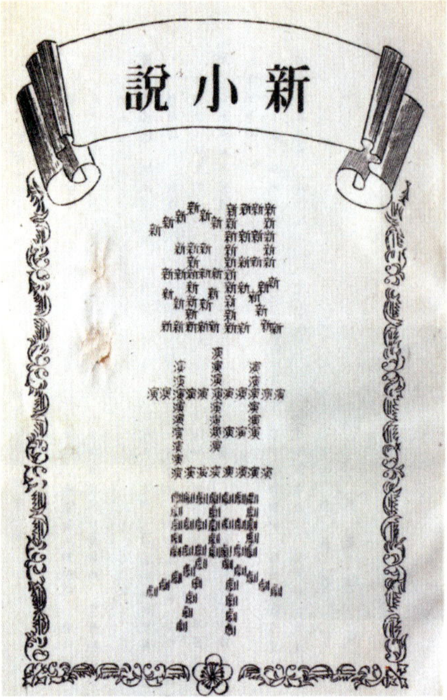

(왼쪽) 한국 최초의 신연극 소설인 이인직의 「은세계」(1908). 그해 11월 원각사에서 상연
(오른쪽) 이인직의 『치악산』 상편(1908)

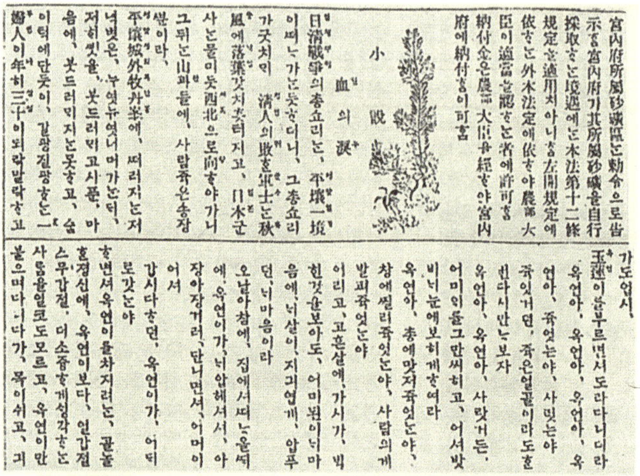
宮內府所屬砂礦區ᄂᆞᆫ勅令으로告示ᄒᆞᆫ宮內府가其所屬砂礦을自行採取ᄒᆞᄂᆞᆫ境遇에ᄂᆞᆫ本法第十二條規定을適用치아니ᄒᆞ고左開規定에依ᄒᆞᄂᆞᆫ外本法定에依ᄒᆞ야農商大臣이適當홈을認ᄒᆞᄂᆞᆫ者에許可ᄒᆞᆷ納付金은農商大臣을經ᄒᆞ야宮內府에納付홈이可홈

小說 血의淚

日淸戰爭의총소리ᄂᆞᆫ, 平壤一境이떠ᄂᆞ가ᄂᆞᆫ듯ᄒᆞ더니, 그총소리가긋치며 淸人의敗ᄒᆞᆫ軍士ᄂᆞᆫ秋風에落葉갓치흣터지고, 日本군사ᄂᆞᆫ물미듯西北으로向ᄒᆞ야가니 그뒤ᄂᆞᆫ山과들에, 사람죽은송장뿐이라,

平壤城外牧丹峯에, 떠러지ᄂᆞᆫ저녁볏은, 누엿누엿너머가ᄂᆞᆫ데, 저희빗을, 붓드러ᄆᆡ고시푼, 마음에, 붓드러ᄆᆡ지ᄂᆞᆫ못ᄒᆞ고, 숨이턱에단듯이, 갈팡질팡ᄒᆞᄂᆞᆫ一婦人이年이三十이되락말락ᄒᆞ고 가도업시, 玉蓮이를부르면서도라다니더라

옥연아, 옥연아, 옥연아, 옥연아, 죽엇ᄂᆞᆫ야, 사럿ᄂᆞᆫ야 죽엇거던, 죽은얼골이라도ᄒᆞᆫ번다시만ᄂᆞ보자

옥연아, 옥연아, 사랏거든, 어미의을그만씨히고, 어서밧비ᄂᆡ눈에보히게ᄒᆞ여라

옥연아, 총에맛저죽엇ᄂᆞᆫ야, 창에찔리죽엇ᄂᆞᆫ야, 사람의게밟피죽엇ᄂᆞᆫ야

어리고, 고흔살에, 가시가, 박힌것을보아도, 어미된이ᄂᆡ마음에, ᄂᆡ살이, 지긔엽게, 압푸던, ᄂᆡ마음이라

오날아참에, 집에서떠ᄂᆞᆯ때에, 옥연이가, ᄂᆡ압헤서서, 아장아장거러, 단니면서, 어머이어서

갑시다ᄒᆞ던, 옥연이가, 어ᄃᆡ로갓ᄂᆞᆫ야

ᄒᆞ면서옥연이를차지려ᄂᆞᆫ, 골놀혼정신에, 옥연이보다, 연갑절스무갑절, 더소중ᄒᆞᆫ게ᄉᆡᆼ각ᄒᆞᄂᆞᆫ사ᄅᆞᆷ을일코도모르고, 옥연이만불으며다니다가, 목이쉬고, 긔

(왼쪽) 『만세보』 1906년 7월 22일자에 실린 이인직의 「혈의누」 연재 1회분
(오른쪽) 1907년 광포서관에서 발행한 『혈의루』

이해조의 『빈상설』(1907) 표지

이해조의 『구마검』(1908)

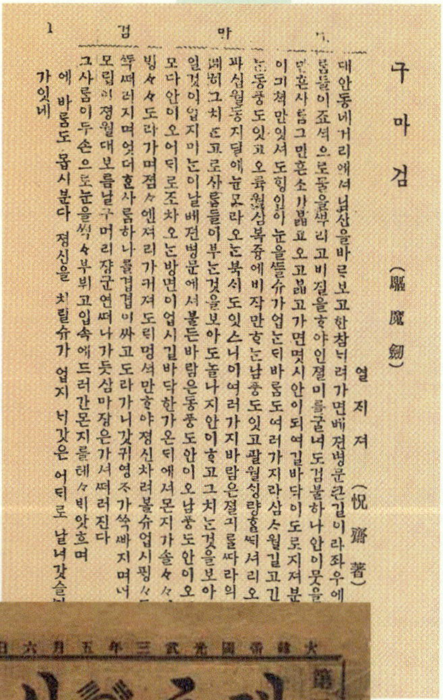

구마검 (驅魔劍)

열지져 (悅齋 著)

대안동네거리에서 남산을바로보고한참니려가면배전병문큰길이라좌우에
룸들이죠셕으로동을쓰리고비질을ᄒᆞ야인졀미를굴녀도검불하나안이뭇을
만흔사ᄅᆞᆷ그만흔소가ᄇᆞᆲ고오고ᄇᆞᆲ고가면몃시안이되여길바닥이도로지져분
이기척만잇셔도힝인이눈을ᄯᅳᆯ슈가업ᄂᆞᆫᄃᆡ바룸도여러가지라삼ᄉᆞ월길고긴
ᄂᆞᆫ동풍도잇고오륙월삼복즁에비작만ᄒᆞᄂᆞᆫ남풍도잇고팔월싱량ᄒᆞᆯᄯᅢ서리오
ᄶᅡ섭월동지달에눈모라오ᄂᆞᆫ북시도잇ᄉᆞ니이여러가지바람은절긔를ᄯᅡ라의
ᄯᅢ뒤그치ᄂᆞᆫ고로사름들이부ᄂᆞᆫ것을보아도놀나지안이ᄒᆞ고그치ᄂᆞᆫ것을보아
일것이업지마ᄂᆞᆫ이날배전병문에서불든바람은동풍도안이오남풍도안이오
모다안이오어듸로조차오ᄂᆞᆫ방면이업시길바닥한가온ᄃᆡ에서몬지가솔々々
빙々々도라가며점々엔져리가커져도리멍셕만ᄒᆞ야정신차려볼슈업시핑々
ᄯᅳᆨ써러지며엇더ᄒᆞᆫ사름하나를겹겹이싸고도라가니갓귀영ᄌᆞ가쑥빠지며너
모립이정월대보름날구머리장군연떠나가듯삼마장은가서떠러진다
그사름이두손으로눈을씩々부뷔고입속에드러간몬지를테々비앗흐며
에 바롬도 몹시분다 정신을 치릴슈가 업지 너갓은 어ᄃᆡ로 날녀갓슬
가잇네

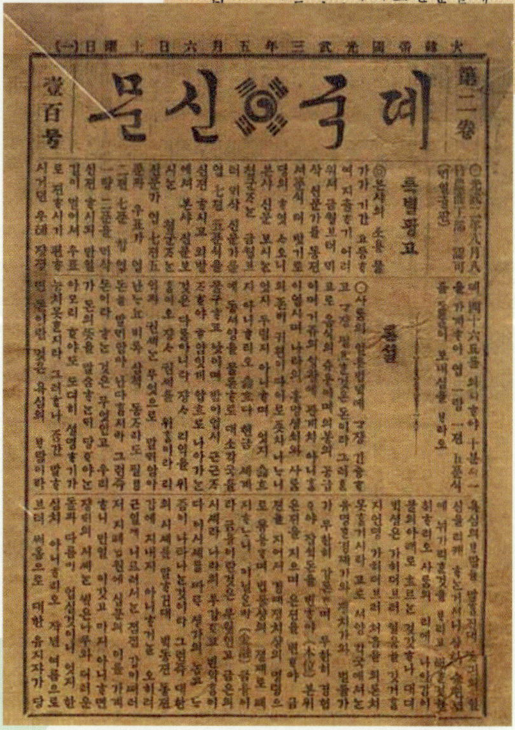

大韓帝國光武三年五月六日土曜日 (一)

第二卷

뎨국신문

壹百號

특별광고

론셜

이해조의 소설들이 연재되었던 『제국신문』

19세의 최남선이 1908년 발행한 『소년』

육당 최남선의 초상

최남선이 1922년 9월 창간한 『동명』

최남선의 육필 원고

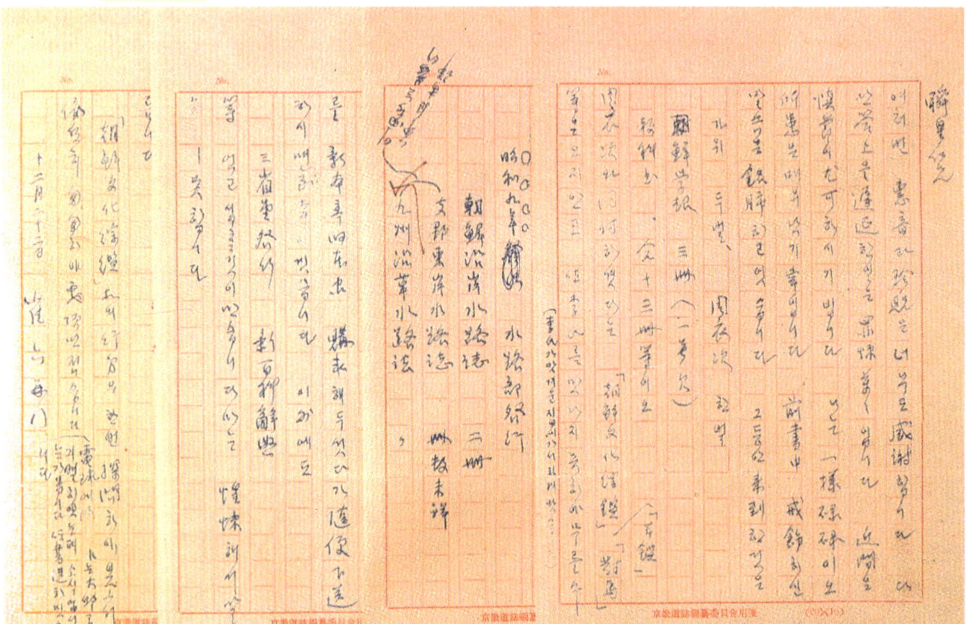

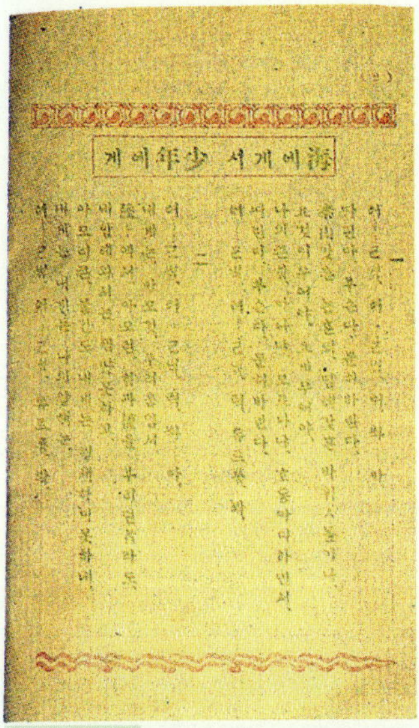

『소년』지에 실린 「해에게서 소년에게」

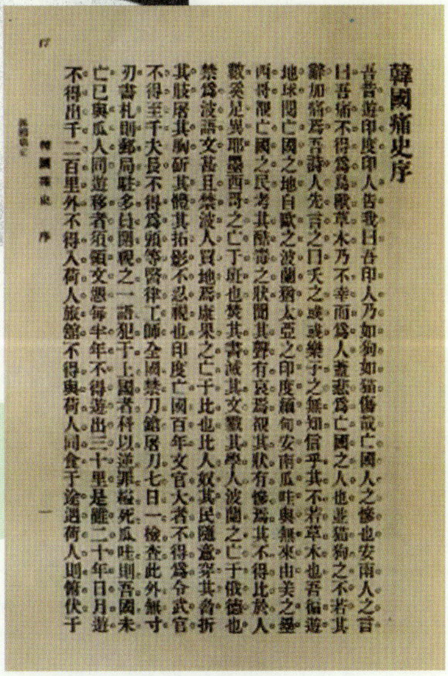

韓國痛史序

吾昔遊印度印人告我曰吾印人乃如狗如貓備說亡國人之慘也安南人之言
曰吾儕不得爲鳥獸草木乃不幸而爲人盡悲爲亡國之人也並貓狗之不若其
辭加痛焉吾詩人先言之曰夭之沃沃樂子之無知信乎其不若草木也吾徧遊
地球閱亡國之地自歐之波蘭猶太亞之印度緬甸安南瓜哇與無來由美之墨
西哥觀亡國之民考其酷毒之狀聞其聲有哀焉視其狀有慘焉其不得比於人
數矣足異耶墨西哥之亡于班也焚其書滅其文戮其學人波蘭之亡于俄德也
禁爲波語文甚且禁波人買地爲庸果之亡于比也比人奴其民隨意穿其脅折
其肢屠其胸斫其體其拓影不忍視也印度亡國百年文官大者不得爲令武官
不得至千夫長不得爲頭等醫律工師全國禁刀鎗屠刀七日一檢査此外無寸
刃書札郵局駐多日閱視之一語犯于上國者科以逆罪輒死瓜哇則吾國未
亡已與瓜人同遊移者須領文憑每半年不得遊出三十里是雖二十年日月遊
不得出千二百里外不得入荷人旅館不得與荷人同食于途遇荷人則俯伏于

17 韓國痛史 序 一

(위) 한말의 학자이자 독립운동가 박은식,
(오른쪽) 1915년 박은식이 지은 『한국통사』의 서문

1905년 이후에 발간된 학회지들

『대한민보』에 연재된 『만인산』(1909)
을 묶어 낸 단행본

1898년 9월 5일 창간된 일간신문 『황성신문』

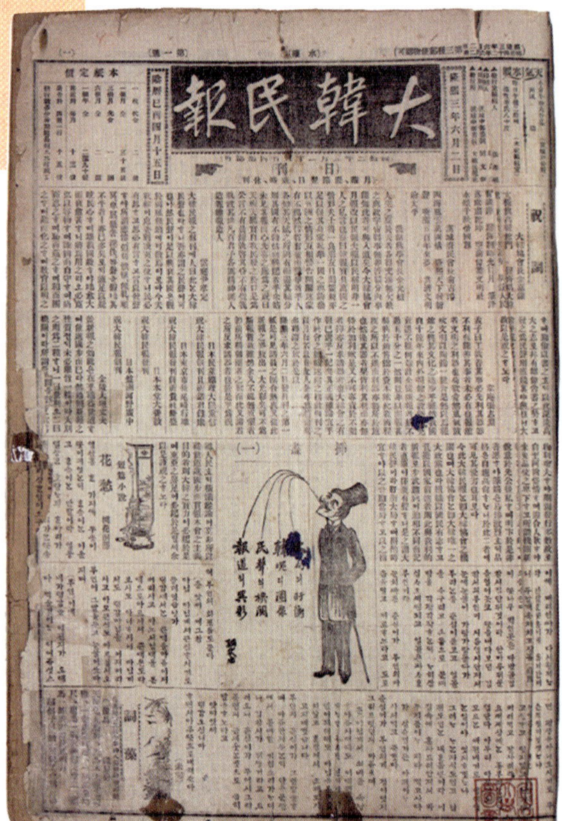

여러 편의 신소설이 연재된 『대한민보』(1909).

봉선사 광동학교 영어선생 시절 서재에서 집필하는
춘원 이광수(1941)

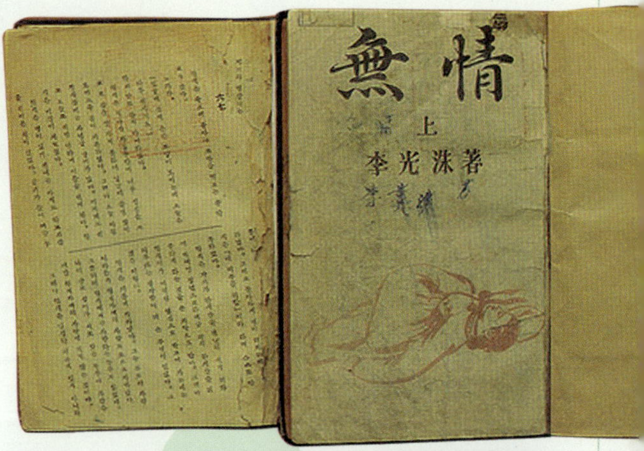

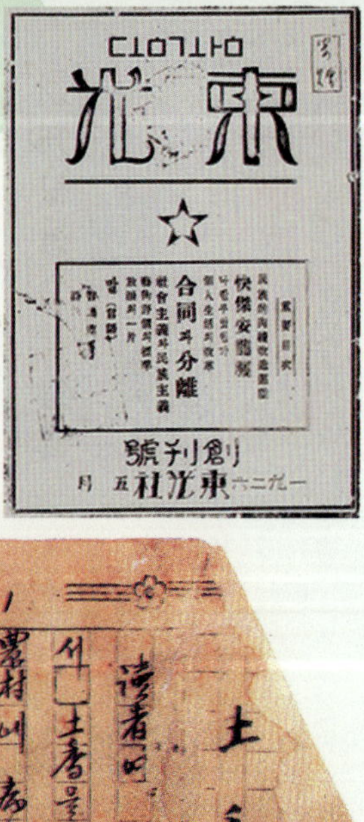

(위) 이광수의 소설 『무정』(1918)
(오른쪽) 주요한이 발행한 월간 종합지 『동광』(1926)의
제작에 주요섭, 김억 등과 함께 참여

이광수의 육필 원고

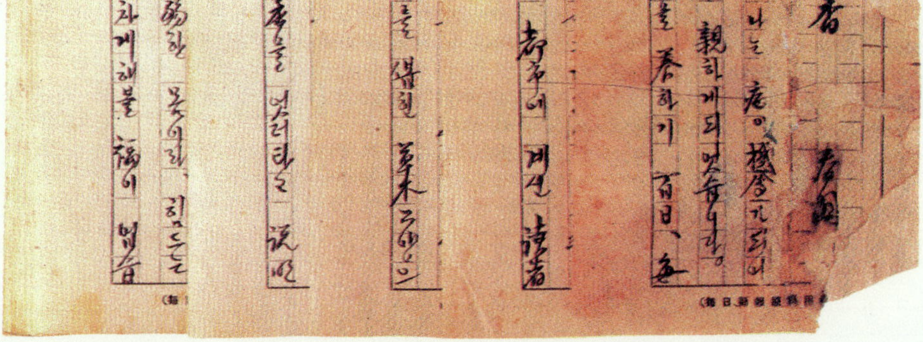

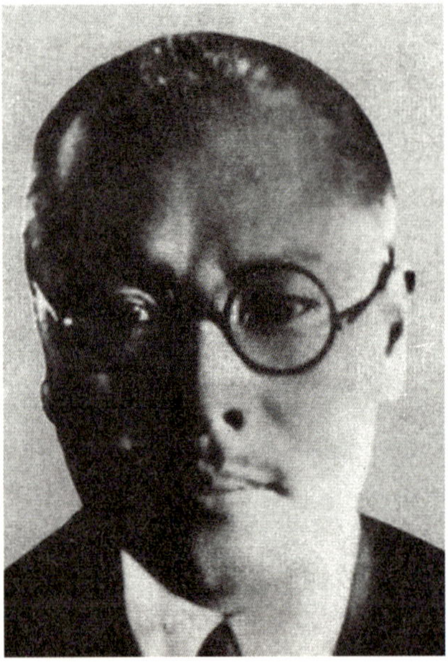

(위,왼쪽) 최남선 · 이광수와 함께 '조선문단의 혁명아'로 불린 현상윤
(위,오른쪽) 근대 최초의 여성작가이자 화가인 나혜석
(아래,왼쪽) 신파소설 『장한몽』(1913)
(아래,오른쪽) 시인 김억

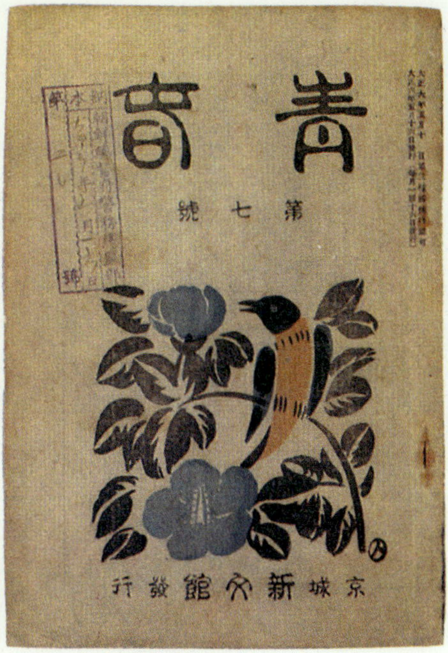

1914년 창간된 월간 종합지 『청춘』. 오른쪽 표지에 조선총독부의 납본인이 찍혀 있다.

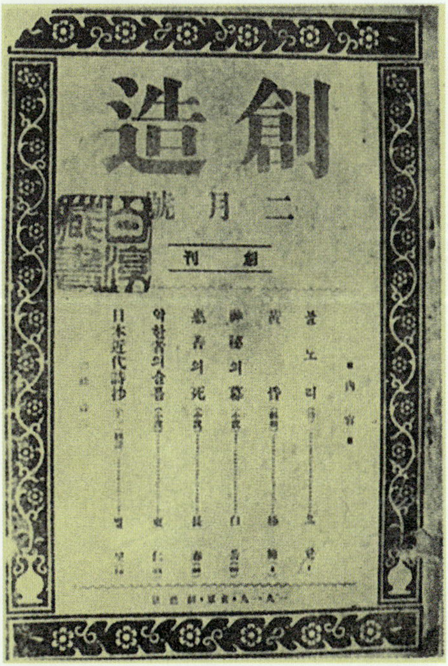

(왼쪽) 재일본동경조선유학생학우회의 기관지 『학지광』 창간호(1914)
(오른쪽) 『창조』 창간호(1919)

아동을 위한 정기간행물들. 왼쪽부터 『붉은 저고리』(1913), 『아이들보이』(1914), 『새별』(1914)

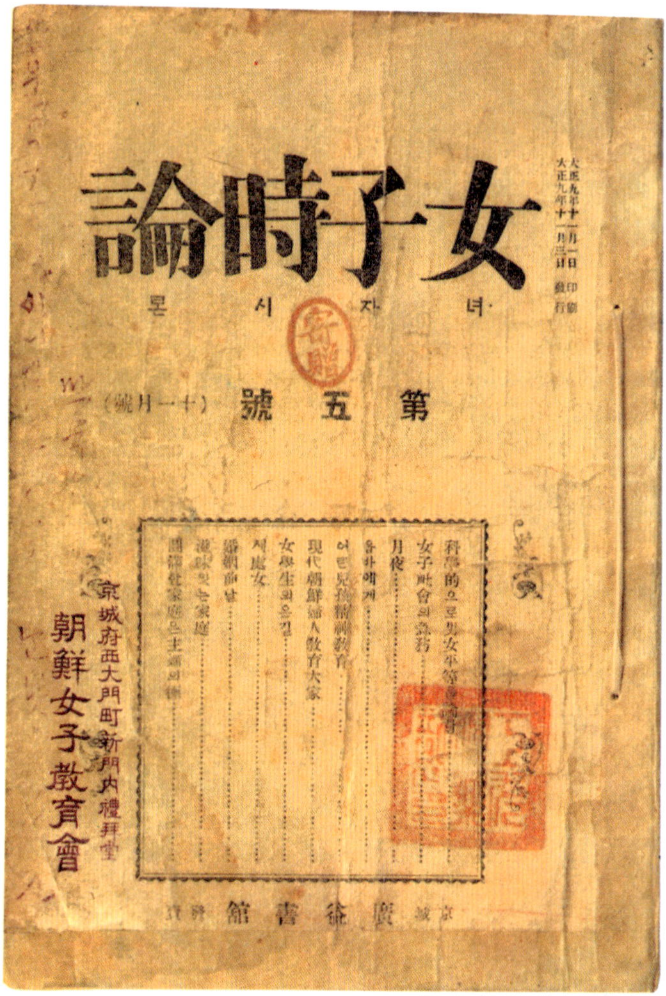

『여자시론』 제5호(1920). 조선여자의 교육 보급을 목적으로 결성된 조선여자교육회의 기관잡지

「만세전」의 작가 염상섭과 그가 쓴
장편소설 『삼대』

소설가 현진건 초상과 그의 단편소설집
『타락자』(1922)

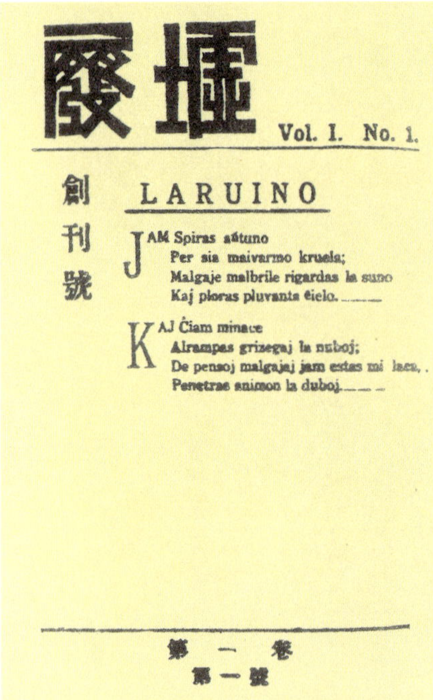

에스페란토어로 꾸며진 『폐허』
창간호(1920) 표지

「탈출기」의 작가 최서해

「물레방아」의 작가 나도향 초상과 그의 장편소설 『환희』(1923). 이 작품이 발표되면서 나도향은 천재작가로 불리게 되었다.

(왼쪽) 신명서림에서 김재희가 펴낸 『박명』(1923)

(아래 왼쪽) 우리 나라 신문학의 개척기를 연 주요한의 대표시집 『아름다운 새벽』(1924)

(아래 오른쪽) 김억이 인도의 시성 타고르의 시를 번역한 『신월』(1924)

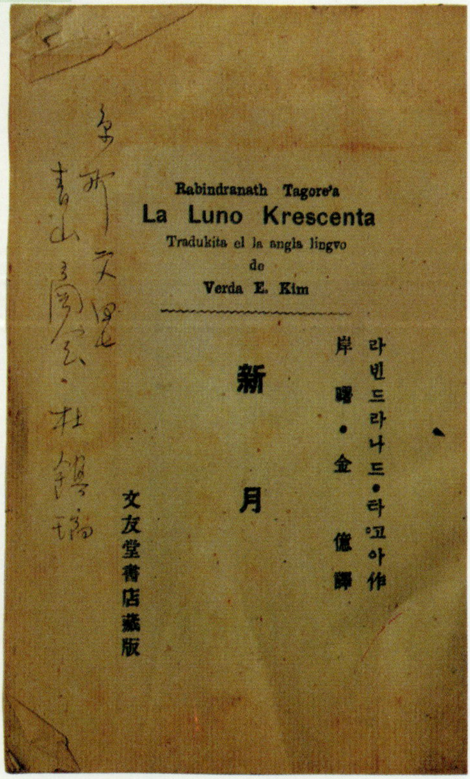

박문서관에서 발행한 『흥부전』(1924)

(위) 박문서관에서 간행한 『옥루몽』(옥연자 저, 1926)
(아래) 『삼천리』 창간호(1929)

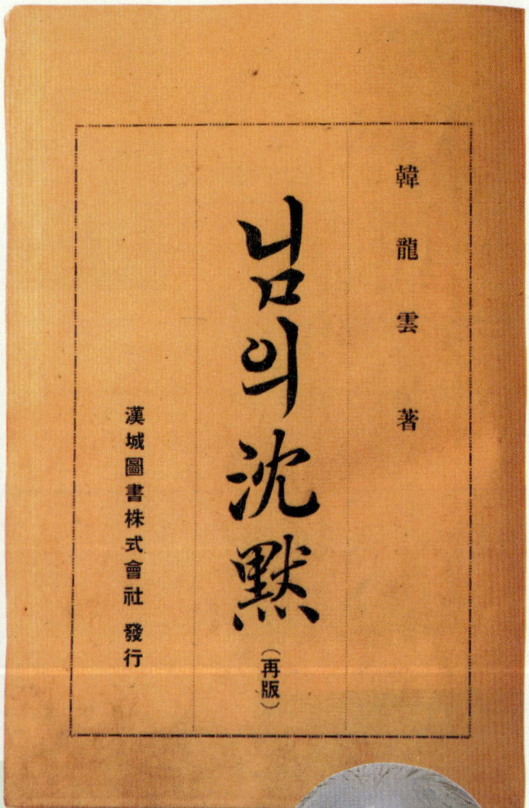

만해 한용운과 그의 시집 『님의 침묵』(1934, 재판)

만해 한용운 흉상(황성빈 작, 1992)

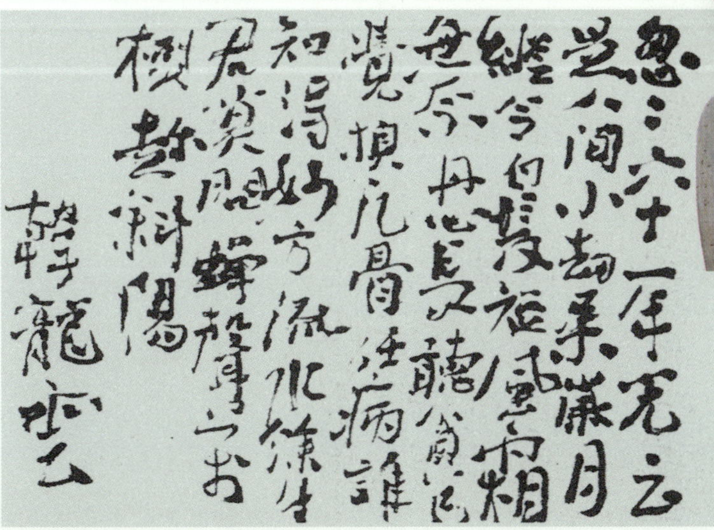

한용운의 친필

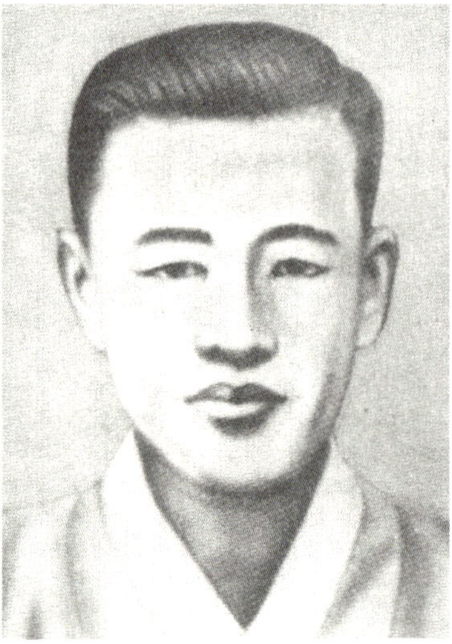

「진달래꽃」의 시인 김소월. 오른쪽 사진은 그의 젊은 모습

김소월 시집 『진달래꽃』(1925)

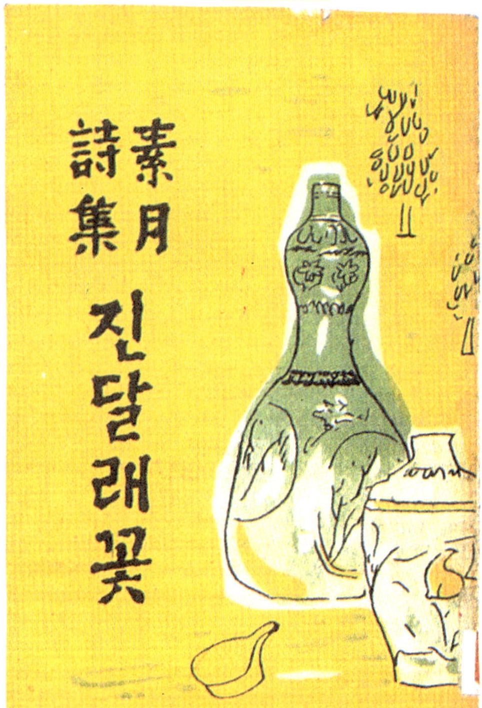

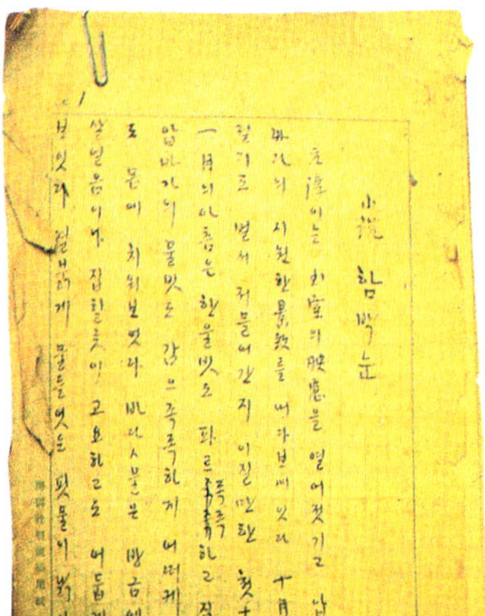

김소월의 육필 원고

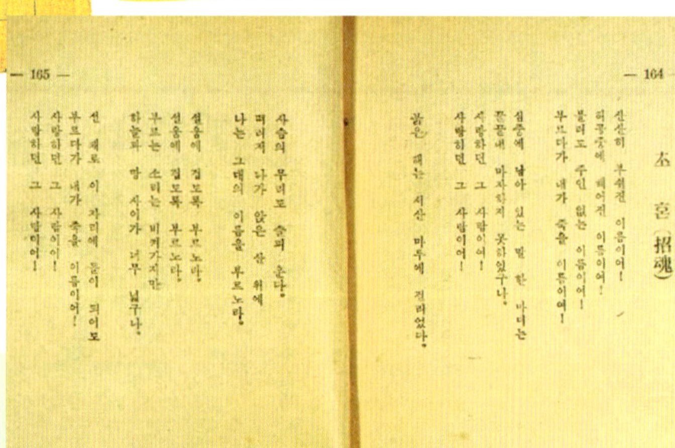

— 164 —

초 혼(招魂)

산산히 부서진 이름이어!
허공중에 헤어진 이름이어!
불러도 주인 없는 이름이어!
부르다가 내가 죽을 이름이어!

심중에 남아 있는 말 한 마디는
끝끝내 마자하지 못하였구나.
사랑하던 그 사람이어!
사랑하던 그 사람이어!

붉은 해는 서산 마루에 걸리었다.

— 165 —

사슴의 무리도 슬피 운다.
떨어져 나가 앉은 산 위에서
나는 그대의 이름을 부르노라.

설움에 겹도록 부르노라.
설움에 겹도록 부르노라.
부르는 소리는 비껴가지만
하늘과 땅 사이가 너무 넓구나.

선 채로 이 자리에 돌이 되어도
부르다가 내가 죽을 이름이어!
사랑하던 그 사람이어!
사랑하던 그 사람이어!

『진달래꽃』에 수록된 김소월의 시 「초혼」

1920년 서울에서의 시인 이상화

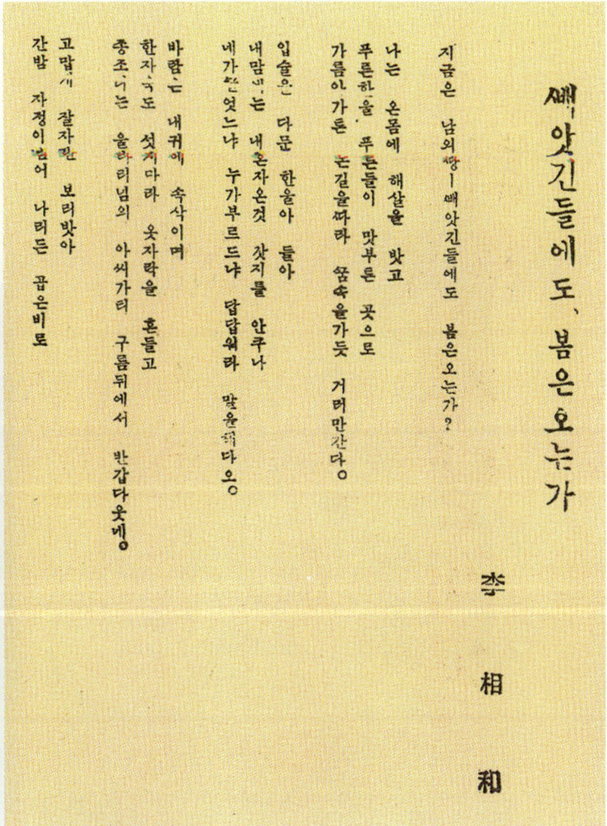

빼앗긴들에도, 봄은오는가

李相和

지금은 남의짱― 빼앗긴들에도 봄은오는가?

나는 온몸에 해살을 밧고
푸른한울 푸른들이 맛부튼 곳으로
가름아가튼 논길을따라 꿈속을가듯 거러만간다。

입술을 다문 한울아 들아
내맘에는 내혼자온것 갓지를 안쿠나
네가끌엇느냐 누가부르드냐 답답워라 말을해다오。

바람은 내귀에 속삭이며
한자욱도 섯지마라 옷자락을 흔들고
종조리는 울타리넘의 아씨가티 구름뒤에서 반갑다웃네。

고맙게 잘자란 보리밧아
간밤 자정이넘어 나리든 곱은비로

『개벽』에 실린 이상화의 대표작 「빼앗긴 들에도 봄은 오는가」

초기 프로문학의 이론가
김팔봉과 박영희

초기 프로문학 작품이 발표된 『개벽』

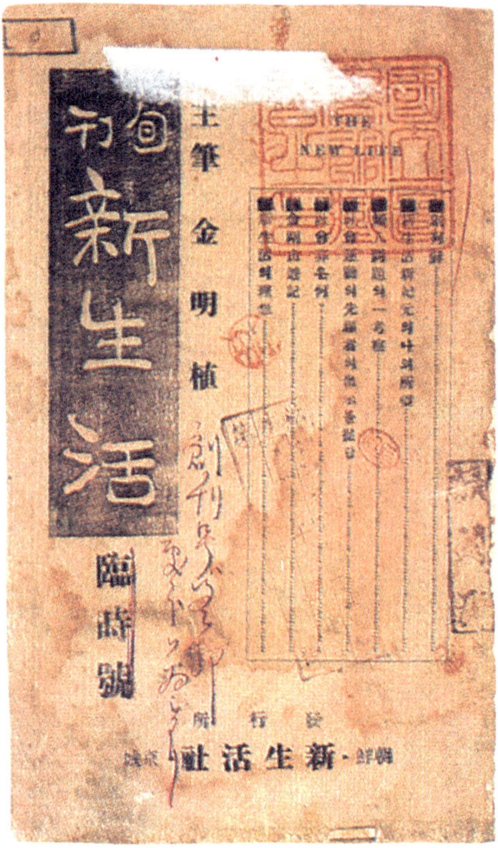

서울에서 창간된 사회주의 계열 잡지 『신생활』

이광수가 주재해 발간한 순문예지
『조선문단』 창간호(1924)

프로문학의 대표작가 민촌 이기영

식민지 시기 한국 농촌소설의 대표작인 이기영
장편소설 『고향』(1934)

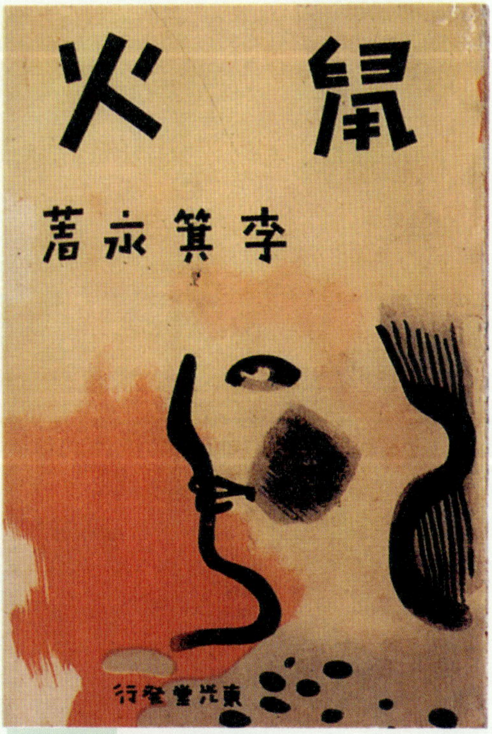

이기영 중편소설 「서화」(1933)

「과도기」의 작가 한설야

한설야의 꽁트 「한길」이 실린 『문예공론』(1929.6)

1930년 9월 함께 자리한 카프 맹원들

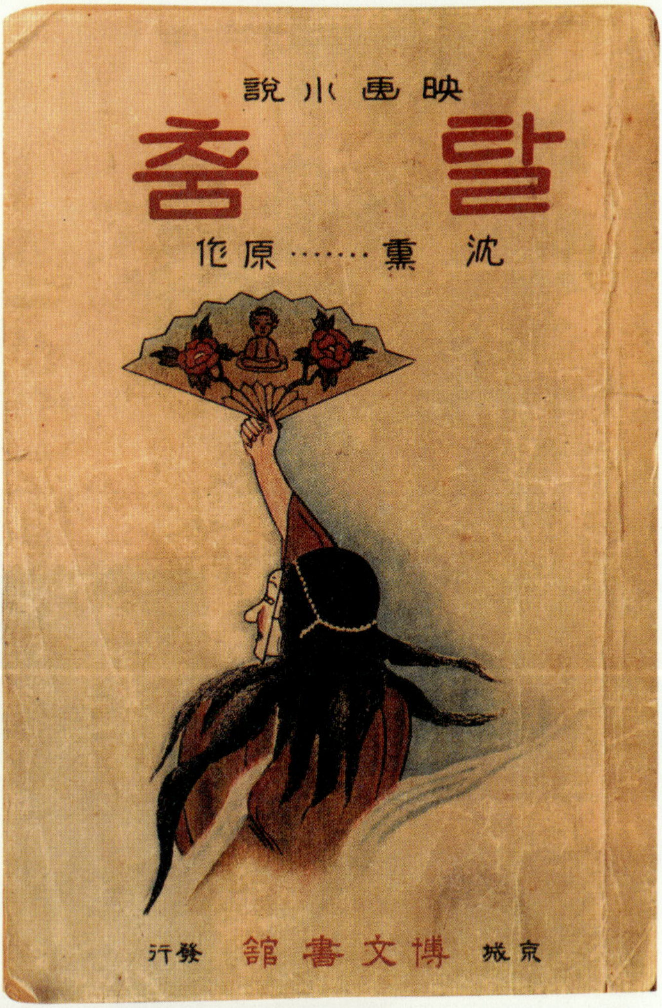

심훈의 『탈춤』(1930). 이 작품을 계기로 영화계에 투신하게 된다.

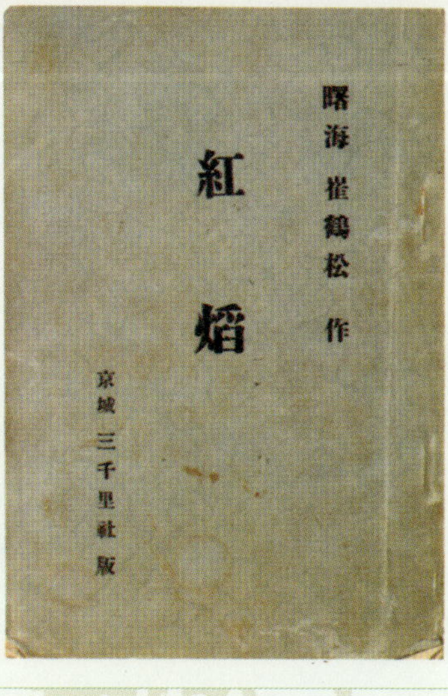

(왼쪽) 이경손의 『백의인』(1929)
(오른쪽) 최학송의 『홍도』(1931)는 프로문학의 성격을 잘 나타낸 대표적인 작품

『신여성』 제6권 제4호(1932)

『비판』 제3권 4호(1933)

양주동의 『조선의 맥박』(1932). '조선'은 님 또는 민족, '맥박'은 저자이다. 표지의 재료가 직물이다.

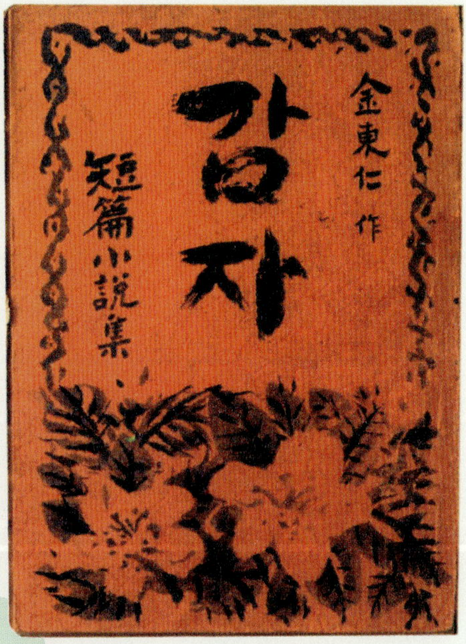

김동인의 작품들.

(왼쪽 위) 김동인의 자전적 중편소설 『여인』(1932)

(오른쪽 위) 초기 우리 나라 자연주의 소설의 대표적인 단편선 『감자』(1935)

(왼쪽 아래) 김동인의 단편 3편이 실려있는 『깨여진 물동이』(1936)

(왼쪽 위) 모윤숙의 처녀시집 『빛나는 지역』(1933)

(오른쪽 위) 『신가정』 제1권 제7호(1933). 1936년 일장기 말소사건에 연루되어 폐간되었다.

(왼쪽 아래) 이광수, 주요한, 김동환의 글을 함께 실은 『시가집』(1934)

(오른쪽 아래) 박귀송의 『애통시집』(1934)

(왼쪽 위) 우정을 주제로 쓴 단편 6편이 실린 이무영의 『취향』(1937)
(오른쪽 위) 염상섭이 평론활동을 하면서 보낸 4~5년의 공백 후 쓴 최초의 장편 『이심』(1928)
(왼쪽 아래) 이서해가 2년간 만주를 여행하여 쓴 『이국녀』(1937). 잘 알려지지 않은 희귀본
(오른쪽 아래) 장만영의 처녀시집 『양』(1937). 최재서 등에게 격찬을 받았다고 함

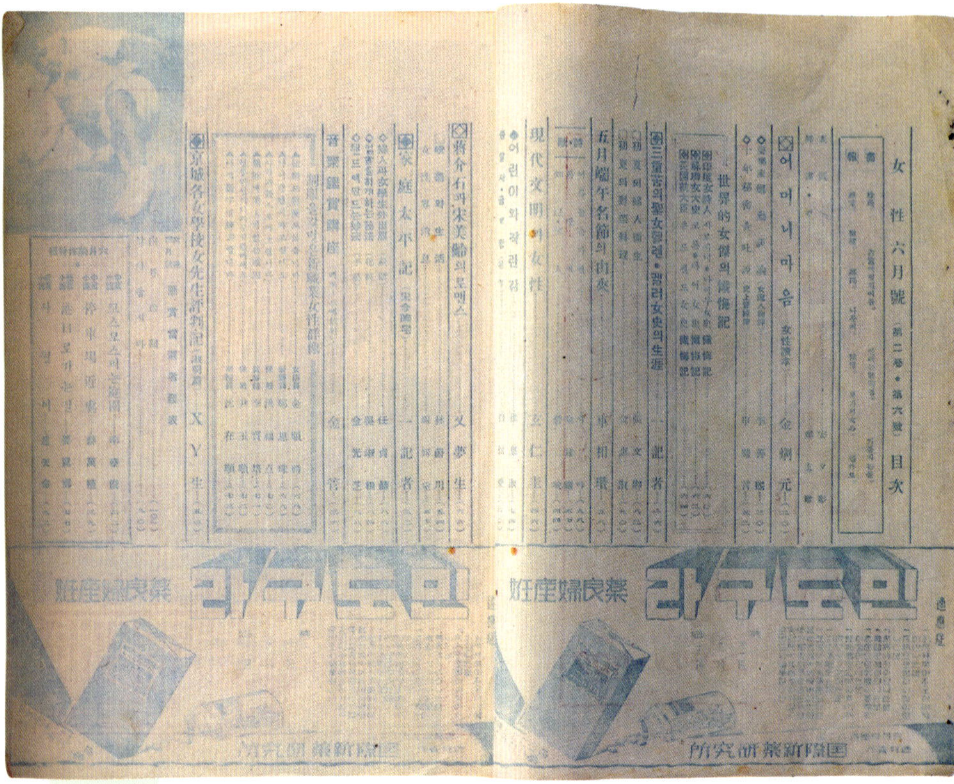

『여성』 제2권 제6호(1937)

(왼쪽) 강경애 외저, 『현대조선여류문학선집』(1937)
(오른쪽) 『여류단편걸작집』(1939). 장덕조, 이선희, 박화성, 백신애 등의 작품이 수록되어 있다.

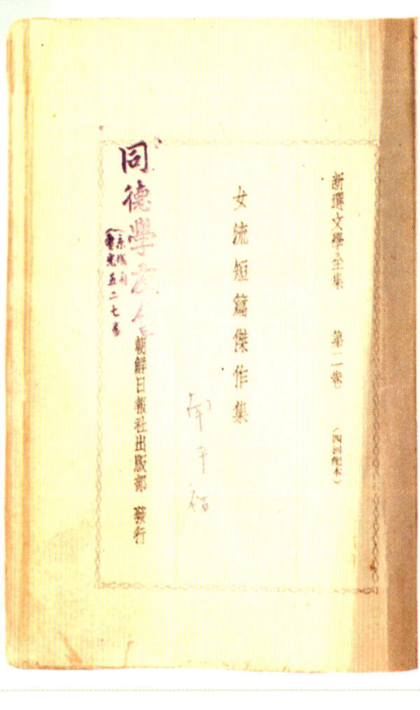

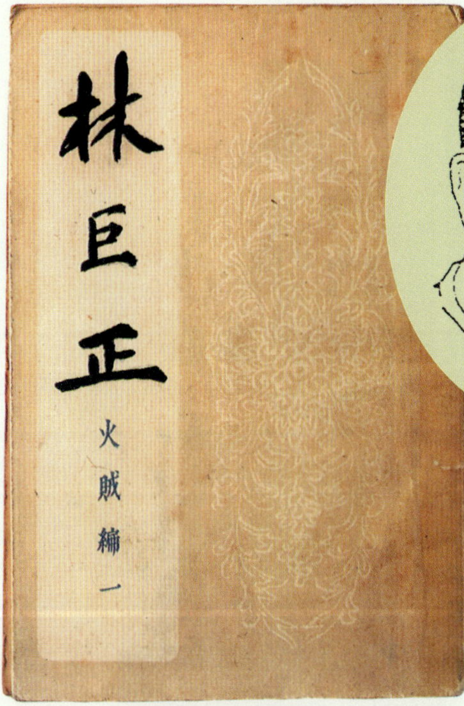

소설가 벽초 홍명희와 그의 작품 『임꺽정』(1948)

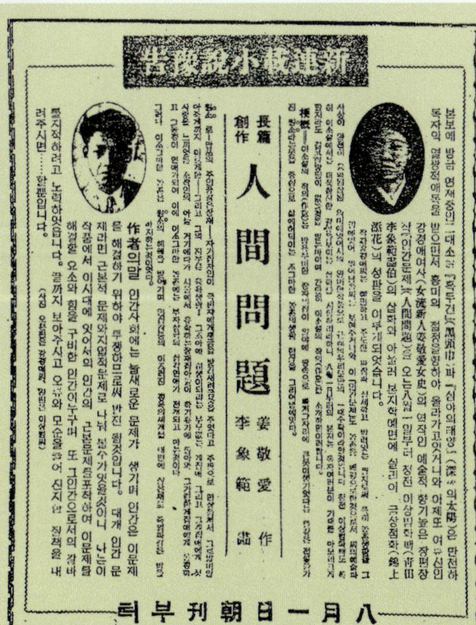

新連載小說豫告

長篇創作 人間問題

姜敬愛 作
李象範 畵

作者의말 인간사회에는 늘새로운 문제가 생기며 인간은 이문제를 해결하기 위하야 투쟁하므로써 발전될것입니다。 대개 인간문제라면 근본적 문제와지엽적문제로 나눌수가잇을것이니 나는이 작품에서 이시대에 잇어서의 인간의 근본문제를포착하여 이문제를 해결할 요소와 힘을 구비한 인간이누구며 또 그인간으로서의 갈바를 지적하려고 노력하엿습니다。끝까지 보아주시고 오류와 모순을 들어 진지한 질책을 내려주시면……행복입니다。

八月一日朝刊부터

작가 강경애와 육필원고. 오른쪽은 『동아일보』 1934년 7월 27일자에 실린 강경애의 장편소설 『인간 문제』 연재 예고기사

소설가이자 시인 · 영화인으로 활동한 심훈

심훈의 대표작 『상록수』(1936), 아래는 그보다
2년 전에 발표한 장편소설 『영원의 미소』(1935)

일제하 노동현실을 다룬 작품을 여러 편
발표했던 이북명

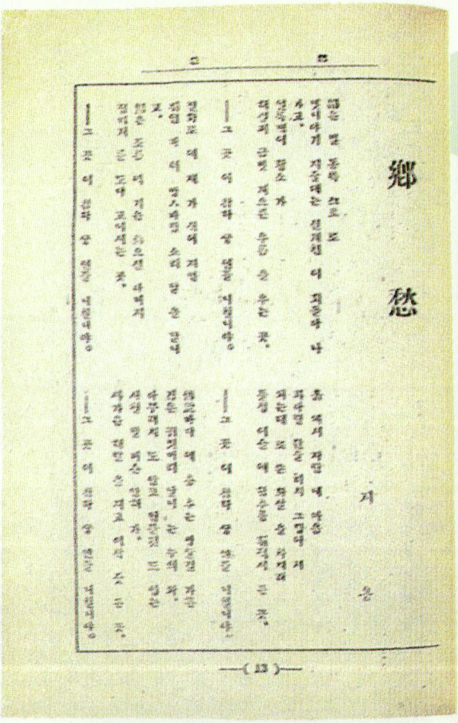

鄕愁

지용

1930년대 초 휘문고보 재직 때의 정지용과 『조선지광』에 실린 그의 시 「향수」

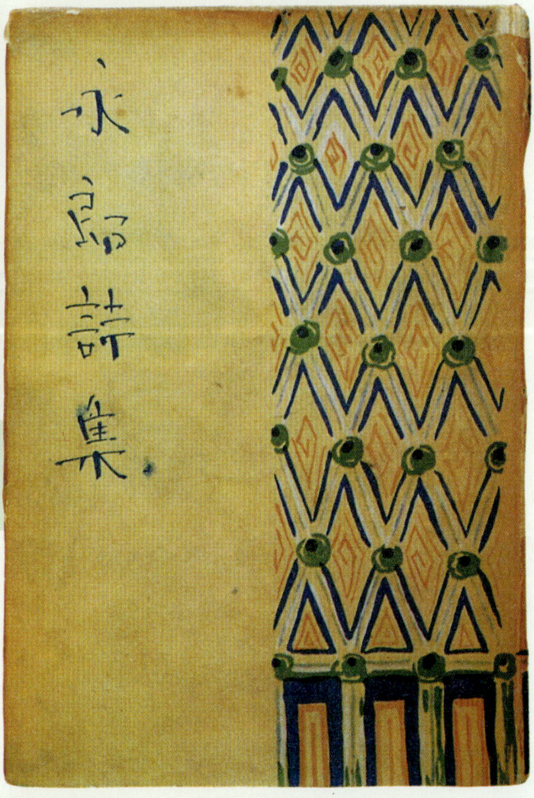

시인 김영랑과 그의 첫 시집이자 한국 현대시의 전환기를 마련한 『영랑시집』(1935)

카프에서 활약한 시인 박세영 과 박팔양

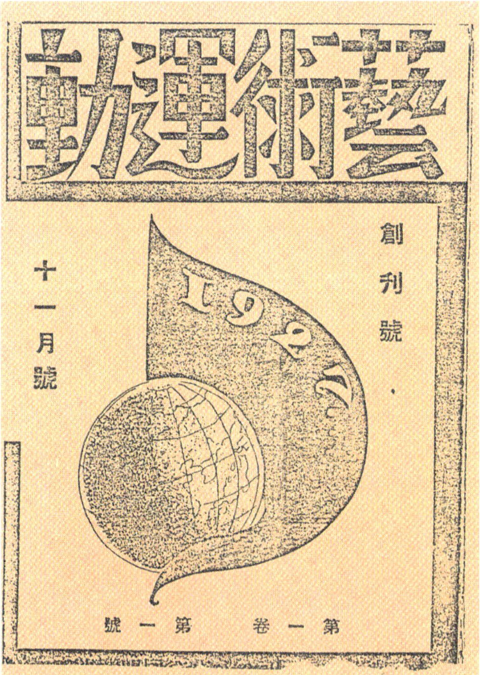

카프의 기관지 『예술운동』 창간호(1927)

프로문학 작품의 발표 무대가 된 『조선지광』(1927)

문학지 『조선문예』(1929)

어린이잡지 『별나라』(1926)

시문학파의 기관지 『시문학』(1930)

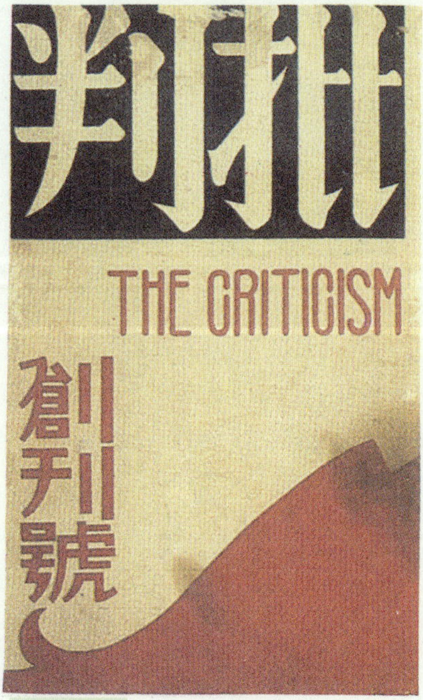

월간지 『비판』 창간호(1931)

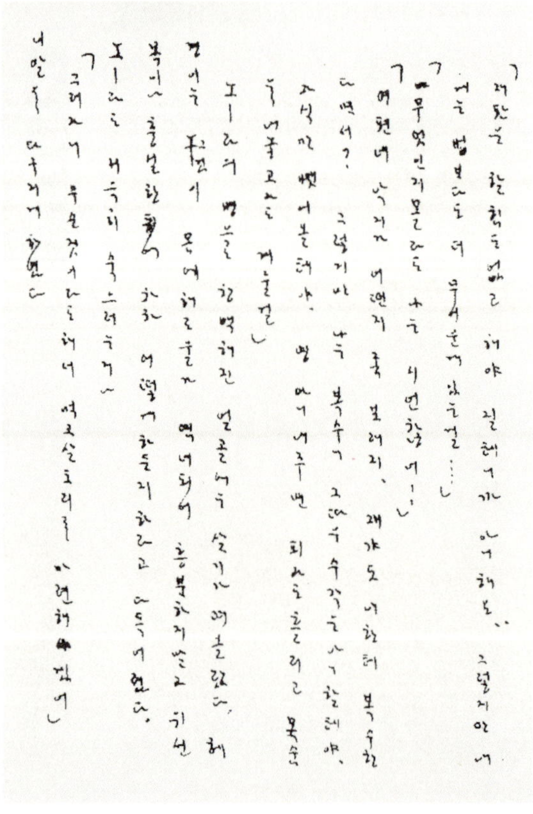

(위) 『탁류』 『태평천하』의 작가 채만식.
(왼쪽) 채만식의 장편소설 『탁류』(1939)
(오른쪽) 채만식 육필 원고

작가 박태원과 그의 소설 『천변풍경』(1937)

『東洋』에 關한 斷章

金起林

★……原始民族과 밋 그 文化에 대한 研究는 十九世紀以來 갑자기 盛해젔다。그리하야 地上에 남아있는 뭇 原始民族은 實로 수없는 人類學者、考古學者、民族心理學者、人種學者들의 間斷없는 訪問으로해서 煩거로울 지경이였다。그래서 이 方面에 關한 著述은 날로 盛해갔다。우리는 그中에서도 有名한 『뜨레이저』『말리노스키』『라차루쓰』『그롯세』『왼트』等의 이름을 얼른 들수가 있다。그러면 끝에 그들 原始民族과 그 文化는 드더어 이른바 進步한 西洋人 一部의 讚嘆의 的이 되기까지 하야 이런 종류의 感傷家가 到處에서 생기게되였다。『고ー갱』이 『타이티』섬으로 永住의 땅을 찾어간 것은 流行小說같은 이야기가 되였지만 印象派에 지처버린 畵面에 原始時代를 再現하하며 고한 野獸派는 드더어 이러한 感傷을 한개의 藝術運動으로 昇華시켰던 것이다。『로ー렌쓰』는 原始生活을 『모란』에 까지 갈어올려서 畢竟에는 春畵가 神聖한것이 되어버린 느낌이 있었다。原始에의 歸依는 한편 小兒憧憬思想으로 나타났었다。『루쏘ー』는 때때로 聖書처럼 引用되기도 하였다。

★……생각컨대 이러한 一聯의 原始崇拜 小兒憧憬이 發生하는 心理的根據의 反面에는 늘 人工的인 너무나 人工的인 物質文明과 그狡智에 대한 强한 抗議가 숨어있였는가한다。그무슨 病症에서 오는 呻吟의 一種이였던가한다。오늘 自由主義나 個人主義를 誹謗하는것은 벌써 한낫 常識이 되어버렸지만 끊임없는 利潤追求의 自

문학친목단체인 '구인회'에서 함께 활동한 이상과 김기림.
왼쪽은 김기림의 「'동양'에 관한 단장」(1941)

1943년 낙향하기 직전 성북동 집에서 찍은 이태준의 가족사진

한국 문학사상 최초로 토착적 유머를 형상화시켰고, 30세에 요절한 김유정. 오른쪽은 그의 단편 21편이 수록된 『동백꽃』(1938)

유치환 초기 대표작인 「깃발」 「그리움」 「일월」 등 53편이 수록되어 있는 『청마시초』(1939)

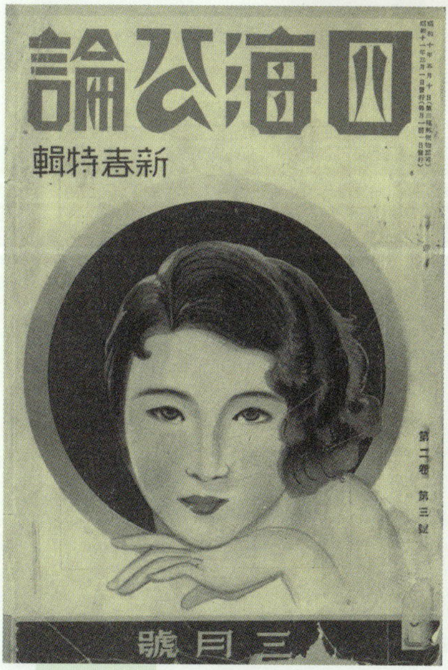

1935년에 창간된 월간 종합문예잡지 『사해공론』

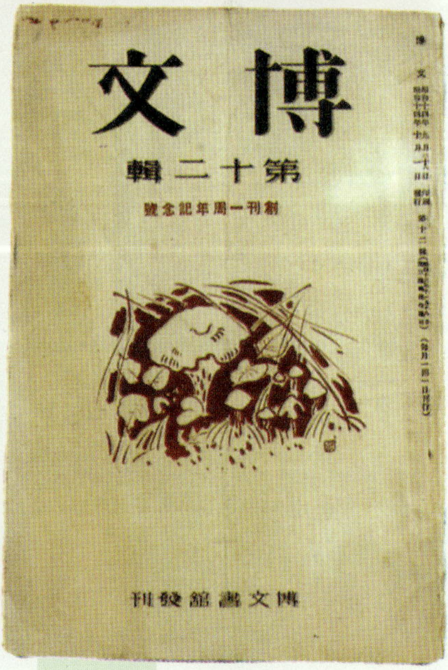

『박문』 제12집(1939)

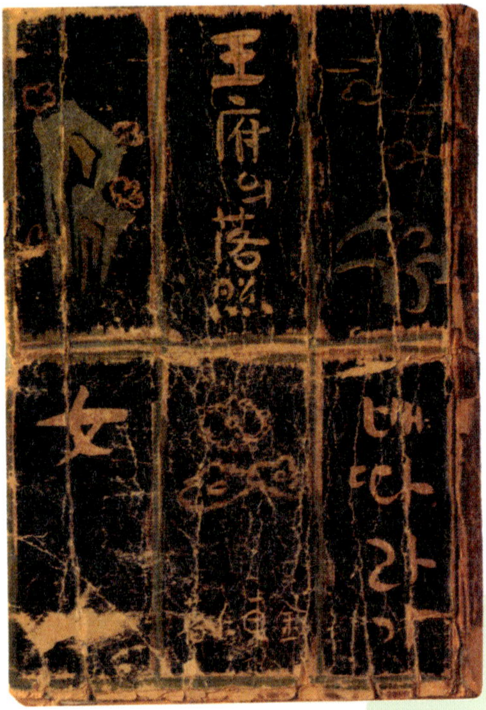

(왼쪽 위) 1941년 매일신보사에서 간행한 김동인 작품집. 김동인 스스로 한국 최초의 단편이라고 주장한 『배따라기』와 『왕조의 낙조』 『여인』이 실려있다.

(오른쪽 위) 박계주의 『순애보』(1940)는 당시 대단한 베스트셀러였다고 한다.

(왼쪽 아래) 이광수의 추천으로 1931년 동아일보에 연재했던 『백화』(1943)

(오른쪽 아래) 임경일의 『남한산성』(1943)

유치환과 서재에서 집필중인 미당 서정주

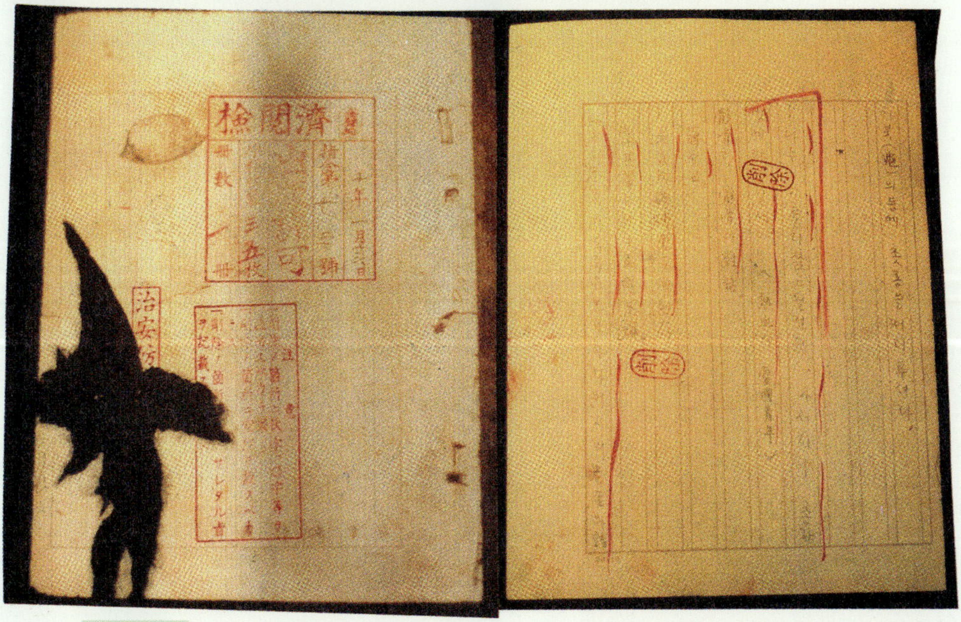

일제에 의해 검열 · 삭제당한 오장환의 육필 원고

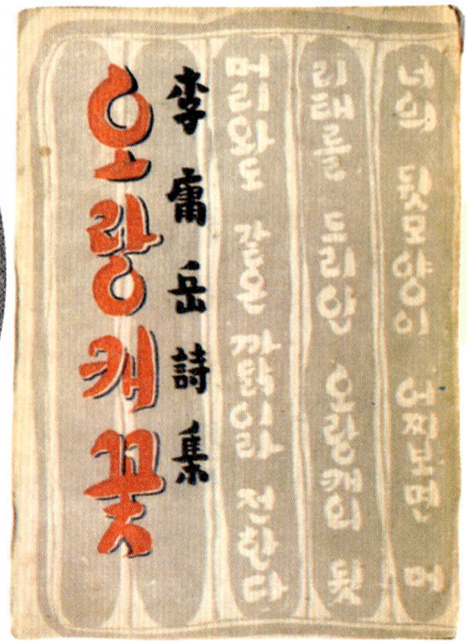

시인 이용악과 그의 제3시집 『오랑캐꽃』(1947)

28세에 형무소에서 요절한 시인 윤동주

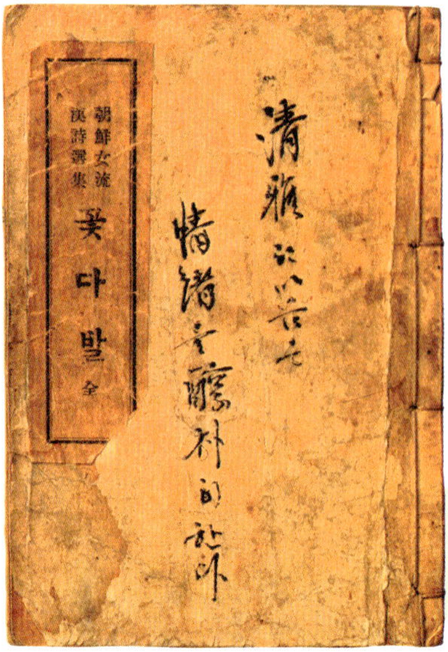

조선시대 여류시집을 김억이 번역하여 펴낸 『꽃다발』(1947)

시인 이찬과 백석

시인 이육사와 평론가 최재서

임화와 그의 평론집 『문학의 논리』(1940, 학예사)

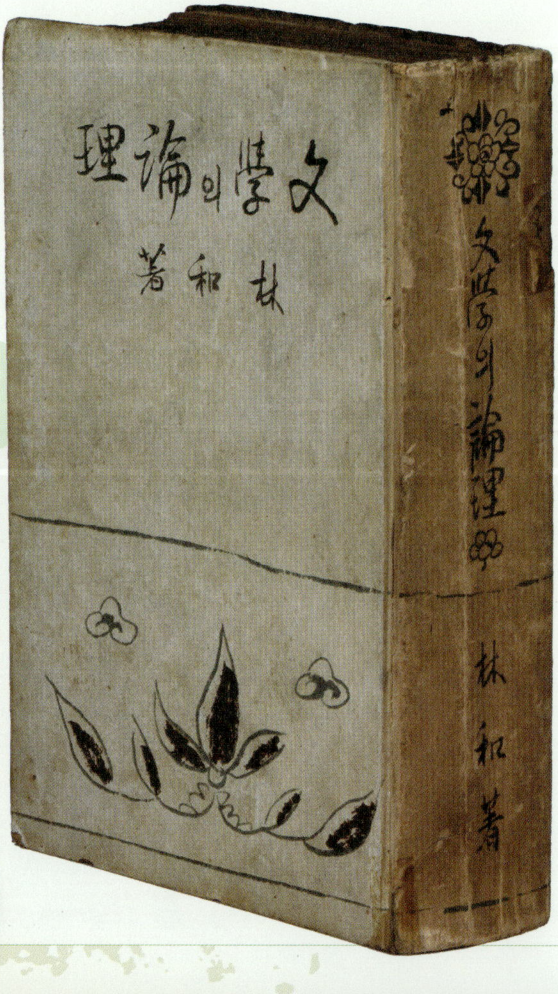

(위) 평론가 김남천
(아래) 평론가 안함광

권환의 시집 『자화상』

평론가 최재서와
평론가 백철

일제말에 창간되었다가 해방후에도
속간되었던 『문장』(1948)

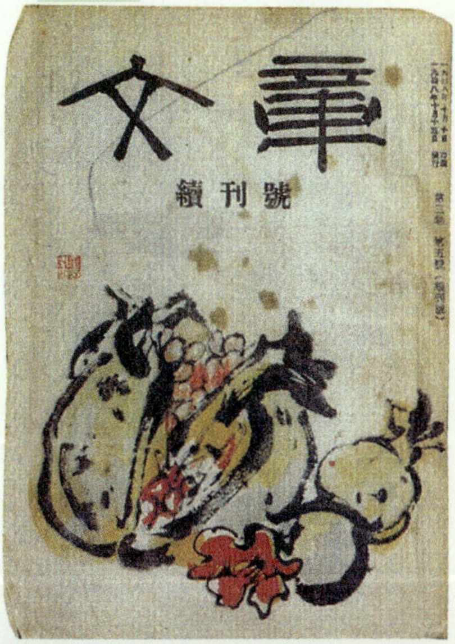

『인문평론』 창간호(1939)

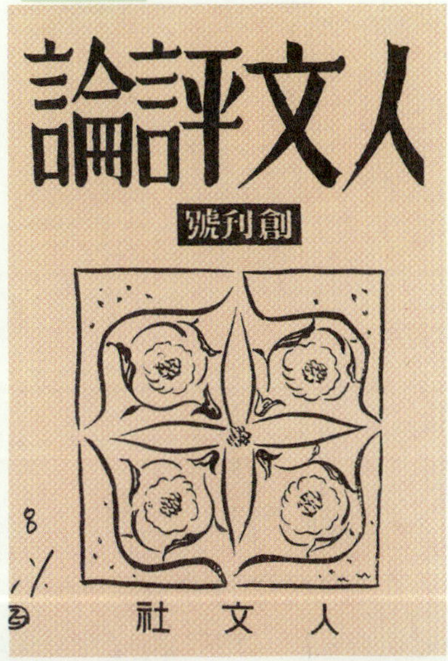

문학지 『조선문학』

월간 종합지 『조광』 창간호(1935)

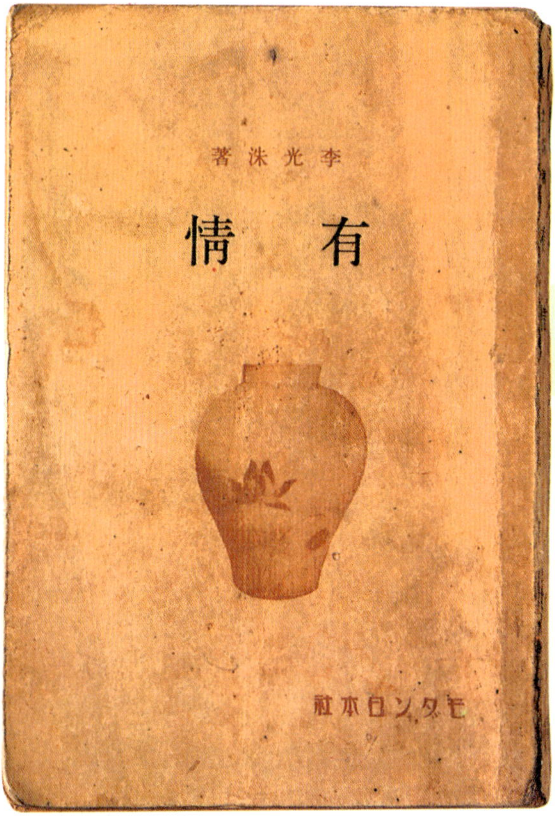

(왼쪽) 이광수의 『유정』(1940)

(오른쪽) 『재만조선시인집』(1942)은 지금까지 알려지지 않았던 만주 한인시라는 점에서 자료 가치가 큰 희귀본이다.

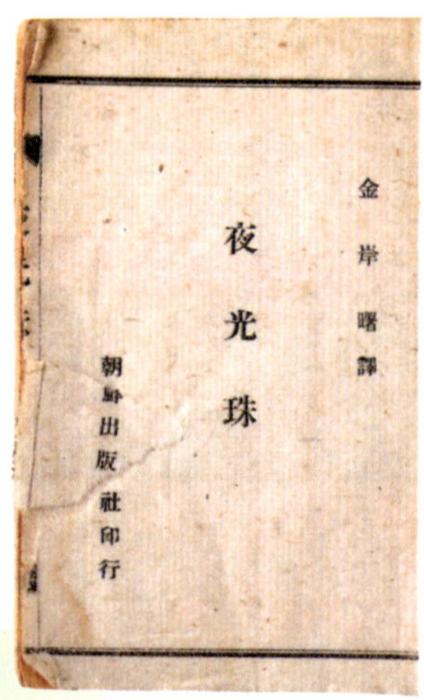

(왼쪽) 『조선동화집』(1941)

(오른쪽) 중국 한시를 김억이 번역한 시집 『야광주』(1944). 과감한 의역으로 한국 번역사에 크게 기여하였다.

정인택의 『청량리계외』(1944)

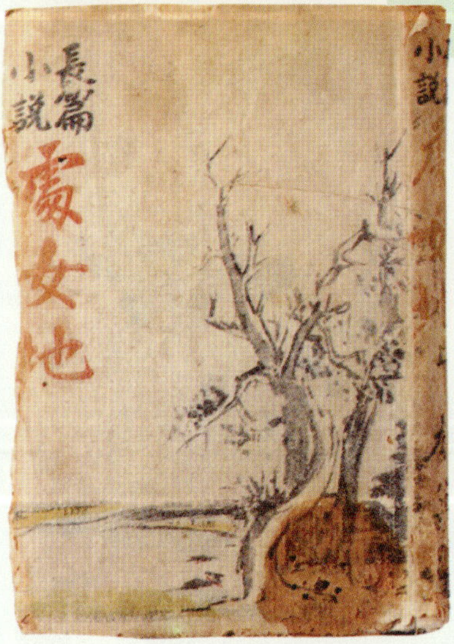

(위) 김동인이 아들 일환을 위해 쓴 작품 『아기네』(1944)
(아래) 이기영의 『처녀지』(상)(1944)

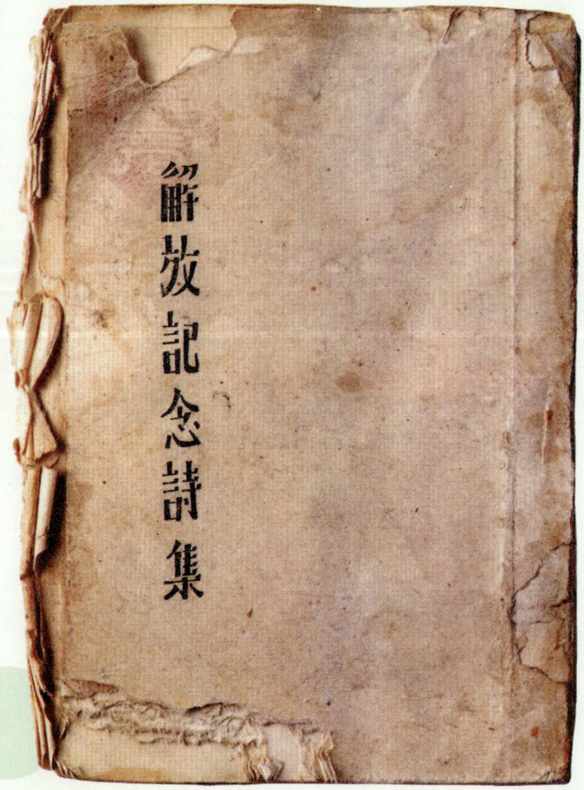

해방 직후 좌익계열 문화단체에 대립하여 양주동, 서항석, 유치진이 결성한 중앙문화협회에서 발행한 시집 『해방기념시집』(1945). 정인보 등 24인의 시를 모아 발행

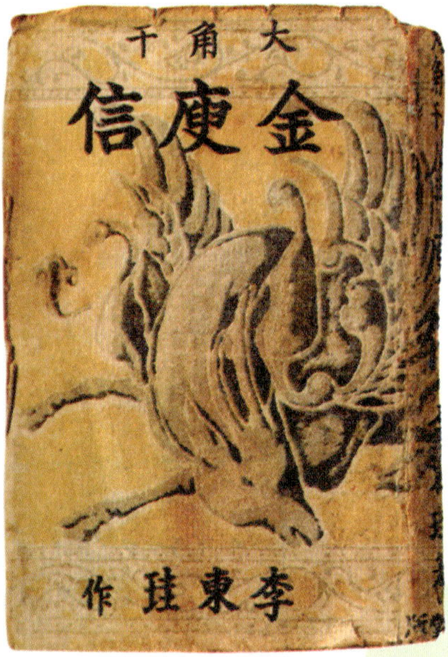

(왼쪽 위) 이동규의 『김유신』(1944)

(오른쪽 위) 당시 국내 유일한 탐정소설가 김래성이 외국 탐정소설을 번안한 대표작 『백가면』(1946)

(왼쪽 아래) 계용묵의 두번째 단편집 『백치 아다다』(1946)

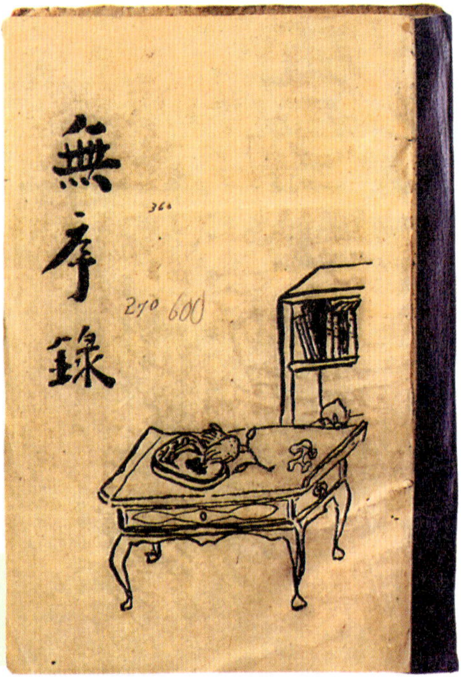

이태준의 『무서록』(1944)

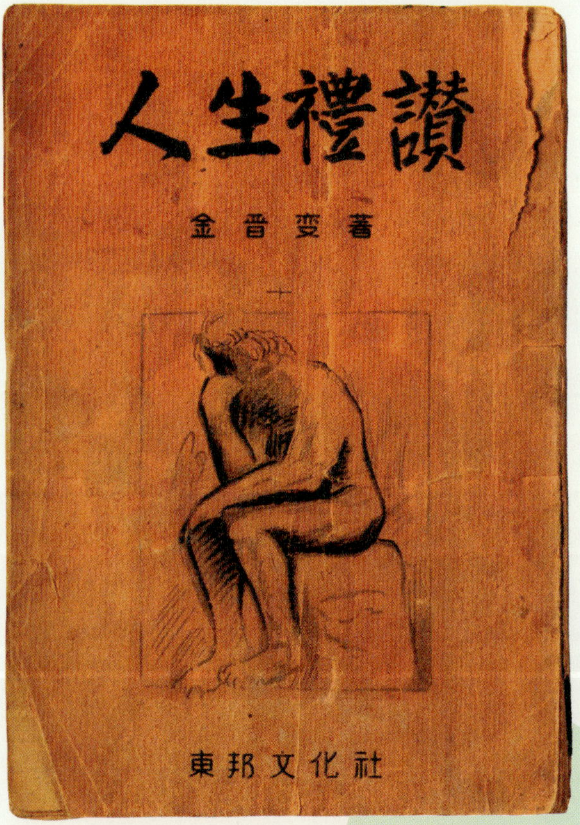

(왼쪽 위) 김진섭의 『인생예찬』(1947)
(오른쪽 위) 정지용의 『산문』(1947)
(왼쪽 아래) 정비석 외 『반도작가 단편집』(1944)
(오른쪽 아래) 이태준의 『상허 문학독본』(1946)

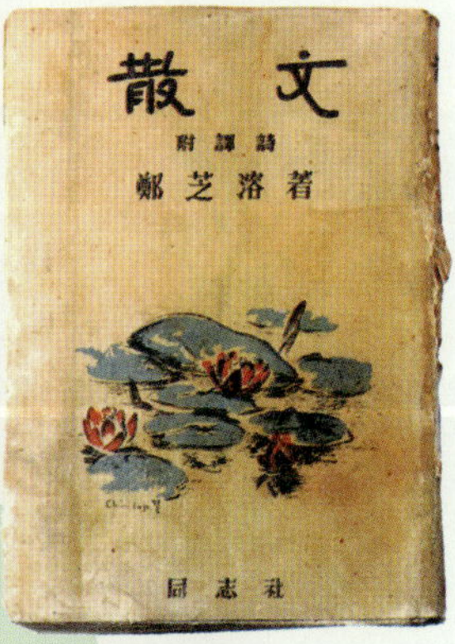

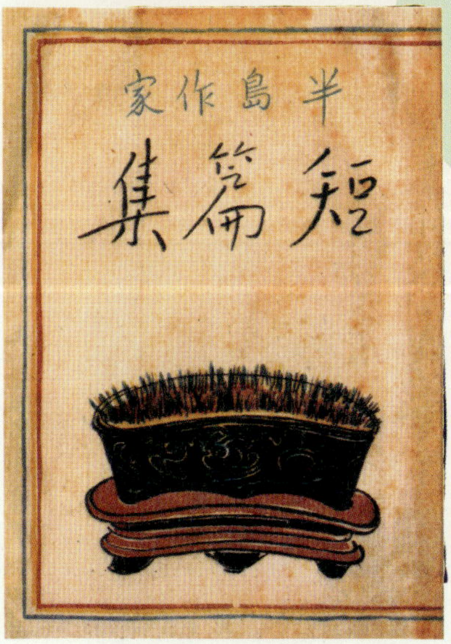

(왼쪽 위) 1930년대 시단에 큰 공헌을 한 정지용의 첫 시집 『정지용 시집』(재판본, 1946)
(오른쪽 위) 신석초 등이 민족저항시인 이육사의 유작 20여 편을 모은 『육사 시집』(1946)
(왼쪽 아래) 일제시대에는 발행할 수 없었던 월북작가 권환의 시집 『동결』(1946)
(오른쪽 아래) 일제 말기의 억압을 달래기 위해 대자연을 노래한 정지용의 시집 『백록담』(1946)

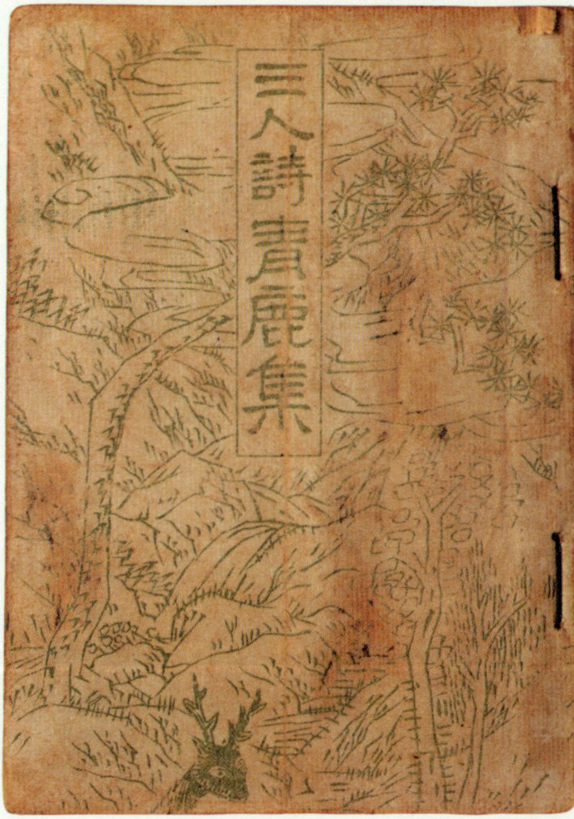

(왼쪽) 박목월, 박두진, 조지훈이 청록파로 불린 계기가 된 시집 『삼인시청록집』(1946)

(오른쪽) 박종화의 두 번째 시집 『청자무』(1946). 광복 후에 발행되었다.

(왼쪽) 여상현의 시집 『칠면조』(1947)

(오른쪽) 검열을 통과하지 못해 1931년에 내지 못하고 해방 후에 간행한 김억의 장편 서사시 『먼동틀 제』(1947)

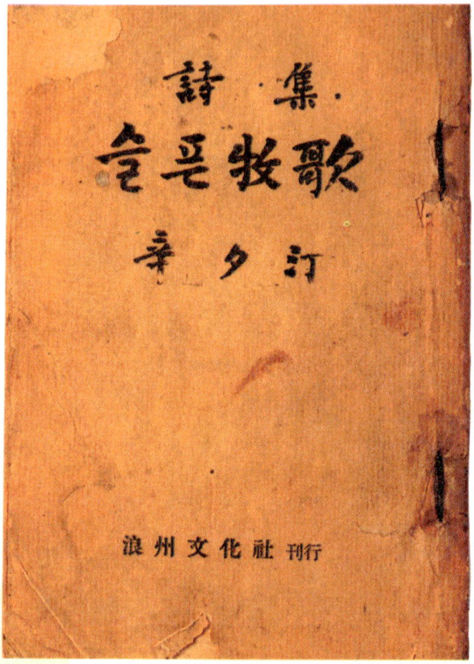

(왼쪽 위) 일제말 사상범으로 여러 번 감옥에 드나든 김상옥의 처녀시조시집 『초적』(1947)

(오른쪽 위) 검열에 걸려 해방 후에야 부인에 의해 발행된 신석초의 『슬픈 목가』(1947)

(왼쪽 아래) 김광균의 두 번째 시집 『기항지』(1947)

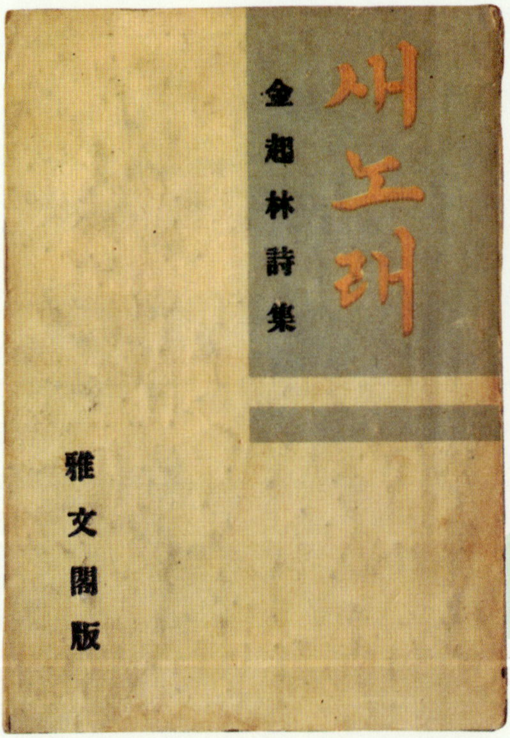

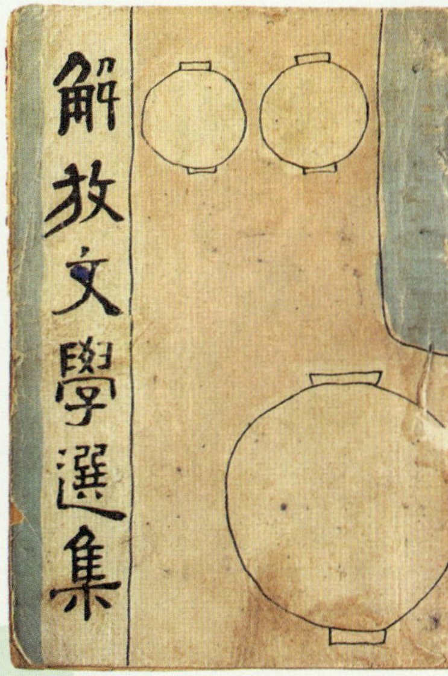

초현실주의적인 시인으로 알려진 김기림의 시집 『새노래』(1948)와 김동리 등이 참여하여 발행한 『해방문학선집』(1948)

김동인의 『발가락이 닮았다』(1948)와 정비석이 만주여행에서 습득한 작품을 모은 『고원』(1948)

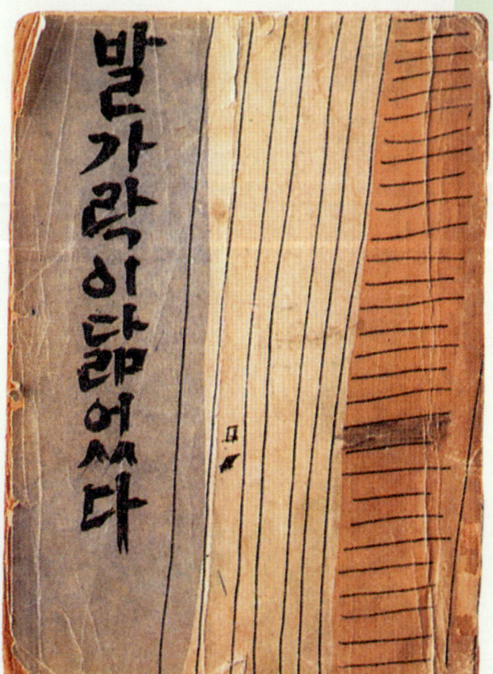

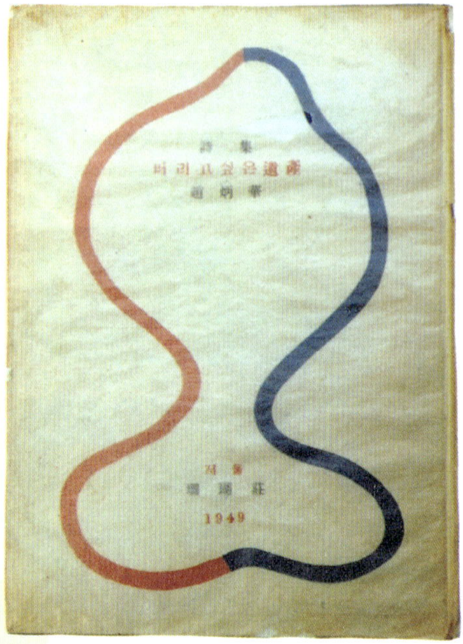

박두진의 처녀시집 『해』(1949)와 조병화의 처녀시집 『버리고 싶은 유산』(1949)

(왼쪽) 한국전쟁 중 부산에서 발행한 청마 유치환의 제5시집 『보병과 더부러』(1951)
(오른쪽) 황순원의 소설 『사예곡』(1952)

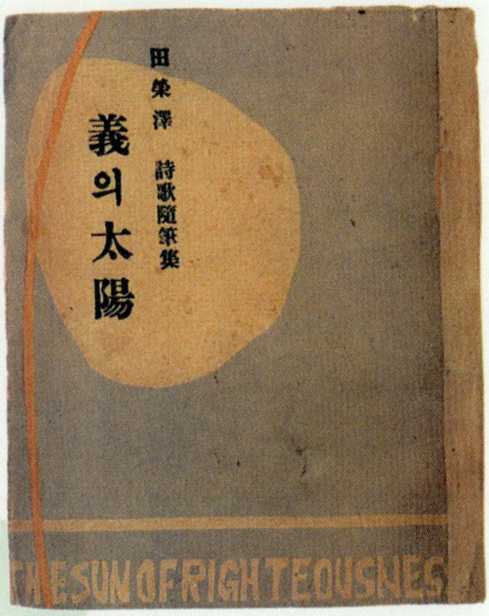

(왼쪽 위) 심훈의 작품집 『그날이 오면』(1953)
(오른쪽 위) 전영택의 작품집 『의의 태양』(1955)
(왼쪽) 변영로의 『명정 사십년』(1953)
(아래 왼쪽) 김팔봉의 『나는 살어 있다』(1951)
(아래 오른쪽) 마해송의 『사회와 인생』(1953)

(왼쪽 위) 조기천 시집 『백두산』(1947)
(오른쪽 위) 한설야 단편소설 『승냥이』(1951)
(왼쪽 아래) 한설야의 『력사』(1956)
(오른쪽 아래) 리용악 시선집 『리용악시선집』(1957)

(왼쪽 위) 유주현의 소설 『자매계보』(1953)

(오른쪽 위) 송헌석의 소설 『미인의 일생』(1953)

(왼쪽 아래) 구상의 사회시평집 『민주고발』(1953)

(오른쪽 아래) 조지훈의 『시의 원리』(1953)

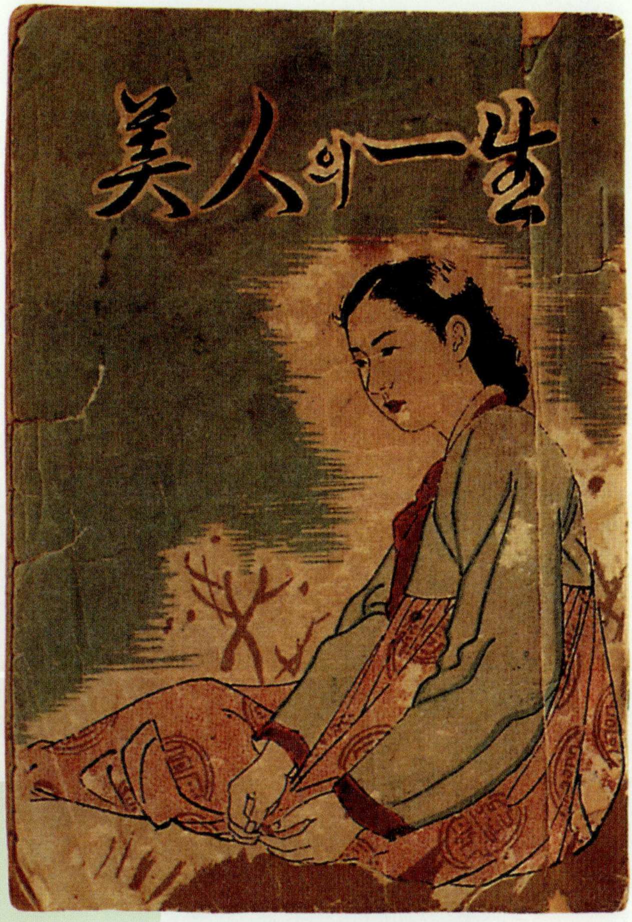

(왼쪽 위) 정비석의 소설 『자유부인』(1954)
(오른쪽 위) 심훈의 소설 『직녀성』 상,하(1953)
(왼쪽 아래) 31세로 요절한 박인환의 유일한 시집 『박인환 시전집』(1955). 시 56이 수록되어 있다.
(오른쪽 아래) 주요섭의 단편소설 『사랑손님과 어머니』(1954)

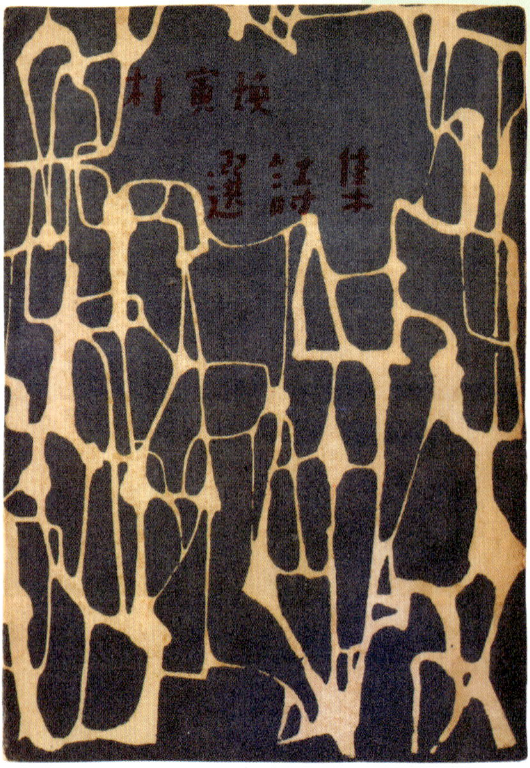

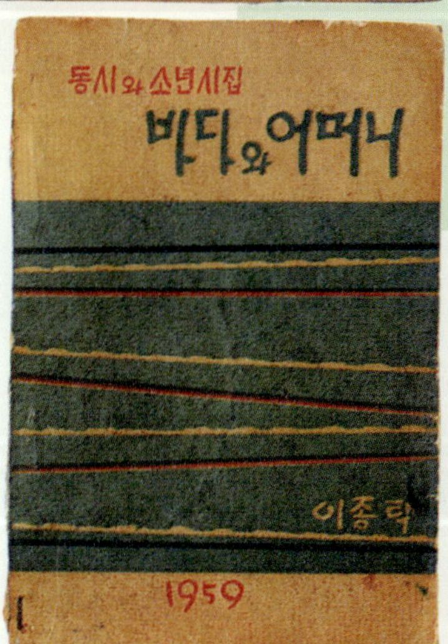

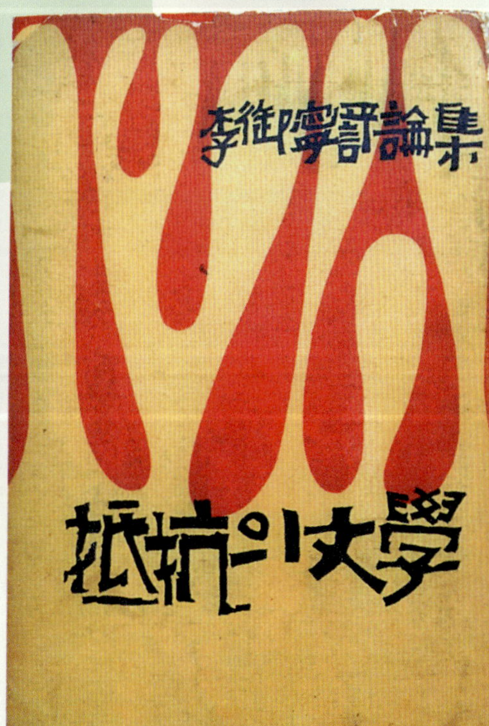

(왼쪽 위) 김용운 소설 『두만강』(1959)
(오른쪽 위) 한무숙 소설 『월운』(1956)
(왼쪽 아래) 이종택의 동시와 소년시집 『바다와 어머니』(1959)
(오른쪽 아래) 이어령 평론집 『저항의 문학』(1959)

이기영의 소설 『두만강』(1958). 1954년에 첫출간되었다.

왼쪽부터 시집 『빛나는 태양』, 『김우철 시선집』, 『벽암시선』

박팔양의 시집 『황해의 노래』(1957)

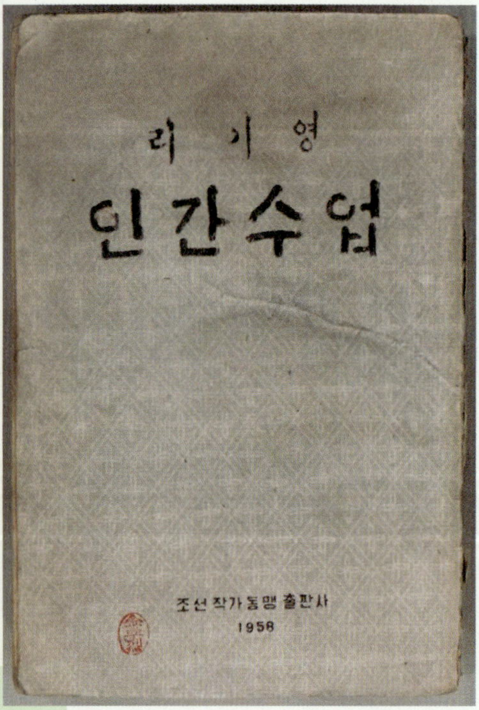

(왼쪽) 송영 희곡집 『불사조』(1959)
(오른쪽) 이기영의 소설 『인간수업』(1941)

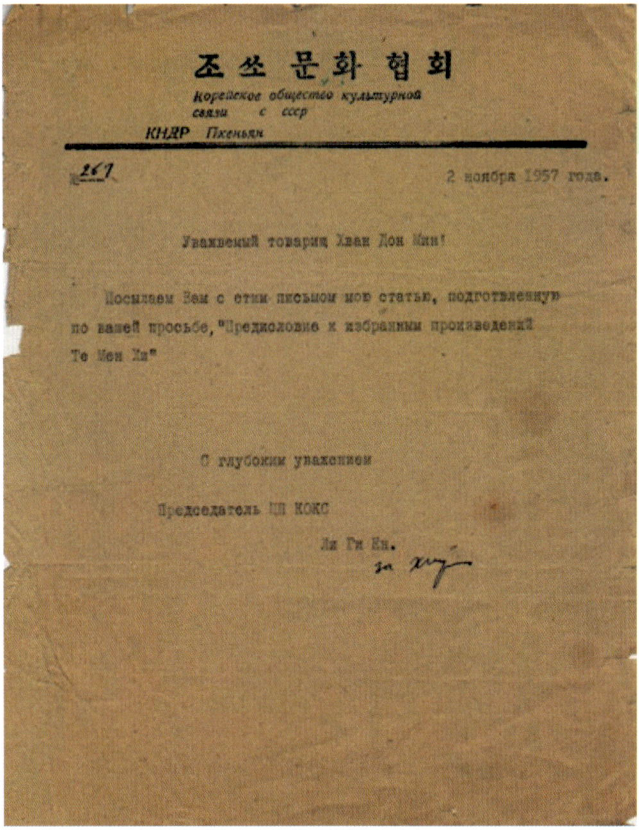

조쏘 문화 협회

Корейское общество культурной связи с СССР

КНДР Пхеньян

№ 267 2 ноября 1957 года.

Уважаемый товарищ Хван Дон Мин!

Посылаем Вам с этим письмом мою статью, подготовленную по вашей просьбе, "Предисловие к избранным произведениям Те Мен Хи"

С глубоким уважением

Председатель ЦП КОКС

Ли Ги Ен.

1959년 『포석 조명희 선집』 간행에 앞서 조명희의 처남이자 역사학자였던 황동민이 조쏘문화협회(대표 이기영)에 원고 청탁을 의뢰한 문서

(아래 왼쪽)
엄흥섭의 소설 『동틀무렵』(1960)
(아래 오른쪽)
박팔양 시집 『눈보라만리』(1961)

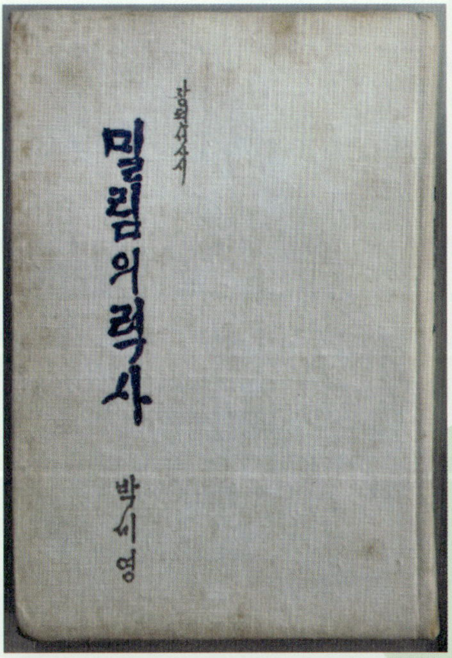

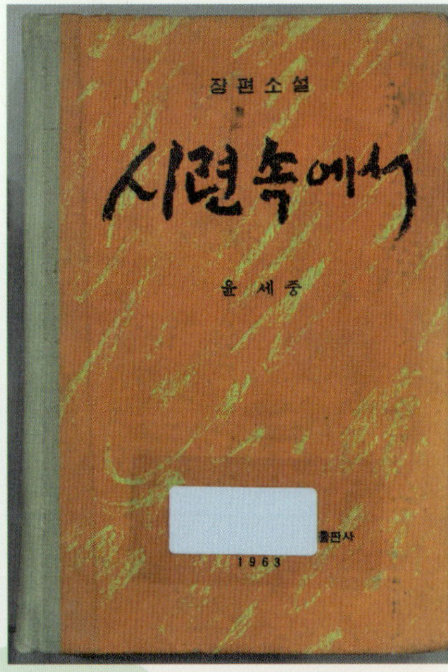

(왼쪽 위)
박세영 시집 『밀림의 역사』(1962)

(오른쪽 위)
윤세중 장편소설 『시련 속에서』(1963)

(왼쪽 아래)
이기영의 소설 『한 녀성의 운명』(1963)

(오른쪽 아래)
박태원 장편소설 『갑오농민전쟁』(1977)

삼성출판사에서 펴낸 박경리 대하소설 『토지』(1973)

(왼쪽 위) 『총서 불멸의 역사』(1991~2000) 외
(왼쪽 아래) 천세봉 장편소설 『대하는 흐른다』(1964)
(오른쪽 아래) 이기영 장편소설 『땅』(1973)

「풀」의 시인 김수영

「껍데기는 가라」 「좋은 언어」의 시인 신동엽

근대문학. 100년. 연구총서. 02

약전으로 읽는 문학사 1

해방 전

근대문학100년 연구총서 편찬위원회

소명출판

/ 일러두기 /

- 『약전으로 읽는 문학사』는 수록작가들의 등단 및 주요 활동시기를 기준으로 해방 전/후로 나누어 구성했다.
- 1권은 해방 전에 주로 활동한 작가들을 수록하였으며 2권은 해방 후에 주로 활동한 작가들을 남/북으로 나누어 수록하였다.
- 각 권 내에서의 순서는 출생연도순을 따랐다.

간행사

근대문학 기점 문제는 연구자들 사이에서 합의를 이루지 못하여 여전히 논쟁 중에 있다. 보는 이에 따라서 갑오개혁이 시작된 1894년을, 애국계몽기의 시작인 1905년을, 최남선의 신체시가 나온 1908년을 근대문학의 기점으로 잡는다. 상이한 주장이 있기는 하지만 분명한 것은 2008년이 근대문학이 시작된 지 100년이 되는 해라는 것이다. 근대문학의 기점을 늦게 잡아도 1908년을 넘지는 않기 때문이다. 그런 점에서 한국 근대문학은 한 세기를 맞이한 셈이다. 근대문학 100년의 축적 앞에서 우리는 지나온 문학의 여정을 돌이켜보고 새로운 100년을 준비해야 한다. 유럽 근대의 강한 자장 속에서 형성된 한국의 근대문학은 근대 자체가 심각한 반성의 대상이 된 현 시점에서 새로운 틀과 상상력을 요구하고 있다. 이를 위해서는 지나온 100년의 문학을 다각도로 조망할 수 있는 시야가 필요하다. '한국 근대문학 100년 총서'는 이러한 시대적 요청에 부응하기 위하여 마련되었다.

본 총서는 총 7권으로 구성되었다.

1권 『연표로 읽는 문학사』는 근대문학 100년의 기간동안 발표된 주요 작품 및 문학, 사회 상황을 간략한 연표 형식으로 정리한 것이다. 연표 형식으로 정리된 문학사를 통해 근대문학 100년간의 주요 사건과 작품들을 한눈에 조망할 수 있을 것이다. 이 책에서 특기할 만한 사항은 해방 후 연표에 남북의 문학을 함께 정리하였다는 점, 연표와 함께 연표에 등장하는 주요 사건, 단체, 매체 등에 대해 간략한 설명을 덧붙였다는 점이다. 이러한 형식을 통해 남, 북을 포괄하는 명실상부한 한국 근대문학 연표를 지향했고 좀 더 입체적으로 한국 근대문학사를 이해하는 데 도움이 되고자 했다.

2권과 3권은 『약전(略傳)으로 읽는 문학사』이다. 위원들은 여러 차례의 논의를 거쳐 한국 근대문학 100년의 주요 문인을 선정하였고 이 문인들의 삶과 문학의 요체를 담아내는 서술식 약전을 해당 작가를 연구해 온 연구자들에게 의뢰하였다. 기존의 연대기식 연보 방식뿐 아니라 서술식 약전을 함께 수록함으로써 한국 근대문학을 빛낸 문인들의 문학세계를 좀 더 심층적으로 조망하고자 한 것이다. 작업의 전문성과 신뢰를 높이기 위하여 작성한 이들의 실명을 밝혔다. 작성자의 실명은 약전에 대한 독자들의 신뢰를 높이는 데 기여할 것이다. 2권은 해방 전 등단한 문인들을 중심으로 묶었으며 3권은 해방 후 등단한 남북의 문인들을 함께 묶었다. 일부 작가들의 경우 필자의 사정으로 수록되지 못하였다.

4권~7권은 『논문으로 읽는 문학사』라는 이름으로 한국근대문학에 대한 연구논문들을 모아 엮었다. 한국 근대문학이 100년의 역사 동안 적지 않은 성과를 축적해 온 것과 마찬가지로 한국 근대문학에 대한 연구 또한 다양한 관점과 방식으로 의미 있는 성과를 축적해 왔다. 『논문으로 읽는 문학사』는 이러한 한국문학연구의 성과들을 시기별, 주제별로 가려 모아서 논문을 통해 한국 근대문학 100년을 심층적이고 다각적으로 이해하고자 기획되었다. 해방 전의 한국문학(4권), 해방 후의 남한문학(5,6권), 해방 후의 북한문학(7권)의 구성을 통해 한국 근대문학 100년의 역사를 깊이 있고 개성적으로 이해하는 데 도움을 주고자 했다. 좋은 논문들이 많지만 이 책의 편제상 다 싣지 못한 점이 아쉽다.

이상과 같은 구성으로 '한국 근대문학 100년 총서'는 그간 축적되어 온 한국 근대문학의 성과를 통시적, 공시적으로 조망하면서 좀 더 입체적으로 재구성하고자 하였다. 그간의 한국 근대문학을 총체적으로 정리, 반성하면서 이후의 한국근대문학사를 준비하기 위해서이다.

이 중요한 작업이 구상에서 끝나지 않고 실현될 수 있는 물적 기반을 마련해 준 한국문화예술위원회의 김정헌 위원장에게 깊이 감사드린다. 이 작업의 의미에 대해 공감하고 후원하였던 김병익 전위원장, 구체적인 안에 대해서 조언을 아끼지 않았던 문학소위원회 분들, 그리고 자잘한 문제에 일일이 신경을 써준 문화예술위원회 관계자 여러분의 적극적인 관심이 없었다면 이 작업이 결코 빛을 보지 못하였을 것이다.

근대문학100년 연구총서 편찬위원회 일동

차례

해방 전 7

해방 전

이인직 李人稙, 1862~1916

/양문규/

1862년 경기도 음죽(陰竹, 현재의 이천)에서 태어난 이인직의 행적이 뚜렷이 나타나는 것은 1900년 2월 관비 유학생으로 도쿄정치학교에 입학하는 시기이니 이때는 이미 그의 나이가 39세에 이르렀을 때이다. 그의 이전 행적이 같은 시기의 신소설 작가 이해조·김교제 등과 달리 출생지, 연도 및 가계에 국한되어 가까스로 밝혀지고 있다는 사실은 그가 결코 문벌가 출신은 아니며 1900년 이전까지 무명의 존재였음을 말해준다. 물론 이인직이 이미 1890년대 말경 국내의 모종의 정치적 사건들과 관련되어 일본에 망명해 있었던 것이 아닌가 하는 주장들도 있지만 이를 확증케 하는 명백한 사실이 아직은 없다.

이인직은 1900년 9월 도쿄정치학교에 입학하여, 1903년 7월 졸업한다. 도쿄정치학교는 정치가·외교관, 특히 당시로서는 특별하게 신문기자의 양성을 목표로 설립된 학교였다. 따라서 이인직이 재학 중 『미야코(都)신문』의 견습생으로 근무하면서 신문 발간에 대한 업무를 배우게 되는 것은, 한국공사관의 추천이라는 배경 외에도 이 학교 커리큘럼의 일환으로 이뤄진 것은 아닌지 추측해볼 수 있다. 이인직은 견습생 시절에 신문에 「과부의 꿈」이라는 일본어 소설을 발표하며, 「한국실업론」 등 조선 관련 기사들을 게재한다.

이인직은 1904년 러일전쟁이 발발하자 일본 육군성으로부터 제1군 사령부 소속 한어통역으로 임명되어 종군을 하면서 귀국하게 된다. 이후 그는 국내 언론기관에 적극 관계하기 시작하는데, 1906년 2월 일진회(一進會)의 기관지인 『국민신보』의 주필이 되고, 곧 이어 4개월 만에 일진회와는 대립 관계에 놓여 있던 천도교의 기관지인 『만세보』의 주필로 옮아간다. 이인직은 바로 이 시기 『만세보』에 『혈의누』 상편(1906.7.22~10.10)을 연재하고 곧 이어 『귀의성』(1906.10.14~1907.5.31)을 연재한다. 이 시기 그가 창작한 신소설은 이후 대부분의 신소설들이 따르게 되는 하나의 준거가 된다.

이후 이인직은 재정난에 봉착한 『만세보』를 이완용의 후원으로 인수하여 1907년 7월 『대한신문』을 창간한 후 사장에 앉는다. 이 신문은 이완용 내각의 기관지 역할을 하였는데, 실제 이 시기부터 이인직은 이완용의 정치적 비서로도 암약하게 된다. 이인직은 1908년에도 『치악산』 상편, 그리고 창극으로 공연되기도 했다는 『은세계』 상편을 출간하지만 그 이후부터는 창작에서 멀어진다. 대신 연극 시찰 또는 종교적 목적 등을 내세워 일본을 드나들게 되는데, 실은 그런 목적과는 달리 모종의 정치적 공작을 벌이는 것이 아니냐는 세인의 의구심과 비난을 산다. 실제 이인직은 합방 직전에는 이완용의 밀령을 받고, 당시 통감부의 외사(外事)국장으로 한국에 나와 있던 자신의 정치학교 은사 고마츠 미도리(小松綠)를 그의 관저에서 비밀리 접촉하는 등 나름대로 합방정국의 막후에서 일익을 담당하기도 했다.

그러나 이인직은 대한제국이 멸망한 이후 종래의 성균관에 설치된 경학원(經學院)의 사성(司成)이라는 상대적으로 한미한 직에 보임되는 등, 일제로부터 큰 은전을 입은 것으로 보이지는 않는다. 그가 합방 이후 발표한 「빈선랑(貧鮮郎)의 일미인(日美人)」(『매일신보』, 1912.3.1)은, 조선인 남편을 고관대작으로 잘못 알고 조선에 쫓아 왔으나 그렇지 않아 실망하는 일본인 아내의 한탄을 그림으로써 당시 자신의 심회를 에둘러 비추고 있는 듯하다. 이인직은 자신이 편찬자로 있던 『경학원 잡지』에 친일과 관련된 몇몇의 연설문을 발표하기도 하고, 문학사적으로는 자신의 최후의 소설 『모란봉』을 『혈의누』의 하편 격으로 『매일신보』에 연재하게 된다. 그러나 이도 당시 같은 신문에 연재하기 시작한 조중환의 『장한몽』의 인기에 밀렸던 탓인지 그나마 완결을 짓지 못하고 도중하차한다. 이후 그는 1916년 조선총독부 의원에서 55세의 나이로 숨을 거두게 되는데 그의 장례는 그가 평소 신앙하던 천리교 의식에 의하여 화장으로 치러졌다. 그의 유족으로는 일본인 아내만 있을 뿐 자식은 없었던 것으로 전해진다.

이러한 간단한 전기적 사실로 미뤄보건대 그는 한미한 가문의 출신으로 외국 유학 혹은 외국(일본)에 관계하여 입신출세코자 한 자로서 봉건 조선의 배타적인 양반 중심의 정치·사회에 대하여 깊은 원한을 품은 혁신추구세력의 일원으로 짐작된다. 그리하여 한말의 봉건체제에서 일정한 기득권을 확보할 수 없었던 그의 위치는 이 시기 신흥 인텔리로서 반봉건의 문제에서 적극적인 자세를 드러내게끔 한다. 가령 국문으로 새로운 소설을 창작코자 했고 그의 작품에서 보이는 생동감있는 국문은 봉건 지배계급의 문화에 반발하는 평민미학의 발로라고 지적할 수 있겠다. 그러나 반봉건 문학으로서 그의 문학의 더 중요한 사실은 양반으로 상징되는 봉건체제에 대한 격렬한 비판이며 이를 대체할 세력으로 새로운 근대적 지식인의 역사적 역할을 기대한다는 점이다. 『혈의누』는 청일전쟁으로 야기된 당대 조선인들의 수난의 삶을 그리면서, 이러한 참상들은 어떠한 이유에서 비롯되었는가 하는 점을 봉건 지배체제의 무능함에서 발견하고, 지배계급에 대한 통렬한 증오를 드러낸다.

『귀의성』은 전통적 가정소설을 차용하고 있지만 처첩제도의 모순과 그로 인한 갈등을 통해 양반에 대한 반발과 증오심을 격렬하게 드러낸다. 『은세계』는 반봉건이라는 측면에서 볼 때 그의 소설의 정점에 놓여 있다. 주인공 최병도는 19세기 말 성장한 평민 부농층으로 봉건 지배층의 수탈에 항거, 희생되는 인물로 이러한 이야기를 통해 붕괴할 수밖에 없는 봉건조선의 모습을 보여준다. 특히 이 작품에는 봉건관료의 탐학성과 이에 항거하는 농민의 움직임 등, 갑오농민전쟁 직전 조선 말 민란의 분위기를 잘 보여준다. 작품 안에 삽입된 「농부가」 「상두소리」

「달고소리」 등의 가요는 당대 농민수탈의 현실을 집약적으로 보여준다. 그리고 최병도라는 인물을 김옥균을 영수로 한 개화당의 행적과 연결을 짓고 있어 수구적인 봉건 지배층에 반발한 신진개화파의 입장과 동태를 보여준다.

그러나 이인직의 문학은 반봉건의 성향을 보여줌에도 불구하고, 봉건제적 모순의 지향을 통한 근대주의의 지향점에서 보이는 그의 문학의 매판적 성격이 중요한 문제가 된다. 『혈의 누』에서 미국으로 유학 간 구완서가 일본·만주·조선을 합하여 연방 국가를 만들어 나라를 부강하게 해야 한다는 발언 등은 백인 제패의 제국주의적 판도에서 일본이 정점이 되어 동양의 평화를 지킬 수밖에 없다는 일본의 식민이론에 끝내는 동조할 수밖에 없다.

『은세계』에서도 미국으로 유학 간 옥남이 1907년 일제에 의한 강제적인 고종의 양위를 조선의 근대적 개혁과 국가부강의 계기로 생각하여 귀국을 서두른다. 따라서 최병도로부터 시작하여 옥남에 이르게 되는 이야기의 『은세계』는 개화 인텔리의 역사적 향방을 잘 보여주는 셈이다. 즉 부패한 봉건 체제를 타파하고자 출발했던 개화 인텔리 세력은 지배계급 내부의 모순관계에서 주어지는 힘의 균형에서의 열세로 인해 외세(일본)의존적 성향을 강화하게 되는데 이들이 이른바 친일파인 것이며 이는 옥남이 귀착케 되는 지점이다. 요컨대 이인직 소설은 신흥평민인텔리 세력을 주체로 하는 반봉건, 문명개화의 과제를 과감히 제시하고 있음에도 불구하고 봉건제적 모순의 지양을 통한 근대주의의 지향점에서 보이는 그의 문학의 매판적 성격은 그의 근대주의의 결정적인 한계점을 노출시키고 있다.

이인직 문학의 매판적 성격은 이인직 등 개화파들의 초보적 형태의 식민지 근대화의 논리가 반영된 것으로 볼 수 있다. 개화파들의 중요한 과제는 근본적으로 부국강병을 목표로 한 국가주의 내지 국권주의의 성취다. 즉 그들은 당대를 우승열패와 약육강식의 원리가 지배하는 생존경쟁의 시대로 인식하여, 국가권력을 확립하는 것을 시급한 시대적 과제로 삼았다. 특히 독일·영국·미국 등의 구미자본주의 국가 및 명치유신 이후의 일본에 대한 선망과 그에 대한 추종, 그리고 이를 통한 국권의 확립, 부강한 국가 건설을 기대했다. 즉 한말의 개화파들은 근대의 제국주의적 세계질서를 인정하고 그 안에서 어떻게 한국이 강국이 될 수 있는가 하는 것을 추구하고자 했다. 그러나 국권 확립을 위해 개화파들이 생각하는 열강을 추종하는 식의 문명개화·부국강병의 방법은 내면적으로 침략자본주의를 긍정하여 그에 결탁할 수 있는 약점을 마련해놓은 셈이다.

이인직은 바로 이러한 식민지 근대화의 논리를 소설에서 여러 가지 상황 설정을 통해 보여준다. 우선 근대를 위해서는 식민지로 갈 수밖에 없음을 강조하기 위해 봉건조선의 현실에 대한 거의 절망적인 언사를 드러낸다. 말할 필요도 없이 부패한 봉건조선에 대한 격렬한 비판은 필연적인 망국론으로 이끌어진다. 『은세계』에는 나라가 망한다는 이야기 혹은 망하기를 기대하는 이야기가 무려 여섯 군데 이상 나온다. 따라서 이인직은 민족적 위기를 당해 일본에 맞서 일어난 의병전쟁에 대하여서도 그것이 지닌 반외세의 애국적 역량을 왜곡한다. 그리고 『은세계』에서 의병의 투항을 권유하는 옥남의 연설에서는 식민지 시대 개량주의 운동의 핵심 논리인 준비론을 이미 보여준다. 즉 옥남은 우리가 나라를 잃게 된 것은 바로 다름 아닌 봉건조선의 "수십 년래 학정(虐政)"에 기인함을 밝히고, 이제는 각자 생업에 종사하며 국민의 지식인 진보될 수 있게끔 자식들을 교육하는데 힘을 쓰는 것이 국권을 회복할 도리라고 주장한다.

이인직 문학은 이후 전개되는 식민지 근대화의 세련된 이론에 입각한 것은 아니지만 소박한 형태로나마 이를 지향한다. 그의 식민지 근대화론은 단순히 '민족정기'의 차원에서 비판되어야 할 차원의 문제가 아니다. 중요한 것은 이러한 근대화론이 사회구조 전반에 가져올 왜곡의 가능성에 주목해야 한다는 점이다. 요컨대 이인직과 이인직 문학에서 민족문제에 대한 몰각이 궁극적으로 '올바른 근대'를 성취하여 가는 데 어떠한 장애로 작용하고 있는 지를 섬세하게 밝힐 수 있어야 이인직이 살았던 시기, 즉 근대민족국가 수립에 실패하고 식민지로 가는 시대에 대한 총체적 현실의 핵심에 다가설 수 있다.

이인직 ▸▸

1862년(1세) 7월 27일 경기도 음죽(현재 이천)에서 한산이씨 윤기(胤耆)와 전주 이씨 사이의 차남으로 태어나다. 호는 국초(菊初). 이후 39세에 이르기까지 그의 행적이 뚜렷하게 나타나지 않는 것은, 그 이전까지 무명의 존재였음을 말해준다.

1900년(39세) 관비유학생으로 도쿄정치학교 입학하다(9월). 친일 망명객 조중응과 이 학교를 같이 다닌 것으로 전해진다. 1898년 설립된 도쿄정치학교는 정치가·외교관·신문기자의 양성을 목표로 설립된 학교로서, 당시로서는 특별하게 신문기자 양성에 역점을 두고 있어 졸업생들 중에는 신문기자로 진출하는 자들도 있었다고 한다.

1901년(40세) 정치학교 재학 중 미야코(都)신문의 견습생으로 근무하기 시작하다(11월).

1902년(41세) 미야코 신문에 「과부의 꿈」이라는 일본어 소설을 발표하다. 이후에도 「한국실업론」을 비롯한 조선 관련 기사들을 게재하다.

1903년(42세) 대한제국으로부터 정부의 재정난 및 정치적 문제로 유학생 소환령이 내려졌으나(2월) 응하지 않다. 같은 해 7월 도쿄정치학교를 졸업하다.

1904년(43세) 러일전쟁이 발발하자 일본 육군성으로부터 제1군 사령부 소속 한어통역으로 임명되어(2월) 종군하게 되어 귀국하다. 같은 해 5월 통역에서 해고되다.

1906년(45세) 신문 사업에 관심을 기울이던 중, 일진회(一進會)의 기관지인 『국민신보』의 주필을 맡으면서(2월) 국내 언론기관에 실제 관계하기 시작하다. 이 신문에 처녀작 「백로주강상촌(白鷺洲江上村)」을 연재했다고 하나 확인되지는 않는다. 같은 해 6월 일진회와 대항 관계에 있었던 천도교의 기관지인 『만세보』로 옮겨 주필을 맡다. 『만세보』 창간호에 논설 「사회」를 쓰고 소설 「단편무제」를 발표하다(7월 5일). 같은 해 7월 22일부터 10월 10일까지 『만세보』에 『혈의누』를 연재하고, 이어 같은 신문에 10월 14일부터 다음 해 5월 31일까지 『귀의성』을 연재하여 우리 소설사에서 신소설의 길을 열다. 『소년한반도』에 「사회학」을 발표하다.

1907년(46세) 3월 17일 『혈의누』가 광학서포에서 단행본으로 간행되다. 『혈의누』 하편을 『제국신문』에 5월 17일부터 연재하다가 6월 1일로 중단하다. 같은 해 재정난에 빠진 『만세보』를 이완용의 후원으로 인수하여 7월 『대한신문』으로 창간한 후 사장에 앉다. 이 신문은 이완용 친일내각의 기관지 역할을 하였는데, 실제 이 시기부터 이인직은 이완용의 정치적 비서로 암약하기 시작하다. 이 신문에 「강상선(江上船)」이라는 소설을 연재했다고 하나 역시 확인되지 않는다. 같은 해 9월 선릉(宣陵) 참봉직을 얻으나 곧 면직이 되다.

1908년(47세) 『치악산』 상편, 그리고 창극으로 공연되었다고 전해지는 『은세계』 상편을 출간하다. 이후 창작에서 멀어지면서 대신 연극 시찰 또는 종교적 목적 등을 빙자하여 일본을 드나들면서 모종의 정치적 공작을 벌여 세인의 의혹과 비난을 사다.

1909년(48세) 친일의 문제에서 이완용 내각과 경쟁 관계에 있었던 일진회를 공격하는 '국민연설회'에서 연설하다(12월 4일).

1910년(49세) 이완용의 밀령을 받고 당시 통감부의 외사(外事)국장으로 한국에 나와 있던 자신의 정치학교 은사 고마츠 미도리(小松綠)를 그의 관저에서 비밀리 접촉하는 등 나름대로 합방정국의 막후에서 일익을 담당하다.

1911년(50세) 합방 이후 종래의 성균관에 설치한 경학원(經學院)의 사성(司成) 직에 보임되다.

1912년(51세) 「빈선랑(貧鮮郎)의 일미인(日美人)」(『매일신보』, 1912.3.1)을 발표하여, 합방 이후 일제로부터 큰 은전을 입지 못한 자신의 처지를 빗댄 것으로 보이는 심회를 토로하다. 같은 해 그의 최후의 소설 『혈의누』의 하편 격으로(이전 『제국신문』에 연재된 『혈의누』 하편과는 다른 내용임) 『모란봉』을 2월 5일부터 『매일신보』에 연재하다 6월 3일 중단하다.

1913년(52세) 자신이 편찬자로 있던 『경학원 잡지』에 친일과 관련된 연설문을 포함한 글들을 발표하다.

1916년(55세) 신경통으로 총독부 의원에 입원, 11월 25일 55세의 나이로 숨을 거두다. 장례는 그가 평소 신앙하던 천리교 의식에 따라 화장으로 치러지다. 그의 유족으로는 일본인 처만 있을 뿐 자식은 없었던 것으로 전해진다.

이해조 李海朝, 1869~1927

/이희환/

동농(東濃) 이해조(李海朝, 1869~1927)는 국초(菊初) 이인직(李人稙, 1862~1917)과 더불어 신소설 작가를 대표한다. 그러나 문학사의 기술에서는 최초의 신소설 『혈의누』(1906)를 발표한 이인직에 비하여 상대적으로 저평가되어 왔을 뿐만 아니라 이인직 문학의 단순한 연장으로 여겨왔다. 그러나 애국계몽기(1905~1910)에 초점을 맞추어 두 작가의 작품세계를 조명해보면 이 두 작가는 선명하게 구별된다. 그리고 이는 이 두 작가의 출신과정과 성장과정에서도 확연하게 드러난다. 이인직이 한미한 집안에서 출생하여 반봉건에 투철한 생을 살았던 데 비하여 이해조는 인조의 셋째 왕자인 인평대군의 10대손으로 태어났으니, 전통과 근대를 대하는 태도에 있어 이인직과는 확연히 구별되는 것이다. 이인직이 일본 자유민권파의 영향 아래 언론활동을 비롯한 문학활동을 전개하였다면 이해조는 중국 변법파의 사상적 영향 속에 계몽운동과 문학활동을 전개하였던 것이다.

고종 6년(1869) 경기도 포천에서 이철용과 청풍 김씨 사이의 장남으로 출생한 이해조의 집안은 왕족 출신이라고는 하나 오랜 동안 권세에서 밀려나 있었다. 그러다가 대원군 집정기(1864~1873)에 크게 득세하였다. 그러나 그의 집안은 1873년 대원군의 실각과 함께 다시 위축되었다. 1883년 조부 이재만이 민씨정권에 의해 처형되었던 것이다. 이해조의 나이 15세에 겪은 이 일로 인하여 이해조 집안에서는 "민씨와는 결혼하지 말라"는 엄명이 내려져 대대로 이어왔다고 한다. 조부 처형의 충격 속에 이해조의 집안은 1884년 이후 대원군 귀환공작을 추진했던 온건개화파였던 운양(雲養) 김윤식(金允植)의 집안과 가깝게 되었다. 1894년 갑오개혁을 계기로 온건개화파 정권이 수립되자 이해조 집안은 다시 부흥하는 듯하였으나 아관파천(1896)을 계기로 개화파 정권이 붕괴하자 이해조 집안은 정치현실에서 멀어질 수밖에 없었다.

이러한 시대적 격변 속에서 성장기를 보낸 이해조가 최초로 사회 활동을 전개한 것은 그의 나이 36세에 이른 1906년의 일이다. 1905년 을사보호조약을 통해 대한제국이 이미 일본의 반식민지 상태로 추락한 가운데, 왕족 출신의 온건개화파 지식인으로 성장한 이해조는 애국계몽기의 시대를 맞아 열렬한 계몽주의 지식인으로서 주로 문학을 통하여 정열적으로 대사회 활동을 개시하였던 것이다.

이해조가 1906년 계몽잡지 『소년한반도』에 최초로 발표한 문학작품은 「잠상태(岑上苔)」이다. 전통적 교양을 바탕으로 한 백화체 한문을 통해 서사문학을 처음으로 시도하였던 이해조는 이 작품 이후 애국계몽기에만 12편의 작품을 왕성하게 발표하였다. 1907년 들어 계몽단체 광무사와 대한협회에 가입하여 계몽운동에 동참하는 한편 당시의 대표적 애국계몽 언론이었던 제국신문사에 입사하면서 본격적인 문학활동을 전개하였다. 1907년 『제국신문』에 신소설 「고목화(枯木花)」와 「빈상설(鬢上雪)」을 연재하였으며, 그의 애국계몽기 문학활동의 정점을 이루는 1908년에는 「원앙도(鴛鴦圖)」「구마검(驅魔劍)」「홍도화(紅桃花)」「만월대(滿月臺)」「쌍옥적(雙玉笛)」 등의 작품을 연이어 연재하는 동시에 미국 초대대통령 조지 워싱턴의 전기 『화성돈전(華盛頓傳)』과 쥘 베른의 소설 『철세계(鐵世界)』를 번역 출판하기까지 하였다. 애국계몽운동이 정점에 달한 이 해에 그의 계몽 활동도 정점에 달하여 기호흥학회와 대한협회의 평의원으로 활동하였을 뿐만 아니라 『기호흥학회월보』의 편집인으로도 활동하였다.

이 시기 이해조의 신소설은 국권회복의 국민을 창출하기 위하여 신소설이라는 근대적 양식을 통하여 계몽사상의 대중화에 힘썼던 결과였다. 「고목화」「빈상설」「원앙도」「구마검」 같은 당대의 일상적 경험세계에 대한 소설적 형상화는 모두 이를 위한 소설적 의장이었던 셈이다. 이 시기 이해조 소설 중 「구마검」을 언급하면서 임화는 "표현과 묘사, 자기 주장과 현실인식이 왕왕히 조화되었다. 이것은 경탄에 치(値)할 일이 아니면 아니된다. 이 사실은 이 작가가 자기의 주장과 더불어 현실의 인식이라는 것을 극히 중시했던 증좌인 동시에, 세상의 소설적인 반영을 통하여 자기 주장을 이해시키고 납득시키려고 했던 태도의 표현이다"라고 높이 평가하기도 하였다.

1909년 이후 이해조는 「모란병(牧丹屛)」과 「박정화(薄情花)」를 연재하고 나서, 경술국치가 임박한 1910년 7월에 애국계몽기 그의 대표작인 토론체 정치소설 『자유종(自由鐘)』을 광학서포에서 간행하였다. 그런데 대개의 이해조 소설이 신문에 연재되었다가 나중에 단행본으로 출간된 점에 비추어 『자유종』 또한 신문에 연재되었다가 단행본으로 묶였을 것이며, 그 연재시기는 아마도 1908년 무렵일 것이다. 임화의 『신문학사』 연구 이후 오늘날에 이르기까지 신문학 초창기 문학사에 있어 이해조의 대표작으로 거론되면서 가장 많은 주목을 받아온 작품이 바로 『자유종』이다.

『자유종』은 토론부와 꿈부 두 부분으로 나누어지는데 토론부에서는 사회 제반현실에 대하여 네 여성의 비판과 대안이 제시되고, 꿈부에서는 그 여성들의 바람을 상원날 밤의 꿈에 의탁하여 토로하는 부분으로 구성되었다. 양적으로 전편의 5/6를 차지하는 앞의 토론부에서는 실로 다양한 주제들이 전개된다. 여성 주인공의 입을 통해서 여권신장과 여성교육의 중요성 문제뿐만이 아니라, 자녀중심의 교육, 근대적 학문의 필요성, 종교·교육제도 비판, 적서차별 폐지, 반상의 신분차별 문제, 지방색의 타파, 한자사용 비판 등 당대 사회의 거의 모든 문제들이 망라되어 있다. 몽유록의 의장을 빌어 격정적으로 구성된 후반부의 꿈부에서는 자주독립에의 염원이 강렬하게 표백되어 있다.

일련의 『신문학사』 연구를 통해 최초로 『자유종』을 분석한 임화는 『자유종』의 '정치소설'적 진보성과 '계몽소설'적 한계성을 당대의 사회적 토대 및 사상적 조류와 연결시켜 날카롭게 평가하고 있다. 임화는 『자유종』은 "신소설이기보다는 정치소설에 더 가까울 것이며 또 신소설 가운데다가 놓고 본다 하더라도 계몽소설로서 최상급"이라고 했다. 이는 『자유종』이 가진 근대성과 그 한계가 고스란히 담겨있기 때문이다. 임화의 평가대로 『자유종』은 분명 "빙공착영(憑空捉影)으로 인정에 맛도록…… 진진혼ᄌᆞ미"가 있는 소설은 아니다. 그의 소설에 대한 언급을 통해서 보건대도 낯선 『자유종』의 이질성은 그러므로 1908년 무렵의 애국계몽운동의 조류 속에서 문화운동의 선두에 섰던 이해조의 열렬한 계몽의식이 소설적 형상화의 틀을 뚫고 분출한 결과이다. 그렇게 해서 선택한 형식이 당대에 광범위하게 전개된 토론, 그것도 개명한 여성에 의해 주도된 토론체 형식이었던 것이다.

그렇다면 이해조가 소설적 의장을 벗어버리면서까지 대중에게 계몽시키려 했던 의식과 사상은 무엇인가. 당대 계몽운동의 사정으로 볼 때 이해조가 몸담았던 『제국신문』이나 광무사, 대한협회, 기호흥학회 등은 크게 대한협회 계열의 단체들로 계몽운동론 상으로는 온건론에 속하며 『대한매일신보』 계열의 선독립론과는 차별성을 갖는 선실력양성론에 속했던 것으로 판단된다. 이런 점에서 『자유종』은 근대 민족문학의 도정에 있어서 그 초창기의 비약과 동시에 제약을 상징적으로 보여주는 작품이다. 꿈부가 주관적 열망의 비약에 따른 직정적 주문이라면 토론부는 역사적 제약에 따른 실력양성론의 방략으로 읽힐 수 있기 때문이다.

『자유종』을 정점으로 전개된 이해조의 국치 이전의 문학은 분명 근대 초기 부르주아운동의 한 형태였던 '선실력양성론'을 대표하는 대한협회의 자강노선에 잇닿아 있다는 것이다. 이에 반해 이인직은 친일단체인 일진회를 조직 기반으로 하고 변절지인 『만세보』와 친일지인 『대한신문』을 매체로 보다 권력지향적이면서도 반외세적 계기가 거세된 근대화제일주의 노선에서 있었던 것으로 판단된다. 그러나 역사적 현실은 경술국치의 길로 치달았다. 대한제국이 멸망하자 국권회복과 실력양성을 꿈꾸었던 이해조의 노선은 자리할 곳을 잃게 되었으며, 그 자리를 이인직의 근대화 제일주의 노선이 총독부의 직접통치를 통하여 전면화되는 식민지시대에 접어들게 되었다.

국치 이후 이해조는 사회 활동에서 거의 물러나서 오직 창작에만 몰두하였다. 국치 직후 총독부의 기관지 『매일신보』에 입사하여 일제와의 일정한 타협에 나선 이해조는 「화세계」를 연재하기 시작하여 1911년부터 1913년 퇴사할 때까지 이 신문의 소설 연재란을 독점하다시피 신소설 창작에만 전념하여 14편의 신소설을 남겼다. 1912년에는 특히 판소리 네 마당을 소설로 정리한 『옥중화』 『강상련』 『연의각』 『토의간』을 연재 출판하여 고전의 세계로 눈을 돌리기 시작하였다. 1913년을 분기로 신소설 창작을 거의 중단한 이해조는 1918년 세조 찬탈사건의 공신 한명회와 홍윤성을 각각 다룬 역사소설 『한씨보응록』과 『홍장군전』 두 편을 간행함으로써 문학적 긴장을 읽고 구소설의 세계로 퇴각하였다. 이해조와 함께 쌍벽을 겨루던 이인직 또한 최후작 『모란봉』을 연재하다가 중단하고 신소설 창작을 멈춘 시점이 공교롭게도 1913년이다. 이해조와 이인직이 물러난 자리에서 1910년대 신파소설 번안시대가 도래한 것이다.

이해조는 1927년 5월 11일 자신의 고향 포천에서 59세를 일기로 사망하였다. 그러나 그의 빛나는 문학사적 연대기는 1906년부터 1913년까지 창작된 30여 편 신소설 작품에 내장되어 있다. 작품의 양적 측면에서 볼 때 이해조는 단연 신소설 시대 최대의 작가이다. 그러나 작품의 질적 측면에서 놓고 보더라도 이해조는 이인직과 더불어 신소설의 문학사적 위상을 대표할 뿐만 아니라, 최원식의 지적대로 이해조의 문학을 신소설 시대의 중심에 놓고 볼 때 우리 소설사의 올바른 맥락을 재구성할 수 있을 터이다.

이해조 ▸▸

1869년(1세) 2월 27일, 경기도 포천(抱川)에서 이철용(李哲鎔)과 청풍 김씨 사이에서 장남으로 태어나다. 호는 동농(東儂). 인조의 셋째 왕자 인평대군의 10대손으로 출생한 이해조의 가문은 오랫동안 실세하였다가 종친을 높이고 외척을 억제한 대원군 집정기에 득세한 왕족가문 출신이다.

1871년(3세) 조부 재만(載晩) 알성과에 급제, 홍문관 수찬에 제수되다.

1873년(5세) 대원군 실각으로 집안이 다시 몰락하기 시작하다.

1883년(15세) 민씨세도정권에 의해 조부가 처형되다.

1894년(26세) 갑오경장 내각에 의해 조부 복관되다.

1906년(38세) 부친이 포천에 화야의숙(華野義塾) 설립하다. 11월 처녀작 「잠상태(岑上苔)」를 『소년한반도』에 연재하다(~1907.4).

1907년(39세) 2월 철도권회수운동 단체 광무사의 발기인으로 참여하다. 6월 『제국신문』에 입사하다. 6월 5일부터 『제국신문』에 신소설 「고목화」를 연재하고(~10.4), 연이어 10월 5일부터 『제국신문』에 신소설 「빈상설」 연재하다(~1908.2.12). 11월 대한협회 교육부 사무장이 되다.

1908년(40세) 2월 13일부터 『제국신문』에 신소설 「원앙도」를 연재하다(~4.24). 4월, 미국 초대대통령 조지 워싱턴의 전기 『화성돈전』을 번역하여 회동서관에서 간행하다. 4월 25일부터 『제국신문』에 「구마검」을 연재하다(~7.23). 5월 기호흥학회 기관지 『기호흥학회월보』 편집인 활동을 시작하다(~1909.7). 이 잡지에 「윤리학」이라는 논설을 장기 연재하다. 7월부터는 대한협회 평의원으로도 활동하다. 7월 24일부터 『제국신문』에 『홍도화』 상편을 연재하다(~9.17). 9월 18일부터 『제국신문』에 「만월대」를 연재하다(~12.3). 11월 번역소설 『철세계』를 회동서관에서 간행하다. 11월 대한협회 평의원 재선되고 12월에는 기호흥학회 평의원으로도 활동하다. 12월 4일부터 제국신문에 「쌍옥적」을 연재하다(~1909.2.12).

1909년(41세) 2월 13일부터 『제국신문에』 「모란병」을 연재하다. 4월에는 기호학교 교감으로 취임하다. 6월 15일부터 단편 「현미경」을 『대한민보』에 연재하다(~7.11).

1910년(42세) 3월 10일부터 『대한민보』에 「박정화」를 연재하다(~5.31). 5월 유일서관에서 『홍도화』 하편을 간행하다. 7월 광학서포에서 『자유종』을 간행하다. 국치 후 총독부 기관지 『매일신보』에 입사하다. 10월 21일부터 『매일신보』에 「화세계」를 연재하다(~1911.1.17).

1911년(43세) 1월 18일부터 『매일신보』에 「월하가인」 연재(~4.5), 4월 6일부터 『매일신보』에 「화의혈」 연재(~6.21), 6월 22일부터 『매일신보』에 「구의산」 연재(~9.28), 9월 30일부터 『매일신보』에 「소양정」을 연재하다(~12.17).

1912년(44세) 1월 1일부터 『매일신보』에 「춘외춘」(~3.14)과 「옥중화」(~3.16)를 동시에 연재하다. 3월 15일과 17일부터는 『매일신보』에 「탄금대」(~5.1)와 「강상련」(~4.26)을 동시에 연재하다. 4월 29일과 5월 2일에는 『매일신보』에 「연의각」(~6.7)과 「소학령」(~7.6)을 동시에 연재하다. 6월 9일부터 『매일신보』에 「토의간」(~7.11), 7월 7일부터는 「봉선화」를 연재(~11.29), 11월 30일 『매일신보』에 「비파성」 연재(~1913.2.23).

1913년(45세) 2월 25일부터 『매일신보』에 「우중행인」을 연재하다(~5.11). 이해에 『매일신보』 퇴사하다.

1914년(46세) 신구서림에서 『정선 조선가곡』이 간행되다.

1918년(50세) 역사소설 『홍장군전』과 『한씨보응록』을 오거서창에서 간행하다.

1919년(51세) 4월 30일 부친이 사망하다.

1927년(59세) 5월 11일 포천에서 59세를 일기로 별세하다.

안국선 安國善, 1878~1926

/김영민/

안국선은 근대계몽기의 대표적 문필가 가운데 한 사람이다. 안국선의 문필활동은 그의 일본 유학과 연관되어 있다. 안국선은 그의 후견인이었던 안경수의 도움을 받아 관비유학생으로 선발되어 일본에 건너갔다. 안국선의 큰아버지이기도 했던 안경수는 한말의 풍운아 정객(政客)이었다. 안국선이 처음으로 발표한 글은 그가 일본으로 건너간 다음해인 1896년에 발표한 「일견과 백문의 우열」 및 「정치의 득실」이었다. 그는 이 글을 유학생 단체인 대조선일본유학생친목회가 발행한 잡지 『친목회회보』에 발표했다. 안국선은 이후로도 「북미합중국의 독립사를 열(閱)하다가 아대(我大)조선국독립을 논함이라」(『대조선독립협회회보』) 등 현실 정치와 연관된 글들을 일부 발표했다.

안국선이 한국 근대문학사에서 중요한 평가를 받게 된 것은 우화소설 『금수회의록』 때문이다. 『금수회의록』은 1908년 2월 황성서적업조합에서 초판을 발행하였고, 그해 5월 재판을 발행하는 등 당시 대중들에게 큰 호응을 받았다. 안국선의 아들로, 후일 소설가로 성장하게 되는 안회남은 『금수회의록』이 약 4만 부 가량 판매되었다고 술회했다. 안국선이 『금수회의록』을 저술 발표한 1908년 전후는 그의 생애에서 굴곡이 많았던 시기이면서 또한 문필활동이 가장 왕성했던 시기이기도 했다. 『금수회의록』은 안국선의 굴곡진 삶의 체험과 필력을 바탕으로 탄생한 작품이다. 안국선은 1907년 3월, 오랜 기간에 걸친 구금 및 유배 생활에서 풀려나 자유로운 몸이 되었다. 그해 11월 처음으로 관직에 올라 사무관에 임명되었지만 한 달 후 직을 사임했고, 『정치원론』 및 『연설법방』 등의 저술서를 출간했다. 1907년 11월에 발간된 『연설법방』은 『금수회의록』의 작품 형식에 직접 영향을 미친 저술로 거론된다. 『연설법방』은 크게 두 부분으로 구성되어 있는데, 제1부에는 연설의 이론(理論)이, 그리고 제2부에는 실제 연설문의 사례가 수록되어 있다. 안국선은 여기에 수록된 연설문의 사례를 통해 시국 현안에 대한 자신의 의견을 개진하기도 했다. 그는 『금수회의록』을 쓴 몇 개월 뒤 탁지부 서기관으로 임명되어 다시 관직에 나아가게 된다.

근대계몽기에 발표된 이른바 '신소설'들은 그 내용에 따라 줄거리 중심 소설과 주제 중심 소설로 크게 나눌 수 있다. 이때 전자를 서사 중심 신소설이라 한다면, 후자를 논설 중심 신소사설이라 할 수 있다. 『금수회의록』은 근대계몽기의 논설 중심 신소설의 효시를 이루면서 또한 그 세계를 대표하는 작품이다. 논설 중심 신소설은 작품의 수가 그렇게 많지 않으며, 명맥이 오래 가지도 못했다. 대부분의 논설 중심 신소설은 치안을 어지럽히는 소설로 분리되었고, 한일병합 전후 금서 처분을 받았다. 『금수회의록』 역시 발간 이듬해인 1909년 9월 5일 발매금지 처분을 받게 된다.

『금수회의록』과 동시에 금서 처분을 당한 도서 목록 속에는 김대희의 애국계몽적 저술 『20세기 조선론』이 포함되어 있다. 이 『20세기 조선론』의 뒷부분에 「안국선 씨 대한금일선후책」이라는 글이 실려 있다. 김대희가 기록한 「안국선 씨 대한금일선후책」에서 안국선은 현실에 대한 인식을 다음과 같이 직설적으로 보여준다. "이십 세기의 조선은 교화(敎化)의 조선이오. 실업 조선이오. 이것이 조선에 대한 이십 세기의 대세니 이십 세기의 대한제국 인사는 이 대세를 적응하여야 할 것이오. 설사 정치상에 종사할지라도 이것을 잊어서는 할 수 없소. 우리들도 탈 수 있는 기회가 있고, 할 수 있는 형편이 이르면 정치상에 활동할 마음이 전혀 없으나 이것은 한 때의 일이지, 이십 세기의 사업은 근본적으로 교화가 이것이오. 실제적으로 실업이 이것이니, 나는 믿소. 이와 같이 하면 우리 나라가 다시 일어나리라 나는 믿소." 즉, 교화(敎化)로 근본적 문명을 발달시키고, 실업으로 실제적 권력을 길러내는 것이 대한제국의 이상적 진로임을 강조하고 있는 것이다.

『금수회의록』은 서언과 개회취지, 그리고 제1석에서 제8석에 이르는 동물 우화 및 폐회 부분으로 이루어져 있다. 『금수회의록』은 안국선의 세계관과 인간관을 역설적으로 기술해 낸 작품이다. 이러한 역설적 기술을 자연스럽게 보여주기 위해 고안해 낸 장치가 동물 우화라는 형식이었다. 『금수회의록』에서 다루어지는 내용들은 인간의 간사함과 교활함, 좁은 소견과 이중성, 혹독함, 음란성 등이다. 여기서 안국선이 활용하는 이야기의 틀은 다음과 같다. 첫째, 우주는 변함이 없고 한결같으나, 사람의 일은 고금이 달라 변화가 무쌍하다. 둘째, 인간 세상은 착한 사람과 악한 사람이 거꾸로 되어 있고 충신과 역적이 뒤바뀐 세상이다. 이 세상 속에서 인간의 삶은 더럽고, 어둡고, 어리석고, 악독하다. 셋째, 현재 인간이 사는 모습은 금수만도 못한 것이라 할 수 있다. 따라서 인간은 금수에게 비난받아 마땅한 지경에 이르렀다. 『금수회의록』에 등장하는 여러 동물들이 인간을 비판하는 것은 이러한 이유 때문이다. 즉 이러한 삼 단계의 논리를 바탕으로 인간에 대한 비난과 공격이 이어지는 것이다. 『금수회의록』의 성격에 대해는 우화소설, 정치소설, 교술문학, 풍자소설 등 다양한 의견이 존재한다. 『금수회의록』은 이러한 성격들을 종합적으로 지니고 있다. 『금수회의록』은 동물우화의 형식을 빈 풍자소설로, 그 목적을 독자 대중에 대한 계몽에 둔 작품으로 정리할 수 있다.

안국선의 문학세계를 대표하는 또 하나의 저술은 『공진회』이다. 『공진회』는 1915년 8월 25일 발행된 소설집으로 발행자는 안국선, 발매소는 수문서관이다. 『공진회』에는 「기생」 「인력거군」 「시골노인 이야기」 등 세 편의 작품이 실려있다. 『공진회』는 근대 이후 최초의 단편소설집으로 분류되기도 한다. 『공진회』는 비록 금서처분을 받지는 않았지만, 원고 검열 과정에서 「탐정순사」와 「외국인의 화(話)」 두 편의 작품이 삭제되었다. 『공진회』에 담겨 있는 여타 작품들의 내용으로 미루어볼 때, 이들이 정치적인 이유로 검열에서 삭제되었을 가능성은 적다. 그보다는 풍속 문제 때문이었을 것으로 추정된다.

『공진회』에 수록된 세 작품은 모두가 곤경에 처한 주인공들이 그 곤경을 극복하고 행복한 결말을 맞는 공통적 구조로 이루어져 있다. 고난에서 행복으로 가는 이 구조는 대중적 흥미를 유발시키는 데에 매우 효과적이다. 안국선은 『공진회』에서 오락성와 교훈성을 융합시켜 보여준다. 그는 주인공이 고난을 이기는 과정에서 재치를 활용해 오락성을 높이고, 이야기의 결말을 통해 교훈을 남긴다. 안국선은 『공진회』의 「서문」에서 이 작품집의 의미에 대해 다음과 같이 설명한다. "총독부에서 새로운 정치를 시행한 지 다섯 해 된 기념으로 공진회를 개최하니, 공진회는 여러 가지 신기한 물건을 벌여놓고 모든 사람으로 하여금 구경하게 하는 것이어니와, 이 책은 소설 공진회라. 여러 가지 기기묘묘한 사실을 책 속에 기록하여 모든 사람으로 하여금 보게 한 것이니 총독부에서는 물산 공진회를 광화문 안 경복궁 속에 개설하였고, 나는 소설 공진회를 언문으로 이 책 속에 진술하였도다." 결국 소설 『공진회』는 현실에서 개최되는 조선 총독부의 이른바 물산공진회를 염두에 두고 지은 작품이 된다. 『공진회』는 『금수회의록』의 계몽성에 오락성을 새롭게 추가한 소설이다. 「서문」에 기록된 창작 의도에 대한 진술 또한 그것을 잘 보여준다. "물산 공진회는 돌아다니며 구경하는 것이오, 소설 공진회는 앉아서 드러누워 보는 것이라. 물산 공진회를 구경하고 돌아와서, 여관 한등 적적한 밤과 기차 타고 심심할 적과 집에 가서 한가할 때에 이 책을 펼쳐들고 한 대문 내려보면 피곤 근심 간데 없고, 재미가 진진하여 두 대문 세 대문 책 놓을 수 없을 만치 아무쪼록 재미있게 성대한 공진회의 여흥을 돕고자 붓을 들어 기록하니, 이때는 대정 사년 초팔월이라." 안국선은 공진회의 여흥을 돕고자 이 작품을 쓴다는 사실을 여기서 분명히 밝히고 있는 것이다. 그런가 하면 작가 후기에 해당하는 「이 책 본 사람에게 주는 글」에서는 『공진회』가 세상 현실의 기록임을 이야기한 후, 거기서 각자 교훈을 찾을 것을 제안한다. "그러나 마음의 옳고 그름으로 인연하여 나중 결과가 다르니, 마음을 옳게 먹은 사람은 슬프고 겁나는 중에 있을지라도 나중에는 즐겁고 기꺼운 결과를 보고, 마음을 옳지 않게 가진 사람은 그 마음을 고치지 아니하면 항상 슬프고 겁나는 걱정, 근심 중에서 몸을 마치는지라, 이 책 읽은 여러 군자는 책 속에 기록한 여러 가지 사정을 가지고 각기 자기의 마음을 비치어 볼지어다."

『공진회』는 작품의 주요 등장인물들이 평범한 인물들 혹은 하층계급의 인물들이라는 점에서도 주목할 만하다. 작품의 주요 인물을 일상적 신분계층에서 선택하고 있다는 사실은, 그 시기 소설의 상당수가 아직도 고대소설의 인물 설정을 답습하고 있었던 것과는 구별된다. 『공진회』에 수록된 세 작품에서는 모두 여성의 정절이 강조된다. 이는 『금수회의록』에 들어있는 윤리 혹은 도덕성 강조의 주제와 크게 어긋나는 것이 아니다. 그러나, 『금수회의록』과 『공진회』 사이에는 적지 않은 괴리가 존재한다. 그 가장 큰 괴리는 작가가 속한 현실에 대한 정치적·사회적 인식이다. 안국선은 『공진회』로 가면서 점차 총독정치의 은덕을 칭송하는 체제 순응적 작가로서의 변화된 모습을 드러냈던 것이다.

안국선의 삶은 안정적이기 보다는 격동적이었고, 문학활동은 일관성을 띠기보다는 양면성을 띤다고 할 수 있다. 『금수회의록』에서 안국선이 가장 강조해 보여준 것은 현실에 대한 비판의식이었다. 그러나 『공진회』에서 그가 보여주는 것은 현실에 대한 안주이다. 『금수회의록』을 쓰며 그가 지녔던 문학관이 적극적 '계몽'이었다면, 『공진회』를 쓸 당시의 그것은 계몽과 '오락'의 결합이다. 안국선의 이러한 변화는 한 개인의 변화일 수도 있지만, 당 시대를 반영하는 변화이기도 하다. 안국선의 삶의 격동성은 근대계몽기 지식인들의 다양한 삶의 한 유형을 보여준다. 안국선 문학의 변화 역시 근대계몽기 소설사의 변화 방향과 틀을 상당부분 반영한다. 교화(敎化)와 계몽(啓蒙)을 중심으로 전개되던 한말(韓末)의 근대소설사가, 1910년 한일병합과 함께 점차 통속성과 오락성을 강화해 가던 과정과 일치하는 것이다.

안국선 ▸▸

1878년(1세) 12월 5일 경기도 안성군 고삼면에서 아버지 안직수와 어머니 오씨 사이에서 장남으로 태어나다.

1895년(18세) 관비유학생에 선발되어 일본으로 건너가 게이오기주쿠(慶應義塾) 보통과에 입학하다. 이 과정에서 군부대신(軍部大臣)이던 큰아버지 안경수 도움을 받은 것으로 추정되다. 안경수는 이후로도 안국선의 삶에 적지 않은 영향을 미치게 되다.

1896년(19세) 7월 게이오기주쿠 보통과를 마치고 8월 도쿄전문학교(東京專門學校) 방어정치과 (邦語政治科)에 입학하다. 유학생 잡지에 「일견과 백문의 우열」 및 「정치의 득실」(『친목회회보』)을 발표하면서 문필활동을 시작하다.

1897년(20세) 「북미합중국의 독립사를 열(閱)하다가 아대(我大)조선국독립을 논함이라」(『대조선독립협회회보』) 발표. 「정도론」(『친목회회보』) 발표하다.

1899년(22세) 7월 도쿄전문학교 방어정치과 졸업하다. 11월 귀국하였으나 곧바로 박영효 관련 정치적 사건에 간접 연루되어 체포, 오랜 기간 수감되다. 수감 기간 동안 기독교를 받아들인 것으로 추정된다.

1904년(27세) 재판에서 종신형을 선고받고 전라남도 진도군으로 유배를 가다. 유배지에서 부인 이씨를 만나 결혼하다. 두 사람 사이에서 뒤에 태어난 아들이 소설가 안회남(安懷南)이다.

1906년(29세) 「부지런할 일」 「가정경제론」(『가정잡지』) 「일본 행위에 대한 국제법 해석」(『대한매일신보』) 발표하다.

1907년(30세) 3월 유배에서 풀려나 서울로 귀환하다. 보성관 번역원을 지내다. 6월 박영효 귀국 환영회 발기인으로 참여하다. 11월에 제실재산정리국(帝室財產整理局) 사무관에 임명되었으나 12월에 사임하다. 저술서 『정치원론』(중앙서관)과 『연설법방』(창신사) 출간하다. 「응용경제」 「민원론」 「국채와 경제」 「풍년불여연흉론」 「계연금 주의」 「조합의 필요」(『야뢰』) 발표하다. 김대희가 기록한 「안국선 씨 대한금일선 후책」이 『20세기 조선론』에 수록되다.

1908년(31세) 대한협회(大韓協會) 평의원으로 재임하던 중 사임하고, 7월 탁지부 서기관에 임명되다. 2월 『금수회의록』(황성서적업조합) 출간하다. 「정당론」 「회사의 종류」 「민법과 상법」 「정치가」 「고대의 정치학과 근세의 정치학」 「정부의 성질」(『대한협회회보』) 발표하다. 「정치학 연구의 필요」 「고대의 정치학」(『기호홍학회 월보』) 「경제의 전도」(『황성신문』) 발표하다.

1911년(34세) 3월 경상북도 청도군수에 임명되다. 4월 14일 전호주(前戶主) 안경수의 양자로 입적하면서 호주 상속을 하다.

1913년(36세) 6월 경상북고 청도군수 사임하고 서울로 올라와 대동전문학교 등에서 정치·경제를 강의하다.

1915년(38세) 8월 『공진회』(수문서관) 발간하다.

1916년(39세) 금광, 미두, 주권 등에 관여했으나 실패하고 고향인 경기도 안성으로 내려가다.

1919년(42세) 서울로 올라와 12월 조선경제회 상무이사를 지내다. 언론계에 진출하려는 계획을 세우고 신문 창간활동 등에 참여했으나 뜻을 이루지는 못하다.

1920년(43세) 해동은행 서무과장을 지내다. 이후 서무부장으로 승진하고, 경제전문가로 활동하다. 「세계 경제와 조선」(『동아일보』) 발표하다.

1921년(44세) 「경제상으로 견(見)한 반도의 장래」 「레닌주의는 합리한가」(『청년』) 「족(足)의 속박을 해방하라」 「신설할 만한 유리 사업」(『계명』) 「조선인을 본위로 하라」(『동아일보』) 발표하다.

1922년(45세) 「화부회의 효과」(『동아일보』) 발표하다.

1923년(46세) 「세계적 경제형편」(『청년』) 발표하다.

1926년(49세) 7월 8일 별세하다.

한용운 韓龍雲, 1879~1944

/이선이/

한용운은 조선불교의 근대화운동을 주도한 승려이자 민족의 독립운동을 주도한 독립운동가이며 시인이자 소설가라는 다채로운 이력을 가진 입체적이고 역동적인 인물이다. 1879년 8월 충청남도 홍성군 결성면에서 태어난 그는, 용운(龍雲)이라는 법명(法名) 이외에도 만해(萬海)라는 법호(法號)로 널리 알려져 있다. 그의 사회적 신분은 승려였으나 사회적 실천은 산중에 유폐된 채 쇠퇴일로에 처한 조선불교를 근대화하고자 노력한 조선불교 근대화운동과 일제치하에서 고통 받는 민족의 독립을 위해 싸운 민족독립 운동에 집중되었다. 문인으로서 그는 근대적인 자유시와 한시, 시조를 남긴 시인이면서 신문연재 소설을 쓴 근대적인 소설가이다. 이러한 다채로운 이력에 대해서는 서로 다른 평가가 있을 수 있지만, 한용운의 삶은 이들 범주가 상호 깊은 연관성을 가지면서 자유와 평화를 위한 일관된 삶의 철학이 다양하게 표출된 것으로 이해할 수 있다.

구한말의 어지러운 국내외 정세를 보며 한용운은 19세의 나이로 뜻한 바 있어 가출을 감행한다. 이후 설악산 백담사와 시베리아 · 만주 등 나라 안팎을 떠돌다 1904년 26세에 고향으로 다시 돌아온다. 그의 가출 동기는 분명하지 않으나 사내로 세상에 태어나 뜻을 펼치고 싶다는 심정적 동요가 있었던 것으로 보인다. 같은 해 12월 아들 '보국'이 태어났으나, 그는 다시 출가하여 완전히 불교에 귀의하는데 그의 본격적인 사회활동은 승려가 되면서 시작되었다. 19세 이전의 성장과정이나 불교에 귀의한 연유에 대해서는 자세하고도 정확한 기록이 남아있지 않고, 한용운 자신이 남긴 소략한 기록과 짧은 진술에 의존하거나 주변적 정황을 참작한 추측이 가능할 뿐이다. 이에 따르면 그는 어린 시절 서당에서 한학의 기초를 다졌으며 당시 조혼 풍속에 따라 1892년 14세의 나이로 결혼하고 어지러운 국내외 정세를 지켜보며 뜻한 바 있어 출가한 것 정도의 추정이 가능하다.

출가한 한용운에게 선결해야 할 가장 중요한 문제는 조선불교를 근대화하는 일이었다. 불교 근대화의 내용과 실천방안은 1910년에 발간한 『조선불교유신론』과 1912년에 발간한 『불교대전』에 잘 드러난다. 『조선불교유신론』은 산속에 유폐된 조선불교를 민중화 · 근대화할 수 있는 방안을 논리적으로 제시한 글이다. 여기에서 한용운은 불교의 대중화 방안을 적극적으로 모색하고 있으며, 이러한 인식이 근대문학으로 관심을 이동하는데 적지 않은 동인(動因)이 된 것으로 볼 수 있다. 당대는 문학이 담론을 주도하는 시대였고 근대적 인식을 계몽하는 도구적 기능을 문학이 주도적으로 담당한 시기였다.

한용운은 특별한 습작기나 문학 청년기를 보낸 경험이 없다. 다만 전통적인 문사들이 그러했듯 문학과 역사와 철학이 조화롭게 어우러진 전인적 삶의 추구가 한학의 교육경험을 통해 자연스럽게 체득된 것으로 볼 수 있다. 따라서 만해에게 시쓰기는 전통적 문사가 갖추어야 할 교양의 일환이었다. 백 육십여 수 남짓한 한시는 이를 잘 보여준다. 그러나 전통적 교양에 머무르지 않고 문학을 통해 근대적 인식을 담아내고자 한 한용운은 한문체 글쓰기에서 한글체 글쓰기로 문체를 전환해야 했다. 이러한 고민과 모색의 결과가 한글체 시쓰기에 대한 관심으로 이어진다.

한용운이 근대적인 시형을 모색한 것은 1918년 월간지 『유심』을 발간하면서 시작되었다. 우선 이 잡지의 권두언에 해당하는 「처음에 씀」, 「일경초의 생명」 등에서 자유시 형식의 운율을 찾을 수 있다. 3호 발간으로 끝난 이 잡지에서 특히 시적 형식을 취하고 있는 글인 「심(心)」은 불교적 일심사상(一心思想)을 산문시 형식에 담아낸 자유시에 근접한 글이라 할 수 있다. 이 글은 본격적인 근대시로 보기는 어려우나 어조나 소재적인 측면에서 시집 『님의 침묵』과 일정한 유사성을 갖는다. 또한 이 잡지에 한용운은 「조선 청년과 수양」, 「전로를 택하여 나아가라」, 「고통과 쾌락」, 「자아를 해탈하라」 등 불교적 사유를 바탕으로 실천하는 정신, 행동하는 지성을 강조하는 다수의 논설을 싣는다. 이 시기 한용운은 대중계몽의 구체적인 실천방안에 대해 깊이 고민했던 것으로 보인다.

1919년 3·1운동에서 민족 대표의 한 사람으로 주도적인 활약상을 보인 한용운은, 1921년 12월 만기 출소하여 애국사상을 반영한 장편소설 『죽음』을 탈고하면서 본격적인 근대문학 창작의 길로 들어선다. 이 소설의 주인공은 시집 『님의 침묵』의 시적 화자가 보여준 태도 및 어조와 상당한 유사성을 보이는데, 소설의 표현적 측면에서도 시집과 비슷한 부분을 여러 곳에서 발견할 수 있다. 따라서 근대문학에 대한 열정이 본격화되기 시작한 것은 40세가 된 1918년부터이며 한글체의 자유로운 구사와 근대문학에 대한 미학적 감수성을 확보해 나간 시기가 1925년까지 지속된 것으로 볼 수 있다.

감옥에서 나와 서울에 머무르며 사회활동을 펼치던 한용운은 민중계몽과 불교대중화를 위해 일간신문을 발행하고자 하였다. 당시 운영난을 겪고 있던 『시대일보』를 인수하여 이 뜻을 이루고자 하였으나 여의치 않았다. 출가 이후 줄곧 조선불교의 근대화운동과 민족독립 운동에 매진한 한용운은 현실적인 여러 문제들이 쉽게 풀리지 않자 1925년 홀연히 설악산 오세암으로 들어간다.

1925년 오세암에서 한용운은 선적 직관력을 더욱 명철하게 하고 정신적 자기수련을 위해 중국 선불교의 역사상 중요한 인물의 한 사람인 당나라 상찰선사(常察禪師)의 유명한 선화집(禪

話集) 『십현담(十玄談)』에 나름의 주해를 붙인 『십현담주해(十玄談註解)』를 집필한다. 민족독립과 불교 근대화라는 현실적인 문제와 고투하던 한용운에게 있어서 이 주해집 집필은 불교사상을 내면화하고 문학적으로 승화하는 직접적인 계기가 된 것으로 볼 수 있다. 같은 해 여름을 백담사에 머물며 한용운은 한국 근대시사에 있어서 기념비적 시집으로 평가받는 『님의 침묵』을 탈고한다. 시집의 말미에 "밤은 얼마나 되었는지 모르겠습니다. / 설악산의 무거운 그림자는 엷어갑니다. / 새벽종을 기다리면서 붓을 던집니다"라며 "을축년 팔월 이십구일(乙丑年 八月 二十九日) 밤 끝"이라고 밝혀두고 있다.

시집 『님의 침묵』은 일제강점기에 나온 이 땅의 근대시집 가운데 시대적 고통과 구원을 가장 상징적으로 보여준 시집으로 평가받고 있다. 핵심 시어인 '님'의 상징성이 연인, 조국, 불교로 확대되면서 이 시집은 남녀의 연애감정과 민족과 국가의 운명에 대한 역사적 공동체 의식 그리고 인류의 보편적 정서가 두루 함장되어 있다. 이러한 포괄적 상징의 밑바탕에는 승려로서의 만해가 의지했던 불교사상이 자리하고 있는데, 특히 삼라만상에 존재하는 모든 것이 연관성을 갖는다는 불교적 연기법(緣起法)은 시적 인식의 출발점이자 귀결점이 된다. 이 시집은 인간의 보편정서와 근대적 민족의식 그리고 불교적 존재인식이 어우러지면서 철학적이고도 역사적이며 명상적인 시세계를 보인 한국 근대 시사의 대표적인 시적 성취로 평가된다.

1926년 한용운은 서울로 귀경하여 『십현담주해(十玄談註解)』를 법보회에서 출간하고 시집 『님의 침묵』을 회동서관에서 출간하며 활발한 사회활동을 다시 시작한다. 이듬해에는 민족운동 내의 힘을 결집하기 위해 사회주의와 민족주의로 분열된 노선을 통일시키고자 '신간회'를 발기하고 중앙집행위원 겸 경성지회장에 선출된다. 그러나 두 노선간의 갈등을 견디지 못하고 같은 해 12월에 경성지회장직을 사임한다.

1931년 52세의 한용운은 『불교』지를 인수하여 불교사 사장으로 취임한다. 이후 1933년 9월까지 불교 관련 논설을 집중적으로 발표한다. 「정교를 분립하라」 「인도 불교운동의 편신」 「중국불교의 현상」 「조선불교의 개혁안」 「선과 인생」 「조선불교의 해외발전을 요망함」 「교단의 권위를 확립하라」 등 해외불교 소개와 조선불교 개혁 방안을 주장하는 다수의 논설을 집중적으로 발표한다. 이 시기 한용운은 조선불교를 대표하는 인물로 인식된다. 1933년에 당시 36세의 유숙원 씨와 재혼하고 서울 성북구에 '심우장(尋牛莊)'을 지어 살림을 시작한다. 이 집은 조선총독부를 바라보지 않겠다는 그의 뜻에 따라 북향으로 지었다는 일화로 유명하다. 이곳에서 한용운은 중생의 아픔이 곧 자신의 아픔이라고 생각한 재가거사 유마힐의 사상이 담긴 『유마힐소설경(維摩詰所說經)』을 번역하기 시작했으나 출간하지는 못하였다.

1930년대 중반에 접어들면서 한용운은 집중적으로 장편소설을 집필하고 발표한다. 1935년 4월부터 『조선일보』에 신문연재 소설로 장편 『흑풍』을 발표하고, 1936년에는 『조선중앙일보』에 장편 『후회』를 연재하나 폐간으로 인해 중단된다. 1937년에는 재정난으로 휴간되었던 『불교』지를 속간하여 성북학인(城北學人)이라는 필명으로 소설 「철혈미인」을 연재하나 2호로 중단한다. 1938년 5월에는 『조선일보』에 소설 「박명」을 연재하여 이듬해 3월에 연재를 끝낸다. 이처럼 한용운은 1930년대 중후반에 집중적으로 장편소설의 창작에 매달린다. 소설 창작이 재혼 이후의 생활고를 해결하는 방편이 되기도 하였지만 소설이 대중계몽의 주된 도구였던 현실을 직시한 결과라 하겠다. 이들 소설은 주로 계몽소설의 범주에 속하는 것으로, 반봉건주의와 반제국주의 사상이 도드라지는 것이 특징이다. 그의 소설들은 근대소설로서의 형식과 내용을 갖춘 것으로 보기는 어렵지만 한용운의 시대인식과 사상을 읽어낼 수 있다는 점에서 좋은 자료가 된다.

1939년에 회갑을 맞이한 한용운은 지인들과 함께 조촐한 회갑연을 갖는 등 개인적인 활동은 지속해 나가지만, 대동아 전시체제 하의 삼엄한 현실로 인해 일체의 한글 잡지와 신문이 폐간되고 사회활동이 극도로 위축되는 상황에서 점차 그의 사회적 활동은 줄어들어 간다. 1940년 이후에 한용운의 활동을 보여주는 자료는 별반 남아있지 않고, 다만 그가 마지막까지 잡지 『불교』에 관여했던 것으로 보인다. 그러나 1939년 이후가 되면 이 잡지에도 「황국신민의 서사(皇國臣民의 誓詞)」가 게재되고 노골적인 친일적 내용의 글이 실리기도 한다. 그러나 이것을 곧바로 한용운의 친일이나 변절과 연관지어 생각할 수는 없다. 암울한 시대가 끝나가던 1944년 6월 29일, 한용운은 영양실조로 인해 66세의 나이로 심우장에서 생을 마감한다.

한용운 ▸▸

1879년(1세) 8월 29일 충청남도 홍성군 결성면 성곡리 491번지에서 한응준의 둘째 아들로 태어나다. 사회적으로는 몰락한 양반의 후손이자 경제적으로는 중인 정도의 넉넉지 못한 가정형편에서 성장하다. 본관은 청주(淸州), 자는 정옥(貞玉), 속명은 유천(裕天)이며, 법명은 용운(龍雲), 법호는 만해(萬海)이다.

1886년(8세) 홍성의 아전 군속이 된 아버지를 따라 홍성 읍내로 이사하다. 홍성의 서당에서 『통감(通鑑)』 『서경(書經)』 『대학(大學)』 『서상기(西廂記)』 등을 배우며 한학의 기초를 다치다.

1892년(14세) 당시 조혼 풍습에 따라 전정숙(全貞淑)과 결혼하다.

1897년(19세) 뜻한 바 있어 고향을 떠나 서울로 향하는 가출을 감행하다. 한용운의 회고에 따르면 설악산 백담사, 시베리아, 만주 등지를 전전한 것으로 전하나 정확한 자료는 없다.

1903년(25세) 잠시 홍성 집에 돌아와 머물다 재가출하여 오대산 월정사에서 본격적인 불교 공부를 시작하다.

1905년(27세) 1월 26일 백담사 조실인 김연곡(金蓮谷)을 스승으로 모시고 정식 승려가 되다. 당시 유명한 학승인 이학암(李鶴庵)에게 『기신론』 『능엄경』 『원각경』을 배우다.

1907년(29세) 4월 15일 강원도 건봉사에서 최초의 선(禪) 입문인 수선안거(首禪安居)를 체험하다.

1908년(30세) 4월 일본의 바칸(馬關, 현 시모노세키), 미야지마(宮島), 교토(京都), 도쿄(東京) 등지를 여행하며 일본의 근대문명을 접하고, 후에 3·1운동을 함께 주도해 나간 유학생 최린을 만나다.

1910년(32세) 조선 불교의 개혁을 주창하여 불교 근대화의 이론적 초석이 된 『조선불교유신론』을 백담사에서 집필하다.

1911년(33세) 친일 승려 이회광이 주도한 '한일불교동맹조약' 체결에 반대하는 승려 궐기대회를 주도하다. 친일 불교 단체인 원종에 반대하며 조선 불교의 선의 맥을 잇는 '임제종(臨濟宗)'을 설립하고 종무원의 원장으로 취임하다. 가을에 만주로 가서 독립운동가 김동삼, 이시영, 이동녕 등을 만나고 귀국하다.

1912년(34세) 불교 경전을 대중화하기 위해 『불교대전』을 편찬을 계획하고 통도사에 소장되어 있는 『고려대장경』 1천 5백 11부, 6천 8백 2권을 열람하여 체계적으로 교리를 정리하다.

1913년(35세) 『조선불교유신론』을 불교서관에서 발행하다.

1914년(36세) 『불교대전』을 범어사에서 발행하다. 8월에 '조선불교회' 회장으로 취임하고 일제의 사찰령이 강요하는 구속에서 벗어난 조선불교의 통일된 기관을 조직하고자 노력하다. 그러나 이회광을 중심으로 하는 친일 성향의 본산 주지들의 반대로 무산되다.

1917년(39세) 동양의 대표적인 고전 중 하나인 『채근담(菜根譚)』에 해설을 붙인 『정선강의 채근담(精選講義 菜根譚)』을 신문관에서 발행하다. 그해 겨울 오세암에서 좌선하던 중 바람에 물건이 떨어지는 소리를 듣고 진리를 깨쳐 "사나이 가는 곳 어디나 고향인 것을 / 그 누가 객수 중에 오래 머무를 수 있겠는가 / 한 소리 크게 질러 삼천세계 뒤흔드니 / 흰 눈 속 복사꽃 송이송이 붉어라"라는 「오도송(悟道頌)」을 남기다.

1918년(40세) 월간지 『유심(惟心)』(9월 1일)을 창간하여 편집인 겸 발행인이 되다. 총 3호의 발간으로 끝난 이 잡지에 다수의 논설과 자유시 형식의 시 「심(心)」을 발표하다.

1919년(41세) 3·1운동에 불교계 대표로 참가하다. 최남선이 작성한 「독립선언서」의 자구를 수정하고 「공약삼장」을 추가하다. 3월 1일 명월관 지점 태화관에서 33인을 대표하여 기념사를 하고 만세삼창을 선창하다. 참가한 민족 대표들과 함께 변호사를 대지 말 것, 사식(私食)을 넣지 말 것, 보석(保釋)을 요구하지 말 것을 결의하고 일경에게 체포되다. 서대문형무소에 수감되어 경성지방법원 검사장의 요구로 장문의 「조선독립에 대한 감상」(7월 10일)을 작성하여 제출하다. 이 글은 비밀리에 외부로 전달되어 상해 임시정부의 기관지인 『독립신문』(1919.11.4)에 전문이 게재되다. 투옥 중에 전향서를 제출하면 사면해주겠다는 일제의 회유를 끝가지 거부하다.

1921년(43세) 12월 22일 출옥하다.

1924년(46세) 애국사상이 짙게 배어 있는 장편소설 『죽음』을 탈고하다. 이 소설 창작을 통해 집중적이고 본격적인 근대문학 창작의 의지를 드러내다. 일제의 사찰령에 대한 폐지를 적극적으로 요구하고 불교개혁운동을 주도할 '조선불교청년회' 총재에 취임하다. 민중계몽과 불교대중화를 위해 일간신문의 발행을 구상하던 중 『시대일보』가 운영난에 빠지자 이를 인수하려 하나 뜻을 이루지 못하다.

1925년(47세) 6월 7일 오세암에서 중국 당나라 상찰선사(常察禪師)의 선화(禪話)인 『십현담(十玄談)』을 주해한 『십현담주해(十玄談註解)』를 탈고하고, 백담사에서 8월 29일 한국 근대시사의 기념비적 시집인 『님의 침묵』을 탈고하다.

1926년(48세) 다시 서울로 귀경하여 『십현담주해』를 법보회에서 출간하고, 6월 20일에 시집 『님의 침묵』을 회동서관에서 출간하다. 이 시집에 대해 유광렬이 『시대일보』(1926.5.31)에, 주요한이 『동아일보』(1926.6.22)에 짧은 평을 발표하다. 그러나 이 시집은 당시 시단의 주목을 받지 못하였다.

1927년(49세) 민족주의와 사회주의로 분열된 민족운동을 통합하고자 발족된 '신간회' 발기에 적극 가담하고 같은 해 5월 신간회 중앙집행위원 겸 경성지회장에 선출되다. 그러나 민족주의와 공산주의 노선 간의 치열한 주도권 다툼 속에서 대통합을 추구하던 그는 견디지 못하고 6개월 만에 경성지회장직을 사임하다.

1930년(52세) 만해에게 정신적인 감화를 받은 조학유, 김법린, 김상호 등의 불교청년들이 항일 비밀결사 조직인 '만당(卍黨)'을 조직하다.

1931년(53세) 불교계의 종합지인 『불교』지를 인수하여 1933년 9월까지 편집인 겸 발행인이 되다. 여기에 해외 불교를 소개하는 글과 조선 불교의 개혁을 주장하는 많은 논설을 발표하다.

1932년(54세) 『불교』 93호에 실린 조선불교계 대표인물 투표 결과에 따르면, 만해가 총 477표 중 422표의 압도적인 지지를 받음으로써 조선 불교계를 대표하는 확고한 그의 입지를 보여주다.

1933년(55세) 36세의 유숙원 씨와 재혼하고 서울 성북구에 '심우장(尋牛莊)'을 지어 살림을 시작하다. 이 집은 조선총독부를 바라보지 않겠다는 그의 뜻에 따라 북향으로 지어지다. 중생의 아픔이 곧 자신의 아픔이라고 생각한 재가거사 유마힐의 사상이 담긴 『유마힐소설경(維摩詰所說經)』을 번역하기 시작하다.

1935년(57세) 4월 9일 장편소설 『흑풍』을 『조선일보』에 연재하기 시작하여 이듬해 2월 4일까지 계속되다. 이 시기부터 본격 신문연재소설을 쓰기 시작하다.

1936년(58세) 장편소설 『후회』를 『조선중앙일보』에 연재하다가 이 신문의 폐간으로 인해 50회 연재로 중단되다. 7월 16일 정인보, 안재홍 등과 태서관에서 '다산 정약용의 서세(逝世) 백년기념회'를 개최하다.

1937년(59세) 재정난으로 휴간되었던 『불교』(2007.3.1)지를 속간하여 고문이 되다. 여기에 성북학인(城北學人)이라는 필명으로 소설 「철혈미인」을 연재하기 시작하나 2회 연재 후 중단하다.

1938년(60세) 5월 18일 장편소설 『박명(薄命)』을 『조선일보』에 연재하기 시작하여 이듬해 3월 12일까지 연재하다. 만당(卍黨) 당원들이 일제에 피검되자 그에 대한 감시가 점점 강화되다.

1939년(61세) 회갑을 맞아 서울 '청량사'에서 회갑연을 열다. 여기에 오세창, 권동진, 홍명희 등이 참석하다. 11월 1일부터 『삼국지』를 번역하여 『조선일보』에 연재하기 시작하여 이듬해 8월 11일에 『조선일보』가 폐간되면서 중단되다.

1944년(66세) 6월 29일 자택인 심우장에서 입적하다. 미아리 화장장에서 다비한 후 망우리 공동묘지에 안장되다.

1974년 창작과비평사에 의해 '만해문학상'에 제정 시행되다. 이해 제1회 수상자로 신경림(시집 『농무』)을 선정하다.

신채호 申采浩, 1880~1936

/정호웅/

신채호(1880~1936)는 충남 대덕에서 태어나 조부 밑에서 전통적인 교육을 받고 자랐다. 19세 되던 1898년에 상경하여 성균관에 들었고, 1905년에 성균관 박사가 되었다. 이후 『황성신문』 논설위원, 『대한매일신보』 주필로서 애국계몽운동을 최일선에서 이끌었다. 양기탁, 안창호, 이동녕 등과 함께 비밀결사 신간회에 가담하여 그 취지문을 기초하는 등, 이 시기 신채호의 활동은 글쓰기에만 머무르지 않고 정치적 조직 활동에까지 나아갔다. 1910년 4월 중국으로 망명하기까지, 신채호는 이들 신문과 『대한협회회보』 『기호흥학회월보』 등에 정론적 논설을 발표하는 한편, 『이태리 건국 삼걸전』(1907) 『이순신전』(1908) 『을지문덕』(1908) 『동국거걸 최도통전』(1909) 등의 역사전기소설을 출간하거나 연재하였다.

중국으로 망명한 신채호는 『권업신문』 『청구신문』 『천고』 『동방』 등의 신문 잡지 편집에 관여하는 한편, 대한독립청년단과 신대한동맹단 등의 독립운동 조직의 간부로서 활동하였으며, 무정부주의동방연맹에 가입하여 중국의 무정부주의자들과 함께 새로운 사상운동을 펼쳤다. 이 시기 신채호는 조선사 연구에 진력하여 『조선사통론』 『문화편』 『강역고』(현재 전하지 않음) 『조선사연구초』(1930) 등을 저술하고, 『동아일보』 『조선일보』 등의 국내 신문에 「조선 역사상 일천 년래 제일대 사건」(1925) 「조선사」(1931) 「조선상고문화사」(1931) 등을 발표하였다.

역사 연구와 저술에 힘을 쏟는 한편 신채호는 문학에도 큰 관심을 기울여 「꿈하늘」(1916) 「백세 노승의 미인담」 「일목대왕의 철퇴」 「용과 용의 대격전」(1928) 등의 소설을 창작하고, 「고려영」 「너의 것」 「고향」 등의 한글 시 · 한시를 지었으며, 「낭객의 신년만필」(1925) 등의 비평문을 국내 신문에 발표하였다.

이처럼 글과 실제 활동으로써 조선의 독립과 새로운 세상 열기에 온힘을 쏟지만 종내 그 꿈을 이루지 못하고 이국의 감옥에서 원통하게 죽는다. 1928년 무정부주의 동방연맹의 국제위체(國際爲替) 사건에 연루되어 일본 경찰에 체포되어 10년형을 선고 받고 여순 감옥에 수감되었다가 1936년 2월 21일 세상을 떠났다. "해가 되고 피가 되고 바람 되고 불이 되고 흙이 되어, 님의 나라를 밝게 비추고 곱게 하고 깨끗하게 만들고 더워지게 하고, 님 나라에 보탬이 되고자 했던"(한글 시 「너의 것」 내용 요약) 불화살 헌신의 한 생애가 그렇게 마감하고 말았다. 죽음의 자리에 누운 단재의 귓가에는 망명 생활 사반세기 고독, 분노, 투지의 외줄기 행로 내내 불렀던 망명객의 사향가가 들려 왔을 것이다. "양 언덕 사이 한 굽이 맑은 강 / 강기슭엔 작은 초가 한 채 / 중략 / 어찌하여 10년 세월 돌아가지 못하고 / 북경 남쪽 남의 땅에 머물며 사향가만 부르는가 一曲淸江兩岸林 / 數間茅屋當江潯 / (…중략…) / 如何十載不歸去 / 居滯燕南學越吟"(한시 「고향」 부분).

신채호는 필명으로 일편단생(一片丹生), 단재(丹齋), 무애생(無涯生), 금협산인(錦頰山人), 한놈, 적심(赤心), 연시몽인(燕市夢人) 등을 사용했는데 대표 필명은 널리 알려진 단재이다.

국문학계에서 신채호의 문학을 연구 대상으로 다루게 되는 것은 1972년 『단재 신채호 전집』(형설출판사) 출간 때문이다. 이 전집은 평양의 국립중앙도서관에서 발견된 유고를 정리하여 펴낸 『룡과 룡의 대격전』(조선문학예술총동맹출판사, 1966)에 근거한 것인데, 그 저본인 『룡과 룡의 대격전』이 "유고들을 윤식, 삭제, 편집하였다는 문제점"(김주현, 「신채호-계몽과 저항, 전복으로서의 글쓰기」, 『백세 노승의 미인담(외)』, 범우, 2004, 337면)을 지닌 것인 만큼 아직은 원본 확정의 과제를 안고 있는, 불안정한 텍스트이다. 연변의 국문학자 김병민이 펴낸 『신채호문학유고선집』(연변대학출판부, 1994)은 남과 북에서 나온 이들 두 불안정한 텍스트가 지닌 문제점을 인식하고 나온 새로운 텍스트이다. 그러나 "누락된 부분이 적지 않게 발견"(김주현, 앞의 책, 338면)되는 등의 문제점이 있어 이 또한 완전한 텍스트라고 할 수는 없는 실정이다. 신채호 문학은 아직은 그 전모가 드러나지 않았다. 연구자들에 의해 계속해서 발굴 중에 있는 단재 문학은 그러므로 먼 훗날에 비로소 완성될 수 있을 것이다.

지금까지의 연구를 통해 드러난 대로, 신채호 문학의 중심인 소설은 시기에 따라 애국계몽기의 역사전기소설, 1910년대의 역사가공소설, 1920년대의 환상적 알레고리 소설로 나눌 수 있는데, 그 각각은 민족 영웅 대망론, 민중영웅 대망론, 민중 직접 혁명론 등에 근거하고 있다. 뒤로 가면서 사회주의, 무정부주의 등 동양 삼국의 지식계와 정치운동계에 큰 영향을 미치게 되는 새로운 사상을 수용함으로써 변화하긴 하지만 전체를 일관하는 비타협적 민족주의는 그대로 유지되었다.

신채호 문학을 일관하는 비타협적 민족주의의 요체는 '아(我)와 비아(非我)의 투쟁'이란 명제로 정리되는 단재의 이른바 "절대적인 적 사상"(김윤식, 「단재사상의 문제점」, 『김윤식선집』 1, 솔, 1996, 223쪽)이다. 약산 김원봉의 요청에 따라 쓴 「조선혁명선언」(1923)과 국내 문학을 통박한 「낭객의 신년만필」(1925)에 뚜렷한 이 사상의 기본 전제는, '내가 살기 위해서는 적을 죽여야 한다'는 확고한 원칙론이다. "조선 민중이 한편이 되고 일본 강도가 한편이 되어, 네가 망하지 아니하면 내가 망하게 된 '외나무다리 위'에 선 줄을 알진대, 우리 이천 만 민중은 일치(一致)로 폭력 파괴의 길로 나아"가야 한다는 것이다.

그 같은 폭력 파괴를 통해 단재가 이루고자 했던 것은 그러나 일본의 식민 지배에서 벗어난 독립의 현실에 머무는 것은 아니었다. "부절(不絶)하는 폭력-암살, 파괴, 폭동으로써 강도 일본의 통치를 타도하고, 우리 생활에 불합리한 일체 제도를 개조하여, 인류로써 인류를 압박치 못하며 사회로써 사회를 박삭(剝削)치 못하는 이상적 조선사회를 건설할" 것이란 말에 분명하듯, 단재는 "불합리한 일체 제도를 개조하여" "이상적 조선사회" 건설을 꿈꾸었으니, 그것은 독립 국가의 꿈을 포함한 이상사회 건설의 꿈이었다.

"강도 일본을 죽이지 않으면 죽는다"라는 위기의식에서 도출된 비타협적 민족주의와, 일체 제도의 개선 곧 혁명을 통해 유토피아를 건설하고자 하는 낭만적 이상주의는 그 강도와 열도가 높으면 높을수록 타협과 유보 위에 설 수밖에 없는 실제 현실로부터 멀어질 수밖에 없다. 1920년대 이후 생산된 단재의 소설이 환상적 알레고리의 형식을 지니게 된 것은 이런 사정의 반영이다. 타협과 유보의 실제 현실의 구속에서 자유로울 때 비로소 그 같은 비타협적 민족주의와 낭만적 이상주의의 작품 내 온전한 구현이 가능해지기 때문이다.

한편 단재류의 비타협주의 이상주의는, '아와 비아의 투쟁'이란 명제에서 이미 분명하듯, 필연적으로 양립 불가능한 두 대립항이 구축하는 이분법에 갇힐 수밖에 없다. 그럴 때 그 이분법 밖에 놓이는 것들이 제대로 이해될 수 없는 것은 당연하다. 단재가 3·1운동 이후 국내의 문예 현실을 두고, "완전히 문예의 문외한이 게다가 십여 년 해외에 앉아 조선문단의 소식이 격절하여 무슨 작품이 있는지 얼마나 낫는지 어떤 것이 환영을 받는지 알지 못하니 어찌 조선 현재 문예에 대하여 가부를 말하랴"라고 말하여 한 발 물러서는 듯하면서도, "민중생활과 접촉이 없는 상류사회 부귀가 남녀의 연애사정을 그림으로 위주하는 장음문자(奬淫文字)"가 횡행하고 있다고 통박한 것은 이와 관련된 것이다.

1920년을 전후한 시기, 젊은 작가들에 의해 쓰여진 연애소설의 요점은 자유연애, 자유결혼의 사상이었다. 남녀 모두가 주체로 서서 연애와 결혼의 상대방을 주체적인 판단에 따라 선택하는 것이 옳다는 이 사상은, 전근대적 남녀관계의 기본 형식을 전복하는 힘을 지닌 것이었으며, 새로운 남녀관계의 형식을 일구어내고자 하는 것이었다. 한 사회를 이루는 핵심 요소인 남녀관계의 기본 형식을 허물고 새로운 형식을 창출하고자 하는 것이니 혁명적인 사상이라 할 것인데, 단재류의 닫힌 이분법은 그 성격을 온전히 이해할 수 없었다.

신채호 문학은 비타협적 민족주의, 낭만적 이상주의에 이끌려 내달리는 근본주의적 정신의 일로매진을 중심축으로 하여 구축된 것이었다. 이로써 신채호 문학은 한국 근현대문학사를 채우고 있는 뚜렷한 개성 가운데 하나로서 같은 성격의 문학들을 대표하는 자리에 설 수 있었다.

신채호 ▸▸

1880년(1세) 11월 7일 충남 대덕군 산내면 어남리에서 아버지 신광식(申光植)과 어머니 밀양 박씨 사이의 차남으로 태어나다. 본관은 고령. 필명으로 일편단생(一片丹生), 단재(丹齋), 무애생(無涯生), 금협산인(錦頰山人), 한놈, 적심(赤心), 연시몽인(燕市夢人) 등이 있는데, 가장 널리 알려진 것은 '단재(丹齋)'이다.

1887년(8세) 아버지가 38세로 별세하다. 한문 사숙을 운영하는 할아버지 아래서 전통 교육을 받다. 9세에 통감을 해독하고, 10세에 시를 지었으며, 14세에 사서삼경을 독파하였다 한다.

1895년(16세) 향리에서 풍양 조씨와 결혼하다.

1897년(18세) 구한말 재상이었던 신기선(申箕善)의 집에 드나들며 많은 책을 읽다.

1898년(19세) 상경하여 성균관에 입교하다.

1905년(26세) 성균관 박사가 되다. 장지연과 교유하였으며, 그의 초청으로 『황성신문』 논설위원에 위촉되다.

1906년(27세) 양기탁의 천거로 『대한매일신보』의 주필에 취임하여 애국계몽운동을 전개하다.

1907년(28세) 번안서인 『이태리 건국 삼결전』을 광학서포에서 발행하다 양기탁, 안창호, 이동녕 등과 함께 비밀결사인 신민회에 참여하여, 그 취지문을 기초하다.

1908년(29세) 순한글 잡지 『가정잡지』를 편집 및 발행하다. 『대한매일신보』에서 「이순신전」과 「독사신론」을 연재하고, 휘문관에서 『을지문덕』을 발행하고, 『대한매일신보』 『대한협회회보』 『기호흥학회월보』에 논설을 발표하는 등 왕성한 문필활동을 전개하다.

1909년(30세) 『대한매일신보』에 「동국거걸 최도통전」을 연재하다. 이 시기 건강 상태가 좋지 않았고, 부인 조씨와는 사실상 별거하다.

1910년(31세) 4월에 안창호 등과 함께 중국으로 망명하다. 독립사상의 고취와 동지 규합을 목표로 『권업신문』 『청구신문』을 발행하다.

1913년(34세) 병고와 생활고를 겪었으며, 신규식의 초대로 상해로 가다. 망명 동지들과 교유하다.

1914년(35세) 조선사 관계 자료를 수집하고 그 집필에 착수하다. 백두산과 남북 만주 일대, 고구려 광개토왕대왕비 등을 답사하다.

1915년(36세) 조선상고사의 집필을 구상하다. 신규식 등과 신한청년회를 조직하고, 박은식·문일평 등과 박달학원을 세우다.

1916년(37세) 「꿈하늘」을 집필하다. 나철이 자결하자 대종교 운동에 참여하다.

1918년(39세) 북경에 있는 보타암이라는 암자에서 조선사 집필에 몰두하다. 『중화보』 『북경일보』 등에 논설을 실었으나 신문사의 교정 잘못을 질타하고 집필을 거절하다.

1919년(40세) 대한독립청년단 단장이 되고, 신대한동맹단의 부단주로 활동하다.

1920년(41세) 이회영의 부인 이은숙의 중매로 북경에 망명 유학 중인 박자혜와 결혼하다.

1921년(42세) 『천고』를 발간하다. 맏아들 수범을 얻다. 김창숙, 이극로 등과 이승만의 위임통치 청원을 규탄하는 「이승만성토문」을 발표하다.

1922년(43세) 관음사에 들어가 불경을 읽다. 이때 『조선사통론』 『문화편』 『강역고』 등 조선사 관련 저서를 여러 권 저술하였으나 현재는 전하지 않는다.

1923년(44세) 김원봉의 요청으로 「조선혁명선언」(의열단선언)을 기초하고, 민중의 직접 폭력 혁명을 주창하다. 북경대학 이석증(李石曾)의 소개로 『사고전서』를 섭렵하다.

1924년(45세) 『동아일보』에 「조선 고래의 문자와 시가의 변천」 「고사상 이두문명사 해석법」 등을 실었다.

1925년(46세) 『동아일보』에 「낭객의 신년 만필」 「조선 역사상 일천 년래 제일대 사건」 등을 연재하는 등 이 시기 여러 편의 글을 국내 지면에 발표하다.

1927년(48세) 신간회(新幹會) 조직에 발기인으로 참여하다. 무정부주의 동방연맹에 가입하고 『동방』을 발행하다.

1928년(49세) 부인과 장남을 북경으로 부르다. 『조선일보』에 「예언가가 본 무진」을 발표하였으며, 「용과 용의 대격전」을 집필하다. 조선인 무정부주의자들의 북경회의인 동방연맹대회에 참여하여 선언문을 기초하는 등 주동적인 역할을 하다. 5월 8일 무정부주의 동방연맹 국제위체(國際爲替) 사건에 연루되어 일경에 체포되다.

1929년(50세) 차남 두범 출생하다.

1930년(51세) 5월 대련 법정에서 10년 실형을 선고받고 여순 감옥에 갇히다. 조선 고대사 관련 논문들이 동지들의 주선으로 『조선사연구초』란 이름으로 출간되다.

1931년(52세) 『조선일보』에 「조선사」 「조선상고문화사」를 연재하다.

1935년(56세) 건강이 악화되어 형무소 당국이 보호해줄 사람이 있으면 출감을 허용하겠다고 통고하다. 친지들이 선생의 옛 친구인 친일파 한 사람의 보증을 받아 가출옥하길 종용했으나 친일파의 보증으로 출옥할 수는 없다고 단호히 물리치다.

1936년(57세) 2월 18일 뇌일혈로 의식불명 상태에 떨어지다. 2월 21일(음력 1월 28일) 오후 4시 20분 여순 감옥에서 별세하다. 여순 감옥에서 화장하여 유골을 봉안해 오다. 청원군 낭성면 귀래리 상당산 기슭 선생이 살던 옛 집터에 안장하다.

1962년 건국훈장 대통령장이 추서되다.

1986년 5월 한길사 주최로 '단재상'이 제정 시행되다. 단재 신채호 선생의 서거 50주기를 맞아 제정된 단재상은 신채호 선생의 민족정신을 오늘에 되살리고 선생의 학문적 업적을 계승하고자 제정되었다.

홍명희 洪命熹, 1888~1968

/강영주/

홍명희는 1888년 7월 2일(음력 5월 23일) 충청북도 괴산군 괴산면 인산리(일명 동부리)에서 홍범식과 은진 송씨 간의 장남으로 태어났다. 그의 자는 순유(舜兪)이고, 청년시절에는 가인(假人, 可人), 장년 이후에는 벽초(碧初)라는 호를 주로 썼다. 홍명희의 집안은 풍산 홍씨가로서, 당파상 노론에 속하는 명문 사대부가였다. 증조 효문공 홍우길은 이조판서를 지냈고, 조부 홍승목은 병조참판을 지냈으며, 부친 홍범식(洪範植)은 1910년 금산 군수로서 경술국치를 당해 비분 끝에 자결한 인물로 유명하다.

홍명희는 유년시절부터 기억력이 비상하고 글재주가 뛰어났다. 5세 때부터 한문을 배우기 시작하여 8세 때 이미 한시를 짓기 시작했으며, 11세 때부터 중국의 고전소설들을 탐독하였다. 한편 그는 열세 살 되던 1900년 집안의 주선에 따라 여흥 민씨가의 규수 민순영과 혼인하였다. 장남 기문(起文)은 홍명희가 열여섯 살 되던 해인 1903년에 태어났다. 기문은 후에 신간회 활동과 민주독립당 창당 등 홍명희와 시종 정치적 운명을 함께 했으며, 그의 영향으로 저명한 국학자가 되었다. 그 아래로 홍명희 내외는 차남 기무(1910년 생)와 쌍동이인 딸 수경과 무경(1921년 생), 그리고 막내딸 계경(1926년 생)을 두었다.

향리에서 한문을 익히던 홍명희는 1902년 서울의 중교의숙(中橋義塾)에 입학함으로써 처음으로 신학문에 접하게 되었다. 1905년 봄 중교의숙을 졸업하고, 이듬해 초 일본 유학을 떠났다. 도쿄에서는 도요(東洋)상업학교 예과 2학년에 편입한 뒤, 1907년 봄 다시 다이세이(大成)중학교 3학년에 편입하였다. 일본 유학시절 홍명희는 러시아문학과 일본 자연주의 소설, 그리고 급진적인 사상서와 자연과학 서적에 이르기까지 광범한 독서를 하였다. 그의 광적인 독서열은 그 이후 평생동안 계속되어, 홍명희는 동시대의 조선 지식인들 중 제일의 독서가로 손꼽힐 정도였다.

한편 홍명희는 일본 유학시절 문일평과 최남선, 이광수 등 후일 우리 나라 문학사와 사상사에 뚜렷한 자취를 남긴 인물들과 만나 깊은 우정을 나누었다. 특히 이광수는 문학수업 과정에서 홍명희로부터 많은 영향을 받았으며, 홍명희의 소개로 최남선을 알게 된 뒤 셋이서 조선의 신문학 건설에 대한 구상을 함께 했다고 한다. 또한 그 무렵 홍명희는 재일 조선인 유학생 단체인 대한흥학회에서 활동하면서 그 기관지인 『대한흥학보』에 논설문 「일괴열혈(一塊熱血)」, 한시 「우제(偶題)」 등 몇 편의 글을 발표하였다.

1910년 2월 홍명희는 일제의 식민지로 전락해가는 민족의 현실에 대한 울분으로 인해 상급학교 진학을 포기하고 귀국하였다. 귀국 후 그는 최남선이 창간한 『소년』지에 폴란드 시인 안드레이 니에모예프스키(A. Niemojewski)의 산문시 「사랑」을 유려한 필치로 번역 소개하는 등, 몇 편의 번역문학작품을 기고하여 초창기의 신문학운동에 일조하였다. 그런데 1910년 8월 경술국치로 나라가 망함과 동시에, 당시 금산 군수로 재직 중이던 부친 홍범식이 그에 항의하여 순국하였다. 이 충격적인 사건은 그 이후 평생토록 홍명희의 사고와 행동에 결정적인 영향을 미치게 된다. 홍명희는 "죽을지언정 친일을 하지 말고 잃어진 나라를 기어이 되찾으라"는 부친의 유언을 각골명심하여 평생의 좌우명으로 삼았다.

부친의 3년상이 끝난 뒤인 1912년 말경 홍명희는 중국으로 가 해외 독립운동에 투신하였다. 상하이(上海)에서는 신규식, 박은식, 신채호 등과 함께 대한민국임시정부의 모태가 된 동제사(同濟社)에 적극 참여하고, 동제사 지도자들이 독립운동가 양성을 위해 세운 청년 교육기관 박달학원에서 강의를 하기도 하였다. 1914년에는 몇몇 동지들과 함께 독립운동을 위한 재정적 기반을 구축할 목적으로 남양(南洋)으로 떠나, 약 3년간 싱가포르에서 활동하다가 1918년 중국을 거쳐 귀국하였다.

1919년 3·1운동이 일어나자, 홍명희는 향리 괴산에서 충청북도 최초의 만세시위를 주도한 관계로 투옥되어 1년여 동안 수감되었다. 출옥 후에는 서울로 솔가 이주하여 한때 휘문학교와 경신학교 교사, 조선도서주식회사 전무로 근무했으며, 1924년 동아일보사 주필 겸 편집국장으로 취임하였다. 그리고 이듬해 시대일보사로 옮겨 1926년 시대일보사 사장이 되었으며, 그 해 『시대일보』가 경영난으로 폐간되자 정주 오산학교 교장으로 부임하였다.

한편 홍명희는 1923년 사회주의 사상단체인 신사상연구회에 창립회원으로 가담했으며, 이듬해 신사상연구회가 마르크스주의 행동단체로 그 명칭과 성격을 바꾼 뒤에도 화요회에 남아 간부로 활동하였다. 또한 그는 1925년 비타협적 민족주의자들이 중심이 되어 조직한 연구단체 '조선사정조사연구회'에도 참여하였다. 이와 같은 활동을 기반으로 홍명희는 1927년 비타협적 민족주의자와 사회주의자들 간의 민족협동전선 신간회(新幹會)의 결성을 주도했으며, 신간회 조직부 총무간사 직을 맡아 지회 결성을 비롯한 주요 임무를 헌신적으로 수행하였다. 1929년 12월 신간회 지도부가 광주학생사건 진상 보고를 위한 민중대회를 개최하려다가 사전 검거되었을 때, 홍명희는 주모자의 한사람으로 구속되어 만 2년여 동안 옥살이를 하였다.

언론사에 재직하는 동안 홍명희는 동서고금의 이색적인 지식을 소개한 칼럼을 연재했으며, 이를 모아 1926년 조선도서주식회사에서 『학창산화(學窓散話)』라는 제목의 칼럼집을 출간하였다. 또한 프로문학 단체 카프(KAPF)의 기관지에 해당하는 『문예운동』 창간호에 프로문학의 역사적 필연성을 논한 평론 「신흥문예의 운동」을 발표하기도 했다.

이와 같은 문필활동을 통해 문인으로서도 기대를 모으던 홍명희는 1928년 11월부터 『조선일보』에 『임꺽정(林巨正)』을 연재하기 시작하여 일약 인기 작가로 부상했다. 그후 그는 투옥이나 신병 등의 이유로 몇 차례 중단을 겪으면서도, 1940년까지 10여 년에 걸쳐 『임꺽정』 연재를 계속하였다. 1939~1940년 조선일보사 출판부에서 단행본이 출간되자, 『임꺽정』은 전 문단적인 찬사를 받으며 우리 근대문학의 고전이라는 정평을 얻었다.

『임꺽정』은 조선 명종 때 임꺽정을 우두머리로 하여 황해도 일대에서 실제로 활약했던 화적패의 활동을 다룬 대하역사소설이다. 식민지시대 대부분의 역사소설들이 주로 지배층 내부의 권력투쟁과 애정 갈등을 다루고 있음에 비해, 이 작품은 봉건제도의 모순 아래 고통받는 민중들의 일상적인 삶과 투쟁을 그리는 데 치중하고 있다. 그리고 이를 위해 조선시대의 풍속 · 제도 · 언어 등을 충실히 재현하여 민족문학적 특색을 잘 살리고 있다. 아울러 다양한 신분에 속하는 등장인물들의 성격을 뛰어나게 형상화하고 있으며, 일상적인 장면들을 중심으로 극도로 정밀한 세부묘사를 보여주고 있다. 『임꺽정』은 민중사 중심의 사실주의적 역사소설로서 식민지시대 역사소설의 최고봉이자 한국 근대소설의 고전으로 평가받고 있다.

『임꺽정』 이외에도 홍명희는 1930년대에 평론 「대(大) 톨스토이의 인물과 작품」 「문학에 반영된 전쟁」을 위시하여 논문 · 칼럼 · 대담 등 다양한 형태의 글들을 발표했다. 그리고 조선의 역사와 문학, 풍속에 관해 단편적이나마 통찰력 있는 글들을 적잖이 남겨, '조선학운동'에 동참한 학자로서의 면모도 지니고 있었다. 그러나 홍명희는 일제가 친일 협력을 강요하던 1940년대 초반에는 창작을 포함한 일체의 사회활동을 중단한 채 지조를 지키며 은둔생활을 하였다.

1945년 8월 15일 광복의 날을 맞이하자, 홍명희는 「눈물 섞인 노래」라는 시로 해방의 감격을 표출하였다. 그리고 다시 사회활동을 재개하여, 1945년 11월 새로 출범한 서울신문사 고문으로 취임하였다. 12월에는 조선문학가동맹 중앙집행위원장, 에스페란토조선학회 위원장, 조소(朝蘇)문화협회 회장 등 여러 문화 단체의 대표로 추대되었다.

1946년 이후 홍명희는 좌 · 우익의 대립이 날로 격화됨을 우려한 나머지 중간파 정치세력의 결집에 나섰고, 우여곡절 끝에 1947년 10월 민주독립당을 창당하고 당 대표로 취임하였다. 그 해 12월에는 민주독립당을 중심으로 중간파 정치세력을 망라한 일종의 연맹체인 민족자주연맹을 결성하였다. 이러한 정당 · 사회단체를 기반으로 그는 남한 단독정부 수립을 반대하고 통일정부수립운동을 전개하는 한편, 이를 위해 남북연석회의를 적극 추진하였다. 그 무렵에 기고한 「나의 정치 노선」 「통일이냐 분열이냐」 등에서 그는 줄곧 독립국가 건설을 위해 좌 · 우 세력이 공동투쟁해야 한다고 역설하였다. 이를 통해 보면 홍명희는 해방 이후에도 식민지시대의 민족협동전선 신간회의 노선을 일관되게 고수하고 있었음을 알 수 있다.

해방 후 홍명희는 문인으로서 활동할 겨를이 거의 없었으나, 1948년 을유문화사에서 『임꺽정』 재판이 간행되면서 다시금 주목 받는 작가로 부상하였다. 『임꺽정』 재판은 특히 식민지시대 일본어로만 교육을 받다가 해방 후 처음 한글로 교육을 받게 된 새로운 세대의 독자들에게 인기를 끌며 널리 읽혔다. 그후 『임꺽정』은 작가의 정치적 행적으로 인해 남한에서는 금서가 되어, 1985년 사계절출판사에서 다시 간행될 때까지 오랫동안 절판되었다. 그러나 해방 후의 신세대 독자들에게 널리 알려진 덕분에 홍명희는 분단시대 남한에서도 걸작을 남긴 전설적인 문호로 희미하게나마 그 명성이 이어지게 되었다.

1948년 4월 평양에서 열린 남북연석회의에 참가한 후 홍명희는 귀환하지 않고 북에 잔류하였다. 그해 9월 북한 정권이 수립되자, 홍명희는 3인의 부수상 중 한사람으로 임명되었다. 1962년에는 부수상직을 사임하고 조선최고인민회의 상임위원회 부위원장에 선임되어 사망시까지 재직하였다. 이와 아울러 그는 1952년 과학원이 창설되자, 과학원 원장에 임명되어 약 4년간 재직하였다. 1961년에는 남북통일과 대남문제를 전담하여 다루는 조국평화통일위원회가 결성되자, 위원장으로 선임되어 사망시까지 재임하였다. 북에서 홍명희는 문필활동은 거의 하지 않은 채 여러 분야에서 고위직을 두루 역임했으나, 실세가 아닌 명목상의 지도자에 불과했던 것으로 알려져 있다.

홍명희는 81세인 1968년 3월 5일 노환으로 별세하였다. 현재 그는 평양시 형제산 구역 신미동에 위치한 애국열사릉에 안장되어 있다.

홍명희 ▸▸

1888년(1세) 7월 2일(음력 5월 23일), 충북 괴산군 괴산면 인산리에서 홍범식(洪範植)과 은진 송씨 간의 장남으로 태어나다. 본관은 풍산, 자는 순유(舜兪), 호는 가인(假人, 可人)·벽초(碧初)이다.

1890년(3세) 모친 은진 송씨 별세하다.

1892년(5세) 한문을 배우기 시작하다.

1900년(13세) 여흥 민씨가의 규수 민순영과 조혼하다.

1902년(15세) 서울 중교의숙(中橋義塾)에 입학하다.

1903년(16세) 장남 기문(起文) 태어나다.

1906년(19세) 일본 도쿄에 유학하여 도요(東洋)상업학교 예과 2학년에 편입하다.

1907년(20세) 도쿄 다이세이(大成)중학교 3학년에 편입하다. 서양문학을 비롯한 다양한 분야의 독서에 탐닉하다.

1909년(22세) 대한흥학회(大韓興學會)에 가입 활동하면서, 『대한흥학보』에 논설문 「일괴열혈(一塊熱血)」, 한시 「우제(偶題)」, 애도문 「조배공문(弔裵公文)」 등을 발표하다.

1910년(23세) 다이세이중학교를 졸업하고 귀국하다. 『소년』지에 이반 크릴로프의 우화를 소개한 「쿠루이로프 비유담」, 안드레이 니에모예프스키의 산문시를 번역한 「사랑」 등을 발표하여 신문학운동에 동참하다. 금산군수로 재직 중이던 부친 홍범식이 경술국치에 항거하여 순국하다. 차남 기무(起武, 호적상 이름은 起殷) 태어나다.

1912년(25세) 해외 독립운동에 투신하고자 중국으로 떠나다.

1913년(26세) 상하이(上海)에서 박은식, 신규식, 신채호 등과 함께 독립운동단체 동제사(同濟社) 활동을 하다.

1914년(27세) 독립운동을 위한 재정적 기반을 구축하고자 남양(南洋)으로 향하다.

1915년(28세) 싱가포르에 정착하여 활동하다.

1918년(31세) 남양으로부터 중국을 거쳐 귀국하다.

1919년(32세) 3·1운동 당시 괴산 만세시위를 주도하여 투옥된 후, 출판법 위반으로 징역 1년 6월을 선고받다.

1920년(33세) 4월, 징역 10월 14일로 감형되어 만기 출감하다.

1921년(34세) 쌍둥이인 딸 수경(姝瓊)과 무경(茂瓊) 태어나다.

1922년(35세) 이 무렵 서울로 솔가 이주하여 휘문고보와 경신고보 교사로 일시 근무하다.

1923년(36세) 조선도서주식회사 전무로 근무하다. 사회주의 사상단체 신사상연구회에 창립회원으로 가담하다.

1924년(37세) 『동아일보』 주필 겸 편집국장으로 취임하다. 『동아일보』에 「월요만화(漫話)」 「학예란」 「학창산화(學窓散話)」라는 제하에 동서고금의 이색적인 지식을 소개하는 칼럼을 연재하다(~1925년). 신사상연구회가 마르크스주의 행동단체인 화요회로 개편되자, 화요회 간부로 활동하다.

1925년(38세) 시대일보사로 옮겨 편집국장, 부사장을 지내다.

1926년(39세) 막내딸 계경(季瓊) 태어나다. 『시대일보』 사장에 취임하다. 카프(KAPF)의 기관지에 해당하는 『문예운동』 창간호에 프로문학의 역사적 필연성을 논한 평론 「신흥문예의 운동」을 기고하다. 『동아일보』에 연재한 칼럼들을 모아 첫 저서 『학창산화』를 간행하다. 비타협적 민족주의자들을 중심으로 한 연구단체 '조선사정조사연구회' 결성에 참여하다. 『시대일보』가 폐간되자 정주 오산학교 교장으로 부임하다.

1927년(40세) 민족협동전선 신간회(新幹會)가 결성될 때 주도적인 역할을 하고, 결성 후 신간회 조직부 총무간사로 활동하다. 신간회 활동에 전념하기 위해 오산학교 교장직을 사임하다.

1928년(41세) 11월 21일, 『조선일보』에 『임꺽정(林巨正)』을 연재하기 시작하다.

1929년(42세) 12월, 신간회 민중대회사건으로 투옥되다. 그로 인해 『임꺽정』 연재를 중단하다(「봉단편」「피장편」「양반편」까지 연재됨).

1931년(44세) 보안법 위반으로 징역 1년 6월을 선고받다.

1932년(45세) 1월, 가출옥으로 출감하다. 12월, 『조선일보』에 『임꺽정』 연재를 재개하다(「의형제편」부터).

1934년(47세) 9월, 『임꺽정』의 「의형제편」 연재를 끝내고 「화적편」 '청석골'장을 연재하기 시작하다.

1935년(48세) 『조선일보』에 톨스토이 문학의 위대성을 논한 평론 「대(大) 톨스토이의 인물과 작품」을 발표하다. 12월, 병으로 인해 『임꺽정』 연재를 중단하다.

1936년(49세) 『조선일보』에 평론 「문학에 반영된 전쟁」을 발표하고, 조선의 역사와 문화에 대한 칼럼 「양아잡록(養疴雜錄)」과 「온고쇄록(溫故瑣錄)」을 일시 연재하다.

1937년(50세) 12월, 『조선일보』에 『임꺽정』 연재를 재개하다(「화적편」 '송악산' 장부터).

1938년(51세) 『조광』지 별책 부록에 정몽주의 지조를 높이 평가한 논문 「정포은(鄭圃隱)과 역사성」을 기고하다.

1939년(52세) 『조선일보』에 논문 「언문소설과 명 · 청(明淸)소설의 관계」를 기고하다. 7월 4일, 『임꺽정』 연재를 중단하다. 조선일보사 출판부에서 『임꺽정』 제1권이 간행되다(1940까지 전4권이 간행됨). 경기도 양주군 노해면 창동으로 이주하여 은둔생활을 하다.

1940년(53세) 『조광』 10월호에 『임꺽정』 연재를 재개하다. 그러나 단 1회 게재 후 『임꺽정』 연재는 영구히 중단되다.

1945년(58세) 8월 15일, 해방의 감격 속에서 시 「눈물 섞인 노래」를 짓다. 서울신문사 고문으로 취임하다. 조선문학가동맹 중앙집행위원장, 에스페란토 조선학회 위원장, 조소(朝蘇)문화협회 위원장에 추대되다.

1946년(59세) 서울신문사 고문직을 사임하다.

1947년(60세) 10월, 중간파 정당인 민주독립당을 창당하고 당 대표에 취임하다.

1948년(61세) 을유문화사에서 『임꺽정』 전6권이 간행되다. 4월, 평양에서 열린 남북연석회의에 참가한 이후 북에 잔류하다. 9월, 조선민주주의인민공화국 부수상으로 선임되다.

1952년(65세) 과학원 초대(初代) 원장이 되다.

1954년(67세) 평양국립출판사에서 『림꺽정』 제1권이 간행되다(1955년까지 전6권이 간행됨).

1961년(74세) 조국평화통일위원회 초대 위원장이 되다.

1962년(75세) 부수상직을 사임하고 조선최고인민회의 상임위원회 부위원장으로 선임되다. 부친 홍범식에게 대한민국 건국공로훈장 단장(單章)이 추서되다.

1968년(81세) 3월 5일, 노환으로 별세하다.

최남선 崔南善, 1890~1957

/최현식/

육당 최남선은 1890년 서울에서 태어났다. 부친 최헌규는 전형적인 중인계급 출신으로 관상감(觀象監)을 거쳐 학무국장을 지냈다. 육당이 근대문명의 습득 및 '신대한'(국민국가)과 '대조선'(민족)으로 대변되는 상상의 공동체 건설에 적극 투신하게 된 계기가 이런 집안 내력과 밀접히 연관되어 있음은 주지의 사실이다. 실제로 소년기 육당의 독서는 『춘향전』과 중국소설, 『성경』과 『천로역정』 등 동서양의 문학 및 종교 서적에서 시사(時事) 지식의 획득에 필요한 『황성신문』 『독립신문』에 이르기까지 실용적인 성격이 강했다.

육당의 실용적 경향이 근대 담론과 접속, 문명국가의 건설로 표면화된 계기는 두 차례에 걸친 일본 유학에서 찾아야 될 것이다. 특히 와세다대학에서 수학한 2차 유학은 조선의 문명화와 민족·국가의 건설에 대한 의지에 결정적인 역할을 했다. 지리역사학과에서의 수학, 을사보호조약을 다룬 모의국회 등은 위급한 조선 현실의 성찰과 그것을 극복할 미래 기획을 매일의 과제로 부과했다. 육당은 서구와 일본의 신문, 『태양』 『와세다문학』 같은 대중·학술지를 참고하여 『소년』을 창간했다고 술회한 바 있다. 이는 근대지(知)의 습득과 민족지(知)의 중요성, 대중매체 및 출판·인쇄 사업의 필요성에 대한 각성이 어디서 구체화되었는지를 충실히 시사한다.

최남선의 문화사적·사회사적 의미는 한국 최초의 종합잡지 『소년』(1908.11)의 창간과 함께 본격화된다. 『소년』은 문명국가의 건설과 민족문화의 우수성을 계몽하는 한편, 그것을 책임질 주체 '청년'의 교육과 양성에 궁극적인 목표를 두었다. 육당은 이를 위해 근대지(知)와 민족지(知)의 소개와 확장에 집중했는바, 그 가운데서도 서구문학의 번역, 신체시와 창가 등의 신시, 국풍으로 새롭게 의미화한 시조의 창작에 특히 주목했다. 물론 세계 및 조선의 역사와 지리에 대한 관심 역시 이에 못지않았다. 무엇보다 당대의 가장 유력한 민족 담론으로 부상한 단군과 대조선의 신성화 및 근대적 전유에 전력을 다했다. 그러니까 1920년대 제출된 육당의 단군론 및 불함문화론은 이즈음의 문화민족주의에서 싹트기 시작했던 것이다.

육당은 1910년 조선의 문화와 사상의 기원, 그 우수성을 널리 보급하기 위해 고전의 간행 및 보급, 조선어의 연구 등에 심혈을 기울인 '광문회'를 설립한다. 연구단체 및 출판매체의 조직을 통한 민족 담론의 발굴과 창안, 대중화 노력은 육당의 평생 사업이었다. 식민지 시기 '동명사'(1922)와 '계명구락부'(1931)의 창립과 폐쇄, 해방 후 '동명사'(1945)의 재건, 한국전쟁 후 한국사에 대한 지속적인 강연과 집필은 이에 대한 적절한 예이다. 심지어 그는 박물지 성격의, 하지만 그 제목이 특이한 『괴기(怪奇)』(1929)를 통해서도 서구 및 조선에 관한 일반상식과 예외적 경험을 대중에게 열심히 전달했다.

1911년 5월 『소년』의 폐간에 가까운 종간은 여러모로 최남선에게는 위기였다. 일제의 검열 강화와 민족 및 문명담론의 일정한 통제, 그에 따른 '조선적인 것'의 속류화와 일본적인 것과의 본격적 접촉은 민족적 정체성의 위기와 혼돈을 초래하기 시작한다. 그가 설립한 출판사 신문관은 각종 '조선' 담론 및 서구 근대문학의 번역에 여전히 종사하고 있었지만, 『소년』과 같은 대중매체의 부재는 가장 강력한 동력의 실종과 다름없었다. 이런 제약을 육당은 근대적 의미의 '아동'과 관련된 『붉은 저고리』(1912) 『아이들보이』(1913) 『새별』(1914)의 창간으로 극복해 간다. 물론 아동담론과 아동문학에서 이 잡지들의 한계는 분명했다. 계몽담론이 후퇴한 자리를 차지한 것은 상식과 옛이야기, 번역문학 등이었으며, 조선 아동에 걸맞은 창작물은 거의 게재되지 못하는 형편이었다.

계몽담론의 후퇴, '조선적인 것'의 문화주의적 해석, 문학적 심미성의 강화는 『청춘』(1914)의 특징이기도 했다는 점에서 육당의 언술 및 글쓰기의 보수화와 낭만화는 비교적 뚜렷한 것이었다. 하지만 이 당시 근대지식 담론의 유입과 보급을 담당했던 조선유학생기관지 『학지광』을 제외한다면, 『청춘』의 '조선적인 것'에 대한 관심 제고는 매우 두드러진 것일 수밖에 없다. 이광수, 현상윤 등의 창작소설과 산문 게재, 현상모집을 통한 작가 및 작품 발굴 노력은 『태서문예신보』(1918)와 『창조』(1919)가 출현하기까지 부족한대로 한국 근대문학의 창출을 위한 촉매제로 작용했다. 또한 육당은 1918년 『청춘』 14호에 단군시대부터 부여 · 옥저 · 예맥 등에 걸친 조선상고사를 기술한 「계고차존(稽古箚存)」을 발표한다. 이 논문은 육당의 '단군론'과 '불함문화론'이 본격적으로 정초된 글로 평가된다.

1919년 3 · 1운동으로 인한 잠깐의 형무소 수감을 제외한다면, 이후 최남선의 활동은 조선문화의 우월성과 그것을 보증할 조선역사와 문학의 정통성 발굴 또는 창안에 집중되었다. 1925년 시작된 국토순례는 지리산, 백두산, 금강산에 이르렀으며, 그 결과물로 『심춘순례』 『백두산근참기』 『금강예찬』이 신문에 연재된 후 단행본으로 출간되었다. 그의 국토순례는 백두산을 '불함문화의 시원이요 동방원리(東方原理)의 권두언'이라고 주장한 것에서 보듯이, 민족의 기원과 문화의 우수성, 나아가 조선에 의한 동아시아 문명의 수립과 전파를 확인하고 알리기 위한 전략적 기획물이었다.

이런 문화기획은 문학과 역사 담론에서도 공히 수행되었다. 가령 그는 『조선문단』(1926.5)에 「조선국민문학으로서의 시조」를 발표하고 있다. 그에 따르면, '시조'는 고조선 시대에 발생하여 국민들이 오랫동안 향유해온 노래, 즉 조선 유일의 국민문학이다. 조선시대에 발생한 '시조'에서 유학 사상, 즉 왜곡된 중화주의를 벗겨냄과 동시에 시공간의 제약을 초월해버림으로써, 기원과 순수성을 의심할 것 없는 '조선적인 것'으로 보편화·심미화시킨 것이다. 그러나 이 '만들어진 전통'으로서의 '시조'는 한국 최초의 개인 시조집으로 평가되는 그의 『백팔번뇌』(1926)가 보여주듯이 퇴락한 운명을 결코 벗어나지 못했다.

이런 측면을 고려할 때, 더욱 문제적인 저술은 『조선 급(及) 조선민족』(1927)에 기왕에 작성된 「불함문화론」을 일본어로 번역, 게재한 「불함문화론」일 것이다. '조선을 통하여 본 동방문화(東方文化)의 연원(淵源)과 단군을 계기로 한 인류문화의 일부면(一部面)'이란 부제(副題)에서 보이듯이, 육당은 동방문화가 단군신화의 무대인 태백산, 곧 백두산에서 기원했다고 보았다. '조선적인 것'의 기원적 성격과 파급력은 조선문화의 보편성과 우수성을 널리 알리는 기제일 수 있다.

그러나 여기서 우리는 식민지의 전도된 팽창주의와 쇼비니즘을 엿보며, 오히려 '조선적인 것'을 성격짓는 특수성과 개성의 함몰을 목도하게 된다. 아이러니하게도 육당은 얼마 뒤인 1928년 10월 제국의 정책과 방향에 부합하는 식민지 역사 연구와 수립에 종사하는 총독부 기관 '조선사편수회' 위원으로 발탁된다. 자국문화의 보편성과 동양문화의 기원성, 동양에의 기여를 강조한다는 점에서 「불함문화론」은 당시 일본의 동양주의와 상동성을 공유하고 있었다. 육당의 「불함문화론」이 '일선동조론'(日鮮同祖論) 따위의 제국주의 담론에 무력하게 침윤되어간 까닭은 결코 이와 무관치 않을 것이다.

육당의 일제에 대한 확연한 경도는 1938년을 전후하여 뚜렷해진다. 1930년대 들어 뚜렷한 단체나 조직 활동 없이 『괴기』의 발행이나 「조선상식」 등의 신문연재에 몰두하던 육당은 1938년 조선총독부 중추원의 참의가 되며, 1939년 오족협화(五族協和)의 이상적인 기치를 내세운 만주국의 건국대학 교수로 취임한다. 만주국이 일제의 허황된 이상에 봉사하는 상상의 공동체였음을 감안한다면, '만몽문화사'를 담당했던 육당의 역할 역시 여기에 근접해 있을 가능성이 크다.

하지만 육당의 결정적 패착은 이런 문화론의 강의가 아니라 조선유학생들에 대한 성전(聖戰), 즉 태평양전쟁 참여 독려에 있었다. 1943년 『소년』기부터의 지우 춘원과 함께 도쿄로 건너간 육당은 메이지대학 강당에서 '이 세계적 대변국(大變局)에 처하여 우리도 같이 피를 흘려야 임박해 오는 신운명에 대비할 수 있다'는 취지의 연설을 하면서, '대동아공영'의 주체로 나설 것을 설득했다.

결국 육당은 1949년 이 연설과 더불어 '조선사편수회' 참여, 중추원 참의 재직, 만주 건국대학 교수 역임 등의 친일행위를 이유로 반민족행위처벌법에 기소되어 이광수와 함께 서대문형무소에 수감된다. 그는 옥중자술서인 「자열서(自列書)」를 특별재판소에 제출하고 한 달만에 병보석으로 풀려나는데, 문제는 「자열서」의 성격에 존재한다. 그는 위의 행위들을 "이것저것 구중구중한 옷을 연방 갈아입"은 못난 짓으로 자인하면서도, 그러나 "언제나 시종일관하게 민족정신의 검토, 조국역사의 건설, 그것 밖으로 벗어난 일이 없"었음을 강조하고 있다. 이런 점에서 육당의 「자열서」는 개인적 명리가 아니라 민족 보존을 위해 친일을 했다는 이광수의 「나의 고백」(1948.12)과 더불어 근대문명과 조선적인 것의 발굴과 내면화에 기투한 첫 세대의 일그러진 자화상을 대변한다.

춘원과 달리 납북의 참화를 간신히 면한 육당은 한국전쟁 이후 해방기 때 하던 대로 주로 한국사, 국난극복 담론, 조선(문물)에 관한 상식 등을 집필하거나 강연하는 데 몰두한다. 물론 '동명사' 같은 출판사의 경영은 동반되지 않았지만, 한국 근대문학과 문화의 반백년을 앞장서서 걸어온 그의 영향력은 상당 부분 유지된 것으로 보인다.

비록 후대에 붙여진 영광스런 별칭이긴 하지만 '2인 문단시대'의 주역이었던 육당도 그러나 죽음의 엄혹한 그늘을 피할 수는 없었다. 1955년 뇌일혈에도 불구하고 여전히 집필과 강연에 열정적이었던 육당은 1957년 10월 초부터 감기 증상에 시달리다 같은 달 10일 하오에 별세하였으며, 양주 온수리 선영에 안장되었다.

후세대들은 1958년 육당선생기념사업회를 조직, 그가 말년에 기거하던 우이동 소원(素園)에 기념비를 세움으로써 그의 업적을 기렸다. 현재 그의 저술은 고려대 아세아문제연구소에서 편찬한 『육당최남선전집』(현암사, 1974) 전15권과 문학 · 풍속사연구회가 편찬한 영인본 『육당최남선전집』(역락, 2003) 전14권으로 간행되어 우리 앞에 가지런히 놓여 있다.

최남선 ▸▸

1890년(1세) 최남선의 자(字)는 공육(公六)이며, 호(號)는 육당(六堂), 대몽(大夢), 한샘 등이다. 1890년 4월 26일 서울에서 학무국장 등을 지낸 아버지 최헌규와 어머니 강씨 사이에서 차남으로 출생하다. 처음 신문관 사장을 맡은 창선이 형이며 국무총리와 동아일보 사장을 역임한 두선이 아우다.

1899년(10세) 춘향전을 비롯, 중국소설과 『성경』 『천로역정』 등을 열독(熱讀)함과 동시에 『황성신문』 『독립신문』도 구독하다. 최남선 특유의 문학과 시사(時事)에 동시적 관심은 이 시기부터 벌써 엿보인다.

1904년(15세) 10월 대한제국 황실유학생으로 뽑혀 도일(渡日), 도쿄부립제일중학교에 입학하다. 그는 1902년 경성학당에 입학, 일본어를 착실히 배워온 터였다. 하지만 석 달만에 자퇴하고 1905년 1월 귀국하다. 이후 「황성신문」에 모종의 글을 투고했다가 검열에 걸려 구류를 사는 필화를 입다.

1906년(17세) 3월 2차로 도일, 와세다대학 고등사범부 지리역사학과에 입학하다. 같은 해 6월 와세다대 주최 모의국회에서 을사보호조약 문제를 의제로 내걸자 격분하여 다른 조선학생들과 함께 자퇴하고 귀국하다. 이 기간 동안 이후 민족계몽에 앞장서게 되는 근대문학 1세대 이광수, 홍명희와 깊이 교유하다.

1908년(18세) 한국 최초의 종합잡지 『소년』을 창간, 전년도 설립한 신문관을 통해 출간하다. 『소년』은 민족의 계몽과 문명화를 책임질 '청년'의 육성에 궁극적 목적을 두었는바, '청년'의 실체와 이상은 한국 최초의 신체시 「해(海)에게서 소년(少年)에게」에 잘 드러나 있다.

1910년(21세) 조선의 문화와 사상의 기원, 그 우수성을 널리 보급하기 위해 고전의 간행 및 보급, 조선어의 연구 등에 심혈을 기울인 '광문회'를 설립하다. 식민지 시기 창립된 '동명사'(1922)와 '계명구락부'(1931년) 역시 동일한 목적을 지닌다.

1911년(22세) 『소년』이 조선총독부의 검열 등으로 인해 몇 차례의 휴간과 정간을 반복한 끝에 1911년 5월 제4년 2권을 끝으로 폐간되다.

1912년(23세) 조선 최초의 어린이 신문 『붉은 저고리』를 창간, 월2회 발행하다. 하지만 조선총독부의 지침에 저촉된다는 이유로 1913년 6월 폐간되다. 이에 육당은 9월 어린이 잡지 『아이들보이』를 창간, 아동을 향한 민족계몽 및 문예교육의 맥을 이어간다.

1914년(25세) 『소년』을 잇는 종합잡지 『청춘』을 창간하다. 인문과학·사회과학·자연과학 전반의 내용을 고루 다루었으나, 특히 근대문학의 성립과 발전에 기여한 바가 많았다. 세계 고전문학의 개관 및 소개, 이광수의 창작소설, 현상모집을 통한 작가 및 작품 발굴 노력 등은 그런 노력을 대표한다. 1918년 9월 통권15호로 종간되다.

1918년(29세) 6월 『청춘』 14호에 단군시대부터 부여・옥저・예맥 등에 걸친 조선상고사를 기술한 「계고차존(稽古箚存)」을 발표하다. 육당의 조선사연구의 본격적 출발과 사상적・내용적 특질을 잘 보여주는 글로 평가된다.

1919년(30세) 2월 하순 3월 만세운동에서 발표될 「독립선언서」 작성하다. 3월 3일 체포되어 서대문형무소에 수감되다. 1921년 10월 경성감옥에서 가출옥하다.

1922년(33세) 조선의 사상과 문화 연구 및 보급, 조선 문예 수록, 외국문학의 번역 소개를 위해 '동명사'를 창립하고, 주간지 『동명』을 발행하다. 1923년 6월 통권41호로 종간되다. 『동명』을 전신으로 같은 해 7월 『시대일보』 발행허가를 얻다. 『시대일보』는 이듬해 3월 사장 최남선 편집국장 진학문 체제로 정식 출범한다.

1925년(36세) 3월 말부터 지리산 근역을 순례하다. 6월 말까지 『시대일보』에 「심춘순례」를 연재하다. 육당의 국토순례는 민족의 기원과 문화의 우수성을 밝히기 위한 일종의 문화기획이었다. 이듬해(1926) 7월 백두산 순례에 나섰으며, 『동아일보』에 「백두산근참기」를 연재하다. 백두산을 '불함문화의 시원이요 동방원리(東方原理)의 권두언'이라고 주장하다.

1926년(37세) 5월 『조선문단』에 「조선 국민문학으로서의 시조」를 발표하다. 그는 '시조'를 이조시대가 아니라 고조선 시대에 발생하여 국민들이 오랫동안 향유해온 노래,

즉 조선 유일의 국민문학으로 가치화했다. 이런 입장은 시조부흥운동 당시에도 줄곧 견지된다.

1927년(38세) 1925년 탈고된 「불함문화론」을 『조선 급(及) 조선민족』에 일문(日文)으로 발표하다. '조선을 통하여 본 동방문화(東方文化)의 연원(淵源)과 단군을 계기로 한 인류문화의 일부면(一部面)'이란 부제(副題)에서 보이듯이, 육당은 동방문화가 단군신화의 무대인 태백산, 곧 백두산에서 기원했다고 보았다.

1928년(39세) 10월 조선사를 연구, 편찬하는 총독부 산하의 '조선사편수회' 위원으로 발탁되다. 이를 계기로, 조선적 특수성보다는 동양적 보편성을 강조하는 「불함문화론」은 오히려 일제의 일선동조론(日鮮同祖論)에 강하게 침윤되어 간다.

1929년(40세) 만물박물지의 성격을 지닌 『괴기』를 창간하다.

1937년(48세) 조선의 상식을 알리기 위한 문답 형식의 글 「조선상식」을 『매일신보』(1.30~9.22)에 연재하다. 이 글은 해방 후 개편, 확대되어 『조선상식문답』(1948) 전3권으로 출간된다.

1938년(49세) 조선총독부 중추원 참의가 되다.

1939년(50세) 4월 조선총독부의 알선으로 만주국 건국대학 교수로 취임, 예과에서 만몽(滿蒙)문화사를 강의하다. 3년 후인 1942년 11월 병환으로 교수직을 사임하다.

1943년(54세) 12월 이광수와 함께 일본 도쿄로 건너가 조선유학생들에게 대동아공영을 위한 성전에 적극적으로 나설 것을 권유하다.

1945년(55세) '동명사'를 재건하여, 『국민조선역사』 『조선상식문답』 등 조선학 관련 서적을 집중적으로 출간하다.

1949년(60세) 2월 '반민족행위처단법'에 의해 친일 전력자로 피소되어, 서대문형무소에 수감되다. 3월 친일행위에 대한 반성과 해명을 담은 「자열서(自列書)」를 특별재판소에 제출하고 병보석으로 풀려나다.

1957년(68세) 연전의 뇌일혈에도 불구하고 열정적으로 집필 활동을 해오던 중, 10월 10일 자택에서 별세하다.

1958년 육당선생기념사업회 주관으로 육당이 말년에 기거하던 우이동 소원(素園)에 기념비가 세워지다.

1974년 고려대 아세아문제연구소에서 『육당최남선전집』(현암사) 전15권을 완간하다.

이병기 李秉岐, 1891~1968

/강영미/

이병기는 국어학, 고전문학, 서지학, 국악 등을 연구한 학자이자 고시조와 근대시조를 연구하고 창작한 시조 시인이다. 오늘날 흔히 쓰는 평시조, 사설시조 등의 용어(「시조란 무엇인고」, 1926)를 만든 이도 이병기이다. 그는 1891년 3월 5일 전북 익산군 여산면 원수리에서 이채의 장남으로 태어나, 18세가 되던 해까지 조부 이동우(李東愚)의 배려 아래 한학을 공부하며 한문 실력과 선비적인 예도를 배우다. 양계초의 『음빙실문집(飮氷室文集)』을 접하면서 신학문에 관심을 갖게 되다.

조부의 반대를 무릅쓰고 1909년(19세) 전주공립보통학교에 편입하여 6개월 만에 졸업하고 관립한성사범학교에 입학하다. 사범학교 재학 중에도 이병기는 매주 일요일마다 보성학교에서 열리는 강습원에서 주시경의 국어강의를 듣기 시작하여 6개월 과정의 중등과와 1년 과정의 고등과를 마치고 각각 제1회 졸업생이 되다. 이곳에서 훗날 국어연구와 한글운동의 동지가 된 이규영, 권덕규, 신명균, 최현배 등을 만나다. 1913년 한성사범학교를 졸업하고 1919년 초까지 고향 근처인 남양, 전주제2, 여산 공립보통학교에서 근무하다. 이후에는 서울로 거처를 옮겨 동광, 휘문, 보성, 경복 등의 고등보통학교의 조선어와 습자 선생으로 근무하면서 국학진흥을 위한 본격적인 활동을 하며, 국어연구와 한글운동에 주력하다. 조선어 강습원의 동문들과 함께 종교회 주최의 강연회와 방학기간을 이용한 전국 순화강연회를 통해 한글의 우수성을 알리고 한글 사용을 권장하다. 국어연구를 위해 권덕규 임경재 등과 조선어연구회를 만들고 1933년에는 조선어학회로 이름을 바꾸어 한글맞춤법통일안을 내놓다. 국어사전의 필요성을 절감하여 권덕규와 함께 1921년부터 국어사전 편찬 작업에 착수하고, 1927년에는 권덕규, 최현배, 정열모, 신명균 등과 동인지 『한글』을 발간하고 1933년에는 학회지 『한글』을 발간하다.

1920년대 후반부터는 시조부흥운동에 참여하다. 1932년 「시조는 혁신하자」(『동아일보』)를 발표하여 고시조를 근대적 형태로 새롭게 계승할 방법을 제시하다. 작시의 원칙으로 제시한 다섯 가지는 실감실정(實感實情)의 표현, 취재(取材)의 범위 확장, 참신한 용어의 선택, 격조(格調)의 변화, 연작(連作)의 생산이다. 1922년 10월에는 전남 영광에서 결성된 추인회에 참여하여 조운과 교유하고, 1927년 9월에는 영도사에서 가요연구회라는 이름의 시조회를 발기하다. 이왕직

아악부를 현장 방문하여 당시 국악의 대가였던 하규일, 함화진, 안확 등을 만나고 기생과 악공 등을 만나 전해지지 않는 우리말 가사를 연구하고 『문장』지에 고시조 200여 수를 소개하다. 1940년에는 직접 선정하여 주해를 한 300여 수의 고시조를 엮어 『역대시조선(歷代時調選)』을 발간하고, 해방 후에는 민요, 향가, 고려속요, 가사에 대한 연구를 내놓다.

1942년에는 조선어학회 사건으로 검거되어 홍원경찰서 유치장에서 1년에 걸친 조사를 받다가 1943년 함흥형무소로 이감되다. 기소유예 처분을 받은 12명과 함께 석방된 후에는 고향으로 내려와 인근 지역에 한글과 민족문화에 대한 강연을 하다. 같은 해 10월에는 미군정청 학무국 편수관에 취임하여 2년간 국어교과서 편찬에 참여하다. 1946년 9월에는 서울대학교 문리과대학의 전임교수로 자리를 옮겨 국문학 관련 과목을 강의하며 고전문학 주해서를 내놓다. 그가 내놓은 주해서는 『역대시조선』(박문서관, 1940) 『인현왕후전』(박문서관, 1940) 『한중록』(1947) 『의유당일기』(백양당, 1948) 『근조내간선』(국제문화관, 1948) 『요로원야화기』(을유문화사, 1949) 『가루지기타령』(국제문화관, 1949) 『어우야담』(국제문화과, 1949)이다. 대부분 국문문학작품이거나 원본이 한문본이라도 국문으로 번역된 작품이다. 1950년에는 두계 이병도와 함께 『계축일기』 『난설헌집』 『매창집』을 발간하다. 1940년에는 국학과 관련된 저서 230여 권을 해제하여 『문장』에 소개하다.

전쟁이 나던 당시는 서울대학교 문리대에서 교수 임시 자치위원회의 상임위원으로 활동하다. 그러나 9·29수복 후 이명선, 김삼불과 친했다는 이유로 극우 반공세력의 탄압을 받아 학교에서 물러나다. 이후에는 전주로 내려가 전주 명륜대학, 전북전시연합대학의 교수를 역임하고, 1952년에는 전북대학으로 자리를 옮겨 강의를 하며 『국문학개론』을 집필하고 1957년에는 백철과 함께 집필한 『국문학전사』를 출간하다. 1963년에는 평생 모은 장서를 서울대학교에 기증하다. 1968년 11월 28일에 78세로 생을 마감하다.

이병기 ▸▸

1891년(1세) 3월 5일 전라북도 익산군 여산면 원수리 진사동 573번지에서 변호사 이채와 윤병 사이에서 태어나다. 본관은 연안(延安), 호는 가람(嘉藍)이다.

1898년(8세) 고향 사숙에서 한문을 수학하기 시작하다.

1906년(16세) 12월 5일 충청남도 논산군 두마면 김수와 결혼하다. 양계초의 『음빙실문집』을 읽고 신학문에 뜻을 세우다.

1910년(20세) 3월 전주공립보통학교를 졸업하고 상경하여 관립한성사범학교에 입학하다. 재학 중 주시경 선생의 조선어강습원에서 일요일 오후에 2시간씩 공부하여 중등과와 고등과를 이수하다.

1913년(23세) 3월 23일 관립한성사범학교를 졸업하다. 전주 남양, 제2, 여산공립보통학교에서 훈도를 역임하다.

1919년(29세) 3월 교직을 그만두고 4월 14일 상경하다. 8월 10일부터 한문으로 적던 일기를 순국문으로 쓰기 시작하다. 8월 12~22일, 9월 27일~10월 4일, 두 차례에 걸쳐 만주 여행을 하다. 10월 8일 종로경찰서에 연행당하여 만주 여행이 조선독립운동과 연관된 것이냐는 내용으로 취조를 받았으나 상업 목적의 만주행이었음을 주장하고 10월 11일에 풀려나다.

1920년(30세) 1월 3일 국어연구에 뜻을 같이했던 환영 이규영이 사망하다. 11월 14일 조선불교회에서 박한영의 『능엄경』 강의와 권덕규의 조선어 강의를 듣기 시작하다. 12월 5일 불교회 제1회 총회에서 이사를 맡다. 서울에 머물며 조선불교회, 중앙구락부, 대종교 등에 참여하는 한편, 한국학에 관한 문헌을 수집하여 연구하기 시작하다.

1921년(31세) 11월 3일 권덕규와 조선어 사전 편찬을 계획하다. 11월 25일 권덕규, 임경재 등과 휘문의숙에서 조선어연구회 발기회를 갖고 12월 3일 조선어연구회를 결성하고 총회에서 간사를 맡다. 12월 8일 대종교당에서 국어문법을 강의하다.

1922년(32세) 전주 제일학교 우리말연구회 초청으로 국어문법을 강의하다. 9월에는 동광(東光)학교 교원이 되어 10월 13일 조선어와 한문으로 첫 수업을 하고 10월 16일에는 동광학교 교가와 운동가를 작사하다.

1923년(33세) 말모이(고어휘) 카드를 만들다.

1924년(34세) 4월 5일 휘문고보 교원이 되어 조선어, 한문, 습자를 담당하다.

1925년(35세) 4월 18일 조선어연구회 임시회의를 안정사(安靜寺)에서 개최하여 조선어문법의 기초를 결의하다.

1926년(36세) 휘문학회 훈민정음반포기념축하회를 개최하여 동기휴가 중 정음학습회를 가지고, 각 신문에 정음란을 설치 건의를 결의하다. 11월 9일에는 중앙기독교 청년회관에서 정음반포 기념으로 강연을 하고, 다음날에는 시조에 대하여 강연하다.

1927년(37세) 1월 3일부터 6일까지 보성고보에서 조선어연구회 주최로 조선어강습회를 개최하여 철자법과 문법을 강연하다. 1월 28일 종로경찰서에 가서 『시조작법과 선집』의 출판 허가장을 받다. 2월 8일 권덕규, 이병기, 최현배, 정열모, 신명균의 동인이 모여 동인지 『한글』 창간호를 발간하다. 영도사(永導寺)에서 가요연구회 발기회를 갖고 회칙을 정하다. 10월 24일 훈민정음 반포 481주년을 기념하여 가갸날로 명칭을 정하고 명월관에서 축하회를 가지다.

1928년(38세) 철자법 개량 조사위원에 보낼 조선어연구회의 건의서 기초위원으로 신명균, 정열모와 같이 피선되다.

1929년(39세) 조선어사전 편찬회 위원을 맡다.

1930년(40세) 조선총독부 박물관 소장의 조선고활자를 조사하고, 쌍계사 소장의 판각을 조사하다. 조선어연구회 한글철자법 제정위원이 되다.

1931년(41세) 7월 25일부터 약 1개월간 동아일보사 주최의 한글강습회 연사로 전주, 군산,

순천, 여수, 목표, 영광 등지를 강연하다.

1933년(43세) 조선문흥회(朝鮮文興會) 창립총회에서 간사를 맡다. 7월 25일부터 31일까지 화계사입구 태화원에서 최현배, 김선기, 이희승, 이윤재, 김윤경, 이탁과 함께 합숙을 하며 조선철자법 통일안을 검토하다.

1937년(47세) 조선민속학회 주최 제1회 조선향토무용, 민요대회에 참관하고, 조윤제의 『조선시가사강』 출판 축하회에 참여하다. 방송국의 초청이 많았던 한 해이다.

1938년(48세) 중앙방송국 제2방송과 주관의 잡가 가사 선정에 참여하다. 선정위원은 이병기, 김태준, 조윤제, 김억, 심우섭. 조선일보사의 『조선향토문화대집성』 출판 계획을 논의하다. 학교교육에서 조선어 과목이 없어지자 휘문고보를 사임한 후 습자시간의 강사로 일하다. 최현배의 추천으로 연희전문 문과에 출강하다.

1939년(49세) 『문장』지의 시조 신인작품 추천위원이 되다. 『가람시조집』(문장사, 1939.8) 출판 기념회를 열다. 경성제대 조선어문학회 주최의 조선어 문학 고서 전람회에 소장본 30여 점을 출품하다.

1940년(50세) 『역대시조선』을 출판하다. 아악부에서 시가 강좌를 담당하고 거문고를 배우기 시작하다. 이화여전에서 특강으로 이조여류문학을 강의하다.

1942년(52세) 조선어학회 사건으로 함남경찰서와 종로경찰서 형사에게 연행 구속당하다. 이후 홍원형무소에서 옥살이를 하다.

1943년(53세) 함흥형무소로 옮겨 미결수 감방에 들었다가 기소유예로 출감하다.

1945년(55세) 이리 청년들 초청으로 한글 강의를 하다. 미군정청 학무국 편수관에 취임하여 중학교 국어교과서 편수주임을 맡다. 국어교본 편찬 위원회에서 한자 폐지 문제에 대해 토의하다.

1946년(56세) 이태준이 찾아와 『문장』지 재간을 의논하다. 교주본 『인현왕후전』(박문서관)을 출판하다. 『어린이 역사』(정음사)를 5천 부 인쇄하다. 『역대시조선』 재판을 3천 부 찍다. 서울대학교 문리과대학 전임 교수가 되다..

1947년(57세) 『한중록』(백양당)을 출간하다.

1948년(58세) 『가람시조집』(백양당) 재판을 찍다.

1949년(59세) 아악부 시조연구회 총회에서 회장으로 다시 피선되다. 을유문화사 공보 아동작품을 이희승, 정지용, 박목월, 윤석중, 조풍연과 함께 심사하고, 동지사 공모작품 「어린이 나라」를 정지용과 함께 심사하다. 서울대 교가(이병기 작사, 현제명 작곡)를 발표하다.

1950년(60세) 서울대학교 문리대 임시자치위원회에서 상임위원에 선출되어 3개월간 대학을 지키고자 노력하다. 문리대 학도호국단 감찰부에서 가람의 사상문제에 대한 시비가 일자 두계 이병도 박사가 적극적으로 변호하다.

1951년(61세) 전주 명륜대학의 교수로 취임하다. 원광대학 명예국문학과장 및 교수 겸임을 수락하다.

1953년(63세) 전북대학교 교가(이병기 작사, 현제명 작곡)를 발표하다.

1956년(66세) 전북대학교 문리대 학장 및 교수를 퇴임하고, 중앙대학교 교수 발령을 받고 서울대 문리대 및 대학원 강사 위촉을 받다. 서울대 대학원 10주년 기념 도서전시회에 내놓을 도서를 이병도와 함께 선정하다.

1957년(67세) 학술원 추천위원이 되다. 한글날 기념행사 후 귀가 도중 뇌일혈로 쓰러지다.

1958년(68세) 백철과 공저한 『국문학전사』의 출판기념회(서울대 교수회관)에 참석하다.

1960년(70세) 학술원 공로상을 받다.

1961년(71세) 전북대학교 개교기념일에 명예문학박사 학위를 받다.

1963년(73세) 장서를 서울대 도서관에 기증하다(가람문고).

1968년(78세) 11월 28일 고향의 생가에서 별세하다. 생가인 수우재(守愚齋)는 1973년 전라북도 지방문화재로 지정되다.

2008 가람시조문학상 운영위원회가 가동되고 '가람시조문학상'이 제정되어 올해로 28회 수상자를 배출하였다. 현재 익산시가 주관하고 있다.

이광수 李光洙, 1892~1950

/이동하/

이광수는 1892년 2월 28일 평안북도 정주에서 태어났다. 가난한 농민의 장남으로 태어난 그는 11세 때 부모를 1주일 간격으로 모두 잃고 고아가 되었다. 이는 엄청난 시련이 아닐 수 없었으나, 다행히도 그 지역의 동학 운동과 인연을 맺게 된 결과 그에게는 새로운 삶의 길이 열렸다. 동학과의 인연 덕분에 그는 일진회 장학생으로 선발되어 1905년에는 일본에 건너갔다. 중도에 다소의 우여곡절이 있었으나 결국 1910년에 메이지가쿠인(明治學院) 보통부를 졸업했다. 이 1차 유학 기간 중에 그는 마찬가지로 일본에 유학 중이던 최남선, 홍명희, 문일평 등과 두터운 우정을 나누었다. 메이지가쿠인 졸업반에 재학 중이던 1909년에는 학교 교지 『백금학보(白金學報)』에 일본어로 씌어진 「사랑인가」라는 제목의 단편을 발표했는데 이것이 공식적으로 발표된 그의 첫 번째 작품이다.

졸업 후 곧바로 귀국한 그는 고향 정주에 세워진 오산학교의 교사로 부임하여 교육에 전념하는 한편 시, 소설, 논설, 희곡 등 다양한 영역에 걸쳐 활발한 문필활동을 전개함으로써 일약 조선의 젊은 명사로 떠올랐다. 이 당시 그가 많은 글을 발표한 곳은 그보다 먼저 귀국해 있던 최남선이 서울에서 간행한 잡지 『소년』과 『청춘』이었다.

1913년에는 오산학교를 사임하고 중국으로 건너간 후 다시 유럽을 거쳐 미국까지 가고자 하였으나 이듬해 제1차 세계대전의 발발로 인해 뜻을 접고 귀국했다. 1915년에는 인촌 김성수의 지원을 받게 되어 두 번째로 도일, 와세다대학(早稲田大學)에 입학하여 철학을 전공했다. 와세다대학에 재학 중이던 1917년 『매일신보』에 그가 연재한 장편소설 『무정(無情)』은 주제의 측면과 기법의 측면 양자에 걸쳐 한국소설의 역사를 새로운 단계로 나아가게 만든 기념비적 문제작이다.

이 무렵까지의 이광수는 그가 쓴 많은 작품들 속에서 낡은 인습의 세계를 과감하게 부수어 버리고 진화론적 사고에 입각하여 새로운 문명을 만들어 나가고자 하는 계몽주의자의 면모를 열정적으로 보여주었다. 이와 같은 그의 자세는 당시의 젊은 독자층으로부터 커다란 호응을 불러일으켰다. 이와 더불어, 『무정』을 비롯한 여러 소설들에서 그가 선보인 현대적 기법과 내면 성찰의 깊이도 그를 당대의 대표적 작가로 만든 요인으로 작용하였다.

1919년 2월 8일 재일 조선인 유학생들에 의한 독립만세운동이 일어나자 그는 바로 그 운동을 위한 선언문을 쓰고 상해로 망명했다. 상해에 임시정부가 수립되자 그는 임시정부의 기관지인 『독립신문』의 편집 책임자가 되었다. 하지만 본래 온건하고 현실타협적인 도덕주의자의 면모를 지녀 왔던 그로서는 적극적인 망명 투쟁을 오래 계속할 수가 없었다. 결국 1921년에 귀국한 그는 변절자라는 비난을 무릅쓰고 그 이듬해 5월 「민족개조론」을 『개벽』에 발표, 자신의 논리를 체계적으로 제시하는 한편, 그 논리를 실천하기 위한 단체로 수양동맹회를 조직했다. 이 수양동맹회는 1926년에 이르러 동우구락부와 합쳐서 수양동우회가 되었고, 그 기관지로 『동광(東光)』이 발간되기도 했다. 1929년에 가서는 단체의 명칭이 다시 동우회로 바뀌었다.

귀국 직후의 이광수는 변절자라는 비난에 시달리면서 한동안 소설가로서의 활동도 자제할 수밖에 없었으나 1923년 동아일보사에 입사하면서부터는 제2의 전성기를 맞이한 듯 연이어 야심적인 작품을 내놓았다. 그 중 장편은 주로 『동아일보』의 지면을 이용하여 발표했는데, 『재생(再生)』(1924~25)을 비롯한 대부분의 작품들이 커다란 대중적 인기를 모았다. 그 중에서도 특히 『흙』(1932~33)과 같은 작품은 초기작에서부터 뚜렷이 나타났던 계몽의 정신을 농촌이라는 좀더 구체적인 대상에 적용하여 심화시키는 한편 시대의 요청을 적절하게 담아내는 데까지 나아가고자 애쓴 노작으로 꼽힌다. 또한 그는 대략 1920년대 후반기부터 역사소설을 창작하는 일에도 열정을 쏟게 되는데, 이 영역에서 발표된 작품 가운데서는 『단종애사(端宗哀史)』(1928~29)와 『이순신』(1931~32)이 특히 큰 관심을 모았다.

이처럼 작가로서의 활동을 정력적으로 전개하는 동안 그는 개인적인 삶에 있어서도 비교적 안정된 양상을 보이게 되었다. 1933년에는 『동아일보』 편집국장직을 사임하고 『조선일보』로 옮겨가 부사장이 되기도 했다. 그런데 1934년 초, 여덟 살밖에 안 된 아들 봉근이 패혈증으로 급사하는 비극이 일어나, 이광수의 내면은 큰 상처를 입었다. 게다가 1930년대로 접어든 이후부터 일제의 조선 탄압 정책이 날로 강화되기에 이르러, 그와 같은 현실타협적 온건론자조차도 견디기 어려운 상황이 전개되기 시작했다. 결국 그는 조선일보사에 들어간 지 1년도 안 된 시점에서 사임하고 자하문 밖 홍지동에 산장을 지어 은둔하면서 소설 창작에만 전념하는 길을 택했다. 그러나 일제가 마침내 동우회와 같은 탈정치적 단체에까지 일제 검거의 손길을 뻗치는 바람에 1937년 그는 병세가 심각한 상태였음에도 불구하고 동지들과 함께 연행되었다. 이때 역시 병중인 상태로 체포되었던 안창호는 병세의 악화로 말미암아 얼마 후 사망했다. 이광수는 병보석으로 풀려나 경성의전 병원에 입원했다가 퇴원한 후 홍지동 산장에서 요양하면서 재판을 받았는데, 1심에서는 무죄, 2심에서는 징역 5년의 선고를 받았으며, 1941년 말에 가서야 최종적으로 무죄 선고를 받았다.

이러한 시련의 기간을 보내는 동안 이광수의 내면은 도덕주의자의 면모를 유지하면서 거기에 불교적인 색채를 강화시키는 방향으로 나아갔다. 그 점을 단적으로 보여주는 예가, 역사소설의 창작을 계속하되 그 소재와 주제의식을 불교쪽에서 구하게 된 것이었다. 『이차돈의 사

(死)』(1935~36) 『세조대왕』(1940) 『원효대사』(1942) 등이 이 점을 뚜렷이 보여주었다. 또한 구금생활 중 병감(病監)에 수용되었던 체험에서 소재를 구한 단편소설 「무명(無明)」(1939)이나, 홍지동 산장을 팔고 난 후의 소감을 수필체로 써내려 간 단편 「육장기」(1939)도 도덕주의적 불교문학작품의 성격을 진하게 간직한 것이었다. 이러한 작품들은 이광수가 겪었던 절실한 내적 고뇌를 반영하고 있다. 그가 특별히 심혈을 기울여서 집필한 끝에 두 권의 전작 장편소설로 발표한 『사랑』(1938~39) 역시 이러한 면모를 다른 작품들과 공유하고 있다.

위와 같은 작품들을 발표하며 창작활동을 계속하는 한편, 이광수는 친일의 길로 접어들기 시작했다. 그는 본래부터 투사형의 저항운동가가 아니었고 다분히 현실타협적인 온건론자였지만 1930년대 후반기에 들어서 시작된 그의 친일 행적은 그 이전과 분명히 구별되는 적극성을 띤 것이었다. 그는 1939년 들어 황군위문작가단(皇軍慰問作家團)의 결성에 참여했고, 친일단체인 조선문인협회의 회장직을 맡기도 했다. 총독부에서 창씨개명 정책이 나오자 남들보다 앞서서 1940년 2월에 향산광랑(香山光郎)으로 창씨개명을 했다. 내선일체(內鮮一體)의 신념을 피력하는 논설문을 다수 썼고, 같은 신념을 담은 여러 편의 소설을 일본어로 발표했다. 일본 군국주의자들의 주도 아래 열린 대동아문학자대회(大東亞文學者大會)에도 적극적으로 참가했다. 1943년 말에는 최남선과 함께 일본으로 건너가 재일 조선인 유학생들에게 학병 지원을 권고하는 내용의 강연을 행하기도 했다.

이처럼 일관되게 친일 활동을 전개하던 이광수는 1944년부터 경기도 사릉으로 내려가 농사를 지으며 생활했다. 해방도 거기에서 맞았다. 해방 직후에는 친일파, 민족반역자라는 비난이 집중된 까닭에 1921년 상해에서 귀국했을 때보다도 더 심각한 곤경에 빠졌다. 하지만 그는, 자신의 친일 행위는 어디까지나 순수한 민족애에 입각한 것이었으며, 그런 만큼 자기는 "민족을 위하여 살고 민족을 위하다가 죽은 이광수"가 되기에 부끄러움이 없다는 입장을 견지했다. 이러한 신념을 간직한 채로 그는 다시 문필활동을 재개하였다. 1947년에는 전기 『도산 안창호』와 소설 『꿈』 『나-소년편(少年篇)』 등을 출간하였고, 1948년에는 『나-소년편』의 후속편인 『나-스무살 고개』, 수필집 『돌베개』, 자신의 민족운동에 초점을 맞추어서 쓴 회고록 『나의 고백』 등을 출간하였다. 이들 가운데 『나-소년편』 『나-스무살 고개』 연작과 수필집 『돌베개』는, 그나름의 오랜 내적 고민과 갈등을 거쳐서 나온, 삶에 대한 상당히 깊은 통찰의 무게를 담아내고 있다는 점에서, 주목할 만한 문제작이다.

1949년으로 넘어가 반민특위의 활동이 본격화되자 이광수는 친일행위의 죄목으로 체포, 수감되었으나, 병세가 심각하였던 탓에 얼마 후 병보석으로 풀려났고, 그해 8월 최종적으로 불기소처분을 받았다. 1950년 5월에는 새로이 출발하는 대한민국의 미래에 대한 희망과 꿈을 담아 쓴 장편 역사소설 『사랑의 동명왕』을 출간하였는데 이것이 결국 그의 마지막 단행본이 되었다.

1950년 6월 25일 전면적 남침을 개시한 북한군은, 서울을 점령한 후, 미처 피난을 가지 못하고 있던 이광수를 연행하여 구금했다. 그들은 그해 9월 황급한 퇴각의 행로에 오르면서 이광수를 포함한 다수의 피랍인사(被拉人士)들을 강제로 끌고 갔다. 이미 병세가 위중하였던 이광수의 육신은 끌려가는 길에서의 고생을 견디어내지 못했다. 그가 최후를 맞은 것은 1950년 10월 25일, 자강도 강계군 만포면 고개동에서였다는 기록이 남아 있다.

그가 납북되어 끌려간 지 10년이 넘은 1962년 4월, 그의 부인 허영숙과 그의 문학을 사랑하는 지인들에 의해, 『이광수전집』의 간행이 시작되었다. 오랜 준비 끝에 이루어진 일이었다. 삼중당이 출판을 맡았다. 이 전집은 그 다음해 10월, 총 20권의 방대한 분량으로 완간되었다.

이광수 ▸▸

1892년(1세) 2월 28일, 평북 정주군 갈산면 익성리에서 이종원과 충주 김씨 사이의 장 남으로 태어나다.

1902년(11세) 콜레라로 아버지와 어머니가 모두 사망하다.

1905년(14세) 일진회 유학생으로 선발되어 일본으로 건너가다.

1909년(18세) 최초의 소설 「사랑인가」(일문)를 메이지가쿠인(明治學院) 교지인 『백금학보(白金學報)』에 발표하다.

1910년(19세) 메이지가쿠인 보통부를 졸업하고 귀국하여 오산학교의 교사가 되다. 단편 「어린 희생」을 비롯한 여러 편의 소설과 논설, 시 등을 활발하게 발표하면서 명성을 쌓아 나가다. 백혜순과 결혼하다.

1913년(22세) 오산학교에 사표를 내고 중국 안동을 거쳐 상해로 가다.

1914년(23세) 샌프란시스코에서 발행되는 『신한민보』의 주필로 초빙되어 해삼위, 목릉을 거쳐 치타까지 갔다가 제1차 세계대전의 발발로 귀국하다.

1915년(24세) 두 번째로 도일하여 와세다대학(早稻田大學)의 고등예과에 입학하다. 정력적인 문필활동을 다시 시작하다.

1916년(25세) 와세다대학 고등예과를 수료하고 같은 대학의 철학과에 입학하다.

1917년(26세) 장편소설 『무정(無情)』을 『매일신보』에 연재하다(1월~6월). 이어서 두 번째 장편 『개척자』를 같은 지면에 발표하다(11월~1918년 3월).

1918년(27세) 백혜순과 이혼에 합의하다. 북경으로 갔다가 다시 도쿄로 돌아오다.

1919년(28세) 「조선청년독립단 선언서」를 쓰고 상해로 망명하다. 안창호를 처음으로 만나다. 상해임시정부 기관지 『독립』(후의 『독립신문』)의 책임자가 되다.

1920년(29세) 흥사단에 입단하다.

1921년(30세) 귀국하여 변절자라는 비난을 받다. 허영숙과 결혼하다.

1922년(31세) 수양동맹회를 창립하다. 『개벽』 5월호에 「민족개조론」을 발표하다.

1923년(32세) 다시 활발하게 소설을 발표하기 시작하다. 동아일보사에 입사하다.

1924년(33세) 새로 창간된 잡지 『조선문단』을 주재하다. 『동아일보』에 장편 『재생(再

生)』을 발표하다(11월~1925년 9월).

1926년(35세) 수양동맹회와 동우구락부를 합쳐 수양동우회(修養同友會)를 발족시키다(이 단체는 1929년에 동우회로 이름을 바꾸게 된다). 『동아일보』 편집국장으로 취임하다.

1928년(37세) 『동아일보』에 「단종애사(端宗哀史)」를 발표하다(11월~1929년 12월).

1931년(40세) 『동아일보』에 「이순신」을 발표하다(6월~1932년 4월).

1932년(41세) 『동아일보』에 「흙」을 발표하다(4월~1933년 7월).

1933년(42세) 동아일보사를 떠나 조선일보사의 부사장으로 취임하다.

1934년(43세) 8세 된 아들 봉근이 패혈증으로 급사하는 아픔을 겪다. 조선일보사 부사장직을 사임하다. 자하문 밖 홍지동에 산장을 짓다.

1935년(44세) 『조선일보』에 「이차돈의 사(死)」를 발표하다(9월~1936년 4월).

1936년(45세) 수필집 『인생의 향기』를 출간하다.

1937년(46세) 동우회 사건으로 동지들과 함께 검거되다. 병보석되어 경성의전 병원에 입원하다.

1938년(47세) 퇴원하여 홍지동 산장으로 가다. 전작장편 『사랑』 상권을 간행하다.

1939년(48세) 단편 「무명(無明)」을 발표하다. 황군위문작가단(皇軍慰問作家團)의 결성에 참여하다. 『사랑』 하권을 완성하다. 홍지동 산장을 팔다. 친일단체인 조선문인협회의 회장이 되었다가 사임하다. 동우회 사건 제1심 공판에서 전원 무죄가 선고되다.

1940년(49세) 향산광랑(香山光郎)으로 창씨개명하다. 동우회 사건 제2심 공판에서 5년 징역을 선고받다.

1941년(50세) 동우회 사건 제3심 공판에서 무죄를 선고받다.

1942년(51세) 『매일신보』에 『원효대사』를 연재하다. 도쿄서 열린 제1회 대동아문학자 대회에 참가하다.

1943년(52세) 도쿄에 가서 조선인 유학생들의 학병 지원을 권고하는 연설을 하다.

1944년(53세) 사릉에 가서 농사를 짓기 시작하다. 중국 남경에서 열린 제3회 대동아문학자대회에 참가하다.

1945년(54세) 사릉에서 해방을 맞이하다.

1946년(55세) 광동중학의 영어 및 작문 교사로 초빙되어 봉선사로 가다.

1947년(56세) 전기 『도산 안창호』와 소설 『꿈』 『나-소년편』 등을 출간하다.

1948년(57세) 수필집 『돌베개』, 소설 『나-스무살 고개』, 회고록 『나의 고백』 등을 출간하다.

1949년(58세) 반민특위에 체포되었다가 병보석으로 풀려난 후 불기소처분을 받다.

1950년(59세) 장편 『사랑의 동명왕』을 출간하다. 병이 깊어진 상태에서, 7월, 서울을 점령한 북한군에게 연행되다. 후퇴하는 북한군에게 끌려가던 중, 10월 25일, 자강도 강계군 만포면 고개동에서 별세하다.

1962년(사망 후) 이해 4월부터 『이광수전집』이 간행되기 시작, 이듬해 10월 총 20권으로 완간되다.

정인보 鄭寅普, 1893~?

/강영미/

정인보는 우리 나라 최초의 양명학자이자 민족주의사관의 확립자이며 한문학의 대가이자 시조 시인이다. 그는 1893년 5월 6일 조선조 17왕조에서 16인의 정승을 낸 명문 집안에서 태어나, 아명은 경시(景施), 자는 경업(經業), 아호는 위당(爲堂), 수파(守坡), 미소산인(薇蘇山人), 담원(薝園)이라 하다. 11세 때에 회동(會洞) 정씨 마을을 떠나 낙향하여 양근, 진주 등지로 전전하고 13세 때 동갑인 성계숙(成癸淑)과 결혼하다.

이후 다섯 차례에 걸쳐 중국에 가다. 1908년(16세) 이민응 씨를 따라 상해로 가서 2년여를 체류한 후, 1910년(18세)에 잠시 상해에 다녀오고 1911년(19세)에 벽초와 상해에 가다. 이때 생모 서씨 부인이 동행하다. 1912년(20세) 겨울 생모를 모시고 안동현으로 다녀와서 1913년(21세)에 다시 상해로 가다. 이때 6~7개월 머물다 부인 성씨의 부고를 듣고 귀국하여 이후로는 계속 국내에 머물며 활동하다. 1910년(18세)에 난곡(蘭谷) 이건방(李建芳)의 제자가 되어 양명학과 다산의 영향을 받다. 명가의 전통을 이어받아 어릴 때부터 한학 공부를 충실히 하고, 1908년부터 1910년간 중국에 머물며 서동학파(逝東學派)의 영향을 받아 상당한 공부를 하다.

1923년(31세)에 연희전문의 교수가 되고, 이화여전, 세브란스의전, 중앙불교 전문 등에도 출강하여 국학과 동양학 등을 강의하다. 『시대일보』『동아일보』 등의 논설위원이 되어 총독부 정책을 비판하다. 기록 수단이 다르더라도 조선의 얼이 드러나면 국문학의 범주에 드는 것으로 보았고, 한문학의 대가이면서도 한시보다는 시조를 창작하다. 『담원시조』(을유문화사, 1948)에는 인륜, 기행, 교육을 주제로 한 시조 25편(320수)과 노래 가사 15편이 전한다. 고어투의 낱말과 의고체의 어조로 시조를 창작하여 전통적인 시조의 기풍을 잇고자 하다. "흙 다시 만져보자 바닷물도 춤을 춘다"로 시작하는 「광복절 노래」나 "기미년 삼월 일일 정오"로 시작하는 「삼일절 노래」「제헌절 노래」「개천철가」 등도 작사하다.

그는 1933년 7월 『조선일보』에 30회 연재한 「관동해산록(關東海山錄)」, 『동아일보』(1933.7)에 66회 연재한 「양명학연론(陽明學演論)」, 그리고 1935년 1월 1일부터 1936년 8월 28일 『동아일보』가 정간되기까지 연재한 「오천년간 조선의 얼」을 통해 민족주의 역사학의 근거를 밝히고 여타의 다양한 문필활동을 통해 민족 사관을 구축하다. 『담원시조』「남유기신(南遊寄信)」「동도

잡지(東都雜誌)」「지나문학론총(支那文學論叢)」『조선문학원류고(朝鮮文學原流考)』『조선사연구(朝鮮史硏究)』『담원국학산고(薝園國學散藁)』 등을 저술하며 유가 경전의 해석을 비롯하여 역사, 문학, 고증학 등의 분야에서 활동하고, 「동도잡지」「조선고저해제」 등을 통해 고문의 현대적 이해와 사상적 교훈을 밝히다. 『동아일보』에 실린 각종 사설을 비롯한 시사에 대한 정론들을 발표하여 언론인으로서의 책임을 다하다.

정인보는 국학(國學)이라는 말을 처음 사용하고, 해방 후 국립대학을 창립하여 학장을 지내다. 시문학 동인으로 참여하고 다수의 시조, 장편의 기행문, 수필, 한시문들을 남기다. 『조선문학원류고』를 통해 우리 문학을 민족주의 사관으로 조명하고, 『지나문학논총』으로 한시의 원류를 구명하다. 해방 후에는 문단의 최고 원로로 추대되어 전조선문필가협회 회장(1946)을 지내다. 양명학과 한학, 사학 등 국학에 두루 조예가 깊었으며 상해에서 신채호, 박은식, 신규식, 김규식 등과 함께 동제사(同濟社)를 조직하여 광복운동을 하다. 해방 공간에서는 조선문필가협회장, 남조선민주의원 의원과 초대 감찰위원장 등을 역임하고 한국전쟁 직후 북으로 피랍되다.

정인보 ▸▸

1893년(1세) 5월 6일 부친 동래 정은조(東萊 鄭誾朝) 38세, 모친 경주 이씨 40세에 종현(鍾峴, 북단재, 명동성당 부근) 외가에서 태어나다. 본가는 장흥방(長興坊, 회현동). 호는 위당, 담원이다.

1903년(11세) 가을에 회동(滙洞)을 떠나 낙향하여 양근, 진주 등지로 전전하다.

1905년(13세) 첫 번째 부인 성계숙(成癸淑)과 결혼하다.

1906년(14세) 진천으로 낙향하였다가 의병란 때문에 다시 상경하다.

1908년(16세) 이민응을 따라 상해로 가다.

1911년(19세) 벽초와 상해에 가다. 생모 서씨가 동행하다.

1913년(21세) 2월 하순 상해에 가다. 9월 15일 첫 번째 부인 성씨 세상을 뜨다. 부인의 부음을 듣고 9월 하순경 생모와 함께 상해에서 귀국하다. 11월 23일 두 번째 부인 조씨와 결혼하다.

1918년(26세) 생모 정부인 서씨 세상을 뜨다.

1921년(29세) 벽초와 내장사(內藏寺)로 들어가다.

1923년(31세) 봄에 연희전문학교 전임이 되다.

1924년(32세) 『동아일보』에 다수의 글을 싣기 시작하다.

1925년(33세) 시대일보사를 인천 땅을 잡혀서 샀다가 홍성희(洪性憙), 이승복에게 넘겨주다.

1927년(35세) 「백팔번뇌비평에 대하여」를 『동아일보』에 싣다.

1935년(43세) 「오천년간 조선의 얼」을 『동아일보』에 연재하기 시작하다.

1936년(44세) 연전 교수로 임용되다.

1946년(54세) 남조선민주의원 의원, 전조선문필가협회장을 맡다.

1947년(55세) 국학대학장을 맡다. 민주의원 의원, 독립촉성국민회 부회장, 문필가협회장을 사직하다.

1948년(56세) 『담원시조(薝園時調)』를 을유문화사에게 간행하다. 국학대학장을 사임하고 감찰위원장을 맡다.

1949년(57세) 감찰위원장을 사직하다.

1950년(58세) 피랍(被拉)되다.

1955년(63세) 『담원국학산고(薝園國學散藁)』을 부산 문교사에서 간행하다.

1967년(75세) 『담원문록(薝園文錄)』을 연세대 출판부에서 영인하여 간행하다.

1972년(80세) 『양명학연론(陽明學演論)』을 삼성문화재단에서 간행하다.

1973년(81세) 『담원시조(薝園時調)』를 을유문화사에서 간행하다.

전영택 田榮澤, 1894~1968

/강진호/

전영택은 작가이자 목회자로서의 삶을 산 특이한 이력의 소유자이다. 그의 이력의 대부분을 차지하는 것은 작가뿐만 아니라 목회자로서의 삶이다. 전영택은 1894년 부친 전석영과 모친 강순애 사이에서 셋째 아들로 태어났다. 그의 부친은 담양 전씨로 자는 관벽(觀壁) 호는 일우(一愚)로서 숨 가쁘게 급변한 시대 상황에 발 빠르게 적응한 선각자로 알려져 있다. 그는 변화된 시대에 맞게 직접 보동(保東)학교를 세우고, 선생님을 초빙하고 아이들을 직접 모집해서 가르쳤다. 이 학교에서 수학한 뒤 전영택은 부친의 뜻에 따라 평양 사숭재라는 사숙에서 영어를 공부한 후 1908년 16세에 도산이 세운 대성학교에 진학한다. 그러나 갑자기 중풍으로 부친이 쓰러지자 가세가 기울어 1910년 대성학교를 중퇴하고 만다. 대성학교를 세운 도산에게서 받은 교훈은 전영택에게 지대한 영향을 미쳐 훗날 그의 작품 「독어록」 「내가 본 안도산」 등 여러 곳에 자취를 남겼다.

1910년, 대성학교를 중퇴한 후 전영택에게 지대한 영향을 끼친 일이 생겼는데 곧 기독교와의 만남이다. 그 만남은 열성적으로 기독교를 믿었던 작은 형 선택을 통해서 이루어졌다. 전영택보다 앞서 신흥리교회에 나가고 있던 형을 따라 심심풀이로 다니던 교회를 통해 전영택 또한 신실한 기독교인이 되었던 것이다. 기독교와의 만남은 이후 의사로서의 길을 포기하고 목사로서의 길을 선택하는 결정적 계기가 된다. 그리하여 1912년 다니던 서울관립의학교를 포기하고 '가우처장학금'(한국 선교를 위해 일할 사람에게 주는 장학금)으로 도쿄로 유학하여 아오야마가쿠인(青山學院) 중학부 4년에 편입한 뒤 1918년에 아오야마가쿠인대학 문학부를 졸업하고, 그 해 4월 신학부에 입학한다. 이것은 전영택이 목사의 길을 밟는 준비 과정이었다.

도쿄 유학 시절 전영택은 신학생의 신분이었음에도 불구하고 문학에 더 큰 관심을 보였다. 그는 괴테, 톨스토이, 체홉과 안드레프 등의 서양문학과 나쓰메 소세키(夏目漱石)나 아리시마 다케오(有島武郎) 등의 일본문학, 조선의 춘원 문학 등을 탐독하였고, 1915년에는 수필 「독어록」을 『학지광』에 발표하면서 신학 공부를 소홀히 하고 문학수업에 열성을 보였다.

이러한 문학수업기를 지나 전영택이 실질적으로 문학가의 삶의 살기 시작한 계기는 유학 시절 만난 주요한, 김동인, 김환, 최승만 등과 더불어 1919년 동인지 『창조』를 발간한 데서 비롯된다. 창간호에 「혜선의 사(死)」를 발표함으로써 본격적으로 소설 창작에 임하게 되었다. 이것은 전영택에게는 매우 이채로우면서도 모험적인 일이었다. 당시 교회에서는 소설을 쓰는 일을 죄악시하고 소설을 쓰는 사람을 타락한 사람으로 여겼는데, 그런 상황에서 전영택은 종교와 예술을 연계하고 창작에 직접 뛰어든 것이다.

「혜선의 사」에 이어 1919년에 발표한 단편소설 「천치? 천재?」와 「운명」 등은 전영택이 『창조』에서 "인생 그것을 그대로 표현해보느라고 하였습니다"라고 진술한 대목, 창조 동인들이 '예술을 위한 예술'을 주창하면서 자연과 인생을 그대로 표현하려고 노력했던 점에서도 알 수 있듯이 자연주의 계열로 분류된다.

전영택은 소설뿐만 아니라 시, 희곡, 동화, 전기, 문학론, 수필, 기도문, 설교, 성경 연구 등의 다양한 장르의 글을 발표한 작가였고, 그 당시부터 평론과 수필 등 다양하고 폭넓은 글쓰기를 시도하고 있었다. 그렇지만 목회자의 길과 작가의 길을 병행하고 있었던 관계로 소설 창작의 비중이 그리 크지는 않았다. 그의 소설은 전반기에 주로 『창조』와 『조선문단』을 통해 발표되었는데, 1924년 매부 방인근이 『조선문단』 창간을 지원한 것을 계기로 해서 「흰닭」(『조선문단』 1)과 「사진」(『조선문단』 2)을 발표하고, 이듬해에는 「화수분」(『조선문단』 4)을 발표하여 작가로서의 명성을 떨치기 시작한다. 『조선문단』에 발표한 「흰닭」 「화수분」이 발표된 이후 '기독교적 인도주의'가 강하게 표출되고 있다는 평가를 받았다. 약자에 대한 관심, 사랑과 용서, 죽음과 구원의 문제 등을 다루면서 비교적 일관된 작품 세계를 보여 주고 있다는 점에서 전영택 식의 인도주의가 발현되고 있다는 것이다.

1926년에는 창작 단편집 『생명의 봄』(박문서관)과 논설집 『생명의 개조』(문우당)를 발간했지만 이후 소설 창작은 부진하였다. 1927년 단편소설 「누이」 「늘봄」 등 몇 편을 발표한 뒤 『매일신문』에 장편 『청춘곡』을 연재하기도 했지만, 해방 무렵까지 거의 침묵하다시피 하였다. 이것은 그의 목회자로서의 삶과 밀접하게 관련된다. 전영택은 1927년 미국 감리교 경성지방 아현교회 부담임자로 있을 때 목사 안수를 받았고, 1930년에는 미국 유학길에 올라 캘리포니아주 버클리 소재 태평양신학교에 입학하여 수학하는 한편, 1931년 사리원 지방 봉산교회로 파송되어 시무하는 등 어렵게 가난과 싸워 가며 목회자의 길을 걸었다. 한편 1937년 염리동 복음사 발행으로 개인잡지 『새사람』을 창간・발행하기까지 전영택은 소설가보다는 목회자로서의 삶을 사는 데 대부분의 시간을 할애하고 있었다.

그러다가 전영택이 다시 소설 창작을 시작한 것은 해방 이후부터이다. 1946년 전영택은 문교부 편수국 편수관에 취임하고, 4월 의욕을 쏟았다가 정간되었던 『새사람』 8호를 속간한다. 이때부터 다시 작품을 창작하여 시와 평론, 기행, 소설, 논설 등을 발표하였다. 1948년에는 중앙 신학교와 감리교 신학교 강사를 맡으면서 전기 『유관순전』(수선사), 단편소설 「크리스마스 새벽」 등 전기와 소설, 수필, 설교문 등을 다수 발표한다. 창작에 열의를 갖기 시작하면서부터 전영택은 이후 타계할 때까지 꾸준한 작품 활동을 하는데, 1950년대 이후로 발표된 소설 작품들에서 나타나는 특색은 작품이 교화적 성격을 띤다는 점이다. 이러한 특색은 작가가 목회 활동을 통해서 체험했음직한 신변적인 주제를 많이 다루었다는 사실과 관련된다. 실제로 전영택은 1952년 일본 도쿄로 건너가 재일 대한기독교 기관지 『복음신문』의 주필에 취임하고, 단편 「강아지」, 수필 「살고저하면—부활절 소감」(『한국기독신문』) 등을 발표하며, 1954년 9월에 귀국하여 대한기독교서회 편집부장에 취임한다. 그리고 이 무렵 수년간 전영택은 성서 번역, 찬송가 번역 · 교정 등에 주력하는 한편 설교집 『아동설교』(풍문사)를 간행한다. 이러한 목회자로서의 활발한 사회활동은 그의 창작에 상당한 영향력을 미칠 수밖에 없었을 것이다.

전영택은 이 무렵의 소설에서 기독교적인 의미의 사랑과 회개, 죄의식과 뉘우침, 신앙의 세속화에 대한 비판 등을 주로 다루었다. 전영택은 자기 문학의 기본이 기독교적 사랑임을 누누이 밝혔고 또 문학의 교화성을 매우 중시하였다. "말로만 감정적으로만 복음을 전하며 감정적으로 믿기만 할 때는 벌써 지나간 지 오랬습니다. 지금은 글로 이성에 의하여 진리를 궁구할 시대가 되었습니다. 이성에 의하여 그리스도교의 진리와 세상 만사만물의 지식을—특히 변하고 진보하는 신지식 · 신사상을 가르치고 배움에는 오직 문학의 품을 빌지 않으면 안될 것은 너무나 쉬운 만인이 다 알고 있는 일이외다"(전영택, 『생명의 개조』, 문우당, 1926)라고 진술한 데서 그런 사실이 단적으로 드러난다. 기독교 전도는 전영택 평생의 신념과 사명이었고 그것을 그는 창작을 통해서, 다른 한편으로는 그가 어려운 여건을 무릅쓰고 주간한 『신생명』 『새사람』 『기독교신문』 『복음신문』 등의 간행물을 통해서 실천에 옮기려 한 것이다. 이를 반영하듯 「소」(『백민』 20, 1950) 「집」(『새벽』 15, 1957) 「첫미움」(『문장』 임시증간호, 1939) 등의 작품에서는 이른바 아가페적인 사랑이 그려지며, 「눈 내리는 오후」(『자유문학』 35, 1960) 「외로움」(『새벽』 6, 1955) 「남매」(『문장』 10, 1939) 등에서는 종교적인 죄의식과 뉘우침이 중심 주제를 형성하고 있다. 이밖에 「크리스마스 전야의 풍경」(『군종』, 1960) 등은 신앙의 세속화 및 성직자의 위선과 타락에 대한 비판을 담고 있다.

이러한 신앙인으로서 그리고 작가로서의 끈질긴 의욕과 창작열을 인정받아 전영택은 1960년 '서울시문화상'을 수상하고, 1961년에는 한국문인협회 이사장에 취임하는 한편 류관순 선양회장, 기독교계명협회 이사장, 기독교문인협회장에 취임한다. 그리고 1963년에는 대한민국 문화포상 대통령상을 수상하는 영예를 안는다. 이 과정에서 전영택은 70세의 고령임에도 불구하고 다수의 평론과 수필, 인물론, 설교문 등을 발표하여 식지 않는 열정을 보여주며, 1965년에는 『전영택창작선집』을 발간하고 동화집 『세계명작동화』를 엮었다. 그러다가 1968년 불의의 교통사고를 당하여 75세의 나이로 생을 마감한다. 한국문인협회장으로 정동제일감리교회에서 영결예배를 드리고 금촌 감리교 묘지에 안장됨으로써 목회자이자 작가로서의 이채로운 삶을 살았던 전영택의 삶은 마무리된다.

1894(1세) 1월 18일 평안남도 강서에서 부친 전석영과 모친 강순애 사이에서 4남 4녀 중 3남으로 태어나다. 아명은 인길, 호(號)로 늘봄, 상춘(常春), 추호(秋湖), 불수레, 추오(秋悟)이다.

1904년(11세) 부친이 설립한 보동(保東)학교에 입학하다.

1908년(15세) 9월에 도산 안창호가 설립한 평양대성학교에 입학하다. 여기서 평생의 스승으로 존경한 도산 안창호를 만나다. 부친의 별세로 대성중학교를 2년에 중퇴하다.

1910년(17세) 삼숭학교 교사가 되다. 열성적인 기독교 신자였던 작은 형 선택을 따라 신흥리교회에 출석하다. 이해에 한국 최초의 감리교 목사이자 평양 남산현교회 설립자인 김창식 목사로부터 세례를 받다.

1911년(18세) 가세가 기울다. 서울관립의학교에 입학하여 모친, 작은형과 함께 서울로 이사하다.

1912년(19세) 삼숭학교에서 함께 일하다가 도쿄에 건너가 공부하던 노정일을 통해 '가우처 장학금'(한국 선교를 위해 일할 사람에게 주는 장학금)을 취득하여 일본 도쿄의 아오야마가쿠인 중학부 4년에 편입하다.

1915년(22세) 아오야마가쿠인 중학부를 졸업하고 고등학부 인문과에 입학하다. 이 시절 수필 「독어록」을 『학지광』에 발표하고(『학지광』 10, 1916.9), 이후 수필, 논설, 시를 쓰기 시작하다.

1918년(25세) 아오야마가쿠인대학 문학부를 졸업하고, 4월 신학부에 입학하여 목사의 길을 준비하다.

1919년(26세) 1월 김동인, 주요한, 김환, 최승만 등과 함께 동인지 『창조』를 발간하다. 창간호에 「혜선의 사」를 발표함으로써 본격적인 소설 창작을 시작하다. 단편소설 「천치? 천재?」(『창조』 2) 「운명」(『창조』 3)과 평론 「시인 괴테」(『창조』 2), 수필(『기독청년』 14~15) 등을 발표하다. 2·8 도쿄 유학생 독립운동에 참여한 뒤, 3월말 도쿄를 떠나는 유학생들과 함께 귀국하다. 채혜수와 결혼하다. 삼숭학교 교장직에 피임되다.

1921년(28세) 재도일하여 아오야마가쿠인 신학부에 복교하다. 단편 「독약을 마시는 여인」(『창조』 8) 「K와 그 어머니의 죽음(1)」(미완)(『창조』 9)을 발표하다.

1923년(30세) 아오야마가쿠인 신학부를 졸업하고 감리교 협성여자신학교에 동창 조민형과 함께 교수로 취임하다. 『신생명』 주간이 되다.

1924년(31세) 매부 방인근이 『조선문단』 창간을 지원하다. 중편소설 「흰닭」(『조선문단』 1) 「사진」(『조선문단』 2)을 발표, 이듬해에는 단편소설 「화수분」(『조선문단』 4)을 발표하여 작가로서의 명성을 떨치다. 설교집 『아동 설교』(복음사)를 발간하고, 『기독신문』 주간을 맡다.

1926년(33세) 창작단편집 『생명의 봄』(박문서관)과 논설집 『생명의 개조』(문우당)를 발간하다.

1927년(34세) 미국 감리교 경성지방 아현교회 부담임자로 있으면서 목사 안수를 받다. 소설 단편 「누이」 「늘봄」, 수필 「인격의 향기」(『백합』 1) 「죽음을 바라보면서」(『백합』 1) 등과 논설, 희곡을 발표하다.

1930년(37세) 미국 유학길에 오르다. 1월에 시카고로 가서 에반스톤시 개렛신학교에 등록한 후 4~7월까지 1학기를 수강하다. 시카고에서 '흥사단'에 가입하다. 9월에는 캘리포니아주 버클리 소재 태평양신학교에 입학, 첫 학기를 수강한 후 이듬 해 1월 귀국하다.

1931년(38세) 감리교 동·중·서 연합연회에서 사리원 지방 봉산교회로 파송 시무하다. 동화, 전기, 평론, 논설, 수필을 발표하다.

1934년(41세) 소설 중편 「새별」(『조선일보』)과 논설 「새사람(1~2)」(『기독신보』), 동화 「천사의 손」(『아이생활』), 시 「이제 밝은 아침이 오리니」 등 다양한 장르의 작품을 발표하다.

1935년(42세) 주선예수교회로 전임한 후 『예수』지 1월호에 시 「주앞에 나아가」 「기도」, 설교 「목자 없는 양의 무리」 「지혜, 이적, 십자가」 등의 글을 기고하다. 예수교회 교인으로 장로교회 신편찬송가 가사 교정위원으로 참여하다.

1936년(43세) 예수교회 교육국장 사면하고 평양에서 서울 염리동으로 이사하다. 소설 단편 「오무니」(『삼천리』 69) 「충부원」(『중앙』 27), 장편 『청춘곡』(『매일신보』) 등을 발표하다.

1937년(44세) 염리동 복음사 발행으로 개인 잡지 『새사람』을 창간하고 발행하다. 『백광』의 편집 겸 발행인이 되다. 6월에 '수양동우회 사건'에 연루되다. 같은 해 7월 1일 일제의 탄압으로 『새사람』 7호 발행 후 정간되다.

1938년(45세) 신문지법에 의해 허가된 『기독신문』의 주간직을 맡다. 단편소설 「여자도 사람인가」(『삼천리』), 평론 「나의 춘원관」(『박문』 2) 등 소설과 평론, 아동 설교 등을 발표하다.

1939년(46세) 평양요한학교 교수로 취임하다. 주요섭과 함께 『동화집』(신문사) 공저. 설교집 『아동 설교』(교문사)를 발간하다. 단편소설 「무심」 「남매」를 비롯하여 논설과 수필 등을 발표하다.

1944년(51세) 설교사건으로 구금되다. 목회 활동으로 인해 1940년 이후 해방이 될 때까지 작품을 거의 발표하지 못하다.

1945년(52세) 해방을 맞이하다. 그 해 조만식의 조선민주당 문교부장에 취임한 후 『만주조선』을 편집하며, 평양의학전문학교 국어 강사로 나가다. 그해 말 윤춘병과 함께 월남하다.

1946년(53세) 문교부 편수국 편수관에 취임하다. 4월 정간되었던 『새사람』 8호를 속간하다. 이때부터 다시 작품 활동을 시작하여 시와 평론, 기행, 소설, 논설 등을 발표하다.

1948년(55세) 중앙신학교과 감리교신학교 강사를 맡다. 전기 『유관순전』(수선사), 소설 단편 「크리스마스 새벽」 등 전기와 소설, 수필, 설교문 등을 다수 발표하다.

1952년(59세) 일본 도쿄로 건너가 재일 대한기독교 기관지 『복음신문』의 주필에 취임하다. 소설 단편 「강아지」, 수필 「살고저하면—부활절 소감」(『한국기독신문』) 등을 발표하다.

1954년(61세) 기독교문학인구락부 주최로 회갑연을 갖다. 9월에 귀국하여 대한기독교서회 편집부장에 취임하다.

1955년(62세) 『새사람』을 재복간하다. 설교 수필집 『인격주의』, 시가 수필집 『의(義)의 태양』(대한기독교서회)을 간행하다. 소설 단편 「소」(재수록)(한국기독교)를 발표하다.

1960년(67세) '서울시문화상'을 수상하다. 동화집 『사랑의 등불』을 발간하다. 단편소설 「눈내리는 오후」(『자유문학』 35) 「크리스마스 전야의 풍경」(『군종』)을 발표하다.

1961년(68세) 한국문인협회 이사장에 취임하다. 류관순 선양회장, 기독교계명협회 이사장, 기독교문인협회회장에 취임하다. 다수의 논설과 수필, 설교, 시 등을 발표하다.

1963년(70세) 대한민국 문화포상 대통령상을 수상하다. 고령의 나이에도 불구하고 다수의 평론과 수필, 인물론, 설교 등을 발표하다.

1965년(72세) 『전영택창작선집』을 발간하다. 동화집 『세계명작동화』를 엮다.

1968년(75세) 교통사고로 별세하다. 정동 제일감리교회에서 한국문인협회장으로 영결예배를 드리고 금촌 감리교 묘지에 안장되다. 유고로 단편 「성장기」(『신동아』 43) 「노교수」(『크리스찬 문학』 2)가 있다.

오상순 吳相淳, 1894~1963

/윤여탁/

1894년 서울에서 출생하였으며, 호는 공초(空超), 상현(想絢), 선운(禪雲)이다. 서울에서 목재상을 하는 집안의 4남 1녀 중 차남으로 태어났으며, 기독교계의 경신학교를 졸업하였다. 1918년에 일본 도시샤(同志社)대학 종교철학과를 졸업하였다. 1920년에 김억, 남궁벽, 염상섭, 황석우 등과 함께 『폐허(廢墟)』의 동인으로 참여하여, 감상적인 평문인 「시대고(時代苦)와 그 희생(犧牲)」(1920.7)을 발표하였다. 이어 「신시(新詩)」(『개벽(開闢)』 1920.11)를 발표하면서 시작 활동을 전개하였다.

이후 『폐허』 『폐허이후(廢墟以後)』 『조선문단(朝鮮文壇)』 등의 잡지에 운명을 받아들이려는 순응주의와 동양적 허무주의에 바탕을 둔 시를 발표하였다. 1923년에는 보성고등보통학교 영어교사로 재직하였으며, 1926년부터 2년 동안 부산 동래 '범어사'로 입산하여 선(禪)을 추구하다가 대구, 부산 등을 유랑하였다. 이 당시 이상화, 이장희, 백기만 등과 교분을 쌓았으며, 1930년에는 불교중앙학림(동국대학교의 전신) 교수를 역임했다. 1940년 전후에 대구에 내려가 이상화의 소개로 만난 여인과 살림을 차려 한국전쟁 때까지 살았으며, 이후에는 결혼을 하지 않고 독신으로 지냈다.

오상순의 초기 시세계는 「시대고와 그 희생」을 시적으로 표현한 「폐허의 제단」(『폐허이후』, 1924)과 「방랑(放浪)의 마음」(『동명』, 1923)에 잘 나타나 있다. 그것은 방랑과 고독에서 연유하는 허무혼이라고 할 수 있으며, 그와 항상 같이 있었던 담배 연기와 같은 것이었다. 이와 같은 시세계는 식민지라는 우리 민족의 현실과 3·1운동 직후 1920년대 초에 우리 문단에 수용된 프랑스 상징주의와 감상적인 낭만주의라는 문예사조로부터 자유스러울 수 없었기 때문이다. 아울러 자신이 경험한 기독교와 불교의 경직된 종교적인 교리나 지식인 집단의 가식적인 체면보다는 자유스러운 삶을 살고자 했던 시인의 개인적 취향과도 관련이 있다.

대표작이라 할 만한 「방랑의 마음」의 1부는 5연 22행, 2부는 2연 24행으로 구성되어 있다. 그리고 1935년에 복간된 『조선문단』 2월호와 8월호에 제목과 1부의 첫 연만이 같은, 서로 다른 두 편의 시로 발표되었다. 이 중에서 8월호에 수록된 「방랑의 마음」은 『동명』에 게재되었던 시이며, 우리 문단에서 오상순의 대표작으로 소개되고 있는 작품이다. 시인은 바다를 눈을 감고 마음속에 그려보는 관조의 대상이 아니라, 오히려 마음이 바다를 불러일으키어 가만히 응시하고, 바다 소리가 내 피 속에 통하여 울고, 안개 같은 바다의 향기가 코에 서린다고 표현하고 있다.

그러나 시인은 "나그네의 마음— / 오! 영원(永遠)한 허무(虛無)에의 / 나그네의 마음— / 허무(虛無)의 품속에 / 보금자리 친 나의 마음—"(「방랑의 마음」 2부 1연)이라는 사실만을 깨닫게 된다. 일생 동안 어느 한 곳에 정착하지 못했던 시인의 실제 삶처럼 시적 화자 역시 허무함과 무상함만을 깨닫게 되는 나그네이자 방랑자로 표현되고 있다. 이 무렵 시인은 전국의 사찰을 전전하거나 중국에 건너가 루쉰(魯迅)의 동생인 저우쭤런(周作人)의 사상과 문학을 공부하기도 한다.

해방 이후에 오상순은 뛰어난 영어 실력 덕분에 안정된 생활을 할 수 있는 기회도 주어졌지만, 이 생활로부터 뛰쳐나와 직업을 갖지 않고 경상도와 서울을 오르내리는 방랑 생활을 선택한다. 이와 같은 방랑이 불편함보다는 생활의 하나로 받아들여졌던 것이다. 이를 통해서 후기 시에서는 허무 의식으로부터 벗어나기 시작하였다. 이런 모습은 「분열(分裂)된 생명(生命)이 통일(統一)된 미래(未來) 하나의 생명(生命)으로 귀일(歸一)하는 밤의 거룩한 향연(饗宴)」이라는 부제가 달린 「첫날밤」(『백민』, 1950.3)에서 "머언 하늘의 뭇 성좌(星座)는 / 이 밤을 위(爲)하여 새로 빛나리 / 밤은 새벽을 배고 / 침침(駸駸)히 깊어만 간다"라는 표현에서 확인할 수 있다.

한국전쟁 후인 1953년부터는 주로 '조계사(曹溪寺)'에 몸을 기탁하여 낮에는 명동 뒷골목에 있던 연극인 이해랑이 운영하던 '청동 다방'에서 하루를 보내면서 담배 10갑 정도를 피웠다. 이때 오상순을 찾아 다방에 오는 지인이나 문하생들과의 만남의 자리를 '청동(靑銅) 시대'라고 명명했으며, 이 사람들과 주고받은 글을 모아 195권에 이르는 『청동산맥』이라는 문인첩(文人帖)을 남겼다. 그는 이와 같은 무소유(無所有)의 삶을 실천하는 생활을 통해서 허무를 초극하게 되며, 이 새로운 생활 속에서 빛과 열과 생명의 원천을 상징하는 '해바라기'를 찾아내게 된다.

시인은 한국전쟁이라는 동족상잔의 비극과 그 비극이 만들어낸 폐허 위에서 오히려 태초의 영원한 생명의 원천을 찾아내고 있다. 또 자신의 시적 출발점이자 그동안 자신을 줄기차게 따라다녔던 고독과 허무함으로부터 벗어날 수 있었다. 그래서 그는 "오! 해바라기 / 너 정녕 / 태초(太初) 상념(想念)의 원천(源泉)인 절대(絶對) 신비(神秘)한 대자연(大自然)! / 생명(生命)의 핵심(核心)! 그 권화(權化)요 화신(化身)이 아니런가!"(「해바라기」의 마지막 연)라는 인식에 이르게 된다.

이 시기에 오상순은 월남(越南) 시인이었던 구상(具常)과 교류하게 되는데, 이는 두 사람 모두가 시와 종교는 우주의 깊은 바닥에서 잉태되어 생명의 혈액으로 길러진 것이라는 깨달음에 도달한 사람들이었기 때문이었다. 이런 인연으로 구상은 시인이 이 세상을 떠난 후에도 공초 오상순을 추모하는 모임과 사업을 주관하게 된다. 1954년에 오상순은 대한민국예술원 종신회원으로 선출되었다. 1956년에 대한민국예술원상, 1962년에는 서울시 문화상을 수상하였다.

불교계 분쟁사건 후인 1961년에는 자신의 몸을 기탁했던 '조계사'를 나와 안국동의 '정이비인후과'에서 생활하다가 1963년 6월 고혈압성 심장병과 폐렴으로 '적십자병원'에서 이 세상을 하직하게 된다. 그리고 일생 동안 종교적인 구도자의 삶과 문학을 추구했던 오상순의 죽음을 두고 문우(文友)였던 박종화는 "오늘 이 고승(高僧)같은 시인을 잃어버린 마음, 나의 마음은 텅 비어 있다"라고 표현하였다. 1983년에 오상순 시 전집인 『아시아의 마지막 밤 풍경(風景)』(구상 편, 한국문학사)과 『청동산맥』에서 발췌한 시를 묶은 『흐름 위에 보금자리 친 나의 영혼』(한국문학사)이, 1988년에는 추모 문집인 『시인 공초 오상순』(구상 편, 자유문학사)이 간행되었다.

오상순 ▸▸

1894년(1세) 음력 8월 9일 서울 시구문안(현재 장충동)에서 목재상을 하는 오태연(吳泰兗) 4남 1녀 중 둘째 아들로 태어나다. 호는 공초(空超), 선운(禪雲)이다.

1901년(8세) 서당을 그만두고 어의동학교(於義洞學校, 현재 효제초등학교)에 입학하다.

1906년(13세) 기독교계 경신학교(儆新學校)에 입학하다.

1912년(19세) 경신학교를 졸업하고, 일본 교토(京都)에 있는 도시샤(同志社)대학 종교철학과에 입학하다.

1918년(25세) 도시샤대학을 졸업하고 귀국하다. 하왕십리로 이사한 본가에서 나와서 YMCA에서 번역 관련 업무와 교회의 전도사 일을 보다.

1920년(27세) 김억, 변영로, 황석우, 남궁벽, 염상섭, 김찬영 등과 『폐허(廢墟)』 동인으로 참여하며, 창간호에 「시대고(時代苦)와 그 희생(犧牲)」을 발표하다. 11월에 「신시(新詩)」를 『개벽(開闢)』 6호에 발표하면서 본격적으로 시작 활동을 전개하다.

1921년(28세) 「힘의 숭배」 「힘의 동경」 「힘의 비애」 등 자유시와 논문 「종교(宗敎)와 예술(藝術)」을 『폐허』에 발표하다.

1923년(30세) 보성고보 영어교사로 재직하며, 『동명(東明)』 8호에 「방랑의 마음」 「허무혼의 선언」을 발표하다.

1924년(31세) 『폐허이후(廢墟以後)』 발간에 참여하며, 「허무의 제단」 「허무혼의 독백」 「폐허행」 등을 발표하다. 이 잡지에는 '상순(想殉)'이라는 필명도 사용하다.

1926년(33세) 동래 범어사에 입산하여 불교적 선(禪)의 세계를 추구하며, 공초(空超)라는 호는 이 무렵부터 사용한 것으로 추정되다. 이 호는 평생 그의 손끝을 떠나지 않았던 담배와도 깊은 관련이 있다.

1930년(37세) 중국 베이징(北京)에 머물면서 중국 각지를 유람하였으며, 저우쭤런(周作人) 등 중국 문인들과 교류하다. 귀국 후에는 '불교중앙학림(동국대학교의 전신)'에 근무하면서 불교에 회심(回心)하다. 이후 일정한 직업이 없이 방랑 생활을 하다.

1935년(42세) 복간된 『조선문단』 2월호에 「방랑의 마음」을, 8월호에 1923년 『동명』에 발표하였던 「방랑의 마음」을 다시 발표하다. 이 두 시는 제목과 1부의 첫 연만이 같은 서로 다른 시이다. 이후에 출간된 전집이나 시집에는 『동명』과 『조선문단』 8월호에 수록되었던 시의 1부와 2부가 「방랑의 마음 1」과 「방랑의 마음 2」로 표기되어 있다.

1940년(47세) 대구로 내려가서 이상화의 소개로 퇴기(退妓)였던 여인을 소개받아 한국전쟁 시기까지 살다.

1946년(53세) 서울 안국동 근처의 '역경원' '조계사' 등에서 생활하며, '조계사'의 승방이 주된 거처였다. 부친이 별세하다.

1953년(60세) 한국전쟁 중에는 부산 등지에서 생활하다가 환도(還都)한 후에는 다시 '조계사'에 돌아와 생활하다. 낮에는 명동에 있던 연극인 이해랑이 운영하던 '청동 다방' 등에 주로 머물면서 드나들던 문인 동료나 후학들과 어울리다. 이때 다방에 있으면서 만나는 사람들과의 만남을 기록한 195권의 문인 서명첩인 『청동산맥』을 남기다.

1954년(61세) 대한민국예술원 종신회원으로 선출되다.

1956년(63세) 대한민국예술원상을 수상하다.

1961년(68세) 불교계의 분쟁을 겪으면서 자신의 몸을 기탁했던 '조계사'를 나와 안국동의 '정이비인후과'에서 생활하다.

1962년(69세) 서울시문화상을 수상하다.

1963년(70세) 고혈압성 심장병과 폐렴으로 입원하다가 병세가 악화되어 6월 3일에 '적십자병원'에서 별세하다. 문인들이 나서서 문단장(文壇葬)을 지내고, 민족유공자 묘지인 수유리 독립묘소에 안장하다. 사망 20일 후에 유저(遺著)이자 유일한 시집인 『공초(空超) 오상순시집』을 자유문화사에서 간행하다.

1983년 유저로 발행되었던 시집을 증보(增補)하여 펴낸 시전집인 『아시아의 마지막 밤 풍경(風景)』(구상 편, 한국문학사)과 『청동산맥』에서 발췌한 시를 묶은 『흐름 위에 보금자리 친 나의 영혼』(한국문학사)이 간행되다.

1988년 추모 문집인 『시인 공초 오상순』(구상 편, 자유문학사)이 간행되다.

1992년 무소유의 삶을 살다간 공초 오상순 시인을 기리기 위해 공초숭모회가 구성되고 '공초문학상'이 제정되다. 등단 20년 이상의 중견 시인을 대상으로 최근 1년간 발표한 신작시 가운데 수상작을 뽑는 문학상이다

조명희 趙明熙, 1894~1938

/김성수/

조명희는 1894년 8월 10일 충북 진천군 진천읍 벽암리에서 가난한 양반의 아들로 태어났다. 그 세대 지식인이면 으레 그렇듯이 한학과 신학문을 함께 수학하였다. 성장과정엔 신지식인 특유의 영웅열과 방랑벽에 휩싸여, 중앙고보 재학 중 베이징무관학교에 입학하려 가출하여 평양까지 갔다가 돌아오기도 하였다. 중앙고보를 중퇴하고 방황하다가 신소설을 비롯한 국내외 소설을 남독하며 소일하는데 이 무렵 『레미제라블』을 읽고 문학에의 뜻을 품는다. 당시 3·1운동에 참가해 투옥되기도 했지만 그의 신학문에 대한 열정은 식을 줄을 몰랐다. 일본에 건너가 도쿄 도요(東洋)대학 철학과(인도철학부 윤리학과)에 입학했다. 고학에 가까운 유학생활 속에서도 마르크스·레닌주의 같은 신사상을 접하고 뜻 맞는 친구들과 함께 시 창작과 극예술협회의 연극활동을 하면서 문학에의 꿈을 키웠다.

여기서 만난 친구 중 가장 중요한 사람은 김우진이다. 김우진은 「산돼지」 등을 쓴 초창기 극작가, 신극운동가로서 바로 「사의 찬미」로 유명한 가수 윤심덕과 현해탄 선상에서 정사(情死)했던 사람이다. 김우진과의 교분 속에서 조명희는 희곡 〈김영일의 사(死)〉 〈파사(婆娑)〉 등 사실주의와 표현주의를 넘나드는 작품을 썼다. 〈김영일의 사〉에서는 도쿄(東京) 유학생들의 가난과 사상적 갈등을 사실적으로 나타냈고, 〈파사〉에서는 은나라 주왕의 잔인한 학정을 사변적으로 그려냈다. 두 작품 모두 바람직하지 못한 인간을 다루었으나 형상화가 미흡하고 갈등양상이 관념적이라고 할 수 있다. 조명희는 이들 작품을 썼을 뿐만 아니라 자신이 번역극 배우로도 나서는 등 학생극운동의 일환인 순회 연극활동을 하였다. 하지만 청년 학생의 열정도 잠시, 고학생의 극심한 생활난으로 1923년 봄, 졸업을 앞두고 귀국할 수밖에 없었다.

귀국 후 시집 『봄 잔디밭 위에』를 내게 되는데 이때까지도 조명희의 문학세계를 지배한 것은 소시민적 낭만정신과 신비주의였다. 그러나 목포 대지주의 아들이었던 김우진 같은 부잣집 자식의 도쿄 유학과는 달리, 고학생활을 한 조명희에게는 현실생활의 고충으로부터 피부에 와 닿는 신사상이 체득되었다. 식민지 출신 지식인의 고뇌가 엿보이는 사회주의사상으로의 경사가 그것이다. 원래 한학으로 쌓은 집안의 가풍을 받아 유교적 세계관의 영향 아래 성장하여 신학문과 도쿄에서의 유학생활, 김우진과의 친분 등을 통해 부르주아적인 세계관으로 돌았으나 결국 고학생활의 현장에서 몸으로 받아들인 사회주의사상에 귀착된 것이다.

새로운 사상에 눈뜬 조명희는 1924년 조선일보사 학예부 기자로 있으면서 투르게네프의 「그 전날 밤」을 번역하기도 하고 불우한 진보적 청년들을 지원하기도 했다. 특히 도쿄 시절 만났던 이기영을 적극 후원하여 당시 좌익잡지였던 『조선지광』지에 소개하여 취직시켜주고 한 집에 기거하기도 했다. 나중에 「고향」(1934)을 써서 평판을 받고 「두만강」으로써 북한문단의 대표적 원로로 자리잡게 되는 민촌 이기영(民村 李箕永)이, 문단 데뷔 무렵의 어려웠던 시절에 받은 조명희의 도움을 두고두고 술회하는 것으로 봐서도 그의 도움이 매우 컸던 것 같다.

그가 이듬해 조선일보사를 때려치고 실업자가 되어 식구들을 먹여 살리려고 팥죽장사를 한 것도 흥미로운 대목이다. 아마도 신문사와 뭔가 의견이 맞지 않아 그 좋은 직장을 그만두고 떨쳐나서긴 했으나 별 호구지책을 찾지 못해 목포 대지주의 아들이었던 김우진에게 도움을 받았던 모양이다. 문제는 당시로선 거금을 얻어 몇 달간 잘 살 수 있는 것을 팥죽장사를 한다고 한 달 만에 다 날려버린 점이다. 사연인즉 조명희가 장사에는 손방이라 그저 손님 형편 봐서 적당히 돈을 받고 더러 가난한 이들에겐 외상으로 해주고 하다 보니 장사가 아니라 적선, 빈민구제사업을 한 셈이 된 것이었다.

이런 형국이니 집안꼴은 말이 아니었으나 사상적 문학적 기반은 더욱 확고해졌다. 1925년 8월 진보적 문인 예술가 단체인 카프(KAPF, 조선프롤레타리아예술동맹)가 결성되었을 때 조명희는 기존의 염군사, 파스큐라와는 별도로 적극 참여했다. 결성 당시부터 조명희, 이기영, 한설야 등이 참여했는지는 불분명하고, 다만 이기영의 회상기에 따른 추정일 뿐이다. 중요한 것은, 나중에 카프의 대표적인 작가로 성장하고 종국에는 북한문단의 원로로 자리잡는 이기영과 한설야를 사상적으로 지도하는 마르크스·레닌주의 학습 소모임을 조명희가 그 여름에 주도했다는 사실이다.

이러한 객관적인 분위기에 따라 조명희의 장르적 관심은 낭만적 서정시에서 현실주의적인 프롤레타리아소설로 영역이 바뀌었다. 하지만 식민지 지식인이 고뇌 끝에 계급적 자각을 하고 무산대중과 함께 하려는 진보적인 운동에 뛰어드는 모습을 그린 「땅속으로」 「R군에게」 같은 초기작은 한계가 있었다. 이들 작품은 주인공의 개별분산적이고 자연발생적인 반항을 다루었다는 점에서 신경향파소설의 일반적인 한계를 넘어서지는 못했던 것이다.

이 무렵 식민지시대 반일 프로문예운동의 조직체인 카프는 방향전환기에 놓여 있었다. 1926년 11월 정우회 선언을 시발로 사회운동 각 부문에서 정치투쟁으로의 방향전환론이 전개된 것과 관련하여 문예운동에서는 1927년 초부터 방향전환이 논의되기 시작했던 것이다. 1927년 9월의 카프 총회에서 목적의식인 문예활동이 결의되고 조직 개편에 이르게 되었다. 이 무렵 조명희는 1927년 7월 대표작 「낙동강」을 발표함으로써, 그 이전까지 자연발생적인 수준에 머물던 '신경향파' 문학에서 목적의식적인 '제2기' 문학으로 프롤레타리아문학운동의 방향을 바꾸는 데 나름대로 기여를 하게 되었다. 즉, 사회운동가 박성운의 비극적인 죽음과 그의 애인

로사의 북행을 통해 일제시대 민족해방 투사의 모습을 진실하게 그려냄으로써, '조직과 투쟁'이라는 목적의식적인 프로그램을 가지고 민족해방운동의 일환으로 야학, 소작쟁의 등 농촌활동을 벌이는 내용을 담은 것이다.

조명희는 「낙동강」 이후에도 「춘선이」 「아들의 마음」을 발표하는데 모두 계급해방의 의지를 북돋는 것이다. 「아들의 마음」은, 입원 중인 노동자 주인공이 자기 애인이 중국에서 혁명을 위해 활약한다는 말을 듣고 목발을 짚고 도쿄 메이데이(국제노동자의 날) 행사에 참가한다는 내용이다. 이는 당시 카프의 이념 중 한 대목인 '프롤레타리아 국제주의'를 고취하는 주제를 담고 있다. 국제주의란 만국의 노동계급은 나라와 민족은 달라도 한 형제라는 국제적 연대성을 강조하는 것으로, 이 시기 조명희의 러시아 망명과 일맥상통하는 사상이었다. 이들 작품을 통해 조명희는 초기 프로문학이 신경향파적 단계에서 목적의식적 단계로 발전하는 리얼리즘문학의 개척자이자 사회주의 리얼리즘문학으로의 도약을 꾀한 진보적 작가로 문학사적 자리매김을 하게 되었다.

조명희가 우리 문학사에서 이채로운 점은, 1928년 일제의 박해를 피해 러시아(옛 소련)로 망명하여 러시아 내 한국인(이들은 고려인 또는 재소한인 在蘇韓人이라 불렸다)들의 문학을 새롭게 건설하는 데 앞장선 사실이다. 처음 연해주 니콜스크 등지의 조선인 육성촌에 정착하여 교사로 일하면서 황명희(마리아)와 재혼도 하게 되었다. 그리고 연해주의 한글신문인 『선봉』이나 잡지 『로력자의 조국』 등에 시, 평론, 수필 등을 발표하고 1934년에 결성된 러시아작가동맹의 원동(遠東) 지부 간부를 맡는 등 정력적인 문예활동을 펼쳤다.

러시아에서의 창작 주제는 식민지 조선의 고통과 민족해방의 열망 외에도 소비에트사회에 대한 벅찬 감격이 있다. 즉, 「10월의 노래」 「볼쉐비크의 봄」처럼 때마침 소비에트러시아에서 일어난 '사회주의 리얼리즘' 문학운동에 앞장서 농업집단화정책을 '선전 선동'하는 정치적인 시를 썼던 것이다. 당시 일제의 전면적인 식민지 수탈정책에 의해 전 조선민족이 일제의 소작인화, 저임노동자화되는 것을 뼈저리게 보아왔던 조명희로서는 "능력만큼 일하고 필요만큼 나누자"는 사회주의적 농촌경제체제에 적극적으로 호응하는 것이 당연했을 터이다.

조명희는 1938년에 사망하였다. 그의 죽음을 둘러싼 배경에 대해서는 많은 의문이 있다. 심지어 그의 사망일자에 대해서도 의견이 분분하였다. 흐루시초프의 해빙정책과 고르바초프의 페레스트로이카정책 이후 옛 소련이 무너지고 재소한인 사회에서 그의 명성이 재평가되면서 그의 행적이 속속 드러났다. 특히 그의 장녀 조선아(조 왈렌찌나 명희예브나)의 노력에 의해서 그의 최후가 소상하게 밝혀졌던 것이다.

조선아에 따르면 조명희는 간첩죄로 총살당했다. 일본을 위한 간첩행위를 하는 자들에게 협력한 죄로 형법 제58조에 따라 취조와 재판 없이 법정 최고형을 선고받고 복역하다가 1938년 4월 15일 처형이 결정되고 9월에 하바로프스크형무소에서 총살형에 처해졌다는 것이다. 빼앗긴 조국에 대한 비통함과 신흥 소비에트의 사회주의 건설의 감격을 노래하던 한창 시절의 조명희가 느닷없이 일본간첩활동을 한 혐의로 체포 처형된 것은 무슨 까닭인가? 1937년 가을 어느날, 끌려가던 순간까지 자기는 아무런 죄가 없으니 마음을 놓으라고 가족들에게 당부하고 여유를 가졌던 그가 과연 간첩이었을까?

아마도 가족들 말대로 체포 경찰에 끼어있던 한국인의 모략이었을지도 모른다. 무엇보다도 이 당시가 스탈린의 농업 집단화정책의 수행기로서 소수민족을 강제이주시키던 대탄압기였기 때문에 당시 연해주의 재소한인 사회에 명망이 있었던 상징적 인물을 제거함으로써 이들의 불만을 억누르려 했지 않았나 하는 추측도 생긴다. 한때는 재소한인문학에 사회주의 리얼리즘을 정초시켰다는 평가를 받았던 조명희에게 간첩 혐의는 도무지 어울리지 않는 것이다.

조명희의 유족은 강제이주령에 따라 중앙아시아 우즈벡공화국의 한 한인 콜호즈에 정착하였다. 처음에는 무척 고생했으나 미망인 황명희는 재봉틀로 3남매를 훌륭하게 양육시킨 것으로 알려졌다. 다행히도 조명희는 스탈린 사후인 1956년 복권되어 그의 제자를 중심으로 문학유산회가 결성되어 그의 작품집을 내고 1990년 한인 최대 거주지역인 타슈켄트에 그의 문학기념관이 생기는 등 긍정적 재평가를 받고 있다. 2006년 8월, 러시아 연해주 블라디보스토크 소재 극동대학교 한국학대학 교정에 '포석 조명희문학비'가 세워졌을 정도이다.

조명희 ▸▸

1894년(1세) 8월 10일(음 6월 26일) 충북 진천읍 벽암리에서 가난한 선비 조병행과 연일 정씨의 6남매 중 막내아들로 태어나 부모 슬하에서 성장하다. 자는 경덕(景德), 호는 포석(包石, 抱石, 笛蘆, 木星), 애칭은 칠석. 족보와 호적명은 명희(明熙)이다.

1898년(5세) 구한말 관직에서 물러난 사대부로서 낙향생활을 하던 부친이 사망한 후, 모친과 맏형 등의 가르침과 한문 서당에서 한학을 배우다.

1906년(13세) 서당을 그만두고 신설된 사립 문명학교(현 상산초교)에 입학하다. 잠시 성공회 교회에 다니다.

1907년(14세) 고향에서 중매로 4살 연상인 여흥 민씨(閔植)와 조혼하다.

1911년(18세) 서울 중앙고등보통학교에 진학하여 신학문을 익히다.

1914년(21세) 중앙고등보통학교를 중퇴하고 영웅열과 방랑벽에 휩싸이다. 고보 재학 중 베이징무관학교에 입학하려 가출하여 평양까지 갔다가 돌아와 이후 시골집에서 지내다.

1915년(21세) 벽암리에서 장녀 중숙이 태어나다. 이 무렵 동서양 문학작품을 탐독하다. 성공회에서 세운 신명학교에서 수 년 동안 교편을 잡고, 이 무렵 아호를 포석(包石)이라고 지어 사용하다.

1919년(26세) 진천에서 3·1운동에 참가하여 체포되어 투옥되어 여러 달 고생하다가 풀려나다. 가을에 일본 도쿄 도요(東洋)대학 철학과(인도철학부 윤리학과)에 입학한 후 고학생 노릇을 하며 학생극 활동을 펴다.

1920년(27세) 도쿄에서 고학하며 유학생 김우진과 더불어 극예술협회를 창립하다. 이 무렵 목성(木星)이란 아호를 사용하다. 벽암리에서 차녀 중남이 태어나다.

1921년(28세) 첫 작품으로 희곡 〈김영일의 사〉를 발표하다. 유학생 중심의 동우회 회원들과 방학 중 〈김영일의 사〉 연극으로 전국을 순회하였으며, 때로는 번역극의 주연배우로도 활동하다.

1923년(30세) 극작가인 김우진과 친하게 지내며 순회 연극 활동을 하다가 경제적 어려움으로 졸업을 앞두고 귀국하다. 진천 본가에서 칩거하며 독서와 사색으로 소일하는 한편, 희곡집 『김영일의 사』를 동양서원에서 출판하다.

1924년(31세) 『조선일보』 학예부 기자로 취직하여 활동하다. 투르게네프의 「그 전날 밤」을 번역, 『조선일보』에 연재하고 불우한 진보적 청년들을 후원하다. 도쿄 시절에 만난 이기영을 적극 후원하여 『조선지광』에 취직시켜 주고 한 집에 기거하다. 노적(蘆笛)이란 아호로 시집 『봄 잔디밭 위에』를 출간하다. 장남 중락이 태어나다.

1925년(32세) 『조선일보』를 그만두게 되어 별다른 호구지책을 찾지 못해 김우진에게 돈을 빌려 팥죽장사를 했으나 한 달 만에 밑천을 날리다. 이기영, 한설야와 마르크스·레닌주의를 학습하는 소모임을 주도하다. 『개벽』에 첫 단편 「땅 속으로」를 발표하여 소설가로 등단하다. 이때부터 아호, 필명을 포석(抱石)으로 사용하다. 카프 결성 전후해서 창립회원으로 활동하다. 평론 「나는 이렇게 생각한다」(『개벽』, 1925.6)를 발표하다.

1925년(33세) 평론 「직업·노동·문예작품」(『중외일보』, 1926.12.1~2) 등을 발표하다.

1927년(34세) 진보적 연극단체 불개미극단을 조직하여 활동하다. 「농촌사람들」(『현대평론』, 1927.1)을 발표하다. 목적의식기를 대표하는 「낙동강」을 『조선지광』(7)에 발표함으로써 카프의 제1차 방향전환을 작품으로 보여주다. 차남 중윤이 태어나다.

1928년(35세) 창작집 『낙동강』을 백악사에서 발간하다. 이 책과 이기영의 창작집 『민촌』의 공동출판기념회를 동료작가들이 서울 청량사에서 열어주다. 8월 21일 일제의 가혹한 검열과 탄압으로 소련 연해주로 망명하여, 신한촌 등에서 지내다. 산문시 「짓밟힌 고려」를 발표하다. 소련에서는 새로 '조생'이란 필명을 사용하다.

1929년(36세) 연해주 고려인 육성촌 등에서 거주하며 『선봉』에 시를 기고하며 장편 『붉은 깃발 아래서』(미완성 원고)를 집필하다. 그 사이 진천에서는 모친 연일 정씨가 사망하다.

1930년(37세) 연해주 조선인 육성촌 벼 재배 전문 농민학교에서 조선어 교사로 있으면서 문예를 지도하다.

1931년(38세) 동료 교사 황명희(마리아)와 재혼하다. 우스리스크로 이사하여 조선사범전문학교에서 조선어문학을 강의하다.

1932년(39세) 황명희와의 사이에 장녀 선아(조 왈렌찌나 명희예브나) 태어나다.

1933년(40세) 장남 선인(조 미하일 명희예비치) 태어나다.

1934년(41세) 작가 파제예프의 추천으로 이 해에 결성된 소련작가동맹의 원동지부 간부를 맡아 활동하다. 연해주 한글신문인 『선봉』의 문예면 편집을 자문하고, 한글잡지 『로력자의 조국』에 시, 평론, 수필 등을 발표하다. 식민지 조선의 고통과 민족 해방의 열망을 형상화하고, 소비에트 사회에 대한 벅찬 감격을 노래하는 내용이다.

1935년(42세) 하바로프스크로 이사하여. 작가의 집(콤소몰스카야 52번지)에 살면서 조선사범대학의 교수로 재직하다.

1936년(43세) 소련작가동맹 원동지부 간사로 활동하다. 『선봉』 신문에 문예란을 활성화시키고, 『로력자의 조국』 주필로서 재소한인(고려인) 문학 건설에 이바지하다.

1937년(44세) 장편소설 『만주 빨치산』 집필 도중 원동 니콜라스의 집에서 소련 내무인민위원회(NKVD) 기관원에 의해 연행되다. 부인과 세 자녀는 스탈린의 소수민족 강제이주정책의 일환으로 이루어진 중앙아시아 타슈켄트 황무지로의 강제 이주를 당하다. 차남(조 블라디미르 명희예비치) 태어나다.

1938년(45세) 4월 15일 처형을 결정 받고, 9월 하바로프스크 현지 주르사 감옥에서 총살당하다. 일본을 위한 간첩 행위를 하는 자들에게 협력한 죄로 형법 제58조에 따라 취조와 재판 없이 처형을 당한 것이다. 체포 경찰에 끼었던 고려인의 모략으로 누명을 쓰고 희생당했다는 가족의 주장이 있고, 스탈린의 탄압정책의 일환으로 처형되었다는 견해도 있다.

1956년 조명희의 생사 여부를 수소문하던 가족들은, 7월 20일에서야 1937년 9월 18일 KGB에 의해 체포, 1938년 사형선고를 받고 5월 11일 총살형에 처형되었으며 흐루시초프의 해빙정책에 따라 달라진 당국으로부터 그가 억울하게 처형되었다는 답신을 받는다. 스탈린 사후인 7월 20일 소련 극동군관구 군법회의는 1938년 4월 15일의 결정을 파기, 무혐의로 처리하고 조명희를 복권시켰다. 러시아한인사회에서 조명희는 '고려문학의 아버지'로 불린다.

1959년 황동민(1900~1985; 모스크바 국제관계대학 역사학 교수, 조명희의 처남) 편으로 쏘련(현 러시아) 과학원 동방도서출판사에서 전집격인 『포석조명희선집』이 한글판 670쪽 분량의 화려한 양장제본으로 간행되다. 이 선집에는 당시 북한 평양에 있던 이기영, 한설야의 특별기고가 부록으로 실려있다. 이 기고는 평양의 조쏘문화협회 대표 이기영이 황동민의 청탁을 받고 작성한 것으로 '조쏘문화협회'의 공식문서로 원고가 청탁되었다. 문서번호 267, 발신일은 1957년 11월 2일자로 되어있다.

1990년 조명희의 가족(후손)이 살고 있는 타슈켄트에 조명희기념관이 세워지다.

1992년 5월, 타슈켄트 시의 벡쩨미르 지역에 '조명희거리' 명명식이 거행되다.

이기영 李箕永, 1895~1984

/오창은/

충청남도 아산군 배방면 회룡리에서 아버지 이민창과 어머니 밀양 박씨 사이에서 장남으로 태어났다. 그는 덕수 이씨 충무공파인 명문가 집안의 후손이었으나, 양반의 명맥만을 유지하는 빈한한 상황이었다. 하엄리의 서당에서 전후식이라는 읍내 아전 출신의 선생에게 배웠고, 1906년에 아버지 이민창이 설립에 깊이 관여한 사립영진학교에 입학하여 신학문을 배우기 시작했다. 1910년 소학교를 졸업한 후 잠업강소에도 다녔고, 1914년부터 4년여 동안 가출하여 전라도, 경상도, 충청도 각지를 떠돌면서 금광, 탄광, 공사판을 전전하며 험한 인생공부를 하기도 했다. 1918년 즈음에 귀향하여, 기독교 신자가 되어 논산영화여학교 고원생활, 천안군 고원생활, 호서은행 천안지점 등에서 근무하기도 했다.

그의 인생에서 결정적 사건은 27세의 적지 않은 나이였던 1922년 4월에 친구와 함께 일본 도쿄 유학을 떠난 것이었다. 일본 세이소쿠(正則) 영어학교에 적을 둔 채, 대서소의 필생으로 학비를 벌며 어렵게 공부를 시작했다. 그는 일본 유학 도중 함께 도일한 친구를 통해 사회주의 사상을 접했으며, 조선유학생 모임에서 조명희 등의 문인들과 조우하기도 했다. 1923년 갑작스런 자연재해인 관동대지진으로 유학생활을 1년 반 만에 포기하고 귀향할 수밖에 없었다. 하지만 문학예술에 대한 그의 열정은 그 다음해인 1924년 『개벽』 창간 4주년 기념 현상작품 공모에서 빛을 보기 시작했다. 처녀작인 「오빠의 비밀편지」가 3등에 당선되었으며, 이를 계기로 당시 『조선일보』 학예부 기자로 일하던 조명희를 다시 만나, 그의 주선으로 1925년 『조선지광』 편집기자로 취직하여 서울생활을 시작했다. 신여성 홍을순과 결혼한 것도 이즈음인데, 그는 1908년 당시의 조혼 풍습에 따라 조병기와 이미 결혼한 상태였다. 이기영과 조병기 사이에는 장남 종원이 있었지만, 홍을순과 결혼하면서 이들 모자를 더 이상 찾지 않았다.

1925년, 조선프롤레타리아예술가 동맹(KAPF)의 발기인으로 참여하면서, 그는 계급적 의식을 뚜렷이 보이는 문제작들을 발표했다. 이 시기에 발표한 단편소설 「가난한 사람들」(1925) 「민촌」(1925) 「농부 정도룡」(1926) 「쥐이야기」(1926) 등은 1920년대 식민지 농촌현실을 포착한 수작으로 꼽힌다. 그의 작품은 피폐해져가는 식민지 농촌의 현실을 직접적인 경험을 통해 서술함으로써, 저항적 계급의식을 핍진하게 형상화해 카프 문학의 발전에 기여했다. 빈부격차와 계급 대립을 강조하던 그의 작품은 「원보」(1928)와 「서화」(1933)에 이르러 구체성을 획득한다. 이들 작품을 통해 식민지 현실을 포착하려는 그의 노력이 일상적이고 개별적인 삶과 결합해 미학적 완성도를 높였다고 할 수 있다. 또한, 리얼리즘 창작방법을 작품 속에서 구현함으로써 도식화의 경향을 극복하고 현실주의 문학의 한 성취를 획득할 수 있는 계기를 마련했다. 그는 지식에만 의존해 계급갈등을 과장하는 주관적 세계인식을 극복하고, 구체적인 농촌의 실상에 입각해 사실성이 높은 작품을 발표했다.

그의 대표작 『고향』(1933)은 일제 강점기 카프문학을 대표하는 장편소설로 꼽힌다. 이 소설은 "세상은 점점 개명해 가도 인심은 점점 각박해 가니 이것이 도무지 무슨 까닭인가?"라는 문제를 던지면서, 식민지 근대화의 허구성을 폭로한다. 이 작품은 당시의 검열기제로 인해 일제 강점기의 폭압상이 직접적으로 기술되고 있지는 않지만, 안승학과 김희준의 대립을 통해 당시 농촌 삶의 구체적 실상을 적나라하게 보여준다. 또한 긍정적 인물군상인 김희준, 김인동, 안갑숙, 김인순 등은 노동자와 농민의 연대를 포함한 식민지 극복의지를 1930년대 조선의 현실에 비춰 재현해낸 문제적 인물들이다. 이기영은 개성적 인물 형상을 통해 이들 인물들에게 생동감을 불어 넣어, 『고향』이 일제강점기를 대표하는 장편소설로 꼽히기에 손색이 없도록 했다.

그는 이후에도 「원보」(1928) 「제지공장촌」(1930) 「원치서」(1935) 등 노동자와 농민의 연대를 의식하는 작품들과, 농촌을 그린 중요 작품인 중편소설 「쥐불」(1933), 그리고 장편소설로는 『인간수업』(1936) 『어머니』(1937) 『봄』(1940) 등을 발표했다. 뿐만 아니라, 카프의 주요 작가로서 비판적 평문인 「「혁명가의 안해」와 리광수」(1933) 「문예적 시감수체」(1933) 「창작방법문제에 관하여」(1934) 등 10여 편의 평문을 발표했다. 1930년에는 카프 조직 개편으로 카프 중앙위원회 위원이자 서기국 산하 출판부의 책임을 맡았고, 1931년 카프 제1차 사건으로 검거되어 2개월간 옥살이를 했는가 하면, 1934년에는 신건설사 사건으로 서울에서 체포되어 전주경찰서로 호송되어 16개월여 동안 수감되기도 했다.1935년 12월에 3년형에 집행유예 판결을 받고 석방되었다. 1939년에는 만주의 방문 경험을 통해 생산소설로 일컬어지는 『대지의 아들』을 발표하기도 했다. 한때, 친일단체인 조선문인보국회 소설희곡부회 상담역을 맡기도 했지만, 창씨개명을 거부하는가 하면 일제가 사상보호관찰소에서 일어로 집필하거나 강연할 것을 요구하자 자신은 소학교만 졸업했기에 일어를 모른다는 핑계로 버티기도 했다. 경제적으로나 사상적으로 서울에서는 더 이상 생활이 곤란하다는 생각에 강원도 내금강 병이무지리로 이사해 해방이 될 때까지 그곳에서 절필하며 소극적 저항을 했다.

해방 직후 상경하여 조선프롤레타리아예술동맹 창립에 주도적으로 나섰으며, 1946년 가족과 월북했다. 그는 1946년 4월 조쏘친선협회 중앙위원회 위원장으로 임명되어 1982년까지 그 지위를 유지했다. 이를 계기로 자주 소비에트를 방문했고, 「쏘련은 인민의 위대한 벗」 등을 발표하기도 했다. 북한에서도 왕성한 작품 활동을 했는데, 북한문학사상 첫 장편소설인 『땅—개간편』을 1948년에 발표했다. 이 소설은 토지개혁 이후 농촌사회의 변화상을 거대서사의 형식을 빌려 재현한 작품이다. 북한 창작한 그의 작품 중 가장 주목할 만한 작품은 『두만강』(1부 1954, 2부 1957, 3부 1961)이다. 19세기 말에서 1930년대에 이르는 대하장편소설인 이 작품은 충청도의 두메산골에서 시작해 만주까지 이어지면서 박곰손, 박씨동, 박분이, 김갑룡 등의 고난과 투쟁을 보여준다. 이 작품은 식민지 시기 농민과 민중의 현실을 그려낸 북한문학의 대표하는 장편이다. 『두만강』으로 '1960년 조선민주주주의 인민공화국 인민상'을 계관했다.

1950년에는 해방 이후 발표한 소설인 「농막선생」 「개벽」 「전변」 등을 묶어 소설집 『농막선생』을 조쏘문화협회 중앙본부에서 간행했다. 『땅』이 러시아어로 번역되는가 하면, 조쏘문화협회 대표단・최고인미회의 대표단 등으로 소련・오슬로・동베를린・체코슬로바키아를 방문해 외교활동을 했다. 천리마운동을 형상화한 『붉은 수첩』(1960), 실존인물인 천리마 작업반장 전필녀의 일대기를 그린 『한 여성의 운명』(1963), 4・15창작단의 일원이 되어 『불멸의 력사』 총서 중 김일성의 아버지 김형직의 일대기를 그린 『역사의 새벽길(상권)』(1972) 등을 발표하기도 했다. 북한에서는 조선문학예술총동맹 중앙위원회 위원장, 조국전선 중앙위원 등을 역임했으며, 1984년 8월 9일, 88세의 나이로 세상을 떠났다. 현재, 그의 묘소는 신미리 애국열사릉에 있다.

이기영 ▸▸

1895년(1세) 5월 29일(음력 5월 6일) 충남 아산군 배방면 회룡리에서 개화사상가였던 이민창과 어머니 밀양 박씨 사이에서 장남으로 태어나다.

1906년(11세) 아버지 이민창의 노력으로 창설된 사립 영진학교에 입학해 수학하다.

1908년(13세) 한양 조씨 집안의 조병기(趙炳箕, 1887~1957)와 결혼하다.

1909년(14세) 소학교를 졸업한 뒤, 6개월 동안 잠업강습소에서 일하다

1917년(22세) 장남 종원(種元, 1917~1986)이 태어나다.

1919년(24세) 3・1운동을 겪으면서 청년회에 가입해 문화계몽사업에 참가했고, 『학지광』 『태서문예신보』 『청춘』 등을 구독하면서 문화예술에 대한 관심을 갖게 되다.

1922년(27세) 친구와 함께 도쿄로 건너가 도쿄 세이소쿠(正則)영어학교를 다니다. 함께 일본으로 건너간 친구가 직업적인 사회운동가가 되자, 그의 영향으로 사회주의 서적을 접하게 되다.

1923년(28세) 조선유학생 모임에서 만난 조명희와 교우하다. 9월 관동대지진이 나면서 1년 반 만에 유학생활을 접고 귀국하다.

1924년(29세) 단편 「오빠의 비밀편지」가 『개벽』 창간 4주년 기념 현상작품 모집에 3등으로 당선되어 등단하다.

1925년(30세) 『개벽』에 「가난한 사람들」을 발표한 것을 계기로 서울 생활을 시작하다. 조명희의 주선으로 『조선지광』사 편집기자로 취직하다. 그의 문학생활에 결정적인

계기를 마련한 카프 창립에 최서해, 이상화, 송영, 이익상, 이적효, 한설야 등과 함께 참여하다. 신여성 홍을순(1905~)과 결혼하여 새 가정을 꾸리다. 고향인 천안에 있는 아내 조병기와 아들 종원을 더 이상 찾지 않게 되다.

1926년(31세) 홍을순과의 사이에 딸 을화(乙華)가 태어나다. 이때의 주소지는 경성부 익선동 124번지이다.

1928년(33세) 카프의 방향전환 문쟁가 논란이 되는 가운데 노동동맹을 그린 「원보」를 발표해 주목받다.

1929년(34세) 아들 평(平) 태어나다. 주소는 경성부 청진동 223번지이다.

1930년(35세) 카프 중앙위원회 위원 및 서기국 산한 출판부의 책임을 맡다.

1931년(36세) 카프 제1차 검거사건으로 2개월간 옥살이를 하다.

1933년(38세) 중편소설 「서화」를 발표하고, 그의 대표작인 『고향』을 『조선일보』 11월 15일자부터 연재하기 시작하다.

1934년(39세) 카프 2차검거 사건인 '신건설사 사건'으로 8월 하순경에 체포되어 전주경찰서로 호송되다. 다음해 12월에 3년형에 집행유예를 선고 받고 석방되다.

1936년(41세) 『인간수업』을 『조선중앙일보』에 1월 1일자부터 연재하다. 한성도서에서 『고향』을 상하로 두 권으로 나눠 출간하다.

1937년(42세) 일본잡지 『문학안내(文學案內)』에 「고향」을 번역해 연재하다. 아들 종화(種華)가 태어나다.

1938년(43세) 「신개지」를 『동아일보』에 1월 19일자부터 연재하다.

1939년(44세) 「대지의 아들」을 『조선일보』 10월 12일자부터 연재했는데, 이 소설은 8월에 2주간 만주를 다녀온 경험을 살려 창작한 작품이다. '조선문인협회' 발기인으로 참여하다.

1940년(45세) 「봄」을 『동아일보』 6월 11일자부터 연재하다.

1941년(46세) 아들 조윤(種倫) 태어나다.

1943년(48세) 조선문인보국회 소설희곡부회 상담역을 맡다.

1944년(49세) 딸 을남(乙男) 태어나다. 창씨개명을 하지 않고 버티었고, 사상보호관찰소에서 일어로 집필하거나 강연할 것을 요구했으나, 소학교 졸업뿐인 학력을 가져서 일어를 모르기에 집필을 할 수 없다고 버티었다. 그러다 강원도 내금강 병이무지리로 이사했는데, 이는 친일협력을 강요하는 시대상황에 대한 소극적 저항의 형식이었다.

1945년(50세) 해방을 맞아 상경한 후, 조선프롤레타리아예술동맹 설립에 주도적인 역할을 하다.

1946년(51세) 가족과 함께 평양으로 이주했고, 북조선문예총의 기관지인 『문화전선』에 단편 「개벽」을 발표하다. 8월에 두 달간 소련을 방문한 것을 계기로, 1982년까지 조쏘친선협회 중앙위원회 위원장을 지내다.

1948년(53세) 북한 첫 장편소설인 『땅－개간편』을 발표하다.

1949년(54세) 『땅－수확편』을 발표하다.

1950년(55세) 해방 이후 발표한 소설을 묶어 소설집 『농막선생』 간행하다.

1952년(56세) 2월 고골리 서거 1백 주년 기념 제전 참가를 위해 소련을 방문하고, 오슬로 세계평화회의 확대 이사회에 조선 대표로 참석하다.

1953년(57세) 조쏘문화협회 대표단으로 소련을 방문했고, 러시아어로 『땅』이 번역되다.

1954년(58세) 장편소설 『두만강』 제1부를 조선작가동맹출판사에서 간행하다.

1957년(61세) 장편소설 『두만강』 제2부를 조선작가동맹출판사에서 간행하다. 최고인민회의 평남 대동 선거구 대의원으로 피선되고, 최고인민회의 부의장이 되다.

1960년(64세) 『두만강』으로 '1960년 조선민주주주의 인민공화국인민상'을 계관하다.

1961년(65세) 조선문학예술총동맹 중앙위원으로 피선되다. 『두만강』 제3부를 조선작가동맹출판사에서 간행하다.

1963년(67세) 『한 여성의 운명』 제1권을 민청출판사에서 간행하다.

1965년(69세) 『한 여성의 운명』 제2권을 조선사회주의노동청년동맹출판사에서 간행하다.

1967년(71세) 조선문학예술총동맹 중앙위원회 위원장이 되다.

1972년(76세) 4·15문학창작단의 일원으로 김형직의 일대기를 그린 장편소설 『역사의 새벽길(상권)』을 발표하다.

1984년(88세) 8월 9일 별세하여 시미리 애국열사릉에 묻히다.

김억 金億, 1896~?

/송희복/

김억은 1896년 10월 30일(음력)에 태어났다. 그가 태어난 곳은 경주 김씨로 18대째 살아온 평안북도 정주군이다. 아버지 김기범과 어머니 김준 사이에 장남으로 태어난 그는 종가집 장손이기도 했다. 그렇기 때문에 주변의 극진한 보살핌 속에서 자란다. 그의 초명은 희권(熙權)이었는데 뒤에 억(億)으로 바꾸어졌다. 김억은 호적상의 이름이다. 그의 아호는 안서(岸曙)이며 가끔 필명으로 'AS'로 쓰여지기도 했다.

김억이 태어날 무렵 정치외교적으로 매우 어수선했다. 동학혁명, 청일전쟁, 을미사변, 단발령 등이 연이어 일어났다. 그는 국가적으로 어려운 시기에 태어났어도 가정적으로는 지주의 종가로서 생계가 풍족했다. 어릴 때 종가의 예법대로 서당에서 한문을 배웠다.

1904년, 김억은 당시의 조혼 풍습에 따라 여덟 살의 나이에 열다섯 살이 된 규수를 아내로 맞이한다. 규수는 동향의 박진사댁 딸이었다. 아내는 1936년에 사망한다. 초혼 아내와의 사이에 형제를 두었다.

서당식 한학을 배우다가 가문의 강력한 반대를 무릅쓰고 상투를 자르고 오산학교에 입학한다. 오산학교에서 남강 이승훈과 춘원 이광수로부터 가르침을 받는다.

1913년, 그는 몇 번의 월반을 거쳐 오산학교를 졸업한다. 이듬해 일본 도쿄에 유학을 한다. 그가 다녔던 학교는 게이오기주쿠(慶應義塾) 문과였다. 그의 언어 능력은 교우였던 유광렬씨의 증언에서도 잘 드러난다. 영어·일어·한문에 능숙했고, 특히 인공어인 에스페란토어를 잘 했다. 그가 번역시에 정통한 것도 이러한 까닭이라고 할 수 있다. 그런데 아버지가 갑자기 별세하자 학업을 중도에 그만두고 귀향한다. 그리고 오산학교의 교사로 임용된다. 오산학교를 졸업한지 3년 만에 교사가 되었던 것이다. 오산학교 교사로 재직하고 있을 때 김소월과 사제의 인연을 맺는다. 김소월은 김억의 6세 연하인데도 사제지간의 도리를 다했다. 김소월이 요절할 때까지 두 사람의 관계는 긴밀하게 유지되었다.

아우 김홍권의 증언에 의하면, 김억이 『개벽』 발행인 이두성의 집에서 하숙을 하면서 잡지 간행에 관계하고 있을 때 한 청년이 거의 매일같이 시 원고를 들고 찾아와 김억 앞에 단정히 무릎을 꿇고 앉아서 몇 시간이고 자세를 흐트리지 않고 평을 듣고는 작품을 수정했다고 한다.

그 청년이 나중에 알고 보니 김소월이었다고 한다.

그의 문단활동은 일본 유학시절인 1914년에까지 거슬러 오른다. 일본 도쿄유학생 학우회 기관지인 『학지광』 창간호에 「이별」과 「미련」을 발표한다. 우리 근대시사 형성기에 선도적인 역할을 했던 그가 문학사에 공인되는 최초의 계기가 된다. 1918년 『태서문예신보』가 창간되었다. 『태서문예신보』는 1918년 9월 창간되어 1919년 2월 통권 16호로 종간되었다. 타블로이드판, 8면이다. 초기에는 종합지의 성격을 띠고 문예작품 외에도 취미 기사를 실었으나 곧 문예지로 전환하였다. 주로 시, 소설, 수필, 시론, 번역작품이 수록되었으며, 김억, 이일, 장두철 등이 중심이 되어 서구 문예의 도입과 소개에 주력하였다. 창간호에서 "본보는 태서(서양)의 유명한 소설, 시, 산문, 가곡, 음악, 미술, 각본 등 일반 문예에 관한 기사를 문학대가의 붓으로 직접 본문으로부터 충실하게 번역하여 발행할 것"이라고 밝혔듯이 대부분 서구문학작품과 사조에 관한 글을 실었다. 코넌 도일의 「충복」, 투르게네프의 「밀회」 등의 번역소설을 비롯하여 베를렌이나 구르몽 등의 프랑스 상징파 시에 이르기까지 광범위하게 소개하였다. 이외에도 백대진의 「뉘우침」, 김억의 「봄은 간다」 등의 창작시와 「최근 태서문단」 「시형의 음률과 호흡」 등의 평론을 실었다. 『태서문예신보』 1918년 1월 30일자에 발표된 「봄은 간다」는 그의 대표작으로 보아도 될 정도이다.

「봄이 간다」는 형식면에서 살펴볼 때 대체로 운율적 질서가 잡혀 있는 자유시이다. 기본 율격은 전통 시가에서 가장 친숙한 4음보로 이루어져 있다. 그런데 제4연은 변형과 파격으로 자유로움을 추구한다. 이것은 이 시의 인상을 고조시키는 데 결정적으로 기여한다.

김억의 습작시와 『태서문예신보』의 시를 보면 주로 상실 이미지를 표출하고 있다. 그는 상실감을 부각하기 위해 가을이 환기하는 감상성을 고조시키곤 했다. 그의 시의 주조인 상실감은 님상실과 고향상실로 크게 나누어진다.

1921년, 김억은 최초의 근대 번역시집 『오뇌의 무도』를 역간(譯刊)한다. 85편의 외국시를 번역한 시집이다. 이 시집에 머리말을 붙여준 이는 김유방, 장도빈, 염상섭, 변영로이다. 변영로는 "군의 이 시집이야말로 우리 문단이 부르짖는 처음 소리요, 우리 문단이 걷는 처음 발자욱이며, 장래 시단의 대(大) 심포니를 이룬 프렐류드이다"라고 축하의 말을 건네주었다. 이것은 최남선으로부터 끊임없이 모색되어 온 한국 자유시가 그 형태를 갖추는 데 결정적인 역할을 했다는 점에서 문학사적 의의가 인정된다. 재판본에서는 9편이 많은 94편이 수록된다.

1923년, 그는 우리 나라 최초의 근대시집 『해파리의 노래』를 발간했다. 1923년 조선도서주식회사에서 간행된 이 시집의 첫머리에 이광수와 김억 자신의 서문이 있고 모두 83편의 시가 9장으로 나누어져 있다. 각 장마다 소제목과 헌사가 있는데 '황혼의 장미' 장은 "동경의 김정식(김소월)에게 이 시를 보내노라"라는 헌사가 있다. 특히 이광수는 서문에서 해파리를 우리 민족으로 비유하고 있음이 주목된다.

김억의 초기시에 나타나는 상실감이 이 시집에 고스란히 반영되어 있다. 그의 시세계를 이루는 허무적인 색채나 서러움의 토로는 일제 강점기의 공포적 상황에서 비롯된 불안감을 적지 않게 반영하고 있다. 말세적인 염생(厭生)의 비조(悲調)가 감돌고 그의 시세계는 스스로에 의해 수정된다.

1925년에 간행된 창작 시집 『봄의 노래』는 밝은 색조의 시풍을 지향하고 있다. 이 시집부터 김억은 한시역과 번역시를 자신의 창작시와 나란히 수록하거나, 동요 형식의 시를 시도한다. 그는 『봄의 노래』에서 동요풍을 바탕으로 하는 시적 양식 실험을 통해서 시의 대중화를 모색하고 있었을 뿐만 아니라 조선인의 공동체적 정서를 추구하려고 노력했다. 훼손된 민족적 정서를 회복하려고 노력했다.

1929년 『안서시집』을 한성도서에서 발간한다. 『해파리의 노래』가 자유로운 리듬을 추구하면서 서구주의적인 시 경향을 드러내는 것이라면, 『안서시집』은 서구적인 퇴폐성과 상징성을 벗어나 동양적인 경향으로 눈을 돌린 것이다. 형식의 자유로움도 제한되고 7·5조나 5·7조 리듬을 선호한다.

김억은 시집 『안서시집』(1929)과 시론 「격조시형론소고」(『동아일보』, 1930,1.16~30)를 계기로, 서구시풍에서 한시풍으로, 자유시형에서 정형시형으로, 번안에서 창안으로 전환한다. 이른바 '격조시'라는 새로운 구상이다. 『안서시집』의 서문을 통해 김억은 자신의 격조시를 "산문과 혼동되기 쉬운 자유시보다는 제한있는 격조시가 읊기에 훨씬 좋다는 이유"로 시집에서 음절을 맞춰 놓았다고 밝혔다.

1930년 12월, 김억은 서사시 「지새는 밤」을 『동아일보』를 통해 발표했다. 이 서사시는 일제의 검열을 통과하지 못하고 해방된 이후 1947년에 책으로 간행된다. 개작된 「지새는 밤」은 제목도 '먼동틀제'로 고쳐진다. 이것은 어둠으로 상징되는 일제의 수탈과 탄압을 빛의 이미지로 극복하려는 내용을 담고 있다. 일제 강점기의 수탈로 인해 만주, 북간도, 시베리아 등지로 유랑할 수밖에 없었던 당대의 민족적 삶의 처참함을 서사화한 것이다.

반면에 한편으로는 김억은 친일적인 성향을 보이기도 했다. 자발적이든 강요에 의한 것이든간에 그것은 그의 생애에 있어서 큰 오점을 남겼다. 1937년 「종군간호부의 노래」 등 친일 부역곡을 작사하였고, 1939년 친일 단체인 '조선문인협회'에 발기인으로 참여하고 '국민총력조선연맹'의 문화부원으로 활동하면서 국민가곡을 심사하는 등의 적극적인 친일 활동을 했다. 일제 말기에 '가미가제(神風)' 특공대를 찬양하는 시 「남 따라 나서자」를 발표하기도 했다. 이 무렵에 그는 일본 고가(古歌)를 번역하기도 했는데 그의 친일 행각과 무관하지 않으리라고 생각된다. 그의 일본시 번역은 「만엽집초역(萬葉集抄譯)」(『매일신보』, 1943, 7.28~8.31)과 와카 선집 『애국백인일수(愛國百人一首)』(한성도서)로 발표된다.

오세영은 그의 저서 『한국낭만주의시연구』에서 김억의 시를 민요시와 격조시의 유형으로 나누어서 본 바 있다. 오세영에 의한 김억의 민요시 성격을 열거하자면, ① 잃어버린 사랑과 연인과의 이별에서 오는 슬픔, ② 음송(吟誦)에 적합한 운율의 차용, ③ 습관적 수사(stock figure)의 원용, ④직접적이고 솔직한 정서 표현, ⑤민담적 배경과 향토적 세계로 요약된다. 격조시는 행과 연에 규칙적인 외재율을 적용하여 쓴 시다. 자유율을 통한 음악성의 표현이 실패를 거두는 데서부터 의도적인 왜곡으로 상징주의 시를 받아들이고 다시 한시의 영향을 입어 격조시라는 시형을 창조하게 된 것이다.

해방 후의 김억은 근무하던 중앙방송국에서 퇴임한 후 강사로서 교육계에 투신한다. 그가 해방후 출강한 학교는 육군사관학교, 공군사관학교, 서울여상고였다. 그가 1950년에 인민군에 의해 납북되지 않았더라면 국문학계의 교수로서 학문적으로도 기여했으리라고 여겨진다. 홀로 남은 그의 아내 신인순은 산파업을 하면서 남은 가족의 생계를 꾸려나갔다.

김억 ▸▸

1896년(1세) 음력 10월 30일에 평안북도 정주군 관주면 관삽리 1978번지에서 태어나다. 아버지 이름은 김기범이고, 어머니 이름은 김준이다. 그의 이름은 본디 희권(熙權)이었는데 뒤에 억(億)으로 고쳐지다. 호적상 이름도 '억'이다. 아호는 안서(岸曙) 혹은 안서생(岸曙生)이며 가끔 필명으로 'AS'로 쓰이기도 했다. 그는 경주 김씨 종가의 장손으로 귀하게 성장하다.

1904년(9세) 조혼 풍습에 따라 여덟 살의 나이에 열다섯 살 된 규수와 결혼하다. 동향의 박진사댁 규수 박씨를 아내로 받아들이게 된 것이다. 아내는 슬하에 형제를 낳고 살다가 1936년에 사망하다.

1907년(12세) 서당식 한학을 배우다가 가문의 강력한 반대를 무릅쓰고 상투를 자르고 오산학교에 입학하다. 오산학교에서 남강 이승훈, 춘원 이광수로부터 가르침을 받다.

1913년(18세) 오산학교를 졸업하다.

1914년(19세) 일본의 게이오기주쿠(慶應義塾) 문과에 입학하다. 『학지광』 창간호에 시 「이별」을 발표하다.

1915년(20세) 『학지광』 5월호에 시 「야반(夜半)」 등을 발표하다.

1916년(21세) 부친의 급서로 게이오기주쿠을 중퇴하다. 오산학교 교사로 임용되다. 김소월과 사제의 인연을 맺다.

1918년(23세) 『태서문예신보』 창간과 함께 베를렌 등의 프랑스 상징주의시와 러시아문학을 번역 소개하다.

1920년(25세) 신문학 최초의 동인지 『창조』에 참여하다. 황석우, 변영로, 남궁벽 등과 함께 『폐허』 동인 활동을 시작하다. 이로써 퇴폐주의문학이 문단을 풍미하게 만든 계기가 되었다.

1921년(26세) 우리 나라 최초의 번역시집 『오뇌의 무도』를 광익서관에서 간행하다. 김유방(金惟邦)의 장정에 장도빈(張道斌), 염상섭(廉想涉), 변영로(卞榮魯)의 서문과 역자 자신의 서문, 그리고 김유방의 서시가 있다. 내용은 1918년부터 1920년 사이에 김억이 『태서문예신보』 『창조』 『폐허』 등을 통해 발표하였던 역시들을 한데 모은 것으로 베를렌의 「가을의 노래」 등 21편, 구르몽의 「가을의 따님」 등 10편, 사맹의 「반주(伴奏)」 등 8편, 보들레르의 「죽음의 즐거움」 등 7편, 예이츠의 「꿈」 등 6편, 기타 시인의 작품으로 23편, '소곡(小曲)'에 10편 등 모두 85편의 작품이 수록되어 있다.

1923년(28세) 타고르 원작의 『기탄자리』를 이문관에서 역간(譯刊)하다. 우리 나라 최초의 근대시집 『해파리의 노래』를 조선도서에서 발간하다. 첫머리에 이광수(李光洙)와 지은이의 서문이 있고, 총 83편의 시를 9장으로 나누어 실었다. 「꿈의 노래」에 12편, 「해파리의 노래」에 9편, 「표박(漂泊)」에 6편, 「스핑크스의 설움(스핑쓰의 설음)」에 9편, 「황포(黃浦)의 바다」에 14편, 「반월도(半月島)」에 8편, 「저락(低落)된 눈물」에 6편, 「황혼의 장미」에 10편, 「북방의 소녀」에 9편을 수록했다. 이 『해파리의 노 래』에 실린 시편들은 자유로운 리듬을 살린 작품들인데, 초기의 시풍과 서 구시에서 체득한 세계를 한눈에 볼 수 있는 좋은 텍스트이다.

1924년(29세) 동아일보사 문예부장에 취임하다.

1925년(30세) 시집 『금모래』를 조선문단사에서 발간하다. 시집 『봄의 노래』를 매문사에서 발간하다.

1929년(34세) 시집 『안서시집』을 한성도서에서 발간하다.

1930년(35세) 『매일신보』의 문예란을 담당하다. 진남포 출신의 문학소녀 강모씨와 교유하다가 동거 생활을 하다. 강모씨와의 사이에 세 남매가 태어나다. 중앙방송국에 취임하다.

1934년(39세) 번역시집 『망우초』를 한성도서에서 간행하다.

1939년(44세) 김소월 사후에 그의 유작을 정리하여 편저로 『소월시초』를 박문서관에서 발간하다.

1941년(46세) 시선집 『안서시초』를 박문서관에서 발간하다.

1944년(49세) 세브란스 병원의 간호사 열 살 연하의 신인순씨와 재혼하다. 조선여류한시선집 『꽃다발』을 박문서관에서 역간하다. 중국명시선집 『지나명시선』을 한성도서에서 역간하다. 번역시집 『야광주』를 조선출판사에서 역간하다.

1945년(50세) 시집 『금모래』를 발간하다.

1946년(51세) 중앙방송국 부국장직에서 사임하다. 이때부터 한국전쟁 때까지 육군사관학교, 공군사관학교, 서울여상고에 출강하다. 서울여상고 학생들로부터 '영국 신사'라는 별명을 얻다.

1947년(52세) 서사시집 『먼동틀제』를 백민문화사에서 발간하다. 번역시집 『금잔디』를 동방문화사에서 역간하다.

1950년(55세) 한국전쟁이 일어나자 서울 종로구 계동 54번지 자택에 칩거하다가 인민군에 의해 납북되다.

김우진 金祐鎭, 1897~1926

/홍창수/

김우진은 1920년대 초·중반 근대연극사에서 주목할 만한 극작가이자 문사다. 1897년 9월에 태어난 김우진은 1926년에 자살하여 짧은 생애를 살았지만 근대연극과 문학에 던졌던 새로운 문제의식과 창작은 한국문학사에 뚜렷한 족적과 반향을 불러일으키기에 충분했다.

김우진은 장성 군수의 아들로 태어나 유복한 환경에서 자라났다. 유년 시절에 부친이 설립한 호남선우의숙(湖南先憂義塾)에서 공부하였고 1910년 목포공립보통학교를 졸업하였다. 이후 현립(縣立) 구마모토농업학교(熊本農業學校)를 졸업할 때까지 습작기의 시절을 보내었다. 부친의 뜻을 따라 농업학교를 졸업하기는 하였으나 그의 내면에는 작가가 되고 싶은 열망과 재능이 있었다. 농업학교 시절 아버지와 주고받은 한시들과 특히 1913년에 창작된 미발표 소설 「공상문학」은 이를 뒷받침한다. 이 소설은 문학적 열병에 걸린 주인공을 내세워 당대의 일류 문사(文士)에 대한 동경과, 소설을 경멸하는 남편과의 갈등을 다루어 한국문학사에서 근대소설의 시험작으로 평가된다.

문학과 연극을 향한 본격적인 행보는 1919년 와세다대학 예과에 입학했을 때부터라고 할 수 있다. 그는 부친의 현실적 기대를 거부하고 3년간의 예과와 3년간의 문학과(文學科) 영문학을 전공하면서 영미문학과 연극에 대한 전공 지식을 습득했다. 그는 문예사상사, 서양철학사, 미학 등 문학과 철학의 일반론과, 근대 영시연구, 셰익스피어 및 말로, 휘트먼, 영미의 신극운동 등 영미 문학과 연극을 폭넓게 공부했는데, 이 시기의 문학수업은 김우진에게 전혀 새로운 지식들이어서 1924년 귀국 이후 창작과 비평활동의 토대가 되었다.

도쿄 유학 시절 김우진은 문사이자 연극인으로 포부를 열며 첫 출발을 한다. 1920년 봄 그는 20여 명의 도쿄 유학생들과 함께 '극예술협회'를 결성하였다. 회관 건립 기금 마련을 위한 '동우회'의 요청을 받고 이듬해 7월 순회공연을 했다. 조명희의 〈김영일의 사〉, 홍난파의 〈최후의 악수〉, 던세니 원작을 김우진이 번역한 〈찬란한 문〉 등을 공연하여 종래의 연극과는 다른 새로운 신극을 선보였다. 특히 〈김영일의 사〉는 도쿄에서 고학하는 조선 유학생의 비참한 생활을 담은 리얼리티와 민족주의적 색채로 인해 대성황을 이루었다. 김우진은 이 작품들의 무대감독을 직접 맡았으며 순회공연의 실질적인 지원자 역할을 하였으나, 이후의 공연 작업에는 관여하지 않았다. 이듬해 6월 『학지광』에 「소위 근대극에 대하여」를 발표했는데, 이 글은 서양의 사실주의 연극을 소개하는 선구성을 지니고 있다. 현재의 사회를 위한 선전자로서 문제극을 개척한 극작가 입센에게 의의를 부여하면서 근대극의 정신과 목적을 강조하였다. 프랑스의 자유극장, 독일의 자유무대와 신민중무대 등 세계의 유수한 근대극운동을 소개하는 가운데 근대극의 목적이 인류 영혼의 해방과 구제를 사명으로 하여 뛰어난 예술적 지배자의 극적 표현을 중심으로 민중 교화 및 오락의 목적과 인류 공동생활에의 공헌에 의미가 있음을 밝혔다.

무엇보다도 이 시기의 중요한 지적 작업이자 결실은 와세다대학 졸업논문인 "Man and Superman : A Critical Study of its Philosophy"일 것이다. 김우진은 버나드 쇼의 작품 「인간과 초인간」에 나타나는 연극성보다 철학 개념인 '생명력'을 분석한다. 이성과 의지 등이 한 통일체의 서로 다른 면이라는 철학적인 관점을 전제로 삼으면서 쇼의 생명력이 의지의 체계라기보다는 이성의 체계에 의존하고 있음을 비판한다. 이 논문은 그의 사유가 의지의 철학에 근거를 두고 있음을 암시하며, 귀국 후 그의 희곡과 산문에도 투영되어 나타난다.

1924년 대학 졸업 후 목포로 귀향한 김우진은 부친의 뜻을 따라 상성합명회사(祥星合名會社)를 경영하면서도 창작과 비평에 대한 열정을 지속시켰다. 목포에 거주하면서 1925년 5월 문예동호인들을 규합하여 Société Mai를 조직하였고 6월에 동인지 『Société Mai』를 직접 발간하여 여러 단상과 평문을 발표하는 등 의욕을 보였으나 2호에 그치고 말았다. 다양한 테마의 창작을 권장하는 「창작을 권합네다」(1925.9)와 유고 「아관 『계급문학』과 비평가」(1925.4)를 제외하고는 주목할 만한 평문을 발표하지 못하였다. 그러나 이 두 편의 글은 도쿄 유학 시절 전공 수준에서 개관한 「소위 근대극에 대하여」에 비하면 당시의 문단 현실에 깊은 관심을 갖고서 주관적이고 비평적인 관점을 적극적으로 표명한 것이었다. 창작의 경우, 9월에 탈고하였으나 발표하지 않은 「이영녀」는 1920년대 사실주의 희곡의 문제작이다. 남편 대신 경제적으로 피폐한 가정을 이끌어야 하는 한 매춘 여성의 비극적 죽음을 다루어 당시 식민지 조선의 궁핍한 현실을 사실적으로 극화하였다. 1925년 12월에 창작된 「두더기 시인의 환멸」(『학조』, 1926.6)은 주인공인 시인 이원영의 자기모순적 이중성을 희화화하고 있다. 주인공은 자신의 아내에게는 전근대적인 순종을 요구하고, 가정 밖에서는 기존의 전통적인 모든 것을 배격하고 서구적인 모든 것을 전폭적으로 옹호하는 이중적인 면모를 드러낸다. 이런 모습은 전통과 근대의 와중에서 가치정향성을 찾지 못한 식민지 개화 지식인의 내면풍경이며 희극인 것이다. 또한 이 무렵으로 추정되는 「정오(正午)」는 한 공원에서 일어나는 다소 우연적인 상황을 묘사한 소품에 해당된다. 그러나 이 작품은 기성세대와 청년세대간의 갈등만이 아니라, 고리대금업자인 일인과 그에게 기생하는 친일조선인을 희화화하고 있다.

유고 「아관 『계급문학』과 비평가」와 이 평문의 연장선상에서 1926년 5월 『조선지광』에 발표된 「이광수류의 문학을 매장하라」는 기존 문단의 유파들을 조목조목 신랄하게 비판한 평문이다. 두 평문을 통해 김우진은 당시 『개벽』 2월호 특집이었던 '계급문학 시비론'과, 당시 문단을 지배했던 이광수, 김동인, 염상섭 문학을 전면적으로 비판하였다. 김동인의 예술지상주의, 이광수의 '중용'의 문학 또는 '평범주의', 염상섭의 '예술의 자율성' 등을 철저히 배격하였고, 박영희, 김기진의 계급성을 인정하면서도 작품 형식의 간과와 계급간 단순 대립의 추상성을 비판하였다.

1926년 연극의 경우, 김우진은 공연 작업을 하지 않고 이론가로서 외국연극을 소개하고 외국희곡을 번역하고 한국 신극의 방향과 대안을 제시하는가 하면 극작가로서 왕성하게 창작활동을 하였다. 「구미 현대극작가론」(『시대일보』, 1926.1~6 연재)에서는 영국의 밀른, 이탈리아의 피란델로, 체코의 챠펙, 미국의 유진 오닐 등 해외 극작가들을 소개하였고, 프랑스의 자유극장을 소개한 「자유극장 이야기」(『개벽』, 1926.5)에서는 조선의 신극운동을 위해 자유극장과 같은 극장의 필요성을 강조하였다. 또한 쓰키지소극장의 배우로 활약한 친구 홍해성과 함께 쓴 「우리 신극운동의 첫길」(『조선일보』, 1926.7.25~8.2)에서는 조선의 신극 운동을 위한 여러 방안을 내놓았는데, 신극에 대한 정열의 일반화, 외국극과 창작극, 무대예술가의 양성, 소극장식과 회원제를 들었다.

1926년 5월에 창작된 〈난파〉와 자살 직전 7월에 탈고된 〈산돼지〉는 각각 김우진의 실험의식과 현실인식, 그리고 현실인식과 역사의식이 공존하는 작품이다. 〈난파〉는 아버지로 표상되는 봉건적인 인습과 주인공 내면의 현실 도피적 낭만성, 비비로 표상되는 서구의 개인중심의 윤리관의 폐해를 통각하고 고통스러운 현실로 회귀하는 주인공의 의식의 과정을 다루었다. 특히 〈난파〉는 김우진이 제목 밑에 「3막으로 된 표현주의극」이라고 부제를 붙였지만 단순한 형식 실험을 시도한 표현주의극이 아니었다. 김우진은 표현주의극을 태동시킨 독일의 표현주의 운동을 정신사적 관점에서 독일의 제반 시련을 극복하는 정신의 운동이며 예술형식으로 이해하였고 이를 전근대와 근대, 전통과 서구의 윤리의식이 충돌하는 식민지 상황에 적용시켜 실험한 것이다. 김우진의 마지막 유작이 된 〈산돼지〉는 현실 속에서 무기력한 패배감에 사로잡힌 한 지식인이 삶의 건강성, 즉 생명력을 회복하는 과정을 극화하였다. 김우진은 실연과 사랑의 불가능성, 친구의 모략, 부패한 청년회와의 갈등같은 일상적이고 현실적인 고통을 다루면서도 미완의 동학혁명을 식민지 시대와 연결시켜 현재와 역사를 만나게 함으로써 역사의식을 확보하였다.

1926년 6월 김우진은 가족과 재산을 버리고 자신의 포부를 실현하기 위해 출가를 한다. 그러나 역설적이게도 같은 해 8월 4일 당대의 유명한 성악가 윤심덕과 함께 현해탄에 투신하여 자살함으로써 생애를 마감한다. 특기할 점은 김우진이 죽기 이전에 창작한 〈난파〉나 〈산돼지〉, 그리고 다른 산문에서는 삶을 긍정하고 희망과 의지를 역설했는데 반해, 이와 동시에 죽기 몇 개월 전의 시나 다른 자료에서는 고통의 현실로부터 도피하거나 죽음을 찬미하려는 증후들이 나타난다는 점이다. 1920년대 초반부터 낭만적인 시를 쓰던 김우진은 1925년 1년간 시 창작을 중단하다가 1926년 3월 「잠결」에서 시작하여 출가 한 달 전인 5월 「죽엄」 「死와 生의 理論」

「죽음의 일홈」에 이르기까지 13편을 통해 고통스런 현실로부터 도피하거나 죽음을 찬미한다. 당시 언론에서는 두 사람의 동반자살을 '낭만적인 정사(情死)'로 취급하여 다뤘으나 그동안 김우진에 관한 연구 성과가 많이 축적되면서 사인(死因)에 대한 새로운 해석들이 나타나고 있다.

김우진 ▸▸

1897년(1세) 부친 김성규와 모친 순천 박씨 사이에서 장자로 장성 관아에서 9월 19일 출생하다.

1902년(6세) 모친 순천 박씨 타계하다. 유년기에 아버지가 설립한 호남선우의숙(湖南先憂義塾)에서 수학하다.

1908년(12세) 목포 북교동으로 이사하다.

1910년(14세) 목포공립보통학교 2회 졸업하다.

1913년(17세) 소설 「공상문학」 탈고하다. 이 소설은 문학적 열병에 걸린 주인공을 내세워 당대의 일류 문사(文士)에 대한 동경과, 소설을 경멸하는 남편과의 갈등을 다루어 한국문학사에서 근대소설의 시험작으로 평가된다.

1914년(18세) 목포 공립 심상고등소학교 고등과 1년 수료하다.

1915년(19세) 일본 현립(縣立) 구마모토농업학교(熊本農業高等學校)에 입학하다. 이후 재학 중에 아버지와 한시를 주고받다.

1916년(20세) 「축산론」을 집필하다. 곡성 정운남의 여식 정점효와 결혼하다.

1918년(22세) 웅본농업 16회 졸업하다. 졸업 논문 「조선에서의 삼림사업일반(朝鮮にける森林事業一般)」으로 영친왕으로부터 5원의 상금을 받다.
도쿄로 가다. 장녀 진길 출생하다.

1919년(23세) 와세다대학 예과 입학하다. 부친의 현실적 기대를 거부하며 문학과 연극을 향한 본격적인 행보를 시작하며 3년간의 예과를 마치다. 수상 「타씨찬장」 이후 13편의 수상을 남기다.

1920년(24세) 20여 명의 도쿄 유학생들과 함께 '극예술협회' 결성하다.

1921년(25세) 와세다대학 문학과(文學科) 영문학을 전공하다. 문예사상사, 서양철학사, 미학 등 문학과 철학의 일반론과, 근대영시연구, 셰익스피어 및 말로, 휘트먼, 영미의 신극운동 등 영미 문학과 연극을 폭넓게 공부하며 영미문학과 연극에 대한 전공 지식을 습득하다. 일어로 된 단편소설 「동굴 위에 선 사람(洞窟の上に立たる人)」 창작하다. 7월 '극예술협회' 순회공연을 주도하고 무대감독을 맡으며, 공연작 던세니의 〈찬란한 문〉을 번역하다. 이때 공연된 조명희의 〈김영일의 사〉는 도쿄에서 고학하는 조선 유학생의 비참한 생활을 담은 리얼리티와 민족주의적 색채로 인해 대성황을 이루다. 연작시 「이단의 처녀와 방랑자」(1921.8)를 포함하여 26년 5월까지 시를 꾸준히 창작하였고 48편을 '필사본 유집'의 형태로 보관했고, 이 유고 외에 「애락곡」(1921.1) 「춘호행」(1921.3) 등 시 7편을 더 남겼다. 연대 미상의 일어 단편소설 「방련은 어떻게 해서 나병의 남편을 완쾌시켰나(蒡蓮はいかにして癩病の夫を全快させたか)」를 창작하다. 다눈치오 소설 「영웅」을 번역하였으나 완성하지 못하였고 번역 연대를 알 수 없다.

1922년(26세) 6월 『학지광』에 「소위 근대극에 대하여」를 발표하는데, 이 글은 서양의 사실주의 연극을 소개하는 선구성을 지니고 있다. 현재의 사회를 위한 선전자로서 문제극을 개척한 극작가 입센에게 의의를 부여하면서 근대극의 정신과 목적을 강조하였다.

1924년(28세) 졸업논문 "Man and Superman : A Critical Study of its Philosophy"로 와세다대학을 졸업하다. 이것은 도쿄 유학시기의 중요한 지적 작업이자 결실이다. 이 논문에서 그는 버나드 쇼의 작품 「인간과 초인간」에 나타나는 연극성보다 철학 개념인 '생명력'을 분석하면서 쇼의 생명력이 의지의 체계라기보다는 이성의 체계에 의존하고 있음을 비판한다. 목포로 귀향하여 상성합명회사(祥星合名會社) 사장으로 취임하다.

1925년(29세) 목포에 거주하면서 5월 문예동호인들을 규합하여 Société Mai를 조직하고 6월에 동인지 『Société Mai』를 직접 발간하여 여러 단상과 평문을 발표하는 등 의욕을 보이나 2호에 그치고 말다. 동인지에 다양한 테마의 창작을 권장하는 「창작을 권합네다」(1925.9)를 싣다. 4월에 미발표작 「아관 『계급문학』과 비평가」를 쓰다. 9월에 탈고하였으나 발표하지 않은 〈이영녀〉는 1920년대 사실주의 희곡이다. 남편 대신 경제적으로 피폐한 가정을 이끌어야 하는 한 매춘 여성의 비극적 죽음을 다루어 당시 식민지 조선의 궁핍한 현실을 사실적으로 극화한 것이다. 12월에 「두더기 시인의 환멸」(『학조』, 1926.6)을 창작하다. 주인공인 시인 이원영의 자기모순적 이중성을 희화화하며 전통과 근대의 와중에서 가치정향성을 찾지 못한 식민지 개화지식인의 내면풍경이며 희극을 극화한 것이다. 또한 이 무렵으로 추정되는 「정오(正午)」는 한 공원에서 일어나는 다소 우연적인 상황을 묘사한 소품에 해당된다. 그러나 이 작품은 기성세대와 청년세대간의 갈등만이 아니라, 고리대금업자인 일본인과 그에게 기생하는 친일조선인을 희화화하고 있다. 장남 방한 탄생하다.

1926년(30세) 5월에 희곡 〈난파〉를 창작하다. 아버지로 표상되는 봉건적인 인습과 주인공 내면의 현실도피적 낭만성, 비비로 표상되는 서구의 개인중심의 윤리관의 폐해를 통각하고 고통스러운 현실로 회귀하는 주인공의 의식의 과정을 다룬다. 표현주의극 형식으로 만들어 동시대적 실험성을 인정받는다. 5월 『조선지광』에 발표된 「이광수류의 문학을 매장하라」는 이광수를 비롯한 기존 문단을 조목조목 신랄하게 비판한 평문이다. 6월 김우진은 가족과 재산을 버리고 자신의 포부를 실현하기 위해 출가를 한다. 7월에 마지막 희곡 〈산돼지〉를 탈고하다. 8월 4일 당대의 유명한 성악가 윤심덕과 함께 현해탄에 투신하여 자살함으로써 생애를 마감하다. 8월 당시 언론에서는 두 사람의 동반자살을 '낭만적인 정사(情死)'로 취급하여 다뤘으나 그동안 김우진에 관한 연구 성과가 많이 축적되면서 사인(死因)에 대한 새로운 해석들이 나타나고 있다.

염상섭 廉想涉, 1897~1963

/김경수/

염상섭은 한국 현대소설의 형성에 지대한 공헌을 한 작가다. 1987년 서울에서 태어나 1910년 망국을 경험하고, 이후 일본으로 건너가 그곳에서 서양문학의 세례를 받은 횡보 작가적 생애는, 1924년의 「만세전」과 1930년의 「삼대」「무화과」 연작, 그리고 전후의 「취우」와 같은 대표작들이 말해주듯이, 한국 현대소설이 어떤 경로를 통해 형성되었는가를 보여주는 단적인 예라고 해도 과언이 아니다.

횡보의 문학생애는 1921년 단편 「표본실의 청개구리」를 『개벽』지에 발표하면서부터 시작된다. 염상섭은 뒤이어 계속해서 「암야」(1922)와 「제야」(1922) 「만세전」(1924) 등의 문제작을 발표하는데, 이 가운데 「암야」는 이미 일본에서 그 초고가 작성되었던 작품이다. 이런 사실은 문학에 대한 염상섭의 관심이 일본 유학중에 비롯되었다는 것을 알려줌과 동시에, 그의 작가적 출발이 성인으로서 사회적 진출의 가능성이 상당 부분 막혀 있었던 상황에서, 망국민으로서의 정체성 위에서 선택된 절대절명의 탈출구였다는 것을 알려준다. 이 점은 훗날 일본에서 접한 서양문학의 충격에서도 알 수 있지만, 그의 첫 소설 습작이 일본 유학중 조국에서 일어난 3·1 운동 소식을 접하고 스스로 노동자 대표를 자임하는 독립선언서를 작성하고 거사를 도모하다 실패한 뒤에 이루어졌다는 사실에 의해서도 확인된다.

염상섭의 본격적인 작가활동은 그가 1920년 『동아일보』 창간과 동시에 기자로서 귀국하면서부터 비롯된다. 염상섭은 신문기자로 일하면서 남궁억, 황석우, 김억 등과 함께 『폐허』 동인을 결성하게 되는데, 그의 초기 대표작 「표본실의 청개구리」는 이렇게 제출된 그의 첫 소설적 성과인 셈이다. 1920년대 염상섭의 문학활동은 창작과 비평 양면에서 활발하게 전개되었는데, 특히 사회진화론의 입장에서 쓴 「개성과 예술」이라든가 「지상선을 위하여」와 같은 평문은 초기 염상섭이 당시 유행하던 사회진화론을 적극적으로 받아들였음은 물론 이른바 '자유연애'라는 주제를 주체적으로 해석하고 있었다는 점을 알려주는 대표적인 글들이다.

염상섭이 프로문학진영의 작가들과 맞서 싸운 논전 또한 초기 그의 비평적 관심의 연장선상에 있는 것이다. 1924년 『조선문단』이 마련한 '계급문학시비론'에 이광수, 김동인, 박종화 등과 함께 참여했던 염상섭은 이를 기점으로 해서 박영희와 김기진 등 프로문학 진영의 문학가들과 활발한 논쟁을 벌인다. 이광수와 김동인을 위시한 여러 논자들이 침묵을 지키는 가운데 염상섭만이 홀로 프로문학과 논쟁을 벌인 것은, 조선문학이 프로문학에 맞서는 나름대로의 논리적 근거를 마련하지 않고서는 성립될 수 없다고 하는 확고한 자기인식이 이미 그에게 자리잡았다는 것을 알려주는 것인데, 그 연장선상에서 그는 법리학 공부라고 하는 애초의 꿈을 접고 본격적인 문학수업을 위해 두 번째 도일을 감행한다.

염상섭의 재도일은 1926년 1월부터 1928년 2월까지 만 2년 1개월 동안 이루어졌는데, 이 시기에 그는 「악몽」(미완, 1926) 「초련」(미완, 1926) 「유서」(1926) 「조그만 일」(1926) 「밥」(1927) 「여객(女客)」(1927) 「숙박기」(1928) 등의 단편과 「남충서」(1927) 「미해결」(1926) 「두 출발」(1927)과 같은 중편들 및 장편 『사랑과 죄』(1927)의 전반부를 발표한다. 그런데 이 작품들은 외견상 두 부류로 구분된다. 즉, 초기에 발표된 단편들은 「조그만 일」과 「밥」을 제외하고는 거의가 도쿄 대진재 이후의 일본을 이야기 배경으로 하고 있는 반면, 「남충서」를 위시해서 후기로 가면서 집중적으로 발표된 중편들은 비교적 앞의 단편들과는 달리 이야기 현실을 식민지 조국의 현실로 설정함으로써 식민지 사회를 담아내는 작업을 본격화하고 있는 것이다. 염상섭의 재도일 및 이 시기의 창작활동은 일차적으로 이런 측면에서 중요한 평가를 받아 마땅하며, 특히 이런 창작활동이 식민지 현실이 아닌 통치국 수도의 한 하숙에서 이루어졌다는 점에서 그 의미는 더욱 빛나는 것이라고 할 수 있다. 그리고 「숙박기」가 분명하게 보여주고 있는 것처럼 이런 의식은 관동대진재(關東大震災) 이후 더욱 표면화된 일본인의 민족적 편견과 그로 인한 민족적 정체성에 대한 염상섭의 자각과 무관하지 않다. 1930년대 그의 대표작인 「삼대」 「문화과」 연작은 그의 이런 자각의 구체적인 성과인 것이다.

「삼대」 「무화과」(1929~1930) 연작은 식민지 시대 우리 소설의 한 정점이자 염상섭의 정치적 저항의식이 가장 분명하게 드러난 작품이다. 조의관으로부터 조상훈을 거쳐 조덕기로 이어지는 조씨 가문과, '산해진'과 '조일사진관'이라고 하는 비밀스런 저항운동의 거점을 두 축으로 하여 시대착오적인 가족이기주의가 몰락해야 한다는 당위와 이념적인 동지애의 긍정을 담고 있는 이 연작은 염상섭이 읽어낸 식민지 조선사회의 축도일 뿐만 아니라 조선근대문학의 나아갈 방향을 예시하고 있는 작품인 것이다. 「삼대」 「문화과」 이후 염상섭은 「백구」(1933)와 「모란꽃 필 때」(1934)와 같은 작품을 발표하는데, 그러나 이 작품들은 이미 전작과 같은 긴장과 사회적 관찰력을 보여주지 못한다. 그 이유는 중일전쟁 이후 사상 통제가 강화된 현실 탓이기도 하지만, 작가 스스로 고백하듯이, 연재 예고가 나가고 끌려가듯 장편을 연재해야 했던 창작생활에 대한 일정한 염증도 한 몫 한 것으로 판단된다.

1920년대에서부터 1930년대 초반에 이르기까지, 장편과 단편에 걸쳐 왕성한 작품활동을 했던 염상섭은 1936년 장편 『불연속선』을 끝으로 일단 작품활동을 중단한다. 대신 그는 1936년 『매일신보』를 그만두고 진학문의 주선으로, 일제가 세운 괴뢰 만주국의 기관지 『만선일보』의 편집국장이 되어 만주로 떠난다. 그리고 이후에는 만주 안동(安東)의 대동항 건설주식회사 홍보

담당으로 옮겨 일하다가 조국이 해방이 되어서야 비로소 국내로 들어온다. 염상섭이 해방 후 다시금 왕성한 창작활동을 했다는 사실은 식민지시대와 마찬가지로 해방 후와 전후의 현실이 그에게 창작으로라도 증언하지 않으면 안 될 만큼 문제적인 시기였다는 것을 반증한다. 그 단적인 예를 우리는 『삼대』에 버금가는 해방 후의 문제 장편인 『효풍』(1948)을 위시해서 「첫걸음」(1946) 「엉덩이에 남은 발자국」(1948) 「삼팔선」(1948), 그리고 「이합」(1948)과 「재회」(1948)와 같은 작품들에서 확인할 수 있다. 이 작품들에서 그는 해방 후 망국으로 인해 조국을 떠날 수밖에 없었던 유민들의 귀국 여정과 험난함을 담아내는 것은 물론, 정치적 혼란의 현실과 그 속에서 지향해야 할 건국의 방향에 대해서도 일정한 입장을 피력하고 있다. 그리고 「양과자갑」(1948)과 「두 파산」(1949) 같은 작품을 통해서는 해방이 되었어도 채 청산되지 못한 식민지적 체제에 대한 고발이라든가 해방 이후 일본을 대신해 주둔한 미군의 정치적 영향력에 대해서 냉정하면서도 깊이 있는 통찰을 보여주고 있다.

한국전쟁이 발발한 후 미처 피난을 가지 못하고 적치하의 서울생활을 경험한 염상섭은 1954년 전후 문제 작품으로 평가받는 『취우』를 발표한다. 전쟁과 같은 혼란 속에서도 일상인들의 세속적인 삶은 영위되기 마련이라는 체관적 전망을 담고 있는 이 작품으로 염상섭은 1954년 서울시 문화상을 수상한다. 그리고 이후 전후 사회 미망인들의 삶의 현실을 깊이 있게 추적한 「미망인」(1954)과 「화관」(1956) 연작을 발표하면서, 점차 안정을 되찾아가는 전후 사회의 이면을 꼼꼼히 증언한다. 미망인이라고 하는 전후의 대표적인 인물상의 발견과 그녀들의 재혼담에 대한 염상섭의 관심은 식민지 시대 신여성을 중심으로 한 자유연애에 대한 관심의 연속이라고 할 만한데, 이른 염상섭의 문학적 천착은 결국 마지막 장편소설인 『젊은 세대』와 『대를 물려서』 연작을 통해 다시금 가시화되고 있다.

전후 염상섭의 창작활동 가운데에서 눈여겨보아야 할 점은 그가 후기로 가면서 노인들의 삶에 남다른 관심을 기울였다는 점이다. 즉, 염상섭은 전후 우리 사회가 안정되어감에 따라 어떤 사회적인 이슈를 비판적으로 문제 삼기보다는 일상인들의 타성화된 삶의 현실로 그 시선을 돌리는데, 「얼룩진 시대 풍경」(1961) 「임종」(1949) 「절곡」(1957) 「굴레」(1950) 같은 작품들이 바로 그러한 예들이다. 식민지 시대의 소설과 해방 이후의 소설이 주제론적으로 짝을 이루고 있다면, 이들 노년인물들의 삶을 그리고 있는 작품들은 그와는 또다른 염상섭 소설의 한 범주라고도 할 수 있을텐데, 작가의 원숙함에 병행해서 비롯된 노년의 삶에 대한 소설적 탐구는 우리 소설사에서 매우 이채로운 예가 되고 있다.

염상섭은 1962년 『사상계』에 「횡보문단회상기」를 연재함으로써 자신의 삶을 정리하고, 1963년 3월 14일 직장암으로 성북동 자택에서 별세함으로써 40여 년을 넘는 세월동안의 창작 생애를 마무리한다. 그리고 같은 해 3월 18일 명동 천주교회에서 문단장이 치러지고 방학동 천주교 묘지에 안장된다.

1897년(1세) 8월 30일 서울 종로구 필운동 야조현 고가나무골에서 태어나다. 본명은 상섭(尙燮), 필명은 상섭(想涉), 제월(霽月), 횡보(橫步)이다.

1907년(11세) 9월 관립사범보통학교에 입학하다.

1909년(13세) 3학년 겨울 이토 히로부미의 입경(入京) 행사에 동원되는 것에 항의하여 사범보통학교를 자퇴하고 보성소학교로 전학하다.

1911년(15세) 보성중학에 입학하여 이듬해 보성중학 2학년 1학기를 마치고 9월 12일 일본으로 유학가다.

1913년(17세) 아자부중학 2학년에 편입하다.

1914년(18세) 세이가쿠인(聖學院) 3학년에 편입하여 찬양대의 일원이되고 침례교 세례를 받다.

1915년(19세) 세이가쿠인 3학년을 수료하고 형이 육군 중위로 근무하고 있던 교토부립 제2중학교로 전학하다.

1917년(21세) 도쿄여자미술학교를 다니던 나혜석과 교유하다.

1918년(22세) 교토부립 제2중학교를 졸업하고 게이오기주쿠대학(慶應義塾大學) 문과 예과에 입학, 1학기만 마치고 병으로 자퇴하다.

1919년(23세) 1월경 『삼광(三光)』의 동인이 되다. 국내 3·1운동에 자극되어 오사카 천왕사 공원에서 거사하려다가 피검되어 옥고를 치르다. 「암야」의 초고를 작성하고, 요코하마 복음 인쇄소 직공으로 일하면서 습작활동에 임하다.

1920년(24세) 창간된 『동아일보』의 정경부 기자로 임명되어, 유종열과 시가 나오야 등, 일본 '백화파(白樺派)' 인물들을 인터뷰하고, 돌아와서는 경구국 출입기자를 하다. 남궁벽, 황석우, 김찬영, 김억, 오상순, 민태원 등과 함께 『폐허』 동인을 결성하다. 도쿄 재유학이 여의치 않자 『동아일보』를 퇴사하고 평양 오산학교의 교사가 되다.

1921년(25세) 「표본실의 청개구리」를 탈고하여 『개벽』에 발표하다. 9월에 진학문과 최남선이 발간한 『동명』지의 기자로 활동하다.

1922년(26세) 초기의 문제 평론인 「개성과 예술」(『개벽』 4월호) 「지상선을 위하여」(『신생활』 7월호)를 발표하고, 「만세전」(『신생활』 7월~9월호)을 연재하다.

1924년(28세) 『시대일보』 사회부장으로 일하면서 첫 창작집 『견우화』와 『만세전』을 출간하다.

1926년(30세) 프로문학진영과 논전을 벌이고 재도일하여 본격적인 문학창작에 전념하다.

1927년(31세) 중편 「남충서」와 장편 『사랑과 죄』를 발표하다.

1928년(32세) 장편소설 『이심』을 『매일신보』에 연재하고 2월에 귀국하다.

1929년(33세) 숙명여고 출신의 김영옥(金英玉)과 결혼하고 조선일보사에 입사, 학예부장직을 맡다. 10월에 『조선일보』에 「광분」을 연재하다.

1931년(35세) 『조선일보』에 「삼대」를 연재하고 뒤이어 『매일신보』에 그 후속편 「무화과」를 연재하다.

1933년(37세) 『조선중앙일보』에 「백구」를 연재하다.

1934년(38세) 『매일신보』에 「모란꽃 필 때」를 연재하다.

1936년(40세) 『매일신보』 정치부장을 그만두고 진학문의 주선으로 괴뢰 만주국 기관지인 『만선일보』 편집국장으로 가다.

1939년(43세) 『만선일보』를 그만두고 안동의 대동항 건설주식회사 홍보담당 사원이 되다.

1945년(49세) 해방과 더불어 신의주로 이주한 후 6월 중순에 사리원을 거쳐 서울로 돌아오다. 이후 10월에 창간된 『경향신문』의 편집국장이 되다.

1947년(51세) 경향신문사를 사퇴하고 성균관대학에 출강하며 창작에 전념하다.

1948년(52세) 『신민일보』의 편집국장으로 재직중, 5·10 단독선거를 비판하는 글을 써서 미군정청에 끌려가 열흘 정도 구류를 살다. 『만세전』과 『삼대』를 개작하여 출간하다.

1949년(53세) 단편집 『해방의 아들』을 금룡도서에서 출간하다..

1950년(54세) 한국전쟁이 발발하지만 피난을 가지 못하고, 9·28수복 때까지 적 치하에서 숨어살다. 12월에 이무영, 윤백남과 함께 해군에 입대하여 해군본부 정훈감실에서 편집과장으로 근무하다.

1952년(56세) 「취우」를 『조선일보』에 연재하다.

1954년(58세) 「취우」로 서울시문화상을 수상하고 서라벌 예술대학 학장에 취임하다.

1955년(59세) 「젊은 세대」를 『서울신문』에 연재하다.

1958년(62세) 「대를 물려서」를 『자유공론』에 연재하다.

1960년(64세) 단편집 『일대의 유업』을 을유문화사에서 출간하다.

1962년(66세) 대한민국 문화훈장을 받고 「횡보문단회상기」를 『사상계』에 발표하다.

1963년(67세) 3월 14일 직장암으로 성북동 자택에서 별세하다. 3월 18일 명동 천주교회에서 문단장이 열리고 방학동 천주교 묘지에 안장되다.

방정환 方定煥, 1899~1931

/김화선/

한국 근대아동문학의 선구자이며 아동문화운동가인 소파(小波) 방정환은 1899년 11월 9일 서울 야주개(지금의 당주동)에서 어물전과 미곡상을 경영하던 방경수의 장남으로 태어났다. 10세 되던 1908년 어느 미술가로부터 환등기를 선물받고 동네 아이들을 대상으로 환등 대회를 열었는데 이때의 경험과 그림 그리기와 사진 찍기를 즐겨하던 취미는 방정환이 연극과 활동사진에 관심을 갖는 계기가 되어 배우와 연극 연출자, 번역가로 활동하는 자양분이 된다. 또한 어린 시절 어린이 토론 연설회인 '소년입지회'에서 활동하며 소년회 활동을 펼치는 토대를 마련한다.

방정환은 17세가 되던 1915년 생계를 위해 총독부 토지조사국의 사자생(寫字生)으로 취직한다. 가계를 돕기 위해 어쩔 수 없이 다녀야만 했던 토지조사국 생활은 그가 '북극성(北極星)'이라는 필명으로 번역한 안톤 체홉의 「이반 마토빗치」(「사자생(寫字生)」이라는 제목으로 1925년 2월 『생장』 2호에 발표)의 주인공에 투사된다. 방정환은 사자생 생활을 하는 와중에도 신문화운동에 관심을 갖고 책읽기에 매진하여 『청춘』과 『유심』의 독자현상문예에 소설과 수필, 시 등을 투고하는데, 이는 문예에 대한 방정환의 열정과 재능을 보여주는 것이라 하겠다. 방정환은 1917년(19세) 천도교 3대 교주 손병희의 딸 용화와 결혼하면서 비로소 사자생의 처지에서 벗어나 중단했던 공부를 계속하게 된다. 토지조사국 시절 만난 유광렬과 함께 '경성청년구락부'를 조직하고(1918.7.7) 문예잡지 『신청년』을 간행(1919.1)하는 한편, '조선학생대회강연당'의 일원으로 순회강연을 한다(1920.7.27~8.6). 1919년에서 1920년 초까지 방정환은 최초의 영화 잡지 『녹성』과 『신여성』 『개벽』 등을 발간하며 적극적으로 신문화운동을 펼친다.

1921년은 방정환이 보다 적극적으로 소년운동을 펼친 때이다. 이해에 일본의 도요대학 전문학부 문화학과에 입학하여 독서를 통해 번안과 창작의 토대를 다졌으며 도쿄의 천도교청년지회 회장으로 활동하며 천도교청년극회(1921년 9월 조직)를 이끌었다. 그리고 「동화를 쓰기 전에 어린이를 기르는 부형과 교사에게」(『천도교회월보』, 1921.2)를 발표하고 오스카 와일드의 「행복한 왕자」를 「왕자와 제비」로 번안한다. 방정환의 「동화를 쓰기 전에 어린이를 기르는 부형과 교사에게」는 동화에 대한 그의 관심을 고스란히 보여주는 것으로 어린이의 동심을 강조하고 동화의 중요성을 주장하는 글이다. 어린이를 "천사 같이 어여쁜 시인"이라고 말하면서 그런 어린이들을 위해 동화를 소개하고 창작하려 한다는 방정환의 의도에서 천도교의 인내천 사상이 끼친 영향을 엿볼 수 있다. 또한 김기전, 이정호와 함께 천도교소년회를 조직하여 천도교의 사상적 영향 아래 소년운동을 전개해 나간다. 그리고 연말에는 세계적으로 유명한 동화 10편을 번안 · 번역하여 『사랑의 선물』이라는 제목의 번안 동화집을 엮어 1922년 7월 7일 개벽사에서 출간한다.

1922년 9월부터 『개벽』과 『부인』에서 전개한 '전래동화모집운동'은 우리의 옛이야기를 발굴하여 동화의 지평을 넓히려는 의도를 지닌다. 이와 관련하여 소파가 발표한 「새로 개척되는 동화에 관하야-소년 이외의 일반 큰이에게」(『개벽』, 1923.1)는 외국 동화의 수입보다도 우리 동화의 무대가 될 고래(古來) 동화의 발굴이 어려운 일이지만 시급한 일임을 역설하고 있다. 전래동화와 전래동요에 관심을 기울이며 전통을 중요하게 여긴 것은 식민지 시기 일제에 저항하며 민족을 재정립하려는 의도를 지니고 있다.

1923년은 소년운동가로서의 면모가 본격적으로 드러나는 해이다. 3월 16일 도쿄의 하숙집에서 강영호, 손진태, 정병기, 정순철, 조준기 등과 함께 소년문제연구회인 '색동회' 창립 모임을 가지고 3월 20일에는 도쿄에서 편집해 보낸 『어린이』를 개벽사에서 창간하였기 때문이다. 천도교소년회의 핵심 지도자였던 방정환과 그 기관지로 발행되었던 『어린이』와 '색동회'가 긴밀히 연결되면서 한국의 근대 아동문학은 발전하게 된다. 특히 『어린이』지의 창간은 한국 근대문학에서 아동문학의 본격적인 출발을 알리는 획기적인 사건으로 평가받는다. 1920년대 이 땅에서 전개된 아동문학은 소년운동의 차원에서 추진되었다. 『어린이』에 수록된 방정환의 「『어린이』 동무들게」(『어린이』, 1924.11)는 『어린이』 잡지를 시작한 동기가 소년운동의 일환임을 밝히고 있다. 당시의 소년운동은 어린 혼을 구원하는 어린이 해방운동인 동시에 민족운동으로서의 성격을 지니고 있었다.

한편 김기진의 회고록에 따르면 방정환은 박영희의 추천으로 1922년 겨울 『백조』 동인으로 가입하게 된다. 일본에 유학하는 동안 사회주의 사상의 세례를 받은 방정환은 사회주의자들과 교류하였는데 이러한 면모는 『어린이』지에 송영의 작품을 싣고 일제의 검열로 인해 전문 삭제를 당하거나(1928.12), '길동무'라는 필명으로 러시아의 소년단 활동을 소개하는 글을 『어린이』에 연재하다 삭제되는 등(1926~1928)의 일련의 사건을 통해 잘 드러난다. 비록 방정환이 사회주의 사상에 일정 부분 공감한 것은 사실이라 할지라도 무산 계급 소년운동을 주창한 좌파의 견해에 대해 우려를 표했던 것으로 알려져 있다. 모든 단체와 개인의 연합을 강조한 방정환은 1927년 10월 16일 민족진영의 소년운동협회와 무산소년운동단체인 오월회가 통합하여 창립한 조선소년연합회에서 위원장으로 선출되고 다음 해부터 5월 1일에 거행되던 어린이날 행사를 5월 첫 일요일에 거행하기로 결의한다.

계급주의 아동문학 계열은 소파 방정환의 어린이관과 문학 사상을 '동심 천사주의'로 평가하며 사회주의 계열과 명확하게 구분 짓는다. 천도교와 일본의 동심주의 문학의 영향을 받은 방정환은 낭만적 동심을 예찬하는데 『어린이』의 창간사에 해당하는 「처음에」(『어린이』 창간호, 1923.3)에서 어린이를 천진난만한 자연의 소리 그대로인 한울의 소리라고 적고 있다. 「처음에」와 더불어 방정환의 아동관을 가장 잘 알 수 있는 글은 수필 「어린이 찬미」(『신여성』, 1924.6)이다. "아름답고 고운 이인" 어린이의 얼굴에서 '한우님'의 얼굴을 찾게 된다는 소파의 생각은 천도교의 인내천 사상의 영향을 그대로 보여준다. "아동의 마음! 참으로 우리가 사는 세상에서 아동 시대의 마음처럼 자유로 날개를 펴는 것도 없고, 또 순진한 것도 없다"며 천진무구한 어린이의 이미지를 형성해간다. 다시 생각해보면 방정환이 일본에 유학을 한 1920년대는 일본의 아동문학에서 이와야 사자나미가 '오토기바나시(옛이야기에다 소설 형식의 옷을 입힌 이야기)'에서 보여주었던 제국주의 정신을 바탕으로 낙천적인 세계관을 그린 동화의 시기를 넘어서 동심주의라는 새로운 형식과 세계관을 가진 동화운동이 전개되고 있던 때였다. 방정환은 이와야 사자나미 문학에서 낙천적인 인물의 전형을 배우고, 또한 동심주의 문학을 통해 감상적인 인물의 전형을 함께 배웠던 것으로 이해할 수 있다.

그렇지만 방정환이 창작한 소년소설에 등장하는 어린이는 더 이상 순수한 상태에 머물러 있지 않다. 「만년샤쓰」(『어린이』, 1927.3)의 창남이는 가난한 현실을 꿋꿋한 의지로 버텨내는 인물로 나약함과는 거리가 멀다. 방정환은 어린이라는 존재를 순진무구한 존재로 보면서도 민족의 미래를 책임질 존재로 보았기 때문에 그러한 이중적 측면이 문학작품이나 평론 등에 나타나는 것이다.

방정환은 『어린이』 편집을 주도하고 『개벽』 『신여성』 『별건곤』 『학생』 『혜성』 등의 편집에 관여하며 번안소설과 수필 등 다양한 글을 발표하였을 뿐만 아니라 소년단체를 조직하고 각종 강연회와 강습회를 주관하면서 활발한 아동문화운동을 펼쳐 나간다. 그가 뛰어난 능력을 보여준 동화극은 실연(實演)을 전제로 했다는 점에서 의의를 지니며 외국 동화 번역과 함께 한국의 아동문학사에 남긴 공로 중의 하나로 평가받는다. 아동교육가이며 아동문학가이고, 천도교 청년운동가인 동시에 동화구연가였던 방정환은 1931년 7월 17일 신장염과 고혈압으로 경성제국대학 내과에 입원한 뒤 7월 23일 세상을 떠나고 만다.

방정환 ▸▸

1899년(1세) 11월 9일 서울 야주개(지금의 당주동)에서 어물전과 미곡상을 경영하던 방경수의 장남으로 태어나다.

1914년(16세) 졸업을 1년 앞두고 선린상업학교를 중퇴하다. 이 무렵 육당이 창간한 아동잡지 『소년』 『붉은 저고리』 『아이들 보이』 『새별』 등을 탐독했다고 한다.

1917년(19세) 5월 28일 천도교인 권병덕의 천거로 민족대표 33인의 대표인 천도교 3대 교주 손병희의 3녀 용화와 결혼하다.

1918년(20세) 유광열과 함께 '청년구락부'의 기관지인 『신청년』을 발간하다. 7월에 손병희가 경영하던 보성전문학교 법과에 입학하다. 『천도교회월보』 98호(10월호)에 산문 「우이동의 만추」를 소파생(小波生)이라는 필명으로 발표하다. 『청춘』 12호에 시 「바람」을, 13호에 수필 「자연의 교훈」, 소설 「우유배달부」를, 15호에 수필 「관화(觀火)」, 시 「봄」을 'ㅈㅎ生'이라는 필명으로 발표하다. 12월 봉래동 소의 소학교에서 개최된 경성청년구락부의 망년회에서 첫 자작 각본인 소인극 「동원령」을 연출·주연하다.

1919년(21세) 3·1운동이 일어나자 보성전문의 『조선독립신문』을 배부하고 독립선언서를 돌리다 일본 경찰에 검거되어 일주일 만에 풀려나다. 최초의 영화잡지 『록성(綠星)』을 발간하다.

1920년(22세) 3월, 시인 김일엽의 요청으로 유광열, 김활란, 박인덕, 신쥬리아 등과 함께 『신여자』의 창간 동인이 되다. 『천도교회월보』 4월호(116호)에 「나의 시」를, 5월호에서는 소설 「애(愛)의 부활(復活)」을 발표하다. 6월 13일 보성전문학교 대강당에서 모리스 르블랑의 탐정소설 「팔일삼(八一三)」을 구연하다. 6월 평양청년회관에서 「자아각성과 청년의 단합」이라는 강연회를 하다. 『개벽』 창간호에 수필 「어머님」을 발표하다. 7월 천도교청년회 주최 강연회에서 「세계평화는 인내천주의」라는 제목의 강연을 하고 조선학생대회강연단의 일행으로 순회 강연을 하다. 『개벽』 2호에 시 「원산 갈마반도에서」를, 3호에 잔물이라는 필명으로 번역 동시 「어린이 노래 : 불켜는 이」를, 4호에 「추창수필(秋窓隨筆)」을, 5호에 시 「망향」을 발표하다. 목성(牧星)이라는 필명으로 『개벽』 6호부터 9호까지 창작소설 「그날 밤」을 연재하다. 『개벽』의 도쿄특파원으로 일본에 건너갔으며, 천도교청년회 도쿄지부 회장직도 수행하다.

1921년(23세) 『개벽』 7호부터 「은파리」를 연재하다. 『천도교회월보』 126호(2월호)에 「교우 또 한 사람을 맞고」와 오스카 와일드의 「행복한 왕자」의 번안동화인 「왕자와 제비」, 「동화를 쓰기 전에 어린이를 기르는 부형과 교사에게」를 발표하다. 도요대학 전문학부 문화학과 청강생으로 입학하여 1922년 3월 30일 퇴학하다. 5월 1일 개벽사 주간인 김기전, 이정호와 함께 천도교소년회를 조직하여 본격적인 소년운동을 시작하다. 『개벽』 10호에 번역소설 「깨여가는 길」을 발표하다. 『천도교회월보』 5월호에 번역동화 「이야기 두 조각」을, 134호에 수필 「무서운 날」을, 136호에 시 「눈」을 발표하다. 강연회를 꾸준히 개최하였으며, 9월 4일에는 천도교 대강당에서 〈신생(新生)의 일(日)〉을 연출·출연하다. 11월 10일 천도교청년회 도쿄지회장으로서 태평양회의를 계기로 청년을 선동하여 저항운동을 계획했다는 혐의를 받고 박달성과 함께 종로경찰서에 구속되다. 연말에 일본에서 안데르센 동화, 그림 동화,

오스카 와일드 동화 등 세계 명작 10편을 번역·번안한 번안 동화집 『사랑의 선물』을 엮다.

1922년(24세) 5월 1일 천도교소년회 창립 1주년 기념으로 제1회 '어린이날'을 제정하다. 6월에 『사랑의 선물』을 개벽사에서 출간하다. 9월부터 『개벽』과 『부인』에서 '전래동화모집운동'을 전개하다.

1923년(25세) 3월 16일 도쿄의 하숙집에서 아동문제연구회인 색동회의 창립을 위한 모임을 갖고 3월 20일 도쿄에서 편집한 『어린이』를 개벽사에서 창간하다. 『어린이』 창간호에 창간가 「처음에」, 번역동화 「성냥팔이 소녀」, 전설 「햐신트 이야기」, 프랑스 동화인 「장난군의 귀신」을 싣다. 창간호에서 몽중인(夢中人)이라는 필명이 처음 사용되다. 이어 『어린이』에 동화 「황금거위」 「이상한 샘물」 「백설공주」 「낙엽지는 날」 등의 많은 작품을 꾸준히 발표하다. 늦은 가을 일본에서 완전 귀국하다.

1924년(26세) 3월부터 『신여성』지의 편집 겸 발행인을 맡다. 5월 1일부터 4일까지 다양한 어린이날 행사를 기획하고 후원하다. 『어린이』에 동화 「두더쥐의 혼인」, 이솝우화 「서울쥐와 시골쥐」, 동화 「선물 아닌 선물」, 소년소설 「졸업의 날」 등을 발표하다. 몽견초(夢見草)라는 필명으로 『신여성』 4월호에 「이상한 인연」을 발표하다. 8월 제2회 전국소년지도자 대회를 개최하다.

1925년(27세) 서울의 40여 소년단체를 모아 소년운동협의회를 조직하고 각종 대회와 강연회, 강습회를 주관하면서 아동문화운동을 펴나가다. 『어린이』 신년호부터 북극성(北極星)이라는 필명으로 탐정소설 「동생을 찾으러」를 연재하다. 『어린이』에도 동화 「양초귀신」 등의 수많은 작품과 글을 발표하고 『조선일보』(1925.7.12~1926.3) 학예란에 어린이신문이라는 난을 만들어 동화, 동요, 전설 등을 싣다. 사진기를 사서 사진 찍는 법을 배우는데 이후 사진소설을 내는 데 활용하게 된다.

1927년(29세) 『어린이』 1월호부터 1930년 12월까지 20회에 걸쳐 「어린이독본」을 연재하다. 9월 건강이 악화되어 2주일 이상을 앓아눕다. 10월 16일 민족진영의 소년운동협회와 무산소년운동단체인 오월회가 통합하여 창립한 조선소년연합회에서 위원장으로 선출되다. 어린이날을 다음해부터 5월 첫 일요일로 할 것을 결의하다.

1928년(30세) 10월 2일부터 10일까지 색동회 동인의 도움으로 천도교기념관에서 세계아동예술전람회를 개최하다.

1929년(31세) 3월 1일 『학생』을 창간하여 편집 일을 맡았으나 『학생』은 11월, 통권 12호로 종간되었다. 일제는 『어린이』를 검열하여 원고를 삭제하고 압수하는 등 여러 가지로 압박을 가하다.

1930년(32세) 『별건곤』 신년호에 수필 「새해부터 시행하려는 것」 「꼭 한 가지 이야기」를 발표하다. 『어린이』 지사와 분사가 전국 곳곳에 설치되다.

1931년(33세) 『어린이』 2월호에 「부형께 들려드릴 이야기」를 발표하다. 『신여성』에 「고난을 이겨라」「처녀독본」을 발표하다. 7월 17일 신장염과 고혈압으로 경성제국대학 내과에 입원하다. 7월 23일 6시 45분, 별세하다. 개벽사와 색동회 주관으로 25일 천도교당 앞마당에서 영결식을 치르다. 7월 26일 색동회에서 소파추도식을 가지다. 8월 20일 발행된 『어린이』 9권 7호가 '고방정환선생추도호'로 꾸며지다.

1991년 아동문학가인 소파 방정환을 기리기 위해 아동문학평론사에서 '방정환문학상'을 제정 시행하다..

김동인 金東仁, 1900~1951

/박종홍/

김동인은 1900년 10월 2일 평안남도 평양시 하수구리 6번지에서 본관이 전주인 김대윤과 후처 옥씨 사이에서 태어났다. 김대윤은 대대로 많은 전답을 물려받아 경제적으로 풍족한 평양의 유지로 초기 평양 교회의 장로였다. 김동인은 3남 1녀 중 둘째 아들로 장남 김동원은 죽은 전처 소생이다.

김동인은 평양에서 기독교 계통 학교인 숭덕소학교를 졸업하고 1913년에 숭실중학에 입학한다. 하지만 성경 시험을 거부하여 담당 교사에게 야단을 맞자 일주일 동안 무단결석을 한 뒤에 학교를 그만두고 일본으로 유학을 떠난다. 그는 아버지와 이복형이 평양교회의 장로를 지낼 정도로 독실한 기독교 집안에서 성장했음에도 불구하고 기독교에 대해 매우 비판적이었다. 「이 잔을」 「명문」 「신앙으로」 등에서 유일신에 대한 맹목적인 믿음을 거부하며 기독교인들의 줏대 없는 신앙심을 비판하고 있음도 그러한 점을 잘 말해 주고 있다.

김동인은 1914년 도쿄가쿠인에 입학하지만 다음 해에 학교가 폐쇄되자 메이지가쿠인 보통부 2학년에 전입한다. 처음에 그는 아버지의 기대에 부응하여 변호사나 의사가 되고자 했다. 그런데 도쿄에서 차츰 문학의 가치를 깨닫게 되면서 집안의 반대에도 불구하고 문학에 열중하게 된다. 그리하여 1917년에 아버지의 장례를 치루기 위해 평양에 돌아온 뒤에 도쿄로 건너가지 않고 집에서 세계문학전집을 읽으며 지낸다. 작가가 되기로 결심한 그에게 메이지가쿠인에서의 정규 학과 공부는 의미가 없었기 때문이다. 1918년 봄에 평양에서 수산물 도매상집의 딸인 동갑내기 김혜인과 결혼을 하고 금강산으로 신혼여행을 다녀온다. 「마음이 옅은 자여」에서 'K'의 금강산 여행담은 이때의 체험을 바탕으로 삼은 것이다. 1918년 9월에 다시 도쿄로 떠난 김동인은 가와바타미술학교 양화과에 입학하고, 대정기의 일본 화단에 심미주의 화풍으로 명성이 높았던 후지지마 다케지의 문하생이 되어 회화를 공부한다. 회화에서 체득한 미학을 문학에 활용하고자 하였던 것이다.

이무렵 김동인은 문학을 필생의 과업으로 삼기로 결심한다. 물론 1910년을 전후로 해서 일본 유학생들의 대다수가 다양한 전공에도 불구하고 문학에 강한 관심을 보이고 있었다. 그 이유는 문필 행위 자체가 민족정신의 소산으로 여겨졌다는 점과, 문학정신이 그들의 정신적 지주가 되어 시류를 거부할 고고함을 그들에게 주었다는 점 때문이다. 김동인은 날카로운 이지력 비판력에도 불구하고 벽창우 같은 고집이 있어서 주요한으로부터도 '괴물'이니 '독립자존'이니 하는 말을 들을 정도로 개성이 강했다. 또한 예술가적 특권에 대한 자부심을 바탕으로 획일적인 제약에 얽매이지 않고 개성과 재능을 한껏 발휘한 일본 대정기의 자유분방하고 고답적인 문학활동을 선호하고 있었다. 그러니까 독립자존의 개성이 강한 그에게 문학은 자신의 고고함을 지킬 수 있게 해 주는 가장 매력적인 성취 대상이었던 것이다. 이에 김동인은 자신의 귀족적 자부심을 지켜 줄 최상의 길로 문학을 선택한다.

그리하여 김동인은 「소설에 대한 조선사람의 사상을」(『학지광』, 1919.1)에서 작가를 신적 존재로 격상시키고 문학을 종교만큼 성스럽게 여긴다. 「자기의 창조한 세계」(『창조』, 1920.7)에서는 작가가 인물을 마음대로 조종할 수 있어야 한다는 '인형조종술'을 내세운다. 자신이 창조한 인생을 "자유자재로, 인형 놀리는 사람이 인형 놀리듯 자기 손바닥 위에 놓고 놀렸"던 작가란 점에서 톨스토이를 도스토옙스키보다 위대한 작가라고 판단하는 것이 그러하다. 신과 같은 작가가 작중 인물을 마음대로 조종할 수 있어야 한다는 작가 절대 우위의 창작방법을 문학활동의 출발 시기부터 뚜렷이 내세우고 있는 것이다.

김동인은 당시의 문단에서 이광수를 유일한 경쟁자로 삼는다. 「조선근대소설고」(『조선일보』, 1928.7.28~8.16)에서 "국초 이인직의 독무대 시대를 지나서 춘원 이광수의 독무대, 그 뒤, 이, 삼년은 또한 나의 독무대 시대나 다름없었다"라고 회고한다. 자신이 이광수를 이은 문단의 일인자임을 공언하고 있는 것이다. 그는 자아주의에 기반을 두고서 문학의 독자성을 확보하고자 하였기에 문명개화를 통한 민족 계몽 문학으로 대중독자들의 큰 호응을 얻은 이광수와 대척적인 위상으로 마주칠 수밖에 없었다.

1918년 겨울에 김동인은 주요한과 함께 문학잡지 발간을 모색하여 1919년 2월에는 문예동인지 『창조』 창간호를 발행한다. 명치학원의 교지 『백금학보』의 편집위원으로 잡지 발간 경험이 있던 주요한의 협력 속에서 김동인이 발간 비용을 제공함으로써 선구적인 문예잡지가 세상에 나오게 된 것이다. 최초 동인으로 김동인, 주요한, 전영택, 김환, 최승만이 참여했다. 김동인은 「약한 자의 슬픔」 「마음이 옅은 자여」 「목숨」 「배따라기」를 『창조』에 계속 발표하여 소설가로서의 명성을 높인다. 하지만 『창조』는 1921년 6월에 9호로서 폐간된다. 첫째로 이미 조선문화계에 다양한 신문과 잡지가 발행되고 있어 창조 동인들이 작품을 발표할 지면을 충분히 확보할 수 있었다는 점과, 둘째로 실질적인 운영자였던 김동인과 김환이 초기의 순수한 열정을 잃어버렸다는 점 때문이다.

그런데 1919년 2월 도쿄유학생들이 기독교청년회관에서 '2·8독립선언문'을 발표하고 공원에서 시위를 하다 검속된 사건이 일본의 주요 신문에 보도되자 김동인의 집안에서는 그의 안전을 위해 그를 고향에 불러들인다. 그러나 고향에 돌아온 김동인은 평양 지역의 만세 운동에 참여한 아우 김동평의 부탁으로 격문의 원고를 초하여 준 일로 인해 오히려 감옥에 가게 된다.

1919년 3월 26일에 수감되어 석 달을 갇혀 있은 뒤 '6개월 징역에, 2년 집행유예'의 판결을 받고 석방된다. 그의 이러한 감옥 체험은 1922년 12월부터 『동명』에 발표한 「태형」에 잘 나타나 있다. 이처럼 그는 일제의 한반도 강점에 대한 조선 민족의 전체적 저항인 3·1운동으로 인해 감옥 생활을 하였다. 하지만 시대 상황은 그의 작가 활동에 거의 영향을 미치지 않는다. 그는 자신의 작품에서 의도적으로 역사와 이념을 배제하고자 했던 심미주의 작가였기 때문이다.

1924년 8월에 김동인은 평양에서 동인 활동을 재개하여 『영대』 발간을 주도하고, 화가 남편을 배신한 아내를 죽음으로 응징함으로써 예술가를 신성시하는 「유서」를 그것에 연재한다. 하지만 『창조』와 달리 『영대』는 문단의 관심을 별로 끌지 못하고 1925년 1월에 5호로서 폐간된다. 이미 서울에서 홍사용, 박종화 등 휘문의숙 출신과, 나도향, 박영희 등 배재학당 출신이 결합하여 발간한 『백조』도 해체되고 생활의 변혁을 내세운 신경향파 문학이 출현하던 시기였다. 그리하여 문단은 1924년 2월에 박영희가 문예부책임을 맡은 『개벽』 중심의 계급주의 문학과 1924년 10월 이광수 주재로 발간된 『조선문단』 중심의 민족주의 문학으로 재편되고 있었던 것이다. 김동인도 이들 잡지에 외적 세계의 냉혹한 횡포로 인한 범속한 인간의 일방적 파멸을 다룬 「감자」(『조선문단』, 1925.1)와 「시골 황서방」(『개벽』, 1925.6)을 발표한다.

김동인은 『창조』와 『영대』의 폐간 이후에 기생들과의 방탕한 생활에 더욱 깊이 빠져 든다. 이런 일은 「여인」(『별건곤』.1929.12~1930.8)에 세세하게 서술되고 있다. 엄격한 집안 분위기 속에서 과도하게 억압되었던 그의 쾌락 추구 본능이 문학에의 열정이 식으면서 탈출구를 찾아 폭발적으로 분출되었던 것이다. 그는 이러한 방탕으로 물려받은 많은 재산을 탕진하고 그러한 손실을 보충하고자 1926년에 평양 근처에서 토지관개사업을 벌였다가 실패하여 완전히 파산한다. 1927년에는 이러한 남편을 불신한 김혜인마저 남아 있던 재산을 정리하여 딸을 데리고 가출함으로써 그를 더욱 궁지에 몰아넣는다. 수소문 끝에 도쿄에서 모녀를 찾은 김동인은 딸만 데려오고 그녀와 이혼한다. 그리고 1928년에는 아우 김동평과 정주, 해주, 진남포 등지에서 영화흥행사업을 벌이지만 이것도 실패한다.

김동인은 1930년 4월에는 평양 숭의여중을 졸업한 11세 연하의 김경애와 재혼하고, 1931년에는 새로운 각오로 서울 서대문구 행촌동으로 이사한다. 이무렵 비장한 결심 속에서 대중독자를 상대로 해야 한다는 점에서 그동안 거부해 오던 신문연재소설을 쓰기로 한다. 그리하여 『젊은 그들』(『동아일보』, 1930.9.2~1931.11.10) 『해는 지평선에』(『매일신보』, 1932.9.30~1933.3.18) 등의 장편 역사소설을 계속 발표한다. 이제 김동인도 경쟁자 이광수와 마찬가지로 역사소설을 통해 다수 독자라는 타인의 존재를 크게 의식하여야 하는 처지에 놓인 것이다. 1935년 12월에는 역사에의 관심 및 생계유지의 방편으로 윤백남이 1934년에 발행한 『월간야담』을 인수하여 『야담』을 직접 발간하면서 그것에 많은 사담과 잡문을 발표한다.

그런데 이때에 김동인은 생활에서 지극히 곤궁한 처지에 놓인 것에 반비례해서 작품에서 개성적인 독립자존의 영웅주의를 더욱 강화하고 있었다. 그에게 영웅은 「대수양」의 '수양대군'과 「견훤」의 '견훤' 같은 전제적인 권력자이거나 「광염 소나타」의 '백성수'나 「광화사」의 '솔거' 같은 천재적 예술가다. 더욱이 전제적 권력자와 천재적 예술가를 겸한 「운현궁의 봄」의 '흥선 대원군'이나 「왕부의 낙조」의 '공민왕'은 자신의 개성을 한껏 투영한 최상의 영웅이었다. 그는 이러한 주인공들에게 자신의 욕망을 대리 성취시킴으로써 일상적 삶에서의 패배를 보상받고자 하였던 것이다.

김동인은 1934년 12월부터 1938년 3월까지 『삼천리문학』에 「춘원연구」를 발표한다. 이것은 14장으로 구성된 이광수에 대한 평전적 작품 비평으로, 논리의 정확성과 예리한 비판력에서 비평가적 안목이 두드러지는 역작이다. 이와 같은 방대한 작업은 김동인의 이광수에 대한 경쟁의식이 얼마나 집요했는지를 잘 보여준다. 하지만 이광수는 1937년의 '동우회 사건'으로 검거되었다가 풀려난 뒤에 친일활동에 앞장섬으로써 지도자적 위상이 급격히 추락되고 만다. 이를 안타깝게 여긴 김동인은 해방 이후에 「송첨지」, 「반역자」 등에서 그의 훼절을 변명해 주고 있다. 그것이 조선 민족의 장래를 위한 길이란 잘못된 신념 탓으로 이광수가 친일 활동에 적극적으로 나섰다는 것이다.

김동인은 1939년에 박영희, 임학수와 함께 문인 대표로 뽑혀 북중국으로 전선 위문을 떠나게 된다. 그러나 여행도중 내내 전선시찰 보고문을 써야 한다는 것으로 인해 심한 강박관념에 시달리다가 결국 돌아오는 길에 정신을 잃고 쓰러지고, 이를 핑계로 전선시찰 관련 글을 전혀 쓰지 않는다. 이무렵 김동인은 지독한 불면증과 수면제 과용 속에서 심신이 모두 병약해져 마약까지 복용하고 있었다. 백철은 「고 김동인선생의 인간과 예술」(『신천지』 8권 2호, 1953.6)에서 "1940년경, 조선일보지에 장편소설 『정열도 병인가』를 연재하던 시기엔 벌써 그 중독의 정도가 상당히 진전되고 있었다"고 했다. 이런 과도한 정신적 혼란 속에서 김동인은 1942년 1월에 천황불경죄로 감옥에 간다. 김동환의 『삼천리』사에서 아동문학가 최인화와 한담을 하던 중에 일본의 실권이 군부에 있고 천황은 허수아비라고 말한 게 일본 정보원의 귀에 들어가 4개월간 구치된 끝에 3개월의 형을 받았던 것이다.

1945년 8월 15일 해방을 맞이한 김동인은 심기일전하여 창작활동에 임하며 「학병수첩」, 「석방」 등에서 과거를 반성하고 한반도의 장래를 걱정한다. 그런데 외세에 의존한 해방은 진정한 독립일 수 없음을 깨닫는데, 미군정 당국에 의해 일제의 악랄한 고등계 형사가 다시 경찰로 활동하는 「김덕수」에 잘 나타나고 있다. 이에 김동인은 1948년 10월 『태양신문』에 「을지문덕」을 연재하면서 이전처럼 역사적 영웅을 통해 좌절한 욕망을 대리 성취하고자 한다. 하지만 심신이 더욱 쇠약해지면서 1949년 7월에 결국 중풍으로 쓰러져 식물인간이 된다. 그리고 1951년 1월 5일에 서울 왕십리 영단주택에서 임종한다. 작가로서 신과 같은 존재가 되고자 했던 그가 생활에 파괴당한 범속한 한 인간으로서 비극적 최후를 맞은 것이다.

1900년(1세) 10월 2일 평안남도 평양시 하수구리 6번지에서 대지주이며 초기 평양 교회의 장로를 지낸 김대윤(金大潤)과 후처 옥씨(玉氏) 사이에서 차남으로 태어나다. 이복형 김동원(金東元)도 김대윤처럼 평양 교회의 장로를 지낸 독실한 기독교 집안이다. 김동인(金東仁)은 '시어딤', '금동(琴童)'이란 호를 사용하다.

1914년(15세) 숭덕소학교를 졸업하고 기독교 계통의 숭실중학에 재학하던 중에 성경시험을 거부하여 자퇴하고 도쿄로 유학을 떠나 도쿄가쿠인에 입학하다. 하지만 1년 뒤인 1915년에 도쿄가쿠인이 문을 닫자 친구 주요한이 상급생으로 있어 입학을 꺼려했던 메이지가쿠인에 2학년으로 전입하다.

1917년(18세) 아버지의 장례를 지내려 평양으로 돌아 온 뒤에 도쿄로 건너가지 않고 집에서 문학공부에 열중하다. 정규 학교 교육이 작가가 되고자 하는 데에는 도움이 되지 않는다고 여겨 메이지가쿠인을 그만 둔 것이다. 1918년 4월에는 평양에서 수산물도매상집의 동갑내기 김혜인(金惠人)과 결혼하여 금강산으로 신혼여행을 다녀오다. 그렇지만 예술에 대한 열정 속에서 9월에 다시 도쿄로 건너가다. '가와바타미술학교(川端畵學校)'의 양화과에 다니면서, 낭만주의적 탐미정신으로 일본 화단에 새로운 화풍을 주도한 후지지마 다케지(藤島武二)의 문하에 들어가 회화를 공부하다. 화가가 되려 했다기보다는 미학에 대한 기본 소양을 갖추기 위한 것이다.

1919년(20세) 2월에는 자신이 출판 자금을 부담하여 문예동인지 『창조』를 발간을 주도하다. 그와 주요한, 전영택, 김환, 최승만이 창간호의 동인으로 참여하다. 그리하여 1921년에 『창조』가 9호로 폐간할 때까지 「약한 자의 슬픔」(『창조』, 1919.2~3) 「마음이 옅은 자여」(『창조』, 1919.12, 1920.2, 3, 5) 「목숨」(『창조』, 1921.1) 「배따라기」(『창조』, 1921.5)를 계속 발표함으로써 소설가로서의 이름을 널리 알린다. 또한 소설가를 신적 존재로 격상시키며 소설에 대한 조선 사람의 몰이해를 비난한 「소설에 대한 조선사람의 사상을」(『학지광』, 1919.1), 자아주의에 입각한 '인형조종술'의 창작방법을 뚜렷이 내세운 「자기의 창조한 세계」(『창조』, 1920.7)를 발표하다. 이것들에서는 예술가를 최우선시 하는 자신의 개성적 관점을 뚜렷이 나타내고 있다. 그리고 「제월씨의 평자적 가치」(『창조』, 1920.5)에서 염상섭를 상대로 문학비평의 역할과 범주에 대한 본격적 논쟁도 벌인다.

1922년(23세) 12월에는 3·1운동 때의 감옥 체험을 다룬 「태형」(『동명』, 1922.12~1923.7)을 발표하다. 그리고 1923년에는 십자가 형벌을 받는 예수를 인간적 존재로 그린 「이 잔을」(『개벽』, 1923.1)을 발표하다. 독실한 기독교 집안 출신의 김동인이 종교적 초월자에 대한 맹목적 믿음을 거부하고 있는 것이다. 기독교에 대한 이러한 비판의식은 「명문」(『개벽』, 1925.1)과 「신앙으로」(『조선일보』, 1930.12, 17~12.29)에도 그대로 나타난다.

1924년(25세) 8월에 평양에서 동인지 『영대』의 발간을 주도하고, 예술가에 대한 범속한 인간의 배신을 죽음으로 응징하는 「유서」(『영대』, 1924.8~11, 1925.1)를 발표하다. 그리고 무지한 하층 여성이 타락한 환경의 영향으로 점차 몰락하는 과정을 냉정하게 서술한 「감자」(『개벽』, 1925.1)를 발표하다. 또한 소설이론을 포괄적으로 소개한 「소설작법」(『조선문단』, 1925.4~7)을 발표하다. 여기에는 문체란 항목으로 '일원묘사' '다원묘사' '순객관묘사'란 3가지 유형을 소설 예문과 함께 제시하고 있다. 이것은 이와노 하우메이(岩野泡鳴)의 '일원묘사론'에 기반을 두면서도 김동인의 창의성이 충분히 발휘된 선구적 시점 이론이라 할 수 있다.

1926년(27세) 봄에는 평양에서 벌인 토지관개사업의 실패로 인해 파산하다. 명월관 기생들과의 방탕한 생활로 물려받은 천석 재산을 탕진한 뒤에 그것을 보충하려다 남은 재산마저 모두 잃어버린 것이다. 1927년에는 이런 남편에게 실망한 아내 김혜인마저 마지막 재산인 집을 팔아서 경비를 마련한 뒤에 딸을 데리고 가출함으로써 그를 더욱 궁지에 몰아넣는다. 수소문 끝에 도쿄에서 아내를 찾아 딸만 데려오고 그녀와는 이혼하다. 이러한 일은 「무능자의 아내」(『조선일보』, 1930.7.8~8.31)에 잘 나타나고 있다.

1930년(31세) 4월에는 평양 숭의여중을 나온 김경애(金瓊愛)와 재혼하고 서울로 이사한 뒤에 원고료 수입을 통해 생계를 꾸려가게 된다. 그리하여 대중 독자를 상대로 하는 저급 소설이라고 여겨 거절해 왔던 신문연재 장편소설도 쓰기로 한다. 허구성이 강한 역사소설 「젊은 그들」(『동아일보』, 1930.9.2~1931.11.10)과 「해는 지평선에」(『매일신보』, 1932.9.30~1933.3.18)를 계속 발표하다. 또한 전제적 권력자와 천재적 예술가를 최고의 영웅으로 존중하는 독립자존의 영웅주의를 뚜렷이 보여주는 「운현궁의 봄」(『조선일보』, 1933.4.26~1934.2.15)도 발표하다.

1934년(35세) 12월에는 문단의 유일한 경쟁자로 여겼던 이광수의 방대한 문학활동을 본격적으로 검토한 「춘원연구」(『삼천리』, 1934.12~1935.10)를 발표하다. 이러한 실제 비평은 「조선근대소설고」(『조선일보』, 1929.7.28~8.16)와 함께 김동인의 탁월한 비평가적 안목을 충분히 보여주고 있다.

1935년(36세) 12월에는 윤백남이 1934년 10월에 창간한 『월간야담』을 인수하여 자신이 직접 『야담』 잡지를 발간하고, 1937년까지 많은 잡문과 사담을 그것에 싣다. 소경 처녀의 목을 졸라 죽이고 자신은 발광한 화가 솔거를 그린 「광화사」(『야담』, 1935.12)는 범죄 행위를 저지른 광기의 천재 음악가를 옹호하는 「광염소나타」(『중외일보』, 1929.1.1~1.12)와 더불어 천재적 예술가를 신성시하는 김동인의 심미주의 성향을 가장 잘 보여준다.

1937년(38세) 3월에는 집필 중에 넘어져 두 시간 동안 혼수상태에 빠지다. 이미 1930년대 초반부터 신경증으로 인한 심한 불면에 시달렸으며 수면제 과용 속에서 후반에는 아편까지 손을 대기 시작하다. 그리고 1938년 봄에는 김동환의 『삼천리』사에서 일본 천황에 대한 비하 발언을 하여 '천황모독죄'로 반 년 간 수감되기도 하다. 1939년 4월에는 박영희, 임학수와 함께 중국 전선의 황군위문작가단 대표로 뽑혀 1개월 동안 북중국으로 떠나다. 하지만 여행에서 돌아오다 심리적 압박감으로 정신을 잃고 쓰러지며, 자신의 혼란한 정신 상태를 내세워 전선시찰에 관한 글을 전혀 쓰지 않다.

1945년(46세) 8·15해방을 맞아 조선 민족의 기쁨과 각오를 그린 「학병수첩」(『태양』, 1946.3) 「석방」(『민성』, 1946.3). 「망국인기」(『백민』, 1947.3)를 발표하다. 그리고 친일문학자로 매도되는 이광수를 변호하는 「송첨지」(『백민』, 1946.1) 「반역자」(『백민』, 1946.10)도 발표하다. 하지만 미 군정 당국에 의해 일제의 악랄한 고등계 형사가 다시 경찰로 활동하는 「김덕수」에 잘 나타나고 있듯이 불완전한 해방에 대한 실망감 속에서 다시 좌절하다. 이에 1948년에는 이민족의 침략을 물리친 구국 영웅을 통해 조선 민족의 웅지를 되찾아 보고자 한 「을지문덕」(『태양신문』, 1948.10~1949.7.14)을 발표하다. 하지만 심신의 쇠약 속에서 1949년 7월에 결국 중풍으로 쓰러져 식물인간이 되다. 그리하여 작가로서 신과 같은 존재가 되고자 했던 김동인은 한국전쟁 중인 1951년 1월 5일에 범속한 한 인간으로서 비극적 생을 마감하다.

1955년 금동(琴童) 김동인(金東仁)의 문학적 유지와 업적을 기리기 위하여 사상계사에 의해 '동인문학상'이 제정 이듬해인 1956년부터 시행되다. 1967년 12회 시상을 끝으로 사상계사가 운영난에 빠지자 중단되었다. 그 후 12년의 공백기간을 거쳐 1979년 동서문화사가 이를 부활시켜 동인문학상운 영위원회를 구성, 동사의 출연으로 계속되다가 1987년 제18회부터 조선일보사에서 그 맥을 이어가고 있다.

주요한 朱耀翰, 1900~1979

/김춘식/

주요한은 1900년 10월 14일 농업에 종사하다가 붓장사, 부동산 매매업 등으로 돈을 모으고 서양 선교사 Moffett 박사의 비서로 일한 것이 인연이 되어 신학교를 마치고 목사가 된 아버지 주공삼과 어머니 양진심 사이에서 8남매의 장남으로 태어났다.

그의 부친은 원래 평안남도 무산 사람이었으나 할아버지 때 평양 근교 궁골이라는 곳으로 이주하여 농사를 짓기 시작했다. 이후 아버지가 평양에 들어와 붓장사를 하면서 정착하였고 이런 연유로 주요한은 평양 신양리에서 태어나게 된다. 그의 아버지는 시대적 변화에 민감하게 적응한 사람으로서 일찍이 자수성가했을 뿐만 아니라 기독교 목사가 되어 기독교적인 세계관과 생활태도를 가풍으로 만든 사람이었다. 주요한의 유년시절은 이런 아버지에 의해 주로 영향을 받았고 그의 일본 유학도 일본 조선인유학생 선교목사가 된 아버지 주공삼을 따라서 도일함으로서 이루어진 것이다. 평양 숭덕소학교를 제 나이에 맞춰 입학하고 일본 유학 또한 정규 교육과정을 순차적으로 이수하며 시작한 주요한의 학력은 근대식 교육제도에 일찌감치 눈을 뜬 그의 아버지 주공삼의 교육열에 의한 것이라 할 수 있다.

주요한의 문학수업은 주요한 자신의 술회에 따르면, 일본 유학 중인 메이지가쿠인 3, 4학년 무렵 대략 1914년을 전후로 하여 시가에 흥미를 느끼기 시작했고 이때 동시집 다케히사 유메지(竹久夢二)의 「돈타크」, 일어로 번역된 「바이런 시집」, 기타하라 하쿠슈(北原白秋)의 「오모이데(思出)」를 비롯한 메이지 시대 초기 낭만파 시인들의 선집을 읽으면서 시작되었다고 한다. 이후 프랑스 세기말 시인의 일역시를 접하였고 '폴 포르'와 '레니에'의 작품으로부터 모방 충동을 느꼈고 이 모방 작품을 투고한 것이 인연이 되어 일본의 현역시인 가와지 류코(天路柳虹)와 알게 되어 그의 집에 드나들면서 시를 지도 받았다.

이 당시 요한은 메이지가쿠인의 유명 인사였는데 교지 『백금학보』의 편집위원이자 웅변을 잘하는 수재로 인정받고 있었다. 5학년 무렵에는 일본 문단의 『문예잡지(文藝雜誌)』 『반주(伴奏)』 등의 잡지에 일어 작품을 싣기 시작하게 되면서 일본 시단으로부터 문인대우를 받기 시작하였고 졸업 후에는 도쿄제대의 예과에 해당되는 도쿄제일고등학교에 합격하는 최초의 조선인이 된다. 또 일본 중앙문단의 권위있는 시 전문지인 『현대시가(現代詩歌)』에 시인으로 정식 데뷔하였다.

이 시기까지 주요한의 창작은 모두 일어로 이루어졌으나 1917년 낙양이라는 필명으로 소설 「마을집」을 『청춘』에 발표하면서 조선어 창작이 나타나기 시작한다. 이 시기를 전후하여 주요한은 민족의식과 근대의식을 결합한 새로운 조선문학의 건설이라는 목표의식을 스스로 지니기 시작한 것으로 판단된다. 일본문단에서의 활동에 만족하지 않고 주요한은 도쿄제일고등학교를 졸업하던 해에 『학우』 창간호에 「에튜우드」라는 큰 제목으로 「시내」 「봄」 「눈」 「이야기」 「기억」 등 5편의 조선어 시를 발표하였고 또 시조 7수를 일어로 번역하여 「조선가곡초(朝鮮歌曲抄)」라는 제명으로 『현대시가』에 소개하였다. 1918년 12월 유학생 집회에서 독립운동을 둘러싼 토론이 열렸던 그 달에 '시조'를 번역하고 1919년 1월 일본 문예지에 그것을 소개하는 일련의 과정은 주요한이 이 시기 민족자결주의와 민족의식에 각별한 관심을 기울이고 있었다는 정황을 추측하는 증거로 제시되기도 한다.

특히 그의 조선어 창작이 활발해지는 일련의 과정에서 그가 김동인과 더불어 순문학 동인지 『창조』를 발간하고 산문시 「불놀이」를 발표한 것은 이 시기 주요한의 민족적 각성과 밀접한 상관성을 지닌 것이라 할 수 있다. 결국 같은 해 도쿄제대 진학이라는 안정적인 미래를 버리고 주요한은 5월 상해로 탈출, 상해임시정부에서 이광수와 함께 임시정부의 기관지 『독립신문』을 제작하기 시작한다. 이때까지 주요한은 일어시 약 40여 편을 『현대시가』 『반주』 『백금학보』 등의 잡지에 발표하였는데 이 들 작품 중의 일부는 미키 로후(三木露風), 가와지 류코(天路柳虹) 등으로부터 공식적인 인정을 받은 작품인 만큼 그의 일본 문단에서의 지위는 상당한 것이었다고 할 수 있다. 다시 말해서 주요한의 조선어 창작과 『창조』 발간, 상해 망명 등은 일본어 창작 및 일제하에서의 순응과 안정된 미래를 모두 거부하는 일련의 행동이었다.

주요한의 「불놀이」를 최초의 자유시로 평가하는 견해는 주요한 자신이 이미 1918년 『학우』에 여러 편의 자유시를 발표했다라고 증언하며 부정한 것처럼 「불놀이」 이전에 김억, 황석우를 비롯한 여러 작자에 의한 자유시 발표가 있었음이 확인되어 정설이 아닌 것으로 판명되었다. 다만, 산문시 「불놀이」의 새로움만은 최초의 자유시라는 평가를 떠나서도 파격적인 것으로 당시 조선의 시단에 미친 영향과 구어체 문장의 시적 표현 등은 한국시의 중요한 전환점을 만들기에 부족함이 없었다.

이 당시까지 일본어 창작에 비하면 주요한의 조선어 창작시는 17편 정도로서 상대적으로 빈약한 것이었는데, 이 점은 주요한의 민족적 각성이 이 당시 등장한 민족 자결주의에 많은 영향을 받고 급작스럽게 형성된 것이라는 점을 반증한다. 즉, 주요한의 조선어 창작, 상해 망명 등은 3・1운동과 마찬가지로 주요한의 문학과 정치적 행보가 진화론과 민족자결주의에 토대를 둔 자의식과 세계관을 바탕에 지닌 것임을 알려준다.

상해에 망명한 이후 주요한은 편지 등의 서신을 통해 『창조』에 시 「상해이야기」 「지나 소녀」「공원에서」를 발표하였고, 1920년 7월에는 『창조』 7호에 「장강(長江) 어구에서」라는 글을 통해 낭만주의 문학을 '안가(安價)'의 문학으로 규정하고 '국민적 문학, 생명있는 작품의 우선적 요구'라는 자신의 문학적 원칙을 밝힌다. 주요한의 이런 문학적 주장은 민중시, 민요시, 국민문학으로 요약되는 것으로 계몽을 바탕에 둔 민족의식의 표출을 강조한 것이었다. 이렇듯 상해로 망명한 주요한의 이 시기 행보는 조선어 창작에 대한 자의식을 최종적으로 정립하는 과정이면서 문학과 식민지 지식인으로서의 민족적 의식을 새롭게 만들어 가는 과정이었다.

1920년부터 1925년 귀국할 때까지의 주요한의 문학활동은 모두 상해에서 이루어진 것으로 『조선문단』에 발표된 「노래를 지으시려는 이에게」와 같은 초창기의 중요한 '시작법'도 주요한의 민족과 국민시가 개념에 연속되는 것이다. 주요한이 지향하는 근대문학은 '국민'을 앞에 내세우는 것이라는 점에서 단순한 민족정서의 발현만이 아니라 계몽적 · 교양적인 미적 주체의 생산을 지향하는 것이다. 즉, 그의 시는 교양을 지닌 '독자(국민)'를 생산하는 기획으로서의 의미를 지닌 것이었다.

일본 유학을 통해 일본의 문화주의를 체험한 주요한의 '교양주의적 성향'은 국민문학 구상의 실질적인 바탕이다. 교양주의 안에 진화론과 민족자결주의를 포함하는 그의 사상은 개인적 인격의 완성과 고양을 통해 민족 공동체 전체의 문화적 향상을 기획하는 것으로서 「노래를 지으시려는 이에게」에는 이런 그의 시관이 잘 나타나 있다. '건강한 시' '밝은 시'의 개념은 이 점에서 조선어의 아름다움을 살려내고 민족문화를 고양시키는 문학적 근대기획의 의지를 담은 것이다.

일본의 문화주의는 쿠와키 겐요쿠(桑木嚴翼)의 인격주의와 소우다 기이치로(左右田喜一郞)의 문화가치 철학에 의해서 대표된다. 개인의 인격완성과 정신문화의 가치창조에 중점을 둔다는 점에서 표면적으로 문화주의는 개인주의를 근본으로 삼고 있는 것처럼 보인다. 그러나 문화와 문명의 개념이 '국민국가' 형성의 이데올로기를 생산하는 장치였던 것처럼 일본의 문화주의는 결과적으로 '국민'의 양성과 '국민국가'의 내부적 결속을 강화하는 데 이바지하는 것이다. 이 점에서 '국민국가' 안에서 이루어지는 문화주의 운동은 계몽주의의 변형이며 국가통제이데올로기로서의 교육과 교양, 국민적 예의범절, 인격 등을 중요시한다. 주요한의 '국민문학'은 이 점에서 의식의 측면에서는 '민중'과 '민족'을 지향하지만 식민지 현실에 대한 구체적 자각과 저항의 의미가 탈색된 미적 교양주의로 변질될 가능성을 지니고 있다는 한계점을 포함한다.

주요한의 문학사적 의미나 위치는 대부분 상해에 거주할 무렵까지의 시기에 집중되어 있으며 1925년 귀국 이후에는 『동아일보』 『조선일보』 등에 종사하는 언론인으로서의 활동, 흥사단 간부로서의 정치적 활동 그리고 해방 이후 본격화된 정치, 경제인으로서의 활동 등으로 요약할 수 있다. 1945년 해방 이후로는 문학적 활동은 거의 전무하다고 할 수 있는 만큼 문학사적 평가는 철저히 해방 이전의 시기에 한정되어 이루어지고 있다.

1925년 이후의 시 경향은 점차 정형적, 전통 지향적인 모습을 보여주며 현대시조 창작에 몰두하기 시작하는 것도 이 시기부터이다. 1925년을 전후로 하여 시조부흥론이 등장하는 데 주요한의 시적 행보도 초기의 자유시, 산문시 운동에서 전통지향적 민족 시형의 모색 쪽으로 전환한다. 1930년에 발간된 『봉사꽃』은 실제로 시조 시집에 가까운 것으로 그의 시가 현저히 정형화되고 민요, 민족적 정서를 중요시하고 있음을 잘 보여준다. 한국 근대시사에서 1925년은 초기의 자유시 운동이 민족문화에 대한 자각 등이 이루어지면서 시조, 민요시 등의 민족적 시형을 지닌 새로운 근대시를 창작하려는 경향으로 대체되는 지점이다. 주요한의 시적 경향도 이 시기를 전후로 초창기 자유시의 개척자에서 민족적 정서를 담은 근대적 민족시, 현대시조의 창작자로 점차 변화한다.

주요한 ▸▸

1900년(1세) 10월 14일 평안남도 평양 신양리에서 부친 능성(綾成) 주씨(朱氏) 주공삼과 모친 양진심 사이에서 8남매의 장남으로 태어나다. 아버지 주공삼은 농업에 종사하다가 부동산 매매업으로 돈을 모았고 1910년 미국인 선교사 Moffett 박사의 주선으로 평양신학교를 마친 뒤 목사가 되다.

1906년(6세) 평양 숭덕소학교에 입학, 이 당시 학교 분위기는 나라를 찾겠다는 비분강개 일색이었다고 후에 주요한 자신이 회상하다.

1909년(9세) 묵지와 골판지로 급우들과 학급 신문을 만들어 돌렸고 이때 학교 선생님을 비판하여 교무실에 불려가 혼이 났다고 한다. 요한은 후에 이 일을 언론인이 된 자신의 한 출발점으로 술회하다.

1912년(13세) 평양 숭덕소학교 졸업하고 아버지 주공삼이 조선인 유학생 선교 목사 자격으로 어린 요한을 데리고 도일하여 일본 메이지가쿠인 중등부에 입학하다.

1914년(15세) 시가에 흥미를 느끼기 시작했고 동시집 다케히사 유메지(竹久夢二)의 「돈타크」, 일어로 번역된 「바이런 시집」, 기타하라 하쿠슈(北原白秋)의 「오모이데(思出)」를 비롯한 메이지 시대 초기 낭만파 시인들의 선집을 읽다.

1915년(16세) 프랑스 세기말 시인의 일역시를 접하였고 '폴 포르'와 '레니에'의 작품으로부터 모방 충동을 느꼈다고 한다. 이때 이 모방 작품을 투고한 것이 인연이 되어 일본의 현역시인 가와지 류코(天路柳虹)와 알게 되고 그의 집에 드나들면서 시를 지도받다.

1916년(17세) 메이지가쿠인의 교지 『백금학보』의 편집위원이 되어 잡지의 편집을 주도하고 이끌다.

1917(18세) 메이지가쿠인 교내 웅변대회에서 「예술의 사명」이라는 제목의 웅변으로 2등에 당선되다. 요한의 웅변 실력은 이때 이미 인정된 것으로 4, 5학년 연속으로 학급 웅변 대표를 맡다. 『문예잡지(文藝雜誌)』 『반주(伴奏)』 등의 잡지에 일어 작품을 싣기

시작하게 되면서 일본 시단으로부터 문인대우를 받기 시작하다. 또한 이 시기에 낙양이라는 필명으로 소설 「마을집」을 『청춘』에 발표하다.

1918(19세) 일본 메이지가쿠인 중등부를 졸업하고 도쿄대학 예과 과정에 해당되는 도쿄 제일고등학교에 합격하다. 또한 중앙문단의 권위 있는 시 전문지인 『현대시가(現代詩歌)』에 시인으로 정식 데뷔하다.

1919년(20세) 도쿄 제1고등학교를 졸업했고 『학우』 창간호에 「에튜우드」라는 큰 제목으로 「시내」 「봄」 「눈」, 이야기」 「기억」 등 5편의 시를 발표하다. 시조 7수를 「조선가곡초(朝鮮歌曲抄)」라는 제명으로 번역하여 『현대시가』에 소개하다. 순문학 동인지 『창조』에 창간 동인으로 참여하여 자유시 「불놀이」를 발표하였고 같은 해 3월에는 다시 「해의 시절」을 『창조』에 발표하다. 이 해 5월 상해로 탈출, 상해임시정부에서 이광수와 함께 임시정부의 기관지 『독립신문』을 제작하기 시작하다. 이때까지 주요한은 일어시 약 40여 편을 『현대시가』 『반주』 『백금학보』 등의 잡지에 발표하다. 이 들 작품 중의 일부는 미키 로후(三木露風), 가와지 류코(天路柳虹) 등으로부터 공식적인 인정을 받은 작품이다.

1920년(21세) 『창조』에 시 「상해이야기」 「지나 소녀」 「공원에서」를 발표하다.

1924년(25세) 『조선문단』이 창간되자 시 심사위원으로 위촉되어 「가신 누님」 등의 민요시를 발표하고 자신의 시작법을 밝힌 「노래를 지으시려는 이에게」를 『조선문단』에 발표하다. 같은 해 12월 시집 『아름다운 새벽』(조선문단사)을 출간하다.

1925년(26세) 중국 상해 호강대학(扈江大學)을 졸업하다. 결혼 후 귀국하여 동아일보사에 입사하다.

1929년(30세) 『동아일보』 편집국장이 되었다. 10월에는 『3인시가집』(공저, 삼천리사)을 출간하다.

1930년(31세) 광주학생사건에 따른 민중대회 발기인에 서명한 것이 화근이 되어 잠시 투옥되었다가 풀려나다. 이것을 계기로 편집국장 자리에서 물러나 논설위원이 되다. 시조집 『봉사꽃(봉선화)』(세계서원)를 출간하다. 이 시기를 전후하여 시조창작, 시쓰기뿐만 아니라 흥사단 간부로서의 역할을 수행하면서 언론인, 정치가, 상공인으로도 활동하다.

1932년(33세) 소설 「독일학생의 괴변」을 『동광』에 발표하다.

1933년(34세) 『조선일보』 편집국장과 전무를 역임하다가 방응모 씨가 조선일보사를 인수한 뒤 사임하다.

1935년(36세) 상업계에 뛰어들어 화신산업 취재역의 자리를 맡다.

1937년(38세) 흥사단 사건으로 투옥되어 1년 8개월 간 복역하다.

1941년(42세) 소설 「향기 없는 꽃」을 『문장』에 발표하다.

1942년(43세) 친일시 「대동아행진곡」 「손과 손을(手と手を)」 등을 발표하다.

1945년(46세) 해방 후 문단활동을 중단하고 무역회사 등을 경영하기 시작하다.

1947년(48세) 대한무역협회장에 취임하다.

1950년(51세) 한국전쟁 중 피난처인 부산에서 '국제문제연구소'를 설립하고 주간이 되다. 이후 조선민주당에 입당하여 정치 활동을 시작하다.

1956년(57세) 「나의 문학수업」(『문학예술』), 「'창조'시대의 문단」(『자유문학』, 1956.7) 등 문단의 회고와 자료적 가치를 지닌 자서전적 글을 발표하다.

1958년(59세) 제4대 국회의원 선거에서 민주당 소속의 국회의원에 당선되다.

1960년(61세) 상공부 장관에 임명되다.

1968년(69세) 대한일보사 회장을 역임하다.

1979년(80세) 별세 후 정부로부터 국민훈장 무궁화장을 추서받다.

현진건 玄鎭健, 1900~1943

/김동식/

현진건은 1900년 대구의 계산동에서 출생하였다. 현진건의 집안은 대대로 역관을 많이 지낸 중인계층이었다. 부친인 현경운은 관립영어학교 출신이고, 맏형 홍건은 노서아사관학교 출신이며, 숙형인 정건은 무려 6개 국어에 능통했다고 한다. 현진건은 유년기에 동네에서 한학을 공부한 후, 대구노동학교에서 신학문을 익혔다.

1915년 결혼과 함께 보성고보에 입학했으나 이듬해 자퇴했다. 일본으로 건너가 세이소꾸 예비학교에 다니다가 1917년 잠시 귀국하여 대구에서 백기만, 이상화 등과 습작 동인지 『거화』를 만들었다. 다시 일본으로 건너가 세이조중학에 편입했으나, 얼마 지나지 않아서 중국 상해로 건너가 호강대학 독일어 전문부에 입학했다.

1919년 다시 귀국하여 지내던 중에 육군 공병 영관을 지낸 당숙 현보운이 사망하면서 그에게 입양되었다. 이후로 대구의 생활을 정리하고 서울에 정착하게 된다. 이 시기에 조선웅변회를 조직하여 활동한 것으로 알려져 있다.

1920년은 현진건에게는 의미있는 한 해이다. 문필생활과 기자생활이 시작된 해이기 때문이다. 1920년 8월과 9월에 이어서 M. P. 아르츠이바셰프의 「행복」과 K. 뮌쩌의 「석죽화」를 『개벽』에 번역·소개한 후, 1920년 11월에 「희생화」를 『개벽』에 선보이면서 작품 활동을 시작했다. 당시의 자유연애를 다룬 「희생화」는 "예술형식을 갖추지 않은 작품"이라는 황석우의 혹평을 받았지만, 『개벽』의 독자란에는 새로운 문학에 대한 기대를 갖게 하는 작품이라는 독자평도 실렸다.

1921년에는 『백조』의 동인으로 참가하여 박영희, 박종화, 홍사용, 나도향 등과 교류를 한다. 단편 「빈처」와 「술 권하는 사회」를 통해서 식민지 지식인의 복잡하고 모순적인 내면풍경을 섬세하게 그려낸다. 「빈처」는 "제재가 금일 우리 문단에서 볼 수 없는, 우리 생활과 부합되는 것이며, 따라서 독자로 하여금 심각한 기분을 일으키게" 한다는 평가를 받았다. 현진건이 작품 활동을 시작한 1920년대는 새로운 문학적 기운이 움트던 시대였다. 『창조』 『폐허』 『백조』 등을 중심으로 동인지 문단이 형성되고, 이전 시대의 계몽적인 문학과는 달리 예술로서의 문학에 대한 지향성이 뚜렷하게 나타난다. 근대의 논리를 정치적인 차원으로 수용했던 계몽주의문학과는 달리, 1920년대에는 근대의 논리를 미학적인 차원에서 받아들이게 된 것이다. 서구의 문예사조가 본격적으로 소개되고, 문학양식에 대한 근대적 인식과 문학인으로서의 자의식이 나타나기 시작하는 시기였다. 현진건이 그러한 문학적 분위기 속에 있었던 것이다.

1922년에는 첫 창작집 『타락자』를 발간한다. 『개벽』에 연재했던 중편소설 「타락자」를 표제작으로 삼은 것이다. 일반적으로 현진건 초기 3부작으로 일컬어지는 「빈처」 「술 권하는 사회」 「타락자」의 경우 유학을 다녀온 지식인 남편과 신교육을 받지 못한 구여성 아내의 관계를 다루고 있는 작품들이다. 현진건의 실존적인 체험이 반영되어 있는 작품들인데, 근대에 대한 지향과 조선적 현실 사이의 틈새에 끼어서 긍정적이거나 생산적인 활동을 할 수 있는 가능성의 영역을 발견하지 못하는 지식인의 상황과 내면을 세밀하게 표현하고 있다. 「빈처」의 경우 지식인 남편과 구여성 아내 사이의 문제는 낭만적으로 봉합되는 양상을 보이지만, 「술 권하는 사회」에서는 술에 대한 의탁과 아내에 대한 무시로 이어지게 되고, 「타락자」에 이르면 기생을 탈출구로 삼지만 결국에는 임질에 걸린 아내의 울부짖음만이 남게 되는 상황으로 치닫는다. 초기 3부작은 식민지 지식인 처한 환멸의 내면과 아이러니적 상황을 잘 보여주는 작품들이다.

1923년에는 최남선이 주재하는 잡지 『동명(東明)』에 편집인으로 참여하고 시대일보사에 입사한다. 1924년에는 단편 「까막잡기」 「그립은 흘긴 눈」 「운수 좋은 날」 등을 발표한다. 이 시기부터 현진건은 식민지 근대를 살아가는 개인들의 일상을 섬세하게 살피는 관찰의 서사를 발전시켜 나간다. 김동인과 염상섭이 예술가 의식과 자의식 과잉을 극단화시켜 한국 근대문학의 풍경을 만들어가고 있을 때, 현진건은 식민지 조선의 일상을 관찰하기 시작했던 것이다.

1925년에는 시대일보사의 사회부장이 되었으나 폐간됨에 따라, 동아일보사로 전직한다. 1월에 중편 『지새는 안개』(박문서관)를 발간한다. 1926년에는 단편 「그의 얼굴」(『조선일보』 1.4)을 발표하며, 3월에 단편집 『조선의 얼골』(글벗집)을 간행한다. 단편 「그의 얼굴」은 이후에 「고향」으로 제목을 바꾸었는데, 식민지를 살아가는 조선인의 비참한 삶을 밀도있는 언어로서 그려낸 현진건의 대표적인 단편으로 평가를 받는다. 「고향」의 남자의 말과 옷은 한중일 3국의 말과 옷이 짜깁기된 콜라쥬의 양상을 하고 있다. 이러한 모습은 고향(H)－서간도－신의주 안동현－큐슈－오사카－고향－서울로 이어지는 삶의 역정과 유랑의 편린들이 그의 말과 옷에 중첩되어 있는 것이다. 「고향」에서 그의 신세타령은 단순히 개인적 불행이나 불우한 삶이 아니다. 그것은 일제 강점기 동안 한국인들이 겪어야 했던 보편적 경험이다. 가난과 고향상실감, 그리고 삶의 고단함. 삶의 기반을 상실했고 돌아갈 곳 없이 유랑해야 하는 식민지 하의 조선인 전체의 초상, 달리 말하면 조선의 얼굴이라고 할 것이다.

1928년에는 동아일보사 사회부장이 되다. 상해에서 한인청년회를 조직하고 독립운동을 해오던 셋째 형 현정건이 체포되어 본국으로 이송되어 서대문형무소에서 복역하다. 은평구 부암리로 이사하다. 1929년에는 신라 고적과 유물을 순례하고 돌아와 기행문 「고도순례」를 발표하다. 1930년에는 장편 『웃는 포사(褒姒)』를 4회 연재하고 중단한다. 1931년에는 단편 「서투른 도적」을 발표한다. 이 이후로는 단편소설은 집필하지 않게 된다. 1920년부터 발표된 현진건 단편소설들은 삶의 미지의 영역에 대한 휴머니즘적인 탐구, 낭만주의적 아이러니의 강렬성, 억압적인 제도와 제한적인 신념들에 대한 사회적 인식 등이 중층적으로 자리를 잡고 있다.

1932년에는 셋째 형 현정건이 3년 만기 복역하고 출옥 후 6개월 만에 사망하다. 단군과 관련된 유적지들을 돌아보고 기행문 「단군성적순례」(『동아일보』, 7.29~11.9)를 연재하다. 1933년에는 셋째 형 정건의 부인 윤덕경이 자살하는 일이 벌어지다. 장편소설 『적도』를 연재하다. 『적도』는 돈과 성이 지배하는 허위의 삶을 극복하고 국외(國外)의 새로운 세계를 꿈꾸는 유토피아적인 전망이 제시된 작품이다. 1936년에는 『동아일보』에 일장기가 지워진 손기정 선수(베를린 올림픽 마라톤에서 우승) 사진을 게재하는 일이 있었고, 당시 사회부장에 재직 중이었던 현진건은 이 사건으로 피검되어 1년의 선고를 받고 복역하게 된다.

1937년에는 출옥하면서 동아일보사를 사직하고, 관훈동에서 서대문구 부암동 325의 2호로 이사하여 양계업을 시작하다. 이후로는 역사소설에 중점을 두고 작품활동을 펼쳐나간다. 단편소설에서 보였던 강렬한 현실인식으로부터 역사에 대한 관심으로 무게중심이 옮겨간 것이다. 1939년에는 역사소설 『무영탑』을 연재했으며 장편소설 『적도』(박문서관)를 간행한다. 『무영탑』은 통일신라의 전성기였던 경덕왕 시대를 다룬 작품이다. 경덕왕 시대는 정치적으로 왕권통치 체제가 확립되고 문화적으로 발달한(불국사, 봉덕사종) 시대였지만, 그 내부에는 격렬한 권력투쟁과 계급투쟁이 자리하고 있었음을 묘사하고 있다. 일본이 천황제 군군주의로 치닫는 현실상황에 대한 성찰의 지점을 역사소설을 통해서 마련하고자 하 시도였다. 하지만 역사소설 「흑치상지(黑齒常之)」(『동아일보』, 10.25~12.28)는 연재 중 52회로 강제 중단된다. 소설을 쓰면서 양계업과 기미(期米, 쌀과 관련된 선물거래) 사업을 해왔는데, 1940년에는 양계업과 기미 사업에서 실패를 하게 되고 부암동 주택을 처분하고 신설동으로 이사한다. 엎친 데 덮친 격으로 『조선의 얼골』이 금서로 지정되는 일이 생긴다. 1941년에는 역사소설 『선화공주』(『춘추』 4~9월)를 연재하다가 완성하지 못하고 중단한다. 단편집 『현진건 단편선』(박문서관)과 역사소설 『무영탑』(박문서관)을 간행한다. 현진건의 역사소설은, 통속성이 강화되고 민족정신은 추상화되는 양상을 보인다는 평가도 있지만, 시대적 압박에 맞서서 유토피아적 지향성을 역사 속에서 발견하고자 한 시도라는 점에서 의미를 발견할 수 있다.

1943년에는 외동딸 화수(和壽)가 월탄의 장남 박돈수(朴敦洙)와 혼인하다. 4월 25일 밤 제기동 자택에서 지병인 폐결핵과 장결핵으로 별세하다. 향년 44세.

현진건은 염상섭, 김동인 등과 함께 근대적 단편소설의 모형을 확립한 작가의 한사람이며, 근대적 사실주의 문학의 머릿돌을 놓은 중요한 소설가이다. 또한 근대사회로 진입하는 과도기적 상황에 놓인 식민지 조선의 현실을 독창적인 소설 미학으로 형상화한 작가이기도 하다. 한국소설은 현진건에 이르러 표현과 주제에 있어서 근대소설의 성격을 획득했다고 해도 과언이 아니다.

1900년(1세) 9월 2일 아버지 연주(延州) 현씨 경운(玄炅運)과 어머니 완산(完山) 이씨 정효(貞孝) 사이의 4남으로, 대구부 명치정 2정목(속칭 뽕나무골, 현 중구 계산동 2가)에서 태어나다.

1908년(9세) 부친 현경운이 설립한 대구노동학교에서 신학문을 익히다.

1910년(11세) 어머니 이정효 별세하다.

1915년(16세) 이길우(李吉雨)의 딸이며 2년 연상의 순득(順得)과 결혼해서 수정(竪町) 255번지(현 중구 인교동) 처가에서 신혼생활을 하다. 보성고보에 입학하다(11월).

1916년(17세) 7월에 보성고보를 자퇴하고, 중학 진학을 위해 일본으로 가서 시험준비학교인 도쿄 세이소쿠(正則)예비학교에 입학하다.

1917년(18세) 귀국하여 대구에서 백기만·이상화 등과 습작 동인지 『거화(炬火)』 발간에 관여하다. 다시 도일하여 5년제 세이조(成城)중학교 3년에 편입하다.

1918년(19세) 세이조중학교 4학년에 재학 중 귀국하여 잠시 체류하다가 셋째 형 정건이 있는 상해로 건너가 호강(滬江)대학 독일어 전문부에 입학하다.

1919년(20세) 학업 도중 다시 귀국하여, 육군 공병 영관을 지낸 당숙 현보운(玄普運)에게 입양되다. 서울 종로구 관훈동 52번지에서 거주하다. 장녀 경숙(卿淑) 출생했으나 곧 사망하다.

1920년(21세) 양부 현보운의 동생인 현희운(玄僖運)의 소개로 처녀작 「희생화」(『개벽』 11월)를 발표하다. 같은 지면에 번역소설 「행복」(아르치바셰프 원작)과 「석죽화」(쿠르트뮌체르 원작)를 발표하다. 조선일보사에 입사하다.

1921년(22세) 『백조』 동인으로 가담하다. 단편 「빈처」(『개벽』 1월)와 「술 권하는 사회」(『개벽』 11월)를 발표하다. 차녀 애경(愛卿) 사망하다.

1922년(23세) 11월에 첫 창작집 『타락자』(조선도서주식회사)를 발간하다. 중편 「타락자」(『개벽』 1~4월), 단편 「유린」(『백조』 2호) 「피아노」(『개벽』 11월), 수필 「영춘류(迎春柳)」와 번역작품 「고향」(치리코프 원작) 「가을의 하룻밤」(고르키 원작) 등을 발표하다.

1923년(24세) 최남선이 주재하는 잡지 『동명(東明)』에 편집인으로 참여하고 시대일보사에 입사하다. 중편 「지새는 안개」(『개벽』 2~10월), 단편 「할머니의 죽음」(『백조』 3호) 등을 발표하다.

1924년(25세) 단편 「까막잡기」(『개벽』 1월) 「그립은 흘긴 눈」(『폐허이후』 1호) 「운수 좋은 날」(『개벽』 6월) 「발(簾)」(『시대일보』, 4.2~5)과 수필 「문단인상호기」(『개벽』 2월) 「꿈에 본 신악양루기」(『개벽』 4월) 등을 발표하다.

1925년(26세) 시대일보사의 사회부장이 되었으나 폐간됨에 따라, 동아일보사로 전직하다. 1월에 중편 『지새는 안개』(박문서관)를 발간하다. 단편 「불」(『개벽』 1월) 「B사감과 러브레터」(『조선문단』 2월) 「새빨간 웃음」(『개벽』 11월), 평론 「신춘문예소설평」(『조선문단』

10월) 등을 발표하다. 11월에 3녀 화수(和壽) 출생하다.

1926년(27세) 단편 「그의 얼굴」(『조선일보』 1.4)을 발표하다. 3월에 단편집 『조선의 얼골』(글벗집)을 간행하다. 단편 「사립정신병원장」(『개벽』 1월), 평론 「신춘소설 만평」(『개벽』 2월) 「조선혼과 현대정신의 파악」(『개벽』 11월호), 수필 「무명 영웅」(『조선문단』 2월호),

1927년(28세) 중편 「해뜨는 지평선」(『조선문단』 1~3월)을 연재하다.

1928년(29세) 동아일보사 사회부장이 되다. 상해에서 한인청년회를 조직하고 독립운동을 해오던 셋째형 정건이 체포되어 본국으로 이송되어 서대문형무소에서 복역하다. 은평구 부암리로 이사하다. 수필 「여름과 맨발」(『별건곤』 7월)을 발표하다.

1929년(30세) 신라 고적과 유물을 순례하고 돌아오다(7월 8일~12일). 단편 「신문지와 철창」(『문예공론』 7월호) 「정조와 약가」(『신소설』 12월호), 시평 「같잖은 소설로 문제」(『별건곤』 2월호), 기행문 「고도순례－경주편」(『동아일보』) 등을 발표하다.

1930년(31세) 수필 「창의문 외에서」(『신소설』 5월) 「첫 기고의 회상」(『별건곤』 7월) 등을 발표하다. 장편 「웃는 포사(褒姒)」(『신소설』 2월 및 『해방』 12월)를 4회 연재하고 중단하다.

1931년(32세) 단편 「서투른 도적」(『삼천리』 10월) 「연애의 청산」(『신동아』 11월) 「내 소설과 모델」(『삼천리』 10월) 등을 발표하다.

1932년(33세) 셋째 형 현정건이 3년 만기 복역하고 출옥(6.10) 후 사망하다(12.30). 단군과 관련된 유적지들을 돌아보고 기행문 「단군성적순례」(『동아일보』 7.29~11.9)를 연재하다.

1933년(34세) 장편소설 『적도』(『동아일보』)를 연재하다. 셋째 형의 부인 윤덕경이 자살하다.

1935년(36세) 수필 「거리에서 만난 여자」(『조선문단』 4월호) 「금강산 정조」(『신가정』 10월호) 등을 발표하다.

1936년(37세) 동아일보사 사회부장 재직 중에 있었던 손기정 선수 사진의 일장기 말살사건으로 피검되어 1년의 선고를 받고 복역하다.

1937년(38세) 출옥하면서 동아일보사를 사직하고, 관훈동에서 서대문구 부암동 325의 2호로 이사하여 양계업을 시작하다.

1939년(40세) 역사소설 『무영탑』(『동아일보』)을 연재하다. 장편소설 『적도』(박문서관)를 간행하다. 역사소설 『흑치상지(黑齒常之)』(『동아일보』, 10.25~12.28)는 연재 중 52회로 강제 중단되다. 번역수필 「장주(莊周)와 프랑스」(『박문』 12월호), 대담 「문학종횡담」(『문장』 11월호), 평문 「역사소설문제」(『문장』 12월호) 등을 발표하다.

1940년(41세) 양계업과 기미(期米) 사업 실패로 부암동 주택을 처분하고 신설동으로 이사하다. 『조선의 얼굴』이 금서처분 당하다.

1941년(42세) 역사소설 『선화공주』(『춘추』 4~9월)를 연재하다가 완성하지 못하고 중단하다. 단편집 『현진건 단편선』(박문서관)과 역사소설 『무영탑』(박문서관)을 간행하다.

1942년(43세) 동대문구 제기동 137번지의 61호로 이주하다.

1943년(44세) 외동딸 화수가 월탄의 장남 박돈수(朴敦洙)와 혼인하다. 4월 25일 밤 제기동 자택에서 지병인 폐결핵과 장결핵으로 별세하다.

김동명 金東鳴, 1900~1968

/이창민/

「파초」와 「내 마음은」으로 유명한 시인 김동명은 1900년 2월 4일 강원도 명주에서 출생해 1968년 향년 69세를 일기로 숙환으로 타계했다. 1923년에 문단에 나왔으니 시력으로 불혹을 훨씬 넘어섰다. 1985년 강릉시 사천면 미노리 바닷가에 시비와 공원이 조성됐다. 파초가 피기 전 잎이 말려 올라간 형태를 본떠 시인의 얼굴을 부조한 탑을 세우고, 그 양옆에 시비 둘을 놓았는데, 왼쪽에는 「내 마음은」, 오른쪽에는 「파초」를 새겼다. 2005년에는 경포호 옆에도 「호수」를 새긴 시비 하나가 세워졌다.

김동명은 문학 창작과 사회 생활과 정치 활동을 병행한 시인이다. 함흥에서 중학교를 마친 후 함경도와 평안도에서 교원 생활을 하다 문단에 나왔다. 1923년 『개벽』 10월호에 발표한 「만약 내게 문을 열어주시면」이란 작품이 등단작인데, 이 시는 보들레르에게 바치는 헌시다. 그에게 문학에 대한 관심을 불러일으킨 이는 후에 『조광』 편집자를 맡았던 현인규로, 그에게서 보들레르의 시집 『악의 꽃』을 빌려 읽고 깊은 감명을 받은 일이 시인의 길을 걷게 된 계기가 됐다.

1925년 당시 원산에서 인쇄소를 경영하던 강기덕으로부터 학자금 지원을 받고 일본으로 유학 가 주간에는 아오야마가쿠인 신학과에서 수학하고, 야간에는 니혼대학 철학과에서 공부했다. 유학 기간 동안에도 시작 활동을 계속해서, 1926년에는 『조선문단』 3월호부터 6월호까지 연속적으로 작품을 발표했다. 이때 양주동으로부터 괄목할 만한 시인이란 평을 받았다.

1928년 아오야마가쿠인을 졸업하고 귀국한 후에는 학원장 및 학교장을 역임하는 동시에 『조선문단』 『동광』 『신동아』 『조광』 등에 작품을 발표하며 활발한 활동을 했다. 하지만 1940년부터 5년간은 절필하고 서호리, 신홍, 홍원 등지를 다니며 목재상, 양계장, 미곡상 등을 운영했다.

해방 후 김동명은 흥남시 자치위원회 위원장을 맡았고, 조선민주당 결성에 참여해 함남시당 위원장을 지냈다. 해방 이듬해에는 함흥 반공학생 의거에 연루돼 옥고를 치렀다. 1947년 단신으로 월남해 한국신학대학 교수를 거쳐 이화여자대학교 교수로 재직하면서 시인으로 활동하는 동시에 『동아일보』 등 여러 신문에 신랄하고 예리한 정치평론을 발표하는 논객으로 활약했다.

조선민주당 정치부장, 민주국민당 문화부장 등을 역임했던 그는 1959년 이화여자대학교 교수직을 사임하고 초대 참의원 의원으로 당선돼 정계에 진출했다. 1964년 김동명문집간행회에서 전3권으로 된 문집을 편찬했는데, 그 중 제2권인『나는 증언한다』는 논객이자 정치인으로 그가 쓴 글을 모은 것이다. 여기에는 기간된 정치평론집으로 1955년에 낸『적과 동지』및 1958년에 낸『역사의 배후에서』에서 선한 것과 이후에 집필한 것이 수합돼 있다.

시인으로서 김동명은 모두 여섯 권의 시집을 출간했다. 첫 시집은『나의 거문고』로 1930년에 냈고, 1938년『파초』를 냈다. 이후 상당한 공백기를 가진 후 1947년『삼팔선』을 냈고, 이후 1948년『하늘』, 1954년『진주만』, 1957년『목격자』를 냈다. 시집이 모두 출간된 이후 수필집『세대의 삽화』가 1959년에 나왔다.

그의 시의 변모 과정은 일반적으로 두 단계로 구분돼 설명된다. 식민지 시대의 작품에는 농촌을 배경으로 전원에 묻혀 사는 이의 고독한 정서를 통해 민족의 비애와 조국에 대해 느끼는 애상을 드러낸 것이 많다. 이런 작품들은 투명하고 온화한 방법을 사용해 시대의 상황과 개인의 정조를 서정적으로 탁월하게 형상화했다는 평을 받는다.

하지만 해방이 되고 월남한 이후에는 이전의 서정적 시풍이 일변했고, 이로 인해 이전만큼 성과를 올리지는 못한 것으로 여겨진다. 절박한 현실적 발언, 직접적인 정치적 주장, 막연한 관념적 서술 등에 의지해 현실주의적 시각을 지나치게 부각한 것이 시적 형상화에 장애를 초래한 원인으로 지적된다.

『나의 거문고』『파초』『하늘』에 실린 시들을 전반기,『삼팔선』『진주만』『목격자』에 실린 시들을 후반기 작품으로 볼 수 있다. 전반기의 시세계에는 아름다운 자연에 대한 묘사, 어두운 시대 상황의 인식, 인생에 대한 정관적 명상, 역사적인 고뇌와 이를 극복하려는 의지 등이 교직돼 있다. 후반기의 주조를 이루는 것은 현실 의식, 정치 풍자, 관념 표현 등으로 전반기와 확연하게 대비된다.

첫 시집인『나의 거문고』에는 1922년에서 1929년까지 쓴 132편의 시가 실려 있다. 8개의 장으로 된 이 시집에 수록된 시는 양은 많으나 거개가 습작기에 즉흥적으로 지어진 작품이라 질적으로 낮게 평가된다. 시인 본인은 이를 가리켜 "창피한 시집"이라 하기도 했는데, 이 시집은 현재 시중에서 구해보기 어렵다. 서지학자로 유명했던 하동호 교수가 생전에 소장했던 것으로 알려져 있는데, 1964년에 편찬된 문집에도 누락돼 있다.

등단 이후 이 시집이 나올 때까지의 시작 경향은 퇴폐적이고 감상적이라 지적된다. 암울했던 당대의 역사적 상황 및 허무주의적 낭만주의가 횡행했던 문단 풍토를 감안하면 이해할 만한 일이다. 보들레르의 시를 읽고 즉석에서 지었다는 등단작이 이때의 경향을 대표한다. 당대의 시단 풍토와 일치하는 허무주의와 비관주의가 초기시의 바탕을 이룬다.

두 번째로 나온『파초』는 김동명을 대표하는 시집이라 할만하다. 초기의 퇴폐성과 감상성이 소멸되고 서정성과 상징성이 강화됐다. 자연을 배경으로 한 시는 대부분 목가풍 전원시로 규정할 수 있지만 그 심층에는 민족적 애환과 역사적 비애가 자리 잡고 있는 것으로 여겨진다. 「파초」와 「내 마음은」을 비롯해 여기에 실린 많은 작품들은 형상적 표현과 정서적 의미, 명상적 주제와 기교적 표현, 상징적 수사와 감각적 체험을 탁월하게 융합한 것으로 인정받는다.

전반기의 마지막에 해당하는 『하늘』은 1936년부터 1941년까지 쓴 작품을 모은 것으로, 『파초』의 연장선상에 놓인다. 목가풍의 전원생활 묘사, 시대적 상황에 대한 탄식, 조국에 대해 느끼는 애절한 심정, 인생무상에 대한 감상 등이 주제를 이룬다. 이전 시집과 비교하면 사회와의 관련성이 간접적이나마 좀 더 강화된 것이 차이점이라 할 수 있다.

해방 이후 후반기에 나온 『진주만』에는 1945년에서 1947년까지 쓴 시가 들어 있다. 이 시집은 식민지 시대 말에 지어진 태평양전쟁기초(抄)라 할 만한 것으로, 시인이 월남할 때 수장되기도 하고, 한국전쟁 때 소실되기도 하는 등 우여곡절을 겪고 발간됐다. 이 시집으로 제2회 아시아자유문학상을 받았다.

시집의 전체적인 경향은 사회시, 참여시의 성격이 강하다. 표제를 비롯 '민주주의' '옥중기' '새나라의 구도' 같은 제목이 시집의 전반적 성격을 여실히 보여준다. 사회의 격동에 영향을 받아 흥분된 어조로 현실적 주장을 내세운 까닭에 시적 형상화에는 실패한 것으로 판단된다. 전반기와 유사한 성향을 지닌 작품도 있으나 허황된 공상이 등장하고 타성적 표현이 남발돼 특별한 결실을 얻지는 못했다.

이에 비해 『삼팔선』에 실린 시는 『진주만』과 같은 시기에 지어진 것인데도, 난삽한 표현과 격앙된 기분이 정제돼 있어 비교적 비판을 덜 받는다. 표제가 시사하듯 대다수의 작품은 해방 직후 북한에서 경험한 민족적 참상과 국가적 난경과 우울한 생활상을 그린 것이어서 사회 현실과 정치 의식이 강하게 표출되지만, 풍자의 기제가 제대로 작동하고 있어 상당한 시적 효과를 발휘한다.

『목격자』는 1955년까지 쓴 시를 모은 마지막 시집으로, 후반기에 거둔 성과로 간주된다. 전반기의 전원시적 경향과 후반기의 사회시적 경향이 여기에 이르러 어느 정도 중화된 것으로 생각된다. '서울풍물시초'라 하여 서울의 곳곳을 소묘한 작품과 '피난시첩'이라 하여 전쟁 중에 겪은 일을 묘사한 작품으로 대별된다.

전자는 선명한 심상과 재치 있는 기지와 예리한 풍자와 기민한 감각이 어우러져 현실성을 내세우면서도 서정성을 잃지 않은 것으로 평가받는다. 반면에 후자는 형식 구성이 단순하고, 정서 표현이 부자연스러우며, 감상 표출을 자제하지 못해 품위 있는 정조 조성에는 이르지 못한 것으로 판단된다.

1900(1세) 2월 4일 강원도 명주군 사천면 하로동리 54번지에서 부 김제옥과 모 신석우의 외아들로 태어나다. 본관은 경주고, 아호는 초허(超虛)다.

1908(9세) 일가가 함경남도 원산으로 이사하다.

1909(10세) 원산소학교에 입학했다. 원산으로 이사하기 전까지는 노동리 서당에서 한학을 공부하다.

1915(16세) 함흥으로 이사했고, 영생중학교에 입학해 1920년에 졸업하다.

1921(22세) 함경남도 흥남시 서호리 동진소학교 교원으로 부임했다가 평안남도 강서소학교로 옮겨 교원 생활을 하다.

1922(23세) 평안남도 신안주에서 유신학교 고등과 교원으로 부임하다. 이 무렵 현인규와 교유하면서 문학에 대해 관심을 기울이게 되다.

1923(24세) 원산에 체류하면서 소학교 및 여자고등과 교원 생활을 하다. 잡지 『개벽』 10월호에 보들레르에게 바치는 헌시인 「당신이 만약 내게 문을 열어주시면」과 그 외 「나는 보고 섰노라」, 「애닯은 기억」을 발표하면서 등단했고, 이후 동지를 비롯 여러 잡지에 작품을 발표하기 시작하다.

1924(25세) 안변 향교의 유림학회 강습소 강사를 지내다.

1925(26세) 강기덕으로부터 학자금 지원을 받고 일본으로 건너가 아오야마가쿠인 신학과에 입학해 수학했는데, 야간에는 니혼대학 철학과에서 공부하기도 하다.

1926(27세) 지정덕과 결혼하다. 『조선문단』 3월호부터 6월호까지 집중적으로 작품을 발표해 양주동으로부터 괄목할 만하다는 평을 받다.

1928(29세) 아오야마가쿠인을 졸업하고 귀국했다. 장남 병우가 태어나다.

1929(30세) 원산에서 교원 생활을 하다.

1930(31세) 6월 132편의 시를 실은 첫 시집 『나의 거문고』를 신생사에서 출간하다.

1931(32세) 첫째 딸 월하가 태어났고, 모친이 작고하다.

1934(35세) 함경남도 서호진에 있는 동광학원 원장을 맡아 4년간 재직하다.

1935(36세) 둘째 딸 월주가 태어나다.

1938(39세) 두 번째 시집 『파초』를 신성각에서 출간하다. 셋째 딸 혜숙이 태어났으나 부인이 사망하여 다른 집에 입양하다.

1940(41세) 문필활동을 중단하고 서호리, 신흥, 홍원 등지를 다니며 목재상, 양계장, 미곡상 등을 운영하다.

1942(43세) 이화여자전문학교 음악과를 나온 이복순과 재혼하다.

1944(45세) 넷째 딸 월정이 태어나다.

1945(46세) 함남중학교장을 역임하다. 해방이 되고 흥남시 자치위원회 위원장을 맡다.

1946(47세) 조선민주당 결성에 참여해 함남시 당위원장을 맡았다. 3월 13일에 일어난 함흥 반공학생 의거에 연루돼 옥고를 치르다. 다섯 째 딸 월령이 태어나다.

1947(48세) 단신으로 월남한 후 세 번째 시집 『삼팔선』을 문륭사에서 출간하다. 한국신학대학 교수로 부임하다.

1948(49세) 네 번째 시집 『하늘』을 문륭사에서 출간하다. 이화여자대학교 교수로 부임해 1960년까지 재직하는 동시에 정치 논객으로 『동아일보』 등 여러 신문에 정치평론을 발표했고, 조선민주당 정치부장을 지내다.

1952(53세) 잡지 『자유평론』을 주재했고, 민주국민당 문화부장으로 활동하다.

1954(55세) 다섯 번째 시집 『진주만』을 이화여자대학교 출판부에서 출간하다.

1955(56세) 정치평론집 『적과 동지』를 창평사에서 출간했고, 시집 『진주만』으로 제2회 아시아자유문학상을 수상하다.

1957(58세) 여섯 번째 시집 『목격자』를 인간사에서 출간하다.

1958(59세) 정치평론집 『역사의 배후에서』를 신아사에서 출간하다.

1959(60세) 수필집 『세대의 삽화』를 일신사에서 출간했고, 6월부터 잡지 『자유문학』에 「월남기」를 4회에 걸쳐 연재하다. 부인이 사망하다.

1960(61세) 이화여자대학교를 사직하고, 초대 참의원 의원으로 당선돼 정계에 진출하다. 하윤주와 재혼하다.

1964(65세) 김동명문집간행회에서 전3권으로 된 문집을 편찬해 신아사 등에서 간행하기 시작하다. 제1권 『내 마음』은 사화집, 제2권 『나는 증언한다』는 정치평론집, 제3권 『모래 위에 쓴 낙서』는 수필집이다. 이해에 고혈압으로 자리에 누워 별세할 때까지 두문불출하다.

1968(69세) 2월 21일 자택에서 숙환으로 별세해 문인장을 치르고 망우리 묘지에 안장되다.

이장희 李章熙, 1900~1929

/고인환/

고월 이장희(1900~1929)는 1920년대 시사에서 독특한 위상을 점하고 있는 시인이다. 그의 시는 식민지 현실의 고통과 이로 인한 지식인의 고뇌와는 거리가 먼, 철저히 개인주의적이고 사적인 세계를 탐색하고 있다. 고월은 어린 시절에 어머니를 여의고 철저하게 자폐적인 삶을 영위했으며, 29세의 나이로 자살했는데, 이러한 불우한 생애는 그의 시에 투영되어, 당대의 현실과 거리감을 지니게 한 것으로 보인다.

이장희는 경상북도 대구시 서성동 1가 103번지에서 이병학과 박금련 사이에서 셋째 아들로 태어났다. 아호는 고월(古月)이다. 아버지 이병학은 중추원 참의를 지냈던 인물로 대구의 이름난 부호였다. 그는 세 번의 결혼을 통해 모두 12남 9녀의 자식을 두었다. 고월은 6살 때 친모가 죽은 뒤로, 계모의 슬하에서 여러 이복 동생들과 함께 성장하였는데, 생모로부터 받는 모정의 결핍과 복잡한 가정사, 아버지와의 불화는 고월의 비사교적이고 내향적인 성격에 적지 않은 영향을 끼쳤다.

1906년 대구보통학교에 입학한다. 고월은 극도로 내성적이고 고고한 괴벽에다 고집 세고 자기중심적인 성격으로 인해 교우관계가 원만하지 못했다. 그러나 어릴 적부터 신동으로 불릴 만큼 머리가 총명하고 보통학교에 다닐 때 붓글씨에 능해 다재다능한 학생으로 주목을 받았다. 교우들 사이에서는 부잣집 자제이면서도 초라한 외모와 내성적인 성격 때문에 '꿀봉'이란 별명으로 불렸다.

1913년 일본으로 건너가 교토중학에 입학한다. 이때부터 교지에 시를 발표하여 일찍이 시재를 인정받기도 했다. 일본 교토에 체류하면서 방학 때는 고향인 대구에 머물렀다. 고향에서 지낼 때 사람들과의 접촉을 꺼리며 비사교적이고 폐쇄적으로 생활하였다.

고월은 교토중학 시절에 에이꼬라는 일본인 문학소녀를 연모하게 되지만, 소극적인 성격으로 인해 교제를 이루지 못한 채 헤어지고 만다. 이후 에이꼬에 대한 사랑과 그리움은 결핍된 모정에 대한 갈망과 함께 창작의 중요한 동기로 작용한다.

「청천의 유방(靑天의 乳房)」과 「동경(憧憬)」은 각각 어머니와 에이꼬에 대한 그리움을 노래한 대표적인 작품이다. 「청천의 유방」은 따뜻한 봄날의 태양을 보고 어머니의 가슴을 연상하는 작품이다. 따스한 별을 달콤한 젖에 비유하고 주린 식욕이 입을 벌린다고 진술함으로써 결핍된 모성과 모성에 대한 그리움을 동시에 표출하고 있다. 「동경」은 관념적이고 환상적인 대상에 대한 그리움을 직설적으로 표현하고 있는 작품이다. 짝사랑하던 문학소녀를 그리워하는 노래지만, 이 시에 드러난 '님'은 어머니의 또 다른 대리표상으로 읽을 수 있다.

1918년 교토중학을 수료하고 귀국하였다. 고월은 아오야마가쿠인(青山學院) 신학부에 들어가 목사가 되려고 했지만 총독부 관리가 되기를 바라는 아버지의 반대에 부딪혀 꿈을 포기하게 된다. 이후 아버지에 대한 적대감정은 지속된다. 그는 죽을 때까지 아버지와 사이가 좋지 않았는데, 중추원의 참의였던 아버지가 통역을 종용했지만 한 번도 응하지 않았다고 한다. 아버지는 이런 고월을 버린 자식 취급했다고 한다. 이러한 아버지와의 갈등으로 대립으로 인해 자존심 강하고 섬세하던 고월은 심한 신경쇠약에 시달린다. 심지어 극약을 마시고 숨이 넘어갈 때조차도 입을 다물고, 울부짖는 아버지에게 한 마디도 남기지 않았다고 한다.

이렇듯, 고월의 생애와 시에 드러나는 자폐적 성격은 어머니의 죽음에서 오는 모성결핍과 모성고착, 그리고 아버지와의 적대감정에서 오는 오이디푸스 콤플렉스에서 기인하는 바가 크다.

고월은 부모와의 관계뿐만 아니라 교우관계에 있어서도 지나친 고고벽을 낮추지 않고 비타협적이고 자기중심적인 태도를 굽히지 않았다. 심지어 부모가 맺어준 처녀와 결혼을 하게 되었으나, 부인이 될 여성을 회피하여 결혼식도 제대로 올리지 않고 결혼신고도 하지 않은 채 별거생활을 고집하여 총각행세를 하고 다닐 정도였다.

고월은 속물적인 현실세계를 배타적으로 거부하며 강한 자기애를 바탕으로 시작에 힘썼다. 그는 릴케, 베를렌느, 보들레르, 두보, 예이츠, 변영로 등의 시인들에게서 영향을 받았다. 또한 시를 비롯한 문학뿐만 아니라, 음악과 미술 등 예술 일반에 조예가 깊었다. 드보르작의 환상곡 〈유모레스크〉를 휘파람으로 불렀고, 그림에도 소질이 뛰어나 『금성』 동인지의 삽화를 그리기도 하였다. 평생 무직으로 궁핍하게 지냈던 고월은 속물적인 세상일에는 등을 돌린 채 시와 음악과 미술 등 예술의 세계를 애호하며 비타협적이고 고고한 태도로 삶을 살아갔다. 고월은 시가 불순물이 섞여 광채도 없고 탄력성도 없으며 자극성도 없는 굵다란 철사선이 아니라 백금선이야 한다고 보았다. 그만큼 시작에 있어서 티끌 없는 순수성을 고집했다. 고월과 교류했던 이는 주로 『금성(金星)』 동인이었는데, 양주동, 백기만, 유엽, 김영진, 현진건, 이상화, 오상순, 이경순 등이었다.

고월은 1924년 5월 백기만의 추천으로 『금성』 동인에 가입하고, 이장희(李章熙)라는 필명으로 『금성』 3호에 시 「봄은 고양이로다」 「실바람 지나간 뒤」 「새한머리」 「불노리」 「무대」 등을 발표하면서 작품 활동을 시작한다. 또한 같은 잡지에 톨스토이의 소설 「장구한 귀양」을 번역하여 게재하기도 한다. 「봄은 고양이로다」는 고양이를 치밀하고 예리하게 관찰하여 고양이의 '털'과 '눈' '입술' '수염'에 각각 봄의 이미지를 대입시키는 방법으로 봄의 '향기' '불길' '졸음' '생기'를 표현하고 있다는 점에서 감각시의 새로운 지평을 연 작품으로 평가받는다. 개인적 감정을 억제하고 날카로운 이미지를 제시했다는 측면에서 1930년대의 주지시를 연상하게 하지만, 그의 정서적 바탕을 이루는 것은 낭만시의 정조라 할 수 있다.

이후 고월은 『금성』『신민(新民)』『여명(黎明)』『생장(生長)』『조선문단(朝鮮文壇)』 등에 지속적으로 작품을 발표하며 창작에 전념한다.

고월은 주로 장사동에 있는 부친의 서울 살림집 사랑방에서 생활하며 1년에 한두 번씩 고향인 대구를 방문하였다. 직업이 없는 고월은 부친으로부터 한 달에 고작 15원의 생계비를 원조받으며 궁핍한 생활을 이어갔다고 한다.

'걸인시인(乞人詩人)'이라고 불릴 만큼 극심한 경제적 궁핍 속에서 지병인 신경쇠약 증세가 악화되어가던 고월은 고향인 대구로 내려가 1929년 11월 3일 오후 3시경에 본가의 머슴이 거처하던 작은 방에서 극약을 복용하고 자살한다. 죽은 고월의 방에는 금붕어 그림만 남겨져 있었다고 한다. 현재 그의 작품은 34편의 시와 1편의 번역만이 남아 있다.

고월 이장희의 시가 지닌 의미는 철저한 주관의 세계에 칩거하면서도, 이러한 주관을 소멸시키고 객관세계를 형상화하는 단계까지 나아갔다는 데 있다. 물론 그가 포착한 객관세계는 현실과 철저하게 단절된 관념의 세계를 지향하고 있다. 그는 회화적이고 감각적인 언어로써 이 관념의 세계를 독특하게 포착하였다.

이장희 ▸▸

1900년(1세) 11월 9일 경상북도 대구시 서성동 1가 103번지에서 이병학(李炳學)과 박금련(朴今連)의 3남 1녀 중 셋째 아들로 태어나다. 아호는 고월(古月).

1905년(6세) 어머니 박금련 사망하다. 아버지 이병학 박강자(朴江子)와 재혼하다. 이후 박강자와의 슬하에 5남 1녀의 자녀를 두다.

1906년(7세) 대구보통학교에 입학하다. 머리가 영리하고 수필(手筆) 글씨 등에 뛰어난 재주꾼으로 두각을 드러내다. 교우들 사이에서는 부잣집 자제이면서도 초라한 외모와 내성적인 성격 때문에 '꿀봉'이란 별명으로 불리다.

1912년(13세) 대구보통학교를 졸업하다.

1913년(14세) 일본에 건너가 교토중학에 입학하다. 이 시기부터 고월은 교지에 시를 발표하며 시작활동을 시작하다. 교토에 체류하면서 방학 때는 고향인 대구에 머문다. 고향에서 지낼 때 고월은 사람과의 접촉을 꺼리며 비사교적이고 폐쇄적으로 생활한다. 한편 교토중학 시절에 고월은 에이꼬라는 일본인 여학생을 연모하지만, 소극적인 성격 탓에 정식으로 교제관계를 맺지는 못한다. 사랑을 이루지 못한 에이꼬에 대한 그리움과 함께 어린 시절 여읜 어머니에 대한 그리움은 고월에게 있어 창작의 원천을 이룬다. 「청천의 유방(青天의 乳房)」과 「동경(憧憬)」은 각각 어머니와 에이꼬에 대한 그리움을 노래한 대표적인 작품이다.

1918년(19세) 교토중학을 수료하고 귀국하다. 고월은 아오야마가쿠인 신학부에 들어가 목사가 되려고 하지만 총독부 관리가 되기를 바라는 아버지의 반대에 부딪혀 꿈을 포기한다. 이후 아버지와의 관계는 갈등이 격화되면서 멀어진다. 고월은 부모와의 관계뿐만 아니라 교우관계에 있어서도 지나친 고고벽을 낮추지 않고 비타협적이고 자기중심적인 태도를 굽히지 않는다. 고월과 교류하던 이는 주로 『금성』 동인들인 양주동, 백기만, 유엽, 김영진, 현진건, 이상화, 오상순, 이경손 등에 불과했다. 한편 고월은 부모가 맺어준 처녀와 결혼을 하게 되었으나, 부인이 될 여성을 회피하며 결혼식도 제대로 올리지 않고 결혼신고도 하지 않은 채 별거생활을 고집하며 총각행세를 하고 다닌다.

1923년(24세) 계모인 박강자 사망하다.

1924년(25세) 5월에 백기만의 추천에 의해 『금성』 동인에 가입하고, 문예동인지 『금성』(3호)에 이장희(李章熙)라는 필명으로 시 「실바람 지나간 뒤」 「새한머리」 「불노리」 「무대」 「봄은 고양이로다」를 처음으로 발표하다. 이 가운데에서 「봄은 고양이로다」는 감각시의 새로운 지평을 연 작품으로 평가받다. 또한 같은 잡지에 톨스토이의 소설 「장구한 귀양」을 번역하여 게재하다. 12월 여성전문지 『신여성(新女性)』(2권 12호)에 시 「동경」을 발표하다. 아버지 이병학이 조명희(趙明熙)와 세 번째 혼인하다. 이후 조명희와의 슬하에 4남 2녀의 자녀를 두게 되다.

1925년(26세) 고월은 주로 장사동에 있는 부친의 서울 살림집 사랑방에서 생활하며 1년에 한두 번씩 고향인 대구를 방문하다. 직업이 없는 고월은 부친으로부터 한달에 고작 15원의 생활비를 원조 받으며 궁핍한 생활을 이어가다. 문우들이 '걸인시인(乞人詩人)'이라고 불렀다. 1월 『신여성』(3권 2호)에 시 「석양구」를, 5월 종합문예지 『생장』(5호)에 「고양이의 꿈」 「가을밤」을 발표하다. 6월 시사종합지 『여명』(1호)에 「청천의 유방」과 「비오는 날」을, 9월 『신민』(5호)에 「사상」 「비인 집」을 발표하다. 10월 『신민』(6호)에 「달밤 모래우에서」 「연」을 발표하다.

1926년(27세) 1월 『신민』(9호)에 시 「겨울의 모경—도회시편」을, 6월 『여명』(7호)에 「봄하늘에 눈물이 돌다」를, 8월 『신민』(16호)에 「하일소경」을, 11월 『신민』(19호)에 「들에서」와 「눈」을 발표하다.

1927년(28세) 지병인 신경쇠약 증세가 점차 악화되다. 4월 『조선문단』(20호)에 시 「가을ㅅ밤」을, 6월 『신민』(26호)에 「눈은 나리네」와 「봄철의 바다」를, 8월 『신민』(28호)에 「저녁」과 「어느 밤」을 발표하다.

1928년(29세) 6월 『여시(如是)』(1호)에 시 「저녁」 「녀름ㅅ밤의 공원에서」를 발표하다.

1929년(30세) 1월 『신민』(25호)에 「버레우는 소리」와 「귓드람이」를, 5월 『문예공론』(1호)에 「적은 노래」 「봉선화」 「눈나리는 날」을 발표. 11월 『중외일보』(11월 14일)에 「어느 밤」을 재발표하다. 11월 3일 오후 3시경, 이장희는 대구시 서성동 1가 103번지 본가의 머슴이 거처하던 작은 방에서 극약을 복용하고 자살하다. 죽기 전 고월은 2~3일 동안 방안에서 금붕어만 그리다. 게재지 미상의 작품 「여름밤」 「쓸쓸한 시절」을 남기다. 장지(葬地)는 대구시 신암동의 선산으로, 현재는 그의 묘를 찾을 수 없다.

조운 曺雲, 1900~?

/윤여탁/

1900년 전남 영광에서 오위장(五衛將)이라는 벼슬을 한 아버지 조희섭(본관 창녕)과 어머니 김씨(본관 광산)의 1남 6녀 중 다섯째로 태어났다. 본명은 주현(柱鉉) 자는 중빈(重彬)으로, 1917년 영광보통학교를 졸업하고 1919년에는 공립목포상업학교를 졸업하였다. 같은 해 3·1운동 때에는 영광 지역에서 있었던 만세 시위를 주도했다가 일제의 추적을 피해서 만주로 망명하였다. 이때 최서해를 만나 두 사람은 만주와 시베리아, 금강산 황해도, 해주, 개성 등을 돌아다녔으며, 1921년에 귀향하였다.

일제 강점기 고향에 칩거(蟄居)하면서 서정시를 썼던 신석정이나 시조부흥운동 등을 통하여 민족 운동 차원에서 국학(國學)을 진흥하고자 했던 이병기, 국어 교사로 재직하던 영광학원의 동료 교사이자 향토 문예지인 『자유예원(自由藝苑)』의 동인으로 같이 활동했던 소설가 박화성, 만주를 떠돌던 무렵 만남이 시작되어 자신의 작품이 실린 『조선문단』이라는 잡지사에서 일하고 있던 한 살 터울의 최서해 등과의 만남을 통해서 조운의 문학과 삶을 살필 수 있다.

이들 문인들과의 만남을 통하여 조운은 서울 중심의 중앙문단에 진출하였지만, 1949년 월북하기 직전까지 주로 고향인 전남 영광에 살면서 지방 문예의 진흥에 힘썼다. 그는 1922년에 『자유예원』이라는 향토 문예지 발행에 참여했을 뿐만 아니라, 시조동호회인 '추인회(秋蚓會)'를 창립하였다. 1931년 '영광청년회' 3대 회장, 1934년 독서회인 '갑술구락부(甲戌俱樂部)'를 결성하여 회장에 취임하였다. 1937년 '영광체육단' 사건으로 투옥되어 1년 6개월을 복역하였다. 1945년 9월에는 '건국준비위원회' 영광군 지부 부위원장을 역임했으며, 1947년 가족과 함께 서울로 이주하여 동국대학에서 시조론, 시조사 등을 강의하였다. 1949년에 가족과 함께 월북하였다.

조운은 시 「불살러주오」를 『동아일보』(1921.4.5)에 투고하면서 문단활동을 시작하였으며, 「초승달이 재 넘을 때」 등 3편을 『조선문단』(1924.11)에 발표하여 정식으로 등단하였다. 이후 주로 자유시를 『조선문단』에 투고하다가 '법성포'의 풍광을 노래한 시조인 「법성포 12경」을 『조선문단』(1925.5)에 발표하면서 시조 창작에 전념하게 된다. 이밖에도 1927년에는 자신이 주축이었던 '영광청년회 영농회' '토우회' '추인회'에서 이병기를 초청하여 한글 강습회와 시조 강좌를 개최하였다. 이병기와 더불어 불갑사 해불암, 선운사, 부안 변산 등을 여행하면서 부안의 기녀

시조 시인이었던 매창(梅窓)의 묘나 문화 유적지를 둘러보았으며, 신석정과도 두터운 교분을 쌓았다. 1934년에는 자신이 결성한 '갑술구락부' 주최로 고서화 전람회, 무용의 밤, 고전음악의 밤, 소인극회 등을 개최하여 지역 문화운동의 발전에 공헌하였다.

1947년 5월 '조선사'에서 『조운시조집』을 간행하였으며, 월북 후에는 인민대표자회의 황해도 대표위원, 최고인민회의 상임위원을 지냈다. 북한에서는 「춘향전」을 연구하였으며, 박태원과 함께 『조선구전민요집』 『조선창극집』을 출간하였다. 1955년 '남로당' 계열 숙청으로 몰락하였다가 복귀하여, 「인민시인 신재효」 「아브로라의 포성」(『조선문학』, 1957) 「평양판관」(『조선문학』, 1958) 등을 발표하였다. 1990년에는 도서출판 남풍에서 『조운문학전집』(2000년 '조운기념사업회' 명의로 '작가'에서 『조운시조집』으로 재출간)이 간행되었으며, 사망 연대는 알려지지 않고 있다.

이와 같은 조운의 삶과 문학은 대략 두 가지 측면에서 의미가 있다. 그 하나는 조운이 교육운동가이자 실천하는 생활인이었다는 점이다. 다른 하나는 조운이 위와 같은 생활적인 실천을 넘어 몸소 항일 운동에 참여했던 항일 저항 시인이었다는 사실이다. 그러나 그의 삶이 이처럼 철저하게 민족과 민중의 편에 선 것에 비하여, 그의 문학적 실천인 자유시나 시조는 이념과는 거리가 멀었다. 즉 저항 시인이자 독립운동가였지만, 그는 순수 서정시의 시세계를 일관되게 펼쳐 보이고 있다.

즉 조운의 시조에는 우리 나라의 아름다운 풍광이나 우리 민족의 역사가 자랑스럽고 남다른 것으로 표현되고 있다. 일제 강점기 많은 시인들이 그랬던 것처럼 잃어버린 고향이나 훼손된 고향에 대한 그리움과 고향에서 평화스럽게 살던 시절에 대한 향수의 정서를 표현하고 있는 것이다. 아울러 우리 민족의 혼을 지키려고 했던 선인(先人)들에 대한 추모의 노래 역시 같은 맥락에서 설명될 수 있다. 충무공 이순신을 노래한 「충무공 추모」(『동아일보』, 1931.6.13)나 정몽주를 추모하여 노래한 「선죽교」(『중앙』, 1934.9)가 대표적인 예이다.

조운은 민족시 운동의 일환으로 시조를 창작한 이병기를 비롯한 민족주의 문학파의 시조부흥 운동의 연장선상에서 시조 운동을 전개하였다. 이병기와의 친분과 교류 역시 이런 지향에 영향을 끼쳤음은 물론이다. 이 점은 1926년의 시조 부흥 운동을 평가하고 있는 그의 유일한 시평(詩評)인 「병인년과 시조」(『조선문단』, 1927.2)에 잘 나타나 있다. 이 글에서 그는 시조배격 운동을 전개했던 좌익 계열의 문학관과는 달리 시조가 '조선혼'과 '조선적'인 것을 표현하였다고 주장하였다.

자유시로 문단에 등장했던 조운은 1930년대에는 이후 주로 현대 시조를 창작하는 데 심혈을 기울였다. 조운은 시조의 형식이 과거 평시조의 고정적 형식에 얽매이기보다는 새로운 시대의 정신을 담을 수 있는 시형으로 변모해야 한다고 주장하고 있을 뿐만 아니라 실제 시조 창작에서 이같은 실험을 적극적으로 실천하고 있다. 정형적인 시조 형식을 보여주는 연시조나 평시조 작품도 일부 있지만, 그의 시조 대부분은 자유시라고 할 수 있을 정도로 행(行)과 연(聯)을 자유스럽게 배열하고 있다. 예를 들면, 「석류(石榴)」(『조운시조집』) 「고매(古梅)」(『조운시조집』)와 같은 시조에서 자연과 인간의 조화로운 모습을 형상화하는 정경교융(情景交融)의 고전 서정 시학을 실천하고 있다.

조운은 현대 시조의 대표적인 형식 실험인 구별 배행(句別排行)이나 양장(兩章) 시조를 실험하는 외에도, 아름다운 고어(古語)를 발굴하여 쓰거나 전라도 사투리를 시어(詩語)로 격상시킴으로써 언어적 측면에서도 새로움을 추구하고 있다. 그 예로 「옥잠화(玉簪花)」(『조운시조집』)에서는 사투리나 고어투의 시적 언어를 발굴하여 사용하고 있다. 그는 변형된 시조 형식을 통하여 현대 시조의 새로운 지향(指向)을 보여주고 있을 뿐만 아니라, 비교적 알기 쉬운 순 우리말의 시어를 발굴하여 시적 언어에 대한 새로움을 추구하고 있는 것이다. 이처럼 조운은 현대 시조의 새로운 형식적 틀에 전통적인 서정시의 내용을 담고자 하였다.

아울러 조운은 이와 같은 전통적인 서정시를 통하여 시적 정서나 시 정신을 담아내고자 하였다. 즉 사무사(思無邪) 또는 시언지(詩言志)라는 옛사람들의 시조관을 창조적으로 계승하여 현대 시조를 새롭게 창작하였다. 자연과 인간의 조화로운 삶처럼 순진무구한 시의 세계를 추구한 점에서 그렇고, 시조가 시인의 마음을 달래주는 것으로 인식한 점에서 그렇다. 특히 그는 시조를 창작함으로써 일제 강점기와 해방 정국의 답답하기만 했던 자신의 심정과 울적한 마음을 달래고자 했을 것이다.

「시조(時調) 한 장(章)」에서 시인은 시조를 쓰고, 듣고, 부름으로써 '훤한 들을 바라'보는 것과 같은 카타르시스의 경지에 이르고 있다. 질항아리를 번쩍 들어 내던져서 깨트릴 때와 같이 답답했던 마음을 달래주는 것으로 설명하고 있다. 서정시로서의 시조를 예술 활동으로만 간주하지 않았던 고시조와의 관련성을 살필 수 있는 국면이기도 하다. 조운은 현대 시조라는 서정시를 통하여 민족정신을 고양시키고자 하였는데, 이 점 역시 이병기, 김상옥, 이호우 등 『문장』파의 전통 지향성과 관련되어 있다.

이처럼 서정시의 효용성을 일관되게 추구하던 조운 역시 시대의 격랑 앞에서는 소박한 효용성에만 머무는 시조를 창작할 수 없었다. 일제 강점기와 해방 정국이라는 격동의 세월을 살면서, 그는 감옥에 갇혀야만 하는 남다른 경험을 해야 했고, 새로운 이념을 찾아서 북으로 발길을 돌려야 했다. 그는 이 여정(旅程)에서 자신이 겪었던 현실의 모습을 시조에 담아내고 있다. 시인은 아름다운 자연 속에서 평화롭게 살고 싶어 했다. 그러나 그가 살았던 시대는 이런 소박한 시인의 소망을 허락하지 않았으며, 가족의 따뜻한 사랑마저도 같이 할 수 없었다.

더구나 해방 정국에 그는 어쩔 수 없이 다른 이데올로기를 선택해야 했다. 이 점은 해방 정국에 좌우 합작의 관점에서건 아니면 좌익의 관점에서건 '조선문학가동맹'과 관계를 맺고 있던 이병기나 신석정의 선택과도 일치한다. 다만 그가 해방 직후에 맡았던 직책의 무게가 그의 새로운 이념 선택을 강요했던 것으로 추정된다. 이 점은 이 시기 그의 시조가 해방 정국의 격동기를 노래하고 있음에도 불구하고 이 계열의 다른 시인들에 비하여 이념 편향적이지만은 않다는 사실에서 짐작할 수 있다.

「유자(柚子)」(미발표 시조)는 '48.6.17'이라고 부기(附記)되어 있는 것으로 보아 1948년 제주 4·3 민중항쟁을 노래하고 있다. 그러나 이 시조는 한라산에서 불 지펴진 민중의 불기둥을 노래하고 있을 뿐, 좌익의 이념을 노래하고 있지는 않다. 그가 선택한 것은 민족이나 민중이었지 붉은 이데올로기는 아니었던 것이다. 이 점은 이 시기에 쓴 시조 중에서 비교적 현실인식을 강하게 드러내는 작품들인 전봉준을 노래한 「고부두승산(古阜斗升山)」(조선문학가동맹, 『연간조선시집』, 1947)이나 자유 민족국가의 건국을 염원하는 노래시인 「건국의 노래」(미발표 시)에서도 확인할 수 있다.

이처럼 조운의 시조는 이념을 직설적으로 표현했던 해방 정국의 '정치시'와는 거리가 멀었다. 그는 시조를 통해서 자신이 사랑하는 가족과 민족, 즐겨 노래했던 자연과 조국을 이야기하고 있으며, 이것들로부터 느낀 정서를 진솔하게 표현하고자 했다. 한마디로 그것은 조국과 민족을 사랑하는 마음이었다.

조운 ▸▸

1900년(1세) 6월 26일 전라남도 영광군 영광면 도동리에서 오위장(五衛將) 조희섭(曺喜燮)의 1남 6녀 중 다섯 번째로 태어나다. 본명은 주현(柱鉉), 자는 중빈(重彬)이며, 1940년에 필명인 운(雲)을 본명으로 개명하다. 어머니인 광산 김씨는 소실이며, 본처의 소생으로 2남이 있다.

1903년(4세) 12월 12일 부친이 사망하다.

1917년(18세) 영광보통학교를 졸업하고 공립목포상업학교에 입학하였으며, 1918년 동갑내기인 김공주(金公珠)와 결혼하다.

1919년(20세) 3·1운동에 가담하였다가 일경의 추적을 피하여 만주로 피신하다. 만주에서 최서해를 만나 만주와 시베리아, 금강산, 황해도 일대를 답사하다.

1921년(22세) 고향으로 돌아와서 이듬해 사립학교인 영광학원 국어 교사로 취임하여『자유예원(自由藝苑)』이라는 향토문예지를 발간하다. 10월에는 시조 동호회인 '추인회(秋蚓會)'를 조직하여 시조집 발간과 각종 강연회를 개최하였으며, 신재효의 판소리 다섯 마당을 발굴 복원하다. 시 「불살러주오」를 『동아일보』(1921.4.5)에 투고하면서 문단활동을 시작하다. 이 당시 영광학원의 교사였던 박화성, 시조시인 이병기와 교류하다.

1924년(25세) 『조선문단』 11월호에 「초승달이 재 넘을 때」 등 자유시 3편을 발표하여 문단활동을 시작하여, 이후 1925년까지 최서해가 일하고 있던 『조선문단』에 여러 편의 자유시를 발표하다. 첫 번째 부인인 김공주와 이혼하다.

1925년(26세) 『조선문단』 5월호에 「법성포 12경」을 발표하면서 본격적으로 시조 창작을 시작하다. 와병으로 고창 선운사에서 요양하다가 고향 마을인 구름다리로 돌아가서 서재인 '달맞이방'에서 투병 생활을 하다. 7월에 한글강습회, 시조 강좌 등을 개최하였으며, 이후 부안 변산 일대를 유람하면서 시인 신석정 등과 교류하다. 이듬해 누이동생인 조분려와 최서해가 결혼하다.

1928년(29세) 영광보통학교 교사였던 노함풍(魯咸豊)과 재혼하였으며, 이듬해 장남 홍재(泓載)가 태어나다.

1931년(32세) '영광청년회' 제3대 회장에 취임하다.

1934년(34세) 항일민족자각운동의 일환으로 독서회인 '갑술구락부(甲戌俱樂部)'를 결성하여 회장에 취임하다.

1937년(28세) 9월에 '영광체육단사건'으로 투옥되었다. 1939년 2월에 예심면소 판결로 1년 6개월만에 출옥하다. '영광체육단'은 1934년 결성되어 영광군민운동회 등을 주최하였으며, 이웃한 장성, 고창, 정읍 등 4개군 연합운동회도 개최하다. 이 사건은 4월에 개최된 영광군민운동회에 베를린 올림픽 마라톤 선수였던 남승룡(南昇龍)이 참석하여 항일사상을 고취하자, '대한독립만세' 등의 전단을 거리에 붙였다는 무고한 혐의를 날조하여 지도급 인사 300여 명이 체포된 사건이다.

1941년(42세) '조선식량영단(朝鮮食糧營團, 대한식량공사의 전신)' 영광출장소 서무계장으로 재직하다.

1945년(46세) '건국준비위원회' 영광군지부 부위원장을 맡다.

1947년(48세) 가족과 함께 서울로 이주하여, 좌익계열의 문학단체인 '조선문학가동맹'에 참여하다. 동국대에서 시조론과 시조사를 강의하였다. 5월에는 『조운시조집』이 조선사에서 출간되다.

1949년(50세) 가족과 함께 월북하다. 월북 후에는 황해도 대표위원, 최고인민회의 상임위원을 지내다. 북에서는 「춘향전」을 연구하였으며, 박태원과 함께 『조선구전민요집』 『조선창극집』을 출간하다.

1955년(56세) 임화, 김남천 등과 더불어 '남로당' 계열이라는 죄목으로 숙청되다. 이후 복귀하여, 「인민시인 신재효」 「아브로라의 포성」(『조선문학』, 1957) 「평양판관」(『조선문학』, 1958) 등을 발표하였다. 이후 자세한 행적이나 사망 연대는 알려지지 않고 있다.

1990년 『조운문학전집』이 도서출판 남풍에서 출간되다.

2000년 '조운기념사업회' 명의로 『조운시조집』이 작가에서 재출간되다.

한설야 韓雪野, 1900~1976

/이경재/

소설과 평론을 함께 창작했던 한설야는 한국 근대문학사를 대표하는 강렬한 정치 의식의 소유자이다. 그는 평생 동안 마르크시즘이라는 뚜렷한 이데올로기적 신념에 바탕해서 문학활동을 지속했다. 그러한 이념이 온전하게 문학적 형상을 갖춘 때는 카프(KAPF)에 가입한 이후로서, 이 시기에 한설야는 계급적 당파성을 신실하게 견지하며 「과도기」와 같은 프로소설의 대표작을 남겼다. 해방 이후에는 북한의 문학정책과 이론을 총괄하는 자리에 있으면서 북한문학의 기초를 놓았을 뿐만 아니라 실제 창작에서도 이후 북한에서 창작될 작품들의 전범을 제공했다. 1962년 '종파주의자' '일제시대 군수의 아들' '부화방탕'이라는 죄목으로 숙청당하지만, 실제로는 항일혁명문예가 아닌 카프의 문학을 북한문학사의 정통으로 보려는 자신의 정치적·문학적 신념을 끝까지 고수한 결과이다.

한설야 문학의 1기는 카프에 가입하는 27년 이전까지의 시기이다. 이 시기는 한설야가 자신의 문학을 형성한 일종의 습작기라고 볼 수 있다. 한설야는 1921년 「부벽루에서」(『매일신보』, 1921.3.8)의 발표를 시작으로 정식으로 등단하기 전까지 10여 편의 시, 평론, 수필 등을 발표한다. 「그날 밤」(『조선문단』, 1925.1)으로 등단한 이후 카프에 가입하기 전까지 「동경」 「평범」 「주림」 등을 발표한다. 「평범」과 「주림」에는 카프 시기처럼 뚜렷하지는 않지만, 작가의 사회적 의식이 간접적으로 드러나고 있다.

한설야의 문학을 형성하는 기본적인 토대로는 네 가지 요인을 고려할 수 있다. 첫 번째는 사상의학의 창시자이자 조선 말의 대표적 유학자인 이제마의 제자였던 아버지와 집안으로부터 비롯된 유교적 분위기이다. 한설야는 평생에 걸쳐 신의를 강조하고 있는데, 이것은 유교적 지사 의식과 연관된 것으로 보인다. 두 번째는 경성고보 재학 시절 '활박(活博, 활동사진 박사)'이라는 말을 들을 정도로 탐닉했던 영화, 연극, 신소설 등의 세계이다. 세 번째는 사회과학에 대한 집요한 탐색이다. 한설야는 일본대학에서 수학할 당시에도 사회학과에 적을 두고 있었으며, 중국에 머물 당시에도 항상 사회과학에 몰두했다. 그는 "작품을 읽기보다는 문학평론이나 사회과학을 읽기가 급하였다"(「이제부터」, 『박문』, 1939.10,17면)라고 고백할 정도이다. 이러한 사회과학적 바탕은 그의 문학이 지닌 정치적·사회적 경향을 더욱 단단하게 만드는 기본적인 토대가 되었다. 네 번째는 중국 체험이다. 그는 1920년부터 1년 남짓 베이징에 머물렀는데, 이때 신채호와 함께 의열단 활동을 했던 서왈보와 교유하는 등 민족해방운동에 대한 인식을 가지게 된다. 1926년에는 무순에서 노동활동에 대한 간접적인 체험을 하게 된다. 이러한 중국경험은 카프 계열의 다른 작가들이 일본 유학을 하고, 일본에서의 경험을 통해 세계관을 정립한 것과는 차이 나는 고유성이다.

한설야는 1927년 카프에 가입하면서 본격적인 문학활동을 시작한다. 카프에 가입한 27년부터 34년 신건설사 사건으로 전주감옥에 수감되기까지의 시기는 한설야 문학의 2기라고 할 수 있다. 이 시기에 한설야는 비평과 창작 양면에 걸쳐 프로문학을 확립하는데 결정적인 역할을 한다. 그는 카프 가입과 동시에 아나키스트 김화산과의 논쟁과 유물변증법적 리얼리즘론 등을 통해 프로문학을 한층 과학적이며 당파적인 성격의 것으로 고양시키고자 하였다. 이 시기 소설들은 주로 생산현장을 배경으로 무산자들의 삶을 변혁적인 관점에서 형상화하고 있다. 「홍수」 「합숙소의 밤」 「인조폭포」 「한길」 등은 작가의 무순 체험이 바탕이 된 작품들로, 만주에서 힘겹게 살아가는 조선인들의 삶을 형상화하고 있다. 「공장지대」 「사방공사」 「삼백육십오일」 「추수후」 「소작촌」 등은 조선의 농촌과 공장 지대를 배경으로 해서 무산자들이 처한 삶의 모순을 냉철하게 그리고 있다. 무엇보다 이 시기 한설야 문학의 가장 큰 성과작은 「과도기」이다. 이 작품은 한설야에게 있어서 뿐만 아니라 카프 소설의 전개에 있어서도 기념비적인 작품이다. 이 작품 이전까지 프로소설은 박영희적인 경향이라 불리는 관념 편향의 소설과 최서해적인 경향이라 불리는 경험 편향의 소설로 양분되어 있었다. 완성된 프로 소설이 되기 위해서는 두 가지 경향의 종합이 요구되었던 것이고, 이를 성공적으로 감당한 것이 바로 한설야의 「과도기」이다. "현실에서 분열된 관념과 관념에서 떨어진 묘사의 세계를 단일한 메커니즘 가운데 형성한 작품"(「소설문학 20년」, 『동아일보』, 1940.4.20)이라는 임화의 평가처럼, 작가의 이념과 현실에 대한 묘사가 이상적인 조화를 이룬 작품이다. 「과도기」는 이 시기 한설야 소설에 있어 그 배경이 만주에서 조선으로 변모되는 중간지점에 위치하는 것이기도 하다.

한설야 문학의 3기는 집행유예로 풀려나와 함흥으로 낙향한 35년 12월부터 해방까지의 시기라고 할 수 있다. 이 시기에 한설야는 이전처럼 마르크시즘을 표방한 문학활동을 펼칠 수 없게 되었지만, 다양한 방법을 통해 자신의 정치적 신념을 작품화한다. 2기 한설야 문학과 3기를 연결해주는 작품은 감옥에서 나온지 2달 만에 『조선일보』에 연재를 시작한 장편소설 『황혼』이다. 이 작품은 기본적으로 경재-여순-준식의 삼각관계로 이루어져 있다. 이러한 연애관계는 대개의 한설야 소설이 그러하듯이 이념적인 고민의 과정과 연결되어 있다. 준식은 작가가 견지하고자 하는 당위적 자아에, 경재는 작가의 현재적 자아에 해당한다. 여순이 끝내 준식을 선택함으로써, 한설야의 변치 않는 이념적 신의를 다시 한번 확인할 수 있다. 이 작품의 또다른 한 축은 산업합리화를 중심으로 해서 펼쳐지는 노동자와 자본가들의 대결이다. 생산현장을 형상화함에 있어서는 이전 산업현장을 배경으로 했을 때의 여러 서사적 기법들을 활용하여 생생한 문학적 효과를 얻고 있다. 이후 한설야 소설의 주요한 배경은 '탁류 3부작'을 제외한다면, 구체적인 생산현장이 아닌 가족과 일상으로 한정된다. 아내가 중요한 인물로서 등장하기 시작하는데, 이때의 아내는 교환원리가 지배하는 현실의 질서를 대변하는 존재이면서, 동시에 지식인 주인공을 성찰케 하는 건강한 생명력을 체현한 존재이기도 하다. 『청춘기』 「모색」 「파도」 「두견」과 같은 작품에는 지식인 주인공의 병적인 심리가 드러나는데, 여러 겹으로 왜곡되어 있는 포장을 뚫고 들어가면 그 속에는 작가의 변치 않는 신념이 또렷하게 자리잡고 있다. 『초향』이나 『탑』과 같은 작품은 일종의 가족로망스로서 제국적 자본주의적 오이디푸스 구조에 대한 저항이 나타나 있다. 이 시기 작품들은 문체나 서술적 특징에 있어서는 이전보다 훨씬 나은 문학적 성취를 낳고 있다. 현실을 바라보는 시선 역시도, 이전의 카프 소설들처럼 이념에 의해 선규정된 이해가 아니라는 점에서 깊이 있는 모습을 보여주고 있다. 한설야가 창작한 가장 뛰어난 작품들은 대개 이 시기에 창작된 것들이다. 또한 이 시기에 한설야는 일본어로 「血」 「影」 『大陸』 등을 발표한다. 이들 작품은 저항과 협력의 이분법으로 재단되기 이전에, 해방 이전 한설야 소설과 해방 이후 한설야 소설을 연결해주는 중요한 의미론적 특질을 지닌 작품으로 새롭게 인식되어야 한다.

한설야 문학의 마지막 시기는 해방 이후 북한문학계에서 주도적인 역할을 하던 때이다. 한설야는 이 시기 활동을 통해 한국문학사에서 문학 정치 일원론을 대표하는 문인으로서 자리매김한다. 1962년 숙청당할 때까지 한설야는 단순한 문인을 넘어 북한사회의 대표적인 이데올로그로서 활동한다. 북조선 문예총 창립에 핵심적인 역할을 하고, 조선문학예술총동맹 위원장을 계속해서 맡는 것은 물론이고, 최고인민회의 대의원, 교육문화상 등의 요직을 거친다. 이 시기 한설야 문학은 김일성을 형상화한 것, 친소의식을 드러낸 것, 반미·반제 의식을 드러낸 것으로 나누어 볼 수 있다. 그러나 이 세 가지는 제재별 분류에 머문 것일 뿐, 그가 문학을 통해 궁극적으로 이루고자 하는 이상적인 사회주의 국가의 건설이라는 하나의 몸통에 종속되어 있는 것이다. 한설야에게 있어 김일성은 가장 이상적이며 현실성 있는 북한사회의 리더로서, 소련은 북한이 본받아야 할 역할 모델로서, 미국은 그러한 꿈을 막는 현실의 적대적인 세력으로서 인식되었다. 각 시기적 상황에 따라 그 세 가지 요소 중에 어느 하나가 두드러지는 특성을 보인다. 김일성에 대한 우상화는 해방 이후 한설야 소설에서 일관되게 발견되는 특징이다. 소련에 대한 강조는 해방 직후에 집중적으로 나타나며, 반미의식은 1950년 한국전쟁 이후에 집중적으로 나타난다. 이 시기 한설야의 소설은 지나치게 이데올로기적인 경향이 강하게 되어 문학적으로는 많은 문제점을 노출한다. 개성없는 인물들의 단조로운 형상화, 작가의 노골적인 개입, 메타 담론의 전면적인 사용, 정제되지 않은 폭력적 언어의 무차별 사용 등이 대표적인 문제점으로 꼽을 수 있다. 이 시기 한설야가 창작한 수많은 작품들(『력사』, 『대동강』, 『설봉산』, 『형제』 등)은 동시대 문학의 전범으로 기능했음은 물론이고, 이후 북한문학에도 지속적인 영향을 끼치게 된다. '사회주의적 사실주의 문학의 창시자의 한 사람'이라는 평가는 한설야의 이러한 활동을 반영한 것이다.

한설야 문학은 한동안 남과 북 모두에서 금기의 대상이었다. 대한민국에서는 물론이고, 북에서도 62년 숙청 이후 공식적인 문학적 장에서 한설야의 이름은 찾아볼 수 없었다. 그러나 얼마 전부터 한설야 문학은 남과 북 모두에서 새로운 관심의 대상으로 떠오르고 있다. 남한은 80년대 말의 월북작가 해금 조치와 함께 북에서는 2000년 무렵 복권과 더불어서이다. 이러한 한설야의 삶과 문학 그리고 이후의 행적은 그의 문학이 어느 한 체제 이데올로기에 포섭될 수 없는 한국근대사의 보편성과 특수성을 담지하고 있음을 간접적으로 증명하는 것이다. 통일과 통일문학사를 준비해야 하는 시기라면, 아니 그러한 시기가 온다면, 한설야 문학은 언제나 하나의 시금석으로 우리 앞에 놓여 있을 것이다.

한설야 ▸▸

1900년(1세) 8월 3일 함흥 지역 한씨 집성촌인 함경남도 함흥군 주서면 하구리 503번지에서 태어나다. 아버지 한직연은 청주 한씨 안양공파 31대손이며 이제마의 문하생으로서 율동계를 만들어 『동의수세보원(東醫壽世保元)』을 1901년에 간행하다. 토착 지주로서 군수를 지냈으며 이후에는 광산을 경영하기도 하다. 한설야의 본명은 병도(秉道)이다.

1915년(16세) 경성제일고보에 입학하나 학교생활에 맘을 두지 못했고 서울에 있는 서모와의 싸움을 계기로, 1918년 함흥고보로 전학하다.

1919년(20세) 함흥고보를 졸업하고 함흥법전에 진학하다. 1919년 동맹휴교 사건의 주동자로 몰려 제명당하다. 1920년부터 1년 남짓 베이징의 익지(益知) 영어학교에서 사회과학을 수학하다. 중국 육군성 관리인 조선인의 집에서 가정교사 노릇을 하다.

1921년(22세) 북경에서 귀국한 후 북청 학습강습소에서 교사로 생활하다. 이 해에 한병도라는 이름으로 시 「부벽누(浮碧樓)에서」(『매일신보』, 1921.3.8) 발표하다. 정식으로 등단할 때까지 10여편의 창작시, 번역시, 소개문, 추도문 등을 발표하다. 도쿄의 니혼대학 사회학과로 유학하다. 지금은 전해지지 않는 첫 장편 『선구자』를 『조선일보』 편집국장이던 이광수에게 보내기도 하다.

1923년(24세) 문학작품을 습작하고 사회과학 공부에 열중하던 중, 일본의 관동대지진으로 니혼대학을 휴학하고 가을에 귀국하다.

1924년(25세) 북청에 있는 대성중학교에서 교원으로 근무하지만, '북청자전거운동회사건'을 계기로 북청을 떠나게 되다.

1925년(26세) 이광수의 추천으로 『조선문단』에 「그날 밤」을 발표하며 등단하다.

1926년(27세) 봄에 부친이 타계하고, 중국 동북지방의 대표적인 탄광 지대인 무순 이주하다. 「이제부터－작가생활의 회고」(『박문』, 1939.10)에서 집이 파산하여 이주했다고 했으나, 문학평론이나 사회과학을 읽는데 전념하고, 창작을 지속한 점으로 보아 가계가 파산했다고 볼 수는 없다. 이 시기 한설야는 직접적으로 노동생활을 경험한 바 없다.

1927년(28세) 1월에 귀국한 후 카프 가입하다. 가입과 동시에 아나키즘 논쟁에 적극적으로 나서, 김화산을 강력 비판하다. 또한 제3전선파의 이북만과도 격렬한 논쟁을 벌이다. 이후에도 최남선과 김억을 비판하는 글과 여러 편의 문예학 및 사회과학 원론들을 발표하다.

1928년(29세) 문예운동의 방향전환과 관련하여 박영희와 이북만 등의 카프 지도부를 비판하는 「문예운동의 실천적 근거」(『조선지광』, 1928.2~3)를 발표하다. 그러나 논쟁에서 패배하고 함흥으로 낙향하여 『조선일보』 지국을 경영하다. 이 논쟁을 통해 한설야는 ML당 그룹에 패배하긴 했지만, 계급문학의 옹호자이자 프롤레타리아 헤게모니의 옹호자로 자신을 깊이 각인시키다. 1929년 여름에는 압록강, 백두산 일대의 국경지방을 여행하기도 하다.

1930년(31세) 경성에 올라와 조선지광사에 입사하다. 『신계단』 『대조』 『조선지광』 편집에 관여하다.

1933년(34세) 조선일보사에 입사하여 학예면 편집을 담당하게 되다. 『조선일보』에 근무하며, 간도에 특파돼 공산당의 경찰서 습격 사건인 '팔도구 습격 사건'을 취재하기도 하다.

1934년(35세) 신건설사 사건(카프 제2차 사건) 때 체포되어 전주감옥에서 영어생활을 하다.

1935년(36세) 12월 집행유예로 석방되어 함흥으로 귀향하다. 이후 함흥에 머물며 동명극장과 인쇄소를 동시에 경영하다.

1940년(41세) 임화, 김남천, 안막 등과 함께 '조선문인보국회'에 가담하다. 6월 경에 북경을 두번째로 방문하다.

1943년(44세) 한설야는 유언비어 유포혐의를 받고 문석준과 함께 징역형을 선고받고 투옥되다.

1944년(45세) 5월 감옥에서 병보석으로 풀려나다.

1945년(46세) 자전적 장편소설 『해바라기』를 집필하던 중 해방을 맞다. 9월 이기영 등과 함께 '프롤레타리아문학동맹'을 결성하다. 12월 10일 분열된 문학계의 통합 논의를 위해 상경하여 아서원 좌담회와 봉황각 좌담회에 참여하다.

1946년(47세) 2월 북조선임시인민위원회 함경도 대표로 평양 방문하다. 북조선예술총동맹 조직에서 핵심적인 역할을 맡다. 당시 문인 중에서 가장 발빠르게 김일성 형상화에 착수하다. 「김일성 장군 인상기」(『정로』, 5월) 「영웅 김일성 장군」(『노동신문』, 10월)과 소설 「혈로」(『우리의 태양』, 8.15) 등이 그 단적인 사례이다.

1947년(48세) 2월 북조선인민위원회 교육국장 직책을 맡다. 7월부터 9월까지 소련을 여행하고, 이 경험을 토대로 이듬해 『쏘련여행기』(교육성)를 발간하다. 북조선인민회의 대의원으로 선출되다.

1948년(49세) 최고인민회의 대의원에 선출되다.

1949년(50세) 4월 '평화옹호세계대회' 참석차 파리를 방문하여, 세계적 예술가들과 교류하다. 이 체험은 「평화옹호대회에 참가한 작가들의 실상」(『인민교육』, 8월), 「평화옹호세계대회 참가 귀환 보고」(『로동신문』, 6.17) 등에 남아 있다.

1951년(52세) 3월 15일 '무언실행(無言實行)의 인'(『조광』, 1940.6)이라 칭한 어머니 타계하다. 조선문학예술총동맹 위원장 역임하다.

1953년(54세) 임화를 중심으로 한 월북문인의 숙청에 주도적인 역할을 하다. 「전국작가예술가대회에서 진술한 한설야 위원장의 보고」(『조선문학』, 10월)에 그 경과가 잘 나타나 있다.

1956년(57세) 5월 교육상이 되다.

1957년(58세) 9월에 교육성과 문화선전성이 합쳐서 만들어진 교육문화성의 교육문화상이 됨. 1958년 9월까지 재직하다.

1960년(61세) 9월 9일 『력사』로 인민상 수상하다. 한설야 선집이 15권 계획으로 출간되기 시작하다.

1962년(63세) 62년 들어 김창만 등이 주축이 된 김일성 세력은 한설야를 공격하기 시작하다. 12월 10일 당 4기 5차 전원 회의에서 숙청이 결정되다. 표면적인 이유는 종파주의자, 복고주의자, 일제 시대 군수의 아들, 부와 방탕 등이다. 그러나 실제로는 김일성 유일체제의 완성과 함께 문학 방면에서 진행된 항일혁명문예의 유일정통론에 맞서 카프 정통론을 내세운 결과이다.

1963년(64세) 2월 전재산을 몰수당하고 자강도 시중군의 한 협동농장으로 쫓겨나다.

1976년(77세) 별세하다. 1985년 『조선문학』에 「승냥이」가 "미제의 포악성과 야만성을 적나라하게 폭로한 작품"으로 언급되어 복권이 예상되다. 2001년 2월에서 2002년 1월에 걸쳐 복권되다.

박영희 朴英熙, 1901~?

/서경석/

회월 박영희는 1901년 서울 서대문구 천연동 68번지에서 중산계급으로 출생하여 1950년 전쟁 중 납북될 때까지 역사적 격변기를 고스란히 자신의 문학활동에 투영하게 된다. 박영희의 문학적 이력은 유미주의에서 시작, 신경향파문학으로, 그리고 'KAPF' 탈퇴와 전향에 이은 친일문학의 길로 간략히 정리할 수 있다. 그의 특징은 누구보다 복잡한 편력을 가지고 있다는 데 있다. 이는 회월 자신의 개인적 특수성이라기보다는 그 시기를 통과하며 감수해야만 했던 역사적 필연성에 기인한다고 보는 것이 옳다.

박영희는 배재중학교 재학시절 자신의 문학활동에 가장 큰 영향을 미치게 되는 팔봉 김기진을 만난다. 1920년 배재중학교를 졸업한 박영희는 김기진보다 조금 늦게 일본으로 건너가게 되는데, 유학에서 돌아와 시전문지의 효시라고 할 수 있는 동인지 『장미촌』에 참여한다. 이 『장미촌』의 주축은 『폐허』파의 김억, 변영로, 황석우 등이었고, 세기말 데카당스의 시 정신이 중심이 되어 있었다. 회월은 1921년 『장미촌』 1호에 「적(笛)의 비곡(悲曲)」을 발표하며 사실상 문학가로서의 첫발을 내디딘다.

그러나 회월의 본격적인 문학활동은 『백조』에 와서 뚜렷이 드러나게 된다. 1922년 1월에 창간된 『백조』는 홍사용, 박종화, 박영희를 중심으로 하고 있는데, 회월은 『백조』에 시, 수필, 희곡번역, 평론 등을 수록한다. 회월은 동인지 『백조』를 무대로 하여 전 장르를 시도했다고 할 수 있는데, 이 중 다른 장르에 비해 시 부문에서 질적으로 가장 뛰어난 작품성을 보인다. 이러한 현상은 유미주의에서 출발한 그의 문학적 경향으로 봤을 때 당연한 것이었다. 그러나 회월의 이러한 유미주의적 성향은 사실 회월이 의식적으로 선택한 문학적 경향이라고 보기는 어렵다. 『백조』가 나타난 1922년 전후 조선은 한일합방과 3·1운동의 실패 등으로 인해 절망과 불안으로 점철된 정지된 사회였다. 이런 분위기 속에서 민족적 비애나 현실을 초월하여 예술 자체에 가치를 두려고 한 분위기는 매우 자연스러운 것이었다.

이러한 '무목적의 목적성'을 가진 유미주의는 역설적으로도 사회를 향한 저항인 계급주의 문학과 극과 극의 지점에서 맞닿아 있다고 할 수 있다. 이러한 관점에서 과격하다고도 할 수 있는 박영희의 갑작스런 사상적 전환을 이해할 수 있을 것이다. 1920년대 초기 한국사회는 사회의식이 크게 신장되고 있었고 김기진의 귀국은 『백조』의 붕괴와 회월의 전향에 촉매로 작용한다. 일본에서 유학하며 이미 프롤레타리아 문학운동에 눈을 뜬 팔봉은 회월에게 계급주의 사상을 이식해준다. 1923년 말 『개벽』사의 사원이 되어, 1924년 2월 「체홉 희곡에 나타난 노서아 환멸기의 고통」을 발표하며 계급사상으로 완벽히 전향했음을 보여준다.

『백조』의 붕괴에서 본격적인 'KAPF' 시기 직전까지를 신경향파시대라고 할 수 있는데, 이 기간 회월이 선택한 문학양식은 수필과 소설이었다. 문학형식과 미적 구조를 중시한 유미주의 문학을 표방한 『백조』당시의 회월이 주로 시를 통해 그 문학적 아름다움을 구현했다면, 사회적 저항의식과 자신의 주장을 드러내기 위해 더욱 적합한 양식이 수필과 소설이었음은 자명하다.

회월은 이미 『백조』시기에 수필 「생의 비가」 「감상의 폐허」를 게재한 적이 있는데, 계급사상에 눈뜬 후에 쓴 것으로는 「조선을 지나가는 베너스」 「숙명과 현실」 「번뇌자의 감상어」 「향락화한 고통, 고통화한 향락」 등이 손에 꼽힌다. 이 중에서도 「번뇌자의 감상어－눈물만흔 이에게」는 회월 수필 문체의 특징과 그것이 평론으로 넘어가는 중간단계를 보여주는 작품이라고 할 수 있다.

소설에 있어서 회월은 단편만 창작했는데, 소박한 줄거리를 통해 계급대립을 철저하게 드러낸 작품들을 주로 창작하게 된다. 금전의 노예가 된 정호의 말로를 그린 「사냥개」와, 만주 장수인 순복이라는 어린이, 정애, 칠성 등이 현실과 싸워나가는 「전투」, 서울 주변 빈민굴의 진달이를 통해 굶주림에서 오는 인간의 기본적 본능을 드러내는 「지옥순례」가 대표적이다.

이러한 신경향 소설을 보여주던 회월이 소설을 버리고 평론에 전념하게 되는 것은 대체로 목적의식으로 'KAPF'가 방향 전환을 하게 되는 1927년이라 할 수 있다. 회월의 양식 전환의 이유는 몇 가지로 추론해 볼 수 있는데, 먼저 『백조』 때부터 개방적이었던 그의 문학태도를 들 수 있다. 그리고 1926년 이후 이미 'KAPF'의 지도자적 위치에 있던 그에게 소설 창작의 여유가 없었던 것도 하나의 이유이다. 또한 회월의 소설은 너무도 관념적이어서 이미 창작의 한계에 다다라있었다.

회월은 비평영역에서 자질을 발휘한다. 그는 시와 소설을 창작하던 시기에도 이미 여러 편의 평론을 기재하였다. 회월의 평론활동의 시기적 범위는 1924년에서 1934년 전향선언까지의 10년으로 볼 수 있는데 이 기간은 크게 세 시기로 나눌 수 있다. 먼저 신경향파시기인데, 이것은 다시 회월의 평론 준비기인 1924년과 'KAPF'결성인 1925년 8월까지를 전기로, 방향전환 직전까지인 1926년 말 이전까지를 후기로 나눌 수 있다. 둘째 시기는 목적의식기에 접어든 1927년부터 '신간회' 해체 전인 1930년까지이며, 셋째 시기는 '신간회' 해체에서 1934년의 전향선언까지로 볼 수 있다.

회월보다 조금 먼저 비평을 시작한 팔봉이 심정주의를 바탕으로 한 사회주의 비평을 표방했다면 회월은 이론적 개념의 지식을 바탕으로 과학주의를 주창한다. 그리고 바로 이 점에서 회월의 평론가적 존재가치가 있다. 팔봉이 심정적인 열정으로 사회주의로 접근했다면, 회월은 이론적이었다. 이 당시 회월의 공격 대상이 되었던 것은 민족주의였는데 「문학상으로 본 이광수」 「특집 계급문학 시비론」 등의 글을 통해 이광수, 김동인, 염상섭 등의 민족주의 문학파를 비판하게 된다. 이광수는 이에 「문학상의 브르와 프로」라는 글을 통해 프로문학을 반박하지만 논리의 치밀성을 보여주지는 못하고 있다.

1925년 'KAPF'가 결성되고, 1927년 이 명칭이 일반화되면서 회월은 '목적의식론'을 전개한다. 비평상으로 외재적 비평의 형태를 띠는 '목적의식론'을 통해 회월은 문학이 정치운동의 부차적 임무에 그쳐야 하고 정치투쟁 자체가 될 수 없다고 지적한다. 바로 이 점이 회월과 도쿄 소장파가 구별되는 지점이다 회월이 팔봉의 문학주의에 비하면 사회과학적 관념론 쪽이라 할 수 있으나 그 관념론이 공식주의적인 것은 아니었던 것이다.

그러나 회월 역시 철저한 사회주의자로서 뿌리 깊은 사상적 기반을 가지고 있지는 못했음을 보여주는 사건이 발생하는데, 1927년 회월은 스스로의 선택에 의해 '신간회'에 가입하게 된다. 사회주의와 민족주의의 절충에 대해 고심하던 회월은 1927년 일제가 민족단일단체인 '신간회'를 합법화하자 개인 자격으로 이에 입회하게 된다. 그리고 회월이 '신간회'에 가입하던 이 당시에는 이미 'KAPF'의 주도권은 도쿄 소장파 임화와 김남천, 안막 등의 볼셰비키들이 가지고 있었다. 자연스럽게 회월은 'KAPF'와 멀어지게 된다.

1927년 1월 조직된 민족단일단체인 '신간회'는 만주사변이라는 객관적 정세와 공산주의측에 의해 내분되어 1931년 5월 해체되고 만다. 그리고 연달에 6월 15일 제1차 'KAPF'검거로 '신간회' 핵심인물과 'KAPF' 전원이 종로서에 구속되는 사건이 발생한다. 이 사건으로 큰 충격을 받는 회월은 목숨의 위협을 느끼고 점점 사상에 대한 신념이 소멸하게 된다. 결국 회월은 1933년 'KAPF'에서 공식적으로 탈퇴하게 되고, 1934년 『동아일보』에 「최근 문예이론의 신전개와 그 경향」이라는 유명한 전향논문을 기재한다.

회월의 대표적인 수기 「독방」은 바로 이 시기, 즉 'KAPF' 제2차 검거인 전주사건의 석방 직후 기록된 것으로 복역 과정에서 회월이 어떠한 심정적, 사상적 변화와 고뇌가 있었는지를 여실히 보여준다. 수기의 내용을 통해 어머니의 영향과 기독교로의 귀의, 그리고 전향에 대한 의지를 드러내고 있다.

이 당시 한국인의 전향이란 필연적으로 일본 군국파시즘에의 귀착을 의미하는 것이었다. 회월 역시 이러한 시대적 흐름을 거스르지는 못했다. 집행유예로 1935년 12월 석방된 회월은 1936년에서 38년까지 2년 동안 다시 비평가로 활동한다. 전향 후 처음으로 쓰인 「예술성의 획득과 나의 비판적 태도」는 문학비평에 대한 그의 결심을 보여준다. 이 글에서 그는 "얻은 것은 이데올로기요, 잃은 것은 예술이다"라는 유명한 말을 남기며 그가 다시 예술주의로 돌아섰음을 선포한다. 그리고 이 시기에 회월의 역량을 드러내며 「문학의 이론과 실제」라는 논문을 집필하게 된다.

이렇게 문예비평에서 활동하던 회월이 본격적으로 친일에 나선 것은 1938년 6월, 도쿄에서 개최된 전향자전국위원회에 참석하면서 부터이다. 잇달아 1939년 4월 김동인, 임학수와 함께 황군위문작가단으로 북지에 파견되었고, 1942년에는 춘원, 현민과 함께 '제일차대동아문학자대회'에 다녀오기도 하는 등 친일활동을 계속하게 된다. 이 당시의 저술로는 『매일신보』에 기재한 「국민문학의 건설」 「문학운동의 전시체제」 등이 있는데, 주로 태평양전쟁 지원을 위한 문학의 역할을 강조하는 논설들이었다.

1945년 광복이 되자, 회월은 반민족주의자로 낙인되어 잠시 강원도 춘천으로 낙향했다가 좌익 경력을 가진 전향자 단체인 보도연맹에 가입하여 간부로 활동한다. 1950년 한국전쟁 발발당시 서울을 점령한 인민군을 피해 피신하다가 체포되어 서울형무소에 수감된 것을 마지막으로 그 후의 소식은 알 길이 없다. 납북되었다는 것이 거의 기정사실화 되었으며 북에서의 생활과 행적, 사망 연도 등은 알려져 있지 않다.

박영희 ▸▸

1901년(1세) 12월 20일 서울 서대문구 천연동에서 중산층의 아들로 태어나다.

1919년(19세) 배재고보 재학 당시 자신의 문학편력에 지대한 영향을 미치게 될 김기진과 같은 반에서 수학하다.

1920년(20세) 배재고보 졸업 후, 일본의 도쿄 세이소쿠영어학교(正則英語學校)에서 공부하다.

1921년(21세) 일본유학을 마치고 돌아와 시 전문지의 효시라고 할 수 있는 『장미촌』을 발행, 창간호에 「적(笛)의 비곡(悲曲)」 「과거의 왕국」을 발표하며 등단하다. 같은 해 『신청년』 동인으로도 활동하다.

1922년(22세) 1월에 동인지 『백조』를 창간하고, 「월광으로 짠 병실」를 게재하다. 시 외에도 소설, 수필, 평론 등 다양한 장르를 시도하게 되다.

1923년(23세) 일본에서 사회주의 사상에 눈뜬 팔봉 김기진과 다시 만나게 되다. 팔봉과 자주 접촉하면서 박영희는 사상적 급선회를 하게 되다. '파스큘라'를 결성하고 『개벽』에 입사하였으며 사회주의 사상에 완전히 기우는 모습을 보이다.

1924년(24세) 2월 「체홉 희곡에 나타난 노서아 환멸기의 고통」 등을 『개벽』에 발표하며 계급주의 문학활동을 본격적으로 시작하다.

1925년(25세) '파스큘라'는 'KAPF'로 통합 조직되고, 박영희는 창립부터 카프의 핵심적 위치를 서게 되다. 단편소설 「사냥개」를 발표하다. 본격적인 카프문학의 시기에 접어들면서는 시보다는 소설과 평론으로 관심이 옮겨가다.

1926년(26세) 이 시기에는 프로문학의 반대 진영과 논쟁하면서 한편으로 팔봉과 내용·형식 논쟁을 벌이다. 팔봉이 '문학건축론'을 들어 자신의 단편소설 「철야」를 비판하자, 회월은 「투쟁기에 있는 문예비평가의 태도」라는 글을 통해 이에 대응하다. 카프 핵심부가 박영희 편에 가세하게 되자, 결국 팔봉의 사과로 논쟁은 일단락되다.

1927년(27세) 민족단일당인 '신간회'에 가입하다.

1929년(29세) 카프 도쿄 소장파 임화와 김남천 등이 카프의 새로운 지도층으로 부상하게 되고, 이들과 사상적으로 일치하지 않았던 회월은 점차 카프에서 심정적으로 멀어지게 된다.

1931년(31세) 5월 '신간회'가 해체되고, 6월 제1차 '카프'사건으로 수감되다. 이 사건으로 회월은 큰 충격을 받게 되며, 수감 당시 생명에 위협을 느낀 회월은 사회주의 사상에 회의를 품게 된다.

1933년(33세) 공식적으로 카프 탈퇴를 선언하다.

1934년(34세) 『동아일보』에 「최근 문예이론의 신전개와 그 경향」이라는 유명한 전향논문을 발표하며, 예술주의로의 회귀를 주창하게 되다. 이 글을 통해 "얻은 것은 이데올로기요, 잃은 것은 예술이다"라는 유명한 문구를 남기다.

1935년(35세) 카프는 5월 21일 김남천이 경기도 경찰부에 해산계를 제출하면서 완전히 와해되다. 그해 12월 집행유예로 석방되다.

1936년(36세) 석방 후 「독방」이라는 수기를 통해 복역 중의 심정적, 사상적 변화를 드러내다. 비평활동을 재개하여 『조선일보』에 「예술성의 획득과 나의 비판적 태도」를 발표하다. 이 시기 회월의 평론은 초기의 심미적인 경향을 드러내다.

1937년(37세) 초기시들을 묶어 시집 『회월시초(懷月詩初)』를 출간하다.

1938년(38세) 6월 전향자 대표로 선출되어 도쿄에서 개최된 시국대응전국위원회에 참가하다.

1939년(39세) 4월 김동인, 임학수와 함께 황군 위문작가단으로 북지에 파견되어 가다. 10월에는 『인문평론』에 「전쟁과 조선문학」을 기고하다. 이 시기에 요시무라(芳村香道)라는 이름으로 창씨개명을 하다.

1940년(40세) 국민총력조선연맹에 가입하고, 『매일신보』에 「국민문학의 건설」을 기고하다.

1942년(42세) 춘원, 현민과 함께 제일차대동아문학자대회에 참가하다.

1945년(45세) 광복이 되고 회월은 민족반역자 명단에 올라 강원도로 잠시 낙향을 하다. 그러나 다시 좌익 경력을 가진 전향자 단체인 보도연맹에 가입하여 간부로 활동하며, 경성사대에서 교편을 잡기도 하다.

1950년(50세) 한국전쟁이 발발하자 인민군을 피해 피난을 가다가 체포되어 서울 형무소에 수감되다. 그 후의 행적은 정확히 알 수 없으나 납북되었을 가능성이 가장 농후하며, 북에서의 생활은 전혀 알려져 있지 않다.

이상화 李相和, 1901~1943

/황정산/

이상화는 어렸을 때부터 호방한 기질을 가지고 있었다고 알려져 있다. 그는 1901년 4월 대구에서 아버지 이시우의 둘째 아들로 태어났다. 그러나 부친은 상화가 7살 때 별세하였고 그들 형제는 편모의 슬하에서 자라나야만 했다. 하지만 이상화는 물론이고 그들 형제들은 모두 훌륭한 인물로 자라났다. 큰형은 한때 교편을 잡다가 만주로 망명, 항일투쟁에 종사한 장군이며, 셋째는 한국 체육 발전의 원로로서 또는 사회학 분야의 석학으로서 널리 알려진 사람이며 일본 유학 시절부터 운동선수로 활약했고 1930년에는 한국인으로서 일본 농구협회를 창설, 상무이사를 거쳐 일본 체육회 전무이사에 선임되기도 하였다. 또한 막내는 우리 나라에서는 미개척 분야인 수렵의 세계에 대한 전문적인 지식을 체계화한 인물이다.

1915년 서울 중앙학교(현 중동학교)에 입학하게 된다. 그는 어린 시절부터 문학에 관심이 많아 중학교를 다닐 무렵부터 백기만 등과 함께 『거화(炬火)』라는 습작집을 냈다고 한다. 그는 학업도 우수하고 야구에 재능을 보였지만 삶에 대한 고민으로 1918년 3년 수료 후에는 다시 낙향하여 방황을 거듭하게 된다. 방황 끝에 그는 수개월간에 걸쳐 금강산을 향한 방랑길에 접어들게 되는데 이때의 방랑이 우리 국토에 대한 새로운 발견과 믿음으로 자리잡아 확고한 민족의식을 갖게 된다. 바로 이 경험이 이후 「금강송가」라는 작품으로 나타난다.

1919년 3·1운동은 이상화에게 새로운 자아에 대한 각성과 민족에 대한 재발견의 계기가 된다. 3·1운동 중, 이상화는 3월 8일 백기만 등과 함께 대구거사를 준비하는 과정에서 배후조종 혐의로 일제의 추적을 받아 서울로 잠시 도피하였다가 대구로 돌아오게 된다. 그 후 큰아버지의 권유로 서온순과 결혼하게 된다.

이상화는 1921년 5월경 『백조』동인에 가담, 본격적인 문학활동에 들어간다. 『백조』 창간호에 「말세의 희탄」 등을 발표하여 시인 이상화의 삶을 시작한다. 이상화가 참여한 『백조』는 좌절과 퇴폐를 주 경향으로 하는 잡지이다. 이는 풍미하던 프랑스의 세기말 사상이나, 러시아적 우울 등의 유행과도 관계가 있지만 무엇보다도 나라를 잃은 민족으로서의 헤어날 길 없는 슬픔이 근본 요인이 되었다고 할 수 있다.

이상화는 더 이상 이 땅에서 버틸 용기를 잃고 1922년 봄에 일본 도쿄로 건너간다. 도쿄로 건너간 것은 그곳에 머물러 유학코자 함이 아니라 프랑스로 갈 기회를 얻고자 함이었다. 도쿄 아테네 프랑세즈에서 2년을 수학하면서 기다리지만 좀체 기회는 주어지지 않는다. 이 시기에 그는 유보화라고 하는 함흥 출신 미인과 사랑에 빠지기도 한다.

1923년 9월 참혹한 관동대지진을 겪으면서 새삼 망국민의 비애와 절망을 절감하게 되었고 1924년 이상화는 프랑스 유학의 꿈을 버리고 다시 귀국을 하게 되었다. 관동대지진을 겪으면서 그는 민족에 대한 의식을 새삼 깨닫게 된다. 수천 명의 한국인이 아무런 죄 없이 함부로 학살되고 있었던 것이다. 나라를 잃은 민족의 슬픔을 그대로 실감하였다.

귀국 후 그의 시세계에서도 서서히 변화를 가져오기 시작한다. 본시 그의 시의식의 바탕을 이루고 있었던 민족의식이 관능과 퇴폐의 옷을 벗고 보다 건강한 목소리로 변화하기 시작한 것이다. 이후 보다 적극적인 자세로 일제의 강압에 대한 저항 의식을 표출하기 시작한다. 그는 『백조』를 함께 했던 박영희, 김기진과 더불어 문학의 현실적, 사회적 기능에 관심을 갖고 민족 현실과 민중 생활을 적극적으로 문학화하려고 노력했다. 1925년 '파스큘라'라는 신경향파 단체를 거쳐 '카프'라는 프롤레타리아 문학단체에 가입하게 된다. 「가상」「가장 비통한 기욕」「폭풍우를 기다리는 마음」 등이 바로 이 시기에 쓰여진 대표작들이다.

1925년과 1926년 사이에 이상화는 가장 많은 작품을 발표한다. 특히 사회적인 관심과 민족주의적인 성향이 결합하여 만들어진 이상화의 시 「빼앗긴 들에도 봄은 오는」가 1926년에 발표되자 큰 반향을 일으킨다. 이 작품으로 인해 일제 당국으로부터 『개벽』이 폐간 조치된다. 이 무렵 이상화는 도쿄 시절 사귀었던 유보화가 위급하다는 소식을 듣고 함흥으로 달려가 함께 지내기도 하지만 끝내 유보화는 사망하고 다시 그는 절망에 빠지게 된다.

개인적 절망과 시 「빼앗긴 들에도 봄은 오는가」로 인한 현실적인 압박과 수난, 그리고 그가 잠시 몸담았던 카프가 목적 의식기로 접어드는 데 따른 이념적 좌절감으로 인해 이상화는 다시 고향으로 돌아오게 된다. 그의 나이 27세인 1927년에 이상화는 대구로 낙향하여 자기집 사랑을 담교장이라 이름 붙이고 문우들과 넓게 교우를 하면서 신문총국을 경영한다. 하지만 이마저도 경영미숙으로 실패하여 그만두고 만다. 친구들을 만나는 것으로 쓸쓸한 심사를 달래고 있던 이상화에게 20대 초반 마음의 등불이 되어 주었던 『백조』의 활동기의 낭만적 열정도, 20대 중반 이념적 기둥이 돼 주었던 프로문학도 그에겐 하나의 추억에 해당할 뿐이었다. 게다가 비련의 사랑 체험도 그의 가슴에 깊은 상처를 남기고 과거로 사라져 버리고 만 것이다.

20대 후반인 1928년 그는 가슴속의 분노와 절망과 쓸쓸함을 달래면서 1925년경 써두었던 시 「저무는 놀 안에서」와 「비를 다고!」 등을 좌익계 잡지인 『조선지광』(1928.7)에 발표한다. 이 두 편의 시는 각각 노동자와 농민의 고통스런 삶과 참담한 울분의 심사를 노래한 작품이다. 이후 그는 1934년 「역천」「나는 해를 먹다」 등을 발표할 때까지 오랫동안 문학활동을 중단한다.

1934년 형 이상정 장군을 만나기 위해 중국에 방문하고 돌아오자 일제는 독립군인 그의 형을 만났다는 이유로 그를 체포하여 4개월간 수감한다. 출감한 후 이상화는 대구 교남학교(현 대륜중고교)에서 아무런 보수도 받지 않고 학생들을 가르치는 일에 종사한다. 영어와 작문을 가르치면서 그는 4년 여를 보낸다. 이때 "피압박 민족은 주먹이라도 굵어야 한다"고 주장하여 교남학교에 권투부를 신설했다고 한다.

나이 40세에 학교를 그만두고 독서와 연구에 몰두하여 『춘향전』을 영역하고, 『국문학사』 『불란서시정석』 등을 시도하였으나 완성을 보지 못한 채 1943년 이상화는 43세의 나이로 위암으로 세상을 떠난다.

이상화 ▸▸

1901년(1세) 음력 4월 5일 대구시 서문로 2가 12번지에서 아버지 이시우(李時雨), 어머니 김신자(金愼子)의 차남으로 태어나다.

1907년(7세) 부친 작고, 이후 14세인 1914년까지 백부 이일우의 가내에 설치한 사숙에서 공부하다.

1915년(15세) 경성중앙학교(현 중동) 입학하다.

1917년(17세) 현진건, 백기만 등과 함께 대구에서 『거화(炬火)』라는 습작집을 냈다고 하나 아직 확인되고 있지는 않다.

1918년(18세) 경성중앙학교를 수료한 후 금강산 일대를 주유했다고 하다. 이 경험이 나중에 「금강송가」라는 작품으로 표현되다.

1919년(19세) 3·1운동 당시 백기만 등과 함께 대구지방 학생 동원을 모의하고, 독립선언의 선전문을 작성하여 등사하는 등의 시위행사를 준비하였으나 사전에 발각되어 주요인물이 검거되자, 상화는 서울로 피신하다. 이해 10월 큰아버지의 권유로 서온순과 결혼하다.

1921년(21세) 5월경 현진건의 소개로 박종화와 만나 『백조』동 인이 되다.

1922년(22세) 『백조』창간호에 「말세의 희탄」 등을 발표하면서 본격적으로 작품 활동을 시작하다. 그 후 프랑스에 유학할 기회를 얻기 위하여 일본으로 건너가 아테네 프랑세즈에서 2년간 수학하다. 이 시절에 함흥 출신의 유학생 유보화(柳寶華)와 교제하다.

1923년(23세) 관동대지진 직후 한국인 학살의 현장에서 구사일생으로 살아나다. 『백조』에 「이중의 사망」 「나의 침실로」를 발표하다.

1924년(24세) 관동대지진의 충격으로 프랑스 유학을 포기하고 귀국, 서울에 거처를 정하고 『백조』 동인들과 교제하며 시작에 정진하다.

1925년(25세) 『개벽』에 「몽환병」 「비음」을 발표하고, 『조선문단』에 「이별을 하느니」를 발표하다. 『개벽』에 「가상」 「구루마꾼」 「엿장사」 「거러지」 등을 발표하여 신경향파 문학에 본격 가담하다. 파스큘라(Paskyula)라는 신경향파 문학연구단체 조직에 가담하다. 8월에 조선프롤레타리아예술동맹의 창립회원으로 참여하다.

1926년(26세) 「빼앗긴 들에도 봄은 오는가」를 『개벽』 70호에 발표하여 큰 반향을 일으키다. 특히 이 작품은 『개벽』지 폐간의 계기가 되다. 「도-쿄에서」(『문예운동』) 「파란비」(『신여성』)을 발표하다.

1927년(27세) 의열단 사건에 연루되어 피검되다. 또 장진홍 의사의 조선은행 대구지점 폭탄 투척사건에도 관련되어 고문과 폭행을 당하다.

1928년(28세) 「저무는 놀 안에서」 「비를 다고!」를 『조선지광』에 발표한 후 문학활동을 중단하다.

1934년(34세) 조선일보사 경북 총국을 맡아서 경영하였으나 1년 만에 경영난에 봉착하여 포기하다.

1935년(35세) 『시원』에 「역천(逆天)」을 발표하여 문단에 복귀하나 더 이상 작품 활동을 계속하지 못한다.

1937년(37세) 3월에 북경에 머물고 있던 독립투사 형 이상정 장군을 만나기 위해 중국으로 건너가서 3개월간 머물다가 귀국하다. 귀국 직후 일경에 피검되어 고초를 겪다가 11월에 석방되다. 이후 3년 동안 대구 교남학교에서 영어와 작문 교사를 하면서 권투부를 창설하기도 하다.

1940년(40세) 학교를 그만두고 독서와 연구에 몰두하여 『춘향전』을 영역하고, 『국문학사』 등을 집필하고자 하였으나 완성을 보지 못하다.

1943년(43세) 4월 25일 위암으로 별세하다.

1948년 대구 달성공원에 상화시비가 세워지다.

1951년 이상화의 최초의 시집인 『상화 고월』(대구 청구출판사)이 백기만에 의해 간행되다.

최서해 崔曙海, 1901~1932

/한수영/

최서해는 1901년 1월 21일 함경북도 성진군 임명(臨溟)에서 태어났다. 아명은 우곡(芋谷), 본명은 학송(鶴松), 또 설봉(雪峰), 설봉산인(雪峰山人), 풍년년(豊年年)이란 호도 사용했다. 최서해 부친에 관해 정확히 알려진 것은 없으나 한말 지방 소관리를 지내다가 1910년 간도 지방으로 떠났다고 전한다. 서해의 회고와 주변 인물들의 이야기를 참고할 때, 서해 부친은 한학과 한의학에 조예가 깊었던 인물로 서해의 한문 수업은 어린 시절에 부친을 통해서 이루어진 것이 대부분이다. 한 자료에 의하면 그의 부친은 서해가 죽기 얼마 전까지도 살아 있어 서울로 서해를 찾아와 몇 달 동안이나 아들의 봉양을 받다가 다시 간도로 떠났다고 한다(박상엽, 「감상의 7월—서해의 영전에」, 『매일신보』, 1933.7.14~19).

서해의 모친은 김소사(金召史), 또는 김능생으로 알려져 있고 서른 여섯에 서해를 낳았다. 소사(召史)란 과부를 예우해 부른 말이니 서해 모친의 이름은 아니고, 능생도 정확한 이름은 아니다. 서해의 모친은 서해가 서울에 정착해 살 무렵 고향을 떠나 서해 일가와 합가해 살았다.

서해의 학력은 정확한 자료가 없으나 소학교 시절의 회상이 몇 군데 나오는 것으로 미루어 소학교는 다녔던 것으로 짐작된다. 함북 성진의 고향에서 어린 시절을 지낸 서해는 이 무렵 발행되던 『청춘』 『학지광』 등의 잡지를 애독하고, 저자거리에 돌아다니던 각종 신소설과 고소설들을 닥치는 대로 읽어 그의 문학적 소양은 이 시기에 싹트기 시작했다. 특히 춘원 이광수의 『무정』을 읽고 깊은 감명을 받은 서해는 나중 간도 생활을 청산하고 귀국해서는 춘원과 서신을 주고 받으며 문학에 대한 열정을 키워 나갔다.

18세 되던 해, 고향을 떠나 간도로 들어간 서해는 목도꾼, 부두노동자, 머슴, 음식점 심부름꾼 등의 밑바닥 생활을 전전하면서 유랑을 하게 되었다. 죽음 직전의 굶주림도 여러 번 겪었으며 이 무렵 얻은 위병의 고통을 잊기 위해 아편을 빨다가 심각한 아편 중독에 빠지기도 했다. 간도를 무대로 한 서해 소설의 대부분은 이때의 체험이 밑바탕이 된 것이다. 이 간도체험을 통해 서해는 식민지 조선 민중들의 비참한 삶과 그 원인으로서의 사회적 모순에 눈뜨게 되었다.

1923년, 23세 되던 해 유랑생활을 마치고 간도에서 귀국한 서해는 회령역에서 노동자로 일하면서 서울의 춘원, 파인 김동환 등과 편지를 교환하다가 이듬해 무작정 상경해 춘원을 방문한다. 춘원의 소개로 경기도 양주군 봉선사에 들어가 승려 생활을 하던 서해는 이 곳에서 일문(日文)으로 된 서구문학을 공부하면서 「탈출기」 등의 작품을 쓴다. 주지와 심하게 다투고 절을 뛰쳐나온 그는 다시 춘원의 소개로 춘해 방인근의 집에 기거하면서 방인근이 주재하던 잡지 『조선문단』 편집일을 돕게 된다. 이때부터 주로 『조선문단』을 중심으로 발표한 작품들이 일약 문단에 커다란 반향을 불러 일으키면서 서해는 단번에 문단의 총아로 급부상하게 된다. 그가 문단에 등장하면서 발표한 일련의 소설들은 그 이전의 조선 소설계에서는 찾아볼 수 없는 놀라운 구체성과 사실성을 확보한 뛰어난 경향문학이었기 때문이었다.

1925년 카프(조선프롤레타리아예술동맹)이 결성되자 서해는 이 단체에 맹원으로 가입하는 한편, 현대평론지 문예담당 기자, 중외일보사 기자, 잡지 장한지(서울 기생들의 조합지적 성격을 띤 잡지) 기자 등을 역임하면서 생계를 위한 직장을 전전한다. 생계를 위해 잡지와 신문기자를 전전하는 일은 그가 죽기 직전까지도 계속되며, 그가 마지막 몸담았던 곳은 학예면을 담당하던 『매일신보』였다.

서해의 소설이 최초로 활자화된 것은 1918년 『학지광』의 지면이었다. 습작기의 서해는 이 무렵 발행되던 『학지광』 『청춘』 『동아일보』 『북선일일신문』 등에 익명으로 투고해 자신의 글이 실리는 것을 보고 은근히 기뻐하곤 했다고 회상한다. '서해'라는 필명을 갖게 된 연유도 이 시기에 투고한 어느 시에서 유래한다. 그는 1923년 '서해'라는 필명으로 시 「자신(自信)」을 『북선일일신문』에 투고했는데, 당시 북선 어느 지방의 음악회에서 청중의 관심을 사로잡던 한 여류 성악가가 부른 가곡이 바로 서해가 익명으로 투고한 시에 곡을 붙인 것이어서, 이를 계기로 '학송'이라는 본명 대신 '서해'라는 필명을 쓰게 되었다고 한다(최서해, 「그리운 어린 때」, 『조선문단』, 1925.3).

초기의 그의 글들은 다분히 관념적이고 신지식을 숭상하는 계몽주의적 색채가 강한 것이어서 본격적으로 등단한 이후에 보여준 작품 세계와는 현격한 거리가 있다. 그러나 「탈출기」(1925) 이후, 잇따라 발표한 「박돌의 죽음」 「기아와 살육」 「큰물 진 뒤」 「홍염」 등을 통해, 그는 조선문단에서 확고한 지위를 구축하게 된다. 임화는 최서해를 "소시민계급에 기반하여 조선 자연주의 문학이 일구어 낸 문학적 성과의 적자(嫡子)이자, 프로문학의 과도기적 단계에 해당하는 신경향파 문학의 대표적 작가"라고 규정했다(임화, 「조선신문학사론 서설」, 『조선중앙일보』, 1935.11.12). 1920년대 중반 이후의 서해 소설은, 박영희와 김기진으로 대표되던 초기의 경향문학의 한계인 관념성과 추상성을 뛰어넘는 새로운 지평을 연 것으로 평가받았다. 그의 소설은 민중의 빈궁한 삶을 구체적으로 묘사하는 한편, 억압과 착취가 일상 속에서 어떻게 일어나는가를 제시함으로써 구체성과 사실성의 측면에서 근대소설사의 한 획을 그었다.

그러나 그의 소설은 곧 체험의 직접성에 지나치게 함몰되거나, 사회적 불평등을 개인 차원의 충동적인 반항과 폭력으로 해소하려 한다는 비판에 직면하게 되었다. 또한 '소재주의'라는 비판도 제기된다. 그 자신 이러한 비판에 민감하게 반응했다. "노루 때린 몽둥이를 삼 년간이나 우려 먹는다는 속담이 있다. 그 모양으로 같은 제재를 가지고 천편일률적으로 써먹는 것을 생각하면 부끄럽기 그지없고 그런 줄 알면서도 그렇지 아니치 못할 환경에서 방황하게 되는 것을 생각하면 가슴이 저리었다"(최서해, 「면회사절」, 『조선일보』, 1928.9.25~26). 서해는 「의사」 「해돋이」 「용신난(容身難)」 「폭풍우시대」 「전아사」 등의 작품을 통해 이런 비판을 극복하기 위해 애를 썼다. 이 일련의 소설들에서 서해는 현실 모순을 계급적 인식에 바탕으로 두고 합리적으로 극복하려는 일단의 주인공들을 등장시킨다. 그러나 인물 성격의 도식성과 플롯의 핍진함이 떨어져, 이전의 그의 작품보다도 미학적으로 더 나은 성과를 보여주지는 못했다.

1928~29년부터 서해의 소설은 더 이상 만주체험이나 운동가를 다루지 않고, 그 대신 소시민이나 도시빈민의 가난한 일상을 묘사하는 데 집중한다. 이런 작품에서 그는 자신도 포함된 소시민지식인에 대한 자기연민과 자기비판이 중첩된 복잡한 심경을 드러낸다. 이때의 자기연민이란, 빈민과 별 차이없는 생활수준을 유지하고 있는 가난한 일상을 향하고 있으며, 그와 동시에 현실과 일상에 안주해 더 이상 비판과 저항을 멈춘 소시민지식인 계급의 나약함에 대한 자기비판을 개진하게 된다.

1932년 7월, 평소 지병이던 위문협착증이 급격히 악화되어 개복수술까지 시도했으나 끝내 회복되지 못하고 숨을 거두었다. 서해의 나이 서른 두 살이었으며, 문단에 등장한 지 꼭 8년 만의 일이었다. 이 8년 동안 그는 『혈흔』(1926)과 『홍염』(1931)이라는 두 편의 창작집을 남겼다. 서해의 유족으로는 당시에 노모와 부인 조분려(월북 시조작가 조운의 친누이다)와 조씨 사이에 낳은 두 아들이 있었다. 이들은 서해가 죽은 후 고향 성진으로 돌아갔으나 이후의 소식은 전혀 알려져 있지 않다.

최서해 ▸▸

1901년(1세) 1월 21일 함북 성진에서 태어나다. 이름이 알려져 있지 않은 부친은 한말 지방 소관리를 지냈으며 서해가 태어났을 당시 집안은 몹시 빈궁했다. 모친은 김소사(金小史) 혹은 김능생으로 알려져 있으나 정확한 본명은 아닌 듯하다. 본명은 학송(鶴松), 설봉(雪峰), 설봉산인(雪峰山人), 풍년년(豊年年)이란 호를 쓴 적도 있다.

1905년(5세) 한동안 함북 성진군 한천리의 숙부(김순기)의 집에서 기거하다.

1910년(10세) 아버지 간도지방으로 떠나다.

1915년(15세) 시장거리에 나가 『청춘』 『학지광』 등의 잡지를 사다가 읽고, 구소설과 신소설을 구해 읽다. 학벌은 확실히 알 수 없으나 소학교를 졸업한 듯 하고 어려서 부친을 통해, 혹은 서당을 통해 한문을 배운 바 있다. 이후 이광수의 『무정』을 읽고 크게 감명받은 바 있으며 그의 문학에 대한 지향은 이런 경로를 통해 결정되었다고 볼 수 있다.

1918년(18세) 이광수의 소개로 『학지광』에 세 편의 수필을 발표하다. 어머니와 함께 간도로 들어가 유랑생활을 하다. 한 때 아이들을 모아 글을 가르치기도 하고 부두 노동자·음식점 심부름꾼 등으로 전전하다. 간도로 가기 전에 애정이 없다는 이유로 처와 이혼하였고 간도에서 재혼했으나 두 번째 처는 곧 사망하다.

1921년(21세) 서간도에서 세 번째 처와의 사이에 첫딸 백금(白琴)을 낳다.

1923년(23세) 봄에 간도에서 귀국하다. 회령역에서 노동자 노릇을 하였고 춘원과 파인에게 서신 연락을 시작하다. '서해'라는 필명을 쓰기 시작한 것도 이때부터이다.

1924년(24세) 춘원을 찾아 상경하다. 얼마간 파인의 집에서 기거했으며 10월에는 춘원의 소개로 경기도 양주군 봉선사로 들어가 약 3개월간 기거하다. 여기에서 「탈출기」도 고치고 일문으로 된 서구문학도 공부하다. 그가 상경한 후 홀시어머니와 딸을 두고 아내는 가출하다. 처녀작 「토혈」이 『동아일보』(1.28~2.4)에 연재되다. 단편 「고국」이 『조선문단』에 추천되어 본격적 활동을 시작하다.

1925년(25세) 잡지사 『조선문단』에 입사하다. 방인근 집에 기거하면서 단편 「십사 원」 「탈출기」 「살려는 사람들」 「박돌의 죽음」 「기아와 살육」 「방황」 「보석반지」 「기아」 「큰물진 뒤」 등을 잇달아 발표하다. 일약 중견작가로 발돋움하게 되고 KAPF에도 가입하는 등 활발한 문학활동을 펼치다.

1926년(26세) 2월 창작집 『혈흔(血痕)』을 글벗집에서 발간하다. 4월 문우 조운(曺雲)의 누이와 조선문단사에서 결혼하고 명륜동 2가에서 살림을 시작하다. 6월 『조선문단』이 휴간되자 조선문단사를 나와 『현대평론』 문예란 담당기자로 당분간 일하다. 「폭군」 외에 22편의 단편소설을 발표하다.

1927년(27세) 장남 백(白) 출생하다. 1월 범문단 조직으로 발족한 조선문예가협회에서 이익상 김광배 등과 함께 간사직을 맡다. 『조선문단』이 복간되면서 조선문단사에 다시 입사, 편집책임을 맡고 추천위원이 되다. 서울 기생들의 잡지인 『장한』의 편집을 맡기도 하다. 단편 「쥐 죽인 뒤」 「홍염」 「낙백불우」 「전아사」 「서막」 「가난한 아내」 「이중」을 발표하다.

1928년(28세) 8월 26일 개최 예정인 조선프로예술동맹 전국대회에서 조중곤·이기영과 함께 재무에 피촉되다. 단편 「갈등」 「부부」 등을 발표하다.

1929년(29세) 『중외일보』 기자로 입사하고 『신생』지 문예 추천기자로 위촉되다. KAPF를 탈퇴하다. 단편 「전기」 「먼동이 틀 때」 「인정」 「물벼락」 「경계선」 「주인아씨」 「수난」, 젊은 시절의 로맨스」 「무명초」 「같은 길을 밟는 사람들」 「잊지 못할 사람들」 등을 발표하다.

1930년(30세) 경영난을 겪던 중외일보사를 퇴사하다. 단편 「누이동생을 따라」를 발표하고 장편 『호외시대』를 『매일신보』에 연재하다.

1931년(31세) 5월 창작집 『홍염』을 삼천리사에서 간행하다. 매일신보사 학예부장이 되다.

1932년(32세) 7월 9일, 지병인 위병이 심해져서 수술을 받았으나 출혈이 심해 별세하다.

김동환 金東煥, 1901~?

/곽효환/

김동환(金巴人, 1901~?)은 총체적인 습작기라할 수 있는 1920년대 우리 시단에 있어 김소월, 한용운과 함께 예외적인 존재로 구분된다. 그는 근대화와 식민지 시대를 거치면서 엄청난 에너지를 분출한 근대적 지식인이었으며 다산의 문학인으로서의 면모를 보였다. 다재다능한 언론인이자 잡지 편집인을 겸한 출판인이었으며 문학적으로 엄청난 생산량을 남겼다. 최초의 서사시 『국경(國境)의 밤』으로 굵직한 족적을 남긴 시인으로 문학사에 각인되었을 뿐만 아니라 소설과 평론, 희곡에 이르기까지 여러 장르를 넘나들며 전방위적으로 활동함으로써 시 426편, 수필 86편, 평론 56편, 희곡 7편, 소설 4편 등 수많은 작품을 남겼다.

김동환은 20세기의 원년인 1901년 두만강을 끼고 북간도와 마주한 국경과 멀지 않은 함경북도 경성의 유복한 가정에서 부친 김석구와 모친 마윤옥 사이 4남 3녀 가운데 3남으로 태어났다. 가족사적으로는 중시조인 매월당 김시습의 18대 손이라는 데서 그의 문사적 맹아를 추측해 볼 수 있다. 경성 소재 함일(咸一)학교 경영에 참여할 정도로 경제적 여유도 있고 시대적으로 깨어있던 것으로 보이는 부친은 한일합방이 일어나자 망국의 울분으로 지금의 경성역 터인 승암산 아래 옥토 1만여 평을 함일학교에 희사한 후 북간도와 러시아 일원을 떠돌았으며 혁명운동에도 투신한 것으로 전해진다. 가사를 등진 부친의 유랑으로 남은 가족들은 빈한한 생활을 하지 않을 수 없게 되었고 김동환은 내내 고학으로 공부를 해야 했다. 1912년 경성보통학교를 졸업하고는 잠시 학업을 중단하고 경성군청에서 일을 했으며 부친을 찾아 여러 차례 방황하기도 했다. 1916년에야 서울로 올라와 상급학교인 중동중학교에 진학했지만 고학으로 학비를 마련해야 했다.

중동학교 4학년 재학 중이던 1920년 학생들이 집필자이자 편집자인 잡지 『학생계』 현상공모에 시 「이성규(異性叫)와 미(美)」가 1등으로 당선되었는데 이 시기에 이미 상당한 습작과정을 거친 것으로 보인다. 1921년 중동중학교를 졸업하고 일본 도요(東洋)대학 문화학과에 진학하여 고학하였으며 1923년 관동대지진이 나자 학업을 중단하고 귀국하였다. 유학시절 재일조선노동총연맹 중앙집행위원으로 일하는 등 노동운동에 간여하기도 하였다. 이 시기는 러시아혁명성공(1917년)의 영향으로 일본 내에 '다이쇼(大正) 데모크라시'라 불리는 자유주의적인 분위기가 팽배했던 때로 사상적으로, 문화적으로 상당한 영향을 받았을 것으로 짐작된다.

귀국한 이듬해에는 양주동이 주도한 『금성』지에 시 「적성(赤星)을 손가락질하며」로 문단에 첫발을 내디뎠고 경성일일신문사, 동아일보사, 시대일보사, 조선일보사 등의 기자로 활동했다. 1925년 그의 대표작인 장편 서사시 『국경(國境)의 밤』과 『승천(昇天)하는 청춘(靑春)』을 발표하며 문단에 확고히 자리매김을 하였으며 계급주의 노선을 내세우는 카프에 참여하여 맹렬히 활동하였다가 1920년대 후반 이탈하였다.

이후 카프와는 대립되는 지점에 위치한 이광수, 주요한 등 민족주의자들과 교류, 친분을 쌓았으며 1929년 이광수·주요한과 함께 3인 『시가집(詩歌集)』을 내는 변신을 하였다. 같은 해 조선총독부가 총독부 출입기자들에게 제공한 촌지를 밑천으로 시작한 잡지 『삼천리(三千里)』가 크게 성공하면서 본격적인 출판인의 길을 걷기 시작했다. 대중종합잡지를 표방한 『삼천리』는 대중의 기호에 영합하고 시류에 민감하게 반응하며 일제의 간섭으로 인해 1942년 152호로 종간하기까지 성공의 길을 걸었다. 『삼천리』는 김동환에게 잡지 편집인으로서의 명예와 사회, 문화적으로 왕성한 활동을 펼칠 수 있는 확고한 기반을 제공하였다. 반면 그를 문학적으로는 20년대 건강한 의식과 시어로 무장한 시인에서 가벼운 소품류 민요시나 애상적 서정시를 쓰는 시인으로 변모케 하였고, 현실순응적인 잡지의 편집과 경영방향으로 인해 친일의 길로 접어들게도 하였다.

일제 말인 1940년대에 들어서면서 김동환은 저항적이거나 민족주의적인 면모를 접고 친일의 길을 걷는다. 1942년 『삼천리』의 제호를 『대동아(大東亞)』로 바꾸고 일제의 침략적 군국주의를 설파하였다. 백산청수(白山靑樹)로 창씨개명을 하였으며 일본 제국주의를 칭송하는 시를 썼다. 또한 학병에 참여할 것을 권하는 강연에 나섰고 황군작가위문단, 조선문인협회, 조선문인보국회 등 여러 친일단체에 참여하였다. 해방을 맞은 후에는 『삼천리』 복간과 사회정치활동에 나서는 한편 1946년에는 조선민주당 대변인격으로 활동하기도 하였다. 1949년 반민특위가 조직되자 자수하여 친일행적과 관련된 조사를 받았다. 이때 공민권 5년 정지라는 비교적 무거운 실형을 선고받았으나 이후 이승만 정권에 의해 반민특위가 해체되면서 유야무야 되었다. 하지만 그 후유증 때문인지 한동안 칩거하기도 하였다. 1950년 한국전쟁이 발발하며 7월 23일 북한 정치보위부에 출두하였다가 납북되었다. 1958년 『평남일보』 교정원 및 제본원을 거쳐 납북, 월북인사들로 구성된 재북평화통일촉진협의회 중앙위원으로 활동하다가 같은 해 12월 평북 철산지방의 집단수용소로 추방된 후 생사를 알 수 없게 되었다.

이 같은 김동환의 이력에서 볼 수 있듯이 그의 생애와 함께 진행된 20세기 전반기의 식민지와 근대화의 체험은 그에게 근대적 인식과 함께 계몽주의와 개혁주의에 눈을 뜨게 한 자양분이 되었고 부친을 비롯한 불행한 가족사는 민족주의와 애국주의를 가슴에 품게 하였다. 거듭되는 빈곤과 고학의 체험은 계급주의에 눈을 뜨게 하는 동시에 개인으로서는 타파할 수 없는 거대한 현실에 타협하고 순응하고 마는 바탕이 되었을 것으로 보인다. 또한 러시아, 중국과 맞댄 북쪽 국경과 멀지 않은 마을에서의 출생과 성장은 북방이라는 낯설고 참신한 문학적 소재와 서사 및 공간을 제공하였으며 단숨에 그를 한국 근대문학의 중심에 진입케 하는 추동력이 되었다. 이러한 배경은 당시의 시인들이 보인 퇴폐와 절망의 포즈 대신 김동환이 북방의 서사와 함께 식민지 조선의 현실을 폭넓게 그려내게 하였고 실제로 일정한 문학적 성취를 거둘 수 있게 하는 밑거름이 되었다.

특히 김동환이 끌고 들어온 북쪽의 변방과 광활한 대륙, 거칠고 험난한 자연환경, 여기에 오버랩되는 식민치하에 본격화되기 시작한 초기 유이민의 고통과 비애, 그리고 가없이 펼쳐지는 북방설원 속에서 장중한 남성적 어조로 펼쳐지는 서사 등 북방을 매개로 한 소재와 양식의 새로움은 방향성을 잃고 혼류하는 1920년대 시단에 새롭고 낯선 충격을 일으켰다. 또한 그를 우리 근대시사에 확고히 자리매김하게 하였다. 이러한 장점은 김동환의 시세계 전반에 걸쳐 지적되는 낭만주의적 경향의 완전한 극복 실패, 미숙한 미학적 완결성과 민족의식, 친일문제 등 많은 문제점으로부터 일정한 거리를 확보하게 만들거나 일정 부분 상쇄하고 그의 문학적 성과를 논의토록 만드는 부분이기도 하다.

낭만주의를 비롯한 여러 서구 문예사조들이 혼류하는 가운데 허무주의와 상징주의의 영향을 받은 섬약한 여성취향의 서정시들이 많이 쏟아져 나오던 때에 이례적인 출발을 하여 단숨에 문단의 주목을 받으며 출발한 김동환의 시세계는 크게 3기로 구분할 수 있다. 파인의 시세계 구분에 있어서는 연구자들 사이에 조금씩 차이가 있으나 그의 시세계의 변모과정과 시대적 흐름을 대비하면서 거시적인 차원에서 조망하면 다음과 같다.

제1기는 1924년부터 1929년까지로 문단 데뷔에서부터 잡지 『삼천리』를 발행하기까지 기간이다. 이 시기에 파인은 대표작 『국경의 밤』을 비롯한 2편의 장편서사시와 북방을 배경으로 한 장엄한 북방시편들을 발표하였다. 경향파 시인을 자처하며 경향파를 옹호한 평론들을 발표하여 프로문학의 중심에 섰다가 20년대 후반 카프에서 이탈하였으며 동시에 민요에 눈을 뜨고 민요가락에 향토적 서정을 담으려한 시기이기도 하다. 김동환은 1927년 카프 내에서 주도권을 쥔 도쿄에서 건너온 소장 볼셰비키, 즉 임화, 김남천, 윤기정 등의 이른바 '제3전선파'에 의하여 카프에서 제명당하였다. 이어 민족주의로 선회하였고 1929년 춘원 이광수, 주요한과 함께 『시가집』을 냈다. 이 시기 특징 가운데 하나로 "민족의식을 고취한 몇 편의 작품을 썼"으며 그의 "문학생애에서 가장 애국적인 문학활동"이 이루어졌다고 평가받기도 한다. 김동환 문학세계를 통시적으로 살펴 볼 때 중요한 작품과 주목해야 할 문학적 변화는 사실상 이 시기에 모두 집중되어 있다고 할 수 있다.

제2기는 『삼천리』의 편집인 겸 발행인이 되는 1929년부터 해방까지이다. 이 시기 파인은 잡지발행과 경영에 전념하면서 20년대의 격정적인 모습과는 달리 개인적 서정에 침잠하면서 민요시와 순수서정시 창작에 몰두하였다. 일제의 식민통치가 매우 가혹해진 1940년대 들어서는 「총, 1억 자루 나아간다」 「비율빈(比律賓) 하늘 위의 일장기」 등의 노골적인 친일시와 수필, 기행문 등을 발표하며 적극적으로 친일에 협조하는 훼절의 길을 걷는다. 1942년에는 서정시집 『해당화(海棠花)』를 출간했다.

제3기는 해방에서부터 1950년 납북까지 기간으로 여전히 서정적 민요시들을 주로 발표하였으며 일제가 패망하자 몇 편의 애국시를 발표하였다. 반민특위에 의해 공민권이 제약되는 상황 속에서 정중동하며 재기를 노렸으나 한국전쟁이 발발한 1950년 7월 납북됨으로써 끝내 파인의 문학적 생애는 종지부를 찍게 된다.

김동환의 문학사적 위치 그리고 김동환의 문학세계 등을 살펴 볼 때 모두 제1기에 중요한 방점을 찍을 수 있다. 이 시기에 그가 펼쳐 보인 북방이라는 낯설고 새로운 공간과 서사, 그리고 그것을 남성적이고 대륙적인 어조와 정서로 한국문학의 영역으로 끌어 들였다는 점은 동시대의 시인들과 김동환을 구분 짓고 또 돋보이게 하는 지점이다. 김동환이 "근대 초기시단에 보기 드문 장중한 남성적 어조로 황량한 설원 북극의 정서를 노래하여 고향을 떠난 이들의 향수를 자극하고 민족사의 비극을 일깨웠"으며 이로써 "다기한 사조의 혼류 속에 방향을 잡지 못하고 부유하던 당대의 기성문단에 충격적인 반향을 불러일으켰다"는 평가가 그것을 뒷받침한다. 한국문학의 공간으로 취급되지 못했던 북방이라는 공간을 대륙적이고 남성적인 어조로 강렬하게 노래하며 험준한 자연환경과 식민치하의 민족 수난사를 오버랩 시키는 시편들이 보이는 김동환의 특장은 시인으로서의 그의 자리를 분명히 매김하고 있다. 북방공간을 배경으로 김동환이 선보인 북방시편들은 소재의 새로움과 함께 북방서사를 담은 서사시라는 형식 또는 양식의 혁신을 가져옴으로써 문학사적으로 중요한 의미를 갖는다고 할 수 있다.

김동환 ▸▸

1901년(1세) 9월 27일, 함경북도 경성군 오촌면 수송동 89번지에서 과수원과 중학교 등을 경영하는 강릉 김씨 김석구(金錫龜)와 독실한 기독교 신자인 장흥 마씨 마윤옥(馬允玉) 사이의 4남 3녀 중 3남으로 태어나다. 아명은 삼룡(三龍 1926.10.14에 법적 개명하기까지 호적명). 호는 파인(巴人), 연공(鳶公). 필명으로 강북인(江北人), 금파인(金巴人), 파인생(巴人生), 창랑객(滄浪客), 초병정(草兵丁), 목병정(木兵丁), 석병정(石兵丁)(추정), 화병정(火兵丁)(추정), 초사(草士), 한양과객(漢陽過客), 강서산인(江西山人), K.W.H. 등을 사용하다. 창씨명은 백산청수(白山靑樹)이다.

1910년(10세) 한일합방 후, 망국의 울분으로 부친은 경영에 참여하고 있던 경성 소재 함일(咸一)학교에 소유하고 있던 승암산 아래 옥토 1만 여평(지금 경성역 터)을 희사한 후 북간도, 러시아 등으로 떠나 가사를 돌보지 않다. 모친이 빈한한 생활과 자녀 양육을 맡다.

1912년(12세) 경성보통학교를 졸업하고 가난한 집안 형편으로 경성군청에서 일하다.

1913년(13세) 해삼위로 건너가 부친을 찾아 방황하다. 17세인 1917년에도 북간도와 아령(俄領) 등지를 유랑하다.

1920년(20세) 서울 중동중학교 4학년 재학 시인 10월, 학생들이 집필자이자 편집인이었던 『학생계』지 현상시 공모에 시 「이성규(異性叫)와 미(美)」가 1등으로 당선하다.

1921년(21세) 3월, 중동중학교(5년제)를 졸업하고 일본 도쿄에 있는 도요(東洋)대학 문화학과에 입학, 고학하다.

1922년(22세) 1922~23년 9월, 도쿄 유학생들이 창립한 재일조선노동총연맹 중앙집행위원으로 일하다.

1922년(23세) 9월 1일, 도쿄 일대를 강타한 관동대진재로 3학년 재학 중 학업을 중단하고 귀국하다.

1924년(24세) 5월, 양주동 추천으로 『금성』에 시 「적성(赤星)을 손가락질하며」로 등단하다. 9월, 함북 나남시 소재, 경성일일신문사의 조선문판 기자가 되다. 1924년 10월~25년 5월, 동아일보사 사회부 기자로 활동하다.

1925년(25세) 3월 25일, 첫 시집 『국경(國境)의 밤』을, 12월 25일 서사시집 『승천(昇天)하는 청춘(青春)』을 상재하다. 각 신문사 사회부 기자 친목회인 철필구락부 회원이 되었고 1925년 6월~1926년 8월, 시대일보사 사회부 기자로 활동하다.

1926년(26세) 2월 24일, 극단 '백조회'에 참여하다. 3월 14일, 원산시 진성여학교 교원으로 북간도 용정 소재 명신여학교 등에서 교원생활을 한 신원혜(申元惠, 1903.4.5~1993.3.18)와 함북 경성읍내의 청년회관에서 결혼식을 올리고 아내에게 '백구(白鷗)'라는 예명을 지어주다. 5월 6일, 경성변호사 신문기자 유지연맹 실행위원, 1926년 11월~1927년 5월, 중외일보사 사회부 기자로 재직하다.

1927년(27세) 1월 25일, '불개미극단'을 창단하였고 7월, 극단 '종합예술협회'에 참여하다. 5월~1929년 12월, 조선일보사 사회부 기자, 사회부 차장으로 활동하다. 10월, 전위기자동맹 총무부원이 되다. 카프의 주도권을 쥔 임화, 김남천, 윤기정 등 제3전선파에 의해 카프에서 제명당하다.

1929년(29세) 2월 22일, 조선가요협회 창립에 참여하여 선전부 간사가 되다. 조선총독부가 출입기자들에게 제공한 촌지로 6월 삼천리사를 창사하여 월간종합잡지 『삼천리』(1929.6~1942.1, 통권 152권)를 창간하다. 『삼천리』의 큰 성공으로 출판인의 길을 걷기 시작하다. 10월 30일, 이광수·주요한과 함께 3인의 『시가집(詩歌集)』을 삼천리사에서 간행하다.

1930년(30세) 1930~1931년 1년간 신간회 중앙집행위원으로 활동하다. 12월 18일, 경성부 서대문경찰서에게 검속되었다가 방면되다.

1931년(31세) 3월 17일, 서울잡지협회 집행위원이 되다. 이즈음에 최정희가 삼천리사에 입사하여 기자생활을 하다.

1932년(32세) 2월 5일, 평론집 『평화와 자유』를 삼천리사에서 간행하다. 10월 1일, 『삼천리』의 자매지인 여성월간잡지 『만국부인』(통권 3호)을 창간하다.

1936년(36세) 3월 15일, 『조선명작선집』을 편하여 삼천리사에서 발행하다.

1937년(37세) 7월경, "민족정신 운운……"이라는 글이 말썽이 되어 종로경찰서에 잡혀 유치장에 갇혔다가 한 달여 만에 풀려나다.

1938년(38세) 1월 1일, 순수문예계간지 『삼천리문학』(통권 2권)을 창간하다.

1939년(39세) 10월, 조선문인협회 간사가 되다.

1940년(40세) 일본군 경성헌병대 산하의 경성헌병분실에서 사회주의자라 하여 '요시찰인 특'으로 분류되어 해방 때까지 최상급의 감시 대상이 되다.

1941년(41세) 5월 30일 기행문집 『반도산하』를 삼천리사에서 간행하다.

1942년(42세) 2월, 삼천리사를 폐지하고 3월 대동아사를 세워 월간종합잡지 『대동아』(통권 3호, 1942.5~1943.3)를 창간하다. 5월 1일, 서정시집 『해당화(海棠花)』를 대동아사에서 간행하다.

1943년(43세) 1월부터 1950년 7월까지 삼천리사 기자 겸 편집장이었던 여류소설과 최정희와 동거하다. 3월경, 저명인사 100인으로 구성된 '100인 결사대'의 한 사람으로서 유인물(삐라)을 작성하고 이를 삼천리사에 숨겨두고 있었다는 혐의로 종로경찰서 형사에게 붙들려가 구타당하고 유치장에 들어갔다가 후에 제작자가 밝혀져 풀려나다.

1944년(44세) 12월, 종로경찰서에 체포되어 강원도 영월경찰서로 이송되었다가 풀려나다.

1946년(46세) 2월 1일, 조선민주당 대변인격으로 정당 활동하다. 12월 12일, 서울 종로구 적선동 183번지 소재 가옥이 화재로 전소되다. 후에 경기도 덕소로 이사하여 살다.

1948년(48세) 5월, 삼천리사를 재창사하고, 편집인 겸 발행인을 최낙종으로 하여 『삼천리속간』(통권 20호, 1948.5~1950.5)을 간행하다.

1949년(49세) 2월 28일, 반민족행위처벌법 위반 피의사건과 관련되어 반민족행위특별조사위원회에 자수하였으며 8월 공민권정지 5년이라는 비교적 중형을 선고받다.

1950년(50세) 4월 27일, 『총선거 정견집(상권)』을 삼천리사에서 간행하다. 7월 23일, 한국전쟁 때 서울에서 북한 정치보위부에 출두하였다가 납북되다.

1952년(52세) 4월 20일, 유고 수필집 『꽃피는 한반도』가 간행되다.

1958년(58세) 평남일보 교정원 및 제본원을 거쳐, 납북·월북 인사들로 구성된 재북 평화통일촉진협의회 중앙위원으로 일하다. 12월, 평안북도 철산지방의 집단수용소로 추방당한 후 생사불명이 되다.

1962년 3월 30일, 유고시집 『돌아온 날개』가 간행되다.

박종화 朴鍾和, 1901~1981

/진정석/

월탄 박종화는 1920년대 한국 근대문학 초창기의 주요한 개척자 가운데 하나인 동시에, 별다른 공백 없이 1980년대 초까지 활동을 지속한 보기 드문 장수 작가이기도 하다. 초창기 한국의 문인들이 대부분 지방 지주나 중인 계급 출신인 데 비해 박종화는 정통 양반 가문 출신의 순수한 서울 토박이이다. 그의 유년기에 큰 영향을 끼친 조부는 벼슬을 그만둔 뒤 종이 무역과 인쇄업에서 큰 성공을 거둔 인물이며, 그는 10여 년에 이르는 한문 훈육을 통해 풍부한 전통적 교양을 쌓은 뒤인 16세에야 비로소 휘문의숙(徽文義塾)에 입학하면서 신학문의 세계를 본격적으로 접하게 된다. 그의 재학 당시 휘문의숙은 민족주의적 기풍이 상당히 활발한 편이었으며, 박종화는 여기서 정백, 홍사용, 안석영, 김장환 등 많은 지우(知友)들과 만나게 된다. 전통적인 선비정신을 견지하며 역사소설을 통해 민족정신을 고취하려는 박종화 특유의 문학세계는 이러한 개인사적 배경과 수학 과정, 그리고 김동리의 표현대로 '유교, 특히 중용'에 이념적 근원을 둔 인간적, 작가적 성실성에서 비롯되었다고 할 수 있다.

'휘문문우회' 활동을 통해 문학에 대한 관심과 소양을 쌓아나가던 박종화는 김동인과 주요한이 주도한 동인지 『창조』에 큰 자극을 받고 휘문의숙을 졸업한 1920년 직후 동인지 발간 작업과 작품 발표를 병행하면서 본격적인 문학의 길로 들어서게 된다. 1920년 종합지 『서광』 창간호에 「평양행」이란 기행문을 발표한 것을 시작으로, 같은 해에 정백, 홍사용 등과 동인지 『문우(文友)』 창간호를 내고, 이듬해에는 변영로, 오상순, 노자영, 박영희 등과 함께 최초의 시 동인지 『장미촌(薔薇村)』을 발간하였으며, 1922년에는 다시 홍사용, 이상화, 나도향, 박영희, 현진건, 이상화 등과 함께 동인지 『백조』를 창간한 것이다. 1920년대의 박종화는 『백조』 동인들과 활발하게 교유하는 한편, 다양한 장르에 걸쳐 글쓰기를 시도하면서 점차 자신만의 개성적인 분야를 모색하기 시작한다.

근대문학 초창기의 문인 대부분과 마찬가지로 다양한 분야에서 활동한 박종화의 문학 이력은 대체로 시에서 평론을 거쳐 소설, 특히 장편 역사소설로 정착되는 양상을 보여준다. 『장미촌』 창간호에 발표한 「오뇌의 청춘」과 「우유빛 거리」 등 낭만적, 퇴폐적 정조와 우울한 감정이 두드러진 그의 초기 시세계는 1924년 첫 시집 『흑방비곡(黑房悲曲)』으로 일단락된다. 역사소설 창작에 주력하던 1930년대부터 그의 시계계에는 적지 않은 변화가 나타나는데, 초기 시의 퇴폐주의적 분위기가 사라진 대신 민족적 정취가 짙은 작품들이 씌어지기 시작한 것이다. 긍정적인 어조로 민족사와 문화 유산에 각별한 관심과 애정을 표한하는 두 번째 단계의 시들은 대부분 해방 직후에 발간한 시집 『청자부(青瓷賦)』에 수록된다.

비평의 형식으로 씌어진 박종화의 글은 10여 편에 불과하지만, 서구와 일본의 문학을 개론적인 차원에서 소개하는 소박한 비평이 주류를 이루던 1920년대 문단 상황에서 본격적인 실제비평을 의욕적으로 시도함으로써 김팔봉, 박영희, 임화 등의 전문적인 비평가들이 등장하기 이전에 한국 근대비평의 한 서막을 열었다고 평가된다. 박종화가 비평가로서 세간의 주목을 받는 계기가 된 글은 1922년 『백조』 2호에 발표한 「오호 아문단」이다. 약관의 문학청년이 당대의 대문호 이광수를 통박한 것으로 화제를 모은 이 평문은 당대의 시, 소설 작품에 대한 분석적 논평이 돋보이는 월평(月評) 형식의 첫 시도이기도 했다. 다음 해에 발표한 「계해 문단의 1년을 추억하여—현상과 작품을 개평하노라」에서는 "헐가(歇價)의 연애문학, 미온적인 사실문학"을 배격하면서 "역(力)의 예술을 가진자"가 되어야 한다고 주장하면서 이른바 '역(力)의 예술'을 제창한다. 『백조』 시절부터 절친했던 이상화와 박영희 등의 영향으로 신경향파와 계급문학의 대두를 예언한 셈이다. 그러나 박종화는 당시 전 세계를 휩쓸던 마르크스주의와 프로문학에 대해서는 일정한 거리를 갖고 비판적인 태도를 견지한다. 그러므로 '역의 예술론'에 담긴 박종화의 진의는 이광수류의 관념적 도덕론을 비판하면서 민족의 삶에 밀착한 강렬한 민족문학을 요청한 것이라고 할 수 있다.

민족에 대한 애정과 자부심, 그 이념적 체계로서의 민족주의는 박종화의 평생에 걸친 문학적 신념이었다. 그에게 민족과 역사를 떠난 문학은 존재할 수 없었으며, 그는 이러한 문학적 신념을 작품 창작뿐 아니라 문학외적 활동으로 적극적으로 표출하기도 한다. 일제 시기에는 탄압과 회유에도 불구하고 끝까지 창씨개명(創氏改名)을 하지 않고 문인보국대에도 참가하지 않았으며, 해방 이후에는 '조선문학가동맹'에 대항하여 우익에서 결성한 '전조선문필가협회' 부회장을 거쳐 1946년에는 '전국문화단체총연합회' 부회장으로 피선되는 등, 우익 문단의 중추적인 역할을 담당하기도 했던 것이다.

시와 소설, 그리고 평론과 수필 등 다양한 분야에서 활발한 활동을 펼쳐 나갔지만, 박종화 문학의 본령은 역시 역사소설 분야라고 할 수 있다. 역사에 대한 작가의 관심이 소설 장르를 빌어 드러난 최초의 사례는 1923년 『백조』 3호에 발표한 단편 「목 매이는 여자」이다. 신숙주의 변절을 소재로 하여 정사(正史) 이면의 인간적인 심리에 천착한 이 작품은 한국 최초의 역사소설이라는 평가를 받고 있기도 하다. 두 해 뒤인 1925년에는 다시 조선조의 명기 황진이를 소재로 한 「삼절부(三絶賦)」를 쓰기도 하지만, 박종화 역사소설의 본격적인 출발은 1936년 『매일신보』에 연재한 장편소설 『금삼(錦衫)의 피』부터라고 할 수 있다. 갑자사화(甲子士禍)의 전후 과정을 통해 연산군이 폭군이 될 수밖에 없었던 주변 정황과 심리의 과정을 드러낸 이 작품의 성공으로 박종화는 역사소설가로서 확고한 자리를 굳히게 되며, 이후로는 오로지 역사소설 창작에만 전념하게 된다. 병자호란을 소재로 민족의 수난과 항쟁을 국난 극복의 관점에서 그려낸 『대춘부(待春賦)』, 공민왕과 노국공주의 낭만적 사랑을 배경으로 고려의 고토(故土) 회복을 위한 노력을 비중 있게 다룬 『다정불심(多情佛心)』 등은 식민지 상황에서 역사소설을 통해 민족의식을 우회적으로 드러낸 대표작이라고 할 수 있다. 이광수, 홍명희, 김동인, 현진건 등 일제 시기의 대표적인 역사소설가들과 마찬가지로 박종화는 역사소설을 현실에 대한 간접적, 우회적 대응의 방식으로 인식하고 있었으며, 정사(正史)적 역사의 수용, 풍부한 낭만성과 대중성, 한학적(漢學的) 교양을 배경으로 한 유장한 고어투의 문체 등으로 다른 작가들과 구별되는 독특한 자기만의 위상을 확보하고 있다.

억압된 민족의식을 일깨우겠다는 뚜렷한 의도 아래 시작된 박종화의 역사소설 창작은 해방을 전후한 시기에도 지속된다. 흥선 대원군을 가운데 놓고 갑신정변과 갑오경장, 그리고 동학혁명에 이르는 숨 가쁜 역사의 격동기를 민족주의적 관점에서 그려낸 『전야』 『여명』 『민족』의 3부작이 그것이다. 해방 직후인 1947년에는 잠시 광주학생운동부터 해방까지의 최근세사를 배경으로 한 『청춘승리』를 창작하기도 하지만, 한국전쟁 이후에 박종화는 다시 자신의 본령인 역사소설 분야로 복귀한다. 그 가운데 가장 첫 손에 꼽히는 작품이 바로 『임진왜란』이다. 장장 3년의 기간 동안 무려 946회에 걸쳐 연재된 이 대하 장편에서 작가는 한국전쟁과 임진왜란을 결부시키면서 민족사의 일대 수난이었던 임재왜란을 침략자와 방어자의 선악 구도 아래 유장한 톤으로 그려낸다. 1950년대 이후 가장 인기 있는 신문연재물로 부각된 박종화의 역사소설 창작은 이후 『여인천하』와 같은 화제작을 비롯하여 자유당 정권의 부패와 혼돈을 광해군 시대와 연관시켜 그린 『자고 가는 저 구름아』, 그리고 그의 역사소설의 총결산에 해당하는 1970년대의 『세종대왕』에 이르기까지 계속된다. 한편 1964년부터 4년에 걸쳐 연재된 『월탄 삼국지』는 번역문학의 새로운 수준을 보여준 것으로 평가되기도 한다.

박종화는 역사소설 장르를 빌어 민족의식을 역사적 사실과 결부시켜 형상화하는 데 평생에 걸쳐 지속적인 노력을 기울였다. 비록 작가의 이념적 지향이나 작품의 예술적 성패 여부에 대한 논란이 없지는 않지만, 수십여 년 동안 줄곧 역사소설의 외길을 걸으며 방대한 분량의 대중적인 작품을 남겼다는 점에서 한국의 역사소설 장르에 대한 그의 기여는 특별한 것이며, 그의 역사소설은 1970년대 이후 융성기를 맞은 역사소설 창작에 일정한 기반을 마련했다고 평가할 수 있다. 낭만주의 문학운동의 선창자로 출발하여 민족주의 문학의 대표자로 전신(轉身)하고 장편 역사소설의 독특한 유형을 만들어낸 박종화는 60여 년에 걸친 장구한 창작활동 기간 동안 3권의 시집과 18편의 장편소설, 12편의 단편, 그리고 5권의 평론집, 수필집, 회고록 등의 성과를 남겼다.

1901년(1세) 10월 29일 한성(漢城) 남부 자암동(紫岩洞)에서 박대혁(朴大赫)과 안동(安東) 김씨(金氏) 사이에 3형제 중 차남으로 태어나다. 호는 월탄(月灘).

1905년(5세) 사숙(私塾)에 입학에서 이후 10여 년 동안 한학을 수학하다.

1916년(16세) 휘문의숙(徽文義塾)에 입학하다.

1917년(17세) 당시 18세인 김창남(金昌男)과 결혼하다.

1920년(20세) 휘문의숙(고등보통학교)를 졸업하다. 10월 동인지 『문우(文友)』를 창간하고 『서광』지에 시 「쫓긴 이의 노래」 등을 발표하다.

1921년(21세) 5월에 황석우, 변영로, 박영희, 오상순 등과 함께 시 동인지 『장미촌(薔薇村)』을 창간하다. 동지에 시 「오뇌(懊惱)의 청춘」 「우유(牛乳)빛 거리」 등을 발표하다.

1922년(22세) 1월에 홍사용, 이상화, 나도향, 박영희 등과 함께 문예동인지 『백조(白潮)』를 창간하다. 시 「밀실로 돌아가다」 「흑방비곡(黑房秘曲)」, 평론 「오호(嗚呼) 아문단(我文壇)」 등을 발표하다. 장남 돈수 출생하다.

1923년(23세) 『백조』 3호에 단편 「목매이는 여자」를, 『개벽』에 단편 「2년 후」를 발표하다.

1924년(24세) 『개벽』에 평론 『계해 문단의 1년을 추억하여」 「역(力)의 예술」 「갑자(甲子) 문단 종횡관」 등을 발표하다. 첫 시집 『흑방비곡』을 발간하다.

1926년(26세) 단편 「부세(浮世)」를 『조선문단』에, 단편 「여명(黎明)」을 『개벽』에 발표하다.

1929년(29세) 1월, 평론 「대전(大戰) 이후의 조선의 문예운동」을 『동아일보』에 연재하다.

1935년(35세) 장편 『금삼(錦衫)의 피』를 『매일신보』에 연재하다. 시 「석굴암 대불」 「청자부」 「백자부」 등을 『문장』에 발표하다.

1937년(37세) 단편 「아랑의 정조」를 『문장』에 발표하다.

1938년(38세) 장편 『금삼의 피』 『대춘부(待春賦)』를 발간하다.

1942년(42세) 장편 『다정불심(多情佛心)』과 『전야(前夜)』, 수필집 『청태집(靑苔集)』을 간행하다.

1944년(44세) 장편 『여명』을 간행하다.

1945년(45세) 12월, 전조선문필가협회 부회장에 피선되다.

1946년(46세) 전국문화단체총연합회 부회장에 선출되다. 장편 『민족』과 두 번째 시집 『청자부』를 간행하고, 장편 『홍경래』를 『동아일보』에 연재하다.

1947년(47세) 장편 『청춘승리』를 간행하다. 성균관대학교 교수에 취임하고 서울시 예술위원회 위원장에 선임되다.

1949년(49세) 5월에 한국문학가협회 회장에 피임되고, 6월에 서울신문사 사장에 취임하다.

1951년(51세) 전국문화단체총연합회 회장에 취임하다.

1952년(52세) 3월에 방중(訪中) 문화사절단 단장으로 대만을 방문하다. 『월탄문학선집』을 간행하다.

1954년(54세) 유네스코 한국위원에 임명되고, 예술원 회원과 예술원 회장에 연이어 피선되다. 서울신문사 사장을 사임하다.

1957년(57세) 장편 『임진왜란』을 발간하다. 성균관대학교에서 명예문학박사 학위를 받다.

1959년(59세) 장편 『여인천하』를 『한국일보』에 연재하다.

1962년(62세) 성균관대학교를 정년 퇴직하다. 대한민국 문화훈장 대통령장을 받다.

1963년(63세) 한국문인협회 이사장에 피선되다.

1964년(64세) 한국예술문화단체총연합회 회장에 피선되다. 『월탄 삼국지』를 『한국일보』에 연재하다.

1965년(65세) 장편 『자고 가는 저 구름아』을 출간하다.

1966년(66세) 제1회 '5·16민족상' 본상과 부상 백만원을 받다. 이 상금으로 '월탄문학상'을 제정하다.

1968년(68세) 『월탄 박종화 삼국지』 집필을 완료하다.

1969년(69세) 장편 『세종대왕』을 『조선일보』에 연재하다. 한국문인협회 이사장과 예술원 회장을 연임하다.

1970년(70세) 회고록 「20세기 한국의 증언」을 『한국일보』에 연재하다. 5월, 일본의 초청으로 도쿄에서 문학 강연을 하고, 오사카와 교토 등 일본 문화계를 시찰하다. 8월, 대한민국 국민훈장 무궁화장을 받다.

1971년(71세) 미국 로스엔젤레스에 문화 시찰을 다녀오고, 대만에서 개최된 아주(亞洲)작가대회에 한국대표로 참석하다.

1973년(73세) 호주 정부 초청으로 시드니 오페라 하우스 개관식에 참석하고 호주 문화계를 시찰하다.

1975년(75세) 한·중 예술연합회 회장에 추대되다. 충신동 자택이 도시계획으로 헐리게 되어 평창동으로 이사하다.

1976년(76세) 『월탄박종화대표작전집』을 발간하다.

1977년(77세) 장편소설 『세종대왕』을 간행하다.

1978년(78세) 『월탄 박종화 삼국지』 개정판을 발간하다.

1979년(79세) 회고록 『역사는 흐르는데 청산은 말이 없네』를 간행하다.

1981년(81세) 1월 13일 숙환으로 평창동 자택에서 별세하다.

심훈 沈熏, 1901~1936

/이상경/

심훈은 36년간의 길지 않은 삶을 시인, 소설가, 영화인으로 각 분야에서 의미있는 족적을 남겼다. 민족의 해방을 강렬하게 열망한 시 「그날이 오면」의 시인이며, 스스로 영화 배우와 감독, 작가를 겸한 영화인으로서 사회주의에 대한 관심을 지속적으로 가지고 있었지만 더 많은 민중에게 쉽게 다가갈 수 있는 예술이라는 견지에서 통속성이 강한 영화에 깊은 관심을 가졌고, 또 연애와 결혼 문제를 소재로 공동체적 이상을 추구하는 장편소설을 썼다. 3·1운동으로 감옥살이를 한 뒤, 중국 유학을 감행했고, 귀국 이후 염군사, 카프 맹원이 되었지만 곧 탈퇴한 뒤, 민중은 어떤 영화를 요구하는가 하는 문제를 놓고 카프의 한설야와 논전을 벌였다. 또 조선시대 명문 집안 출신으로서 일제시대 양반–귀족 가문의 신식과 구식이 착종된 생활 습속의 모순을 날카롭게 비판했다.

심훈은 1901년 9월 12일, 경기도 시흥군 북면 노량진리에서 태어났다. 아버지는 청송 심씨 심상정이다. 친가 외가 모두 조선조의 명문 양반 집안이기는 하지만 할아버지 때부터 은둔형 학자로 지내면서 중류 정도의 생활을 했던 것 같다. 본명은 대섭이다. 맏형 우섭(友燮)은 호가 천풍으로 『해왕성』 같은 신소설을 썼고, 1910년대에는 매일신보사 기자를 지냈다. 이광수의 『무정』의 신우선의 모델이 된 인물로도 알려져 있다. 풍류에 빠져 방탕한 생활을 하고 신문사를 경영하다 실패하는 등으로 심훈과 사이가 그리 좋지는 않았던 듯하다. 누이 원섭은 조혼의 희생자로 심훈의 마음을 아프게 했다. 둘째 형 명섭(明燮)은 뒤에 감리교회 목사가 되었고 해방 후 심훈의 시집 『그날의 오면』을 펴냈다.

심훈은 1917년에 두 살 위인 전주 이씨와 조혼했다. 장인인 이건용은 음직으로 시작하여 대한제국기 1906년에는 순창 군수로 있으면서 최익현의 의병부대를 진압하기도 했던 인물이며, 처남이 된 이해승은 먼 친척인 왕족 이한용의 양자로 들어가서 일제로부터 후작이란 작위를 받았고, 나중에는 패륜 및 친일로 신문지상에 이름이 오르내린 인물이다. 이런 가족 관계에서 심훈은 양반가에서 성행하던 양자 제도의 모순에 민감했고, 봉건적인 조혼제도의 억압과 비인간성을 누구보다도 잘 알았다. 구여성으로 조혼의 희생자인 누이와 자기 부인의 처지를 깊이 동정하였다. 뒤에 조혼한 부인에게 이해영이란 이름을 지어주고 완고한 어른들에게 부탁하여 진명여학교에 입학시켜 신교육을 받게 할 정도였다. 이런 개인적 체험으로부터 『불사조』와 『직녀성』같은 일제시대 양반-귀족들의 모순과 몰락을 생생하게 포착하는 작품을 썼다.

심훈은 서울 교동보통학교를 나와 1915년 경성제일고보에 입학했으나 일본인 교사에 불만을 품고 백지 시험지를 내어 유급을 당하는 등 공부 잘하는 모범생이라기보다는 나서기를 잘하는 호탕한 성격으로 적극적이고 능동적인 학생이었다고 한다. 1919년 3·1운동에 참가하여 3월 5일 밤 일본 경찰에게 체포되었고 학교에서도 퇴학당했다. 6개월 정도 서대문형무소에서 두 칸도 못 되는 방에서 목사, 시골 노인, 또래 학생 등 19명과 함께 있으면서 늙은 천도교인의 죽음을 목도했다. 감옥 체험과 노인의 죽음은 「찬미가에 싸인 원혼」(『신청년』 3호, 1920.8)으로 표현되었다. 이 시기 그의 민족의식의 틀이 형성되었을 것이다. 1920년 10월에는 『공제』 2호의 '현상노동가모집'에 심대섭의 이름으로 시 「노동의 노래」를 응모했고 이것이 정(丁-3등 정도)에 당선되어 실렸으니 이 시기 이미 사회주의에 대한 초보적인 의식도 가졌던 것으로 보인다.

감옥에서 나온 심훈은 문학을 공부하기 위해 일본에 가고 싶었다. 그러나 여러 사정이 여의치 않아 포기하면서 오히려 서양으로 직접 유학을 가고 싶어 영어공부에 열을 올렸다. 그런 점에서 심훈의 중국행은 서양을 가기 위한 준비과정이었겠지만 서양유학은 이루지 못하고 1920년 초겨울에 중국 봉천(지금의 심양)을 거쳐 북경으로 갔다. 이때 변장하느라고 처음 둥근 테의 로이드 안경을 썼다고 한다. 곧 상해, 남경을 거쳐 항주의 지강대학(之江大學)에 입학했다. 이후 상해와 항주를 오가며 문학을 공부하는 한편 연극에도 깊은 관심을 기울였다. 중국에서 심훈은 민족주의자 이동녕과 이시영, 무정부주의자 신채호와 이회영, 공산주의자 여운형과 박헌영 등과 두루 교류하면서 사회주의 사상의 세례를 받았다.

1923년 귀국하여 신극연구단체인 '극문회'를 조직하고 염군사 연극부에 가담하는 등 연극에 관심을 가졌다. 그 연장선상에서 염군사와 파스큘라의 합동으로 카프가 결성될 때 발기인으로 참가했지만 그 이듬해에는 이탈한 것으로 보인다. 1924년 동아일보사에 입사했지만 이듬해 곧 기자들의 임금 인상을 요구한 '철필구락부 사건'으로 동아일보에서 해직되었고 이때부터 영화에 적극적인 관심을 보이게 된다. 1924년에 이해영과 이혼하는데 1920년의 일기에서 "나는 어떠한 수단으로든지 아내를 공부시키리라"고 맹세하고 실천도 했지만 결국은 그 아내와 이혼하고 나중에 신여성과 재혼하게 된다. 아내에 대한 미안함과 속죄 의식 등이 『불사조』와 「직녀성」으로 작품화되었다.

영화인으로서 심훈은 1925년 『장한몽』의 이수일 역을 대역하는 배우로 영화계에 데뷔했다. 1926년에 쓴 영화소설 『탈춤』(『동아일보』, 11.9~12.16)은 특이하게 삽화 대신 나운규, 김정숙, 주삼손 등의 배우의 연기 사진을 실었는데 연재가 끝나면서 계획된 영화제작에 차질이 생기자 1927년 봄에 일본으로 영화유학을 갔다. 교토의 일활(日活)촬영소에서 영화 제작 기술을 익히는 동안 윤석중과 함께 『탈춤』을 각색했고 일본 영화 〈춘희〉에 엑스트라로 출연하기도 했다. 6개월 만에 귀국해 영화 〈먼동이 틀 때〉의 각본과 감독을 맡았다. 원제는 '어둠에서 어둠으로'이었으나 일제의 검열 과정에서 제목이 바뀐 이 영화는 10월 26일 단성사에서 개봉하여 나운규의 〈아리랑〉 다음으로 성황을 이루었다고 한다. 1928년 〈먼동이 틀 때〉가 계급투쟁의 무기가 되지 못하고 있다고 비판하는 한설야에 맞서 심훈은 평론 「우리 민중은 어떠한 영화를 요구하는가?를 논하여 만년설 군에게」를 썼다. 영화와 문학의 경계를 강조하고, 문학보다 더 검열이 가혹한 영화의 현실에서 영화에 과도한 민족주의를 내세우거나 계급의식을 담으려는 것은 실천가능성 없는 공론이기에, 어느 시기까지는 대중에게 위안과 오락이 될 수 있는 영화를 만들자는 것이다. 그리고 검열로부터 상대적으로 자유로우면서 대중에게 절박한 문제인 연애, 결혼, 양성 평등 문제 등을 제재로 사회의 모순을 폭로함으로써 대중을 교화할 수도 있을 것으로 보았다. 이런 입장은 그의 소설 작업에도 관철되었다.

시인으로서 심훈은 거칠지만 격정적인 항일시 「그날이 오면」으로 대표된다. 1930년 3월 1일에 썼다고 부기되어 있지만 1932년 5월 잡지에 발표된 이 시는 발표 당시는 '단장(斷腸) 2수–구고(舊稿) 중에서'라고 하고 특별한 제목 없이 「독백」과 함께 실렸는데 뒤에 심훈이 시집을 편집하면서 '그날이 오면'이라는 제목을 붙였다. 얼마 뒤 심훈이 1919~1932년 사이에 쓴 시들을 모아 『심훈시가집』을 내려했을 때는 이 시를 비롯한 너무 많은 작품이 일제의 검열에서 삭제 명령을 받아 출간할 수 없는 상태가 되어버렸다. 심훈이 죽고도 한참 지난 1949년에 둘째 형 명섭이 심훈이 편집해 검열에 넣었던 원고를 바탕으로 시집 『그날이 오면』을 출간했다. 뒤에 이 원고가 영인 출간되어(『그날이 오면』(영인본), 심훈기념사업회, 2000) 당시의 가혹했던 검열의 실상을 생생하게 전하고 있기도 하다.

소설에서도 심훈은 연애, 조혼, 양자 제도 등 가정사와 남녀 간의 문제를 중심으로 거기에 사회주의자나 민족주의자의 활동과 양반–귀족, 식민지 부르주아의 모순적이고 타락한 생활을 대비시키는 서사를 구성했다. 첫 장편 「동방의 애인」(1930)은 중국 유학 시절의 체험을 바탕으로 했다. 두 청년이 중국으로 망명하여 벌이는 비밀 조직 활동과 그들의 연애 이야기는 주인공 박진이 모스크바 국제당 대회에 참가하는 장면에서 일제의 검열에 걸려 연재가 중단되었다. 이런 박진의 궤적에는 당시 상해를 오갔던 박헌영의 흔적이 묻어 있는데 일찍이 심훈은 1927년에 쓴 것으로 되어 있는 시 「박군의 얼굴」에서 고보 동창이던 박열과 박헌영에 고투를 높이 평가한 바 있다. 1931년에는 같은 신문에 『불사조』를 연재하다가 역시 게재 정지 처분을 받았다. 물려받은 재산을 탕진하는 양반 아버지와 독일 유학에서 돌아와 연애행각만 벌이며 무위도식하는 아들, 그들에 희생되는 구여성 며느리를 중심인물로 하여 양반 가문의 문제를 다루었고 조혼에 희생된 구여성과 새로운 사상의 영향을 받은 노동 계급의 연대를 모색하는 지점에서 중단되었다.

1933년의 장편소설 『영원의 미소』는 사상적 동지였던 남녀가 감옥살이를 하고 나와 남자는 신문배달부로, 여자는 백화점 점원으로 일하면서 서로 사랑하게 되고, 돈 가진 자의 억압과 유혹을 이겨내고 마침내 함께 농촌으로 가서 농민운동을 펼치기로 한다는 소설이다. 그러나 그들의 사상적 지향은 단지 하나의 장식으로만 처리되고 소설의 인물들은 우연적인 사건과 연애 관계 속에서 방황하는 것으로 되었다.

1934년에 심훈은 자신의 첫 번째 부인을 모델로 하여 봉건적인 가족제도와 조혼이 여성에게 가하는 억압을 꼼꼼하게 묘사한 장편소설 『직녀성』을 발표했다. 『불사조』에서 제기했던 문제를 발전시킨 것으로 『직녀성』은 봉건적 인습에 찌든 양반 가문에서 이루어지는 여성학대와 그것이 상대방 남성까지도 황폐화시키는 과정을 묘사하여 문물제도의 근대화 속에서도 의연히 남아 있는 봉건적 모순을 비판한 점에서 성과를 거두었다. 심훈 소설 가운데서는 장편소설의 내적 형식을 가장 잘 갖춘 작품으로, 일제 시대 양반-귀족 가문의 신식과 구식이 착종된 생활 습속을 그 집안에서 제일 하층에 속한 며느리의 눈으로 보여주고, 또한 구여성과 신여성의 다양한 층위를 보여준다는 점에서 여성 내부의 '차이'에도 주목한 작품이다. 구여성이 노동계급과 연대하여 사회주의적 공동체를 꾸린다는 결말은 중도 좌파 민족주의자 심훈의 있어야 할 것에 대한 희망이 투영된 것이고 그런 점에서 현실성을 가지기는 어렵다. 그러나 이런 지향이 있음으로 해서 당대를 살아간 신여성이나 작가들이 쉽게 빠지는 현모양처 이데올로기의 함정에 빠지지 않을 수 있었다.

1928년 조선일보사 입사, 1931년 퇴사, 1933년 말 잠시 동안 조선중앙일보사 근무 등을 거쳐 충남 당진군 부곡리에 자리를 잡은 심훈은 당시 경성농업학교 출신인 조카 심재영이 주도하던 '공동경작회' 회원들과 어울려 지냈다. 그때의 생활을 소재로 창작한 장편소설 『상록수』가 동아일보 발간 15주년 기념 현상모집에 당선되었다. 1870년대 러시아 지식인들의 나로드니키주의를 사상적 기반으로 하여, 농민을 수탈하는 고리대금업주와 친일지주에 맞서 문맹퇴치운동과 공동경작사업을 벌이는 주인공들의 열정과 헌신성이 부각된 이 소설은 발표 당시부터 많은 독자의 호응을 받았다. 문화적 계몽운동에 몰두한 여성 주인공과 그것을 넘어서 경제적 사상적 운동으로 나아가고자 하는 남성 주인공의 노선 갈등까지 포착했지만, 각 계급간의 사회적인 관계에까지 깊이 천착해 나가지 못한 것은 대중에게 오락과 위로를 주면서 약간의 '교화'를 이루고자 한다는 점에서 심훈 자신의 예술관의 성과와 한계가 최대치로 드러난 작품이기도 하다.

『상록수』의 단행본 출간과 영화화를 위해 애쓰다가 얻은 장티프스로 1936년 9월 16일 심훈은 짧지만 열정적인 생을 마감했다.

심훈 ▸▸

1901년(1세) 9월 12일, 경기도 시흥군 북면 노량진리(현재의 서울 노량진동)에서 아버지 청송 심씨 심상정과 어머니 해평 윤씨 사이의 삼남 일녀의 막내로 태어나다. 본명은 대섭(大燮)이고 중국에 있을 때는 백랑(白浪)이라는 필명을 쓰기도 했다.

1915년(15세) 서울 교동(校洞) 보통학교를 졸업하고 경성 제1고등보통학교(지금의 경기고교)에 입학하다. 윤극영·조재호·박열·박헌영이 이때의 동창이다.

1917년(17세) 3월 두 살 위인 전주 이씨와 조혼하다. 이 해 학교에서 일본인 수학 교사와의 알력으로 백지(白紙) 시험지를 낸 사건으로 수학에서 낙제하여 유급을 당했다.

1919년(19세) 3·1운동 때 남대문 앞에서 가담. 3월 5일 밤, 경성 헌병대에 체포되어 투옥되다. 6개월 정도 서대문형무소에 있다가 9월 경 석방된 것으로 보인다. 이 사건으로 학교에서 퇴학당하다. 이때 옥중에서 어머니에게 몰래 써 내보낸 글이 「감옥에서 어머님께 올린 글월」이다.

1920년(20세) 문학수업에 뜻을 세우다. 1월 3일부터 6월 1일까지 약 5개월간의 일기가 남아 있다. 8월 「찬미가에 싸인 원혼」(『신청년』 제3호)를 발표하다. 3·1운동 관련으로 감옥에 있을 때 함께 있던 노인의 죽음을 소재로 한 짧은 소설이다. 10월 시 「노동의 노래」(『공제』 제2호)를 발표했다. 초겨울에 중국 봉천(지금의 심양)을 거쳐 북경으로 갔다. 처음에는 일본 유학을 계획했으나 여의치 않았다고 한다. 북경에서 심훈은 우당 이회영, 단재 신채호 등의 항일 망명객을 만났다.

1921년(21세) 2월 북경을 떠나 중국의 상해, 남경을 거쳐 항주의 지강대학(之江大學)에서 문학을 공부하는 한편 연극에도 깊은 관심을 기울이다.

1923년(23세) 중국에서 귀국하다. 최승일, 김영팔 등과 신극연구단체인 극문회를 조직하는 한편, 프로문학운동을 표방한 '염군사' 연극부에 가담하다.

1924년(24세) 10월, 동아일보사 기자로 입사했다. 당시 『동아일보』에 연재되던 『미인의 한』(8.28~11.8)이란 번안소설의 후반부 번안을 맡아 쓰다. 윤극영이 조직한 소녀합창단 '따리아회'의 후원회원도 하다. 아내 이해영과 이혼하다. 자식이 없다는 것이 이혼의 이유였으나 역시 조혼의 굴레에서 벗어나기 위한 것으로 짐작된다.

1925년(25세) 영화『장한몽(長恨夢)』의 이수일 역을 맡은 배우가 촬영 도중 행방불명되어 후반부에 그 대역을 맡아 영화배우가 되다. 5월에 '철필구락부 사건'으로 동아일보사에서 퇴직 당하다. 8월에 염군사와 파스큘라가 합동하여 카프가 결성될 때 발기인으로 참가하였으나 그 이듬해에는 탈퇴한 것으로 보인다.

1926년(26세) 연초부터 8개월간 근육염으로 입원하다. 11월 영화소설 『탈춤』을 동아일보」(11.9~12.16)에 연재하다. 특이하게 삽화 대신 배우의 연기 사진을 싣다. 훈(熏)이란 필명도 이때부터 쓰기 시작하다.

1927년(27세) 일본 교토의 일활(日活)촬영소에 가서 영화 수업을 하고 일본 영화 〈춘희〉에 엑스트라로 출연하다. 6개월 만에 귀국해 영화 〈먼동이 틀 때〉를 각본과 감독을 맡아 제작, 10월 26일 단성사에서 개봉하여 당시 〈아리랑〉 다음의 성황을 이루었다고 한다.

1928년(28세) 조선일보사 기자로 입사하다. 7월 영화 〈먼동이 틀 때〉에 대한 한설야의 비판에 반박하며 자신의 예술관을 밝히는 평론 「우리 민중은 어떠한 영화를 요구하는가?를 논하여 만년설 군에게」(『중외일보』 1928.7.11~12)를 발표하다. 문학보다 더 검열이 엄혹한 영화 현실에서 '대중의 위로품'이 될 수 있는 예술을 만들 것을 주장하다. 11월 소년영화소설이라 이름 붙인 「기남의 모험」을 『새벗』에 발표하다.

1929년(29세) 3월 단편소설 「오월의 비상」을 『조선일보』(3.20~21)에 발표하다.

1930년(30세) 10월부터 중국 체험을 바탕으로 첫 장편소설 『동방(東方)의 애인』을 연재하다가 검열로 중단되다(『조선일보』 10.29~12.10). 12월 24일 따리아회의 회원이었던 신여성 안정옥과 재혼했고 그 사이에 세 아들을 두다.

1931년(31세) 조선일보사를 퇴직하고 경성방송국 문예 담당 프로듀서로 취직했으나 3개월만에 추방당하다. 8월에 장편소설 『불사조』를 연재하다가 검열로 중단되다(『조선일보』 8.16~12.29).

1932년(32세) 5월 시 「그날이 오면」을 『신생』에 발표하다. 10월경 그동안 썼던 시들을 모아 『심훈 시가집』을 내려 했으나 일제의 검열로 너무 많은 부분이 삭제되는 바람에 출판이 좌절되다. 양친이 있던 충남 당진군 송악면 부곡리로 내려가다.

1933년(33세) 7월 『영원의 미소』를 『조선중앙일보』에 연재하다(1933.7.10~1934.1.10). 8월 조선중앙일보사 학예부장으로 입사해서 자매지 『중앙(中央)』의 창간(11월)과 편집에도 간여했으나 4개월 만에 퇴사하다.

1934년(34세) 3월부터 장편소설 『직녀성(織女星)』을 『조선중앙일보』에 연재하다 (1934.3.24~1935.2.26). 전 부인 이해영(李海映)을 모델로, 일제시대 양반-귀족 가문에서 자행되는 조혼, 양자제도 같은 봉건적 인습을 비판하고 구여성이 노동계급과 연대하여 새로운 삶을 모색하는 과정을 담은 작품이다.

1935년(35세) 1월 『영원의 미소』가 한성도서주식회사에서 단행본으로 발간되다. 9월 부곡리에서 조카 심재영이 주도하던 '공동경작회' 회원들과 어울려 지내면서 창작한 『상록수』를 『동아일보』에 연재하다(1935.9.10~1936.2.15). 이 작품은 브나로드 운동의 일환으로 동아일보사가 내건 창간 15주년 기념 현상 공모에 당선된 작품이다. 그 상금으로 '상록학원'을 짓다.

1936년(36세) 1월 단편 「황공(黃公)의 최후」를 『신동아』에 발표하다. 3월 『필경사잡기』란 제목으로 수필을 여러 편 발표하다. 그 중에는 단재의 죽음을 추모하는 「단재와 우당」(3.13~14)도 들어 있다. 4월부터 9월까지 펄벅의 『대지(大地)』를 번역하여 『사해공론』에 연재하다. 6월 심훈 자신의 감독으로『상록수』를 영화화하려고 출연배우와 스탭까지 확보했으나 뜻을 이루지 못하다. 8월 10일, 베를린 마라톤에서 손기정(孫基禎)이 우승한 쾌거를 보도한 호외지 뒷면에 시 「오오, 조선의 남아여!」를 썼는데 이것이 심훈의 마지막 글이 되었다. 8월 28일 홍명희가 서문을 쓴 단행본 『상록수』(한성도서주식회사)가 출간되었다. 9월 16일 오전 8시, 『상록수』 출판일 때문에 상경하여 출판사 2층에서 지내다가 얻은 장티프스로 대학병원에서 별세하다.

1949년 4월 25일 유고시 「광란(狂瀾)의 꿈」이 『동아일보』에 발표되다. 7월 시집 『그날이 오면』이 발간되다. 1932년의 『심훈시가집』 원고가 다행히 남아 있었던 것을 둘째 형 명섭이 정리하여 출간한 것이다.

1976년 7월 10일, 심훈을 기리는 '상록수기념탑'이 충남 당진에 건립되다.

1987년 당진군 전 차원에서 『상록수』의 작가 심훈의 유지를 기리고자 마련한 지역 축제 마당 '상록문화제'에 더해 '심훈문학상'이 제정 시행되다.

김말봉 金末鳳, 1901~1961

/이정숙/

김말봉(1901~1961)은 1930년대 중반에 흥미 중심의 통속성을 작품의 목표로 삼고 당당하게 등장하여 대중적으로도 성공한 작가이다. 그러나 당시의 대중적인 인기에 비해 이후 연구는 상대적으로 그렇게 많지 않은 편이다. 김말봉의 작품은 여성문학이나 대중문학의 차원에서, 시기는 30년대 후반에 초점을 맞추어 주로 연구되어 왔다. 이는 김말봉이 여성의 애욕 문제를 여성작가 특유의 섬세한 필치로 다루면서 대중문학적 흥미를 만족시켰으며, 한편으로 그녀의 대중적 인기와 문학적 성과가 가장 두드러진다고 평가된 『밀림』과 『찔레꽃』이 1930년대 후반에 발표된 작품이기 때문이다. 1930년대는 일제의 식민지 정책이 본격적으로 가혹해지고 악랄해지면서 검열의 강화, 카프 해체 후의 이념적 전향 등 상황의 악화로 인해 소설의 소재가 역사나 순수서정세계, 자연에의 회귀, 세태나 신변 등으로 그 방향이 선회되는 한편 사회적으로는 신문 잡지 등을 통해 상업주의적 저널리즘이 성숙해 있었다. 말하자면 당시의 신문들이 대중소설을 필요로 할 만큼 상업성을 지향했고 사회의 총체적 인식구조도 대중화 현상을 보이고 있었다. 따라서 이 시기 대중통속소설의 등장은 시대적 요청인 바, "드러내놓고 통속소설가로 자처"하는 김말봉에 대해 임화는 "예술소설의 불행을 통속소설 발전의 계기로 전화시킨" 작가로 평하면서 시대가 그녀를 기다리고 있었다고 표현하고 있다. 1930년대 후반 발표된 김말봉의 대표적인 작품들은 이러한 시대적 전후 관계 속에서 그 의미를 찾을 수 있다.

김말봉은 독실한 기독교인으로서, 기본적으로 인도주의적 사상을 가지고 대상을 바라보는데, 작품의 주제는 도덕성과 윤리, 생명을 중시하는 휴머니즘이 주를 이룬다. 다시 말해 기독교적인 박애정신을 토대로 한 인도주의적 사상을 작품을 통해 드러내는 것이다. 김말봉이 발표한 대부분의 작품에서 주인공들은 헌신 · 희생 · 사랑의 정신으로 역경을 인내하고 불의에 맞서 이겨내고 있기 때문이다. 그녀는 자신이 대중적인 작품을 쓴다는 것에 자격지심이 없었고 대중이 같이 느끼고 공감하는 작품을 쓰고자 했다. 1958년 『한국일보』에 「화관의 계절」 연재를 끝내면서 "대중소설이라면 으레 저급하다는 착각을 하지만, 대중이 얼마나 정의감에 불타고 있는가를 말할 필요가 없습니다"라며 자신의 대중관을 피력한 바 있다.

김말봉은 당시의 여류 작가들과 비교해 철저한 생활인이었고, 독자에게 답장을 보내지 않으면 마음으로 부채를 크게 느끼는 따뜻한 면을 지닌 인물이었다. 조연현의 「문예시대」에는 1·4후퇴 이후 부산에 피난 온 문인들이 김말봉에게서 많은 도움을 받은 사실이 기록되어 있는데, 이는 그녀의 후한 인심과 따뜻한 인간성을 엿볼 수 있는 대목이다. 부산 피난 시절 문인들의 이야기를 그린 김동리의 「밀다원 시대」에 등장하는 길여사는 바로 김말봉을 모델로 한 것이다.

김말봉은 1901년 4월 3일 부산 영주동에서 아버지 김윤중과 어머니 배복수 사이의 3자매 중 막내로 출생했다. 본명은 말봉(末鳳)으로, 이후 자신의 필명을 김보옥(金步玉)이나 김말봉(金末峰)으로 쓰곤 했다. 김말봉은 일신여학교를 수료하고 정신여학교를 졸업한 뒤, 황해도 재령의 명신학교에서 잠깐 교사 생활을 했다. 그리고 1920년 일본으로 건너가 쇼에이(頌榮)고등학교와 다카네여숙(高根女塾), 도시샤대학(同志社大學) 영문과를 졸업하고 1927년 귀국한 후, 1929년 중외일보(中外日報)사 기자 생활을 하기도 했다.

김말봉이 소설가로 자신의 이름을 문단에 드러내기 시작한 것은 1932년 『조선중앙일보』 신춘문예 당선작인 「망명녀」를 발표하면서부터이다. 1922년에 이미 평론 「이상향의 남녀 생활」(『신생활』, 8월호)과 수필 「일기 중에서」(『신생활』, 9월호)를 발표하기는 했지만 소설가로서의 본격적인 출발은 이때부터라고 할 수 있다. 작품세계의 출발점이라고 할 수 있는 「망명녀」는 주인공인 두 여성을 통해 희생과 사랑, 도덕과 의리를 강조함으로써 그녀의 문학세계를 조명하는데 많은 시사점을 주고 있는데, 기생에 대해 같은 여자로서 느끼는 우호적인 시각이 내재해 있으며 작가 특유의 주제인 기독교 정신, 박애 정신, 인도주의를 추구하고 있음을 알 수 있다. 이후 김말봉은 1934년 단편 「편지」, 1935년 단편 「고행」과 장편 『밀림』을 발표한다. 『동아일보』에 연재되었던 『밀림』 속편의 삽화를 담당했던 한무숙의 회고에 따르면 김말봉은 항상 원고쓰기에 쫓겨 대충 전개될 이야기를 듣고 거기에 알맞게 그렸을 뿐, 원고를 읽어보고 연재소설의 삽화를 그린 적이 없었다고 한다. 이 시절에 김말봉은 집필상 어려움으로 어린 네 아이들이 차례로 달려드는 것을 말한 바 있다. 그렇더라도 이런 일화는 그녀의 성격이 천진스럽고 충동적인 일면이 있음을 보여주고 있다.

김말봉은 1937년 『조선일보』에 자신의 출세작이자 대표작이라고 할 수 있는 장편 『찔레꽃』을 연재한다. 『찔레꽃』은 안정순이라는 아름답고 순진한 처녀가 가난과 역경 속에서도 자신의 순정을 지켜가고 정열적인 사랑을 이뤄가는 연애소설이다. 김말봉은 이 작품으로 '낙양의 지가'를 올리는 대단한 성공을 거두며 일약 저널리즘의 스타가 된다. 현재의 연구자들도 이 작품을 김말봉의 대표작으로 규정하는 데 대부분 동의한다. 물론 이 작품은 인물의 내적 갈등이 아닌 우연적인 사건의 뒤얽힘으로 스토리가 전개된다는 점, 안이한 감정 처리로 사건을 풀어나간다는 점에서 문제가 있다는 지적을 받는다. 하지만 『찔레꽃』은 당시 사회상의 문제점을 냉철하게 표현했다는 점에서 단순히 통속소설로만 볼 수는 없다. 『찔레꽃』에는 남녀의 애정 문제 이외에도, 남성 중심 사회와 농촌의 전통적인 허례허식에 대한 비판의식이 드러나는데 특히 농촌 사회에서 부농이나 중농이 몰락하는 과정을 상세히 형상화하면서도, 그 몰락 원인을 유교 사회의 허례허식에서 찾는다는 점에서 주목할 만하다. 이러한 점들은 김말봉이 당대의 현실을 어떤 방식으로든 작품을 통해 반영했다는 것을 의미한다. 이렇게 대중적인 흥미를 유발하면서도 현실에 대한 비판의식을 잃지 않았다는 점에서 『찔레꽃』의 의의를 평가할 수 있다.

한편 1937년에 김말봉은 두 번째 남편과 결혼한다. 김말봉은 1936년 첫 남편 전상범이 사망하는 사별의 아픔을 겪었다. 1933년에 결혼했으니 결혼한 지 채 삼 년밖에 안 되었던 때였다. 이후 홀로 아이들을 키우며 생활고와 싸우던 김말봉은 1937년 두 번째 남편인 이종하와 재혼, 이후 해방 전까지 작품 활동을 하지 않고 가정 일에만 전념한다. 해방 전까지 붓을 꺾은 이유는 일본어로 작품을 쓰도록 강요받던 시대에 대한 반발과 투철한 민족정신 때문이다. 재혼하여 얻은 딸이 작곡가 금수현과 결혼했으니 금수현의 아들인 지휘자 금난새의 외할머니가 되는 셈이다.

1945년 장편 『화려한 지옥』(일명 『카인의 시장』)을 『부인신보』에 연재하면서 작품 활동을 재개한 김말봉은 이후 신병 때문에 소설 집필을 그만두기 전까지 다수의 장편소설을 연재한다. 『별들의 고향』(1950) 『태양의 권속』(1952) 『파도에 부치는 노래』(1952) 『새를 보라』(1953) 『바람의 향연』(1953) 『푸른 날개』(1954) 『화초의 꿈』(1954) 『옥합을 열고』(1954) 『찬란한 독배』(1955) 『생명』(1956) 『푸른 장미』(1957) 『화관의 계절』(1957~1958) 『방초탑』(1957~1958) 『행로난』(1958) 『사슴』(1958) 『광명한 아침』(1958~1959) 『아담의 후예』(1958) 『환희』(1958) 『해바라기』(1959~1960) 『제비와 도령』(1959) 『장미의 고향』(1959) 『이브의 후예』(1960) 등이 있는 바, 그 창작활동이 매우 왕성했음을 알 수 있다. 사실 김말봉은 해방 이전 작품인 『밀림』이나 『찔레꽃』과 같이 신문연재 장편소설을 통해 작가로서의 명성을 얻었으니, 그녀의 주된 작업은 주로 장편소설에 치중되어 있음을 알 수 있다.

한편 해방 이후 김말봉은 사회 개혁 운동에 적극적인 관심을 보인다. 그녀는 작품을 통해서 사회적으로 짓눌린 여성에 대한 관심이 지대했을 뿐 아니라, 해방 이후 실제로 공창(公娼) 지대를 돌아다니며 그곳에서 일하는 여성들을 선도하기에 힘쓰는 한편, 교회 여성 모임에서는 공창제 폐지에 관해 열변을 토했으며, 사재(私財)를 털어 '박애원'을 경영하기도 했다. 장편소설 『화려한 지옥』은 공창 제도 폐지 문제를 주제로 다룬 것으로, 한국여성사의 측면에서 진지하게 검토할 필요가 있는 작품이다. 동자동 언덕에 거주하던 김말봉은 서울역 근처 양동과 도동에 널려 있는 유곽을 지나다니면서 이 작품을 집필했다고 한다. 작품을 통해 윤락녀들에 대한 인간적인 관심과 애정을 보여준 것은 비단 『화려한 지옥』뿐만이 아니라, 데뷔작 「망명녀」에서부터 지속되어온 것이다. 한편 김말봉의 여성운동가적인 면모는 기독교 장로회의 '여장로 안수 제도' 승인 과정에서도 확인할 수 있다. 독실한 기독교인이었던 김말봉은 교회 내의 여성

차별을 부당하게 여겨 '여장로 안수 제도'를 추진시켜 왔는데, 마침내 한국기독교장로회 헌법이 개정되어 1957년 12월 우리 나라 최초의 여장로로 안수받기도 했다. 그리고 같은 해 김말봉은 1957년 여성 최초로 대한민국예술원 회원으로 피선된다.

1960년 4월 폐암으로 세브란스병원에 입원하여 이때문에 마지막 장편 『이브의 후예』(『현대문학』, 4~5월)는 연재가 중단될 수밖에 없었다. 김말봉은 1961년 2월 9일 61세의 나이로 세상을 떠났고, 다음해 2월 9일 사망 1주기를 맞이하여 망우리 묘지에 김말봉의 묘비가 세워졌다.

김말봉은 장편 25편 외에 백여 편의 단편을 쓴 다작의 작가이다. 장편 중심의 그녀의 소설들이 대중소설의 한계를 보이는 것은 사실이지만 작품에 내재한 우연적인 사건 전개나 허술한 구성에도 불구하고 긍정적인 방향에서 인간이 추구해야 할 도리에 귀착했다는 점과 그녀의 작품들을 통해서 통속소설에 대한 진지한 고찰의 필요성이 환기되었다는 점은 김말봉 문학의 중요한 의의이다. 그녀의 문학세계는 기독교적 윤리관을 바탕으로 사랑의 본질을 추구하면서도 대중작가의 감각으로 바람직한 모델을 제시하려고 노력했으며 대중들의 도덕성에 일정한 기준과 방향을 제시했다는 점에서 그 의미를 찾을 수 있다.

김말봉 ▸▸

1901년(1세) 4월 3일 부산 영주동에서 부(父) 김윤중(金允仲)과 모(母) 배복수(裵福守) 사이의 3자매 중 막내로 태어나다. 본명은 말봉(末鳳). 필명은 김보옥(金步玉)이나 김말봉(金末峰)으로, 아호를 끝뫼나 노초(路草)로 썼다. 미국인 어을빈(魚乙彬) 부인이 경영하는 기독교계 소학교에서 초등학교 과정을 마치다.

1914년(14세) 일신(日新)여학교(現 동래여고) 입학하다.

1917년(17세) 일신여학교 3년 수료하다. 상경하여 정신(貞信)여학교 4년 편입하다.

1918년(18세) 서울 정신여학교(貞信女學校) 4년 졸업하다.

1919년(19세) 황해도 재령의 명신학교(明信學校) 교사 역임하다.

1920년(20세) 도일(渡日)하여 도쿄의 쇼에이(頌榮)고등학교 편입하다.

1921년(21세) 쇼에이고등학교 졸업하다. 다카네여숙(高根女熟) 입학하다.

1922년(22세) 평론 「이상향의 남녀 생활」(『신생활』, 8월호), 수필 「일기 중에서」(『신생활』, 9월호) 발표하다.

1923년(23세) 도쿄 다카네여숙(高根女塾) 졸업하다. 도시샤(同志社)대학 영문과 입학하다.

1927년(27세) 도시샤대학(同志社大學) 영문과 졸업, 귀국하다.

1929년(29세) 중외일보(中外日報)사 기자 역임하다.

1930년(30세) 수필 「비치는 대로의 최의순씨」(『철필(鐵筆)』, 8월호) 발표하다.

1932년(32세) 보옥(步玉)이란 필명으로 『중앙일보(中央日報)』 신춘문예에 단편 「망명녀(亡命

女)」가 당선되어 문단에 데뷔하다.

1933년(33세) 첫 남편 전상범(全尙範)과 결혼하다. 부산 동구 좌천동 794번지에 거주하다.

1934년(34세) 단편 「편지」(『신가정』)를 발표하다.

1935년(35세) 시 「오월의 노래」(『신가정』, 5월호) 「해바라기」(『신가정』, 9월호), 단편 「고행」(『신가정』, 7월호), 수필 「만리장공 속에 달만 홀로 달려」(『신가정』, 8월호) 「산타클로스」(『조광』, 12월호) 발표하다. 장편 『밀림』(『동아일보』, 1935.9.26~1938.2.7)을 연재하다. 『밀림』의 삽화는 청전 이상범, 정현웅, 한무숙, 노수현 등이 담당하다.

1936년(36세) 첫 남편 전상범 사망하다. 이해에 수필 「5월은 내 사랑의상징」(『조광』, 5월호) 발표하다.

1937년(37세) 이종하(李鍾河)와 재혼하다. 부산 초량동 814번지 거주하다. 장편 『찔레꽃』을 『조선일보』(3.31~10.31)에 연재하다. 부산에 거주하는 지역적 한계성을 넘어 '낙양의 지가'를 올리는 성공을 거두다. 수필 「잠꼬대」(『소년』, 10월호)를 발표하다. 이후 해방되기까지 작품 활동을 하지 않고 가정 일에만 전념하다.

1945년(45세) 서울 중구 동자동 18의 20으로 이주하다. 장편 『화려한 지옥』(일명 『카인의 시장』)을 『부인신보』에 연재하다. 한편 해방 이후 사회개혁운동에 적극적인 관심을 보여, '박애원'을 경영하고 공창폐지 운동에 앞장 서다.

1949년(49세) 하와이를 시찰하다. 단편 「성좌는 부른다」(『연합신문』, 1월) 「낙엽과 함께」(『신여원』, 3월호), 평론 「여성과 문학」(『서울신문』, 8.6~8.7) 「공창 폐지와 그 후의 대책」(『민성』, 10월호) 「낙엽과 주검」(『연합신문』, 11.9~11.11) 발표하다.

1950년(50세) 6월 하와이에서 귀국하다. 9·28수복 이후 부산으로 피난하여 수정동에 거주하다. 장편 『별들의 고향』, 수필 「양여사와 나의 아라비안 인사」(『부인』, 2월호)를 발표하다. 한국전쟁 당시 부산에 피난 와 있던 문인들을 많이 도와주다. 김동리의 「밀다원 시대」에 길여사의 모델로서 그 인정과 후한 인심을 보여준다.

1951년(51세) 중편 「꽃과 뱀」(문연사), 단편 「합장」(『신조(新潮)』, 6월호)을 발표하다.

1952년(52세) 장편 『태양의 권속』(『서울신문』, 2월~7월) 『파도에 부치는 노래』(『희망』)를 연재하다. 단편 「어머니」(『신경향』, 1월) 「망령」(『문예』, 1월) 「어머니의 책」(『새벗』, 1월) 「씨름」(『소년세계』, 12월) 「호배추와 달걀」(『새벗』), 수필 「하와이 야화」(『신천지』, 3월) 「멀리 떠나 있는 남편」(『신천지』, 5월)을 발표하다. 9월 베니스에서 개최된 세계예술가대회에 한국 대표로 참가하다.

1953년(53세) 서울 동자동 자택으로 이사하다. 장편 『새를 보라』(『영남일보』) 『바람의 향연』(『여성계』) 연재하다. 단편 「바퀴소리」(『문예』, 2월) 「신랑과 신부와 화살과」(『학원』, 2월) 「은순이와 메리」(『새벗』, 10월) 「전락의 기록」(『신천지』, 8월), 수필 「딱한 문제」(『신천지』, 6월) 「내 아들 영이」(『문예』, 9월) 발표하다.

1954년(54세) 장편 『푸른 날개』(『조선일보』, 3.26~9. 13) 『화초의 꿈』(『학원』) 『옥합을 열고』(『새가정』)를 연재하다. 단편 「파란 지갑」(『학생계』, 4월) 「이슬에 젖어」(『현대공론』, 12월), 수필 「나의 청춘기」(『중앙일보』, 8.1) 「농촌 부녀에게 부치는 편지」(『노향』, 3월)를 발표하다.

1955년(55세) 미 국무성의 초청으로 미국을 시찰하다. 장편 『찬란한 독배(毒盃)』(『국제신보』), 수필 「욕망의 노우트」(『사상계』, 3월) 「아메리카 3개월 견문기」(『한국일보』, 12.8~12.13)를 연재하다.

1956년(56세) 미국에서 귀국하다. 장편 『생명』(『조선일보』, 1956.11~1957.9) 연재하다. 단편 「사랑의 비중」(『여원』, 4월) 발표하다. 수필 「미국에서 만난 사람들」(『한국일보』, 11.18~11.23) 「미국 기행」(『연합신문』, 11.26~12.6)을 연재하다.

1957년(57세) 기독교 장로교회에서 우리 나라 최초의 여성 장로로 피선되다. 대한민국예술원 회원에 당선하다. 장편 『푸른 장미』(『국제신보』) 『화관의 계절』(『한국일보』, 57.9~58.5) 『방초탑(方肖塔)』(『여원』, 57.2~58.2)을 연재하다. 수필 「화장과 독서와」(『연합신문』, 1.6) 「시장께 올리는 인사」(『경향신문』, 1.4) 「인간 · 여인 · 전화」(『경향신문』, 3.10) 「바느질 품에 늙고」(『평화신문』, 5.9) 발표하다.

1958년(58세) 장편 『행로난(行路難)』 『사슴』(『연합신문』, 58.6~58.12) 『광명한 아침』(『학원』, 58.6~59.1) 『아담의 후예』(『보건세계』) 『환희』(『조선일보』, 58.12.15~59.6.21)를 연재하다. 평론 「제1회 내성상(來成賞) 심사 소감」(『경향신문』, 2.22), 수필 「주부들께 보내는 새해의 편지」(『한국일보』, 1.12) 「십대의 성년기록」(『연합신문』, 1.22~23) 「대중 문학」(『경향신문』, 3.5) 「함께 생각하고 싶은 이야기」(『한국일보』, 5.6) 「가을과 싱거운 병」(『경향신문』, 9.9) 「한국 남성은 정말 매력 없다」(『자유공론』, 12월) 「남의 나라에서 부러웠던 몇 가지 사실들」(『예술원보』, 12월)을 발표하다.

1959년(59세) 장편 『해바라기』(『연합신문』, 1959.7~1960.2) 『제비와 도령』(『부산일보』) 『장미의 고향』(『대구일보』)을 연재하다. 수필 「전화라는 것」(『경향신문』, 1.7) 「매화」(『서울신문』, 2.6) 「봄이라는 계절」(『연합신문』, 2.11) 「크리스마스 이브」(『서울신문』, 12.4) 「학생과 소문과 봄과」(『경향신문』, 3.3)를 발표하다.

1960년(60세) 4월 폐암으로 세브란스병원에 입원하다. 동자동 18－20번지에서 영등포구 상도동 10－7번지로 이사하다. 마지막 장편 『이브의 후예』(『현대문학』, 4~5월) 연재를 중단하다.

1961년(61세) 2월 종로 오세헌 내과에 재입원했으나 2월 9일 상오 6시에 별세하다.

1962년 2월 9일 사망 1주기를 맞이하여 망우리 묘지에 묘비를 세우다.

김소월 金素月, 1902~1934

/심선옥/

김소월은 1920년 2월 『창조』 5호에 시 「낭인의 봄」 「야의 우적」 「오과의 읍」 「그리워」 「춘강」을 발표한다. 이것이 소월의 시가 처음으로 활자화된 기록이다. 『창조』는 원래 동인 이외의 외부 필자나 독자들의 기고를 싣지 않는데, 창간 1주년 기념호에서 예외적으로, 김억이 김동인에게 주선하여 소월의 시가 실리게 된 것이다.

1920~21년은 소월에게 시인이 되기 위한 준비기간에 해당한다. 소월은 이 2년 동안 평북 정주군 곽산리 남단동의 고향집에서 습작시들을 서울의 신문과 잡지에 투고하며 지낸다. 1920년 7월 『학생계』 창간호에 「먼 후일」 「거친 풀 흐트러진 모래동으로」 「죽으면?」이 추천시로 실린다. 『학생계』 현상문예 선자(選者)였던 김억의 영향력이 작용한 것으로 보인다. 소월은 『학생계』 현상문예에 4회(1920.10~1921.5), 『동아일보』 독자문단에 4회(1921.4~6) 당선되면서 문학청년으로 이름을 알린다. 이때 발표한 시들은 다양한 형식 실험을 시도하고 있다. 7자, 8자 등의 음수(音數)와 운(韻)을 맞춘 정형시, 7·5조 시, 자유시, 변형된 시조 형식, 민요의 차용 등과 같은 시 형식이 다양하게 나타난다. 시의 어조와 내용 면에도, 한가로운 농촌의 정취를 노래한 시에서 근대의 도시문명을 비판한 시까지 폭넓게 담아내고 있다.

소월이 시인으로 본격적인 활동을 시작한 것은 『개벽』을 통해서이다. 1922년 1월 『개벽』에 「금잔듸」 「엄마야 누나야」 「제비」 등 10편의 시를 발표한다. 1922년 한 해 동안 『개벽』에 41편의 시와 소설 「함박눈」을 발표하며 왕성하게 활동한다. 소월의 대표작으로 잘 알려진 「진달래꽃」 「개여울」 「장별리」 등이 이때 발표된 것이다. 1922~23년에 소월은 김석송과 함께 명실공히 『개벽』을 대표하는 시인으로 자리 잡는다. 문단 내에서 소월의 시에 가장 먼저 주목한 사람은 박종화이다. 박종화는 『백조』 2호(1922.5)의 월평 「오호 아 문단」과 『개벽』 31호(1923.1)의 연간평 「문단의 1년을 추억하여」에서 소월의 시를 높이 평가한다.

소월은 고향의 할아버지를 설득하여 1922년 4월에 서울의 배재고등보통학교 5학년으로 편입한다. 늦은 나이였지만 소월의 학업성적은 우수한 편이었으며, 교지 『배재』의 편집위원을 맡아 바쁜 시간을 보낸다. 1923년 3월 발간된 『배재』 3호에는 「접동」 외 6편의 시와 모파상의 단편소설을 번역한 「떠돌아가는 계집」이 실려 있다.

1923년 3월 배재고등보통학교를 졸업하고 5월에 도쿄로 유학을 떠난다. 『개벽』에 「사욕절(思欲絶)」이란 제목으로, 조국을 떠나는 심정을 노래한 시 「못 잊도록 생각나겠지요」 「예전엔 미처 몰랐어요」 「해가 산마루에 저물어도」 「눈물이 수르르 흘러납니다」 「자나 깨나 앉으나 서나」를 발표한다. 도쿄상과대학 예과에 입학했으나 9월의 관동대지진으로 귀국한다(이듬해 봄에 귀국했다는 설도 있다). 도쿄에 머무는 동안 『신천지』와 『개벽』에 「왕십리」 「삭주구성」 「가는길」 「산」 등을 발표한다. 귀국하여 서울에 두 달 정도 머물면서 나도향, 김억, 염상섭 등과 교류하다가 고향집으로 돌아간다. 김억이 『개벽』 42호(1923.12)에 쓴 연간평 「시단의 1년」에서 소월을 민요시인으로 규정한다. 이를 계기로 문단 내에서 '소월=민요시인'이라는 등식이 만들어지게 된다.

1924년 『영대』 동인으로 참가한다. 『영대』는 『창조』 동인들(김동인, 주요한, 전영택, 김억, 김찬영, 이광수, 임장화, 오천석)과 김관호, 김여제, 김소월이 동인으로 참가하여 1924년 8월부터 1925년 1월까지 발간된다. 소월은 『영대』에 「밧고랑 위에서」 「항전애창 명주딸기」 등을 발표한다.

1924~25년에 소월의 시는, 식민지 농촌의 절박한 현실인 이향(離鄕)과 유민(流民)의 문제에 관심을 기울인다. 「나무리벌 노래」 「옷과 밥과 자유」 「남의 나라 땅」 등이 대표적이다. 이러한 시세계의 변화는, 10여 년간 스승과 제자이며 동료 시인으로 친밀하게 교류해왔던 김억과 불화하는 계기가 된다. 1925년 5월, 소월은 시에 대한 자신의 생각을 정리한 평론 「시혼」을 『개벽』에 발표한다.

1925년 12월에 김억이 경영하던 '매문사'에서 시집 『진달래꽃』을 출판한다. 『진달래꽃』은 전체 234쪽에 정가는 1원 20전으로, 당시에 시집 한 권의 가격이 보통 50~70전이었던 사정에 비추어 매우 높은 편이다. 『진달래꽃』은 그간 발표했던 작품 중에서 일부를 수정해서 싣고, 미발표 시도 많이 수록하고 있다. 잘 알려진 것으로 「나의 집」 「바라건대는 우리에게 우리의 보습 대일 땅이 있었다면」 「초혼」 「산유화」 「나는 세상 모르고 살았노라」 등이 『진달래꽃』에서 처음 발표된 시들이다. 그러나 시집은 기대와 달리 문단과 매체의 큰 주목을 받지 못하고 독자들의 반응도 미미하여, 소월은 실의에 빠진다.

1926년 고향집을 떠나 처가 근처의 구성군 남시로 이사한다. 8월 동아일보사 구성지국을 개설하였으나 경영 미숙과 일본 경찰의 압박으로 이듬해 3월에 그만둔다. 김억이 발행하는 시 전문지 『가면』에 많은 양의 시를 발표한다. 『가면』이 망실(亡失)되어 발표된 작품의 전모를 확인할 수 없으나, 알려진 것으로 「대수풀노래」 「고만두풀노래」 「칠석」 등이 있다. 『조선문단』에 이백, 두보, 두목, 이하의 한시를 번역하여 발표한다. 그러던 중 8월 26일 나도향이 폐결핵과 영양실조로 사망한 소식을 듣고 크게 충격을 받는다.

1927년 들어 계속되는 경제적인 어려움과 일본 경찰의 감시, 중앙 문단으로부터의 소외 등의 이유로 작품 발표를 중단한다. 2년의 공백 기간이 지난 뒤, 1929년 『문예공론』(1~3호)에 「저급생활」 「길차부」 「단장1」 「단장2」를 발표한다. 이 시들은 소월의 시세계에서 파격적인 변화를 보여준다. 「저급생활」은 검열에 걸려 전문을 삭제 당해 그 내용을 알 수 없지만, 식민지의 궁핍한 현실을 고발한 작품으로 짐작된다. 「단장1」과 「단장 2」는 이전까지 소월의 시가 추구해왔던 심미적으로 가공된 시어와 구조화된 시의 형식을 버리고, 시적 화자의 무의식상태를 자동기술법에 따라 기술하고 있다. 이 시기에 소월이 겪고 있던 격렬하고 불안정한 심리 상태를 잘 드러내는 작품들이다.

1930~33년까지 소월은 다시 작품 발표를 중단한다. 3년 동안 『신여성』에 「고독」 「드리는 노래」 「신앙」 등 3편을 발표했을 뿐이다. 김동인은 「적막한 예원」(『매일신보』, 1932.9.21~10.6)에서 천재 시인 소월이 작품창작과 발표를 중단하고 시골집에서 술에 빠져 지내는 생활을 안타까워하고 있다. 소월이 작품발표를 중단하고 문단에서 잊혀져갈 때, 김동환이 주재하는 『삼천리』에 소월의 대표작 「금잔듸」 「진달래꽃」 「산」 등이 실린다. 김동환은 소월과 같은 『학생계』 현상문예 출신이며, 1920년대 장편서사시 『국경의 밤』과 『승천하는 청춘』을 거쳐 민요시를 창작했던 시인이다.

1934년 8월 『삼천리』에 「생과 돈과 사」 「돈타령」 「제이 · 엠 · 에스」 등의 창작시 3편과 한시 번역 6편을 발표한다. 제이 · 엠 · 에스는 소월이 오산학교를 다닐 때 교장이었던 조만식의 영문 약자이다. 학창시절 재주 많은 자신을 사랑하던 교장 조만식을 꿈에 만나고, 민족을 위해 헌신하는 그에 비추어 지난 10년간 술과 계집과 이욕에 헝클어져 살았던 자신의 삶을 되돌아보는 내용의 시다. 당시 소월은 김동환에게 편지를 보내 작품 발표와 번역에 대한 새로운 의욕을 드러낸다. 편지에는 중국의 포송령이 쓴 기담소설 『요재지이』의 번역을 시작했는데 원고지가 부족하다는 내용도 있다. 11월 『삼천리』에 「기도」 「건강한 잠」 「상쾌한 아침」 「기분전환」 「기회」 「고향」 「고락」 「의와 정의심」 등 8편의 시를 발표한다. 「건강한 잠」 「상쾌한 아침」 「기분전환」에서 10년 동안 자신을 괴롭혔던 불면증에서 벗어나 맑은 정신과 육체로 새로운 삶을 시작하려는 의지를 표현하고 있다. 『신인문학』(11월호)에 본명 '김정식'으로 「차안서 선생 삼수갑산운」을 투고하여 발표한다. 이 시는 김억이 『삼천리』(1934.8)에 발표한 「삼수갑산」에 대한 일종의 화답시다. 물 많고 산 첩첩인 '삼수갑산'에 갇혀서 님 계신 고향에 돌아가지 못하는 절박한 심정이 나타나 있다. '삼수갑산'은 당시 소월이 어찌할 수 없이 감내해야 했던 절망적인 현실에 대한 비유이다.

1934년 12월 23일 밤에 돌연 아편을 먹고 24일 오전에 사망한다. 『동아일보』 12월 29일자에 「청년 민요시인 소월 김정식 별세」라는 제하에 "24일 아침에 뇌일혈로 급작히 별세하였다"는 기사가 실린다. 『조선중앙일보』 12월 30일에도 소월의 사망 소식을 전한다. 김억은 소월 추도사에서 사인을 '저다병'이라 말한다. 해방 후 가족과 지인들을 통해 소월의 죽음이 자살이라고 밝혀지다. 묘소는 집에서 15리 정도 떨어진 구성군 서산면 평지동 터진고개에 안장된다. 5년 후에 서산면 왕릉산으로 옮겨졌다가 1960년대 들어와 고향인 정주군 곽산면 남단동으로 옮겨진다.

1935년 1월 28일 종로의 백합원에서 김억, 김동인, 박종화, 염상섭 등 동료문인 백여 명이 모여서 소월추도회를 가진다. 1939년 백석이 편집하던 『여성』에 「박넝쿨타령」 등 유고시 11편과 편지가 발표되고, 김억이 『소월시초』(1939)와 『소월민요집』(1948)을 발간한다. 1968년 3월 한국일보사에서 한국신시 60주년을 기념하여 서울의 남산시립도서관 앞에 「산유화」를 새겨 넣은 '소월시비'를 세우고, 그 앞길을 '소월로'라고 이름 붙이다. 1975년 11월 『월간중앙』에 서지학자 하동호가 18편의 창작시와 4편의 번역시를 발굴 소개하다. 1977년 11월 『문학사상』에 김종욱이 소월의 친필 유고시 31편과 영문시 1편, 한시 번역 2편을 발굴 소개하다. 1981년 소월에게 금관문화훈장이 추서되다.

김소월 ▸▸

1902년(1세) 9월 7일(음력 8월 6일) 외가인 평안북도 구성군 왕인동에서 아버지 김성도와 어머니 장경숙의 장남으로 태어나다. 그해 겨울에 본가인 평안북도 정주군 곽산면 남단동으로 돌아오다. 남단동은 공주 김씨 120여 집이 모여 사는 집성촌으로, 소월의 집안이 동네에서 제일 크고 부유한 편이다. 본명은 정식(廷湜)이며 호적에는 항렬을 따라 정식(玶湜)으로 올리다.

1904년(3세) 아버지가 정주~곽산 구간 철도공사를 하던 목도꾼들에게 폭행을 당하고, 그 충격으로 정신이상이 되다. 소월은 집안의 장손이자 외아들로서 할아버지의 각별한 보살핌과 기대를 받다.

1907년(6세) 할아버지가 초빙해온 독선생 밑에서 한문을 배우다.

1909년(8세) 공주 김씨 문중에서 동네에 설립한 남산학교에 입학하다.

1913년(12세) 남산학교를 졸업한 뒤, 할아버지의 광산업 실패로 상급학교에 진학하지 못하고 집안일을 거들며 지내다.

1916년(15세) 할아버지의 주선으로 3년 연상인 홍상일과 결혼하다.

1917년(16세) 민족학교로 유명한 정주의 오산학교에 입학하다. 당시 교장은 조만식이고, 김억이 영어와 작문을 가르치다. 소월의 시재(詩才)를 알아본 김억이 특별히 독서와 창작을 지도하다. 이후 김억과 소월의 관계는 스승과 제자이자 경쟁하는 동료 시인의 관계로 평생 동안 지속된다.

1919년(18세) 오산학교의 교사와 학생들이 정주 장날에 만세운동을 주도한 이유로 일본 경찰이 학교 건물을 불태워버리다. 학교가 1년간 문을 닫게 되어 소월은 고향집으로 돌아오다. 여름에 김억이 소월의 고향집에 와서 함께 지내다. 이때 동서고금 시인들의 시를 읽고 창작에 열중하다. 1922년까지 김억과 소월은 수시로 함께 작업하며, 김억이 소월의 창작을 지도하는 한편, 소월이 김억의 아서 시몬스 시 번역과 타고르 시 번역에 도움을 주기도 하다.

1920년(19세) 2월 김억의 주선으로 『창조』에 「낭인의 봄」 외 5편의 시를 '김소월'이란 필명으로 발표하다. '소월'은 고향 마을의 뒷산인 '소산에 뜬 달'이라는 뜻이다. 7월 청소년 교양잡지 『학생계』에 「먼후일」 외 3편이 추천을 받다. 이후 10월~1921년 5월까지 네 차례 『학생계』 현상문예에 응모하여 시와 산문이 당선되다.

1921년(20세) 4월~6월 『동아일보』 독자문단에 네 차례 투고하여 「그 산우」 「꿈」 등 19편의 시가 발표되다. 답답한 고향집 생활과 불투명한 미래로 실의와 자기 연민에 빠져서 지내다.

1922년(21세) 4월 할아버지를 설득하여 서울의 배재고등보통학교 5학년에 편입하다. 교지 『배재』의 편집위원을 맡다. 한 해 동안 『개벽』에 41편의 시와 소설 「함박눈」을 왕성하게 발표하여 문단의 주목을 받다. 잘 알려진 「금잔디」 「엄마야 누나야」 「진달래꽃」 「개여울」 등이 이때 발표된 것이다.

1923년(22세) 3월 배재고보를 졸업하다. 5월 도쿄로 유학하여 도쿄상과대학 예과에 입학했으나 9월 관동대지진으로 귀국하다(1924년 봄에 귀국했다는 설도 있다). 도쿄 유학 중에도 국내의 잡지에 「왕십리」 「삭주구성」 등의 시를 꾸준히 발표하다. 김억이 『개벽』에 발표한 「시단의 1년」에서 소월을 '민요시인'으로 규정하다. 이후 '소월=민요시인'이라는 등식이 굳어지다.

1924년(23세) 고향집에 머물면서 평양에서 발행하는 『영대』 동인으로 참가하다. 「밧고랑 우혜서」 「나무리벌 노래」 등의 농촌 현실을 담은 시를 발표하다. 이러한 시세계의 변화를 계기로, 시의 현실반영 문제를 놓고 김억과 의견 충돌을 일으키다.

1925년(24세) 12월 김억이 경영하던 '매문사'에서 시집 『진달래꽃』을 출판하다. 『동아일보』 『영대』 『개벽』 『조선문단』에 「옷과 밥과 자유」 「불탄자리」 등의 시를 발표하고, 평론 「시혼」을 『개벽』에 발표하다.

1926년(25세) 처가 근처인 평안북도 구성군 남시로 이사하다. 8월 『동아일보』 구성지국을 개설하다. 김억이 주관하는 시전문지 『가면』에 많은 양의 시를 발표하였으나 잡지가 망실되어 일부만 전한다. 『조선문단』에 이백, 두보, 이하 등의 한시를 번역하여 발표하다.

1927년(26세) 3월 경영 미숙과 일본 경찰의 압박으로 동아일보사 구성지국을 그만두다. 이후 작품발표를 중단하고 절망과 고독, 불면증으로 힘든 시간을 보내다.

1929년(28세) 평양에서 발행하던 『문예공론』에 시 「저급생활」을 발표했으나 검열에 걸려서 전문을 삭제당하다.

1934년(33세) 오랜 은둔기간을 끝내고 의욕적으로 작품 발표를 재개하다. 『삼천리』에 「상쾌한 아침」 「기분전환」 등 11편의 창작시와 6편의 한시 번역을 발표하다. 11월 『신인문학』에 김억의 「삼수갑산」에 화답하는 시 「차안서 선생 삼수갑산운」을 투고하여 발표하다. 12월 23일 밤에 아편을 먹고 24일 오전에 별세하다. 묘소는 평안북도 구성군 서산면 평지동 터진고개에 안장되었다가 1960년대 고향인 정주군 곽산면 남단동으로 옮기다.

1935년 1월 28일 김억, 김동인, 박종화, 염상섭 등 동료문인 백여 명이 종로의 백합원에 모여서 소월 추도회를 가지다.

1939년 『여성』에 유고시 「박넝쿨타령」 외 12편이 발표되다. 김억이 『소월시초』를 발간하다.

1948년 김억이 『소월민요집』을 발간하다.

1968년 3월 한국일보사에서 한국신시 60년을 기념하여 서울의 남산시립도서관 앞에 '소월시비'를 세우고, 그 길을 '소월로'라고 이름붙이다.

1981년 금관문화훈장이 추서되다.

1987년 소월 김정식의 시정신을 기리고 계승하기 위해 1987년 문학사상사에 의해 '소설시문학상'이 제정 시행되다.

나도향 羅稻香, 1902~1926

/박헌호/

나도향의 문학적 생애는 한국 근대문학사를 상징하는 많은 문학적 코드를 내장하고 있다. '요절한 천재', '감상적 습작' 혹은 '낭만주의'와 같은 것들이 그것이다. 요절 작가 많기로 유명한 한국 근대문학사에서도 나도향은 첫 손가락에 꼽힌다. 소설가로는 최서해나 이상, 김유정과 시인으로는 이장희나 이상화, 김소월 등에 앞서서 '요절'의 문학사적 은유를 창출한 이가 바로 나도향이다. 1926년 8월 26일, 처절한 가난과 질병 속에서 나도향은 불과 만 24년 4개월의 삶을 마감한다.

'요절'도 쓸쓸하건만, 그것이 '천재'의 요절이라면 슬픔은 전설이 되고 신화가 될 만하다. 나도향은 1922년에 장편 『환희』를 『동아일보』에 연재하면서 명성을 드날리는데, 그때 그의 나이 불과 20세였다. 이 작품은, 흔한 말로 '낙양의 지가'를 올려놓았으며 『동아일보』의 부수를 늘렸고, 수많은 여성독자들의 편지가 쇄도했다고 전해진다. 더구나 월탄 박종화의 회고에 의하면 이 작품은, 도향의 나이 겨우 19세 때에 이미 창작되었다 한다. 이리하여 천재는 탄생했고 요절함으로써 그 비극성을 한껏 드높였다. 이후 나도향을 말하려는 자, '요절한 천재'라는 수식어를 항용 덧붙임으로써, 그 말은 그를 설명하는 하나의 상징이 되었다. 한국 근대문학사를 관통하는 미숙함과 조숙함의 모순적 공존을 말하고자 할 때 '요절한 천재'라는 메타포보다 더 적절한 것은 없을 듯하다. 나도향이 그 첫 단추를 채운 셈이다.

그의 삶도 그 자체로 한 편의 비극을 엮어낸다. 나도향은 1902년 지금의 서울 청파동에서 태어났다. 이곳은 「벙어리 삼룡이」의 배경이거니와 『어머니』에서도 '춘우와 영숙'이 사랑의 도피처를 마련한 곳으로도 등장한다. 그의 할아버지는 자수성가한 한의사 나병규(羅炳奎)였다. 젊어서 방랑하던 나병규는 철원 땅에 이르러 조형식이라는 지우(知友)를 얻고 의술을 인정받아 정착한다. 서울에까지 명성이 전해져 남대문밖 양동에 약방을 열고 상당한 부를 축적하였으며 독립운동의 후원금을 대기도 하였다. 훗날 철원애국단사건으로 표면화되어 나도향 집안의 몰락을 가져올 인연이 여기서 맺어졌다. 상허 이태준과의 인연도 여기서 싹트는데, 철원애국단 사건의 핵심인물인 조종대는 나병규와 의형제를 맺은 사이이며, 또 다른 중심인물 이봉하는 이태준의 당숙이었다. 나도향이 2차 도일 때 함께 간 인물이 조종대의 아들 조성범이며 그와 하숙방을 같이 쓴 인물이 바로 이태준이었다.

나병규는 독립운동을 후원하는 한편으로 아들과 손자를 모두 경성의전(현재의 서울대 의대)에 보내 의사가문을 만들려 했다. 그러나 아들 나성연(羅聖淵)은 경성의전을 졸업하고 도쿄의대 의학부 외과를 졸업하고도 의술에 관심을 보이지 않았다. 전하는 바에 의하면 그는 늘 책을 읽으며 무언가를 끼적이던 사람이었다고 한다. 자신의 소양에 반해 의사의 길을 강요한 아버지에 대한 소극적 반항일 터인데, 실제로 그가 병원을 차려 생활을 책임지게 된 것은 나병규가 죽고 난 1924년 이후의 일이다. 나성연이 감행하지 못한 반항의 길은 똑같이 경성의전을 입학해 놓고도, 문학을 공부하겠다며 할아버지가 장롱 속에 숨겨둔 돈을 훔쳐 일본으로 도망간 손자 나도향에 이르러서야 현실화된다.

하지만 송금을 거부하는 할아버지의 고집에 꺾여 그의 1차 도일은 실패한다. 정열에 찬 가출의 모습은, 「나의 과거」(『신청년』 4호, 1921.1)의 모티브로 드러난다. 귀국 후 그는 안동보통학교의 교사생활을 잠시 하는데, 여기에서 일본인 여교사를 짝사랑하게 되었으며 이것이 중편 「청춘」의 모티브가 되었다고 한다. 「청춘」은 그가 죽고 난 뒤에야 단행본으로 간행된다.

1921년은 나도향이 본격적인 문학활동을 시작한 해라고 할 수 있다. 그는 배재고보 동창이었던 회월 박영희와의 친분 등을 고리로 당시 경성청년구락부의 기관지였던 『신청년』의 편집에 참여했다. 현재까지 확인된 최초의 작품이 1921년 1월에 발간된 『신청년』 4호의 「나의 과거」라는 작품이다. 이외에도 『배재학보』와 『조선일보』 『청년』 등에 습작을 발표한다. 하지만 공식적인 문학연구에서 나도향은 『백조』의 창간과 더불어 등장한다. 나도향은 시에서의 이상화와 더불어 『백조』의 문학적 경향을 대표하는 작가가 되었다. 함께 『백조』 동인으로 활약했던 월탄 박종화는 그 옛날 할아버지의 한약방에 자주 심부름을 왔던 소년이기도 하다.

『백조』에 참가하고 장편 『환희』를 연재하면서 그의 명성은 높아졌지만 생활의 곤궁은 날로 심해졌다. 집에서 나와 떠돌던 그는 『백조』파의 사무실이나 허름한 여관방을 전전하며 폭음과 무절제한 생활로 건강을 망치게 된다. 『조선도서』와 『시대일보』 등을 전전하지만 생활은 나아지지 않았고 이즈음 그의 작품에 등장하는 빈곤층과 같은 생활수준을 영위하고 있었다. 또 다른 장편 『어머니』를 『시대일보』에 연재한 것이 소득이라면 소득이겠다. 본격적인 문학공부를 하겠다며 다시 일본으로 건너간 것이 1925년 말이었다. 하지만 생활비 문제가 뜻대로 되지 않아, 이태준의 표현대로 "공기만을 먹고 살아 보려는 엉터리" 같은 생활이 계속됐다. 병세가 이미 깊어졌으나 그는 C라는 여성을 사모하여 몇 번이고 편지를 보내며 마지막 열정을 불태웠다.

2차 도일을 전후한 시기는 도향 문학이 활짝 피는 시기이기도 하다. 궁핍과 고독 속에서 그의 대표작이라 할 작품들이 25년 하반기부터 26년 상반기 사이에 집중적으로 발표된다. 「벙어리 삼룡이」(25.7)를 필두로 「물레방아」(25.8) 「뽕」(25.12) 「지형근」(26.3~5) 등이 그것이다. 26년 6월 '거지모습'으로 귀국한 도향은 몇 개월 입원해 있던 병원에서도 원고를 놓지 않고 있다가 1926년 8월 26일 오후 1시, 별세한다. 습작기를 포함하여 불과 5년 반 정도의 시간에 2편의 장편과 1편의 중편, 그리고 28편의 단편을 남겼던 불우한 작가의 최후였다. 이태원 공동묘지에 묻히고 일 년 뒤 최서해를 중심으로 문인들이 돈을 모아 묘비를 세워주지만, 주택단지가 들어서면서 이마저도 화장돼서 사라지고 만다. 전하는 바에 의하면 유족들이 유골을 화장해서 어느 절에 안치했다 하지만 전해지지 않는다. 죽음 이후에도 불행이 계속된 셈이다.

문단형성기에 최초로 요절한 작가였기에 나도향에 대한 안타까움은 당시에도 컸다. 잡지에 '추모 특집'이 실린 최초의 작가가 나도향이다. 그는 빈번히 회고되었고 그의 삶이 고통과 고독의 연속이었던 만큼 회고하는 이의 정한도 절절했다. 특히 죽음 직전에 그의 대표작이 몰려있다는 사실은, 그의 문학적 재능이 이제 막 피기 시작할 무렵에 죽었다는 사실을 웅변적으로 증거한다. 문단이 좌우진영으로 양분될 무렵에 죽음을 맞이함으로써 이념에 의한 왜곡으로부터 자유로울 수 있었던 것도 행운이라면 행운이다. 미완성인 채로 남아 있는 그의 문학은 좌우 어느 진영으로부터이든지 적절한 평가를 획득할 수 있었던 것이다. 이리하여 그의 문학은 한국 근대소설사의 변치 않을 정전(正典)이 되었다. 그는 질문되기보다는 회고되었고, 탐색되기보다는 탄식의 대상이 되었다.

이때문에 그의 문학이 풍성하게 읽힐 가능성도 차단됐다. 나도향의 문학사적 위상을 작품에 대한 세밀한 읽기를 통해 판단하기보다는 생애에 대한 선입견으로 재단하는 경향이 강했던 것이다. 따라서 세월이 지나면서 그에 대한 평가가 점점 냉정해졌던 것은 자연스러운 현상이었다. 조연현은 동인지를 중심으로 전개된 1920년대 문단이란 기본적으로 "습작문단"이라 규정하면서 나도향을 천재적인 작가라고 규정하는 것은 "요절에 대한 애석의 표현이지 정말 천재적인 작품이 남겨진 것은 아니"라고 말했다. 비단 조연현만이 아니라, 1960년대 이후 나도향에 대한 평가가 확연하게 달라졌다. 많은 연구자와 비평가들은 그의 문학에서 '유치하고 절제되지 않은 센티멘탈'의 흔적을 더 많이 읽어내었다.

군부독재를 거쳐 한국사회가 급격한 변동에 휘말리면서 문학사에서 나도향에 대한 관심은 더욱 희박해졌다. 1980년대 '운동으로서의 문학'이 관심을 끌던 시대에 그의 문학이 설 자리는 없어 보였다. 더욱이 1990년대 이후 '(탈)근대성' 담론이 지배적인 것이 되면서 나도향은 '충분히 낡은' 작가가 돼버렸다. 그는 더 이상은 지속적으로 감동을 생산해내지 않는 '화석'이 되었다. 나도향 역시 여타 작가들과 마찬가지로 몇몇 대표작으로 '요약'되는 압축의 대상이 돼버린 것이다. 하여 나도향은 '천재'와 '유치함'의 사이, '정전'과 '화석'의 사이에서 떠돌고 있다.

나도향에 대한 문학사적 평가는 '낭만주의에서 리얼리즘으로'라는 구호로 압축할 수 있다. 초기의 유치한 감상주의 내지는 낭만주의에서 출발한 도향이 점차 민족과 민중의 현실을 발견하면서 리얼리즘적 경향으로 옮겨갔다는 것이 정설처럼 굳어져 있다. 놀라운 것은 나도향 이후 낭만주의로 지칭되는 작가가 없다는 사실이다. 달리 말해 한국 근대소설사에서 낭만주의는 종종 감상주의의 동의어로 판독되며 '유치함'이라는 가치평가를 달고서야 나타날 수 있었다. 이는 리얼리즘을 문학사의 조정중심으로 삼고자 하는 '현실강박증'의 소산이며, 두말할 나위도 없이 낭만주의에 대한 오독에 기반하고 있다. 리얼리즘과 모더니즘의 두 축으로 한국 근대문학사를 이해하려는 기존의 구도로는 나도향도, 낭만주의도 보이지 않는다. '낭만주의'는 '습작문단'과 동의어가 되고 말았다.

그러므로 나도향이야말로 비로소 '발견'되어야 하는 작가이다. 훗날 임화가 평가한 것처럼, 나도향은 1930년대에 꽃피는 이른바 '순문학' 계열의 시조이며, 그가 개척한 미학적 감수성은 이태준과 김동리를 거치면서 한국 근대소설사의 주류적 감수성으로 전환된다. 향토적이면서 서정적인 작풍을 보이는 작품들의 밑바닥에 나도향의 문제의식이 똬리를 틀고 있는 것이다. 뿐만 아니라 나도향이 제시한 성욕, 사랑, 반기독교, 낭만주의, 내면의 문제 등은 지금까지의 독법과는 전혀 다른 차원의 '읽기'를 요청하고 있다. 리얼리즘과 모더니즘의 틀로는 보이지 않는, 그럼에도 강력한 물줄기를 이루며 지속됐던 한국 근대소설사의 또 다른 영역에 관심이 있는 사람은 지금이라도 나도향을 다시 펼쳐들지 않을 수 없는 것이다. 그것이 요절한 천재에 함몰되지 않는 길이며, 낭만주의를 유치함으로부터 구제하는 길이며, 한국 근대소설사를 새롭게 읽는 길이 될 것이다.

나도향 ▸▸

1902년(1세) 음력 3월 30일 경성부(서울) 청엽정(靑葉町) 1정목(丁目) 56번지(청파동)에서 부 나성연(羅聖淵)과 모 김성녀(金姓女)의 7남매 중 장남으로 태어나다. 본명은 경손(慶孫), 호는 도향(稻香, 초기에 은하隱荷), 필명은 빈(彬). 한의사로 자수성가한 조부 나병규가 집안의 중심이었음은 그의 아명이 '기쁜 손자' 곧 '경손(慶孫)'이었다는 사실로도 잘 드러난다. 아버지 역시 '의사'였다 하나 일보다는 책 읽기를 즐기며 집안일에 관여하지 않았다고 전해진다.

1909년(8세) 공옥(攻玉)보통학교 입학하다. 이 학교는 YMCA 내에 부설된 학교였다고 알려져 있다. 이후 배재학당을 졸업할 때까지 나도향은 기독교 계통의 학교에만 다니게 되다. 훗날 나도향은 여러 글을 통해 강력한 반기독교적 경향을 피력하다.

1914년(13세) 배재학당 입학하다. 회월 박영희에 따르면 이 시기에 나도향은 만점을 받은 작문시험지를 자랑스러워하며 습작에 몰두하였다고 한다.

1918년(17세) 배재학당 졸업, 경성의전 입학하다. 경성의전에 입학한 것은 가업인 의술을 이으라는 할아버지의 뜻에 따른 것이지만 나도향이 여기에 동의했을 리 없다. 일본으로의 밀항을 꿈꾸다.

1919년(18세) 문학 공부를 하기 위해 장롱에 숨겨둔 할아버지의 돈을 훔쳐 일본으로 밀항하지만 집에서 생활비를 보내지 않자 빈궁을 견디다 못해 귀국하다.

1920년(19세) 경북 안동에서 보통학교 교사로 근무하다. 이곳에서의 생활과 일본인 여교사와의 연애 경험이 최초의 중편 「청춘」을 탄생시키다.

1921년(20세) 박영희, 최승일 등과 함께 '경성청년구락부'의 기관지라 할 『신청년』의 편집에 관여하다. 『신청년』은 방정환 등이 운영하던 잡지였는데 이 시기부터 회월과 도향과 같은 문학청년들에 의해 운영된다. 이 잡지에 「나의 과거」(21.1)와 「박명한 청년」(21.7)을 발표한다. 또한 당시 '송은(松隱)'이라는 필명을 썼던 회월 박영희에 의해 최초로 그 감상적인 태도가 지적받기도 하였다. 박영희와의 관계는 『백조』의 창간동인으로 참여하는 것으로 발전한다. 『백조』의 또 다른 동인이었던 월탄 박종화는 도향의 할아버지 한약방에 약 심부름을 오곤 하던 소년이었다. 『배재학보』와 『조선일보』에도 작품을 발표하다.

1922년(21세) 『젊은이의 시절』을 『백조』 1호(22.1)에 실으며 동인지 활동 개시하다. 2호(22.5)에는 『별을 안거든 울지나 말걸』을 발표하다. 아울러 나도향을 세상에 알린 작품, 장편 『환희』가 11월 21일부터 이듬해 3월 21일까지 『동아일보』에 연재되다. '천재'의 탄생이란 말을 들으며 순식간에 문명(文名)을 얻다. 『백조』의 사무실에서 숙식을 해결하며 집필에만 몰두하다.

1923년(22세) 조부 나병규는 철원애국단사건에 연루되는 등 독립운동에 일정한 자금지원을 해주던 인물이었는데, 이 무렵부터 급격하게 가세가 기울기 시작하다. 조선도서에 근무하다. 『개벽』을 비롯한 여러 매체에 작품이 실리다. 9월에 살아생전 유일한 작품집인 『진정(眞情)』이 영창서관에서 간행되다.

1924년(23세) 시대일보사에 근무하다. 이 해 7월 31일 조부 사망하다. 『백조』가 중단되면서 친구네 집과 여관방 등을 전전하며 건강을 크게 해치다.

1925년(24세) 『시대일보』에 두 번째 장편 『어머니』를 1월 5일부터 5월 10일까지 연재하다. 이후 「벙어리 삼룡이」(7월) 「물레방아」(9월) 「뽕」(12월) 등의 대표작을 잇달아 발표하다. 연말경 문학수업을 위해 재차 도일하나 '공기만을 먹고사는'(이태준의 표현) 무모 한 생활을 지속하며 폐병과 짝사랑에 시달리다.

1926년(25세) '거지같은 몰골'로 6월 초 귀국하다. 「화염에 싸인 원한」을 연재하던 중 8월 26일 오후 1시 경 별세하다. 이태원 공동묘지에 묻고 최서해를 비롯한 친구들이 모금하여 비를 세웠으나 이조차 몇 년 후 주택단지 개발계획에 밀려 사라지고 유골은 화장되다.

1927년 7월 조선도서주식회사에서 『청춘』 단행본 발간하다.

1939년 마지막 장편이었던 『어머니』가 박문서관에서 단행본으로 간행되다. 그러나 그의 인생만큼이나 이 작품의 운명도 기구하여 오랫동안 문학사에서 잊혀져 있었다.

1940년 미완성 유고인 『미정고 장편』이 『문장』 21호에 발표되다.

박세영 朴世永, 1902~1989

/심선옥/

박세영은 1922년 4월 배재고등보통학교를 졸업하고 중국 남경(南京)의 금릉대학(金陵大學)에 입학하기 위해 유학을 떠난다. 천진, 북경, 남경, 상해 등을 다니며 정세를 살피다가 상해의 혜령영어전문학교에 입학한다. 11월 국내에서 송영, 이적효, 이호 등이 '무산계급 해방문화의 연구와 보급'을 목적으로 염군사를 결성하자 박세영은 염군사의 중국 특파원을 맡는다. 이듬해 발간된 염군사의 기관지 『염군』에 시 「황포강반」을 발표한다. 현재 『염군』이 전하지 않아 「황포강반」의 전모를 알 수 없으나, 박세영의 회고에 따르면 상해를 관류하는 황포강반에 중국 노동자들이 노숙하는 비참한 광경을 본 느낌을 읊은 시라고 한다. 중국에 체류하는 동안, 반식민지 상태에 있는 중국의 현실과 그 속에서 고통 받는 민중들의 생활에 공감과 연민을 느끼다. 중국에서의 인상과 체험을 시와 산문으로 기록한 문학일기를 계속 쓴다.

1924년 가을에 귀국하여 연희전문학교에 편입한다. 1925년 8월에 카프가 결성되고 회원으로 가입한다. 1926년 송영, 안준식과 함께 아동 과학문예잡지 『별나라』의 편집을 맡게 된다. 『별나라』는 무산계급 아동들의 계몽과 교양을 위해 발간된 잡지이며, 주요 필진은 이기영, 박아지, 손풍산, 정청산, 이주홍, 김해강, 송영, 박세영 등의 카프 작가들이다. 박세영은 『별나라』의 편집자이자 핵심 필자로 동요, 동시, 서사시, 동화, 아동극, 아동문학 평론, 과학, 지리 등의 교양, 논설 등을 다양하게 발표하며 프롤레타리아 아동문학의 발전에 중요한 역할을 한다. 1935년 잡지의 절반을 일본어로 사용하라는 강요를 거부하여 폐간될 때까지 『별나라』의 편집을 담당한다.

시인으로 공식적인 등단은 1927년 1월 『문예시대』에 「농부 아들의 탄식」 「해빈의 처녀」 「어머니의 사랑」 「산협에서」를 발표하며 시작된다. 「농부 아들의 탄식」은 수탈당하는 농촌의 현실에 대한 자각을 어린 소년의 목소리로 표현한 시다. 이 시에는, 실제로 가난한 선비의 아들로 태어나 극도의 궁핍한 생활을 했던 시인 자신의 체험이 반영되어 있다.

카프 작가로서 박세영은 현실과 창작의 통일성을 실천하고 있다. 1928년부터 2년 간 송영과 함께 경기도 고양군 은평면의 은평사범학교에서 빈농의 자녀들을 가르치고, 지역의 농민조합을 조직하여 지도한다. 「타적」과 「밤마다 오는 사람」은 이때의 경험을 바탕으로 쓴 시다. 「타적」은 1928년 11월 『조선지광』에 발표한 것으로, 「농부 아들의 탄식」에 나타난 농촌 현실에 대한 자각을 사회 변혁운동의 차원으로 끌어올린 작품이다. '터지다, 끓다, 잘리다, 찌르다, 토막내다, 찢어내다' 등의 격렬한 시어와 반복되는 붉은 색의 시각적 이미지가 혁명의 기운을 암시한다.

박세영은 1929년 『별나라』에 발표한 동요극 「어린 소제부」와 관련된 필화사건으로 용산 경찰서에 체포되어 구속된다. 이때 그 동안 써 온 문학일기를 압수당한다. 1933년에는 카프 도쿄 지부에서 발간한 잡지 『우리 동무』의 배포사건으로 4개월간 구금된다. 그 후에도 일본 경찰에 피검되어 1년 동안 고초를 당하였으며 풀려난 이후에도 계속 감시를 받게 된다.

1929~30년에 임화, 안막, 권환 등이 예술운동의 볼셰비키화를 주장하며 카프의 2차 방향전환을 시도한다. 이에 따라 마르크스주의 이데올로기와 혁명적 프롤레타리아트의 사상을 작품의 내용으로 하고, 대공장의 스트라이크와 소작쟁의를 제재로 삼으며, 이를 통해 혁명적 전위의 형상을 창조하고, 프롤레타리아트의 국제적 연대심을 환기하는 작품을 창작할 것과 같은 세부적인 창작지침이 만들어진다. 그리고 예술운동의 대중화를 위해서는, 현실의 실화(實話)적 재료를 창작의 재료로 사용함으로써 노동자·농민의 공감을 이끌어내고, 선전효과를 극대화시키는 방안이 제시된다. 2차 방향전환의 목적에 따라 1930년 4월 조선지광사에서 카프 중앙위원회를 열고 조직 개편을 실시한다. 여기서 박세영은 송영, 홍양식, 신응식과 함께 서기국 책임자로 선출된다.

카프의 방향전환과 조직 내에서 박세영의 위상 변화는 시세계의 변화로 이어진다. 1930년부터 현실에서 일어난 노동쟁의를 제재로 하거나 혁명적 전위를 형상화하고, 계급의식과 혁명의식을 고취하는 시들을 다수 창작한다. 「야습」과 「산골의 공장」이 대표적인 작품이다. 「야습」은 1930년 8월 6일부터 9월 4일까지 일어났던 평양 고무공장의 총파업 현장을 생생한 육성으로 전해준다. 「산골의 공장」은 1932년 11월 『신계단』에 발표된 것으로, 서울 창의문 밖 부암동 모피공장의 노동쟁의를 제재로 하고 있다. 두 시는 공통적으로, 저임금과 열악한 노동환경에 시달리던 노동자들이 자본가의 착취에 맞서 파업을 일으키게 되는 과정, 혁명적 노동운동에 앞장서는 전위의 형상, 파업을 지원하는 노동자·농민들의 연대를 담고 있다. 이는 2차 방향전환 이후 카프의 창작지침을 반영한 것이다.

1931년 카프를 대표하는 시인으로 김창술·권환·임화·박세영·안막의 시가 수록된 『카프시인집』이 발간된다. 박세영의 시 「누나」는 인텔리이지만 가난에 몰려 공장의 여공으로 들어가기로 결심한 친누나 박숙원을 격려하기 위해 쓴 것이다. 이 시를 통해 식민지 지식인의 소시민성과 허위의식을 통렬하게 비판하고, 노동자계급의 전위로 혁명투쟁에 앞장설 것을 촉구하고 있다. 또한 박세영은 노동자·농민들에게 시를 대중화하기 위해 서술시, 편지체, 슈프레히 콜 등의 형식을 실험한다. 슈프레히 콜은 파업이나 쟁의가 일어나는 현장에서 연극적 형식으로 낭독되는 일종의 현장시이다. 시극의 형식을 계승하면서 시극의 관념성을 극복하고, 쟁의 현장에 모인 대중들을 혁명적인 이상과 결합시키고자 하는 분명한 목적의식과 주제의식을 갖고 창작된다. 1935년 1월 『예술』 창간호에 발표한 「교(橋)」가 슈프레히 콜 형식의 시다.

1935년 5월 일제의 압력으로 카프 지도부가 해산계를 제출하면서 카프가 공식적으로 해체된다. 박세영은 감옥에 간 동지들과 자신의 이상을 지키기 위해 마지막까지 카프의 해산을 반대한다. 1935~36년에 발표된 시들에는, 카프가 해체된 현실을 반영하듯, 어려운 현실 속에서도 이상을 포기하지 않고 강고한 의지로 맞서 싸우다가 죽음에 이르게 되는 비극적인 영웅의 형상이 자주 나타난다. 「감국」 「젊은 웅변가」 「최후에 온 소식」 「하랄의 용사」 등이 그러한 작품들이다.

1936년 11월 박세영, 임화, 이찬, 윤곤강 등의 카프 시인들과 오장환, 이용악, 민태규 등의 신진시인들이 참여한 시 동인지 『낭만』이 발간된다. 박세영은 『낭만』에 「산제비」와 「최후에 온 소식」을 발표한다. 「산제비」는 박세영의 시세계를 대표하는 작품이며, 나아가 식민지 시대의 혁명적 낭만주의를 대표하는 시라고 할 수 있다. 「산제비」는 가난에 못 이겨 충청북도 보은에 있는 동창생 박인서를 찾아갔다가, 돈 이야기는 꺼내지도 못한 채 친구의 권유로 속리산을 구경하고 돌아온 뒤에 쓴 시다. 이 시의 특징은 무엇보다 생생한 형상과 비유적 의미에 있다. "붉은 흙을 파헤치는 멧돼지, 약한 짐승을 노리는 갈범, 가뭄으로 갈라 터진 땅, 그리고 산꼭대기를 날아다니는 자유의 화신 산제비"의 형상은 시인이 속리산에서 마주친 실제의 풍경이면서 또한 수탈당하는 식민지 현실에 대한 생생한 비유이다. 속리산의 산제비는 마침내 농민을 위해 해갈과 해방의 비를 몰고 올 전사로서의 산제비로 상승된다.

박세영은 1937년 모교인 배재중학교에 근무하면서 처음으로 생활의 안정을 얻는다. 1938년 시집 『산제비』가 별나라사에서 출판된다. 『산제비』의 서문에서 이기영은 "산제비의 이상! 그것은 실로 전 세계 인류의 위대한 이상"이라고 의미를 부여한다. 1938년 이후 일제의 감시와 탄압이 강화되면서, 해방될 때까지 「신춘송가」(『동아일보』, 1931.1.11) 「여명」(『동아일보』, 1939.1.24)과 같은 신년송을 제외하고 작품 발표를 중단한다.

1945년 8·15해방 후 일제 잔재의 청산과 진보적 민주주의 정부의 수립, 새 사회 건설의 열망을 노래한 시들을 왕성하게 발표한다. 특히, 「민족반역자」 「너희들은 가거라」 「너희도 조선 사람이더냐」 「산천에 묻노라」 등에서 반민족적인 부르주아들을 고발하고 일제 잔재의 청산을 호소하고 있다. 진보적 문인들이 결집된 조선문학가동맹에서 중앙집행위원, 시부와 아동문학부 집행위원으로 선출된다. 1946년 1월 박세영을 대표로 한 12명의 시인들이 참여하여 해방기념시집 『횃불』을 발간한다. 그리고 일제의 검열을 피해 『산제비』에 수록하지 못했던 전투적 시들을 모은 시집 『유화』를 발간했다고 하는데 현재 전하지 않는다.

1946년 6월 26일 남한에서 자신의 이상을 실현하는 것이 불가능하다고 판단하여 월북한다. 월북 이후 박세영은 북한 체제의 건설에 협력하고 체제의 우월성을 전파하는 시인으로서 안정된 삶을 누린다. 그 대표적인 예가 북한의 〈애국가〉 작사 공모에 응모하여 선정된 것이다. 박세영이 작사한 〈애국가〉는 김원균이 곡을 붙여 1947년 북한의 애국가로 공식 확정된다. 〈애국가〉를 작사한 공적으로 1959년에는 국기 2급 훈장을 받는다. 한국전쟁 시기에는 종군작가로 참전하였으며, 「숲 속의 사수 임명식」 「나팔수」 등을 창작하여 북한군의 사기를 높이는 데 기여한다. 1958년 천리마운동이 진행될 당시에는 천리마운동을 대표하는 노래 〈우리는 천리마 타고 달린다〉를 작사한다.

북한의 문예조직에서도 박세영의 위치는 확고부동하다. 월북 직후인 1946년 10월 북조선문학예술총동맹 중앙위원, 북조선문학가동맹 중앙상임위원으로 선임되고, 1948년 최고인민회의 대의원, 문학예술총동맹 국가상임위원, 1961년 조국평화통일위원회 중앙위원으로 임명된다. 1965년에는 '공로시인'의 칭호를 받는다.

북한에서 발간한 시집으로 『진리』(1948), 전선시집 『승리의 나팔』(1952) 『박세영시선집』(1956) 『나의 조국』(1958), 장편서사시 『밀림의 역사』(1962) 『보천보의 횃불』(1962) 『박세영 동시선집』(1963) 등이 있다. 박세영은 1980년대까지 시인, 아동문학가, 작사가, 극작가 등으로 왕성하게 활동하다가 2월 28일 사망한다. 장례식은 북한의 사회장으로 치러졌으며, 평양의 애국열사릉에 안장된다.

박세영 ▸▸

1902년(1세) 7월 7일 경기도 양주군 소미동리에서 가난한 양반가의 셋째 아들로 태어나다. 출생 직후에 경기도 고양군 두모면 두모리로 이사하여 호적에 올리다. 소학교에 입학하기 전에 서울로 이사하다. 큰형이 상점 점원으로 일하며 생계를 책임지는 매우 가난한 생활이었지만, 한학자인 아버지가 들려주는 옛이야기와 민담, 구전동요, 수수께끼를 들으며 자라다.

1908년(7세) 서울 사립 보인학교에 입학하다.

1909년(8세) 삼흥소학교에 입학하다.

1910년(9세) 수하동소학교로 전학하다. 8월 종로에서 남대문으로 가는 한일합방 기념행렬을 보고, 어린 나이에도 나라가 빼앗긴 것에 대한 분노와 울분을 느끼다.

1915년(14세) 소학교를 졸업하고 큰형의 직장을 따라서 충청남도 강경읍으로 이사하다. 상급학교에 진학하지 못하고 서당에서 2년 동안 한문을 배우다. 강경은 자연이 아름답고 물산이 풍요로운 곳으로, 가난했지만 행복했던 시절이다.

1917년(16세) 서울의 배재고등보통학교에 입학하다. 진보적 교사인 강매와 이중화의 영향을 많이 받다. 동급생인 송영과 소년구락부를 조직하고, 문예동인잡지 『새누리』를 만들어 회람하다. 당시 '박환(朴幻)'이라는 필명을 쓰다. 학교에 다니는 중에도 계속 서당에서 한문을 배우다.

1919년(18세) 3·1운동 때 송영과 몇몇 친구들이 모여서 지하등사신문 『자유신종보』를 만들어 배포하다. 강매와 이종화의 투옥에 항의하여 등교를 거부하다.

1920년(19세) 3학년으로 복교하여 졸업 때까지 문학작품을 탐독하다.

1922년(21세) 3월 배재고보 졸업, 4월에 중국 남경(南京)의 금릉대학(金陵大學)에 입학하기 위해 유학을 떠나다. 천진, 남경, 북경 등을 다니며 정세를 살피다가 상해의 혜령영어전문학교에 입학하다. 귀국할 때까지 중국의 현실에 대한 느낌을 시와 산문으로 기록한 문학일기를 쓰다. 이 문학일기는 1929년 구속되었을 때 일본 경찰에 압수되었다. 11월 국내에서 송영, 이적효, 이호 등이 결성한 염군사에 가입하다.

1923년(22세) 염군사의 기관지 『염군』에 시 「황포강반」을 발표하다.

1924년(23세) 가을에 귀국하다.

1925년(24세) 연희전문학교에 편입하다. 카프에 가입하다.

1926년(25세) 송영과 함께 아동잡지 『별나라』의 편집을 맡다. 『별나라』는 카프 작가들을 중심으로 무산계급 아동들의 계몽과 교양을 위해 발간된 잡지이다. 박세영은 동요, 동시, 아동극, 아동문학 평론 등을 다양하게 발표하다.

1927년(26세) 『문예시대』에 시 「농부아들의 탄식」 외 3편을 발표하다.

1928년(27세) 송영과 함께 경기도 고양군 은평면의 은평사범학교에서 빈농의 자녀들을 가르치고, 지역의 농민조합을 조직하여 지도하다. 해방 후에 발표된 「밤마다 오는 사람」은 이 경험을 쓴 시다. 11월 『조선지광』에 시 「타적」을 발표하다.

1929년(28세) 『별나라』에 발표한 아동극 「어린 소제부」와 관련된 필화사건으로 용산경찰서에 체포, 구속되다.

1930년(29세) 4월 조선지광사에서 열린 카프 중앙위원회에서 송영, 홍양식, 신응식과 함께 서기국 책임자로 선임되다. 이 조직 개편은 임화, 안막, 권환 등의 주도로 예술운동의 볼셰비키화를 주장한 카프의 2차 방향전환의 일환이다.

1931년(30세) 카프 문학부에서 김창술, 권환, 임화, 박세영, 안막의 시가 수록된 『카프시인집』을 발간하다. 박세영은 친누나 박숙원을 대상으로 쓴 시 「누나」를 싣다.

1932년(31세) 카프 도쿄지부에서 발행한 잡지 『우리 동무』의 배포 사건으로 4개월간 구금되다.

1935년(34세) 5월 일제의 압력으로 카프 지도부가 해산계를 제출하여 카프가 공식적으로 해체되다. 박세영은 윤기정, 홍구, 박아지 등과 마지막까지 카프의 해산을 반대하다.

1936년(35세) 11월 박세영, 임화, 이찬, 윤곤강 등의 카프 시인과 오장환, 이용악, 민태규 등의 신진시인들이 참여한 시 동인지 『낭만』이 발행되다. 박세영은 『낭만』에 시 「산제비」와 「최후에 온 소식」을 발표하다. 카프 해산으로 위축된 시기에도 「자화상」 「하랄의 용사」 「오후의 마천령」 「젊은 웅변가」 「나에게 대답하라」 등과 같이 혁명의 열정과 낙관적 전망을 강조하는 시들을 발표하다.

1937년(36세) 배재중학교에 근무하다.

1938년(37세) 시집 『산제비』를 별나라사에서 발간하다. 일제의 감시와 탄압이 강화되면서 해방될 때까지 몇 편의 신년송을 제외하고 작품 발표를 중단하다.

1945년(44세) 8·15해방 後 일제 잔재의 청산과 진보적 민주주의 정부 수립, 새 사회 건설의 열망을 노래한 시들을 발표하다. 조선문학가동맹이 결성되어 중앙집행위원, 시부와 아동문학부 집행위원으로 피선되다.

1946년(45세) 1월 박세영을 대표로 한 12명의 시인들이 참여하여 해방기념시집 『횃불』을 발간하다. 시집 『유화』를 발간했다고 하는데 전하지 않는다. 6월 남한에서 자신의 이상을 실현하는 것이 불가능하다고 판단하여 월북하다. 10월 북조선문학예술총동맹 중앙위원, 북조선문학가동맹 중앙상임위원으로 임명되다. 북한의 〈애국가〉 작사 공모에 응모하여 선정되다. 시집 『진리』를 발간하다.

1947년(46세) 박세영 작사, 김원균 작곡의 〈애국가〉가 북한의 애국가로 확정되다.

1948년(47세) 최고인민회의 대의원, 문학예술총동맹 국가상임위원으로 임명되다. 가극 〈춘향〉을 창작하다.

1950년(49세) 한국전쟁 시기에 종군 작가로 참전하다. 대표적인 종군시로 「숲 속의 사수 임명수」 「나팔수」 등이 있다.

1952년(52세) 전선시집 『승리의 나팔』을 발간하다.

1954년(53세) 문학예술총동맹 중앙위원으로 임명되다.

1955년(54세) 전후 복구기에 당의 지원으로 몽골과 오스트리아를 기행하다.

1956년(55세) 『박세영시선집』을 발간하다. 작가동맹 중앙위원회 상무위원으로 임명되다.

1958년(57세) 공화국 창건 10주년 기념시집 『나의 조국』을 발간하다. 천리마운동을 대표하는 노래 〈우리는 천리마 타고 달린다〉를 작사하다.

1959년(58세) 〈애국가〉를 작사한 공적으로 국기 2급 훈장을 받다.

1961년(60세) 조국평화통일위원회 중앙위원으로 임명되다.

1962년(61세) 장편서사시 『밀림의 역사』 『보천보의 횃불』을 발간하다.

1963년(62세) 가극 〈금강산 팔선녀〉를 창작하다.

1965년(64세) '공로시인' 칭호를 받다.

1989년(88세) 1980년대까지 시인, 아동문학가, 작사가, 극작가 등으로 왕성하게 활동하다가 2월 28일 별세하다. 장례식은 북한의 사회장으로 치러지고 평양의 애국열사릉에 안장되다.

채만식 蔡萬植, 1902~1950

/황국명/

누구보다 무지를 싫어하고 가난을 미워한 작가 채만식. 1902년 전북 임피에서 채규섭의 5남으로 태어난 그는 중앙고보를 거쳐 1923년 와세다대학 본과 영문과 입학하지만, 자작영농 소지주였던 집안이 돌이킬 수 없을 정도로 몰락함에 따라 학업을 중단하게 된다. 1924년 강화의 사립학교 교원을 거쳐 동아일보사(1925), 개벽사(1929), 조선일보사(1934)를 전전하면서 채만식은 여러 가지 빚에 졸리고 나날의 식량을 걱정하는데, 이런 사정은 작가 생활 내내 떠나지 않고 그를 괴롭혔다.

1924년 이광수의 추천을 받은 「세길로」(『조선문단』 3호)가 채만식의 공식적인 등단작이지만, 낡은 가치에 대한 통렬한 공격과 새로운 가치에 대한 비판적 시선은 1923년 작으로 추정되는 처녀작 「과도기」(『문학사상』 73년 8~9월호 유고 발표)에 이미 드러난다. 30년대 초반까지 채만식은 소작 쟁의, 동맹파업을 다루거나 빈민의 궁핍한 현실과 지주계급의 몰락상에 초점을 둔다. 「산동이」(1930) 「두부」(1931) 「창백한 얼굴들」(1931) 「화물자동차」(1931) 「감독의 안해」(1932) 「팔려간 몸」(1933)이 그러하고 희곡으로 「낙일」(1930) 「농촌스켓치」(1930) 「사라지는 그림자」(1931) 등을 들 수 있다.

이 가운데 모종의 임무를 띠고 해외에서 잠입한 작중인물의 비장한 최후를 다룬 「산동이」(『신소설』 1930.5)와 신흥 자본가계급에 의한 지주계급의 몰락을 취급한 「사라지는 그림자」(『동광』 1931.9)는 카프비평가들로부터 봉건적 부르주아적 잔재가 해소되지 않은 작품이라고 비판받는다. 내심으로 프로문예에 전심한다고 자부하던 채만식은 이런 비판에 대해 격렬하게 반발한다. 논쟁을 통해 "카프의 무능을 더 깊이 알았을 따름"이라는 채만식은 「현인군의 몽을 계함」(『제일선』, 1932.7~8월)에서 프로문학의 존립 자체를 부정하게 된다. 즉 계급적 기도 하에서 조직적인 작품행동이 가능한 객관적 조건이 결여되어 있으므로 프로문예의 제작은 불가능하다는 것, 따라서 현재 프로문예 작가는 사실 방랑－룸펜작가일 뿐이며, 진정한 프로예술진영이 객관적으로 존재할 수 없는 한 동반자 작가도 존재하지 않는다는 것이다. 경제적 자립이 없는 여성해방의 관념성을 비판한 장편 『인형의 집을 나와서』(『조선일보』 1933.5.27~11.14)도 이런 맥락에 놓인다.

단편 「레디메이드 인생」(『신동아』 1934.5~7월) 이후 2년 남짓 채만식은 당면한 사회상황 속에서 자신의 창작 방향을 두고 고심한 듯하다. 1936년 조선일보사를 사직하고 상당 기간 저회하던 끝에 채만식은 비장한 결심으로 재출발을 한다. 이때부터 채만식은 추상적 이념보다 더 넓은 삶, 즉 생활세계의 회화적 진실에 비중을 두게 된다.

"우리만 빼놓고 어서 망해라!"고 선언한 『태평천하』(『조광』 1938.1~9 『천하태평춘』을 개제)의 윤직원은 돈이면 무엇이든 할 수 있다는 당대의 부정한 의식에 의존함으로써 수단과 목적이 전도된 추악하고 퇴폐적인 삶을 영위한다. 「이런 처지」(『사해공론』, 1938.8) 「사호일단」(『문장』, 1941.2) 등에서 채만식이 폭로 공격하는 것도 부르주아계급의 경제적 도덕적 퇴폐성이다.

추악하고 비속한 삶을 비판함에 있어 기층민중도 예외가 아니다. 젖어미의 속물근성을 드러낸 「젖」(『여성』 1937.1)이나 며느리·아내를 술집에 팔아 얻은 돈을 둘러싸고 모자가 서로 다투는 「정거장 근처」(『여성』 1937.3~10)가 적절한 예일 것이다. 흉계, 간음, 살인 등 사회악을 집대성한 것 같은 장편 『탁류』(『조선일보』 1937.10.12~1938.5.17)나 민족의 삶에 대해 청맹과니 같은 조카를 조롱한 「치숙」(『동아일보』 1938.3.7~14)도 추악한 현실의 해부와 비판이라는 점에서 다르지 않다. 「젖」을 두고 박승극, 김용제가 사회적 의의가 없는 불건강성, 문학적 퇴폐성을 들어 비판할 때, 채만식은 "진실과 현실을 억지로 속이고 꾸"미는 것은 "푸로레타리아아이디알리즘의 오류"라고 반격한다.(「조선문단근상」 1937) 또 오늘 현실의 부정적 방면은 역사적 발전법칙으로서 명일에의 긍정적 발전을 내포한 상대적 포즈라고 응수한다. 즉 부정은 역사 발전의 필연적인 한 과정이라는 것이다. 문학을 "한인(閑人)이 소장(消長)거리나 아녀자의 완롱물(玩弄物)"이 아니라 "적으나마 인류 역사를 밀고 나가는 한 개의 힘"(「자작안내」, 『청색지』 5집, 1939.5)이라는 주장도 이런 맥락에서 이해된다.

그러나 상하층의 도덕적 파탄과 경제적 비참을 폭로하고 있지만, 그런 파탄과 비참의 시대적 사회적 연관보다 개인의 천박함, 무지, 어리석음 등이 강조된 것은 식민지 궁핍화에 대한 정태적 인식이라 할 수 있다. 현실을 속이거나 진실을 꾸며낼 수 없다는 입장을 일관되게 견지한 채만식이지만, 그의 작품은 탁류적인 삶의 추악한 부분들을 현미경적으로 관찰하고, 어떤 동정이나 연민도 없이 독자에게 사실을 폭로할 뿐이다.

지식인 역시 이런 폭로로부터 자유롭지 않다. 지식인을 중도 속도 못되는 '요절마'요 묶여있는 프로메테우스라 하고, 생활에 아첨하는 것은 더러운 짓(「치숙」)이라 하거니와, 채만식은 지식인의 변절은 물론이고 그들의 동요와 회의, 무기력과 자학을 풍자적으로 묘사한다. 이를 지식인의 자기풍자라고 할 수 있고 돈키호테는 그 대표적 인물상징이다. 말복날 동복을 입고 종로네거리를 활보하는 행위는 돈키호테의 광기와 다를 바 없다. 그 행위는 '곤두'선 세계에 곤두선 방식, 즉 희극적인 방식으로 저항한 것이라 이해된다. 그래서 세상의 속물, 속충을 조소하는 「소망」(『조광』 1938.10)의 남편은 자신의 우행을 '항복하는 백기'가 아니라 '싸움'이라고 한다. 채만식은 돈키호테의 우행을 통해 반동과 변절이 횡행하는 타락한 세계를 고발한 것이다. 그러나 풍차를 향해 달려가는 돈키호테처럼, 「패배자의 무덤」(『문장』 1939.4)에서 '프로메테우스의 후손'은 기차에 돌진하지만, 몸을 죽였기 때문에 그가 추구한 진리는 삶 속에 뿌리를 내릴 수 없다. 돈키호테와 같은 우행을 통해 반동과 변절이 횡행하는 타락한 세계를 고발할 수 있지만, 그의 이야기는 '똥끼호테의 후일담'이며 그는 '패배자'이다.

이렇게 보면, 채만식의 풍자는 모든 계급에 대해 초연하고 냉정한 거리를 유지하는 좌충우돌식 풍자이며, 거기서 작가는 불완전한 모든 것을 조소하는 완전주의자의 모습을 한다. 물론 동학과 기미 전후, 그 이후의 시기를 배경으로 조·부·손 3대의 투쟁을 담아낸 역사극 〈제향날〉(『조광』 1937.11)을 두고, 채만식은 역설의 방법 대신 정공법으로 가장 건실하게 나가본 것이라 해설한 바 있지만(「자작안내」, 『청색지』 1939.5), 채만식의 작품 가운데 〈제향날〉의 긍정성은 예외처럼 보인다.

좌충우돌식 풍자와 지식인의 자기풍자는 채만식의 가치허무주의, 즉 가치로운 행위에 대한 사회적 믿음의 붕괴, 가치관의 위기와 통한다. 사회적 신념을 상실할 때 작가는 서사의미의 중심에 놓일 수 없다. 의미의 중심이라는 권위를 잃은 작가는 「냉동어」(『인문평론』 1940.4~5)나 40년대 이후 신변잡기적 자전으로, 마침내 친일소설 장편 『여인전기』(『매일신보』 1944.10.5~1945.5.16)로 나아갈 수밖에 없을 것이다.

채만식은 현실의 형성과정에 대해 혹은 역사의 소용돌이 속에 놓인 인간의 운명에 대해 지속적인 관심을 지녔던 작가이다. 해방 전 작품으로 『아름다운 새벽』 『어머니』가 있지만, 이들은 개화기 공간의 변화하는 세태풍속을 재구성할 뿐이다. 또 해방 후의 「역사」(『학풍』 1949.1) 「늙은 극동선수」(『신천지』 1949.2~3) 등은 역사적 사건을 연대순으로 충실히 전사한 강사류(講史類)에 불과하다. 1946년 7월에 탈고한 것으로 보이는 『여자의 일생』(『조선대표작가전집』 제8권, 서울타임스, 1947)을 『어머니』의 개작이라고 밝히고 있지만, 채만식은 대일협력으로 나아간 『여인전기』를 상당히 의식한 것으로 보이며, 갑신정변, 갑오동학혁명, 독립협회의 만민공동회에 이르기까지 주요 사건을 사실(史實)에 가깝게 기술하고 있다.

이런 점에서, 해방 후 1948년에 탈고한 『옥랑사』(『희망』 1955.5~1956.5 유고로 발표)가 채만식의 유일한 역사소설이라 할 수 있다. 『옥랑사』의 주인공 장선용에게 역사를 추진하는 힘으로서의 백성은 관념일 뿐이고, 그가 경험적으로 이해한 백성은 무기력하고 국가의 장래에 무관심한 존재이다. 그 결과, 그는 타락한 권력 상층부와 침략세력에 맞서 홀로 싸울 뿐, 기층민중과 더불어 투쟁하지 못한다.

권력상층부에 대한 환멸과 불신이 곧 하부계층에 대한 친화를 뜻하는 것은 아니다. 역사적 정치적 사건을 취급한 작품에서, 기층민중의 문학적 중요성은 크게 부각되지 않는다. 채만식에게 역사는 상층계급의 부패와 타락의 기록일 수 있으나, 민중의 행위 결과는 아닌 것처럼 보인다. 「역로」(『신문학』 1946.6) 「논 이야기」(『협동』 1946.10)에서 망국인종에 대한 혐오를 강하게 드러내는 것처럼, 채만식의 소설에서 역사를 통해 성장하는 민중을 보기 어려운 이유가 여기에 있을 것이다.

해방 직후의 한 「창작합평회」(『신문학』 1946.6)에서 채만식은 박노갑, 김내성 등의 소설이 일본 패망을 확신하는 인물을 등장시키고 있지만, '당시 정세로 보아' 진실이라고 믿을 수 없다고 지적한다. 대일협력에 대한 속죄의 진정성을 의심한 이 날카로운 냉소는 1946년에 탈고한 「민족의 죄인」(『백민』 1948.10~11)에서 '해방을 우리가 횡재'했다는 인식과 다르지 않다. 유작 『소년은 자란다』(1949.2.25 탈고)에서 어린 영호는 귀국 길에 아버지와 헤어지게 되는데, '잃어버린 아버지'는 주체적으로 해방을 성취하지 못한 민족의 암울한 미래를 암시하는 듯하다.

채만식의 소설에서 범속한 현실은 결코 비약을 허용하지 않는다. 동시에 역사를 점유하려는 인간의 투쟁과 그 비극 또한 현실을 이루는 요소일 것이다. 역사와 현실에 대한 인식이 이런 차원에 이를 때, 작가는 역동적인 현재 속에서 역사를 추진해 가는 주체나 세력을 발견할 수도 있을 것이다. 바로 이 발견으로 나아가기 직전, 채만식은 미완성 단편 「소」를 남기고 영면한다. 1950년 6월 11일, 불과 49세였다.

채만식 ▸▸

1902년(1세) 7월 21일(음력 6월 17일) 전북 임피에서 호농 소리를 듣는 채규섭의 5남으로 태어나다. 아호는 백릉이다.

1920년(19세) 은씨와 결혼하나 해로하지 못한다. 이 결혼은 조혼 등 낡은 규범과 가부장 전통의 병폐를 비판하는 데 중요한 동기가 되며, 1923년에 탈고한 처녀작 「과도기」(『문학사상』 73년 8~9월호 유고 발표)에도 반영되다.

1922년(21세) 중앙고보를 졸업한 뒤 일본 와세다대학 부속 제일와세다고등학원 문과에 입학하고 다음해 본과 영문과 입학하지만, 가세가 돌이킬 수 없을 정도로 기울어져 학업을 중단하다.

1924년(23세) 이광수의 추천으로 단편 「세길로」(『조선문단』 3호)를 발표하다. 육감적인 묘사와 함께 지적 허영에 대한 심리묘사가 돋보인다. 강화의 사립학교 교원을 거쳐 동아일보사(1925), 개벽사(1929), 조선일보사(1934)를 전전하면서 실업의 고통을 겪고 빚에 졸리며 나날의 시량을 걱정하다. 이런 사정은 작가 생활 내내 떠나지 않고 그를 괴롭힌다.

1931년(30세) 단편 「산동이」(『신소설』 1930.5), 희곡 「사라지는 그림자」(『동광』 1931.9)에 대한 카프비평가의 혹평에 불복하며, 「평론가 함일돈군의 기극」(『비판』 1권 8호, 1931.12)에서 문예는 프로계급의 세계관에 입각한 계급투쟁의 무기로 제공된다고 강조하다.

1932년(31세) 「사라지는 그림자」를 검토한 현인 이갑기가 채만식을 자칭 프로문사인 체하는 방랑적 작가라고 혹평하다. 이갑기와의 논쟁을 통해 채만식은 카프와 프로문학의 결함과 약점을 예리하게 지적한다. 「현인군의 몽을 계함」(『제일선』, 1932.7~8월)은 프로문학 부정론이라 할 만하다.

1933년(32세) 장편 『인형의 집을 나와서』(『조선일보』 1933.5.27~11.14)에서 경제적 자립이 없는 여성해방의 관념성을 비판하고 노동의 건강성을 강조하다.

1934년(33세) 희곡 「인테리와 빈대떡」(『신동아』 1934.4), 단편 「레디메이드 인생」(『신동아』 1934.5~7월) 이후 2년 남짓 저회하면서 소설 창작의 방향을 두고 고심하다.

1936년(35세) 조선일보 퇴사 후 개성으로 이거하다. 「명일」(『조광』 1936.10~12월) 등을 통해 지식인의 자기풍자를 시도하다. 다른 한편, 문학적 전통에 대한 관심과 설화나 고전문학에 대한 연구의 필요, 이를 토대로 한 창작의 활성화 가능성을 구체적으로 고려하다. 희곡 〈심봉사〉 이후에도 고전텍스트에 대한 숱한 패러디와 변주가 이루어지다.

1937년(36세) 「젖」(『여성』 1937.1)에 대한 평가와 관련하여 평론가들과 논쟁하다. 기층민중의 가난한 삶뿐 아니라 천박한 속물근성을 드러낸 이 작품에 명랑한 현실이 없다는 김용제의 비판에 대해, 오늘의 부정적 방면은 역사적 발전법칙으로서 내일에의 긍정적 발전을 내포한 상대적 포즈라고 응수한다. 사회악의 집대성처럼 보이는 장편 『탁류』(『조선일보』 1937.10.12~1938.5.17) 또한 부정에 의한 긍정이라는 역설의 방법에 근거한다.

1938년(37세) 「치숙」(『동아일보』 1938.3.7~14) 「소망」(『조광』 1938.10) 『천하태평춘』(『조광』 1938.1~9, 『태평천하』로 개제) 등을 통해 상층, 하층, 지식층 등 모든 계층을 비판하는 좌충우돌식 풍자를 드러내다.

1939년(38세) 『매일신보』에 장편소설 『금의 정열』을 연재(1939.6.19~11.19)하고 『채만식단편집』(학예사), 장편소설 『탁류』(박문서관)를 출간하다.

1940년(39세) 개성에서 안양 양지촌으로 이거하다. 『태평천하』(명성사)를 상재하는 한편으로, 「냉동어」(『인문평론』 1940.4~5)에서 의식 혹은 신념의 영점을 드러내고 희곡 「당랑의 전설」(『인문평론』 1940.10)에서 한 시대의 거대한 붕괴를 드러내다. 이어 우수민족이 열등민족 영도하는 것은 자연스런 현상이라는 취지의 친일수필 「대륙경륜의 장도, 그 세계사적 의의」(『매일신보』 1940.11.22~23)를 발표하다.

1941년(40세) 「근일」(『춘추』 1941.1) 「사호일단」(『문장』 1941.2) 「집」(『춘추』 1941.6) 등 신변사를 취재한 단편을 발표하고 『금의 정열』(영창서관)을 출간하다.

1942년(41세) 장편 『아름다운 새벽』을 『매일신보』(1942.2.10~7.10)에 연재하다.

1943년(42세) 장편 『어머니』를 『조광』에 연재하다 검열 때문에 7회로 중단하다(1947년 『여자의 일생』으로 개제 출판). 단편집 『집』(조선출판사)을 간행하다. 시국강연과 만주시찰과 함께 친일 잡문을 발표하다.

1944년(43세) 『매일신보』에 친일소설 『여인전기』를 연재(1944.10.5~1945.5.16)하다.

1945년(44세) 장남 무열 병사 후 전북 임피로 낙향하나 해방을 맞아 서울로 이거하다.

1946년(45세) 「맹순사」(『백민』 1946.3~4) 「역로」(『신문학』 1946.6) 「미스터 방」(『대조』 1946.7) 「논

이야기」(『협동』 1946.10)를 발표하고 단편집 『제향날』(박문출판사)을 상재하다. 향리 임피로 이거하다.

1947년(46세) 장편 『아름다운 새벽』(전편, 박문출판사)과 『조선대표작가전집』 제8권(서울타임스, 1947, 「여자의 일생」 「모색」 「사호일단」이 수록됨)을 출판하다.

1948년(47세) 대일협력에 대한 속죄로 「민족의 죄인」(『백민』 1948.10~11)을 발표하고, 역사소설 『옥랑사』를 탈고하며(『희망』, 1955.5~1956.5. 유고로 발표), 단편집 『잘난 사람들』(민중서관)을 출판하다.

1949년(48세) 「역사」(『학풍』 1949.1) 「늙은 극동선수」(『신천지』 1949.2~3) 등 강사류 소설을 발표하고, 중편 「소년은 자란다」를 탈고하다(『월간문학』 1972.9 유고로 발표).

1950년(49세) 미완성 단편 「소」를 남기고 6월 11일 노후성 폐환으로 별세하다.

정지용 鄭芝溶, 1902~1950?

/김신정/

1902년 충청북도 옥천군에서 태어난 정지용은 고향에서 보통학교를 마치고 한학을 사숙한 후 휘문고등보통학교(현 휘문고등학교)에 입학한 뒤, 습작을 하고 작품을 발표하기 시작한다. 1919년에 이미 소설 「삼인(三人)」을 『서광(曙光)』에 발표하였고, 박팔양 등 8명의 휘문고보 학생들과 '요람(搖籃)' 동인을 결성하여 등사판으로 『요람(搖籃)』이라는 잡지를 내기도 했다. 이 잡지는 정지용이 교토에 간 후에도 계속 발간되어 동인들 사이에 회람되었다. 박팔양의 회고에 따르면, 뒷날 『정지용시집』에 수록된 일부 작품은 "요람에 등재하였던 작(作)"이다(박팔양, 「搖籃時代의 追憶」, 『중앙』 32호, 1936.7).

1923년 일본 교토 도시샤(同志社)대학에 입학하여 영문학을 전공하면서 정지용의 문학적 관심과 작품 세계는 좀더 확장되는 전기를 맞이하게 된다. 정지용은 도시샤대학에서 발행되는 잡지 『가(街)』와 『도시샤문학』에 일본어 시 「신라의 자류(新羅の柘榴)」 「마(馬)」를 발표하며, 기타하라 하쿠슈(北原白秋)가 주재한 시 잡지 『근대풍경』에 「해(海)」 「황마차(幌馬車)」 「갑판 위(甲板の上)」 등의 시 작품과 산문을 발표하였다. 1926년부터 일본 유학생 잡지인 『학조(學潮)』와 『신민(新民)』 『문예시대』 『조선지광』 등에 「슬픈 기차」 「엽서에 쓴 글」 「오월소식」 「발열(發熱)」 등 다수의 작품을 발표하며 문단의 주목을 받기 시작한다.

정지용의 초기작에는 사물을 감각적으로 지각하고 그것을 정확하고 예민한 언어로 포착하는 정지용 특유의 방법적 특징이 뚜렷하게 나타난다. 가령, 항구의 풍경, 기관차, 시계탑, 전차, 야경순사 등 근대 도시의 화려한 풍경을 비롯해 갑판 위에서 바라보는 바다, 갈매기, 저녁 무렵의 햇살 같은 자연물 등, 새롭고 낯선 대상의 다채로운 감각에 몰두하여 사물을 표현하고자 하는 태도는 일본 유학 무렵 정지용 시의 특징이라고 할 수 있다. 특히 이 시기 두드러지는 시작 방법 중의 하나는, 사물을 그 자체로 접촉하면서 낱낱이 분해하여 사물의 형상을 개별적으로 포착하는 태도이다. 예를 들어 정지용이 그리는 '바다'의 풍경은 하늘, 물결, 배, 산, 수풀 등 낱낱의 대상으로 쪼개진 채 개별적 움직임을 중심으로 포착된다. 이처럼 개별 대상을 개별적으로 그려내는 그의 시작 태도는 대상의 낯선 성격에 주목하고 대상 자체가 갖고 있는 구체적 특성을 시화하려는 집요함에서 비롯되는 것이다.

귀국 후에 발표한 「유리창 1」(『조선지광』, 1930)에는 정지용 시의 시적 방법이나 세계를 대하는 기본적 태도가 잘 나타나 있다. '유리창 앞에 선 자아'는 항상 유리를 통해 세계를 바라볼 수밖에 없다. 차고 단단하며 투명한 속성을 지닌 유리는 유리창 너머의 세계를 투명하게 보여주면서 동시에 차단시키는 역할을 한다. 자아와 세계 사이에 더 이상 가까워질 수 없는 거리가 전제된 상태에서, 자아는 유리의 다양한 감각적 속성을 통해 세계를 경험하게 된다. 그런 의미에서 '유리창'은 자아와 세계 사이에 객관화할 수 있는 거리를 유지하게 할 뿐 아니라 세계로부터 결코 단절될 수 없는, 세계와 연계된 장치를 마련하고 있다. '유리'가 마련하는 차단된 거리를 통해 정지용은, 감각 대상에 대해 시적 자아가 느끼는 감각의 '결과'를 표현하는 것이 아니라, 감각 대상에 존재하는 감각의 '원천'을 그 자체로 생동감있게 보여주는 방법을 취한다. 이것은 시인이 직접 말하는 것이 아니라 사물 스스로 말하게 하여, 시적 자아가 느낀 감각을 독자 스스로 체험하게 하는 방법이라고 할 수 있다.

「유리창 1」을 발표한 1930년에 정지용은 김영랑, 박용철 등과 함께 『시문학』 동인으로 참가하며, 『시문학』 『조선지광』을 비롯해 『신소설』 『대조』 『학생』 등에 20여 편의 시를 발표하며 활발한 작품활동을 벌인다. 또한 1933년에는 잡지 『가톨닉청년』의 편집을 맡고, 이태준, 이무영, 유치진, 김기림 등과 문학동호인 모임인 '구인회(九人會)'를 결성한다. 1920년대 후반부터 광범위하고 활발하게 이루어진 정지용의 문필활동은 1935년 『정지용시집』 간행을 기점으로 일차적인 결실을 맺는다. 그의 시는 1920년대 초 『백조』 『폐허』 동인이나 카프 계열 시인들의 시적 경향과는 다른 차원에서 한국 시의 새로운 차원을 전개했다고 평가된다. 카프 계열과 동인지 시인들이 대체로 개별 현상 이면에 존재하는 가치 체계나 보편적 공리의 세계를 지향하고 있었다면, 정지용은 보편적 이념에 기초한 인식작용 이전에 먼저 사물 자체의 무한히 다양한 가능성에 주의를 기울이며 사물과의 직접적인 접촉을 시도한다. 사물의 감각적 항수라는 기본적 태도를 예술 작품이라는 미적 형식으로 변용시키는 정지용의 시적 방법은 한국 근대시사에서 시적 자아의 감정 표현과 감각적 체험의 시적 형상을 세련화하는 데 중요한 영향을 미친다.

1938년에는 『동아일보』 『조선일보』의 후원으로 전남 강진과 다도해 등 남도 지방을 여행하며, 「꾀꼬리」 「동백나무」 「때까치」 「석류(石榴)·감시(甘柹)·유자(柚子)」 등으로 엮은 기행문 「남유(南遊) 제1신~6신」과 「이가락(離家樂)」 「해협병(海峽病)」 「일편낙토(一片樂土)」 등으로 이어지는 「다도해기(多島海記)」를 연재한다. 또한 1940년에는 길진섭 화백과 함께 선천, 의주, 평양 등 관서 지방과 만주 안동현의 오룡배를 여행하며 기행문 「화문행각(畵文行脚)」을 『동아일보』에 연재한다. 1930년대 후반, 지방 곳곳을 여행하고 여러 편의 산문을 발표하는 일련의 작업들은 정지용의 시세계에 적지 않은 영향을 미친다. 「옥류동(玉流洞)」(1937) 「비로봉」(1938) 「구성동(九城洞)」(1938) 「장수산(長壽山) 1, 2」(1939) 「백록담」(1939) 「춘설(春雪)」(1939) 등 후기 자연시의 세계는 여행길에서 이루어진 시인의 자연체험과 일정한 관련을 맺고 있는 것이다.

1930년대 후반 정지용의 이력 가운데 특기할 만한 두 가지 점은 고전에 대한 관심과 「시의 옹호」 「시의 위의(威儀)」 등 시론의 발표이다. 「옛 글 새로운 정」(『동아일보』, 1937)에서 정지용은 포은공(圃隱公)의 어머니, 정백모당(庭柏母堂) 서씨(徐氏), 인목왕후(仁穆王后) 등의 편지글에서 그가 생각하는 이상적인 글의 형태를 발견한다. 그것은 '뜻'과 '글월의 문의(紋儀)'가 따로 구분되지 않는 글, 다시 말해 겉으로 드러난 형식과 그 안의 '진정'이 따로 구분되는 것이 아니라 한데 어우러져 하나의 형상을 취하고 있는 글을 가리킨다. 동양적 글쓰기의 전통에 대한 관심은 시의 본질에 대한 탐구와 더불어 이 시기 정지용의 시작(詩作)에 중요한 두 줄기를 형성한다. 「시의 언어」 「시의 옹호」 등은 정지용의 시작 체험에 발상의 근원을 둔 것으로, 논리적 체계를 갖춘 시론이라기보다는 시인의 입장에서 시에 관한 견해를 표명한 글이다. 이들 글에서 정지용은 "시의 문의는 겉으로 서늘옵기를 바라서 마지 않는다" "시의 신수(神髓)에 정신 지상의 열락이 깃들인다" 등 시의 본질적 속성에 관한 자신의 관점을 서술하며, 한편으로는 "동양화론 서론에서 시의 향방을 찾는 이는 비뚤은 길에 들지 않는다", "우수한 전통이야말로 비약의 발디딘 곳이 아닐 수 없다" 등 전통으로부터 시작(詩作)의 원천을 탐구하고자 한다.

1930년대 후반 정지용의 문단활동은 『문장(文章)』지를 기반으로 이루어진다. 정지용은 『문장』지의 시 부문 고선(考選)위원으로 참여해, 박두진, 박목월, 조지훈, 이한직, 박남수, 김종한 등 재능있는 신인들을 배출하여 시단에서의 그의 위상을 더욱 굳히게 된다. 또한 이 잡지를 통해 여러 편의 시와 산문, 평문을 발표한다. 1941년에는 『문장』 22호에 「신작 정지용 시집」이라는 제목 아래 「비」 「조찬(朝餐)」 「호랑나븨」 등 10편의 시를 싣는다. 같은 해 9월에 문장사에서 두 번째 시집 『백록담』이 간행된다.

시집 『백록담』에서 정지용 초기 시의 감각적 지향은 시세계의 변화를 이끌어내는 창조적 갱신의 계기로 작용한다. 감각 대상(사물)과의 감각적 체험을 통해 자아를 드러내는 초기 시의 특징은 후기 시에서, 사물이 자립적이고 직접적으로 자기를 보여주는 것이 아니라 다른 사물을 통해 간접적이고 우회적으로 자기를 드러내는 방식으로 발전한다. 각각의 사물은 낱낱의 감각적 속성을 세밀하게 드러내는 것이 아니라 과감하게 생략되고 단순화됨으로써 오히려 상세해지고 풍부해지는 규정성을 획득한다. 가령, 시 「비」에서 시의 큰 흐름을 주관하는 '비'는 표면에 직접 등장하지 않는다. '비'는 '길경(桔梗, 도라지) 꽃봉오리'를 통해서 다만 간접적으로 자기 존재를 암시한다. 시집 『백록담』에서 정지용은 상세하고 구체적인 대상의 세목에 대한 집착에서 벗어나 과감한 생략을 통해 오히려 대상의 특성을 강조하는 시적 자유를 추구한다. 그 과정에서 정지용에게 예술적 혁신의 원천으로 작용하는 것은, 예술적 추상의 성격을 이상적으로 보여주는 동양적 추상의 원리와 전통예술의 유산이라고 할 수 있다.

이후 정지용은 1942년 『춘추』와 『국민문학』에 각각 발표한 「창」(窓)과 「이토(異土)」를 끝으로 해방이 될 때까지 더 이상 작품을 발표하지 않는다. 해방 이후에는 이화여자전문학교·대학 교수, 문학가동맹 작가대회 아동분과위장 및 중앙위원, 경향신문사 주간 역임, 『지용시선』(1946), 산문집 『문학독본』(1948), 『산문』(1949) 간행 등으로 화려한 이력을 이어가지만, 시인으로서의 창작활동은 해방 이전에 비해 활발하다고 볼 수 없다. 1950년 시 「곡마단」, 기행문 「남해오월점철(南海五月點綴)」을 발표하고, 한국전쟁 당시 시인 설정식 등과 함께 정치보위부에 자수 형식으로 출두했다가 이후 행방불명되었다. 북한이 최근 발간한 『조선대백과사전』에 정지용이 1950년 9월 25일에 사망했다는 기록이 기재되어 있다(『동아일보』, 2001.2.26).

정지용 ▸▸

1902년(1세) 6월 20일(음력 5월 15일) 충청북도 옥천군 옥천면 하계리 40번지에서 부친 정태국(鄭泰國)과 모친 정미하(鄭美河) 사이에서 장남으로 태어나다.

1910년(9세) 4월 충북 옥천공립보통학교(현 죽향초등학교)에 입학하다.

1913년(12세) 충북 영동군 심천면에 사는 송시열의 후손인 송명헌의 딸 송재숙(宋在淑)과 결혼하다.

1914년(13세) 3월 옥천공립보통학교를 졸업하다. 그후 휘문고보 입학 때까지 서울에 있는 처가 친척집에서 한문을 수학하다.

1918년(17세) 4월 2일 휘문고보에 입학하다. 학교 성적은 우수하나, 집안이 넉넉하지 못하여 교비생으로 학교를 다니다. 이 무렵부터 문학적 소질을 발휘하기 시작하여 주변의 칭찬을 받다. 박팔양 등 8명이 모여 '요람(搖籃)' 동인을 결성하다.

1919년(18세) 휘문고보 학내 문제로 야기된 휘문 사태에 관여하여 한때 정학을 당했다가 곧 복학하다. 12월 소설 「삼인(三人)」을 『서광(曙光)』에 발표하다.

1922년(21세) 학제 개편으로 고등보통학교의 수업 연한이 5년제로 개편되어, 5학년에 진급하였을 것으로 추측되다. 휘문고보의 재학생과 졸업생이 함께 하는 문우회의 학예부장직을 맡아 『휘문(徽文)』 창간호의 편집위원이 되다.

1923년(22세) 정지용 등 문우회 학예부원들이 편집한 『휘문』 창간호가 출간되다. 3월에 휘문고보 5년제를 졸업한 것으로 추측되다. 5월 일본 교토에 있는 도시샤(同志社)대학 예과에 입학하다. 이때 정지용의 학비는 졸업 후 모교 교사가 된다는 조건으로, 휘문고보 측에서 보조한 것으로 전해지다. 3월에 대표작 「향수(鄕愁)」를, 7월에 「압천(鴨川)」을 쓰다.

1924년(23세) 시 「자류(柘榴)」 「민요풍 시편」 「Dahlia」 「홍춘(紅春)」 「산에ㅅ색시 들녘사내」 등을 쓰다.

1925년(24세) 도시샤대학의 일본인 학생들의 동인지 『가(街)』에 참가하다. 일본어 시 「신라의 자류(新羅の柘榴)」 「마히루(まひる)」 「풀 위(草の上)」를 발표하다. 「샛밝안 기관차」 「바다」 「황마차(幌馬車)」 등을 쓰다.

1926년(25세) 4월 도시샤대학 영문학과에 진학하다. 『학조(學潮)』 『신민(新民)』 『문예시대

(文藝時代)』 등에 시를 발표하다. 일본 시인 기타하라 하쿠슈(北原白秋)가 주재하는 잡지 『근대풍경(近代風景)』에 일본어 시 「가쓰에 프랑스(かつえ・ふらんす)」를 투고하여 게재되다. 「갑판 위」 「바다」 「호면(湖面)」 「이른 봄 아침」 「선취(船醉)」 등을 쓰다.

1927년(26세) 『학조(學潮)』 『신민(新民)』 『문예시대(文藝時代)』 『조선지광』 『근대풍경』 등에 「갑판 위」 「이른 봄 아침」 「엽서에 쓴 글」 「발열(發熱)」 「갈매기」 「말 1」 등을 발표하다.

1928년(27세) 음력 2월 옥천군 자택에서 장남 구관(求寬) 출생하다. 7월 성프란시스코 사비엘 천주당(가와라마치 교회)에서 요셉 히사노 신노스케(久野信之助)를 대부로 하여 뒤튀(Y.B. Duthu) 신부에게 영세를 받다. 「여조(旅朝)」 「갈매기」 「말 1」 「말 2」 등을 발표하다.

1929년(28세) 6월 도시샤 대학 영문학과를 졸업하고, 9월 모교인 휘문고보 영어교사로 취임하다. 부인, 장남과 함께 서울 종로구 효자동으로 이사하다. 12월에 「유리창」을 쓰다.

1930년(29세) 3월 박용철, 김영랑, 이하윤 등과 함께 『시문학』 동인으로 활동하다. 『조선지광』 『대조』 『시문학』 『신소설』 『학생』 등에 「유리창 1」 「바다 1」 「저녁햇살」 「호수 I」 「아츰」 「절정」 등의 시와 블레이크의 번역시 「소곡(小曲)」 등을 발표하다. 천주교 종현청년회에서 총무직을 맡다.

1931년(30세) 12월에 차남 구익(求翼) 출생하다. 「유리창 2」 「풍랑몽(風浪夢) 2」 등의 시를 『신생(新生)』 『시문학』 등에 발표하다.

1932년(31세) 「무서운 시계」 「밤」 「기차」 「고향」 등의 시를 『문예월간』 『신생』 『동방평론』 등에 발표하다.

1933년(32세) 6월에 창간된 『가톨닉청년』지의 편집에 참가하는 한편, 같은 잡지에 「해협(海峽)의 오전 두 시」 「비로봉(毘盧峰)」 「귀로(歸路)」 등의 작품과 산문 「소묘(素描) 1~5」 등을 발표하다. 8월 문학동호인 모임인 구인회(九人會)에 참여하다. 초기 창립회원은 김기림, 이효석, 이종명, 김유영, 유치진, 조용만, 이태준, 정지용, 이무영 등 9명이다. 삼남 구인(求寅) 출생하다.

1934년(33세) 「또하나 다른 태양」 「나무」 「불사조」 등을 『가톨닉청년』에 발표하다. 서울 종로구 재동으로 이사하다. 장녀 구원(求園) 출생하다.

1935년(34세) 10월 시문학사에서 『정지용 시집』이 간행되다. 「홍역」 「비극」 「다시 해협」 「말 2」 등을 발표하다.

1936년(35세) 3월 구인회 동인지 『시와 소설』 창간하다. 「유선애상(流線哀傷)」 「폭포」 등의 시와 「아스팔트」 「노인과 꽃」 등의 산문을 발표하다. 오남(五男) 구상 출생하다.

1937년(36세) 산문 「수수어(愁誰語)」를 『조선일보』에 연재하다. 산문 「옛글 새로운 정」을 『동아일보』에, 시 「옥류동(玉流洞)」을 『조광(朝光)』에 발표하다. 서울 서대문구 북아현동으로 이사하다. 8월 오남 구상 병사하다.

1938년(37세) 가톨릭재단에서 주관하는 『경향잡지(京鄕雜誌)』의 편집에 참가하다. 8월 김영랑, 김현구와 함께 여행하면서 「다도해기(多島海記)」 「남유(南遊) 제1신~제6신」 등의 기행문을 각각 『조선일보』와 『동아일보』에 연재하다. 시 「삽사리」 「온정(溫井)」 「비로봉」 「구성동(九城洞)」 등을 발표하다. 「시와 감상」 「무용인 조택원론」 등의 평문을 발표하다.

1939년(38세) 8월에 창간된 『문장』지에 시 부문 고선(考選)위원으로 참여하여 박두진, 박목월, 조지훈, 이한직, 박남수, 김종한 등 재능있는 신인을 발굴하다. 「장수산(長壽山) 1, 2」 「백록담」 「춘설(春雪)」 등의 시와 「합숙」 등의 산문, 「시의 옹호」 「시의 위의(威儀)」 「시와 언어」 등의 평문을 발표하다.

1940년(39세) 길진섭 화백과 함께 선천, 의주, 평양 등지를 여행하며, 「화문행각(畵文行脚)」을 『동아일보』에 연재하다. 산문 「천주당」, 평문 「시선후(詩選後)」 등을 발표하다.

1941년(40세) 1월, 『문장』 22호에 「신작 정지용 시집」이라는 제목 아래 「비」 「조찬(朝餐)」 「인동차(忍冬茶)」 「붉은 손」 「꽃과 벗」 「나븨」 「진달레」 「호랑나비」 「예장(禮裝)」 「도굴(盜掘)」 등 10편을 발표하다. 9월 문장사에서 제2시집 『백록담』이 간행되다.

1942년(41세) 1월에 시 「창(窓)」을 『춘추(春秋)』에, 2월에 「이토(異土)」를 『국민문학』에 발표하다.

1944년(43세) 서울소개령에 따라 부천군 소사읍 소사리로 소개(疏開)하다. 소사에서 천주교 공소 설립에 힘을 쓰다.

1945년(44세) 8.15해방과 함께 휘문중학교 교사직을 사임하고 10월에 이화여자전문학교 교수로 부임하여 문과과장(文科科長)이 되다. 한국시, 영시, 라틴어를 강의하다. 12월 『해방기념시집』에 「그대들 돌아오시니」를 발표하다.

1946년(45세) 2월 문학가동맹 작가대회에서 아동분과위장 및 중앙위원으로 추대되었으나, 정지용은 대회에 불참하다. 5월 건설출판사에서 『정지용시집』을 간행하다. 6월 을유문화사에서 『지용 시선(詩選)』을 간행하다. 8월 이화여자전문학교가 이화여자대학으로 개칭되면서 동교의 교수가 되다. 10월 경향신문사 주간으로 취임하다. 시 「애국의 노래」를 발표하다.

1947년(46세) 8월 경향신문사를 사임하고 이화여대 교수로 복직하다. 서울대학교 문리과대학에 출강하여 현대문학 강좌에서 『시경(詩經)』을 강의하다.

1948년(47세) 2월 이화여대를 사임하고 녹번리(현, 서울시 은평구 녹번동)의 초당으로 이사하여 소일하다. 박문출판사에서 산문집 『문학독본(文學讀本)』이 간행되다. 「윤동주 시집 서(序)」 「조선시의 반성」 등을 발표하다.

1949년(48세) 3월 동지사(同志社)에서 『산문(散文)』을 간행하다. 평문, 수필, 역시 등 총 55편이 실리다.

1950년(49세) 3월 동명출판사에서 시집 『백록담』의 3판이 간행되다. 5,6월 『국도신문(國都新聞)』에 기행문 「남해오월점철(南海五月點綴)」을 연재하다. 시 「곡마단(曲馬團)」 「사사조오수(四四調五首)」를 발표하다. 한국전쟁 당시 시인 설정식 등과 함께 정치보위부에 자수형식으로 출두했다가 이후 행방불명되다. 1950년 9월 25일 사망했다는 기록이 북한이 2001년 완간한 『조선대백과사전』 제17권에 기재되어 있다. 한편, 1993년 북한의 『통일신보』에 실린 시인 박산운의 회고문 「시인 정지용에 대한 생각」에서는, 정지용의 사망일과 사망장소가 1950년 9월 21일, 소요산이라고 전해진다(『동아일보』 2003.4.29).

1989년, 정지용의 문학적 성과와 문학사적 위치를 기리기 위해 시와시학사에서 '정지용문학상'을 제정 시행하다.

김기진 金基鎭, 1903~1985

/박수연/

김기진은 한국 카프문학의 산 증인이다. 1903년에 충북 청원군 남이면 팔봉리에서 부친 안동김씨 홍규와 모친 광산김씨 현수 사이에서 차남으로 출생한 그는 그보다 2년 먼저 출생한 형 김복진과 함께 프롤레타리아 문학 예술운동에 헌신했다.

아버지가 고위 관료였고 대지주 집안이었기 때문에 비교적 여유 있게 자란 그는 5세 무렵부터 한문을 배우고 8세인 1910년에는 황간공립보통학교에 다니게 된다. 1916년에는 영동공립보통학교를 졸업했고 배재고등보통학교에 입학했다. 이때 그와 함께 카프를 만들었던 박영희와 교유하기 시작하여 1920년에는 역시 함께 일본으로 유학을 떠나기도 했다. 1919년에는 3・1운동의 영향을 받아 『독립신문』을 프린트하여 배포하다가 체포되고 3일간 구류를 살았다.

일본 유학시절의 초기에 김기진은 영국과 프랑스문학의 영향을 받았으며 특히 프랑스 상징주의의 영향으로 심미주의적인 작품을 흡수했다. 그러나 1921년 봄 릿쿄대학 영문과에 입학하고 그해 겨울부터는 노동운동과 러시아 문학에 관심을 두기 시작한다. 그 결과 문학과 혁명 사이에서의 고민이 시작되었다. 1922년에는 '토월회'를 조직하고 1923년에 조선에서의 공연을 위해 귀국했는데, 일본에서 이미 『백조』 동인에 가입했기 때문에 그 동인들의 지원을 받았다. 귀국 후 신경향파 문학의 필요성을 역설하기 시작했고 동년 9월 『백조』지에 「떨어지는 조각조각」을, 동년 7월 『개벽』지에 「프로므나드 상티망탈」을 발표했다. 또한 『개벽』지에 클라르테 운동을 소개하고 일련의 평문을 발표하기 시작하면서 신경향파 문인으로서의 이름이 널리 알려지기 시작했다. 그리하여 1924년에는 '파스큘라'를 조직했다(「나의 문학청년시대」, 『신동아』 4권9호. 그러나 임화와 백철 등의 기록에 따르면 '파스큘라'가 결성된 해는 1923년이다). 박영희, 안석영, 김형원, 이익상, 김기진, 김복진, 연학년 등이 멤버로 알려져 있다. 1924년에 김기진은 애인 강명희와 동거를 시작했다.

1925년 8월 23일에 '염군사'와 '파스큘라'가 결합하여 '카프'가 탄생한다. 구성원은 박영희, 김기진, 이호, 김영팔, 이익상, 박용대, 이적효, 이상화, 김온, 김복진, 안석영, 송영, 최승일, 심대섭, 조명희, 이기영, 박팔양, 김양 등이다.

1926년에 김기진은 「문예시평」(『조선지광』, 1926.12)에서 박영희의 단편 「철야」와 「지옥순례」를 비판했다. 소설은 내용의 일방적 주장이 아니라 건축물과 같은 것이라는 김기진의 견해에 대해 박영희는 '프로문학의 내용 우선주의'를 강조하며 반비판하였다. 이것이 이른바 내용—형식논쟁이다. 그 귀결은 당사자 간의 철야 토론의 결과 김기진의 주장 철회로 나타났다. 한편 1929년에 김기진은 임화와 대중화논쟁을 전개한다. 내용—형식 논쟁에서의 패배를 대중화론으로 돌파하려는 의도가 있었다고 할 수 있는데, 그 출발은 통속소설론인데(「통속소설소고」, 『조선일보』 1928.11.13), 프로시가에 대해서도 그는 마찬가지로 대중화의 필요성을 역설했다. 특히 임화의 「우리 오빠와 화로」를 프로시가의 표준으로 삼을 것을 주장했다(「문예시평—단편서사시의 길로」, 『조선지광』, 1927.3). 그러나 이에 대한 반론이 그 시를 창작한 임화에게서 나왔다는 것은 프로문학의 대중화와 원칙론 사이에서 형성됐던 당시의 미묘한 국면을 생각케 한다.

1931년에 김기진은 '카프' 제1차 검거사건으로 종로경찰서에 체포된다. 1차검거사건이란 '신간회' 해체, '카프'의 볼셰비키화, 만주사변 등을 배경으로 두고, 이북만 등이 일본 도쿄에서 출판한 『무산자』를 안막이 배포하면서 일어난 사건이다. 1934년에는 '카프' 전주사건이 발생했다. 이때에 이르면 '카프'는 내외정세 상 활동이 용이하지 않은 상태에 놓인다. 김기진은 김복진과 함께 '애지사(愛智社)'를 만들고 발행한 잡지 『청년조선』이 러시아의 자금지원을 받았다는 혐의로 체포되었다가 석방되었다. 그후 매일신보사에 사회부장으로 입사했다. 박영희의 전향선언문이 발표된 때가 이때이다. 김기진은 1935년에 임화와 함께 경기도 경찰국에 '카프' 해산계를 제출한다.

1938년부터 김기진은 친일 성향의 글을 발표하기 시작했다. 1940년에 형 김복진이 사망했다. 김기진의 친일문학은 더욱 본격화되 시작했고, 1944년에는 대동아문학자대회에 참석하기 위해 상해에 다녀왔다.

1945년, 다시 '애지사'를 만들고 출판업에 뛰어들었으나, 한국전쟁 당시인 1950년에 인쇄공들의 고발로 인민재판에 회부되어 즉결처분을 받았고, 구사일생으로 살아났다. 그 후 김기진은 종군작가로 한국전쟁에 참가하였다. 종전 후 출판업을 계속하던 김기진은 1958년 출판사를 정리하고 수유리로 이사했다. 민권옹호투쟁위원회 부위원장을 역임하면서 자유당정권과 대립했다.

1960년에는 경향신문 주필, 1961년에는 재건국민운동 중앙회장을 역임했다. 1962년 이후 박정희 정권과 갈등을 빚으면서 은둔에 들어가 수필과 회고록 성격의 글들을 썼다. 1985년 숙환으로 별세. 유택은 경기도 포천군 내촌면 마명리에 있다. 그의 전집이 문학과지성사에서 간행되었다.

1903년(1세) 음력 6월 충북 청원군 남이면 팔봉리에서 부친 안동김씨 홍규와 모친 광산김씨 현수 사이에서 차남으로 태어나다. 그의 필생의 지기이자 형인 김복진은 그보다 2년 연상이다.

1916년(14세) 배재고등보통학교에 입학, 박영희와 교유하다. 나도향, 김여수, 박용철이 함께 학교에 다녔다.

1919년(17세) 독립신문을 유포하다 체포되어 3일간 구류를 살고 석방되다.

1920년(18세) 박영희와 함께 일본으로 건너가다. 김복진이 그 뒤를 따라 관비 유학생으로 도일하다. 영국과 프랑스 문학에 심취하고, 4월에는 그의 최초의 발표작품 「가련아」를 『동아일보』에 수록하다.

1921년(19세) 일본 릿쿄대학 영문학부 입학하다. 노동운동과 러시아문학을 배우고, 이전의 문학관과는 다른 문학관을 준비하기 시작하다.

1922년(20세) 박승희, 이서구, 김복진, 이제창, 김을한 등과 함께 '토월회' 창립하다.

1923년(21세) '토월회' 공연을 준비하기 위해 귀국하다. 이때 '토월회'의 공연을 지원해준 사람들이 『백조』 동인이다. 『백조』와 『개벽』지에 글을 발표하기 시작했고, 신경향파 문학이 준비된 것도 이 무렵부터이다.

1924년(22세) '파스큘라'를 조직하다. 애인 강명희와 동거를 시작했고 매일신보사에 입사하다.

1925년(23세) 8월에 '염군사'와 '파스큘라'를 결합하여 '카프'를 만들다.

1926년(24세) 이른바 '내용~형식 논쟁'이 시작되다.

1927년(25세) 논쟁이 박영희의 승리로 종결되다. '카프'는 윤기정 등의 소장파 수중으로 들어가다.

1929년(27세) 임화와의 사이에 대중화논쟁이 펼쳐지다.

1930년(28세) 조선일보사에 사회부장으로 입사하다. 대중화 재론하다.

1931년(29세) '카프' 제1차 검거사건으로 종로경찰서에 체포되다.

1934년(32세) '카프' 전주사건이 발생하다. 김복진과 함께 '애지사(愛智社)'를 만들고 발행한 잡지 『청년조선』이 러시아의 자금지원을 받았다는 혐의로 체포되었다가 석방되다. 매일신보사에 사회부장으로 입사하다. 박영희의 전향선언문이 발표된 때가 이때이다.

1935년(33세) 임화와 함께 경기도 경찰국에 '카프' 해산계를 제출하다.

1938년(36세) 친일 성향의 글을 발표하기 시작하다.

1940년(38세) 형 김복진 사망하다.

1944년(42세) 대동아문학자대회에 참석하기 위해 상해에 다녀오다.

1945년(43세) 다시 '애지사'를 만들다.

1950년(48세) 인쇄공들의 고발로 인민재판에 회부되어 즉결처분을 받았으나 구사일생으로 살아나다.

1951년(49세) 종군작가로 한국전쟁에 참가하다.

1958년(56세) 출판사를 정리하고 수유리로 이사하다. 민권옹호투쟁위원회 부위원장을 역임하면서 자유당 정권과 대립하다.

1960년(58세) 『경향신문』 주필이 되다.

1961년(59세) 재건국민운동 중앙회장 역임하다.

1962년(60세) 이후 박정희 정권과 갈등을 빚으면서 은둔에 들어가 수필과 회고록 성격의 글들을 쓰다.

1985년(83세) 숙환으로 별세하다. 유택은 경기도 포천군 내촌면 마명리이다.

1989년 한국 근대문학비평사에 기여해 온 팔봉 김기진의 유지를 받들어 유족이 기탁한 기금으로 한국일보사 주관의 '팔봉비평상'이 제정 시행되다.

이은상 李殷相, 1903~1982

/유성호/

노산(鷺山) 이은상 시인은 1903년 10월 22일 경상남도 마산에서 출생하였다. 마산 창신학교를 거쳐 연희전문학교 문과와 일본 와세다대학 사학과에서 수학하였다. 그는 초기에는 주로 자유시를 통해 인생의 무상함을 읊는 동양적 풍모를 줄곧 보였으나, 곧바로 시조로 자신의 시적 본령을 바꾸었고, 그 후로 줄곧 시조 창작에 매진하였다. 시조의 형태를 깊이 연구하여 새로운 경지의 양장(兩章)시조를 개척하기도 하였다.

노산은 해방 전에 이화여전 교수, 『조선일보』 편집고문 등을 지냈고, 1942년에는 조선어학회 사건으로 일경(日警)에 붙잡혀 홍원 감옥에서 옥고를 치르기도 했다. 「저 예루살렘아」라는 작품은 이때의 경험을 담은 시편으로서, '홍원 옥중에서 친일 문사들의 소식을 듣고'라는 부제가 붙어 있다. 노산은 옥중에서 『구약성서』를 거듭 읽으면서 이 같은 윤리적이고 개결성 높은 민족주의적 열정의 시를 구상하였다. 그는 1945년 1월에도 사상범 예비 검속에 걸려 또 한 차례 옥고를 치르는 등, 그야말로 고난에 찬 식민지 시대를 살아왔다. 수감 중에 해방을 맞아 출옥하여 해방 후에는 주로 언론인, 대학 교수, 문화 행정가, 역사 연구가 등으로 폭 넓은 보폭의 생애를 살았다.

이은상은 19세 때인 1921년 '두우성(斗牛星)'이라는 필명으로 작품을 발표한 이후, 초기에는 주로 자유시를 썼으나 1926년 시조부흥운동이 본격화되면서 전통 문학과 국학에 관심을 갖고 시조를 많이 쓰게 되었다. 그는 언젠가 1928년에 쓴 「고개를 수그리니」를 자신을 등단작으로 말한 바 있는데, 이 무렵은 카프의 계급주의 노선에 대항하여 이른바 '국민문학파'의 시조부흥운동이 활발하게 진행되던 시기였다. 이와 때를 같이 하여 노산은 우수한 시조들을 잇따라 발표함으로써 현대시조의 발전에 크게 기여하게 된다. 그가 시조로 방향을 바꾼 것은 1926년경이고 첫 시조집 『노산시조집』을 낸 것은 1932년의 일이다. 이 해 5월에 대표작 「가고파」를 지었는데, 이는 겨울의 타향에서 고향의 사계절을 두루 생각하는 향수를 떠올림으로써 식민지 시대의 어두운 시대적 분위기까지 반영한 것이라 할 수 있다.

첫 시조집 『노산시조집』을 펴낼 때 그는, 이미 가람 이병기와 함께 한국시조를 대표하는 쌍벽이 되어 있었다. 노산을 일러 현대시조의 전통을 일군 선구자로 평가하는 관행은 이러한 역사적 타당성을 지니는 것이다. 1930년대부터 이병기와 함께 한국의 대표적인 시조 시인으로 자리를 굳히면서 그는 민요적인 리듬을 살린 작품들을 많이 썼다. 『노산시조집』에는 향수·인생무상·자연 예찬을 주제로 한 작품이 주로 실려 있는데, 이 시집은 중장을 뺀 양장시조를 싣고 있어 시조사적 가치로도 대단히 주목받고 있다. 해방 후에는 개인의 서정보다 사회적 현실에 바탕을 둔 국토 예찬이나 조국 분단의 아픔, 우국지사의 추모 등을 읊었다. 그 밖에 평론에도 관심을 갖고 시조의 이론에 관한 평론을 다수 남겼다. 첫 시조집 이후 시조집으로 『조국강산』(1955) 『노산시조선집』(1958) 『노산시문선』(1960) 『노산문학선』(1964) 『푸른 하늘의 뜻은』(1970) 등을, 수상집으로 『묘향산유기』(1931) 『노방초(路傍草)』(1935) 『무상(無常)』(1936) 『노변필담(爐邊筆談)』(1953) 『가을을 안고』(1966) 『태양이 비치는 길로』(1973) 등을 펴냈으며, 1954년 청구대학 교수가 되었고, 1970년 국민훈장 무궁화장을 수상하였고, 1974 연세대학에서 명예박사학위를 받았고, 1982년에 별세하였다.

그는 1930년대 중반부터 이른바 양장시조를 본격적으로 시도하여 시조의 현대적 변용을 실험하였는데, 그에 의하면 시조와 같은 단형 시가는 짧은 두어 마디의 말 가운데 인정의 기미를 건드리고 끝나야 한다는 것이다. 그럼에도 불구하고 우리 시조에 쓰이는 3장은 너무 낭비라고 할 수 있으니, 가운데 장은 생략되어야 한다는 것이 그의 주장이었다. 그러나 양장시조는 그 후로 문학사에 착근되지 못하고 노산 개인 차원에서 일회적인 실험으로 끝나 버린 감이 없지 않다. 이 같은 양장시조가 노산이 실험한 시조의 형식적 측면이라면, 서정과 서경이 어우러지면서도 결국은 시인의 가치 판단으로 시상(詩想)을 종결하는 방식은 이 시인이 쓴 시조의 내용상의 가장 큰 특성이라고 할 수 있다. 그만큼 그는 대상을 있는 그대로 재현하는 '묘사'보다는, 객체를 주체의 세계관과 경험으로 재해석하고 은유하는 '시적 진술'의 형식을 주로 써온 시인이다.

그의 대표작인 「소경되어지이다」는 눈을 감아야 님이 보인다면 차라리 '소경'이 되겠다는 아이러니를 통해 대상을 향한 애정의 극단을 보이고 있는 작품이다. 이 짧은 평시조는 화자의 대상을 향한 열망이 반어적 의지로 귀결됨으로써 그 의지의 강도가 얼마나 강한지를 보여줌과 동시에, 그 열망이 결국 성취 불가능한 것이라는 암시를 주기에 족하다. 이은상 시인은 이 작품을 통해 '사랑(그리움)'이라는 것이 얼마나 강렬할 수 있으며, 그럼에도 불구하고 그것이 결국 현실에서는 이룰 수 없는 실체임을 감각적으로 잘 보여준 것이다.

그의 또 다른 대표작 가운데 하나인 「가고파」는 1932년 『동아일보』에 실린 작품으로서, '내 마음 가 있는 그 벗에게'라는 부제가 붙어 있는 시편이다. 이 작품은 어린 시절의 추억을 통해 향수를 달래는 시편인데, 발표된 시기로 보아서 유년시절의 '향수'는 식민지를 벗어난 자유로운 세계에 대한 원형적 은유로도 읽힐 만한 것이다. 이 작품은 모두 10수로 이루어진 연시조로서, "내 고향 남쪽 바다"라는 배경은 곧 노산의 고향인 마산을 직접 지칭한다고 할 수 있다. "꿈엔들 잊으리오 그 잔잔한 고향 바다"는 마치 정지용의 「향수」의 후렴구를 떠올리게 하면서 시인이 갖는 향수의 강렬성을 감각적으로 잘 보여주고 있다. 한 편 한 편의 작품마다 반복되고 있는 "가고파라 가고파/보고파라 보고파/돌아갈까 돌아가" 등의 끝없는 연쇄는 이 시인이 처해 있는 현실적 조건이 고향을 찾을 수 없는 것임을 암시해주고 있다. 그는 이미 성인이 되었고, 도회지로 나갔으며, 식민지를 살아가는 시인이기 때문이다. 그래서 시인이 그리워하는 "찬 얼음 센 바람은 들지 못하는 그 나라"는 결국 현실 속에서 이룰 수 없는 유토피아이자 영원한 구원(久遠)의 대상으로 시인의 염원 속에 남게 되는 것이다.

또 다른 대표작 「고지가 바로 저긴데」는 1956년 『자유문학』 창간호에 발표된 작품으로서, 통일을 향한 민족적 염원을 형상화한 일종의 연시조이다. 국토가 분단된 시점에 우리 민족이 가야 할 곳을 시인은 '고지(高地)'로 설정하고, 거기에 도달하기 위해서 우리가 치러야 할 운명적 고통에 대해 노래하고 있다. '고난의 운명'이나 '역사의 능선'이란 다름아닌 분단-전쟁으로 이어진 민족사의 은유이고, '밤'은 이러한 고난의 역사를 상징하는 배경으로 작용하고 있다. 그러한 '밤'에 "가야만 하는 겨레"는 "넘어지고 깨어지고라도 한 조각 심장만 남거들랑" 그것을 부둥켜안고라도 반드시 가야 하는 절박함이 시 전편에 잘 나타나 있다. 그때 시인은 궁극적으로 "핏속에 웃는 모습"을 그리고 있다. 다시 말하면 우리 겨레가 비록 동족상잔을 '핏속'에서 겪기는 했지만, 그와 같은 질곡을 딛고 통일을 이루는 위업을 민족의 이름으로 달성한 순간이 그때이기 때문이다. 이와 같은 이은상 시인의 일관된 민족주의적 지향은 "너라고 불러보는 조국아/낙조보다도 더 쓸쓸한 조국아/긴 긴 밤 가얏고 소리마냥/가슴을 파고드는 네 이름아/새 봄날 도리화(桃李花)같이/활짝 한번 피어주렴"(「너라고 불러보는 조국아」)과 같은 외침과도 그대로 연관되고 있다. 따라서 노산에게 분단을 딛고 통일에 이르는 과정은 그의 시가 최종적으로 지향한 핵심적인 지표였다고 할 수 있다. 「고지가 바로 저긴데」는 분단 조국의 실상을 아파하면서도 통일에 대한 강렬한 염원을 읊은 1950년대의 대표적인 시조로 평가받을 만하다.

또한 노산은 우리의 귀에 익은 가곡의 노랫말로 원용된 시조들을 다수 창작한 시인으로도 유명하다. 그 목록을 제시하는 것은 그대로 한국 가곡의 가사를 죽 늘어놓는 것과 마찬가지이다. "어제 온 고깃배가 고향으로 간다 하기/소식을 전차하고 갯가으로 나갔더니/그 배는 멀리 떠가고 물만 출렁거리오"(「고향 생각」)에서는 고향 생각에 대한 간절함을 노래하였고, "봄처녀 제 오시네 새 풀옷을 입으셨네/하얀 구름 너울 쓰고 진주이슬 신으셨네/꽃다발 가슴에 안고 뉘를 찾아오시는고"(「봄처녀」)에서는 봄의 밝은 감각과 여인의 아름다운 마음을 노래하였다. "내 놀던 옛 동산에 오늘 와 다시 서니/산천의구란 말 옛 시인의 허사로고/예 섰던 그 큰 소나무 버혀지고 없구료"(「옛 동산에 올라」)에서는 시간의 무상함을, "장하던 금전벽우 찬 재 되고 남은 터에/이루고 또 이루어 오늘을 보이도다/흥망이 산중에도 있다 하니 더욱 비감하여라"(「장안사」)에서는 인생의 무상함을, "성불사 깊은 밤에 그윽한 풍경 소리/주승은 잠이 들고 객이 홀로 듣는구나/저 손아 마저 잠들어 혼자 울게 하여라"(「성불사의 밤」)에서는 산사의 깊은 밤에 대한 깊은 묘사를 "탈 대로 다 타시오 타다 말진 부대 마소/타고 다시 타서 재 될 법은 하거니와/타다가 남은 동강은 쓸 곳이 없느니다"(「사랑」)에서는 사랑의 강렬함과 유일무이함을 노래하였다. 이 모든 것이 노산 가사의 대표적 성채를 이루면서, 그가 얼마나 서정적인 조사(措辭)에 능숙한 시인이었는지를 선명하게 알려주는 표지가 되고 있는 것이다.

이와 같이 이은상 시인은 치밀한 관찰에서 비롯되는 서경의 단면과 민족주의적 열정, 그리고 감미로운 서정성과 인간에 대한 사랑과 관용이 어우러진 시정신을 일관되게 보여주었다. 결국 노산 이은상 시인은 서정과 서경, 서정과 인식이 어우러지면서도 주체의 가치 판단을 중요시한 현대시조를 통해, '조국'과 '인간'에 대한 사랑의 정신을 지속적으로 노래한 우리 시조계의 거목이었던 셈이다.

이은상 ▸▸

1903년(1세) 10월 22일 경상남도 마산시 상남동 102번지에서 교육가 남하 이승규 선생의 차남으로 태어나다. 호는 노산(鷺山)이다.

1918년(16세) 3월, 아버지가 세운 마산 창신학교 고등과를 졸업하다.

1921년(19세) '두우성'이라는 필명으로 첫 작품 「혈조(血潮)」를 발표하다.

1923년(21세) 3월, 연희전문학교 문과에 다니다가 3년을 수료하고 그만두었다.

1924년(22세) 『조선문단』에 「영사행(瑩土行)」 「애사(哀史)」 「새벽이면」 등을 발표해 본격적인 창작활동을 시작하다.

1925년(23세) 일본으로 건너가 와세다대학(早稻田大學) 사학과에서 공부하다.

1926년(24세) 시조부흥운동이 본격화되면서 전통문학과 국학에 관심을 갖고 시조를 많이 쓰다. 6월, 계명구락부 조선어사전 편찬위원으로 피임되다. 11월, 평론 「청상민요소고(青孀民謠小考)」(『동광』) 발표하다.

1927년(25세) 8월, 일본 도쿄 동양문고에서 국문학 연구하다.

1929년(27세) 10월, 월간지 『신생』 편집장으로 취임하다.

1931년(29세) 3월, 『조선사화집(삼국시대편)』(한성도서회사) 간행하다. 이화여자전문학교 교수로 취임하다. 『묘향산유기』 간행하다.

1932년(30세) 4월, 첫 개인 시조집인 『노산시조집』(한성도서) 간행하다. 여기에는 향수・인생무상・자연 예찬을 주제로 한 작품이 주로 실려 있다. 특히 「고향 생각」 「가고파」 「성불사의 밤」 등에는 평이하고 감미로운 서정이 담겨 있다. 또한 이 시집에는 중장을 뺀 양장시조 「소경되어지이다」 등이 실려 있어 시조사적 가치로도 주목되고 있다. 동아일보사에서 근무하여 1935년까지 있다.

1935년(33세) 4월, 민요적 리듬을 살린 「할미꽃」(『예술』) 「봄처녀」(『예술』) 등을 발표하다. 10월, 수필집 『노방초』(창문사)를 간행하다.

1936년(34세) 수상집 『무상(無常)』 간행하다.

1938년(36세) 6월, 일제의 탄압으로 전남 백운산하에 은거하다.

1942년(40세) 2월, 『노산문선』(영창서관) 간행하다. 10월, 조선어학회 사건에 연루되어 구금되다.

1945년(43세) 1월, 사상범 예비 검속으로 광양경찰서에 갇히다. 해방을 맞아 풀려나다. 9월, 『이충무공일대기』를 간행하다.

1949년(47세) 4월, 동국대학교 문리과대학 교수로 취임하다.

1951년(49세) 11월 수필집 『민족의 맥박』(민족문화사) 간행하다.

1953년(51세) 8월, 수필집 『노변필담』(민족문화사) 간행하다.

1954년(52세) 대한민국예술원 회원이 되다. 시문집 『조국강산』(민족문화사) 간행하다. 청구대 교수로 취임하다.

1955년(53세) 10월, 사단법인 이충무공기념사업회 회장이 되다. 시조집 『조국강산』 간행하다.

1958년(56세) 시조집 『노산시조선집』(남향문화사) 간행하다.

1959년(57세) 충무공 이순신장군기념사업 회장, 안중근 의사 숭모회장 등을 맡다.

1960년(58세) 시조집 『노산시문선』(경문사) 간행하다.

1962년(60세) 11월, 기행문집 『피어린 육백리』(횃불사) 간행하다.

1963년(61세) 대한민국예술원상을 수상하다.

1964년(62세) 『노산문학선』 간행하다.

1966년(64세) 1월, 한국시조작가협회 회장에 취임하다. 한글학회 이사 취임하다. 수상집 『가을을 안고』 간행하다.

1969년(67세) 독립운동사 편찬위원장 취임하다. 4월, 『성웅 이순신』(횃불사) 간행하다.

1970년(68세) 경희대학교에서 문학박사학위를 받다. 대한민국 국민훈장 무궁화장을 받다. 시조집 『푸른 하늘의 뜻은』(금강출판사) 간행하다.

1971년(69세) 시조집 『다도해 변경』(월간문학사) 간행하다.

1972년(70세) 숙명여자대학교 재단 이사장이 되다.

1973년(71세) 수상집 『태양이 비치는 길로』 간행하다.

1974년(72세) 연세대학교에서 명예문학박사 학위를 받다.

1975년(73세) 1월, 『노산시조선』(삼중당)을 간행하다.

1976년(74세) 성곡학술문화재단 이사장, 총력안보국민협의회 의장, 시조작가협회 종신회장에 취임하다. 이해부터 노산문학상 운영위원회에서 노산문학상을 제정해 시상하고 있다.

1977년(75세) 대한민국 건국포장 수상하다.

1978년(76세) 예술원 종신회원으로 추대되다.

1980년(78세) 12월, 광복회 고문이 되다.

1981년(79세) 1월, 통일촉진회 최고위원, 국정자문위원에 취임하다.

1982년(80세) 시조집 『노산 이은상 시집』(경희대 출판국) 간행하다. 9월 18일, 별세하다. 장례는 사회장으로 치러져 국립묘지에 안장되다.

박화성 朴花城, 1903~1988

/김종욱/

박화성은 1903년 4월 16일 전남 목포시 죽동에서 부친 박운서와 모친 김운선의 4남매 중 막내딸로 출생했다. 아버지가 목포 선창에서 객주를 하여 큰돈을 벌었기 때문에 어린 시절을 유복하게 보냈으며 네 살 무렵에는 부모를 따라 젖세례를 받기도 했다. 5살 때부터 언니를 따라 학당에 다니다가 목포 정명여학교 3학년으로 입학한 후 좋은 성적으로 월반을 하기도 했다. 이때부터 소설을 좋아했던 어머니의 영향을 받아 많은 책을 읽으면서 문재를 길렀던 것으로 알려져 있다. 정명여학교 고등과 4학년이었던 1914년 습작소설 「유랑의 소녀」를 쓰면서 '화성(花城)'이라는 아호를 처음 사용하기 시작했다.

1916년 서울에 올라와 정신여학교 5학년으로 들어갔으나, 학교의 엄격한 규율을 견디지 못하고 가을 학기에 숙명여고보 2학년으로 편입했다. 이곳 풍금실에서 탄실 김명순을 만나기도 했다. 1918년 15세의 어린 나이로 졸업과 동시에 교원자격증을 받자 도쿄 유학을 떠나기까지 1년을 계획으로 천안공립보통학교, 아산공립보통학교 교원으로 일했다. 그런데, 아버지의 사업이 어려워 유학을 떠날 수 없는 형편이 되자 1921년 영광중학원 교사로 부임했다.

비록 일본 유학에의 꿈이 좌절되면서 시작된 영광중학원 교사 생활이었지만, 이 시기는 박화성의 문학적 재능이 본격적으로 드러나는 계기가 되었다. 이곳에서 박화성은 시조시인 조운(曺雲)의 추천으로 도쿠토미 로카(德富蘆花)의 『자연과 인생』을 읽으면서 큰 감명을 받아 문학 창작에 관심을 갖기 시작했다. 그래서 조운의 문학 지도를 받으면서 『자유예원』에 단편소설 「팔삭동」(1923)을 발표하기도 했다. 박화성의 재능을 눈여겨 보던 조운은 1924년 계룡산에 내려와 요양하던 춘원 이광수에게 단편소설을 보여줌으로써 이듬해 1월 『조선문단』에 이광수의 추천을 받아 발표할 수 있도록 힘쓴다. 문단 등단작인 「추석 전야」는 당대 민족주의문학을 지지하던 『조선문단』에 발표되었다는 점, 그리고 민족주의 문학의 대표자였던 이광수에 의해 추천되었다는 사실에도 불구하고 선명한 경향성을 보여 주고 있다. 방직공장 여직공이 겪고 있는 생활의 궁핍과 인격적 모욕을 그려내면서 유산계급에 대한 저항을 그려나가고 있는 것이다.

1926년 3월 숙명여자고등보통학교 신학년제 4년을 졸업하고, 오빠 박제민의 친구 도움으로 일본에 건너가 니혼여자대학 영문학부에 입학했다. 일본 유학 중이던 1927년 가을 보증인이었던 세이께 부인의 권유를 받아 독서회에 참가하였고, 12월에는 민족협동전선이었던 신간회의 자매단체 근우회 도쿄지회를 발기하여 이듬해 1월 의장에 피선되는 등 활발한 항일운동을 하기도 했다. 1928년 학비 문제로 잠시 귀국하였다가 김국진과 비밀리에 결혼한 후 다시 도쿄에 건너가 니혼여자대학 영문학부 3학년을 수료한 후 귀국하였다. 1931년 남편 김국진이 반전데이 삐라 사건으로 체포되어 3년 징역을 언도받자 옥바라지에 힘썼다.

박화성은 1932년부터 문학 창작에 열정을 불태운다. 박세랑(朴世琅)이라는 필명으로 응모한 동화 「엿단지」가 『동아일보』 신춘문예에 당선된 것을 계기로 단편 「하수도 공사」를 발표하고, 이어 『동아일보』에 장편 『백화』를 연재하면서 본격적인 작품 활동을 시작했던 것이다. 「하수도 공사」는 실업노동자를 구제하기 위해 실시된 하수도 공사를 배경으로 노동자들의 임금을 착취하는 일본인 하청업자와 이에 저항하는 조선인 노동자들을 통해 한국인과 일본인 간의 민족적 대립을 형상화한다. 최초의 장편소설 『백화』는 사회적으로 천대받던 기생을 내세워 여성을 성적 대상으로만 여기는 가부장적 폭력을 이겨내고 순수한 사랑을 찾아가는 과정을 그리고 있다. 이 작품은 재자가인(才者佳人)이라는 전통적인 인물 형상화 방식에서 벗어나지 못하고 있긴 하지만, 남성중심적 사회에서 고통 받는 여성의 입장에서 서사를 진행시킨다는 점에서 높이 평가될 만하다.

박화성은 경향문학을 지향하던 카프에는 직접 가담하지는 않았지만, 작품의 구성과 주제의식의 측면에서 동반자적 경향을 뚜렷하게 드러낸다. 1934년 단편 「헐어진 청년회관」이 총독부의 검열로 전문 삭제되었던 것은 이러한 저항 의식을 잘 보여주고 있거니와, 1937년에 이르기까지 발표한 「홍수 전후」 「한귀」 「비탈」 「논 갈 때」 「중굿날」 「고향 없는 사람들」 「춘소」 등에서도 이러한 면모가 잘 드러나고 있다. 그중에서 「홍수 전후」와 「한귀」는 홍수와 가뭄이라는 천재지변을 맞이한 농민의 삶을 불합리한 소작제도와 연관시킴으로써 주인공이 사회적인 모순을 인식하는 방향으로 이끌고 있다는 점에서 경향소설과 많은 공통점을 보여준다. 「홍수 전후」와 「한귀」의 속편에 해당하는 「고향 없는 사람들」에서도 작가는 식민지 치하에서의 경제적 궁핍과 국권 상실이라는 정신적 실향의 문제를 동시에 다룬다. 홍수와 가뭄이라는 자연적인 재난과 식민지 경제정책이라는 사회적인 모순 때문에 극한적인 궁핍 상태로 내몰린 농민들은 고향을 떠나 동양척식회사가 조성한 대규모 농장에 이주하게 되는 것이다. 이처럼 농민들의 재난과 탈향을 개인적인 차원에서가 아니라 조국을 잃어버린 한민족의 민족적 수난의 차원으로 확대하고, 동시에 미래에 대한 희망을 버리지 않고 있다는 점에서 작가의 정신적 지향이 잘 드러나는 작품이라고 할 수 있다..

해방 전에 발표된 박화성의 소설은 부와 빈, 지주와 소작인, 강자와 약자 등의 계급적 대립관계의 모순을 포착하여 궁핍의 원인을 해명해 보려고 시도했다는 점에서 리얼리즘적이라 할 수 있다. 초기작인 「추석 전야」 등에서는 신경향파 문학이 보여 준 일반적인 한계를 그대로 답습하기도 했지만, 「하수도 공사」 이후 식민지 치하에서 한국인이 겪어야만 했던 경제적 수

탈상을 재현함과 아울러 민중의 성장에 따른 변혁 가능성을 모색하고 있는 것이다. 특히 제국주의에 대한 저항을 성급하고 도식적인 방식으로 드러내기보다는 실제의 역사적 현실에서 취재하여 섬세하면서 박진감 있는 문장으로 구성해 낸 점은 높이 평가할 만하다.

1937년 중편 「호박」을 발표한 후 낙향하여 호남의 거부였던 천독근(千篤根)의 청혼을 받고 이듬해 결혼했다. 천독근은 도쿄공대를 졸업한 후 귀국하여 1934년 목포직물회사를 창업하였는데, 이 회사는 해방 이후 남한에서 다섯 손가락 안에 꼽힐 만큼 규모가 큰 견직 공장이었다. 또한 일제 말에는 목포 부회의원과 전남도회 의원, 섬유조합 이사 등으로 활동하기도 한다. 이 무렵 박화성은 문필활동을 접고 남편을 내조하는데 전념한 것으로 알려져 있다.

해방이 되자 박화성은 다시 붓을 들어 1946년 『민성』에 단편 「봄 안개」를 발표하는 한편, 1947년 2월 조선문학가동맹 목포지부장에 선출되는 등 문단활동에도 적극적으로 관여했다. 또한 일제강점기에 발표한 소설들을 모아 단편집 『홍수 전후』 『고향 없는 사람들』을 발간하기도 했다. 이 무렵에 발표된 작품들은 「검정사포」 「광풍 속에서」와 같은 단편들이었으나, 한국전쟁을 겪은 이후에는 『고개를 넘으면』(1955) 『벼랑에 피는 꽃』(1957) 『내일의 태양』(1958) 『타오르는 별』(1960) 등과 같은 장편소설로 방향을 전환한다. 이러한 장르 변화와 함께 박화성의 작가적 관심 역시 현실 문제가 아니라 한국적 여인의 삶과 운명의 문제로 옮겨간다. 적극적인 현실 개척 의지를 상실한 채 자신에게 부여된 삶의 조건을 운명으로 알고 살아가는 여성을 주인공으로 내세우고 있는 것이다. 그것은 때로 역사적 사건에 의해 매개되기도 하지만, 역사의 의미를 탐구하는 방향으로 진행되지 않은 채 한 여인의 인생을 굴절시키는 계기로만 작용한다. 이러한 산문정신의 약화는 신문연재소설이 요구하는 통속성과 대중성이 작가의 작품세계 전반에 영향을 끼친 것으로 여겨진다.

1961년 한국문인협회 창립과 함께 이사로 선임되었고, 1963년 1월에는 국제펜클럽 한국본부 중앙위원에 위촉되었다. 또한, 1964년 7월에 한국여류문학인회가 창설되자 초대 회장으로 추대되기도 했다. 1966년 6월 예술원 회원이 되었다. 이와 함께 목포시문화상(1958), 문학선구공로상(1961), 제3회 한국문학상(1966), 은관 문화훈장(1974), 3·1문화상(1984) 등을 수상했다. 1988년 1월 30일 췌장암으로 별세했다. 저서에는 『백화(白花)』 『북국의 여명』 『사랑』 『고개를 넘으면』 등 17편의 장편소설과 『홍수 전후』 『고향 없는 사람들』 『잔영(殘影)』 『휴화산』 등 4권의 단편소설집, 그리고 자서전 『눈보라의 운하』 등을 남겼다. 2004년 『박화성문학전집』(서정자 편저, 푸른사상사)이 간행되었다.

1903년(1세) 4월 16일(음력) 전라남도 목포시 죽동 9번지에서 부친 박운서(朴雲瑞)와 모친 김운선(金雲仙, 본명 金雲奉)의 4남매 중 막내딸로 태어나다. 아명은 말재(末才), 본명은 경순(景順).

1908년(5세) 언니를 따라 학당에 다니다.

1910년(7세) 목포 정명여학교 3학년으로 입학하고, 이듬해 5학년으로 월반하다.

1913년(10세) 신학제에 따라 정명여학교 고등과 3학년이 되다.

1914년(11세) 습작 「유랑의 소녀」를 쓰고, 아호를 박화성(朴花城)으로 짓다.

1915년(12세) 목포 정명여학교 고등과를 졸업하다. 보습과에 입학하다.

1916년(13세) 보습과를 졸업하고 서울 정신여학교 5학년에 들어가다. 가을학기에 숙명여학교 본과 2학년으로 편입하다.

1918년(15세) 숙명여자고등보통학교를 졸업하다. 천안공립보통학교와 아산공립보통학교에서 교편을 잡다.

1919년(16세) 3월 교원을 사직하고 귀향하다.

1920년(17세) 광주 북문교회 유치원으로 보모로 일하면서 부녀야학에서 가르치다.

1921년(18세) 3월 영광중학원 교사로 부임하다. 이곳에서 3년여 간 근무하면서 미술・작문 교사였던 시조시인 조운(曺雲)의 문학지도를 받았고, 조운이 주도하는 『자유예원』에 글을 발표하다.

1924년(21세) 조운이 단편 「추석 전야」를 계룡산에서 수양하고 있는 이광수에게 전하다.

1925년(22세) 1월 『조선문단』에 「추석 전야」가 이광수의 추천으로 게재되어 등단하다. 3월 신학제에 따라 숙명여자고등보통학교 4학년에 편입하다.

1926년(23세) 3월 숙명여자고등보통학교를 최우등으로 졸업하고, 4월에 일본으로 건너가 니혼여자대학교 영문학부에 입학하다.

1927년(24세) 12월 27일 일본 도쿄의 신간회 도쿄지회관에서 근우회(槿友會) 도쿄지회에서 발기인회를 개최하고 위원장으로 선출되다.

1928년(25세) 1월 22일 일본 도쿄에서 근우회 도쿄지부를 결성하고 위원장으로 선출되다. 니혼여자대학교 3학년에 진급한 후 귀국하다. 6월 30일 김국진과 비밀리에 결혼하다.

1929년(26세) 3월 일본으로 건너가다. 5월 27일 첫딸 승해(勝海) 출산하다.

1930년(27세) 니혼여자대학교 영문학부 3년을 수료하고 귀국하다.

1931년(28세) 3월 13일 장남 승산(勝山) 출산하다. 남편 김국진이 간전데이 삐라사건으로 체포되어 3년 징역을 언도받다.

1932년(29세) 『동아일보』 신춘문예에 박세랑(朴世琅)이라는 필명으로 동화 「엿단지」가 당선되다. 장편 『백화』를 『동아일보』(6.8~11.22)에 연재하다.

1933년(30세) 경주, 부여 등 고도를 답사하고 기행문과 시조를 『조선일보』에 연재하다.

1934년(31세) 남편 김국진이 출옥한 후 김기진 · 김복진 형제의 도움을 얻어 간도 용정의 동흥중학교 교원으로 가다.

1935년(32세) 장편 『북국의 여명』을 『조선중앙일보』(3.31~12.4)에 연재하다.

1936년(33세) 7월 용정에 있는 남편을 찾아갔으나, 가족은 버려도 동지는 버릴 수 없다는 말을 듣고 헤어질 결심을 하다.

1937년(34세) 일본 『개조(改造)』에 단편 「한귀」가 최재서의 일본어역으로 실리다. 9월 단편 「호박」을 발표한 이후 낙향하여 해방이 되기까지 절필하다.

1938년(35세) 3월 2일 승준 출산하다. 5월 22일 천독근(千篤根)과 결혼하다(5월 14일 혼인 신고). 8월 하순 승해 · 승산 남매가 목포에 온 김국진을 따라 용정으로 갔으나 겨울 방학 중에 돌아와 외할머니와 함께 생활하다.

1939년(36세) 2월 23일 승세 출산하다.

1941년(38세) 6월 14일 승걸 출산하다.

1942년(39세) 남편이 도회의원, 부회의원, 상공회의원, 섬유조합 이사, 전남도 이사장 등을 겸하게 되자 내조에 힘쓰다.

1943년(40세) 7월 금강산을 탐방하다.

1946년(43세) 친일파로 몰려 수난을 당하다(전조선문필가협회 결성대회에 추천위원 명단에 포함되었으나 참석 여부는 불분명하다).

1947년(44세) 2월 조선문학가동맹 목포지부장에 선출되다. 첫 단편집 『고향 없는 사람들』(중앙문화보급사)을 간행하고, 12월 31일 목포에서 출판기념회를 개최하다.

1948년(45세) 제2단편집 『홍수 전후』(백양사)를 간행하다. 반민특위에서 천독근 씨 조사 결과 수사에서 제외되다.

1949년(46세) 5월 17일 한국문학가협회 창립대회 추천회원 명단에 포함되었으나 참석 여부는 불분명하다.

1950년(47세) 한국전쟁 중 아들 승산 행방불명되다.

1955년(52세) 『한국일보』에 장편 『고개를 넘으면』을 연재하면서 서울 문우들과 교제하기 시작하다.

1956년(53세) 10월 장편 『고개를 넘으면』(동인문화사)을 간행하다.

1957년(54세) 11월 장편 『사랑』(전편, 동인문화사)을 간행하다.

1958년(55세) 목포시 문화상을 수상하다. 『사랑』(후편, 동인문화사)을 간행하다.

1959년(56세) 장편 『고개를 넘으면』 『내일의 태양』 등이 영화화되다. 5월 병석에 있던 남편이 사망하다. 10월 장편 집필을 위하여 유관순의 고향 천안 지령리를 답사하다.

1960년(57세) 유관순을 주인공으로 한 장편 『타오르는 별』을 출간하다.

1961년(58세) 이화여대에서 제정한 문학선구공로상을 받다. 한국문인협회 창립과 동시에 이사로 선임되다.
1962년(59세) 교육제도 심의위원에 위촉되다.
1963년(60세) 1월 국제펜클럽 한국본부 중앙위원에 위촉되다. 장편 『거리에는 바람이』(휘문출판사)를 간행하다.
1964년(61세) 회갑 기념으로 『눈보라의 운하』(여원사)를 간행하고 출판기념회를 개최하다. 가정법원 조정위원, 오월문예상 심사위원에 위촉되다. 7월 한국여류문학인회를 결성하고 초대 회장에 추대되다.
1965년(62세) 자유중국 부인작가협회 초청으로 대만을 방문하여 강연·좌담회를 갖다. 장편 전기 『열매 익을 때까지』(청구문화사), 장편 『창공에 그리다』(영창도서)를 간행하다.
1966년(63세) 장편 전기 『새벽에 외치다』(휘문출판사)를 간행하다. 6월 한국예술원 회원에 선출되다. 같은 달 뉴욕에서 열린 국제펜클럽 세계연차대회(제34차)에 한국대표로 참가하여 약 2개월 간 각지 문화계를 시찰하다. 10월 단편 「증언」으로 제3회 한국문학상을 수상하다.
1968년(65세) 7월 한국친화회(韓國親和會) 초청으로 일본에 건너가 문학강연·좌담회를 갖다. 제3단편집 『잔영』(휘문출판사)을 간행하다.
1969년(66세) 수상집 『추억의 파문』(한국문화사)을 간행하다. 서울대병원에서 위암 수술을 받다. 10월, 제1회 문화공보부 예술문화상 심사위원에 위촉되다.
1970년(67세) 제15회 예술원 문학상을 수상하다. 서울시문화상 심사위원에 위촉되다.
1971년(68세) 장편 『내일의 태양』(삼중당)을 간행하다.
1972년(69세) 장편 『고개를 넘으면』(삼성출판사)을 간행하다.
1974년(71세) 펜클럽 고문·한국소설가협회 상임위원으로 피선되다. 중편 『햇볕 내리는 뜨락』(을유문화사)을 간행하다. 10월 은관문화훈장(銀冠文化勳章)을 받다. 12월 제2수상집 『순간에서 영원 사이』(중앙출판공사)를 간행하다.
1977년(74세) 제4단편집 『휴화산』(창작과비평사)을 간행하다.
1979년(76세) 장편 『이브의 후예』(미소출판국)를 간행하다.
1984년(81세) 제24회 3·1문화상을 수상하다. 장편 『바람 뉘』(삼자출판사)를 간행하다.
1986년(83세) 11월 17일 목포 정명학교에 박화성문학기념비가 제막되다.
1988년(85세) 1월 30일, 숙환으로 자택에서 별세하다.

송영 宋影, 1903~1979

/오창은/

1903년 5월 24일 서울 서대문 오궁골에서 출생했다. 본명은 송무현이고, 1917년 배재중학에 입학하여 박세영·김기진과 더불어 『새누리』를 간행했다. 가세가 기울어 1922년 학교를 중퇴하고 일본으로 건너가 유리공장 견습공 등 노동자 신분으로 살면서, 재일조선노총의 김종범, 손필원, 안광천 등과 만나 사회주의 사상을 접하게 되었다.

1923년에 이호, 이적효 등과 함께 최초의 사회주의 예술단체인 '염군사'를 조직해 활동했으며, 1925년 8월 24일 '조선프롤레타리아 문학예술동맹(카프)'의 결성에 참여했다. 잡지 『조선문예』 『별나라』 등을 편집하면서 작품 창작활동을 했다. 1925년 『개벽』지 현상공모에 소설 「느러가는 무리」가 3등으로 뽑히면서 문단에 데뷔했으며, 그의 첫 희곡 작품은 1927년 11월호 『예술운동』에 〈모기가 없어지는 까닭〉이다. 박세영과 더불어 아동문화예술단체인 '앵봉회'를 조직했고, 1927년에 카프의 기관지인 『예술운동』에 관여하면서 카프 2차 조직개편에 중심적인 역할을 했다. 1934년 카프 제2차 검거 이후 집행유예로 풀려나면서 사회활동에 극심한 제약을 받게 된다. 그는 연극전용 극장인 '동양극장' 문예부장으로 있으면서, 인기극단인 '청춘좌' '호화선' '희극장' 등의 극단에 희곡 멜로드라마 역사극 등 대중극을 발표했다.

송영은 문학활동 초기에는 주로 소설과 아동문학작품을 발표했다. 이 시기에 창작한 단편소설은 「석공조합대표」(1926) 「군중정류」(1927) 등으로, 이들 작품들은 일제 강점기의 노동자와 도시빈민의 생활상을 반영했다. 1920년대 말부터 희곡을 집중적으로 창작했는데, 그 대표작으로는 〈정의와 칸바스〉(1929) 〈아편쟁이〉(1930) 〈일체 면회를 거절하라〉(1929) 〈호신술〉(1931) 〈신임이사장〉(1934) 〈황금산〉(1937) 〈김삿갓〉(1938) 등이다. 이들 극작품은 현실 비판의식이 반영된 예리한 풍자정신이 돋보인다. 그는 일제 강점기 프롤레타리아 희곡문학의 대표작가로 꼽힌다. 더불어 희곡작법에도 관심을 보여 「희곡작법」(1936~1937) 등과 같은 글로 근대희곡 형성에 이론적으로 기여했다.

해방과 더불어 이기영의 『고향』을 각색한 희곡 〈고향〉(5막13장)을 『인민』 제1호(1945년 12월)에 발표했다. 1946년 6월경 김영팔과 월북한 송영은 북조선연극인동맹 위원장이 되었다. 그는 해방 후부터 한국전쟁까지 여섯 편의 희곡을 발표했다. 그 여섯 편은 〈혼〉(1막, 『예술운동』, 1945.12) 〈인민은 조국을 지킨다〉(3막 7장, 1947) 〈어머니〉(1949) 〈나란이 선 두 집〉(1막, 1949) 〈금산군수〉(1막, 1949) 〈자매〉(4막5장, 1949)이다. 그는 한국전쟁 시기에 종군작가로 활동했으며 희곡 〈그가 사랑하는 노래〉(1952)와 역사극 〈강화도〉(1953)을 발표했다.

전쟁 이후에는 대외문화연락위원회 위원장, 최고인민회의 상임위원회 위원, 작가동맹중앙위원회 상무위원 등으로 활동했다. 1958년에는 항일혁명투쟁을 형상화한 「밀림아 이야기하라」를 발표해, 북한문학에서 혁명가극의 기초적인 토대를 마련했다. 더불어 1958년에는 희곡 「불사조」를 발표했다. 1959년 초대 인민상 계관인이 되었으나 1967년경에 체제비판으로 인해 숙청된 것으로 알려져 있다. 1979년 사망했으며, 북한문학에서는 송영을 "해방 후 우리 당의 문예정책을 높이 받들고 평화적 민주건설시기와 조국해방전쟁시기, 전후 사회주의 건설시기에 사상예술적으로 우수한 극작품들을 많이 내놓음으로써 극문학 발전에 이바지하였다"고 평가한다. 1967년 숙청 이후 북한문학사에서는 정식 복권된 것으로 보인다.

송영 ▸▸

1903년(1세) 서울 서대문 오궁골에서 5월 24일 태어나다. 본명은 송무현이다.

1917년(15세) 배재중학에 입학하여 박세영·김기진과 더불어 『새누리』를 간행하다.

1922년(20세) 가정 형편이 나빠져 학교를 중퇴하고 일본으로 건너가 유리공장 견습공 등 노동자 신분으로 살면서, 재일조선노총의 김종범, 손필원, 안광천 등과 만나 사회주의 사상을 접하다.

1923년(21세) 이호·이적효 등과 함께 최초의 사회주의 예술단체인 '염군사'를 조직하다.

1925년(23세) 『개벽』지 현상공모에 소설 「느러가는 무리」가 3등으로 뽑히면서 문단에 데뷔하다. 8월 24일 조선프롤레타리아 문학예술동맹(카프)의 결성에 참여하다. 잡지 『조선문예』 『별나라』 등을 편집하면서 작품 창작활동을 하다.

1926년(24세) 소설 「석공조합대표」를 발표하다.

1927년(25세) 『예술운동』에 첫 희곡 「모기가 없어지는 까닭」을 발표하다. 소설 「군중정류」를 발표하다. 카프의 기관지인 『예술운동』에 관여하면서 카프 2차 조직개편에 중심적인 역할을 하다.

1929년(27세) 희곡 「정의와 칸바스」(『조선문예』)를 발표하다.

1930년(28세) 희곡 「아편쟁이」(『대조』)를 발표하다.

1931년(29세) 희곡 「호신술」(『시대공론』)과 「일체 면회를 거절하라」(『조선강당』)를 발표하다.

1934년(32세) 카프 제2차 검거 이후 집행유예로 풀려나면서 사회활동에 극심한 제약을 받게 되다. 「신임이사장」(『형상』)을 발표하다. 연극전용 극장인 '동양극장' 문예부장으로 있으면서, 인기극단인 '청춘좌' '호화선' '희극장' 등의 극단에 희곡 · 멜로드라마 · 역사극 등 대중극을 발표한다.

1936년(34세) 근대희곡의 이론적 발전에 기여한 「희곡작법」을 『삼천리』 76호(1936.8) 『삼천리』 81호(1937.1)에 발표하다.

1937년(35세) 희곡 「황금산」을 발표하다. 중앙무대 창립공연으로 〈바보 장두월〉을 발표하다.

1938년(36세) 희곡 「김삿갓」을 발표하다.

1942년(40세) 평론문 「국민극의 창작—작가의 입장에서」(『매일신보』 1942.1.15~20)을 발표하다. 제1회 연극경연대회에 나웅 연출의 〈산풍〉(3막5장, 극단 청춘좌)을 출품하다.

1943년(41세) 제2회 연극경연대회에 나웅 연출의 〈역사〉(4막, 극단 예원좌)를 출품하다.

1945년(43세) 제3회 연극경연대회에 한노단 연출의 〈달밤에 걷든 산길〉(극단 성군)을 출품하다. 더불어 〈신사임당〉(3막6장)을 동양극장에서 공연해 대중적 성공을 거두다. 해방 이후 이기영의 『고향』을 각색한 희곡 〈고향〉(5막13장)을 『인민』 제1호(1945.12)에 발표하다. 〈황혼〉(1막, 『예술운동』)을 발표하다.

1946년(44세) 김영팔과 월북을 단행한 후, 북조선연극인동맹 위원장이 되다.

1947년(45세) 희곡 〈인민은 조국을 지킨다〉(3막7장)를 발표하다.

1949년(47세) 희곡 〈어머니〉(1949) 〈나란이 선 두 집〉(1막, 1949) 〈금산군수〉(1막, 1949) 〈자매〉(4막5장, 1949)를 발표하다.

1952년(50세) 한국전쟁 시기에 종군작가로 활동했으며 희곡 〈그가 사랑하는 노래〉(1952)를 발표하다.

1953년(51세) 역사극 〈강화도〉(1953)를 발표하다. .

1958년(56세) 항일혁명투쟁을 형상화한 「밀림아 이야기하라」를 발표해 북한 혁명가극의 기초적인 토대를 마련하다.

1959년(57세) 초대 인민상 계관인이 되다.

1967년(65세) 체제비판을 하다 공식적인 기록에서 사라지다.

1979년(77세) 별세하다.

권환 權煥, 1903~1954

/고형진/

권환은 1903년 음력 1월 6일에 경남 창원군 진전면 오소리 565번지에서 아버지 권오봉씨와 어머니 김혜경씨 사이의 장남으로 태어났다. 권환 연구자의 한 사람인 목진숙의 조사에 따르면 호적에는 1906년에 출생한 것으로 되어 있으나 그의 막내 동생인 권경범씨가 증언하기를 실제 출생연월이 1903년 음력 1월 6월이라고 한다.

권환은 1919년에 휘문고보에 입학해서 1922년경에 수료하고 일본의 야마가타고교를 거쳐 1926년에 교토대학 문학과(독문학전공)에 입학한다. 대학 재학 중 안막, 임화 등과 함께 프로문학 도쿄지부 무산자사에서 활동하였다. 그는 1927년 일본 유학생 잡지인 『학조』에 소설 「앓고 있는 영」을 발표하고, 『신문』지에 희곡 「러브레타」를 발표한다. 1929년에는 『학조』에 발표한 소설 「앓고 있는 영」이 문제가 되어 필화사건을 겪기도 한다.

권환은 1930년 일본의 도쿄에서 귀국하여, 『조선지광』에 시 「가랴거든 가거라」(1930년 3월), 『중외일보』에 평론 「무산예술운동의 별고와 장래의 전개책」(1930.1.10~31) 등을 발표하면서 조선문단에 데뷔한다. 시 「가려거든 가거라」는 소부르주아지와 프롤레타리아와의 이분법적 구도 위에 소부르주아지에 대한 경멸을 격렬하게 드러내고 있는 작품이다. 이 시에는 「우리 진영 안에 있는 소부르주아지에게 주는 노래」라는 부제가 붙어 있는데, 이 점을 염두에 두면 이 시는 시인의 내부에 도사리고 있는 소부르주아 의식을 몰아내고자 하는 의식을 반영하고 있는 것으로 볼 수 있다. 이 시는 반복적 호명과 명령어법의 구사가 눈에 띄는데, 이것은 소부르주아지를 척결하고자 하는 시인의 계급의식과 실천의식을 적극적으로 드러내기 위한 시적 진술 방법이라고 할 수 있다. 중외일보에 발표한 「조선예술운동의 당면한 구체적 과정」(『중외일보』, 9.2~6)이란 평론에서는 예술운동의 볼셰비키화를 위해 10가지를 제시하고 있는데, 여기서 권환이 예술을 사회주의 혁명을 위한 투쟁의 무기로 삼고 있음을 분명히 확인하게 된다. 아지프로, 즉 선동·선전을 위한 시의 창작은 이 시기에 권환이 추구한 분명한 문학관이었던 것이다.

그는 1930년 4월에 개편된 조선프로레타리아예술동맹의 중앙집행위원이자 문학책임자로 임명되며, 임화·안막 등과 함께 카프의 제2차 방향전환을 주도한다. 1931년에는 『조선지광』에 시 「타락」을, 『조선일보』에 소설 「목화와 콩」을 발표하고, 「하리코프 대회성과에서 조선 프로

예술가가 얻은 교훈」(『동아일보』 5.14~17) 「최신 감상의 단편－톨스토이 일기독후감」(『중외일보』 11, 28) 등의 평론을 발표하며, 김창술 · 임화 · 박세영 · 안막 등과 함께 『카프시인집』을 출간한다. 이 시집에 권환은 「정지한 기계」 「그대」 「우리를 가난한 집 여자라고」 「가려거든 가거라」 「소년공의 노래」 「타락」 「머리를 땅까지 숙일 때까지」 등의 시를 싣는다. 여기에 실린 권환의 시들 역시 계급의식과 투쟁의식을 고취하는 내용으로 가득 차 있다. 「정지한 기계」 같은 시는 노동자들의 파업을 기본골격으로 하고 있는 작품인데, 부르주아와 프롤레타리아의 대립의식이 더할 나위 없이 격렬하게 표출되고 있다.

1931년 2월에서 8월까지 카프에 대한 1차 검거가 있었는데, 당시 권환은 불기소 판결을 받았다. 권환은 1932년에 카프 산하의 프로극단인 '신건설'의 문예부에서 활동하기 시작한다. 그리고 1933년에는 시 「간판」(『조선일보』 6.22)과 평론 「사실주의적 창작 『메토데의 서론』」(『중앙』 2호) 등을 발표한다. 1934년에는 「비오는 봄밤」(『문예창조』 6월호)과 「팔」(『동아일보』 6.15) 등의 시와 「33년 문예평단의 회고와 전망」(『조선중앙일보』 1.1~4) 「1934년에 임하여 문단에 대한 희망」(『형상』 1) 「창작방법문제의 토의에 기하여」(『문학창조』 6) 「현실과 세계관및 창작방법과의 관계」(『조선일보』 6.24~29) 등의 평론을 발표한다. 이해 봄에 카프에 대한 2차 검거가 시작되었다. 프로극단이었던 '신건설'의 공연 강행을 빌미로 '신건설' 조직원에 대한 검거사태가 발생했고, 이를 계기로 카프조직이 와해되기에 이른다. 카프는 이듬해인 1935년 5월 21 경찰에 정식으로 해산계를 제출하게 된다. 권환은 이 사건의 중심인물로 구속된다.

카프가 해체된 이후 문학활동의 공백기에 접어들었던 권환은 1938년 8월에 평론 「박세영 시집 『산제비』를 읽고」(『동아일보』, 8.17) 를 발표하고, 12월에 시 「원망」(『동아일보』 12,3)을 발표하면서 문학활동을 재개한다. 이어 1939년에서 1941년까지 다수의 시와 평론을 발표하면서 활발하게 문학활동을 펼쳐나간다. 그리고 1943년에 시집 『자화상』을 간행하고, 1944년에 시집 『윤리』를 간행한다.

1930년대 후반에 재개된 권환의 문학세계는 전과는 다른 양상을 보인다. 즉 격렬한 아지프로문학에서 순수문학으로 전환하는 경향을 보이는 것이다. 이와 관련해 주목되는 평론으로 1940년에 발표한 「시와 판타지」(『조광』, 1940,12)와 1941년에 발표한 「예술에 대한 이메지의 역할」(『조광』, 1941,6)을 들 수 있다. 이 두 평론에서 권환은 시에서의 '판타지'와 '이미지'의 역할을 매우 중시하고 있다. 물론 그의 문학관의 기저에는 여전히 카프시절의 문학관이 흐르고 있긴 하다. "창조적인 상상심상도 결국 현실의 투영이다"라는 그의 진술에서 현실주의 문학관에 토대를 두고 있는 그의 문학적 태도를 다시 한번 확인하게 된다. 하지만, 그런 가운데서도 권환은 창조적 상상력으로서의 이미지의 역할을 뚜렷이 인식하고 있고, 문학에서의 환상과 자유의 공간을 매우 중시하고 있다는 점은 주목되는 일이다. 카프의 해체 이후 새롭게 문학활동을 하면서 펴낸 시편들을 모은 『자화상』과 『윤리』 등의 시집은 바로 이러한 시적 태도 위에서 쓰여진 것이다. 이 두 시집에 나타난 시세계는 매우 다양하다. 시인은 주변에서 펼쳐지는 일상적인 삶의 모습들을 두루 시 안에 담아내고 있다. 그는 이 일상적 삶의 풍경들을 이미지로 그려나간다. 그는 다양한 비유를 통해 삶의 풍경들을 묘사해 나간다. 가령, 「한역(寒驛)」 같은 시에서는 '밤'을 '바다'에, '기차'를 '박쥐'에, '눈'을 '납'에, '고요한 대합실'을 '무덤'에, '할머니의 볼'을 '귤껍질' 등에 비유하고 있다. 시에서 이미지의 중요성을 역설한 그대로 대상을 철저하게 비유를 통한 이미지로 그려내고 있다. 그는 이러한 이미지의 구사로 눈 내리는 깊은 밤 한적한 시골역의 정경을 생생하게 보여주고 있다. 「정야(靜夜)」 같은 시에서는 이미지 가운데서도 청각 이미지의 구사가 눈에 띈다. 이 작품은 제목에서 환기되듯 한 밤의 조용한 정경을 묘사하고 있는 소품인데, 시인은 그 조용한 밤의 풍경을 풀벌레 소리, 멀리 들려오는 전차 소리, 탁탁이 소리, 괘종시계 소리 등을 통해 들려준다. 당시 우리의 일상생활에서 친근하게 들렸던 그 소리들은 한 밤의 적막과 고요를 더욱 극대화시켜 준다. 아무 소리도 들리지 않아 두려움을 느끼게 하는 상황보다는 은은하고 정감 있게 들려오는 미세한 소리가 오히려 한 밤의 고요한 정경을 실감나게 전해 준다. 이 점에서 이 청각적 이미지의 구사는 매우 섬세하고 감각적인 언어구사라고 할 수 있는 것이다.

1945년 해방을 맞이하면서 수면 아래에 있었던 카프 진영의 문인들은 다시 전면에 나서기 시작한다. 권환은 해방 된 해인 1945년에 송영, 윤기정, 한설야, 한효 등과 함께 조선프롤레타리아문학동맹을 결성한다. 그리고 이듬해인 1946년에 조선프롤레타리아문학동맹과 조선문학가동맹이 합쳐질 때 집행위원이 되다.

그는 1945년에 시 「노들강」(『건설』, 창간호) 「쇠사슬」(『인민』 창간호) 「어서가거라」(『해방일보』, 12,25) 등을 발표하고, 「예술운동의 당면임무」(『조선일보』, 11,29~12.1) 「현정세와 예술운동」(『예술운동』 통권 1호) 등의 평론을 발표하며, 1946년에는 시 「사자같은 양」(『3·1기념시집』) 「고향」(『횃불』 4) 「그대」(『횃불』 4) 「김서방도 박첨지도 이생원도 잘 사는 주의」(『신세대』 통권 3호) 등을 발표하고, 평론 「문화단체도 급속통일하자」(『중앙신문』 2)를 발표한다. 그리고 시집 『동경』을 간행한다. 그는 해방 직후에 카프 계열의 문학관을 계승하면서 문학운동을 펼치고 평론을 발표한다. 위의 평론들에서 그는 계급주의에 입각한 민족문학을 역설한다. 하지만, 이 시기의 그의 시는 카프시절에 추구했던 격렬한 아지 프로문학으로부터 한 발 물러서 있다. 가령, 「노들강」 같은 시에서 그는 한결 유연한 자세로 조국의 역사를 맑고 푸는 노들강에 빗대면서 조국의 영원과 희망 찬 미래를 노래하고 있다. 1947년경 카프계열의 작가들이 월북하는 가운데 권환은 마산의 완월동으로 낙향한다. 그는 고향에서 지내다 1954년에 지병인 폐결핵으로 마산시 완월동 자택에서 별세한다. 그의 사명연도는 연구자마다 다소 차이가 있는데 목진숙이 권환의 막내동생인 권경범의 증언을 들은 것에 의하면 1954년 7월 30일로 기록된다.

1903년(1세) 음력 1월 6일 경남 창원군 진전면 오소리 565번지에서 아버지 권오봉씨와 어머니 김혜경씨 사이의 장남으로 태어나다. 호적에는 1906년 1월 5일로 기록되어 있다. 본명은 권경완(權景完).

1919년(17세) 서울의 휘문고보에 입학하다.

1926년(24세) 1922년경에 휘문고보를 수료하고 일본의 야마가타고교(山形高校)를 거쳐 1926년 교토대학(京都大學)에 입학하다(목진숙의 조사에 의하면 정확한 소속은 교토대학 문학과 독문학 전공이라고 함). 대학 재학중 안막·임화 등과 함께 프로문학 도쿄지부 무산자사에서 활동하였으며 사상불온이라는 혐의로 일경에 피검되기도 한다. 『신민』에 희곡 〈광〉을 발표하다.

1927년(25세) 교토대학 문학과(독문학 전공)를 졸업하다. 일본 유학생 잡지인 『학조』에 소설 「앓고 있는 영」, 『신민』에 희곡 〈인쇄한 러브레타〉를 각각 발표하다. 카프 도쿄지부에서 활동하다

1929년(27세) 『학조』에 실린 소설 「앓고 있는 영」이 문제가 되어 일본 경찰에 피검되다.

1930년(28세) 도쿄에서 귀국하다. 『조선지광』에 시 「가랴거든 가거라」(1930.3), 『중외일보』에 평론 「무산예술운동의 별고와 장래의 전개책」(1930년 1.10~31) 등을 발표하면서 조선문단에 데뷔하다. 1930년 4월에 개편된 조선프로레타리아예술동맹의 중앙 집행위원이자, 문학책임자로 임명되다. 임화·안막 등과 함께 카프의 제2차 방향전환을 주도하다. 『중외일보』에 발표한 「조선예술운동의 당면한 구체적 과정」(『중외일보』, 11.28)에서 예술운동의 볼쉐비키화를 위한 10가지를 제시한다. 여기서 그가 추구하는 문학이 아지프로문학임을 분명히 하다.

1931년(29세) 『조선지광』에 시 「타락」을, 『조선일보』에 소설 「목화와 콩」을 발표하고, 「하리코프 대회성과에서 조선 프로예술가가 얻은 교훈」(『동아일보』 5.14~17) 「최신 감상의 단편—톨스토이 일기독후감」(『중외일보』 11.28) 등의 평론을 발표하다. 김창술·임화·박세영·안막 등과 함께 『카프시인집』을 출간하다. 이해에 카프의 1차 검거가 있었는데 권환은 불기소 판결을 받다.

1933년(31세) 시 「간판」(『조선일보』 6.22)과 평론 「사실주의적 창작 『메토데의 서론』」(『중앙』 2호) 등을 발표하다. 『중앙일보』 기자로 근무하다.

1934년(32세) 「비오는 봄밤」(『문예창조』 6월호)과 「팔」(『동아일보』 6.15) 등의 시와 「33년 문예평단의 회고와 전망」(『조선중앙일보』 1.1~4) 「1934년에 임하여 문단에 대한 희망」(『형상』 1) 「창작방법문제의 토의에 기하여」(『문학창조』 6) 「현실과 세계관 및 창작방법과의 관계」(『조선일보』 6.24~29) 등의 평론을 발표하다. 카프의 제2차 검거 때 피검되다.

1938년(36세) 시 「원망」(『동아일보』, 12.3)과 평론 「박세영 시집 『산제비』를 읽고」(『동아일보』,

8.17)를 발표하다.

1939년(37세) 시 「곽첨지」(『동아일보』 5.13) 「보리」(『조선문학』 통권 17호) 「거리」(『신세기』 7호) 등을 발표하고, 평론 「엄흥섭씨 근작 「세기의 애인」(『조선일보』 5.22)과 「예술의 골육」(『조선일보』 5.23) 등의 평론을 발표하다.

1940년(38세) 시 「환몽」(『조광』 52호) 「아침의 출발」(『조광』 54호), 소설 「참」(『비판』 114호)를 발표하고, 「현실과 신세대의 평론」(『조선일보』 2.27~29) 외에 여러 편의 평론들을 발표하다.

1941년(39세) 『조광』에 평론 「예술에 대한 이메지의 역할」을 비롯해 3편의 평론을 발표하다. 그는 「시와 판타지」 「예술에 대한 이메지의 역할」 등의 평론을 통해 사회주의 문학관을 지향하면서도 시의 이미지에 대한 투철한 자각과 상상의 자유성을 강조하고 있다. 권한은 이런 문학관을 바탕으로 카프가 해체된 이후 기존의 문학관에서 벗어나 심상표현이 두드러진 예술적 작품들을 다수 발표하였다.

1943년(41세) 시집 『자화상』(조선출판사, 1943.8)을 펴내다.

1944년(42세) 시집 『윤리』(성문당서점, 1944.12)를 펴내다. 40년대에 출간한 시집들에선 리얼리즘과 함께 순수시들을 발표하고 있으며, 특히 청각심상이 두드러진 작품들을 발표하였다.

1945년(43세) 송영, 윤기정, 한설야, 한효 등과 함께 조선프롤레타리아문학동맹을 결성하다. 「노들강(『건설』, 창간호」 「쇠사슬」(『인민』, 창간호) 「예술운동의 당면임무」 등의 평론을 발표한다.

1946년(44세) 조선프롤레타리아문학동맹과 조선문학가동맹이 합쳐질 때 집행위원이 되다. 시 「사자같은 양」(『3 · 1기념시집』) 「고향」(『횃불』 4) 「그대」(횃불 4) 「김서방도 박첨지도 이생원도 잘 사는 주의」(『신세대』 통권 3호) 등을 발표하고, 평론 「문화단체도 급속통일하자」(『중앙신문』 2)를 발표하다. 해방 후의 평론들에서 다시 권환은 카프 계열의 문학관을 계승하면 문학활동를 펼친다. 그러나 이 시기의 그의 시는 카프 시절의 시에 비해 훨씬 유연한 자세를 보인다. 시집 『동결』(건설출판사, 1946.8)을 펴내다.

1947년(45세) 카프계열의 작가들이 월북하는 가운데 권환은 마산의 완월동으로 낙향하다. 한국전쟁 전후의 시기까지 마산공립중학교에서 독일어 강사로 일하다.

1950년(48세) 한국전쟁 중에 처가가 있는 함양으로 피신하여 생활하다.

1954년(52세) 지병인 폐결핵으로 마산시 완월동 자택에서 별세하다. 사망 년도는 연구자마다 다소 차이가 있는데 목진숙이 권환의 막내동생인 권경범의 증언을 들은 것에 의하면 1954년 7월 30일이다.

김영랑 金永郞, 1903~1950

/이숭원/

김영랑의 본명은 김윤식으로 1903년 전라남도 강진군 남성리 탑골에서 유복한 집안의 장남으로 출생했다. 탑골이라는 명칭은 생가 입구 양쪽에 아름다운 탑 두 개가 있어서 붙여진 것이라고 한다. 강진보통학교를 마치고 서울의 휘문의숙에 입학하기 전인 1916년 두 살 연상의 김은초와 결혼했는데 그 신부는 이듬해 소생 없이 병사하였다. 1917년에 휘문의숙에 입학하여 박종화, 안석영, 홍사용, 정지용, 이태준 등과 교류하면서 문학적 감수성을 키웠다. 1919년 3·1운동이 일어나자 고향에서 의거를 일으킬 생각으로 운동을 도모하다가 경찰에 발각되어 6개월간의 옥고를 치렀다. 이 일로 휘문의숙을 중퇴한 김영랑은 일본으로 건너가 아오야마가쿠인 중학부에서 학업을 계속하였다. 한때 성악 공부를 할 생각도 가졌으나 집안의 반대로 뜻을 접고 아오야마가쿠인 인문과에 입학하여 영문학을 전공하던 중 1923년 관동대지진이 일어나자 학업을 중단하고 강진의 자택으로 돌아오게 되었다.

강진에서 무료한 생활을 하고 있던 김영랑에게 일본 유학 시절의 벗 박용철이 찾아와 서울을 함께 왕래하며 서울의 문화적 분위기를 흡수하고 사회주의 문사들과도 교류하기 시작했다. 이때 사회주의 단체인 염군사의 멤버로 활약한 최승일을 만나고 그의 동생인 최승희를 알게 된다. 최승희는 훗날 뛰어난 무용가로 활동하게 되는 여성인데 이때는 숙명여학교 4학년에 재학 중이었다. 최승희에게 호감을 가진 김영랑은 결혼까지도 생각할 정도였지만 양쪽 집안의 반대로 결혼은 성사되지 못하였다. 이 일에 자극을 받아서인지 집안에서 결혼을 주선하여 1925년 호수돈여고보 출신의 인텔리 여성 안귀련과 재혼하게 된다.

김영랑과 서신을 통하거나 직접 만나서 문학의 꿈을 키우던 박용철은 1929년 무렵부터 시 전문지를 같이 내자는 제안을 했다. 박용철은 오랜 숙의 끝에 서울로 올라와 1930년 3월에 『시문학』 창간호를 발간하게 된다. 김영랑은 『시문학』 창간호에 13편의 시를 한꺼번에 발표하며 시단에 화려하게 등단하였고 같은 해 5월에 나온 『시문학』 2호에 9편의 창작시와 2편의 번역시를 발표하였다. 말하자면 그는 20편이 넘는 작품을 1930년 두 달 동안에 한꺼번에 발표한 것이다. 그 이듬해 5월에 나온 『시문학』 3호에는 7편의 영랑시가 실려 있다. 이것을 종합하면 영랑은 일 년 남짓한 기간 동안 29편의 창작시를 발표한 셈인데 그 모든 시의 발표는 오로지

『시문학』을 통해 이루어졌다. 그러니까 박용철이 사재를 털다시피 하여 간행한 시전문지 『시문학』은 김영랑을 위해 만든 것이라고 말해도 과언이 아니다. 여기서 우리는 김영랑과 박용철 사이에 오고간 돈독한 우의와 시에 대한 공동의 열의를 엿볼 수 있다.

김영랑의 시는 당시 문단에 신선한 충격을 주었다. 김영랑의 시가 문단에 던진 충격을 이해하기 위해서는 1920년대 중반 이후 문단의 주류를 이룬 프로시의 경향과 『시문학』 1호에 실린 다른 시인의 작품을 비교하는 일이 필요하다. 『시문학』 창간호에 실린 창작시는 김영랑의 시 13편과 정지용의 시 4편, 이하윤의 시 2편, 그리고 박용철의 시 5편이 전부였다. 이 중 정지용의 시는 4편 모두가 그 전에 발표한 작품의 재수록이었고 객관적으로 따져보면 김영랑에 비해 작품의 수준도 높지 않았다. 정지용은 이미 1926년부터 작품 활동을 시작하여 문단에 이름이 알려져 있어서 김영랑을 통해 영입한 시인이다. 그러나 박용철은 정지용을 제치고 김영랑의 작품을 앞에 실었다. 생경한 사상성과 경직된 목적의식을 드러낸 프로시나 시어 구사의 소박성을 벗어나지 못한 1930년 전후의 서정시에 비해 김영랑은 분명 남다른 색채를 갖고 있었고 그것을 알아차린 박용철은 김영랑을 선두에 내세운 것이다. 김영랑은 의미의 전달보다 형식과 운율의 긴밀한 결합을 추구하는 작품을 문단에 선보인 것인데, 정서와 형식과 운율이 결합된 새로운 서정의 국면에 박용철은 대단한 매혹을 느낀 것이다.

김영랑의 시에 대한 박용철의 애정과 지지는 1935년 11월 『영랑시집』의 출간으로 완결되었다. 박용철이 편집・장정하여 시문학사에서 출판한 이 시집에는 김영랑의 시 53편이 수록되었는데 개별 작품에 제목이 없고 일련번호만 표시된 점이 특징이다. 이것은 제목에 얽매이지 말고 김영랑 시의 서정성을 음미하라는 박용철의 뜻이 담긴 것이다. 김영랑 시의 열렬한 옹호자이자 순수시 운동의 기수 역할을 한 박용철은 1938년 5월 35세의 나이로 세상을 떠나고 만다. 김영랑은 추모의 글을 쓰고 박용철의 글을 모아 『박용철전집』을 간행할 계획을 세우고 그것을 실행에 옮겼다.

김영랑의 시에는 '내 마음'이라는 어휘가 유달리 많이 보이는데 그가 이 말을 많이 사용한 것은 내면의 순결성을 표현하려는 의도 때문이다. 그는 자신의 마음의 상태를 직접 제시하지 않고 대부분 자연의 이미지를 통하여 제시하였다. 다시 말하면 김영랑은 자연이라는 대상을 자신의 마음의 세계를 나타내는 도구나 수단으로 이용한 것이다. 그의 시에서 자연은 자신의 내면풍경이 투사된 모습이거나 자신의 꿈이 변형된 모습에 해당한다. 맑고 깨끗하고 고요한 자연의 정경을 통하여 자신이 추구하는 순결한 마음의 세계를 드러낸 것이다. 그런 의미에서 자연은 그의 순결성을 지켜주는 상징적 존재였다. 김영랑 서정시의 출발은 바로 이 순결성에 있었다.

이 순결성의 보존은 현실과 절연된 강진에서의 칩거의 삶 때문에 가능하였다. 그의 삶은 고향인 강진을 거의 벗어나지 않았다. 그가 강진을 떠나 있었던 것은 서울로 올라와 휘문의숙에 재학한 1917년부터 1919년까지의 2년 동안과 1920년 일본으로 건너가 아오야마가쿠인에서 수학하다가 1923년 관동대지진으로 귀국할 때까지 3년의 기간이 전부다. 이 5년간의 수학 기간을 제외하면 그는 해방이 될 때까지 고향 강진에 뿌리를 박고 생활하였다. 강진의 아름다운 자연과 안온한 삶은 현실과 사회에 대한 관심에서 김영랑을 멀리 벗어나게 했지만 그의 시에 아름다운 해조와 서정적 순결성을 안겨 주었다. 자연의 아름다움과 순결성이 현실적 조건의 추악함을 망각할 수 있도록 해준 것이다.

김영랑의 시에서 현실에 대한 반응을 보인 예로는 「거문고」 「독을 차고」 「우감(偶感)」 「춘향」 등의 작품을 들 수 있을 뿐이다. 그 중 「독을 차고」는 현실과의 타협을 거부하는 화자의 단호한 결의가 전면에 표출된 작품이다. 이 시가 발표된 1939년 11월 국내의 정세는 매우 암담하였다. 일본 제국주의의 탄압이 어느 때보다도 극심해져서 창씨개명을 위시하여 한민족의 본 모습을 아예 없애버리려는 강압적 정책이 시행되었다. 자연을 통해 내면의 순결성을 추구하던 김영랑도 이 질식할 것 같은 상황 앞에서는 자신의 삶의 자세를 분명히 표명할 필요성을 느꼈을 것이다. 현실적 상황의 압력이 내면세계의 순수함조차 견지하기 어려울 정도로 옥죄어 들어올 때 시인은 그 내면세계의 확보를 위해 자신의 결단을 내리지 않을 수 없었던 것이다. 그는 이리 승냥이처럼 덤비는 주위의 폭압에 맞서, 찢기고 할퀴이면서도 자신의 깨끗한 마음을 지키겠다는 결의를 표명한다. 자신의 순결성을 지키기 위한 최소한의 방책으로 가슴에 독을 차는 길을 택한 것이다. 우리는 이 시에서 혼탁한 현실에서 깨끗한 마음을 유지하기 위해서는 세계의 더러움에 물들지 않으려는 고립의 결벽성을 가져야 하며 그 결벽성이야말로 세계의 부패와 타락에 맞서는 연약한 자아의 방어기제라는 점을 알아차리게 된다.

김영랑은 1940년 9월에 『문장』에 「춘향」을 발표한 후 고향에 칩거하며 절필과 은둔의 세월을 보낸다. 그는 창씨개명을 하지 않았으며 신사참배에도 참여하지 않았고 친일의 글은 한편도 발표하지 않고 일제 말 암흑의 시기를 보냈다. 이 점 때문에 임종국의 『친일문학론』에 친일의 글을 한 줄도 발견하지 못한 시인의 하나로 기록되어 있다. 그야말로 '독을 차고' 깨끗한 마음을 지키려 한 것이다. 이것은 세상이 평화로우면 세상에 나아가 뜻을 펼치고 세상이 어지러우면 자연에 은거하여 마음을 보살피던 조선조 선비의 모습을 연상시킨다. 해방이 되자 현실에 참여하여 여러 가지 단체에 관여하고 제헌국회의 민의원 선거에 출마한 것도 그러한 판단이 근거 없는 것이 아님을 알려주는 사례다.

해방이 되자 그는 「바다로 가자」라는 참여적 경향의 시도 쓰고, 「절망」 「망각」 등 민족의 비운을 탄식하는 감상적 성격의 시도 발표한다. 이것은 자연의 황홀경을 섬세하고 내밀하게 드러내던 순결의 시학에서 벗어난 것이며, 타락한 세계 속에서도 순결한 심혼을 견지하려는 다짐과도 구별되는 매우 이질적인 경향이다. 그의 시가 이렇게 방향을 잃은 것은 그가 살았던 해방공간이 외로운 혼의 견지를 불가능하게 했기 때문이다. 고립의 결벽성을 유지하기에는 너무나도 어지러운 혼란의 상황에 놓여 있었던 것이다. 저마다 민족과 역사를 내세우며 환희와 분노의 감정을 표출하는 마당에 고립의 자세를 지킨다는 것은 불가능한 일이었다.

그는 1948년 8월 대한민국 정부 수립을 앞두고 5월에 있었던 제헌국회 구성을 위한 초대 민의원 선거에 출마했으나 낙선하였다. 시인이자 지주로 현실과 단절된 생활을 하던 그에게 선거운동의 감각이 있을 리가 없었고 민심을 파악하여 표를 끌 만한 정치적 수완도 없었으니 실패는 어느 면에서 당연한 것이었다. 낙선에 대한 좌절감, 낙선 이후의 경제적 곤란에 자녀들의 교육 문제도 겹쳐, 가산을 정리하고 9월에 식솔을 이끌고 서울로 이주하였다.

처음에는 뚜렷한 직장 없이 지내다가 1949년 8월에 이승만 대통령의 공보비서관이던 김광섭의 도움으로 공보처 출판국장에 취임하게 되고 10월에 서정주가 편집한 『영랑시선』도 출간되었다. 그러나 평생 남의 밑에서 직장 생활을 해 보지 못한 그는 이듬해 4월에 공직에서 물러나고 말았다. 물러난 지 2개월 만에 한국전쟁이 일어났고 피난할 시기를 놓친 그는 친척집에 은신해 있다가 9·28서울수복 때 날아온 포탄 파편에 치명상을 입고 9월 29일 별세하였다. 하늘이 시인에게 준 뮤즈의 재능을 회수할 때 목숨까지도 함께 거두어 가는 것일까. 강진의 자연 속에 내면의 순결성을 추구하던 시인이 고향을 등지자 전쟁의 포연 속에 덧없이 사라지고 만 것이다.

김영랑 ▸▸

1903년(1세) 1월 16일(음력 1902년 12월 18일) 전라남도 강진군 남성리 211번지 탑골에서 오백석 지기 지주인 김종호와 김경무 사이의 장남으로 태어나다. 본명은 윤식(允植).

1911년(9세) 강진관립보통학교에 입학하다.

1915년(13세) 강진관립보통학교를 졸업하다.

1916년(14세) 2월에 상경하여 기독교청년회관(YMCA)에서 잠시 영어를 배우다. 강진면 도원리의 김은초(金銀草)와 결혼하였는데 김영랑보다 두 살 위라고 한다.

1917년(15세) 4월에 휘문의숙에 입학하다. 훗날 화가가 된 이승만(李承萬)과 같은 반으로 친교를 맺다. 한 학년 위에 박종화, 안석영, 홍사용이 있었고, 다음 해에 정지용, 그 다음 해에 이태준이 입학하여 교류하다. 축구와 정구를 열심히 하고 바이올린도 배우다. 부인 김은초 사망하다.

1919년(17세) 3·1운동이 일어나자 고향 강진으로 내려와 만세 운동을 도모하다 3월 20일 경찰에 검거되다. 4월에 광주지방법원 장흥지청에서 징역 1년 형을 선고받고 대구형무소에서 복역하다가 가을에 석방되다. 휘문고등보통학교를 중퇴하고, 10월에 금강산 일대와 고성의 영랑호를 여행하면서 금강산 영랑봉과 고성 영랑호에서 깊은 인상을 받아 나중에 영랑이라는 아호를 사용하게 되는 계기가 되다.

1920년(18세) 9월에 일본으로 건너가 아오야마가쿠인(青山學院) 중학부 3학년에 편입하다. 이때 훗날 아나키스트로 활동한 박열과 같은 집에서 하숙하다.

1921년(19세) 아오야마가쿠인 중학부 4학년에 편입한 박용철을 만나다. 7월에 하기 방학을 맞아 귀국하여 성악을 공부하겠다는 의사를 밝혔으나 성악 공부를 하면 학비를 대 주지 않겠다는 부친의 완강한 만류로 뜻을 굽히다. 9월에 학교로 돌아와 음악 대신 문학을 하겠다는 생각으로 도서관에서 문학서적을 탐독하다.

1922년(20세) 4월에 아오야마가쿠인 인문과에 입학하여 영문학을 전공하다.

1923년(21세) 관동대지진이 일어나 학업을 중단하고 동태를 주시하다.

1924년(22세) 봄에 귀국하여 강진 청년회, 문학 동호회 등의 활동을 하며 전남 광산 고향에 와 있던 박용철과 활발하게 교류하다. 서울을 왕래하며 문화 활동을 하며 사회주의 문사들과도 교류하다. 이때 사회주의 단체인 염군사의 회원 최승일의 여동생인 최승희와 잠시 교제하다. 최승희는 이때 숙명여학교 4학년으로 무용가로 입신하기 전이었다. 김영랑은 대단한 호감을 갖고 결혼까지도 생각할 정도로 연정이 깊어졌지만 양쪽 집안의 반대로 결혼은 성사되지 못하였고 한다.

1925년(23세) 5월에 개성 호수돈여자고등보통학교 출신의 안귀련(安貴蓮)과 재혼하여 고향에서 살다.

1926년(24세) 장녀 애로(愛露) 출생하다.

1927년(25세) 9월에 박용철과 함께 상경하여 함께 지내다가 10월에 금강산 일대를 여행하다.

1928년(26세) 9월 장남 현욱(炫郁) 출생하다.

1929년(27세) 박용철과 긴밀히 교류하며 시 잡지 출간에 대해 논의하고 10월에 함께 상경하여 문인들을 만나 시 잡지 창간의 뜻을 밝히고 협조를 구하다. 12월 26일에 차남 현복 출생하다.

1930년(28세) 3월에 박용철의 주재로 정지용, 이하윤, 정인보, 변영로 등과 함께 『시문학』 창간호를 간행하다. 이때 김영랑은 13편의 시를 한꺼번에 발표하다. 5월 『시문학』 2호에 창작시 9편과 번역시 2편을 발표하다.

1931년(29세) 3월에 차남 현복 사망하다. 10월 『시문학』 3호에 7편의 시를 발표하다.

1932년(30세) 3남 현국(炫國) 출생하다. 강진에서 야학을 열다.

1933년(31세) 모친 김경무 사망하다.

1934년(32세) 1월에 박용철이 주관한 『문학』 1호에 「사행소곡 6수」를 발표하다. 3월에 차녀 애라(愛羅) 출생하다.

1935년(33세) 5월에 4남 현철(炫澈) 출생하다. 11월에 박용철이 주관한 시문학사에서 『영랑시집』(시 53편 수록)이 간행되다.

1936년(34세) 5월에 명월관에서 『영랑시집』 출판기념회를 개최하여 김광섭, 김진섭, 박용철, 이승만, 이하윤, 이헌구, 정지용, 함대훈 등 20여 명이 참석하다. 이를 계기로 해외문학파 문인들과 교류하다.

1938년(36세) 1월에 5남 현태(炫部) 출생하다. 5월에 절친한 문우 박용철이 사망하다. 9월에 시집 발간 이후의 침묵을 깨고 수필과 시를 발표하다.

1939년(37세) 5월에 『박용철전집』 1권을 간행하고 후기를 쓰다. 11월에 6남 현중 출생하다. 현실과의 타협을 가부하는 내용의 시 「독을 차고」를 『문장』에 발표하다. 12월에 박용철을 추모하는 글 「인간 박용철」을 발표하다.

1940년(38세) 2월에 6남 현중 사망하다. 5월에 『박용철전집』 2권을 간행하다. 9월에 시 「춘향」을 발표하고 해방이 될 때까지 절필하다. 일제말의 상황에서도 신사참배와 창씨개명을 거부하다. 10월에 7남 현도(炫道) 출생하다.

1944년(42세) 1월에 3녀 애란(愛蘭) 출생하다.

1945년(43세) 해방이 되자 9월에 우익문화단체인 중앙문화협회 결성에 참여하다. 9월 26일 부친 김종호 사망하다.

1946년(44세) 2월에 대한독립촉성국민회 강진군 선전부장과 청년단장을 맡다. 3월과 4월에 전조선문필가협회, 조선청년문학가협회 위원으로 추대되다.

1947년(45세) 8월에 「바다로 가자」라는 현실 참여적 시를 발표하다.

1948년(46세) 5월에 제헌국회 초대 민의원 선거에 출마했으나 낙선하다. 9월에 가산을 정리하고 가족들과 함께 서울 성동구 신당동으로 이사하다. 10월에 여순사건 현장 답사단에 참가하여 시 「새벽의 처형장」을 쓰다.

1949년(47세) 2월에 문교부 예술위원회 문학위원으로 피선되고 8월에 공보처 출판국장에 취임하다. 10월에 서정주가 편집한 『영랑시선』이 중앙문화사에서 간행되다.

1950년(48세) 4월에 공보처 출판국장을 퇴직하다. 한국전쟁이 일어나자 피난을 가지 못하고 서울 장충동 친척집에 은신해 있다가 서울 수복을 앞둔 양군의 공방전 때 날아온 포탄 파편에 맞아 복부상을 입고 9월 29일 별세하여 유해를 남산 기슭에 가매장하다.

1954년 11월 묘소를 망우리 공동묘지로 이장하다.

1990년 3월에 용인 천주교 공원묘지로 재이장하여 부인 안귀련과 합장하다.

최명익 崔明翊, 1903~?

/이희환/

최명익은 1903년 평안남도 강서군 증산면에서 6남매 중 셋째로 출생하였다. 부친은 평양과 인천을 배로 왕래하며 재산을 모은 무역상으로 최명익은 비교적 부유한 가정에서 성장하였다. 어린 시절 부친이 설립한 사립학교에 다니다가 평양고등보통학교에 입학한 것은 1916년이다. 이 무렵부터 톨스토이 작품을 읽기 시작하여 문학에 관심으로 두었으나 1919년 3·1운동이 발발하자 국내에서의 학업을 중단하고 1920년 일본으로 건너가 도쿄 세이소쿠(正則)영어학교에서 수학했다고 한다. 평소 목말라하던 문학에 몰입하였을 것으로 짐작되는 최명익의 일본유학시기에 대해서는 제대로 밝혀지지 않고 있을 뿐만 아니라 그가 언제 귀국했는지조차 불분명하다. 다만 1920년대 중반에 귀국하여 1926년 창립된 수양동우회에 참가하였다가 탈퇴하였고 이해에 서울에서 만난 양주군 출신의 양은경과 결혼하여 평양에서 유리 공장을 경영하면서 생활전선에 뛰어들었다. 이후 세 아이를 두게 되었지만 두 딸이 일찍이 병으로 죽은 이후로 최명익은 점차 문학에 전념하게 되었다고 한다.

그의 문학활동이 본격적으로 시작된 것은 1928년 그의 나이 26세 때이다. 홍종인, 김재관, 한수철 등과 함께 순문예 동인지 『백치』를 발간하면서 그의 아호인 '유방'이란 필명으로 습작소설 「희련시대」와 「처의 화장」을 창간호에 발표하였고, 『백치』 2호에도 수필 「처녀작의 일절」 등을 발표하였다. 1930년에는 『중외일보』에 콩트 「붉은 코」를 투고하기도 하였으며, 이듬해에는 『동광』 1월호에 발표된 이광수의 「여의 작가적 태도」를 반박하는 평론 「이광수 씨의 작가적 태도를 논함」을 『비판』지 9월호에 발표하기도 하였다. 이 평론은 최명익이 해방 이전에 발표한 유일한 본격 평론으로서, 작가로서 아직 정신 등단한 하지는 않았지만, 이후 그의 문학세계를 엿볼 수 있는 자료가 된다. 이 글에서 최명익이 동향의 선배 작가인 이광수에 대한 비판을 통하여 표명한 것은 다음의 두 가지로 요약된다. 첫째, 공리적 문학관에 대한 거부이다. 이점에서 「여의 작가적 태도」를 통해서 문예를 공리적 수단으로 삼아 민족주의를 선전하기 위해 작품을 쓰는 이광수를 통속작가로 규정하고 있다. 둘째, 문학을 함에 있어 관념적인 현실 인식을 배격하고 경제적, 사회적 토대에 대한 중요성을 강조하고 있다. 심지어 "착취·피착취의 계급성"을 강조하고 있는데 이는 당시 문단을 지배하고 있던 프로문학의 영향을 습작기의 최명익이 수용하고 있었다는 점을 보여준다.

이처럼 프로문학의 강렬한 자장 안에서 습작기를 보내던 최명익이 정식으로 문단에 등단한 것은 1936년 『조광』 5~6월호에 단편 「비오는 길」을 발표하면서부터이다. 그런데 이 작품이 발표된 1936년은 프로문학이 1935년의 KAPF 결정적 계기로 하여 해소되어 가던 시기였다. 이를 반영하듯 「비오는 길」은 도시의 생태와 생활인의 속물적인 삶을 사회경제적 토대에 대한 분석보다는 실존적 자의식을 통하여 형성화하고 있다. 평양성을 가로질러 집과 공장을 오가는 주인공 병일의 반복적인 일상을 보여주는 폐쇄적 여로를 통해 보여주는 이 소설은 그러나 사회경제적 토대에 대한 생경함이 사라진 대신 병일의 예민한 자의식과 시선을 통해 바깥 세계에 민감하게 반응하는 '도시산책자'의 미학을 선보이고 있다.

최명익의 「비오는 길」처럼 이 무렵을 전후하여 이전 시기와는 다른 새로운 작품경향을 선보인 일군의 신세대 작가들이 속속 등장하였다. 34세라는 늦은 나이로 일약 문단의 주목을 받으면서 등장한 최명익의 작품 활동도 1930년대 후반기에 전개되었다. 그런데 최명익을 포함하여 이른바 '전형기' 혹은 '주조모색기'에 등장한 이들 신세대 작가들은 흔히 앞 시기 프로문학의 이념성과 교조성에 반발하여 순수문학을 내걸었다고 쉽사리 동일시되어 논의되어 왔다. 어떤 논자들은 이들 신세대 작가들의 작품세계를 구분하여 민족 고유의 전통에 주목한 작가(김동리, 정비석), 심리주의적 경사를 보여준 작가(최명익, 유항림, 허준), 그리고 사회현실에 대한 탈이념적 천착을 보여준 작가(현덕, 이근영) 등으로 분화해갔다고 보기도 한다. 그러나 이들 신세대 작가들의 작품세계의 분화에 대해서는 보다 깊은 미학적 분석이 요구된다.

최명익은 이들 신세대 작가군 중에서도 가장 연장자일 뿐만 아니라 작가의 지역적 기반을 이름하여 '평양문단'에 두고 지속적으로 창작하였다는 점이 주목된다. 과작(寡作)의 작가였던 최명익은 등단 이후 해방 이전까지 모두 7편의 작품을 발표하였는데 이제까지 최명익의 작품세계에 대한 연구는 주로 이 시기의 작품에 집중되었다. 이들 작품들을 하나씩 살펴보자. 「비오는 길」 이후 최명익이 1년여 만에 발표한 단편 「무성격자」는 자전적 성격이 짙은 작품이다. 이 작품도 고립된 지식인의 내면을 다루고 있다. 도쿄에 유학까지 갔다 온 인텔리 정일은 우울과 권태 속에 카페를 오가며 퇴폐적 도취에 빠진 삶을 살아간다. 그러나 부의 축적을 일생의 목표로 살아온 아버지의 생에 대한 의지력과는 반대로 폐쇄적 자의식에 빠져있다 끝내 자살한 인텔리 여성 문주의 죽음을 통하여 자의식의 미묘한 변화를 느끼는 것으로 그려진다. 이듬해 1938년에 발표한 「역설」은 무의지적 인물이었던 교사 문일이 자존심과 결벽성을 지키기 위해 현실의 이익을 거부하는 자세를 보여준다. 이처럼 등단작 이후 그의 초기작품들은 표면적으로는 심리주의적 기법을 통한 자의식의 과잉이 농후한 것 같지만, 그 밑바닥에는 전시체제 하에서 어찌할 수 없는 지식인들의 현실인식을 탐색해보려는 작가의 부단한 시도가 투사되어 있다.

1939년은 그의 작품 활동이 가장 왕성한 해였다. 『조광』 1월호에 「봄과 신작로」를 발표한 데 이어 「폐어인」과 「심문」을 연이어 발표하였다. 「봄과 신작로」는 이제까지 지식인 주인공의

자의식을 탐구하는 이제까지의 소설과는 달리 농촌을 배경으로 근대화에 대한 작가의식을 투영한 작품이다. 금녀와 유감이로 대변되는 순진한 전통적 세계가 신작로를 오가는 화물차와 운전수의 타락한 욕망에 의해 파괴되어 가는 압축적으로 보여줌으로써, 근대라는 악마적 힘에 대한 비판을 감행하고 있다. 실직한 지식인의 극단적 절망감을 천착한 「폐어인」에 이어 발표된 「심문」은 과거 좌익운동가 현혁과 그의 애인이었던 여옥이라는 여성, 이 두 인물 타락한 삶과 분열된 자아를 또 하나의 분열된 자아인 명일을 통해 겹으로 보여준 작품이다. 이념을 상실한 지식인들의 극단적인 모습을 카페, 여급, 결핵, 마약과 같은 근대적 도시 표상과 자의식을 통한 심리주의 소설기법을 통해 보여준 이들 작품을 통해서 최명익은 신세대의 대표 작가로 널리 인식되었다. 그러나 일제 말 그의 작품 활동은 「심문」 이후 2년 만에 발표한 「장사이사」를 마지막으로 중단되었다. 철저히 바깥세계와 차단된 지식인의 자의식과 예민한 관찰을 통해 열차 속 장삼이사들의 행태를 분석하고 걱정하는 지식인의 허위성이 단박에 폭로되는 순간을 포착한 이 작품을 마지막으로 더 이상 시대의 현실을 신경학적으로 천착하기조차 어렵게 질식할 듯한 현실이 압도하였기 때문이다.

해방이 되기 이전까지 평남 강서군 취룡리 외가에 은거하여 살다가 해방을 맞은 최명익은 새로운 시대를 맞아 작품세계의 극적 전환을 추구하였다. 43세의 나이로 해방을 맞은 그는 1945년 9월에 결성된 평양예술문화협회의 회장으로 선출되었고, 1946년 3월 북조선문학예술총동맹에도 가담하였다. 자전적 소설인 「맥령」(1947)의 주인공 성진을 통하여 "자유가가 있던 때에 자기는 왜 좀 더 계몽적으로 이런 젊은이들에게 친절한 글을 쓰지 못했던가 새삼스레 후회되었다"고 일제시대 작품세계에 대한 반성을 표명한 바 있는 것처럼, 해방 이후 최명익의 작품세계는 재북작가로서 새로운 이념과 현실을 계몽하는 것에 집중되었다. 그리고 그 방식은 해방 이전 지식인의 폐쇄된 자의식을 비판하는 방식으로 진행되었다. 해방 이후 최명익이 처음 발표한 작품이자 『8 · 15 1주년 기념소설집』에 수록된 「맥령」의 지식인 주인공 성진이 농촌의 청년들을 만나면서 폐쇄된 자의식의 세계에서 벗어나 넓은 세계를 조우하는 과정은 이를 단적으로 보여준다. 그러나 동시에 최명익의 작품은 해방 이전부터 간직하고 있는 질식할 듯한 근대세계와의 대결을 방식을 달리하여 지속하고 있다. 해방 이전에는 주로 지식인의 자의식과 근대 도시표상들을 통해 보여주었다면 해방 이후에는 열린 세계에 대한 농민, 노동자 등 민중층의 단순하면서도 순박한 의지와 신념을 통해 근대 문명을 비판하고 있는 것이다.

1947년 북쪽의 평양에서 작품집 『맥령』(문화전선사)을, 남쪽의 서울에서 작품집 『장삼이사』(을유문화사)를 동시에 출간하면서 재북작가의 중견으로 자리 잡은 최명익은 1948년 중편 「기계」를 발표하였다. 이 작품에는 최명익 특유의 지식인 주인공은 등장하지 않는다. 대신 보국대에 강제징용을 당한 화전민 청년 삼봉이가 원철공장의 거대한 '기계'의 폭력을 대비시켜, 근원적 유토피아로서의 고향의 평화를 파괴하는 근대 자본주의 문명의 도구적 합리성을 비판한 작품이다. 한국전쟁 직전까지 북에서 발표된 「남향집」과 「제일호」 같은 작품들을 통해서 최명익은 농민을 비롯한 민중의 집단적 주체를 형상화하려 했던 최명익은 그러나 한국전쟁이 발발하여 아들을 잃고 아내가 급사하는 비운을 당한다. 게다가 한국전쟁을 통과하면서 그의 문학세계는 해방기에 보여주었던 그 나름의 문학적 긴장을 잃어버리고 체제가 요구하는 문학으로 전변할 수밖에 없게 되었다.

전쟁 기간 중 「운전수 길보의 전투」 「소년 권동수」 「조국의 목소리」 「기관사」 「한남수」과 같은 전쟁문학작품을 발표하기도 한 그는 1956년 전쟁 이후 남로당계 작가들에 대한 비판과 부르주아 잔재와의 투쟁이 확산되는 가운데 '임진조국전쟁'을 그린 장편 역사소설 『서산대사』(조선문학예술총동맹출판사)를 발간한다. 이후 항일무장투쟁 참가자들의 회상기 집필에 참여하기도 하고 평양문화대학에서 학생들을 가르치다가 1961년에 다시 임오군란을 다룬 중편소설 「임오년의 서울」을 발표하기도 하였다. 환갑을 넘긴 1965년 63세의 나이로 "새로운 역사소설을 쓰겠다"고 의욕을 표명했던 최명익은 1967년 수필 한 편을 발표한 것을 끝으로 북한문단에서도 사라지고 말았다. 1960년대 말에서 1970년대 초에 세상을 떠난 것으로 추정된다.

최명익 ▸▸

1903년(1세) 7월 14일 평양에서 6남매 중 셋째로 태어나다. 호는 유방(柳坊). 부친은 평양과 인천을 배로 왕래하며 재산을 모은 무역상으로 최명익은 비교적 부유한 가정에서 성장하다. 어린 시절 부친이 설립한 사립학교에 다니다.

1916년(14세) 평양고보에 입학하다. 중학 2, 3학년 때부터 톨스토이의 작품을 읽기 시작하는 등 문학에 관심을 가지다.

1917년(15세) 부친이 별세하다.

1919년(17세) 평양고보 재학시절 서울에서 3·1운동에 참여하다. 3월 1일 아침 탑동공원에서 독립선언서 낭독을 듣고 종로와 진고개로 이어지는 시위행렬에 참석하고 다음날 평양으로 돌아와 시위대와 일제 경찰간의 유혈 충돌을 목격하다.

1920년(18세) 학교에서 벌어진 항일시위에 관련되어 평양고보를 중퇴하다.

1921년(19세) 일본으로 건너가 도쿄 세이소쿠(正則)영어학교에서 수학하다. 이 무렵 평소 목말라하던 톨스토이 작품을 본격적으로 읽기 시작했으며 새롭게 번역되어 도쿄 문단에 유행하던 도스토예프스키의 작품들을 접하고 깊이 경도되다.

1926년(24세) 20년대 중반 무렵 귀국, 이 해에 창립된 수양동우회에 참가하다 곧 탈퇴하다. 서울에서 만난 경기도 양주군 출신의 양은경과 결혼하다. 평양 외성구역 창전리에 살며 세 아이를 두었으나 두 딸이 병으로 일찍 죽다. 호구책으로 유리공장을 한때 경영하다.

1928년(26세) 홍종인, 김재관, 한수철 등과 함께 순문예 동인지 『백치』를 발간하다. 창간호에 '유방'이란 필명으로 습작소설 「희련시대」 「처의 화장」를 『백치』 2호에 수필 「처녀작의 일절」 등을 발표하다.

1930년(28세) 『중외일보』에 콩트 「붉은 코」를 발표하다.

1931년(29세) 『동광』 1월호에 발표된 이광수의 「여의 작가적 태도」에 대한 반박평론 「이광수 씨의 작가적 태도를 논함」을 『비판』지 9월호에 발표하다.

1933년(31세) 『조선일보』에 콩트 「목사」를 발표하다.

1936년(34세) 『조광』 5~6월호에 단편 「비오는 길」을 발표하면서 문단의 주목을 받기 시작하다.

1937년(35세) 유항림, 김이석, 최정익 등이 주관한 동인지 『단층』에 관계하다. 그러나 동생 최정익이 동인으로 참석한 『단층』에 작품을 발표하지는 않다. 『조광』 9월호에 단편 「무성격자」를 발표하다.

1938년(36세) 『여성』 2~3월호에 단편 「역설」을 발표하다.

1939년(37세) 『조광』 1월호에 「봄과 신작로」를 발표하고, 『조선일보』에 「폐어인」(2.5~25)을 연재하다. 『조광』 4월호에 평론 「문단조망기」, 『문장』 6월호에 단편 「심문」을 발표하다. 이 무렵 발표한 작품들이 신세대론의 대상 작품으로 거명되면서 최명익은 신세대의 대표 작가로 인식되다.

1940년(38세) 『조광』 7월호에 평론 「숨은 인과율」과 수필 「수형과 원고기일」을 발표하다.

1941년(39세) 『문장』 4월호에 소설 「장사이사」를 발표한 것을 마지막으로 일제 말 작품활동을 중단하다.

1945년(43세) 식민지 시대 말기 평남 강서군 취룡리 외가에 은거하다. 8월 15일 해방 직후인 9월 김조규, 유항림 등과 함께 조직한 평양의 문예단체 '평양예술문화협회'의 회장으로 활동하다.

1946년(44세) 1월, 어린이 잡지 『어린 동무』에 '김일성 장군'에 대한 기사를 쓰다. 3월에 '북조선문학예술총동맹'의 중앙상임위원으로 피선되다. 『8·15 1주년 기념소설집』에 소설 「맥령」을 발표하다. 11월 3일, 평안남도 강서군의 인민위원으로 추천, 선출되다. 김일성의 건국사상총동원운동에 대한 호응을 결의하는 결정서 채택에 주동적으로 나서다.

1947년(45세) 『건설』지에 평론 「우리의 대동맥 북조선의 철도는 생동한다」를 발표하다. 이 해에 작품집 『맥령』(문화전선사)이 북쪽의 평양에서, 작품집 『장삼이사』(을유문화사)가 남쪽의 서울에서 출간되다. 12월 『조선문학』 2호에 단편 「기계」를 발표하다.

1948년(46세) 『조광』에 단편 「담배 한 대」를 발표하다. 소설집에 수록되지 않은 조소친선을 다룬 작품 「제일호」를 발표하다.

1949년(47세) 소설 「궁둥풀」을 발표하다.

1951년(49세) 한국전쟁을 맞아 아들을 잃고 아내가 급사하다. 전쟁기간 중 「운전수 길보의 전투」 「소년 권동수」 「조국의 목소리」 「기관사」 「한남수」 등의 작품을 발표하다.

1952년(50세) 전쟁기에 발표한 네 작품을 소설집 『기관사』(문예총출판사, 1952)에 수록하다.

1956년(54세) 전쟁 이후 남로당계 작가들에 대한 비판과 부르주아 잔재와의 투쟁이 확산되는 가운데 '임진조국전쟁'을 그린 장편 역사소설 『서산대사』(조선문학예술총동맹출판사)를 발간하다.

1957년(55세) 항일무장투쟁 참가자들의 회상기 집필에 참여하다. 평론 「나의 념원」을 『조선문학』에 발표하다. 이 무렵부터 평양문화대학에서 학생들을 가르치다.

1961년(59세) 『조선문학』 5~8월호에 임오군란을 다룬 중편소설 「임오년의 서울」을 발표하다.

1962년(60세) 창작 일기 「일기초」를 『조선문학』에 발표하다.

1963년(61세) 소설집 『임오년의 서울』(조선문학예술총동맹출판사)을 발간하다.

1964년(62세) 수필집 『글에 대한 생각』(조선문학예술총동맹출판사)을 발간하다.

1965년(63세) 수필 「새로운 역사소설을 쓰겠다」를 발표하다.

1967년(65세) 『청년문학』에 수필 「실천을 통한 어휘 공부」를 발표하다. 이 글이 북한문단에서 최명익이 발표한 마지막 글이다. 이후 그의 소식을 알 수 없다. 1960년대 말에서 1970년대 초에 별세한 것으로 추정된다.

이태준 李泰俊, 1904~?

/장영우/

상허 이태준은 1904년 11월 4일 강원도 철원군 묘장면 산명리에서 부친 이창하(李昌夏)와 모친 순흥 안씨(順興安氏)의 1남 2녀 중 장남으로 태어난다. 그의 부친은 구한말 덕원 감리서 주사로 봉직한 관리 출신이면서 개화당에도 관계하였던 지식인이다. 작가의 대표적 자전 소설로 볼 수 있는 『사상의 월야』에는 부친에 대한 기록이 자주 언급되고 있는데, 그는 개화당에 참여했다는 이유로 일본으로 쫓겨 갔다가 몰래 고향에 돌아오지만 조선 관리들의 등쌀을 이겨내지 못해 가족을 이끌고 블라디보스톡으로 이주를 한다. 그곳에서 상허의 부친은 "웅기(雄基)에서 들어온 행인에게서 무슨 소식을 듣고는 땅을 치며 통곡하다가 병이 돋혀" 1909 8월 28일 사망한 것으로 되어 있다. 상허는 불과 여섯 살이란 어린 나이에 부친을 잃는데, 당시에는 부친의 죽음의 의미를 이해하지 못하지만 평생 동안 부친에 대하여 긍지와 흠모의 정을 간직하며 강직한 삶을 살려 노력한다. 가장을 잃은 가족은 고향으로 돌아오다가 배 안에서 모친이 누이동생을 분만하자 애초의 예정을 바꾸어 배기미(梨津)에 내려 인근 소청(素清) 마을에 정착한다. 이곳에서 모친과 외조모가 음식점을 차려 어느 정도 생활이 안정되지만, 모친마저 1912년 별세함으로써 이태준은 아홉 살이란 어린 나이에 고아가 되고 만다.

타향에서 부모를 모두 잃은 상허는 두 누이와 함께 외조모의 손에 이끌려 용담으로 돌아온다. 고향이라 하지만 어린 나이에 그곳을 떠나 모든 것이 낯설고 두렵기만 한 상허는 어느 친척집에 맡겨지나 그곳에서 안정을 찾지 못한다. 1915년 당숙(李龍夏)에게 입양된 후 다시 용담으로 돌아와 사립 봉명학교(鳳鳴學校)에 입학한다. 1918년 우수한 성적으로 이 학교를 졸업한 상허는 봉명학교 교장의 추천으로 간이 농업학교에 입학하나 한 달 만에 퇴교한 뒤 가출한다. 어린 나이에도 불구하고 인생을 자기 손으로 개척하려는 확고한 결심을 지닌 상허는 원산에서 "농공은행 옆에 있는 물산객주 김상훈이란 간판이 붙은 집"에서 사환생활을 하다 자신을 찾아온 외조모를 만나 모처럼 편한 생활을 하며 문학작품을 읽기 시작한다. 원산의 물산객주는 백산 안희제가 세운 '백산상회'의 원산지점으로 추정된다. 그가 『시문독본』 『추월색』 『옥중가화』 『해당화』 등 문학작품을 읽은 것도 바로 이 무렵인데, 톨스토이의 『부활』을 초역한 『해당화』에 감명을 받았다고 한다.

이태준은 1920년 배재학교 보결시험에 합격하였으나 학비가 없어 등록조차 못하고 배회하다가 원산 물산객주집에서 알게 된 한 상인의 도움으로 청년회관의 야학 고등과에 입학한다. 이듬해 그는 휘문고등보통학교에 보결생으로 입학하지만 여전히 사정은 어려워 월사금 체납자의 명단에 늘 그의 이름이 올랐고 등록 마감일을 전후로 결석을 밥 먹듯 했다. 그러나 이태준의 어려운 처지를 알게 된 교장의 후의로 교장실 청소를 하는 대신 학비를 면제받게 되어 도서관에서 서구 문호의 작품을 탐독한다. 당시 휘문고보의 교지(『휘문(徽文)』 제2호, 1933)에 「부여행(夫餘行)」이란 기행문을 비롯, 총 6편의 글을 싣고 있는 것으로 미루어 문학에 얼마간 흥미를 느꼈고 재능도 인정받은 것으로 보인다.

하지만 상허는 학교의 비교육적 행태와 교주(校主)의 횡포에 대항하여 전개된 동맹휴교 사건에 깊숙이 연루되어 졸업을 한 해 앞둔 1924년 퇴교 당한다. 그후 상허는 일본으로 건너가 도쿄 조치대학(上智大學)에 입학한다. 도쿄에서의 생활도 순탄하지는 않아서 신문 배달을 하며 어렵게 학업을 계속하다 미국인 뻬닝호프 박사의 후의를 입기도 하지만, 가난과 고독을 이기지 못하고 1927년 대학도 졸업하지 못한 채 귀국길에 오른다. 도쿄에서 그는 단편 「오몽녀」를 탈고, 『조선문단』에 입선하였으나 그 잡지에 게재되지 못하고 『시대일보』(1925.7.13)에 발표된다. 도쿄에서 가까이 지낸 이로는 나도향, 김지원(金志遠) 등이 있다.

1927년 귀국한 상허는 조국이 처한 상황을 자각하여, 식민지 지식인으로서 조국을 위해 유의미한 사업을 하고자 하나 좌절만 겪는다. 그는 1929년 『개벽』사에 입사하는 한편, 『학생』 『신생(新生)』의 편집에 관여하고 『어린이』란 소년잡지에 「어린 수문장」, 「불상한 소년미술가」 등의 소년물을 발표하면서 창작활동을 재개한다. 1929년에는 중외일보사에 입사하였는데, 이 시기는 안희제가 신문사 사장으로 취임한 때와 거의 비슷하여 원산 객주집 사환시절의 인연이 이어진 것이 아닌가 한다. 이듬해인 1930년에도 역시 짧은 소설과 소년물을 주로 발표하다가 5월경 이화여전 음악과 졸업생 이순옥(李順玉)과 결혼하다.

이태준이 작가로서의 제 모습을 찾으며 왕성한 창작활동을 벌이던 시기는 1931년 이후이다. 그는 『중외일보(中外日報)』가 폐간되면서 제호(題號)가 바뀐 『조선중앙일보』의 학예부장에 임명된다. 그런 한편, 문단에서의 교유도 활발히 하여 '구인회'를 결성하면서 카프의 목적문학에 반대하는 등 자신의 문학적 색채를 뚜렷이 드러낸다. 그리고 이화여자전문학교, 이화보건전문학교, 경성보건전문학교 등의 학교에 출강한다. 이때부터 1937~1938년까지가 상허에게는 가장 행복하고 경제적으로 여유가 있었던 시기가 아닌가 싶다. 그는 이 시기에 매년 한 편 꼴로 신문에 장편소설을 연재하였으며 1933년에는 무려 2편의 장편을 포함하여 총 10편의 소설을 발표하다.

그는 1933년 무렵 성북동으로 이사한다. 그의 집은 현재도 지방문화재로 지정되어 있으며, 간송(澗松)미술관과 지척의 거리에 자리하고 있다. 또한 오세창(吳世昌)의 집도 그 주변에 있었다. 이러한 환경은 그에게 고미술품에 대한 식견을 넓힐 수 있는 유리한 조건을 제공하였을 것으로 추측하게 한다. 당시 골동품 거간꾼 대부분이 전형필 주변에 몰려들었고 거기서 흘러나온 물건 중 일부는 오세창의 손에 들어갔다. 상허는 오세창과 친분을 맺으며 자연스럽게 골동품에 대한 안목과 식견을 넓힐 수 있었고, 간송미술관 소장품을 감상하며 그 깊은 맛을 음미할 수 있었다. 특히 막역지우였던 김용준은 골동품에 대해 상당한 지식을 갖고 있었으므로 상허의 골동품 감식안은 일반인의 수준을 훨씬 넘어선 것이었으리라 짐작된다. 이태준의 '상고주의'는 옛것으로 현재를 재해석하려는 동양의 전통적 지혜이며, 일제의 야만적 제국주의에 대항하는 전략으로 보아야 한다.

1938년을 고비로 상허는 심한 내적 외적 갈등을 겪는다. 일제는 중일전쟁을 도발하고 파쇼체제를 강화하면서 '조선교육령'을 개정하는 한편, 전쟁이 태평양 일대로 확대되면서 우리 민족의 정기를 말살하려는 악랄한 정책을 시행하였다. 전문학생 및 중학생이 각종 토목 공사에 동원되다가 학도병으로 강제로 끌려갔을 뿐만 아니라 여성들마저 '정신보국대'라는 이름으로 전장에 끌려가 성적 노리개가 되었다. 또 일제는 '신사참배'를 강요하여 우리 민족의 정통성을 부정하고 민족적 자존심을 여지없이 유린하였던 것이다. 1939년에는 악명 높은 창씨개명이 시작되었다. 이즈음 상허는 자신의 문학에 대해 반성하면서 새로운 방향을 모색하기 시작한다. 그는 "나는 아직 작가생활이 아니었다. 실제적으로 습작을 해왔다. (…중략…) 그러나 이 작가는 이런 범위 내에서만 완성할 수 있다는 것은 속단이다. 나도 더 기다리기만 할 수는 없다"며 '참다운 예술가 노릇'을 해보겠다고 결심하지만, 시대의 흐름은 더욱 암울하게 전개되고 있었다.

이태준은 1939년 『문장』지 편집을 맡아 신인 추천 제도를 도입하여 임옥인과 최태응을 배출한다. 그후 그는 창작에만 전념하면서 일제에 능동적으로 저항하지 못한 채 친일적인 글에 손을 댄다. 그러나 상허는 곧 자신의 매문 행위에 부끄러움을 느끼고 1943년 고향인 철원으로 내려가 낚시로 소일하다가 1945년 8월 16일에야 해방의 소식을 듣는다.

해방과 더불어 귀경한 상허는 임화·김남천 등 카프계열 작가와 어울리면서 '조선문학가동맹'의 부위원장을 맡는다. 당시의 심정과 주변상황은 작품 「해방전후」에 소상히 나와 있거니와, 그는 1946년 돌연히 월북하여 동년 8월 모스크바를 방문하고 「소련기행」을 쓰는데, 이 글은 남한에서 먼저 출판되었다. 상허가 어째서 월북을 했느냐에 대하여는 추측이 구구하지만 대체로 비판론과 동정론으로 대별된다.

월북 당시에는 김일성대학 교수인 정율(鄭律)에게서 "조선의 모파상"이라 기림을 받고, 로동신문 주필 기석복(奇石福)은 수차례 '조쏘문화협회' 주최로 이태준 연구 발표회를 갖도록 주선하는 등 극진한 대접을 받지만, 1956년 한설야에 의해 철저하게 사상적으로 비판받으면서 숙청된 후 지금까지 생사조차 확인되지 않은 상태이다. 최근 한 종합월간지에 이태준이 1956년 황해도 해주로 추방되어 황해도일보사 인쇄공장 노동자로 복무하다가 1967년 평양에 복귀해 대남심리전 소설을 쓰는 101호 창작실 작가로 활동했고, 1974년 재차 사상투쟁을 겪은 뒤 강원도 장동 탄광 노동자지구로 추방되어 아내가 병사하자 곧이어 종적을 감췄다는 기사가 실렸고 『문학사상』에도 그와 유사한 글이 게재되었으나, 다양한 소문 가운데 하나일 따름이다.

이태준 ▸▸

1904년(1세) 11월 4일, 강원도 철원균 묘장면 산명리에서 아버지 장기 이씨 창하(昌夏)와 어머니 순흥 안씨 사이의 1남 2녀 중 장남으로 태어나다. 호적상 이름은 규태(奎泰)로 기록되다. 아버지 이창하의 정실은 한양 조씨이고 적자로 규덕奎悳이 있다. 호는 상허(尙虛), 상허당주인(尙虛堂主人). 아버지 이창하(1876~1909)의 자(字)는 문규(文奎), 호는 매헌(梅軒). 철원공립보통학교 교원, 덕원감리서 주임을 역임한 개화파였다.

1909년(6세) 가족이 해삼위(블라디보스톡)로 이주하다. 겨울에 아버지 별세하다. 귀국 중 함북 배기미에 정착하다.

1912년(9세) 어머니 별세, 고아가 되다. 외조모와 함께 철원 용담으로 귀향하다.

1915년(12세) 안협의 오촌 집에 입양했으나 다시 용담으로 돌아와 오촌 이용하의 집에 기거하며 철원 사립봉명학교에 입학하다.

1918년(15세) 3월에 봉명학교를 우등으로 졸업하고 철원 읍내 간이농업학교에 입학하나 한 달 후 가출하여 여러 곳을 방랑하다 원산 등지에서 2년간 객주집 사환 등의 일을 하며 2년 여를 보내다. 외조모의 보살핌 속에 이 무렵 문학 서적들을 탐독하다. 이후 중국 안동현까지 인척 아저씨를 찾아갔다가 뜻을 이루지 못하고 경성으로 돌아오다.

1920년(17세) 4월에 배재학당 보결생 모집에 응시하여 합격하나 등록하지 못하고 낮에는 상점 점원으로 일하며 밤에는 야학에 나가 공부하다.

1921년(18세) 4월에 휘문고등보통학교에 입학하다. 상급반에 정지용과 박종화, 하급반에 박노갑, 스승으로 가람 이병기가 있다. 습작을 시작하다.

1924년(21세) 『휘문』의 학예부장으로 활동하며 동화 「물고기 이약이」 등을 발표하다. 6월 13일에 동맹휴교의 주모자로 지적되어 5년 과정 중 4학년 1학기에 퇴학당하다. 이어 휘문고보 친구인 김연만의 도움으로 일본 유학길에 오르다.

1925년(22세) 일본에서 단편소설 「오몽녀」를 『조선문단』에 투고하여 입선하였으나 실리지 못하고, 『시대일보』(7월 13일)에 발표하며 등단하다.

1926년(23세) 신문, 우유 배달 등을 하며 '공기만을 먹고사는' 매우 궁핍한 생활을 이어가다. 이때 나도향 등과 교유하다.

1927년(24세) 4월에 도쿄 조치대학 예과에 입학하나 11월에 학교를 중퇴하고 귀국하다.

1929년(26세) 개벽사에 기자로 입사해 『학생』 『신생』 등의 잡지 편집에 관여하다.

1930년(27세) 이화여전 음악과를 갓 졸업한 이순옥과 결혼하다.

1931년(28세) 중외일보사 기자로 있다가 폐간과 함께 개제된 조선중앙일보사 학예부 기자가 되다. 장녀 소명이 태어나다.

1932년(29세) 이화여전 등 여러 학교에 출강하며 작문을 가르쳤다. 장남 유백이 출생하다.

1933년(30세) 박태원, 이효석 등과 함께 '구인회'를 조직하다. 경성부 성북경 248번지로 이사, 월북하기 전까지 이곳에서 거주하다.

1934년(31세) 차녀 소남 출생하다.

1935년(32세) 조선중앙일보사를 퇴사하고 창작에 몰두하다.

1936년(33세) 차남 유진 출생하다.

1937년(34세) 「오몽녀」가 나운규에 의해 영화화되다.

1938년(35세) 만주 지방을 여행하고 기행문 「이민부락견문기」를 발표하다.

1939년(36세) 『문장』지 편집자 겸 신인 작품의 심사를 맡다. 이후 황군위문작가단 및 조선문인협회 등의 단체에서 활동하다.

1940년(37세) 삼녀 소현이 태어나다.

1941년(38세) 제2회 '조선예술상'을 받다.

1943년(40세) 강원도 철원 안협으로 낙향, 해방 전까지 이곳에서 칩거하다.

1945년(42세) 문화건설중앙협의회, 문학가동맹, 남조선민전 등의 조직에 참여, 문학가동맹 부위원장, 민전 문화부장, 『현대일보』 주간 등을 역임하다.

1946년(43세) 7월경 월북, 「해방전후」로 제1회 '해방문학상'을 수상하다. 8월 10일부터 10월 17일까지 '방소문화사절단'의 일원으로 소련의 모스크바와 레닌그라드 등지를 여행하다.

1947년(44세) 5월에 소련 여행기인 『쏘련기행』이 남쪽에서 출간되다.

1948년(45세) 8·15북조선최고인민회의 표창장을 받다. 북조선문학예술총동맹 부위원장, 국가학위수여위원회 문학분과 심사위원이 되다.

1949년(46세) 단편 「호랑이 할머니」를 발표하다. 이 작품은 해방 후 북한에서 발표된 최고의 걸작으로 평가되다.

1950년(47세) 한국전쟁 중 낙동강 전선까지 종군 갔다가 돌아오는 길에 서울에 들러 문학동맹 사람들을 모아놓고 전과 보고 연설을 하다. 10월 중순 평양수복 때 '문예총'은 강계로 소개되었는데 이태준은 따라가지 않고 평양 시외에 숨어 있으면서 은밀히 귀순을 모색했다고 한다. 12월에 국방군의 북진을 따라 문화계 인사들이 이태준을 구출하려 했으나 실패하다.

1952년(49세) 남로당과 함께 숙청된 위기에서 소련파 기석복의 후원으로 일단 대상에서 제외되다.

1954년(51세) 3개월간의 사상 검토 작업 때 과거를 추궁당하다.

1956년(53세) 소련파의 몰락과 더불어 과거 '구인회' 활동과 사상성을 이유로 1월 조선노동당 중앙위원회 상무회의 결의로 임화, 김남천과 함께 가혹한 비판을 받다. 2월에 '평양시 당관한 문학예술부 열성자대회'에서 한설야의 비판을 받고 숙청당하다.

1957년(54세) 함흥노동신문사 교정원으로 배치되다.

1958년(55세) 함흥 콘크리트 블록 공장의 파고철 수집 노동자로 배치되다.

1964년(61세) 중앙당 문화부 창작 제1실 전속 작가로 복귀하다.

1969년(66세) 김진계의 구술 기록(『조국』, 현장문학사, 1991)에 의하면, 1월경에 강원도 장동탄광 노동자 지구에서 사회보장으로 부부가 함께 살고 있었다고 한다. 이후 연도 미상이나 사망한 것으로 알려지다. 일설에는 1953년 남로당파의 숙청이 끝난 가을, 자강도 산간 협동농장에서 막노동을 하다가 1960년대 초 병사했다고도 한다.

1998년~2004년 깊은샘에서 『이태준문학전집』(전18권)이 출간되다.

2004년 10월 상허 이태준 탄생 100주년 기념사업회(회장 민영) 주최로 상허 선생의 고향인 강원도 철원에서 '탄생 100주년 상허 이태준 문학제'를 개최하다. 철원군 대마리에 '문학비'가 세워지다.

계용묵 桂鎔默, 1904~1961

/김근호/

계용묵은 1904년 평북 선천군에서 태어났다. 그는 11살인 1914년에 삼봉(三峰) 공립보통학교에 입학한다. 그는 전통적인 가정 환경에서 자란 터라 15세인 1918년에 안정옥(安靜玉)과 결혼하고, 이듬해 삼봉공립보통학교를 졸업한 후 서당에서 수학한다. 1921년 4월에 조부 몰래 상경하여 중동학교(中東學校)에 입학한다. 당시 김억을 통해 염상섭, 남궁벽, 김동인 등을 알게 된다. 하지만 신학문을 반대하는 조부의 엄명으로 학업을 중단하고 낙향하게 된다. 1922년(19세) 4월에 다시 조부 몰래 상경하여 휘문고등보통학교에 입학하였으나 6월에 또 다시 강제로 낙향한다.

계용묵은 『창조』의 영향 아래 예술주의, 기교주의, 허무주의를 접하면서 소설 공부를 해나간다. 그 과정에 그는 22살인 1925년 『조선문단』 제8호에 '자아청년(自我靑年)'이라는 필명으로 소설 「상환(相換)」을 발표하며 등단한다. 하지만 「상환」은 습작에 가까운 작품으로, 한 남자가 동네의 유부녀와 눈이 맞아 달아나자 그들의 각 배우자들도 서로 눈이 맞아 동네를 떠났다는 내용이다. 이 작품은 내용이 단순하고 현실 인식이 피상적이다. 당시 계용묵은 작가로서 요구되는 현실 인식의 수준이 다소 부족하였다. 이 작품은 계용묵의 습작기의 한 단면을 보여주는 정도에서 그 가치를 평가할 수 있다.

그러나 1920년대 후반에 접어들면서 카프의 영향력이 커지자, 계용묵도 그러한 조류에 동참하여 궁핍한 식민지 현실에 관심을 집중한다. 그 과정에 계용묵은 1927년 『조선문단』에 단편 「최서방」을 발표한다. 이 작품을 통해 비로소 계용묵은 명실공히 소설가로서 그 이름을 확고히 하게 된다. 「최서방」은 1920년대 주된 제재의 하나였던 소작농민의 계급적 차별과 몰락을 다루고 있다. 소작농인 주인공은 지주의 착취를 견디다 못해 서간도 유이민이 된다. 주인공은 착한 성품을 지니고 있어 지주에게 저항다운 저항도 해보지 못하고 현실을 탈출한다. 하지만 이 작품은 경제적 · 계급적 차별 구조에 대한 명확한 인식과 함께 현실에 대한 변혁의 의지를 보여주지는 못한다. 단지 '자연주의적 경향'의 문학에 머물러 있을 뿐이다. 참고로 이 작품을 뽑은 이는 최서해로 알려져 있다. 1929년 계용묵은 같은 맥락의 단편 「인두지주」라는 작품도 발표한다. 두 주인공이 등장하는데, 둘 다 몰락한 농민출신자들로 저항운동의 경력을 지닌 노동자와 탄광노동 상해자이다. 탄광노동 상해자는 거미탈을 쓰고 인두지주 쇼, 즉 거미인간의 행세를 하면서 비참한 생활을 이어간다는 내용이다. 이 작품 역시 경제적·계급적 장벽 때문에 비극에 빠지는 인물을 그리고 있다.

카프의 리얼리즘이 쇠퇴하는 1930년대 중반 이후 계용묵의 문학관은 급격히 변화하며, 특히 이때부터 해방기까지 계용묵 문학 세계를 이루는 대다수의 작품이 산출된다. 계용묵은 1935년 대표작인 「백치 아다다」를 발표한 후 리얼리즘을 완전히 버리고 예술주의, 허무의식 등에 몰입한다. 인생의 모순이나 비극을 제재로 한 소설에 집중한다. 이 시기 그의 작품은 대체로 선의 추구, 진정한 사랑의 실현을 통해 인간의 자기 구원 등에 천착하고 있다. 그 내용이 두루 알려진 「백치 아다다」의 다음 작품이 「연애삽화」이다. 이 작품에는 여러 남자로부터 배신당한 지식인 여성이 등장한다. 그녀는 사랑과 행복을 얻기 위해 농촌의 개량서당 교원으로 와서 직장 동료인 '나'에게 접근하지만 '나'가 농촌 여성과 약혼하자 도시로 되돌아간다. 버림받은 여성이 사랑과 안식처를 찾다가 실패한다는 점에서 「백치 아다다」와 내용이 유사하다. 그러나 배경 인물에 대한 세부 묘사가 부족하여 실감이 떨어지고 극적 긴장성도 줄어있다.

1930년대 말로 접어들면서 계용묵은 엽기담(獵奇談)을 제법 썼다. 「고절」이나 「신기루」, 「부부」 등이 그러한 작품이다. 대체로 계용묵의 이 같은 작품 세계는 김동인의 영향이 큰 것으로 보고 있다. 똥을 재료로 빵을 만들려다가 망한다는 내용의 「K 박사의 연구」를 비롯해 「광염소나타」, 「거지」, 「X씨」, 「유서」 등의 엽기적이고 변태적인 이야기를 다룬 김동인의 단편과 많은 부분 유사하기 때문이다. 이런 부류의 작품들은 인생에 관한 작가의 진정성이 박약하다고 할 수 있거니와 대체로 '가짜 인생'에 관한 이야기를 다룬다. 계용묵은 이러한 면모는 문학사적 맥락에서 아쉬운 대목이다.

계용묵은 「장벽」(『조선문단』 1935년 12월호)과 같은 작품에서 비교적 균형 잡힌 서사 세계를 보여주기도 한다. 이 작품에서 계용묵은 신분적 편견의 '장벽'을 뚫지 못하고 비극의 장에 갇힌 인물을 그리고 있다. 신분적 편견을 벗어나기 위해 다른 곳으로 이주한 백정과 그의 가족이 온갖 노력을 다하지만, 결국 신분이 들통 나 소외당하고 절망한다는 내용이다. 이 작품에서 계용묵은 계급적 차별의 구조와 그 한계, 그리고 이에 대한 보통 사람의 편견을 간명하게 형상화하고 있다. 「마부」도 앞의 「장벽」과 유사한 맥락의 작품이다. 「마부」에서는 착하고 무식한 머슴인 마부가 주인공으로 나온다. 그는 자신에게 어울리는 여자를 얻어 인간다운 삶을 살아보겠다는 포부를 갖고 산다. 하지만 못된 주인에게 자신의 돈이 떼이게 되자, 그 돈을 찾기 위해 몰래 훔치려 한다. 결국 들통 나 결국 감옥에 가게 된다. 순수하고 어진 인간이 세계의 구조적 폭력 앞에서 철저히 좌절한다는 이야기를 그려내고 있다.

계용묵은 인간을 좌절하게 하는 현실의 구조적 폭력에 관심이 있다. 하지만 그는 여러 정황에 따라 발생하는 인간의 내부 갈등을 다루기도 한다. 「청춘도」 「캉가루의 조상이」 등에서 질병으로 인한 인간의 갈등을 다루고, 「붕우도」에서는 예술가의 현실과 우정 및 갈등을 소상하게 그리고 있다. 「청춘도」는 폐병에 걸린 아가씨가 화가를 만나 사랑을 이루려다가 실패하고 떠난다는 이야기이다. 「캉가루의 조상이」는 애꾸라는 유전적 질병에 시달리는 작가가 자신을 사랑하는 한 여인을 만났지만 자손들에게 유전병을 남기지 않기 위해 그녀로부터 떠난다는 이야기이다. 「붕우도」는 서로 간 친구로 지내는 예술가들 사이에서 일어나는 우정과 갈등을 그리고 있다. 1930년대 당시 작가들 사이에 존재하는 예술관의 차이, 즉 예술지상주의와 현실주의 간의 갈등이 친구간의 우정을 깨트린다는 이야기이다. 계용묵은 「붕우도」에 이어지는 작품으로 「희화」도 쓰는데, 이 작품은 문학관의 갈등, 작가와 평론가 간의 갈등, 작가들의 세속성과 부도덕성, 문단 권력 지향의 사이비 비평과 패거리 비평 등이 판치는 1930년대 문단을 희화화하고 있다. 「희화」는 작가인 주인공이 비평가의 아내와 간통하는 이야기를 소설로 쓰자, 이에 대해 비평가가 '우리의 정치 사상을 건설'하는 데 수준 높은 걸작이라는 식으로 칭송한다는 이야기이다. 하지만 이 작품은 문단 현실을 비꼬는 것 이상으로 나아가지 못한다. 현실성이 다분히 떨어지거나 작위적인 웃음을 유발하는 경향이 강하다.

계용묵은 일제 강점기 말기로 가면서 주로 식민지적 특수 상황, 즉 민족의 현실에 구체적으로 천착하기보다는 여러 보편적 장벽으로 인해 비극에서 헤어나지 못하는 인간상을 그린다. 하지만 비극의 원인을 구체적으로 밝히기보다는 단편적 현상을 묘사하는 데 그치고 있기 때문에 이야기의 핍진함이 현저히 떨어진다. 이 시기 계용묵은 식민지의 답답하고 비참한 삶과는 다른 삶을 그리기도 한다. 「묘예」 「시골노파」 「불로초」 등이 그런 작품이다. 각 작품에 등장하는 주인공들은 밝은 세계에 살고 있지만, 그 세계와 인물이 맺는 긴장어린 관계 설정은 잘 드러나지 않는다. 현실의 긍정, 나아가 순응을 강요한 일제 강점기에 돌발적으로 출연한 작품으로 보인다.

해방이 되자 계용묵의 문학적 관심은 또 다시 변화한다. 해방 공간에서 계용묵은 다시 현실주의로 돌아선다. 해방은 민족의 독립을 의미하는 듯하나, 현실은 그렇지가 못해 비극적 장벽들이 새롭게 등장하게 된다. 이 새로운 장벽으로 인한 인간의 비극이 계용묵이 주로 다루는 제재가 된다. 물론 계용묵은 해방공간에서 좌·우익의 어느 쪽에도 속하지 않고 중간자적 입장을 견지한다. 그는 해방 1년 후 단편 「별을 헨다」를 발표한다. 이 작품은 해방 후 중국에서 남한으로 귀환한 한 가족을 통해 해방 공간의 혼돈을 여실히 그려내고 있다. 이 작품에서 계용묵은 분단에 따른 남북 왕래의 차단, 혼란, 그리고 경제적 궁핍 속에 살게 된 민족의 비극을 그리고 있다. 이 작품을 통해 계용묵은 현실에 대한 기존의 관조적인 자세를 벗어나 보다 적극적으로 현실에 밀착하여 시대적 혼란상을 적실하게 표현해낸다. 아쉬운 점은, 작품의 주제의식이 단편의 형식에 가두어진 결과, 해방공간의 민족 현실을 보다 치열하게 그리고 구체적으로 형상화하는 데는 다소 미흡하다는 것이다. 특히 작품의 말미에 어머니와 아들이 북으로 가도 시원찮을 것 같다고 말하면서 서성거리는 장면과, 승객들이 다 빠져 나간 "대합실 안엔 한기만이 쨍하게 휘이 떠돈다"는 식의 마무리는 정치적 중립의 태도가 갖는 한계를 보여준다.

「별을 헨다」를 쓸 때 계용묵이 보다 더 철저한 역사의식을 가지고 있었더라면, 작품 속의 제재가 갖고 있는 상당한 가능성이 그 빛을 발했을 것이다.

「별을 헨다」 이후 계용묵은 같은 맥락에서 귀향민을 다룬 「금단」, 3·8선을 뚫고 내려온 월남민을 다룬 「짐」, 월남한 후 돈이 없어 시아버지와 하나뿐인 이불을 써야 하는 며느리의 고통을 다룬 「이불」, 치마가 없어 외출이 어려운 월남민 여인을 다룬 「치마」 등을 쓴다. 그러나 이 작품들은 사건이 단면적이고 작품의 길이도 짧아 현실의 구체상을 충실하게 담아내지는 못하고 있다.

계용묵은 1961년 소품 「설수집(屑穗集)」을 『현대문학』에 연재 중 58세의 나이에 장암으로 타계한다. 흔히들 계용묵을 두고 작가로서는 소품의 작가요 과작의 작가라고 한다. 그러나 한국현대소설사에서 그는 「백치 아다다」 한 작품만으로도 중요한 위치를 점하고 있으며, 중간파 작가의 한 사람으로 기록해둘 만한 작가라 할 수 있다.

계용묵 ▸▸

1904년(1세) 9월 8일 평북 선천군 남면 삼성동 군현리 706번지에서 계항교(桂恒敎)의 장남으로 태어나다. 호는 우서(雨鵨).

1909년(6세) 조부 계창전(桂昌琠) 밑에서 『천자문』 『동몽선습』 『소학』 『대학』 『논어』 『맹자』 등 한학을 배우다.

1914년(11세) 삼봉(三峰)공립보통학교 입학하다.

1918년(15세) 전통적인 가풍의 영향으로 15세의 어린 나이에 안정옥(安靜玉)과 결혼하다.

1919년(16세) 삼봉공립보통학교를 졸업한 후 서당에서 수학하다.

1920년(17세) 시 「글방에 깨어져」가 소년잡지 『새소리』 현상문예에 2등으로 당선되다.

1921년(18세) 4월에 조부 몰래 상경하여 중동학교(中東學校)에 입학하다. 김억을 통해 염상섭, 남궁벽, 김동인 등을 알게 되다. 신학문을 반대하는 조부의 엄명으로 학업을 중단하고 낙향하다.

1922년(19세) 4월에 다시 조부 몰래 상경, 휘문고등보통학교에 입학하였으나 6월에 또 강제로 낙향하다. 이후 4년간 고향에서 스트린드베리의 「다마스커스로」, 입센의 「브란드」, 안드레프의 희곡 등 세계 명작들을 탐독하다.

1925년(22세) 시 「봄이 왔네」가 『생장』지 작품 현상공모에 당선되다. 같은 해 『조선문단』 제8호에 '자아청년(自我靑年)'이라는 필명으로 소설 「상환(相換)」을 발표하며 등단하게 되다.

1927년(24세) 4월 단편 「최서방」이 다시 『조선문단』에 당선되어 등단을 완료하게 되다. 이때부터 작가로서 본격적인 활동을 시작하다.

1928년(25세) 단편 「인두지주(人頭蜘蛛)」를 『조선지광』 2월호에 발표하다. 3월 일본 도쿄로 건너가 도요대학(東洋大學) 동양학과에 입학하다. 야간에는 세이소쿠학교(正則學校)에서 영어를 배우다.

1931년(28세) 파산으로 귀국하다. 장편 『지새는 달 그림자』, 중편 「마음은 자동차를 타고」를 탈고하였으나 분실하다. 현재로서도 이 작품은 찾을 길이 없다.

1934년(31세) 단편 「제비를 그리는 마음」(『신가정』 1월호)을 발표하다. 이 작품을 쓸 무렵 카프의 현실주의 문학은 쇠퇴의 길을 가는데, 이런 시대 동향과 함께 계용묵도 문학세계가 변화하게 되다.

1935년(32세) 3월, 정비석, 석인해, 전몽수, 김우철, 장기제, 장환, 채정근 등과 동인지 『해조』 발간을 협의했으나 무산되다. 「병풍에 그린 닭이」(『여성』 1월호) 「백치 아다다」(『조선문단』 5월호) 「연애삽화」(『신가정』 6월호) 「고절」(『백광』 6월호) 「금순이와 닭」(『학등』 9월호, 당시 「심월」로 게재) 「장벽」(『조선문단』 12월호) 「신사 허재비」(『신인문학』 12월호, 당시 「목가」로 게재) 등을 발표하다.

1936년(33세) 4월, 「오리알」(『조선농민』 창간호) 「송아지는 멍에를 메고」(『조선농민』 5월호)를 발표하다.

1938년(35세) 5월, 조선일보사 출판부에 입사하다. 「심원」(『비판』 5월호) 「청춘도」(『조광』 12월호)를 발표하다.

1939년(36세) 「유앵기」(『조광』 2월호) 「붕우」(『비판』 2월호) 「캉가루의 조상이」(『조광』 5월호, 당시 「행복의 탐구」로 게재) 「병풍에 그린 닭이」(『여성』) 「부부」(『문장』 7월호) 「준광인전」(『신세기』 9월호) 「마부」(『농업조선』 5월호) 등을 발표하다.

1940년(37세) 「희화」(『문장』 10월호) 「신기루」(『조광』 12월호)를 발표하다.

1941년(38세) 「이반」(『문장』 2월호) 「묘예」(『매일사진순보』) 「시골노파」(『야담』 11호) 「수달피」(『야담』 12월호) 등을 발표하다.

1942년(39세) 「시」(『조광』 4월호) 「덕천 할머니」(『야담』 6월호) 「불노초」(『춘추』 6월호) 등을 발표하다.

1943년(40세) 8월, 일본 천황 불경죄로 구속되었으나 10월에 석방되다. 12월, 방송국에 취직했다가 일본인과의 차별 대우에 불만을 표하고 3일 만에 퇴직하다. 「자식」(『야담』 2월호)을 발표하다.

1944년(41세) 3월에 낙향하다. 「효양방의 애화」(『야담』 2월호), 단편집 『병풍에 그린 닭이』(조선출판사)를 출간하다.

1945년(42세) 9월에 다시 상경하다. 12월 정비석과 더불어 종합지 『대조(大潮)』를 창간한다. 단편집 『백치 아다다』(조선출판사)를 출간하다.

1946년(43세) 「금단」(『민주일보』 10월호) 「별을 헨다」(『동아일보』 12월)를 발표하다.

1947년(44세) 「인간적」(『백민』 3월호) 「바람은 그냥 불고」(『백민』 7월호) 「일 만 오천 원」(『백민』

11월호) 「치마」(『조선일보』) 「짐」(『백민』 8월호) 「이불」(『민성』 10월호) 등을 발표하다.

1948년(45세) 4월, 김억과 함께 출판사 수선사(首善社)를 창립하다.

1950년(47세) 1·4후퇴로 인해 제주도로 피난하다. 「물매미」(『문예』 4월호) 「수업료」(『신경향』 1월호) 「거울」(『여학생』) 「환롱(幻弄)」(『문학』 6월호)를 발표하다. 단편집 『별을 헨다』(수선사)를 출간하다.

1952년(49세) 피난지 제주도에서 월간 『신문화』를 창간하여 3호까지 내다.

1954년(51세) 환도(還都)하다.

1955년(52세) 수필집 『상아탑』(우생출판사)를 출간하다.

1961년(58세) 소품 「설수집(屑穗集)」을 『현대문학』에 연재중 8월 9일 성북구 정릉 자택에서 장암으로 별세하다. 11일 망우리 묘지에 안장되다.

1986년 10월 20일, 은관문화훈장(銀冠文化勳章)에 추서되다.

이육사 李陸史, 1904~1944

/박현수/

이육사는 1904년 안동시 도산면에서 퇴계 이황의 14대손으로 태어나, 퇴계학의 연수(淵藪)이며 조선조 유교 문화의 중심지 안동에서 퇴계의 정신적 그늘 아래 유년을 보냈다. 육사의 정신적 배경을 형성하고 있는 그 그늘을 스스로 "말도 아니고 글도 아닌 무서운 규모"라 부른다. 퇴계 주리론적(主理論的) 사유의 강력한 영향력을 일컫는 이 규모(規模)의 일단은 "저녁 먹은 뒤에는 거리를 다니며 고시(古詩) 같은 것을 고성낭독(高聲朗讀)을 해도 풍속에 괴이할 바 없"는 마을 분위기에서, "열다섯 애기 시절은 수신제가치국평천하의 도를 다 배웠다고 스스로 들떠서 남의 입으로부터 '교동(驕童)'이란 기롱(譏弄)까지도 면치 못하였"다는 회고에서 짐작할 수 있다.

이육사는 초기에 문학활동에 앞서 반일저항운동에 투신하였다. 1920년 중반에 일본과 중국에서 수학하고 귀국한 이후, 대구청년동맹 간부, 중외일보사, 조선일보사 기자 등으로 활동하며 사회운동에 전념하여 여러 번 투옥되었다. 1927년 장진홍 의거에 연루되어 1년 7개월가량 투옥된 것을 기점으로, 대구학생동요사건, 3·1운동 관련사건, 대구격문사건, 비밀결사사건 등 각종 사건에 연루되어 투옥과 출소를 반복하였다. 장진홍 의거 이후 요주의 인물로 일제 경찰의 지속적인 감시 대상이 되어 반일 사건이 일어날 때마다 예비검속으로 구속되어 조사를 받았다.

이육사의 항일 저항활동은 의열단과 직접적으로 연루되면서 본격적으로 이루어진다. 1932년, 조선일보사를 퇴사하고 중국으로 간 육사는 중국 남경에서 의열단이 운영하는 조선혁명군사정치간부학교에 입학하였다. 의열단에서 혁명운동을 지속적으로 전개하기 위해 자체적인 군사력 양성 프로그램의 일환으로 설립한 이 학교는 1932년 10월부터 1935년 9월에 이르는 3년여 기간 동안 3기, 125명의 수료생을 배출하였다. 육사는 제1기생으로 1932년 10월 20일부터 1933년 4월 20일까지 6개월 과정을 마쳤다. 교육 기간 중 육사는 의열단과 학교의 건립이념을 반영한 졸업기념 연극 〈지하실〉의 대본을 쓰고 직접 출연하기도 하였다. 졸업 이후 국내로 잠입하여 여러 활동을 은밀하게 수행한 것으로 보인다.

이육사는 1930년대 중반까지 주로 평문을 발표하며 일종의 저항적 사회비평가로서 활동하였다. 평문은 대부분 사회비판 의식을 드러내고 있는데, 이는 이후 사회주의와 연계되면서 더욱 뚜렷해진다. 최초의 평문인 「대구 사회단체 개관」(『별건곤』, 1930. 10)을 비롯하여, 『조선일보』 기자로 활동하면서 발표한 「대구의 자랑 약령시의 유래」 「대구 장 연구회 창립을 보고서」 「신진작가 장혁주군 방문기」, 그리고 조선일보사 퇴사 이후 『신조선』 『개벽』 등에 발표한 중국 상황 및 사회주의 사상 관련 글 등이 사회비평가로서의 그의 면모를 뚜렷하게 보여준다.

"이활(대구二六四)"이라는 이름으로 발표한 최초의 평문인 「대구 사회단체 개관」에서부터 대사회적 발언을 거침없이 드러내고 있다. 대구청년동맹, 대구소년동맹, 신간회 대구지회, 근우회 대구지회, 경북 형평사 대구지사, 경북청년연맹 등의 활동상황을 점검하는 이 글의 서문에서 그는 "항상 전위에 나선 용자(勇者)가 희생을 당하면 연(連)해 곧 진영을 지키고 후임을 계승할 만한 투사가 끊어지지 않아야 할 것이니, 새로운 용자여, 어서 많이 나오라."라는 말로 사회단체 청년들의 분투를 기대하고 있다. 이런 발언은 이후 사회주의 사상과 연계되는데, 사회주의적 시선은 『대중』 창간호(1933.4)에 실린 「자연과학과 유물변증법」이나 동 잡지 창간호에 검열로 실리지 못하고 제목만 전해지는 「레닌주의철학의 임무」(필명 李戮史)에 직접적으로 드러난다.

이육사의 문학활동은 1930년 『조선일보』 신년 특집에 시 「말」을 발표한 것에서 비롯된다. 그러나 이것은 경오년 말띠 해를 기리는 일종의 축시로서 본격적인 문학작품으로 보기 어렵다. 시인으로서 본격적인 시작 활동은 육사(陸史)라는 이름으로 「춘수삼제」(『신조선』, 1935.6) 「황혼」(『신조선』, 1935. 12)을 발표하면서 시작된 것으로 보는 것이 바람직하다. 이후 「한개의 별을 노래하자」 「해조사」 「노정기」 등의 시를 발표하면서 시인으로 각인되기 시작하였다.

그의 작품 활동은 1938년부터 1940년까지 약 3년간 가장 왕성하게 이루어졌다. 1935년 이후 그의 표면적인 사회활동이 줄어들면서 문학에 집중할 여력이 생겼기 때문이다. 생전 발표작의 절반 정도가 이 시기에 집중되었다. 그의 대표작이라 할 「연보」(『시학』, 1939.3) 「청포도」(『문장』, 1939.8) 「절정」(『문장』, 1940.1) 「교목」(『인문평론』, 1940.7) 등이 발표된 것도 이때다. 그의 작품은 양적으로 많지 않지만, 그에 비하여 유고작 「광야」를 포함하여 작품성이 뛰어난 작품이 많은 편이다. 「광야」 「청포도」 「절정」 등의 작품만으로도 그는 한국시사에서 중요한 위치를 부여받는다. 거기에 저항적 실천은 그 시의 가치를 더욱 빛나게 하였다.

이육사에게 문학과 실천은 별개의 것이 아니다. "다만 나에게는 행동의 연속만이 있을 따름이오. 행동은 말이 아니고 나에게는 시를 생각는다는 것도 행동이 되는 까닭이오"라고 말하는 그의 문학정신은 시와 행동의 일원론에 바탕을 두고 있다. 여기에서 문학 자체보다 문학 이전의 문제를 중시하는 그의 문학적 입장이 드러난다. 이런 일원론은 시와 행동을 이끄는 어떤 선험적 원리, 즉 주리론에서 말하는 '리(理)' 같은 원칙을 상정한다. 그것은 "내가 들개에게 길을 비켜 줄 수 있는 겸양(謙讓)을 보는 사람이 없다고 해도 정면(正面)으로 달려드는 표범을 겁내서는 한 발자욱이라도 물러서지 않으려는 내 길을 사랑할 뿐이오"라는 말에 드러나는 바, 현실적 가능성을 따지지 않고 당면한 난국에 자신의 모든 것을 탕진하는 정신과 의지의 준열함이다.

다른 어떤 것도 좌절시킬 수 없는 의지의 준열함은 그의 시에서 명령법의 단호함을 이끌어 오며, 극한적인 상황을 더욱 강조하는 강렬한 부사를 자주 등장하게 만든다. 「교목」에서처럼 그의 시에는 명령법이 자주 등장하는데, 이것은 세계를 압도하는 주체의 강인한 의지에 대한 믿음에 바탕을 두고 있다. 또한 '차라리' '아예' '참아' 등의 강렬한 인상을 주는 부사는 시를 지배하는 의지의 준열함에 이끌려 나온 것이다. 이육사 시는 시적 구조를 지탱하는 의지의 준열함에 시의 수사학이 종속되고 있다는 점에서 우리 시사에서 발견하기 힘든 변별성을 지니고 있다. 그의 시에서 종종 극한적인 상황이 설정되는 것도 이때문이다. 「교목」의 거꾸러짐이 예정된 나무, 「청포도」의 고달픈 몸의 손님, 「절정」의 서릿발 칼날진 고원에 선 화자 등이 그런 정신의 투영이다. 이것은 형식적으로 내용을 강렬하게 제어하는 정형적 시 형태, 즉 궁궐의 품석(品石)이나 포석(鋪石)들처럼 좌우상하 가지런하고 반듯반듯한 형식으로 드러난다.

1934년부터 1941년까지 많은 문학작품을 발표한 이육사는 1942년에 들어 수필 2편 이외의 다른 문학작품을 발표한 바 없다. 그의 건강상태가 급격하게 나빠진 것이다. 그의 수필과 문인의 회고에 따르면 그는 1941년 하반기부터 다음해 2월까지 폐질환으로 서울 성모병원에 입원한 바 있으며, 경주 옥룡암과 서울 수유리 외숙집 등지에서 요양한 사실이 있다. 그의 건강이 급격하게 약화된 정확한 원인은 알 수 없지만 문학과 실천을 동시에 이루려는 그의 정신적 지향이 기반이 되었다는 사실은 틀림이 없을 것이다.

1943년 초부터 육사는 다시 중국을 드나들기 시작한다. 신석초는 그의 중국행이 어떤 중대한 임무에 의한 것이라고 하고, 당시 대구지역 동료 기자는 그 임무를 구체적으로 국내로의 무기 반입이라 밝히고 있다. 이 증언을 어디까지 신뢰할 수 있는지는 확신할 수 없지만, 육사의 북경행이 항일투쟁의 연장선상에 있었음은 짐작하기 어렵지 않다. 1935년부터 1943년까지 그는 피검된 적이 없이 외형적으로 문학활동에 치중하고 있었다. 그러다 1943년 북경행 이후 그해 가을 갑작스럽게 서울에서 피검되어 북경으로 압송되었다. 이것은 북경행과 피검 사실과의 인과관계를 암시하는 것으로 이를 통해 북경행이 단순한 여행이 아니었음을 짐작하게 한다.

이육사는 서울을 떠난 지 3개월 후인 1943년 7월에 그의 모친과 맏형의 소상(小祥)에 참가하기 위해 잠시 귀국한다. 그리고 서울에 머물러 있던 중 그해 늦가을에 헌병대에 체포되어 북경으로 압송되었다. 그리고 1944년 1월 16일, 그는 북경시내의 일본영사관 감옥에서 순국하였다. 그와 함께 감옥에 갇혀 있다가 먼저 풀려난 이병희가 시신을 인수하여 화장을 치렀다. 이육사의 유해는 1944년 1월 25일 그의 동생 이원창에게 넘겨져 미아리 공동묘지에 안장되었다가, 1960년 고향 마을 뒷산으로 이장되었다.

해방 이후 1946년 10월에 아우 이원조는 이육사의 시 20편을 수습하여 서울출판사에서 『육사시집』을 출판하였다. 여기에는 신석초, 김광균, 오장환, 이용악이 공동 명의로 발표한 서문과 동생 이원조의 발문이 실려 있다. 이원조가 발문에서 말한 것처럼 이육사의 "발자취는 자욱자욱이 피가 고일 만큼 신산하고 불행한 것"이었으나 그런 만큼 그의 문학과 삶의 자취는 우리

문학사가 귀중하게 거두어야 할 빛나는 유산으로 남게 되었다.

이육사

1904년(1세) 5월 18일, 경북 안동시 도산면 원천리 881번지에서 퇴계 이황의 13대손 이가호(李家鎬), 의병장 허형(許蘅)의 딸 허길(許吉) 사이에서 둘째로 태어나다. 본명은 이원록(李源祿). 다른 이름으로 이활(李活), 이원삼(李源三), 육사(肉瀉), 이육사(二六四), 이육사(李戮史), 이육사(李陸史) 등을 사용하다.

1919년(16세) 도산공립보통학교(보문의숙을 공립으로 개편)에서 4년을 마치고 1회로 졸업하다.

1921년(18세) 영천군 화북면 오동 안용락(安庸洛)의 딸 안일양(安一陽)과 결혼하고, 처가 인근의 사립학교인 백학학원(옛 백학서원)에서 수학하다.

1924년(21세) 일본으로 건너가 도쿄 간다구(神田區) 긴조(錦城)고등예비학교(혹은 세이소쿠(正則)예비학교)에 입학하여 1년간 재학하다.

1925년(22세) 1월에 일본에서 귀국하여, 대구 조양회관을 중심으로 활동하였으며, 이정기의 권유로 이원기, 이원일 등 3형제가 항일운동단체에 입단하다.

1926년(23세) 북경 중국대학에 입학하였으나 오래지 않아 중퇴하다.

1927년(24세) 여름에 귀국, 10월 경에 장진홍 의거에 연루되어 구속되다.

1929년(26세) 5월, 증거불충분으로 면소되어 출소, 12월 27일경, 무혐의로 종결되다.

1930년(27세) 아들 동윤 탄생하다(만 2세에 사망). 시 「말」(『조선일보』) 발표하다. 1월 10일, 대구학생동요사건과 관련하여 대구청년동맹 간부로 구속되었다가 석방되다. 2월 18일, 『중외일보』 대구지국 기자로 입사하다. 3월 6일, 대구경찰서에 검속되었다가 석방되다. 10월, 『별건곤』에 '이활(대구 二六四)'이라는 이름으로 「대구사회단체개관」을 발표하다.

1931년(28세) 1월 21일, 레닌의 탄생일을 기해 대구지역에 뿌려진 격문사건에 연루되어 구속되었다가, 3월 23일, 불기소 방면되다. 8월, 『조선일보』 대구지국으로 전근하다.

1932년(29세) 『조선일보』 기자 신분으로 「대구의 자랑 약령시의 유래」 「대구 장 연구회 창립을 보고서」 「신진작가 장혁주군 방문기」(이상 『조선일보』) 등을 발표하다. 3월, 조선일보를 퇴사하고 5월 하순, 중국 봉천으로 가서 10월 20일, 남경 근교 탕산에서 문을 연 조선혁명군사정치간부학교 1기생 학원(學員)으로 입교하다.

1933년(30세) 4월, 「자연과학과 유물변증법」(『대중』 창간호)을 발표하다. 4월 20일, 1기생으로 졸업하다. 졸업식에서 〈지하실〉 〈수레〉라는 연극을 공연하다. 6월 중순, 손문(孫文)의 비서 양행불(楊杏佛)이 암살(1933.6.18, 오전 8시) 당한 후 그의 장례식장에서 루쉰을 만나다. 7월, 상해를 출발하여 중국 안동에 상륙한 후, 호평과 한국으로 돌아오다. 귀국 후 친구인 유태하(柳泰夏)의 서울 재동 집에서 2주 머무르고, 그 뒤 재동

85번지 문명희(文明姬)의 집 온돌방 한 칸을 빌려서 취직을 준비하다.

1934년(31세) 「1934년에 임하야 문단에 대한 희망」(『형상』), 수필 「창공에 그리는 마음」(『신조선』) 발표하다. 3월 22일, 처남 안병철의 자수로, 군사간부학교 출신이 드러나 구속되었다가 8월, 기소유예로 출소하다.

1935년(32세) 『신조선』 『개벽』 등에 중국 관련 평문을 발표하다. 시 「춘수삼제(春愁三題)」(『신조선』) 「황혼」(『신조선』) 발표하다.

1936년(33세) 시 「실제(失題)」(『신조선』) 「고향」(『조광』) 「한 개의 별을 노래하자」(『풍림』), 산문 「노신추도문」을 발표하다. 8월 4일, 경주 남산 옥룡암에서 시조를 쓴 엽서를 신석초에게 보내다. 11월 18일, 어머니 환갑(음력 10월 5일) 치르다.

1937년(34세) 서울 명륜동에서 거주하며, 시 「질투의 반군성」 「해조사(海潮詞)」(이상 『풍림』) 「노정기」(『자오선』) 등과 산문 「문외한의 수첩」 「황엽전」(이상 『조선일보』)을 발표하다.

1938년(35세) 시 「초가」 「강 건너간 노래」 「소공원」 「아편」(이상 『비판』) 등과 산문 「전조기」 「자기심화의 길－곤강의 '만가'를 읽고」 「계절의 오행」(이상 『조선일보』)을 발표하다. 겨울, 이육사 부친의 회갑을 맞이하여 신석초, 최용 등과 대구에서 만나 경주를 구경하다.

1939년(36세) 종암동으로 이사하여 부모님과 함께 살다. 시 「남한산성」 「연보」(이상 『비판』) 「호수」(『시학』) 「청포도」(『문장』) 등과 산문 「영화에 대한 문화적 촉망」(『비판』) 「씨나리오 문학의 특징－예술형식의 변천과 영화의 집단성」(『청색지』) 「횡액」(『문장』) 등을 발표하다.

1940년(37세) 시 「절정」(『문장』) 「소년에게」(『시학』) 「반묘(班描)」(『인문평론』) 「광인의 태양」(『조선일보』) 「일식」(『문장』) 「교목」(『인문평론』) 「서풍」(『삼천리』) 등과 산문 「청란몽」(『문장』) 「은하수」(『농업조선』) 「윤곤강시집 '빙화' 기타」(『인문평론』) 「나의 대용품 현주 · 냉광」(『여성』)을 발표하다. 4월 17일 경부선 차중에서 신석초에게 엽서를 쓰다. 삼랑진에 도착하여, 진주여관에서 묵고 마산으로 갈 준비하다. 9월, 신석초 선친의 생일을 맞이하여 부여에 가다.

1941년(38세) 시 「독백」(『인문평론』) 「아미」 「자야곡」 「서울」(이상 『문장』) 「파초」(『춘추』), 산문 「연인기」 「연륜」 「산사기」, 번역소설 「골목안(小巷)」(이상 『조광』) 등을 발표하다. 8월, 경주 신인사에 머물다 귀경하다. 겨울, 명동의 성모병원에 폐질환으로 입원하다.

1942년(39세) 산문 「계절의 표정」(『조광』) 「고란」(『매일신보사 진순보』)을 발표하다. 2월, 성모병원에서 퇴원하여 경주 안강 기계리의 이영우(李英雨)의 집에서 쉬다. 7월, 경주 신인사지 옥룡암에서 요양하다.

1943년(40세) 1월, 신정에 석초에게 북경행을 밝히고, 대구 동료 기자 이선장에게 북경으로 가서 중경과 연안행 및 국내 무기 반입 계획을 밝히다. 7월, 모친과 맏형 소상에 참여하러 귀국하였다가, 가을에 피검, 북경으로 압송되어 북경 일본영사관 감옥에 구금되다.

1944년(41세) 1월 16일 새벽 5시, 북경시 내구(內區, 현재 東城區) 동창호동(東昌胡同) 1호에 있던 일본영사관 감옥에서 순국하다. 동지이자 친척인 이병희에 의해 장례 치러지다. 동생 원창에게 유골 인계되어 서울 미아리 공동묘지에 안장되다(1960년에 고향 원촌으로 이장).

1945년 유고작 「광야」, 「꽃」이 발표되다.

1946년 아우 이원조에 의해 『육사시집』(서울출판사)이 출간되다.

2000년 육사 이원록의 삶과 문학에 깃든 혼과 정신을 기리기 위해 '이육사문학상'이 제정 시행되다.

이헌구 李軒求, 1905~1983

/고명철/

이헌구는 1905년 음력 4월 7일 함경북도 명천(明川)에서 유학자 이색(李穡)의 20대 손으로 출생하였으며, 호는 소천(宵泉), 이구(李求), 지산(芝山)으로, 일제 강점기 아래 창씨개명은 목산헌구(牧山軒求)이다. 이헌구는 한국문학사에서 이른바 해외문학파 논쟁으로 잘 알려진바, 한국문학과 외국문학의 관계에 대한 비평을 문제적으로 제기한 비평가이다. 그는 유소년시절 고향에서 한문을 사숙하며 와세다대학의 중학강의록으로 독학을 하며 훗날 외국문학도로서의 기반을 다지기 시작한다. 이헌구는 1920년 상경하여 독학으로 중동학교 중등과에 입학한 후 1년간 학업을 마치고, 보성고등보통학교 3학년으로 편입한다. 그런데 그 이듬해인 1921년 중학 3학년 시절에 장티푸스에 걸려 귀향한 후 약 1년간 휴식을 취하면서 교편생활을 한다. 1923년에 다시 상경하여 보성고등학교에 재입학하면서 못다 한 학업에 정진한다. 그 해 『동아일보』 창간 1,000호를 기념하는 잡지에 처녀작 「별」이 1등으로 당선되면서 문학적 재능을 보이고, 1년간 가정교사 생활을 하면서 고향의 17세 이하 소년들로 구성된 '영천소년회(英泉少年會)'를 조직한다. 이헌구가 보이는 조직 결성능력과 활동은 이후 여러 문인조직 및 동인회조직의 활동에서 잘 드러난다.

그는 1925년 와세다대학 제1고등학원 문과대학에 입학하면서 일본학생들과 함께 '아동예술연구회'에 가담하여 활동한다. 이 무렵 정인섭과 교류하고 같이 생활하게 된다. 일본에서의 유학 생활 도중 특기할 만한 사실은, 1926년에 유학생 김진섭, 이하윤, 정인섭 등과 함께 '해외문학연구회'를 조직하는데, 이후 이른바 해외문학파의 활동이 본격화되기 시작하는 단초를 제공한다. 그런가 하면, 이헌구는 1928년 와세다대학 학부대학에 진학하면서 김광섭 등과 함께 문학동인회 '백광회'를 조직하여 활동하고, '외국문학연구회'에 정식으로 가입한다. 이러한 그의 문학조직과 활동은 1930년 정인섭과 함께 '녹양회'라는 동요 및 동극 단체를 결성하기도 한다.

이렇듯이 이헌구는 와세다 대학에 다니면서 '해외문학연구회'를 중심으로 여러 문학활동을 활기차게 벌이면서, 1927년 와세다대학 문학부 불문학과를 졸업한다. 그는 재학 시절 프랑스 대혁명이 작품에 끼친 영향에 대해 연구하였는데, 특히 에밀 졸라의 작품 중에서 사회주의적 경향이 짙은 「제르미날」에 깊은 관심을 가진다. 이 연구를 통해 그는 1930년대 세계 경제 공황을 맞이한 현실을 인식하면서 문학과 사회의 연관성에 무관한 태도를 보이지 않는다. 그의 졸업논문은 에밀졸라의 작품 중 「제르미날」을 연구한 「사회학적 예술비평」인데, 졸업 후 귀국하여 국내의 『동아일보』에 졸업 논문의 제목을 수정한 「사회학적 예술비평의 발전」(1931.3.29~4.8)을 발표하면서 평단에 발을 들여놓는다. 이후 잡지와 신문에 여러 평문과, 동시 등을 본격적으로 발표한다. 1931년에 홍해성, 유치진 등과 함께 '극영동호회(劇映同好會)'를 조직하고, 연극영화전람회를 개최하는데, 7월에는 김진섭, 서항석, 유치진, 이하윤과 함께 '극예술연구회'를 조직하고 11월에 '불란서예술극장'이란 제목으로 강연회를 가지면서 국내에서 활발한 활동을 펼친다. 그 후 3년간은 경성보육학교(京城保育學校)에서 근무한 적도 있으며, 함대훈, 이홍종, 이동석과 함께 '신흥문학연구회'를 조직하고, 『문예월간』 편집에도 관여한다.

이헌구의 국내에서의 활동은 「해외문학과 조선에 있어서의 해외문학파의 임무와 장래」(『조선일보』, 1932.1.1~13)가 발표되면서 카프의 논객인 임화 등과 논쟁을 벌이는 과정을 통해 각인된다. 그는 이 글에서 '해외문학연구회'가 귀국하여 발간한 『해외문학』(1927년 1월 창간) 이후 국내에서 활동을 벌인 해외문학파의 임무와 전망의 성격을 일목요연하게 언급한다. 그런데 이헌구가 해외문학파의 활동에 대한 상세한 비평문을 발표하게 된 데에는, 카프의 비평가인 송영의 「1931년도의 조선문단 개관」(『조선일보』, 1931.12.16~27)과 임화의 「1931년간의 카프 예술운동 정황」(『조선중앙일보』, 1931.12.7~13)에 의해 해외문학파가 비판을 받았기 때문이다. 그 비판의 중심내용은 이렇다. 송영의 경우 "해외문학파는 조선의 좌우를 다 비난하였으나 실은 우익에 입각"한 것이며, "해외문학의 소개에는 계급이 없다"면서 중간파 혹은 순수학구파의 입장을 표방하고 있으나, 번역의 실체를 보건대, 해외문학파가 중심으로 삼고 있는 계급은 중산계급 이상의 소시민과 인텔리를 대상으로 삼고 있다는 사실이다. 그런가 하면 임화의 경우 해외문학파를 '소부르주아적 그룹'으로 규정짓고는, 기실 해외문학파는 광범한 소부르주아적 중간층의 예술적 분자로부터 우파로 전향한 일군의 집단이며, 민족개량주의 예술가보다 더한층 프로문학에 역행하는 집단이라고 비판한다. 이헌구는 이러한 카프의 비판에 대해 해외문학파의 본래의 취지와 목적, 그 궁극적으로 지향하는 바가 무엇인지 명확히 진술한다. 그는 한국 근대문학 초창기부터 해외문학파의 출현 이전까지 외국문학과의 교섭 상황을 개관하면서 해외문학파 출현의 기원 및 그 정당성을 피력하는 데 역점을 둔다. 특히 그는 해외문학파가 활동하던 당시 마르크스주의 문예이론에 입각하여 식민지의 해방 운동을 목표로 조직된 카프와 달리 어떠한 문학적 이념의 구심점 없이 '자유로운 각자의 입장에서' 해외문학을 소개하는 '우의적(友誼的) 그룹'이라는 점을 힘주어 강조한다. 그는 프랑스문학을 전공한 외국문학도로서 프랑스 근대문학 전통에서 중시여겨온 자유주의 기풍을 국내의 문학 토양에 활착시킴으로써 문학적 자율성의 필요성을 역설한다. 이후 임화의 신랄한 비판에 직면하기도 하는데, 이헌구는 「비과학적 이론」(『조선일보』, 1932.3.10~12)과 「문학유산에 대한 맑스주의자의 견해」(『동아일보』, 1932.3.10~13)를 통해 임화의 논지를 반박한다. 그는 「비과학적 이론」에서 ① 해외문학파는 각자 자유로운 자기 입장에서 자신이 전공한 외국문학을 소개하고 있을 뿐이라는 점, ②임화는 문학의 사적 학구적 소개가 지니는 의의를 몰각하고 있다는 점, ③프로문학만이 현대인의 진실한 문학이라는 생각은 독단에 불과하다는 점, ④프로문학파는 극좌적 영웅적 소아병주의에 빠져 동반자 작가 논의에 대해 큰 오해를 불러일으킨다고 지적한다. 「문학유산에 대한 맑스주의자의 견해」도 예의 논점과 크게 다르지 않다. 다만, 고전이나 문학유산의 비판적 계승의 문제를 어떻게 보아야 하는가에 대해 임화의 무지를 공박한다. 이후 이헌구와 임화의 논쟁은 임화가 답변을 하지 않음으로써 종결되는데, 이 무렵 이 둘의 논쟁은 비평과 이데올로기의 문제에 관한 중요한 위상을 갖는다.

한편, 그는 1934년 우리 나라 최초의 연극전문지로서 극예술연구회의 기관지인 『극예술』에 참여하고, 1936년 『조선일보』 학예부 기자로 부임하면서 해외문학파의 활동적 기반을 다지기 시작한다. 1942년에는 안석주와 함께 조선영화주식회사를 재건해보려고 하였으나 여의치 않는다. 그런데 1930년대 후반 이후 일제의 군국주의 파시즘 정책이 노골화되면서, 그는 1943년 친일성향의 조선문인보국회 평의원을 맡는다. 같은 해 친일 성향의 글 「적 학병격퇴하라」(『매일신보』, 11.23) 「천재일우의 때」(『조광』, 12월호) 「화성돈에 일장기 날리라」(『춘추』, 12월호)를 발표한다.

1945년 해방을 맞이한 해 변영로, 오상순, 박종화, 김영랑, 이하윤, 김광섭, 김진섭 등과 함께 9월 18일에 '중앙문화협회'를 결성하면서 좌익문학에 대항한다. 그 해 10월 『중앙순보』를 창간하고, 12월 『해방기념시집』의 발문을 쓰는 역할을 맡는다. 이 발문을 통해 해방 이후 그의 문학 행보를 짐작할 수 있을 것이다. 그는 국가가 비운에 빠졌을 때, 시인의 존재가 '문화의 장식'이 되지 못하고 예언자나 선구자적 지위에 놓인다는 것을 전제로 삼아, 일본 제국주의의 탄압 아래 문화의 말살을 위협당하던 시절의 암울함이 가고 해방이 되었으니 시인들은 "진정한 시혼으로 해방의 역사 위에 빛나는 시의 기념탑을 세우고 선구자로 숭앙"받도록 해야 한다는 것을 강조한다. 그러면서 그는 좌익 진영의 조선문학가동맹 조직의 허구성과 이념의 경향성을 공박하면서 '전조선문필가협회'의 창립발기인으로 활약하는데, 이헌구는 이 조직의 준비위원으로서 개회 당일 박종화의 취지문 낭송이 끝난 후 경과 보고를 한다.

여기서 알 수 있듯, 이헌구는 1930년대 해외문학파 논쟁에서 문학의 이념성을 추구하는 프로문학에 대한 비판적 입장을 고수하고 있다. 특히 그는 「문학가협회 결성에 제(際)하야」(『한성일보』, 1946.3)에서 진정한 문학정신의 정립을 저해하는 좌익에 대해 지속적이고도 강도 높은 비판을 보인다. 좌익은 낡은 역사를 되풀이하는 위해(危害) 집단이며 조선문학의 새 출발을 위해 새로운 정신이 선행되어야 한다는 것을 역설한다. 해방공간에서 이헌구의 좌익 문학 진영을 향한 비판은 "모스코바 삼상회의 협정을 처음에는 전적으로 반대하던 당 문화인들이 다시 이것을 절대 지지한다는 괴행(怪行)으로 변하는 괴뢰극을 백주에 연출"(「자아의 심화 과정」, 『경향신문』, 1946.11)한다는 노골적인 비난에서도 확연히 드러난다. 그의 이러한 문학적 입장은 한국전쟁을 거치면서 반공주의가 중시여기는 정치적 상황 속에서 한국문단의 제도적 영향력으로 행사된다.

1949년에는 대한민국 공보처 차장에 임명되었으며, 국제펜클럽 한국본부 창립 동인으로서 활동한다. 이후 1953년 공보처 차장직을 사임하고, 1954년부터 1970년 정년 퇴임까지 이화여대에서 불문학을 가르친다. 1960년에는 김광섭이 인수한 『자유문학』의 편집을 맡기도 한다. 1977년 김광섭의 부음 소식을 들은 충격으로 병석에 누운 후 망원동 자택에서 투병 생활을 하다가 1983년 죽음을 맞이한다. 그가 살아생전 남긴 주요 저서로는 두 권의 평론집 『문화와 자유』(1953, 청춘사) 『모색의 도정』(1965, 정음사), 그리고 수필집 『고독—인형들의 대화』(1969, 박우사) 및 『진실을 벗삼아』(1975, 박영사)와 저서 『현대인의 인생론』(1973, 신태양사) 등이 있다.

요컨대, 이헌구는 외국문학도로서 해외문학파 출현까지 잘못 인식된 외국문학을 바로잡아 한국문학의 발전에 헌신하고자 하는 '계몽의 의지'를 띠고 있다 해도 과언이 아니다. 그 과정에서 임화와 같은 프로문학 비평가들과의 논쟁은 한국문학과 외국문학의 상관성을 본격적으로 논의한 주요 논쟁이다. 이후 이러한 그의 비평적 입장은 해방 공간에서 좌익 문학 진영에 대한 노골적 비판으로 이어지고, 분단시대의 한국의 정치적 상황과 긴밀히 연동되면서 한국문단의 제도적 권력을 유지하는 쪽으로 작동된다.

이헌구 ▸▸

1905년(1세) 음력 4월 7일 함경북도 명천(明川)에서 이색(李穡)의 20대 손으로 태어나다. 호는 소천(宵泉), 이구(李求), 지산(芝山)이며, 창씨명은 목산헌구(牧山軒求)이다.

1911년(7세) 고향에서 40리 떨어진 동면 광암동으로 이주하다.

1912년(8세) 부친이 교감으로 재임 중인 사립 광진보통학교에 입학하다.

1916년(12세) 광진보통학교를 졸업하고 귀향하다. 부친은 간도로 떠남.

1917년(13세) 고향에서 한문을 사숙하며, 와세다대학(早稻田大學)의 중학강의록(中學講義錄)으로 2년간 독학하다.

1918년(14세) 혼인하다.

1920년(16세) 상경하여, 독학으로 중동학교 중등과에 입학한 후 1년간 학업을 마치고, 보성고등보통학교 3학년으로 편입하다. 그런데, 12월에 신병으로 학업을 중단하게 되다.

1921년(17세) 중학 3학년 시절에 장티푸스에 걸려 귀향 후 약 1년간 휴식을 취하다.

1922년(18세) 귀향하여 1년간 교편생활을 하다.

1923년(19세) 상경하여 보성고등학교에 재입학하다. 『동아일보』 창간 1,000호를 기념하는 잡지에 처녀작 「별」이 1등으로 당선되면서 문학적 재능을 드러낸다. 1년간 가정교사 생활을 하며 지내면서 고향의 17세 이하 소년들로 '영천소년회(英泉少年會)'를 조직하다.

1925년(21세) 와세다대학 제1고등학원 문과대학에 입학하여, 일본학생들과 '아동예술연구회'에 가담하여 활동하다. 특히, 정인섭과 교류하면서 이후 정인섭과 같이 생활하게 된다. 이 무렵 아동문학과 농민문학에 관심을 쏟는다.

1926년(22세) 일본 유학 중 김진섭, 이하윤, 정인섭 등과 '해외문학연구회'를 조직하다.

1927년(23세) 문학동인회 '백광회(白光會)'를 조직하여 문학활동을 하다.

1928년(24세) 와세다대학 학부대학에 진학하면서 김광섭 등과 문학 동인회 '백광회'의 활동을 활발히하고, '외국문학연구회'에 정식으로 가입한다. 세계 각국 어린이 그림 수천 점을 갖고 방학을 이용하여 익산을 비롯 경남 일대에서 개벽사와 함께 세계아동예술전람회를 개최하다.

1930년(26세) 정인섭과 함께 '녹양회(綠楊會)'라는 동요 및 동극 단체를 결성하다.

1931년(27세) 와세다대학 문학부 불문학과를 졸업하다. 재학 시절 프랑스혁명이 작품에 끼친 경향에 대해 연구하였고, 잔다르크에 대한 애착이 컸다. 졸업논문은 에밀졸라의 작품 중 「제르미날」을 연구한 「사회학적 예술비평」이다. 졸업 후 귀국하여, 국내의 『동아일보』에 졸업 논문의 제목을 개명(改名)한 「사회학적 예술비평의 발전」(1931.3.29~4.8)을 발표하면서 본격적으로 평론을 발표하기 시작하고, 잡지와 신문에 여타의 평문과, 동시 등을 발표하다. 홍해성, 유치진 등과 함께 '극영동호회(劇映同好會)'를 조직하고, 연극영화전람회를 개최하다. 7월에는 김진섭, 서항석, 유치진, 이하윤과 함께 '극예술연구회'를 조직하고 11월에 '불란서예술극장'이란 제목으로 강연회를 가지다. 그후 3년간은 경성보육학교(京城保育學校)에서 근무하며, 이 학교에서 발간하는 계간 전문지 『보육시대』를 주관하다. 함대훈, 이홍종, 이동석과 함께 '신흥문학연구회'를 조직하고, 『문예월간』 편집에도 관여하다.

1932년(28세) 평론 「해외문학과 조선에 있어서의 해외문학파의 임무와 장래」(『조선일보』, 1932.1.1~13)가 발표되면서 카프의 논객인 임화 등과 논쟁을 벌이다.

1934년(30세) 우리 나라 최초의 연극전문지로서 극예술회연구회의 기관지인 『극예술』(1934년 4월 18일 창간, 1936년 9월 통권 5호를 끝으로 폐간. 편집인겸 발행인은 박용철)에 참여하다.

1936년(32세) 『조선일보』 학예부 기자로 부임하다.

1940년(36세) 일본이 『동아일보』와 『조선일보』 등의 언론기관을 폐간함에 따라 사직하다.

1941년(37세) 조선문인협회 상무간사를 맡다. 「각고의 정신」(『매일신보』, 1.5~7) 금강산 유점사(楡岾寺)에서 앙드레 지드의 「좁은문」 「이자벨」 등을 번역하여 기독교서원에서 출판하려다가 불허가로 원고마저 분실하다.

1942년(38세) 안석주와 함께 조선영화주식회사를 재건해보려고 하였으나 여의치 않다.

1943년(39세) 조선문인보국회 평의원을 맡다. 광교에서 종로화방을 개업하다. 친일성향의 글 「적 학병격퇴하라」(『매일신보』, 11.23) 「천재일우의 때」(『조광』, 12월호) 「화성돈에 일장기 날리라」(『춘추』, 12월호)를 발표하다.

1944년(40세) 화가 김환기와 함께 종로화랑을 개업하지만, 모친 환후로 귀향하다.

1945년(41세) 모친이 사망하고, 해방으로 상경하다. 변영로, 오상순, 박종화, 김영랑, 이하윤, 김광섭, 김진섭 등과 함께 9월 18일에 '중앙문화협회'를 결성하다. 10월 『중앙순보』를 창간하고, 12월 『해방기념시집』을 간행하다.

1946년(42세) '전조선문필가협회'의 창립발기인으로 활약하고, 민주일보사 편집인으로 부임하다(사장은 상해임시정부의 선전부장이었던 엄항섭, 명예사장은 김규식, 발행인은 김인현, 편집위원으로 김광섭, 오종식, 신경순, 안석주 등 참여. 김구 중심의 임시정부계와 관련이 깊은 신문).

1947년(43세) '전국문화단체총연합회'를 결성하고 총력부장으로 피선된다. 민주일보사 편집국장과 민중일보사 부사장 겸 편집국장을 맡다.

1948년(44세) 『민족문화』지를 창간하다. 10월 여순반란사건의 현지답사보고서를 『서울신문』에 1주일 동안 연재하다.

1949년(45세) 대한민국 공보처 차장에 임명되다. 국제펜클럽 한국본부 창립 동인이며, 대한민국 예술원 회원이 되다.

1950년(46세) 공직 중에 한국전쟁을 맞아 부산에서 근무하다.

1952년(48세) 이화여대에서 문학개론 강의를 맡는다. 평론집 『문화와 자유』를 발간하다.

1953년(49세) 대한민국 공보처 차장직을 사직하다.

1954년(50세) 이화여대 문리과 대학 전임으로 부임하였고 문리과 대학장을 역임하다.

1955년(51세) '자유문학자협회' 창립동인으로 피선되다.

1956년(52세) 7월 제28차 국제펜클럽회의 한국 대표를 맡다.

1960년(56세) 김광섭이 인수한 『자유문학』의 편집을 맡다.

1965년(61세) 평론집 『모색의 도정』을 발간하다.

1967년(63세) 이화여대 문리대학장을 사임하다.

1970년(66세) 8월 이화여대 교수직에서 정년 퇴임을 하다.

1973년(69세) 대한민국예술원 공로상을 수상하다.

1975년(71세) 수필집 『진실을 벗삼아』를 발간하다.

1977년(73세) 김광섭의 부음 소식을 듣고 충격으로 병석에 누운 이후 망원동 자택에서 투병 생활 계속하다.

1983년(79세) 별세하다. 경기도 양평군 양서면(楊西面) 신원리(新院里)에 묻히다.

유치진 柳致眞, 1905~1974

/김재석/

한국 근대연극에 가장 큰 영향력을 미친 인물을 꼽으라면 단연 유치진일 것이다. 그는 극작에서 뿐만 아니라 극 이론과 연출 면에서도 많은 업적을 남겼다. 유치진은 1905년 경남 거제에서 태어났으며, 1910년 한약방을 차린 아버지를 따라 충무로 이사를 갔다. 1918년에 통영보통학교를 졸업하고, 부산으로 가서 체신양성소를 수료했다. 통영으로 돌아와 우편국에서 근무하였으나, 늘 공부에 굶주려 했다고 한다. 3·1운동에 자극을 받은 아버지가 유치진의 일본 유학을 주선했고, 1920년에 도쿄로 건너갔다.

유치진은 일본의 릿쿄(立教)대학 영어영문학과에서 연극에 눈을 떴다. 특히 로망롤랑의 「민중 연극론」과 숀 오케이시(Sean O'Casey)의 작품이 그에게 큰 감동을 주었다고 회고록에서 밝힌 바 있다. 일본에서는 학생 극단에서 몇몇 단역을 맡아 본 정도의 경험만 쌓았는데, 그 당시 쯔키지(築地) 소극장에 관여하고 있던 홍해성을 만나 교유하였다. 일본 유학 시절에 만났던 인물들(정인섭, 이하윤 등등)은 뒷날 그가 '극예술연구회'에 가담하게 되는 계기가 되었다. 1931년 봄에 귀국한 유치진은 통영에 잠시 머물다가 서울로 올라갔다. 때마침 '극영동호회(劇映同好會)'에서 연극영화전람회를 개최하였고, 이 행사를 계기로 하여 7월에 '극예술연구회'가 탄생하였다. 창립 회원은 서항석, 조희순, 최정우, 정인섭, 이헌구, 김진섭, 이하윤, 장기제, 함대훈, 윤백남, 홍해성이다. 그가 꿈꾸던 연극 생활이 본격화된 것이다.

'극예술연구회'의 연극 지향은 당시 유치진의 연극관과 어울리지 않았다. 유치진의 초기 연극관은 계몽적·공리적이었으며, 그것을 구체적으로 실현하는 방식으로 행장극장을 지지했다. 행장극장을 통해 당대의 민중들에게 보여 줄 극양식으로는 산신문극, 프롤레타리아 레뷰, 슈프레히콜 등을 예로 들었다. 그러나 유치진은 '극예술연구회'에 가담하면서 연극관을 수정한 것이다. 『문예월간』에 〈토막〉(1931)을 발표함으로써 극작 활동을 시작했는데, 〈버드나무 선 동리 풍경〉(1933) 〈수(獸)〉(1933) 등은 1930년대를 대표하는 자연주의 극으로 평가 받고 있다. 일제 치하에서 궁핍한 삶을 살아가는 민중들의 삶을 잘 포착하고는 있으나, 그들의 삶이 나아가야 할 방향에 대해서는 애매하게 마무리하고 있다. 연극 공연에 유달리 엄했던 일제의 검열을 의식하고 있었기 때문이다.

1934년에 유치진은 일본으로 다시 건너갔다. 그곳에서 그는 일본 프로극의 몰락과 그로 인한 연극계의 재편 현상을 목격하게 된다. 그는 귀국 직후에 쓴 「경제조건보다 문제는 기술자에」(1935)라는 평론을 통해 전문극단 체제의 필요성을 언급한다. 일본 연극계에 불고 있는 방향 전환이 유치진에게 영향을 미친 것이다. 1935년 6월에 '극예술연구회'는 유치진의 신작 〈소〉를 공연하기 위해 검열 신청을 하였다가 거부당한다. 이 사건은 유치진에게 큰 영향을 남겼다. 현실에 대한 발언을 적당히 걷어 낸 〈소〉조차 검열을 통과하기 어려운 현실을 확실하게 깨달은 것이다. 그 이후 그는 노선을 수정하였다. 그가 지향하는 새로운 방향은 〈당나귀〉(1935) 〈제사〉(1936) 〈자매 1〉(1936)의 세계였다. 더 나아가 그는 "농민의 생활을 주로 한 대체로 빈궁"을 그리던 연극에서부터 "역사에서 소재"(「역사극과 풍자극」)를 구한 작품으로 옮기겠다는 선언을 한다. 초기 그의 작품에 등장했던 농민과 노동자는 사라졌고, 관객의 중심도 노동자와 농민에서 도시의 대중으로 바뀌었다.

전문극단이 되기 위해서는 관객을 많이 동원하여야만 안정적인 기반을 만들 수 있다는 사실은 분명하다. 그를 위해 유치진은 일제의 검열에 문제 되지 않을 만한 내용의 공연을 준비하고, 관객을 많이 수용할 수 있는 대극장에서 공연하는 방식을 택하였다. 그는 자신의 변화를 '로맨티시즘'의 도입으로 설명했다(「신극운동의 한 과제」). 그의 선택은 주효하여, 1936년에는 총 5회의 공연(10편의 작품)을 동양극장과 부민관에서 할 수 있었다. 그러나 1936년 6월에 극단 내분으로 대부분의 연극인들이 탈퇴하게 되면서 극단의 세력은 점차 약화되기 시작한다. 1937년 하반기에는 공연을 전혀 하지 못하는 상황이 되었고, 이에 대한 타개책으로 유치진은 1938년에 '극예술연구회'를 '극연좌'로 개편하게 된다. 연구회라는 명칭을 쓰지 못하도록 한 당국의 압력과 '연극문화운동'이라는 딱지를 완전히 떼어 내려는 유치진의 의도가 맞물려 일어난 결정이었다. 기왕에 공연했던 작품을 재 공연하면서 '극연좌'를 활성화시켜보려 하였으나, 1939년 6월에 극단의 대중화 문제를 두고 다시 갈등이 생겨나면서 활동이 거의 마비되었다. 더욱이 1939년 8월에 이른바 '도쿄학생예술좌 사건'에 연루된 혐의로 유치진이 조사를 받게 되면서, '극연좌'는 공연 자체가 불가능한 상황에 빠지게 되었다.

'극연좌'의 몰락으로 연극계에서 한 발 물러서 있던 유치진은 1940년 12월에 조선연극협회 이사 자격으로 다시 복귀 한다. 현대극장 대표이자 '극작가 동호회'의 회장까지 맡음으로써 유치진은 1940년대 전반기 국민연극 시기의 대표자가 된다. 그는 개인과 영리를 떠나 "국가와 사회를 위한"(「신체제하의 연극」) 연극을 하여야 한다고 했다. 국가가 요구하는 연극으로 국민을 만나는 것이 그가 선택한 새로운 길이었다. 〈흑룡강〉(1941) 〈북진대〉(1942) 〈대추나무〉(1942)는 자신의 의도를 실천한 연극으로, 강한 친일성을 드러내고 있다. 〈흑룡강〉은 국민연극 시기 유치진 희곡의 원형에 해당하는 작품이다. 작가의 만주 체험을 바탕으로 하여 2여 년에 걸친 창작 기간을 가진 작품답게 계몽·선전극으로써 뛰어난 성과를 거두고 있다. 유치진은 〈흑룡강〉에서 수난의 구조를 활용하여 관객의 정서적 동화를 유도하였으며, 일본을 작품의 전면에 내세우지 않고도 식민지 조선의 보호자로서 일본의 역할을 충분히 강조하고 있다. 「흑룡강」의 주인물인 성천이 극에서 일관되게 주장하고 있는 민족협화는 만주국의 정책이면서, 한편으로 중국과 전쟁에서 승리를 거두기 위하여 만주국의 안정을 필요로 했던 일본의 긴요한 정책이기도 했다. 그와 더불어 성천이 주장하는 조선농민의 만주이농 역시 전쟁에 필요한 군량미를 확보하기 위하여 일제가 적극적으로 추진하고 있었던 정책이었다. 이처럼 〈흑룡강〉은 만주국 건국 시점의 과거사를 다루고 있음에도 불구하고 일제가 현실적으로 필요로 하는 당대 정책을 제대로 담아낸 성과를 거두었다. 유치진이 〈흑룡강〉에서 얻어낸 성과는 우연적인 것이 아니다. 1930년대 전반기에 그가 추구했던 교화적 대중성과 1935년 이후 그가 추구했던 낭만성이 결합된 형태의 작품으로 보아야 하며, 친일의 성향만 제거한다면 그가 추구하고자 했던 이상적 형태의 연극 모습이라 여겨진다. 자신이 꿈꾸었던 연극이 공연될 수 있다하더라도, 점점 더 악화되어 가는 사회 상황에서 일제를 찬양하는 연극을 계속하기에는 고민이 많았던 것으로 보인다. 〈대추나무〉 이후에는 작품은 쓰지 않고, 연출에만 전념했다.

1945년 8월 15일, 조국 광복을 맞이한 유치진은 서울을 떠나 은둔 생활에 들어간다. 국민연극을 대표하는 연극인이었다는 사실이 부담이 되었던 것이다. 그의 연극 활동은 1946년 6월에 극예술연구회를 재건하면서 시작되었다. 그는 '연극 브나로드운동 실천위원회'를 조직하여 〈안중근 의사의 최후〉 등 우익적 입장을 반영한 작품을 가지고 농촌을 순회하였다. 대중들이 좌파적 이념에 물들지 않도록 하는 것이 그의 연극 목표였다. 1947년 5월에 동인제 극단 '극예술협회'를 창립하면서, 좌익극에 대항한 민족극 수립이 목적이라는 점을 분명히 했다. 시대 상황과 더불어 그의 연극관이 다시 한 번 변화한 것이다. 〈조국〉(1947) 〈자명고〉(1947) 〈대춘향전〉(1948) 〈별〉(1948) 등을 통해 그의 연극관을 실현했다. 1947년 10월에는 12개 연극단체를 결집시켜 '전국연극예술협회'를 조직하여 이사장에 취임하였다. '전국연극예술협회'는 1948년에 '한국무대예술원'으로 개칭하고, 계몽·선전극으로 5·10선거에 깊숙이 개입했다. 이 무렵부터 예술 행정가로서 유치진이 부각되기 시작하는데, 국립극장 건립의 필요성을 주창하며 여론을 형성해나갔다. 그 결과 그는 1950년에 초대 국립극장장으로 부임하게 되었다.

한국전쟁을 겪으면서 그는 강력한 반공주의자로 나아갔다. 그러한 입장은 〈조국은 부른다〉(1951) 〈순동이〉(1951) 〈청춘은 조국과 더불어〉(1955)에 잘 나타나 있다. 이러한 작품에서 주체자와 적대자의 성격 차이는 이념이 아니라 도덕률에 근거한다. 〈순동이〉의 순동은 쇠돌이 아버지의 죽음을 막지 못했다는 죄책감으로 스스로 자결하려는 순결한 정신을 지니고 있으며, 〈조국은 부른다〉의 대길은 전선에서 군인들이 죽어가고 있는데 자신은 그렇지 못한 부끄러움에 자결하려 한다. 그 반면에 적대자들은 천륜을 어긴 자들로 나타난다. 〈순동이〉의 곰이는 덕이를 차지하지 못한 앙갚음에 그녀의 아버지를 죽창으로 찔러 죽인다. 〈청춘은 조국과 더불어〉의 김주사는 자신의 연적을 없애기 위해 공산군에 붙어 연길과 옥란을 죽이려 든다. 천륜을 어기는 적대자는 관객에게 부정적 인물로 인식되고, 그의 이념도 부정되는 방식이다. 도덕적으로 정당한 주체자의 절대 선은 자신에게 가해지는 적대자의 박해와 위협에도 불구하고 결코 굴복하지 않는 태도, 궁극적으로는 죽음을 두려워하지 않는 신념에서 얻어진다. 죽음을 각오한 주체자의 모습은 그가 옹호하는 모든 것을 판단의 필요가 없는 절대적 가치로 만들어 버리는 효과를 낳는다. 그로 인해 주체자가 가지고 있는 반공의식이 관객에게 그대로 전달되면서 '반공=절대 선'으로 귀결된다. 유치진의 반공주의는 사실상 마지막 작품에 해당하는 〈한강은 흐른다〉(1958)에까지 이어진다. 미국을 비롯한 세계 연극계를 순방하고 돌아온 성과가 반영되어 극 형식 면에서는 영화적 기법을 도입하는 등의 새로운 요소가 있으나, 그 속에 담긴 의식은 그대로였다. 전쟁의 상처를 안고도 꿋꿋하게 살아가는 사람들의 모습을 무대화하겠다는 의욕에 비해 인물들은 한결같이 피해의식에 젖어 있는 것도 그 때문이다. 자신이 범했던 부역 행위를 고백하는 주인물 정철의 모습이 대표적인 경우이다.

1960년대 들어서면서 유치진은 극작 보다는 연출가이자 행정가의 면모가 더 뚜렷해진다. 1962년에 드라마 센터를 건립하고, 부설 연극아카데미를 만들어 연극인들의 양성에 힘을 쏟았다. 전통극의 전승과 재창조 작업에도 관심을 가졌으나, 그것을 작품으로 연결시켜내지는 못했다. 그는 1974년에 향년 69세로 생을 마감했다.

유치진 ▸▸

1905년(1세) 경남 거제 둔덕에서 음력 11월 19일에 태어나다. 부친은 유준수(柳俊秀)이다. 그는 8남매 중의 장남이었는데, 둘째가 시인 유치환이다. 그가 다섯 살 되던 1910년에 한약방을 차린 아버지를 따라 충무로 이사를 가다.

1914년(9세) 4월에 통영보통학교에 입학하다. 그 이전에는 서당에서 한문 수업을 받다.

1918년(13세) 통영보통학교를 졸업하고, 부산으로 가서 체신양성소를 수료하다. 그 이후 통영우편국에서 근무하다. 3·1운동에 자극을 받은 아버지의 결심으로 유학을 갈 수 있게 되었는데, 1920년에 일본으로 건너가서 어학 공부에 힘쓰다.

1921년(16세) 4월에 일본 도쿄의 도야마(豊山)중학 2학년에 편입하다.

1925년(20세) 도야마중학을 졸업하다.

1926년(21세) 일본 릿쿄(立教)대학의 예과에 입학하였으며, 그 다음 해에 영문과에 입학하였다.

1931년(26세) 3월에 릿쿄대학 영문과를 졸업하였으며, 졸업논문은 「숀 오케이시 연구」이다. 4월에 귀국한 후 통영에 잠시 머물다가 서울로 가다. 7월에 '극예술연구회'의 창립회원으로 가담하다. 창립 회원은 서항석, 조희순, 최정우, 정인섭, 이헌구, 김진섭, 이하윤, 장기제, 함대훈, 윤백남, 홍해성이다. 희곡 〈토막〉을 『문예월간』에 발표하였으며, 평론 「세계극단의 동태―최근 10년간의 일본신극운동」(『조선일보』)과 평론 「산신문극」(『동아일보』)을 발표하다.

1932년(27세) 희곡 〈칼 품은 월중선〉(『제일선』)을 발표하다. 평론 「노동자 구락부극에 대한 고찰」을 『동아일보』에 발표하다. 극예술연구회 직속극단 '실험무대'의 창립공연인 고골리의 〈검찰관〉에 단역을 맡아 출연하다.

1935년(30세) 희곡 〈당나귀〉(『조선일보』)와 〈소〉(『동아일보』)를 동시에 연재하다. 평론 「농민극 제창의 본질적 의의」(『조선문단』)와 「대중성의 개척」(『조선중앙일보』) 「조선연극의 앞 길」(『조광』)을 발표하다. 8월에 금강산 온정리 신계사에서 심재순(沈載淳) 여사와 결혼하다. '극예술연구회'에서 제8회 공연으로 〈소〉를 선택하였으나 검열에 통과되지 못하였으며, '도쿄학생예술좌'가 6월에 〈소〉를 쯔키지소극장에서 공연을 하다.

1936년(31세) 희곡 〈제사〉(『조광』)와 〈자매 1〉(『조광』)을 발표하고, 〈자매 1〉은 극예술연구회 제11회 작품으로 부민관에서 공연되다. 희곡 〈춘향전〉을 『조선일보』에 연재하고, 9월에 부민관에서 공연하다. 극예술연구회가 공연한 다섯 번의 무대를 유치진이 모두 연출하였으므로, 이때부터 연출가로서 그의 위상이 확고해지다.

1938년(33세) 2월에 동아연극경연대회에 〈눈먼 동생〉(슈니츨러)으로 참가한 후, 5월에 극단 이름을 '극연좌'로 바꾸어 새 출발을 하다. 전문극단 체제로 전환하라는 일제의 압박과 대중성을 추구하려는 극예술연구회의 방침에 대한 내부 회원의 반발·탈퇴가 원인이다. 기존 회원 중에서는 유치진과 서항석만 남다.

1939년(34세) 6월에 발생한 '극연좌'의 내분으로 인하여 극단 활동이 사실상 중단되다. 유치진은 8월에 도쿄학생예술좌 사건에 연루된 혐의로 약 2개월의 조사를 받은 후 석방되다.

1941년(36세) 3월에 '현대극장'을 창립하고 대표를 맡아 국민연극의 선두에 서다. 희곡 〈흑룡강〉을 '현대극장'의 창단 공연으로 삼다. 조선연극협회의 이사가 되었고, 극작가동호회의 회장을 맡다.

1942년(37세) 희곡 〈북진대〉(『대동아』)를 발표하고, 4월에 부민관에서 공연하다. 〈대추나무〉(『신시대』)는 그 다음 해 5월에 부민관에서 공연되다.

1945년(40세) 박재성의 〈산비둘기〉를 현대극장에서 공연 하던 중에 광복을 맞이하다. 이후 은둔 생활을 하다가 이듬해 봄부터는 철원에 있는 처가 쪽 농장으로 가서 생활하다.

1946년(41세) 6월에 '극예술연구회'를 재창립하고, 연극 브나로드운동 실천위원회에 가담하다.

1947년(42세) 2월에 〈조국〉을 국제극장에서 공연하였으며, 5월에 창립된 '극예술협회'는 이 작품을 창단공연으로 삼다. 〈자명고〉 〈마의 태자〉(이화삼 연출) 〈왕자 호동과 모란공주〉 〈은하수〉 등을 '극예술협회'에서 창작 및 연출하다. 10월에는 12개 연극단체를 결집하여 '전국연극예술협회'(1948년에 '한국무대예술원'으로 개칭)를 조직하였고, 이

사장에 취임하다. 6월에 희곡집 『소』(행문사)를 11월에 『유치진역사극집』(현대공론사)을 출간하다.

1950년(45세) 4월에 초대 국립극장장이 되다. 창립공연으로 〈원술랑〉(4.30~5.6)을 공연하였으며, 뒤이어 조우(曹禺)의 〈뇌우〉를 연출하다. 한국전쟁이 발발했을 때 피난을 가지 못하고 처조카가 운영하는 민중병원에 숨어 지내다. 그 이후 1·4후퇴 때는 부산으로 피난을 가서 생활하면서 연극 공연에 전념하다.

1953년(48세) 희곡 〈나도 인간이 되련다〉 〈처용의 노래〉, 시나리오 〈철조망〉을 발표하다. 12월에 희곡집 『나도 인간이 되련다』(진문사)를 간행하다.

1955년(50세) 희곡 〈사육신〉 〈자매 2〉 〈청춘은 조국과 더불어〉를 발표하다. 1월에 『유치진역사극집』을 증보 발간했고, 희곡집 『자매』(진문사)를 간행하다.

1956년(51세) 6월 12일에 미국 록펠러재단의 초청으로 미국을 방문하다. 6개월 동안 미국에 머물면서 "회의 참석과 연극 관람, 연극계·학계 인사들과 면담"(『유치진 자서전』)으로 바쁘게 보내다. 귀국 길에 아일랜드와 영국을 비롯한 유럽 국가들, 파키스탄 및 태국 등지를 방문하여 연극계를 살피다. 이듬해 봄에 귀국하다.

1957년(52세) 희곡 〈왜 싸워〉(『자유문학』)를 발표했고, 시나리오 〈논개〉 〈별〉이 영화화되다. 김광섭이 〈왜 싸워〉에 문제를 제기하면서 파문이 일었는데, 〈짓밟힌 우정〉(『한국일보』)에서 자신의 소회를 밝히다.

1958년(53세) 희곡 〈한강은 흐른다〉를 『사상계』에 발표하다. 9월에 〈신협〉이 시공관에서 공연되다.

1959년(54세) 희곡 〈별승무〉, 시나리오 〈개화전야〉 〈유관순〉을 발표하다. 『유치진희곡선집』(박문각)을 간행하다.

1960년(55세) 동국대학교 연극과 교수로 취임하다.

1962년(57세) 4월에 드라마센타를 건립하고, 부설 연극아카데미를 설립하다.

1964년(59세) 희곡 〈청개구리는 왜 날이 궂으면 우는가〉를 발표하다.

1971년(66세) 7월에 『유치진희곡전집』을 성문각에서 간행하다. 〈사랑을 내기에 걸고〉를 연출하였는데, 이 작품이 그의 마지막 무대이다.

1974년(69세) 2월 10일에 별세하다.

김광섭 金珖燮, 1905~1977

/정은경/

이산(怡山) 김광섭은 1905년 함경북도 경성군(鏡城郡) 작은 어촌 마을에서 아버지 김인준과 어머니 노옥동 사이의 3남 3녀 중 장남으로 태어났다. 해산업에 종사하던 아버지는 조부의 사망으로 가세가 기울자 식솔을 이끌고 북간도로 이주하였으나 다시 1년 만에 귀향한다. 이때 김광섭은 마을 서당에서 한문을 배우다가 1915년 경성공립보통학교 3학년에 편입한다. 경성공립보통학교를 졸업한 김광섭은 1919년 이학순과 결혼한다. 김광섭의 경성 시절은 시에 직접적으로 반영되어 나타나지 않지만, 초기·중기 이산 시의 근간이 되는 민족의식의 원류에 해당한다는 점에서 중요하다.

『나의 옥중기(獄中記)』에 의하면 그의 민족감정은 함경도 경성군의 작은 고기잡이 마을에서 싹텄다고 한다. 어느 날 그의 마을에 일본 헌병들이 들어와 서당생들을 쫓아내고 마을의 서당을 차지했다. 그날부터 거기에서는 매일같이 저녁이 되면 "개를 달아매 죽이는 비명"과도 같은 소리가 들려오게 되었으며, 그때부터 어린 김광섭에게는 일본 헌병을 증오하는 감정이 싹트고 자라나 민족감정으로 뿌리를 내리게 되었다고 한다. 1920년 김광섭은 서울 중앙고보(中央高普)에 입학, 1학기를 마치고 2학기 때 중동학교(中東學校)로 편입하여 다니다가 졸업하고 일본에 건너가 대학입시를 준비한다. 나라의대(奈良醫大)에 응시하여 학과시험에는 합격하였으나 색맹으로 불합격, 다음 해 1926년에 와세다대학(早稻田) 제1고등학원 영문과와 도쿄상대(東京商大) 예과에 합격, 영문과를 택한다. 이때 신입생 환영식에서 이헌구(당시 불문과 2년생)를 만나 함께 자취생활을 하게 되는데, 이들의 만남은 훗날 정인섭 등과의 만남과 해외문학연구회, 해외문학파 활동으로 이어지게 된다. 김광섭은 와세다 재학시절 『조선인동창회 『R』지』의 청탁으로 시 「모기장」(1927)을 발표하기도 하면서 습작과 문학공부에 열중한다. 1932년에 와세다대학을 졸업할 당시, 김광섭은 사회모순과 현실을 비판한 인도주의적 소설가이자 극작가인 골즈워디에 대한 연구를 졸업논문(「사회극작가로서의 Galsworthy 연구—사회사상에 나타난 관점에서」)으로 제출함으로써 식민지 청년의 민족의식과 사회의식을 간접적으로 표출한다.

1933년 김광섭은 귀국하여 모교인 중동학교에 영어교사로 취임한다. 이때 그는 극예술연구회에 가담하여 서항석, 함대훈, 모윤숙, 노천명 등과 교류하며 연극과 문학을 논하였다. 시인 김광섭의 본격적인 활동은 1935년 시 「고독」을 『시원(詩苑)』 2호에 발표하면서 시작된다. 1930년대 사회역사적 상황, 문단적 상황의 직접적인 영향을 받으면서 시작된 시인 김광섭의 시력은 1977년 사망하기까지 폭넓은 다양한 시세계를 펼쳐 보인다. 초기 시집 『동경』을 통해 민족시인, 저항시인으로, 후기 시집 『성북동 비둘기』를 통해 민중시인으로 추앙받기도 했던 김광섭의 폭넓은 시세계를 논자들은 변모 양상에 따라 대체로 다음 세 시기로 구분하고 있다. 제1기는 1935년부터 1945년 해방에 이르는 『동경(憧憬)』과 『마음』의 전반부, 제2기는 1945～1965년으로 『마음』 후반부와 『해바라기』에 이르는 시기, 제3기는 1965년 이후로 『성북동 비둘기』 『반응』에 이르는 시기이다.

제1기의 이산 시의 특징은 관념적 · 주지적 경향과 식민지 현실에 대한 저항의식이라고 할 수 있다. 김광섭은 『시원』 2호에 「고독」을 발표하면서 본격적인 시작(詩作) 활동을 전개하는 한편, 해외문학파의 일원으로서 「영문단(英文壇)의 금후 진전」 「애란문예부흥개관(愛蘭文藝復興槪觀)」 「윌리암 브레이크를 읽고」와 같은 문학논문을 발표하거나 외국문학을 번역 · 소개한다. 1935년 무렵의 우리 문단은 20년대의 무절제한 감성 토로의 시풍이 점차 물러가고 주지주의적인 경향이 차츰 자리를 잡아가고 있던 때였다. 관념적이며 암울한 초기 김광섭 시 또한 이러한 주지주의적 흐름에 놓인다. 그러나 김광섭의 주지성(主知性)은 김기림이나 정지용으로 대표되는 주지주의적 특성—감정 절제, 지적 통찰, 시어의 조탁, 객관적 시작법 등—보다는 관념적 취향과 지식인 내면의 시적 형상화의 측면에서 더 두드러진다. 가령 첫 시집 『동경』에는 '무한, 사념, 우수, 영원, 적막, 우울, 윤리, 고독'과 같은 생경한 관념어가 많이 등장하는데, 이러한 관념어는 한편으로는 열렬한 민족애를, 또 한편으로 현실로 인해 좌절된 청년의 암담한 내면을 드러낸다. 주지성과 낭만성이 묘하게 결합되어 있는 이러한 김광섭 초기 시는, 대학 시절 영국의 낭만파 시인들(바이런, 셸리, 키츠)에 심취하는 동시에 시는 감정의 직설적 토로가 아니라 지적 창조의 과정임을 강조한 주지시인 발레리나 엘리어트로부터 받은 영향의 결과라 할 수 있다.

절망적인 현실의식과 식민지 지식인의 암담한 내면을 그린 『동경』은 당시 문단에서 많은 호응을 얻었는데 이는 현실의식보다는 그의 지적 성향 때문이었다. 가령 『동아일보』에 실린 정인섭의 신간평(「김광섭 시집 『동경』을 읽고」)의 다음과 같은 언급, "그 고조된 지성과 유현한 상징과 압축된 언어를 경탄하며 이와 같은 성향을 가진 시는 아직 조선시단에 없었다 하고 (…중략…) 놀라울 만한 정도의 풍성한 교양으로 상징화하고 또한 고답적으로 직관화했다" 등은 그 대표적인 예라 할 수 있다.

초기 시의 대표작인 「고독」에는 관념적이고 주지적인 특성과 함께 그 시대의 암담한 현실이 내밀하게 반영되어 있다. "내 / 하나의 生存者로 태어나 여기 누워 있나니 // 한 間 무덤 그 너머는 無限한 氣流의 波動도 있어 / 바다 깊은 그곳 어느 고요한 바위 아래 // 내 고단한 고기와도 같다"(「고독」 부분)로 시작하는 이 시는 현실에 대한 무력감과 환멸감을 '무덤' '바다 깊은 그곳'과 같이 외부와 완전히 단절되 공간을 통해 그리고 있으며, 자유와 의지를 박탈당한 시적 자아를 '생존자'에 비유하고 있다. 「올빼미」 「태만의 언어」 같은 시에서도 암흑과도 같은 현실에서 무력한 지식인의 양심을 '깨어있는 의식'과 불안감을 통해 표출하고 있다. 「三七年」에서 삼칠이란 1937년을 의미하는데, 일본이 노구교(蘆構橋) 사건을 일으켜 중국에 대한 침략을 본격화한 것은 김광섭에게 절망적인 것으로 그려진다. 이러한 현실의 중압감을 그는 '익사 이전의 감정'에 비유했지만, 체포된 후 그의 반일감정의 증거로 채택된 바 있는 「푸른 하늘의 전락」에는 그러한 감정을 낳게 한 상황이 보다 객관적으로 드러나 있다.

『동경』 시편들은 때로 생경한 관념어의 나열, 영탄조의 감상성으로 드러내기도 하지만, 탁월한 성취를 이루고 있는 몇몇 시들은 구체적인 내면 세계의 표현을 통해 현실 세계에 대응하는 서정적 자아를 형상화하고 있다. 이러한 시들은 외부 세계의 숨막힐 듯한 중압감에서 벗어나 내면에 침잠하는 주관적 세계를, 혹은 암담한 객관적 현실 세계를 보여줌으로써 시대성과 보편성을 획득하고 있다.

1938년 첫 시집 『동경』을 출간하고 점차 그 문명을 높여가던 김광섭은 절체절명의 상황을 맞게 된다. 1941년 학생들에게 민족사상을 고취하였다는 이유로 일경에 의해 체포, 수감된 것이다. 대학 시절, 윌리엄 예이츠가 주도한 아일랜드 문예부흥운동에 깊은 감명을 받은 바 있는 그는 중동학교 교단에서 아일랜드의 애국시를 강의하는 한편 학생들에게 민족의식을 고취하고 있었다. 식민정책 담당자들의 감시를 받고 있던 그는 『동아일보』 『조선일보』 폐간에 대한 반대 발언을 했다는 이유로 결국 1941년 2월 21일 새벽 체포된다. 그 해 5월 31일 100일간의 경찰서 유치장 생활을 마치고 서대문형무소로 떠나기 전, 그는 종로경찰서 벽에 시 한편을 손톱으로 새겨놓는다. "나는야 간다 / 나의 사랑하는 / 나라를 잃어버리고"로 시작하는 「이별의 노래」라는 이 시에서 '나는야 간다'를 반복 배치함으로써 나라 잃은 슬픔을 점진적으로 고조시키고 있다. 두 번째 시집 『마음』(1949)에는 이때의 심경과 『동경』 이후부터 해방까지, 그리고 해방이후 정부 수립 1년까지의 그의 삶이 반영되어 있다. 38년 이후 씌어진 시들에는 일제말 암흑기의 현실의 중압감과 무력감을 '화석화된 별'(「백합」), '벽'(「푸른 하늘의 전락」) 등의 이미지를 통해 표출하고 있다. 그는 감옥에서 2년 9개월 만에 겨우 허락을 얻어 일기를 쓰기 시작하였으며 그때의 기록은 『나의 옥중기』를 통해 출간된 바 있다. 감옥에서 3년 8개월을 보내고 1944년 9월에 출감하여 병석에 누워 있던 그는 이듬해 1945년 해방을 맞는다. 이산은 해방의 기쁨을 담은 「해방」 「눈송이」 같은 시를 통해 우리 민족의 순결한 마음을 눈송이에 비유해 아름답게 표현했다. 해방 직후 김광섭은 사회정치현실에 적극적으로 참여하게 된다. 1945년 김광섭은 민족진영문인들과 '중앙문화협회'를 창립하고 이후 남한문단의 지형의 밑그림을 만드는 한편, '전조선문필가협회' 총무부장, 민주일보사 사회부장(1946)을 맡게 된다. 1947년에는 '전국문화단체총연합회' 출판부장과 '조선신문인기자협회' 총무부장을 맡고, 민중일보사 편집국장에 취임한다. 미군정청 공무국장으로 잠시 자리를 옮겼다가 미군정청 해체로 다시 민중일보사로 복귀하는 등, 혼란스런 해방 정국에서 이산은 정신없는 나날들을 보낸다. 이어 그는 1948년 정부

수립과 더불어 초대 이승만 대통령의 공보 비서관에 취임하게 되는데, 1951년 사임하기까지 그의 행보는 문학보다는 국가 건설에 이바지하게 된다. 1949년 제2시집 『마음』을 발간하고 1950년에는 『문학』을 창간하였으나 한국전쟁으로 중단된다. 공보비서관직을 사임한 후 김광섭은 경희대 교수로 취임하여 시론 · 평론 · 문예사조사 등을 강의한다. 이 무렵 김광섭은 집필활동을 지속했지만 창작보다는 대외적 활동에 주력한다. 국제펜클럽 한국본부 중앙위원을 맡고(1954), 제27차 세계작가대회(비엔나)에 변영로, 모윤숙과 함께 한국 대표로 참석하여 한국을 정식 회원국으로 가입시키는 등의 왕성한 대외활동은 물론 서울시문화상 수상, 세계일보사 사장에 취임하는 등 문인으로서는 보기 드문 사회적 성공을 거두게 된다. 이때를 대표하는 시집이 『해바라기』(1957)라고 할 수 있는데, 이 세 번째 시집은 초기 시의 암울한 관념에서 벗어나 생명력으로 충일된 세계를 보여준다. 그러나 이 시집은 『동경』이나 후기 『성북동 비둘기』 만큼의 시적 성취를 보여주지 못했다는 평을 받는다. 해방에 따른 감정적 발산이 형식적 · 내용적 이완을 불러와 이전의 관념 취향적이라고 평했던 시들에서 오히려 후퇴하게 되었다는 것이다. "추상의 세계를 버리지 못할 뿐만 아니라 오히려 그 면에서 두드러진 우수한 시인"(조지훈)으로 평가되던 김광섭 시세계는 이후 자연을 감각적으로 노래한 시(자연시)와 애국 · 애족의 감정을 직정적으로 노래한 시(애국시)로 나아가게 된다. '해바라기'의 향일성을 통해 현실 참여와 삶의 의지를 표출하고 있는 이산은 한편 애국시라고 지칭된 일군의 시들을 통해 민족적 사명감을 직설적으로 노래함으로써 목적시, 교훈시를 다수 남긴다.

원로 시인으로 추앙받으면서 직접적인 창작활동과는 다소 거리를 두었던 김광섭은 또 한번의 변화의 계기를 맞는다. 김광섭은 1965년 4월 22일 서울운동장에서 야구 구경을 하다가 뇌출혈로 졸도하는데, 이 사건으로 말미암아 김광섭은 그의 대표작이라고 평가되는 「성북동 비둘기」의 시세계로 나아가게 된다. 병상에 누워 생명의 귀중함과 삶의 의미를 새롭게 인식하게 된 김광섭은 「생의 감각」 같은 시를 통해 죽음과 늘 마주하고 있는 소중한 '생의 감각'을 형상화함으로써 초기 시를 능가하는 시적 성취를 이루게 된다. 특히 물질문명에 대한 비판을 담은 「성북동 비둘기」 같은 시는 비평의식을 견지하면서도 초기 시의 관념성을 극복하는 것은 물론 삶의 근원에 대한 깊은 통찰에 담고 있다. 제3기에 해당되는 이 시기를 대표하는 시집으로는 『성북동 비둘기』(1969) 『반응』(1971)이 있다. 이들 시집에 수록된 작품들은 초기 관념성을 완전히 탈피하여 구체적인 삶을 표현하고 있다. 일제 식민지에서 깨어있음을 고통으로 인식하고 감각적 현실에서 벗어나고자 했던 시인은 이제 현실에 밀착하여 그 한복판에서 모든 것과 공존하기를 희망한다. 자연과 인간의 무한한 관계 속에 생의 의의를 찾은 이산은 1960년대 산업화로 황폐해진 인간성과 문명 비판을 구체적인 언어로 표현함으로써 노년의 원숙한 정신세계를 보여준다. 이산 김광섭이 노년에 보여준 또 하나의 빛나는 시적 성취는, 그러나 1977년 5월 23일 생과 결별함으로써 마감하게 된다.

1905(1세) 9월 22일 1905년 함경북도 경성군 어대진 송신동 148번지에서 해산업에 종사하는 김인준(金寅濬), 노옥동(盧玉童) 사이의 3남 3녀 중 장남으로 태어나다.

1915(11세) 경성공립보통학교 3학년에 편입하다.

1917(13세) 경성공립보통학교를 졸업하다.

1919(15세) 이학순(李學順)과 결혼하다.

1920(16세) 서울 중앙고보(中央高普)에 입학, 2학기 때 중동학교(中東學校)로 편입하다.

1924(20세) 중동학교를 졸업, 일본에 건너가 대학입시를 준비하다.

1926(22세) 와세다(早稻田)대학 제1고등학원 영문과와 도쿄상대(東京商大) 예과에 합격, 영문과를 택하다. 신입생 환영식에서 이헌구(당시 불문과 2년생)를 만나 함께 자취생활을 하다.

1927(23세) 제1고등학원 『조선인동창회 『R』지』의 청탁으로 시 「모기장」을 발표하다. 장녀 진옥 태어나다.

1929(25세) 제1고등학원을 졸업하고, 와세다대학 영문과에 입학하다.

1932(28세) 와세다대학을 졸업하다(졸업논문은 「사회극작가로서의 Galsworthy 연구—사회사상에 나타난 관점에서」). 차녀 금옥 태어나다.

1933(29세) 모교인 중동학교에 영어교사로 취임하고, 극예술연구회에 가담하여, 서항석, 함대훈, 모윤숙, 노천명과 사귀다.

1935(31세) 시 「고독」(『시원』 2호)을 발표하여 본격적인 창작활동을 시작하고, 「영문단의 금후 진전」(『예술』 4) 「연극운동과 극연(劇硏)」(『조선문단』 11)과 같은 평론들도 다수 발표한다.

1936(32세) 장남 재옥 출생하다.

1937(33세) 「동경」(『조광』 20호) 「초추(初秋)」(『조광』 24호) 발표하다.

1938(34세) 제1시집 『동경』(대동인쇄소)을 간행하다.

1941(37세) 학생들에게 민족사상을 고취하였다는 이유로 일경에 체포 구속되다. 「이별의 노래」(5월 31일 종로경찰서 유치장 벽에 씀)

1944(40세) 3년 8개월 만에 출옥하다.

1945(41세) 해방과 더불어 민족진영 문인들과 중앙문화협회를 창립하다. 9월 29일 문예강연회에서 해방을 맞은 감격을 시 「해방」으로 노래하다.

1946(42세) 전조선문필가협회 총무부장, 민주일보사 사회부장에 취임하다.

1947(43세) 전국문화단체총연합회 출판부장, 『민중일보』 편집국장, 조선신문인기자협회 총무부장에 취임하다. 미군정청 공무국장에 취임하였다가 미군정청 해체로 『민중일보』로 복귀하다.

1948(44세) 정부수립과 더불어 초대 이승만 대통령의 공보비서관에 취임하다.

1949(45세) 제2시집 『마음』(중앙문화협회)을 발간하다.

1950(46세) 『문학』 창간호 발간, 1집 발행은 한국전쟁으로 중단하다. 피란 중 대전에서 『대한신문』(공보처 발행) 사장에 취임하다.
1951(47세) 한・중 문화교류를 위해 자유중국을 시찰하다. 대통령 공보비서관 사임하다.
1952(48세) 경희대학교 교수로 취임하다.
1953(49세) 시 「석양」「해바라기」 발표하다.
1954(50세) 국제펜클럽 한국본부 중앙위원에 취임하다.
1955(51세) 한국자유문학자협회 위원장에 선출되다. 제27차 세계작가대회(비엔나)에 한국 대표(김광섭・변영로・모윤숙)로 참석하여 한국을 정식 회원국으로 가입시키다.
1956(52세) 『자유문학』을 발행하다.
1957(53세) 제7회 서울시문화상(문학 부문)을 수상하고 국제펜클럽 한국지부 부위원장에 선출되다. 제3시집 『해바라기』(자유문학자협회)를 발간하다.
1958(54세) 세계일보사 사장에 취임하고 제29차 세계작가대회(도쿄) 한국대표단 단원으로 참석하다. 번역시집 『서정시집』(보리스 파스테르나크 저) 발간하다.
1959(55세) 전국문화단체총연합회 상임최고위원에 선출되다. 국제펜클럽 한국본부 부위원장에 재선되다.
1960(56세) 대한민국학술원 추천위원이 되다.
1961(57세) 국제펜클럽 한국본부 부위원장에 3선되다. 한국문인협회 발기준비위원이 되고, 이어 부이사장에 선출되다.
1962(58세) 한국예술문화단체총연합회 이사로 선출되다.
1964(60세) 『자유문학』이 운영난으로 휴간되다.
1965(61세) 서울운동장에서 야구 구경을 하다가 뇌출혈로 졸도, 국립의료원에 입원하다.
1967(63세) 「생의 감각」「국군묘지」「우수」를 발표하다.
1968(64세) 후기 대표작 「산」「성북동 비둘기」를 발표하다.
1969(65세) 제4시집 『성북동 비둘기』(범우사) 발간하고, 대한민국문화예술상을 수상하다.
1970(66세) 국민훈장 모란장과 문공부로부터 창작기금을 받다.
1971(67세) 부인 사망, 제5 시집 『반응』(문예출판사)을 발간하다.
1974(70세) 예술원상을 수상하다. 『김광섭시전집』(일지사)을 발간하다.
1975(71세) 시선집 『겨울날』(창작과비평사)을 발간하다.
1976(72세) 5월, 자전문집 『나의 옥중기』(창작과비평사)를 간행하다.
1977(73세) 5월 23일 자택에서 숙환으로 별세하다.
1989년 '이산문학상'이 제정 시행되다. 이산 김광섭의 문학정신을 기리기 위해 김광섭의 딸이자 작가인 김진옥이 기금을 조성하고 '이산문학상 운영위원회'로부터 문학과 지성사가 그 관리와 운용을 위탁받아 시행해 왔다.

엄흥섭 嚴興燮, 1906~?

/박진숙/

엄흥섭은 1906년 충청남도 논산에서 태어나 일찍 부친을 여의고 소학교 5학년 때부터 경상남도 진주에 있는 숙부 밑에서 자랐다. 경남도립사범학교 재학 중이던 18세 때 『학우문예』라는 학생 문예잡지를 창간하고 그 주필 역할을 담당했다. 엄흥섭의 문학활동은 이때부터 시작된 셈인데, 경남도립사범학교의 교장과 작문 교원에게 영향받은 바 컸다. 교장은 상당한 자유주의자였고, 작문교원은 다야마 가타이(田山花袋)·구니키다 돗포(國木田獨步)에 대한 깊은 이해를 가진 문학애호가였다. 경남도립사범학교를 졸업한 후 보통학교 교원생활을 하면서 동인지 활동을 하거니와, 이러한 그의 작가적 이력은 이후 작품활동에도 큰 영향을 미친다. 또한 이 시기 『습작시대』 『백웅』 『신시단』의 간행은 엄흥섭이 지니고 있는 문학에 대한 열정을 잘 보여주고 있다.

엄흥섭이 본격적으로 문학활동을 시작한 것은 1930년 1월 『조선지광』에 단편소설 「흘러간 마을」을 발표하면서부터이다. 그런데 그 이전 경남도립사범학교 재학 중에 이미 『동아일보』에 여러 편의 시를 투고하기도 했다. 엄흥섭은 스스로 시에는 소질이 없다고 생각하여 소설로 장르를 바꾸었으며 이후 도스토예프스키, 톨스토이, 투르게네프 등을 탐독하였다고 밝히고 있다. 특히 그는 도스토예프스키를 위대한 리얼리스트라 칭하며, 그의 문학의 특징을 '지나치게 치밀한 관찰, 작중인물의 심각한 심리묘사'라고 하면서 창작방법의 특수성에 주목한다. 이를 토대로 쓴 것이 그의 등단작 「흘러한 마을」이다. 이 작품이 카프의 기관지였던 『조선지광』에 실리자 그는 사상불온이라는 이유로 교직에서 파면당한다. 이를 계기로 그는 서울로 올라가 소설 창작에 몰입하게 된다.

1930년 4월 20일 조선프롤레타리아예술동맹(KAPF) 중앙위원이 된 엄흥섭은, 소자본가의 결속으로써 대자본가와의 항쟁을 그린 「파산선고」(『대중공론』, 1930.6), 봉건적 생산형태가 기본적이던 어촌에 어업조합이라는 자본주의적 관계가 이입되고 그로 인한 어민들의 빈궁화를 그린 「출범 전후」(『대중공론』, 1930.9)를 썼다. 그의 초기 작품은 객관적 현실을 형상화하기보다는 문예운동의 볼셰비키화의 결과인 제재의 고정화라는 경향을 드러내고 있다.

1931년 박세영, 송영과 함께 『별나라』 동인으로 편집에 관여하였으며 김병호, 양창준, 박세영 등과 함께 프롤레타리아 동요집 『불별』을 간행하기도 하는 등 카프 맹원으로서의 활동을 맹렬히 하고 있었다. 또 카프 개성지부에서 양창준 민병휘 이적효 등과 함께 노동자 농민을 위한 잡지 『군기』를 편집하던 중 카프 지도부가 활동이 부진하다고 비판을 하게 된다. 엄흥섭은 실제로는 가담 성격이 미약했던 것으로 밝혀졌으나 이를 계기로 카프에서 제명당하게 된다. 그래서 『군기』 사건을 중심으로 엄흥섭 문학세계의 변모가 있지 않을까 추정해보지만 카프 제명 이후 엄흥섭 작품에서의 변모는 그다지 크게 나타나지 않는다. 오히려 엄흥섭은 리얼리즘에 입각한 문학관을 일관되게 관철시켜 나가고 있다.

『군기』 사건 이후 발표한 작품으로는 「그대의 힘은 약하다」(『비판』 9, 1932.1)와 「온정주의자」(『비판』 11~13, 1932.3~5)가 있다. 「그대의 힘은 약하다」는 원래 장편으로 구상된 작품인데 1회 게재 만으로 끝나 있지만 새로운 P군에 대한 기대를 통해 노동자의 힘을 보여주겠다는 작가의 의지를 읽을 수 있다. 「온정주의자」는 공장주가 가족적 슬로건을 내세워 자본가/노동자 관계를 은폐하는 모습과 그에 대한 노동자들의 저항을 사실적으로 묘사하고 있다. 이 점이야말로 자본가/노동자관계를 도식적으로 파악하는 당시의 일반적인 프로소설과 그의 작품을 구별시켜 주는 점이다. 이 소설은 온정주의라는 가면 폭로, 조직 노동자로서의 성장 등 현실성 획득으로 나아가 로맨티시즘의 탈을 벗었다는 점에서 높이 평가되지만 그 과정이 구체성을 결여하고 있다는 점은 여전히 한계로 남는다.

엄흥섭은 「창작의 태도와 실제—취재와 사실적 묘사」(『조선일보』, 1934.1.14)에서 작가와 작품에 있어서 독자의 중요성을 강조하며 이제까지의 창작태도의 결함을 지적한다. 취재 범위가 국한되어 있었다는 것, 로맨티시즘에 젖어 있었기 때문에 추상적이고 관념적이었다는 것을 스스로 반성하면서 취재는 넓게, 작가적 양심과 입장은 선명하게 하며, 공식적 취재를 극복하여 다양한 취재로 생생한 인간생활을 묘사하도록 하겠다는 것, 소설의 주인공이 공식적 아지푸로하는 것으로부터 탈피함과 동시에 창작방법에 있어서는 사실주의적 묘사의 길을 걷겠다는 것이 이 글의 내용이었다. 민중 현실을 핍진하게 그리고 있는 작품으로 평가되는 「숭어」(『비판』, 1933.11) 「유모」(『중앙』 5~6, 1934.4) 「새벽바다」(『조광』 2, 1935.12) 「과세」(『조광』 6, 1936.4) 「힘」(『조광』 7, 1936.5) 등은 엄흥섭의 이러한 반성과 각오의 산물이라고 할 수 있다. 식민지 현실에서 억압받고 착취당하는 가난한 민중의 일상생활을 치밀한 묘사로 그려내고 있다는 점에서 작가 엄흥섭이 프로문학 작가로서 보여줄 수 있었던 가능성의 한 지점이 바로 위와 같은 작품들이었다.

엄흥섭은 평론 「정열, 양심, 행동」(『조선일보』, 1935.8.24)에서 "문학이란 것은 언제나 그 시대, 그 민족, 그 환경을 반영하는 것이니 이 3대 요소가 완전히 진실하게 그려지는 데에 완전한 문학이 창조되는 것"이라고 보았다. 또 "문학은 그 사회보다 언제나 한걸음 앞서야 한다. 작가가 독자에게 끌려갈 게 아니라 작가가 독자를 끌고 나가야 한다"고 하였는데, 이는 이후 엄흥섭 문학 세계를 이해하는 데 중요한 지침이 된다. 문학이 사회보다 한걸음 앞서야 하므로 세계의 바람직한 건설을 위해 지식인의 역할이 무엇인가를 고민하고 거기에 걸맞은 인간형을 양산하여 현대적 인간형을 제시하려고 한 것이 엄흥섭 장편소설에서 구체적으로 나타난다. 『세기의 애인』에서 진보적 지식인 김종만이 사회사업을 한다는 명사가 한 여성의 정조를 유린당하는 사건을 고발하고자 하는 의기를 보이기도 하나, '세기의 아들'이므로 단지 여성의 연애 문제를 해결해줄 수는 없다는 고민, 우울을 다루고 있다. 『인생 사막』(『신세기』 1940.1~1941.6)의 경우 오세형으로 하여금 현대의학 강습소 학생들의 가두 예방 주사대와 같은 근로봉사를 하게 한다든지, 『봉화』의 변영조는 야학을 통해 이상적인 마을을 만들려는 노력을 보인다든지 하는 것이 엄흥섭이 제시하고자 한 지식인의 바람직한 모습일 것이다.

다음 후일담 문학이라 지칭되는 「절연」(『조선문학』, 1934.1)은 투사인 남편이 아내에게 보내는 절연장 형식의 소설이고, 「방울 속의 참소식」(『문학창조』, 1934.6)은 운동에 뛰어든 남편의 소식을 호외 속에서 확인하는 아내의 모습을 그리고 있다. 「윤락녀」(『신가정』, 1935.3) 「길」(『여성』, 1937) 「아버지 소식」(『여성』 1938.1~2)은 지식인 투사와 가족의 희생과 의지를 그리는 내용으로, 이 세 편은 수록된 잡지가 여성지임을 고려할 때 조선의 미래를 위해 여성들은 어떤 삶을 살아야 하는지를 강조하려는 작가의 의도가 개입된 것이라 볼 수 있다. 「길」에서 남편의 책 베벨의 『부인론』을 보던 정애가 난산 끝에 아이를 낳고 "오직 한 개의 모성(母性)으로서 세상과 싸워나가는 것이 나의 가장 가까운 길이다"라고 의지를 다지는 모습에서 이를 확인할 수 있다.

「가책」(『신동아』, 1936.1) 「정열기」(『조광』, 1936.11~1937.2) 「명암보」(『조광』, 1938.3~8)는 교사가 등장하는 대표적인 작품으로 학교에서 일어나는 사건을 중심으로 일제시대 교육현장에서 일어나는 사건들, 학교 경영자와 교육관리의 횡포를 보여주며 지사적 교육자의 어려움을 보여주고 있다. 한편 「여명」(『문장』 7, 1939.7)은 작가가 주인공으로 "굶어가면서라도 문학을 하지 않으면 안 되는 것이 이 시대 이 사회의 예술가로서의 도"라며 생활에 쪼들린다고 타작을 내놓기는 싫다는 작가의식이 보이는 작품이다. 그러나 실제로는 내일을 향한 꿈은 있으나 좌절될 수밖에 없는 현실이 전제되어 있다. 1938년 소설 「파경」이 "유산계급자를 매도하고 좌경사상을 고취한" 것을 이유로 엄흥섭은 서대문형무소에 기소되기도 하였다. 1944년에는 「그들의 전업」이라고 하는 생산문학에 해당하는 작품을 발표하기도 하는데 이는 시국과 그의 사상과의 불가피한 만남을 보여주고 있는 경우라 할 수 있다.

해방 이후 그는 조선프롤레타리아문학동맹에 가입하고 곧바로 인천으로 내려가 지방문예운동의 대중화에 전념하는 등 활발한 활동을 한다. 건준인민위원회의 외곽단체였던 인천신문화협회가 그 전열을 재정비하여 인천문학가동맹(1945.12.18)으로 새롭게 출발하는 데도 가담하였다. 엄흥섭, 송종호, 김차영 등이 이 단체의 핵심인물로, 김차영의 경우만 예외일 뿐 엄흥섭으로 대표되는 이들의 문학노선은 프로문맹의 기본적 지향과 일치하는 것이었다.

이런 조직 활동뿐만 아니라, 「귀환일기」(『우리문학』, 1946.2) 「쫓겨온 사나이」(『신문학』, 1946.8) 등 소설을 발표하며 왕성한 창작욕을 보인다. 「귀환일기」는 해방 후 일본에 남아 있던 조선인의 귀환을 다룬 내용으로, 정신대로 끌려간 순이의 해산을 통해 해방공간의 단순치 않은 사태와,

건국에 대한 기대, 일본 제국주의에 대한 비판을 보여주고 있는 작품이다. 「쫓겨온 사나이」는 친일파에 대한 비판과 함께 이들을 파쇼 반민주주의 세력으로 명명하기도 하는 등 그의 이데올로기적 입장이 분명히 드러나 있다.

해방 직후 엄흥섭은 소설에서 '해방'과 '독립'을 구분하고 있다. '독립'은 엄밀하게 말하면 좌익정부의 수립이다. 「자존심」(『백민』, 1947.1) 「발전」(『문학비평』, 1947.6)에서는 정부 수립과 관련하여 친일파를 비판하고 정부 수립의 주체가 인민임을 밝히고 있다. 그러나 남한 단독정부 수립 후 그는 다시 좌절할 수밖에 없었고, 1951년 월북했다. 월북하여 북한작가동맹 평양지부장과 중앙위원을 지냈다고 한다. 1963년 한설야 숙청 당시 그의 추종세력으로 몰려 함께 숙청당한 것으로 추정할 뿐, 사망 시기는 아직 확인되지 않고 있다.

엄흥섭 ▸▸

1906년(1세) 9월 9일 충청남도 논산군 채운면 양촌리에서 태어나다. 소학교 5학년 때부터 진주 숙부 밑에서 자라 호적상 본적지가 경남 진주부 수정동 654번지로 되어 있다.

1923년(18세) 경남도립사범학교 재학 중 『학우문예』라는 학생 문예잡지를 창간하고 그 주필 역할을 담당하다. 이는 자유주의자 교장과 다야마 가타이(田山花袋), 구니키다 돗포(國木田獨步)에 대한 깊은 이해를 가진 작문교원의 영향을 받아 이루어진 것이다.

1925년(20세) 『동아일보』에 시 「성묘」(1925.9.4) 「꿈속에서」(1925.9.12) 「들에 피는 꽃」(1925.9.29) 「나그내」(1925.10.5) 「바다」(1925.10.12) 등을 발표하다.

1926년(21세) 경남도립사범학교를 졸업한 후, 경남 공립학교인 평거보통학교에서 1929년까지 '훈도'를 하다.

1927년(22세) 1월 인천 진우촌, 박아지, 김도인, 한형택 등과 연합하여 동인지 『습작시대』를 내다. 공주 윤귀영의 도움을 받아 『백웅』을 간행했으며, 『백웅』이 휴간되자 김병호, 박아지 등과 함께 『신시단』을 간행하다.

1928년(23세) 전후 박세영, 송영, 임화가 하고 있던 『별나라』 편집에 엄흥섭이 가세하다.

1929년(24세) 『별나라』에 시 「금방울 소래」(1929.5)를 발표하다. 『신소년』에 「소년행진곡」(1929.7 · 8)을 발표하면서 『신소년』지에서 활동하다. 이미 이기영, 송영, 윤기정 등 카프 맹원들과 서신왕래가 있었으며 「흘러간 마을」을 투고하여 고평을 받자 진주 교원생활을 그만두고 서울로 올라와 잡지 『여성지우』 편집 업무를 담당하면서 창작에 열중하다. 카프의 맹원이 되다.

1930년(25세) 1월 단편소설 「흘러간 마을」을 『조선지광』에 발표하면서 소설가로 작품활동 시작하다. 이로 인해 사상불온이라는 이유로 보통학교 교직에서 파면을 당하다. 서울로 올라가 본격적인 작품활동 시작하다. 이때 한성도서주식회사에 근무하다. 4월 20일 조선프롤레타리아예술동맹(KAPF) 중앙위원이 되다. 단편소설 「파산선고」

「출범 전후」를 통해 소자본가 대 대자본가의 항쟁, 어업 조합과 어민의 빈궁화를 보여주면서 자본주의적 착취의 본질이 무엇인가를 그려내고 있다.

1931년(26세) 3월 김병호, 양창준, 박세영 등과 함께 프롤레타리아 동요집 『불별』을 간행하다. 박세영, 송영과 함께 『별나라』 동인 및 편집에도 관여하다. 5월 개성지부에서 양창준, 민병휘, 이적효 등과 함께 노동자 농민을 위한 잡지 『군기』를 편집하던 중 카프 지도부를 비판한 것이 계기가 되어 카프에서 제명을 당하다. 엄흥섭은 실제로 가담 성격이 미약했던 것으로 판명되다. 9월 '전조선소년소녀현상대모집' 선고선생(심사위원)으로 명단에 올라 있는 것으로 보아 카프와 관련된 활동은 그대로 유지된 것이 아닌가 추정할 수 있다.

1936년(31세) 개성에서 고려시보사 편집을 담당하다.

1937년(32세) 인천에서 발행된 『월미』에 참여하다.

1938년(33세) 7월 8일 유산계급자를 매도하고 좌경사상을 고취하는 소설 「파경」을 발표하여 서대문형무소에 기소되다.

1940년(35세) 5월 매일신보사 편집기자로 입사하다.

1945년(40세) 8월 16일 인천신문화협회 결성에 참여하다. 9월 17일 조선프로레타리아문학동맹 중앙집행위원 및 동맹원, 9월 20일 조선프로레타리아예술연맹 문학분과 상임위원, 10월 7일 대중일보사 편집국장, 11월 28일 인천신문기자회의 위원장을 겸직하다. 조봉암 등과 함께 조선혁명자구원회 인천지부의 고문을 역임하다. 12월 18일 송종호, 김차영과 함께 인천문학가동맹 결성, 인천문학가동맹 위원장, 송영, 박아지, 박세영, 김도인 등과 함께 『별나라』 복간 작업에 참여하다.

1946년(41세) 조선문학가동맹 참가, 중앙집행위원 및 소설부 부원이 되다. 2월 조선문학가동맹 주최 '전국문학자대회'에 초청받다. 3월 조선문필가협회 결성준비위원회 추진회원이 되다. 3월 1일부터 인천신문사 초대 편집국장, 1년 4개월 근무하다.

1947년(42세) 7월 25일 제일신문사 편집국장을 역임하다.

1948년(43세) 『제일신문』 9월 11~12일자에 북조선 인민공화국 창건 소식을 보도한 것으로 구속되어 미결수로 1년 2개월여를 감옥에서 보내고 1949년 11월 실형을 언도받으면서 풀려나다.

1949년(44세) 11월 30일 국민보도연맹에 가입하다.

1950년(45세) 1월 8~9일 국민보도연맹 주최 제1회 국민예술제전에서 자신의 신념과 양심에 반하는 강연을 하다.

1951년(46세) 월북하여, 북한작가동맹 평양지부장과 중앙위원을 지내다.

1963년(58세) 한설야 숙청 당시 그의 추종세력으로 몰려 뚜렷한 활동을 하지 못하게 되다. 사망 시기는 아직 확인되지 않았다.

유진오 俞鎭午, 1906~1987

/윤대석/

식민지 시기부터 1960년대까지 유진오가 한국사회에 끼친 영향은 심대하다. 그는 자신의 전공인 법학뿐만 아니라, 문학, 사회운동, 정치 등의 방면에서 큰 족적을 남겼다.

유진오는 1906년 5월 13일 한성부 북부 가회방 제동계 맹현(孟峴) 제12통 12반에서 부친 유치형(俞致衡), 모친 밀양 박씨 사이에서 10남매 중 장남으로 태어났다. 그의 가계인 기계(杞溪) 유씨 집안은 일찍이 개화사상에 눈을 뜬 구한말의 대표적인 개화집안이었다. 부친 유치형은 1895년 3월 대한제국의 관비유학생으로 일본 게이오기주쿠(慶應義塾) 보통과를 졸업하고 이어 도쿄 주오(中央)대학에서 3년간 법학을 공부한 후 일본 사법성과 각 재판소에서 견습을 하고 귀국한 법률가였다. 귀국 후 공립철도학교 교사, 법부 산하 법률기초위원회 위원(1901), 주영 공사관 서기관, 궁내부 회계과장·참서관 및 서기관, 어원(御院)사무국 이사 등을 역임하였다. 또한 1907년 6월 수학원(修學院) 교관으로 임명된 이래 한성법학교, 보성전문학교, 양정의숙, 대동법률학교 등에서 헌법, 민법, 해상법 등을 가르쳤다. 그는 『헌법』(1907) 『해상법』(1907) 『물권법 1·2부』(1908) 『법학통론』 등의 저술을 남긴 한국 근대법학계의 선구자였다. 이 시기 기계 유씨 집안의 대표적인 인물은 유길준이다. 유진오의 소설 「창랑정기」의 '서강대신'은 바로 유길준을 그린 것이라 한다. 유길준의 집이 유진오가 태어난 이듬해 노량진으로 이사하기 전까지 이웃 마을에 가까이 있었고 부친 유치형의 일본 유학도 유길준의 권고였을 정도로 두 집안은 가까웠다. 유진오가 근대적 합리성을 상징하는 법률가 집안, 개화사상에 일찍부터 눈을 뜬 집안 출신임은 그의 문학과 사상의 일단을 성격 짓고 있다고 할 수 있다. 많은 연구자들이 유진오의 문학과 사상의 핵심에 '근대'를 두는 것도 그 때문이다.

유진오를 설명할 때 자주 등장하는 두 번째 요소는 그가 '수재'라는 사실이다. 그는 한 번도 수석을 놓친 적이 없다고 한다. 1914년 아홉 살의 나이로 제동보통학교에 입학했는데, 이 학교는 신문물을 습득하고자 하는 서울 명문 자녀들이 다니던 학교였다. 이 시기부터 유진오는 수재의 길을 걸어갔다. 1918년 제동보통학교를 우수한 성적으로 졸업한 유진오는 경성고등보통학교에 무시험으로 입학할 수 있는 자격을 얻게 되지만, 연령 미달로 1년 쉬게 된다. 결국 다음

해 4월 경성고등보통학교(나중에 경성제일고보 · 경기중학교, 해방 후 경기고)에 입학하여 두각을 드러낸다. 1924년 3월 경성고보를 우수한 성적으로 졸업하고 4월 경성제국대학 예과 문과 A에 수석으로 입학한다. 이 해 초 실시된 제1회 대학예과 고등학교 입학 모의시험에서 조선인과 일본인을 통틀어 전체수석을 차지하여 큰 자신감을 가지게 되었다고 한다. 1926년 경성제국대학 법과에 진학한 이후 29년 졸업할 때까지 그는 수석을 놓치지 않았다. 그러나 이러한 수재의식은 그가 시대감각에 예민하게 반응할 수 있게 하는 원동력이었다고 하는 편이 나을 것이다. 근대적 자아의식과 수재의식은 그로 하여금 대학시절 문학과 마르크시즘으로 향하게 하였다. 그것이 시대정신이었기 때문이었다. 문학은 정치를 대신하여 식민지 지성의 선두에 서게 되었고, 마르크시즘은 세계적 유행사조였다.

유진오의 문학활동은 대학예과 시절부터 시작된다. 예과 2학년이던 1925년 학생회 잡지 『청량』 발간을 주도하고, 동지 1호(1925.5.30)에 워즈워드 시 「뻐꾸기에 부쳐」 등의 영시 3편과 시조 3편을 번역 · 수록하며 동지 2호(1925.12.18)에 평론 「뮤즈를 찾아」를 쓴다. 「뮤즈를 찾아」는 39년에 쓴 「가을」(『문장』, 1939.5)에 과거에 쓴 글로 부분 인용되는 등 그의 문학의 원형이 된다. 그가 문학활동을 일본어로 시작했다는 점은 주목할 점이다. 당시 교육의 공식어가 일본어였고, 그가 공부한 경성제국대학이 일본인 중심의 대학이었기 때문에 일본인과의 경쟁에서 우수한 성적을 거둔 그가 일본어 구사에서도 상당한 수준을 보였음은 충분히 짐작할 수 있다. 이 점은 1940년대 전반기 그가 일본어로 소설을 쓰는 심리의 일단을 설명해준다.

유진오의 문단 데뷔작은 『조선지광』에 실린 「복수」(1927.4)이다. 그 후 「여직공」(『조선일보』, 1931.1.2~22)에 이르기까지 그의 소설은 마르크스주의적 성격을 띤다. 그러나 카프 가입 권유는 거절한다. 이런 이유로 해서 그는 당시부터 지금까지 '동반자 작가'로 불린다. 동반자 작가란 이념적으로는 카프에 동조하지만, 실제로 카프에 가입하는 등 마르크스주의를 실천하는 행위는 하지 않은 부류의 작가를 말한다. 말하자면 지식과 관념으로서 마르크스주의를 받아들인 작가를 동반자작가라 할 수 있다. 채만식, 이효석 등이 거기에 해당한다.

유진오의 30년대 전반기의 소설 주제는 '자아의 인식'인데 이를 쁘띠 부르주아가 자신을 프롤레타리아로 자각하는 경우와 즉자적 노동자가 대자적 노동자로 자각하는 경우로 나눌 수 있다. 첫 번째 유형에는 「오월의 구직자」(『조선지광』, 1929.9) 등을 들 수 있는데 여기서 자아의 자각은 아무런 매개도 거치지 않고 주인공의 관념 속에서만 이루어지고 있다. 두 번째 유형에는 「여직공」 등이 있는데 여기서도 마찬가지로 그 자각의 과정의 매개가 윤리적인 것으로 되어 있기 때문에 인식론적으로 보았을 때 그 자각의 형식이 비약적이라 할 수 있다. 이처럼 자각에 매개가 주어지지 않는 것, 관념 속에서만 의식의 비약이 이루어지는 소설이 동반자기의 유진오 소설인 것이다. 이것은 현실과 실천이라는 매개를 통해 자각에 이르는 카프소설과는 구분되는 유진오 소설만의 특징이라 할 수 있다.

자아가 더 이상 현실을 구성하지 못하는 1930년대 중반기에 이르면 이러한 인식론은 한계에 다다르게 된다. 그 이전까지는 자신의 이념의 틀로 세상을 바라보아도 아무런 모순이 생기지 않았지만 30년대 중반에 들어서면 자신의 이념과 부합하지 않는 현실이 생겨난다. 파시즘의 현실이 도래한 것이 그것이다. 32년 이후 37년까지 유진오가 거의 소설을 발표하지 못하는 것은 그 때문이다. 그러한 위기감을 보여주는 것이 「김강사와 T교수」(『신동아』, 1935.1)이다. 주인공 김만필은 이념을 끝까지 유지하면서 변화한 현실에 대처하려 하지만 그러한 시도가 실패로 끝나게 된다.

1930년대 후반기 소설에서 주인공은 대부분 이념과 관계가 없는 인물이거나 이념의 몰락을 경험한 인물이 된다. 또한 이들에게는 공통적으로 가부장적 권위가 존재하지 않는다. 생활무능력자 남편을 가진 여자나 아버지가 없는 사람, 기댈 이념이 없는 사람 등이 주인공으로 등장한다. 가부장적 권위가 몰락한 것을 드러내는 소설에는 「황률」(『삼천리』, 1936.1) 「창랑정기」(『동아일보』, 1938.4.19~5.4) 「산울림」(『인문평론』, 1941.1) 등이 있다. 이 시기에 유진오가 주장한 '시정편력의 문학'론이란 주체를 완전히 무화시키고 있는 그대로의 '사실'을 받아들이는 것은 아니다. 이러한 '사실'을 일상생활로 환치시키고 이것을 편력하면서 그 속에서 영원한 것, 즉 비판적 정당성을 발견하려는 것이 바로 '시정편력의 문학'론이라 할 수 있다. 그 와중에 일어나는 것이 김동리와의 '신세대논쟁'(1939)인데 신세대와 그 이전 세대의 차이점이 바로 비판적 정당성을 발견하려는 노력에 있다는 것이 그 요점이라 할 수 있다. 「나비」(『문장』, 1939.7) 「어떤 부처」(『조광』, 1938.10) 「치정」(『조광』, 1938.12) 등의 소설은 단순히 일상생활을 묘사한 것이 아니라, 절대적인 권위가 무너진 곳에서 어떻게 생활에 질서를 부여할 것인가가 주제가 되어 있다.

선험적인 이념의 눈으로 일상생활을 바라보지 않으면서 그 속에서 비판적 정당성을 찾으려는 노력이 극치에 이르는 것은 「가을」(『문장』, 1939.5)에서이다. 이 소설에서 주인공 기호는 다양한 사람들을 만나면서 이들과 이들이 가진 세계를 바라보는 시각에 대해 어떠한 판단을 내리고자 한다. 이념을 여전히 고수하고 있는 사람, 이념을 버리고 생활로 뛰어든 사람, 마르크스주의를 버리고 새로운 이념인 파시즘(동양주의)을 받아들인 사람 등이 그 대상이다. 그러나 주인공은 결국 새로운 판단을 내리지 못하고 모두가 합의하는 상식적인 결론, 즉 윤리적 성실성에 도달한다. 일정한 판단에 도달해야 하는 장르인 장편소설을 창작하면서 유진오는 다시 이 과제에 도전하지만 그 결과는 「가을」에 나타난 인식론에서 벗어나지 못하며, 오히려 「가을」에서의 결론을 절대화하고 만다. 그러니까 『화상보』(『동아일보』, 1939.12.8~1940.5.3)에서는 '제로의 가치관'을 역설하면서 사건의 해결은 개인적 성실함이라는 합의된 상식에 의존하고 있는 것이다. 이는 일상 생활을 절대화함으로써 그것의 지식인 상식에 모든 판단을 맡기고 더 이상의 새로운 판단을 포기하는 것이라 하겠다.

1940년대 전반기에 이르면 유진오는 아무런 판단도 내리지 않고 현실을 그리는 '제로의 가치관'마저 버리고 동양주의에 입각해 새로운 현실을 해석하고자 한다. 「여름」(『문예』, 1940.7) 「남곡선생」(『국민문학』, 1942.7) 「할아버지의 고철」(『국민총력』, 1944.3) 등이 '조선적인 것=동양적인 것'

을 잘 보여주는 소설이라 할 수 있다. 여기서는 동양적인 것을 일본적인 것으로 환원시키는 일본의 동양주의와는 다른 모습을 보여주며, 따라서 일본의 담론인 동양주의를 받아들임으로써 일제에 협력하기도 하지만, 그것을 조선적인 것으로 해석함으로써 그 틈을 통해 저항하고 있기도 하다.

해방 이후 유진오는 문단활동으로도 창작활동으로도 나아가지 않는다. 임화가 새로운 문학단체 건설에 참가할 것을 제안했지만 그는 거절했다. 그 대신 그는 제헌헌법을 기초하고, 보성전문에서 법학을 가르치며, 민중당 당수를 비롯해 정치활동을 하거나 했다.

유진오 ▸▸

1906년(1세) 5월 13일 한성부 북부 가회방 제동계 맹현(孟峴) 제12통 12반에서 부친 유치형(兪致衡), 모친 밀양 박씨 사이에서 10남매 중 장남으로 태어나다.

1914년(9세) 4월 경성의 명문 자녀들이 다닌 제동보통학교에 입학하다.

1919년(14세) 4월 경성고등보통학교에 입학하다.

1923년(18세) 동창들과 시 동인지 『십자가』를 발행하는 등 일찍부터 문학에 관심을 드러내다.

1924년(19세) 3월 경성고보를 우수한 성적으로 졸업하고 4월 경성제국대학 예과 문과 A에 수석으로 입학하다.

1925년(20세) 학생회 잡지 『청량』 발간을 주도하고, 동지 1호(5.30 발행)에 워즈워드 시 「뻐꾸기에 부쳐」 등의 영시 3편과 시조 3편을 번역·수록하며 동지 2호(12.18 발행)에 평론 「뮤즈를 찾아」를 쓰다.

1926년(21세) 예과를 졸업하고 4월 경성제국대학 법과에 진학하다. 학생회지 『문우』의 발간을 주도하고 「S씨와 빠사회」를 게재하다.

1927년(22세) 『조선지광』에 「복수」 「스리」를 발표하면서 문단에 데뷔하다. 「파악」 「피로연」 등을 발표하다.

1928년(23세) 「박군과 그의 누이」 「갑수의 연애」 등을 동반자 소설을 발표하다. 또한 『조선지광』에 「진리의 이중성」을 발표함으로써 평론가로도 활약하기 시작하다.

1929년(24세) 경성제국대학 법과를 수석으로 졸업하고 형법연구실 조수가 되다. 친구 최용달과 함께 도쿄로 '학문에의 성지순례'를 다녀오다. 한 달간의 유람을 통해 그는 미키 기요시 등 일본의 지식인과 만나다. 경성제대 출신의 낙산구락부를 조직하고 학술지 『신흥』을 창간하는 데 중심적 역할을 하다. 「오월의 구직자」 발표하다.

1930년(25세) 사회운동을 정리한 「조선사회운동 거세개적과 금년의 추세」를 발표하고, 법학논문 「사유재산권의 기초」를 발표하다. 카프로부터 가입권고를 받으나 거절하다.

1931년(26세) 조수 임기 만료되어 법리학연구실 조수로 옮기다. 예과에서 법학통론을 강의한다. 이때의 경험이 「김강사와 T교수」에 반영되다. 같이 조수로 있던 이강국, 최용달, 박문규 등과 함께 조선사회사정연구소를 설립하다. 「밤중에 거니는 자」 「상해의 기억」 등을 발표하다.

1932년(27세) 보성전문학교에 강사로 출강하다. 조선사회사정연구소가 일본경찰에 의해 수색을 당하고 동연구소는 폐쇄되다. 「전별」 등 소설을 몇 편 쓰나 이해부터 37년까지 소설은 거의 쓰지 않고 평론만 집필하다. 이때를 그의 소설창작에서 모색기라 할 수 있다.

1933년(28세) 보성전문학교 전임강사가 되다.

1934년(29세) 『보성학회논집』에 「중세의 정의사상—법률이념사의 일절」을 쓰는 등 학자로서의 임무에 충실하다. 소설 「행로」 발표하다.

1935년(30세) 『신동아』에 「김강사와 T교수」를 발표하며 문단의 주목을 받다.

1937년(32세) 「지드의 소련여행기」를 발표하는 등 파시즘에 대처하는 서구 지식인의 동향을 주시하며 문단활동을 절제하다. 「김강사와 T교수」가 일본어로 번역되어 일본 문예지 『문학안내』에 실리다.

1938년(33세) 「창랑정기」를 통해 창작활동을 재개하다. 소위 '시정편력의 문학'이라 할 수 있는 「어떤 부처」 「수술」 등을 발표하다.

1939년(34세) 보성전문 법과 과장이 되다. 「조선문학에 주어진 새길」에서 '시정편력의 문학'을 주장하며 그 창작으로 「나비」 「가을」, 장편 『화상보』 등을 발표하다. 김동리와 신세대 논쟁을 벌이다. 조선문인협회 주최 시국 강연회에서 강사로 활동하다.

1940년(35세) 일본의 문학전문지 『문예』에 일본어 소설 「여름」을 게재함으로써 본격적으로 일본어 소설창작에 나서다.

1941년(36세) 「기차 안」 「복남이」 등의 일본어 소설과 「산울림」 「젊은 아내」 등 조선어 소설을 동시에 창작하다.

1942년(37세) 도쿄에서 개최된 제1회 대동아문학자대회에 이광수 등과 함께 참여하여 연설을 하다. 「남곡선생」 「신경」 등의 소설과 「국민문학이라는 것」 등의 평론을 발표하다.

1943년(38세) 조선문인보국회의 간사직을 맡게 되다.

1945년(40세) 44년에 경성척식경제전문학교로 교명이 바뀐 보성전문 교수직을 3월에 사직하다. 해방과 함께 보성전문 교수와 경성대학 법문학부 교수를 겸직하고 교육심의위원이 되다. 문학단체 설립을 도와달라는 임화의 요청을 거절하고 문학으로부터 멀어지다.

1948년(43세) 대한민국 헌법기초위원과 초대 법제처장을 역임하다.

1956년(51세) 학술원 회원이 되다.

1959년(54세) 대한민국학술원상을 받다.

1962년(57세) 대한민국 문화훈장을 받다.

1966년(61세) 민중당 대통령 후보로 지명되다.

1967년(62세) 신민당 대표위원, 제7대 국회의원이 되다.

1968년(63세) 신민당 총재가 되어 1970년까지 재직하다.

1987년(82세) 별세하다.

강경애 姜敬愛, 1906~1944

/이상경/

강경애의 모든 소설은 간도에서 씌어졌다. 이는 당대의 다른 여성 작가들이 대부분 조선문화의 중심지인 서울에서 살며, 더욱이 잡지사나 신문사의 기자로서 문단의 중심에 있으면서 작품 활동 바깥의 부수적인 활동에 더 바빴던 경우가 많았던 것과 비교해서 강경애의 특성을 드러낸다. 문단의 변두리지만 당시 항일 무장투쟁의 중심지인 간도에서 살면서 창작에 전념한 것이 작가 강경애에게 예술적으로나 정치적으로 긴장을 주었고, 그러한 긴장감에서 당대 어느 작가보다 뛰어난 예술적 성취를 이룰 수 있었기 때문이다.

강경애는 1906년 4월 20일 황해도 송화군 송화에서 가난한 농민의 딸로 태어났고, 아버지가 죽은 뒤 재혼하는 어머니를 따라 장연에서 성장하게 되었다. 의붓아버지는 돈은 있었으나 환갑을 지난 노인이었고 거기다가 장애자였기에 강경애의 어머니는 거의 몸종 같은 신세였다고 한다. 일곱 살 무렵 집안에 굴러 다니는 『춘향전』에서 한글을 깨치고 한글 고전소설을 독파하자 동네 할아버지 할머니들이 다투어 데려가서 과자를 사 먹이고 소설을 읽게 했다. 그래서 동네에서 '도토리 소설장이'라는 별명을 얻었다. 1915년 열 살이 지나서야 어머니의 애원과 간청으로 겨우 소학교(지금의 초등학교)에 입학하였지만 수업료, 학용품 값 등을 마련할 수 없어 옆 친구의 돈과 물건을 훔치기라고 했으면 하는 절박한 심정으로 눈치 공부를 하였다.

1921년 형부의 도움으로 평양 숭의여학교에 입학했다가 1923년 퇴학당했다. 평양숭의여학교는 기독교 학교로서, '평양 제2감옥'이라는 별명이 있을 정도로 기숙사 사칙이 엄격하였는데, 강경애가 3학년 때인 1923년 10월 경, 학생들이 추석에 성묘하는 것도 미신이라고 규제하는 미국인 교장과 엄격한 기숙사 생활에 항의하여 동맹휴학을 벌였다. 이 사건으로 퇴학 당한 강경애는 동향 사람인 양주동과 함께 서울로 와서 동덕여학교 3학년에 편입하여 1년간 공부했다고 한다. 1924년 5월 양주동이 주재하던 『금성』지에 '강가마'라는 필명으로 「가을」이라는 습작시를 발표했지만 곧 동덕여학교를 중퇴하고 도로 고향에 돌아오게 되었다. 고향에는 가난한 어머니가 있었고, 똑똑했던 여학생 강경애가 아무 성취한 것 없이 돌아온 것에 대한 소리 없는 비난에 심신의 고통을 겪으며 강경애는 본격적으로 작가가 되기로 결심했다. 1920년대 후반 강경애는 주로 장연에 거주하면서 문학수업을 하는 한편으로 굶주린 무산 아동을 위한 '흥풍야학교'를 개설하고 직접 학생들을 가르쳤다고 한다. 또한 근우회 장연 지회 설립에도 주도적인 역할을 담당했다. 이런 과정에서 이제 감상적인 시가 아니라 열정과 사회적 의식이 바탕이 된 평론과 소설을 세상에 내보이기 시작했다. 고향에서 본격적인 작가 수업을 하던 무렵 강경애는 수원 고등농림학교 출신으로 장연 군청에 고원으로 부임한 황해도 황주 사람 장하일을 만나게 되었다. 장하일은 조혼한 아내는 멀리 두고 그의 어머니와 함께 장연으로 와서 강경애의 집에 세들게 되었고 두 사람은 연애를 거쳐 친구들을 모아놓고 간단하게 결혼식을 올렸고 1931년 6월 경 간도로 이주하게 되었다. 간도 용정으로 갈 때 장하일은 친구인 김경재의 소개로 용정의 동흥중학교 교사직을 얻을 수 있었다. 강경애는 남편과 간혹 싸우기는 했으나 기본적으로는 동지적 관계를 유지한 것으로 보인다. 장하일은 강경애의 문학 세계를 이해하고 언제나 제일 먼저 강경애의 작품을 읽고 서로 토론하고 조언을 하는 좋은 독자였으며, 강경애의 병을 고치기 위해 갖은 노력을 한 헌신적인 남편이었다.

1929년 말 독자투고 형식으로 발표한 「염상섭 씨의 논설 「명일의 길」을 읽고」에서 강경애는 당시 식민지 현실에서 제일 중요한 것이 궁핍의 문제이고 과학문명을 발전시켜 무산계급도 그 혜택을 입음으로써 궁핍을 해결해야만 하며 예술도 이런 문제 해결에 나서야 한다는 입장을 피력하여 이후 그의 작품이 지향할 중요한 방향을 보여주었다. 그러고 나서 1931년 초 집안 문제 연애문제로 고민하던 청춘남녀가 만주 지역 항일무장투쟁에 헌신한다는 내용의 단편소설 「파금(破琴)」을 독자투고로 발표했다. 강경애의 첫 소설 작품이다. 그런가 하면 소작농의 딸로서 빚 때문에 지주의 첩으로 끌려갔다가 비참한 상태에 빠지는 구여성과 그런 질곡에서 벗어나려는 새로운 세대의 여성을 모녀간으로 설정해 지주 소작제도의 비인간성과 성적·경제적 억압으로부터의 여성의 해방을 도모한 장편소설 『어머니와 딸』(1931~1932)도 발표했다.

강경애가 이주한 1931년의 간도는 동란의 땅이었다. 봉건적 지주와 군벌에 저항하는 중국 민중운동이 격렬하게 전개되는 한편으로 1931년 9월 일제는 만주사변을 일으키고 1932년 3월 '만주국'을 수립하면서 대대적인 토벌작전을 전개했다. 이 과정에서 많은 사람이 집과 가족과 목숨을 잃었다. 강경애는 이 혼란을 피해 1932년 6월경 용정을 떠나 장연으로 돌아왔다가 1933년 9월경 다시 간도로 갔다. 강경애는 이후 중간에 간혹 서울이나 장연을 왕래하지만 주로 간도에 거주하면서 손수 물 긷고 빨래하며 한편으로는 꾸준히 작품을 발표했다. 1931~1932년에 목도한 간도의 참상과 민중의 저항은 이후 강경애 작품 활동의 원체험이 되었다. 실상 '만주국' 치하에서 거의 모든 작품 활동을 했지만 강경애는 만주국의 '오족협화'니 '왕도낙토'니 하는 허울 좋은 선전에 대해서는 일체 언급이 없다. 만주국이 초래한 황폐한 삶, 군인에 의해 지배되는 살벌한 현실, 거기에 맞서 개인적 사회적 생명을 지키려는 힘겨운 노력이 간도 체험을 바탕으로 한 강경애의 작품을 관통하는 정서이다.

그 간도에서 강경애는 일제 식민 통치하에서 망국민의 설움을 겪고 있는 조선 민중의 비참한 처지를 보여주면서 이런 불합리한 사회를 극복하기 위해 총을 들고 일어선 항일유격대의 모습과 그에 대한 민중의 감정을 암시적으로 반영한 「소금」(1934), 1930년대 식민지 조선의 현실을 총체적으로 반영하여 우리 근대소설사에서 최고의 리얼리즘 소설의 하나로 꼽히는 장편소설 『인간 문제』(1934) 등을 발표했다. 『인간 문제』는 일제 시대 식민지 자본가와 농민·노동자의 대립 구조 속에서 농민과 노동자가 현실의 문제를 해결하고자 하는 주체로 성장하는 과정과 그들의 조직적 투쟁을 현실성 있게 그려낸 작품이다. 소설의 전반부는 가난한 사람들의 눈물로 구두쇠 장자의 집터가 커다란 연못이 되었다는 원소(怨沼) 전설을 안고 있는 황해도 용연 마을에서 지주이고 면장인 정덕호의 착취와 압박에 신음하는 빈농들의 비참한 삶과 울분을 보여준다. 소작농의 딸인 선비는 덕호에게 성폭행을 당하고 용연 마을을 떠나 인천 대동방적 공작의 여직공이 된다. 그리고 선비와 똑같은 사정으로 앞서 노동자가 된 친구 간난이의 지도로 공장 내 조직 활동에 관여하게 된다. 또한 첫째는 타작마당의 억울함에 동료들을 선동했다가 땅을 떼이고 인천의 부두 노동자가 된다. 거기서 자신의 가정 내 갈등과 소시민성을 떨쳐내기 위해 위장취업한 신철이를 만나면서 첫째는 의식에 변화가 일어나고 인천 부두 노동자의 파업에 주도적으로 참여한다. 도시 공업지대로 옮겨와 노동자가 된 이들은 노동운동의 지하조직에 관여하면서 폐쇄된 농촌사회에서의 수동적이며 순응적인 농민 의식에서 벗어나 선진적인 노동자의 의식을 가지면서 능동적인 성격으로 변화한다. 그래서 선비와 첫째는 각각 자신이 눈뜨게 된 새로운 세계에 대해 상대방에게 알려주고 싶어하지만, 결국은 선비가 공장에서 얻은 폐병으로 죽어 시체가 된 뒤에야 첫째와 만날 수 있었고, 그 자리에서 첫째는 인간의 본질적인 문제는 노동자계급인 자신들만이 해결할 수 있는 것임을 더욱 확연히 깨닫는다. 이렇게 일제 시대 노동자계급의 눈으로 1930년대 조선 사회를 그려낸 이 작품은 해방 후인 1949년(평양)에서 처음 단행본으로 출판되었다.

강경애는 간도 지방 조선 민중의 궁핍한 삶과 그러한 삶을 강요하는 억압 세력, 그 세력에 맞서 싸우는 항일운동 세력에 지속적인 관심을 가지면서 그들을 형상화하는 노력을 기울였고, 간도 지방의 정세 변화는 강경애의 작품세계에 큰 영향을 미쳤다. 「모자(母子)」(1935) 「번뇌」(1935) 「어둠」(1937)과 같은 작품들은 1930년대 초의 결렬했던 저항 이후 항일무장조직이 점차 간도 지방에서 패퇴하면서 남겨진 가족들의 고난과 그러면서도 억눌리지 않는 기상과 그들을 냉대하는 전향자들에 대해 이야기한 것이다. 이 시기 국내에서는 일제의 군국주의가 강화되면서 그 전 시기의 민족과 계급을 이야기하는 벗어나 일상의 궁핍과 감정의 갈피들에 대해 섬세하게 묘사하기 시작했다. 강경애의 작품 경향도 이와 궤를 같이하기는 하지만 강경애의 「지하촌」(1936)은 그 궁핍의 극한 지점을 지긋지긋할 정도로 세밀히 묘사하여 독자로 하여금 거기에 그려진 궁핍한 현실을 외면하고 싶어하면서도 외면할 수 없게 하였다. 또한 강경애는 끊임 없이 간도의 운동가들 운명에 촉각을 곤두세우고 주의를 환기시키는 작품들을 썼다. 「어둠」(1937)은 그 대표적인 작품으로 일제하 정치적 사건으로 사형당한 청년의 누이 동생을 내세워 국내의 모든 사람이 침묵으로 넘기는 사건에 대해 이야기하였다. 이런 현실에 대한 고발 외에도 비판의 칼날을 지식인인 자신에게 돌린 「그 여자」(1932)와 「원고료 이백원」(1935) 등도 발표했다.

여성이 작가가 되려면 최소한 중등 교육을 받을 수 있는 경제적 여유와 쓴 글을 발표할 수 있는 지면을 얻을 수 있는 관계망이 필요했다. 강경애는 그런 점에서 다른 여성 작가와는 성장 배경이 달랐다. 불우한 가정 환경과 극한의 궁핍이란 작가에게 다양한 경험을 하게 하는 기회가 된다. 남성 작가들에게서 궁핍의 경험담을 듣는 것은 쉬운 일이다. 그러나 여성의 경우는 그런 궁핍을 디디고 자기를 세울 수 있는 기회란 극히 드물었다. 궁핍한 환경에서는 대부분의 여성들은 아예 교육도 받지 못하고, 자기 정체성을 세우는 성찰의 시간도, 글을 쓸 만한 시간과 공간도 가지지 못했다. 그리하여 공식적인 기록물에 여성의 흔적을 남길 수 없었다. 그런 점에서 강경애는 드물게 하층 여성의 목소리를 공식 기록으로 끌어올린 식민지 시대 하층 여성의 대변자였다. 그 뿐만 아니라 첨예한 충돌의 현장인 항일 무장 투쟁에 참가한 사람들의 면모를 목격하고, 그들의 고통과 정당성을 기록으로 증언하고, 그것을 일제의 직접 지배를 받는 식민지 조선에 전할 수 있었던 작가로 시대정신의 최대치를 구현했다.

강경애는 1938년 무렵부터 신병이 악화되어 1939년에는 고향인 장연으로 돌아왔고 결국 1944년 4월 26일 병이 악화되어 숨졌다.

강경애 ▸▸

1906년(1세) 4월 20일 황해도 송화군 송화에서 가난한 농민의 딸로 태어나다. 다섯 살 무렵 아버지가 죽은 뒤 후처로 들어가는 어머니를 따라 장연으로 이주하여 성장하게 되다.

1913년(8세) 가족들이 보다가 둔 『춘향전』에서 한글을 깨쳐 '구소설'을 독파하다. 동네 할아버지 할머니들이 '도토리 소설장이'라고 부르면서 다투어 데려다 과자를 사먹이고 소설을 읽혔다고 한다.

1921년(16세) 형부의 도움으로 평양 숭의여학교에 입학하다. 가난한 기숙사 여학생이었고 당시 평양의 진보적 학생들로 조직되었던 친목회 독서조 등에 망라되어 교양을 쌓았다고 한다.

1923년(18세) 10월경 숭의여학교 3학년으로서 동맹휴학과 관련 퇴학을 당한 후 서울 동덕여학교 3학년에 편입하여 1년간 공부했다고 한다.

1924년(19세) 5월 양주동이 주재하던 『금성』지에 강가마라는 필명으로 「책 한 권」이라는 짤막한 시를 발표하다. 9월 초 장연으로 돌아와 본격적으로 문학공부를 했고 가난한 아이들을 위한 '흥풍야학교'에서 학생들을 가르치기도 했다고 한다.

1925년(20세) 11월 『조선문단』에 시 「가을」을 발표하다.

1926년(21세) 8월 『조선일보』에 시 「다림불」을 발표하다.

1929년(24세) 6월 근우회 장연 지회의 서무부장 일을 맡다. 10월 3~7일 『조선일보』에 독자투고로 「염상섭씨의 논설 「명일의 길」을 읽고」를 발표하면서 본격적인 작가의 길로 들어서다. 이 글은 9월 염상섭이 같은 지면에 발표한 「명일의 길, 다시 기계 정복에」라는 글에 대한 반론 형식을 띠고 있다.

1930년(25세) 11월 「조선여성의 밟을 길」이란 시론을 『조선일보』(11.28~29) 부인문예란에 투고로 발표하다.

1931년(26세) 1월 『조선일보』(1.27~2.3) 부인문예란에 「파금」이란 단편소설을 투고로 발표하다. 2월 역시 『조선일보』(2.11)에 강악설이란 필명으로 「양주동군의 신춘평론—반박을 위한 반박」이라는 양주동 비판문을 쓰다. 이때를 전후하여 수원농림학교 출신으로 장연 군청에 고원으로 부임한 황해도 황주 사람 장하일이 강경애의 집에 세들어 살게 되고 두 사람은 연애를 거쳐 결혼한 것으로 보인다. 6월 경 간도 용정으로 이주하게 되다. 용정에서 장하일은 동흥중학교 교사이면서 조선일보 지국도 경영했다고 한다. 8월부터 1932년 12월까지 『혜성』지에 장편소설 『어머니와 딸』을 연재하다.

1932년(27세) 1월 『신여성』에 수필 「간도풍경」을 발표하다. 두만강을 건너서 간도로 들어서는 감회를 피력한 글이다. 6월 경 일본군의 간도 토벌과 중이염 때문에 용정을 떠나다. 8월과 10월의 『동광』지에 발표된 수필 「간도를 등지면서」 「간도야 잘 있거라」에 이때 간도를 떠나는 감회를 피력하고 있다. 9월 『삼천리』에 「그 여자」, 12월 『신동아』에 수필 「꽂송이 같은 첫눈」 발표하다.

1933년(28세) 1월 『신여성』에 수필 「커다란 문제 하나」를 발표하다. 2월 『조선일보』(2.19)에 「봄의 서곡—포효, 규환」이란 수필을 썼으나 일제 경찰에게 압수당하다. 3월 『제일선』에 고향 근처 몽금포의 어촌을 배경으로 한 「부자」를 발표하다. 9월경에 다시 간도로 가다. 이후 중간에 간혹 서울이나 장연을 왕래하지만 주로 간도에 거주하면서 손수 물 긷고 빨래하며 한편으로는 꾸준히 작품을 발표하다. 또한 『북향』의 동인이자 고문으로 활동하다. 간도를 배경으로 한 「채전」(『신가정』 9월) 「축구전」(『신가정』 12월) 발표하다. 수필 「이역의 달밤」(『신동아』 12월) 「송년사」(『신가정』 12월) 발표하다.

1934년(29세) 일본군의 잔혹한 토벌을 묘사한 「유무」(『신가정』 2월), 간도에 이주한 조선인의 참혹한 삶과 그에 저항하는 무장투쟁 부대를 묘사한 중편 「소금」(『신가정』 5~10월) 발표하다. 「동정」(『청년조선』 10월) 발표하다. 8월부터 『동아일보』에 그의 대표작이자 식민지 시대 최고의 리얼리즘 소설의 하나로 꼽히는 장편소설 『인간문제』를 120회 연재하다(1934.8.1~1934.12.22). 이 작품은 이후 1949년(평양), 1992년(서울)에 단행본으로 출판되었으며, 소련에서도 1955년 러시아말로 번역되었다고 한다. 수필

「간도」(『조선중앙일보』, 1934.5.8) 「표모의 마음」(『신가정』 6월) 「두만강 예찬」(『신동아』 7월) 발표하다.

1935년(30세) 「모자」(『개벽』 1월) 「원고료 이백원」(『신가정』 2월) 「해고」(『신동아』 3월) 「번뇌」(『신가정』 6~7월) 발표하다. 수필 「고향의 창공」(『신가정』 5월) 「장혁주 선생에게」(『신동아』 7월) 「어촌점묘」(『조선중앙일보』 1935.9.1~6) 발표하다.

1936년(31세) 3월 『조선일보』에 자연주의적 묘사의 극치를 보여주는 「지하촌」을 발표. 6월 황해도 몽금포의 작은 어촌을 배경으로 하여 일본인 노동자와 식민지 조선 노동자의 연대 문제를 일본어로 쓴 소설 「장산곶」을 『오오사까마이니찌(大阪每日新聞)』 조선판에 발표하다. 8월 『신동아』에 「산남」을 발표하다. 수필 「봄을 맞는 우리 집 창문」(『삼천리』 6월) 「불타산 C군에게」(『동아일보』 1936.6.30) 발표하다.

1937년(32세) 1월 간도공산당 사건으로 사형을 당한 항일혁명운동가의 가족의 고난과 과거 운동가의 전향을 그린 「어둠」(『여성』 1~2월)을, 11월에는 아편중독자인 남편에 의해 청인의 첩으로 팔려 저항하다가 끝내 죽는 여성의 수난을 그린 「마약」(『여성』) 발표하다.

1938년(33세) 5월 「검둥이」(『삼천리』) 발표하다. 제2회분이 발표되었을 『삼천리』 6월호를 현재 찾을 수 없는 상태이기에 이 작품은 아직 '미완'이고 이것은 현재 우리가 볼 수 있는 강경애의 마지막 소설 작품이다.

1939년(34세) 약 3년 전부터 얻은 신병이 악화, 고향인 장연으로 돌아오다.

1940년(35세) 2월에는 상경하여 경성제대병원에서 치료를 받기도 하고 삼방 약수터에도 가다. 수필 「내가 좋아하는 솔」(『신세기』 4월) 「약수」(『인문평론』 7월)를 발표하다. 이것이 강경애 살아 생전 마지막 작품이 되다.

1942년(37세) 이 무렵 동흥중학교 교도주임으로 있던 남편 장하일이 노예화 교육에 반대했다는 것으로 학교를 사직 당하였고 이에 학생들이 선생님의 복직을 요구하며 하룻동안 동맹휴학을 단행하였다고 한다. 이후 장하일도 장연으로 돌아오다.

1944년(39세) 4월 26일 병이 악화되어 귀가 먹고 앞조차 보지 못하게 되어 별세하다.

1949년 해방 후 장하일이 부주필로 있던 평양의 노동신문사에서 『인간 문제』 단행본이 나오다.

1999년 사후 55년만인 이 해 4월 26일 그의 기일을 맞아 수집 가능한 모든 작품을 현대어로 정리하고 모아 남북한 최초로 『강경애전집』(이상경 편, 소명출판)이 출간되다. 8월 8일 용정 서남쪽에 우람하게 솟아 있는 비암산(용정시가지 풍경과 화룡시 평강벌 풍경을 한 눈에 만끽할 수 있다.) 기슭에 '여성작가강경애'의 문학비가 세워지다.

박두진 朴斗鎭, 1916~1998

/김응교/

때는 1916년, 경기도 안성군 보개면 분지 지역에서 태어난 그의 어린 시절은 철저하게 가난했다. 할아버지부터 청빈하고 무력한 선비, 가산을 마련하거나 식량을 꾸려나갈 방도를 갖지 못한 집안이었다. 아버지는 글을 썩 잘하며 지나치게 겸허했고, 건강한 체격에 유교적 덕목을 가진 인자한 사람이었다. 얼굴 전체로 웃고 우는 정 많은 아버지는 혜산의 무릎을 베고 78세가 되던 1948년 봄날 세상을 떠난다. 어머니는 무학이었으나 사리가 밝고 엄하게 자식을 교육시켰다.

다섯 살 때 선친에게서 한학을 배우는 박두진은 형과 누이 셋이서 서로 겨뤄가며 늘 엄하고 자상한 부모님 아래서 자란다. 부모님은 팔남매를 낳았지만 결국 박두진 혼자만 살아남게 된다. 태어난 안성읍 세탯말에서 다섯 살 무렵에 떠나, 가족은 보개면 산밑 가터란 곳을 거쳐, 양협이란 빈촌으로 이사한다. 다시 1924년(8세) 고장치기로 이사한다. 여기서 그는 여덟 살부터 열여덟 살까지 살았다. 이곳은 시인에게 인간에 대한 결정적인 이해의 기반을 마련해준 원체험의 고향이다.

1935년 19세, 이때 중요한 영향을 준 인물은 스물 여섯에 세상을 뜬 그의 누님 만순이다. 박두진이 18세 때 서울로 상경하기 전, 그녀는 먼저 고향을 떠나 청주에 있는 제사 공장 여직공으로 간다. 거기서 사흘이 멀다하고 박두진에게 편지를 열댓 장씩 보냈다. 누나에게 그는 두 가지 결정적인 영향을 받는다. 첫째는 기독교이고, 둘째는 글쓰기이다. 그녀는 혼자 있는 동생에게 교회에 나갈 것을 부탁하는 편지를 보낸다. 이때부터 기독교는 서서히 근원적인 힘이 되어, 비관적인 현실을 넘어설 수 있는 강력한 힘으로 작용하게 된다. 이 무렵 『아(芽)』라는 시 동인지에 「북으로 가는 열차」라는 시를 우편투고를 해서 처음으로 활자화된다. 이때 『아』 동인들이 박두진에게 동인이 되어달라고 찾아오기까지 한다.

1939년에서 1945년 사이에 그는 안양 근처에서 조합원으로 일했으나, 늑막염(肋膜炎)이라는 것보다 새로 늑문임파선종장(肋門淋巴腺腫腸)이란 긴 이름을 가진 병(편지, 1941.8.21)을 앓고 있었다. 병에 걸려 있었던 그는 요양의 방법으로 등산을 생활화하면서 자연에 다가간다.

차가운 하숙방에서 7,80편의 시를 다듬던 청년 박두진에게 '천래(天來)의 복음(福音)'과도 같이 나타난 것이 문예지 『문장』이었다. 1939년 6월 『문장』(5호)에 「향현」 「묘지송」으로 정지용의 추천을 받고 문단에 그 첫발을 내디딘 혜산은 같은 해 9월 『문장』(8호)에 「낙엽송」으로, 제3회 추천은 다음해 1월 『문장』(12호)에 「의(蟻)」 「들국화」의 두 작품으로 추천이 완료되었다. 추천자는 정지용이었다. 3회의 추천을 마쳤을 때는 정지용은 '식물성(植物性)' '신자연(新自然)'이란 말로 박두진의 개성을 독특하게 소개했다. 정지용이 박두진의 시를 '무슨 산림에서 풍기는 식물성의 것'이라고 말한 것, 이전의 자연시에 비해 '새롭다'라는 뜻에서 접두사 '신(新)'을 '자연(自然)' 앞에 붙여 '신자연'이라 한 것은 의미가 있는 말이다. 이 표현은 박두진의 자연관에 대한 최초의 평가가 된다. 혹자는 '현실도피'(백철 · 정태용)라 하고, 혹자는 '새로운 자연의 발견'(김동리)이라 한다.

그런데 일제말에 박두진은 어떻게 친일시의 강요를 피할 수 있었을까. 이 시기 박두진이 발표한 시편은 그리 많지 않다. 「꽃구름 속에」(1941.4)에 이후 45년까지 그의 발표작은 거의 없다. 이 시기의 시세계를 밝히는 데 긴요한 자료가 있다. 당시 그가 일본에 있는 시인 이상로에게 보냈던 편지에는 미발표 시가 실려 있다. 이 편지에 실린 미발표시를 보면 박두진은 당시의 문학사를 부정하는 비판정신으로, 미발표시를 통해 민족적 비판의식을 드러내고 있다. 일제말에, 윤동주 · 이육사 혹은 만주 망명문단이나 숱한 항일시와 더불어, 안양에 사는 폐문임파선종양 환자에 불과했던 박두진에게서도 한글로 씌어진 저항의 맥을 확인할 수 있었다.

해방이 되자, 8월 16일에 상경한 박두진은 새로운 각오로 '을유문화사'안의 '아동문학협회'에서 일을 하기 시작한다. 좌익 문학단체에 대항할 수 있는 '조선청년문학가협회(줄여서 '청문협')'를 1946년 4월 4일에 결성한다. 결성식에서 발표된 임원은, 회장 김동리, 부회장 유치환 · 김달진, 시부에 박두진 등이 있었고, 혜산은 우익 문학단체에서 계속 조직활동과 문필활동을 활발히 했다. 그는 '조선문학가협회 시부 위원장(1946.4.4)→전국문화단체총엽합회 중앙위원회(1948.11)→한국문학가협회 중앙위원(1949.11)'으로 참여하면서 시인으로서 조직활동에도 열심이었다.

1946년 6월 합동시집 『청록집』이 나오자 파라워다방에서 그 축하 모임이 열렸다. 이 시집이 '영원성'의 의미를 갖는 첫째 이유는, 그렇게 어려운 시기에 쓴 시이면서도 언제 읽어도 좋은 작품들이란 뜻에 있다. 청록파라는 유파 명칭은 시집 『청록집』(1946)에서 비롯되었다. 『문장』을 통해 나온 동기생격으로는 조지훈, 박목월 외에 이한직, 김종한, 박남수가 있었지만, 이한직은 학병에서 아직 안 돌아왔고 박남수는 이북에 있었고, 김종한은 이미 작고했고 하여 결국 조지훈, 박목월, 박두진 셋이서 서로 자작시 낭송을 해가면서 검토하고 책을 만들었다. 『청록집』이란 제목은 목월이 지었고, 당시 박두진이 근무했던 을유문화사(乙酉文化社)에서 『청록집』을 출판한다.

1946년 『상아탑』에 발표된 뒤 첫 번째 개인시집 『해』(1949)의 첫머리를 장식하는 「해」는 해방기 그의 위치를 결정짓는 중요한 시다. 김동리는 "항간에서 홍명희의 『임꺽정전』을 이미 고전이라고 하는 것 보다는 문학적인 양심과 긍지로서 나는 박두진 씨의 제1시집 『해』를 우리문학의 고전이라고 말해 두고자 한다"는 최고의 극찬을 했다. 또한 조연현은 「해」에 대해 "박두진은 이 한편으로써 유언 없이 죽을 수 있는 인간이 되어 버렸는지도 모른다"는 말로 시인으로서 최고의 극점에 올라서 있음을 예견해 보였다.

1950년 6월 25일 이후, 시인 구상의 소개로 공군의 트럭을 타고 추위 속에 대구까지 온 박두진은 '공군종군문인단'(= 창공구락부)에 참여한다. 육군이나 해군의 종군작가단이 창립되기 이전에 가장 먼저 대구에서 창립된 '공군종군문인단'(1951년 3월 9일)의 단장은 마해송, 부단장은 조지훈, 사무국장은 최인욱, 그리고 박목월, 유주현, 김동리, 황순원, 이상로 등과 함께 박두진도 단원이었다.

1960년대 이후는 현실에 대한 관심이 좀더 직설적으로 나타난다. 현실문제의 관심이 강하게 표출된 시집 『오도』(1953) 이후 『거미와 성좌』(1962) 『인간밀림』(1963)과 발표시들이다. 특히 이 시기는 불의와 싸우는 겨룸의 시상이 집중되어 나타나는 것을 볼 수 있다. 강한 현실인식으로 일제 암흑기를 버텨낸 그의 정신은 한국전쟁을 계기로 비판적 현실인식이가 더욱 강화되는 형식으로 나타나더니, 1960년대에 이르면 좀더 직접적인 밀도를 갖고 나타난다. 초기시 「향현」 「도봉」 등의 산이나 바다, 하늘에서 점차 내려와 이제 시인은 "세종로 중앙청 앞 효자동, 경무대길"(「분노가 잠깐 침묵하는」, 『인간밀림』, 249면)에 서서 분노에 몸서리치고 있다. 그에게 4·19는 과거완료형이 아니라 현재진행형이며, 아울러 미래진행형이 되어야 한다는 입장이다. 그 깨달음은 "우리는 아직 / 우리들의 피기빨을 내릴 수가 없다 / 우리들의 피외침을 멈출 수가 없다 / 우리들의 피불길 / 우리들의 전진을 멈출 수가 없다"(「우리의 기빨을 내린 것이 아니다」)라는 핵심 구절 속에 선명하게 제시되고 있다.

1970년대로 넘어가면서 그의 현실의식은 구체적인 참여로 나타난다. 1970년 김지하의 『오적』사건이 났을 때, 그는 「오적사건 감정서」를 통해 "독재정권이 계급주의 문학 내지는 이적표현물로 몰아붙인 이 작품은 문학 본래의 사명과 책임에 충실한 결과로 오히려 우리의 민주비판적 영향의 잠재력을 과시한 좋은 표징이 된다"라는 글을 발표했다. 1974년 유신정권에 의한 인권침해가 컸을 때, 그는 소설가 이문구를 중심으로 작성된 '101인 선언'에 참여한다.

박두진은 다시 새로운 시도를 시작한다. 수석시의 시도와 아울러 본격적으로 종교시를 발표하기 시작하는 것이다. 형태적으로는 연작시를 시도한다. 박두진의 시세계는 『수석열전』(1973)과 『속·수석열전』(1976)에 이르러 자연·인간·신이라는 그의 세 가지 세계가 모아지는 것이다. "어떤 선험적인 아득한 향수"라는 말을 볼 때, 원형적인 만남을 생각하게 한다. 해·청산·하늘·바다를 읊던 혜산은 1970년대에부터 완전히 돌을 읊고 있다.

'돌'을 소재로 시를 쓰면서 그는 그가 계획해온 자연·인간·신의 문제를 형상하고 있었다. 그러면서도 조금씩 '신의 문제'에 더욱 근접해가기 시작했다. '돌'을 주제로 삼고 수석시를 쓴 것도 신앙시의 전 단계로는 아주 적당한 절차였다. 그 영혼의 주체는 물론 신이다. 여기서 그의 시는 당연히 다음 단계인 신을 묘사한 신앙시로 넘어갈 수밖에 없었던 것이다. 박두진의 신앙시는 섭리사관과 종말론을 핵심으로 하여 전개된다. 초기시에서 '해'가 유토피아 지향성을 보여 준 것에 대한 자연스런 귀결일는지도 모른다.

그의 기독교정신은 시를 쓰는데 평생 작용해오다가, 연작시 『사도행전』에 이르러 본격적으로 개화하기 시작했으며, 이 시집으로 그가 크리스천이라는 면모는 명확해졌다. 1970년대에 이르러서 그의 시는 신에 관한 집중적인 탐구를 보여준다. 그것은 예수 그리스도의 수난과 고통, 영광과 은총을 함께 노래하면서 그 속에서 진정한 삶의 길, 신앙의 길을 발견하려는 노력으로 나타난다. 『현대시학』에 20회에 걸쳐 연재한 『사도행전』은 그의 제8시집의 제목이 되었다. 그 시세계는 현대를 살아가는 신앙인의 고뇌를 내용으로 하고 있다. 현대에 사는 혜산의 내면적 고뇌와 시련과 그 수난의 어둠이 잘 형상화되어 있다.

1998년 9월 16일. 시인 박두진은 1998년 오후 2시 서울 신촌 세브란스병원에서 숙환으로 하늘나라로 돌아갔다. 그해 10월 28일, 그가 어릴 때 뛰어놀던 보개면 양복리 안성시립도서관 입구에, 시인의 시비가 「해」의 소재가 되었다는 백운산을 마주하여 세워졌다.

박두진 ▸▸

1916년(1세) 경기도 안성군 보개면 분지 지역(현재 안성여중 자리)에서 태어난 그의 어린 시절은 철저하게 가난했다. 할아버지부터 청빈하고 무력한 선비, 가산을 마련하거나 식량을 꾸려나갈 방도를 갖지 못한 집안이었다. 아버지는 글을 썩 잘하며 지나치게 겸허했고, 건강한 체격에 유교적 덕목을 가진 인자한 사람이었다. 얼굴 전체로 웃고 우는 정 많은 아버지는 혜산의 무릎을 베고 78세가 되던 1948년 봄날 세상을 떠난다. 어머니는 무학이었으나 사리가 밝고 엄하게 자식을 교육시켰다. 그녀는 1952년 동란 중 피난지인 고향 안성에서 71세로 숨을 거둔다.

1924년(9세) 고장치기로 이사하여, 열여덟살까지 살다. 이곳은 시인에게 인간에 대한 결정적인 이해의 기반을 마련해준 원체험의 고향이다.

1935년(20세) 문학보다는 생계를 위해 취직하러 서울로 가다. 제도기술을 익혀 개인의 측량사무소 등을 전전하며 하숙생활을 하는데, 외로움 속에서 문학의 맛을 느끼기 시작하다. 이런 충동에는 어릴 때 학교 잡지에 실렸던 짤막한 작문의 매력과, 동요 한 편을 써서 보낸 것이 게재된 『어린이』인가 하는 잡지의 활자의 매력이 크게 작용하다. 거의 같은 시기에 그는 기독교를 만나다. 교회에 나가면서 처음 세계문학전집 서른 몇 권짜리를 읽기 시작했고, 당시 최고학부였던 전문학교 과정을 목표로 교재를 사다가 독습하기도 하다. 차가운 하숙방에서 70~80편의 시를 다듬던 청년 박두진에게 '천래(天來)의 복음(福音)'과도 같이 나타난 것이 문예지 『문장』이다. 『문장』을 만나 새로 써야 한다는 자세로 "습작시(習作詩) 일절(一切)을 한편도 안 남기고 모조리 불살라"버릴 정도로 새로운 각오를 다지다. 1939년 6월 『문장』(5호)에 「향현」 「묘지송」으로 정지용의 추천을 받고 문단에 그 첫발을 내디딘 혜산은 같은 해 9월 『문장』(8호)에 「낙엽송」으로, 제3회 추천은 다음해 1월 『문장』(12호)에 「의(蟻)」 「들국화」의 두 작품으로 추천이 완료되다. 추천자는 정지용이다.

1939년(24세) 1939년에서 1945년 사이에 그는 안양 근처에서 조합원으로 일했으나, 늑막염(肋膜炎)이라는 것보다 새로 늑문임파선종장(肋門淋巴腺腫腸)이란 긴 이름을 가진 병을 앓고 있었다.

1941년(26세) 친구의 도움으로 청량리 금융조합 사무원으로 취직하여, 좀 덜 바쁘나 도무지 마음과 몸에 맞지를 않고 그래도 잘 참고 출근하는 상태였다. 60원 정도 수입에 조카 한 명과 부모님을 모신 4인 가족이었으나 아직 집이 없는 상태였다. 이런 상황에서 내내 병에 걸려 있었던 그는 요양의 방법으로 등산을 생활화하면서 자연에 다가가다.

1945년(30세) 8월 16일에 상경한 박두진은 새로운 각오로 '을유문화사' 안의 '아동문학협회'에서 일을 하기 시작하다. 충무로 2가에 있던 생활문화사(生活文化社)의 '토요회'라는 친목모임에 모이기 시작하다. 초기에 모인 문인들은 최태응, 임서하 등이고, 이후에 서정주, 조지훈, 박두진, 박목월, 조연현, 김광주 등이 참여하다.

1946년(31세) 4월 4일, 좌익 문학단체에 대항할 수 있는 '조선청년문학가협회'에 참여하다. 결성식 때 임원은, 회장 김동리, 부회장 유치환·김달진, 시부에 박두진, 조지훈, 서정주, 박목월, 유치환, 이한직, 양운한, 조인행이 있다. 1946년 6월 합동시집 『청록집』(을유문화사)이 출간되다.

1949년(34세) 첫 시집 『해』(1949)가 출판되다. 김동리는 "항간에서 홍명희의 『임꺽정전』을 이미 고전이라고 하는 것보다는 문학적인 양심과 긍지로서 나는 박두진의 제1시집 『해』를 우리문학의 고전"이라며 최고의 극찬을 했다. 또한 조연현은 「해」에 대해 "박두진은 이 한편으로써 유언 없이 죽을 수 있는 인간이 되어 버렸는지도 모른다"는 말로 시인으로서 최고의 극점에 올라서 있음을 예견해 보이다. 11월 한국문학가협회 중앙위원이 되다.

1951년(35세) 1950년 6월 25일 이후, 시인 구상의 소개로 공군의 트럭을 타고 추위 속에 대구까지 가다. 박두진은 '공군종군문인단'(=창공구락부, 1951년 3월 9일)에 참여하다.

1954년(39세) 대구 피난생활 때에 쓴 시를 모아 대구에서 시집 『오도』를 출간하다.

1955년(40세) 4월 연세대학교 전임강사로 취임하다.

1956년(41세) 6월 아세아자유문화상 수상하다.

1959년(44세) 대구 피난시절에 어린 시절 체험을 주제로 쓴 수필집 『시인의 고향』(1959)도 이때 나오다.

1960년(44세) 1월 시론집 『시와 사랑』(신흥출판사)를 출판하다. 10월 연세대학교 교수직을 사임하다.

1961년(45세) 4월 이후 1965년 2월까지 대한감리회 신학대학, 한양대, 동덕여대, 건국대 등에 출강하다. 4월 시집 『거미와 성좌』(대한기독교서회)를 출간하다.

1962년(46세) 대구 피난 뒤 환도를 전후하여 1952년부터 1961년에 이르는 약 10년 동안에 발표한 시를 모은 시집 『거미와 성좌』을 출판하다. 1960년대 이후는 현실에 대한 관심이 좀더 직설적으로 나타난다. 그에게 4·19는 과거완료형이 아니라 현재진행형이며, 아울러 미래진행형이 되어야 한다는 입장이다. 그 깨달음은 "우리는 아직 / 우리들의 피기빨을 내릴 수가 없다 / 우리들의 피외침을 멈출 수가 없다 / 우리들의 피불길 / 우리들의 전진을 멈출 수가 없다"(「우리의 기빨을 내린 것이 아니다」)라는 핵심 구절 속에 선명하게 제시되고 있다.

1963년(47세) 제12회 서울시문화상 수상하다. 8월 시집 『인간밀림』(일조각)을 출간하다.

1965년(50세) 우석대학교 조교수로 취임하다.

1970년(54세) 3월 이화여자대학교 부교수로 취임하다. 3·1문화상 예술상 수상하다. 시론집 『한국현대시론』을 출간하다.

1971년(55세) 장시 『아, 민족』(『현대문학』 1971년 4월호)을 발표하다. 합동시 「우리들은 다시 노예가 될 수 없다」와 함께 한일회담 반대에 대한 문제가 있던 예민한 시기에 발표된 반일사상의 정치시였다. 10월 영역 시집 *Sea of Tomorrow*(박대인 역, 일조각) 출간하다.

1972년(56세) 9월 연세대학교 교수로 취임하다.

1973년(57세) 박두진의 시세계는 『수석열전』(1973)과 『속·수석열전』(1976)에 이르러 자연·인간·신이라는 그의 세 가지 세계가 모아지는 것이다. 그는 수석을 처음 대하는 그 순간 "어떤 선험적인 아득한 향수가 목전의 경이로 나타나 순수 영원한 환희와 충격, 그러한 만남의 숙명을" 체험하게 되었다고 고백하고 있다. 12월 시론집 『현대시의 이해와 체험』(일조각)을 출간하다.

1981년(65세) 8월 연세대학교 교수직에서 정년 퇴임한다. 9월 단국대학교 초빙교수로 취임하다. 『박두진시전집』(범조사)10권 출간하다.

1982년(66세) 시선집 『나 여기에 있나이다』(홍성사) 출간하다.

1985년(70세) 8월 단국대학교 초빙교수 퇴임하다.

1986년(71세) 3월 추계예술대학 전임대우 교수로 취임하다.

1987년(72세) 3월 시선집 『불사조의 노래』(혜원출판사) 출간하다.

1988년(73세) 10월 제2회 인촌상 수상(문학사)하다.

1989년(74세) 제1회 지용문학상 수상하다.

1991년(76세) 3월 수필집 『햇살, 햇볕, 햇빛』(대원사) 출간하다.

1993년(78세) 외솔문학상 수상하다.

1995년(80세) 9월 시집 『폭양에 무릎 끓고』(두란노) 출간하다.

1996년(81세) 추계예술대학 교수직 퇴임하다.

1997년(82세) 제1회 동북아기독문학상 수상하다.

1998년(83세) 9월 16일. 서울 신촌 세브란스병원에서 숙환으로 별세하다. 그해 10월 28일, 그가 어릴 때 뛰어놀던 보개면 양복리 안성시립도서관 입구에, 시인의 시비가 「해」의 소재가 되었다는 백운산을 마주하여 세워지다. 금광면 오흥리에는 시인의 숨결이 남아 있는 '박두진문학연구소'가 있으며 1982년 시인이 손수 썼다는 친필 현판이 있다. 시인의 묘소는 보개면 기좌리에 있다.

신석정 辛夕汀, 1907~1974

/김수이/

신석정은 1907년 7월 7일(음력) 전북 부안군 부안읍 동중리 307의 2번지에서 한약방을 경영하던 부친 신기온(新基溫)과 모친 이윤옥(李允玉)의 2남 3녀 중 둘째 아들로 태어났다. 한약방은 신석정 집안의 가업이었으며, 부친 신기온은 키가 크고 풍채가 좋으며 귀티가 흐르는 선비이자 한학자였다. 신석정의 집안은 넉넉하지는 않았으나 법도 있는 가문으로 부안 고을에서도 존경을 받았다. 학구적인 선비 집안의 가풍은 어린 신석정에게 많은 영향을 끼쳤다. 석정은 한학을 공부하다가 후에 12살이 되어서야 부안보통학교에 2학년으로 입학했다.

부친이 빚보증을 잘못 서는 바람에 가계가 기울자, 신석정의 가족은 부안군 일대를 전전하다가 석정의 나이 8세 무렵에 선은동에 정착했다. 선은동 시절은 신석정에게 다음과 같이 각인되어 있다. "항상 우리 고을 주변에 알맞게 자리잡고 있는 나지막한 구릉의 잔디밭이 아니면, 산 언저리 백화 등이 칭칭 감고 올라간 바위 밑을 찾아가서는 어슴어슴 황혼이 먼 바다를 걸어올 때까지, 오랑캐꽃빛 섬이나 저녁 노을 붉게 타는 수평선을 덧없이 바라보면서 아득한 꿈을 멀리 띄워내고 망연자실하는 것이 내 소년시절을 거의 차지하던 일과였다." 고향의 아름다운 자연 속에서 인간의 본원적인 이상향을 체험하며 자란 신석정은 투르게네프, 하이네 등에 심취하면서 문학의 꿈을 키웠다.

신석정은 180cm의 훤칠한 키와 움푹 패인 큰 쌍거풀, 우뚝 솟은 콧날의 소유자였다. 뛰어난 말솜씨, 섬세하고 다정다감한 마음씨, 불의에 굽히지 않는 강인한 정의감을 지녔으며, 음악과 난(蘭), 수석, 서화 등 다양한 방면에 두루 조예가 깊었다. 이러한 지사적 기질과 예술가적 취향은 평생에 걸쳐 그의 삶과 시세계를 지배하는 원동력이 되었다. 17세가 되던 1923년에 신석정은 두 살 아래인 박소정(朴小汀)과 결혼했다. 혼인신고는 3년 후인 1926년에 하였다. 부인 박소정의 본명은 '성녀'였으나, 시인 지망생이던 아내의 이름으로는 범박하다 하여 신석정이 후에 '소정'으로 개명하였다. 결혼 후 석정은 소작을 얻어 직접 농사를 짓는 등 가난하게 살았지만, 부지런히 주경야독을 하며 노자, 장자를 비롯해 도연명과 타고르의 시를 공부하며 문리를 터득했다.

18세가 되던 1924년, 신석정은 『조선일보』에 시 「기우는 해」를 발표하면서 문단에 정식으로 데뷔했다. 24세가 되던 1930년 봄에는 청운의 뜻을 품고 상경하였다. 신석정은 당시 『조선일보』 학예부에 있던 종매부 이익상에게 몸을 의탁하다가, 현 동국대학교의 전신인 중앙불교전문강원에서 석전(石顚) 박한영(朴漢永) 스님의 문하에서 불전을 공부했다. 이때 원생들의 회람지 『원선(圓線)』(필경본)을 편집하기도 하였다. 이듬해인 1931년에는 『시문학』 제3호에 「선물」을 발표하면서 시문학 후기 동인으로 가담함과 더불어 본격적인 문단활동을 시작하였다. 박용철, 정지용, 이하윤 등이 시문학 동인은 물론, 한용운, 이광수, 주요한 등과도 교우 관계를 형성했다.

서울에서의 문단 생활도 잠시, 1932년에 어머니의 부음을 받고 부득이하게 귀향한 신석정은 다시 농촌에 파묻혀 독서와 사색을 하며 생활했다. 낙향 3년 만에 선은동 505번지에 집을 마련해 '청구원(靑丘園)'이라고 이름 짓고, 이른바 '전원시'의 출발점으로 삼았다. 청구원은 측백나무의 생울타리에 둘러싸여 있는 조그마한 초가집으로, 뜰에는 은행나무, 벽오동나무, 자귀대나무, 백목련, 산수유 등 온갖 나무와 꽃들이 숲을 이루고 있었다. 집 뒤의 숲길과 푸른 산, 구릉 위에서 보이는 서해바다의 풍광은 일제시대의 피폐한 현실의 억압을 아름다운 자연에 대한 가없는 동경으로 변주한 신석정의 첫 번째 시집 『촛불』의 모태가 되었다. 1939년 11월에 인문평론사에서 간행된 시집 『촛불』은 당시 문단의 많은 주목을 받았다. 장만영 시집 『축제』와 공동으로 『촛불』의 출판기념회를 주선한 편석촌 김기림은 신석정에게 '목가시인(牧歌詩人)'이라는 별칭을 붙여주었다. 후에 쓴 산문에서 신석정은 일제 치하에서의 자신의 삶과 문학에 대해 이렇게 술회하였다. "일정의 억압과 착취가 범람하는 그 당시 나는 일제와 정면으로 싸울 수 있는 용감한 청년이 못 되었다. 예술의 목적을 싸우는 데만 둘 수 없었다. 생활을 승화시킨 꿈의 세계에서 미의 절정을 찾아내려 하였을 때, 사람들은 흔히 나를 가리켜 목가시인이라 불러 주었다. 다만 일제에 저항하지 못한 것이 부끄러울 뿐, 그렇게 불리어지는 것을 탐탁하게 여긴 바도 없거니와 그렇게 불쾌하게 여긴 적도 없다."

앞장서서 일제에 저항하지는 못했으나 결코 타협한 적은 없는 신석정은 1939년 7월에 「차라리 한 그루 푸른 대로」를 『문장』지에 싣는 과정에서 이 작품이 검열, 삭제 당하는 일을 겪었다. 1945년에 해방이 된 후에는 부안중학교와 죽산중학교에서 교사 생활을 하였고, 2년 후인 1947년에 암울했던 일제 치하의 삶을 정리해 두 번째 시집 『슬픈 목가(牧歌)』를 부안 낭주문화사에서 간행했다. 첫 시집 『촛불』에서 평화롭고 아름다운 '먼 나라' 혹은 '전원'의 풍경 속에 반어적으로 제시된 현실은 이 시집에서는 그 본래의 형상을 드러내고 있다. 예를 들면, 『촛불』에 그려진, "깊은 삼림대를 끼고 돌면 / 고요한 호수에 흰물새 날고 / 좁은 들길에 야장미 열매 붉어 // 멀리 노루새끼 마음 놓고 뛰어 다니는 / 아무도 살지 않는 그 먼 나라"(「그 먼 나라를 알으십니까」)의 매혹적인 풍경은, 『슬픈 목가』에서는 "꽃한송이 피어낼 지구도 없고 / 새한마리 울어줄 지구도 없고 / 노루새끼 한 마리 뛰어다닐 지구도 없"는 "흘러도 흘러도 검은 밤뿐"(「슬픈 구도」)인 피폐한 현실의 실상으로 바뀌어 있는 것이다.

신석정은 1950년 3월에 정음사에서 간행된 『현대시집』에 24편의 시를 실었으며, 1950년 후반부터 4년간 태백신문사 편집 고문으로 일하면서 「토요시단」을 주재하였다. 1954년에는 전주고등학교 교사로 부임하면서 정들었던 청구원을 떠나 전주시 노송동으로 이사를 하였다. 이후 7년간 전주고등학교에 재직하였다. 같은 해인 1954년 6월 『중국시집』(대역)을 정양사에서 간행하였으며, 이듬해인 1955년부터 전북대학교와 영생대학에서 시론을 강의하였다. 1956년 11월에 신석정은 세 번째 시집인 『빙하(氷河)』를 정음사에서 간행했다. 이 시집에는 한국전쟁 이후의 참담한 생활상이 묘사되어 있으며, 역사적 비극을 극복하고 내일의 희망을 일구려는 의지가 내장되어 있다. 한국전쟁이 야기한 비극에 대한 구체적인 묘사와 역사·사회에 대한 날카로운 비판이 담겨 있는 것이 이 시집의 특징이다.

1958년에 신석정은 이병기와 공저로 『명시조 감상』(이병기와 공저)을 박영사에서 펴냈으며, 6월에는 『매창시집(梅窓詩集)』(대역)을 낭주 매창시집위원회에서 간행하였다. 같은 해 12월에 전라북도 문화상을 받았다. 1961년부터 3년 동안 김제고등학교 교사로 재직했으며, 1963년부터는 전주상업고등학교에 몸담았다가 1972년에 정년퇴임을 하였다. 1965년 6월에는 전주시 문화상을 받은 바 있다. 1967년 이후 2년간은 예총전북지부장을 역임했고, 그 해 10월에 네 번째 시집 『산(山)의 서곡(序曲)』을 가림출판사에서 간행했다. 『산의 서곡』은 신석정이 작품을 선별하고 장정에 이르기까지 특히 정성을 쏟은 시집이었다. 당시 조지훈은 병상에 있는 와중에도 신석정의 청에 선뜻 펜을 들어 발문을 집필했다. 발문에서 조지훈은, "때로는 돌과 난초에서 고담(枯淡)과 유현(幽玄)을 관조하기도 하고 깨어진 꿈의 엘레지로서 「슬픈 목가」를 부르기도 하고 조국의 참담한 현실 앞에 입술을 깨물기도 하였으나 신석정은 끝내 시인일 수밖에 없었"던 바, "마음에 깊은 한을 안았으면서도 결코 넋두리하며 울지는 않는 그 시의 자세는 바로 이러한 인품에서 유래하는 것"이며, "석정사백을 친히 만나본 이는 누구나 그 시와 사람이 너무도 같음에 놀랄 것"이라고 신석정의 시세계와 인간적 면모를 요약했다.

신석정은 1968년에 한국문학상을 받았고, 1970년에는 제5시집이자 마지막 시집인 『대바람 소리』를 한국시인협회에서 간행했다. 『대바람 소리』는 초기의 서구적인 전원풍에서 낙향과 함께 동양적인 색채로 변화한 신석정의 후기 시세계를 집약한 시집이라고 할 수 있다. 이 시집에서 신석정은 『산의 서곡』에서 발현된 선적(禪的) 지향을 계승하면서, 고결한 자연의 섭리에 순응하는 인간의 윤리적 고양의 경지를 노래하고 있다. '자연'은 신석정이 평생 탐구하고 몸과 마음으로 밀착되어 있던 시적 오브제로, 역사와 민족의 아픔을 상상 속의 '전원'의 풍경으로 변주·내면화한 초기시의 지향은 후기에 와서는 생활 속의 자연, 혹은 자연과 함께하는 생활로 실물의 차원을 획득하고 있다. 그러나 초기시가 시적 완성도와 시사적 의의 등에서 더 높은 수준을 점하고 있는 것은 신석정 시의 아이러니라고 할 수 있다.

신석정은 1972년에 문화포장을, 다음해에 대한민국예술문학상을 받았다. 1973년에 전북문화상을 심사하던 도중에 고혈압으로 쓰러져 7개월 동안 투병 생활을 하다가, 1974년 7월 6일에

만 67세를 일기로 작고하였다. 같은 해 7월에 유고수필집 『난초잎에 어둠이 내리면』이 지식산업사에서 출간되었다. 1976년 7월 전주 덕진공원에 신석정시비가 건립되었다.

신석정 ▸▸

1907년(1세) 7월 7일(음력) 전북 부안군 부안읍 동중리 307의 2번지에서 한약방을 경영하던 부친 신기온(新基溫)과 모친 이윤옥(李允玉)의 2남 3녀 중 둘째 아들로 태어나다. 학구적인 선비 집안의 가풍 속에서 한학을 배우며 성장하다. 부친이 남의 빚보증을 잘못 서는 바람에 가산을 처분한 후, 가족이 부안읍 근교를 전전하다가 신석정의 나이 8세 무렵에 선은동에 정착하다. '선은동'은 신석정에게 근원적인 고향과 자연의 이상향의 원형으로 각인되면서 그의 시세계의 원천으로 자리잡다.

1918년(12세) 12세의 나이로 부안보통학교에 2학년으로 입학하다. 북원백추(北原白秋), 투르게네프, 하이네 등의 작품에 심취하며 문학소년으로 성장하다.

1923년(17세) 17세의 나이로 두 살 아래인 박소정(朴小汀, 본명은 '성녀'였으나 신석정이 '소정'으로 개명)과 결혼하다. 혼인신고는 스무 살이 되던 1926년에 함. 가난한 생활 속에서도 농사를 짓는 등 주경야독을 하며 노자, 장자를 비롯해 도연명과 타고르의 시를 공부하다.

1924년(18세) 4월 19일, 18세의 나이로 『조선일보』에 「기우는 해」를 발표하며 문단에 나오다. 이후 『조선일보』와 『동아일보』 등에 다수의 작품 발표하다.

1930년(24세) 청운의 뜻을 품고 상경하여 중앙불교전문강원 석전(石顚) 박한영(朴漢永) 화상 문하에서 불전을 공부하다. 원생들의 회람지 『원선(圓線)』(필경본)을 편집하다.

1931년(25세) 10월 『시문학』 제3호에 「선물」을 발표하며 시문학 후기 동인으로 가담, 본격적인 문단활동 시작하다. 박용철, 정지용, 이하윤, 한용운, 이광수, 주요한 등과 교우 관계를 맺다.

1932년(26세) 어머니의 부음을 받고 귀향하여, 다시 농촌에 파묻혀 독서와 사색을 하며 생활하다. 낙향 3년 만에 집을 마련해 '청구원(靑丘園)'이라 이름 짓고, 이른바 '전원시'의 출발점을 마련하다. 청구원은 측백나무의 생울타리에 둘러싸여 있는 조그마한 초가집으로, 선은동 505번지에 위치함. 집 뒤의 숲길과 푸른 산, 서해바다가 보이는 전망은 일제시대의 피폐한 현실의 억압을 아름다운 자연에 대한 동경으로 변주한 제1시집 『촛불』의 모태가 되다.

1939년(33세) 7월 「차라리 한 그루 푸른 대로」가 『문장』지에 실릴 예정이었으나 검열 삭제되다. 11월 첫 시집 『촛불』을 인문평론사에서 간행하다. 김기림은 신석정을 '목가시인(牧歌詩人)'이라고 칭하다.

1945년(39세) 8·15해방 이후 부안중학교와 죽산중학교에서 교사 생활을 하다.

1947년(41세) 7월 제2시집 『슬픈 목가(牧歌)』를 부안 낭주문화사에서 간행하다. 이 시집에 관해 신석정은 "악몽 같으면서도 망각할 수 없는 역로를 엮은 것"이라고 술회하다.

1950년(44세) 3월 정음사 간 『현대시집』에 작품 24편 수록하다. 1950년 이후 4년간 태백신문사 편집 고문으로 일하며 「토요시단」 주재하다.

1954년(48세) 전주고등학교 교사로 일하게 되면서 정들었던 청구원을 떠나 전주시 노송동으로 이사하다. 이후 7년간 전주고등학교에 재직하다. 같은 해 6월 『중국시집』(대역)을 정양사에서 간행하다.

1955년(49세) 이후 전북대학교와 영생대학에서 시론 강의하다.

1956년(50세) 11월 제3시집 『빙하(氷河)』를 정음사에서 간행하다. 이 시집에는 한국전쟁 이후의 참담한 생활상이 묘사되어 있으며, 역사적 비극을 극복하고 내일의 희망을 일구려는 의지가 담겨 있다.

1958년(52세) 4월 『명시조 감상』(이병기와 공저)을 박영사에서 간행하고, 6월에 『매창시집(梅窓詩集)』(대역)을 낭주 매창시집위원회에서 간행하다. 같은 해 12월 전라북도 문화상을 받다.

1959년(53세) 4월 신구문화사 간 『한국시인전집』(5권)에 시작품 수록하다.

1961년(55세) 이후 3년간 김제고등학교 교사로 재직하다.

1963년(57세) 이후 전주상업고등학교에서 재직하다 1972년에 정년퇴임하다.

1965년(59세) 6월 전주시 문화상을 받다.

1967년(61세) 이후 2년간 예총전북지부장을 맡다. 같은 해 10월 제4시집 『산(山)의 서곡(序曲)』을 가림출판사에서 간행하다.

1968년(62세) 12월 한국문학상을 받다.

1969년(63세) 12월 전주시 다가공원 '가람시비' 건립위원을 맡다.

1970년(64세) 11월 제5시집 『대바람 소리』를 한국시인협회에서 간행하다.

1972년(66세) 9월 문화포장을 받다.

1973년(67세) 10월 대한민국예술문학상을 받다. 전북문화상을 심사하던 도중에 고혈압으로 쓰러져 7개월 동안 투병 생활을 하다.

1974년(68세) 7월 6일, 만 67세를 일기로 별세하다. 전북 임실군 관촌면 신월리에 묻히다. 같은 해 7월에 유고수필집 『난초잎에 어둠이 내리면』이 지식산업사에서 출간되다.

1976년 7월 전주 덕진공원에 '신석정시비'가 건립되다.

1986년 9월 시비 옆에 '동상' 건립되다.

1991년 8월 부안군 변산면 해창 석정공원에 시비 건립되다.

이효석 李孝石, 1907~1942

/정호웅/

이효석은 1907년, 강원도 평창군 봉평면 창동리 남안동 681번지에서 나서 자랐다. 호는 가산(可山), 필명으로 아세아(亞細亞)를 쓴 적도 있다. 평창공립보통학교, 경성제일고보, 경성제국대학(영문학)에서 공부하였다. 대학 졸업 후 잠시 조선총독부 검열계에서 일하였고, 이후 경성농업학교 숭실전문학교 등에서 가르쳤다. 1942년 결핵성 늑막염으로 별세하였다.

35년에 불과한 이효석의 짧은 생애는 전근대적 변방에서 출발하여 근대의 중심부를 향해 나아갔으나 끝내 중도에 꺾이고 만, 미완성의 도정이었다. 그 여로의 한복판에는 주변부 인간들에 대한 깊은 연민을 담고 있는 이효석 문학이 우뚝 솟아 있다.

이효석 소설을 일관하는 몇 가지 특성이 있다. ① 그의 소설은 겉으로 보아 화려하지만 그 다루는 대상은 대체로 현실세계를 지배하는 갖가지 권력에 의해 상처 입은 소외된 인물들의 외롭고 남루한 삶이다. ② 그런 대상을 다룸에 있어 이효석은 그 대상의 현실을 깊이 추구해 들어가지 않고 갑작스럽게 성의 신비나 자연의 아름다움 또는 생명력을 찬미하는 쪽으로 비약한다. ③ 이효석 소설은 대부분의 경우 해피 엔딩으로 끝난다. ④ 이효석 소설 속 주인공은 대체로 자신의 의지로써 생을 실현하고자 하는 강한 주체성의 소유자이다.

그러니까 이효석은 소외된 삶의 현실에 관심을 두면서도 그런 삶을 채우고 있는 비애나 분노 나아가서는 그런 삶을 초래한 권력의 작동 메커니즘 등의 탐구로부터는 빗겨나, 적극적으로 그런 현실을 넘어서는 인물의 행로를 그렸던 것이다. 달밤의 아름다움과, 길 위를 떠도는 자신의 삶을 미화하는 주인공의 말을 앞세워, 슬픔과 고통으로 가득 찬 주변부 인간 존재의 남루한 현실을 은폐하고 있는 「메밀꽃 필 무렵」, 주인공이 가지게 된 새로운 성의식을 강조함으로써 자신보다 우위에 선 사내들한테 유린당하는 그녀의 슬픈 현실을 의도적으로 지나치는 「분녀(粉女)」 등이 이를 잘 보여준다.

'산문적 / 시적'이란 이분법 위에 서서 인간과 자연의 관념적 합일 또는 주체적인 관념 실현의 길을 내달렸던 이효석에게 누추한 현실 너머에서 빛나는 것들은 모두가 가치 있는 것으로 받아들여진다. 누추한 현실에 깊은 관심을 가지면서도 그것에 대한 깊은 추구에서 빗겨나 그 너머를 향하는 모순이 이효석 문학의 안쪽에 작동하고 있었던 것이다.

이에 이르면 우리는 이효석이 프로문학에 이끌렸던 것, 겉으로 보아 상충하는 서양의 근대문화와 조선의 고유 문화에 대하여 똑 같은 애정을 보였던 점 등을 이해할 수 있다. 사회주의 혁명론이 약속하는 관념으로서의 유토피아, 관념으로서의 서양 근대문화와 조선의 고유 문화는 모두가 이 누추한 현실 너머로 빛나는 아름다운 것이라는 점에서 동질적인 것으로 받아들여졌던 것이다.

이효석은 서구주의자이기도 했고 동시에 조선주의자이기도 하였다. "아름다운 것은 태양과 같이 절대"라는 생각이 그를 이끌었다. 그러므로 이효석을 서구의 근대문화를 맹목적으로 좇았던 서구주의자로 이해하는 것은 온당하지 않다. 마찬가지로 그를 근대주의자로만 이해하는 것도 사실에 딱 들어맞는 것은 아니다. 그는 서구의 근대문화에서 아름다움을 발견하고 그것을 찬양하고 그것에 경도되었으며, 미를 진선의 의미항으로부터 떼어내어 인식한 미적 자율성론자라는 점에서 근대주의자이지만 근대 이전의 산물인 조선의 고유문화에서 아름다움을 발견하고 그것을 극단의 언어로 찬양했다는 점에서 근대주의자가 아니기도 하다.

이효석의 서구주의는 서구 근대에 대한 배타적인 의미 부여가 아니라는 점에서 전근대적인 것에 대한 부정의식과는 무관하다. 마찬가지로 이효석의 조선주의는 조선적인 것에 대한 배타적인 의미 부여가 아니라는 점에서 조선 밖의 문화에 대한 부정의식과는 무관하다. 그러므로 이효석의 근대주의는 전근대를 해체하고 근대를 건설해야 된다는 진화론적, 가치론적 근대화론(역사철학)과는 전혀 다르다. 마찬가지로 이효석의 조선주의는 타민족과의 구별에서 생겨나는, 자민족 우월주의에 근거하는 민족주의로부터 멀리 떨어져 있는 것이다. 그는 전근대와 근대가 뒤섞인 시대, 민족주의와 그것을 해체하고 억압하는 이데올로기가 뒤얽힌 시대를 살며, 전근대 또는 근대 가운데 한 쪽으로 기울었으며 민족주의 또는 그 반대쪽 이데올로기 가운데 한 쪽으로 기울었던 동시대인들 대부분과는 달리 어느 한쪽으로 편향되지 않았다.

이 진술이 이효석의 균형감각을 말하기 위한 것이 아님은 물론이다. 그는 그 모든 것의 현실적 맥락 밖에 놓여 있었음을 강조하기 위해서이다. 그를 그 맥락 밖으로 이끈 것은 그것들이 지닌 아름다움일 뿐이었던 것이다. 많은 연구자들이 지적하는 이효석의 세계주의는 이 점에서 이해될 수 있다.

앞서 근대화를 이룬 서구를 중심으로 하는 세계질서를 당연한 것으로 받아들일 때 생겨나는 문화적, 민족적 열등감과 식민지 백성으로서 지닐 수밖에 없는 문화적, 민족적 열등감이 결합하여 만들어낸 정신적 경향 가운데 하나가 세계주의이다. 인간은 인종과 민족과 국가를 넘어 모두가 세계주민이라는 깃발을 높이 들고 조선의 세계주의자들은 문화적, 민족적 열등감을 다스렸으며 문화적, 민족적 불평들의 현실을 넘어서고자 하는 그들의 열망을 표출하였다. 1910, 20년대 조선 지식인들을 매혹시켰던 에스페란토어, 1920~30년대 조선의 진보주의자들을 사로잡았던 프롤레타리아 국제주의와 세계혁명론의 밑에 가로놓인 것은 이것일 것이다.

이효석의 세계주의가 이 같은 성격의 세계주의와 전혀 무관한 것은 아닐 터이다. 프롤레타리아 국제주의와 세계혁명론을 좇아 소련으로 망명하는 조선 청년의 행로를 따라 펼쳐지는 「노령근해」 삼부작이 그 예다. 그러나 앞의 인용에서 보듯 이효석의 세계주의는 한편 그것과는 전혀 무관한 자리에 놓이는 것이기도 하였다. "지역주의를 넘어 세계로"라는 구호 아래 놓인 것은 근대화, 민족주의 등과는 아무런 관련 없는 아름다움에 대한 이끌림이기도 한 것이다.

이효석에게는 사회주의, 민족주의, 근대화 이데올로기, 세계주의 등 그가 관심을 기울였던 모든 이데올로기가 이데올로기로서 의식되지도 기능하지도 않았다. 이효석의 경우 그 이데올로기들은 대상을 대하는 관점과 태도를 규정짓는 힘을 지닌 것도 아니었으며 그의 삶을 이끄는 힘을 지닌 것도 아니었다. 그것들은 이상적인 세계를 꿈꾸는 이데올로기의 근본 속성에서 생겨난 추상적 관념으로서의 아름다움을 지닌 대상으로 이효석을 매혹하였다. 그 아래 놓인 것은 이데올로기적 가치중립주의이다. 이효석의 이데올로기적 가치중립주의를 가장 잘 보여주는 것은 「해바라기」에서 제시된 '두꺼비의 사상'이다.

핵심은 엎드려 있기가 아니라, "다만 앞을 보는 열정과 쉴새없이 그 무엇을 꾸며 나가려는 진취적 기력"이다. 그 아래에는 '낙관주의'라고도 말해지는, 그 열정과 진취적 기력이 어디를 향하든 상관없다는 이데올로기적 가치중립주의가 놓여 있다. 무엇을 하든 무방하다는 것, 다만 중요한 것은 전력을 다해 자신의 의지를 살려 나아가는 것이라는 생각이다.

이 같은 이효석의 이데올로기적 가치중립주의가 포착한 대상 중의 하나가 남녀간의 사랑이다. 장편 『화분』 『벽공무한』을 비롯한 이 시기 이효석 소설의 가장 중심 제재인 사랑은 '푸른 집의 혼탁한 열정'이란 말에 잘 드러나 있듯이 맑고 깨끗한 사랑만이 아니다. 물론 그런 사랑도 있지만 색욕에 눈먼 사랑, 동성애 · 양성애 · 강간 등으로 가득차 혼란스럽다. 이들 작품에서 이 모든 사랑은 단일한 척도에 의해 평가받지 않는다. 말하자면 이효석은 이성간의 맑고 깨끗한 사랑은 옳고 정상적이며 그렇지 않은 사랑은 잘못된 것이며 비정상적이라는 통상적인 이분법으로부터 자유로웠던 것이다. 이 같은 사실은 이 시기 이효석 문학이 이데올로기적 가치중립주의에 근거해 있다는 사실의 뚜렷한 증거이다. 통상의 도덕율이나 가치관에 갇히지 않고 자신의 의지를 실현하는 것이 중요한 것이라는 이효석의 세계관을 여기서 확인할 수 있는 것이다.

통상의 도덕률이나 가치관에 구속당하지 않고 자신의 의지를 실현해 나아가는 정신에 대한 적극적 가치 부여는 '악'과 '퇴폐'의 열정조차 아름다운 것으로 인식하게 이끈다. 악과 퇴폐에서조차 아름다운 것을 보게 만드는 눈이 있어 이효석은 인간 애욕의 깊은 곳을 투시할 수도 있었다. 그 대표적인 작품은 「개살구」인데, 이효석은 대상에 대한 추구를 중도 포기하지 않음으로써 인간의 애욕 저 안쪽을 깊이 열어 보일 수 있었다. 이효석이 발견해낸 출구, 이데올로기적 가치중립주의는 개인의 의지와 열정을 무엇보다 중시하는 것이라는 점에서 프로문학을 비롯한 전대 문학의 전체성적 속성에 대한 근본적인 비판이라 할 수 있으며, 통상의 도덕율이나 가치관으로부터 자유로운 것이라는 점에서 한국문학을 특징짓는 도덕적 엄숙주의에 대한 실천적 해체에 해당하는 것이었다.

이효석은 고향 없는 '무향민(無鄕民)'이었다. 그의 문학 속에 조선적인 것 또는 전통문화에 대한 애정과 교양을 확인케 하는 요소를 찾아볼 수 없다는 것에 대응한다. 그에게는 문화적 고향도 없었다. 이 진술은 그가 당대의 서구주의자 일반이 그러했듯 서구의 근대문명에 깊이 기울어 과거 단절의 길을 내달렸음을 뜻하지 않는다. 앞에서 보았듯 그는 서구의 근대문명에 깊이 이끌리지도 않았으며, 전통에 대한 부정의식을 드러낸 바도 없다. 그에게는 처음부터 부정할 과거, 문화적 고향이 없었던 것이다. 그는 미래 속에 자신의 고향을 만들어내야만 하는 운명을 지녔다.

그가 만들어내고자 했던 그 고향은 겉으로는 사회주의, 근대주의, 민족주의, 세계주의 등등 이데올로기의 모습을 지녔지만 그것과는 무관한, 이데올로기적 가치중립주의 위에 구축된 아름다움의 성채였다. 민족주의와 제국주의, 민족주의와 황도사상, 근대주의와 반근대주의, 사회주의와 자본주의 등등의 이데올로기적 대립항 가운데 어느 하나를 택해야만 한다는 강박관념의 시대를 살면서 그는 특이하게도 이데올로기적 중립주의로써 그 같은 선택의 인력 밖에 설 수 있었다. 그러나 아름다움의 성채 속 호사에도 불구하고 그는 외로웠는데, 그 아름다움을 생성해내고 가꾸는 뿌리가 없었기 때문이다. 그는 뿌리가 없었기에 자유로웠지만 동시에 무성생식의 불모상태에 갇힐 수밖에 없었다. 이효석 문학이 겨누었던 아름다움은 현실 내 존재로서 시간과 고투하며 살아가는 인간의 삶과는 멀리 떨어진, 그리하여 살아 움직이는 생명의 약동을 지니지 못한 아름다움이었다. 이는 이효석이 주체적 의지의 실현에 큰 의미를 부여했음을 생각하면 아이러니라 할 것이다.

이효석 ▸▸

1907년(1세) 2월 23일 강원도 평창군 봉평면 남안동 681번지에서 진부면장을 지낸 이시후와 강홍경 사이, 1남 3녀 중 장남으로 태어나다. 호는 가산(可山). 필명으로 아세아(亞細兒)를 쓴 적도 있다.

1910년(4세) 이시후가 서울에서 교편을 잡고 있었으므로 어머니와 함께 서울로 이주하다.

1912년(6세) 가족과 함께 평창으로 내려가서 서당에 다니며 한문 공부를 하였는데, 신동 소리를 듣다.

1914년(8세) 평창공립보통학교에 입학하여 머리 큰 동급생들과 함께 공부하다.

1920년(14세) 평창공립보통학교를 졸업하고 경성제일고보에 무시험으로 입학하다. 기숙사 생활을 하다가 수송동 89번지 하숙으로 옮기다.

1923년(17세) 고보 4, 5학년 무렵에는 체홉에 열중하였고 토마스 만과 맨스필드 그리고 아일랜드의 심미적 작품, 그리고 사샤 기트리의 희곡집 등을 즐겨 읽다.

1925년(19세) 『매일신보』(2.1)에 시 「봄」을 발표하고, 이어서 콩트 「여인」(『매일신보』, 2.18)을 발표하다. 경성제일고보를 졸업하고 경성제국대학 예과에 입학하다.

1927년(21세) 『청년』(3월)에 단편 「주리면-어떤 생활의 단편」을 발표하다. 법문학부 영길리(英吉利)문학과에 진학하다.

1928년(22세) 단편 「도시와 유령」(『조선지광』, 7)을 발표함으로써 프로문학 진영의 주목을 받기 시작하다.

1929년(23세) 단편 「기우」(『조선지광』, 6) 「행진곡」(『조선문예』, 6), 시나리오 〈화륜〉(『중외일보』, 6)을 발표하다.

1930년(24세) 경성제대를 졸업하다. 단편 「깨뜨려진 홍등」(『대중공론』 4) 「추억」(『신소설』 5) 「상륙」(『대중공론』 6) 「마작철학」(『조선일보』 8.9~20) 「북국사신」(『신소설』 9) 「약령기」(『삼천리』)를 발표하다.

1931년(25세) 시나리오 〈출범시대〉(『동아일보』, 3.3~4.1)와 단편 「노령 근해」(『대중공론』, 6) 「오후의 해조」(『신흥』, 7) 「프레류드」(『동광』, 1931.12~1932.2)를 발표하다. 6월에 동지사에서 최초의 창작집인 『노령 근해』를 내다. 7월에 함북 경성 출신으로 나진고등여학교를 졸업한 이경원과 결혼하다. 화랑에서 부인의 그림과 글을 보고 알게 되어 친구의 소개로 사귀었다고 한다. 이때 부인은 학생으로서 효석보다는 6년 연하였다. 이해에 고보 때 은사로 총독부 도서과 사무관이었던 구사부카 쓰네지(草深常治)의 소개로 잠시 총독부 경무국 검열계에 취직하였다가 그만두고 부인의 고향인 경성으로 내려가다.

1932년(26세) 단편 「북국점경」(『삼천리』, 3) 「오리온과 임금」(『삼천리』, 3)을 발표하다. 함북 경성농업학교에 영어교사로 취직하다.

1933년(27세) 미완으로 끝난 장편 『주리야』(『신여성』, 4)를 연재하다. 구인회 창립에 참여하나 곧바로 그만두다. 단편 「돈」(『조선문학』, 3) 「수탉」(『삼천리』, 11) 「가을의 서정」(『삼천리』, 12. 뒤에 「독백」으로 개제됨)을 발표하다.

1934년(28세) 단편 「마음의 의장」(『매일신보』, 1.3~8) 「일기」(『삼천리』, 11) 「수난」(『중앙』, 12)을 발표하다. 「풍토기」(『개벽』 12)가 발표되지 못한다. "부득이한 사정으로 게재치 못함"이란 사고(社告)로 미루어 검열에 걸려 삭제되었을 가능성이 높다. 평양 창전리 48번지로 이사하다.

1935년(29세) 단편 「성수부」(『조선문단』, 7) 「계절」(『중앙』, 7) 「데상」(『조선일보』, 12.25)을, 중편 「성화」(『조선일보』, 10.11~31)를 발표하다.

1936년(30세) 단편 「산」(『삼천리』, 1) 「분녀」(『중앙』, 1~2) 「들」(『신동아』, 3) 「천사와 산문시」(『사해공론』, 4) 「인간산문」(『조광』, 7) 「석류」(『여성』, 5) 「고사리」(『사해공론』, 9) 「메밀꽃 필 무렵」(『조광』, 12)를 발표하다.

1937년(31세) 단편 「낙엽기」(『백광』, 1) 「성찬」(『여성』, 4) 「마음에 남는 풍경」(『조선문학』, 5) 「삽화」(『백광』, 6) 「개살구」(『조광』, 10) 등과 중편 「거리의 목가」(『여성』, 1937.10~1938.4)를 발표하다.

1938년(32세) 단편 「장미 병들다」(『삼천리문학』, 1) 「겨울 이야기」(『동아일보』, 3) 「막」(『동아일보』, 5.5~14) 「공상구락부」(『광업조선』, 9) 「부록」(『사해공론』, 9) 「소라」(『농업조선』, 9) 「해바라기」(『조광』, 10) 「가을과 산양」(『야담』, 12) 등을 발표하다.

1939년(33세) 단편 「산정」(『문장』, 2) 「황제」(『문장』, 7) 「향수」(『여성』, 9) 「일표의 공능」(『인문평론』, 10) 「여수」(『동아일보』, 11.29~12.28)를 발표하다. 장편 『화분』을 『조광』 1월호부터 연재하기 시작하다. 희곡 「역사」(『문장』, 12)을 발표하다. 창작집 『해바라기』(학예사)를 내다. 숭실전문학교의 후신인 대동공업전문학교의 교수가 되다. 창작집 『성화』(삼문사), 장편소설 『화분』(인문사)를 내다.

1940년(34세) 단편 「하얼빈」(『문장』, 10)을 발표하다. 일본 잡지 『문예』(7월호)에 일본어 단편 「은은한 빛」을 발표하다. 『매일신보』(1.25~7.2)에 장편 『창공』(뒤에 『벽공무한』으로 개제)를 연재하다. 부인과 차남이 이어 사망한 뒤, 만주 등지로 방랑하다. 가을에 평양 기림리로 이사하다.

1941년(35세) 단편 「라오코윈의 후예」(『문장』, 2) 「산협」(『춘추』, 5) 「엉겅퀴의 장」(『국민문학』, 11, 일어 소설)을 발표하다. 창작집 『이효석단편선』(박문서관)과 장편 『벽공무한』(박문서관)을 내다.

1942년(36세) 단편 「일요일」(『삼천리』, 1) 「풀잎」(『춘추』, 1) 「서한」(『조광』, 6) 「황제」(『국민문학』, 9, 김종한 일역)을 발표하다. 5월 3일 결핵성 뇌막염이 발병하여 5월 6일 평양 도립병원에 입원하였으나 언어불능, 의식불명이 계속되어 퇴원하였으며, 5월 25일 오전 7시 5분 평양 기림리에서 부친과 왕수복(기생 출신의 가수로 다방 '방가로'를 경영)이 지켜보는 가운데 별세하다. 진부면 하진부리 논골에 매장하다.

1943년 유고 단편 「만보」가 『춘추』 7월호에 발표되다. 창작집 『황제』가 박문서관에서 나오다.

2000년 가산 이효석의 문학적 유지와 문학혼을 기념하기 위해 이효석문학선양회가 구성되고 '이효석문학상'이 제정 시행되다. 수상식과 더불어 매년 가을 그의 고향인 봉평에서 효석문화제가 축제 형식으로 성대하게 열리다.

김달진 金達鎭, 1907~1989

/이경수/

서정주 · 오장환 등과 함께 『시인부락』 동인으로 활동한 것으로 알려진 월하(月下) 김달진의 문학에 대해서 그 전모가 알려지기 시작한 것은 1990년대 이후의 일이다. 그는 오랜 기간 동안 창작활동을 해온 시인이었으며 승려이자 한학자이자 불경 번역가이자 교사이기도 했다. 김달진은 1907년 2월 4일 경남 창원군 웅동면 소사리(현재의 진해시 소사동)에서 태어나 1920년에 향리의 계광보통학교를 졸업하고 서울에 올라와 1923년에 중앙고보에 다닌다. 중앙고보에 다니다 신병으로 그만두었지만, 이후 다시 서울로 올라가 경신중학에 다닌다. 1926년 경신중학 4학년 때 일본인 영어 교사 추방운동을 벌이다 퇴학을 당하고 향리의 모교에서 교편생활을 시작한다.

김달진은 1929년 『문예공론』 7월호에 양주동의 추천으로 「잡영수곡(雜泳數曲)」을 발표하면서 문단에 나온다. 이 작품은 이후 시집 『청시(青柿)』(1940)나 『올빼미의 노래』(1983), 『김달진시전집』(1997) 등에 실리지 않고 배제되면서 그 전모가 뒤늦게 알려졌지만, 잠 못 이루는 화자가 등장하고 깊은 밤 사원의 끝없는 적막감을 그린 점, 불교적 소재가 등장하는 점 등에서 김달진 시의 특징을 단초로서 보여주고 있다.

1930년 10월, 계광보통학교가 폐교된 후 김달진은 민족의 현실 앞에 절망하다가 어느 날 밤 찢어진 벽지 사이로 보이는 초벌 신문지에서 '불(佛)'자를 발견하고 깨달은 바가 있어서 입산을 결심한다. 1934년 김달진은 금강산(金剛山) 유점사(楡岾寺)에 입산하여 승려가 되었으며, 김운악(金雲岳) 스님을 은사로 모시고 득도한다. 그는 9월 23, 24, 26일에 『동아일보』에 「유점사 찾는 길에」를 발표한다. 아울러 『시원(詩苑)』 동인으로 참여한다.

1935년에 김달진은 꽤 활발하게 여러 지면에 시를 발표한다. 특히 『시원』 동인으로 활동하면서 제2호에 「마조천변에서」를, 제3호에 「배나무」 「조춘」 「연모에 지쳐」를, 제4호에 「번롱」 「비바람은 저리도 사나운데」 「목단」을, 5호에 「바다의 침실」 「나는 고독을 껴안고 있다」 「순간의 감상」을 발표한다. 이 중 『시원』 4호에 발표된 「비바람은 저리도 사나운데」와 5호에 실린 「바다의 침실」은 전집에서 누락되었다가 최근에 실린다. 1호를 제외한 매호에 시를 발표할 정도로 그는 적극적으로 활동한다. 이 무렵 김달진은 백용성(白龍城) 스님을 모시고 함양 백운산

화과원(華果院)에서 반농반선(半農半禪)의 수도생활을 하면서 시를 쓴다.

김달진의 시에는 한밤중에 홀로 깨어 있는 화자가 자주 등장한다. 그의 초기 시에서부터 나타나기 시작하는 이러한 상황은 그가 시작(詩作)을 그만두는 시점까지 지속된다. 갑자기 세상 한가운데 내던져진 존재가 느끼는 실존적 고독감이 김달진 초기시의 화자에게서는 종종 나타나는데, 이때 화자는 대개 특별한 이유 없는 상실감과 슬픔, 쓸쓸함, 외로움에 젖어 있다. 생명을 지닌 존재가 유발하는 필연적 고독감에 사로잡혀 있는 것이다. 이러한 고독감은 이후 독성(獨醒)의 경지로 나아간다.

1936년 김달진은 유점사 공비생(公費生)으로 중앙불교전문학교(혜화전문학교의 전신, 현 동국대학교)에 입학하여 1939년에 졸업한다. 1936년에는 서정주, 김동리, 오장환 등과 『시인부락(詩人部落)』 동인으로도 활동한다. 그는 『시인부락』 제1호에 「황혼(黃昏)」「밤」「월광(月光)」을 발표한다. 그 중에 「밤」과 「월광」은 시집 『청시(靑柿)』에 수록되었지만 「황혼」은 배제된다. 이후 『올빼미의 노래』에 시집에서 누락된 작품으로 실리고, 『김달진시전집』에도 실린다.

김달진은 1938년 2월 23일 『동아일보』에 「샘물」「등광(燈光)」「열(熱)」을 발표한다. 그 중 「샘물」은 김달진의 대표작으로 많은 연구에서 다루어져 왔다. 「샘물」에서 정경교융(情景交融)을 통해 물아일체(物我一體)의 경지에 이른 김달진 시의 주체는 자신이 위치한 시적 공간을 우주적 공간으로 확장하는 인식을 보여준다. 김달진의 샘물에는 하늘이 있고 흰 구름이 떠가고 바람이 지나간다. 이 시에서 샘물은 정지된 풍경만을 담는 것이 아니라 자연의 움직임을 품어 안는다. 바로 그 움직임 때문에 조그만 샘물은 넓은 바다로 확장된다. 더불어 조그만 샘물을 들여다보며 앉아 있던 화자도 동그란 지구의 섬 위에 앉아 있는 화자가 된다. 숲 속의 샘물이라는 작은 공간은 지구라는 거대한 공간으로 확장된다. 바로 여기서 김달진 시의 자연은 나뭇잎 하나에도 우주가 있고 손바닥에도 우주가 있는, 부분이자 전체인 화엄적 인식으로 나아간다.

1939년 중앙불교전문학교를 졸업한 김달진은 1940년 9월 첫 시집 『청시』를 청색지사에서 출간한다. 이 무렵 그는 유점사에서 법무(法務)를 지낸다. 한시에 조예가 깊은 김달진의 시에서는 정경교융의 기법이 자주 발견된다. 정경교융의 기법이 쓰인 시에서 시적 화자는 경물과 정서적으로 공감한다. 『청시』에 서시 격으로 실린 「비시(扉詩)」에서도 이러한 성격은 드러난다. 유월의 뜰에 서 있는 푸른 감은 자신의 시에 대한 겸허한 비유로, 가을의 뜰에 서 있게 될 붉은 감을 강하게 연상시킨다. 이 시에서 화자는 철저하게 모습을 숨긴 채 풍경만을 보여준다. 객관적 경물의 묘사만으로 이루어진 이 시에서 화자는 모습을 드러내지 않고 숨어 있다. 바람의 흔적이 남아 있는 유월의 뜰을 바라보는 화자의 시선이 어렴풋이나마 느껴지는 것은 '아직'이라는 부사를 사용했기 때문이다. '아직'이라는 부사를 사용함으로써 이 시는 유월의 뜰에 서 있는 감나무에 미풍이 분 정경을 묘사하는 데 그친 경물시가 아니라, 유월의 뜰을 지나 가을의 뜰에 서 있게 될 감나무의 모습까지 상상해 보게 하는 정경교융의 시가 된다. 「비시」는 첫 시집에 대해 김달진이 겸허함과 푸른 열정을 동시에 가지고 있었음을 상징적으로 보여준다.

일제 말기의 억압은 김달진 시인에게도 미쳐, 1941년에 그는 일경의 감시를 피하려고 유점사를 떠나 북간도 용정에 가서 머무르기도 한다. 용정에 머물면서 소설가 안수길이 발행하는 『싹』이라는 잡지에 시를 싣기도 했는데, 이 작품들이 나중에 『재만조선시인집』에 수록된다.

1945년 해방이 되자 그는 소식을 듣고 하산하여 다시 서울로 올라온다. 춘원 이광수의 권유로 『동아일보』 문화부 기자가 되었고, 1946년에는 청년문학가협회 부회장을 지냈다. 그러던 중 서울 생활을 청산하고 대구에 내려가 경북여자중학교에서 교편을 잡는다. 이 무렵부터 그는 향리에 칩거하는 은둔적 생활을 계속하지만 1947년에 『죽순(竹筍)』 동인으로 활동하는 등 시 창작은 지속한다. 그는 『죽순』 동인으로 활동하면서 꾸준히 『죽순』에 시를 발표한다.

김달진은 1949년에 진해중학교로 자리를 옮기고, 1951년에는 『자유민보(自由民報)』의 논설위원을 역임한다. 1954년에는 해군사관학교에 출강하면서 『손오병서(孫吳兵書)』를 청우출판사에서 출간한다. 이 무렵부터 1989년 6월 타계하기까지 30여 년간 그는 각종 고전 및 불경 번역사업에 전력을 다한다. 1957년에는 청우출판사에서 『고문진보(古文眞寶)』를 출간하고, 창원군 남면중학교장에 취임해 교편생활을 계속 해나간다. 1962년에는 동양 불교문화연구원장을 역임하며 법보원에서 『한산시(寒山詩)』를 출간한다. 1964년에는 불교설화집 『일곱 가지 아내』를 법통사에서 출간한다. 이 무렵 김달진은 이운허(李耘虛) 스님을 법사(法師)로 모시고 동국대학교 동국역경원(東國譯經院) 심사위원이 되어 고려대장경(高麗大藏經) 역경 사업에 몰두하기도 한다.

1960년대 이후 김달진은 은자적 생활을 고집하며 번역 사업에만 몰두한다. 1965년에는 『장자(莊子)』와 『법구경(法句經)』을 현암사에서 출간했으며, 1972년에는 경한의 『백운화상어록』, 보우의 『태고집』, 나옹의 『나옹집』, 의천의 『대각국사문집』, 지눌의 『보조국사법어』, 혜심의 『진각국사어록』, 각훈의 『해동고승전』 등을 옮겨서 동화출판공사에서 나온 『한국의 사상대전집』에 수록하기에 이른다. 1973년에는 국민서관에서 『불교설화』를 출간한다. 그의 열정은 끝이 보이지 않을 정도였다. 이 무렵에는 시작 활동에서도 불교와 관련된 결실을 보여준다. 부처의 일대기를 그린 장편 서사시집 『큰 연꽃 한 송이 피기까지』를 1974년에 동국역경원에서 출간한 것이다. 같은 해에 불교사상사에서 『삼보찬』을 출간하기도 한다.

김달진은 1970년대 이후에는 작고 시인으로 생각되기도 했을 정도로 뜸하게 활동했으며, 문단에 나오지 않은 채 은둔생활을 계속했다. 그러던 중 1979년 동인지 『죽순』 복간호에 「벌레」, 「속삭임」 「낙엽」 「포만」 등을 발표한다. 그 중 「벌레」에는 고인 물 밑에서 꼬물거리는 빨간 실낱같은 벌레를 들여다보는 화자가 등장한다. 화자는 문득 자신을 바라보는 어떤 큰 눈, 즉 절대자의 존재를 생각한다. 자신을 내려다보는 절대자는 그의 시에 이따금씩 등장하는 부처이거나 신, 또는 자연이다. 인간이든 벌레든 작은 존재로는 범접할 수 없는 절대자를 인식하는 순간, 화자는 그만 실낱같은 빨간 벌레가 된다. 주체와 대상 간의 거리는 사라지고 합일이 이루어진다. 화자와 벌레의 일체감과 자족적인 절대 자연의 세계가 「벌레」에 잘 그려져 있다.

1983년에 김달진은 불교정신문화원에서 한국 고승 석덕으로 추대된다. 같은 해에 그는 서산대사의 선시집 『큰 소나무를 변하지 않는 마음』을 시인사에서 출간하고, 아울러 시전집 1 『올빼미의 노래』를 시인사에서 출간한다. 1980년대에도 그의 저술 및 역술 활동은 계속 이어져 『한국선시』 『금강삼매경론』 『당시전서』 『현대한국선시』 『선시와 함께 엮은 장자』 『보조국사전서』 『붓다 차리타』 등을 출간한다.

30여 년간 은둔하다시피하며 고전 및 불경 번역 사업에 전력을 기울여 온 김달진은 1989년 6월 7일 오전 11시 10분에 서울 강남구 일원동 643 자택에서 숙환으로 별세한다. 같은 해에 『한국한시』 1~3권이 민음사에서, 『한산시』가 세계사에서 출간된다. 이듬해인 1990년에 김달진 문학상이 제정되어 6월에 박태일 시인이 제1회 김달진문학상을 수상한다. 이후 해마다 김달진 문학상 수상자를 배출해오고 있다. 그의 시세계의 전모가 알려진 것은 『김달진시전집』이 출간된 이후의 일이다. 자연은 김달진에게 시적 대상이자 주체였으며 일관된 주제였다. 자기를 들여다보고 자연 경물을 바라보는 과정을 통해 마침내 김달진은 무위자연의 참의미와 화엄적 우주를 발견하기에 이른다.

김달진 ▸▸

1907년(1세) 2월 4일 경상남도 창원군 웅동면 소사리(현재의 진해시 소사동)에서 태어나다. 호는 월하(月下).

1920년(13세) 향리의 계광보통학교를 졸업하다. 서울로 올라가 중앙고보에 다니다.

1923년(16세) 중앙고보를 다니다 신병으로 그만두다. 서울로 다시 올라가 경신중학을 다니다.

1926년(19세) 경신중학을 다니던 중 4학년 때 일본인 영어 교사 추방 운동으로 퇴학을 당하다. 향리의 모교에서 교편생활을 하다.

1929년(22세) 『문예공론』 1929년 7월호에 양주동의 고선(考選)으로 「잡영수곡」이 실리면서 문단에 나오다.

1930년(23세) 10월 계광보통학교가 폐교된 후, 민족의 현실 앞에 절망하다가 어느 날 밤 찢어진 벽지 사이로 초벌 신문지에서 '불(佛)'자를 발견하고 어떤 계시를 얻어 입산을 결심하다.

1934년(27세) 금강산 유점사에서 김운악(金雲岳) 스님을 은사로 모시고 득도하다. 9월 23, 24, 26일에 『동아일보』에 「유점사 찾는 길에」를 발표하다. 『시원』 동인으로 참여하다.

1935년(28세) 『동아일보』 1월 20일자에 「화과원시」를 발표하고, 5월 18일자에 「나의 뜰」을 발표하다. 『시원(詩苑)』 제2호(1935.4.1)에 「마조천변에서」, 『시원』 제3호(1935.5.3)에 「배나무」 「조춘」 「연모에 지쳐」, 『시원』 제4호(1935.8.3)에 「번롱」 「비바람은 저리도 사나운데」 「목단」을 발표하다. 『시원』 제5호(1935.12)에 「바다의 침실」 「나는 고독을 껴안고 있다」「순간의 감상」을 발표하다. 백용성(白龍城) 스님을 모시고 함양 백운산 화과원(華果院)에서 반농반선(半農半禪)의 수도생활을 하다.

1936년(29세) 유점사 공비생(公費生)으로 중앙불교전문학교(혜화전문학교의 전신, 현 동국대학교)에 입학하다. 서정주, 김동리, 오장환 등과 '시인부락(詩人部落)' 동인으로 활동하다. 『시인부락』 제1호(1936.3.11)에 「황혼(黃昏)」「밤」「월광(月光)」을 발표하다.

1938년(31세) 2월 23일 『동아일보』에 「샘물」「등광(燈光)」「열(熱)」을 발표하다.

1939년(32세) 중앙불교전문학교를 졸업하다.

1940년(33세) 9월 첫 시집 『청시(靑柿)』를 청색지사에서 출판하다. 이 무렵 유점사에서 법무(法務)를 지내다.

1941년(34세) 일경을 피하려고 유점사를 떠나 북간도 용정에 다녀오다. 용정에 머물면서 소설가 안수길이 발행하는 『싹』이라는 잡지에 시를 싣기도 했는데, 이 작품들이 나중에 『재만조선시인집』에 수록되다.

1945년(38세) 해방이 되었다는 소식을 듣고 하산하여 서울로 돌아오다. 춘원의 권유로 『동아일보』 기자가 되다.

1946년(39세) 청년문학가협회 부회장을 지내다. 서울 생활을 청산하고 대구에 내려가 경북여자중학교에서 교편을 잡다.

1947년(40세) 『죽순』 동인으로 참여하다.

1949년(42세) 진해중학교로 자리를 옮기다.

1951년(44세) 『자유민보』 논설위원을 역임하다.

1954년(47세) 청우출판사에서 『손오병서』를 출간하다. 이 무렵 해군사관학교에 출강하다.

1957년(50세) 청우출판사에서 『고문진보』를 출간하다. 창원군 남면중학교장에 취임하다.

1962년(55세) 동양 불교문화연구원장을 역임하다. 법보원에서 『한산시』를 출간하다.

1964년(57세) 불교설화집 『일곱 가지 아내』를 법통사에서 출간하다. 이운허(李耘虛) 스님을 법사(法師)로 모시고 동국대학교 동국역경원(東國譯經院) 심사위원이 되어 고려대장경(高麗大藏經) 역경 사업에 몰두하다.

1965년(58세) 『장자』와 『법구경』을 현암사에서 출간하다.

1972년(65세) 경한의 『백운화상어록』, 보우의 『태고집』, 나옹의 『나옹집』, 의천의 『대각국사문집』, 지눌의 『보조국사법어』, 혜심의 『진각국사어록』, 각훈의 『해동고승전』 등을 옮겨서 동화출판공사에서 나온 『한국의 사상대전집』에 수록하다.

1973년(66세) 국민서관에서 『불교설화』를 출간하다.

1974년(67세) 부처의 일대기를 그린 장편 서사시집 『큰 연꽃 한 송이 피기까지』를 동국역경원에서 출간하다. 불교사상사에서 『삼보찬』을 출간하다.

1977년(70세) 보우의 『허응당집』을 동화출판공사에서 출간하다.

1979년(72세) 동인지 『죽순』 복간호에 「벌레」「속삭임」「낙엽」「포만」 등을 발표하다.

1983년(76세) 불교정신문화원에서 한국 고승 석덕으로 추대되다. 서산대사 선시집 『큰 소나무를 변하지 않는 마음』을 시인사에서 출간하다. 시전집 1 『올빼미의 노래』를 또한 시인사에서 출간하다.

1984년(77세) 시전집 2 『큰 연꽃 한 송이 피기까지』를 시인사에서 출간하다.

1985년(78세) 『한국선시』를 열화당에서 출간하다.

1986년(79세) 『금강삼매경론』을 열음사에서 출간하다.

1987년(80세) 『당시전서』를 민음사에서, 『현대한국선시』를 열화당에서, 『선시와 함께 엮은 장자』를 고려원에서 출간하다.

1988년(81세) 『보조국사전서』와 『붓다 차리타』를 고려원에서 출간하다.

1989년(82세) 6월 7일 오전 11시 10분 서울 강남구 일원동 643 자택에서 숙환으로 별세하다. 『한국한시』 1~3권을 민음사에서, 『한산시』를 세계사에서 출간하다.

1990년 월하 김달진 선생의 시적 업적을 기리기 위해 김달진문학상제정위원화가 구성되다. 6월 제1회 김달진문학상으로 박태일 시인을 수상자로 선정하다.

1991년 은관문화훈장이 수여되다.

1995년 4월 고향 진해에 '김달진시비(「열무꽃」)'가 건립되다.

이무영 李無影, 1908~1960

/조정래/

이무영은 농민소설 작가로서 문학사에 이름을 깊이 새겼다. 26년간의 작가 생활동안 많은 소설 작품을 남겼지만, 아무래도 그의 이름은 농민소설 작가로서 한국 현대문학사의 한 축을 담당하고 있다.

1908년 1월 14일 충청북도 음성군 음성읍 오리골에서 아버지 이덕여 씨와 어머니 경주 인(印)씨 사이에 7남매 중 차남으로 태어났는데, 아버지는 전형적인 농민이었다고 한다. 이후 혼신의 힘으로 집필한 『농민』 3부작에 등장하는 주인공은 바로 아버지가 모델이었던 것이다. 또 『제일과 제일장』 『흙의 노예』에 그려진 아버지의 모습 역시 작가의 뇌리에 새겨져 있던 아버지의 모습 그대로이다. 실제로 그의 아버지는 애써 마련했던 땅을 빼앗기게 되자 양잿물을 마시고 자살하며 "땅! 찾아"라는 유언을 남겼다고 부인 고일신 씨가 회고하고 있는데(『이무영문학전집』 6권, 국학자료원, 2000, 541면), 이 장면은 『흙의 노예』에 고스란히 그려져 있다. 따라서 농민이었던 아버지의 삶이 이무영을 농민작가로 성장하게 하는 원동력이었던 셈이다.

어린 시절부터 문학도의 꿈을 가졌던 그는 이웃 마을에 살던 이강흡(시인 이흡)과 함께 동요, 동시를 즐겨 읽으며 작가의 꿈을 쌓았다. 문학에의 집념은 갈수록 강해져서, 이무영은 아버지의 반대를 무릅쓰고 휘문고보에 진학하였으나 이내 자퇴하고 일본으로 건너가 문학수업에 뛰어들었다. 일본에서 작가 가토 다케오(加藤武雄)의 문하생으로 들어간 것은 작가가 되겠다는 문학 청년의 꿈이 결실을 맺는 계기가 되었다. 가토 다케오의 문하에서 기숙하며 4년 동안 작가수업을 하였다. 가토 다케오는 농민소설과 애정소설을 두루 창작한 작가였는데, 그 작풍은 이후 이무영에게 영향을 미친 것으로 보인다.

본격적으로 작가활동을 한 것은 귀국 후 1931년 희곡 「한낮에 꿈꾸는 사람들」이 『동아일보』 현상모집에 당선하면서부터이다. 이후 『동아일보』와 이무영의 인연은 그를 기자로서 뿐만 아니라 작가로서 성장하는데 큰 힘이 된다. 중편소설 「지축을 돌리는 사람들」을 『동아일보』에 발표함으로써 작가로서의 디딤돌을 얻게 되었고, 1934년에는 동아일보사 기자로 입사하게 되어 학예부 기자로서 활동하게 되었던 것이다.

그러나 동아일보사 기자 생활은 평탄하기만 한 것은 아니었다. 그가 결혼한 해에 손기정

선수의 사진에서 일장기를 지운 사건이 일어났고 이로 인해 『동아일보』가 정간을 당하는 바람에 경제적으로나 정신적으로 어려움을 겪었다. 또 기자 생활은 시간적 여유를 갖기 어려워서 작가로서 활동하는 데에 장애가 컸다. 1939년 전시체제가 강화되는 시기에 그는 창작에 전념하기 위하여 기자직을 사임하고 식구를 이끌어 군포의 샛말로 이주하고 만다. 기자직을 버리고 농촌으로 내려가 농사를 지으며 창작에 전념하겠다는 이 결단은 작가로서 그의 소명의식이 무척이나 단단하였음을 보여주는 것이다. '생활'과 '문학'을 일치시키려는 의지였다.

귀농의 과정과 귀농 이후의 농촌 생활을 소재로 한 이른바 귀농소설 『제일과 제일장(第一課第一章)』과 그 속편 격인 『흙의 노예』, 또 군포읍 궁촌 마을(이곳은 그가 이주한 샛말과 이웃한 곳으로 시인 이흡이 살고 있었다)의 농민들을 그린 『궁촌기』 연작, 『안달소전』 등은 이무영의 작가적 역량과 특성을 잘 살필 수 있는 역작들이다. 『제일과 제일장』 『흙의 노예』는 도시의 지식인 주인공이 도시 생활에 염증을 느껴 농사일로 모진 세상과 싸우는 농군인 아버지 곁으로 돌아가 농촌의 삶에 정착해가는 과정을 그린 작품들이다.

이무영은 약 17편의 장편소설을 남겼지만, 그에 대한 대부분의 연구는 『제일과 제일장』과 『흙의 노예』에 초점을 두어 왔다. 그만큼 이 두 작품은 이무영 문학의 특징이나 당대의 시대적 특성을 잘 드러내는 것이라 볼 수 있다. 이 작품들에 대한 평가 중 귀농이 현실에서의 도피 수단이었고 당시 일제 조선총독부가 요구한 생산문학에 부응한다는 점에서 친일적 성향을 극복하지 못하였다는 비판도 있다. 그러나 일제 말기라는 파시즘적 시대상황을 고려한다면 이 작품들을 더 긍정적인 시각으로 살피는 것이 중요하다. 이 작품들에 대한 학계의 긍정적인 평가들은 대체로 이들 작품이 흙의 긍정과 농촌과의 친화력을 통해서 자기 생활을 창조해 나가는 농민의 모습을 창조하고, 그를 통해 흙에 대한 진실한 애정을 배우게 되거나, 역사적, 사회적 구조 속에서 농민들이 겪은 참담한 고통을 그려내었음을 강조한다.

이 시기 이무영의 농민소설들은 몇 가지 점에서 중요한 성과를 남겨놓았다. 첫째로 손꼽을 것은 농민의 인간적 아름다움을 형상화한 점이다. 그는 도시 문화에 물든 주인공과 전통적 농민인 주인공의 아버지 김영감이 충돌하는 이야기를 통하여 도회적 합리성과 농민의 인정주의, 또는 도시인의 개인적 윤리의식과 농민의 사회적 윤리의식이 대립시키고, 농민의 공동체 의식이 법과 윤리의 탈에 갇힌 도시인의 개인주의보다 우월한 가치임을 그려낸다. 다음으로 농촌의 구조적 모순을 설득력 있게 서술한 점도 주목할 만하다. 어떤 방식으로도 궁핍함을 면하지 못하는 농민으로서는 당대에 있어서 윤리니 법이니 하는 것들이 그들의 삶을 보장하지 못하며, 그들의 궁핍함과 고통에 대처하기 위해서는 도둑질마저도 동정심으로 포용하는 농민의 역설적 현실 인식을 통해 법보다 생존이 더 중요함을 가르치고 있다. 마지막으로 눈여겨 볼 것은 농본의식의 역사적 의미를 찾아내었다는 점이다. 강한 농본의식과 토지에 대한 집념으로 무장한 그의 소설 속 캐릭터들은 바로 그 농본의식이 역사적 산물이며 역사적 모순이 해결되지 않는 한 한국사회의 문제가 해결될 수 없음을 역설적으로 보여주기도 한다.

이무영의 농민소설이 가지는 힘은 바로 사회적 문제를 역사적 인식으로 접근하는 데에서 나오는데, 그러한 역사적 전망은 『농민』 『농군』 『노농』 3부작을 창작하는 힘이 되었다. 해방 이후에 이무영이 의욕적으로 기획한 이 작품들은 농민소설과 역사소설을 결합한 것으로, 애초에 5부작으로 계획을 세웠으나 3부작인 『노농』을 채 완성시키지 못하였다. 비록 처음의 기획을 완성하지는 못하였지만 완결 형태로 발표한 『농민』 『농군』의 문학사적 가치는 미미하지 않다. 이무영의 기획은 동학에서부터 의병운동, 3·1운동을 거쳐 한국전쟁에 이르기까지 파란만장한 한국의 현대사에서 농민들의 역할과 그 의미를 거대서사로 그려내는 것이었다. "민족이 걸어온 길은 바로 농민이 걸어온 길"(『이무영문학전집』, 568쪽)이라는 평소의 소신을 거대 역사소설에 집대성하고 싶었던 것으로 보인다.

동학과 구한말 의병활동, 3·1운동을 역사적 배경으로 삼은 이들 작품들은 중요한 역사의 굴곡에서 언제나 핵심적 힘은 농민에게서 나옴을 역설한다. 겉으로 보기에 농민들은 늘 소극적이고 추동적인 듯하지만, 실제로 역사를 움직이는 것은 농민의 정신과 농본적 삶의 당위성임을 말하고 싶어한 것이다. 역사적 이야기가 제대로 메시지를 지니려면 주인공의 역할이 중요한데, 이무영은 장쇠라는 인물에게 그 임무를 맡겼다. 장쇠라는 이름이 그러하듯이, 이 주인공은 힘이 세고 고집스러우며 불의에 타협하지 않는 인물이다. 이러한 우직한 인물이 역사의 중요한 고비마다 민생의 가치를 지키기 위한 역할을 해내는 것이다. 이 캐릭터는 『제일과 제일장』 이후 일관되게 그려온 농민의 전형이다.

5부작 기획이 완성되지 못한 데에는 장편소설 발표의 토대가 되는 신문사들이 '재미있는' 소설만 원하여 상품성이 약한 농민소설에 지면을 주지 않으려하는 상업주의에 주원인이 있었지만(고일신 부인의 회고에 따르면 『서울신문』에 『농군』 연재 중 사장이던 박종화 씨가 100회로 끝내라는 주문을 했고 이 말을 듣자 아예 78회에서 연재를 끝냈다 한다), '재미있는' 소설로 서사성을 살려내지 못한 데에도 문제가 있었다. 거기에는 작가의 역사적 의식이 관념에 사로잡혀 개인의 삶에 침투하지 못하였다는 비판도 따른다. 이를테면 『농민』에서 주인공 장쇠는 원래 상민이었는데 역사적 굴곡 속에서 농민이 되는 것으로 설정하고 있어서 농본의식이 억지로 심어진 것으로 보이게 한다. 또 동학, 의병, 3·1운동 등 역사의 각 단계마다 농민이 주체적으로 자기 삶을 영위하는 과정은 잘 그려지지 않는다. 이러한 설정은 농민의 신분의식에 대한 관념과 농본주의라는 관념이 농민의 삶에 녹아들어가지 못하게 하는 요인이 된다.

그럼에도 이 작품들이 중요한 이유는 역사와 농민의 삶을 하나의 테두리 안에서 바라보고, 농민 개개인의 삶이 역사의 원동력이 된다는 작가 의식이 당시 문단에서는 보기 어려운 것이었기 때문이다. 농민의 삶 속에서 진실을 심으려 했던 이무영의 뚝심이 민족문학의 중요한 힘줄로 서 있는 것이다.

해방 이후부터 52세가 되는 1960년에 세상을 떠나기까지, 해군 정훈장교로 험한 세월을 거치기도 하고, 대학 강단에서 소설창작론을 가르치기도 하면서, 이무영은 많은 애정소설과 사회비판 소설을 남겼다. 그러나 오래도록 그가 끝까지 이야기하고자 했던 문제의식은 농민이 대표하는 진실 된 민족의 삶이었다. 그 민족정신이 우리 민족의 역사를 지키는 보이지 않는 힘인 것이다.

이무영 ▸▸

1908년(1세) 1월 14일 충청북도 음성군 음성읍 오리골에서 아버지 이덕여 씨와 어머니 경주 인(印)씨 사이의 7남매 중 차남으로 태어나다. 본명은 갑룡(甲龍), 아명은 용구(龍九), 본관은 경주(慶州)이다.

1913년(5세) 충북 중원군 신니면 용원리 26번지로 이사하여 이곳이 본적지가 되다. 이웃 마을에 시인 이흡이 살아 오랜 친구가 되다.

1925년(17세) 휘문고보를 다니다가 문학수업을 위하여 일본으로 건너가 세이조(成城) 중학교에 입학하나, 이내 중퇴하고 일본 작가 가토 다케오(加藤武雄)의 문하생으로 들어가 그곳에서 기숙하며 4년 동안 작가 수업을 하다.

1926년(18세) 6월 『조선문단(朝鮮文壇)』에 단편소설 「달순(達順)의 출가(出家)」를 이용구라는 이름으로 투고하여 당선되다.

1927년(19세) 5월 25일 첫 장편소설 『의지할 곳 없는 청춘』(원제 『의지할 곳 없는 영혼』)을 청조사에서 탄금대인(彈琴臺人)이라는 필명으로 출간하다.

1928년(20세) 4월 18일 장편소설 『폐허의 울음』을 청조사에서 출간하다.

1929년(21세) 귀국하여 작가로서 입신하려 하였으나 인정받지 못하고, 야학 교사, 강습소 교원, 출판사 사원, 잡지사 기자 등을 지내다 6월 단편소설 「착각애」를 『동아일보』에 발표하고, 9월 장편소설 『8년간』을 『조선강단(朝鮮講壇)』에 연재하다. 이때부터 '무영(無影)'이란 이름을 필명으로 쓰기 시작하다.

1931년(23세) 동아일보사에서 공모한 희곡 현상 모집에 〈한낮에 꿈꾸는 사람들〉을 이산(李山)이란 이름으로 응모하여 당선되다. 이후 이 작품은 극예술연구회에서 공연되다.

1932년(24세) 〈한낮에 꿈꾸는 사람들〉을 비롯하여 〈꿈꾸는 사람들〉 〈어머니와 아들〉 〈모는 자 쫓기는 자〉 〈오전 영 시〉 등 많은 희곡을 발표하다.

1933년(25세) 8월부터 9월 사이에 『동아일보』에 중편소설 「지축을 돌리는 사람들」을 발표함으로써 작가로서 주목을 받기 시작하다.

1934년(26세) 동아일보사에 학예부 기자로 입사하다. 작가로서 인정받기 시작하여 염상섭, 김동인, 채만식 등과 교유하기 시작하다. 「창백한 얼굴」 「아저씨와 그 여인」 등 상당수의 단편소설 작품을 발표하다.

1935년(27세) 『동아일보』에 장편소설 『먼동이 틀 때』를 8월부터 12월까지 연재 발표하여 작가로서의 역량을 보이기 시작하다.

1936년(28세) 6월 11일 신영균의 처제 고일신(高日新)과 결혼하고 서울 봉래동에서 결혼 생활을 시작하였다. 8월 베를린 올림픽 마라톤 대회에서 우승한 손기정 선수의 사진에서 일장기를 지워버린 사건으로 『동아일보』가 무기 정간 당하자, 10개월 후 복간되기까지 상당한 생활고를 겪다. 이 기간에 이흡과 함께 순수문학을 지향하는 문예지 『조선문단』을 창간하다.

1937년(29세) 『동아일보』가 복간되어 일을 다시 시작하고 장녀 자림(慈林)이 출생하다. 6월부터 12월 사이에 『동아일보』에 장편소설 『명일의 포도』를 연재하다.

1939년(31세) 창작 생활에 전념하기 위해 동아일보사 기자직을 사임하고 당시 시인 이흡이 살고 있던 경기도 군포의 궁말(宮村) 옆 샛말(경기도 시흥군 의왕면)로 이주하다. 이곳에서 12년간 농사를 지으며 창작 생활에 전념하고, 대표작인 농민소설 『제일과 제일장(第一課 第一章)』을 창작하여 『인문평론』 10월호에 발표하다.

1940년(32세) 『흙의 노예』 『궁촌기』 연작, 『안달소전』 등 중요작들을 창작하다.

1943년(35세) 1942년 『부산일보』에 발표한 『청기와의 집』이 일본의 신태양사(新太陽社)에서 간행되어 이 출판사에서 주는 '조선예술상'을 받다.

1946년(38세) 해방이후 군포에서 창작에만 몰두하다, 서울대학교 문리대에 출강하여 소설 창작론을 강의하다.

1947년(39세) 연희대학교 문과대에 출강하게 되자 교재의 필요성을 절감하여 『소설작법』을 간행하다.

1950년(42세) 한국전쟁이 발발하자 소설가 윤백남, 염상섭과 함께 해군에 입대하여 정훈장교로 특별 임관되어 이후 1955년 퇴임할 때까지 진해, 부산, 서울 등에서 군 생활을 계속하다. 농민의 삶을 중심으로 한 역사소설 5부작을 기획하고, 장편소설 『농민(農民)』을 『한성일보』에 연재하다. 2부작 『농군(農軍)』을 1953년 『서울신문』에, 3부작 『노농(老農)』(미완성)을 1954년 『대구일보』에 발표하였으나 5부작을 완성하지 못하다.

1956년(48세) 서울시 문화상을 수상하다.

1957년(49세) 단국대 국문과 교수로 부임하다.

1960년(52세) 4월 21일 뇌일혈로 별세하다. 서울시 창동에 있는 천주교 묘지에 안장되다. 유고로 중편소설 『목석부인』, 단편소설 「애정설화」 등이 발표되다.

1994년 이무영을 추모하는 '무영제'가 제정되다.

2000년 동아일보사 주최로 '이무영문학상'이 제정 시행되다.

임화 林和, 1908~1953

/남기혁/

시인, 문학평론가, 문학사가, 영화배우 등으로 왕성하게 활동했던 임화는 한국 근대문학 100년사에서 가장 풍운아적인 삶을 살았던 문인 중 한명이다. 특히 그는 카프의 서기장을 역임하고, 해방 이후 조선문학가동맹을 실질적으로 주도하는 등 프로문예운동사에서 이론가이자 실천가로 자신의 역량을 유감없이 보여주었다.

임화는 1908년 10월 서울 낙산(駱山)의 중산층 집안에서 태어났다. 본명은 인식(仁植)이며, 이후 필명으로 성아(星兒), 임화(林華), 임(林)다다, 쌍수대인(雙樹臺人) 등을 사용하였다.

1921년 서울 보성중학에 입학하였으며, 재학 시절에 고리키, 톨스토이, 투르게네프, 세익스피어 등을 읽으며 문학을 접하게 되었다. 이런 경험을 바탕으로 1924년 12월 8일, 15일, 22일 『동아일보』 문예란(文藝欄)에 성아(星兒)라는 필명으로 「연주대」 「해녀가」 「낙수」 등 감상적 연애시 계열의 습작시 6편을 발표하게 된다. 1925년(18세) 집안의 파산과 모친의 사망 등으로 보성중학을 중퇴하고 가출하다. 이후 다다이즘이나 계급주의 계열의 서적을 탐독하면서 전위적 예술사조와 급진사상에 눈을 뜨게 된다. 1926년(19세) 『매일신보』(4월 14일)와 『조선일보』 등에 성아(星兒)라는 필명으로 「무얼찾니」 「서정소곡」 등의 서정시를 발표한다. 또한 「근대문학상에 나타난 연애」와 같은 평론적 성격의 글을 발표하는 등 문학청년으로서 다양한 문필활동을 보여주었다.

카프와의 만남은 임화의 문학활동이 본격화되는 계기가 되었다. 1926년 12월에 이기영, 한설야 등과 함께 조선프롤레타리아예술가동맹(KAPF)에 가입하였으며, 박영희, 윤기정, 김기진 등 카프의 맹원들과 교유하면서 계급주의 문학운동에 눈을 떴으며, 1928년에는 카프 중앙위원에 피선되면서 프롤레타리아문학운동에 적극적으로 참여하게 된다.

카프 가담을 전후로 임화는 점차 전위주의적 사상을 담은 글들을 발표하기 시작한다. 1927년 임화라는 필명으로 『조선일보』 등을 통해 「혁토」 「화가의 시」 「지구와 박테리아」 「담(曇)—1927」 등 소위 다다이즘 풍의 전위주의 시를 발표하였고, 아나키스트였던 김화산의 글을 비판하는 평론 「착각적 문예이론」을 발표한다. 연극, 영화, 미술 등 다양한 예술 분야에 관심을 기울이면서 이와 관련된 평론을 발표하기도 했다. 특히 〈유랑(流浪)〉〈혼가〉 등의 영화에 출연하면서 영화배우로 활동하기도 했다.

다방면의 예술 분야에 관심을 보이던 임화가 프로문인으로서 자리매김하는 데는 시 창작이 가장 결정적 역할을 하였다. 그는 1929년(22세) 「우리 오빠와 화로」 「네거리의 순이」 등을 감상적인 내용의 이야기시를 발표하면서 일약 프로시단의 대표주자로 부상한다. 사건적, 소설적인 내용을 줄글의 산문체로 노래한 그의 시들은 당시 예술대중화론을 주창하던 김기진에 의해 '단편서사시'라는 장르 명칭을 부여받으면서 경향시가 나아갈 새로운 창작경향이라 평가받는다. 특히 선전선동 구호로 일관하여 소위 '뼈다귀시'라고 비판받았던 당시 계급시의 창작적 경향에서 벗어나 민중의 언어와 생활을 생동감 있게 다루는 등 계급시의 새로운 활로를 열어 나갔다. 하지만 임화 자신은 「탁류에 항하여」라는 평론을 통해 김기진의 대중화론을 비판하는 동시에 자신의 창작적 경향의 오류 즉 감성성에 대한 자기비판을 감행한다. 이 즈음 그는 박영희의 도움으로 일본에 건너간다가 계급주의 문학운동에 보다 깊이 관여하게 된다.

1930년(23세) 일본 도쿄로 건너간 그는 이북만, 김두용을 비롯하여 안막, 김남천, 권환 등과 함께 소위 '무산자사'에서 활동한다. 이들과 함께 조선 문예운동의 '볼셰비키화'를 제창하면서 카프의 이론적 주도권을 잡는다. 1932년에는 윤기정의 후임으로 카프 서기장이 되었으며, 카프의 기관지인 『집단(集團)』을 책임 편집한다. 하지만 이 시기 임화는 시 창작 분야에서 자신의 목소리를 내지 못하였을 뿐만 아니라, 1931년 1차 카프검거사건 때 검거되어 3개월간의 감옥 생활 끝에 9월경에 불기소처분으로 석방되는 등 상당히 불우한 상황에 처하기도 했다.

한편 1933년에는 김남천의 옥중체험기인 단편소설 「물」을 둘러싸고 김남천과 논쟁을 벌인다. 소위 '물논쟁'이라 불리는 두 사람의 논쟁은 작가적 실천과 세계관의 문제에 관한 것이다. 임화는 「6월 중의 창작」이란 글에서 김남천의 작품이 경험주의적, 생리주의적 오류를 범하고 있다고 혹평한 바 있는데, 김남천이 작가적 실천의 문제를 제기하면서 임화에 반론을 펼치면서 '물논쟁'이 시작되었다. 이후 두 사람 숙명적 라이벌이자 동지로서, '주인공－성격－사상'(임화), '세태－사실－생활'(김남천)의 노선으로 나뉘어 논쟁하면서 소설론·사실주의론의 이론적 심화를 이끌어냈다.

1935년(28세) 김기진, 김남천과 함께 경기도 경찰부에 카프 해산계를 제출한다. 8월 마산에서 휴양하던 중 소설가 지하련(본명 이현욱)을 만나 재혼하면서 정신적 안정을 찾게 되면서, 시인, 비평가, 문학사가로서 본격적인 활동을 펼치게 된다.

우선 시인으로서의 행보를 보면, 그는 「다시 네거리에서」(1935) 등 일련의 시를 발표하면서 창작 부진에서 벗어나기 시작했으며 이후 식민지 지식청년의 운명을 낭만적인 태도로 노래한 소위 '현해탄 계열'의 시를 발표하였다. "그의 꿈꾸는 사상이 높다랗게 굽이치는 東京/모든 것을 배워 모든 것을 익혀/다시 이 바다 물결 위에 올랐을 때/나는 슬픈 고향의 한 밤/홰보다 밝게 타는 별이 되리라"(「해협의 낭만주의」, 1936)에서 보듯, 임화는 식민지 지식청년이 꿈꾸었던 세계와 이념을 회고하면서, 악화 일로를 걷던 시대 현실 속에서 시적 주체의 재건을 위해 몸부림쳤다. 하지만 1930년대 후반으로 접어들면서 그는 점차 운명론에 빠져들게 된다. 「자고새면」(1939)은 시대와 이념의 불화 속에서 식민지 지식인이 겪어야 했던 비극적 전망을 드러낸 작품이다.

한편 1930년대 후반 비평의 전형기를 맞아 임화는 시론, 소설론, 사실주의론 등 다양한 영역에서 논쟁적인 비평을 발표하기 시작하였다. 시론 영역에서는 박용철·김기림 등과 소위 기교주의 논쟁을 벌였다. 또한 그는 「사실주의의 재인식」(『동아일보』, 1937.10) 「주체의 재건과 문학의 세계」(『동아일보』, 1937년 11월) 등 사실주의론 계열의 평론, 더 나아가 일련의 낭만정신론 등을 통해 리얼리즘에 대해 심도 깊은 비평적 사유를 전개하였으며, 이 과정에서 임화는 세태소설론, 본격소설론, 통속소설론 등 일련의 소설론을 발표하면서 소설에 대한 이론적 탐색을 모색하였다. 1940년 이러한 비평적 성과들을 묶어 학예사에서 평론집 『문학의 논리』를 발간한다.

한편 위기의 시대였던 1930년대 후반에 임화는 문학사 서술에 눈을 돌린다. 「조선신문학사론서설」(『조선중앙일보』, 1935.10.9~11.3) 「개설조선신문학사」(『조선일보』, 1939.9.2~11.25)와 「신문학사」(『조선일보』, 1939.12.5~12.27) 「조선문학연구의 일 과제－신문학사의 방법」(『동아일보』, 1940.1.13~1.20) 등이 그 구체적인 성과이다. 신문학의 발생과 성장과정에 대해 정리하는 작업과 문학사 연구 방법론을 체계적으로 고찰하는 작업을 병행한 임화가 조선의 신문학사를 바라보는 기본 관점은 소위 '이식문학사론'이란 말로 정리될 수 있다. 그는 "동양의 근대문학사는 사실 서구문학의 수입과 이식의 역사"라는 전제하에, 조선의 신문학사 역시 이식문화의 역사라는 명제를 내세웠다.

일제의 제국주의적 침략전쟁이 본격화되는 1940년을 전후하여, 임화 역시 전향의 문제에 봉착하고 만다. 1940년 1월 총독부 기관지에 발표한 평론 「시민문화의 종언」은 파시즘의 논리에 내면적으로 승복하는 모습을 보여준다. 이후 그는 총독부 소속 총력연맹 문화부장 야나베에자부로(矢鍋永三郎)와의 대담을 통해 일제의 신체제문화운동에 대한 협력방안에 대해 논의하고, 문인보국회에 참여하여 평론수필부회에서 활동하는 등 친일행위에 빠져들게 된다.

1945년 8·15해방은 그의 문학활동에 새로운 전기를 마련해 주었다. 8월 17일 '조선문학건설본부'(8.17)를 설립하고 남로당 노선에 맞춰 문학활동을 전개하였다. 이후 조선문학건설본부와 조선프롤레타리아예술동맹을 통합하였고, 순수문인과 중간노선의 문인이 두루 참여한 '조선문학가동맹'(12.3)을 결성하는 데 주도적인 역할을 하였으며, 1946년 2월에는 조선문학가동맹이 주최한 제1회 조선문학자대회에서 「조선 민족문학 건설의 기본 과제에 관한 일반보고」를 발표하였다. 또한 문화부분의 통일전선체인 '조선문화단체총연맹'을 조직하고 부위원장을 맡는 등 적극적인 정치적 행보에 나섰다. 해방기에 임화가 취한 문학노선은 소위 '인민성'에 기초하여 민족문학을 건설하자는 것으로 정리할 수 있다. 이러한 노선은 남로당 계열의 정치적 노선을 문학(문화) 분야에 적용한 것으로서, '당파성'에 입각하여 계급문학을 역설한 한설야, 한효, 이기영 등 조선프롤레타리아예술동맹 계열 문인들의 노선과 대립하였다. 이러한 대립은 월북 이후 임화의 정치적 입지를 좁히는 계기가 되었다.

한편 해방기에 임화는 시인으로서 목소리를 되찾았다. 특히 간결한 시행과 빠른 호흡으로 해방 직후의 현실을 노래한 일련의 행사시나 선전선동시를 많이 발표하였다. 「길」 「발자욱」 「헌시」(1945) 등을 발표하였고, 김순남이 곡을 붙인 「인민항쟁가」의 노랫말을 지었으며, 1946년 5월 1일 노동절을 맞이하여 쓴 「나의 눈은 핏발이 서서 감을 수가 없다」, 10월 인민항쟁 시기 용산철도기관구 노동자들의 영웅적 투쟁에 대해 노래한 「우리들의 전구(戰區)」 등을 발표하였다. 그의 해방기 시는 시와 정치의 완벽한 일치를 모색하는 과정에서 나온 것이다. 이런 성과를 바탕으로 1947년 제2시집 『찬가』(백양당) 및 『회상시집』(건설출판사)을 간행하였다.

한편 미군정과 우파의 조직적 탄압 등으로 활동이 어려워지자 11월 20일, 김남천과 함께 월북한 후 황해도 해주 제1인쇄소에서 근무하면서 남로당 계열의 입장에서 활동하였고, 동시에 조소 문화협회 중앙위원회 부위원장으로 활동하였다. 1950년 한국전쟁이 발발한 후 인민군을 따라 서울에 와서 '조선문화총동맹'을 조직하고 부위원장을 맡았다. 낙동강 전선에 종군하였으며, 이후 인민군의 퇴각에 따라 자강도까지 쫓겨 가게 된다. 그는 한국전쟁 중에 종군체험을 담은 시 「서울」 「너 어디에 있느냐」 등을 발표하였으며, 전선문고로 8편의 시를 묶은 시집 『너 어느 곳에 있느냐』 출간하는 등 시인의 행보를 보여주기도 했으나, 전쟁 직후 이 작품들은 남로당이 축출될 당시 숙청의 빌미를 제공하기도 했다.

1953년(46세) 휴전직후 이승엽, 김남천 등 박헌영 계열과 함께 '조선민주주의 인민공화국 정권 전복 음모와 반국가적 간첩 테러 및 선전선동 행위에 대한 사건'으로 체포·구금되었으며, 조선민주주의 인민공화국 최고재판소 군사재판부에서 미제의 스파이 혐의로 사형을 선고받은 후 8월 6일 총살형에 처해졌다고 전해진다.

임화 ▸▸

1908년(1세) 10월 13일 서울 낙산(駱山)의 중산층 집안에서 태어나다. 본명은 인식(仁植)이며, 이후 필명으로 성아(星兒), 임화(林華), 임(林)다다, 쌍수대인(雙樹臺人) 등을 사용하였다.

1921년(14세) 서울 보성중학에 입학하였으며, 재학 시절에 고리키, 톨스토이, 투르게네프, 세익스피어 등을 읽다.

1924년(17세) 12월 8일, 15일, 22일 『동아일보』 문예란에 성아(星兒)라는 필명으로 「연주대」 「해녀가」 「낙수」 등 감상적 연애시 계열의 습작시 6편을 발표하다.

1925년(18세) 집안의 파산과 모친의 사망 등으로 보상중학을 중퇴하고 가출하다. 이후 다다이즘이나 계급주의 계열의 서적을 탐독하면서 전위적 예술사조와 급진사상에 눈을 뜨게 된다.

1926년(19세) 『매일신보』(4월 14일)와 『조선일보』 등에 성아(星兒)라는 필명으로 「무얼찾니」 「서정소곡」 등의 서정시를 발표하다. 또한 「근대문학상에 나타난 연애」 등의 평론을 발표하다. 특히 무산계급문학에 관심을 기울이면서 12월에는 이기영, 한설야 등과 함께 조선프롤레타리아예술가동맹(KAPF)에 가입하다.

1927년(20세) 임화라는 필명으로 「혁토」 「화가의 시」 「지구와 박테리아」 등 소위 다다이즘 풍의 시를 발표하고, 아나키스트였던 김화산의 글을 비판하는 평론을 발표하다.

1928년(21세) 박영희, 윤기정, 김기진 등 카프의 맹원들과 교유하였으며, 카프 중앙위원에 피선되면서 프롤레타리아문학운동에 적극적으로 참여하게 되다. 연극, 영화, 미술 등 다양한 예술 분야에 관심을 기울이면서 이와 관련된 평론을 발표하다. 조선영화협회의 제1회 작품인 〈유랑(流浪)〉에 주연으로 출연하다.

1929년(22세) 「우리 오빠와 화로」 「네거리의 순이」 등을 발표하면서 일약 프로시단의 대표주자로 부상하다. 특히 그의 시는 예술대중화론을 주창하던 김기진에 의해 '단편서사시'라는 장르 명칭을 부여받으면서 경향시가 나아갈 새로운 창작경향이라 평가받지만, 정작 임화 자신은 「탁류에 항하여」라는 평론을 통해 김기진의 대중화론을 비판하고 자신의 창작적 경향의 오류 즉 감성성에 대한 자기비판을 감행하다. 박영희의 도움으로 일본에 건너가다.

1930년(23세) 일본 도쿄에서 이북만, 김두용을 비롯하여 안막, 김남천, 권환 등과 함께 소위 '무산자사'에서 활동하다. 이들과 함께 조선 문예운동의 '볼셰비키화'를 제창하면서 카프의 이론적 주도권을 쥐다.

1931년(24세) 이북만의 누이동생이 이귀례와 결혼하다. 일본에서 귀국하다. 제1차 카프검거사건 때 검거되어 3개월간의 감옥생활 끝에 9월경에 불기소처분으로 석방되다.

1932년(25세) 4월에 윤기정의 후임으로 카프 서기장이 된다. 카프의 기관지인 「집단(集團)」을 책임 편집하다.

1933년(26세) 김남천의 옥중체험기인 단편소설 「물」을 둘러싸고 김남천과 소위 '물논쟁'을 벌이면서 본격적으로 소설비평에 나서다.

1934년(27세) 연초부터 시작된 카프 제2차 검거사건이 있었으나, 폐병을 이유로 불기소되다. 평양과 서울의 탑골 승방 등을 옮겨 다니며 요양생활을 하다.

1935년(28세) 김기진, 김남천과 함께 경기도 경찰부에 카프 해산계를 제출하다. 8월 마산에서 휴양하던 중 소설가 지하련(본명 이현욱)을 만나 재혼하다. 「다시 네거리에서」 등 일련의 시를 발표하면서 창작 부진에서 벗어나기 시작했으며, 「조선신문학사론서설」을 발표하면서 근대문학사 서술에 관심을 기울이기 시작하다.

1936년(29세) 시 「현해탄」을 발표하다.

1937년(30세) 평론 「주체의 재건과 문학의 세계」 발표 등 사실주의론 계열의 평론을 다수 발표하다.

1938년(31세) 식민지 지식 청년의 운명을 낭만적인 태도로 노래한 소위 '현해탄 계열'의 시와 기존의 단편서사시 등을 묶어 시집 『현해탄』(동광당서점)을 간행하다. 출판사 '학예사'를 설립하다.

1939년(32세) 9월부터 『조선일보』에 「개설 조선신문학사」를 연재하기 시작하였다

1940년(33세) 소위 '이식문학사론'의 구상을 담은 「조선문학연구의 과제—신문학사의 방법」을 발표하다. 총독부 기관지에 「시민문화의 종언」을 발표하다. 학예사에서 평론집 『문학의 논리』 발간하다.

1941년(34세) 총독부 소속 총력연맹 문화부장 야나베 에사부로(矢鍋永三郎)와의 대담을 통해 일제의 신체제문화운동에 대한 협력방안에 대해 논의하다.

1943년(36세) 문인보국회에 참여하여 평론수필부회에서 활동하다.

1945년(38세) 8·15해방 직후 '조선문학건설본부'(8.17)를 설립하다. 한설야, 한효, 이기영 등 당파성을 표방한 조선프롤레타리아예술동맹과 달리 '인민성' 개념을 내세워 인민의 문학에 기초한 민족문학의 건설을 노선으로 채택하다. 이후 조선문학건설본부와 조선프롤레타리아예술동맹을 통합하고 순수문인과 중간노선의 문인이 두루 참여한 '조선문학가동맹'(12.3)을 결성하는 데 주도적인 역할을 하다.

1946년(39세) 2월 조선문학가동맹이 주최한 제1회 조선문학자대회에서 「조선 민족문학 건설의 기본 과제에 관한 일반보고」를 발표하다. 또한 문화부분의 통일전선체인 '조선문화단체총연맹'을 조직하고 부위원장을 맡다. 김순남이 곡을 붙인 〈인민항쟁가〉의 노랫말을 짓다. 10월 인민항쟁 시기 용산철도기관구 노동자들의 영웅적 투쟁에 대해 노래한 「우리들의 전구(戰區)」를 발표하다.

1947년(40세) 제2시집 『찬가』(백양당) 및 『회상시집』(건설출판사)을 간행하다. 서울타임스사에서 전7권으로 기획된 '조선예술사대계'의 첫째권으로 임화의 『조선문학사』가 500쪽(신 9 포인트 1단) 내외의 국판 양장으로 출간 예정 및 예약광고가 나갔으나 빛을 보지 못했다. 이후 북쪽에서 『조선문학』이라는 저서가 발간된 것으로 알려지고 있으나 현재 남쪽에서 확인이 되지 않고 있다. 11월 20일, 미군정과 우파의 조직적 탄압 등으로 활동이 어려워지자 김남천과 함께 월북한 후 황해도 해주 제1인쇄소에서 근무하다. 조쏘문화협회 중앙위원회 부위원장으로 활동하다.

1950년(43세) 한국전쟁이 발발한 후 인민군을 따라 서울에 와서 '조선문화총동맹'을 조직하고 부위원장을 맡다. 낙동강 전선에 종군하였으며, 이후 인민군의 퇴각에 따라 자강도까지 쫓겨 가게 되다. 전쟁 체험을 담은 시 「서울」 「너 어디에 있느냐」 등을 발표하였으며 전선문고로 8편의 시를 묶은 시집 『너 어느 곳에 있느냐』 출간했으나, 이 작품들은 훗날 숙청의 빌미를 제공하게 되다.

1953년(46세) 휴전 직후 이승엽, 김남천 등 박헌영계와 함께, '조선민주주의 인민공화국

정권 전복 음모와 반국가적 간첩 테러 및 선전선동 행위에 대한 사건'으로 체포·구금되었으며, 조선민주주의 인민공화국 최고재판소 군사재판부에서 미제의 스파이 혐의로 사형을 선고받은 후 총살형에 처해지다(8월 6일).

2008년 그의 탄생 100주년(10월 13일)을 맞아 소장 국문학자들이 8년 여에 걸친 작업 끝에 남북한 최초의 임화 전집인 『임화문학예술전집』(전8권, 편집위원 임규찬·하정일·김재용·신두원·류보선)이 소명출판에서 간행되다. 임화문학상(운영위원장 염무웅, 운영위원 신경림·구중서·임형택·도종환)이 제정되어 그의 탄생 101주년에 제1회 수상자를 선정키 위한 활동에 들어가다.

백신애 白信愛, 1908~1939

/서정자/

백신애의 본격적 문학활동은 긴 방랑을 끝내고 돌아온 1934년부터이다. 1908년 경상북도 영천면 창구동 68번지에서 미곡과 정미소를 운영하여 영천에서 부자로 소문난 백내유의 외동딸로 태어난 백신애는 유복한 가정환경과는 대조적으로 완고한 부친으로 하여 보수적 환경에서 신교육을 받지 못한 채 성장한다. 이모부 김씨를 독선생으로 두고 한문을 수학하던 백신애는 일본의 중학생 강의록으로 공부하여 영천보통학교와 경북공립사범학교 강습과를 수학한 후 영천보통학교와 자인보통학교에 훈도로 부임, 일한다. 이 과정에서 여학교로 진학하려던 백신애는 아버지의 반대에 부딪쳐 사범학교로 진학하는 등 아버지와 심하게 갈등하는 우여곡절을 겪는다.

아버지와 달리 5살 위인 오빠 백기호는 사회주의 사상가로서 감옥에 가는 등 진보적 인물로서 백신애의 우상이다. 1929년 백신애가 작가로 등단하는 『조선일보』 신춘문예 당선작 「나의 어머니」에 사회주의 운동가 오빠는 긍정적으로 그려져 있다. 이후 본격적으로 작품 활동을 시작하는 1934년까지 사회주의 여성단체 '여성동우회'와 '여자청년동맹'에 회원으로 가입함으로써 보통학교 훈도를 강제 사직 당하고, 전기 두 단체의 상임위원이 되어 전국순회 계몽활동을 하는 한편, 블라디보스토크와 시베리아 방랑에 나서며 돌아와서는 도일하여 니혼(日本)대학 예술과에 적을 두는 등 수없는 탈출과 방랑을 되풀이 한다.

백신애는 1929년 등단 후 5년 후인 1934년에야 단편 「꺼래이」를 발표함으로써 본격적으로 작품 활동을 시작하는데 단편 「꺼래이」는 우리 문학사에 드문 러시아 이민소설에 분류할 수 있는 작품이다. 단편 「꺼래이」 「적빈(赤貧)」 「악부자(顎富者)」 등의 작품들에서 가난이 중요한 소재로 등장하고 있어 일견 빈궁문학 작가로 보이기 쉬우나 그의 문학은 본질적으로 가난의 문제를 추구하고 있지 않다. 등단작 「나의 어머니」에서부터 유작 『아름다운 노을』에 이르기까지 줄기차게 여성의 문제를 다루고 여성의 내면의식을 그림으로써 여성의 본질과 실재를 그리려 한 작가이다.

그러나 오빠의 영향과 짧은 생애였으나 여성으로서는 특수하게 러시아, 일본, 중국 등 폭넓게 세계와 접촉을 시도하였던 백신애는 소재적 측면의 드러남이라고 하여도 전반기에 그의 문학에서 궁핍한 식민지 현실을 드러내는 소설을 연달아 발표한다. 식민지 현실과 여성문제를 병행하여 드러내는 여성작가 특유의 소설 창작 방식을 드러내는 것이다. 「여성동우회」「여자청년동맹」의 계몽활동 대상인, 봉건사상에 묶여 사는 여성의 비극적 삶을 꼬마 각시형, 구식 아내형, 남성 지배하의 숙명형 등으로 분류할 수 있는 작품을 발표한다. 단편 「복선이(福先伊)」「소독부(小毒婦)」와 단편 「어느 전원의 풍경」「광인수기」, 그리고 단편 「식인(食因)」을 그 예로 들 수 있고 「적빈」「채색교」「악부자」 등을 더 들 수 있다. 제목에서 볼 수 있듯이 궁핍을 그리려했던 단편 「적빈」은 궁핍한 현실 속에서도 한국의 전통적 모성을 전형적으로 그려낸 작품이다. 가난을 이겨내는 인내와 순종, 치유의 기능을 구유한 생생력, 꿈을 꾸어 예지하는 능력과 쌀 한 되, 보리 두 되, 미역 한 쪽, 명태 한 마리 등 계량 단위를 정확히 사용함으로써 모성애마저 공평하게 분배하려했던 한국적 모성의 실제를 그렸다는 점에서 「적빈」은 전형적 한국의 모성을 그린 수작이라는 평가를 얻고 있다. 백신애는 1935년 수필 「사명을 각성한 후」에서 엘렌케이의 모성보호론에 지지를 보내면서 남편이 직업적으로 성공하는 것을 돕는 일이 결혼한 여성의 임무라고 밝히는, 사회주의 여성단체의 임원 경력을 부인하는 내용의 소신을 발표한다. 이 수필은 백신애의 사상적 전환을 나타내는 글이자 여성의식의 지향점을 보여주는 글이다. 이 글의 단순 명쾌함에서 모성에 대한 심각한 고민이 엿보이지 않음을 지적하는 글이 있듯이 백신애의 궁핍을 직접 체험하지 않았을 뿐 아니라 모성 역시도 직접 체험하거나 고민해 보지 않은 작가의 여성문제나 궁핍문제의 소설은 관념적이고 추상적이라는 평가를 받기도 한다.

오빠의 사상적 자장 안에서 여성과 사회에 대한 관심을 소설화 하던 작가는 차츰 자신의 내면으로 시선을 돌린다. 단편 「낙오」는 신교육을 받지 못한 데서 오는 소외의식을 주제로 하여 근대 여성에게 출구 또는 탐색의 대상이 교육이었음을 보여주는, 작가의 체험이 녹아있는 작품이다. 단편 「악부자」「정현수」는 세계관과 식민지 현실 그리고 창작방법이 일치하지 않고 분열을 겪으면서 점차 자신의 계층인 중산층에 눈을 돌리고 풍자문학으로 나아가는 경향을 드러내는 작품이다. 단편 「일여인(一女人)」도 그 예다.

백신애의 작품 중 「광인수기(狂人手記)」는 신여성에게 가버린 남편의 배신으로 정신착란을 일으킨 구여성의 비극을 그린 작품으로 보기도 하나 전향한 사회주의자의 타락에 상처받은 부인의 시점을 광인의 말로 쓴 소설이라고 보기도 한다. 광기의 언어가 남성지배의 가부장적 담론에 대한 전복의 의미를 지닌다는 논리에 기댄다면 백신애는 사회주의 이데올로기가 전복되고 방황하는 남성지식인이 일종의 소외를 겪었다면 부인인 여성은 그 남성의 방황에 의해 이중적 소외를 지닌다는 점을 광기의 언어로 재현해낸 작품이라는 것이다.

작가가 운명하던 해에 발표한 「혼명에서」는 전향한 여성지식인의 내면 풍경을 고백체의 문장으로 그려낸 작품이다. 작가의 분신인 주인공은 이혼과 방향전환이라는 이중 소외 속에서 세상의 시끄러움에 혼명하여져서 나와 남을 구분하지 못하던 상황에서 벗어나, 고요 속에서 진정한 자아를 찾으려 자신을 바라보며 자신의 목소리를 낸다. 이렇듯 자신의 내면을 깊숙이

성찰하여 자신의 문학세계를 열어가던 백신애는 1939년 32세에 지병인 췌장암으로 요절한다.

작가의 사후 유작으로 발표된 『아름다운 노을』은 진정한 자기의 목소리로 쓰인 작품이라는 점에서 백신애문학세계에서 중요한 위상을 지니고, 우리문학사에서 찾아 볼 수 없는 전복적 주제를 소설화한 작품이라는 점에서 획기적이다. 이룰 수 없는 사랑의 고백이 액자소설 형식으로 그려진 이 소설에서 남성과 여성의 나이구조가 오빠, 누이와 같아야 한다고 고정관념화되어있는 결혼을 전복하는 구조이다. 오빠와 누이 구조라 할 수 있는 결혼에 대한 고정관념이 아들보다 세 살 많은 소년을 사랑하는 어미 연배인 순희라는 여성을 괴롭혀 이를 전복하기까지 갈등을 그린 소설이다. 이는 모성이라는 상징적 억압으로 묘사된다. 여성심리학을 원용해 보면 이 소설은 작가 백신애의 무의식 속에 고착되어있는 아버지와의 관계에서 해명되기도 한다. 아버지에 대한 심한 반감에는 아버지에 대한 깊은 정열적 애정이 숨어있으며 이러한 아버지 고착의 경우 아버지를 연상케 하는 나이 든 남성에게 현저한 호의를 보이는 것이 보통인데 유년기의 연령관계가 반대로 나타났다는 것이다. 작가 백신애의 의식을 지배한 것은 지극히 사랑을 베푼 어머니가 아니라 오빠 백기호와 아버지 백내유였다는 결론이다.

백신애 ▸▸

1908(1세) 5월 20일 경상북도 영천면 창구동 68번지에서 영천에서 소문난 부자 백내유의 외동딸로 태어나다. 아명은 무잠(武岑), 호적명은 무동(戊東).

1915년(8세)~1921년(14세) 병약하여 집에 독선생을 두고 한문을 배우다. 11세 때 영천보통학교 2학년에 편입학하였으나 3학년에 중퇴하고 14세까지 한문과 일본의 중학 강의록을 공부하다.

1922년(15세)~1924년(17세) 완고한 부친으로 보수적 환경에 갇혀 신교육을 받지 못하다가 12월 백술동이란 이름에다 생년월일도 1906년 5월 20일로 고쳐 영천보통학교 4학년에 편입학하다. 4년 졸업 후 경북공립사범학교 강습과에 입학하여 졸업과 동시에 영천공립보통학교 훈도로 부임하다.

1925년(18세) 3월 21일 경산군 자인보통학교로 전임하다.

1926년(19세) 1월 22일 겨울방학 중 최초의 사회주의 여성단체 '여성동우회' '여자청년동맹'에 가입한 사실이 탄로나 공립학교 훈도직에서 강제 사임 당하다. 상경하여 전기 두 단체의 상임위원이 되다. 2월 25일 천도교회관에서 경성여자청년동맹 2주년 기념식을 단독으로 집회허가를 받아내고 혼자 치르다.

1927년(20세) 26년 가을부터 전국 순회강연 등 여성운동 전개하다. 순회강연에서 여성도 사람이다, 남성은 여성의 권리를 박탈하였고 대신 죽음과 질병을 주었다며 문맹퇴치, 농촌계몽, 봉건사상 타도를 부르짖다. 블라디보스토크에도 가고, 시베리아 방랑도(4~6개월간)하다. 두만 국경에서 왜경에 잡혀 필설로 난기(難記)할 시달림을 받고 요주의 인물이 되다.

1928년(21세) 병원에서 퇴원, 영천으로 돌아와 문학수업 겸 여성운동을 전개하다.

1929년(22세) 박계화란 필명으로 『조선일보』 신춘문예에 자전적 내용이 담긴 단편 「나의 어머니」가 당선1석으로 입상하다. 이 작품은 오빠 기호의 사상적 영향이 뚜렷하며 백신애는 신춘문예를 통해 등단한 최초의 여성작가가 되다.

1930년(23세) 5월경 도쿄로 가다. 니혼(日本)대학 예술과에 입학(미확인)하다.

1931년(24세) 봄에 귀국했으나 부모의 결혼 강요에 못이겨 다시 도일하다.

1932년(25세)~1933년(26세) 가을에 귀국하여 동래고보와 오사카상고 출신인 은행원 이근채와 약혼하고, 다음 해 봄에 결혼하다.

1934년(27세) 등단 후 5년 만에 단편 「꺼래이」 「복선이(福先伊)」 「채색교(彩色橋)」 「적빈(赤貧)」 「낙오(落伍)」, 중편 「정조원(貞操怨)」와 5편의 수필을 발표하는 등 왕성한 작품 활동을 보이다. 이 시기 사회주의 사상가인 오빠 백기호의 영향으로 궁핍한 식민지 현실을 그리는 데 열중하다. 제목에서 확인할 수 있듯이 궁핍을 그리려던 대표 단편 「적빈」은 그러나 주인공 매촌댁 늙은이를 전통적 한국모성의 전형으로 그리다. 단편 「낙오」는 신교육을 받지 못한 데서 오는 자기소외의식을 드러내 백신애의 탈출과 방랑이 낙오의식에서 비롯한 것으로 보이다.

1935년(28세) 소년소설 「멀리 간 동무」, 콩트 「상금 삼원야(賞金 參圓也)」, 장편 『의혹의 흑모(黑眸)』 연재 1회, 단편 「악부자(顎富者)」 「정현수(鄭賢洙)」 등 백신애의 작품 경향은 차츰 풍자적 성격을 띠어간다. 한편 수필 「사명에 각성한 후」를 통해 엘렌케이의 모성보호사상에 동조를 표명하여 소위 사상전환의 일단을 보이다. 수필을 수편 발표하는 등 작가활동에 적극성을 보이는 데 12월에 아버지 백내유 씨가 일본 규슈제국대학 병원에서 사망하다.

1936년(29세) 1월 상경하여 삼천리사 초청 여류작가 좌담회에 참석하다(김동환 사회, 박화성, 이선희, 장덕조, 최정희 등 참석). 단편 「학사」 「식인(食因)」 「어느 전원의 풍경」 등과 수필들을 발표하다. 전형기의 현실과 일치하지 않는 자기모순에 균형감각을 위한 자기비판의 경향이 차츰 자신의 계층으로 눈을 돌리게 하고 풍자문학으로 이어지게 하다.

1937년(30세)~1938년(31세) 콩트 「가지 말게」 외에는 수필만 7편을 발표하고 백신애는 남편과 별거를 거쳐 이혼에 이르다. 단편 「광인수기」 「소독부(小毒婦)」 「일여인(一女人)」을 발표하며 9월 칭따오를 거쳐 상하이에 가서 오빠 백기호와 40여 일 머물다. 상하이 체재 중, 집사를 시켜 이혼 수속을 밟게 하다.

1939년(32세) 4월 『국민신보』에 일어로 수필 「나의 시베리아방랑기(わたしのシベリヤ放浪記)」를 2회 연재하고 5월에 자기 내면을 투시한 단편 「혼명에서」를 발표한 후 5월 말(?) 경성제국대학 병원에 입원하다. 6월 23일 상기 병원에서 별세하다. 화장한 유골을 칠곡(漆谷) 동명에 있는 가족묘지에 안장하다. 11 · 12월과 40년 1 · 2월에 중편 「아름다운 노을」이 백신애 유작으로 『여성』지에 4회 발표되다.

김기림 金起林, 1908~?

/윤여탁/

1908년 함경북도 학성에서 출생하였으며, 아명은 인손(寅孫), 필명은 편석촌(片石村), 'G.W'를 사용했다. 1921년에 서울 보성고보에 입학하였다가 중퇴하고 일본 도쿄에 있는 메이쿄(名教)중학에 편입하여 조기 졸업하였다. 1926년에 니혼(日本)대학 문학예술과에 입학하여 1929년에 졸업하였다. 대학 졸업 후인 1929년에 조선일보사 기자로 입사하여 근무하면서 『조선일보』에 평론(「오후와 무명작가들—일기첩에서」, 『조선일보』, 1930.4~5)과 시(「가거라 새로운 생활로」, 『조선일보』, 1930.9)를 발표하여 문단에 등단하였다. 1936년에는 도호쿠(東北)제국대학 영문과에 입학하여 1939년에 졸업하였다.

김기림은 1933년 이종명, 김유정, 이태준, 이무영, 이효석, 정지용, 조용만, 유치진 등과 함께 '구인회(九人會)'를 결성하여 본격적으로 문학활동을 시작하였다. 1930년대 전반에는 흄(T.E. Hulme), 엘리엇(T.S. Eliot), 리처즈(I.A. Richards) 등의 서구문학론에 영향을 받은 모더니즘 계열의 시와 시론을 발표하였다. 특히 모더니즘 중에서 이미지즘과 주지주의 경향의 모더니즘 시론을 소개하는 한편 이런 경향의 시를 창작하는 실험 의식을 보여주었다. 그리고 1930년대 후반에는 기교와 내용의 통합을 주장하는 전체시론과 신비평의 시학을 수용한 과학적 시학으로, 해방 정국에는 리얼리즘 시론으로 나아가는 도정(道程)을 보여준다.

그는 「포에지와 모더니티—현대시 평론」(『신동아』, 1933) 「오전의 시론」(『조선일보』, 1935) 「'모더니즘'의 역사적 위치」(『인문평론』, 1939) 「과학으로서의 시학」(『문장』, 1940) 「우리 시의 방향」(『건설기의 조선문학』, 1946) 등의 시론을 발표하였으며, 그 내용은 이미지즘과 주지주의, 전체시론, 과학적 시학, 리얼리즘 시론으로 요약된다. 이밖에도 시집 『태양의 풍속』(학예사, 1939)의 머리말인 「어떤 친한 '시의 벗'에게」와 「시에 있어서의 기교주의의 반성과 발전」(『조선일보』, 1935), 해방 정국에 발표된 『바다와 나비』(신문화연구소, 1946)의 「머릿말」 등의 중요 시론이 있다.

이와 같은 문학론을 기반으로 하여 김기림은 모더니즘 계열의 시를 썼지만, 이런 모더니즘 시의 편향된 기교주의를 반성하면서 새로움을 추구하기도 한다. 해방 후에는 나라 세우기라는 새로운 역사적 현실에 맞는 노래로서의 시를 주장하기도 한다. 즉 해방 후에 '조선문학가동맹'에 가담하여 시부 책임자로 활동하면서 이 당시 젊은 전위시인들에게 많은 영향을 끼쳤다. 이와 같은 시 창작의 이력을 보여준 김기림은 시집으로 『기상도』(창문사, 1936) 『태양의 풍속』(1939) 『바다와 나비』(1946) 『새노래』(아문각, 1948)를 간행하였다.

김기림의 시적 출발은 모더니즘 계열의 시였다. 그리고 그 대표적인 예가 시집 『기상도』에 실린 표제시인 「기상도」이다. 이 시는 태풍이 오는 상황을 형상화한 것으로 총 424행의 장시다. '세계의 아침' '시민행렬' '태풍의 기침 시간' '자최' '병든 풍경' '올빼미의 주문' '쇠바퀴의 노래' 등 7부로 구성되어 있으며, 태풍의 진행에 따라 1~2부는 태풍이 발생하기 이전, 3~4부는 발생과 진행, 5~6부는 태풍 후의 파괴된 풍경, 7부는 기상이 정상적으로 회복되기를 바라는 시적 화자의 소망을 이야기하고 있다.

이 시는 영국의 시인 엘리엇의 장시인 『황무지』의 영향을 받은 시로, 현대 문명에 대한 비판 의식을 담아내고자 했다. 주지주의적 내용과 회화적 이미지의 모더니즘 시의 가능성을 보여주었다는 평가를 받고 있다. 그러나 이와 같은 모더니즘 시의 시도는 1930년대 후반 일제 군국 파시즘의 등장과 같은 문학 외적 상황 변화에 따라 새로운 시대를 맞게 된다. 그는 일제 말로 대표되는 새로운 시대에 대한 시적 대응을 역사적·사회적 맥락에서 시도한다. 즉 모더니즘이 지향했던 시의 자율성에 머물지 않고, 전체시론이 지향했던 시의 사회적 기능에 무게를 두게 된다.

1930년대 후반 일제는 조선을 대륙 침략의 전초기지로 삼으면서 조선 민족 말살 정책을 수행하고 있었다. 이런 시기에 우리 시인들이 할 수 있는 행동은 극히 제한적이었다. 시인들은 우리말 지키기를 통하여 양심을 지키고자 했으며, 가능한 최후까지 시 쓰기를 통하여 민족의 생존을 확인하려 하였다. 많은 시인들이 잃어버린 고향을 노래하거나, 자신의 처지에 대한 반성과 성찰을 보여주었다. 김기림의 시적 선택 역시 이와 같은 맥락에서 설명될 수 있다.

시집 『바다와 나비』 표제작은 3연으로 구성된 자유시로 1연과 3연은 2행, 2연은 3행을 배치하여 전반부와 후반부의 시각적인 균형감과 구조적 안정성을 보여주고 있다. 또한 초기에 「태양의 풍속」과 같은 시에서 태양, 해협, 태풍, 바다, 도시 등과 같은 이국적인 이미지를 통하여 미래지향적인 영원의 세계를 갈망하는 주제 의식을 표현했던 시세계와도 일정하게 구분된다. 종래의 시에 보였던 바다의 이미지에 나비를 등장시켜, 감정을 이입시키는 정감적인 세계를 노래하고 있는 것이다.

또 바다의 파란색이라는 시각적 이미지와 나비의 흰색 이미지가 형상화되고 있으면서, 바다의 강렬한 이미지와 나비의 가냘픈 이미지가 대조를 이루고 있다. 색깔의 시각적 이미지와 제재의 감각적 이미지가 어울려서 하나의 시적 형상을 표현하고 있다. 김기림이 이전의 시에서 새로운 것을 동경하는 대상으로 설정했던 바다의 이미지에, 근대 문명에 무방비 상태로 노출되어 있는 시인 자신과 같은 존재인 나약한 나비의 이미지를 결합시키고 있다. 시인은 이 시에서 일제 강점의 상황을 바다라는 냉혹한 현실에 맞서는 시적 자아인 나비와 대응시키고 있는 것이다.

이와 같은 시적 모색을 보여주었던 김기림은 해방 이후에는 새로운 선택을 하게 된다. 그는 자유로운 조국을 건설하는 일에 시심(詩心)을 쏟고자 하였다. 그래서 시인은 해방 공간이라는 현실의 시대적 의미를 적극적으로 그리고 있으며, 거기서 새로운 길을 모색하고자 한다. 이제 김기림은 이미지즘도 모더니즘도 전체시도 버리고 내용주의의 시세계로 나아가고 있다. 이런 판단과 선택을 통해 김기림이 보여주었던 것은 읽는 시가 아닌 새로운 시, 누구나 부를 수 있는 노래였다.

일제 강점기에 모더니즘 이론을 본격적으로 소개하고 모더니즘시를 창작하였던 한 사람의 목소리가 아니라, 새로운 역사를 만들어가는 인간들이 부르고 싶어 하는 노래가 필요하다고 본 곳이다. 이와 같은 맥락에서 시인은 해방 이후 시가 아니라 누구나 쉽게 부를 수 있는 노래를 통해서 새로운 시대의 지향을 보여주었다.

김기림은 노래를 통해서 나의 이웃들과 고통을 같이하면서 새로운 사회를 건설하는 일에 매진하겠다는 새로운 선택을 하게 된다. 민족의 현실과 미래의 전망을 노래하는 시적 지향을 보여주었던 것이다. 해방 정국이라는 새로운 현실은 언어의 숲에서 헤매는 시혼(詩魂)을 거리의 노래를 부르는 원동력으로 바꾸어 주었다고 할 수 있다. 시적 언어의 순수성을 유지하면서 소극적인 실천을 행하던 것을 포기하고, 보다 적극적이고 직접적인 실천의 길을 택하고 있다.

그러나 그의 이런 지향은 좌절과 실패로 끝나고 만다. 1948년 남북분단의 고착화라는 상황에 이어 1950년 한국전쟁을 기점으로 해서 그의 문학적 모색은 끝을 맺는다. 이 기간 동안에 김기림은 『문학개론』(신문화사, 1946) 『시론』(백양당, 1947) 『시의 이해』(을유문화사, 1949) 등을 출간하였으며, 서울대학교, 연세대학교, 중앙대학교 등에서 문학을 강의하여 많은 후배 시인들에게 문학적 열정을 심어주는 것으로 만족해야 했다. 1987년 월북 및 납북 문인들에 대한 해금조치에 따라 비로소 김기림의 시와 시론에 대한 독서와 연구가 가능해졌으며, 1988년에는 6권의 『김기림전집』(심설당)이 간행되었다.

김기림 ▸▸

1908년(1세) 5월 11일(음력 4월 12일) 함경북도 학성군 학중면 임명동에서 지주였던 김병연(金秉淵)의 6녀 1남 중 장남으로 태어나다. 아명은 인손(寅孫), 필명은 편석촌(片石村)이다.

1914년(7세) 4월에 임명보통학교(臨溟普通學校)에 입학하였으며, 어머니가 장질부사로 일찍 돌아가시게 되어 계모를 맞이하게 되다.

1918년(11세) 임명보통학교를 졸업하고, 백부(伯父)의 주선으로 한학자를 초빙하여 한문을 배우다. 어린 나이에 19세의 나주 김씨와 첫 번째 결혼을 하다.

1921년(14세) 서울 보성고등보통학교에 입학하였다가 휴학하고, 1925년 일본 도쿄에 있는 메이쿄(名教)중학 4학년에 편입하다. 1926년 문부성에서 치르는 시험에 합격하여 졸업 자격을 취득하여 4월에 니혼(日本)대학 전문부 문과에 입학하다.

1929년(22세) 니혼대학 전문부를 졸업하고, 입사시험을 치러 조선일보사 사회부 기자로 취직하다.

1930년(23세) 평론인 「오후와 무명작가들-일기첩에서」를 『조선일보』(4.27~5.3)에, 시 「거거라 새로운 생활로」를 『조선일보』(9.6)에 발표하는 것을 시작으로 이후 신문과 잡지에 시와 평론, 희곡, 수필 등을 활발하게 발표하다. 이월녀(李月女)와 결혼하지만 이혼하게 되며, 1932년 신보금(申寶金)과 중매결혼을 하여 장남 세환(世煥)이 출생하다.

1933년(26세) 이종명, 김유영, 이태준, 이무영, 유치진, 정지용, 조용만 등과 '구인회(九人會)'를 조직하여 활동하였으며, 이 시기에 박태원, 이상 등과 문학적인 만남을 시작하다. 모더니즘 시론인 「포에지와 모더니티-현대시 평론」(『신동아』, 3월호)를 발표하다.

1935년(28세) 대표적인 시론인 「오전의 시론」을 『조선일보』(4.20~5.2, 6.4~14, 9.17~10.4)에 발표하다.

1936년(29세) 동인지인 『시(詩)와 소설(小說)』을 발간하다. 조선일보사를 휴직하고 신문사의 지원을 받아 도호쿠(東北)제국대학 영문과에 입학하였으며, 7월에 첫 번째 시집 『기상도(氣象圖)』가 창문사(彰文社)에서 간행되다.

1939년(32세) 도호쿠제국대학 영문과를 졸업하고 다시 신문사에 사회부장으로 복직하였으며, 부인과 가족을 고향인 임명동에서 종로구 충신동으로 이주시키다. 9월에 두 번째 시집인 『태양(太陽)의 풍속(風俗)』을 학예사에서 간행하다.

1940년(33세) 아버지가 사망하였으며, 『조선일보』가 폐간되자 고향으로 내려와 머물다. 1941년부터 1044년까지 고향 부근에 있는 경성(鏡城)중학에서 영어와 수학을 가르치다. 이때의 제자로 시인 김규동과 영화감독 신상옥 등이 있다.

1945년(38세) 해방이 되자 장남을 데리고 서울로 올라와서 종로구 이화동에 집을 구하여 살다. 이때부터 1950년 한국전쟁 직전까지 서울대학교 사범대, 중앙대, 연세대 등에서 시와 문학을 강의하다.

1946년(39세) 좌익계열의 문학 단체인 '조선문학가동맹'에 참여하여 시부 책임자와 서울시 책임자가 되며, 2월에 있었던 '조선문학자대회'에서 「우리 시의 반성」(『건설기의 조선문학』, 조선문학가동맹 서기국, 1946)을 발표하다. 4월에 세 번째 시집 『바다와 나비』를 신문화연구소에서 간행하였으며, 『문학개론』을 문우인서관에서 간행하다.

1947년(40세) 시론집 『시론(詩論)』이 백양당에서 간행되다.

1948년(41세) 북에 있던 다른 가족들이 서울에 와서 같이 살게 되며, 4월에 네 번째 시집 『새노래』가 아문각에서 출간되다. 이 외에도 번역서인 『과학개론』이 을유문화사에서, 수필집 『바다와 육체(肉體)』가 평범사에서 간행되다.

1950년(43세) 시론서인 『시의 이해』가 을유문화사에서, 『문장론신강』이 민중서관에서 출간되다. 한국전쟁 중에 미처 피난을 가지 못하고 서울에 머물었다가 연행되어 생사가 확인되지 않고 있다.

1987년 월북 및 납북 문인들의 해금 조치에 따라 김기림의 시와 시론이 해금되다.

1988년 『김기림전집』 전6권이 심설당(尋雪堂)에서 간행되다.

백철 白鐵, 1908~1985

/전용호/

백철은 1908년 평안북도 의주군 월화면 정산동에서 태어났다. 아버지는 소지주로서 어려운 형편은 아니었다. 어머니와 형 세명(世明)은 천도교 신앙이 깊었다. 어머니가 읽어주는 『용담유사』를 통해 한글을 익혔고 혼자 힘으로 이야기책을 읽을 수 있게 되었다. 13세가 될 때까지 서당을 다녔다. 『대학』을 읽은 후 훈장으로부터 "문의(文義)를 얻었다"는 평가를 받았고, 『삼국지』를 한문으로 읽었다. 민족 종교인 천도교의 정신, 한문 교양과 동아시아 문화의 전통은 백철에게 자연스러운 것들이었다. 이후 백철은 일본 유학 과정에서 서구문학과 마르크시즘을 학습하였다.

1927년부터 1930년까지 도쿄고등사범학교 영문과에 다니면서 백철은 시와 평론을 발표하였다. 『지상낙원』 동인 생활을 1년 만에 정리하고 마르크스주의자들이 만든 동인지 『전위시인』의 창립 회원이 되었다. 슈프레히콜 형식의 선동시와 평론 「프롤레타리아 시인과 실천문제」를 발표하였다. 1930년에는 일본프롤레타리아예술동맹(NAPF)에 가입하였다. 이 시기 백철은 천도교청년당 도쿄당부에 나가 예술위원회 책임자로 활동하고 천도교 교리와 청년운동을 결합하려는 '인내천연구회'를 결성하였다. 1931년 도쿄고등사범학교 졸업 후 특별한 직장 없이 도쿄에 머물다가 그해 말 천도교에서 운영하는 개벽사 기자로 입사하면서 귀국하였다.

백철이 한국문학사에 등장하는 것은 안함광을 비판한 논문 「농민문학문제」(『조선일보』, 1931.10.1~20)를 통해서다. 백철은 안함광이 농민에게 프롤레타리아 의식을 주입해야 한다고 주장함으로써 좌편향의 오류를 범했다고 비판하면서 농민은 노동자계급의 동맹자로 독자적 지위를 갖는다고 하였다. 이 글에서 백철은 자작농과 소작농의 숫자를 통계로 제시하면서 조선 농민의 현실에 대한 역사적 검토를 보여준다. 천도교 도쿄당부에서 활동하면서 백철은 천도교청년회가 전개한 농민운동과 조선 농민의 현실에 대해 어느 정도 이해하고 있었고 이를 근거로 안함광보다 우위에 선 논리를 전개할 수 있었다. 카프 5인 시집을 대상으로 한 「창작방법문제」(『조선일보』, 1932.3.6~20)에서는 카프 시인들의 시가 생경한 방식에 머물러 있다고 비판하면서 백철은 "산 인간"의 묘사를 강조하였다. 국내 문단에 등장하면서 백철은 곧 카프 중앙위원이 되지만 실제로 그가 발표한 논문들은 프로문학론이라기보다는 자유주의적인 문학론이었다.

백철은 1930년대 중후반 인간 묘사론 혹은 휴머니즘론을 반복해서 제안한다. 카프 제2차 검거로 1년 반 동안 투옥되었다가 나오면서 발표한 출옥 소감문에서 백철은 문학자가 정치주의를 버리는 것은 "문학을 위하야 크게 찬하해야 할 현상"(「비애의 성사」, 『동아일보』, 1935.12.27)이라고 하였다. 또 정치주의를 버린 문학이 귀환해야 할 것은 "고뇌하는 인간을 우리의 문학 성림으로 택하여 묘사"(「문학의 성림 인간으로 귀환하라」, 『조광』, 1936.4)하는 것이라고 하였다. 백철은 시대의 주류를 휴머니즘이라고 규정하고 "정치니 경제니 문화니 하는 외부적인 문제가 아니고 자기의 육체와 생명에 대한 직접문제, 인간성 그것을 옹호하고 지키어야 할 시대며 현실"(「웰컴! 휴먼이즘」, 『조광』, 1937.1)이라고 하였다.

백철의 휴머니즘론은 다른 두 개의 문학론으로 변형되어 간다. 하나는, 정치 현실과 거리를 두고 어디에도 예속되지 않는 인간형으로서 "동양 인간으로서의 풍류인간"(「풍류인간의 문학」, 『조광』, 1937.5)을 제시하는 것이었다. 풍류인간론은 서울에서 자리를 잡지 못하고 낙향해 있던 백철의 심리가 일본에서 전개되는 고전 부활운동에 영향을 받아 구성되었다. 다른 하나는, 중일전쟁이 발발한 가운데 "지금까지의 문학에 볼 수 없는 새로운 경향, 새로운 문학정신"으로 "전장문학의 휴매니스틱한 특질"(「사실과 신화 뒤에 오는 이상주의의 신문학」, 『동아일보』, 1939.1.17)을 볼 수 있다는 전쟁문학론의 전개이다. 어떤 우연일지라도 시대의 사실로 받아들여야 한다는 체제 순응의 논리인 사실수리론과 휴머니즘론이 결합하여 백철은 신체제문학론을 전개하였다.

1930년대 백철은 도쿄고등사범학교를 졸업했지만 교사의 길을 걷기보다는 잡지 편집과 신문기자의 길을 선택하였다. 천도교청년당 활동과 병행하여 시작한 프로문학운동으로부터 총독부 기관지인 『매일신보』 학예부장과 북경 특파원에 이르는 과정을 일관된 논리로 설명하기 어렵다. 끊임없이 출판매체를 통해 새로운 경향을 파악하려고 했던 백철은 그 스스로 쉼 없이 출판매체에 글을 발표하는 것으로 세상을 살아가고자 했다.

광복 이후 5년여 기간 동안 백철은 중간파의 위치에 있었다. 광복 직후 임화가 주도하는 조선문학가동맹에 가입했지만 곧 탈퇴하였고 1949년 한국문학가협회 창립총회에서 결성 선언문을 낭독했지만 주류는 아니었다. 자의반 타의반으로 좌우 어디에도 속하지 못했던 이 기간에 백철은 자신의 문학 생애 최대의 업적인 『조선신문학사조사』를 작성하였다.

백철의 『조선신문학사조사』 집필은 대략 1946년부터 시작된다. 좌우 문학단체 어디에도 소속되지 않은 상황에서 경성여자사범학교에서 문학 강의를 시작하였다. 대학 문학 강의에서 요구되는 각종 교과서가 매우 필요한 시점이었다. 문학작품 선집과 문학개론서, 그리고 문학사의 출판이 폭넓게 요구되고 실제로 다양하게 출판되기 시작했다. 백철은 같은 고향 출신의 작가 계용묵이 주관하던 수선사로부터 원고료를 선금으로 받고 신문학사 집필에 착수하였다. 19세기 후반기 신문화운동으로부터 1920년대 전반기까지의 문학사를 서술한 원고와 책의 서문을 작성해 출판사에 넘긴 것은 1947년 11월이었다. 실제로 『조선신문학사조사』가 출판되어 나온 것은 1948년 9월이었다. 그 사이 백철은 또 다른 문학 교과서인 『문학개론』을 출판하였다.

『문학개론』(동방문화사, 1947), 『조선신문학사조사』(수선사, 1948), 『조선신문학사조사 현대편』(백양당, 1949)은 광복 직후 한국 대학 국어국문학과가 자리를 잡을 무렵 현대문학이라는 학문의 대상과 범주가 설정되는 과정을 보여주는 저서들이다.

백철의 『조선신문학사조사』(전2권)는 '근대편' 421면, '현대편' 410면의 방대한 분량으로 작성된 한국 근대문학사 최초의 단행본 저서들이다. 백양당에서 출판한 '현대편'의 경우 초판 발행 직후 매진되어 1950년 재판을 간행하는데 이때 「작가, 작품, 월간지 일람」을 색인으로 추가하였다. 학술 서적으로서 질과 양에서 손색이 없는 저서로 평가할 수 있다. 잡지 연재가 아니라 전작 저술의 형태로 출판된 것에서도 이 시기 백철이 좌우 어디에도 속하지 않은 채 문학사 집필에 몰두했던 상황을 짐작할 수 있다. 백철의 중간파적 상황은 문학사 서술을 가능하게 했을 뿐만 아니라 서술 방향을 결정하였다.

백철은 문학사 서술의 대상과 방법으로 '신문학사조사'를 선택하였다. 백철은 고전문학과 대비되는 새로운 문학을 통칭하여 신문학이라고 부르고, 그 새로움을 '근대 사조'로 파악한다. 그는 한국의 신문학사를 근대적 사고의 수로를 따라 형성된 것으로 보았다. "말하면 우리 新文學은 그 近代思潮가 흘러가는 流域, 그 江流의 左右岸에 培養된 樹林과 같은 것"(『조선신문학사조사』, 수선사, 1948, 10면)으로 보고 근대 사조의 여러 갈래 물줄기의 흐름을 파악하려는 것이 백철의 문학사였다. 이때 근대 사조는 문예사조로 국한되지 않는다. 백철의 관심사는 '근대적인 것'으로 여겨지는 모든 형태의 의식 유형이며 그것의 문학적 표상들이다. 백철은 계몽주의로부터 낭만주의, 자연주의, 리얼리즘, 민족주의, 사회주의, 모더니즘의 여러 경향들까지 수많은 사조를 포괄하여 다루면서 서구와 다른 우리의 특수성에 대해서 여러 모로 기술하였다. 신소설의 주제들, 소년과 연애의 표상, 꿈, 현실폭로, 가난, 계급, 도시, 심리, 세태, 친일 등 백철이 서술하고 있는 문학사의 주제 혹은 관념들은 한국 근대문학사의 맥락을 짚어나가는 데에 도움을 준다.

백철이 사조사 기술 방법으로 문학사를 서술한 것은 좌우 이념대립의 시기 중간파로서의 자신의 위상에 걸맞은 전략적 방법이었다. 사조사 기술을 통해 백철은 모든 사상을 등가화할 수 있었다. 『조선신문학사조사』는 광복 직후 체제 미확정 상태의 특수한 역사가 반영된 문학사로 그 이후 남과 북의 문학사가 각각 배제한 좌우 문인들을 온전히 기록한 유일한 문학사였다. 백철은 문학사를 기술하면서 자신의 가치평가를 최대한 배제하였다. 그는 문학사에서 알려진 자료, 작가, 작품을 모두 거론하고자 하였고 충실하게 그들의 목소리를 옮겨놓는 것에 노력을 집중하여, 근대문인 공동의 저서이자 문학사전이 되게 하였다.

『조선신문학사조사』는 이러한 이념적 개방성과 자료의 포괄성을 갖고 있었다. 그런데 백철은 1953년부터 몇 번에 걸쳐 문학사를 개작 출판하였는데 남한의 체제 이념에 맞추어 문학사적 평가를 조정하는 방향의 개작이었다. 1968년에 나온 『백철문학전집』(제4권)으로 발간된 『신문학사조사』는 원본 문학사의 내용을 많이 되살려낸 문학사라는 의의가 있다. 그럼에도 불구하고 이 전집본 문학사 역시 원본 문학사가 가진 이념적 개방성을 축소시켰으며, 하나의 사조에 포함할 수 없는 시인과 작가들을 '사조 밖의 작가들'로 설정하였던 원본 문학사의 느슨한 사조사 기술 방식을 모든 작가에게 하나의 사조를 부여하는 경직된 사조사 기술로 변형하였다.

백철이 일제하에서 썼던 글들은 1968년 간행된 『백철문학전집』에 분산되어 수록되지만 대부분 그 내용을 수정하였다. 한때 마르크스주의자였던 것을 고백하고 반성하는 주석이 곳곳에 나타난다. 이 전집에는 백철의 연보와 서지가 누락되어 있다. 비평가로는 최초의 전집 간행이라는 명예에도 불구하고 이 전집은 적지 않은 문제점을 안고 있다.

백철의 문학평론집은 『문학의 개조』(신구문화사, 1959)와 『한국문학의 이론』(정음사, 1964) 두 권이다. 광복 직후의 글 몇 편을 제외하면 대체로 문학사 혹은 문학이론의 영역에 속하는 무게 있는 글들이다. 1950년대 이후 백철은 현장비평가로서보다는 학자로서의 역할을 담당하였다. 교환교수로 미국을 방문한 것을 계기로 국내에 신비평을 소개하였고, 20세기 후반기 한국문학 교육에 큰 영향을 끼친 르네 웰렉과 오스틴 워렌의 『문학의 이론』을 번역 출판하는 데 관여한 사실은 기억할 만하다. 광복 이후 백철의 글쓰기에는 고전문학과 현대문학을 함께 보려는 시선이 들어있다. 그의 최초 저서인 『문학개론』에도 고전문학에 대한 관심이 드러나며 『조선신문학사조사』 개작 과정에서는 영정조 시대로부터 근대문학사를 기술하려는 태도를 보이기도 했다. 백철은 1970년대 발표한 논문들에서 한국문학통사 서술의 포부를 밝히기도 했다.

백철 ▸▸

1908년(1세) 3월 18일 평안북도 의주군 월화면 정산동에서 태어나다. 본명은 세철(世哲). 소지주였던 아버지 백무근과 어머니 조근화는 천도교인이었다. 형 세명(世明)은 훗날 천도교의 주요 인물이 되다.

1919년(12세) 어머니를 통해 『용담유사』를 읽으며 한글을 배웠고 전기소설을 읽기 시작하다. 정산동의 서당에서 사서삼경을 배우다. 『대학』을 읽고 나자 훈장으로부터 문의를 얻었다는 평을 받다. 『삼국지』를 정독하고 한시를 짓다. 3·1운동 당시 형 세명은 태극기를 직접 그려 들고 만세운동에 앞장서다. 일본 관헌에 의해 어머니가 고문 당하는 것을 목격하다.

1920년(13세) 큰집이 있는 입암으로 나가 4년제 사립소학교인 입성학교 4학년에 입학하다. 사촌형을 통해 일본어 회화를 배우면서 처음으로 신교육을 받다.

1921년(14세) 형 세명의 권유로 천도교 재단인 보성중학교에 입학하기 위해 서울로 가다. 백부의 사망전보를 부친의 사망소식으로 잘못 알고 면접시험을 포기하고 귀향하다. 신의주보통학교 6학년에 편입하다.

1922년(15세) 5년제인 신의주고등보통학교에 입학하다. 이 무렵 형 세명이 정기구독하는

『개벽』을 통해 신문학 작품을 처음 접했고, 일본인 문학교사의 지도로 일본어 희곡작품과 일역 서양소설들을 탐독하다.

1924년(17세) 집안이 월화면 정산동에서 막 소도시화 되어가는 비현면의 도로변으로 이사하다. 이곳이 1940년에 쓴 소설 『전망』의 무대이다.

1926년(19세) 3월 여순공대 입학시험을 봤으나 불합격했다. 7월에는 이질로 한 달간 고생하다. 사촌형의 권유로 용천 출신의 장신숙과 약혼하나 곧 이에 대한 후회로 마음의 고통을 겪다. 12월 도쿄고등사범학교에 입학시험에 응시하다.

1927년(20세) 4월 도쿄고등사범학교 영문학과에 입학하다. 아우 세걸이 폐병으로 세상을 떠나다.

1929년(22세) 「지상낙원」과 「전위시인」 동인 활동을 하면서 시와 평론을 발표하다. 「전위시인」은 마르크스주의 경향의 동인지로 이곳에서 김용제와 만나다.

1930년(23세) 천도교청년당 도쿄당부에 나가 예술위원회 책임자로 활동하다. 여름방학을 이용해 약혼녀 장신숙과 정식 혼례를 올리다. 일본프롤레타리아예술동맹에 가입하다.

1931년(24세) 3월 도쿄고등사범학교 졸업하다. 도쿄에 머물며 천도교 유학생들과 함께 '인내천연구회(人乃天硏究會)'를 결성. 개벽사 기자로 취직되어 귀국하다. 「농민문학의 문제」를 『조선일보』에 발표하여 농민문학 논쟁을 일으키는 것으로 국내 문학계에 데뷔하다.

1933년(26세) 1년여 만에 개벽사를 나와 『신계단』 편집자로 활동하나 곧 그만두다. 룸펜생활 속에서 총독부 도서관을 다니며 각종 저널을 섭렵하다.

1934년(27세) 카프산하 신극단체인 「신건설」의 전주 공연을 계기로 카프 제2차 검거가 진행될 때 인천에서 검거되다.

1935년(28세) 1년 6개월간의 수감 생활을 끝내고 12월 21일 석방되다. 이틀 뒤 출옥 소감문이자 전향선언을 담은 「출감소감—비애의 성사」(『동아일보』) 발표하다.

1937년(30세) 비현면으로 귀향하다. 중일전쟁 발발을 목격하다. 일본 잡지를 통해 고전 부활 운동을 접하고 「풍류인간의 문학」을 『조광』에 발표하다.

1938년(31세) 여름에 함흥 영생여고 출신의 김경채와 두 번째 혼인하다. 10월경 경성으로 돌아오다.

1939년(32세) 5월 두 번째 부인 김경채가 출산 과정에서 사망하고 며칠 후 아기도 죽다. 총독부 기관지인 매일신보사에 입사하다.

1940년(33세) 소설 「전망」을 『인문평론』에 발표하다. 문인 시국강연에 참여하는 등 친일활동에 적극적으로 가담하다. 12월 여운형의 주례로 세 번째 부인 한시봉과 결혼하다.

1941년(34세) 12월 세 번째 부인 한시봉이 딸 승혜 출산 후 산후열로 사망하다.

1943년(36세) 3월 매일신보사 북경지국 지사장으로 부임하다. 6월 일시 귀국하여 네 번째 부인 최정숙과 결혼하다.

1945년(38세) 8월 2일 귀국하여 해방을 맞이하다. 8월 17일 원남동에서 모인 조선문학가동맹 예비 모임에서 서기장에 추대되었으나 사퇴하다. 임화의 권유로 『문화전선』 편집을 맡아 2호까지 발행 후 물러나다.

1946년(39세) 경성여자사범학교 교수가 되다. 계용묵이 출판 책임을 맡은 수선사로부터 선금을 받고 문학사 집필에 착수하다.

1947년(40세) 『문학개론』을 동방문화사에서 간행하다.

1948년(41세) 한국 근대문학사로는 첫 번째 단행본인 『조선신문학사조사』를 수선사에서 간행하다. 단독정부 수립 후 보도연맹에 이름을 올리다.

1949년(42세) 『조선신문학사조사(현대편)』을 백양당에서 간행하다. 동국대학교 교수로 부임하다. 12월 29일 한국문학가협회 결성식에서 선언문 낭독하다.

1950년(43세) 한국전쟁 직후 피란하지 못하고 서울에 남아 3개월을 보내다.

1953년(46세) 『조선신문학사조사』 근대편을 축소 개편한 『신문학사조사』를 민중서관에서 발행하다.

1955년(48세) 『조선신문학사조사(현대편)』의 프로문학 부분을 대폭 삭제하여 1953년판 문학사에 덧붙인 『신문학사조사 증보판』을 민중서관에서 발행하다. 『세계문예사전』의 편집책임을 맡아 민중서관에서 간행하다. 중앙대학교 국문과로 자리를 옮기면서 문리대학장에 취임하다.

1956년(49세) 이병기와 함께 고등학교 교과서인 『표준 국문학사』를 신구문화사에서 발간하다. 뉴크리티시즘에 대한 최초의 소개라 할 수 있는 「뉴크리티시즘에 대하여」(『문학예술』, 제20호)를 발표하다.

1957년(50세) 『표준 국문학사』를 대학 교과서로 확대한 『국문학전사』(이병기 공저)를 신구문화사에서 발간하다. 미국의 예일대학과 스탠포드대학 교환교수로 방문하다.

1959년(52세) 첫 번째 평론집 『문학의 개조』를 신구문화사에서 출판하다. 김병철과의 공역으로 르네 웰렉과 제인 오스틴의 『문학의 이론』을 을유문화사에서 간행하다.

1963년(56세) 국제펜클럽 한국본부 위원장에 선임되다.

1964년(57세) 두 번째 평론집 『한국문학의 이론』을 정음사에서 출판하다. 수필집 『두 개의 얼굴』을 휘문출판사에서 간행하다.

1966년(59세) 예술원 회원에 선임되다.

1968년(61세) 회갑을 맞아 『백철문학전집』(전4권)을 신구문화사에서 간행하다. 편저인 『비평의 이해』를 신구문화사에서 출판하다.

1970년(63세) 제37차 국제펜클럽 서울대회 대회장을 역임하다.

1975년(68세) 『한국신문학발달사』를 박영사에서 출판하다. 자서전 『진리와 현실』 상・하권을 박영사에서 간행하다.

1977년(70세) 수필집 『만추의 사색』을 서문당에서 출판하다.

1978년(71세) 수필집 『나의 인생관—거북의 지혜』를 휘문출판사에서 간행하다.

1985년(78세) 10월 13일 오후 1시 숙환으로 서울 동작구 흑석동 자택에서 별세하다. 작고 직전 출판 계획이었던 문학선집 『인간탐구의 문학』이 유고집으로 1986년 창미사에서 간행되다.

유치환 劉致環, 1908~1967

/이은정/

유치환은 강렬한 생명파적 의지를 드러낸 대표적인 시인이다. 그의 시작(詩作)은 당대 여러 시인들과 비슷한 궤적으로 일본 유학의 영향 속에서 시작된다. 유치환은 1908년 7월 14일 경상남도 거제에서 태어난다. 그의 선대는 농사를 지으며 그다지 부유하지 않게 살아왔는데, 부친은 꼿꼿하고 바른 품성의 유생으로 한학과 한의학을 독학으로 공부해 한약방 '유약국'을 낸 선비이며, 모친은 활달하고 예술적 기질이 풍부한 성품의 여성이었다. 극작가 유치진이 청마의 맏형으로서 청마의 일본유학 및 문학활동에 영향을 준다. 유치진은 당대에는 카프에 사상적으로 동조하는 동반자작가의 작품으로 손꼽히지만 훗날 친일 성향의 작품들을 공연해 지금은 친일작가로 구분되고 있다.

시에 관한 청마의 본격적인 관심은 일본 유학시절 시작된다. 15세에 일본 도쿄로 건너가 형제들이 함께 같은 학교에 다니면서 맏형 유치진이 주도한 문학청년들의 모임 토성회(土聲會)에 참여한다. 청마는 이 시기에 일본에서 경험한 독서와 활동으로 문학에 본격적인 관심을 갖게 되고 당시 발표한 습작시들에서 일찍이 시재를 선보인다. 청마의 중심적 시세계를 형성한 범신론적 자연관, 생명의지, 니체적인 사유와 허무주의, 아나키즘적 성향 등은 이 시기에 형성되기 시작한다.

부친의 사업이 기울어 귀국하게 된 청마는 연희전문학교 문과에 입학한다. 당시 통영에서 조직한 참새회의 간행지 『참새』에 시를 발표하는데, 청마는 7·5조의 흔적을 보이는 이 4행시들을 두고 "이 몇 편의 토막시를 우선 단가(短歌)라고 일러두나이다"라고 부연하고 있다. 기독교에 대해 그다지 호의적이지 않았던 청마는 연희전문학교의 기독교 중심적 분위기에 적응하지 못해 중퇴하고 다시 일본으로 건너가게 된다. 하지만 그때까지도 문학을 자신의 평생 업으로 삼겠다는 결의는 없었던 듯 1년 정도 사진(寫眞) 기술만 배우고 돌아온다. 귀국 후 어릴 적부터 친하게 지낸 권재순과 결혼하는데, 훗날 깊이 연모한 이영도에게 수천 통의 연서를 보냈듯, 아내가 된 권재순에게도 당시 숱한 편지를 써 구애를 하고 사랑을 이룬다. 결혼 후 얼마 동안 청마는 사진관을 경영하거나 백화점에서 일을 하면서 문학의 주변에서만 서성거린다.

1936년 비로소 『문예월간』에 시 「정적(靜寂)」을 발표하면서 청마는 정식으로 문단에 등단한다. 이후 몇몇 일간지와 문예지에 활발하게 작품을 발표하면서 시인으로서의 입지를 다져나가고, 드디어 1936년 『조선문단』에 대표작 「깃발」을 발표한다. 이 시는 이상향에 대한 동경과 애수를 표현한 작품으로 허무와 의지를 기조로 하는 청마의 시세계를 상징적으로 드러낸다. 1939년, 마침내 김소운의 주선으로 첫 시집을 내게 된다. 화가 구본웅의 부친이 경영하는 출판사 '청색지사(靑色紙社)'에서 최고급 양장으로 첫 시집 『청마시초(靑馬詩抄)』를 출간한다. 「깃발」과 더불어 「그리움」 「일월」 등이 실린 이 시집 서문에서 시인은 "시란 생명의 표현, 혹은 생명 그 자체"라고 밝히는데, 이는 이후 청마의 생명파적 시관의 상징적 구절이 된다.

하지만 이즈음 생활이 안정되지 못한데다가 주변에 아나키스트 동료들이 많아 일제의 예비검속 대상자에 포함된 것을 알게 된 청마는 가족을 이끌고 만주로 간다. 그곳에서 농장을 관리하고 정미소를 경영하면서 5년여를 지낸다. 만주에서 체험한 삶을 통해 청마는 민족의 현실에 대한 고통과 생에 대한 허무의식을 절실히 겪게 되고 이는 훗날 청마의 시에 큰 영향력이 된다. 하지만 1942년 만주에서 발간한 친일성향의 한국어신문 『만선일보』에 청마가 「대동아전쟁과 문필가의 각오」라는 글을 실은 것이 발견되어 친일작가의 논란을 일으키게 된다. "오늘 혁혁한 일본의 지도적 지반 우에다 바비론 이상의 현란한 문화를 건설하여야 할 것은 오로지 예술가에게 지어진 커다란 사명이 아닐 수 없습니다"라고 대동아전쟁을 옹호하는 친일적 글을 쓴 점이 시 「전야」 「북두성」 등의 재해석과 더불어 청마시의 친일적 성향을 재평가하게 한 것이다. 그 글은 청마의 전반적인 문학세계에 비추어 볼 때 당대 상황에서 불가항력적인 집필이었다고 주장하는 견해와, 청마의 행적은 일본을 아시아의 중심으로 파악한 철학적이고 적극적인 친일적 협력의 형태라고 주장하는 견해가 팽팽한 가운데, 형 유치진은 친일파 문학인으로 명단에 오르지만 청마는 명단에서 빠지게 된다.

해방 직전 만주에서 귀국한 청마는 윤이상, 김춘수 등과 통영문화협회를 조직한다. 음악과 무용, 연극 등을 공연하고 야간학교를 열어 한글강습을 한다. 이 당시 아내는 유치원을 경영하고 청마 자신은 통영여자중학교 교사로 부임한다. 이 무렵 청마는 시작에 더욱 전념해 설창수, 백상현, 조향, 조지훈, 박목월이 동인인 『등불』과 이윤수, 김달진, 이효상 등이 동인인 『죽순』에 시를 발표하고, 청년문학가협회 초대부회장에 이어 회장이 된다. 자신의 서재를 '영산장(映山莊)' 혹은 '청령장(蜻蛉莊)'으로 칭하면서 이곳에서 시작에 전념한다.

1947년에 제2시집 『생명의 서』를 펴낸다. 이 시집의 작품들은 시인이 일본유학 시절 탐독한 아나키즘과 니체의 영향을 받은 작가들의 허무의지뿐 아니라, 생명에 대한 경외, 니체적 초인의 의미, 지사적이고 남성적 어조를 지닌 청마시의 대표작들이라 할 수 있다. 또한 이 무렵, 같은 통영중학교 교사 이영도를 만나 그녀를 향한 열렬한 연모를 담은 수천 통의 편지와 가편(佳篇)의 연시들을 남긴다. 청마의 시 가운데 가장 대중적으로 사랑받는 「행복」 「그리움」 등은 연인을 향한 사랑을 표현한 청마의 또다른 대표작들이다.

이어서 출간한 시집 『울릉도』와 『청령일기(蜻蛉日記)』의 작품들은 애수와 허무, 생명과 사랑

뿐 아니라 사회에 대한 적극적인 의식을 드러낸 작품들이다. 시집 출간 직후 한국전쟁이 발발하자 청마는 부산으로 피난해 '문총구국대(文總救國隊)'를 조직하고 종군작가단에 자원해 육군으로 전쟁에 참여한다. 전쟁체험을 담은 시집 『보병(步兵)과 더불어』는 여느 전쟁시집들의 계몽적 애국성과는 달리 휴머니즘이 짙은 전쟁시집으로 평가받는다.

1952년 청마는 김춘수, 구상, 김윤성, 설창수 등과 더불어 동인지 『시와 시론』를 내는데, 특히 김춘수는 청마의 영향을 많이 받은 것으로 알려진다. 경북대학교에 출강한 것 외에 청마는 안의중학교, 경주고등학교, 경주여자중고등학교, 대구여자고등학교, 경남여자고등학교 등 교장직으로 계속 취임하게 된다. 평생 교사와 교장이라는 교직에 몸담았던 청마는 전혀 경직되지 않은 자유롭게 열린 사고를 가진 인품있는 스승으로 학생들의 존경과 애정을 받았다고 알려진다. 『청마시집(青馬詩集)』과 『제9시집』을 펴내고, 대한민국예술원 회원과 한국시인협회 초대회장을 지내고, 아시아재단 주간 자유문학상과 한국시인협회상을 수상하는 등 경력과 수상에서도 큰 주목을 받게 된다.

1960년 전후로는 「애국(愛國) 매국(賣國)」「최내무에게 고함」「오탁(汚濁)의 자유」 등 당시 정치적 현실에 대한 비판적인 글을 쓴 것을 기화로 교장직에서 물러나고 예정되었던 국제시인대회에도 참석하지 못하게 된다. 1969년 출간한 시집 『뜨거운 노래는 땅에 묻는다』에 이르기까지 이 시기는 청마가 가장 적극적으로 정치적 현실의 문제에 참여한 시기이다. 이 같은 시인의 면모는 청마의 강직하고 바른 성정뿐 아니라 부조리한 사회 현실에 대응하는 지사적인 시인의 자세를 보여준. 또한 청마는 대한민국 예술원, 한국시인협회, 한국예술문화단체 총연합회 등에서 두루 요직을 지냈지만 늘 자유방임적이었으며, 무엇보다 시인과 예술인의 개성을 가장 중시하는 수장으로서 문학계와 예술계가 조직화되는 것을 부정적으로 생각한다.

1967년 2월 13일 밤 9시 30분, 청마는 부산시 동구 좌천동에서 불의의 교통사고를 당한다. 생명과 허무에의 철학적 의지를 가진 시인이면서 동시에 열렬하고 뜨거운 연시를 남긴 시인, 민족적 현실의 지사적 시인이면서 동시에 친일적 족적을 남긴 시인, 여러 예술단체의 수장이었지만 늘 자유로운 시인이기를 염원한 시인 청마는 뜻하지 않은 사고로 세상을 떠나고 만다. 현재 청마의 장지는 그가 태어났던 곳, 경상남도 거제시 둔덕면 방하리에 마련되어 있다.

유치환 ▸▸

1908년(1세) 7월 14일 경상남도 거제시 둔덕면 방하리에서 유생이자 한의(韓醫)인 유준수와 박우수의 8남매 중 차남으로 태어나다. 3세에 경상남도 통영시로 이주하다.

1922년(15세) 통영보통학교에 입학하여 4학년을 마치고 일본으로 건너가 도요야마중학교에 입학하다. 극작가 동랑 유치진이 청마의 맏형으로 시인의 일본유학 및 문학활동에 영향을 주다.

1923년(16세) 도쿄에서 유치진이 주도한 토성회(土聲會)에 박명국, 김성주, 최두춘, 장허 등과 함께 참여하여 동인지 『토성(土聲)』에 습작시를 발표하다. 일찍이 시재(詩才)를 보였으며 이때부터 일본시인들의 자연관, 생명 중심적 시관, 니체적 사유, 아나키즘 등에 영향을 받다.

1927년(20세) 부친의 사업실패로 귀국하여 동래고등보통학교를 졸업하고 연희전문학교 문과에 입학하다. 통영 소재 참새회의 간행지 『참새』에 습작시 「단가(短歌)」 9편을 발표하다. 청마는 이 시들에 대해 "이 몇 편의 토막시를 우선 단가(短歌)라고 일러두나이다"라고 적다.

1928년(21세) 기독교 중심의 학교 분위기에 적응하지 못해 연희전문학교를 중퇴하고 다시 일본으로 건너가 사진(寫眞) 기술을 배우는 학원에 다니다. 당시 시인은 먹고살 수 있는 기술을 배우는 것을 목표로 삼다. 귀국 후 경성 중앙보육학교 출신 권재순과 결혼하다. 몇 년 동안 사진관을 경영하거나 백화점에서 일을 하다.

1930년(23세) 형 유치진과 함께 발간한 『소제부(掃除夫)』에 시 「축복」 「오월의 마음」 「아츰」 등 26편을 발표하다.

1931년(24세) 『문예월간』 제2호에 시 「정적(靜寂)」을 발표하면서 정식으로 문단에 데뷔하고, 이후 『신동아』 『동아일보』 『카톨릭청년』 등에 활발하게 시를 발표하다.

1936년(29세) 『조선문단』에 대표작 「깃발」을 발표하다. 이는 허무와 애수, 의지와 동경을 표상하는 청마시의 선언적 대표작으로 꼽히다.

1937년(30세) 통영협성상업학교 교사로 부임하고, 부산에서 시 동인지 『생리(生理)』를 발간하다.

1939년(32세) 첫 시집 『청마시초(青馬詩抄)』를 화가 구본웅의 부친이 경영하는 '청색지사(青色紙社)'에서 펴내다. 그의 대표작들인 「깃발」 「그리움」 「일월」 등이 이 시집에 실리다. 서문에서 "시란 생명의 표현, 혹은 생명 그 자체"라고 쓴 것이 이후 청마의 생명파적 시관의 상징적 구절이 되다.

1940년(33세) 불안정한 생계 속에 더욱이 자신이 일제의 예비검속 대상자에 포함되어 있음을 알고 온 가족과 만주국 빈강성 연수현으로 이주하다. 그곳에서 농장관리 및 정미소 일을 하다. 이 당시 만주에서의 체험이 훗날 그의 시에 많은 영향을 주다.

1942년(35세) 만주에서 발간한 친일성향의 한국어신문 『만선일보』에 「대동아전쟁과 문필가의 각오」라는 글을 싣다. 이 글에 드러난 대동아전쟁을 지지한 친일적 태도와 더불어 시 「전야」와 「북두성」 등의 해석으로 청마의 친일 행적이 문제되다.

1945년(38세) 귀국하여 윤이상, 김춘수 등과 통영문화협회를 조직하여 음악, 연극, 무용, 한글강습 등 다양한 민족문화운동을 시작하다. 통영여자중학교 교사로 부임한 이후 거의 교사와 교장직으로 일관하다.

1946년(39세) 동인지 『죽순』에 시를 발표하다. 청년문학가협회 초대부회장에 이어 회장이 되다. 자신의 서재를 '영산장(映山莊)' 혹은 '청령장(蜻蛉莊)'으로 칭하면서 이곳에서 시작에 전념하다.

1947년(40세) 제2시집 『생명의 서』(행문사)를 펴내다. 시 「생명의 서」는 생명에 대한 의지와 초인의 의미, 철학적 관념과 지사적 어조로 청마시의 대표작이 되며, 「깃발」 「바위」 등과 더불어 형이상시로 꼽히다. 한국청년문학가협회 제1회 시인상을 수상하다. 같은 통영중학교 교사였던 이영도를 만나 오랜 시간 연모하며 숱한 가편(佳篇)의 연시들을 남기게 되다.

1948년(41세) 시집 『울릉도』(행문사)를 펴내다. 청년문학가협회 회장으로 시대와 역사적 현실에 관심을 갖는 작품들을 쓰다.

1949년(42세) 시집 『청령일기(蜻蛉日記)』(행문사)를 펴내다. 시 동인지 『낙타(落墮)』를 주재하다. 서울시문화상을 수상하다.

1950년(43세) 한국전쟁이 발발하자 부산으로 피난하여 그곳에서 '문총구국대(文總救國隊)'를 결성하다. 종군작가단에 자원하여 육군으로 전쟁에 참여하다.

1951년(44세) 전쟁에서 겪은 경험을 담은 시집 『보병(步兵)과 더불어』(문예사)를 펴내다. 계몽적 애국심이나 보고문학적 특성이 아니라 휴머니즘이 짙은 전쟁시집으로 평가받다. 민족적 현실에 관심을 갖는 시가 가열해지다.

1952년(45세) 김춘수, 구상, 김윤성, 설창수 등과 동인지 『시와 시론』를 펴내다. 경상남도 안의중학교 교장 취임하다. 이후 청마는 경주고등학교, 경주여자중고등학교, 대구여자고등학교, 경남여자고등학교 교장에 계속 취임하게 되는데, 자유롭고 인품있는 교사상으로 학생들의 존경과 애정을 받다.

1954년(47세) 대한민국예술원 회원이 되다. 시집 『기도가(祈禱歌)』와 『행복은 이렇게 오더니라』의 합본으로 『청마시집(靑馬詩集)』(문성사)을 펴내다.

1957년(50세) 한국시인협회 초대 회장이 되다. 시집 『제9시집』(한국출판사)을 펴내다. 인간과 생명에 대한 관심, 민족의 역사적 현실을 중시하는 '바위'의 생리(生理)와 '생명'을 향한 열정을 지속하다.

1958년(51세) 아시아재단 주간 자유문학상, 한국시인협회상을 수상하다.

1959년(52세) 수상록 『동방의 느티』(신구문화사), 자작시 해설 『구름에 그린다』(신흥출판사)를 펴내다.

1960년(53세) 강렬한 저항의지를 담은 시집 『뜨거운 노래는 땅에 묻는다』(동서문화사)를 펴내다. 한국시인협회 회장에 재피선되다. 이즈음 청마는 독재정치 권력을 비판한 글이 문제되어 교장직에서 물러나고 국제시인대회의 참석이 불가능해지게 되다.

1963년(56세) 수필집 『나는 고독하지 않다』(평화당)을 펴내다. 한국예술문화단체 총연합회 경북지부장이 되다.

1964년(57세) 한국문인협회 부산지부장이 되다. 청마는 당시 문학계와 예술계 단체의 회장직을 도맡지만 권력으로부터 자유롭고 경직되지 않은 자유방임적 성향의 수장이었으며 문학계와 예술계가 조직화되는 것을 부정적으로 생각하다. 마지막 시집인 제14시집 『미루나무와 남풍』(평화사)을 펴내다.

1967년(60세) 2월 13일 밤 9시 30분, 문인들과 함께 한 자리를 파하고 나와 부산시 동구 좌천동 길에서 교통사고를 당해 별세하다. 장지는 부산시 사하구 하단동 승학산이었으나 경남 양산시 백운공원묘지로 이장 후, 1997년 4월 5일 경상남도 거제시 둔덕면 방하리 산록으로 이장하다.

2000년 청마문학회 주최로 청마 유치환의 시문학 정신을 기리기 위해 '청마문학상'이 제정 시행되다.

김유정 金裕貞, 1908~1937

/유인순/

아프고 춥고 배고프고……

"왜 이렇게 아프고 춥고 배고픈지 몰라."

2008년은 김유정 탄생 100주년이 되는 해다. 김유정의 넋을 천도하는 새남굿판에서 만신 이상순씨(무형문화재 104호)의 입을 빈 김유정의 넋은 아프고 춥고 배고프다고 했다. 또 자기가 써놓은 작품을 친구가 빼돌렸다고도 했다. 만신 이상순씨에게 또 다른 넋이 씌워졌다. 쑥스러워하면서 그러나 교태를 부리며 '그렇게 유명한 사람이 될 줄 알았으면 그 사랑을 받아주었을 걸' 하다가 김유정 덕택에 자신도 덩달아 유명해졌다고 해죽대었다. 박녹주의 넋이었다.

김유정의 생애는 축복과 저주가 함께 한다. 여기에서 말하는 축복이란 그가 대부호의 차남(2남6녀 중 일곱번째)으로 태어나 적어도 10세 이전까지는 가족의 사랑과 물질적 풍요 속에서 자랐다는 것과 좋은 문학적 친구를 두었다는 것이다. 저주란 조실부모한 뒤에 가난과 병고 가운데 병원치료조차 받지 못하고 요절했다는 것이다. 그러나 그에게 내려졌던 저주는 그의 사후에 다시 축복으로 바뀌었다. 한국 근대문학 100주년을 맞아, 김유정 만큼 사랑받는 작가도, 또 제대로 된 탄생 100주년 기념잔치를 받는 문인도 드물다는 것에 주목하게 된다.

무엇이 김유정에게 내려진 저주를 축복으로 바꾸어 놓았을까.

김유정에게 내려진 저주는 조실부모, 방탕한 형님이 저지른 가산탕진과 가족 간의 불화, 김유정 자신의 말더듬 증세, 휘문고보 시절의 낙제, 치질 수술의 후유증, 늑막염, 뒤이어 중증의 폐결핵, 짝사랑의 고통 등이 그것이다. 이들 영육간, 그리고 물질적 결핍의 상황은 김유정으로 하여금 심각한 염인증과 우울증에 빠져들게 한다. 김유정이 고통 받았던 우울증의 경우만 해도 회피성 성격장애, 경계선 성격장애, 편집성 성격장애, 양극성 장애가 동시에 혼재된 중증의 것이었다. 단순 우울증의 경우에도 그 파국은 자살로 치닫는데 비해서 유정은 예외였다. 그는 생명을 존중했고 사랑했다. 그는 글을 쓰는 것이 사는 것이라고 생각했다.

김유정이 작품을 쓰게 되면서 그에게 내려진 저주는 축복으로 바뀌기 시작했다. 그는 우울증에서 벗어나기 위해 인간 사이의 소통을 열망, 글을 통해 세상과의 연결고리를 만들려고 한다. 말더듬으로부터 온 그의 열등감은 문자언어를 통한 음감과 예리한 언어감각에 눈뜨게 하고, 실연으로부터 온 절망감은 자신을 내친 사람 앞에 우뚝 서리라는 각오로 그를 작가의 자리에 오르게 한다. 뿐만 아니라 상대가 판소리 명창이었던 것은 그로 하여금 우리 민요와 판소리에 각별한 관심을 가지고 작품 속에 민요를 수용하고, 판소리 가락을 수용하여 타 작가와의 변별성을 보여준다. 결핵환자로서 갖고 있는 죽음의 공포는 비극적 위엄과 용기를 갖고 완성된 작품을 남기기 위해 부단한 수정을 거듭하게 한다. 그의 작품 30편이 모두 수작으로 꼽히는 것은 바로 이와 같은 데에 연유한 것이다.

생활인 김유정은 불행했지만 문인 김유정은 행복한 사람이었다. 그에게는 그가 작가가 될 수 있도록 협조해준 좋은 문인 친구들이 있었다. 친구의 작품을 빼돌렸다는 혐의를 받고 있는 안회남은 김유정의 휘문고보 시절의 친구로 김유정이 문단에 등단할 수 있도록 도왔다. 그는 김유정 사후에 실명소설 「겸허—김유정전」을 집필, 김유정의 소년시절, 김유정의 가족들에 대한 인상, 문단 등단시절을 증언한다. 1935년 봄에 만나 교우관계를 갖게 된 이상은 「두꺼비」를 최고의 걸작이라고 문단친구들에게 추천했고 김유정을 후기 '구인회' 멤버로 영입했다. 나아가 김유정을 등장인물로 한 소설 「김유정」 「실화」를 통해 김유정의 특성을 그려냈다. 이석훈은 「유정의 면모 편편」 등을 통해 실직자 김유정이 구직운동에 나섰던 상황(한때 방송국 어린이 프로에서 옛날이야기를 구성지게 잘 했었다는 것 등), 김유정의 신춘문예 투고 배경담을 들려주었다. 평론가 김문집은 '병고작가 돕기'운동을 벌여 김유정을 도와주려고 했고 김유정 문학의 특징을 예리하게 간파해서 독자들에게 소개했다.

김유정은 신춘문예에 공식적으로 등단하기 전인 1933년, 안회남, 이석훈의 주선으로 「산골 나그네」 「총각과 맹꽁이」를 잡지에 발표했다. 그러나 그보다 앞서 씌어진 처녀작은 도시 실업자의 비애를 그린 「심청」이다. 김유정은 1935년 『조선일보』 신춘문예에 「소낙비」가 당선작으로 『조선중앙일보』에 「노다지」가 가작으로 당선되면서 문단에 화려하게 등장했다. 이들 전기에 씌어진 작품 안에는 이후 씌어질 작품 세계가 이미 압축되어 있었다. 흔히 김유정을 농민문학작가로만 알고 있지만, 30편 작품 가운데 13편이 농촌, 2편이 광산촌, 나머지가 서울을 배경으로 한 작품이다.

서울이 배경인 작품에 나타난 주인공들은 실업자, 카페 여급, 기생, 노동자, 학생, 걸인들이고 예외적으로 「정조」의 서방님과 「형」의 형님은 난잡한 부유층이다. 농촌을 배경으로 다룬 작품의 주인공들은 유랑농민, 잠채꾼, 소작인, 마름, 들병이, 몸종 들이다. 김유정의 전체 작품 목록을 보고 있으면 작품들이 연관관계를 갖고 있음을 보게 된다. 소작농으로 빚을 진 농부는 유랑농민(「소낙비」), 걸인(「산골 나그네」), 도둑(「만무방」)이 되고, 여성의 경우는 몸을 팔아 가족을 부양한다(「산골나그네」 「소낙비」 「가을」). 「소낙비」의 춘호부부가 서울로 진입하여 지게꾼이 된다면 「땡볕」의 덕순이가 되거나, 부잣집 안잠자기가 된다면 「정조」의 문간방 어멈 같은 인물이 될 것이다. 「산골」의 도련님이 성인이 되거나, 「소낙비」의 이주사가 서울로 이사를 한다면 그는 「정조」의 서방님 같은 인물이 될 것이다. 시골에 사는 젊은 여자는 들병이가 되고 서울에 사는 젊은 여자는 카페 여급이나 기생이 되어서 생활을 도모해야 할 것이다. 시골 총각은 선채금이 없어서 노총각으로 살아야 하고(「총각과 맹꽁이」, 「산골 나그네」), 서울 총각은 실업자이기에 집안 식구나 이웃으로부터 홀대 받는다(「연기」, 「슬픈 이야기」 등). 이와 같은 측면에서 본다면 김유정 작품 속에 대두된 문제는 모두 기본적인 생활이 보장되지 않은 먹이문제, 본능문제들을 다룬다. 등장인물들은 모두 뼈 빠지게 일을 하거나 일을 할 일터마저도 없는, 남는 것은 빚과 굶주림뿐이다.

김유정은 「심청」에서 실직 청년 눈에 비친 종로거리에 내려진 도시계획의 명암을, 「만무방」에서 응칠이 보는 피폐하고 살벌해진 농촌사회의 모습을 그려낸 바 있다. 김유정은 이와 같이 도회지와 농촌이 지닌 식민지하의 구조적 모순을 직설적으로 지적하기도 했다.

일찍이 평론가 김문집은 김유정을 가리켜 '문호를 꿈꿀 작가는 못'되지만 '아름다운 조선꽃이 진달래'이듯 '군은 진달래 같은 작가'라고 하며 김유정 소설이 지닌 전통성과 토속성, 나아가 김유정 후기 작품에 나타난 순서울 토종어의 사용에 감탄했다. 그러나 후학들은 김유정 작품의 특징을 농촌소설에 한정한 토속성과 토종어 사용에만 주목해 왔다. 이제는 김유정 소설의 절반을 차지한 서울 하층민의 삶과 순서울 토종어에도 주목해야 한다.

김유정은 현실에 발붙인 하층민의 우스꽝스런 삶의 모습을 표면에 띄우면서 사실은 행간을 통해 식민지 사회의 구조적 모순을 고발한다. 살기 위해 여자들은 정조를 상품화하고 남자들은 도둑, 사기꾼이 되거나 허망한 희망에 명줄을 건다. 이때 작품속 등장인물이 벌이는 웃음판은 작가 김유정이 벌이는 소설적 전략이고, 이 전략은 '쏘크라테스적 아이러니'에 가깝다. 김유정은 식민시대 사회적 모순을 고발한 현실주의 작가였고, 민요와 판소리 가락을 수용한 전통주의자였으며 동시에 어떻게 이야기해야 독자에게 재미와 감동과 정보를 줄 수 있을 것인가를 고민한 모더니스트였다. 그것이 그에게 탄생 100주년 기념잔치를 제대로 받을 수 있는 작가로 자리매김할 수 있게 한 뚜렷한 바탕이 되어주었다.

김유정 ▸▸

1908년(1세) 2월 12일 수요일(음력 1월 11일) 강원도 춘천시 신동면 증리 실레마을에서 아버지 김춘식(金春植, 1873~1917), 어머니 청송 심씨(青松 沈氏) 사이에서 차남으로 태어나다(2남 6녀 중 일곱 번째). 일설에는 서울 진골(현 종로구 운니동) 출생설도 있으나 확실치 않다. '멱설이'로 불리웠고, 횟배를 앓기도 하다.

1914년(6세) 11월 26일 도사(都事) 벼슬을 했던 김유정의 조부 김익찬(金益贊) 사망하다. 이때부터 아버지 김춘식(金春植)을 참봉으로 호칭하다. 이해 겨울에 한양(漢陽, 서울)의 종로구 운니동(당시 진골)에 저택을 마련하고 30여 명의 식솔들을 이끌고 서울로 이사하다.

1915년(7세) 3월 18일 어머니 청송 심씨 사망하다.

1917년(9세) 5월 23일 아버지 김춘식 사망하다. 운니동(雲泥洞)에서 관철동(貫鐵洞)으로 이사하다. 한학과 붓글씨를 익히다.

1920년(12세) 재동공립보통학교(齋洞公立普通學校)에 입학하다. 1921년 13세 3학년으로 월반하다.

1923년(15세) 재동공립보통학교 4년(제16회)졸업하다. 4월 9일 휘문고등보통학교(徽文高等普通學校)를 검정으로 입학하다. 숭인동(崇仁洞) 80번지로 이사하다. 훗날 소설가가 된 안회남(安懷南)과 같은 반이 되다. 이름을 나이(羅伊)로 고쳐 집에서 부르다.

1926년(18세) 휘문고보 4학년으로 진급하지 못하고 낙제하다. 1927에 휘문고보 4학년에 복학하다.

1928년(20세) 형 유근 가족은 춘천 실레로 이사하고, 유정은 봉익동 삼촌집에 얹혀 지내다가 사직동 둘째 누님 유형(裕瀅)의 셋집으로 거처를 옮기다(누님은 이혼 후 양복공장 근무). 가을날의 오후 한 시경 수은동의 목욕탕에서 나오던 박녹주를 처음 보게 되고 이후 구애의 편지를 보내기 시작하다.

1929년(21세) 휘문고보 5년 졸업(제21회 95명 중 84등)하다. 유형과의 생활은 「따라지」, 「생의 반려」에서 묘사되다. 이 무렵 치질 수술을 받은 듯하다.

1930년(22세) 연희전문학교(延禧專門學校) 문과에 입학(4월 6일)하였으나 6월 24일 학칙 제26조에 의거, 제명처분 당한 것으로 보아 사실상 연전에서 수업을 받은 적은 없는 듯하다. 박녹주와의 짝사랑을 정리하고 춘천 실레마을로 가서 방랑생활, 들병이와 친해지다. 늑막염 진단 받다. 안회남의 권고로 소설습작을 시작하다.

1931년(23세) 4월 20일 보성전문학교(普成專門學校) 상과에 다시 입학하다. 그 후 자퇴하다(퇴학자 명단에만 있을 뿐 상세한 기록은 없다). 실레 마을에 야학당(夜學堂)을 열다. 농우회, 노인회, 부인회 등을 조직하고 농우가(農友歌)를 지어 부르게 하다.

1932년(24세) 야학당 건물을 지어 금병의숙(金屛義塾)이라 부르고 간이학교로 인가 받다. 6월 15일 처녀작 단편 「심청」을 탈고하다.

1933년(25세) 서울에 올라와 사직동에서 둘째 누님과 함께 기거하다. 1933년 악화된 늑막염은 폐결핵으로 진행되어 병원(서울시청 위생진단)에서 폐결핵 진단을 받다. 1월 13일 「산골 나그네」 탈고, 안회남의 주선으로 이 작품은 『제1선』 3월호에 발표하다. 8월 6일 「총각과 맹꽁이」를 탈고하여, 『신여성』 9월호에 발표하다.

1934년(26세) 유형 누님이 사직동 집을 처분하다. 혜화동 개천가에 셋방을 얻어 밥장사를 시작하다. 8월 16일 「정분」을 탈고하다. 9월 10일 「만무방」을 탈고하다. 12월 10일 「애기」를 탈고하다. 「노다지」, 「소낙비」 12월에 탈고하다(「소낙비」는 1933년에 「따라지의 목숨」으로 탈고, 후에 「흙을 등지고」로 개작되어, 『조선일보』 신춘문예에 투고했다. 『조선일보』에서는 이것을 다시 「소낙비」로 고쳐서 당선작으로 발표했다).

1935년(27세) 『조선일보』 신춘문예에 「소낙비」로 1등 당선하다. 『조선중앙일보』 신춘문예에 「노다지」 가작 입선하다. 1월 20일 '아서원'에서 신춘문예현상 1등 당선 축하회를 열다. 6월 3일 '백합원'에서 '조선문단사'가 주최한 문예좌담회에 참석하다. 단편 「금따는 콩밧」(『개벽』 3월호) 「금」(1월 10일 탈고) 「떡」(『중앙』) 「만무방」(『조선일보』 7월 17~30일) 「산골」(『조선문단』 7월호) 「솟」(『매일신보』 9월 3~14일) 「봄·봄」(『조광』 12월호)에 발표하다. 같은 해 5월 이상(李箱)과 만나 친교를 맺다. 「안해」(『사해공론』 12월호) 발표하다.

1936년(28세) 7월 이후 정릉에 있는 절로 정양을 들어가다. 그러나 정양 중 계곡의 너럭바위에 등을 대고 누워 있었던 것이 결핵성 치루로 발전, 악화되어 정릉을 떠나 형수댁으로 들어가게 되다. 단편 「심청」(『중앙』 1월호) 「봄과 따라지」(『신인문학』 1월호) 「가을」(『사해공론』 1월호) 「두꺼비」(『시와 소설』 3월호) 「봄밤」(『여성』 4월호) 「이런 음악회」(『중앙』 4월호) 「동백꽃」(『조광』 5월호) 「야앵」(『조광』 7월호) 「옥토끼」(『여성』 7월호), 미완 장편소설 『생의 반려』(『중앙』 8, 9월호에 연재)를 발표하다. 「정조」(『조광』 10월호) 「슬픈 이야기」(『여성』 12월호) 발표하다. 시인 박용철의 누이 박봉자에게 구애의 편지를 보냈으나 회신을 받지 못하고 평론가 김문집이 병고작가 구조운동을 벌이다.

1937년(29세) 2월 11일 수필 「네가 봄이련가」를 집필, 이것은 『여성』 4월호에 발표되다. 2월 하순 조카 진수에 의지하여 경기도 광주군 중부면 신상곡리 100번지의 매형 유세준의 집으로 옮겨와 요양 치료에 들어가다. 3월 18일에는 안회남에게 보내는 편지 「필승전」을 쓰다. 이해에 발표된 작품은 「따라지」가 『조광』 2월호에, 「땡볕」이 『여성』 2월호에, 「연기」가 『창공』 3월호에 각각 발표되다. 3월 29일(음력 2월 17일 월요일) 오전 6시 30분에 유정은 경기도 광주군 중부면 산상곡리 100번지 매형 유세준의 집에서 별세하다(1937년 3월 31일자 『조선일보』 기사에서는 사망시간을 오전 8시로 발표). 유해는 서대문 밖(홍제동 화장터)에서 화장되어 한강에 뿌려지다. 유정 사후 발표작으로 「정분」이 『조광』 5월호에, 번역동화 「귀여운 소녀」가 『매일신보』 4월 16일~21일에 연재되고 번역 탐정소설 「잃어진 보석」이 『조광』 6월~11월호에 발표되다.

1939년 미완의 동화 「두포전」이 유정의 문학적 제자 현덕에 의해 완성되어 『소년』 1월~5월호에 발표되고, 자전소설 「형」이 『광업조선』 11월호에, 「애기」가 『문장』 12월호에 발표되다.

2007년 작가의 생애와 작품 혼을 기리고 후대손손 한국문학의 활성화 및 향토문화 발전을 위하는 취지로 '김유정문학상'이 제장 시행되다.

김정한 金廷漢, 1908~1996

/구모룡/

김정한의 문학활동은 와세다대학 유학시설에서 시작된다. 처음 시를 쓰다 와세다대학에서 사회과학을 공부하는 한편 1931년 '동지사'에 가입하여 이찬, 신고송, 박석정 등과 활동한다. 이 시기에 김정한은 시쓰기를 그치고 소설쓰기로 나아간다. 그 당시 쓴 소설인 「구제사업」은 지금 전하지 않는다. 「그물」(『문학건설』, 1932.12)은 소품이지만 그의 세계관을 잘 반영하고 있다. 이 소설을 통해 김정한 그의 시선을 식민지 하위주체인 소작 농민의 각성에 두면서 이들을 지배하고 착취하는 상위 계급과 억압적 국가기구의 의미를 말한다. 그의 문학에서 제국과 국가의 폭력 앞에 처한 민중이라는 개념은 징병과 징용이라는 제국의 폭력적 개입과 국제적 노동 분업으로 이산하는 민중의 삶을 그리고 있는 「오끼나와에서 온 편지」(『문예중앙』, 1977.11)에 이르기까지 지속된다.

김정한의 실질적인 등단작은 「사하촌」(『조선일보』, 1936.1)이다. 이 소설에는 두 가지 이념이 개입하고 있다. 그 하나는 마르크스주의적 반종교 사상이고 다른 하나는 민중 주체적 저항과 국제적 연대이다. 하지만 이 소설에서 이러한 이념들은 구체적인 민중적 사실 위에 있지 않다. 이 소설은 농민들의 주체적 자각과 자발적인 저항을 그리고 있어 국제적인 민중 연대조차 한 인물이 들려주는 '일본의 탄광 이야기'로 암시되는 데 그친다. 이처럼 김정한은 줄곧 주어진 현실과의 맥락을 놓치지 않으면서 구체적인 것을 탐문하는 소설을 쓴다. 김정한은 식민지 하위주체인 농민의 입장을 벗어나지 않는다. 사회주의적 관념의 투영이 아닌 농민의 주체적인 현실 인식을 통한 저항(「항진기」, 『조선일보』, 1937.1~1937.2)을 말하거나 전향하여 민중을 배반하거나 그렇지 않고 민중과 더불어 고난의 길을 걷는 기로(「기로」, 『조선일보』, 1938.6)의 의미를 제시한다. 많은 이들이 이 작품 이후 요산문학의 저항성은 약화되거나 사라졌다고 말한다. 가령 「월광한」(『문장』, 1940.1)은 현실의 피로에서 벗어나려는 낭만적 경향이 뚜렷하다. 그러나 식민지하 무기력한 일상에 젖어든 남성인물과 대비되는 여성인물인 해녀의 건강한 삶을 통하여 식민지 현실과 거리를 만들고 있어 이 소설이 도피와 망각을 칭송하고 있다고 보긴 어렵다.

실제 김정한은 「묵은 자장가」(『춘추』, 1941.12)를 끝으로 절필한다. 이 작품은 역시 불교를 다룬 「추산당과 그 곁사람들」(『문장』, 1940.10)과 한참 나중에 나오는 「수라도」(『월간문학』, 1969.6)의 중간

쯤 인식을 담고 있다. 전자가 식민화된 불교의 폐단을 말하고 있다면 후자는 민중 불교의 가능성을 시사한다. 「묵은 자장가」는 타락한 불교를 비판하면서 부처의 본질이 중생의 구제에 있음을 제시하고 있어 비록 식민지 현실을 우회하고는 있으나 김정한의 세계 인식을 드러내고 있는 셈이다. 이에 앞선 「낙일홍」(『조광』, 1940.4~5)은 식민주의가 내포한 인종주의적 편견을 부각함으로써 식민지적 통합 이데올로기의 허구성을 보여주고 있다. 이처럼 1940년대 김정한의 소설은 현실의 욕망으로부터 물러나 침묵하려는 그의 입장을 담고 있다.

해방공간에서의 김정한은 행동하는 지식인의 모습을 보였다. 그는 해방과 더불어 진정한 민족문화를 수립한다는 기치 아래 인민예술좌라는 연극운동에 관여한다. 아울러 1946년 2월 10일 조선문학가동맹 부산지부장을 맡는다. 이해 2월 14일 조선예술연맹 부산지구협의회가 결성되는데 요산은 이 단체의 위원장으로 피선된다. 이때 도인민위원장인 노백용이 축사를 하였다. 또한 요산은 부산 민주주의 민족전선에 참여한 바 있고 이후 미군정이 민전을 탄압하는 등의 정세 변화에 대처하면서 1947년 7월 27일에는 공위경축민주임정촉진인민대회에 문화인 대표로도 참석한다. 이러한 일련의 사실을 통해 우리는 두 가지 사실을 확인할 수 있다. 그 하나는 김정한이 철저하게 지역을 근거로 활동하였다는 점이고 다른 하나는 그가 "건준-인민위원회-민주주의 민족전선"으로 전개된 중도좌파민족주의 노선을 실천해 나갔다는 것이다. 김정한은 이러한 실천으로 인하여 1949년 6월 5일 이승만 정권에 의하여 결성된 국민보도연맹에 가입하지 않을 수 없게 되고 한국전쟁 발발과 더불어 생존을 위협받는 위기에 직면하여 구사일생으로 생존하게 된다.

김정한은 해방공간에 두 편의 소설 「옥중회갑」(『전선』, 1946.3)과 「설날」(『문학비평』, 1947.6)을 발표한다. 두 편 모두 김해출신의 사회주의자 노백용 일가와 연관된다. 그런데 소품에 불과한 「옥중회갑」이 던지는 메시지는 단순하지 않다. 먼저 일생을 민족을 위해 싸워온 노지도자에 대한 '나'의 존경심을 들 수 있다. 이러한 존경심은 또한 '나'의 삶에 대한 부끄러움의 감정을 유발한다. 여기서 부끄러움은 주체를 변화시키는 심리적 기제, 마르크스가 말한 혁명적 정서이다. 다음으로 모스크바 삼상회의의 결정을 기다리는 가운데 가해지는 우익측의 테러와 미군에 의한 노선생 체포라는 당시의 정황을 알리고 있다. 이러한 정황은 이상적 국민·국가 건설의 험난한 여정을 시사한다. 「설날」 또한 10월 인민항쟁으로 투옥된 노백용 일가의 모습을 그리고 있다. 가족의 한 단면이 아니라 새로운 국가 건설을 위한 노씨 일가의 영웅적인 정신을 전하는 한편 이들이 지닌 낙관적 전망을 말하고 있다. 하지만 작가의 이러한 의도와 달리 객관적인 정세는 크게 악화된다.

아래로부터의 국가 건설이 좌절되면서 김정한의 행동은 침묵으로 바뀌게 된다. 남한만의 단독 국가가 건립되면서 국가에 의한 사상 탄압과 폭력이 계속되는 가운데 김정한은 1947년 교사의 길을 선택한다. 김정한의 문학적 생애 재구성에 있어 한국전쟁 전후와 이승만 정권 초기 활동은 잘 알려져 있지 않다. 1954년 무렵 김정한은 이종률과 함께 부산·경남 진보적 지식인들이 대거 참여하는 '민족문화협회'를 경성하여 암울한 현실 아래서 민주 민족 진영의 결속을 다지는 역할을 하였다. 1950년대 김정한은 여러 편의 콩트와 연재소설 『농촌세시기』(『경남공론』, 1954~1955) 그리고 단편 「액년」(『신생공론』, 1956.8)을 남기고 있을 뿐이다.

4월 혁명으로 이승만정권이 무너졌지만 김정한의 고난은 이에 그치지 않는다. 그는 다시 군사정권에 의한 해직과 복직의 고통을 겪게 된다. 이러한 고통 이후에 스스로 '문단복귀'라고 규정한 「모래톱 이야기」(『문학』, 1966.10)가 등장한다. 실제 김정한 문학은 몇 번의 침묵에도 불구하고 연속성을 지닌다. 제국과 식민지 민중의 문제, 국가와 민중의 문제는 복귀 전후 김정한 문학의 일관된 주제이다. 이러한 주제는 그가 문학적으로 침묵하던 시기에도 지속적으로 고민해 오던 사항이다. 해방공간에서 그는 행동으로 이상적인 국민·국가 만들기에 나선 바 있다. 이승만 정권하에서 그는 폭압적인 국가가 민중의 권리를 어떻게 수탈하는가를 보아왔다.

김정한은 문단복귀 이후 십년동안 많은 민중 이야기를 쏟아낸다. 그에게 민중은 자기 땅으로부터 소외되고 국가로부터 격리되거나 추방되는 자들이다. 「모래톱이야기」와 「유채」(『창작과비평』, 1968.5)에서 주인공들은 오랜 동안 지어오던 땅을 국가 권력에 의해 수탈당한다. 주거공간을 빼앗기고 굴에서 짐승처럼 살거나(「굴살이」, 『현대문학』, 1969.9) 가진 게 없어 변두리 고지대에 무허가 판자집을 짓고 사는(「산거족」『월간중앙』, 1971.1) 이들은 국가로부터 어떠한 보호도 받지 못한다. 이들은 국가가 만든 사회적 기준에 따를 때 유령과 같은 존재들이다. 불법적으로 거주하고 노동하는 사람들에게 국가는 없다. 이들은 국가를 구성하는 주체가 못된다. 「인간단지」(『월간중앙』, 1970.4)가 시사하듯 그들만의 세계는 구성되지 못한다. 저항과 폭력은 김정한문학의 또 다른 주제이다. 그는 비폭력을 옹호하지 않을 뿐 아니라 폭력에 폭력을 가하는 보복과는 다른 의미의 폭력을 제시하고 있다.

복귀 후 김정한의 문학은 식민지 지배질서와 해방 이후의 국가가 그 상태에 있어 크게 다를 바 없다고 이야기한다. 「수라도」(『월간문학』, 1969.6)에서 독립 운동가를 배출한 집안보다 친일파 집안이 득세하며 독립 유공자 후손인 「독메」(『월간문학』, 1970.3)의 주인공은 가난의 되물림에서 벗어나지 못한다. 「지옥변」(『세대』, 1970.1)과 「오끼나와에서 온 편지」는 일제하 강제 징용피해자의 후손들이 겪는 비참한 삶을 서술한다. 「과정」(『문학』, 1967.9)은 국가를 보호해야 한다는 명목으로 양심적인 학자를 심문하고 고문한다. 허약한 국가의 상태를 국가보안법이라는 제도적 폭력을 통해 지키려하는 것이다.

민중 개념이 그러하듯 김정한의 문학을 리얼리즘으로 제약하는 것은 잘못이다. 그는 고고학자가 하듯이 민중 사실을 파헤쳐 그것을 우리에게 이야기하려 한다. 이러한 그의 태도는 참여·관찰이라는 변증법적 방법을 선택하여 민족지를 기술하는 인류학자를 닮았다. 김정한은 무엇보다 자기 땅으로부터 소외된 삶을 경계하였다. 여기서 땅은 국가와 지역으로 확장될 수 있다. 「산서동 뒷이야기」(『창조』, 1971.9)와 「오끼나와에서 온 편지」를 통해 읽을 수 있듯이 제국과 식민의 경험, 국가 폭력의 경험을 공유하고 있는 아시아 민중의 사랑 이야기를 시사하고 있다. 김정한은 또한 땅의 문제를 생태환경의 문제로 보았다. 매립과 매축이 가져다주는 환경 재앙을 고발하고 있는 「모래톱이야기」와 「지옥변」, 공업화로 인한 해양 오염을 말하고 있는 「교수와 모래무지」(『뿌리깊은 나무』, 1976.8)는 한국 생태환경 문학의 시발로 평가하기에 족하다. '낙동강의 파숫꾼'인 김정한은 땅과 민중에 대한 관심의 기저에 모든 생명체에 대한 사랑이라는 의식을 깔고 있다.

김정한은 장편으로 『삼별초』(동아출판공사, 1977)을 쓴 바 있으나 이후 「거적대기」(『소설 열에 마당』, 부산문예사, 1983)와 「슬픈 해후」(『12인 신작소설집』, 창작과비평사, 1985)를 끝으로 그의 글쓰기를 마감한다. 1970년대 이후 그는 진보적 문인단체와 사시민사회를 통해 활동한다. 자유실천문인협의회 고문, 민주회복국민회의 대표위원, 한국 엠네스티 위원, 5·7문학협의회 고문, 민족문학작가회의 초대회장 등을 역임하고 1996년 11월 28일 향년 89세로 타계한다.

김정한 ▸▸

1908년(1세) 음력 9월 26일, 경남 동래군 북면 남산리에서 김기수(金基壽) 씨의 장남으로 태어나다. 아호는 락산(樂山).

1913년(6세) 향리에서 한학을 배우기 시작하다.

1919년(12세) 사립 명정(明正)학교 입학, 3·1운동 일어나다.

1923년(16세) 중앙고보(中央高普)에 입학하다.

1924년(17세) 9월 동래(東萊)고보로 전학하다.

1927년(20세) 3월, 경남 양산군 하서면 화제리 풍양인 조희원씨의 장녀 조분금(趙分今)과 결혼하다.

1928년(21세) 동래고보 졸업하고 9월 양산 대현(大峴)공립보통학교 교원 취임하다. 『동아일보』에 시를 투고, 11월 일본의 민족적 차별대우에 불만을 품고 조선인교원연맹 조직을 계획하였으나 일경으로부터 가택 수색을 받고 피검, 울산서에서 동래서로 이관되어 심문을 받다.

1929년(22세) 2월, 도일(渡日), 도쿄제일외국어학원에 1년간 수학, 일본문학과 서양문학을 탐독하다.

1930년(23세) 도쿄 와세다대학 부속 제일고등학원 문과에 입학하다.

1931년(24세) 조선인유학생회에서 발간하던 『학지광(學之光)』 편집에 참가하다. 『조선시단』 『집단』 등에 시와 단편소설 투고하다. 11월 '동지사'에 가입하여 신고송, 이찬, 박석정 등과 활동하다. 4월, 장녀 복선(福先) 출생하다.

1932년(25세) 여름 방학으로 일본서 귀국, 양산 농민봉기사건에 관련되어 피검되고 9월에 학업을 중단하다. 단편소설 「그물」을 『문학건설』에 발표하다.

1933년(26세) 10월, 남해공립보통학교 교원 취임하다.

1935년(28세) 2월, 차녀 복윤(福允) 출생하다.

1936년(29세) 1월, 단편소설 「사하촌」이 『조선일보』 신춘문예에 당선되고 이어 「옥심이」를 『조선일보』에 연재 발표하다.

1937년(30세) 7월, 중일전쟁 일어나다. 「항진기」를 『조선일보』에 연재 발표하다. 7월, 장남 남재(南宰) 출생하다.

1939년(32세) 남해군 남명(南明) 공립보통학교로 전근하다. 8월, 삼녀 복희(福姬) 출생하다.

1940년(33세) 「낙일홍」 「추산당과 곁사람들」 「월광한」 등을 발표하다. 3월, 교원직을 사직하고 『동아일보』 동래지국을 인수하여 동래로 이사하고, 지국일에 전념하던 중 치안유지법 위반으로 피검되다. 8월, 『동아일보』 폐간되다. 경남도청 상공과 산하 면포조합 서기로 취직하여 해방될 때까지 근무하다.

1941년(34세) 11월, 차남 충(充) 출생하다.

1944년(37세) 사녀 복연(福延) 출생하다.

1945년(38세) 8월 12일 불령선인(不逞鮮人)으로 지목된 사람들에 대한 위해가 있다는 소식을 전해 듣고 일시 구포 지인댁으로 피신하다. 8·15해방과 더불어 건국준비위원회 경남지부 문화부 책임자로 활동하면서 신고송과 함께 '희망좌'라는 연극단을 만들어 공연하는 한편 부산 동래 희생자 위령탑을 건립하다. 『민주신보』 논설위원을 지내다. 11월, 막내딸 은숙(銀淑) 출생하다.

1946년(39세) 문학가동맹 부산지부장, 부산예련위원회 회장, 문화단체총연합회 경남지부 부지부장을 맡다.

1947년(40세) 부산중학교 교사로 취임하다.

1949년(42세) 부산대학교에 출강하다. 경남 중등교사 자격 심사위원으로 위촉되다.

1950년(43세) 부산대학교 조교수로 발령받다. 한국전쟁 발발로 가족들 분산되다.

1951년(44세) 청탁에 의하여 이시영 옹의 약전 『성제소전(省齊小傳)』을 집필하다.

1954년(47세) 교육공무원법 개정에 의하여 부산대학교 강사로 전락하다.

1955년(48세) 3월, 교수자격심사위원회로부터 조교수 자격을 인정받고 7월 부교수로 승진하다.

1956년(49세) 첫 창작집 『낙일홍』 출간하다.

1958년(51세) 경상남도 도지(道誌) 편찬위원에 위촉되다.

1959년(52세) 제3회 부산시문화상(문학상) 수상하다. 『부산일보』 논설 집필. 칼럼, 수필 등 다수 발표하다. 경상남도 지명 제정위원에 위촉되다.

1960년(53세) 4·19혁명 일어나다. 5월부터 부산대학교 문리대 문학부장으로서 학장 일을 맡아 보다.

1961년(54세) 5·16으로 6월 학교에서 물러나, 『부산일보』 상임논설위원이 되다.

1963년(56세) 9월부터 부산대학교에 출강하다.

1965년(59세) 부산대학교 전임강사로 복직하고 11월 조교수로 승진하다.

1966년(59세) 10월 「모래톱 이야기」로 문단에 공식 복귀하다. 「한국의 문학 센티멘탈리티」와 「고시조에 반영된 농민」을 『인생론전집』과 부산대학교 『문학대학보』에 각각 발표하다.

1967년(60세) 한국문인협회와 예총 부산지부장으로 취임하다. 이후 71년까지 왕성하게 작품을 발표하다.

1969년(62세) 부산대학교 부교수로 환원되다. 중편 「수라도」로 제6회 한국문학상 수상하다.

1971년(64세) 제2창작집 『인간단지』(한얼문고) 간행하다. 11월, 제3회 문화예술상 수상하다.

1972년(65세) 전국 지방국립대학교 교수협의회연합회 회장에 피선되다.

1973년(66세) 문고판 『수라도, 인간단지』(삼성출판사) 간행하다.

1974년(67세) 부산대학교를 정년퇴직하다. 『김정한소설선집』(창작과비평사) 간행하다. 만해문학상 심사위원, 자유실천문인협의회 고문, 민주회복국민회의 대표위원을 지내다.

1975년(68세) 문고판 『수라도』(삼중당) 간행하다.

1976년(69세) 한국 엠네스트(국제사면위원회)위원으로 활동하다. 문고판선집 『모래톱 이야기』(범우사) 간행하고 『김정한소설선집』 재판이 『제3병동』으로 개제되어 나오다. 10월 문화훈장(은관)을 수상하다.

1977년(70세) 한국 엠네스티 고문으로 활동하다. 문고판 『사밧재』와 『인간단지』(동서출판사) 간행되다. 장편소설 『삼별초』(민족문화대계 9, 동화출판공사)를 발표하다.

1978년(71세) 수필집 『낙동강의 파숫군』(한길사) 간행하다.

1983년(76세) 『제3병동』 5판이 『김정한소설선집』으로 개제, 증보・간행하다.

1984년(77세) 요산 김정한의 삶과 문학정신, 유지를 따르고 받들기 위해 요산문학상운영위원회를 구성하고 '요산문학상'을 제정하여 부산지역의 문화축제로 시행하다.

1985년(78세) 5・7문학협의회 고문을 맡다.

1987년(80세) 민족문학작가회의 초대회장을 맡다.

1992년(85세) 폐기종으로 부산대학교 부속병원에 입원, 낙상하여 대퇴부 골절로 석달반 동안 입원, 입원 중 가톨릭 영세(영세명 요셉)를 받다.

1994년(87세) 심산상을 수상하다.

1996년(89세) 11월 28일 오후 3시 30분 별세하다. 부산 남천성당에서 사회장으로 장례식이 열리고, 유해는 신불산 공원묘지에 안치되다.

최재서 崔載瑞, 1908~1964

/손정수/

최재서는 1908년 황해도 해주에서 '아흐레 갈이' 과수원 집 아들로 출생하였다. 외부세계와 상당한 거리를 둘 정도로 큰 규모의 '과포집'은 그의 성장기를 풍요롭게 만들어주었지만, 다른 한편으로 외부세계와 차단된 환경은 그의 고립적 성격의 형성에도 영향을 미쳤다. 그는 "나는 과수원에서 꿈 속에 살았지만 또 견디기 어려운 고독을 알았다. 고독하는 때에 동무들을 찾아가서 그들의 장난에 참가하는 것은 굴복하는 일로 생각되었다"(「과수원」)고 만년에 쓴 한 산문에서 회고한 바 있는데, 삶의 출발에서 그가 서 있던 그 지점은 식민지 지식인이면서도 피억압 민족주의의 반대편으로 귀착된 그의 사상 편력을 운명적으로 암시하는 바가 있다.

당시 조선인들의 일반적인 교육과정이 그러했듯 최재서 역시 보통학교에 들어가기 전에 서당에서 수업을 받고, 보통학교를 마친 후 유학, 경성 제2고보를 거쳐 1926년 경성제대 문과B의 수석으로 입학한다. 우수한 성적으로 입학한 최재서는 '여당적인 성품'이라 일본어로만 말하고 일본인들과만 어울렸다는 증언의 기록이 있다. 현영남(현영섭) 이외에는 조선학생과 가까이 하지 않았고, 그 때문에 경성제대 예과의 조선인들로만 구성된 독서동우회 문우회로부터 직접적인 비판을 받기도 하였다고 한다(이충우). 최재서는 개인적인 지적 호기심을 가지고 조선 최초의 '내선공학대학'인 경성제대에서 근대 학문을 본격적으로 학습하였다. 근대적 지식인으로 성장할 수 있었던 배경으로서 경성제대는 그의 사상형성에서 매우 중요한 의미를 갖는다.

최재서는 경성제대 영문과에서 도쿄제대 출신의 소장학자 사토 기요시(佐藤清) 교수의 지도 아래 영국 낭만주의 시를 전공했다. 그의 졸업논문(The Development of Shelly's Poetic Mind, 1931)에서도 그 점이 확인된다. 졸업과 더불어 대학원에 진학하여 18, 9세기 낭만주의를 전공했으며 1933년 대학원을 졸업하면서 동교 졸업생으로서는 최초로 강사로 발탁되었다. 이후 보성전문학교·법학전문학교 교수를 지내면서 활발하게 평단활동을 하기 시작한다.

비평가로서의 그의 활동은 1931년 『신흥』 5호에 브래들리(Bradley, A.C.)를 소개하는 「미숙한 문학」을 발표하면서 비롯되었고, 『조선일보』에 「구미 현대문학 개관－영국편」(1933.12.8~10) 「현대 주지주의 문학이론의 건설」(1934.8.5~12) 「비평과 과학」(1934.8.31~9.7) 등의 글을 발표함으로써 본격화되었다. 이와 같은 일련의 논문을 통하여 흄(Hulme, T.E.), 엘리어트(Eliot, T.S.), 리드(Read, H.), 리처즈(Richards, I.A.) 등의 문학이론을 집중적으로 소개하였다. 대학에서의 전공은 낭만주의 시였지만 이처럼 그의 연구 및 평단 활동은 당시 영문학 신사조인 주지주의 문학이론 쪽으로 기울어져 있다. 이 방면의 그의 글들은 「T.E. 흄의 비평적 사상」(『사상』, 1934.12) 「John Dennis의 시론 연구」(『영문학연구』, 1935.1) 「영국 평단의 동향」(『개조』, 1936.3) 등 일어로 씌어져서 일본 문단에 발표되기도 했다. 최재서는 당시 일본의 잡지사와 출판사로부터 집필 청탁을 받은 소수 조선인 중의 한 사람이었다.

그는 주지주의 문학이론을 중심으로 한 영문학의 동향을 소개하는 한편, 당시 조선의 작가와 작품을 대상으로 한 평가와 해설 작업도 동시에 수행하였다. 마르크시즘 이데올로기를 근거로 삼았던 카프문학의 퇴조 속에서 새로운 비평 방법의 탐색이 요구되었는데 최재서의 평단 등장 배경 역시 그와 같은 맥락에서 설명될 수 있다. 1936년 대학 강단에서 물러나 출판사(인문사)를 경영하면서 그의 저널리스트 비평가로서의 활동은 더욱 활발해진다. 이상의 「날개」와 박태원의 「천변풍경」을 분석한 「리얼리즘의 확대와 심화」(『조선일보』, 1936.10.31~11.7) 등을 비롯하여 당대의 모더니즘적 경향의 작품에 적극적인 의미를 부여하는 데 주력했고, '지성' '풍자' '모랄' 등 서구적 보편성에 기초한 새로운 논제를 제시하고 그에 대해 밀도 있는 논의를 펼쳤다.

그는 또한 소설양식 문제에 대해 선구적인 관심을 보인 비평가이기도 했다. 그는 단편소설론, 중편소설론을 거쳐 서구 장편소설 연구로 관심을 확대하는데, 이를 통해 그는 당대의 핵심적인 인식론적 주제라고 할 수 있는 개인과 사회, 부분과 전체의 문제에 미학적으로 접근한 바 있다. 이때 그는 조선문단의 현실에 구체적인 관심을 기울여 조선의 현실에 맞는 소설양식을 탐구하기도 하고 출판사의 편집인으로서 가족사 연대기소설과 같은 새로운 장편소설 양식을 기획하기도 하였다.

그의 평단에서의 초기 활동은 1938년에 출간한 그의 첫 평론집 『문학과지성』에 집약되어 있다. 이 평론집의 서문을 쓴 동료 비평가 이원조는 "문학과 지성을 가지고 아카데미의 굳게 닫힌 문을 열어 광막한 저널리즘의 들판으로 걸어나온 흔적"이라고 평가했다. 영문학에 대한 지식을 바탕으로 한 그의 비평방법과 태도는 한국 비평의 역사에서 새로운 한 경향을 개척한 것으로 평가된다. 한 영문학자는 그에 대해 "우리 문학계에서 아마 학문적 소양을 바탕으로 비평행위를 시작한 최초의 인물"(유종호)이라는 평가를 내리기도 했다.

하지만 현실의 변화는 그가 지성의 영역에 오래 머물도록 허용하지 않았다. 중일전쟁과 제2차 세계대전 등을 거치면서 일본 제국주의의 식민지 조선에 대한 지배가 점점 더 억압적인 방식으로 바뀌어나갔기 때문이다. 또한 근대주의자 최재서에게 1940년 6월 나치에 의한 파리 함락은 서구 중심의 근대 질서의 몰락을 경험케 하는 역사적 사건이었다. 최재서는 1940년 11월 조선문인협회 주최 문예보국강연대에 참가하여 「신체제와 문학」이라는 제목으로 강연을 하게 되고, 이 시점을 전후하여 그가 신념적으로 지켜오던 지성적 태도를 포기하고 군국주의로 기울어지기 시작한다. 1941년 4월 『인문평론』과 『문장』이 폐간되어 『국민문학』으로 통합될 당시 최재서는 이 잡지의 창간과 편집을 맡았다. 이후 해방 이전까지 일제 말기 내내 조선의 문단은 실질적으로 최재서에 의해 주도되었다고 해도 과언이 아니다. 1943년 이전의 조선문인협회가 조선문인보국회로 재조직될 때 최재서는 이사직을 맡는 등 적극적으로 가담했다. 1943년 8월 조선 대표로 '제2회 대동아문학자대회'에 참석하여 「조선에 있어서의 징병제 시행과 문학운동」이라는 제목으로 연설했고 「대동아 의식에 눈뜨며」라는 일문으로 된 참관기를 『국민문학』 1943년 9월호에 발표하였다.

이해에 일어로 씌어진 두 번째 평론집 『전환기의 조선문학』(인문사)이 출간되었다. 이 책의 서문에서 그는 "나는 어릴 적부터 일본 말과, 집과, 그 예의바름을, 매우 발랄한 학문적 호기심과 특히 명치문학을 좋아했다. 그리하여 나는 사귄 몇 명의 일본인과는 아무런 간격 없이 사귈 수 있었다. 이리하여 나는 일본을 호흡하고 일본 속에서 자랐다. 그러나 이러한 것을 일일이 의식적으로 일본 국가와 연결시켜 생각해본 적은 없었다. 요컨대 이러한 것은 취미의 문제이며 교양의 문제인 것이다"라고 적었는데 거기에서 일제 말기 그의 문학활동의 성격과 한계를 동시에 엿볼 수 있다.

이 시기 최재서는 일문으로 된 몇 편의 소설을 발표하기도 한다. 「보도연습반」(『국민문학』, 1943.7) 「민족의 결혼」(『국민문학』, 1945.1~2) 등에서 확인되듯 그 역시 전쟁옹호, 내선일체 등의 시국적 이념을 선전하는 친일적 경향으로 일관되어 있다. 1944년 1월 1일 최재서는 이시다 고조(石田耕造)로 창씨개명을 한다. 이 지점에 이르면 근대적 지성론자 최재서의 모습은 천황숭배론자의 그것으로 대체되어버리고 만다. 「받드는 문학」(『국민문학』, 1944.4) 등 이 시기의 글들에서 그 이행의 과정과 내적 논리를 확인할 수 있다.

해방 후 최재서는 일제 말기의 친일 혐의로 1949년 반민족행위특별조사위원회의 구속과 심문을 겪고 그 해 8월 31일 반민족행위처벌법이 공소시효로 종료됨에 따라 불기소(기소유예) 처분을 받는다. 이후 연세대 영문과 교수(1949~60), 동국대 교수 겸 대학원장(1960~61), 한양대 교수(1961~64) 등을 역임하면서 문단활동에 거리를 둔 채 교육과 연구에만 몰두한다. 이와 같은 현실과의 거리 두기는 일제 말기 적극적인 친일협력으로 기울어졌던 그의 이력을 생각하면 자연스러운, 혹은 불가피한 것이었다고도 할 수 있다.

1955년 해방 후 첫 논문 「문학의 속성」(『새벽』, 7월호)을 발표한다. 그는 『새벽』에 계속하여 「예술적 체험」(1955.9) 「시적 체험」(1955.11) 「비극적 체험」(1956.9~57.2) 등을 연재하였으며, 『사상계』에 「문학의 한계」(1955.10)를 비롯 「문학과 사상」(1956.2~3) 「문학의 목적·기능·효능」(1956.5) 등을 연재한다. 이 강의 원고 성격의 글들은 정리되어 1957년 『문학원론』(춘조사)으로 간행된다.

만년의 최재서는 한편으로 문학의 원론을 모색하면서 다른 한편으로는 셰익스피어의 세계를 탐구해 나갔다. 그는 한 산문에서 "나는 현대문학에서 피로와 동시에 허무감을 느끼고, 고전의 세계로 돌아왔다"(「문학의 해도를 그리며」)고 적고 있다. 1959년의 여름에는 "40일 동안 셰익스피어 작품과 참고서 이외에 단 한 권의 책도 읽지 않았고, 셰익스피어에 관한 이외에 단 한 줄의 글도 쓰지 않았다"(「보고」)고 적고 있을 정도로 셰익스피어 연구에 대한 그의 열정은 강렬했다. 그의 박사학위(1961.8) 논문이기도 한 『셰익스피어의 예술론』(을유문화사, 1963)은 그 열정의 소산이라 할 수 있다. 그의 셰익스피어 연구는 1962년 미국 켄트주립대학교에서 발행되는 『셰익스피어 뉴스레터』에 요약 게재된 바 있고 1965년 뉴욕 Vantage Press에서 『생명의 질서로서의 셰익스피어 예술』이라는 제목으로 출판되기도 했다. 1964년 11월 16일자 한 신문의 기사는 그의 죽음을 두고 "셰익스피어 연구가 최재서 사망"이라고 적었다.

최재서 ▸▸

1908년(1세) 2월 11일 황해도 해주 '아흐레 갈이' 과수원 집 아들로 태어나다. 외부세계와 상당한 거리를 둘 수 있을 정도로 큰 규모의 '과포집'에서 성장하면서 최재서는 경제적으로 풍요로웠지만 외부세계와 차단된 환경 속에서 고립적인 성격을 형성하게 된다.

1926년(19세) 경성 제2고보를 졸업하고 경성제대 문과B에 수석으로 입학하다. 이 무렵부터 그의 집안은 경제적으로 타격을 입기 시작했고 그가 대학에 졸업하기 전에 그의 아버지가 사망하고 과수원은 처분된다. 그러나 이후 1936년 인문사를 만들 때 고향의 부동산을 팔아 출판사 준비를 한 것으로 보면 완전히 몰락한 것은 아니었던 듯하다.

1927년(20세) 8월 20일 해주학우회 주최 학술강연회에서 「영시에 나타난 연애」를 발표하다(『중외일보』, 1927년 8월 24일자 기사 참조).

1931년(24세) 경성제대 영문학과를 졸업하다. 졸업논문은 「The Development of Shelly's Poetic Mind」. 졸업과 동시에 대학원에 진학하여 17,8세기 낭만주의 문학을 연구하다.

1933년(26세) 경성제대 대학원을 졸업하고 동교 졸업생 최초로 강사로 발탁되다(『조선일보』, 1933년 4월 30일자 기사 참조).

1934년(27세) 「T.E. 흄의 비평적 사상」을 일본의 유명한 사상잡지 『사상(思想)』(1934.12)에 발표하다. 이후 최재서는 일본 사상계와 영문학계에 비교적 활발하게 글을 발표하다. 그는 당시 일본의 잡지사와 출판사로부터 집필, 번역 청탁을 받았던 소수 조선인 중의 한 사람이다.

1935년(28세) 10월 19일 일본 영어영문학 제7회 대회에 참가하여 「현대비평에서의 개성의 문제」를 발표하다. 그의 지도교수인 사토 기요시(佐藤淸)와 함께였다. 두 사람은 1939년 제10회 일본 영어영문학 대회에도 함께 참석하여 발표하다. 그만큼 스승과 제자로서의, 학문적 동료로서의 그들의 관계는 돈독했다.

1936년(29세) 대학강단에서 물러나 출판사(인문사)를 경영하면서 본격적인 저널리스트 비평가로 활동하기 시작하다.

1938년(31세) 첫 평론집 『문학과지성』(인문사)을 출간하다.

1939년(32세) 『인문평론』을 창간하다. 이 해와 그 다음 해(1940)에 걸쳐 어빙 배빗트의 『루소와 낭만주의』를 일문으로 번역하여 개조사(改造社)에서 출간하다.

1940년(33세) 11월 조선문인협회 주최 문예보국 강연대에 참가하여 「신체제와 문학」이라는 제목으로 강연하다. 이 시점을 전후하여 그가 신념적으로 지켜오던 지성적 태도가 포기되고 군국주의로 기울어지기 시작하다.

1941년(34세) 4월 『인문평론』과 『문장』이 통폐합되어 『국민문학』 창간될 당시 최재서는 이 잡지의 창간과 편집을 맡다.

1943년(36세) 8월 조선 대표로 '대동아문학자대회' 참석하여 연설하다. 조선문인협회가 조선문인보국회로 재조직될 때 그는 이사를 맡는 등 적극적으로 참여하다. 일어로 씌어진 두 번째 평론집 『전환기의 조선문학』(인문사)을 출간하다.

1944년(37세) 1월 1일 이시다 고조(石田耕造)로 창씨개명을 하다.

1949년(42세) 반민족행위특별조사위원의 구속, 취조를 받다. 8월 31일 반민족행위처벌법 공소시효 종료로 불기소(기소유예) 처분을 받다(『조선중앙일보』, 1949년 9월 8일자 기사 참조). 이해 연세대학교 영문과 교수에 취임하여 1960년까지 근무하다. 이후 동국대(1960~61), 한양대(1961~1964) 교수를 역임하다.

1955년(48세) 해방 후 첫 논문 「문학의 속성」(『새벽』, 7월호)을 발표하다. 그는 『새벽』에 계속하여 「예술적 체험」(1955.9) 「시적 체험」(1955.11) 「비극적 체험」(1956.9~57.2) 등을 연재하였으며, 『사상계』에 「문학의 한계」(1955.10)를 비롯 「문학과 사상」(1956.2~3) 「문학의 목적 · 기능 · 효능」(1956.5) 등을 연재하다.

1957년(50세) 그 시기에 집필한 강의 원고 성격을 글들을 『문학원론』(춘조사)에 묶어 출간하다. 문학원론에 대한 정리는 셰익스피어 연구와 함께 그가 만년에 몰두한 주요한 대상이다.

1959년(52세) 이해 5월 9일부터 그 다음해(1960년) 9월 5일까지 48회에 걸쳐 『연세춘추』에 매주 칼럼을 게재하다. 이 글들은 그의 사후에 『인상과 사색』(연세대 출판부, 1977)에 묶여 책으로 출간되다. 또한 이 해부터 다음해에 걸쳐 『영문학사』(전3권, 고대 · 중세편, 르네상스 편, 셰익스피어 편)를 동아출판사에서 출간하다.

1961년(54세) 『최재서평론집』(청운출판사)을 간행하다. 이 책은 1938년 발행된 『문학과지성』의 증보판에 해당된다. 6월 19일 동국대학교에서 영문학 박사학위를 받다. 학위 논문은 『셰익스피어 연구』와 『문학원론』(부논문)이다. 영문학 박사학위 수여는 우리나라에서 처음 있는 일이다(『동아일보』 1961년 6월 18일자 참조).

1963년(56세) 『셰익스피어 예술론』(을유문화사)을 간행하다.

1964년(57세) 11월 16일 별세하다. 영국에서도 추도서한을 보냈다(『조선일보』 1964.11.20 기사 참조).

1965년 *Shakespeare's Art as Order of Life*가 뉴욕의 Vantage Press에서 간행되다.

현덕 玄德, 1909~?

/이경재/

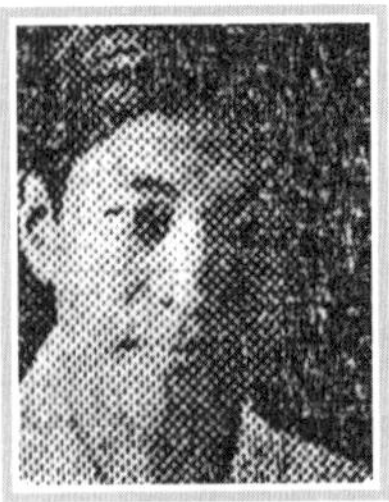

1938년 「남생이」가 『조선일보』 신춘문예에 당선되어 문단에 나오기까지 현덕의 문학수업은 크게 세 가지 경로를 통해 이루어졌다. 첫 번째는 1925년 제일고보를 중퇴한 후 탐독하기 시작한 도스토예프스키와 시가 나오야(志賀直哉) 등의 문학을 통해서다. 현덕은 제일고보를 중퇴한 후 염인증으로 사람 만나기를 두려워하며 도서관에 다녔는데, 이때 도스토예프스키와 시가 나오야에게 영향을 받았다고 고백하고 있다. 도스토예프스키에게서는 그가 평생의 문학적 좌표로 삼은 어린아이의 낙천성을, 시가 나오야에게서는 사실주의적인 소설의 기법을 배운 것이다. 두 번째로 그는 등단 전에 조선과 일본을 넘나들며 체험한 노동일을 통해서이다. 이는 하층민의 고통과 사회 관계의 모순에 눈뜨는 계기가 되었다. 마지막으로는 김유정과의 문학적 교류를 들 수 있다. 현덕은 김유정과 매우 돈독한 관계를 유지했다. 「자서소전」(『신인단편걸작집』, 조선일보사 출판부, 1938)의 마지막은 "지기 고 김유정 형을 얻어 문학을 향한 뜻을 굳게 하고 그 길을 밟던 중, 금년 조선일보 신춘문예에 당선되어, 그 길에 자신같은 것을 가져보며 현재에 이르렀다"로 되어 있다. 김유정과의 교유는 그의 문학세계에 다방면으로 큰 영향을 끼쳤던 것이다. 김유정이 도시화의 물결 속에서 극도로 궁핍화하는 농촌의 풍경을 그렸으며, 독특한 소재로 '들병이'를 작품화했음은 주지의 사실이다. 현덕의 작품세계도 기본적으로 이러한 범주에서 벗어나지 않으며, 「남생이」에서는 '항구의 들병이'가 등장하기도 한다.

현덕의 소설에 나타난 가장 특징적인 요소는 아동인물이다. 「골목」(『조광』, 1939.3) 「군맹」(『매일신보』, 1940.2.24~3.29)을 제외한 현덕의 해방 이전 소설에는 모두 아동인물이 등장하는 것이다. 이들 소설은 「녹성좌」(『조선일보』, 1939.6.16~7.26)를 제외하고는 모두 도시가 아닌 농촌이나 해안가를 배경으로 한다는 특징이 있다. 아동인물이 등장하는 소설, 즉 「남생이」(『조선일보』, 1938.1.8~25) 「경칩」(『조선일보』, 1938.4.10~23) 「층」(『조선일보』, 1938.6.16~19) 「두꺼비가 먹은 돈」(『조광』, 1938.7) 「잣을 까는 집」(『여성』, 1939.4)은 모두 농촌공동체가 해체되고, 농민들이 농촌을 떠나 도시 변두리로 이주하는 농민의 몰락 과정을 그리고 있다. 「두꺼비가 먹은 돈」은 자작농의 단계이자 전통적인 공동체가 유지되고 있는 상태에, 「경칩」과 「잣을 까는 집」은 소작농 혹은 잡부로 전락한 단계이자 전통적인 농촌공동체가 해체되어 가는 상태에, 마지막으로 「남생이」와 「충」은 도시의 최하층민으로 편입되는 단계이자 공동체가 해체된 상태에 해당한다.

「남생이」와 「충」에서 알 수 있듯이, 현덕 소설의 아동들은 가정이나 학교로부터 소외되어 어른들의 세계에 무방비로 노출되어 있다. 아이들에 대한 대우가 사회 전반의 문명화 수준과 직결된다는 점을 고려한다면, 이러한 아이들의 모습은 그 자체로 당대의 비참한 현실을 효과적으로 드러내는 장치로서 기능한다. 나아가 초점화자로 등장하는 아동들은 어른들의 세계를 바라보는 소설의 눈이 됨으로써, 그들의 타락을 비판하는 기능을 발휘하기도 한다. 이러한 아동은 독자들의 심금을 울리는 수준 높은 페이소스와 현실에 대한 심화된 인식을 동시에 가능하게 해준다. 현덕은 결코 아동들을 수동적인 사회의 약자로만 그리지 않는데, 「남생이」에서 드러나듯이 어린이의 선량함과 천진난만함은 현실 극복의 유일한 전망으로 제시되기도 한다.

농촌을 무대로 한 현덕의 소설에 아동 인물이 주요 인물로 등장했다면, 도시를 무대로 한 「골목」과 「군맹」에는 아동 인물이 사라진다. 대신 그 자리는 타락한 인물들과 무기력하고 왜소한 지식인들로 채워진다. 「골목」과 「군맹」은 '건너방 여자'와 '만성'이라는 허영심이 가득하고 물욕에 눈 먼 부정적 인물과 '건너방 김씨'와 '만수'라는 타락한 현실 속에서도 최소한의 양심을 보존하고 살려는 인물의 대립 구도로 짜여져 있다. 현덕은 분명 전자의 인물들을 부정하고 있지만, 어떠한 해결 방안도 제시하고 있지 못하다. 이것은 시대적 상황의 중압이 만든 결과이다. 「녹성좌」는 도시를 배경으로 하고 있으면서도, '최명히'라는 아동 인물이 등장하는 특이성을 지닌 작품이다. 이것은 「골목」이나 「군맹」에는 등장하지 않던 이념형 인물의 등장과 관련이 있다. 현덕의 생애와 흡사한 이력을 가진 박동민은 자신의 유일한 재산인 사진기까지 내놓으며 좌익 극단 '녹성좌'를 돕는다. 위의 행동은 이념형 인물에게서 자신의 어린 조카를 느꼈기에 가능한 것으로 그려진다. 이러한 박동민의 모습에서 해방 이후 조선문학가동맹에서 열성적인 활동을 하고, 월북까지 감행하는 현덕의 내면 풍경을 엿볼 수 있다. 현덕은 유일한 현실적 대안으로 생각하고 있는 아동을, 일제 말의 엄혹한 상황에서 사회주의적 신념을 가진 주의자와 동일시하고 있는 것이다.

현덕 문학의 중요한 한 축은 아동문학이다. 그는 「남생이」로 1938년 『조선일보』 신춘문예로 등단하기 6년 전에 이미 동화 「고무신」으로 『동아일보』 신춘문예에 가작 입선한 바 있다. 1927년에는 『조선일보』 주최의 독자공모에 동화가 당선된 기록도 있다. 현덕의 아동문학은 동화와 소년소설로 나뉘는데, 각각 40여 편과 10여 편이 창작되었다. 현덕의 동화는 「고무신」을 제외하고는 모두 1938년 5월부터 다음해 5월 사이에 씌어졌다. 독립적으로 발표되었지만 작품의 배경과 등장인물의 성격을 고려할 때, 연작 동화로 볼 수 있다. 1년 사이에 쓰여진 이 동화들은 모두 노마, 영이, 기동이, 똘똘이가 일관된 성격으로 함께 혹은 개별적으로 등장한다. 현덕의 동화는 고전 설화의 전통을 이어받아 일제 시대 리얼리즘 동화의 정점에 이른 것으로 평가된다. 동화에서는 소설에서보다 더욱 적극적으로 암울한 시대를 헤쳐 나갈 존재로서 어린이를 형상화하고 있다. 현덕은 소년소설에서도 리얼리즘의 문제의식을 바탕으로 가난한 아이들의 삶을 진지하게 다룬다. 이러한 그의 아동문학은 교육성 · 현실성 · 서민성을 그 핵심으로 한다.

현덕은 1938년 「남생이」로 등단한 이후 2년 남짓한 기간 동안 단편소설 8편, 콩트 1편, 동화 37편, 소년소설 10편, 방송극 동화대본 2편을 남겼다. 짧은 기간에 비교적 많은 작품을 남길 수 있었던 것은, 그가 문단에 나오기 이전부터 문학적 수업이 충실하게 이루어져 있었음을 보여주는 것이다. 「군맹」 이후 현덕은 시대적 억압과 가난 외에도 건강 문제로 더 이상의 작품을 발표하지 못한다.

해방 이후 현덕은 조선문학가동맹의 활동에 적극적으로 참여한다. 제1차 전국문학자대회에 참여하는 것을 시작으로 해서, 1946년에는 조선문학가동맹의 소설부, 아동문학부, 대중화위원회의 위원으로 참여한다. 1946년 11월 8일 조선문학가동맹의 임원이 개편될 때에는 출판부장직을 맡아 기관지 『문학』의 편집을 맡는다. 해방 이전 뚜렷한 정치적 입장을 드러낸 바 없는 현덕이 이토록 활발한 활동을 한 이유로는, 그의 정치적 신념 이외에도 당시에 조선문학가동맹이 범문단세력의 결집체로 인식되었던 분위기, 임화, 안회남, 오장환과 같은 조선문학가동맹 문인들과의 개인적인 친분이 작용했다. 1948년 8월 15일 남한 단독정부가 수립되자, 현덕은 월북하지 않은 채 서울에 남는다. 지하로 숨어서도 현덕은 사회주의 리얼리즘의 대표작인 숄로호프 작 『고요한 동』을 이홍종과 공동 번역하기도 한다. 인민군이 서울을 점령했을 때, 현덕은 남조선문학가동맹의 제2서기장이 된다. 당시 제1서기장은 안회남, 선전부장은 이용악, 사업부장은 이병철이다.

월북 이후 현덕은 모두 6편의 소설을 창작한다. 이들 작품은 두 시기로 선명하게 나뉘어지는데, 전쟁을 소재로 해서 1951년에 창작된 작품들(「하늘의 성벽」 「복수」 「첫 전투에서」)과 1960년을 전후로 해서 창작된 작품들(「부싱쿠동무」 「수확의 날」 「전진하는 사람들」 「불붙는 탄광」 「싸우는 부두」)이 그것이다. 시기적 차이만큼이나 두 부류의 작품들은 그 성격에서도 그 차이를 분명하게 보인다. 1951년에 창작된 작품들은 도식성에 빠지지 않고 현실과 심리를 치밀하게 그려내는 해방 이전 현덕 소설의 특성을 일정 부분 지니고 있는 작품들이다. 이들 작품은 안함광, 한설야, 한효 등에 의하여 자연주의적, 형식주의적인 특징을 보인 작품으로 강력하게 비판받는다. 이러한 비판은 휴전 직후 임화, 김남천, 이원조 등의 남로당 계열 문인들이 숙청당한 것과 관련된 것이기도 하다. 해방 이후 현덕은 조선문학가동맹에 적극적으로 가담하여 그들과 비슷한 정치적 노선과 행로를 보여 왔던 것이다.

후기의 작품들은 조중친선(「부싱쿠동무」), 천리마 운동(「수확의 날」 「전진하는 사람들」), 4 · 19와 남한의 노동자 투쟁(「불붙는 탄광」 「싸우는 부두」) 등을 다루고 있다. 이러한 제재들은 당시 북한문학계에서 권장되던 것이었으며, 이것을 다루는 기본적인 시각과 방법도 북한의 공식적인 문예정책에 부합된다. 이것은 당시 이들 작품이 천세봉과 같은 비평가들에 의하여 고평된 것에서도 확인할 수 있다. 다시 시작된 창작활동과 작품집 『수확의 날』(조선문학예술총동맹출판사, 1962)의 간행으로 현덕은 북한문학계에서 재기한 것으로 보이지만, 그는 곧 공식적인 자리에서 사라지고 만다. 1962년 한설야가 숙청당할 때, 그 역시 같은 일파로 분류되어 숙청당한 것이다. 그의 생사는 지금까지도 전해지지 않고 있다. 더욱 안타까운 것은 일제 말기 최고 수준의 문학적 성취를 보인 「남생이」 등의 소설은 물론이고 일제 시기를 대표하는 그의 아동문학 역시 북한문학사에서 언급되지 않는다는 점이다.

현덕 ▸▸

1909년(1세) 현동철(玄東轍)의 3남 2녀 중 차남으로 태어나다. 본명은 현경윤(玄敬允)이고, 본관은 연주(延州)이다. 제일고보 학적부에는 아버지의 직업은 상인으로, 출신성분은 양반으로, 본적은 경성부 통의동 38번지로 기록되어 있다. 호적부에는 1909년 2월 15일에 출생한 것으로 되어 있으며, 제일고보 학적부 역시 명치 42년 2월 15일생으로 되어 있다. 그가 직접 쓴 「자서소전(自敍小傳)」에 의하면 태어난 곳은 삼청동의 별장에서라고 한다. 출생 당시는 가정 형편이 꽤 넉넉했으나 그 후 가세가 기울어 인천 가까운 대부도의 당숙 집에서 홀로 어린 시절을 보내다.

1923년(15세) 4월에 대부공립보통학교에 입학하다.

1924년(16세) 대부공립보통학교를 중퇴하고, 중동학교 속성과 1년을 다니다.

1925년(17세) 4월 4일 제일고보(현 경기고등학교)에 입학하고, 어려운 집안 형편 때문에 그 해에 바로 그만두다. 전체 수업 일수 245일 중에서 무려 165일을 결석했으며, 지각일 수는 4일이다. 단 한번의 시험도 치른 적이 없는 듯 성적란은 완전히 공란으로 남아 있다. 당시 현주소로는 경성 관수동 45번지가 기록되어 있다. 중퇴 후에 염인증에 걸리기도 했으며, 도스토예프스키와 시가 나오야(志賀直哉)의 작품을 탐독하다.

1927년(19세) 『조선일보』 주최의 독자공모에 「달에서 떨어진 토끼」가 동화 부문 1등으로 당선된다. 이 작품의 발표자는 현덕(玄德)이 아닌 본명 현경윤(玄敬允)으로 되어 있다.

1932년(24세) 동화 「고무신」(1932.2.10~11)이 『동아일보』 신춘문예에 가작 입선된다. 이때부터 현덕이라는 필명을 사용하다. 또한 시 「봄」이 1932년 4월에 잡지 『신생』의 독자문단에 발표되다. 이후 현덕은 「남생이」가 신춘문예에 당선될 때가지 수원, 발안 근방의 매립공사장과 오사카 등지에서 여러 노동일을 경험하다. 그러던 중 육체의 한계를 느끼고 문학의 길에 전념할 각오로 귀경하다. 김유정과 절친한 사이가 되어 문학적 교류를 이어가다. 이 시절에는 인천으로 이사온 당숙의 집(인천 용강정, 현재의 화평동 7/1번지)과 서울 집을 오가며 생활하다.

1938년(30세) 『조선일보』에 소설 「남생이」가 당선되어 소설가로 문단에 정식 데뷔하며, 곧이어 「경칩」(『조선일보』, 1938.4.10~23)과 「층」(『조선일보』, 1938.6.16~19) 「두꺼비가 먹은 돈」(『조광』, 1938.7)을 발표하다.

1939년(31세) 동대문 부근의 빈민촌인 "경성부 창신정 600의 9"(「조선문예가일람표」, 『문장』 2권 1호)에 거처를 정하다. 이 해에는 매우 활발한 작품활동을 보여주다. 콩트 「이놈이 막내올시다」(『조광』, 1939.1) 「골목」(『조광』, 1939.3) 「잣을 까는 집」(『여성』, 1939.4) 「녹성좌」(『조선일보』, 1939.6.16~7.26)를 발표하다. 이와 함께 「부엉이」(『박문』, 1939.5) 「살구꽃」(『문장』, 1939.6) 「장발기」(『조광』, 1939.9) 「지연」(『조선일보』, 1939.9.15~16) 「잊을 수 없는 그대여」(『여성』, 1939.12) 등의 수필을 발표하다.

1940년(32세) 「군맹」(『매일신보』, 1940.2.24~3.29) 연재하다. 결핵으로 황해도에서 요양생활을 하다. 「남생이」 이후 「군맹」에 이르는 2년 남짓한 기간에 단편소설 8편, 콩트 1편, 동화 37편, 소년소설 10편, 방송극 동화대본 2편을 쓰다.

1941년(33세) 수필 「할미꽃」(『신세기』, 1941.6)을 발표하고, 와카모도(若素) 제약주식회사의 조선출장소 광고부에서 근무하다.

1946년(38세) 조선문학가동맹의 소설부, 아동문학부, 대중화위원회의 위원으로 참여하다. 동화집 『집을 나간 소년』을 아문각에서, 『포도와 구슬』을 정음사에서 간행하다.

1947년(39세) 문맹의 출판부장으로서 기관지 『문학』의 편집 겸 발행인을 역임하며, 문맹의 서울지부 소설부위원장까지 지내다. 소설집 『남생이』를 아문각, 동화집 『토끼 삼형제』를 을유문화사에서 간행하다.

1949년(41세) 장편소년소설 『광명을 찾아서』가 동지사아동원에서 간행되다. M.A.숄로호프의 『고요한 동』을 이홍종과 공동 번역하여, 대학출판사에서 간행하다.

1950년(42세) 인민군의 서울 점령시 남조선문학가동맹 제2서기장이 되다. 9·28 서울 수복 때 월북하다. 호적부에 의하면 1951년 9월 27일, 서울 종로구 통의동 38번지에서 사망한 것으로 되어 있으며, 미혼으로 기록되어 있다.

1951년(43세) 월북 후 현덕은 대남 심리전 원고를 작성하는 비밀작가와 직장에 얽매이지 않고 창작생활만을 하는 해방 작가를 모두 거치다. 북한에서 가장 규모가 큰 '우산장 창작실'과 '평양시 창작실'에서 근무하다. 1951년에 「하늘의 성벽」 「복수」 「첫 전투에서」를 발표한 데 이어, 1959년는 「부싱쿠 동무」를, 1960년에는 「수확의 날」을, 1961년에는 「싸우는 부두」를 발표하다.

1962년(54세) 소설집 『수확의 날』이 조선문학예술총동맹출판사에서 간행되다. 한설야가 '종파주의자' '복고주의자' '일제 시대 군수의 아들' '부와 방탕' 등의 죄목으로 숙청당할 때, 한설야 일파로 분류되어 함께 숙청당하다. 이후 현덕의 행방은 묘연하다. 북한의 문학사에서 현덕에 대한 언급은 찾을 수 없다.

신석초 申石艸, 1909~1975

/김효중/

신석초는 1930년대 등단하여 동·서양의 문학정신을 창조적으로 폭넓게 수용하여 그의 시작법을 새롭게 창출한 시인이다. 그는 「예술적 방법의 정당한 이해를 위하여」(1932년)를 『신계급』에, 「비취단장」과 「밀도를 준다」를 『신조선』(1935)에 발표하였지만 사실상 그가 문단의 주목을 받기는 「비취단장」을 개작하여 『문장』(1940)에 발표하면서부터이다. 이 무렵 그는 『자오선』 『시학』 『문장』 등에 이육사를 통해서 작품을 발표하였다.

신석초는 1931년 일본 호세이(法政)대학에서 수학하면서 발레리의 「텍스트씨」를 읽고 깊은 감명을 받았으며 발레리를 연구하기 위하여 프랑스어를 배우고 「뽈 발레리연구」를 쓸 정도였다. 신석초는 작품의 주제, 표현기법, 모티브, 비유, 이미지, 소재의 선택 이외에도 발레리의 명징한 지성, 미적 감각, 문학에 대한 순수하고도 진지한 태도, 서구적인 불안 상황에 대처하는 정신 등에서 많은 암시를 받았다. 그 결과 그는 발레리의 동양적 사유와 순수시론을 수용하여 현실에 대한 목적의식을 배제하고 "시는 어디까지나 시여야 한다"는 일관된 신념으로 시창작에 전념하였다. 특히 발레리의 산문시 「물의 예찬 Louanges de l'eau」은 물의 본질에 대한 그의 날카로운 통찰력을 반영한 시로서 물의 다양한 양태를 묘사하고 있는데, 신석초의 「최후의 물결」의 창작모티브는 바로 이 「물의 예찬」에서 연원한 것이다.

한편, 신석초는 유가에서 태어나 전통적인 교양을 폭넓게 갖추고 당대의 경향에 치우치기보다는 노장사상에 심취했다. 그리고 시창작 분야에 자신의 인생의 의의를 두었으므로 동서고금의 명작을 정독하여 서구의 이상주의, 허무주의, 근대적 저항정신을 익혔다. 이 무렵 신석초는 전통과 새로운 것에 대한 내적 충격을 느꼈으며 자신을 "감성의 우주를 방황하는 나그네"(『신석초문학전집』 1권, 1987)라고 자칭할 정도로 안주하거나 만족함이 없었던 성향을 지녔고 시상이 떠오르는 것은 "어떤 충격을 받았을 때 혹은 문화적인 충격을 받았을 때"(김종길, 「육체와 영혼의 드라마」, 『문학사상』 8, 1984, 85면)라고 말할 정도로 새로움에 대한 관심이 많았다. 실제로 "시로서 인간 정신의 최고의 상태를 완전히 나타내는 것"(『신석초문학전집』 1권)이 그의 시창작의 목표이기도 했다.

신석초는 도쿄에서 돌아온 후에 노자, 장자, 소동파, 공자, 맹자는 물론 당송의 문학작품 등 동양 고전을 정독했고 신라시가를 계통적으로 열독하였다. 그는 궁극적으로 한 작가의 작품은 그의 경험이나 지식의 총화의 소산이라는 것과 뛰어난 작품은 시대를 초월하여 인간지성의 기념비적 존재로서 영원히 빛을 발한다는 사실을 깨달았다. 건강으로 인한 1년간의 휴양기간 동안 그는 인생과 우주의 근본원리를 알고 싶은 충동에 깊은 사색을 하게 되었고 금강산 등지를 여행하면서 많은 것을 체험했다. 그리고 그는 "시로서 인간 정신의 최고의 상태를 완전히 나타내는 것"(『신석초문학전집』 1권)이 그의 최대 관심사였다.

「우리 문학의 유우머와 멋」에서 신석초는 시가, 소설, 음악, 무용을 포함하는 고전에 해학적인 감각과 멋진 가락이 흐르고 있고 이것은 단원의 풍속도, 산대놀이, 가면극에서 현저히 나타나며 서민예술에 이를수록 '컨벤션(습성)'이 효모와 같이 빚어 나오고 있음을 지적하였다. 신석초의 시는 '동양적인 것, 한국적인 어느 것, 또 한편에는 서구적인 것, 그리고 대별하여 두 개의 정신적 패턴은 서로 상이한 얼굴을 하고 상극하고 오뇌하는 야누스의 상을 보여 주는' 일종의 '정신의 혼합'이라 할 수 있다. 신석초의 시에서 전통의식이 가장 두드러지게 드러난 예는 고시가의 율격 특히 향가, 여요, 정송강의 사미인곡 혹은 고시조의 율격적 분위기를 느끼게 하는 작품들을 통해서이다.

1930년대 한국시의 새로운 주지적 변화가 한국시 전체의 지속적 구조 위에서 나타난 변화이기를 바라는 것은 당대의 시대적 조류였으며 그 이유는 다음의 인용문에서 확인된다. 즉 "지나친 자의식 때문에 시의 가치를 변화에만 두고 지속성을 거부할 때 김기림이나 이상의 경우와 같이 삶의 파탄을 초래하고 전통단절의 원인이 된 것은 문제가 아닐 수 없다. '서구적'인 것은 그러므로 시간의 단절을 만들어내는 정신적 외상이며 충격이었다. 이 충격이 격렬해지고 외상이 깊을수록 자아의 정상적 지속성과 구조는 파괴되기 마련이다."(박철희, 「현대 한국시와 그 서구적 잔상」, 『한국시사연구』, 일조각, 1980. 200면).

위와 같은 맥락에서 신석초는 1930년대 활동을 개시했지만 동서양 전통적 사고의 조화를 이루는 시창작활동을 통해 전통단절을 지양하고 극복한 시인이다. 신석초의 작품이 주지적 변화 속에서도 민족적 동일성을 지속적으로 보여주는 것은 정지용, 서정주의 경우와 유사하다. 또 한편, 김소월과 한용운의 시작품이 한국시가의 지속적 구조 위에서 이루어진 변화라는 이유로 높이 평가받는데, 신석초도 이와 같은 이유에서 한국시사상 높은 평가를 받는다. 다만 한용운이나 김소월과 신석초가 다른 점은 이 둘은 서구적 요소를 의식적으로 배제했지만 신석초는 서구적인 것을 수용하여 전통적인 것과 절묘하게 조화를 이루었다는 점이다. 신석초가 한국적, 전통적인 것에 지대한 관심을 가진 것은 그의 「시문학잡고」(『시는 늙지 않는다』, 융성출판사, 1985)에서 "가장 민족적인 것은 가장 세계적인 것"이라고 한 괴테의 언급을 인용하면서 토착성을 주장한 언급 내용에서 뚜렷이 드러난다.

그리고 신석초가 전통적인 것을 시의 소재로 하였지만 그가 무조건 전통을 답습하지 않고 이를 비판적으로 수용했다는 점은 특기할 만하다. 이러한 그의 노력은 자신의 작품을 통해서 우리 민족의 정체성을 알고 우리의 감정과 생활을 느끼고 체험하게 하는 데 크게 기여했다. 이것은 마치 독일의 헤르더가 민요 수집을 통해 독일 민족의 정체성을 규명하는 데 공헌한 것이나 괴테가 민요의 자유로운 모방을 통해 독일인들이 다양한 작품들을 공감하고 향유하게 한 것과 같은 의의가 있다.

그의 초기시나 후기시는 균제된 형식미와 철학적 사유의 깊이를 지니고 있다. 환언하면, 신석초의 시의 형식은 전통적인 고시가의 형식을 계승하였으면서도 자유로운 분절을 시도했고 도덕적 규범이나 인격적 완성에 귀착되는 고시가에서 탈피하여 시적 대상에 대한 인식을 정신운동의 한 형식으로 인식하고 여기에 독자적인 의의를 부여함으로써 그의 시는 작품으로서의 훌륭한 미적 가치를 지닌다. 소재도 무녀, 처용 등 한국적 소재와 프로메데우스, 유타티노스 등의 서양적 소재를 두루 취함으로써 그의 시작품에는 전통적 균형감각이 존재하는데 바로 여기에 신석초 시의 시사적 의의가 있다(김효중, 「석초의 시에 나타난 전통과 이질의 변주」, 『한국 현대시의 비교문학적 연구』, 푸른사상, 2000, 131~159면 참조).

그런데 그의 시학을 논의하는 과정에서 간과할 수 없는 것은 그가 당시 일본에 만연되어 있었던 사회주의사상에 관심이 있었다는 사실이다. 그러나 그는 '카프'의 볼셰비키화한 창작 방법론의 강요에 대하여 비판적인 태도를 견지하면서 '카프'를 탈퇴하였다.

초기 시 「비취단장」과 「바라춤」 등의 작품을 창작하는 과정에서 그는 시의 형식을 만족할 만한 수준으로 완성하고자 개작을 거듭하였을 뿐 아니라 노자의 무위사상을 한국적인 풍류정신과 운율에 담아 시화하고자 끊임없이 노력하였다. 이와 같이 신석초 시학의 근저에는 유교와 도교와 불교의 종합적인 세계 즉 풍류도가 내재되어 있는데, 이것은 그가 의도적으로 고전적 표현형식을 빌어 민족적이고 전통적인 것을 고취시키려던 노력의 결과이다. 예컨대, 「바라춤」의 창작 동기가 된 작품은 「청산별곡」이며 그 형식은 향가, 여요, 시조의 리듬을 답습하고 있다. 「비취단장」의 '서사'는 청산에 묻히고 싶다는 시적 화자의 독백으로 요약되며, 시간적 배경은 밤, 공간적 배경은 절(寺), 주제는 속세의 고뇌를 벗어나 진정한 삶의 행복을 찾게 되는 내면적 과정이다. 다음에 주목되는 것은 정신활동의 형식으로서의 시의 형식을 추구한 작품들이다. 「흐려진 달」은 시적 화자가 달을 쫓는 행위를 1연에서, 밤 깊도록 술에 취해 있을 동안에 달이 흐려진 현상을 2연에서, 심연으로 달이 빠짐을 보고 화자의 꿈이 덧없음을 3연에서, 달을 찾아 헤매는 모습을 4연에서 묘사하고 있다. 이 작품은 허무주의적 색채가 농후한 작품이다.

중기 시 「폭풍의 노래」에 이르면 삶의 무상에 대한 인식이 보다 심화되고 있다. 한국적 풍류와의 조화 속에 나타나는 삶의 무상함에 대한 철저한 인식이 드러나고 '불'과 같은 양성적 원형을 원용하는 신석초 시의 다른 면이 반영된다.

후기 시 「수유동운」에는 '선(禪)의 고요'와 '허무에 대한 긍정'이 반영되어 있으며 사유의 자유와 자연에 대한 통찰과 신뢰를 통해서 인간과의 대립을 지양하는 시인의 태도가 드러난다. 즉 신석초는 여기에서 담담한 삶 속에서 모든 것을 초월한 경지의 세계를 보여준다. 이는 그가

'선적인 고요'와 '무위(無爲)의 위(爲)'의 상호작용을 통해 절제하기 힘든 인간 욕망의 무상함과 육체와 정신의 갈등과 대립에서 생기는 분열을 시적 영역으로 확립하고 뿌리를 내리고 있음을 시사한다. 그에게 있어서 '선(禪)의 고요' 는 여성적인 부드러움에 대한 영세대적(永世代的)인 갈구요 희망이다.

위에서 논의한 바와 같이 신석초 정신의 근저에는 유교와 도교 및 불교의 종합적인 세계(풍류도)가 깔려 있다. 그가 이러한 매혹적 보고(寶庫)로써 고전적 표현형식을 빌어 민족적 · 전통적인 것을 의도적으로 고취하기 위한 시창작법을 창출하기 위해서 얼마나 노력하였는가가 감지된다. 그가 한국의 전통과 문화를 새롭게 해석하고 이에 기반을 두어 시창작에 임한 것은 전통의 발전적 계승이라는 측면에서 한국시사의 정립에 기여한 바 크다.

신석초가 무용을 시 창작에 연관 지은 것은 비록 발레리에게서 모티브를 차용했지만 그가 시적 형상화 과정에서 그 나름의 독특한 개성을 발휘하여 「바라춤」을 비롯한 다수의 수작을 내어놓은 것은 높이 평가되어야 한다. 인간적 고뇌에 대하여 깊이 경도되었던 신석초는 탈허무적 인내와 무위의 체념 속에서 무한한 우주질서와 유한한 삶의 질서를 융합하려는 의지를 보여줌과 동시에 형식주의의 시적 방법론을 원용함으로써 전통적이고 한국적인 것에 대한 재인식의 필요성을 강조했다.

신석초 ▸▸

1909년(1세) 6월 4일 충남 서천군 화양면 활동리에서 태어나다. 본명은 응식(應植).

1926년(18세) 두 살 연상인 진주(晋州) 강(姜)씨 영식(永植)과 결혼하다. 건강이 악화되다.

1928년(20세) 2월 15일 신병으로 제일고보 자퇴하다.

1931년(23세) 와세다대학, 호세이대학 철학과 청강생 자격으로 입학하다. 프랑스의 시인 발레리에 심취하다. 한편, 안막, 박영희, 무용가 최승희 등과 교류하며 문화적 분위기를 체감하며 '카프'의 맹원으로 활동하다. 유인(唯仁)이란 필명으로 『중앙일보』에 「문학창작의 고정화에 항하여」를 발표하다.

1932년(24세) 『신계단』에 「예술적 방법의 정당한 이해를 위하여」를 발표하며 '카프'의 맹원으로 계속 활동하다.

1933년(25세) 박영희와 함께 카프를 탈퇴하다.

1935년(27세) 일본에서 귀국하다. 위당 정인보 선생을 만나 고전과 전통에 눈뜨는 계기를 마련하다. 위당의 소개로 이육사와 교유하며 『신조선』 편집에 종사하다. 『신조선』에 '석초'란 필명으로 「비취단장」과 「밀도를 준다」와 에세이 「햄릿」을 발표하며 문단활동을 본격화하다.

1937년(29세) 『자오선』 창간호에 「호접(蝴蝶)」 「무녀(巫女)의 춤」을 발표하다. 서정주 · 윤곤강 · 이육사 등과 함께 '자오선' 동인으로 지칭되다. 일본은 중국을 유린하여 남경대학살로 지칭되는 인군유린 학살을 자행하다.

1939년(31세) 『시학』에 「파초」 「가야금」 「배암」 등을 발표하며 시인으로서 입지를 확고히 다지다. 『인문평론』 『문장』 『시학』 등이 간행되다.

1940년(32세) 『문장』에 「검무랑」 「비취단장」을 발표하다. 봄에 도쿄를 여행하고 귀국하다. 부친의 생일에 이육사를 초대하여 함께 부여를 답사하다.

1941년(33세) 『문장』에 「바라춤—서사」를 비롯하여 많은 시와 「멋설(說)」 「발레리 연구」 등의 에세이를 발표하다. 『인문평론』 『문장』 등이 폐간되다. 부친의 환후로 귀향하다. 결핵병을 앓고 성모병원에 입원한 이육사를 문안하다.

1945년(37세) 해방을 맞이하다. 『신천지』에 「서울의 상모(狀貌)」를 발표하다. '사서연역회'를 발족하다. 좌익을 중심으로 '조선문학가동맹', 우익을 중심으로 '중앙문화협회'가 조직되다. 이듬해 전자는 '조선문학가동맹', 후자는 '한국문필가협의회'로 확대 개편되다.

1946년(38세) 시집 『석초시집』(을유문화사)을 간행하다. 『신천지』에 에세이 「안재홍론」을 발표하다.

1948년(40세) 한국문학가협회 중앙위원으로 피선되다. 『학풍』에 「여명」을 발표하다.

1949년(41세) 『학풍』에 「프로메테우스서곡」, 『서울신문』에 「춘설」을 발표하다.

1956년(48세) 한국문학가협회 사무국장에 취임하다. 『현대문학』에 「서라벌 단장」 「성의부」 「적」 등을 발표하며 왕성하게 활동하다.

1957년(49세) 『한국일보』 논설위원 겸 문화부장으로 취임하고 『현대문학』 시 추천위원으로도 활동하며 『현대문학』에 「바라춤」, 『사상계』에 「풍파」 등을 발표하다.

1959년(51세) 제2시집 『바라춤』을 간행하다.

1960년(52세) 대한민국예술원 회원에 피선되다.

1961년(53세) 서라벌예대에 출강하다. 『현대문학』과 『사상계』에 시를 발표하다.

1962년(54세) 한국문인협회 이사로 피선되다.

1965년(57세) 한국시인협회 회장으로 피선되다.

1966년(58세) 예술원 문학분과회장으로 추대되다. 『현대문학』에 시를 발표하다.

1968년(60세) 이육사의 시비 제막식에 참석하고 안동 하회마을과 도산서원을 방문하다. 제13회 예술원상을 수상하다.

1969년(61세) 6월에 부인 강영식이 사망하다. 여름에 부산을 여행중에 득병하여 건강이 악화되다.

1970년(62세) 제3시집 『폭풍의 노래』를 간행하다.

1973년(65세) 『석북집』과 『자하시집(紫霞詩集)』 등을 역주하다.

1974년(66세) 건강 등의 이유로 『한국일보』 논설위원을 사임하다. 제4시집 『처용은 말한다』와 제5시집 『수유동운』을 간행하다.

1975년(67세) 3월 6일 천식과 장출혈로 별세하다. 경기도 장흥 신세계 공원묘지에 아내와 합장되다. 사후 「비가집」 「천지」가 『현대문학』 『심상』 『문학사상』 등에 발표되다.

1985년 시인 김후란과 아들 신달순에 의해 전집 2권이 융성출판사에서 간행되다. 1권은 시선집 『바라춤』, 2권은 간략한 시론과 에세이를 모은 『시는 늙지 않는다』라는 수상록이다. 지식산업사와 미래사에서도 각각 1984년과 1991년 시선집이 간행되다.

2000년 5월 5일 신석초의 시비 제막식이 서천의 문학동인회인 '서림문학동인회'에 의해서 고향 서천에서 거행되다. 같은 날 생가에서는 생가임을 알리는 표석이 건립되다. 11월 26일 생가 터가 내려다보이는 산허리에 이장되다.

안회남 安懷南, 1909~?

/윤대석/

안회남은 1931년 『조선일보』에 단편소설인 「발」이 3등으로 당선되어 본격적으로 문단에 등장한 이래 1948년까지 오로지 신변소설로만 일관했던 아주 특이한 작가였다. 신변소설이란 작가 자신의 체험을 중심으로 서술된 소설을 일컫는다. 그것은 소시민인 지식인인 작가 자신이 주인공이 되거나 관찰자가 되는 소설이다. 따라서 안회남의 대부분의 소설은 1인칭 시점으로 서술된다. 3인칭으로 서술되는 경우가 있긴 하지만, 그것조차 1인칭으로 바꾸어도 무방할 정도로 체험 영역에 가깝다. 다른 작가들이 가공된 이야기나 이념에 의한 현실의 구성에 몰두할 때조차 그는 신변에만 관심을 기울였다. 이것이 안회남을 한국 근대문학사에 기록할 만한 작가로 만들고 있다.

안회남이 신변을 소설화하는 데 주력했다는 사실은 그의 삶의 사실들이 소설 속에 날 것으로 들어있음을 의미한다. 굳이 「명상」(『조광』, 1937.1)이나 단편집 『불』(을유문화사, 1947) 같이 자전적인 소설이 아니더라도 그의 소설에서는 그의 삶의 단편적인 사실들이 약간 가공된 형태로 확인된다. 그렇기 때문에 그의 소설만으로도 안회남의 연보를 만들 수 있을 정도이다.

안회남은 한일병합 1년 전인 1909년 11월 15일 서울 다옥정(茶屋町) 3번지(현재 중구 다동)에서 부친 안국선(安國善)과 모친 이숙당(李淑堂)의 삼대 독자로 태어났다. 본관은 죽산(竹山)이고 현감공파(縣監公派) 32대손이며, 본명은 안필승(安必承)이다. 그의 부친은 신소설 『금수회의록』으로 유명한 바로 그 안국선이다. 안회남의 문학을 '부계의 문학'(김동석)이라고 부르는 것에서도 알 수 있듯이 그의 문학에는 아버지 안국선의 그림자가 짙게 드리워 있다. 여러 소설에서 아버지에 대한 서술이 보일 뿐만 아니라 「명상」은 아버지의 사랑을 자신의 아들의 탄생을 통해서 깨닫는 내용으로 되어 있을 정도이다.

안국선은 1879년에 태어나 1895년 관비유학생으로 게이오기주쿠(慶應義塾) 보통과에 입학하고, 다음해 와세다(早稻田)대학의 전신인 도쿄전문대학 방어정치학과에 입학해 1899년 졸업한다. 1899년 귀국하자마자 체포되어 전라도 진도군 금신도로 유배 가는데, 그것은 나중에 안국선의 양부가 되는 친일정객 안경수의 민비 시해사건 관여 때문인 것으로 보인다. 안국선은 유배지인 진도에서 아내가 될 이숙당을 만나게 된다. 1910년은 안회남의 돌이 있는 해였는데 돌잡이에서 그는 붓과 벼루를 잡아 일찍이 문인될 기질을 갖추고 있었다고 자전적 소설 「명상」에서 기록하고 있다.

안국선은 한일병합 후인 1911년 3월 2일 청도군수로 임명되어 1913년 6월 28일까지 재직하였다. 안회남이 이 시기에 청도에 살았음은 물론이다(「사선을넘어서」). 군수를 물러난 후 서울로 돌아온 안국선은 『공진회』라는 단편소설집을 내기도 했지만 개간, 금광, 미곡에 관여하다 가산을 탕진하고 1918년 무렵 낙향하게 된다. 안회남의 농촌소설, 즉 「기차」 「벼」 등은 이 시기의 체험에 근거하고 있다. 그러나 2년 후인 1920년에 안국선은 다시 상경하게 되는데 안회남은 이것을 자신의 교육 때문이라고 말하고 있다. 안회남은 그 해 수송보통학교 2학년에 바로 입학하게 된다. 그것을 한문 실력 때문이라고 자부하듯이 부친의 영향으로 안회남은 상당한 한문 실력을 갖추고 있었던 듯하다. 3학년으로 진급한 안회남은 곧 자퇴하고 8개월간 한성강습소에서 공부한 후 1923년 휘문고보에 입학하였다.

휘문고보에서 그는 김유정을 사귀게 되는데, 그 교유는 1937년 김유정이 29세라는 나이로 요절할 때까지 이어진다. 김유정의 죽음을 맞아 안회남은 「겸허—김유정전」(『문장』, 39.10)을 쓰게 된다. 휘문고보에서 김유정과 그는 늘 학교를 빠지고 "책사엘 들러 책도 뒤적거리"면서 지냈다. 성적이 좋을 리가 없었고 더군다나 아버지의 큰 그늘 아래 있던 그인지라 26년 안국선이 사망하자 다음해 휘문 고보에서 퇴학을 당한다. 아버지의 죽음과 퇴학은 오히려 그에게는 전기나 다름없었는데, 그것은 문학을 공부하게 되었기 때문이다. 그러니까 그는 퇴학 후 "도서관엘 다니며 전혀 문학서적을 탐독"(「명상」)했다고 한다. 아버지의 죽음과 계승이 동시에 이루어지는 이 대목은 정신분석학이 필요한지도 모르겠다. 어쨌든 문학공부의 결실은 1929년 『신소설』에 「모자」가 입선함으로써 거두게 되지만, 이것만으로는 부족했는지 1931년 『조선일보』 신춘문예에 투고하여 단편 「발」이 3등으로 당선되어 문단에 정식으로 등장한다. 그러나 염상섭의 「신춘문예 현상작품 선후감」(『조선일보』, 1931.1.4)에 따르면 등단작 또한 낙선된 것이나 마찬가지라고 한 점에서 보면 그리 큰 평가를 받지 못했다고 할 수 있다. 비슷한 시기에 발표된 「차용증서」(『비판』, 1931.11) 「그들 부부」(『혜성』, 1931.12)도 또한 소설적 수준은 그리 높지 않았다.

그가 신변소설을 쓰기 시작한 것은 1932년 이후 일본의 신흥예술, 즉 신감각파의 예술관을 소개하면서부터이다. 이때부터 1인칭을 시점으로 하고 작가적 체험을 소재로 하는 그의 독특한 신변소설이 등장하게 된다. 그러나 안회남의 신변소설은 일본의 사소설과는 본질을 달리하고 있었다. 일본의 사소설이 사회와의 대립으로 인해 철저한 고립을 선택했다면, 안회남의 신변소설은 체험을 다룸으로써 사회가 저절로 담긴다는 낙관적인 전망에 기초하고 있었다. 그는 신변소설이란 "작자 자신의 단순 무미한 일기 등을 나열하는 것이 아니라 그것은 우선 작자 자신이 가장 잘 알고 있는 것을 주로 하는 것이 그 특징"이며 "작자의 실제적 경험에서 출발된 작자의 아는 세계 그것을 표현하여 가는 것"(「현대소설의 성격」, 『조선중앙일보』, 1936.8.18)이라고 한다.

신변소설인 만큼 작자 자신이 관찰자나 주인공이 되어 서술을 떠맡게 되는 1인칭 시점을 취하게 된다. 지식인, 혹은 소시민이 화자이기 때문에 지식인 소설이나 소시민 소설이 되기 마련이다. 특히 안회남의 소설에서는 연애나 아내와의 관계가 자주 등장하는데, 그것은 스스로가 연애결혼을 통해 아내 정옥경과 맺어졌기 때문이다. 그는 1935년 조모의 반대로 3년을 끌던 결혼을 성사시킨다. "내가 간구한 살림을 하면서도 마르크스주의의 문예이론에 반기를 들고 만 것은 전혀 나의 연애지상주의 때문이었다"(「명상」)라고 말할 정도로 이 체험은 강렬했다고 할 수 있다.

그러나 그는 "작가는 모름지기 신변소설에서 떠나서 본격적인 문학에로 지향해야 할 것입니다"(「자기응시십년」, 『문장』, 1940.2)라고 말한 데서 볼 수 있듯이 신변소설이 소설의 표본이라고는 보지 않았다. 그렇기 때문에 그는 "사소설 작가란 말이 듣기 싫어서 자기의 작품세계를 찾느라고"(이원조, 「안회남의 인상」, 『인문평론』, 1941.1) 제면공장에 직공으로 일하기도 했다. 1936년의 일이었다. 이 체험을 소설화한 것이 「그날 밤에 생긴 일」(『조광』, 1938.4) 「기계」(『조광』, 1939.6) 「투계」(『문장』, 1939.7)이다. 이 소설들은 제면공장을 무대로 삼아 그곳에서 벌어지는 공장주와 직원의 다툼을 그리고 있다. 그러나 여기서도 사회성은 드러나지 않고 오히려 강렬한 체험만 노출되고 만다. 이 또한 3인칭으로 된 신변소설이라 해야 할 것이다.

안회남이 신변소설에서 벗어날 수 있는 계기는 일제 말기에 주어졌다. 그것은 그의 농촌이 주였다. 1942년 12월 그는 충청남도 연기군 전의면 동교리로 이사를 간다. 그것은 "전쟁의 막다른 길을 걸어가는 세상, 악착한 현실 속에서, 좀 더 여유 있고 풍더분 하고 순순하고 조용하게 지내보자 하는 마음에서였다"(「사선을 넘어서」). 그러나 세상은 그렇게 녹록하지 않았다. 1940년 2월에는 창씨개명이 실시되었고, 그해 10월에는 신체제(국민총력조선연맹)가 건설되었으며, 드디어 1941년 12월 진주만 공습으로 태평양전쟁이 시작되었던 것이다. 그리고 1942년 5월 징병제 실시가 결정되었다. 1941년 11월 『국민문학』의 창간으로 상징되듯이 문인들에게도 국책문학, 국민문학이 강요되고 있던 시대였다. 이러한 시대의 혼잡으로부터 떨어져 있어 보겠다는 것이 그가 농촌으로 이주한 까닭이었다. 게다가 거기에는 그러한 생활을 보장해줄, 조모가 남겨준 200석지기가 있었다.

그러나 「징병제실시만세」(『매일신보』, 1943.8.7)라는 알리바이도 효과를 발휘하지 못했다. 일제 말기에 그가 마지막으로 남긴 미완 장편소설 『풍속』(『조광』, 1943.12~44.2)에서 보듯이 그는 여전히 일제가 바라는 역사의 개척에는 관심이 없이 신변사에만 몰두하고 있었던 것이다. 3인칭 소설임에도 불구하고 『풍속』은 신변소설임으로 해서, 그러니까 주체의 관여 없이 농촌의 풍경을 그림으로써 오히려 일제말기의 적나라한 현실을 잘 드러내주고 있다. 애국반이나 국민총력연맹의 실상이 가감 없이 그려지고 있기 때문이다. 이러한 안회남의 현실에 대한 무감각은 결국 그가 기타큐슈(北九州) 지방으로 징용을 가는 결과를 낳는다. 1944년 9월 26일이었다.

징용은 그에게는 너무나 큰 체험이었다. 그를 전후하여 "비로소 날자에 대한 관념과 관심이 생겼"(「사선을 넘어서」)을 정도였다. 이 체험은 『불』이라는 단편집을 낳을 정도로 강렬했다. 제면공장 체험이 그러했듯이 이 강렬함이 마치 그로 하여금 신변소설을 넘어선 것같은 착각을 주었다. 그러나 『불』에 실린 소설들 또한 신변소설이라 해도 상관없을 것이다. 체험의 강렬함이 주체를 넘어서 있는 곳에 『불』이라는 단편집이 존재한다. 1945년 징용에서 돌아온 후 그가 문학가동맹의 주요 작가가 된 것은 이 체험에 근거하고 있지만, 그는 신변소설가의 체질을 결코 넘어서지 못하였다. 임화나 이원조, 김동석 등의 이론가가 해방공간에서 안회남을 비판한 것도 그 때문이었다. 그 비판을 수용하여 「폭풍의 역사」(『문학평론』, 1947.4) 「농민의 비애」(『문학』, 1948.4)를 쓰지만 어느 연구자가 지적하듯 그것은 '사이비진보주의'(김윤식, 『한국현대문학사』, 일지사, 1976)에 불과했다. 그는 어디까지나 신변소설가였던 것이다. 1948년 월북 후 우리가 그의 소식을 들을 수 없는 것도 그러한 체질 때문이 아니었을까.

안회남 ▸▸

1909년(1세) 본명은 안필승(安必承)이며 11월 15일 서울 다옥정(茶屋町) 3번지(현재 중구 다동)에서 부친 안국선(安國善)과 모친 이숙당(李淑堂)의 삼대 독자로 태어나다. 본관은 죽산(竹山)이며 부친 안국선은 「금수회의록」을 쓴 신소설 작가이자 정치가이기도 했다. 실명 신변소설 「명상」에서 그는 안국선에 대해 "그 어른이 나를 얼마나 사랑하셨나 짐작하게 되는 것이 부지기수"라고 하였다. 최승희의 남편인 필명 안막인 안필승(安弼承)과는 항렬이 같은 8촌 친척이다.

1911년(3세) 부친 안국선이 총독부에 의해 청도군수에 임명되어 1913년 6월 28일까지 재직하다.

1918년(10세) 금광, 미두로 부친이 가산을 탕진하고 용인군 고삼면 봉산리로 낙향하다.

1920년(12세) 집안이 모두 상경하여 안회남은 수송보통학교 2학년에 입학하다.

1921년(13세) 3학년에 우등으로 진학하였으나 자퇴하고 한성강습소에서 공부하다.

1923년(15세) 휘문고등보통학교에 입학하다. 휘문고보에서 그는 김유정과 교우관계를 가지다.

1926년(18세) 7월 8일 부친 안국선이 병으로 사망하다. 부친은 재산이 없었으나 조모가 가진 상당한 재산을 안회남이 상속하여 곤궁하지 않는 생활을 보내다.

1927년(19세) 결석이 잦아 12월 15일 휘문고보에서 퇴학을 당한다. 안회남 자신은 "한 학기분의 월사금을 신정 유곽에 가서는 소비"했기 때문이라고 술회하다.

1929년(21세) 『신소설』에 소설 「모자」를 투고하여 등수 없이 입선하다.

1931년(23세) 『조선일보』 신춘문예에 단편 「발(髮)」이 3등으로 당선되다. 단편소설 「인간궤도」 「차용증서」 「그들 부부」과 「의매, 을남이에게 주는」을 발표하다.

1932년(24세) 『매일신보』 신춘문예에 단편 「애정의 비애」가 2등으로 당선되다. 신진작가로서 사회소설 「칠성의 버릇」 「처녀」 등을 발표하며 활발하게 창작활동을 하다.

10월에는 「문단시야비야론」(『제일선』)으로 평론계에도 개입하다. 「일본문단 신흥예술파 논고」와 같은 평론에서는 일본의 신흥예술파, 즉 신감각파의 예술론을 소개하다.

1933년(25세) 개벽사에 입사하여 『제일선』 『별건곤』의 편집을 맡다. 퇴사 시기는 명확하지 않다. 퇴사 후 그는 지방 화신계에 근무하다. 「나와 옥녀」 「병든 소녀」 「아내의 탄식」 등의 소설을 발표하다.

1935년(27세) 1913년생인 경주 정씨 옥경과 5월 결혼하다.

1936년(28세) 맏아들 병휘가 태어나고 화신에 사직원을 제출하고 신문사를 찾아다니며 원고 팔 교섭을 하다. "사소설 작가란 말이 듣기 싫어서 자기의 작품세계를 찾느라고" 제면공장의 직공으로 일하다. 「악마」 「우울」 「화원」 등 신변소설을 발표하다.

1939년(31세) 『조선일보』에 신변소설과 객관적 소설의 종합을 주장한 「본격소설론」을 발표하다. 차남 병은이 태어나고 『안회남단편집』을 학예사에서 출간하다.

1940년(32세) 장녀 병숙이 태어나다. 「탁류를 헤치고」 「병원」 「소년」 등을 발표하다. 『자기응시십년』이라는 평론에서 신변소설에 대해 "직각과 직감의 문학"이며 "가장 순수한 문학"이라고 말하다.

1942년(34세) 차녀 병애가 태어나다. 경성을 떠나 충청남도 연기군 전의면 동교리 206번지로 이사를 가다. 자전적 소설에 따르면 조모의 명의로 남은 추수 2백 석 거리가 전의에 남아 있었다고 한다.

1943년(35세) 연기군에서 주거하며 「모자」 「늑대」 「흙의 개가」 등을 발표하다.

1944년(36세) 9월 26일 연기군 농민들 134명과 함께 일본 기타규슈(北九州) 지방의 사가(佐賀)현에 있는 다치카와(立川) 탄광으로 징용을 떠나다. 징용에 대한 감상을 「응징사의 편지」(『조광』, 1944.11)에서 피력하다. 자전적 소설에 따르면 그는 탄광에서 연기군 출신 광부로 구성된 연기대 대장으로서 인부들의 관리를 맡았던 것으로 보인다.

1945년(37세) 기타큐슈 탄광에서 해방을 맞고 9월 26일 귀국하다. 귀국 전에 이미 조선문학건설본부 소설 위원장에 이름을 올리다. 조선문학건설본부와 조선프롤레타리아문학동맹의 합동 위원, 조소문화협회 발기인이 되다. 징용 체험소설 「탄광」을 발표하다.

1946년(38세) 조선문학가동맹 주최의 전국 문학자대회 준비위원이 되고 대회 첫날 「조선소설에 관한 보고와 금후의 방향」이라는 보고문을 발표하다. 조선문학가동맹에서 안회남은 소설부 위원장과 농민문학 위원회 서기장을 겸임하다. 우익단체인 전조선 문필가협회에도 이름이 올라가나 실질적 활동은 하지 않았다. 징용을 소재로 한 소설 「철쇄 끊어지다」 「그 뒤 이야기」 「섬」 「불」 등을 발표하고 이 소설들을 묶어 단편집 『불』을 펴내다. 해방 이전의 소설을 묶어 단편집 『탁류를 헤치고』 『전원』을 펴내다.

1948년(40세) 『조선말 큰사전』 『표준조선말사전』 간행 축하기념회 준비위원이 되다. 「농민의 비애」를 발표하고 8월경 월북한 것으로 알려져 있다.

1950년(42세) 한국전쟁 발발 후 서울에 돌아와 남조선문학가동맹 제1서기장이 되다. 이후 안회남의 행적은 정확히 알려지지 않았다. 1954년 숙청설, 1966년 숙청설 등이 존재할 뿐이다.

박태원 泊太苑, 1909~1986

/김흥식/

박태원, 몽보(夢甫), 구보(丘甫, 仇甫, 九甫) 등의 필명을 사용한 소설가 박태원의 문학적 생애는 해방 전과 후로 크게 굴곡져 있다. 1930년대에 「소설가 구보 씨의 일일」과 「천변풍경」으로 모더니즘 소설의 독특한 진경을 선보인 작가였고, 분단 이후에는 『갑오농민전쟁』 3부작을 완성하여 북한의 대표적인 역사소설가로 자리매김되었다는 점에서 그러하다.

박태원은 1909년 음력 12월 7일(양력 1910년 1월 17일. 기존의 연보들은 '1월 6일'로 잘못 기재하고 있음) 서울 종로의 수중박골(현재의 수송동)에서 약재를 취급하는 중산층의 4남 2녀 중 둘째 아들로 태어났다. 어려서부터 이야기책을 좋았으나 경성사범 부속초등학교 3,4학년 무렵 즉 1922, 3년경 신문학에 빠져들면서 숙부의 주선으로 양백화의 지도를 받기도 했다. 경성고보에 입학할 즈음에 『동명』(1923.4)에 짧은 작문이 뽑혀 실렸고 또 몇 년 뒤 1926,7년경에는 시, 감상평, 잡문 등이 게재되기도 했다. 1927,8년경 이광수를 사사했는데, 이 사제관계의 명분을 내내 소중히 했음에도 불구하고 작품에서 특별히 계몽성을 표방한 적은 없다. 경성제일고보를 졸업한 이듬해인 1930년 3월경 도쿄의 호세이(法政)대학 예과에 입학하여 1931년 7월경 중퇴하고 돌아왔지만, 이 시기까지 발표한 시, 소설, 야담, 콩트, 수필, 평론들 가운데 어느 것도 문단의 이목을 끌만한 수준이 아니었다. 특히 소설로서의 등단작 「수염」(『신생』, 1930.10)을 비롯한 초기 단편들은 줄거리 서술이 단조롭고 구성이 지리멸렬해서 그 자신조차도 "싱거운 이야기"(「행인」(『신생』, 1930.12)의 말미)라고 할 정도였다.

일본에서 귀국해서 1년 반 가량 공백기를 거친 다음 박태원은 글쓰기-소설 창작에 대한 자기 나름의 방법적 자각을 보여주는 일련의 중·단편들을 잇달아 발표하는데, 이로부터 특유의 작풍을 펼쳐나가게 되었다. 단편 「옆집 색시」(『신가정』, 1933.2) 「사흘 굶은 봄달」(『신동아』, 1933.4) 「피로」(『여명』, 1933.7) 「오월의 훈풍」(『조선문학』, 1933.10) 등과 중편 「반년간」(『동아일보』, 1933.6.15~8.30) 「낙조」(『매일신보』, 1933.12.8~29) 등은 취재 범위가 개인적인 일화나 경험담에 국한되고 작품 내용도 뚜렷한 주제 없이 작중인물의 상념에 치우쳐 있지만, 이러한 사소설적 한계에도 불구하고 이를테면 몽타쥬와 오버랩과 같은 영화적 수법의 채용(「사흘 굶은 봄날」), 신문 표제나 광고 문구 및 연구보고서의 삽입(「피로」 「반년간」), 짧은 대화의 연쇄에 의한 상황 전개(「옆집 색시」 「오월의 훈풍」

「낙조」), 단문 또는 단행 서술 위주의 간결체 문장 구사(「옆집 색시」「오월의 훈풍」) 등을 과감하게 시도하여 특히 표현기법과 문체 면에서 전날에 비해 현격한 변모를 보였다.

후속되는 작품들에서도 중간제목의 강조(딱한 사람들」,『중앙』, 1934.9) / (「길은 어둡고」,『개벽』, 1935.3) / (「진통」,『여성』, 1936.5), 활자 호수의 증감이나 기호·숫자·도표의 활용 및 한자 과용(「딱한 사람들」), 쉼표를 이용한 5행 이상의 만연체 문장 구사(「전말」,『조광』, 1935.12) / (「거리」,『신인문학』, 1936.1) /)「비량」,『중앙』, 1936.3) / (「방란장주인」,『시와 소설』, 1936.3) 등 파격적인 실험을 더욱 확대해 갔는데, 이 모든 것을 망라한 득의의 작품이 대표작 중의 하나로 꼽히는 「소설가 구보 씨의 일일」(『조선중앙일보』, 1934.8.1~9.1)이었다. 이 과정에 추동력을 보탠 것이 구인회(1933.8~1936.10)였다. 좀 더 구체적으로는 카프의 정치주의에 맞서 구인회가 입각한 예술주의의 자장 속에서 동년배의 소장파 박태원과 이상, 박태원과 김유정 사이에 개재된 동류끼리의 경쟁관계를 지목할 수 있다. 같은 시기, 같은 지면에 발표된 이상의 「오감도」(『조선중앙일보』, 1934.7.24~8.8)와 「소설가 구보 씨의 일일」이 모두 형식의 낯설음으로 화제를 모았다는 점, 그리고 작품 전체가 무수한 쉼표로 연결된 하나의 기다란 문장으로 이루어진 「방란장주인」의 언필칭 '장거리문장'을 같은 시점에 발간된 구인회 기관지에서 김유정의 「두꺼비」(『시와 소설』, 1936.3)도 선보였다는 점 등이 그것을 확인해 준다.

박태원의 작가적 독자성은 일본유학 시절(1930.3~1931.7)에 접한 곤 와지로(今和次郎, 1888~1973)의 '고현학(考現學, Modernologio)'을 소설의 창작방법으로 도입한 점에 있다. 현대의 사회현상과 풍속세태를 연구하여 그 진상을 파악하고자 하는 사회과학의 일종인 고현학은 그러한 목표를 이루기 위해 현장조사원의 주도면밀한 관찰과 기록으로 수집된 자료들에 대해 최대한 객관적으로 검증과 통계처리 및 분석을 행하는 바, 그 성과를 좌우하는 관건은 결국 자료채록의 수준이다. 박태원의 당시로는 이례적인 표현기법과 문체는 바로 고현학의 자료채록법을 준용한 것이라 할 수 있다. 가령 단행 단문의 간결체 문장이나 쉼표를 동원한 만연체 장문은 외관상으로는 달라도 서술자의 주관이나 호흡을 개입시키지 않고 대상 자체의 즉물성을 단속적 연쇄과정으로 제시하는 효과 면에서 대동소이하다고 볼 수 있고, 그러한 서술방식은 철저하게 사실과 상황 자체에 즉응하여 기록하는 고현학의 자료채록법과 상통하는 것이다.

고현학을 창작방법으로 밀고나감으로써 박태원의 소설은 기본적으로 풍속세태소설의 형태를 취하게 되지만, 서사의 중심 대상이 그 자신을 포함한 문인, 지식인인가 도시서민층인가에 따라 두 부류로 대별된다. 전자로는 「피로」「반년간」과 「딱한 사람들」「전말」을 앞뒤에 둔 대표작 「소설가 구보 씨의 일일」이 단연 정점을 이룬 작품인데, 당시 문인들의 부유하는 생활실태를 그린 세태소설로서의 일면과 함께 그것에 연접된 갖가지 상념들을 포착한 심경소설 내지 심리소설로서의 일면도 지녔다. 작가의 분신인 주인공 구보의 내면세계는 구인회의 예술주의 또는 모더니즘의 전위의식에 결부된 것이지만, 예술가의 생활난을 다룬 「거리」「방란장주인」 등은 그것이 희박해지면서 세태소설로 경도된다. 한편 후자로는 또 하나의 대표작 「천변풍경」(『조광』, 1936.8~10, 1937.1~9)이 「낙조」「길은 어둡고」「비량」「진통」 등 그 전작들과는 비교할 수 없는 하나의 진풍경을 펼쳐보였는데, 이 작품은 서울 청계천변을 무대로 온갖 군상의 시정인들이 연출하는 삶의 풍속세태를 철저한 3인칭 관찰자시점에 의해 서술된 50절의 에피소드로 엮어 파노라마식으로 묘사했다. 작품의 배후에 잠복한 작가의 카메라로 촬영, 편집, 연출된 외부현실의 물상세계만을 제시하는 수법은 풍속세태소설의 새로운 지평을 열었고, 최재서에게서 '리얼리즘의 확대'(「리아리즘의 확대와 심화—『천변풍경』과 『날개』에 관하야」, 『조선일보』, 1936.10.31~11.7)라는 호평를 받았다. 「소설가 구보 씨의 일일」이나 「천변풍경」이나 둘 다 당시로서는 이색적인 작품세계를 보였지만, 평단의 주목을 비껴간 전자와 달리 후자는 최재서뿐만 아니라 임화로부터도 "가장 힘들이고 또 힘들이고 또 힘들인 보람을 나타낸 가작"(「사상은 신념화, 방황하는 문학정신—정축문단의 회고」, 『동아일보』, 1937.12.14)이라는 인정을 받고 또 나중에는 박종화에게서도 "경아리말의 노다지"(「『천변풍경』을 읽고」, 『박문』 6호, 1939.3)라는 찬사도 받았다.

이로써 문단적 입지를 굳히기는 했으나, 후속 작품들은 「골목안」(『문장』, 1939.7)처럼 「천변풍경」의 묘사법을 재연한 경우를 제외하고는 수준 이하의 태작에 머물렀다. 여급의 애환을 다룬 「보고」(『여성』, 1936.9) 「향수」(『여성』, 1936.11) 「성탄제」(『여성』, 1937.12)에서는 흥미본위의 통속성이 나타나고, 「방란장주인」을 재탕한 「성군」(『조광』, 1937.11)이나 세칭 백백교 사건을 다루어 저널리즘의 선정주의에 영합한 「우맹」(『조선일보』, 1938.4.5~1939.2.14), 작가 자신의 사소한 개인사를 다룬 신변소설 연작 「음우(淫雨)」(『조광』, 1940.10) 「투도」(『조광』, 1941.1) 「채가」(『문장』, 1941.4) 등에서는 매문의 혐의가 엿보인다. 뿐만 아니라 문단상업주의에 편승하여 『신역 삼국지』(『신시대』, 1941.4~43.1) 『수호전』(『조광』, 1942.8~44.12) 『서유기』(『신시대』, 1944.12~?) 등 중국 역사소설을 번역하고 통속연애소설 「여인성장」(『매일신보』, 1941.8.1~42.2.9)을 연재, 출간하기도 했다. 구인회의 해소 이래로 점점 두드러지는 이와 같은 작가정신의 이완과 전락은 가족부양을 책임진 가장으로서의 중압감이나 전형기 문단의 전반적인 침체로 말미암은 부분도 있지만, 김남천의 지적(「현대조선소설의 이념」, 『조선일보』, 1938.9.18)처럼 '모랄의 확립'이 없는 고현학과 세태소설에 내재된 현실추수주의로 인해 빚어진 파탄이라 할 수 있다.

실제로 박태원은 조선문인협회(1939.10.29) 결성대회 준비회의 발기인으로 참여하고, 뒤에 다시 조선문인보국회(1943.4.17)의 소설·희곡부 평의원이 되었는데, 이밖에 친일단체의 조직적인 활동에 특별히 주도적인 역할을 맡은 바는 없다. 다만 전작장편 국책소설 『아세아의 여명』(『조광』, 1941.2)에서 당시 남경괴뢰정권의 왕조명(왕정위)을 미화했고, 그 왕조명의 소위 대일화평론이 이광수의 친일논리와 합치한다는 점은 박태원이 이광수의 제자를 자처한 사실에 비추어 음미할 대목이다. 또한 해방 전날까지 여몽연합군의 일본정벌이 실패로 끝나게 되는 과정을 그린다는 복안이었던 것으로 보이는 역사소설 『원구(元寇)』(『매일신보』, 1945.5.16~8.14)를 연재했는데, 결국 박태원의 현실추수주의는 단순한 생계형 글쓰기에만 그치지 않고 신체제기 파시즘의 부름에 따라 체제순응으로 다가가는 수속을 밟았던 것이다.

해방 직후 박태원은 조선문학건설본부, 조선문화건설중앙협의회에 가담하고, 그 이듬해 6월에는 조선문학가동맹 소설부 위원, 그리고 11월에는 그 중앙집행위원에 선임되었다. 한편으로는 「약탈자」(『조선주보』, 1946.1.8) 「춘보」(『신문학』, 1946.8) 『태평성대』(『경향신문』, 1946.11.14~12.31) 『임진왜란』(『서울신문』, 1949.1~12) 『군상』(『조선일보』, 1949.6.15~50.2.2) 등의 창작 역사소설을 발표하고, 『홍길동전』 『이순신 장군』 등 역사전기물을 간행했으며, 또한 『중국소설선 1, 2』(1948), 단편집 『성탄제』(1948), 장편 『금은탑』(1949) 등 해방 전에 섰던 중국역사소설 번역이나 장·단편들을 다시 출판했다. 대세에 따른 문단적 거취에 비해서는 생계형 글쓰기의 비중이 크다고 할 수 있을 것이다.

한국전쟁으로 서울이 함락되었을 때 월북한 박태원은 조운(曺雲)과 함께 『조선창극집』(1953)을 출간했으나 정전 이후의 남로당 계열에 대한 숙청에 휘말렸다가 1960년 작가로 복귀해서 익산민란을 다룬 「계명산천은 밝아오느냐」(1964)를 썼고, 실명(1970)과 전신불수(1975)이라는 최악의 상황 속에서 대하역사소설 『갑오농민전쟁』(1977~86)을 완성했다. 이들 역사소설은 체제의 공식주의에 추수하고 순응한 글쓰기의 결과물에 지나지 않는 것인지, 혹은 일찍이 김남천이 지적했던 '모랄의 확립'을 마침내 이뤄낸 작가의 진정성에서 뻗어나온 것인지 숙고가 필요하다.

박태원 ▸▸

1909년(1세) 음력 12월 7일(양력 1910년 1월 17일) 서울 수중박골(종로구 수송동)에서 밀양 박씨 용환과 남양 홍씨 사이에 4남 2녀 중 차남으로 태어나다. 점성(点星)이란 아명을 1918년 8월 14일 태원(泰遠)으로 개명하다.

1919년(11세) 경성사범 부속보통학교 입학하다. 취학 전에는 춘향전 같은 구소설을 탐독했으나보통학교 3, 4학년 시절인 1922, 3년경에는 신문학에 빠져들었고, 숙부 박용남과 잘 아는 사이인 백화(白華) 양건식(梁建植)에게 지도를 받기도 했다.

1923년(15세) 4월 22일 경성제일공립보통학교에 입학하다. 『동명』의 소년컬럼난에 「달맞이(迎月)」(1923.4.15)란 짧은 작문이 실리다.

1926년(18세) 시 「누님」(1926.3)이 『조선문단』에, 그리고 이광수의 「묵상록」(『조선문단』 제2호~제6호)이란 연작시편에 대한 감상평 「묵상록을 읽고」(8.21~24)가 양건식을 통해 『동아일보』에 실리다.

1927년(19세) 『조선문단』 『현대평론』 등에 시와 잡문 몇 편이 실리고, 이 무렵(혹은 1928년)부터 이광수에게 출입하며 사사함으로써 사제관계가 되다.

1929년(21세) 경성제일고보를 졸업하고(4.7), 시 소설, 희곡, 콩트를 망라해서 다룬 평론 「초하창작평」(6.12, 16, 18, 19), 콩트 「무명지」(11.10), 야담 「해하의 일야」(12.17~24) 등을 『동아일보』에 기고하는 한편, 시 「외로움」(1929.12)을 『신생』에 발표하다.

1930년(22세) 3월경 일본으로 건너가 도쿄의 호세이(法政)대학 예과에 입학했는데, 이를 전후해서 『동아일보』에 시 「창」(1.17), 수필 「기호품일람표」(3.18~25), 소설 「적멸」(2.5~3.1) 「꿈」(11.5~12) 등을, 그리고 『신생』에 수필 「초하풍경」(1930.6), 소설 「수염」(1930.10) 「행인」(1930.12) 등을 발표하다. 그러나 이들 작품의 전반적인 수준은 문단의 평판을 얻기에 미흡한 것이다. 당시 일본에서는 곤 와지로(今和次郎, 1888~1973)의 '고현학(考現學 Modernologio)'이 커다란 반향을 일으키고 있었는데, 그것을 소설의 창작방법으로 활용하여 나중에 대표작 「소설가 구보 씨의 일일」(1934)과 「천변풍경」(1936.7)을 쓰게 되다.

1931년(23세) 7월경 호세이대학 예과 2학년을 중퇴하고 귀국하다. 귀국하기 전의 평론 세 편은 러시아 프로소설들을 다루었지만 단순한 작품 해설에 그쳐 이념적인 것과는 무관하다. 귀국 후에는 개인적인 신변소감을 피력한 「영일만어(永日漫語)」(『신생』, 1931.7~8) 이외에 1년 반 동안 전혀 글을 쓰지 않는다.

1933년(25세) 한동안의 공백기를 거치고 전날과는 면모가 일신된 작품 「옆집 색시」(『신가정』, 1933.2) 「사흘 굶은 봄달」(『신동아』, 1933.4) 「반년간」(『동아일보』, 1933.6.15~8.30) 「오월의 훈풍」(『조선문학』, 1933.10) 「낙조」(『매일신보』, 1933.12.8~29) 등을 발표하다. 카프의 정치주의에 반대하고 예술성을 중시하는 문학동호회를 표방하며 이해 8월경 이태준 정지용 김기림 등을 중심으로 결성된 구인회에 결원이 생기자 이상, 박팔양과 함께 추가로 가입하여 활동하게 되다.

1934년(26세) 보통학교 교원 김정애와 결혼하다(12.26 혼인신고). 이 개인사를 앞둔 심경의 일단이 엿보이기도 한다는 점에서 자전적 작품이라고 할 수 있는 「소설가 구보 씨의 일일」(『조선중앙일보』, 1934.8.1~9.1)을 연재하고, 또 「딱한 사람들」(『중앙』, 1934.9) 「애욕」(『조선일보』, 1934.10.16~23)을 발표하다.

1935년(27세) 장편 『청춘송』(『조선중앙일보』, 2.7~5.18)을 연재하다가 통속적인 연애담을 기대한 독자들의 항의 투서로 인해 중단했는데, 이 일에 반발하여 학예부장 이태준이 사퇴하게 되다. 「길은 어둡고」(『개벽』, 1935.3) 「전말」(『조광』, 1935.12) 등을 발표하고, 또 한 수필 「소설가 구보 씨의 일일－나의 생활보고서」(『조선문단』, 1935.8)를 게재하다.

1936년(28세) 구인회 기관지 『시와 소설』(창문사, 1936.3)을 발간하고, 문예강연회를 3,4회 개최하는 등 구인회 활동에 이상과 함께 적극 앞장서다. 구인회는 김기림, 이상이 일본으로 건너간 이해 10월경 흐지부지 해소되다. 장편 『천변풍경』(『조광』, 1936.8~10)을 연재하는 한편, 「거리」(『신인문학』, 1936.1) 「비량」(『중앙』, 1936.3) 「방란장주인」(『시와 소설』, 1936.3) 「진통」(『여성』, 1936.5) 「보고」(『여성』, 1936.9) 「향수」(『여성』, 1936.11) 등을 발표하다.

1937년(29세) 장편 『속 천변풍경』(『조광』, 1937.1~9)을 연재하고, 「성군」(『조광』. 1937.11) 「성탄제」(『여성』, 1937.12) 등도 발표하다.

1938년(30세) 세칭 백백교 사건을 다룬 장편 『우맹』(『조선일보』, 1938.4.5~1939.2.14. 『금은탑』(1949)으로 개제)을 연재하고, 장편 『천변풍경』과 단편집 『소설가 구보 씨의 일일』을 출간하다.

1939년(31세) 『박태원단편집』과 『지나소설집(支那小說集)』을 출간하고, 「골목안」(『문장』, 1939.7) 「음우(陰雨)」(『문장』, 1939.9~10)를 발표하다. 10월에 조선문인협회(1939.10.29)의 결성대회 준비회 발기인으로 참여하고 그 후로 조선문인보국회(1943.4.17)의 소설·희곡부회 평의원이 되었으나(1943.6), 친일단체의 조직적인 활동을 앞장서 수행하지는 않는다.

1940년(32세) 장편 『애경』(『문장』, 1940.1~11)을 연재하면서, 「음우(淫雨)」(『조광』, 1940.10) 「점경」(『가정지우』, 1940.11~1941.2)을 발표하다.

1941년(33세) 중일전쟁 이래의 대일화평파 왕조명을 미화한 전작장편 국책소설 『아세아의 여명』(『조광』, 1941.2)을 게재하는 한편, 「투도」(『조광』, 1941.1) 「채가」(『문장』, 1941.4)를 발표했다. 또한 번역소설 『신역 삼국지』(『신시대』, 1941.4~1943.1)와 장편 『여인성장』(『매일신보』, 1941.8.1~1942.2.9)을 연재하다.

1942년(34세) 중국소설 『수호전』(『조광』, 1942.8~1944.12)을 3년에 걸쳐 연재하고, 장편 『여인성장』을 출간하다.

1944년(36세) 중국소설 『서유기』(『신시대』, 1944.12~?)를 번역하다.

1945년(37세) 장편 『원구(元寇)』(『매일신보』, 1945.5.16~8.14)를 연재하다가 76회로 중단하다. 해방 직후 조선문학건설본부, 조선문화건설중앙협의회에 가담하다.

1946년(38세) 「약탈자」(『조선주보』, 1946.1.8) 「춘보」(『신문학』, 1946.8) 「태평성대」(『경향신문』, 1946.11.14~12.31)를 발표했다. 6월에 조선문학가동맹 소설부 위원이 되고, 11월에는 중앙집행위원에 선임되다.

1947년(39세) 장편 『홍길동전』과 회고록 『약산과 의열단』을 출간하다.

1948년(40세) 『중국소설선 1, 2』 『이순신 장군』, 단편집 『성탄제』를 출간하다.

1949년(41세) 장편 『금은탑』을 출간하고, 장편 『임진왜란』(『서울신문』, 1949.1~12) 『군상』(『조선일보』, 1949.6.15~1950.2.2)을 연재하다.

1950년(42세) 한국전쟁 때 서울이 함락되고 바로 월북하다.

1953년(45세) 평양문학대학 교수로 재직하며 국립고전예술극장 전속작가로 조운(曺雲)과 함께 『조선창극집』 출간하다.

1956년(48세) 이해 가을 경성고보 동창이자 친구인 정인섭의 미망인 권영희와 결혼했는데, 이 무렵에 남로당 계열로서 숙청당해 작품활동이 금지되었다고 알려진다.

1958년(50세) 양안성 시신경위축증과 색소성 망막염 진단받다. 이후 1970년에는 완전실명하다.

1960년(52세) 작가로 복귀하다.

1963년(55세) 『갑오농민전쟁』의 전편에 해당하는 『계명산천은 밝아오느냐』 집필 시작하다.
1964년(56세) 거의 시력을 잃은 상태에서 『계명산천은 밝아오느냐』를 완성해서 출간하다.
『삼국지연의』 총6권 출간하다.
1975년(67세) 1972년에 이어 두 번째로 고혈압에 의한 뇌출혈로 전신불수 상태에 빠지다.
1977년(69세) 동학혁명을 소재로 한 대하역사소설 『갑오농민전쟁』 제1부 출간하다.
1980년(72세) 『갑오농민전쟁』 제2부를 출간하다.
1986년(78세) 7월 10일 별세했으나, 미망인 권영희의 노력으로 『갑오농민전쟁』 제3부(박태원·권영희 공동작으로 표기됨)가 12월에 출간되다. 그 후 1998년 11월 18일 평양의 애국열사릉에 안치되다.

김환태 金煥泰, 1909~1944

/최혜실/

김환태는 스스로를 '순수문학의 옹호자' 혹은 '예술지상주의자'라고 선언했던 식민지 시기 문학평론가이다. 1934년에 한국 문단에 등장한 그는 전형기(轉形期)라는 특수한 시대적 상황 속에서 1940년까지 활동하며 자신의 비평이론을 곧추 세웠던 인상주의 비평가이다. 1909년 11월 29일 전북 무주에서 태어난 김환태는 1919년 3·1운동을 겪고 1922년 13세의 나이에 어머니를 여읜다. 1922년 전주고등보통학교에 입학하면서부터 문학에 관심을 보였고, "중학 2학년 때 장래 문학을 전공하리라는 결심을 했다"고 한다. 이러한 심정은 「외국문학 전공의 변(辯)」(『동아일보』, 1939.11.19)에서 잘 드러나는데, "이 세상에서 문학보다 더 고귀한 학문이 없고, 또 나는 이 학문을 하기 위해서만 이 세상에 태어나온 것만 같았다"고 회고하고 있다. 1922년에 입학한 전주고등보통학교에서 동맹휴학에 가담한 것이 이유가 되어 퇴학을 당하자 귀향하고, 1926년 4월에 경성에 있는 보성고등보통학교 2학년으로 편입한다. 보성고보 상급생으로 이상이 재학중이었고, 그의 문학생활 내내 교류하게 될 문우 이헌구를 만난다. 이 학교 선생으로 재직 중이던 김상용의 가르침을 받는다.

도쿄로 가는 길에 고향친구를 만나기 위해 들른 고도(古都) 교토의 정취에 끌린 김환태는 처음의 계획을 수정하여 1928년 일본 교토의 도시샤대학(同志社大學) 예과에 입학한다. 신입생 환영회에서 정지용(鄭芝溶)을 만나게 되고, 그의 시세계에 매료된다. 정지용의 소개로 알게 된 박용철(朴龍喆)과의 문학적 교류 역시 이 시절에 시작된 것으로, 김환태가 대학 졸업 후 국내에서 평론활동을 하다가 결혼한 부인 박봉자(朴鳳子)는 박용철의 여동생이다. 그는 도시샤대학 시절에 쿠리야가와 하쿠손(廚川白村)의 『근대문학10강』과 신조사(新潮社)출판의 『근대문학12강』『근대극12강』을 읽으며 근대문학사상의 수혜를 입고, 이후 서구문학사상 각 유파의 작품을 섭렵한다. 당시 일본문학계와 출판계에서 세계문학전집이나 근대극전집 등 원본 문학전집 출판이 유행했는데, 이때의 독서체험이 김환태가 문학적 자양분을 흡수하는 근간이 되어준다.

도시샤대학 예과 3년을 수료하고 규슈제국대학(九州帝國大學) 법문학부 영문학과에 입학한 김환태는 문학이라고 하면 '영문학'이 가장 먼저 떠오르며, 자신에게 문학이란 '영문학'을 의미하는 것이었다고 문학청년시절을 술회한다. 그는 구주문단에서 가장 일탈이 적고 중정(中正)

을 잃지 않은 문학이 바로 영문학이라는 신념을 평생 가지고 있었고, 영문학의 영향 밑에서 자란 것이 다행이라는 심경을 그의 일련의 외국문학론에서 드러낸다. 김환태의 문학관과 비평관은 유학시절에 형성된 것으로, 그는 일본 유학시절 서구 문예이론을 적극적으로 수용하고 특히 인상주의 문예이론에 경도된다. 「문예비평가로서의 매슈 아놀드와 월터 페이터(Matthew Arnold and Walter Pater as Literary Critics)」는, 1934년 규슈대학 졸업논문이다. 김환태가 이 주제를 정하게 된 데에는 당시 일본에서 프로문학의 탄압과 이데올로기 문학에 반기를 들면서 순수문학을 주장하던 일본문학계의 신조류가 어느 정도 영향을 끼친 것으로 볼 수 있다. 귀국 후인 1934년 10월 『조선중앙일보』에 실린 「매슈 아놀드의 문학사상 일고」는 규슈대학 졸업논문을 발표한 것이다.

1934년 3월 30일 대학 졸업을 앞두고 귀국한 김환태는 『조선일보』에 프란시스 그리슨의 평론을 번역발표하면서 문단에 존재를 드러낸다. 귀국 후 춘원 이광수와 도산 안창호(安昌浩)를 만나게 되는데, 안창호와의 인연 때문에 일본경찰의 감시를 받는다. 자신의 평론 「문예비평가의 태도에 대하여」(『조선일보』, 1934.4.21~22)를 발표하면서 비평계에 등장한 김환태는 1930년대 후반기 내내 활발한 평론활동을 한다. 매슈 아놀드와 월터 페이퍼의 문학사상을 소개하고 1940년까지 일련의 인상주의적 비평을 발표한 그는 순수문학의 이론적 기반을 닦으면서 순수문학을 옹호한 평론가였다. 김환태는 매슈 아놀드의 '대상을 있는 그대로 보는 것(to see the object as in itself it really is)'와 '몰이해적 관심(disinterestedness)'을 수용하여 자신의 인상주의 비평을 전개한다. 페이터에게서는 문학의 '인상'과 '예술지상주의' '예술의 자목적성'이라는 개념을 받아들이면서 인상주의 비평 안으로 귀착한다. 첫 평론인 「문학비평가의 태도에 대하여」(『조선일보』, 1934.4.21)에서 "문예비평이란 문예작품의 예술적 의의와 심미적 효과를 획득하기 위하여 대상을 실제로 있는 그래도 보는 인간정신의 노력"이며 "문예비평가는 작품의 예술적 의의와 딴 성질과의 혼동에서 기인하는 모든 편견을 버리고, 순순히 작품 그것에서 얻은 인상과 감동을 충실히 표출해야"하다는 비평의 원리를 내세웠다. 이 글은 김환태의 비평관이 전면에 드러난 글로, 아놀드의 '몰이해적 관심'과 페이터의 '인상주의'의 흔적이 곳곳에서 발견된다. 여기서 더 나아가 김환태는 '유기체적 예술론'을 설파한다. "예술작품이란 요소의 집단이 아니라 유기적 통일체이므로, 산 우리의 육체와 생명을 구별할 수가 없는 것과 같이 우리는 예술작품의 내용과 형식을 따로따로이 구별하여 생각할 수가 없다"(「비평태도에 대한 변석(辯釋)」, 『조선일보』, 1936.8.6)는 입론은, 칸트의 미학사상 이래로 확립된 예술의 '유기체적 독립성'을 수용한 것으로 보인다. 칸트는 음악을 예로 들어 '무목적적 합목적성'을 주장하는데, 김환태는 「정지용론」(『삼천리문학』, 1938.4)과 「시인 김상용론」(『문장』, 1939.11)에서 예술가의 개성과 천재성을 읽어내는 비평적 성과를 거둔다.

순수문학을 위시한 김환태의 비평세계를 객관적으로 조망하기 위해서는 프로문학 비평의 퇴조와 함께 새로운 문학비평의 논리와 방법들이 모색되었던 1930년대 문학비평의 장(場)을 조망할 필요가 있다. 이 시기 비평의 흐름은 임화나 김남천을 중심으로 한 계급주의 비평론, 근대 서구 문단의 주지주의를 적극 수용한 김기림, 최재서 등의 모더니즘 비평론, 계급주의 비평과 모더니즘 비평의 객관성과 논리성에 반발한 백철, 김환태, 김문집 등의 인상주의 비평론 등이 혼재해 있었다. 이 사이에서 인상주의 비평은 민족주의와 계급주의 양 계파의 이데올로기 비평이 퇴조하고 예술의 명제가 다시 부각하는 가운데 등장한 새로운 비평적 흐름이었다. 당시 문학계의 이론적 공백을 극복하고자 했던 김환태는 프로문학 비평의 문제점을 언급하고 지적하면서 자신의 입지를 펼친다. 그는 비평가는 "소위 객관적 규준을 가지고 작품에 임할 용기와, 내 자신의 비평만이 바르다고 주장할 권리를 가지지 못"한다고 전제한다. 비평은 선험적 규준을 통해 작품을 분석하는 것이 아니라, 작가와 작품에 대한 열심과 이해를 바탕으로 감상하는 작업이라고 주장하는데 이것은 프로비평에 대한 비판으로 읽힌다.

1936년에 박팔양, 김상용, 이태준, 김기림, 이상, 김유정, 박태원, 정지용 등이 함께한 순수문학단체 구인회(九人會)에 가입한다. 그해 12월 안창호 사건에 연루되어 약 한 달을 동대문경찰서에 수감된다. 1938년부터 두 해를 황해도 재령의 명신중학교 교사로 근무하다가, 1940년 4월에는 경성의 무학여고로 전임한다. 1939년 11월 『문장』지에 발표한 「순수시비－문예시평」은 1939년을 전후하여 유진오, 김동리의 논쟁을 중심으로 제기된 '세대론'과 연장선상에 놓여있는 것이다. 김환태는 문학정신의 순수성을 옹호하며 신진작가의 입장을 옹호했는데, 이에 반박하며 이원조는 「순수란 무엇인가」(『문장』, 1939.12)를 발표하고 일제 말기의 마지막 논쟁 격에 해당하는 세대론을 순수논쟁으로 확대시킨다.

김환태가 주장하는 비평가는 "주관에 철저하여 한 작품에서 얻은 인상을 충실히 표현하는" "작품의 초상화가"이며 "일종의 창작가"(「작가·평자·독자」, 『조선일보』, 1935.9.5~13)였다. 이러한 김환태의 인상주의 비평은 문학과 비평의 순수성을 적극적으로 옹호하면서 비평의 주체인 비평가를 법칙이나 이론보다 우위에 놓았다는 점에서 문학사적 가치가 있다는 평가를 받는다. 반면, 서구 인상주의 비평을 부분적으로 수용하면서 굴절시킨 점이나, 인상주의 문예이론과 실천비평 사이에 발견되는 간극 등이 한계로 지적되기도 한다.

1930년대 말 일본은 동아신질서 구축을 내세우며 제국주의적 침략전쟁 체제에 돌입한다. 그 자장 안에서 조선에는 1938년에 일본어상용 조선어교육폐지 정책이 실시되고 1940년에 창씨개명, 매일신보를 제외한 민간 신문과 잡지의 폐간이 실시된다. 이런 시국적 상황에서 지병을 얻은 김환태는 1940년 4월 이후 절필한다. 건강악화로 1943년에 교사직을 사임하고 귀향하는데, 다음 해인 1944년 만34세의 나이에 지병으로 사망한다.

1909년(1세) 11월 29일 전라북도 무주군 무주면 읍내리에서 아버지 김종원(金鍾元)의 장남으로 태어나다.

1916년(8세) 4월에 무주보통학교에 입학하고 1921년(13세) 3월에 졸업하다.

1922년(14세) 2월에 어머니를 여의다. 4월에 전주고등보통학교에 입학하고, 1924년에 휴학 후 무주로 귀향하다. 이 시기 문학에 심취하기 시작하고, 장래 문학전공을 결심하다. 처음 읽은 외국작품은 조선어 번역의 「무쇠탈」이었고, 특히 도스토예프스키, 톨스토이, 투르게네프, 아르츠이바세프 등의 러시아문학에 몰두하다.

1926년(18세) 4월에 보성고등보통학교 2학년으로 편입해서, 1928년(20세) 3월에 졸업하다. 편입한 보성고보에서 교사로 있던 김상용(金尙鎔)의 가르침을 받고, 이헌구(李軒求)를 만나다.

1928년(20세) 일본 교토의 도시샤대학(同志社大學) 예과에 입학하다. 도쿄로 갈 예정이었으나, 잠깐 들른 교토의 정취에 매료되어 진학계획을 바꾼다. 도시샤대학에서 정지용(鄭芝溶)을 만나 깊은 문우의 정을 맺는다.

1931년(23세) 도시샤대학 예과 3년을 수료하고 후쿠오카(福岡)의 규슈제국대학(九州帝國大學) 법문학부 영문학과에 입학하다. 김환태에게 문학은 곧 영문학이었고, 서구 근대문예이론을 섭렵하면서 특히 예술주의적 문예이론에 심취하다.

1934년(26세) 3월에 규슈제국대학 영문학과를 졸업하다. 졸업논문은 「문예비평가로서의 매슈 아놀드와 월터 페이터(Matthew Arnold and Walter Pater as Literary Critics)」이다. 귀국하여 평론가로 활약하기 시작하는데, 이 시기에 이광수·안창호와 교류하다. 평론 「문예비평가의 태도에 대하여」를 『조선일보』(1934.4.21~22)에 발표하면서 문단에 데뷔하다. 이후 10월 『조선중앙일보』(1934.8.24~9.2)에 실린 「매슈 아놀드의 문학사상 일고」는 대학 졸업논문을 발표한 것이다.

1935년(27세) 집필에 열중했던 시기로 문학평론과 문예시평을 다수 발표하다. 여자의학전문학교(女醫專) 강사로 생계를 꾸리면서, 페이터와 톨스토이를 소개하는 평론 등을 쓰다.

1936년(28세) 3월에 구인회(九人會)에 가입하다. 이 무렵 도산의 사건에 연루되어 약 1개월간 동대문경찰서에 수감되다. 6월 1일에 용아(龍兒) 박용철(朴龍喆)의 동생 박봉자(朴鳳子)와 결혼하다.

1937년(29세) 8월에 장남 영진(榮珍)이 태어나다. 1937년은 7월 7일 노구교사건(蘆溝橋事件)이 일어나고 중일전쟁이 발발한 해이다. 이 해 김환태의 활동은 구체적인 정황이 밝혀지지 않으나 수필 1편과 평론 1편을 발표하는 데 그치다.

1938년(30세) 3월부터 황해도 재령의 명신중학교(明新中學校) 교사로 근무하다. 다시 활발한 평론활동을 하며, 「여(余)는예술지상주의자」(『조선일보』, 1938.3.3) 「정지용론」(『삼천리문학』, 1938.4) 등을 발표한다.

1939년(31세) 『조선일보』에 「문학적 현실과 사실－현대시평의 향수적 태도」를 발표하고 『문장』과 『조광』 등에 순수문학이나 외국문학과 관련한 다수의 평론을 발표하다. 유진오 · 김동리가 논쟁한 세대론의 연장선상에서 이원조와 순수논쟁을 펼치다.

1940년(32세) 4월에 규슈대학 시절 스승이 교장으로 있는 서울 무학여고(당시에는 무학공립고등여자학교였음)로 전임하다. 건강이 악화되기 시작하고, 이 무렵 제국주의 파시즘으로 경도되어가는 일본의 조선통치 방식에 울분을 표하며 절필하다.

1943년(35세) 11월에 무학여고 교사직을 사임하고 귀향하다.

1944년(36세) 지병이 악화되어, 5월 26일 만34세의 나이로 별세하다.

1986년 덕유산 국립공원에 '김환태문학비'가 건립되다.

1987년 문학사상사에 의해 김환태의 비평정신을 기리기 위해 '김환태평론문학상'을 제정 시행하다.

안함광 安含光, 1910~1982

/이현식/

안함광은 일제 식민지 시대와 분단 이후 북한에서 활발하게 활동한 문학평론가이다. 그는 1910년 5월 18일 황해도 신천에서 태어나 해주에서 자랐다. 해주고보에 재학중 『조선일보』『동아일보』의 학생문예란에 시를 여러 차례 발표하기도 하였고, 1930년 11월 『조선일보』에 평론 「계급문학의 자유성－김성근 씨를 논함」을 발표하면서 평론가로 정식 등단하였다.

그가 한국 근대문학사에서 본격적으로 모습을 드러낸 것은 1931년 백철과의 농민문학 논쟁을 통하여서이다. 이 논쟁에서 안함광은 농민문학에도 프롤레타리아 헤게모니가 관철되어야 함을 강조하면서 문단에 이름을 알리게 된다. 그는 농민문학 논쟁 이외에 동반자문학 논쟁에도 참여하였다. 이 무렵 그는 카프 해주지부 일원으로 활동하는 한편으로, 연극운동 단체인 '연극공장'에 가담하였고, 1932년에는 해주청년동맹사건으로 일본 경찰에 의해 체포되기도 하였다(『동아일보』 1932년 5월 21일자 기사).

그런데 그가 근대문학비평사에서 더욱 뚜렷한 족적을 남기게 된 것은 사회주의리얼리즘 논쟁에 참여하면서 부터이다. 1933년 사회주의리얼리즘이 국내에 소개되면서 카프를 중심으로 올바른 창작방법의 수립을 둘러싸고 일대 논쟁이 전개된다. 안함광은 이 논쟁에서 사회주의리얼리즘을 조선의 특수성 속에 어떻게 구체화할 것인가를 주로 논구하게 된다. 그는 이 논쟁을 통해 그간 조선프롤레타리아문학에 나타난 도식적인 편향이 당시의 미숙한 사회적 형편에서 비롯된 '시발적(始發的) 단계의 현상'으로 이해해야 한다면서 프로문학의 정통성을 옹호하는 한편으로, 문학이 한 사회나 시대의 물질적 조건에 의해 결정되고 그것을 반영한다는 점, 동시에 문학의 현실 반영 과정에서 사회발전의 객관적 법칙을 인식함으로써 인간의 의식이 능동적 역할을 한다는 점을 강조한다(『조선일보』, 「창작방법 문제 논의의 발전과정과 그 전망」, 1936.5.30~6.10). 이런 주장에는 이후 전개되는 안함광 평론의 주요 문제의식이 모두 녹아있다. 즉, 그것은 프롤레타리아문학의 정통성을 지켜가는 한편으로 문학의 현실반영과 거기에 개입되는 인간 인식의 능동적 측면을 구체적으로 이해하는 것이었다.

한편 그는 1937년 중일 전쟁 이후 당시 조선문학이 나가야 할 방향에 대해 구체적인 대안을 모색하는데 그것은 문학의 주체를 어떻게 설정할 것인가에 대한 문제로 집중된다. 많은 작가들이 중일전쟁과 더불어 강화된 일제의 파시즘적 탄압에 무력하게 좌절하는 상황에서 그는 이에 대처할 주체의 모습에 대해 탐구함으로써 진보적 문학의 정통성을 이론적으로 구체화시켜 간다. 그것은 이 시기에 평단에서 주요한 화제로 대두되었던 휴머니즘 논쟁을 비롯한 다양한 논쟁들을 거치면서 완성되어 가는 모습을 보인다.

이 시기 평론 가운데 「조선문학의 정신검찰—세계관, 문학, 생활적 현실」(『조선일보』, 1938.8.23~31)은 안함광의 문학적 주체론이라고 부를 수 있을 만큼 주체에 대한 심화된 인식을 보여준다. 그는 주체를 건립하기 위해서는 작가의 생활적 조건, 즉 작가가 생활하는 현실에 대한 인식이 선행되어야 하며 그로부터 주체적인 세계관도 만들어질 수 있다고 설명한다. 그리고 그런 세계관은 '시대적 고민의 근본조건'과 교섭할 때 의미를 갖는다고 덧붙인다. 다시 말해 작가들이 주체화된 세계관을 가지려면 자신의 생활적 근거를 인식하고 시대적 고민의 근본조건과 소통해야 한다는 것이다.

이렇게 안함광은 작가들이 자신을 둘러싸고 있는 구체적인 현실에서 문학적 고민을 출발시킬 것을 강조한다. 이런 주체는 이제 실천을 통해 현실을 인식하고, 인식을 통해 현실에 능동적으로 개입한다. 그리고 궁극적으로 세계관도 그 과정에서 싹트게 되는 것이다. 그는 현실인식의 방법으로 주체의 실천을 강조하고 있는 것이다. 주체가 어떻게 객관 현실과 관계를 맺는가를 실천으로부터 발견하는 것이 안함광의 입론이었다.

한편, 이 무렵(1939년) 그는 일본 와세다대학에 유학하여 정치학, 철학, 문학 등을 공부하고, 1941년 귀국한다(주한 일본대사관 광보문화원이 1989년 발간한 『일본유학인사명부』 224면에는 안종언(安鍾彦)이라는 이름으로, 유학기간은 1941년, 전공란에는 '전정(專政)'으로 기록되어 있다). 「조선문학의 정신검찰」 이후 유학중에도 안함광은 주체론에 상응하는 소설론을 본격적으로 내놓기 시작한다.

그는 소설론에서도 문학이 현실을 반영하는 문제와 현재의 현실을 극복하여 미래를 전망할 가능성을 지속적으로 탐구한다. 그는 『인문평론』 1939년 12월호에 발표한 「문학의 진실성과 허구성의 논리」에서 소설이 현실 반영에 토대를 두면서도 현실을 이겨내는 허구성(fiction)이 중요하다는 논리를 펼친다. 그가 허구성, 즉 픽션의 논리를 강조하는 이유는 "환경에 대한 초극이라고 하는 것은 반드시 새로운 질서를 요망하는 세계이고 이 새로운 질서의 세계는 하나의 의욕의 세계일뿐으로 결코 가시(可視)의 현실은 아니기 때문"이라는 것이다. 소설 작품의 분석 방법으로 안함광이 동원하는 묘사와 설화(說話) 개념도 그런 문제의식이 녹아있다. "묘사가 객관의 세계를 자기 성격으로 하는 것임에 반하여, 설화란 그와는 반대로 주관의 자기표현을 특성으로 하는 것이겠는데, 언제나 훌륭한 소설이란 주관과 객관의 통일 위에서만 창조되어질 수 있는 것"이라는 설명은 반영의 문제와 인식 주관의 의지를 함께 강조하려는 데에서 나온 것이다. 그가 『고향』을 리얼리즘의 전범으로 제시한 이유도 이때문이다(「로만논의의 제과제와 『고향』의 현대적 의의」, 『인문평론』, 1940.11).

그는 일제 말기 많은 문인들이 일제의 제국주의적 침략논리를 받아들이는 계기로 작용한 사실수리론(事實受理論)에 대해서도 명확히 다른 입장을 내놓는다. 그는 『동아일보』에 발표한 「시대의 특질과 문학의 태도」(1939.6.20~7.6)에서 '사실'의 문제를 전면적으로 다루면서 '사실'에 대해 주체가 일정한 거리를 갖고 거시적인 입장에서 관조하는 '사실정신'이 중요하다고 주장한다. 그가 말하는 '사실정신'의 핵심은 '사실'에 토대를 두되 그 '사실'을 비판 없이 받아들이거나 거기에 끌려가는 것이 아니라 '사실'이 결국 지양될 것임을 아는 지혜라는 점에 있다. 파시즘의 득세로 상황은 더욱 암울해지고 있었지만 안함광은 '사실'과 타협하지 않고 '사실정신'을 통해 시대를 극복할 방법을 찾고 있었다. 이후 안함광은 「문예비평의 현대적 윤리」(『동아일보』, 1940.5.29~6.2)라는 글에서 아예 정치나 정책을 우리의 사고 내부로부터 지워버리자고 주장하여 파시즘과 거리두기를 지속한다.

해방 이후 안함광은 고향인 해주에서 문학활동을 재개한다. 그는 해방 직후 황해도 예술연맹 위원장, 황해도 임시 인민위원회 총무부장을 맡은 바 있고, 1945년 11월 20일부터 22일까지 열린 전국인민위원회 대표자 대회에 황해도 대표로 서울을 방문하기도 한다(김남식, 『남로당연구』, 돌베개, 1984, 132, 140면). 이후 자연스럽게 북한의 문예운동에 뛰어들어 북조선문학예술총동맹 결성을 주도하고, 1946년 북조선문예총을 결성할 때 제1서기장으로 피선된다.

이런 사회적, 문단적 활동 이외에 그는 해방 이후 민족문학의 이론적 틀을 마련하는 데 매진하였는데, 이때 그의 평론활동에서 주요한 관심사는 식민지 시대 프롤레타리아 문화운동의 이념을 어떻게 계승해서 민족문학의 이념으로 발전시킬 것인가였다. 그는 이때부터 본격적으로 '민족문학론'을 전개하면서 당시 삼팔선 이남의 조선문학가동맹과 삼팔선 이북의 북조선문학예술총연맹 내에 존재하던 민족문화론의 오해에 맞서 이론 투쟁을 벌이고 그런 결과를 두 권의 저서 『민족과 문학』(1947.6)과 『문예론』(1947.11)으로 발간한다. 그가 이 시기에 집중적으로 탐구한 민족문학론은 일제시대 프롤레타리아 문학의 전통을 지양하면서 민족 이념에 적극적으로 의미를 부여하는 것이었지만 1947년 고상한 리얼리즘의 등장과 함께 더 이상 전개되지 못하는 운명을 맞게 된다. 그 과정에서 그는 당 문예정책과 갈등을 빚기도 하는데 1947년 초 조기천의 『백두산』에 대해 비판적인 평을 내놓았다가 당으로부터 심한 박해를 받은 것이 그 예이다.

그렇지만 이것이 그의 문학활동까지 막은 것은 아니어서 한국전쟁 직전 평론집 『문학과 현실』을 발간하는 성과를 맺는다. 해방 이후 여러 권의 저서를 내놓는 등 그는 이 시기에 누구 못지않은 활발한 활동을 벌이며 북한의 주도적인 평론가로서 위치를 다지게 된다. 그리고 전쟁 이후에는 북한 내 문학의 도식화 경향에 맞서 엄호석, 김명수 등을 비판하기도 한다. 이렇게 안함광은 당의 문예정책을 입안하는 이론가로 참여하면서도 당의 도식화된 문예정책과는 거리두기를 계속하였다.

그는 전쟁 이후 김일성종합대학 조선어문학부에서 문학사를 연구하고 강의에 전념하면서 북한 최초의 문학사인 『조선문학사』를 1955년에 출간하고, 1956년에는 『최서해론』을 발간하는 등 문학사 연구자로서도 활발한 활동을 보인다. 그러나 1957년 반당, 반혁명 종파분자와 결탁되었다는 혐의로 시인 홍순철, 평론가 한효 등과 함께 비판받으면서 문필활동을 접게 된다. 1960년 이런 혐의가 벗겨지면서 문필활동을 재개하고 1964년에는 자신의 주도 아래에 김일성종합대학 조선어문학부에서 16권짜리 『조선문학사』를 발간하게 된다. 이 시리즈에서 그는 19세기말 과 1919년까지를 다룬 9권과 1920년대를 다룬 10권, 1930년부터 1945년까지를 다룬 11권을 집필한다. 이와 함께 1966년에는 평론집 『문학의 탐구』를 발간한다. 그는 북한에서 일급 연구자와 평론가로서 활발한 활동과 업적을 착실하게 쌓아나가 우리 민족문학을 살찌우는데 주요한 역할을 한다.

그러나 1967년 천세봉의 『안개 흐르는 새 언덕』에 대해 발표한 평론이 직접적으로 김일성의 비판을 받게 되는 것을 계기로 당과 대학으로부터 숙청당한다. 그러나 안함광이 이렇게 숙청당하는 것은 『안개 흐르는 새 언덕』이라는 작품에 대한 평 하나를 놓고 이해할 것이 아니라, 북한이 이때부터 주체사상을 중심으로 하는 유일사상체제를 사회 전반에 걸쳐 확립하게 되면서 문학사에 있어서도 식민지 조선의 프롤레타리아문학보다는 항일 혁명 문학을 중심에 놓게 되는 흐름과의 연관 속에서 이해해야 한다는 것이 연구자들의 견해이다. 안함광으로서는 항일혁명문학을 조선민족문의 중심적 전통으로 인정하기 어려웠을 것이다. 1967년 숙청 이후에 북에서 안함광의 문학활동이나 연구 활동은 더 이상 발견되지 않으며 1982년에 사망한 것으로 전해진다.

안함광 ▸▸

1910년(1세) 5월 18일에 황해도 신천군 문화면에서 태어나다. 어린 시절 가족이 해주로 이주하여 해주에서 줄곧 성장하고 활동하다. 본명은 종언(鍾彦).

1929년(20세) 해주고보를 졸업하다. 해주고보 재학시절 『조선일보』와 『동아일보』 학생문예란에 시를 여러 차례 발표하다. 학생시절 북성소년회라는 단체의 집행위원을 맡기도 하다.

1930년(21세) 11월 『조선일보』에 「계급문학의 자유성－김성근 씨를 박함」이라는 평론을 발표하며 문학평론 활동을 시작하다. 카프 해주지부 맹원으로 활동하다.

1931년(22세) 이 무렵 고향인 해주의 연극단체 '연극공장'을 주도하다. 8월에 「농민문학 문제에 대한 일고찰」을 발표하면서 백철과의 농민문학 논쟁을 시작하면서 문단에 이름을 알리기 시작하다.

1932년(23세) 5월 해주청년동맹 사건으로 일제 경찰에 체포되어 구금되다.

1933년(24세) 1월 『비판』지에 「프롤레타리아 문화와 동반자 문학」을 발표하다.

1934년(25세) 창작방법논쟁에 활발하게 참여하여 이에 관한 여러 글을 발표하다.

1936년(27세) 카프가 해산된 뒤에도 자신의 신념과 지향을 일관되게 지키는 글을 계속 발표하고 조선의 특수성 문제를 둘러싸고 임화와 논쟁을 벌이다. 5월 「창작방법문제 논의의 발전과정과 그 전망」이라는 글을 발표하며 프로문학의 정통성을 옹호하는 한편으로 문학의 반영론적 성격과 인식과정의 능동성을 강조하다.

1937년(28세) 중일전쟁 이후 휴머니즘 논쟁, 지성론 등 다양한 논쟁에 주도적으로 참여하면서 자신의 이론을 전개하다.

1939년(30세) 일본 와세다대학으로 유학을 떠나다. 정치학, 철학 그리고 문학이론을 연구하다. 유학중에도 「현대의 특질과 문학의 태도—사실에 임하는 사실의 정신」 「문학의 진실성과 허구성의 논리」 등 다양한 평론을 왕성하게 발표하다. 이때 사실수리론(事實受理論)에 대한 비판적 입장을 전개하는 한편으로 현실을 극복할 소설의 방법론으로 '픽션(fiction)의 논리'를 주장하다.

1941년(32세) 일본에서 귀국하다.

1945년(36세) 해주에서 해방을 맞이하다. 황해도예술연맹 위원장과 황해도 임시 인민위원회 총무부장 등의 역할을 수행하고 11월 황해도 대표로 서울에서 개최된 전국인민위원회 대표자 대회에 참석하다.

1946년(37세) 3월 북조선 문예총 조직 사업에 나서고 문예총 결성시 제1 서기장으로 피선되다. 이때부터 본격적으로 '민족문학론'을 전개하면서 당시 삼팔선 이남의 조선문학가동맹과 삼팔선 이북의 북조선문학예술총연맹 내에 존재하던 민족문화론의 오해에 맞서 이론 투쟁을 벌이다.

1947년(38세) 두 권의 저서 『민족과 문학』(1947.6)과 『문예론』(1947.11)을 발간하다. 조기천의 서사시 『백두산』의 문제점을 지적하다가 당으로부터 심한 비판을 받다.

1948년(39세) 김두용과 민족문학 논쟁을 벌이다.

1950년(41세) 한국전쟁이 나기 직전에 『문학과 현실』을 발간하다.

1954년(45세) 전후 북한문학의 도식화에 대해서 비판하는 작업을 하다. 특히 엄호석과 김명수에 대해서 강하게 비판하다. 김일성종합대학 조선어문학부에서 문학사 강의 및 연구에 임하다.

1955년(46세) 북한 최초의 문학사인 『조선문학사』(1900~)를 출간하다.

1956년(47세) 작가론으로 『최서해론』을 발간하다.

1957년(48세) '부르주아 잔재'의 작가로 비판받아 절필하다.

1960년(51세) 오해가 풀리면서 문필활동을 재개하다.

1964년(55세) 자신의 주도 하에 김일성종합대학 조선어문학부에서 16권짜리 『조선문학사』를 발간하다. 안함광은 9권(19세기 말~1919)과 10권(1920년대) 그리고 11권(1930년~1945년)을 맡아 집필하다.

1966년(57세) 평론집 『문학의 탐구』를 발간하다.

1967년(58세) 천세봉의 『안개 흐르는 새 언덕』에 대해 쓴 평론에 대해 김일성의 직접적인 비판을 받게 되는 것을 계기로 당과 대학으로부터 숙청당하다. 궁극적으로는 유일사상체제인 주체사상을 반대하다가 숙청당하다. 이후 북한문단과 학계로부터 자취를 감추다.

1982년(73세) 2월에 별세하다.

이상 李箱, 1910~1937

/정은경/

26년 7개월이라는 이상의 짧은 생애는 1910년 9월 23일(음력 8월 20일)부터 시작된다. 식민지적 근대화의 '기이한 속도와 비극'을 상징한다고 할 수 있는 이상 문학은 한일합방이 되던 그 해의 출생에서부터, '울지 않는' 한 아이의 탄생에서 예견된다. 본명 김해경(金海卿)은 아버지 김연창(金演昌)과 어머니 박세창(朴世昌) 사이에서 장남으로 태어났으나 세 살 때 백부 김연필(金演弼)의 집으로 옮겨 1932년 백부가 사망할 때까지 그곳에서 자라난다. 이상 평생의 이중성은 그가 태어난 곳인 서울 사직동(당시 친부모의 집)과 본적인 서울 통인동 154번지(백부의 집)라는 이중적 출생지로 상징된다고 할 수 있다. 이상의 가계는 몰락한 양반가라 할 수 있는데, 증조부 김학준은 당상관인 도정을 지냈으나 조부 김병복은 벼슬이 없는 중인이었다. 이상의 백부 김연필은 어느 정도 한학을 갖춘 중인으로 압록강 국경지대 자성(慈城)까지 방랑해 가서 보통학교, 기술학교 훈도생활을 한 적도 있는 풍운아였으며 김해경이 태어날 무렵에는 궁내부 관리로부터 총독부 상공과 관리로 있었다. 반면 친부인 김연창은 빈곤한 서민계층으로 관내부 활판소에서 일한 적이 있었고 그곳에서 손가락 셋을 두 번이나 절지기에 잘린 곰보였다. 이상이 태어날 무렵에 그는 사직동에서 단발령 이후 새로운 업종으로 등장한 이발업을 하고 있었다.

유년시절 이상은 백모 김영숙과는 그다지 관계가 좋지 않았으나 백부 김연필로부터는 끔찍한 사랑을 받으면서 자라난다. 그러나 백부에 대한 이상의 감정은 양가적이었다고 할 수 있는데, 이 복잡한 애증관계는 이상의 첫 장편소설인 『12월 12일』에 잘 나타나 있다. 취학 전에 이상은 서당에서 잠깐 한문 공부를 하기도 하는데, 신문화에 빠른, 개화된 지식인 백부에 의해 신교육 기관인 신명학교(누상동 소재)에 입학한다. 별로 말이 없고 창백한 아이였던 이상은 그림 그리기를 좋아했으며, 담배 '칼표'의 껍질에 그려진 도안이나 화투장을 그대로 베껴 가족들을 놀라게 하기도 한다.

이상은 1921년 4년제인 신명학교를 졸업하고 조선불교 중앙연무원에서 경영하던 동광학교에 입학한다. 1924년 동광학교가 보성학교에 병합되자 보성으로 편입하게 된다. 당시 동광・보성에는 이상보다 나이가 훨씬 많은, 때로 조혼을 하여 자식을 둔 생도들이 다녔는데, 이상은 이들 틈에서 '팔삭둥이'란 별명으로 불렸으며 지나치게 조숙하고 늘 말이 없던 아이였다고 한다. 당시 보성고보에는 이헌구, 김기림, 김환태, 이강국, 임화, 유진산, 원용석, 김상기 등이 다니고 있었으며, 이들의 증언에 의하면 이 시절 이상은 체조를 싫어했으며 칠판에 만화를 잘 그렸고 현미빵을 팔기도 하였다. 그림에 남다른 재능을 지닌 이상이 화가의 꿈을 본격적으로 갖게 된 것은 3학년 때 교내 미술전람회에서 〈풍경〉이라는 작품으로 1등을 하면서부터이다. 이 작품을 뽑아준 미술 교사 고희동은 한국의 첫 서양화가로 이상의 비범한 재능을 알아보고 이상을 극진히 아꼈다. 이에 고무된 이상은 누이 동생 옥희를 모델로 그림을 그리며 화가의 꿈을 키워 나갔으나 현실에 의해 좌절되고 만다. 1927년 이상은 보성고보를 졸업하고 경성고등공업학교(동숭동 소재) 건축과에 입학하게 된다. 미술에서 건축으로의 진로 변경은 "장차 이 집안을 맡을 장자(長子)로서 네가 환쟁이나 되어서 그림이나 그린다면 어떻게 되겠느냐"고 했던 백부의 권고에 의해서이다. 경성고공은 서울 공대의 전신으로 일본의 식민지 교육 정책의 하나로 설립된 고등 기술 학교였다. 이상이 입학한 1927년에만 해도 1학년이 겨우 12명에 불과한, 초라한 학교였으며, 그 가운데 한국인은 3명에 지나지 않았다. 이상은 경성고공을 다시던 3년 내내 성적이 줄곧 1등이었다. 일본의 건축예술과는 달리 식민지 기술자 양성을 위한 관료 기사 수습기관이었던 이곳에서 3년간 이상은 건축설계와 기술을 익히는데, 이것은 훗날 숫자와 기하로 구성된 이상의 난해한 시에 중요한 바탕이 된다. 고공 시절 이상은 일본인 가와카미 시게(川上繁)과 가깝게 지내는데, 이들은 함께 그림을 그리기도 하고 당시 유행하던 데칸쇼(데카르트 · 칸트 · 쇼펜하우어) 철학을 논하기도 한다. 미술에 대한 꿈을 포기해야만 했던 이상은 이 시절, 언어 예술에 새롭게 눈뜨는데, 고공의 회람지 「난파선」의 편집을 주도하는 한편 삽화도 그리고 시를 발표하기도 한다.

이상이 조선총독부 내무국 건축과 기수(技手)가 된 것은 그가 고공을 졸업한 1929년 4월, 스무 살 때였다. 이때 이상은 의주통(지금 서대문에서 독립문 사이)에서 전매청 공사를 설계하고 감독하는 일 등을 하면서 처녀작 『12월 12일』을 잡지 『조선』에 연재한다. 이 작품은 이상의 자전적 소설로 백부에 대한 증오심과 심리적 갈등 그리고 자살 충동과 죽음에 대한 공포 등이 그려져 있다. 이상은 1930년 12월에 총독부 관방 회계과로 전임되었는데, 이는 이상의 천재성을 알아본 일본인 과장의 호의 때문이다. 그러나 이상은 이곳에도 오래 머물지 못하고 1933년 사표를 내고 만다. 각혈을 하고, 건강 치료를 위해 요양을 떠나지 않으면 안 되었기 때문이다. 총독부 근무 시절, 그의 예술적 행로는 고공시절부터 싹트기 시작한 선과 이미지, 수식과 기하학, 언어에 기반 한 상상력을 본격적으로 실험하는 방향으로 나아간다. 1929년 이상은 『조선과 건축』의 표지도안 현상모집에 응모하여 1등과 3등에 당선되고 선전(鮮展)에 「자화상」을 응모하여 입선(1931)하는 한편, 장편소설 『12월 12일』(1930)과 단편 「휴업과 사정」(보산(甫山)이라는 필명 사용), 일문으로 「이상한 가역반응」, 『조감도』 연작시, 『삼차각설계도』 연작시 등을 발표(본명 김해경) 한다. 즉 1929~1933년에 이르기까지 이상은 시와 소설 쓰기, 그림그리기를 동시에 진행하고 있었는데, 이것이 가능했던 것은 일문시에서 알 수 있듯, 이때의 시창작이 기하, 수식, 또 하나의 '기호'

라 할 수 있는 일어에 의한 일종의 회화의 연장선상, 즉 '심층 내면풍경의 설계도' 위에서 이뤄지고 있었기 때문이다. 건축기사, 화가, 시인, 소설가 등으로 종횡무진하며 예술적 잠재성을 표출하기 시작한 이 4년의 기간은 이상의 짧은 연대기에 있어서 제1의 전성기라 할 수 있다. 그러나 이상의 일상적 삶은 그렇지 못했다. 봉목골 본가의 집은 더욱 허물어져갔으며, 겨울 빙판길에서 넘어진 백부는 그 후유증으로 총독부를 그만 둔 뒤 다른 사업을 벌였지만 그것도 실패하고 병석에 눕고 만다. 1929년 그 첫 징후를 보인 폐결핵은 급기야 1931년에는 꽤 심각하게 진행되면서 이상은 1차 각혈을 일으킨다. 이상의 일상과 건강, 그리고 환경이 급격하게 허물어져가기 시작하던 이때, 아이러하게도 이상의 예술은 막 빛을 발하기 시작했던 것이다. 이러한 교차의 한 정점을 이루는 1932년은 이상의 삶과 예술에 있어서 매우 중요한 해이다. 1932년은 19세기적 윤리와 생활인 이상의 삶을 지탱하고 강요했던 양부인 김연필이 죽은 해이며, 필명 '이상'이 정식화되기 시작한 해이다. 필명 '이상'은 그의 『12월 12일』에서부터 나타나지만 1932년까지 이상은 김해경이라는 본명 이외에 히쿠(比久), 보산(甫山)을 사용하고 있었다. 그러던 것을 1932년 이후부터는 필명 '이상'으로 통일하여 정식화하게 된 것이다. 백부 김연필이 죽자 이상은 유산을 정리하여 백모와 반으로 나누고 얼마 안 되는 돈을 가지고 20년 만에 부모 곁으로 돌아온다. 이상은 효자동의 초가집 한 채를 얻어 여섯 가족을 옮기고 그들에게 한없는 연민을 느낀다. 그러나 백부의 죽음을 통해 19세기적 봉건 윤리와 결별하기 시작한 미적 주체 '이상'은 가족을 책임져야 하는 자연인 김해경과도 점차 멀어진다.

건강이 악화된 이상은 1933년 3월, 직장을 버리고 집에서 한약을 먹으며 요양을 하다가 가족의 만류를 뿌리치고 꼽추화가 구본웅과 백천 온천으로 떠난다. 그리고 그곳에서 이상 문학의 첫 여인 금홍(錦紅)을 만나게 되는데, 그녀와의 만남은 소설 「봉별기」, 「날개」를 낳게 한다. 금홍은 요정 '능라정'의 기생으로 열여섯 살에 머리를 얹고 열일곱에 딸을 낳았지만 돌 만에 죽고 없는, 스물 한 살의 여인이었다. 그녀와 사랑에 빠진 이상은 서울에 돌아와 다방 제비를 종로 1가에 열고 금홍을 데려온다. 다방 제비는 그로부터 2년간 문인·예술가들의 아지트가 되었는데 작소(鵲巢)머리에 수염투성이의 이상은 늘 너털웃음으로 그들을 맞았다고 한다. 주로 박태원, 윤태영, 김기림, 이태준, 정지용, 조용만, 이무영, 김소운 등이 이곳을 찾았으며 이들과 교유함으로써 이상 문학은 본격적으로 한국문단에 등장하게 된다. 1933년 이상은 정지용의 소개로 처음으로 우리말 시 「一九三三, 六, 一」 「꽃나무」 「이런 시(詩)」 를 『카톨릭청년』지에 발표하게 된 것이다. 1934년 이상은 '구인회' 가입을 계기로 본격적인 문학활동을 시작하였는데, 문제작 『오감도』를 『조선중앙일보』에 연재하다가 독자들의 항의로 중단한 것도 이해이다. 한편 이상은 하융(河戎)이란 이름으로 박태원의 연재소설 「소설가 구보 씨의 일일(一日)」에 삽화를 그리고 수필 「혈서삼태(血書三態)」 등의 글을 발표한다. 이듬해 1935년 9월 다방 제비는 경영난으로 문을 닫게 된다. 동시에 금홍과의 기이한 동거도 끝나고 홀로 남게 된 이상은 인사동의 카페 '학(쓰루)'을 인수해 경영하였으나 곧 실패하고 만다. 이상은 이어 자신이 직접 설계한 다방 '69'(종로1가)와 다방 '맥'(麥, 명동) 개업에도 성공하지 못하고 서울에서 자취를 감춰버리고 만다. 잇달은 실패에 따른 절망과 환멸에 지친 이상은 경의선을 타고 가다가 성천이란 곳에 내려 그곳에서 한 달을 보내게 되는데, 이곳에서의 낯선 체험은 「산촌여정」이란 수필로 아름답게 형상화된다. 다시 서울로 돌아온 이상은 1937년 죽기 직전까지 활발한 작품 활동을 하는데, 생애 마지막 이 짧은 기간 동안 그는 가장 빛나는 문학적 성취를 보여준다. 1936년 이상은 시 「가외가전」 등을 비롯하여 소설 「날개」, 「봉별기」, 수필 「서망율도」 「조춘점묘」 등의 일련의 대표작들을 발표한다. 그러나 이러한 문학적 성취와 반비례로 그의 생활과 건강은 더욱 피폐해져갔다. 이해에 이상은 창문사에서 구인회 동인지 『시와 소설』을 편집하는 등의 일을 하다가 변동림(수필가 김향안)과 정식 결혼하게 된다. 그러나 이상은 1937년 11월 17일 돌연 도쿄행을 감행하게 되는데, 이는 가족, 여성, 식민지적 곤궁함 등 총체적인 현실에 대한 환멸로부터의 탈출이라고 할 수 있다. 그러나 도쿄에 발을 디딘 이상이 마주한 것은 동경해마지 않았던 '진짜 근대'가 아니라, '서구적 악취'를 풍기는 수입된 '가짜 근대'였다. 뿐만 아니라 이상은 그곳에서 지상 최후의 모더니스트가 아니라, 식민지 조선의 병들고 초라한 무명 시인인 자신의 모습을 발견해야 했다. 1937년 2월 이상은 사상불온자[不逞鮮人]로 일본 경찰에 의해 검거되어 수감되어 있다가 한 달 뒤 건강 악화로 나왔으나 4월 17일 끝내 숨을 거두고 만다.

이상 ▸▸

1910(1세) 9월 23일(음력 8월 20일) 서울 사직동에서 아버지 김연창(金演昌) 어머니 박세창(朴世昌)의 장남(본명 김해경 金海卿)으로 태어나다. 아버지 김연창은 구한국궁내부 활판소에서 일하다가 그만둔 뒤 이발소를 경영하기도 했다.

1912(3세) 친부모를 떠나 백부인 김연필(金演弼)의 집으로 들어가다.

1917(8세) 누상동에 있는 신명학교(新明學校)에 입학하다. 담배 '칼표' 껍질에 그림을 모사하기 시작하다.

1921(12세) 신명학교(4년)을 졸업하고 이어 조선불교중앙교무원에서 경영하는 동광학교(東光學校, 중학교 과정)에 입학하다.

1924(15세) 4월 동광학교가 보성고보(普成高普)에 병합되어서 보성고보 학생이 되다. 그림에 소질을 보여 교내 미술전람회에서 유화 〈풍경〉으로 우등상을 받다.

1926(17세) 보성고보(17회)를 졸업하고 이어 동숭동에 있는 경성고등공업학교(京城高等工業學校) 건축과에 입학하다. 수석을 다투는 우수한 성적으로 학교를 다녔으며 미술부에서 그림을 습작하다.

1927(18세) 경성고공 문예 회람지 『난파선』을 편집하여 표지도 그리고 자신의 글도 발표하다.

1929(20세) 경성고등공업학교(제8회)를 졸업하다. 이때 이상이 편집을 맡은 한국인 학생 17명을 위한 졸업앨범에 '이상(李箱)'이라는 필명이 쓰였다. 이어 총독부 내무국 건축과 기수로 취직, 11월에 관방회계과 영선계(官房會計課 營繕係)로 옮기다. 12월 27일 조선건축회지 『조선과 건축(朝鮮と建築)』 표지 도안 현상모집에 응모하여 1등과 3등으로 당선되다. 4월~7월 사이에 의주통(義州通, 서대문) 전매청청사 설계, 준공 일을 하다.

1930(21세) 『조선(朝鮮)』(2월~12월호)에 처녀 장편소설 『12월 12일』을 연재하다.

1931(22세) 선전(鮮展) 9회전에 서양화 「자화상」을 응모하여 입선하다. 폐결핵으로 1차 각혈을 일으키다. 본명으로 『조선과 건축』(7월호)에 일문시(日文詩) 「이상한 가역반응(異常ナ可逆反應)」 「파편의 경색(破片ノ景色)」 「▽의 유희(▽ノ遊戲)」 「ひげ」 「BOITEUX・BOITEUSE」 「공복(空腹)」 6편을, 8월호에 일문 연작시 『오감도(烏瞰圖)』(「二人・・・・1・・・・」 「二人・・・・2・・・・」 「神經質に肥滿した三角形」 「LE URINE」 「顔」 「運動」 「狂女の告白」 「興行物天使」)를, 10월호에 일문 연작시 『삼차각설계도(三次角設計圖)』(「線に關する覺書1」 「線に關する覺書2」 「線に關する覺書3」 「線に關する覺書4」 「線に關する覺書5」 「線に關する覺書6」 「線に關する覺書7」), 보산(甫山)이란 필명으로 소설 「휴업과 사정」을 『조선』(4월호)에 발표하다.

1932(23세) 백부 김연필 사망하다. '이상(李箱)'이란 필명으로 『조선과 건축』 7월호에 일문 연작시 『건축무한육면각체(建築無限六面角體)』(「AU MAGASIN DE NOUVEAUTES」 「熱河略圖 No.2」 「診斷 0:1」 「二十二年」 「出版法」 「且8氏の出發」 「眞晝−或るESQUISSE」), 히쿠(比久)라는 필명으로 소설 「지도의 암실」(『조선과 건축』 4월호)을 발표하다.

1933(24세) 각혈로 총독부 기사직을 사직하다. 건강 악화로 화가 구본웅과 배천 온천으로 요양을 떠나다. 그곳에서 기생 금홍(錦紅, 본명 연심)과 알게 되다. 상경하여 종로 1가에 다방 '제비'를 개업하고 금홍을 제비 마담으로 불러와 동거하다. 이태준, 박태원, 김기림, 정인택, 윤태영, 조용만 등과 교우하다. 한글로 된 시 「一九三三, 六, 一」 「꽃나무」 「이런 시」(『카톨릭청년』 7월호) 「거울」(『카톨릭청년』 10월호)에 발표하다.

1934(25세) 구인회에 가입하다. 가족들 신당동의 빈민촌으로 이사하다. 시 「보통기념(普通紀念)」(『월간매신』 6월호) 「소영위제(素榮爲題)」(『중앙』 9월호)를 발표하다. 『조선중앙일보』(7.24~8.8)에 『오감도』(「시 제1호」~「시 제15호」)를 연재하다가 독자들의 강력한 항의로 15호까지 게재하고 중단하다. 소설 「집팽이 력사(轢死)」(『월간매신』 8월호), 수필 「혈서삼태(血書三態)」(『신여성』 6월호) 「산책의 가을」(『신동아』 10월호) 발표. 하융(河戎)이란 필명으로 박태원의 연재소설 「소설가 구보 씨의 일일」에 삽화를 그리다.

1935(26세) 9월 경영난으로 '제비' 파산하다. 금홍과 헤어지고, 인사동에 있는 카페 '쓰루(鶴)'를 인수, 경영하다가 실패하다. 여급 권순희와 연애하다. 다시 다방 '69', '무기(麥)'을 계획했다가 실패하다. 인천, 성천(成川) 등지를 돌며 체류하다. 시 「정식 Ⅰ~

Ⅵ」(『카톨릭청년』 4월호) 「지비(紙碑)」(『조선중앙일보』 9.15), 수필 「산촌여정(山村餘情)」(『매일신보』 9.27~10.11), 평론 「사회여 문단에도…」(『조선중앙일보』 1.5) 「현대 미술의 요람」(『매일신보』 3.14~23)을 발표하다.

1936(27세) 구본웅의 부친이 경영하던 창문사(彰文社)에 취직하여 구인회의 유일한 동인지 『시와 소설』 1집을 편집하다. 김기림의 시집 『기상도』의 편집을 맡아서 제작하고 김기림과 서신을 왕래하다. 구본웅 서모의 동생인 변동림(김향안)과 신흥사에서 정식으로 결혼하고 황금정(黃金町) 셋방에서 비밀리에 동거생활 시작하다. 11월에 도쿄로 가다. 도쿄에서 『삼사문학(三四文學)』 동인들과 간간이 어울리다. 시 「지비(紙碑) Ⅰ·Ⅱ·Ⅲ」(『중앙』 1월호), 연작시 『역단(易斷)』(「火爐」「아츰」「家庭」「易斷」「行路」(『카톨릭청년』 2월호) 「가외가전(街外街傳)」(『시와 소설』 창간호, 3월) 「명경(明鏡)」(『여성』 5월호), 연작시 「위매(危罵)」(「禁制」「追求」「沈沒」, 『조선일보』 10.4) 「절벽(絶壁)」 「백화(白晝)」 「문벌(門閥)」(『조선일보』 10.6) 「위치(位置)」 「매춘(賣春)」 「생애(生涯)」(『조선일보』 10.8) 「내부(內部)」 「육친(肉親)」 「자상(自像)」(『조선일보』 10.9) 「I WED A TOY BRIDE」(『삼사문학』 10월호), 소설 「지주회시(鼅鼄會豕)」(『중앙』 6월호) 「날개」(『조광』 9월호) 「봉별기(逢別記)」(『여성』 12월호), 수필 「나의 애송시」(『중앙』 1월호) 「서망율도(西望栗島)」(『조광』 3월호) 「조춘점묘(早春點描)」(『매일신보』 3.3~26) 「여상사제(女像四題)」(『여성』 4월호) 「약수(藥水)」(『중앙』 7월호) 「EPIGRAM」(『여성』 8월호) 「행복(幸福)」(『여성』 10월호) 「가을의 탐승처(探勝處)」(『조광』 10월호) 「추등잡필(秋燈雜筆)」(『매일신보』 10.14~28), 평론 「작가의 호소」(『조선중앙일보』 1.6) 「자유주의에 대한 한 개의 구심적 경향」(『조선일보』 1.24)을 발표하다.

1937(28세) 사상불온자로 오인되어 일제 경찰에 검거되어 감금되다(2.12). 건강이 극도로 악화되어 한달 만에 병보석으로 풀려나다(3.16). 도쿄제대 부속병원에 입원하게 되고 아내 변동림이 도쿄로 건너오다. 4월 16일 부친상과 조모상을 당하고, 다음날 4월 17일 도쿄제대 부속병원에서 별세하다. 아내가 화장한 유골을 가지고 5월 4일 귀국, 그의 친구들이 모인 가운데 같은 해 3월 29일 폐결핵으로 사망한 김유정과 합동영결식을 치르고 유해를 미아리 공동묘지에 매장하다. 소설 「동해(童骸)」(『조선』 2월호, 1937) 「공포의 기록」(『매일신보』, 4월 25일~5월 15일) 「종생기(終生記)」(『조광』 5월호), 동화 「황소와 독깨비」(『매일신보』, 3월 5일~9일, 본명 김해경으로 발표), 수필 「십구세기식」(『삼사문학』 4월호) 「권태」(『조선일보』, 5월 4일~11일)를 발표하다.

1977 문학사상사에 의해 '이상문학상'이 제정되다. 이해 10월 제1회 수상자를 내다.

1985 그동안의 간행되었던 '이상전집'들—고대문학회 『이상전집(전3권)』(1956, 태성사), 이어령 『이상소설전집, 이상시전집(전2권)』(1997~8, 갑인출판사), 김윤식 이승훈 『이상문학전집(전3권)』(문학사상사)에서 발견된 누락 또는 오류를 대폭 바로 잡은 『정본 이상전집(전3권)』(소명출판, 2005년)이 김주현에 의해 새롭게 출간되다.

허준 許俊, 1910~?

/채호석/

허준은 1934년 시인으로 등단한 이후, 1936년 다시 「탁류」로 소설가로서 등단하여, 1948년 월북하기 이전까지 시인이자 소설가로서 활동하였다. 시나 소설이가 과작(寡作)이어서, 등단한 이후 월북까지 시 10여 편과 소설 10편을 남겼을 뿐이다. 시로서보다는 소설로서 더 많은 주목을 받았으며, 모더니즘 경향의 신세대 작가로 등단하여 해방 후 월북에 이르는 그의 문학적 경로가 박태원, 김기림과 같은 모더니즘 작가들과 더불어 한국문학사에서 해명되어야 할 과제로 인식되고 있다.

허준의 삶과 작품 세계는 대체로 세 시기로 나뉜다. 첫째 시기는 등단하기 이전까지의 문학수업 기간이며, 둘째 시기는 1930년대 중반에서 해방에 이르는 시기, 그리고 마지막 시기는 해방 후 월북하기까지의 시기이다.

허준은 1910년 일본이 조선을 강점하던 바로 그해 2월 평안북도 용천군 외상면 정차동에서 태어났다. 아버지 허민은 한의사였던 것으로 추정된다. 1923년 서울 낙원동으로 이사하기 전까지 허준은 용천에서 어린시절을 보냈는데, 학질을 자주 앓아 죽음의 문턱에까지 갔다 온 적이 있는 허약한 아이였다. 이런 어린 시절의 경험은 그의 문학에도 많은 영향을 미친 것으로 생각된다. 허준은 남시(南市)보통학교에 입학하였으나 학교생활에 잘 적응하지 못하였다.

서울로 이사한 후, 다동(茶洞)보통학교로 전학을 하였지만, 서울서도 학교에 적응을 잘 하지 못하였으며, 수학을 빼놓고는 성적이 좋지 않아 낙제를 하기도 하였다. 1924년 보통학교를 졸업한 허준은 서울 중앙학교(중앙고등보통학교의 전신)에 진학하였으나, 역시 공부에 뜻을 두지 못하였고, 낙제를 한 후 학교를 그만 둘 결심까지 하였다고 한다. 친구들의 만류로 다시 학교를 다니기는 했으나 여전히 공부에는 뜻을 두지 못한 그는 아리시마 다케오(有島武郎) 등의 소설을 읽으면서 문학을 하려는 의지를 굳히게 된다.

1924년 중앙고보를 졸업한 허준은 문학수업을 위해 일본 유학을 떠난다. 와세다(早稻田)대학에 들어가기 위해 와세다고등학원에 입학하였으나, 대학 입학의 번거로움을 피해 본과에 바로 진학할 수 있는 호세이(法政)대학 예과에 입학하여 본격적으로 문학수업을 한다. 이 시기의 생활의 일부분이 「습작실에서」에 반영되어 있다.

허준이 본격적으로 문학활동을 한 것은 1934년도부터이다. 1934년 호세이대학을 졸업하고 귀국한 허준은 『조선일보』에 시 「초」 「가을」 등을 발표하면서 시인으로 등단한다. 그리고 1936년 『조광』에 「탁류(濁流)」를 발표하면서 소설가로서도 활동하기 시작한다. 허준이 소설가로 등단한 1936년도는 해방 전 한국소설사에서 하나의 분기점이 되는 시기이다. 또 한 명의 신세대 작가인 김동리가 「무녀도」를 발표한 것도 1936년이고, 최명익의 첫 소설 「비오는 길」도 이해 발표되었다. 박태원의 『천변풍경』, 이상의 「날개」가 발표된 것도 1936년도의 일이다.

해방 전 허준의 소설들은 다른 신세대 작가들과 비슷하게 인간의 존재론적 문제의 규명에 초점이 놓여 있다. 여기에는 어린 시절의 아팠던 경험 등이 영향을 미치고 있으며, 그에 아울러 민족주의와 사회주의 시기를 거쳐 가혹한 사상적 탄압에 이르는 시대의 영향이 적지 않다. 1936년 발표된 허준의 첫 소설 「탁류」에는 이런 특성이 잘 드러나 있다. 「탁류」의 주인공인 철은 군청 직원으로 '순이'라는 늙은 창부와 결혼하여 살아가고 있지만, 삶의 가치를 찾지 못하고 세계의 무의미에 맞닥뜨려 삶에 대한 근본적인 허무 의식을 벗어나지 못한 채, '해결성 없는 지속'의 버릇만으로 살아간다. 창부 출신으로 지극히 세속적인 세계에서 살고 있는 부인 순이나, 학교의 방침에 저항하며 자신의 세계를 구축하고자 하는 채숙이라는 아이는 비록 성향은 다르지만 무엇인가 '끝'을 바라고 있다는 점에서 주인공과는 다른 세계에 머문다. 「탁류」는 주인공과 세계 사이의 근본적인 불일치를 그리고 있는 작품이다. 1938년에 발표한 「야한기(夜寒記)」에서는 이런 불일치가 더욱 확대되어, 어그러진 채로 소통 없이 저마다의 삶을 살아가는 사람들의 모습을 그리고 있다.

무엇인지 모르지만 자기 자신에게 주어져 있는 삶의 운명, 그리고 그것을 추구하기 때문에 어쩔 수 없이 사람들과 어긋나게 살아가는 삶의 방식이 지닌 긍정성은 「습작실에서」에서 확인된다. 작품의 대상 시기는 「탁류」나 「야한기」보다 앞서는 「습작실에서」는, '인욕 무명진 역무무명진(忍辱 無明盡 亦無無明盡)'이라는 『반야심경』의 어구에 맞추어, 자신의 운명을 주체적으로 수용하는 하숙집 주인의 삶을 통해 주인공 스스로 참된 고독의 의미를 인식하게끔 만든다. 허준이 해방 전에 비록 인간을 역사적이고 사회적인 인간으로 인식하고 있었다고 하더라도, 기본적으로 그의 소설은 고독한 인간 존재에 맞추어져 있다는 점에서 제약되어 있다.

1936년부터 『조선일보』 편집국 기자로 일을 하던 허준은 일제의 강요에 의해 1940년 '키노시타(木下)'로 창씨개명을 하였으나, 억압된 현실을 더 이상 견디지 못해 1941년 만주로 떠난다. 만주에서 『만선일보』와 관계를 맺고 있던 허준은 1945년 해방이 되자 곧바로 만주에서의 삶을 청산하고 귀환 길에 오른다.

1945년 해방 이후 월북할 때까지의 허준의 삶은 해방 전과는 사뭇 다른 양상을 보여준다. 해방 직후에 귀국한 허준은 그해 12월 '경성조소문화협회(京城朝文蘇化協會)' 발기인으로 참여하고, 1946년 '전국문학자대회'에 참석하였으며, '조선문학가동맹' 소설부 위원으로 활동하다가, '조선문학가동맹'의 서울시 지부 부위원장에 선출된다. 1947년에는 여학교 어학 교원으로 근무하기도 하였던 허준은 1948년 황해도 해주에서 개최된 '남조선인민대표자회의'에 대의원 자격으로 참가하기에 이른다. 그리고 남한에서 남조선노동당이 불법화되자 월북을 한다. 허준은 해방 전에는 '습작실'로 대표되는 개인의 고독한 성에 머물면서, 인간 존재의 의미와 운명, 그리고 그에 따른 필연적인 고독을 추구하면서 살았지만, 해방 후에는 해방 전과는 달리 사회활동에 적극적으로 참여하는 모습을 보인다. 물론 허준의 참여는 카프(KAPF) 출신 작가들의 활동이나 김동리의 참여에 비하면 그리 활발하였다고는 할 수 없으나, 해방 전에 비했을 때 매우 대조적인 모습을 보이고 있는 것도 사실이다.

허준이 삶의 방식을 바꾸는 이유의 일단은 「속・습작실에서」에서 확인할 수 있다. 해방 전의 「습작실에서」의 속편으로 쓰인 「속・습작실에서」는 「습작실에서」와는 달리 타인을 매개로 한 자기 부정을 거쳐 역사적 삶으로 나아가는 계기를 드러내 주고 있다. 학업을 중단하고 할머니의 여관에서 할머니를 도우면서 고독한 자폐의 공간 속에서 살아가는 주인공은 세계 속으로 나아가야 한다고 생각은 하고 있지만 이를 감당할 힘이 없어 그러지 못하고 문학 창작에만 열중하고 있다. 이러한 주인공의 세계의 틈을 비집고 들어와 주인공을 변화시키는 존재는 손님인 이씨이다. 당당한 풍모, 호방한 성격을 지닌 사회주의자 이씨는 주인공의 삶의 방식을 진심으로 걱정하며 방에서 벗어나라고 충고한다. 소식을 모르다가 감옥에 갇혀 있는 이 씨로부터 한 통의 편지를 받고도 면회를 가지 못했던 주인공은 이씨가 죽었다는 소식을 듣고 비로소 자기의 껍질에서 벗어나 세계로 나아갈 수 있는 가능성을 자기 부정을 통해 열어젖힌다.

「속・습작실에서」보다 먼저 쓰인 「잔등」을 비롯해, 그 이후에 발표한 「평때저울」이나 「역사」 같은 소설들은 이 점에서 「속・습작실에서」 이후에 놓인다. 해방 후 허준의 소설 중에서 가장 의미 있는 작품은 「잔등」이다. 해방이 되고 만주에서 귀환하면서 겪은 일을 차분하게 기록하고 있는 「잔등」에서는 '새로운 국가 건설'이라는 당대의 거대한 과제를 해방 이후의 구체적인 삶 속에서 풀어나갈 수 있는 길을 모색하는 소설이다. 주인공은 해방된 조국으로 돌아오면서 여러 가지 일을 겪으면서, 이를 관찰자적인 시각에서 그리고 있다. 주인공이 겪은 일 가운데 중요한 두 개의 만남이 있는데, 이 두 만남은 식민지 잔재 청산의 두 방식을 대표한다고 할 수 있다.

첫 번째의 만남은 뱀장어를 잡는 소년과의 만남이다. 행동적이며, '직절하고 선명한' 느낌을 주는 소년은 잡은 뱀장어를 일본인에게 팔면서 생계를 유지하지만 다른 한편으로는 도망하는 일본인 잔류자들을 감시하는 일을 하기도 한다. 이 소년을 통해 해방을 맞는 새로운 세대의 긍정성을 주인공은 느낀다. 두 번째 만남은 국밥집 주인 노파와의 만남이다. 식민지 시대에 남편과 아이들을 모두 잃어버린 국밥집 노인은 그러한 개인사에도 불구하고 일본인 잔류민들을 따뜻하게 대한다. 한편으로는 인간이라는 존재에 대한 기본적인 애정에 바탕을 두고 있지만, 다른 한편으로는 일본인이라는 이름으로 모든 일본인을 싸잡아 대하는 데에 대한 부정이기도 하다. 여기에는 아들과 함께 사회주의 운동을 하다가 잡혀 들어간 일본인 청년의 기억이 바닥에 깔려 있는 것이다.

결국 「잔등」에서는 해방된 조국에서의 식민지 잔재 청산의 두 가지 방식을 두 개의 일화를 통해 보여주고 있는 것인데, 물론 허준의 입장은 국밥집 할머니 쪽에 무게가 쏠리고 있다. 기본적으로 인간의 삶이란 사회적이고 역사적인 것이지만, 거기에는 인간 존재에 대한 믿음과 애정이 바탕이 되어 있어야 한다는 것이다. 「잔등」의 여로가 처음 목표한 데 이르지 않았음에도 여기서 끝나는 이유는 바로 허준이 하나의 길을 발견하였기 때문이다.

「잔등」과 「속·습작실에서」를 통해 자기로부터 벗어나 세계에 대한 인식으로 나아갈 단초를 보여주었던 허준은 이후 「황매일지(黃梅日誌)」 「평때저울」 「역사」와 같은 작품에서는 당대 사회의 현실에 대한 구체적인 묘사로 나아간다. 그 마지막에 「역사(歷史)」가 있으나, 이 작품은 허준의 월북으로 미완으로 그치고 만다.

1948년 월북한 이후의 허준에 대해서는 알려진 바가 거의 없다. 월북 후 최고인민회의 대의원을 지냈음은 확인되나, 그 이후의 삶이나 사망 시기 등은 알 수 없다. 남로당 계열이 숙청될 때 같이 숙청되었을 가능성이 있으나 이 역시 확인할 수 없다.

허준 ▸▸

1910년(1세) 2월 27일 평안북도 용천군 정차동에서 허민과 정순민 사이의 5남 중 3남으로 태어나다. 몸이 허약해서 학질을 잘 앓았다고 한다. 남시(南市)보통학교를 다니다.

1923년(14세) 고향 용천에서 서울 낙원동 169번지로 가족이 모두 이사하다. 남시보통학교에서 서울의 다동(茶洞)보통학교로 전학하다. 학교 생활에 적응을 잘 못 했으며, 수학을 뺀 전과목의 성적이 좋지 않았다.

1924년(15세) 3월에 다동공립보통학교 4학년을 수료하고 4월에 중앙학교 제1학년에 입학하다.

1926년(17세) 3학년 때 낙제를 하다. 학교를 그만두려 했으나 친구들의 권유로 다시 다니게 되다.

1928년(19세) 3월 중앙고보를 졸업하고 도쿄로 건너가 와세다고등학교(早高)에 입학하였으나, 바로 호세이대학(法政) 예과에 입학하다. 유학 기간 중에 본격적으로 문학을 공부하기 시작하다. 건강상의 이유로 잠시 귀국하기도 하였으나, 수석을 할 정도로 열심히 공부하다.

1934년(25세) 호세이대학을 졸업하고 귀국하여 『조선일보』에 「초」 「가을」 「실솔(蟋蟀)」 「단장(短杖)」 등의 시를 발표하면서 문단에 등단하다. 이 무렵부터 백석, 신현중 등과 교우하기 시작하다.

1935년(26세) 신현중의 여동생 신순영과 결혼하다. 「창(窓)」 「모체(母體)」 「밤비」 등의 시를 여러 매체에 발표하였으며, 수필 「나의 문학 전(前)」을 발표하다. 「나의 문학 전」은 작가로 등단하기 이전의 삶과 문학관의 일단을 보여준다.

1936년(27세) 1월 백석의 시집 『사슴』의 출판기념회에 발기인으로 참여하다. 시 「소묘(素描) 세 편」을 발표하다. 소설 「탁류」를 『조광』에 발표하면서 소설가로 데뷔하다. 여러 비평가로부터 많은 관심을 받다. 3월에 첫딸 숭(崧)을 낳고, 4월에는 조선일보 편집국 교정부 수습기자로 입사하다.

1938년(29세) 3월 아들 욱(薁)을 낳다. 『조선일보』에 「야한기(夜寒記)」를 연재하다.

1940년(31세) 8월 '키노시타(木下)'로 창씨개명을 하다. 10월에 일본 잡지 『조선화보(朝鮮畫報)』에 「습작실에서(習作部屋から)」를 일본어로 발표하다. 12월 3일 아들 호(浩)를 낳다.

1941년(32세) 2월 「습작실에서」를 발표하다. 일본 제국주의의 탄압이 거세져, 한글 글쓰기가 더욱 어려워지자 만주로 건너가다.

1942년(33세) 6월 아버지 허민이 평북 용천에서 사망하다. 12월 만주 용천에서 딸 침자(枕子)를 낳다.

1945년(36세) 해방이 되자 바로 귀국하다. 12월 27일 '경성조소문화협회(京城朝文蘇化協會)' 발기인으로 참여하다. 1946년(37세) 만주로부터 돌아올 때 보고들었던 체험을 바탕으로 소설 「잔등(殘燈)」을 『대조』에 발표하다. 식민지 잔재 청산이 어떠한 방식으로 이루어져야 하는가를 고민하고 가능성을 모색하다. 시 「장춘대가(長春大街)」를 『개벽』에 발표하였으며, 소설 「한식일기(寒食日記)」를 발표하다. 2월에 열린 '전국문학자대회'에 참석하다. 이어 '조선문학가동맹'의 소설부 위원으로 활동하다. 8월 '문학가동맹'의 서울시지부 결성 당시 부위원장에 선출되다. 9월 소설집 『잔등』을 을유문화사에서 간행하다.

1947년(38세) 잠시 여학교 어학 교원으로 근무하다. 소설 「황매일지(黃梅日誌)」 「임풍전(林豊田) 씨의 일기」 「속 · 습작실에서」를 발표하다. 「속 · 습작실에서」를 통해 해방 전의 소설에서 보여주었던 자기 안의 고립된 허무의 세계로부터 밖의 세계로 나갈 수 있는 계기를 보여주다.

1948년(39세) 8월 21~26일 해주에서 개최된 '남조선인민대표자회의'에 대의원 자격으로 참가하다. 소설 「평때저울」을 발표하였고, 「역사(歷史)」를 쓰기 시작하였으나 끝맺지 못하고 월북하다. 북한에서는 최고인민회의 대의원을 지낸 것으로 알려진다. 사망 시기는 확인되지 않았다.

윤석중 尹石重, 1911~2003

/김화선/

많은 이들에게 사랑받고 있는 동요 「퐁당 퐁당」 「고추먹고 맴맴」을 비롯하여 1200여 편에 가까운 동시를 창작한 석동(石童) 윤석중은 1911년 5월 25일 서울 수표동 13번지에서 윤덕병의 아들로 태어났다. 세 살 때 어머니를 여읜 윤석중의 어린 시절은 불우했다. 한 점 혈육인 누나마저 세상을 떠나고 아버지에게서 별다른 정을 느끼지 못한 채 외할머니의 슬하에서 자라면서 이후 작품활동을 하는 데 커다란 발판이 된 외로움의 정서를 체득한다. 윤석중의 동시에서 어머니를 표현한 작품이 「엄마 목소리」(1933) 「어머니」(1948) 「엄마」(1950) 「엄마는 대번 아세요」(1956) 「엄마와 아기」(1967) 「엄마 생각」(1980) 등 150여 편이 된다는 사실은 가족의 사랑을 상징하는 어머니에 대한 그리움이 얼마나 크게 작용했는가를 짐작하게 한다.

사실 그의 부친 윤덕병은 자녀 아홉을 낳았지만 윤석중을 제외하고는 모두 어려서 세상을 떠났다. 윤석중은 일찍 세상을 떠난 여러 남매들과 달리 자신만 살아남은 이유를 고민하는 과정에서 "나의 길은 동요 짓기요, 나의 보람 또한 동요 짓기"(윤석중, 「나의 길, 나의 보람」, 『느티나무』 제7호, 1991)임을 깨닫게 된다. 어린 시절 불행한 가정 환경이 윤석중에게 영향을 미친 것은 사실이나 그렇다고 윤석중의 문학세계가 어둡고 우울한 것은 아니다. 윤석중은 오히려 내면의 외로움을 밝고 긍정적인 삶의 자세로 전환시키며 낙천적인 동심의 세계를 노래한다.

열 살이 되어 교동 보통공립학교에 입학한 윤석중은 열 두 살이 된 1923년 심재영 · 설정식과 함께 '꽃밭사'라는 모임을 결성하고 『꽃밭』이라는 잡지를 몇 권 만든다. 이듬 해 동요 「봄」을 『신소년』에 투고하여 입선하며 본격적으로 동요를 창작하게 되는데, 「봄」은 보통학교에 입학하여 배운 일본어 노래 「하루가기다(봄이 왔네)」를 의식하여 지은 동요이다. 또한 윤석중은 잡지 『어린이』 『신소년』 등의 독자란에 글을 발표하던 어린이를 모아 '기쁨사'라는 동인을 만들고 『기쁨』이라는 제목의 문집을 펴낸다. 다음 해인 1925년 동요 「오뚜기」가 개벽사의 『어린이』지에 입선이 되고, 『동아일보』 신춘문예에 동화극 「올빼미 눈」이 가작으로 입선된다. 1926년 조선물산장려회에서 모집한 「조선물산 장려가」가 1등으로 뽑히면서 『어린이』에 천재 소년으로 소개된다.

윤석중은 교동 보통학교를 4학년까지 다니고 양정 고등보통학교에 진학을 하지만 졸업을 앞두고 자퇴를 한다. 그리고 일본으로 유학을 떠났다 경제적 어려움으로 인해 1년 후 귀국한다. 1932년 우리 나라 최초의 창작 동요집 『윤석중 동요집』(신구서림)을 펴냈고, 이듬해에는 우리 나라 최초의 동시집인 『잃어버린 댕기』(계수나무회)를 발간하며 동시라는 용어를 처음 사용한다. 윤석중은 『잃어버린 댕기』에서 기존의 동요가 지닌 정형성에서 탈피하여 자유로운 형식의 동시를 선보이려고 하였다. 같은 해에 윤석중은 『어린이』지의 편집 주간을 맡는다. 1934년 조선중앙일보 학예부장 이태준의 소개로 『조선중앙일보』에 입사하여 『소년중앙』 『중앙』의 편집을 주관한다. 1935년 박용실과 혼인을 한 다음 해 일장기 말살 사건으로 『조선중앙일보』가 폐간되자 『조선일보』 출판국에 취직을 하여 『조선아동문학전집』을 엮는다. 1939년 『조선일보』 계초장학회의 추천으로 일본 상지대(上智大) 신문학과에 입학하여 1941년에 졸업한다. 해방이 된 1945년 윤석중은 아동문화협회를 창설하여 『주간 소학생』을 발간한다. 한국전쟁을 겪으면서도 전쟁의 슬픔과 고향에 대한 그리움을 동시로 창작한 윤석중은 휴전이 된 후 『내가 겪은 이번 전쟁』이라는 어린이 글 모음집을 엮고 『윤석중 동요 100곡』을 출간하는 등 전쟁의 아픔을 자신만의 방식으로 달랜다.

1955년 다시 조선일보사에서 『소녀조선일보』를 편집하고, 1956년 1월 3일 조풍연, 피천득, 김영수, 윤극영, 이효선, 홍웅선, 윤형모, 한인현, 안응렬과 같이 아동문화운동단체 '새싹회'를 창립하여 2003년까지 회장직을 역임한다. 새싹회는 소파상(1956), 장한어머니상(1961), 해송동화상(1965)을 제정하여 시상하고, '어린이 합창단' '어린이 글짓기' 등의 창립 · 육성에 힘쓴 아동문화운동 단체이다. 윤석중은 1964년부터 2003년까지 난파 기념사업회 이사장을 지내고, 문인협회 아동문학 분과위원장(1967), 문교부 국어심의회 국어순화분과 위원장(1976), 방송윤리위원회 위원장(1977), 초대방송위원장(1981~1984), 마해송문학비 건립위원회 위원장(1997) 등을 역임한다. 또한 3 · 1문화상 예술부문 본상을 수상하고, 서울교육대학이 제정한 '고마우신 선생님상'(1965), 문화훈장 국민장(1966), 외솔상(1973), 필리핀 막사이사이상(언론 문학 창작 부문, 1978), 아동문학 부문 대한민국문학상 본상(1982), 대한민국 예술원상(1989) 등을 수상한다.

윤석중의 작품 세계를 대략 세 시기로 구분할 때 제1기는 『윤석중 동요집』에서 『초생달』이 발간된 일제 식민지하에서 해방에 이르는 시기로서, 이 시기 윤석중의 작품 세계를 낙천적 동심의 세계로 요약할 수 있다. 윤석중 스스로 밝히고 있듯이 "현실이 참담할수록 필요한 것은 한숨과 눈물, 원망과 싸움이 아니라 즐거움과 희망이라는 것을"(윤석중, 「어린이와 한평생」, 범양사, 1985) 동시를 통해 실천하고자 하였던 것이다. 윤석중은 어린이들이 보고 듣는 모든 것들에서 소재를 취해 밝은 동심을 노래하며 현실을 극복하고자 한다. 외로웠던 유년시절의 체험은 자연물을 비롯한 사물들에게 마음을 열고 씩씩한 기상으로 희망을 노래하는 경향으로 나타난 것이다.

윤석중의 작품 경향은 사실 큰 변화를 보이지 않는 편이나 『아침까치』(1950), 『노래동산』(1956), 『엄마 손』(1960), 『어린이를 위한 윤석중 시집』(1960) 등이 발간된 제 2기에 이르면 형식적인 면에서나 내용적인 면에서 다소 변화가 감지된다. 중기에 이르면 초기 시에서 여전히 남아있던 민요조의 정형률에서 탈피하려고 노력하면서 현실을 보다 적극적으로 인식하는 작품들을 창작한다. 무엇보다 윤석중이 직접 체험한 한국전쟁은 작가로 하여금 현실을 외면하지 못하게 만든다. 전쟁이라는 비극적 현실과 피난을 가는 안타까운 상황이 동시에 개입하며 어린이의 시각에서 전쟁의 비참함을 표현하고 있는 『노래동산』과 『엄마 손』을 탄생시킨다. 제 2기에 해당하는 윤석중의 중기 작품들은 8·15해방과 한국전쟁, 4·19혁명과 같은 사회 현실을 배경으로 한다. 초기 작품들에 비해 현실 참여적 경향이 보다 강하게 드러나는 것이 특징이라고 할 수 있다.

1962년에 발행한 『윤석중 아동문학 독본』에서 1990년에 발행한 『여든 살 먹은 아이』에 이르는 후기(제3기)는 정형률에서 벗어났던 중기 시의 경향이 다시 음수율을 갖춘 동시로 전환되는 시기이다. 『바람과 연』(1966) 『카네이션은 엄마 꽃』(1967) 『꽃길』(1968) 『엄마하고 나하고』(1979) 『노래 하나 가득』(1981) 『아기꿈』(1987) 등의 작품집에는 사회 현실 대신 어린이의 일상생활과 자연이 소재가 되고 있다. 정형률에 바탕을 두고, 애상적이고 감상적인 경향에서 벗어나 밝고 건강한 동심을 노래하고 있다는 점이 윤석중 후기 시의 특징이다.

순수하고 낙천적인 동심을 바탕으로 꾸준히 작품 창작을 해 온 윤석중은 웅진출판사에서 팔순 기념 동요집 『여든 살 먹은 아이』를 출간하고 2003년 12월 9일 향년 92세로 별세한다.

윤석중 ▸▸

1911년(1세) 5월 25일 서울 수표동에서 윤덕병의 아들로 태어나다. 호는 석동이다.

1923년(13세) 교동보통학교 동무였던 심재영, 설정식과 '꽃밭사'라는 모임을 만들어 잡지 『꽃밭』을 만들다.

1924년(14세) 『어린이』 『신소년』의 독자란에 글을 발표하던 어린이를 모아 '기쁨사' 동인을 만들어 문집 『기쁨』을 발간하다. 마산의 이원수, 대구의 윤복진, 울산의 서덕출, 언양의 신고송, 수원의 최순애 등이 동인으로 있는 '굴렁쇠'에서 잡지 『굴렁쇠』를 발간하다. 동요 「봄」이 『신소년』에 입선되다.

1925년(15세) 동요 「오뚜기」가 개벽사의 『어린이』에 입선되어 동요를 쓰는 어린이 문사로 이름이 알려지다. 『동아일보』 신춘문예에 동화극 「올빼미 눈」이 가작으로 입선되다.

1926년(16세) 조선물산장려회에서 모집한 「조선물산 장려가」가 1등으로 뽑히게 되어 『어린이』에 천재 소년으로 소개되다. 이때부터 본격적으로 동요 창작을 시작하다.

1931년(21세) 7월 23일 소파가 세상을 떠나자, 장례식날인 7월 25일 조시 「못가세요 선생님」을 발표하다.

1932년(22세) 우리 나라 최초의 창작 동요집 『윤석중 동요집』을 신구서림에서 발간하다.

1933년(23세) 우리 나라 최초의 동시집 『잃어버린 댕기』를 계수나무회에서 발간하여 자유로운 형식의 동시를 선보이다. 개벽사에 입사하여 소파 방정환 선생의 뒤를 이어 『어린이』지를 주관하다.

1934년(24세) 『조선중앙일보』 학예부장 이태준의 소개로 조선중앙일보사에 입사하여 『소년중앙』 『중앙』을 주관하다.

1935년(25세) 충청도 출신의 박용실과 결혼하다.

1936년(26세) 일장기 말살 사건으로 『조선중앙일보』가 폐간되자 12월 『조선일보』 출판국에 취직을 하다. 조선일보사에서 『소년조선일보』 『소년』 『유년』을 편집하며 아동문학의 발전 기반을 다지다. 조선일보출판국의 이름으로 『조선아동문학전집』을 엮다.

1939년(29세) 『조선일보』 계초장학회의 추천으로 일본 조치(上智)대학 신문학과에 입학하다. 일본에서 『모던 니뽄』지의 사장으로 있던 마해송의 도움을 받았다고 한다. 박문서관에서 『윤석중 동요선』을 출간하다.

1940년(30세) 일본 도쿄에서 동요집 『어깨동무』를 발간하다.

1941년(31세) 일본 도쿄의 조치대학을 졸업하다.

1945년(35세) 8·15해방이 되자 고려문화사에서 『어린이신문』을 창간하다. 을유문화사(사장 민병도)에 조선아동문화협회 본부를 두고 『주간 소학생』을 창간하다. 조선아동문화협회의 창립 멤버는 한은총재를 지낸 민병도, 출판인 정진숙, 편집인 조풍연 등이었다.

1946년(36세) 어린이날을 다시 출발시키고 「어린이날 노래」(안기영 곡)와 「졸업식 노래」(정순철 곡)를 짓다. 박문출판사에서 동요집 『초생달』을 출간하다.

1947년(37세) 윤극영, 정순철, 한인현 등과 '노래동무회'를 창립하여 동요 창작과 노래 보급에 앞장서다.

1950년(40세) 시집 『굴렁쇠』를 수선사에서 출간하다. 동요집 『아침까지』의 견본이 나온 날에 한국전쟁이 발발하다.

1951년(41세) 육군본부와 미 제8군 사령부에서 3년 동안 문관으로 근무하다. 11월 11일 '윤석중 아동연구소'를 열다.

1955년(45세) 2월 조선일보사에 입사하여 『소년조선일보』를 편집하다.

1956년(46세) 1월 3일 조풍연, 피천득, 김영수, 이효선, 홍웅선, 윤형모, 한인현, 안응렬과 같이 아동문화운동단체 '새싹회'를 창립하여 2003년까지 회장직을 역임하다. 새싹회는 소파상(1956), 장한어머니상(1961), 해송동화상(1965)을 제정하여 시상하고, '어린이 합창단', '어린이 글짓기' 등의 창립·육성에 힘썼다.

1960년(50세) 3·1문화상 예술부문 본상을 수상하다. 학급문고간행회에서 동요집 『엄마손』 『어린이를 위한 윤석중 시집』을 출간하다.

1965년(55세) 서울 교육대학이 제정한 '고마우신 선생님'상을 수상하다. 난파기념사업회 이사장이 되다.

1966년(56세) 문화훈장(국민장)을 수여받다. 동요집 『해바라기 꽃시계』 『바람과 연』을 출간하다.

1968년(58세) '한글공로표창'을 받다. 동요 동시집 『꽃길』을 출간하다. 「새나라의 어린이」 노래비가 서울의 덕수궁에 세워지다.

1973년(63세) 새싹문학상을 제정하다. 외솔회에서 수여하는 외솔상을 수상하다. '윤석중 동요 반세기' 노래잔치를 개최하다.

1975년(65세) 방송용어심의회 위원장, 대한적십자사 청소년 자문위원회 위원장이 되다. 중앙대, 성신여대, 숙명여대, 국민대에서 '아동문학' 강의를 하다.

1976년(66세) 문교부 국어심의회 국어순화분과 위원장이 되다.

1977년(67세) 계간 『새싹문학』을 창간하다. 새싹회출판부에서 첫 창작동화집 『열 손가락 이야기』를 출판하다. 방송윤리위원회 위원장을 역임하다.

1978년(68세) 필리핀 라모 막사이사이 재단에서 주는 라몬 막사이사이상(언론 · 문학 · 창작 부문)을 수상하다. 동요집 『넉점 반』이 미국에서 영역되어 출판되다.

1981년(71세) 사진 동요집 『노래가 하나 가득』과 그림 동화집 『달 항아리』를 출간하다.

1982년(72세) 대한민국문학상 아동문학 부문 본상을 수상하다. 이솝이야기 노래책 『사람나라 짐승나라』, 동화집 『멍청이 명철이』를 출판하다. 미국에서 사진 동요전을 열다.

1983년(73세) 동요선집 『날아라 새들아』를 창작과비평사에서 출간하다. 대한민국 '세종문화상'을 수상하다.

1985년(75세) 1월부터 가톨릭출판사에서 발행한 『소년』에 어린이를 위한 회고록 「새싹의 벗 노래나그네」를 발표하다. 동화집 『열두 대문』을 출간하다.

1986년(76세) 예술원 원로회원이 되다.

1987년(77세) 5월 15일 모교인 양정고등학교에서 '명예졸업장'을 받다. 새싹 문학 해외판인 『한글나라』를 펴내고, '전국 어린이 글짓기대회'를 개최하여 어린이들의 글짓기문화 정착에 힘쓰다.

1988년(78세) 5월 20일 세종대학교에서 명예문학박사 학위를 받다. 5월 『새싹의 벗 윤석중 전집』을 출간하다. 6월 15일 한글학회 주최로 유관순기념관에서 윤석중 동요 큰잔치를 열다.

1990년(80세) 팔순기념 동요집 『여든 살 먹은 아이』를 웅진출판사에서 출간하다.

1991년(81세) 반달동요 대상을 수상하다.

1992년(82세) 인촌상(문학 부문)을 수상하다.

2003년(93세) 12월 9일 별세하여 대전 현충원 국가유공자 묘원에 묻히다.

이원수 李元壽, 1911~1981

/김화선/

이원수는 1924년 『신소년』에 「봄이 오면」을 시작으로 1980년에 이르기까지 수많은 동요와 동시, 동화, 소년소설, 수필, 아동문학평론, 아동극을 발표하며 소파 방정환과 함께 한국의 근대아동문학을 이끌어간 선구자로 평가받는다. 1911년 음력 11월 17일 경남 양산읍 북정리에서 목수였던 이문술의 7남매 중의 다섯째 외아들로 태어난 이원수는 창원에서 유년시절을 보낸다. 목수인 부친을 따라 자주 이사를 다녔지만 가정 형편은 여전히 어려웠다. 돈을 벌기 위해 어린 누나들이 일찍부터 집을 떠나 여공으로 일할 수밖에 없었던 사정은 「찔레꽃」(『신소년』, 1930년 11월호)을 비롯한 초기 동시에 집나간 누이를 그리워하는 모티프로 재현된다.

이원수의 가족이 김해를 거쳐 마산으로 이사를 간 것은 그의 나이 12세인 1922년이다. 마산에 정착한 후 이원수는 어린이잡지인 『어린이』와 『신소년』을 애독하며 문학적 소양을 쌓아간다. 열다섯 살이 된 1925년 1월 6일 이원수는 부친을 여읜다. 한창 감수성이 예민한 사춘기에 부친을 잃은 슬픔과 다시는 볼 수 없는 부친을 향한 그리움은 창원에서 지낸 유년시절에의 향수와 더불어 「고향을 봄」을 창작하는 동인이 된다. 그리하여 이원수는 마산공립보통학교에 다니던 열다섯 살에 감상적 태도에 머물지 않고 일제 강점하의 현실 인식과 저항의식을 드러내고 있는 「고향의 봄」을 『어린이』지에 투고하며 아동문학에 입문한다. 또한 이 시기에 '신화소년회(新化少年會)'에 가입하는데 반일정신을 키워나간 소년회의 정신과 방정환은 이원수의 아동관 형성에 직접적인 영향을 끼친다. 특히 '신화소년회'에서의 활동은 1949년에 발표된 이원수의 자전적 소설 『5월의 노래』에 잘 나타나 있다. 소년회에 가입하여 활동을 하면서 민족의식에 눈뜨는 주인공 노마의 모습에는 이원수의 체험이 투영되어 있다.

1926년 이원수는 학급신문을 만들어 조선인을 학대하는 일본인의 만행을 비난하는 글을 실었는데, 이 일로 인해 담임교사가 학교를 그만두게 된다. 이 사건은 이후 함안독서회 사건과 함께 이원수의 애국지사적 면모를 부각하는 데 중요한 역할을 한다. 1928년에는 마산공립보통학교를 졸업하고 마산공립상업학교에 입학한다. 그리고 이응규, 윤복진, 신고송, 서덕출, 최순애 등과 함께 서울에 있던 윤석중이 만든 '기쁨사'의 동인으로 가담하고 『어린이』지의 집필 동인이 되어 활발한 창작활동을 펼친다. 여기서 주목해야 하는 것이 바로 마산과 이원수의 관계이다. 마산은 일제 식민지 시기 민족 사회운동의 근거지로, 전국 최초로 노동야학이 설립(1907년)된 곳이다. 뿐만 아니라 3·1운동과 광주학생운동에 따른 동맹휴고, 노동운동이 펼쳐진 곳이기도 하다. 이원수는 이처럼 강력한 사회비판 인식이 강한 마산에서 청소년기를 보내며 독립의 희망을 주는 「꽃씨 뿌립니다」(『학생』, 1930.4)와 「나도 용사」(『학생』, 1930.5)와 같은 작품을 발표한다.

1931년 마산공립상업학교를 졸업하고 함안금융조합에 취직하는데, 가난한 농민들에게 원금을 독촉하고 이자를 받아내던 자신의 모습에서 죄의식을 느꼈음을 고백하고 있다(「보람없는 청춘봉사」 『이 아름다운 산하에』(이원수아동문학전집 26), 웅진출판, 1983, 121~125면). 금융조합에서 근무하면서 이원수는 착취당하며 살아가는 농민들의 현실을 직접 목격한 것으로 보인다. 그리하여 궁핍한 농촌의 현실을 알고 문학을 배우고 농촌의 어린이들에게 용기를 주기 위해 '함안 독서회'에 가입하지만 '함안 독서회'는 1935년 2월 27일 치안유지법을 위반했다는 혐의를 받고 회원들 모두 경찰에 체포된다. 이 사건으로 이원수는 징역 10개월, 집행유예 5년을 언도받고 1935년 4월부터 1936년 1월까지 10개월의 옥고를 치룬다. 1월 30일 출옥한 후 같은 해 6월 6일 '기쁨사' 동인이며 『어린이』에 「오빠생각」과 「가을」 등을 발표한 동시인인 최순애와 결혼한다. 한성당 건재약방의 서기로 잠시 근무하다 1937년 함안 금융조합에 복직한다.

그러나 일제가 중일전쟁을 일으킨 1937년을 기점으로 이원수의 글에서 저항의 측면이 현저히 약화되기 시작한다. 일제는 조선인을 황국신민으로 만들기 위해 내선일체를 주창하는데, 이를 구체적으로 수행하기 위한 한 방법으로 1939년 3월 부여에 신궁을 조성할 사업을 계획하고 1940년에 신궁을 착공한다. 이원수는 봉사대의 일원으로 부여 신궁 조성 봉사작업을 다녀와 그 감회를 담은 수필 「고도감회(古都感懷)－부여신궁어조영(夫餘神宮御造營) 봉사작업에 다녀와서」를 『반도의 빛(半島の光)』(1943년 11월호)에 발표한다. 『반도의 빛』은 1938년에 창간되어 1945년 5월호까지 나온 조선금융연합조합회의 국책기관지이다. 이원수는 1942년과 1943년에 걸쳐 『반도의 빛』에 동시 2편(「낙하산」과 「지원병을 보내며」), 농민시 1편(「보리밧헤서－젊은 농부의 노래」), 수필 2편(「농촌아동과 아동문화」 「고도감회」)의 친일 작품을 발표한다. 친일 동시 「지원병을 보내며」는 충실한 병역봉공의 의지를 내세우면서 조선의 어린이들을 전쟁에 동원하기 위해 지원병제도를 실시하고 이를 선전하려는 일제의 의도를 충실히 재현하고 있는 작품이며, 「낙하산(落下傘)」은 "용감한 낙하산 병정"이 하늘에서 낙하산을 펼치며 떨어지는 모습을 꽃송이에 비유하여 표현한 작품이다. 한국의 근대 아동문학을 이끌어온 이원수가 이와 같은 친일 작품들을 창작하고 발표했다는 사실은 그의 문학활동에 크나큰 오점으로 기록된다.

1945년 해방이 되자 이원수는 계급주의 문학에 관심을 갖고 이기영, 한설야, 한효, 송영 등이 조선문학건설본부(1945.8)에서 탈퇴하여 만든 조선프롤레타리아문학동맹에 가입하고, 이후 조선문화건설본부와 조선프롤레타리아문학동맹이 통합하여 새로 조직한 조선문학가동맹에도 가입한다. 그러나 이원수는 좌파계열의 『새동무』 『아동문학』뿐 아니라 우파 계열의 『소학생』에도 모두 참여하여 좌·우파를 넘나들며 활동한다. 1947년 10월에는 경기고등학교를 사직하고, 박문출판사의 편집국장을 지낸다.

해방 이전에 이원수의 창작활동이 동요와 동시 중심이었다면 해방 이후에는 동요·동시와 함께 동화와 소년소설이 주를 이룬다. 해방 이후 동화와 소년소설을 창작하게 된 동기를 이원수는 격동기를 살아가는 어린이의 현실을 그리기 위해서라고 밝히고 있다(「나의 문학 나의 청춘」, 『한국문학』, 1977.3). 이원수는 현실과 환상을 적절히 조화시키며 많은 동화를 발표한다. "자유와 사랑과 자주의 나라, 외세를 배격하고 참된 독립의 나라를 환상적인 이야기로" 풀어낸 장편동화 『숲속 나라』(『어린이 나라』에 연재, 1940)를 필두로 전쟁 때문에 일어나는 불행을 다룬 장편 『아이들의 호수』 『메아리 소년』 『민들레의 노래』 등을 발표한다.

그러나 한국전쟁은 이원수 개인에게도 크나큰 상처를 남긴다. 이원수는 한국전쟁의 와중에 두 자녀를 잃어버리는 아픔을 겪고, 피난을 간 경기도 시흥군에서 영국군 부대에 노무자로 뽑혀가 동두천에서 1년간 천막생활을 하는 고충을 겪는다. 전쟁이 끝난 후 부역 혐의를 받지만 일제 식민지시대에 경찰이었던 아동문학가 김영일의 증언으로 혐의를 벗고 왕성한 작품활동을 한다. 아동월간지 『어린이 세계』의 주간으로 일하고 한국자유문학가협회 아동문학 분과위원장, 서울특별시 문화위원회 문학분과위원 등을 역임한다.

한국전쟁을 겪으며 목격한 전쟁으로 인한 불행과 민주와 자유와 정의를 이루고자 한 4·19 정신을 이야기하던 이원수의 작품 경향은 1960년대를 지나면서 변화하게 된다. 「나의 문학, 나의 청춘」에서 밝히고 있듯 "사회에 대한 관심에서 좀 자리를 멀리하고 사적인 애정 세계"를 가까이 하며 사랑을 주제로 한 동화를 많이 창작한다. 『가톨릭 소년』에 연재된(1971.9~1973.12) 『잔디 숲 속의 이쁜이』는 개미를 의인화하여 이상사회의 구현을 담은 소년소설로 『숲속 나라』와 더불어 이원수의 대표작으로 평가받는다. 1979년 12월에 구강암으로 서울대학병원에 입원하여 여러 차례 수술을 받지만 결국 1981년 1월 24일 세상을 떠나고 만다. 그가 남긴 마지막 작품 「겨울 물오리」(1980)는 죽음 앞에서 자연과 세상에 대한 사랑으로 융화되고 있는 작가의 내면을 보여준다.

이원수 ▸▸

1911년(1세) 음력 11월 17일 경남 양산읍 북정리에서 목수였던 이문술의 외아들로 태어나다.

1925년(15세) 신화소년회 회원으로 가입하다. 반일정신을 키워나간 소년회의 정신은 자전적 소설인 「5월의 노래」에 잘 나타나 있다. 소파 방정환 선생을 처음으로 만나다. 1월 6일 돌아가신 부친에 대한 그리움과 창원 소답리에서 지낸 유년시절에 대한 향수를 그린 「고향의 봄」을 『어린이』에 투고하다.

1926년(16세) 「고향의 봄」이 당선되어 『어린이』 4월호에 발표되다. 학급신문을 편집하여 등사하고, 일본인을 비판하는 글을 써서 발표하다. 이 일로 담임 교사가 학교를 그만두게 된다. 산호 · 양덕의 야간강습소에서 학생들을 가르치다.

1928년(18세) 마산공립보통학교를 졸업하고, 마산공립상업학교에 입학하다. 윤석중, 이응규, 윤복진, 신고송, 서덕출, 최순애 등과 아동문학 동인회 '기쁨사'의 동인이 되다. 이때부터 본격적인 창작활동을 시작하게 된다. 『어린이』지의 집필 동인이 되다. 『어린이』에 동시 「비누풍선」, 누나에 대한 그리운 감정을 그린 「섣달 그뭄밤」을 발표하다.

1929년(19세) 동시 「헌 모자」, 동화 「은반지」 등을 발표하다.

1931년(21세) 마산공립상업학교를 졸업하고 경남 함안군 함안금융조합에 취직하다. 소파 방정환 선생이 작고하여 추모시 「슬픈 이별」을 쓰다.

1932년(22세) 동시 「벌소제」 「이삿길」 「포플러」 등을 발표하다.

1935년(25세) 2월 27일, 나영철, 김문주, 제상목, 양우정, 황갑수 등과 함께 함안독서회 사건으로 경찰에 체포되다. 치안유지법 위반으로 징역 10월 집행유예 5년을 언도받고 마산과 부산에서 옥고를 치르다. 옥중에서 동시 「두부 장수」를 쓰다.

1936년(26세) 1월 30일에 출옥되다. 6월 6일 '기쁨사' 동인 최순애와 결혼하다. 한성당 건재약방의 서기로 잠시 근무하다. 동시 「공작」 「어디만큼 오시나」, 일하는 어린이를 소재로 한 「나무 간 언니」 등을 발표하다.

1937년(27세) 함안금융조합에 복직되어 마산에서 함안으로 이사하다. 동시 「자전거」 「고향 바다」 「밤시내」 등을 발표하다.

1938년(28세) 『소년』에 체조하는 즐거움을 담은 「아침 노래」를 발표하다. 일본인 아기를 돌보는 가난한 소녀의 현실을 그린 동시 「보오야 넨네요」와 「아침 노래」 등을 발표하다.

1939년(29세) 동시 「섣달」 「양말 사러 가는 길」 등을 발표하다.

1940년(30세) 동시 「종달새」 「빨간 열매」 등을 발표하다.

1942년(32세) 조선금융연합조합회의 국책 기관지인 『반도의 빛(半島の光)』 8월호에 노골적인 친일 성향을 지닌 동시 「지원병을 보내며」와 「낙하산」을 발표하다. 그밖에 동시 「꽃피는 4월 밤에」 「꽃불」 등을 발표하다.

1943년(33세) 『반도의 빛』 1월호의 '전승(戰勝) 신춘에 농촌의 벗에게 붓치는 편지'난에 「농촌아동과 아동문화」라는 제목의 서간문을 발표하다. 이 글은 김형이 보낸 편지에 대한 답장 형식을 취하고 있는데, 반도의 아동은 자발적으로 훌륭한 황국신민이 되어야 함을 강조하고 있다. 전쟁의 승리를 기원하는 농부의 소망을 담은 친일시 「보리밧헤서—젊은 농부의 노래」를 『반도의 빛』 5월호에 발표하다. 11월 일제가 추진한 부여신궁 조성사업에 근로봉사를 다녀와 기행문 형식의 수필인 「고도감회(古都感懷)—부여신궁어조영(夫餘神宮御造營) 봉사작업에 다녀와서」를 『반도의 빛』(11

월호)에 발표하다.

1945년(35세) 함안군 가야면에서 치안위원이 되다. 한글강습소에서 한글을 가르치다. 10월 경기공업고등학교 교사로 취직하다. 동시 「개나리꽃」 등을 발표하다. 12월 조선프롤레타리아문학동맹에 가입하다.

1946년(36세) 2월 8일 조선문학건설본부와 조선프롤레타리아문학동맹이 통합하여 결성한 조선문학가동맹에 가입하다. 동시 「오끼나와의 어린이들」 「너를 부른다」 등을 발표하다. 새동무사의 편집자문을 하다.

1947년(37세) 10월 경기고등학교를 사직하고 박문출판사의 편집국장이 되다. 동시집 『종달새』를 새동무사에서 간행하다. 동시 「송화가루 날리는 날」 등을 발표하다.

1948년(38세) 동시 「바람에게」, 소설 「새로운 길」 「눈 뜨는 시절」 등을 발표하다.

1949년(39세) 동화집 『어린이 나라』 『봄잔치』를 박문출판사에서 간행하다. 동시 「들불」 「산길」, 동화 「숲 속 나라」, 소설 「오월의 노래」 등을 발표하다. 방송용 동극과 수필도 쓰다.

1951년(41세) 1·4후퇴 때 영옥·상옥·용화 세 자녀를 잃어버리다. 피난을 간 경기도 시흥군에서 영국군 부대에 노무자로 뽑혀가 동두천에서 1년간 천막 생활을 하다.

1952년(42세) 7월 오창근, 김원룡 등과 함께 아동 월간지 『소년세계』를 창간하고 주간으로 일하다. 한국전쟁 당시 잃어버린 장녀 영옥을 제주도 고아원에서 찾아오다. 동시 「여울」, 동화 「해바리기」 등을 발표하다.

1953년(43세) 창작집 『오월의 노래』 『숲 속 나라』를 신구문화사에서 간행하다. 동시 「그리움」, 동화 「꼬마 옥이」 등을 발표하다. 필명으로 이동원(李冬原)을 사용하다. '동원(冬原)'은 그의 호가 되다.

1954년(44세) 한정동과 함께 한국아동문학회의 창립에 참여하여 부회장으로 추대되다. 동시 「꿈의 플라타너스」, 동화 「꽃아기」 등을 발표하다.

1956년(46세) 아동월간지 『어린이 세계』의 주간으로 일하다. 동시 「눈 오는 밤」, 동화 「경칠이와 토끼」 등을 발표하다.

1958년(48세) 한국자유문학가협회 아동문학 분과위원장을 역임하다. 성내운과 함께 『초등학교 글짓기본』 6권을 신구문화사에서 간행하다. 동시 「책 속의 두견화」, 동화 「봄 오는 썰매터」 등을 발표하다.

1959년(49세) 서울특별시 문화위원회 문학분과위원을 역임하다. 동시 「햇볕」, 동화 「아이들의 호수」 등을 발표하다.

1960년(51세) 4·19혁명을 기념하는 시 「아우의 노래」, 동화 「어느 마산 소녀의 이야기」 등을 발표하다. 어효선·홍웅선과 함께 3인 수필집 『비·커피·운치』를 수학사에서 간행하다.

1965년(55세) 경희대 여자초급대학에서 아동문학을 강의하다(1973년까지). 편저 『한국동화집』을 삼화출판사에서 간행하다. 동시 「우리 어머니」, 동화 「떨어져 간 달」, 평론

「아동문학 프롬나아드」「아동문학입문」 등을 발표하다.

1968년(58세) '고향의 봄 노래비'가 경남 마산시 산호공원에 건립되다. 창작집 『메아리 소년』을 대한기독교서회에서 간행하다. 동시 「꽃잎 7·5조」, 동화 「미미와 희수의 사랑」 등을 발표하다.

1971년(61세) 2월 한국아동문학가협회의 창립에 참여하여 초대 회장으로 추대되다. 각색한 뮤지컬 「백설공주」가 김순세 작곡으로 이화여자대학교에서 공연되다. 노래동산회·서울교육대학교의 '고마우신 선생님 상'을 수상하다. 동시 「여울물 소리」, 동화 「불새의 춤」 등을 발표하다.

1973년 (63세) 3월에 골절상을 입어 입원하고 4개월 동안 치료를 받다. 11월에 한국문학상을 수상하다. 창작집 『잔디숲 속의 이쁜이』를 계몽사에서 간행하다. 동화 「원이와 감나무」「요정 난이의 이야기」 등을 발표하다.

1974년(64세) 12월 대한민국 문화예술상을 수상하다. 창작집 『눈보라 꽃보라』『바람아 불어라』를 대광출판사에서 간행하다. 동화 「꽃수풀 참새학교」「장미 101호」 등을 발표하다.

1975년(65세) 창작집 『호수 속의 오두막집』을 세종문화사에서 출간하다. 창작집 『불꽃의 깃발』을 교학사에서 간행하다. 수필집 『얘들아. 내 얘기를』를 대한기독교서회에서 간행하다. 동화 「쑥」「미동이의 모험」 등을 발표하다.

1976년(66세) 창작집 『꼬마 옥이』가 창작과비평사에서 간행되다. 수필집 『영광스런 고독』을 범우사에서 간행하다. 동화 「공부 못한 언년이」「루루의 봄」 등을 발표하다.

1978년(68세) 9월 예술원상 문학부분을 수상하다. 예술원상 수상을 축하하는 동시동화집 『이원수 할아버지와 더불어』가 문우들에 의해 유아개발사에서 간행되다. 창작집 『아버지와 아들』을 월간목회사에서, 창작집 『귀여운 손』을 예림당에서 간행하다. 동화 「장손이 만세」, 소설 「별에서 온 스스」 등을 발표하다.

1979년(69세) 11월 구강암이 발병하여 12월에 수술을 받다. 동시집 『너를 부른다』, 창작집 『해와 같이 달과 같이』를 창작과비평사에서 간행하다. 창작집 『꽃불과 별』을 예림당에서, 『오색 풍선』을 견지사에서, 『지혜의 언덕』을 분도출판사에서 간행하다. 창작집 『달나라 급행』을 서문당에서 간행하고 동화 「고모와 크레파스」, 소설 「찍순이와 찍남이」 등을 발표하다.

1980년(70세) 1월 치료를 위해 병원에 입원하여 두 차례에 걸쳐 피부이식수술을 받다. 6월에 구강암이 재발하여 방사선 치료를 받다. 10월 대한민국문학상 아동문학부분 본상을 수상하다. 창작집 『갓난 송아지』를 삼성당에서 간행하다. 동화 「수은등 이야기」를 발표하다. 동시 「아버지」「대낮의 소리」「겨울 물오리」 등을 쓰다. 「겨울 물오리」에는 죽음을 마주하고 있는 작가의 심정이 잘 드러나 있다.

1981년(71세) 1월 24일 구강암으로 별세하다.

김남천 金南天, 1911~1953?

/서영인/

김남천의 본격적인 문학활동은 '카프'와 관련을 맺으면서 시작된다. 1911년 평안남도 성천에서 중농의 아들로 태어난 김남천은 평양고보 재학시절 동창들과 『월역(月域)』이라는 동인지를 만들어 몇편의 소설을 습작하기도 했는데, 문학청년적 감수성으로 문학의 여러 유파들을 섭렵했던 시기라 할 수 있다. 순수파, 신감각파를 거쳐 평양고보를 졸업할 즈음 신흥문학에 흥미를 느끼기 시작했다고 스스로 정리하고 있다.(「자작안내」, 『사해공론』, 1938.7) 일본의 호세이대학 예과에 입학한 후 평양고보 동창인 한재덕의 소개로 안막, 임화, 이북만 등을 만나면서 카프 주요 논자로서의 그의 문학활동은 본격화된다.

1931년 카프 제1차 검거 때 카프 문인 중 유일하게 기소된 사건은 그의 문학활동에 지대한 영향을 끼친다. 검거 이전의 작품 「공우회」 「공장신문」과 이후의 작품인 「남편, 그의 동지」 「물」을 비교해 보면 이를 잘 알 수 있다. 「공우회」와 「공장신문」이 공장 내 조직활동의 성과와 전위의 중요성을 강조한 작품이라면 「남편, 그의 동지」와 「물」은 사회운동 조직의 내부비판과 조직으로부터 떨어진 개인의 욕망 문제를 다루고 있기 때문이다. 수감 전의 작품이 철저히 카프 조직의 노선을 따라 목적의식적으로 창작된 작품이라면 수감 후의 작품은 사회운동의 조직생활과 분열되는 개인의 고민과 갈등에 초점을 맞추고 있다고 할 수 있다. 「물」을 계기로 임화와 벌인 이른바 '물 논쟁'은 이러한 그의 고민과 갈등이 외화된 사건이라고 할 수 있다. 임화는 작가적 실천과 작품적 실천의 차이를 들어 예술적 실천의 특수성을 주장하고 김남천은 문학작품을 그 토대인 작가의 실천과 분리하여 보지 말 것을 주문했다. 결국 김남천은 「물」이 우익적 일탈의 결과라는 임화를 비롯한 논자들의 비판을 부분적으로 수용하였지만, 이 사건에서 비롯된 고민은 이후 그가 '자기고발론'을 주장하는 중요한 계기가 된다.

34년 초의 몇 편의 평문과 「문예구락부」(『조선중앙일보』, 1934.1) 「어린 두 딸에게」(『우리들』, 1934)를 발표한 후 한동안 침묵을 지켰던 김남천이 다시 문학활동을 재개한 것은 평론을 통해서였다. 1935년 5월에 발표한 「창작과정에 대한 감상」과 7월에 발표한 「지식계급 전형의 창조와 『고향』 주인공에 대한 감상」은 이른바 '자기고발론'의 서두에 해당하는 글들로 이러한 주장이 제기된 것은 멀리는 '물 논쟁', 가까이는 '카프해산'과 관련이 있다. 「창작과정에 대한 감상」에서 이미 2년 전의 일인 '물 논쟁'을 떠올리면서 김남천은 창작과정에서 있었던 자신의 오류를 다시 짚어본다. 육체적 진실을 떠나 이론적 슬로건으로 섣불리 비약한 결과가 아니냐는 반성이다. 이를 통해 지식인 계급의 자기반성과 가면박탈의 정신이 주장되기에 이른다. 이는 카프 해산의 충격과도 무관하지 않다. 계급모순과 사회갈등을 타파하고자 했던 문학운동이 탄압에 의해 와해되는 국면을 겪으면서 그 와해의 과정에 대한 엄격한 내부비판이 필요하다는 관점이 '자기고발론'에는 스며 있기 때문이다. "작가의 세계관과 머리와 마음과 전사회적 실천을 고양"시키기 위해서는 먼저 비판의 칼날을 자기자신에게로 돌려 "자기자신을 격파하려는 정신"(「창작과정에 대한 감상」)이 필요하다는 것이 '자기고발론'의 요체라 할 것이다.

'자기고발론' '고발론' '풍속 · 모랄론'에서 '관찰문학론'까지 이후 김남천 비평의 편력은 다채롭다. 주체의 자기고발을 주장한 '자기고발론'에서 주체를 배제하고 객관적 관찰의 눈을 강조한 '관찰문학론'에 이르는 길은 극단에서 극단으로 이동한 결과로 보이기도 한다. 그러나 이러한 편력을 관통하는 '세계관의 혈육화'라는 핵심어 때문에 이 편력은 나름의 일관성을 갖는다. 사회주의적 세계관이 작가의 생활과 정신에까지 육박하여 융합되어야만 비로소 생명력 있는 문학작품이 나온다고 보았던 것이 '자기고발론'이라면 그러한 세계관이 사회적 현실 속에서 구체적으로 현현되는 과정을 추적하겠다는 것이 '관찰문학론'에 숨겨진 의도라고 할 수 있기 때문이다. '모랄'과 '풍속'이란 세계관이 일 개인의 내면이 아니라 일종의 시대정신으로 표상된 것을 의미할 터이다. 작가의 분류(「양도류(兩刀流)의 도장(道場)」, 『조광』 1939.7)에 의하면 소설집 『소년행』(1939, 학예사)에 수록된 작품 중 「처를 때리고」 「춤추는 남편」 「제퇴선」은 자기 고발의 문학에 속하는 작품이고 「남매」 「소년행」 「누나의 사건」 「무자리」 「철령까지」는 모랄론과 관련된 작품, 「미담」 「가애자」 는 고발문학에 속하는 작품이다. 사회주의자 경력을 내세우며 사회사업을 한다고 하지만 실상은 허세와 타락만이 남은 사회주의 운동 경력자들에 대한 아내의 비판을 담은 「처를 때리고」는 자기고발의 신랄함을 보여준 작품이며 궁핍한 현실 속에서 몰락해 가는 빈민집안을 가출하여 자신의 의지로 미래를 개척해 나가려는 소년을 주인공으로 하는 「남매」 「소년행」 연작은 환경적 시련에도 굴하지 않고 성장해 가는, '인물로 된 이데'를 실험한 소설이라고 할 수 있다.

김남천의 대표작 중 하나인 『대하』는 이상과 같은 그의 창작적 실험이 종합된 작품이라 할 만하다. 앞에서 언급한 작가의 분류에 의하면 『대하』는 '장편소설 개조론'의 일환으로 쓰여진 작품이다. 실상 '장편소설 개조론'이란 '풍속개념'을 '가족사'와 '연대기'를 통해 실현하고자 한 것으로 '모랄 · 풍속론'의 확대된 형태라 볼 수 있을 것이다. 개화기의 다채로운 풍속을 그려내고 있다는 점만으로도 충분한 문학적 성과를 거두고 있는 『대하』는 "현세인의 형성 내지는 생성과정"을 탐구함으로써 "현세인 그 자체에 대한 새로운 발견"(「현대 조선소설의 이념」, 『조선일보』, 1939.9)을 시도한 작품이다. 그러나 『대하』는 주인공 형걸의 가출로 마감하고 작가가 계획했던 2부는 『동맥』의 일부를 제외하고는 완성되지 못하였기에 '현세인의 새로운 발견'이라는 작가의 계획은 그 결실을 맺지 못했다.

완결되지는 못했으나 '기원의 탐구를 통한 현세의 발견'을 『대하』를 통해 일단락한 후 김남천은 현세의 풍속으로 관심을 돌린다. 『사랑의 수족관』 『낭비』가 이에 해당하는 작품이다. 일제 말기 부르주아들의 퇴폐적인 풍속도를 그려내는 한편으로 김남천은 몰락에 다다른 현대문명의 미래에 대해 고심한다. 루카치의 '부르주아 서사시로서의 장편소설'을 근거로 한 「소설의 운명」이 그 고심의 결과라 할 수 있다. 여기서 김남천은 개인주의와 자본주의가 몰락에 이른 현대에 장편소설이 나아갈 길이 어디에 있는가를 고민한다. "차안의 몰락은 확실하지만 건너뛰어야 할 피안의 세계는 나타나 있지 않"은 현실에서 그가 도출해 낸 결론은 "개인주의가 남겨 놓은 모든 부패한 잔재를 소탕"(「소설의 운명」, 『인문평론』 1940.11)하는 리얼리즘의 길이다. 그런데 이러한 개인주의와 서구문명의 극복이란 한편으로 일제 말기 파시즘 하의 전체주의, 또는 동양중심의 세계질서 구축이라는 이데올로기와도 상통한다. 이 사이에서 길항하고 고민했던 결과물이 전향소설의 걸작이라 불리는 「경영」 「맥」이라 할 수 있다. 서구세계의 몰락에 대한 대안으로 동양적 세계를 생각해 볼 수 있지만 아직 동양은 하나의 동양적 문화를 완성한 적이 없다는 말로써 일본제국과 식민지의 차이를 은밀히 내세운 김남천이 내린 결론은 '일찍이 갈려서 빵이 되기보다는 흙에 묻혀서 꽃을 피우겠다'는 보리의 사상이다. 몰락한 차안의 세계에서 견디면서 미래를 기다리는 행위는 일제말기의 파시즘과 전쟁동원의 시국에 대한 거리두기를 의미하는 것이기도 하다. 이후 김남천은 「등불」(『국민문학』 1942.3) 「어떤 아침」(『국민문학』 1943.1) 등 자신의 심경을 담은 소설을 발표했을 뿐 해방이 될 때까지 거의 침묵을 지켰다.

해방과 동시에 김남천의 문학활동은 재개된다. 해방 다음날 임화와 함께 '조선문학건설본부'를 설립하는 한편으로 해방 후의 혼란스러운 정국 속에서 자신의 길을 찾아가는 청년들의 생활을 그린 『1945년 8 · 15』를 『자유신문』에 연재한다. 『1945년 8 · 15』는 해방 전의 『사랑의 수족관』과 연작을 이루는 작품이기도 한데 이 작품을 통해 김남천은 부르주아적 퇴폐에 젖은 기득권자들에 대비되는 새로운 혁신세력을 내세운다. '조선문학건설본부'와 '조선프롤레타리아문학동맹'이 통합된 '조선문학가동맹'의 서기장으로 선출되고 다수의 시국적 평론을 발표하다가 미군정의 압박이 심해지자 김남천은 1947년 임화 등과 함께 월북한다. 한국전쟁 시 낙동강 전선에 종군하기도 하고 1951년 단편 「꿀」을 발표하기도 하면서 활발하게 활동을 계속했던 김남천은 1953년 남로당계 숙청의 소용돌이에 휘말려 북한의 문학현장에서 사라진다. 이후 김남천의 행적은 확인된 바 없으며 그의 사망시기 또한 몇 가지의 설이 분분할 뿐 확인된 것은 없다.

1911년(1세) 3월 16일 평안남도 성천군 성원읍 하부리에서 중농이며 군청 공무원인 김영전의 장남으로 태어나다. 본명은 효식(孝植).

1926년(16세) 평양고보 재학시 한재덕과 동인지 『월역(月域)』을 발간하다. 이 시절 「단오」 「명절」 「늦은 봄」 「약자행」 「어머니의 아해」 등 열 편이 넘는 작품을 습작했다고 한다.

1929년(19세) 평양고보를 졸업하고 도쿄 호세이(法政)대학 예과에 입학하다. 재학 중 한재덕의 소개로 와세다대학 구내에서 안막을 만나 카프 도쿄지부 소속 극단의 조선 공연에 동행할 것을 권유받다. 여름방학 때 귀국하여 안막, 한재덕과 함께 경성역에서 임화를 만나다. 카프 도쿄지부가 발행한 기관지 『무산자』에 임화, 안막, 이북만 등과 함께 참가하다.

1930년(20세) 봄에 임화, 안막과 함께 조선에 들어와 국내의 카프 개혁과 신간회 해소를 주장하다. 여름방학 때 귀향하여 9월에 성천 청년동맹을 조직하고 집행위원이 되다. 한재덕과 함께 평양 고무공장 노동자 총파업에 관여하여 격문을 작성하는 등 선전선동 활동을 수행하다. 『중외일보』에 김효식이라는 본명으로 첫 평론 「영화운동의 출발점 재음미」를 발표하다.

1931년(21세) 1월 1일 김남천이라는 필명을 만들다. 호세이대학에서 좌익 단체인 '독서회 및 적색 스포츠단'과 좌익 신문 · 잡지의 배포망인 '무산자사 신문법정반' '무산청년 법정반' '전기법정반' 등에 가입했다가 제적(3월)된 후 귀국하여 카프 제2차 방향전환에 참여하다. 좌익극단인 청복극장에서 연극운동을 펼치는 한편, 「공장신문」 「공우회」 등 소설을 발표하다. 10월 카프 제1차 검거 때 '조선공산주의자협의회 사건'에 연루되어 검거되다.

1933년(23세) 공산당원 고경흠과 함께, 카프 문인 중 유일하게 기소되어 2년의 실형을 선고받다. 병보석으로 출옥 후 낙향하다. 자신의 옥중 체험기인 단편소설 「물」을 발표하고 이를 계기로 임화와 논쟁을 벌이게 된다.

1934년(24세) 카프 제2차 검거 때 검거되어 이송되었으나, 31년의 1차 검거 때 투옥된 이유로 제외되어 조사과정을 취재보도하는 일을 하다. 「창작방법에 있어서의 전환의 문제」를 발표하면서 사회주의 리얼리즘론의 왜곡된 수입을 경계하다.

1935년(25세) 임화, 김기진과 협의하여 5월에 카프 해산계를 경기도 경찰국에 제출하다. 『조선중앙일보』에 기자로 입사하여 일하다. 후에 신문의 정간(1936.9.5)으로 그만두게 된다.

1937년(27세) 「고발의 정신과 작가」 「유다적인 것과 문학」을 발표하면서 자기고발론을 펴다. 「처를 때리고」 「춤추는 남편」 「남매」 「소년행」 연작을 발표하다. 작가 자신의 분류(「양도류의 도장」, 1939.7)에 의하면 「처를 때리고」 「춤추는 남편」 등은 자기고발론과 관련된 것이고 「남매」 연작은 모랄론과 관련된 것이다.

1938년(28세) 「도덕의 문학적 파악」 「일신상 진리와 모랄」 등을 발표하면서 모랄론을 펴다. 「장편소설에 대한 나의 이상」 「현대조선소설의 이념」 등을 통해 '장편소설 개조론' 논의에 참여하다. 『여성』에 『세기의 화문』을 연재하는 한편, 「누나의 사건」 「무자리」 연작을 발표하다.

1939년(29세) 『인문평론』 10월호에 「「고리오 옹」과 부성애 기타—발자크 연구노트 1」을 발표하는 것을 시작으로 '관찰문학론'을 주장하다. 『조선일보』에 『사랑의 수족관』(1939.8.1~1940.3.3)을 연재하는 한편, 전작장편 『대하』를 인문사에서, 창작집 『소년행』을 학예사에서 간행하다. 『인문평론』의 편집장을 맡다.

1940년(30세) 『인문평론』에 『낭비』(1940.2~1941.2 연재중단)를 연재하는 한편. 연작중편중 하나인 「경영」을 발표하고 『사랑의 수족관』을 인문사에서 간행하다. 일제말기의 파시즘하에서 소설의 갈 길을 고민한 「소설의 운명」을 발표하다.

1941년(31세) 신체제 하의 여러 담론들에 대한 문제제기를 담은 「문단과 신체제—전환기의 작가」 「소설의 장래와 인간성 문제」 등의 평론을 발표하다. 「경영」의 후속편이라고 할 수 있는 「맥」을 발표하다.

1942년(32세) 단편 「등불」과 중편 「구름이 말하기를」을 연재하는 정도로 창작활동이 격감하다.

1943년(33세) 『국민문학』에 당시 자신의 신변과 심경을 담은 일본어 소설 「어떤 아침」을 발표하다.

1945년(35세) 8월 16일 임화와 함께 '조선문학건설본부'를 설립하다. 『자유신문』에 『1945년 8·15』를 연재하다(1945.10.15~1946.6.28 연재 중단).

1946년(36세) 희곡 「3·1운동」을 발표하는 한편 시사적인 평론을 다수 발표하다. 조선문학건설본부와 조선프롤레타리아문학동맹을 통합한 조선문학가동맹의 중앙집행위원회 서기국 서기장이 되다.

1947년(37세) 공산주의자들에 대한 미군정청의 탄압이 심해지자 이태준, 임화, 안회남 등의 남로당 계열 문인들과 함께 월북하다.

1948년(38세) 8월 25일 해주에서 열린 남조선인민대표자회의에서 최고인민회의 대의원으로 피선되다.

1950년(40세) 한국전쟁 때 서울에 내려오다. 낙동강 전선에서 취재 겸 종군하다.

1951년(41세) '북조선문학예술총동맹'과 '남조선문화단체총연맹'이 통합된 '조선문학예술총동맹'의 서기장이 되다. 이후 숙청의 빌미가 된 소설 「꿀」을 발표하다.

1953년(43세) 남로당 계열 작가의 숙청 때 임화, 이원조 등과 함께 숙청되다. 사망시기는 아직 확인되지 않았다.

노천명 盧天命, 1911~1957

/한명희/

노천명은 1911년 9월 1일, 황해도 장연군 박택면에서 태어났다. 아명은 기선(基善)이었으나 6세 무렵 홍역을 심하게 앓아 겨우 살아난 후로 하늘이 주신 명으로 살게 되었다 하여 천명(天命)으로 개명했다. 아버지 노계일은 소지주 출신으로 인천 등지를 오가며 무역업을 하는 재력가였고 어머니 김홍기는 서울 태생의 양반 가문 규수였다. 일곱 살 때 장연에 있는 보통학교에 입학했다. 그의 아버지가 어릴 때부터 남장을 시켰는데 노천명은 남장을 하고 학교에 가기 싫어서 자주 울었다.

아버지가 사망한 다음 해인 1918년, 노천명은 어머니의 친정이 있는 서울로 이주하여 이모네 댁에 임시 거주한다. 이 무렵에는 수줍음이 많은 탓도 있었고 동네 아이들이 시골뜨기라고 놀려대서 밖에 나가지 못하고 집에 틀어박혀 지냈다. 1920년에 창신동으로 이사하고 진명보통학교에 재입학한다. 이 학교 3학년 때 언니가 변호사 최두환과 결혼하는데, 이때부터 노천명의 학자금과 생계비는 언니가 모두 부담하게 된다. 진명보통학교 육년 과정을 채 마치기도 전인 5학년 때 검정시험에 합격하여 4월에는 진명여자고등보통학교로 진학한다. 이 무렵 '국어사전'이란 별명을 들었으며, 단거리 선수로도 활약한다.

노천명의 문학적 행보가 시작된 것은 진명여고보 시절이라고 보아도 좋을 듯하다. 이 학교 1학년 때 일본에서 발간되던 『어린이 소설』지에 글이 실려 상품을 받게 된다. 그 다음 해에는 『동광』지에 투고한 작품이 당선되기도 한다. 1930년, 노천명이 열 아홉 살이었을 때 그의 어머니 김홍기가 57세의 나이로 사망한다. 후에 낸 시집 『창변』에 실린 「작별」은 어머니가 돌아가시던 날을 회상하면서 쓴 것으로 보인다.

노천명이 시 습작에 열중한 것은 진명여보고를 졸업하고 이화여전 영문과에 입학하면서이다. 이 학교에서 변영로, 김상용, 정지용 등에게서 직접 가르침을 받는다. 동기생 중 박용철의 동생 박봉자가 있어 서로 친하게 지냈는데 그녀의 집에 들려 『시문학』지에 대해 알게 된 것도 노천명의 시작에 중요한 영향을 미쳤을 것이다. 1931년에 이화여전 교지 『이화』(1928년 창간) 3호에 수필 「삼오의 달 아래서」, 시 「고성하」에서, 단편소설 「일편단심」을 발표한다. 이후 졸업 때까지 『이화』 『신동아』 『신가정』 『조선중앙일보』 등에 시, 수필, 소설, 평론을 발표한다. 1932년에는 『신동아』 6월호에 시 「밤의 찬미」를 발표한다. 정식 문단데뷔는 아니지만 이것이 사회에 시를 처음 발표한 것이다.

1934년 3월에 이화여전 영문과를 졸업한 노천명은 『조선중앙일보』 학예부 기자가 된다. 그가 쓴 수필 「피해야 했던 남성」(1956년)을 보면, 집에서 여자가 신문기자를 하면 시집을 가기 힘들다고 만류했음에도 불구하고 신문사에 취직을 하였음을 알 수 있다. 같은 해 12월, 노천명에게 연애 사건이 발생한다. 극예술연구회의 7회 공연에 참가하여 안톤 체홉의 『앵화원』을 홍해성 연출로 공연하게 되는데, 여기서 노천명은 여주인공 라네프스카야 부인(모윤숙 분)의 딸 아냐 역을 맡았다. 이때 구경을 왔던 사람 중에 보성전문학교 경제학 교수 김광진이 있었다. 두 사람의 만남은 해방 후에까지 지속되었던 것으로 추정되나 결실을 맺지는 못한 채 끝난다. 김광진은 본처와 이혼하고 노천명과 결혼하려는 생각도 했으나 노천명의 '와들와들 떠는 마음'(노천명, 「나의 이십대」) 때문에 성사되지 않았다. 김광진은 후에 왕수복이라는 기생과 함께 월북해 버린다. 노천명의 연애사건은 유진오가 비슷한 사연을 소재로 한 단편소설 「이혼」을 『문장』 창간호(1939년)에 발표하여 유명해졌다.

노천명이 기성 문단에 시를 처음 발표한 것은 『시원』 창간호(1936년)를 통해서였다. 여기에 「내 청춘의 배는」을 발표하는데, 이것을 노천명의 정식 데뷔작으로 보기도 한다. 1937년에는 『조선중앙일보』를 사직하고 북간도의 용정, 이두구, 연길 등을 여행한다. 이 여행에서 돌아와 첫 시집 『산호림』을 1938년 1월 1일자로 자비 출판한다. 김상용, 정지용, 변영로 등 이화여전 은사들이 주선하여 경성호텔에서 호화스러운 출판기념회를 연다. 여기서 노천명은 '한국의 마리 로랑생'이라는 다분히 여성폄하적 시선이 깔린 애칭을 얻는다. 첫 시집 간행 후 노천명은 조선일보사 출판부에서 『여성』지 편집을 하기 시작, 사년 간 이 일을 한다.

1942년에 노천명은 어용문인단체인 조선문인협회에 모윤숙, 최정희 등과 함께 간사로 참여한다. 이 협회가 조선문인보국회로 강화 개편될 때도 적극 참여한다. 「기원」(『조광』, 1942년 2월) 「싱가폴 함락」(『매일신보』, 1942.2.19) 「전승의 날」(『조광』, 1942년 3월) 등 친일시를 연이어 창작. 발표함으로써 씻을 수 없는 오점을 남긴다. 1943년에는 총독부의 기관지였던 『매일신보』의 문화부 기자로 입사하여 조경희와 함께 '가정란'을 맡기도 한다. 두 번째 시집 『창변』을 출간한 것도 매일신보 출판부를 통해서였다. 이 시집 초판본에 실린 시 「출정하는 동생에게」 「진혼가」 「흰 비둘기를 날리며」 등도 친일의 색채가 강한 것들이다.

8·15광복 이후 『매일신보』가 『서울신문』으로 개편되고도 노천명은 그대로 문화부 기자로 지낸다. 그러나 다음해에는 서울신문사를 사직하고 부녀신문사의 편집차장으로 자리를 옮긴다. 어떤 이유에서인지는 분명치 않지만 1947년 노천명은 부녀신문사 차장직을 사직하고 유학을 하기 위해 일본으로 밀항한다. 그러나 가족의 반대로 일년 후에 귀국한다. 이 해에는 진주에 있던 형부 최두환이 갑자기 세상을 떠나는 한편, 그가 극진히 사랑하던 이질녀 최용자(언니 노기용의 딸)가 맹장 수술 후 경과가 좋지 않아 스물 두 살의 나이로 사망한다. 형부의 죽음도 그랬지만

특히 최용자의 죽음은 노천명에게 커다란 공허감을 가져다주었다.

한국전쟁 이전까지 노천명은 첫 번째 수필집 『산딸기』와 『노천명집』(현대시인전집 2권)을 각각 정음사와 동지사에서 간행한다. 1949년에는 인자(仁子)라는 여덟살 난 아이를 양녀로 입양한다. 한국전쟁이 일어났으나 미처 피난하지 못한 노천명은 자신의 집에서 북쪽 군대에 끌려간다. 그리고 정치보위부의 조사를 받은 후 문학가동맹에 가입하여 그들의 활동에 협력하게 된다. 이로 말미암아 9 · 28서울수복 후 부역문화인으로 지목되어 20년 실형을 언도받는다. 1950년 10월 서대문형무소에 수감되었다가 1 · 4후퇴 전에 부산으로 이감된다. 노천명이 6개월의 영어생활 후 출감하게 된 것은 그가 당시 대통령 비서실에 있던 김광섭 시인에게 삼일절에 출소하도록 해달라는 도도한 편지를 보낸 것이 계기가 되었다고 한다.

출감 후 노천명은 부산 중앙 성당에서 '베로니카'라는 이름을 영세명으로 하여 세례를 받는 한편 부산 공보실에서 중앙방송국 촉탁 발령(1951년부터 죽을 때까지)을 받아 근무한다. 이 무렵에는 국군의 진군을 격려하는 시, 애국심을 담은 시 「북으로 북으로」 「조국은 피를 흘린다」 등을 발표한다. 1952년에 발표한 소설 「오산이었다」는 자신의 부역 혐의에 대한 해명의 뜻이 담겨 있기도 하다. 1953년 3월에는 제3시집 『별을 쳐다보며』를 희망출판사에서 간행하는데 이 시집의 후기에서도 자신의 문학에 대한 자세와 시집 출간의 감회, 한국전쟁과 관련된 내용을 간략히 밝히고 있다.

출감 후 한때 노천명은 도피적인 생활을 하기도 했으나 1952년부터는 비교적 안정적인 창작활동을 한 것으로 보인다. 1954년 7월에는 제2수필집 『나의 생활백서』를 대조사에서 간행하였고, 1955년에는 『여성 서간문 독본』을 박문출판사에서 간행하였다. 서라벌예술대학에 강사로 출강하고 모교인 이화여자대학교 출판부에서 『이화 70년사』 간행 일을 맡기도 했다. 그러나 이 책의 집필은 그의 건강을 극도로 쇠약하게 만들었다. 1957년 3월 7일 오후 세시, 결국 그는 거리에서 쓰러져 서울 청량리 위생병원 1호실에 입원하게 된다. 병명은 재생불능성빈혈이었다. 얼마 후 회복하여 퇴원하나 이후 병세가 악화되어 6월 16일 새벽 1시 30분 누하동 자택에서 47세를 일기로 사망했다. 6월 18일에 천주교문화회관에서 최초의 문인장으로 장례식을 치렀다.

사후 일년 만인 1958년 6월 15일 유고와 미처 시집으로 엮지 못한 작품들을 모아 네 번째 시집 『사슴의 노래』를 한림사에서 유고시집으로 출간했다. 3주기가 되는 1960년에는 김광섭, 김활란, 모윤숙, 변영로. 이희승 등이 발행인이 되어 『노천명 전집–시편』을 천명사에서 간행했다. 1997년에는 이화여자대학교 문인동창회와 유족, 그리고 출판사가 힘을 합쳐 『노천명전집』 시, 산문 편 두 권이 솔출판사에서 간행되었다.

1911년(1세) 9월 1일, 황해도 장연군 박택면 비석리 281번지에서 아버지 노계일과 어머니 김홍기 사이에서 태어나다. 호적이나 학적부에는 1912년 9월 2일 생으로 되어있으나 실제 출생일은 1911년 9월 1일이다. 아명은 기선(基善). 형제로는 오빠 노기철, 언니 노기용, 이복 남동생 노기숙이 있다. 가족들은 대부분 천주교를 믿다.

1916년(6세) 홍역을 심하게 앓다가 겨우 살아난 후로 하늘이 주신 명으로 살게 되었다 하여 천명(天命)으로 개명, 1912년 9월 2일생으로 호적에 올리다.

1917년(7세) 장연에 있는 보통학교에 입학하다.

1918년(8세) 아버지 노계일 사망, 이후 오빠 노기철이 가계를 이어받아 꾸려나가다.

1919년(9세) 3월, 어머니의 친정이 있는 서울로 이주하여 집을 마련하기까지 종로구 체부동의 이모댁에 임시로 거주하다. 수줍음과 동네 아이들의 시골뜨기라는 놀림 때문에 밖에 나가지 못하고 집에 틀어박혀 지내다.

1920년(10세) 창신동 81번지 2호로 이사하고 진명보통학교에 재입학하다.

1923년(12세) 진명보통학교 3학년 때 언니가 변호사 최두환과 결혼하다. 이때부터 노천명의 학자금과 생계비는 언니가 모두 부담하다.

1926년(15세) 6년 과정을 채 마치기도 전, 5학년 때 검정시험에 합격함으로써 4월 진명여자고통보통학교로 진학하다. '국어사전'이란 별명을 들었으며, 단거리 선수로도 활약하다. 일본에서 발간되던 『어린이 소설』지에 글이 실려 상품을 받다.

1927년(16세) 진명여고보 2학년 때 『동광』지 투고한 작품이 당선되다.

1930년(20세) 어머니 김홍기가 57세의 나이로 돌아가다. 진명여고보를 졸업하고 이화여전 영문과에 입학하다. 이 학교에서 변영로, 김상용, 정지용 등에게서 직접 가르침을 받다.

1931년(20세) 이화여전 교지 『이화』(1928년 창간) 3호에 수필 「삼오의 달 아래서」, 시 「고성하」, 단편소설 「일편단심」을 발표하다. 이후 졸업 때까지 『이화』 『신동아』 『신가정』 『조선중앙일보』 등에 시, 수필, 소설, 평론을 발표하다.

1932년(22세) 어머니 3년 상이 끝나자 언니 노기용이 남편의 직장을 따라 진주로 떠나다. 노천명은 이화여전 기숙사로 들어가다. 『신동아』 6월호에 시 「밤의 찬미」를 발표하여 정식 문단 데뷔는 아니지만 사회에 시를 처음 발표하게 되다.

1934년(24세) 3월 이화여전 영문과 졸업하다. 졸업과 동시에 조선중앙일보사 학예부 기자가 되다. 12월, 극예술연구회의 7회 공연에 참가하여 안톤 체홉의 『앵화원』을 홍해성 연출로 공연하게 되다. 노천명은 여주인공 라네프스카야 부인(모윤숙 분)의 딸 아냐 역을 맡았다. 이때 보성전문학교에서 경제학을 가르치던 평양 출신의 김광진 교수가 연극 구경을 왔다가 노천명을 만나게 되어 연애 사건이 발생하다.

1935년(24세) 『시원』 창간호에 시 「내 청춘의 배는」을 발표하다. 기성 문단에 처음 발표한 작품이라 이것을 노천명의 정식 데뷔작으로 보기도 한다.

1937년(26세) 조선중앙일보사를 사직하고 북간도의 용정, 이두구, 연길 등을 여행한다.

1938년(27세) 1월 1일에 첫 시집 『산호림』(49편 수록)을 자비로 출판하다. 이화여전 은사인 변영로, 김상용, 정지용 등이 주선하여 남산동 경성호텔에서 성대한 출판기념회를 개최하다. 조선일보사에 입사하여 월간 『여성』의 편집을 4년간 맡다.

1942년(31세) 어용문인단체인 조선문인협회에 모윤숙, 최정희 등과 함께 간사로 참여하다. 이 협회가 조선문인보국회로 강화 개편될 때도 적극 참여하다. 이 시기부터 친일시를 발표하는 등 친일 행위가 두드러지게 나타나다.

1943년(33세) 총독부 기관지였던 매일신보사의 문화부 기자로 입사하여 조경희와 함께 '가정란'을 맡다.

1945년(34세) 두 번째 시집 『창변』을 매일신보출판부에서 간행하다. 8·15광복 이후 『매일신보』가 『서울신문』으로 개편되면서 그대로 문화부 기자로 지내다.

1946년(35세) 서울신문사를 사직하고 부녀신문사의 편집차장으로 자리를 옮기다.

1947년(36세) 진주에 있던 형부 최두환이 갑자기 세상을 떠나다. 부녀신문사 차장직을 사직하다. 유학을 목적으로 일본으로 밀항하나 가족의 반대로 일 년 후 귀국하다. 11월 3일, 그가 극진히 사랑하던 이질녀 최용자(언니 노기용의 딸)가 맹장 수술 후 경과가 좋지 않아 사망하다.

1948년(37세) 첫 번째 수필집 『산딸기』를 정음사에서 간행하다.

1949년(38세) 안국동에서 종로구 누하동으로 이사하고, 인자(仁子)라는 여덟살 난 아이를 양녀로 입양하다.

1950년(40세) 한국전쟁을 맞으면서 미처 피난하지 못한 채 문학가동맹에 가입하여 그들의 활동에 협력하다. 이로 말미암아 9·28서울수복 후 부역 혐의로 20년 실형을 언도받아 1950년 10월부터 1951년 4월까지 만 6개월 간의 영어 생활을 하다. 감옥의 고통 속에서도 옥중 체험을 다룬 21편의 시를 쓰다.

1951년(40세) 4월 24일 부산 형무소에서 출감하다. 부산 중앙성당에서 '베로니카'라는 이음을 영세명으로 하여 세례를 받다. 부산 공보실에서 중앙방송국 방송 촉탁 발령(1951년부터 죽을 때까지)을 받아 근무하다.

1952년(42세) 자신의 부역 혐의에 대한 해명의 뜻이 담긴 소설 「오산이었다」를 발표하다.

1953년(43세) 3월 30일, 제3시집 『별을 쳐다보며』를 희망출판사에서 간행하다. 이 시집의 후기에서 문학에 대한 자세와 시집 출간의 감회, 한국전쟁과 관련된 내용을 간략히 밝히다.

1954년(44세) 7월 5일, 제2수필집 『나의 생활백서』를 대조사에서 간행하다.

1955년(45세) 12월 20일, 『여성 서간문 독본』을 박문출판사에서 간행하다. 서라벌예술대학에 강사로 출강하고 모교인 이화여자대학교 출판부에서 『이화 70년사』 간행의 일을 맡게 되다.

1956년(46세) 5월 30일, 『이화 70년사』를 이화여자대학교 출판부에서 간행하다.

1957년(46세) 3월 7일 오후 세시 거리에서 쓰러져 서울 청량리 위생병원에 입원하다. 병명은 재생불능성빈혈이다. 얼마 후 회복하여 퇴원하나 이후 병세가 악화되어 6월 16일 새벽 1시 30분 누하동 자택에서 47세를 일기로 별세하다. 6월 18일 천주교문화회관에서 최초의 문인장으로 장례식을 치르다.

1958년 사후 1년 만인 6월 15일 유고와 미처 시집으로 엮지 못한 작품들을 모아 네 번째 시집 『사슴의 노래』를 한림사에서 유고시집으로 출간하다.

1960년 12월 10일, 3주기를 기념하는 뜻을 겸해서 김광섭, 김활란, 모윤숙, 변영로, 이희승 등이 발행인이 되어 『노천명전집－시편』을 천명사에서 간행하다.

1962년 『여원』 2월호에 유고시 「흰 오후」가 발굴 소개되다.

1963년 『사상계』에 수필 「최정희 씨에게」가 발굴 소개되다.

1967년 『여원』 11월호에 수필 「나의 이십대」와 소설 「하숙」이 발굴 소개되다.

1972년 『노천명 시집』과 수필집 『겨울밤』이 서문당에서 간행되다.

1973년 수필집 『사슴과 고독의 대화』가 서문당에서 간행되다.

1997년 7월 31일, 『노천명 전집』 시, 산문 편 두 권이 솔출판사에서 간행되다. 이 전집은 이화여자대학교 문인동창회와 유족, 그리고 출판사가 힘을 합쳐 만든 것이다.

안수길 安壽吉, 1911~1977

/서경석/

안수길의 작품세계는 '북간도'로 상징되듯이 시대와 공간의 특수성을 뚜렷하게 함축하고 있다. 일제 강점기의 시기 만주로 이주하여 겪은 조선인들의 실상을 그의 작품은 사실적으로 드러내고 있다. 안수길에게 있어서 이주 지역인 만주가 영향은 그의 문학활동 전반에 걸쳐 실로 절대적이라 할 수 있다. 안수길하면 가장 흔하게 따라붙는 수식이 '만주국 조선인 작가의 대표적 존재'라는 것만 보더라도 그에게 있어서 만주, 간도 그리고 용정이라는 공간이 주는 의미가 얼마나 뿌리 깊은 것인지 알 수 있다. 대표작 『북간도』 역시 만주를 배경으로 하여 한 가족의 4대에 걸친 이민 정착기에 대한 내용이다.

그가 태어난 해인 1911년이 갖는 시대적 의미도 가벼이 넘어갈 수 없다. 1911년 3월 함경남도 함흥에서 교육자 출신인 안용호의 장남으로 태어난 안수길은 출생과 함께 조국의 격변기를 맞이해야 했다. 그 전 해인 1910년 8월엔 한일합방이라는 국치가 있었고, 그가 태어난 해 9월엔 '신민회사건'으로 민족주의자 600명이 총검거되는 시련이 있었다. 이 사건으로 뜻있는 지식인들은 더 이상 국내에서 견디기 어렵다고 판단, 조국을 등지고 만주와 시베리아 등지로 이주하게 된다. 안수길의 아버지 안용호 역시 이러한 시대적 조류를 피해 갈 수 없었으며 지식인의 한 사람으로 활동의 자유가 보장되는 새로운 공간으로 떠나게 된다. 다시 말해서 안수길에게 있어 그가 출생한 시간적 배경과 만주라는 공간적 배경은 별개의 영향력을 가진 독립적인 요소가 아니라 서로 상관성을 가지고 그의 작품에 녹아들 수밖에 없었던 것이다.

자전소설 『성천강』에 의하면 부친 안용호는 1921년 간도로 이주하고 안수길은1924년이 되어서야 용정으로 가게 된다. 안수길은 간도에서 중상 학교를 마치고 1926년 함흥고보에 들어간다. 그러나 함흥고보 2학년 재학 중 맹휴사건의 주동자로 몰려 자퇴하게 되고, 1928년에 서울에 있는 경신학교 3학년으로 들어가게 되지만 광주 학생 사건으로 다시 퇴학당한다. 1930년에 일본으로 건너가 이듬해 도쿄의 와세다대학 고등사범부 영어과에 입학했으나 일 년도 채우지 못하고 아버지의 병환으로 학업을 중단하게 된다. 이렇게 본다면 안수길은 함흥, 간도, 서울, 일본 등지로 떠돌며 학창시절을 보냈음이 드러난다. 뿌리내지지 못하고 제1의 고향과 제2의 고향을 떠돌며 보낸 그의 학창시절은 『성천강』『북간도』로 대표되는 그의 문학세계와 조응하고 있다. 그에게 있어서 제1의 고향 함흥은 자퇴하거나 쫓겨나며 제대로 공부할 수 없도록 했던 부정(不淨)한 공간이었다. 오히려 제2의 고향 간도는 그를 더욱 자유롭게 하고 더 많이 상상할 수 있게 만들었다. 작가로서 안수길의 의식이 함흥보다는 간도에 머물러 있었다는 사실에서도 이를 확인할 수 있다. 제1의 고향인 『성천강』과, 제2의 고향인 『북간도』는 두 개의 고향을 가진 작가 안수길의 부유하며 떠돌아야만 했던 삶의 궤적을 담고 있는 것이다.

안수길은 대표적인 만주계 조선인 작가라 언급한 바 있지만 무엇이 안수길을 만주라는 공간에서 작가라는 삶의 형식을 선택하도록 유도했을지는 그의 성장 과정과 시대 환경을 보면 자명해진다. 시대의 암울함이라는 압력에 의해 작가들은 개인적인 선택이었다기보다는 시대적 사명감, 자아 정체성의 추구에 대한 고투의 한 과정으로 집필활동을 시작했기 때문이다. 안수길 역시 이와 다르지 않았다. 1931년 일본으로 유학을 가지만 아버지의 병세와 가정 형편으로 학업을 지속하지 못하게 된 안수길에게 독서와 필사, 습작은 지식에의 욕구와 자아의 발견을 충족시켜 줄 수 있는 거의 유일한 수단이었다. 특히 안수길이 철이 들 무렵은 '서구 세대의 개방성'에 대항하여 나타난 '일본에의 회귀' 구조가 만연한 소화(昭和)시대였다. 마르크스주의나 모더니즘 사조에도 큰 관심이 없었던 안수길은 이 당시 유행하던 '회귀'의 구조처럼 조선적인 것으로의 회귀를 시도하고자 하였다. 서양적인 것의 대척점으로서 '전통지향성'이 요구되던 시대 풍조를 구체적으로 넘어서면서 그가 도달한 곳은 바로 '간도'였음을 확인할 수 있게 된다.

안수길의 소설이 처음으로 발표된 것은 1935년 8월, 세 번째 속간으로 나온 『조선문단』을 통해서이다. 안수길은 단편소설 「적십자병원」과 콩트 「붉은 목도리」가 당선되며 문단에 첫 발을 떼어 놓는다. 그러나 신춘문예와 같이 화려한 등장도 아니었고, 정작 그의 첫 소설 「적십자병원」은 지면에 수록되지도 못하였다. 오히려 그의 문학활동이 본격적인 궤도에 오르기 시작한 것은 1936년 강경애 · 박영준 · 김국진 등과 함께 한 동인지 『북향』을 통해서였다. 당시 염상섭이 편집장으로 있던 『만선일보』의 기자였던 안수길은 만주에 있는 조선계 문인들을 모아 『북향』이라는 동인지를 시작하고, 6집까지 발간하게 된다. 실상 『만선일보』 기자들을 주축으로 하여 응집된 조선계 작가들의 문학활동 기반이었던 『북향』을 통해 안수길은 동흥중학교 교사인 김국진과, 『조선일보』 신춘문예에 당선된 박영준, 그리고 그 당시 『인간문제』 등으로 이미 수준 높은 리얼리즘 문학을 선보였던 강경애 등과도 교류하게 된다.

이렇듯 안수길에게 양질의 문학적 동인을 만들어 준 근거지가 바로 『만선일보』이었음을 알 수 있는데, 안수길은 해방 직전까지도 『만선일보』에서 직 · 간접적으로 관계 맺으며 일을 하게 된다. 그리고 1941년 역시 『만선일보』 기자인 신형철이 편집하여 출판한 『싹트는 대지』라는 소설집에 단편 「새벽」을 발표하게 된다. 「새벽」은 만주 시절 집필한 안수길의 대표작이라 할 수 있는데, 만주국 건국 이전의 조선인 개척 이민사를 다룬 것이다. 안수길의 작품은 크게 두 갈래로 나눠진다. 그의 창작집 『북원』에 실린 12편을 대상으로 하여 「새벽」 「원각촌」 등의 만주 개척 이전의 이민사를 다룬 것에 해당되고 「토성」 「원각촌」 「새마을」 「목축기」 등의 만주국 건국 이후의 개척사를 다룬 것에 포함된다. 전자에 해당되는 것 중 특히 「새벽」은 종종 최서해의 「홍염」과 비교되곤 하는데, 「홍염」에 비해 더욱 사실주의적이며 작품의 밀도가 높고 섬세하다는 평가를 받는다. 그리고 후자에 해당하는 작품 중에선 「목축기」(1943)가 대표적인데 만주국 건국 이후 조선족 이주민들의 생존방식에 관련된다. 이처럼 그의 작품은 크게 두 가지 분류로 나뉘어 논의되지만 전자와 후자를 통틀어 작가 안수길이 항상 유념하고 있었던 것은 바로 '어떻게 사느냐'의 문제였다. 그의 첫 소설에서부터 해방 후 작품에까지 안수길은 이 태도를 버리지 않았다. 급변하는 시대정세와 정착하지 못했던 이주민들의 처지는 그로 하여금 그런 불안정의 상태에서 항상 '어떻게 살아야' 하는가를 고민하게 만들었을 것이고, 이는 그 당시를 살아가는 조선인 모두의 공통적 관심사였을 것이다.

안수길은 만주에서 활동하는 조선계 작가들 중 유일하게 오랑·오영 부부의 잡지에 「부억녀」를 번역하여 소개하게 된다. 당시 만주국 문단에서는 조선계 작가들에게 크게 관심을 가져주지 않았다. 그런 와중에 안수길의 작품이 번역, 소개되었다는 사실은 그들이 조선계 작가의 대표로 안수길을 꼽고 있었다고 보아도 무방할 것이다.

안수길이 만주를 떠난 것은 1945년 6월이었다. 병을 얻어 함흥으로 돌아온 그는 3년간의 요양 사이 만주국의 붕괴와 일본의 패망, 그리고 새로운 한국사의 시작이라는 유례없는 역사적 전환기를 직접 체험하지 못한 채 지나버리고 만다. 1948년 7월 쾌차한 안수길은 월남하게 되는데 그는 한 동안 한 줄의 글도 쓰지 못했다. 자신이 겪지 못했던 3년간의 국가적 전화기에 대한 두려움과 "큰물에서 큰 고기가 논다"는 말을 가능하게 한 만주 체험에 대한 자의식 때문이었다.

안수길은 1949년 월남 후 첫 작품인 「여수」를 발표하게 되고 작가로서 자존심을 회복하게 된 작품 「제3인간형」을 1953년에 발표한다. 「제3인간형」은 안수길이 3년간의 공백기를 극복하고 만주를 벗어난 후 쓰게 된 첫 소설이었던 만큼 스스로도 의미 있는 작품으로 꼽는다. 그리고 드디어 1959년 그의 문학 인생에 정점이라 평가되는 대하소설 『북간도』를 집필하기 시작한다.

『북간도』는 1870년부터 1945년 광복 때까지 북간도를 중심으로 일어났던 이한복 집안의 4대에 걸친 대하소설이다. 1부에서 3부까지는 1959년부터 1963년까지 『사상계』에 연재되었고, 4, 5부는 4년간의 공백기를 지나 1967년에 완성되어 『삼중당』에서 간행되었다. 무려 8년의 세월이 걸린 것이니 만큼 『북간도』는 작가 안수길 개인의 인생 궤적을 고스란히 담고 있는 동시에 우리 민족사의 굴곡이 세심하게 양각되어 있는 작품이다. 『흙』 『상록수』와 닿아 있는 정통적인 농민 문학이자, 형식적으로나 내용상으로 한국문학에 있어 대하소설의 원형을 창조해낸 민족문학의 수작이라 할만하다.

그 후로도 『성천강』 『통로』 등 장편소설을 집필하던 안수길은 1977년 4월 18일 『경향신문』에 역사소설인 『이화에 월백하고』를 집필하던 중 66세의 나이로 세상을 떠난다. 1935년부터 1977년 숨을 거두기 직전까지 지치지 않고 창작활동을 계속해오던 안수길은 42년간의 문학활동에 마지막 순간까지도 작가로서 '어떻게 사느냐'의 문제를 고민하고 있었던 것으로 보인다.

1911년(1세) 11월 3일 함경남도 함흥에서 간도 용정 광명고등여학교 교감을 지낸 안용호와 김숙경의 장남으로 태어나다. 아호는 남석(南石)이다. 태어난 해에 '신민회사건'이 발생하게 되고, 이 사건은 후에 부친 안용호가 간도로 이주하게 되는데 영향을 미친다.

1921년(11세) 부친 안용호 모친, 그리고 동생 간도로 이주, 장남 안수길은 함흥의 할머니 집에 남는다.

1924년(14세) 안용호는 용정에서 자리 잡은 후 함흥에서 소학교를 다니던 안수길을 데리고 가다. 안수길은 이때부터 가족들과 간도 생활을 시작하다.

1926년(16세) 만주 간도 중앙학교를 졸업하고 다시 함흥으로 내려와 3월에 함흥고등보통학교에 입학하다.

1927년(17세) 함흥고보 2학년에 재학 중이던 안수길은 맹휴사건의 주동자로 지목받아 자퇴하다.

1928년(18세) 3월 서울로 상경, 경신학교 3학년으로 편입하다.

1929년(19세) 11월 광주학생 사건이 터지자, 그 여파로 안수길이 다니던 경신학교에서 만세 운동이 일어나다. 이 만세운동의 선두에 섰던 안수길은 일본 경찰에 체포되어 보름동안 구류에 처해지고 경신 교에서도 퇴학 당하다.

1930년(20세) 일본으로 건너가 3월 교토에 있는 양양중학교에 입학하다.

1931년(21세) 2월 양양중학교를 졸업한 안수길은 3월 도쿄 와세다대학 고등사범부 영어과에 입학하게 되나 아버지의 병환으로 학업을 계속할 수가 없어 채 일 년도 채우지 못하고 귀국하다.

1932년(22세) 간도에서 안수길은 광명중학 영어교사 이주복과 함께 문학 동인을 꿈꾸며 '북향회'라는 모임을 만들다. 그러나 일종의 사교단체로 변하고 만다. 이 해에 만주국이 건국된다.

1933년(23세) 용정에 떨어진 팔도구에서 소학교 선생일을 하던 안수길은 건강이 악화되어 여름에 함흥으로 돌아와 석왕사에서 요양하다. 이곳에서 완쾌되어 다시 용정으로 돌아가다.

1935년(25세) 2월 『조선문단』에서 현상 모집한다는 사고를 보고, 응모하게 되는데 단편소설 「적십자병원」과 콩트 「붉은 목도리」가 당선되어 문단에 첫발을 디디다. 그러나 「붉은 목도리」만 실리고, 정작 소설 「적십자병원」은 발표되지 못하다.

1936년(26세) 김국진, 박영준, 이주복 등의 함께 모여 만주에서 활동하는 조선계 문인들의 동인인 『북향』을 창간하다.

1937년(27세) 용정에서 발간하는 우리말 신문인 『간도일보』의 기자로 활동하다. 그러던 중 당국의 정책으로 『간도일보』가 신경(新京)에 이는 『만몽일보』와 통합되어 『만선일보』로 되자 용정을 떠나 신경으로 가서 근무하게 되다. 후에 오랑부부의 잡지에 번역해서 소개하게 되는 단편 「부억녀」를 이 시기 집필하다.

1941년(31세) 『싹트는 대지』에 자신의 대표작인 「새벽」을 게재하다.

1942년(32세) 단편소설인 「새마을」, 「원각촌」, 「목축기」 등을 창작하다.

1944년(34세) 자신의 첫 창작소설집인 『북원(北原)』을 간행하다. 그리고 장편소설인 『북향보』를 『만선일보』에 연재하기 시작하다.

1945년(35세) 6월 간도 용정을 떠나 부모님이 먼저 내려가 계시던 함흥으로 귀향하게 되는데 건강이 많이 악화되어 있었던 안수길은 후농리 과수원에서 3년간 요양을 한다. 그 사이 집필활동은 하지 못하다.

1948년(38세) 7월 보름 가족들과 함께 월남하다. 서울에서 안수길은 『경향신문』 문화부 기자로 활동하며 문화부 차장에까지 지내다.

1949년(39세) 월남 후 첫 소설인 「여수」를 발표하다. 그 외에도 「밀회」, 「범속(凡俗)」, 「가면」 등의 작품들을 발표하다.

1950년(40세) 한국전쟁이 발발하고 대구로 피난을 내려가다.

1952년(42세) 부산까지 피난 갔던 안수길은 용산고등학교 교사로 재직하게 되다. 이 시기에 창작한 소설로는 「명암」, 「제비」, 「쾌청」, 「기로(岐路)」 등이 있다.

1953년(43세) 안수길의 작가로서의 자존심을 회복시켜주는 대표작 「제3인간형」을 『자유세계』에 발표하게 되다. 이 작품을 기점으로 안수길은 작품성과 문제의식을 회복하게 되다.

1954년(44세) 서라벌예술대학에의 문예창작학과 과장으로 취임하다. 장편 『먼 후일』을 『대구일보』에 연재하면서, 두 번째 창작집인 『제3인간형』을 간행하다.

1955년(45세) 「제3인간형」으로 제2회 아세아 자유문학상을 수상하다.

1959년(49세) 이화여자대학교 국문과에 교수 제의를 받지만 창작에 방해가 된다는 생각에 강사 지위로 소설창작 강의에만 전념하다. 그리고 『북간도』 1부를 『사상계』에 연재하기 시작하다. 그리고 1부가 마무리되자 단행본으로 간행하다.

1961년(51세) 『북간도』 2부를 『사상계』에 발표하다.

1963년(53세) 『북간도』 3부를 『사상계』에 발표하고, 네 번째 창작집 『풍차』를 간행하다.

1967년(57세) 8월에 『북간도』 4부와 5부를 완성하다. 8년의 세월에 걸쳐 집필된 대하소설 『북간도』가 완결되어 『삼중당』에서 출판되다.

1968년(58세) 3월에 서울시 문화상(문학 부문)을 수상하다. 대하소설 『북간도』가 이해랑 연출로 국립극단에서 극으로 공연되다.

1975년(65세) 『북간도』가 일본어로 번역되어 일본 『통일일보』에 연재되다. 역사장편소설 『이화에 월백하고』를 『경향신문』에 연재하기 시작하다.

1977년(67세) 4월 18일 숙환으로 별세하다. 9월에 수필집 『명아주 한 포기』가 간행되다.

정비석 鄭飛石, 1911~1991

/최미진/

정비석은 1911년 평안북도 의주에서 대지주의 아들로 태어나 어린 시절 할아버지가 소리내 읽던 강담사의 『삼국지』를 엿들으며 이야기꾼에 대한 꿈을 막연하게 키운다. 신의주중학교 시절 국어교사 우에하라에게 문학적 재질을 높이 평가받은 이후 문학에 정진할 뜻을 세우고, 이때부터 문학과 사회학 서적들을 섭렵하기 시작한다. 신의주중학교 4학년 때 학생 독서회사건으로 피검되어 1년간 복역하는 동안 습작품을 김동인에게 지도받기도 한다. 일본 니혼대학 문예과에 입학한 후 일문소설 단편 「아이의 편지(子供の手紙)」가 『프롤레타리아문학(プロレタリア文學)』에 당선되었다(「자서소전」, 『신인단편걸작집』, 조선일보 출판부, 1938, 45면). 이 일로 소설창작에 자신감이 생기자 언어 선택을 고민하던 끝에 서울에서 우리말로 된 작품들을 구해 읽으며 서툴렀던 우리말을 독습하기 시작한다. 그러나 의과 진학을 희망하던 집안 어른과의 불화로 학업을 포기하고 귀향하여 창작에만 전념한다.

이러한 습작기를 거쳐 정비석은 1936년 「졸곡제」가 『동아일보』 신춘문예에 선외가작으로 입선하고, 1937년 「성황당」이 『조선일보』 신춘문예에 당선되면서부터 본격적인 문학활동을 시작한다. 「졸곡제」는 주인공 언삼이 사별한 아내와 생전에 누렸던 애정을 회고한 단편이며, 「성황당」은 산촌에서 숯을 구워 파는 현보와 젊은 아내 순이가 순수하게 자연에 몰입된 경지를 순이를 탐내는 긴상과 칠성의 애정갈등을 통해 극대화시킨 작품이다. 특히 「성황당」은 근대적인 사회현실과 지식인들의 심리주의에 폐색되었던 당시의 문단에 성적 리얼리티와 자연친화적 삶을 부각시켜 깊은 인상을 주었던 작품이다.

신인 정비석은 전형기에 처해 있던 당시 문단의 세대논쟁에 참여한다. 1939년에 본격화된 이 논쟁에서 정비석은 「신진작가좌담회」(『조광』, 1939.1)를 통해 '기성불신론'을 펼쳤는가 하면, 「신진작가의 문단호소장-평가에의 진언」(『조광』, 1939.4)에서는 비평가들에게 작품을 두 번 이상 읽을 것, 사대주의를 버릴 것, 작가를 체계적으로 고찰할 것을 주장하며, 김동리, 김영수 등과 더불어 비평가와 대결구도를 형성하게 된다. 이에 임화는 신인의 절대적 가치인 '새것'이 없고 기성의 아류뿐이라고 정면으로 공격하였고, 비슷한 맥락에서 김남천은 정비석이 이효석에 비해 새롭지 못하다고 비판한다. 1940년에 정비석은 소설로 형상화한 세대론 「삼대」(『인문평론』,

2월)를 발표한 데 이어 「신구세대의 공동과제」(『매일신보』, 1940.2.24~25)에서는 신세대가 내세울 만한 정신적 원리 부재를 고백하며 최재서에게 인간성의 신뢰와 조국애에 대한 해명을 요구하지만 그 답변은 신체제론을 통해 드러난다. 전형기를 극복하려는 의도에서 시작된 세대논쟁은 작가정신의 순수·비순수론으로 발전하기도 하였으나 결국 신체제론에 대한 작가들의 입장과 태도를 엿볼 수 있는 계기로 작용한다.

1936년 등단 이후부터 세대논쟁이 마무리되었던 1940년에 이르는 시기, 정비석의 작품 경향은 크게 세 가지로 나뉜다. 첫째는 「졸곡제」와 「성황당」의 계보를 잇는 남녀의 애정관계를 다룬 것으로, 단편 「동경」 「잡어」 「제신제」 등과 장편 『금단의 유역』 『화풍』이 여기에 속한다. 「성황당」의 자매편인 「제신제」는 죽은 약혼자를 그리워하는 희순에게 다가서는 두 여성을 통해 "육과 영의 경계를 방황해야 하는 인간으로서의 숙명적 비운"을 형상화한 작품으로, 성적 리얼리티가 자연과 어울리면서도 모랄을 유지하고 있다. 둘째는 대부분 토속적 삶을 배경으로 삼은 반신변적 소설로, 「강태공」 「귀불귀」 「고고」 「국화진열」 등을 들 수 있다. 「고고」의 경우, 시대상황에서 비껴나 삶의 유유자적과 고독, 그리고 고향을 거점으로 한 자연친화적 모습을 보여준다. 셋째는 시대적 현실에 대한 지식인의 고민과 사상을 다룬 것으로, 「저기압」 「이 분위기」 「삼대」 등이 여기에 속한다. 특히 「삼대」는 구질서에 집착하는 아버지와 한때 프롤레타리아 투사였지만 자신의 신념에 회의하는 형 경세, 그리고 시대 변화를 적극 수용하고 동참하는 동생 형세의 삶의 국면들을 통해 신체제기의 현실을 인정하는 작가의 태도를 암묵적으로 드러낸다.

신체제기 문제적인 양상은 1940년부터 1945년까지 『매일신보』 기자로 일하면서 발표한 친일문학이다. 정비석은 「새로운 국민문예의 길－작가의 입장에서(新しい國民文藝の道－作家の立場から)」(『국민문학』, 1942.4)에서 일본의 거국적 대사업에 국민의 일인인 문학자도 그를 위한 무기로서 크게 공헌하는 아름다운 희생정신을 가져야 한다고 강조하는가 하면, 간도 지방을 시찰하고 와서 쓴 수필 「국경」(『국민문학』, 1943.4)에서는 대동아전쟁이 미국의 식민지화하려는 야망에서 빚어진 것이며, "조국 일본이 이 지구상에 단 한 곳의 낙원"이라 밝히기도 했다. 장편 『청춘의 윤리』가 엇갈리는 남녀의 애정관계에서 희생정신을 강조함으로써 내선일체라는 파시즘 이데올로기의 환상을 보여주는 작품이다. 「제신제」를 개작한 단편 「山の憩ひ」는 신체제에 눈떠가는 기독교인을 통해 영미사상에 대한 반항과 동양으로서 일제에의 복귀를 다루고 있다. 그리고 「한월」은 "세기적 노도를 헤쳐 나갈 협동의 윤리를 시골에서의 버스 사고라는 에피소우드에 탁"한 작품으로, "지식인에의 날카로운 비판"이 "혁명적"이라 평가받기도 하였다. 광복 직전까지 정비석은 조선문인보국회 소설 부문의 중견작가로 "싸우는 반도의 싱싱한 모습을 전작소설로 작품화"한 『결전문학총서』 제1집(동도서적주식회사, 1945.5)에 참여하였다.

광복기 정비석은 삶의 방편으로 한때 상업에 종사하였으나 다시 문학계로 돌아온다. 1945년 계용묵과 함께 종합잡지 『대조』를 창간·주재하는 한편, 1946년에는 『중앙신문』 문화부장으로 일하기도 했다. 당시 작품으로는 해방의 감격과 새로운 나라만들기의 갈망을 형상화한 「귀향」, 모리배의 아내로 부덕을 지키는 것을 거부하고 "노라"의 삶을 선택한 「아내의 항의문」, 도시 공간에서 속화된 남녀의 애정관계를 형상화한 「파계승」이 대표적이다.

한국전쟁기 도강하지 못하고 적치 서울에서 3개월을 보낸 정비석은 1·4후퇴 당시 대구로 피난하였다. 대구에서 그는 육군본부 정훈감실 문관으로 일하면서 정훈교재 편찬, 신문 발행, 사병문고 발행 등에 힘쓰는 한편, 육군종군작가단의 일원으로 일선 종군과 후방 선전활동, 『전선문학』 발행, 문인극 공연 등에 적극적으로 동참한다. 뿐만 아니라 많은 중단편소설들을 창작하는데, 특히 『여성전선』은 전후파 여성과 전통적 여성의 애정갈등을 대비적으로 형상화하여 대중적 관심을 모았다.

『여성전선』과 같은 맥락에서 전후파 여성인 '유한마담'을 모태로 삼은 출세작 『자유부인』은 퇴폐적인 사회풍조와 성윤리의 혼란상을 묘파한 작품이다. 『자유부인』 이후 작가는 주로 장편소설을 발표하였는데, 그 작품 경향을 일별하면 다음과 같다. 우선, 작가 특유의 성적 리얼리티를 살려 남녀의 애정관계를 형상화한 것이 주류적 경향을 띤다. 『나비야 청산가자』 『슬픈 목가』 『유혹의 강』 『에덴은 아직도 멀다』 『욕망해협』 『내 마음 아실이』 『노변정담』 등이 여기에 속한다. 『나비야 청산가자』가 봉건적인 남성의 욕망과 그를 둘러싼 여성들의 사랑을 그린 소설이라면, 『욕망해협』은 인간의 타고난 욕망 때문에 한 집안이 망해가는 모습을 풍자적으로 형상화하였다. 『내 마음 아실이』는 40대 부부가 겪게 되는 사랑과 욕망, 그리고 성문제를 통해 부부관계를 재해석한 작품으로 손창섭의 『부부』에 비견된다. 그리고 『노변정담』은 62년에 발표했던 『여인백경』을 포함한 39편의 이야기를 5년간 옴니버스 형식으로 연재 발표한 대하장편소설로, 여성의 애정문제를 여러 각도에서 접근하여 1960년대 애정풍속도를 적나라하게 보여주었다.

다음으로, 역사적 인물이나 사건을 재해석한 역사소설을 들 수 있다. 1950년대에는 『홍길동전』 『연산군』 『황진이』를 발표하는 데 그쳤으나, 1970년 이후에는 역사소설 창작에 치중하여 『의적 일지매』 『명기열전』 『호국의 성자』 『민비』 『현부열전』 『김삿갓 풍류기행』 등을 잇달아 내놓았다. 『홍길동전』은 연산군 시절로 시대적 배경을 옮겨 홍길동의 영웅적 삶을 부각시켰으며, 『명기열전』은 잊혀간 명기의 이름과 기녀도를 일깨운 연작 장편소설이다. 그리고 『민비』는 민비와 대원군을 주축으로 한 정권 갈등을 통해 조선왕조가 패망한 원인을 추적한 소설인데, 1910년 기쿠치 겐조가 지은 『대원군전』을 기반으로 삼았을 뿐 아니라 그 식민사관을 따르고 있다는 점에서 논란이 되었다.

마지막으로, 중국의 병서나 역사소설을 재구성한 번안소설로 『소설 손자병법』 『소설 초한지』 『삼국지』가 있다. 이는 모두 고희를 넘긴 80년대 이후에 창작·발표된 작품들이다. 『소설 손자병법』은 손자의 병학을 이론적으로 풀어간 소설이라면, 『소설 초한지』는 이를 실전에 응용해 나간 것이다. 『삼국지』 또한 같은 맥락에서 원전의 내용을 재구성하여 소설적 재미를 극대화시킨 작품으로 평가되고 있다.

이러한 작품 이외에도 어린이소설 『파랑새의 꿈』 『마음의 꽃다발』과 소녀소설 『꽃모습』,

야사나 일화를 엮은 『한국야담사화전집』 『이조여인사화』 『퇴계일화선』과 전기 『퇴계소전』을 발표하였으며, 『춘희』 『풋사랑』 『철가면의 비밀』 등의 소설을 번역·출판하기도 했다. 그리고 연구서 『소설작법』과 수필집 『산정무한』 『살아가며 생각하며』 『나비야 청산가자』를 발간하였다. 고희를 넘긴 나이에도 작가의 최고 영예는 끝까지 글을 쓰는 것이라는 소신을 몸소 실천했던 정비석은 1991년 10월 19일 지병으로 자택에서 별세하였다.

정비석 ▸▸

1911년(1세) 5월 21일 평안북도 의주읍에서 대지주의 넷째 아들로 태어나다. 본명은 서죽(瑞竹). 네 살 때 본향인 용천군 양하면 장송동으로 옮겨 유년시절을 보내다.

1927년(17세) 신의주 중학교 4학년 때, 학생독서회사건으로 1년간 신의주형무소에서 복역한 뒤 징역 10개월, 집행유예 5년의 선고를 받고 출감하다.

1929년(19세) 일본 히로시마의 구산중학교를 마치고 도쿄 니혼대학 문예과에 입학하다. 재학 중 일문소설 단편 「아이의 편지(子供の手紙)」가 『프롤레타리아문학(プロレタリア文學)』에 당선되다.

1932년(22세) 문예과 진학으로 집안 어른과 불화 끝에 니혼대학을 중퇴하다. 이후 고향으로 돌아와 칩거하며 창작에만 몰두하다.

1935년(25세) 단편 「여자」(『매일신보』)와 「소나무와 단풍나무」(『조선중앙일보』)를 발표하고, 시 「어린 것을 잃고」 「여인의 상」 「저 언덕길」은 『동아일보』에 발표하다.

1936년(26세) 단편 「졸곡제」가 『동아일보』 신춘문예에 선외가작으로 입선되다. 단편 「상처기」 「궁심」 「바다의 소야곡」 등을 발표하다.

1937년(27세) 단편 「성황당」이 『조선일보』 신춘문예에 1등으로 당선되다. 「성황당」은 성적 리얼리티와 자연친화적 삶을 부각시켜 전형기 문단에 압도적 인상을 남기다. 단편 「해춘부」 「운무」 「거문고」 「나락」을 발표하다.

1938년(28세) 단편 「애증도」 「저기압」 「동경」 「개와 괭이와」 등을 발표하다.

1939년(29세) 세대논쟁이 본격화되면서 정비석은 '기성불신론'을 내세워 비평가들의 안이한 태도를 비판하다. 반신변적 소설 「강태공」 「귀불귀」를 비롯한 단편들과 장편 『금단의 유역』을 발표하다.

1940년(30세) 1940년부터 1945까지 『매일신보』 기자를 지내다. 세대논쟁이 갈무리되던 즈음 「신구세대의 공동과제」에서 신인작가의 정신적 원리부재를 고백하며 최재서의 발언 해명을 요구하다. 소설로 형상화한 세대론 「삼대」와 「성황당」의 자매편 「제신제」, 반신변적 소설 「고고」와 「국화진열」 등 단편들과 장편 『화풍』을 발표하다.

1942년(32세) 신체제론에서 고평 받은 「한월」을 비롯한 단편 「조춘」 「광명」과 국민문학의 의의를 밝힌 「작가의 입장에서(作家の立場から)」를 발표하며 친일 행적을 노골화하다.

1943년(33세) 일본식 기독교의 윤리를 보여준 「山の憩ひ」를 비롯, 「추야장」 「개척전사」 등의 친일 단편들을 발표하다.

1944년(34세) 지도자 소설 「녹음」(『일본부인』, 5월)을 발표하였으며, 『청춘의 윤리』(매일신보사)와 『반도작가단편집』(조선도서출판사)을 출간하다.

1946년(36세) 해방 후 계용묵과 함께 종합잡지 『대조』를 창간·주재하는 한편 『중앙신문』 문화부장으로 일하다. 「모색」 「귀향」을 비롯한 단편들과 중편 『원근춘』, 장편 『장미의 계절』을 발표하다. 『파도』(대조사), 『고원』(백민문화사), 『소설작법』(신대한도서주식회사)을 출간하다.

1947년(37세) 단편 「춘희」 「파계승」 등을 발표하고, 『애련기』(보문출판사) 등을 출간하다.

1948년(38세) 단편 「아내의 항의문」 「갈대와 가티」 등과 중편 「암야행로」를 발표하다. 『도회의 정열』(평범사), 『제신제』(수선사)를 출간하다.

1949년(39세) 단편 「경품권」 「그 여자의 반생」 「냉혈동물」 등을 발표하고, 『여인백경』(정음사), 『장미의 계절』(창광사) 등을 출간하다

1950년(40세) 『청춘산맥』 연재 중 한국전쟁이 발발하여, 적치 서울에서 3개월을 보내다.

1951년(41세) 1·4 후퇴 때 대구로 피난하여 육군본부 정훈감실에 귀속된 문관으로 재직하였으며, 5월 창립된 육군종군작가단의 일원으로 활동하다. 편저로 『일선전투기』(한국출판사)를 출간하다.

1952년(42세) 단편 「호색가의 고백」 「간호장교」 등과 장편 『여성전선』을 발표하다. 장편소설집(掌篇小說集) 『색지풍경』 『청춘산맥』(문성당), 『여성전선』(한국출판사), 『번지없는 주막』(향문사) 등을 출간하다.

1953년(43세) 단편 「남아출생」과 장편 『세기의 종』을 발표하고, 단편집 『서북풍』(보문출판사), 『애정무한』(삼성사), 『도회의 정열』(평범사), 번역서 『춘희』(문성당)와 편역서 『풋사랑』(대한교과서주식회사)를 출간하다.

1954년(44세) 전후 퇴폐적인 사회풍조와 성윤리의 혼란상을 묘파한 『자유부인』을 발표해 세간의 주목을 받다. 단편 「심해어」와 장편 『민주어족』을 발표하다. 『자유부인』(정음사) 『세기의 종』(세문사) 『홍길동전』(대양출판사) 『호롱불』(동아문화사) 『인생여정』(문오사) 『월야의 창』(정음사) 『산유화』(여원사) 등을 출간하다.

1955년(45세) 단편 「초로부부」 등과 장편 『나비야 청산가자』를 발표하고, 『민주어족』(정음사) 『월야의 창』(정음사) 『황진이』(정음사) 『비석문학독본』(글벗집)을 출간하다.

1956년(46세) 단편 「최노인」과 장편 『낭만열차』를 발표하고, 『연산군』(정음사) 등을 출간하다.

1957년(47세) 단편 「애견광」과 장편 『슬픈 목가』를 발표하다. 『슬픈 목가』(춘조사) 『낭만열차』(동진문화사) 『야래향』(문성사) 『모색』(범조사) 등을 출간하다. 장만영과 함께 『고교생을 위한 문장강화』(정음사)를 발간하다

1958년(48세) 단편 「슬픈 추억」과 장편 『유혹의 강』 『비정의 곡』을 발표하다. 『유혹의

강』(신흥출판사) 『파랑새의 꿈』(글벗집) 『마음의 꽃다발』(세광출판사) 등을 출간하다.

1959년(49세) 장편 『화혼』과 『연가』를 발표하고, 『화혼』(삼중당) 『비정의 곡』(삼중당) 『사랑의 십자가』(삼중당) 등과 『한국야담사화전집』 제13권(동국문화사)을 출간하다.

1960년(50세) 4・19혁명 후 『한국일보』에 연재한 『혁명전야』가 연세대생들의 데모로 3일 만에 중단되고, 송지영과 '전통'이라는 광고대리점을 개점하다. 소녀소설집 『꽃모습』(홍우출판사)을 출간하다.

1961년(51세) 「전직의 변」까지 신문에 발표했으나 5・16군사쿠데타 후 사업 실패로 문학판으로 복귀하다. 장편 『에덴은 아직도 멀다』와 『여인애사』를 발표하고, 박영준・안수길과 함께 『소년소설집』(글벗집)을 출간하다.

1962년(52세) 장편 『산호의 문』과 『여인백경』을 발표하고, 『에덴은 아직도 멀다』(민중서관) 『인간실격』(정음사) 등을 출간하다.

1963년(53세) 장편 『욕망해협』을 발표하고, 수필집 『산정무한』(휘문출판사)을 출간하다.

1964년(54세) 장편 『그대를 위한 노래』를 발표하고, 『여인백경』(정음사)을 출간하다.

1965년(55세) 장편 『노변정담』을 『대한일보』에 5년간 연재하다.

1966년(56세) 장편 『바람은 끝없이』와 『내마음 아실이』를 발표하다.

1971년(61세) 『욕망의 해협』(노벨문화사) 『노변정담』(전10권, 노벨문화사)을 출간하다.

1972년(62세) 『의적 일지매』(아리랑사)를 출간하다.

1973년(63세) 장편 『여수』를 발표하다.

1974년(64세) 장편 『명기열전』을 『조선일보』에 6년간 연재하다.

1975년(65세) 「호국의 성자」(『민족문학대계』 제5권, 동화출판사)를 출간하다.

1976년(66세) 사화집 『이조여인사화』(정음사)를 출간하다.

1977년(67세) 『명기열전』(전7권, 이우출판사)을 출간하다.

1978년(68세) 전기 『퇴계소전』(퇴계학연구후원회)을 출간하다.

1979년(69세) 수필집 『살아가며 생각하며』(회현)를 출간하다.

1980년(70세) 단행본 『민비』(전2권, 범우사)와 사화집 『퇴계일화선』(퇴계학연구소)을 출간하다.

1981년(71세) 『소설 손자병법』을 『한국경제신문』에 3년간 연재하다.

1983년(73세) 『소설 초한지』를 『한국경제신문』에 3년간 연재하다.

1984년(74세) 『소설 손자병법』(전4권, 고려원)과 『소설 초한지』(전5권, 고려원)를 출간하다.

1985년(75세) 『김삿갓 풍류기행』을 『한국경제신문』에 연재하고, 『삼국지』(전6권, 고려원)를 출간하다.

1988년(78세) 『소설 김삿갓』(전6권, 고려원)과 수필집 『나비야 청산가자』(신원문화사)를 출간하다.

1991년(81세) 10월 19일 서울시 용산구 동부 이촌동 자택에서 지병으로 별세하다.

백석 白石, 1912~1995?

/고형진/

백석(본명은 기행夔行)은 1912년 7월 1일 평북 정주군 갈산면 익성동에서 태어났다. 그의 부친인 백용삼은 『조선일보』 사진반장을 지낸 분으로 개화한 인물이었다. 백석은 1924년 소월의 숨결이 어려 있는 정주의 오산학교에 입학하였다. 오산학교에서 백석과 같은 반 친구로 지냈던 임기황의 회고에 의하면 이 시절에 백석이 특별히 시작을 하지는 않았지만 소월을 몹시 동경했다고 한다. 또 그는 백석이 매우 결벽한 성격의 소유자였다고 한다.

백석은 오산고등보통학교(오산학교의 바뀐 명칭)를 졸업한 이듬해인 1930년 『조선일보』 신년 현상문예에 단편소설 「그 모(母)와 아들」이 당선되었다. 백석의 시에 서사적인 특성이 강하게 드리워진 것은 그가 시를 쓰기 이전에 소설을 쓴 경험과도 일정한 관련이 있는 것으로 추정된다. 그는 이후에 조선일보사가 후원하는 장학생으로 선발되어 일본으로 유학을 떠나 아오야마가쿠인(青山學院)에서 영문학을 공부한다. 귀국한 후에 발표한 작품 중에는 일본을 배경을 한 작품이 두 편 있다. 「이두국주가도」와 「시기의 바다」가 그것이다. 이 두 작품은 모두 일본 도쿄에서 멀지 않은 곳에 위치한 이즈 반도를 배경으로 하고 있다. 당시 도쿄에 사는 사람들의 휴양지로 알려진 이곳을 백석도 여행한 바 있으며 그 체험을 바탕으로 쓴 것으로 보인다.

백석은 1934년에 귀국하여 조선일보사 출판부에서 근무하며 계열사인 『여성』지에서 편집 일을 했다. 1935년 『조선일보』에 시 「정주성」을 발표하며 시단에 데뷔하였다. 그리고 이듬해인 1936년 1월 20일에 시집 『사슴』을 간행하였다. 겹으로 접은 한지에 활판인쇄를 하고 하드커버로 장정을 함으로써 품격 높고 운치가 가득한 시집의 모습을 보여 준다. 시집 제목인 '사슴'도 순정한 이미지에 아름다운 소리를 지닌 말로써 맵시 있는 모국어의 사용이라고 할 수 있다. 이 시집에는 총 33편의 작품이 실려 있는데 그 중 8편은 첫 작품이 발표된 1935년 8월부터 1936년 1월 시집이 나오기까지 5개월 정도의 기간에 발표한 작품들을 수록한 것이고, 1편은 전의 작품을 개작한 것이고, 나머지 24편은 신작시들이다. 따라서 백석은 시집을 내기 훨씬 이전부터 많은 작품들을 썼음을 알 수 있다. 이 시집 안의 작품들에서 가장 눈에 띄는 것은 평북방언을 중심으로 한 방언들의 빈번한 구사이다. 특히 그 방언들은 주로 사물을 지칭하는 어휘들에 집중되어 있어 시집 안의 작품들을 매우 낯설게 만들고 있다. 외래어도 아닌 순수 토착어인 우리의 방언으로 생소한 세계를 만들고 있는 것이 이 시집이 지닌 중요한 성과의 하나이다. 내용의 측면에서 볼 때, 이 시집이 담고 있는 것은 주로 우리의 토속적인 삶의 세계이다. 우리의 산골 마을에서 예부터 전해오던 전통적인 삶의 풍경들이 이 시집의 주조음을 이루고 있다. 거기에는 명절날의 풍속과 팥으로 흉사를 막는 속신과 거머리로 멍든 곳을 치료하는 민간요법 등과 같은 우리의 전통적인 세계가 들어 있다. 그는 우리의 토착어로 우리의 풍속을 생생히 재현해내고 있는 것이다. 그런데 기법의 측면에서 볼 때, 이 시집은 매우 다양한 형식과 방법을 추구하고 있다. 반복과 나열로 말을 길게 늘어뜨리는 엮음의 표현방식으로 삶의 이야기를 진술하는가 하면 2, 3행 정도의 정제되고 절제된 시 형식을 보이기도 한다. 시집 안의 시편들 중 상당수는 서사지향적인 형식을 띠지만, 일부 작품의 경우는 간명한 형식에 이미지만을 제시하면서 풍경을 그리는 작품들도 있으며, 게 중에는 극도의 절제된 구문으로 화자의 의식이 제거된 선적인 지각을 드러내는 작품들도 있다. 백석은 시집 『사슴』을 간행한 직후 『조선일보』에 「남행시초」라는 연작시를 발표한다. 창원, 통영, 고성, 삼천포 등 남해안 일대를 여행하며 쓴 이 연작시는 여행시라고 할 수 있다. 이 여행시편들은 시집 『사슴』의 세계에선 볼 수 없는 새로운 시도의 작품들이다. 이후에 그는 여행시편들을 다수 발표한다.

백석은 1936년에 조선일보사를 사임하고 함흥에 있는 영생고보의 영어교사로 부임한다. 이때 그는 『함주시초』 연작시를 발표한다. '함주'는 그가 체류했던 함흥을 둘러싸고 있는 군 단위의 지역이다. 백석은 자신의 고향인 평북지역과는 또 다른 함경도의 생활 풍속을 생생히 그려낸다. 그는 그곳서 여진족의 생활체취를 느끼고 거친 베로 짠 잠방이를 입고 노루를 흥정하는 함경도인의 생활풍경을 생생히 그려낸다. 1938년에 발표된 『산중음』이란 연작시도 함경도에서의 체험을 바탕으로 한 작품이다. 이 연작시는 제목에서 환기되듯 함경도의 산골을 여행하며 느낀 여러 체험들을 노래하고 있다. 특히 깊은 밤 함경도의 깊은 산골에서 느끼는 으슥하면서도 정감어린 생활체취를 특유의 음식묘사와 정경묘사를 통해 생생히 그려낸다. 또 하얀 모습으로 색다른 느낌을 주는 자작나무가 함경도 산골에 지천으로 널려 있고 가옥까지 온통 자작나무로 만들어진 놀라운 풍경을 흥겨운 문체로 그려내고 있다. 「석양」 「고향」 「절망」 같은 시도 함경도에서의 체험을 바탕으로 한 작품이다.

백석은 1938년 함흥의 영생고보 교사직을 사임하고 서울로 돌아온다. 그리고 이듬해인 1939년 4월부터 다시 『여성』지의 편집 일을 맡는다. 『여성』지의 편집후기를 보면, 그가 다시 맡은 4월호와 5월호는 참신한 기획으로 독자들의 호평을 받으면서 전에 없이 재판을 거듭한 것으로 되어 있다. 여기서 잡지 편집에 대한 그의 남다른 기획력을 확인할 수 있다. 백석은 1939년에 8편의 작품을 발표한다. 특히 이 시기에 『문장』지에 여러 호에 걸쳐 작품을 발표한 것이 눈길을 끈다. 종전까지 백석의 시는 주로 『조선일보』와 『조광』과 『여성』 등 자신이 몸담고 있던 신문과 잡지에 발표되었는데, 39년도에 와서는 『문장』지에 여러 편의 작품들이 발표되고 있는 것이다. 『문장』은 1939년도에 창간되어 1941년에 강제 폐간되기까지 30년대 후반과 40년대 초반의 우리 문단에서 중심 역할을 하고 있던 문예지로서 좋은 작품들이 많이 실렸다. 백석은 이 문예지의 3호부터 시를 발표하기 시작해서 그 후 여러 번에 걸쳐 작품을 발표했고, 폐간호인 1941년 4월호에는 3편의 작품이 발표되었다. 여기서 백석이 30년대 후반과 40년대 초반의 우리 문단에서 뚜렷한 위치를 차지하고 있었음을 다시 한 번 확인할 수 있다.

이 시기에 발표된 백석의 작품들은 개성적인 세계로 가득 차 있다. 「넘언집 범같은 노큰마니」와 「동뇨부」는 시집 『사슴』의 세계의 연장선상에 놓여 있는 작품이다. 두 작품 모두 유년화자의 시선으로 고향 마을에서 겪었던 토속적인 삶의 세계를 진술하고 있는데 전에 자주 보기 어려운 독특한 구문의 구사가 눈에 띈다. 그 중에서도 '~것이다' 구문의 구사로 어린 시절 자신이 겪은 경험세계를 객관화시켜 이야기의 문체로 만들고 있는 것은 중요한 성취의 하나로 꼽힌다. 엮음의 구문에서 시작한 그의 문체가 점차 다양하게 발전되어가고 있는 것을 보게 된다. 시 「목구」는 제기의 시선으로 제사풍속을 그리고 있으며, 시 「국수」는 우리의 토속음식인 국수를 만들고 먹는 풍속을 그리고 있는 작품이다. 두 작품 모두 우리의 전통 풍속을 그리면서 우리 민족의 오랜 역사성과 민족정서를 환기시키고 있다. 시 「북방에서」와 시 「흰 바람벽이 있어」는 백석 후기시의 진경을 보여 주는 작품이다. 두 작품 모두 일인칭 화자의 내면독백을 그리고 있는 작품으로서 서정시의 진수를 보여 주고 있다. 만주에서의 생활체험을 바탕으로 하고 있는 시 「북방에서」는 서정적 자아에 역사적 자아를 투사시켜 서정시의 새로운 목소리를 들려주고 있으며, 「흰 바람벽이 있어」는 자아성찰을 벽에 비친 영상을 통해 보여줌으로써 객관적이고 보편적인 호소력을 발휘하고 있다. 한편 이 시기에 백석은 평안도 기행체험을 바탕으로 한 「서행시초」 연작을 『조선일보』에 발표한다. 이 연작시는 통영을 중심으로 한 남해안 일대의 기행체험을 바탕으로 한 「남행시초」와 짝을 이루면서 백석 기행시의 폭을 더욱 넓힌 작품으로 평가된다.

백석은 1939년 말부터는 만주의 신경으로 떠나 이후 해방이 되기까지 주로 만주 일대를 떠돌며 지내게 된다. 그는 만주의 안동세관에서 일하기도 하고, 농사도 지으면서 생활한 것으로 알려져 있다. 해방 후에 그는 고향인 정주로 돌아온다. 해방 후부터 분단이 되기까지 그의 작품은 4편이 『학풍』(1948,10 창간호)에 발표되는데, 그 중에서 「칠월백중」과 「남신의주유동박시봉방」은 마지막 작품일 뿐만 아니라 매우 개성적인 세계를 담고 있어 각별히 눈길을 끈다. 전자는 칠월백중의 풍속을 의복에서부터 놀이에 이르기까지 매우 상세히 그리고 있어 우리의 전통적인 생활풍경을 실감나게 보여주고 있으며, 후자는 매우 맑고 투명한 언어와 '~것이다' 구문의 적절한 사용을 통해 일인칭 화자의 내면성찰을 매우 절실히 그려내고 있다.

백석은 분단 이후에 계속 북쪽에 머물며 작품 활동을 한다. 1955년에는 조쏘출판사에서 여러 사람과 공동으로 푸시킨의 작품을 번역해서 출간했고, 1957년에는 동화시집인 『집게네 네 형제』를 출간했다. 그는 그 후에도 여러 편의 평론과 시들을 발표했지만, 해방 전과 같은 개성적인 작품을 발표하지는 못했다. 그는 1959년에 양강도 삼수군 관평리에 있는 국영협동조합으로 내려가 농사를 지은 것으로 알려져 있으며, 1995년에 사망한 것으로 추정된다.

백석 ▸▸

1912년(1세) 평안북도 정주군 갈산면 익성동에서 수원 백씨 백용삼 씨의 장남으로 태어나다. 아버지 백용삼씨는 『조선일보』의 사진반장을 지냈던 인물이다. 본명 기행(夔行).

1918년(7세) 오산소학교에 입학하다.

1924년(13세) 오산소학교를 졸업하고 오산학교에 입학하다. 같은 반 급우였던 임기황의 회고에 의하면 이 시절 특별히 시를 쓰지는 않았지만, 같은 학교 선배인 소월을 몹시 동경했다고 한다. 그는 백석이 매우 결백한 성격의 소유자였다고 전한다.

1929년(18세) 오산고등보통학교(오산학교의 바뀐 명칭)를 졸업하다.

1930년(19세) 『조선일보』 신년 현상문예에 단편소설 그 「모와 아들」이 당선, 조선일보사가 후원하는 장학생으로 선발, 일본의 아오야마가쿠인(青山學院)에서 영문학을 공부하다.

1934년(23세) 졸업 후 귀국하여 조선일보사 출판부에서 근무하다. 『조선일보』의 계열사인 '여성'에서 편집일을 하다.

1935년(24세) 7월 6일부터 20일까지 『조선일보』에 소설 「마을의 유화」, 8월 11일부터 25일까지 『조선일보』에 소설 「닭을 채인 이야기」를 연재하다. 8월 30일 『조선일보』에 시 「정주성」을 발표하여 시단에 데뷔하다.

1936년(25세) 1월 20일 시집 『사슴』을 간행하다. 선광인쇄주식회사에서 간행한 이 시집에는 33편의 시가 실려 있는데 하드커버로 되어 있는데다 겹으로 접은 한지에 인쇄하여 고급스러운 느낌을 준다. 첫 작품을 발표한 후 4개월 후에 첫 시집을 간행한 것으로 봐서, 시집 안의 작품들 중 상당수는 그 전에 써놓은 것이며, 일부는 일본 유학시절에 쓴 것으로 추정된다. 『조선일보』 3월 5일부터 8일까지의 지면에 남해안 통영 부근 일대의 기행체험을 바탕으로 한 「남행시초」 연작을 발표하다. 조선일보사를 그만두고 함흥 영생고보의 영어 교사로 부임하다. 영생고보에서 문학청년들을 지도하기도 했는데, 그 가운데에는 훗날 아동문학가로 이름을 떨친 강소천이 있었다. 강소천이 1941년 첫 시집인 『호박꽃 초롱』을 간행했을 때 시집 안에 「『호박꽃 초롱』 서시」란 축시 성격의 시를 쓰기도 했다.

1937년(26세) 함흥에서의 체험을 바탕으로 「함주시초」 연작을 발표하다.

1938년(27세) 영생고보의 교사직을 사임하고 서울로 돌아오다.

1939년(28세) 4월부터 다시 『여성』지의 편집 주간일을 시작하다가, 그해 말경 사직하고 만주의 신경으로 떠나다. 『조선일보』 39년 11월 8일부터 11일까지의 지면에 평안도 일대의 기행체험을 다룬 『서행시초』 연작을 발표하다.

1940년(29세) 만주의 신경에서 지내다.

1942년(31세) 만주의 안동세관에서 일하다.

1945년(34세) 해방 후 신의주를 거쳐 고향인 정주로 돌아오다.

1946년(35세) 고당 조만식 선생의 일을 도우며 지내다.

1947년(36세) 러시아 작가 시모노프의 『낮과 밤』을 번역 출간하다. 숄호호프의 『그들은 조국을 위해 싸웠다』를 번역 출간하다.

1948년(37세) 1948년 10월에 해방 이후 속간된 『문장』지에 「칠월백중」이 실리고, 『학풍』 창간호에 「남신의주유동박시봉방」을 발표하다. 이 작품들은 백석이 분단 되기 이전에 발표한 마지막 작품이 된다.

1949년(38세) 숄로호프의 『고요한 돈강』을 번역 출간하다.

1953년(42세) 파블렌코의 『행복』을 번역 출간하다.

1955년(44세) 조쏘출판사에서 여러 사람과 공동으로 『뿌수낀선집-시편』을 번역하다. 이 책에서 백석이 번역한 푸시킨의 작품은 「짜르쓰꼬에 마을에서의 추억」 「쓰딴스」 「작은새」 「겨울밤」 「겨울길」 「젖엄마에게 슬프고 가없는 이 세상 거친 들에서」 「겨울 아침」 「소란한 길거리를 내 헤매일 때면」 「깝까즈」 「한귀족에게」 「보로지노 싸움의 기념일」 「순례자」 등이다.

1956(45세) 『조선문학』 5월호에 「동화문학의 발전을 위하여」, 9월호에 「나의 항의, 나의 제의」 등의 산문을 발표하다.

1957년(46세) 동화시집 『집게네 네 형제』를 출간하다. 『아동문학』 4월호에 「멧돼지」, 『평양신문』 7월 19일자에 「감자」 등의 시를 발표하고, 그 외에 여러 편의 평론들을 발표하다.

1958년(47세) 『문학신문』 5월 22일자에 시 「제3인공위성」을 발표하다.

1959년(48세) 양강도 삼수군 관평리에 있는 국영협동조합으로 내려가 농사를 지은 것으로 알려지고 있다. 『조선문학』 6월호에 「이른봄」 「공무려인숙」 「갓나물」 「공동식당」 「축복」 9월호에 「하늘 아래 첫 종축기지에서」 「돈사의 불」 등의 시를 발표하다.

1960년(49세) 『조선문학』 3월호에 「눈」 「전별」 등의 시를 발표하다.

1961년(50세) 『조선문학』 12월호에 「탑이 서는 거리」 「손뼉을 침은」 「돌아온 사람」 등의 시를 발표하다.

1987년 『백석시전집』(이동순 편)이 창작과비평사에서 발간되다.

1995년(84세) 별세한 것으로 추정되다.

1997년 『백석전집』(김재용 편)이 실천문학사에서 출간되다.

1998년 창작과비평사에 의해 백석문학상 운영위원화가 구성되고 제정되다.

1999년 백석문학상이 시행, 제1회 공동수상자(시인 이상국, 황지우)를 선정하다.

최정희 崔貞熙, 1912~1990

/서영인/

일제 강점기 대표적인 여성작가로 손꼽히는 최정희는 1912년 함경북도 성진에서 4남매 중 장녀로 태어났다. 매우 가난한 집안에서 태어났지만 최정희는 특유의 열의와 활달한 의지로 자신의 인생을 개척해 나가려 했던 것으로 보인다. 12세에 홀로 상경하여 동덕여학교에 편입학하고 이어 숙명여자고등보통학교, 서울 중앙보육학교를 거치며 학업을 계속했던 것, 이후 도일하여 보모로 일하는 한편 학생극예술좌에 참여했던 이력에서도 그녀의 당돌한 성격과 의지를 엿볼 수 있다. 작가는 스스로 문학이 아니라 "무용이나 음악을 했을지 모르고 또 하마터면 여배우가 될 뻔"(「나의 문학생활 자서」, 『백민』 1948.3)했다고 말할 정도로 다양한 분야에 관심을 가졌으며 도쿄에서의 연극활동도 이러한 관심사에서 비롯된 것이다.

작가는 「흉가」(『조광』 1937.4)를 실질적인 처녀작으로 꼽고 있으며 "전에 쓴 것은 최정희의 아무 것도 없는 글이라 찾아 다니며 없애 버렸다"고 하면서 1931년부터 『삼천리』 기자생활을 하면서 썼던 몇 편의 작품은 전면적으로 부정하고 있다. 「명일의 식대」, 「정당한 스파이」, 「남포등」 등, 일본에서 돌아온 직후 썼던 작품은 10여 편에 이르며 모두 사회주의 운동과 그 주변에 대한 간략한 소품들이다. 이 작품들로 인해서 최정희는 동반자 작가로 분류되기도 하였으나 작품에 대한 평단의 평가는 별로 호의적이지 않았다. "작품이라기보다 기사에 가까웠다"(이무영, 「여류작가 총평」, 『신가정』 1934.2), "순전한 저널리즘에 흘러 작가적 자중, 작가적 수양을 무시"(홍구, 「여류작가 군상」, 『삼천리』 1933.1)하고 있다는 평에서도 알 수 있듯이 이때의 작품은 문학작품이라기보다는 기사의 연장이거나 신변적 메모 이상의 것이 되지 못했다. 그러므로 적어도 최정희의 문학적 연보에서 이 시기의 작품은 크게 비중을 둘 만한 것이 못 되며 작가가 「흉가」를 실질적인 처녀작으로 꼽는 것도 이와 무관하지 않다. 다만 사회주의 사상과의 만남이나 영화 〈유랑〉의 연출자 김유영과의 '의식(儀式)없는 결혼' 등은 최정희의 이후 문학을 이해하는 데 일정한 의미를 차지한다고 하겠다. 첫째는 문단의 주류에 대한 감각, 혹은 사회적 활동에의 의욕을 엿볼 수 있게 한다는 의미이고 둘째는 불행한 결혼과 결별이 이후 여성적 자의식을 채우는 실질적인 내용을 제공했다는 의미에서이다.

최정희가 자주 일제 강점기 대표적인 여류작가로 거론되는 이유는 단지 그가 당시 활발한 활동을 했던 여성작가 중 한사람이기 때문만은 아니다. 같은 시기에 활동하면서 제2기 여성작가군을 이루었던 강경애, 박화성, 백신애 등과 비교해 보더라도 최정희는 의식적으로 여성의 삶, 혹은 여성성에 대한 뚜렷한 자의식을 내세우고 있는 바, 실질적인 데뷔작이라 할 만한 「흉가」는 이러한 최정희 문학의 특성을 잘 보여준다. 「흉가」에 등장하는 남편없는 지식인 여성은 작가 자신의 삶이 투영된 인물이라 할 수 있는데, 친정어머니와 동생을 부양하고 신문사에 나가는 직장여성이기도 한 이 인물은 가난과 육체적 질병에 시달린다. 기거할 집이 없어 걱정하다가 뜻밖에 매우 싸게 나온 집을 얻고 좋아하지만 그 집은 전주인이 불행하게 죽었기 때문에 누구도 들기를 꺼리는 '흉가'였음을 알게 된다. 남편이 죽고 남편의 동생에게 전 재산을 빼앗겨 미쳐버린 전 주인이 나타나 그녀를 괴롭히는 악몽을 꾸고 난 후 , 주인공은 자신 역시 그러한 운명에 빠지는 것이 아닐까 공포에 젖게 된다. 남편없이 가족을 건사해야 하는 여성의 운명에 대한 두려움이 꿈을 통해 나타난 것이라고도 할 수 있다. 이 작품에서 우리는 안정된 가부장적 질서에 편입되지 못하는 여성의 두려움과 그 운명을 감지하고 감내하는 자의식의 이중적인 면모를 읽을 수 있다.

최정희의 대표작이라 할 만한 '맥' 연작(「인맥」 「지맥」 「천맥」)은 최정희의 여성의식과 가부장에 대한 태도를 뚜렷하게 보여줄 뿐 아니라 이후의 그의 문학적 활동에 관련해서도 여러 해석의 단초를 제공한다. '맥' 연작은 제목에서 연결성을 시사하고 있긴 하지만 연관을 가지는 인물이나 서사를 공유하고 있지는 않다. 그러나 공히 남편없이 아이를 키워야 하는 여성의 삶을 주요 내용으로 삼고 있고 모성을 위해 이성에 대한 욕망을 포기하는 결말을 공유하고 있다. 이 작품들에서 두드러지는 것은 소위 '등록없는 아내'의 자의식이다. 이미 부인이 있는 남자와 결혼하여 아이를 낳고 가정생활을 꾸렸던 여성들은 남편이 죽자 집안에서도 집밖에서도 정당한 대우를 받을 수 없는 불행한 여성이 된다. 가족의 보호를 받을 수도 없고 직업을 구해 스스로 생활을 할 수도 없는 여성들이 처한 불안과 고통은 '맥' 연작의 중요한 발견이며 주제인 것이다. 부모가 정해준 대로 결혼한 자신의 생활을 불행하다고 느끼며 친구의 남편을 향해 애정을 숨기지 않는 「인맥」의 선영까지 포함하여 '맥' 연작의 주인공들은 가부장제의 구속으로부터 벗어날 수 없는 여성들의 고통과 억압을 섬세하게 그려낸다. 이는 곧 결혼과 연애, 그리고 가부장적 가족제도 속의 여성의 위치와 주체성에 대한 의미심장한 문제설정이기도 하다. 이 소설들에서 가족과 제도 속에서 자신의 욕망과 갈등해야 하는 여성의 주체성에 대한 탐구는 모성으로의 회귀라는 다소 보수적인 결론으로 귀결된다. 하층 여성들이 처한 수난과 고통을 그려낸 「산제」와 「곡상」을 포함하여 살펴본다면 여성성에 대한 탐구가 최정희 문학의 중요한 한 축임은 분명하다.

일제 강점기 최정희의 문학활동에서 또 하나 짚고 넘어가야 할 문제는 시국협력과 관련한 문제이다. 내선연애 문제를 그린 「환영 속의 병사」, 전쟁협력의 애국반활동을 그린 「장미의 집」, 징병제 문제를 그린 「야국-초」 등 최정희는 당시 일본 제국주의의 전쟁동원과 대동아공영의 정책에 협력하는 작품을 다수 창작한 바 있다. 작가들에게 시국협력을 강요하는 강압적 분위기의 탓이라고 할 수도 있겠지만 이 작품들을 통해 최정희가 전쟁과 식민주의에 여성을 동원했던 제국의 논리를 대변하는 역할을 했다는 점은 부인할 수 없는 사실이다. 이는 여성적 입장에서 남성 중심주의에 반발하는 문제의식의 균열적 형태를 보여주는 동시에 제국이 요구하는 여성의 역할을 수행해 냄으로써 제국 내에서의 여성의 주체위치를 확보하려는 의욕의 발로라고 볼 수도 있다. 해방 후 최정희는 이 시기의 시국협력에 대해서 구체적인 언급을 한 적은 없지만 약소국에 태어난 국민의 운명이라는 방식으로 이를 해명하기도 했다.

해방 후 최정희는 「풍류 잡히는 마을」, 「점례」 등을 통해 해방 후의 민중들의 삶을 세밀한 사실주의적 시선으로 묘사하는 작품을 발표했다. 이데올로기적 분열이나 극도의 가난과 계급대립으로 인한 갈등 등이 작품의 중요한 배경으로 깔려있기도 하고 이는 해방이 되었다 하더라도 여전히 해결되지 않는 인간사회의 여러 모순과 갈등의 국면을 해부하고자 하는 의욕의 소산이기도 하다. 최정희는 중립적 시선으로 해방 후의 민중들의 삶을 세밀하게 포착하면서 해방 전의 작품인 「산제」나 「곡상」에서 보여주었던 문제의식을 확장시켜 보여준다. '맥' 연작이나 일련의 시국 협력작품에서 두드러졌던 여성적 시선은 이 작품들에서 구체적으로 드러나지는 않는다.

그러나 이러한 중립적 시선, 해방 후 민중들의 삶의 실상에 대한 사실적 묘사와 관찰에도 불구하고 최정희 문학의 최종적 귀결점은 여전히 여성적 시선이라 할 수 있으며 그 중에서도 특히 모성의 가치에 대한 긍정이다. 「정적일순」에서는 전쟁의 소용돌이 속에서 이데올로기를 넘어서는 모성의 가치라는 주제의식을 표나게 내세운 작품이다. 이데올로기의 갈등과 전쟁의 포화 속에서도 북으로 끌려간 아들과 월북한 딸을 기다리는 모성, 폐허 속에서 곡식을 거두고 전쟁의 피해자들을 거두는 모성은 이데올로기의 대립을 무화시킬 만큼 강력한 감화력을 발휘한다. 그러나 한편으로 이데올로기를 넘어서는 모성의 가치는 앞에서 지적한 바와 같이 여성에 대한 보수적 가치를 강화하는 것과 관련을 맺는다. 일제 강점기 시대, 한국전쟁기, 그리고 4·19에 이르는 현대사의 격동기를 두루 겪는 인물들을 통해 역사의 부침과 그로 인한 갈등과 수난을 그려내는 「인간사」는 이를 단적으로 보여준다. 「인간사」는 이데올로기적 정치적 갈등, 전쟁의 폐허를 거치면서도 결코 포기하지 않는 인간애와 모성의 가치를 강조하고 있다는 점에서 「정적일순」의 뒤를 잇는 작품이다. 여기에서 자신의 욕망과 자유를 구가하며 가정을 버렸던 마채희가 결국 병든 남편과 장애인 아이들을 돌보는 헌신적인 모성의 화신으로 돌아오는 장면은 모성에 대한 극단적인 강조이면서 동시에 여성의 욕망에 대한 가혹한 징벌이다.

통속적인 연재소설이라 할 만한 「녹색의 문」이나 「끝없는 낭만」에서도 현대사의 중요한 고비들을 배경으로 삼으면서 그 속에서 여성의 삶과 모성의 의미를 찾는 최정희 소설의 특성은 잘 드러난다. 특히 한국전쟁 직후를 배경으로 삼고 있는 「끝없는 낭만」은 국제결혼을 한 여대생이 전쟁 중 실종되었던 약혼자가 돌아오자 아이와 함께 자살해 버린다는 내용을 담고 있는데 이는 모성의 의미가 결국 국가주의나 민족적 동질성의 문제를 넘어설 수 없음을 의미한다.

최정희 소설에서 강조되는 모성의 의미가 체제순응적이거나 보수적이라는 혐의에서 자유로울 수 없는 것은 이때문이다. 최정희 소설은 가부장적, 남성중심적 세계에서 자유롭게 운신할 수 없는 여성들의 모습을 통해 지배적 가치체계의 강고함을, 지난한 여성주체로서의 길을 역설적으로 보여준다.

7 · 4남북성명이 발표되자 통일염원을 담은 작품 「탑돌이」를 발표하고 월남전 당시에는 파월장병 위문을 위한 종군작가단의 단장으로 월남을 방문하는 등, 최정희는 사회적 이슈들에 대해 언제나 적극적인 발언과 활동을 보여주었다. 1990년 노환으로 별세하기까지 최정희는 한국여류문학인협회장, 예술원 회원으로 활동하였고 제1회 여류문학상, 한국예술원 본상, 3 · 1 문화상 등 여러 문학상을 수상한 바 있다. 최정희는 사회적 현실에 대한 관심의 시선을 버리지 않으면서도 그 속에서 살아가는 여성들의 삶을 문학세계의 중심에 놓음으로써 한국문학에서 여성성의 문제를 누구보다도 민감하게 인식한 작가였다.

최정희 ▸▸

1912년(1세) 12월 3일 함북 성진군 예동에서 부친 최덕연과 모친 조덕선 사이의 4남매 중 장녀로 태어나다.

1924년(12세) 상경하여 동덕여학교에 편입학하다.

1925년(13세) 숙명여자고등보통학교로 편입학하다.

1928년(17세) 숙명여자고등보통학교를 졸업하고 서울 중앙보육학교에 입학하다.

1929년(18세) 서울 중앙보육학교를 졸업하고 경남 함안의 함안유치원 보모로 근무하다.

1930년(19세) 일본으로 건너가 도쿄 미키와(三河)유치원 보모로 일하면서 학생극예술좌에 참가하다. 당시 학생극예술좌의 멤버로는 유치진, 김동원 등이 있었다. 이때 영화운동을 했던 김유영을 만나 동거하기 시작하다.

1931년(20세) 귀국하여 삼천리사에 입사하다. 10월 단편 「정당한 스파이」를 『삼천리』에 발표하다.

1932년(21세) 단편 「명일(明日)의 식대(食代)」(『시대공론』)를 발표하다. 장남 홍조(洪祚) 출산하다.

1933년(22세) 『다잡보(多雜譜)』를 『매일신문』에 연재하다. 여류작가 릴레이 소설 『젊은 어머니』(『신가정』)의 제3회를 집필하다.

1934년(23세) 맹원은 아니었지만 전주사건(카프 제2차 검거사건)에 연루되어 유일한 여류로 전주형무소에 투옥되다.

1935년(24세) 8개월간의 옥고를 치르고 출옥하다. 조선일보사 출판부에 입사하다.

1937년(26세) 「흉가」를 『조광』에 발표하다. 작가 스스로 「흉가」를 실질적인 데뷔작으로 지목한 바 있으며 그의 본격적인 문단활동은 이때부터 시작된다.

1938년(27세) 「산제(山祭)」를 『동아일보』에, 「곡상(穀象)」을 『조선일보』에 발표하다.

1940년(29세) 「인맥」을 『문장』에 발표하다.

1941년(30세) 「천맥」을 『삼천리』에 발표하다. 내선연애의 내용을 다룬 「환영속의 병사」(일문, 원제 「幻の兵士」)을 『국민총력』에 발표하다.

1942년(31세) 경기도 양주군 덕소로 이사하여 농촌생활을 하다. 「장미의 집」(『대동아』) 「여명」(『야담』) 「야국-초」(일문, 「野菊-抄」, 『국민문학』) 등 시국협력과 관련한 일련의 소설들을 발표하다.

1945년(34세) 2월에 전쟁과 남성의 힘을 찬미한 작품 「징용열차」(『半島の光』)를 발표하다.

1947년(36세) 「점례」(『문화』) 「풍류잡히는 마을」(『백민』)을 발표하다.

1948년(37세) 창작집 『천맥』을 수선사에서 간행하다.

1949년(38세) 창작집 『풍류잡히는 마을』을 아문각에서 간행하다.

1950년(39세) 전쟁 발발로 1·4후퇴 때 대구로 피난가다. 남편 파인 김동환 납북되다.

1951년(40세) 종군작가단이 구성되자 공군종군작가단체인 창공구락부 부원으로 참가하며 종군기자로 활약하다. 대구에서 공연된 문인극에 주연으로 출연하다.

1953(42세)년 장편 『녹색의 문』을 『서울신문』에 연재하고 「추락된 비행기」 「해당화 피는 언덕」 등을 발표하다.

1954년(43세) 장편 『녹색의 문』을 정음사에서 간행하다. 서울시 문화위원에 피촉되다.

1955년(44세) 창작집 『바람 속에서』를 인간사에서 간행하다.

1958년(47세) 장편 『인생찬가』로 제8회 서울시 문화상 본상을 수상하다. 장편 『끝없는 낭만』을 동학사에서 간행하다.

1960년(49세) 장편 『인간사』를 『사상계』에 연재하다가 중단하다. 『현대문학』 추천심사위원에 피촉되다.

1964년(53세) 장편 『인간사』를 신사조사에서 간행하고 이 작품으로 제1회 여류문학상을 수상하다. 장편 『강물은 또 몇 천리』 제1부를 『현대문학』에 2년동안 연재하다.

1967년(56세) 파월장병 위문을 위한 종군작가단장으로 베트남을 방문하다.

1969년(58세) 한국여류문학인협회장에 피선되다.

1970년(59세) 단편 「바다」를 『월간문학』에, 단편 「205호 병실」을 『현대문학』에 발표하다. 예술원 회원에 피선되다.

1972년(61세) 한국예술원 본상을 수상하다.

1976년(65세) 『찬란한 대낮』을 문학과지성사에서, 『탑돌이』를 범우소설문고에서 간행하다.

1980년(69세) 단편 「화투기」를 『현대문학』에 발표하다.

1990년(79세) 정릉 자택에서 노환으로 별세하다.

지하련 池河蓮, 1912~1960?

/구수경/

지하련은 정치적, 문화적 암흑기인 1940년에 등단한 여성작가이자 월북작가라는 점, 활동기간이 짧고 발표한 작품도 많지 않다는 점 때문에 오랜 동안 연구대상에서 밀려나 있었던 작가이다. 오히려 그녀는 시인이자 평론가이며 좌익문단의 선봉장 역할을 했던 임화의 아내였다는 전기적 사실로 인해, 임화를 연구하는 과정에서 간접적으로 거론되는 경우가 더 많았다. 그러나 수적으로는 많은 작품이 아니지만 창작집 『도정(道程)』(백양당, 1948.12)에 수록된 지하련의 7편의 단편들은 당대의 다른 작가들과는 분명하게 구별되는 그녀만의 독특한 작품세계와 창작방식을 보여주고 있어 문학사적으로 반드시 조명되어야 할 것으로 보인다.

1912년 경상남도 거창에서 태어난 지하련(본명은 이숙희이고, 이현욱과 지하련은 필명이다)은 가정환경이나 학력에서부터 남다른 면모를 드러낸다. 아버지 이진우는 많은 재산으로 주위의 굶주리고 어려운 이웃들을 잘 돌봐주던 존경받는 대지주였고, 5명의 오빠 중 상조와 상선은 사회주의 사상운동과 관련이 깊었던 인물들이었다. 또한 일본으로 유학을 간 지하련은 도쿄 쇼와고녀(昭化高女)를 나와 특이하게 도쿄 여자경제전문학교(女子經濟專門學校)로 진학했다가 졸업은 하지 않은 것으로 알려져 있다. 결국 지하련은 당시 지식인 사회에서 유행하던 사회주의 사상의 풍조와 아버지와 오빠들, 그리고 유학 중에 만난 임화의 영향을 받아 자연스럽게 사회주의 사상을 내면화했을 것으로 짐작된다.

그러나 지하련이 소설가로 정식 등단한 것은 그녀 나이 29세였던 1940년에 이르러서이다. 1936년 첫 부인 이귀례와 이혼한 임화와 결혼한 지하련은 마산에 신혼살림을 차리고 2년 동안 남편을 내조하고 자식을 키우면서 평범한 가정주부로서 살아간다. 하지만 1938년에 마산에서의 생활을 청산하고 서울로 올라온 후, 지하련은 남편 임화를 통하여 문인들과 교류를 하게 되고 임화의 부인 자격으로 잡지사에서 원고 청탁 등을 받게 되면서 창작에의 열망을 키우게 된다. 그 무렵 동갑내기로 지하련과 친하게 지내던 여성작가 최정희가 그녀에게 창작에의 권유를 하곤 했던 점은 지하련이 작가로의 길로 나아가는 데 많은 자극이 되었을 것으로 생각된다. 그러나 무엇보다도 지하련이 등단하는 데 결정적인 역할을 한 사건은 1940년, 폐결핵을 앓게 된 그녀가 투병을 위해 남편 임화와 두 아이를 서울에 남겨둔 채 혼자 마산으로 낙향하게 된 일이다. 오랜 투병생활을 하면서 지하련은 고독하고 무료한 시간의 대부분을 깊은 사색과 창작으로 보내게 된다. 그리고 그 해에 지하련은 수필 「편지」와 「일기」를 먼저 발표한 뒤, 단편소설 「결별(訣別)」을 평론가 백철의 추천으로 『문장(文章)』(12월호)에 발표하면서 정식으로 문단에 진출한다. 「결별」은 남편과의 사소한 말다툼으로 마음이 편치 않은 주인공 형예가 친구 정희의 남편에게 연정 비슷한 감정을 느끼게 되는 미묘한 심리적 변화를 섬세하게 묘사하고 있는 작품이다. 백철은 「결별」의 추천사에서 "작중인물로서 작자 자신을 대변했다고 추측되는 여성을 제2주인공으로 돌린 점과 따라서 자기를 타에 양보해간 그 윤리적인 신미(新味)와 찰싹 달겨붙는 듯한 섬세막비한 감각미와 장면마다 나타난 여성다운 치밀한 관찰의 도는 타인의 추방을 허하지 않는 재지(才智)가 빛나는 호개(好箇)의 단편이다"(백철, 「지하련씨의 『결별』을 추천함」, 『문장』, 1940년 12월호)라고 극찬한 바 있다.

지하련은 1941년과 1942년 사이에 「체향초(滯鄕抄)」와 「가을」 「산길」 등 세 편의 단편을 연이어 발표한다. 「체향초」는 지하련의 요양생활을 소재로 한 자전적인 소설로, 주인공이자 유부녀인 삼희가 몸이 아파 고향 오라버니 집으로 요양하러 갔다가 오빠의 친구 태일에게 미묘한 마음의 동요를 느끼나 마음을 표현하지 않은 채 귀가하는 내용을 담고 있으며, 「가을」은 죽은 아내의 절친한 친구 정예의 느닷없는 고백과 종잡을 수 없는 행동 때문에 감정의 혼란을 겪게 되는 주인공 석재의 내면풍경을 섬세하게 묘파하고 있다. 또 1942년에 발표된 「산길」은 남편과 자신의 친구 연희가 연애를 하고 있는 사실을 알게 된 아내 순재가 연희의 당당한 태도와 남편의 비겁한 반응에 혼란을 느끼는 내적 심리를 잔잔하게 서술하고 있는 작품이다. 이처럼 지하련의 소설들은 극적인 사건보다는 인물들의 내면에서 일어나는 미묘한 감정적 이끌림 혹은 심리적인 혼란과 갈등의 징후들을 특유의 섬세하고 묘사적인 문체로 담백하게 그려내고 있다는 공통점을 보여준다. 한 마디로 지하련은 세밀화를 그리듯 작중인물들의 내면풍경을 정교하게 직조하는 데 탁월한 능력을 지닌 작가이다. 작품세계에 있어서도 주목에 값하는 사실은 삼각 혹은 사각관계를 이루는 남녀의 애정문제가 표면 스토리가 되고 있다는 공통점에도 불구하고, 서술의 초점은 각 단편에서 끊임없이 변주되는 특이성을 나타내고 있다는 점이다. 예를 들어 「결별」과 「산길」은 둘 다 아내가 초점화자로 되어 있지만 「결별」에서의 아내는 친구의 남편에게 묘한 감정을 느끼는 가해자의 입장에 있는 반면, 「산길」에서의 아내는 친구로부터 남편에 대한 사랑 고백을 들어야 하는 피해자의 입장에 있다는 점에서 대조적이다. 또 「가을」은 죽은 아내의 절친한 친구의 유혹을 받고 거부반응과 묘한 이끌림이라는 양가감정 속에서 혼란을 겪는 남편 석재의 심리를 묘파하는 데 초점이 맞추어진다. 그런가 하면 이들 작품에서 여성인물들은 남녀의 애정문제에 있어서 자신의 감정에 솔직하고 행동도 적극적인 반면, 남성인물들은 여성의 감정적 변화에 둔감하거나 사랑고백을 받아들일 용기를 내지 못하거나 자신의 사랑을 한순간의 외도로 치부해 버리는, 감정에 비겁한 인물들로 그려지고 있는 점도 인상적이다. 결국 지하련은 남녀의 애정문제를 제재로 해서 서로 다른 위치에 있는 인물들의 행동과 의식, 심리적 반응을 다각적으로 해부해 봄으로써 인간에 대한 보다 심층적인 이해에 도달하려고 한 작가라고 할 수 있다.

지하련은 총 7편의 단편 가운데 「도정」을 제외하고는 모두 해방 전에 창작했다. 그 중 「종매(從妹)-지리한 날의 이야기」와 「양(羊)」은 해방 전에 집필한 뒤, 1948년 창작집 『도정(道程)』을 출간할 때 처음 수록된 작품들이다. 「종매」는 운각사라는 고립된 산 속 공간을 배경으로 일본 유학에서 돌아온 네 인물, 즉 오빠 석희, 병든 화가 철재, 그를 간호하고 있는 사촌 누이 정원, 그리고 친구 태식 사이에 애정문제, 현실적인 삶의 방식 등으로 인해 미묘한 심리전과 껄끄러운 관계로 변해가는 복잡한 정황을 오빠인 석희의 관점에서 그리고 있는 소설이다. 「양」 역시 시골의 산비탈에서 가족들과 떨어져 생활하고 있는 지식인 청년 성재와 친구 정래, 그리고 그들을 방문한 정래의 동생 정인 사이에서 전개되는 심리적인 벽과 미묘한 갈등관계를 성재의 관점에서 그려내고 있다. 지식인 청년들의 내면풍경을 초점화하고 있는 이 두 작품에서 작중인물들 사이의 소통이 단절된 관계방식은 각 인물들의 고독하고 고집스런 성격과 허무의식, 방향감각을 상실한 삶의 태도에서 비롯된다. 이는 지하련의 소설들이 해방 직전의 극한의 암흑기를 살고 있는 지식인들의 삶을 다루고 있다는 점과 무관하지 않다. 바로 지하련은 삶의 근거지인 도시를 떠나 산 속에서 극도로 예민한 의식을 가지고 현실적인 좌절과 자기 부정의 삶을 살고 있는 인물들을 통해, 당대 현실과의 정면대결을 포기해야 했던 암흑기 지식인의 우울한 내면풍경을 은유적으로 드러내고 있었던 것이다.

이처럼 지하련의 단편들은 당대 현실을 직시하고 문학적으로 형상화하고자 한 작가의 창작태도의 산물이라고 할 수 있다. 지하련 문학세계의 한 획을 긋는 소설이자 해방공간의 대표작이라 할 수 있는 「도정」(『문학』 창간호, 1946.7) 역시 그러한 범주에서 벗어나지 않는 작품이다. '소시민'이란 부제가 붙은 「도정」은 오랜 옥살이와 투쟁경력을 지닌 계급주의 투사였던 주인공 석재가 해방 직후의 변화된 상황에서 겪는 내면적 양심의 문제를 소시민성 극복과 관련시켜 섬세하고 집요하게 묘파하고 있는 단편소설이다. 해방되기 전까지 6년간 사회주의를 포기하고 살아온 삶을 정직하게 반성하는 사회주의 지식인의 의식의 흐름, 그리고 불순한 가입 동기에서 비롯되는 당원들 사이의 미묘한 갈등관계의 묘사를 통해 해방 직후의 분위기를 이처럼 사실적으로, 생생하게 재현하고 있는 작품을 만나기는 쉽지 않다. 「도정」은 조선문학가동맹이 제정한 1946년도 '해방기념조선문학상' 소설 부문에 추천되고 이태준의 「해방 전후」와 함께 최종 경선에까지 오르게 되는데, 지하련은 이를 통해 본격적으로 해방문단의 주목을 받으며 작가로서의 입지를 굳히게 된다. 결론적으로 지하련은 해방 직전의 정치적 암흑기를 소시민으로 살아내야 했던 남녀 지식인 군상들의 자의식과 내면풍경을 심리적 거리를 유지한 채 냉정하고 치밀한 관찰력으로 놀랍도록 섬세하게 그려냄으로써 해방 전후의 지식인 사회의 분위기를 사실적으로 복원해낸 작가라 할 수 있다.

그러나 1947년 여름부터 시작된 좌익계열 탄압 및 검거선풍에 시달리던 남편 임화가 1947년 10월, 쫓기듯 월북하면서 지하련의 작가 인생도 막을 내리고 있다. 지하련은 1948년 12월 15일 첫 창작집 『도정』(백양당)을 출간하게 되는데, 증정본들에 지하련의 사인이 발견되지 않는 점으로 보아 이 창작집이 출간되기 전에 월북한 것으로 짐작된다. 그녀는 월북 후부터 한국전쟁이 일어나기 전까지 해주 제1인쇄소를 맡고 있던 임화와 함께 해주에서 머물렀던 것으로 추정된다. 알려진 바와 같이 남편 임화는 휴전 직후인 1953년 8월 6일, 이원조·설정식 등의 남로당계 문인들과 함께 '이승엽 일파에 대한 정권전복음모와 반국가적 간첩, 테러 및 선전선동행위에 대한 사건'이란 이름으로 재판을 받고 처형된다. 당시 지하련은 만주로 피신해 있었다고 전해지며, 한참 뒤에야 남편의 죽음 소식을 접한 그녀는 평양으로 돌아온 뒤 실성한 채 돌아다녔다고 한다. 이후 지하련은 평안북도 희천(熙川) 근처의 산간 오지로 끌려가 교화소에 격리, 수용되어 있다가 1960년 그녀 나이 49세에 병사했다고 전해진다.

지하련 ▸▸

1912년(1세) 7월 11일 경상남도 거창에서 대지주인 아버지 이진우(李珍雨)와 부실인 어머니 박옥련(朴玉蓮) 사이에서 외딸로 태어나다. 본가는 마산이었지만 소학교 때까지 거창에서 성장하다. 호적에 기록된 본명은 이숙희(李淑姬)이며, 이현욱(李現郁)과 지하련(地河連)은 모두 필명이다.

1924년(13세)~1930년(19세) 지하련의 정확한 학력은 확인하기 어려우나 1940년 1월 『삼천리』에 이현욱이라는 이름으로 발표한 수필 「편지」에서의 본인 술회에 따르면, 소학교를 마친 후 일본으로 유학, 도쿄 쇼와고녀(昭化高女)를 거쳐 도쿄 여자경제전문학교(女子經濟專門學校)에 진학했으나 졸업은 하지 못한 것으로 되어 있다.

1929년(18세)~1930년경(19세) 일본에서 유학생 임화(林和)와 만나다. 당시 일본에서 임화는 이북만(李北滿)의 누이 이귀례(李貴禮)와 동거생활을 하고 있었다.

1934년(23세) 신건설사 사건으로 카프 맹원들에 대한 제2차 검거가 이루어지다. 임화가 병으로 투옥을 면하고 평양 실비병원에 입원해 있을 때, 지하련이 임화를 병문안하다.

1936년(25세) 7월 8일, 1935년 이귀례와 이혼한 임화와 결혼, 혼인신고를 하고 마산에 신혼살림을 차리다. 같은 날 이귀례 소생 임화의 딸 혜란을 자신의 장녀로 호적에 올리다. 7월 11일 아들 원배 출생하다.

1938년(27세) 2월, 마산에서의 2년간의 신혼생활을 정리하고 서울로 상경, 종로구 창신동에 기거하다. 이후 임화의 새 부인으로 알려지면서 잡지사의 원고 청탁 등을 받는 한편, 임화를 통해 문인들과 교류하면서 창작에의 열망을 갖게 되다. 이 무렵 동갑내기 최정희와 친하게 지내고, 서정주와도 그의 시를 좋아해 서로 편지를 주고받을 정도로 가깝게 지내다.

1940년(29세) 서울로 상경한 이후 건강이 나빠진 지하련은 남편 임화와 두 아이를 서울에 남겨둔 채 혼자 마산으로 낙향하다. 투병생활의 무료함을 사색과 창작으로 달래다. 병세가 호전되어 상경하다. 창작에 몰두한 결과, 수필 「편지」(『삼천리』 4월호)와 「일기」(『여성』 10월호)를 발표하다. 그리고 단편 「결별(訣別)」이 백철의 추천으로 『문장(文章)』 12월호에 실리면서 정식으로 문단에 진출하다.

1941년(30세) 자신의 요양생활을 소재로 한 단편 「체향초(滯鄕抄)」(『문장』 3월호)를 발표, 비평가들로부터 호평을 받으면서 작가로서의 입지를 굳히다. 이후 왕성한 창작활동을 보여 수필 「인사(人事)」(『문장』 4월호)와 「소감」(『춘추』 6월호)을, 그리고 11월에는 단편 「가을」(『조광』)을 발표하다.

1942년(31세) 2월에 수필 「겨울이 가거들랑」(『조광』), 3월에 「산길」(『춘추』), 9월에 수필 「회갑」(『신시대』)을 발표하다. 그리고 1942년부터 1945년 사이에 단편 「종매(從妹)」와 「양(羊)」을 집필한 뒤 1948년 창작집 『도정(道程)』 출간 시에 수록하다.

1946년(35세) 2월 남편 임화를 따라 조선문학가동맹에 가입한 뒤, 서울지부 소설위원으로 활동하다. 아울러 시 「어느 야속한 동포가 있어」(『학병』 2월호)에 이어 7월에는 지하련 문학세계의 한 획을 긋는 소설이자 해방공간의 대표작이라 할 수 있는 「도정(道程)」(『문학』 창간호)을 발표하다. 해방 직후 사회주의 지식인의 자기반성과 이념적 길찾기를 다루고 있는 「도정」이 12월, 조선문학가동맹이 제정한 1946년도 '해방기념조선문학상' 소설 부문에 추천되어 이태준의 「해방전후」와 함께 최종경선에 오름으로써 지하련은 마침내 문단의 지대한 주목을 받다.

1947년(36세) 2월 13일 문화예술가 총궐기대회에 오장환, 안회남, 김영석 등과 함께 문학분과 소속으로 참가, 「문학가는 거짓말을 않는다」는 제목의 규탄문을 낭독하다. 여름부터 시작된 좌익계열 탄압 및 검거선풍에 시달리던 임화가 10월, 쫓기듯 월북하다. 지하련은 12월, 콩뜨 「광나루」(『조선춘추』 창간호)를 발표하다.

1948년(37세) 12월 15일 지하련의 첫 창작집 『도정』이 백양당에서 출간되다. 『도정』의 증정본에 지하련의 사인이 발견되지 않는 점으로 보아 그녀는 이 창작집이 출간되기 전에 월북한 것으로 보인다. 월북 후 한국전쟁이 일어나기 전까지 해주 제1인쇄소를 맡고 있던 임화와 함께 해주에서 머물렀던 것으로 추정된다.

1953년(42세) 임화가 이원조·설정식 등의 남로당계 문인들과 함께 '이승엽 일파에 대한 정권전복음모와 반국가적 간첩, 테러 및 선전선동행위에 대한 사건'이란 이름으로 재판을 받고 휴전 직후인 8월 6일에 처형되다. 만주에 피신해 있었던 지하련은 한참 뒤에야 이 소식을 접하고 평양으로 돌아온 뒤 실성한 채 돌아다녔다고 한다.

1960년(49세) 평안북도 희천(熙川) 근처의 산간 오지로 끌려가 교화소에 격리, 수용되어 있던 중 병사했다고 전해진다.

김동리 金東里, 1913~1995

/정호웅/

김동리는 경북 경주에서 태어나 계성중학, 경성고보 등에서 공부하였다. 독학으로 공부하여 큰 문학을 일군 비범한 재능의 문인이었다. 김동리는 또한 문학 조직의 결성과 관리에 뛰어난 능력을 발휘하기도 하였는데, 그가 한국 현대문학사를 이끌어온 세력의 하나인 이른바 '문협정통파'의 수장으로 오랜 세월 큰 영향력을 행사할 수 있었던 것은 이때문이다. 또 한편 김동리는 큰 교육자였다. 서라벌예술대학과 중앙대학교 문예창작과에서 길러낸 제자들을 중심으로 한 수많은 문인들이 '김동리사단'을 이루어 한국 현대문학사 전개를 중심에서 이끌었다.

김동리 문학의 가장 두드러진 특성은 어려운 상황 속에 있었지만 끝끝내 자신을 지켜내는 강한 주체가 그 세계의 중심에 우뚝 서 있다는 점이다. 그 강한 주체는 무당, 주모, 낙백한 전향자 등 하나같이 주변부 존재로서 중심부를 장악한 지배질서 밖으로 밀려났으며 동시에 스스로 그 같은 소외를 선택한 외로운 존재이다. 말하자면 그는 '소외된/스스로를 소외시킨' 존재이다. 그는 또한 세계의 억압에 눌려 자신을 실현할 수 있는 가능성을 크게 제약당한 존재이다. 그럼에도 불구하고 그 강한 주체는 조금도 흔들리지 않으며 한 발짝도 물러서지 않는다.

그가 끝끝내 지켜내고자 하는 '자신됨'은 종교적 믿음, 핏줄에 대한 자부, 절대의 사랑, 고독, 자존의식 등이다. 그 무엇이든 그들은 그것에 철저하여 조금도 물러서지 않는다.

강한 주체라는 점에서 그들은 세계 변혁의 확고한 의지를 품고 앞을 향해 내달렸던 프로문학의 그 주체들과 닮았다. 그러나 김동리 문학의 강한 주체들은 자신들을 억압하고 소외시키는 타자들과 맞서 싸우지 않으니 이 점에서 프로문학의 주체들과는 다르다. 죽음으로 자신을 지킬 뿐 나아가 맞서 싸우지는 않는 그들은 대타자적 싸움의 주체가 아니라 자기 보지(保持)의 주체이다.

예수귀신이라는 타자와 싸우는 「무녀도」의 무당 모화는 이 점에서 다른 작품들과 다르다. 그러나 자세히 살피면 그 차이는 사소한 것에 지나지 않는다는 걸 알 수 있다. 모화와 예수귀신의 싸움은 프로문학 속의 싸움과는 전혀 다르다. '신령님'을 모시는 무당으로서 인정할 수 없는 외래의 귀신이기에 모화가 예수귀신을 물리치고자 하는 것은 당연하다. 다만 그뿐, 예수귀신의 부정적 속성을 알았기 때문에 그 싸움에 나아간 것은 아니다. 이 점에서 대상에 대한 논리적 분석, 비판, 부정의 언어를 따라 타자 해체의 투쟁에 나아가는 프로문학의 주체들과는 같지 않다. 「무녀도」의 중심은 예수귀신과의 싸움이 아니라 무당과 죽은 영혼이 일체화하고 무당의 육신과 정신이 춤과 소리로 승화하는 작품 마지막의 굿이다.

그 춤과 소리는 인간의 것이 아니라 무당이 모시는 신의 그것이니 그녀의 육신과 정신이 춤과 소리로 승화되었다는 것은 그녀와 '신령님'와 완벽한 일체화를 뜻한다. 무당 모화가 죽은 영혼과도 '신령님'과도 하나 된 이 순간은 저승과 이승을 잇는 중개자로서의 무(巫)의 존재성이 가장 완전하게 실현된 때이다. 이 순간 모화는 벙어리 처녀 낭이의 어머니도 아니고 아들을 죽게 한 모진 운명의 어미도 아니며, 천대 받는 최하층 천민도 아니고 외로운 홀어미도 아니다. 인간세상의 온갖 관계들에서 풀려나 신의 세계를 노니는, 무당인 자신의 자신됨을 가장 완전하게 살고 있는 완성된 존재이다. 그녀는 신과 하나 된 무아지경에서 물 속으로 걸어들어가 죽음의 세계로 건너가고 말지만, 그 죽음은 한 완성이니 죽음 일반과는 전혀 다른 성격의 것이다.

이처럼 죽음으로 자신의 존재성을 완전하게 실현함으로써 스스로를 완성된 존재로 세우는 모화는 적대적인 타자와 투쟁하는 타자라기보다는 전심전력 기투하여 자신의 자신됨을 지키는 강한 보지의 주체라 할 것이다.

김동리 문학 속 이 같은 강한 주체에겐 자신의 자신됨을 지키는 것이 가장 앞서는 과제이다. 당연하게도 그는 내성적일 수밖에 없다. 그런데 김동리 소설의 대부분은 관찰자 시점으로 되어 있어 이처럼 내성적인 주인공의 내면을 직접 드러내지 않는다. 내성적인 주인공을 가운데 놓았음에도 이처럼 그 내면을 감추는 창작방법으로 인해 김동리 문학은 모호하여 대단히 이해하기 어렵다. 내성적인 인물을 주인공으로 설정하는 것에서 이미 그렇지 않은 프로문학과 준별되는 터이지만, 가능하면 모든 것을 밝혀 드러내고 명료한 사실의 언어, 논리의 언어로써 설명할 것을 요구하는 프로문학의 창작방법과 반대되는 창작방법을 택함으로써 김동리 문학은 세계관의 상이성 말고도 프로문학과 같이하기 어려운 대척적인 자리에 서 있었던 것이다.

자신됨을 지키는 것을 최우선 과제로 삼고 일로매진, 앞으로 나아가는 김동리 문학의 강한 주체는 다른 한편, 강렬한 자기부정의 의식을 동시에 지니고 있는 복합성의 존재이다. 구렁이에게 잡아먹힌 두꺼비의 뱃속에서 부화한 새끼들이 구렁이의 몸을 헤치고 나온다는 전설 속 삽화의 차용하여, 자신을 죽임으로써 적의 완전 해체를 이룬다는 절대의 적의를 드러낸 「두꺼비」가 대표적인 경우이다. 부정적인 타자에 대한 적의와 나란히 자기자신을 향하는 적의가 섬뜩한 무서운 세계인 것이다.

우리 문학에서 이처럼 강렬한 자기 부정의식의 예는 찾기 어렵다. 자신의 근본을 부정하는 이 엄중한 부정의 정신은 자신의 자신됨을 올곧게 세우고 지키겠다는 의지의 다른 표현이다. 그는 강한 주체인 것이다.

김동리 문학의 중심에 깃들은 이 뜨거운 정신은 생사를 건 자기자신과의 투쟁을 통해 비로소

존립 가능하다. 자신됨의 보지를 위해 생사를 건 자기와의 싸움에 온힘을 쏟고 있으니 애당초 중심부를 장악한 이념이며 도덕률 등에 구속받지 않는다. 그들은 외로운 자유인이다. 김동리 소설에 자주 등장하는 근친상간적 관계, 가족제도에 맞서는 성의 공유, 모든 구속을 초월하는 절대의 사랑은 이 같은 외로운 자유인의 존재성을 가장 뚜렷이 드러내는 표징이다. 「황토기」 「저승새」 등이 대표적인 작품이다.

해방을 맞은 김동리는 놀라운 기동력으로 조직을 정비하고 문단을 장악한 프로문학 진영에 맞서 민족문학 논쟁을 벌였다. 인간성 옹호의 휴머니즘, 문학하는 것이란 '구경적 생의 형식'이란 것이 김동리 문학론의 핵심 개념이었다. 「소년」(1941.2)을 마지막으로 이어지지 않았던 창작활동도 재개했다.

새로운 역사를 열어가야만 했기에 해방공간은 그 어느 때보다도 정치적인 시기였다. 문학 또한 그러했다. 김동리의 문학도 당연히 그 이전과는 현저히 구별되는 강한 정치성을 드러내었다. 총독부의 엄혹한 검열 체계에 구속되었던 붓길이 자유로워졌으니 우회와 은폐의 언어를 밀어내고 직설의 언어가 그 알몸뚱이를 드러내고 활보하게 되었다. 김동리 문학의 경우도 물론 이에서 벗어나지 않았다. 그럼에도 불구하고 김동리 문학의 본령은 그대로 유지되었으니, 사회역사적 현실 위에 구축된 것이면서 또한 그것을 초월했던 김동리 문학의 핵심 특성을 새삼 확인한다.

강한 주체의 자기 보지 투쟁을 중심에 놓은 김동리 문학은 그 투쟁이 시대를 초월하는 성격의 것이라는 점에서 시간구속성으로부터 자유롭다. 김동리 문학의 강한 주체는 중심부에서 '소외된 / 스스로를 소외시킨' 주변부 존재로서 지배질서의 밖에 놓여 있다. 지배질서의 밖에 놓여 지배질서의 구속에서 자유로운 존재이기에 그는 자신됨의 규범에 따라 사고하고 움직인다. 그가 비록 프로문학의 주인공과는 달리 중심부에 맞서 중심부를 논리적 언어로써 분석, 비판, 부정하는 것은 아니지만 지배질서 밖의 존재로서 자신됨의 규범에 따른다는 것으로써 그는 중심부의 근본을 무찌르는 과격한 부정의식의 담지자이다.

김동리 문학의 강한 주체가 이처럼 중심부를 근본 부정하는 존재임에도 불구하고 그 관계의 구체적 실체를 김동리 소설은 보여주지 않는다. 읽어내고 구성해내어야 할 숨어 있는 관계인 것이다. 김동리 문학이 단편에 머물러 장편으로 나아가지 못한 가장 큰 이유는 여기에 있다.

김동리 소설 곳곳에는 '신명'이라는 말이 때로는 노랫가락을 타고 때로는 춤사위에 실려 넘실거린다. 신명은 주체의 자신됨이 최고도로 실현될 때, 그 충만의 느낌에서 자연스레 솟아오르는 것일 터인데, 김동리 문학의 강한 주체들은 그 같은 신명에 몸을 싣고 어디로 가고자 했던 것일까? 작품 속에서 이에 대한 답을 찾을 수 없지만, 그 지향의 성격에 대해서는 말할 수 있다. 김동리 스스로 밝혀놓았기 때문인데, '구경의 형식 탐구'가 그것이다.

'구경의 형식 탐구'는 '구경의 형식론'으로 불리는 김동리 문학론의 핵심인데 그것은 문학하기란 무엇인가에 대한 물음의 답이면서 동시에, 김동리 문학의 핵심 성격이 무엇인가를 드러내 보여주는 것이다. 김동리 문학은 구경의 형식을 탐구하는 것이었고, 그런 탐구의 언어 행위는 다른 차원에 속하는 구경의 형식 탐구였던 것이다.

구경의 형식 탐구는 과정이 아닌 궁극의 경지를 문제 삼는 것이니 탈규범적이며 탈시간구속성적이다. 김동리 문학의 핵심 성격과 맞통하는 것이다.

김동리는 문제적인 소설가였지만 동시에 문제적인 비평가이기도 하였다. 1930년대의 세대논쟁, 해방공간에서의 민족문학 논쟁, 1950년대 말의 실존문학 논쟁 등에서 한 발짝도 물러서지 않고 맞서 싸우는 논객의 투지를 보인 바 있다. 그 투지의 논객 김동리는 부정적인 타자에 맞서 자신을 지키고 자신을 실현하고자 분투하는 김동리 소설 속 강한 주체들과 한몸이다.

김동리 ▸▸

1913년(1세) 음력 11월 24일 경북 경주시 성건리 186번지에서 김임수의 5남매 중 3남으로 출생하다. 아명은 창봉, 본명은 창귀이고 자는 시종이다.

1920년(8세) 향리의 경주 제일교회 부속 계남소학교에 입학하다.

1926년(14세) 대구 계성중학에 입학하다. 부친 별세하다.

1928년(16세) 서울로 올라와 서울 경신중학 3학년에 전입학하다. 맞형 김범부의 보호 아래 지내다.

1929년(17세) 학교를 중퇴하고 귀향하다. 이후 일어판 세계문학전집을 읽고 동양 고전을 독학으로 공부하다. 『매일신보』와 『중외일보』에 시와 수필을 발표하다.

1933년(21세) 서정주와 운명적으로 만나다. 극시 「연당」 전 5막을 탈고했으나 발표하지는 못하다. 『가톨릭청년』에 「망월」 등 몇 편의 시가와 수필을 발표하다.

1934년(22세) 『조선일보』 신춘현상모집에 시 「백로」가 당선되다.

1935년(23세) 단편 「화랑의 후예」가 『중앙일보』 신춘현상모집에 당선되어 정식으로 등단하다. 다솔사를 거쳐 해인사에 몸을 부리고 두 번째 소설 「산화」를 쓰다. 이주홍, 허민, 최인욱, 조연현, 김종택, 홍구범 등과 교유하다. 경주를 떠나 경남 사천으로 이사하다.

1936년(24세) 『동아일보』 신춘현상모집에 단편 「산화」가 또 당선되다. 상경하여 본격적인 문단활동을 시작하다. 「무녀도」 「바위」 「술」 「산제」 등의 단편을 연이어 발표하다. 서울생활을 접고 다솔사로 돌아가다.

1937년(25세) 다솔사 근처 마을인 원전에서 다솔사의 학술강습회 사업 계획에 따라 설립된 광명학원의 교사가 되다. 단편 「솔거」(뒤에 「불화」로 개제) 「어머니」 등을 발표하다.

1938년(26세) 단편 「잉여설」을 발표하다. 김월계와 혼인하다. 장남 진홍은 1939년생, 차남 재홍은 1942년생이다.

1939년(27세) 어용문화단체인 조선문인보국회, 국민문학연맹 등의 가입 통지서를 받았으나 가입하지 않다. 세대논쟁의 뛰어들어 평론 「순수이의」를 발표하다. '두꺼비' 연작의 첫 작품인 단편 「두꺼비」를 발표하다.

1940년(28세) 단편 「동구 앞길」을 발표하다.

1942년(29세) 단편 「소녀」와 「하현」이 총독부의 검열에 걸려 전문 삭제되다. 광명학원이 폐쇄되고 간이학교가 되다.

1943년(30세) 큰조카의 주선으로 사천의 양곡배급조합의 서기가 되다.

1945년(32세) 사천청년회 회장이 되다. 사천에서 해방을 맞다.

1946년(33세) 좌우투쟁의 소용돌이 한복판으로 뛰어들어 민족주의문학 진영의 선봉장격으로 활동하다. 전국문필가협회 결성에 참여하고, 서정주 등과 함께 한국청년문학가협회 결성을 주도하다. 한국청년문학가협회의 초대회장이 되다. 단편 「윤회설」을 발표하다.

1947년(34세) 북한의 『응향』지 사건에 대응하여 반박문 「문학과 자유의 옹호」를 발표하다. 단편 「달」 「혈거부족」 등을 발표하다. 경향신문사 문화부장이 되다. 첫 창작집 『무녀도』를 내다.

1948년(35세) 김동석 등의 사회주의 진영 비평가들과 치열한 문학논쟁을 이어가다. 평론집 『문학과 인간』을 내다. 민국일보사 편집부장이 되다. 전국문화예술단체총연합회 선전부장이 되다. 단편 「역마」를 발표하다.

1949년(36세) 장편 『해방(제1부)』을 『동아일보』에 연재하다. 창작집 『황토기』를 내다. 월간 문학지 『문예』의 주간이 되다. 서울신문사 출판부 차장이 되다. 한국문학가협회 결성에 주도적으로 참여하고 소설분과위원장이 되다.

1950년(37세) 문교부 예술위원, 서울시 문화위원에 피촉되다. 문총 사무국장, 전국문화예술인총연합회 구국대부대장 등으로 활동하다. 단편 「인간동의」, 평론 「우연성의 연구」를 발표하다. 서울에서 적치 3개월을 숨어 견디고 12월 말에 서울을 떠나 대구를 거쳐 부산으로 내려가다.

1951년(38세) 창작집 『귀환장정』을 내다.

1952년(39세) 한국문학가협회 부위원장이 되다.

1953년(40세) 서울로 돌아와 서라벌예술대학 문예창작과 교수로 취임하다.

1954년(41세) 예술원 회원이 되다.

1955년(42세) 장편 『사반의 십자가』를 『현대문학』에 연재하다. 단편 「흥남철수」 「실존무」 「밀다원시대」 등을 발표하다. 제3회 아세아자유문학상을 받다.

1957년(44세) 단편 「아가」 「목공 요셉」을 발표하다. 『사반의 십자가』를 내다.

1958년(45세) 창작집 『실존무』, 장편 『춘추』를 내다. 장편 『사반의 십자가』로 예술원 문학 부문 작품상을 받다.

1959년(46세) 장편 『자유의 기수』를 『자유신문』에 연재하다. 김우종 · 이어령과 '실존문학' 논쟁을 벌이다.

1960년(47세) 장편 『이곳에 던져지다』를 『한국일보』에 연재하다.
1961년(48세) 예술원 문학 분과 회장, 한국문인협회 부이사장이 되다. 단편 「등신불」을 발표하다.
1962년(49세) 단편 「부활」을 발표하다.
1963년(50세) 장편 『해풍』을 『국제신문』에 연재하다. 창작집 『등신불』을 내다.
1964년(51세) 단편 「늪」 「심장 비 맞다」를 발표하다.
1965년(52세) 민족문화중앙협의회 부이사장, 민족문화추진위원회 이사가 되다. 단편 「성문거리」를 발표하다.
1966년(53세) 단편 「송추에서」 「까치소리」 등을 발표하다. 수필집 『자연과 인생』을 내다.
1967년(54세) 「까치소리」로 3·1문화상 예술부문 본상을 수상하다.
1968년(55세) 중편 「극락조」를 『중앙일보』에 연재하다. 『김동리선집』(전5권)을 삼성출판사에서 발행하다. 『월간문학』을 창간하고 주간이 되다.
1970년(57세) 한국문인협회 이사장이 되다. 서울시문화상(문학 부문) 본상을 받다.
1971년(58세) 장편 『아도』를 『지성』에 연재하다.
1973년(60세) 창작집 『까치 소리』, 수필집 『사색과 인생』, 시집 『바위』를 내다. 중앙대학교 예술대학장이 되다. 12월 회갑기념서예전을 하다.
1974년(61세) 1960년에 연재한 장편 『이곳에 던져지다』를 내다.
1977년(64세) 단편 「저승새」를 발표하다. 『김동리역사소설』을 지소림에서 내다.
1978년(65세) 장편 『을화』를 내다.
1979년(66세) 「만자동경」을 발표하다. 소년소녀소설집이란 이름을 내건 『꿈같은 여름』을 내다. 중앙대학교에서 정년퇴직하다. 『을화』 영역판이 나오다.
1981년(68세) 대한민국예술원장이 되다.
1982년(62세) 『을화』가 노벨 문학상 본선에 진출하다. 장편 『사반의 십자가』를 고쳐 내다.
1983년(63세) 한국문인협회 이사장이 되다. 1986년 다시 이사장이 되고, 1989년 명예회장으로 추대된다. 시집 『패랭이꽃』을 내다. 『사반의 십자가』 불역판이 나오다.
1988년(68세) 수필집 『사랑의 샘은 곳마다 솟고』를 내다.
1990년(70세) 소설가협회 회장이 되다. 7월 30일 뇌졸중으로 쓰러지다.
1995년(75세) 6월 17일 별세하다.
1998년 김동리기념사업화가 결성되고 '김동리문학상'이 제정 시행되다.
2008년 경주시와 사단법인 동리·목월기념사업회가 주최하고 '한수원 월성원자력본부'의 지원을 받아 '동리·목월문학상'을 제정하다. 기존의 김동리문학상은 이 상에 흡수 통합된다.

이용악 李庸岳, 1914~1971

/이경수/

1930년대 후반의 조선 시단에서 서정주·오장환과 함께 주목받았던 이용악의 시작 활동은 1935년 3월에 『신인문학』에 「패배자(敗北者)의 소원(所願)」을 발표하면서부터 본격적으로 시작된다. 1914년 11월 23일 함경북도 경성(1957년 북한에서 출간된 『리용악시선집』에는 함경북도 경성군 경성면 수성동에서 태어난 것으로 기록되어 있다)에서 태어난 이용악은 경성보통학교와 서울 소재의 고등보통학교를 졸업한 후, 일본 도쿄 소재 조치대학(上智大學) 신문학과에 유학한다. 그의 도쿄 유학 생활은 1934년부터 조치대학을 졸업하는 1939년까지 계속된 것으로 추정된다. 이 기간 중 『신인문학』을 통해 등단한 이용악은, 이 무렵 도쿄에서 함경북도 명천(明川) 태생의 김종한(金鍾漢)과 함께 동인지 『2인』을 5,6회에 걸쳐 발간하는 등 활발한 시작 활동을 펼친다. 그의 일본 유학 생활은 갖가지 품팔이 노동으로 학비를 조달하며 연명할 만큼 가난 때문에 고초를 겪은 것으로 알려져 있지만, 가난조차 그의 시작(詩作)에 대한 열정을 빼앗아 가지는 못했던 것으로 보인다. 유학 기간 중에 그는 방학 때면 고향에 돌아와 간도 등지를 돌아보며 만주 등지에서 생활하는 유·이민(流移民)들의 비극적인 삶의 양태에 주목했다고 한다. 이러한 체험은 그의 첫 시집 『분수령(分水嶺)』과 두 번째 시집 『낡은 집』에 고스란히 반영되어 있다.

이용악은 1937년에 일본 도쿄 삼문사에서 첫 시집 『분수령』을 발간한다. 빈한한 생활을 한 것으로 알려진 도쿄 유학 기간에도 시를 향한 그의 열정이 첫 시집을 출간하게 한 것이다. 이 시집에 실린 「북쪽」과 「풀버렛소리 가득차 잇섯다」는 지금 읽어도 가슴을 울리는 시이다. 「북쪽」은 일찍이 유정(柳呈)이 언급한 것처럼 우리 시에 빈곤했던 북방의 상상력을 당시의 북방의 현실을 그림으로써 일깨워줬다는 점에서 기억할 만한 작품이다. 이용악의 시에서 고향은 그리움의 대상인 동시에 가난 때문에 여인이 팔려가는 현실적 고통이 있는 이중적인 곳으로 그려져 왔는데, 이 시도 이런 맥락에서 이해할 수 있다. 「풀버렛소리 가득차 잇섯다」는 러시아를 넘나들면서 장사를 하다가 객사한 것으로 알려진 그의 아버지의 죽음과 관련이 있는 시로 읽을 수 있다. "우리집도 아니고/ 일가집도 아닌 집/ 고향은 더욱 아닌 곳에서/ 아버지의 침상 없는 최후 최후의 밤은/ 풀버렛소리 가득차 있었다"라는 이 시의 1연에 나와 있듯이, 그의 아버지는 타향에서 침상 없는 최후를 맞이한 것으로 추정된다. 2연은 그의 아버지가 '노령(露領)'을 비롯해서 '아무을만'과 '니코리스크' 등지를 돌아다니며 애써 아들과 딸을 키웠음을 암시하고 있다. 객지에서 아버지를 여읜 슬픔을 풀벌레 울음소리에 빗댄 이 시는 이용악의 개인적 체험으로부터 출발한 시이지만, 개인적 체험의 한계에 갇히지 않고 당시 유·이민이 되어 만주 등지를 떠돌았던 수많은 이 땅의 아버지들의 죽음과 우리 민족의 슬픔으로 그 의미가 확장된다.

이러한 유·이민의 체험은 1938년에 역시 일본 도쿄 삼문사에서 출간된 이용악의 두 번째 시집 『낡은 집』에도 반영되어 있다. 이 시집에 실린 「낡은 집」에는 가난 때문에 결국 야반도주를 해 버린 털보네 가족의 비극적 사연이 그려져 있다. 지금은 아무도 살지 않아 흉가가 되어 버린 털보네 낡은 집처럼 털보네 가족의 운명도 결코 평탄치 않을 것임을 이 시는 암시하고 있다.

일본 도쿄에서 두 권의 시집을 낸 이용악은 1939년 일본 조치대학 신문학과를 졸업한 후 도쿄 유학을 마치고 귀국한다. 그 후 평론가 최재서가 주관하던 잡지 『인문평론(人文評論)』의 편집기자로 근무하면서 본격적인 문단활동을 하게 된다. 1940년 8월에는 『시학』에 「절라도 가시내」를 발표하고, 10월에는 『인문평론』에 「오랑캐꽃」을 발표해서 주목 받는다. 「절라도 가시내」는 '함경도 사내'인 화자 '나'와 술집 작부로 팔려온 '전라도 가시내'가 북간도 어느 술집에서 마주친 상황을 그린 시로, 가난 때문에 남의 나라로 팔려가는 당시 유·이민의 비극적 현실을 실감 나는 어조로 형상화하고 있다. 그가 편집기자로 일하던 『인문평론』에 발표한 「오랑캐꽃」은 당시 시단과 독자층으로부터 큰 반향을 얻는다. 서정주는 이 작품에 대해 "망국민의 절망과 비애"를 잘 표현한 작품이라고 극찬한 바 있다. 「오랑캐꽃」은 당대에 우리 민족이 처한 현실과 겹쳐 읽을 때 시적 상황으로 인해 아이러니가 발생하는 기억할 만한 수작이다.

이용악은 1942년 3월에 『국민문학』에 「길」을 발표하고, 『조광』에 「눈 나리는 거리에서」를 발표한다. 이 작품들은 이후 친일시 논란에 휩쓸리게 되는데, 이에 대해서는 아직도 연구자들의 의견이 엇갈리고 있다. 이용악은 같은 해 6월 시 「구슬」을 『춘추』에 발표하는 것을 마지막으로 절필하고 고향 경성에 내려간다. 그의 작품의 친일 여부에 대해서는 판단을 내리기가 쉽지 않지만, 일제 말에 절필이라는 선택을 감행한 점은 평가받을 만하다. 절필과 낙향이라는 선택을 통해 적어도 이용악은 최악의 길로 자신의 문학이 떨어지는 것을 막아낸다.

1945년 해방이 되자마자 이용악은 서울로 다시 올라온다. 12월 12일에 발간된 『해방기념시집』에 「시골사람의 노래」를 발표하는 등 해방과 함께 그는 본격적인 활동을 다시 재개한다. 이듬해인 1946년에는 2월 8일에 결성된 '조선문학가동맹'의 회원으로 가담하여 문단활동을 활발히 한다. 이 시기에 그는 『중앙신문』의 기자로 일하면서 『신문학』 4월호에 「나라에 슬픔 있을 때」를 발표하고, 『문학』 7월호에 「오월에의 노래」를 발표한다. 11월에는 『서울신문』에 「노한 눈들」을 발표한다. 「노한 눈들」은 이후 동지사에서 출간된 『이용악집』과 1957년에 조선작가동맹출판사에서 간행된 『리용악시선집』에 실린다.

1947년 4월 20일 이용악의 세 번째 시집 『오랑캐꽃』이 아문각에서 출간된다. 이 시집의 후기에서 이용악은 1939년부터 1942년 사이에 신문이나 잡지에 발표된 시를 여기 묶었음을 밝힌다. 아울러 1942년에 붓을 꺾고 시골로 내려가기 전에 『오랑캐꽃』을 내려고 했지만 뜻을 이루지 못했고 그 이듬해인 1943년에 모 사건에 얽혀서 원고를 모조리 함경북도경찰부에 빼앗기고 말았다는 사실을 고백하였다. 해방 이후에야 뒤늦게 세 번째 시집을 출간하게 된 사정을 밝히면서 앞서의 사건으로 인해 몇 편의 시작품을 끝내 찾지 못했음을 안타까워하는 시인의 마음이 『오랑캐꽃』의 후기에 잘 나타나 있다. 이용악은 7월에 『문학』에 「다시 오월에의 노래」를 발표한다. 이 작품은 이후 시집에 수록되지 않는데, 북한에서 출간한 『리용악시선집』의 서문에서 이용악은 「다시 오월에의 노래」와 「기관구에서」가 비교적 애착이 가는 작품이었지만 원고를 찾아낼 길이 없어서 싣지 못했음을 밝히고 있다. 「기관구에서」는 이후 1988년에 창작과비평사에서 출간된 『이용악시전집』에도 실리지 않았는데, 전집을 편한 윤영천은 「민족시의 전진과 좌절」의 '추기'에서 「기관구에서」를 입수하지 못한 것에 대한 아쉬움을 표시했다.

1949년 1월 25일 동지사에서 이용악의 네 번째 시집 『이용악집』이 『현대시인전집』 제1권으로 출간된다. 해방 이후에 쓴 작품을 중심으로 하되 그동안의 대표작들도 함께 실어 달라는 출판사의 요구에 따라 출간된 이 시집에는 「유정에게」라는 시가 실려 있고, 「용악과 용악의 예술에 대하여」라는 이수형이 쓴 일종의 발문도 제일 뒤에 실려 있어서 이용악의 동향 시인이자 그가 가깝게 지낸 지인들의 면모를 볼 수 있기도 하다. 같은 해 8월, 이용악은 해방기의 좌익 투쟁에 적극적으로 참여하던 중 좌익 문인으로 몰려 이승만 정권에 체포되어 10년 징역을 언도받고 서대문형무소에 수감되었다가 한국전쟁이 일어나면서 출옥하게 된다. 마침내 이용악은 한국전쟁 중 월북하게 되는데, 함북 경성이 그의 고향이기도 했지만 앞서의 사건도 월북의 계기로 작용했을 것으로 보인다.

월북한 이후 북한에서의 그의 문학활동도 평탄하지만은 않았던 것으로 보인다. 1953년 8월 임화·이원조 등 남로당계열 숙청 당시에 이용악은 "공산주의를 말로만 신봉하고 월북한 문화인"으로 지목되어 6개월간 집필 금지를 당하게 된다. 물론 이것도 당시 숙청당한 남로당계 문인들에 비해서는 가벼운 처벌이라고 볼 수 있지만 말이다. 이용악은 1956년 『조선문학』 8월호에 「평남관개시초」를 발표하는데, 이 작품은 조선인민군 창건 5주년 기념문학예술상 1956년도 시 부문 일등상을 받는다. 「평남관개시초」는 평남관개공사를 통해 반외세·반계급 의식을 드러내고 사회주의 체제의 우월성을 강조한 작품으로, 이용악이 북한의 사회주의 체제에 적극적으로 동참해 갔음을 상징적으로 보여준다. 「평남관개시초」는 이듬해인 1957년 북한의 조선작가동맹출판사에서 간행한 『리용악시선집』에 실린다. 『리용악시선집』은 당시 10,000부 발행된 것으로 나와 있다.

1960년대에 들어서면서 북한문학은 김일성 유일사상체계를 표방한 주체문예 중심으로 재편된다. 이 시기에 발표된 이용악의 작품들은 「우리당의 행군」(1964) 「당중앙을 사수하라」(1967)

「오직 수령의 둥지에 뭉쳐」 등으로 '당성 · 계급성 · 인민성'을 표방한 주체사상과 주체문예에 순응하는 경향을 보인다. 1963년에 이용악은 김상훈과 함께 『역대악부시가』를 번역 출간한다. 이후 1968년에 「날강도 미제가 무릎을 꿇었다」라는 시를 발표한 이후로는 더 이상 북한문단에서 이용악의 작품이 발견되지 않는다.

이용악은 1971년 58세를 일기로 병사한 것으로 추정된다. 이후 남한 문학사에서 이용악은 월북 문인으로 분류되면서 오랫동안 언급되지 않다가 1987년부터 학위논문을 통해 알려지기 시작했고, 1988년에 월북문인 해금조치와 함께 창작과비평사에서 윤영천이 편한 『이용악시전집』이 발간되면서 그의 시세계와 시작품들이 일반에게까지 널리 알려지기 시작했다. 일제 강점기에 가난 때문에 조국을 등지고 떠나야 했던 민족의 현실을 핍진하게 그려낸 그의 시는 백석의 시와 함께 1930년대 후반기를 대표하는 시로 높은 평가를 받고 있다.

이용악 ▸▸

1914년(1세) 11월 23일 함경북도 경성군 경성면 수성동에서 태어나다. 1957년 북한에서 출간된 『리용악시선집』의 '저자 략력'에서는 그가 빈농민의 가정에서 출생한 것으로 기록되어 있으나, 그것은 출신성분과 가난을 강조하기 위한 의례적인 서술이 아닐까 짐작해 본다. 시인 유정, 이수형 등 그의 지인에 따르면 그의 집안은 누대에 걸쳐 상업에 종사했으며, 그의 할아버지는 소금을 싣고 러시아 영토를 넘나들었고 그의 아버지도 그런 생활을 계속하던 중 객사한 것으로 추정된다. 경성보통학교를 졸업하고 서울에서 고등보통학교(학교명은 미상)를 졸업한 것으로 알려져 있으나, 구체적인 연도는 알 수 없다.

1934년(21세) 서울에서 고등보통학교를 졸업한 후, 일본 도쿄 소재 조치대학(上智大學) 신문학과에 유학하다.

1935년(22세) 『신인문학』 1935년 3월호에 시 「패배자(敗北者)의 소원(所願)」을 발표하면서 문단에 나오다. 이 무렵 도쿄에서 함경북도 명천(明川) 출생의 신진 시인 김종한(金鍾漢)과 더불어 동인지 『2인(二人)』을 5,6회에 걸쳐 발간하다. 용악의 형 송산(松山), 동생 용해(庸海)도 시를 썼다고 전해진다. 일본에 머물면서 『조선일보』에 9월 14일에 「임금원(林檎園)의 오후(午後)」를 발표하고, 9월 26일에 「북국(北國)의 가을」을 발표하다.

1936년(23세) 아우 용해(庸海)의 소개로 시인 유정(柳呈)(당시 15세의 소년)을 만나다.

1937년(24세) 5월 30일 일본 도쿄 삼문사(三文社)에서 첫 시집 『분수령(分水嶺)』을 펴내다.

1938년(25세) 11월 10일 일본 도쿄 삼문사에서 두 번째 시집 『낡은 집』을 펴내다.

1939년(26세) 일본 조치대학 신문학과를 졸업한 후, 겨울에 일본 도쿄 유학을 마치고 귀국하다. 최재서가 주관하던 잡지 『인문평론(人文評論)』의 편집기자로 근무하다.

1940년(27세) 8월에 『시학』에 「전라도 가시내」를 발표, 10월에 『인문평론』에 「오랑캐꽃」을 발표하다. 「오랑캐꽃」은 발표 후 시단과 독자층의 큰 반향을 얻다. 11월에 『문장(文章)』에 「슬픈 일 많으면」과 「해가 솟으면」을 발표하다.

1942년(29세) 고향인 함경북도 경성으로 돌아가서 그곳에 머물다. 3월에 『국민문학』에 「길」을 발표하고, 『조광』에 「눈 나리는 거리에서」를 발표하다.

1945년(32세) 해방되자마자 서울로 올라오다. 12월 12일 『해방기념시집』에 「시골사람의 노래」를 발표하다.

1946년(33세) 2월 8일에 결성된 '조선문학가동맹'의 회원으로 가담하다. 『중앙신문』 기자로 일하다. 4월에 『신문학』에 「나라에 슬픔 있을 때」를, 7월에 『문학』에 「오월에의 노래」를, 11월에 『서울신문』에 「노한 눈들」을 발표하다.

1947년(34세) 4월 20일 아문각에서 세 번째 시집 『오랑캐꽃』을 펴내다. 7월에 『문학』에 「다시 오월에의 노래」를 발표하다. 이 작품은 이후 시집에 수록되지 않는데, 『리용악시선집』의 서문에서 이용악은 「다시 오월에의 노래」와 「기관구에서」가 비교적 애착이 가는 작품이었으나 찾아 낼 길이 없어서 싣지 못했음을 밝힌 바 있다. 「기관구에서」는 이후 1988년에 출간된 『이용악시전집』에도 실리지 않았는데, 전집을 편한 윤영천은 「민족시의 전진과 좌절」의 '추기'에서 「기관구에서」를 입수하지 못한 것에 대한 아쉬움을 표시한다.

1949년(36세) 1월 25일 동지사에서 네 번째 시집 『이용악집』을 펴내다. 그후 모종의 사건에 연루되어 서대문형무소에 수감되다.

1950년(37세) 한국전쟁 중 월북하다.

1956년(43세) 『조선문학』 8월호에 「평남관개시초」를 발표하다. 「평남관개시초」로 조선인민군 창건 5주년 기념문학예술상 1956년도 시부문 일등상을 받는다. 이 작품은 이듬해 『리용악시선집』에 실린다.

1957년(44세) 12월 30일에 북한 조선작가동맹출판사에서 『리용악시선집』을 10,000부 발행하다.

1971년(58세) 병사한 것으로 알려져 있다.

1988년 『이용악시전집』이 서울 창작과비평사에서 간행되다.

허윤석 許允碩, 1914~1995

/한민주/

계급주의 문학과 순수문학의 대립이 극명했던 1930년대 말부터 감각적인 언어와 시적 산문을 통해 '문학의 스타일'을 강조하며 창작활동을 시작했던 작가가 허윤석이다. 한마디로 그의 문학적 연대기를 축약하자면, 문학의 관습성을 전복시키며 그 속에서 '본질'을 추구하는 여정이었다고 할 수 있다. 1914년 경기도 김포에서 태어난 그는 조부의 금광업으로 물질적인 부족함이 없었던 집안에서 태어났다. 사업을 물려받은 허윤석의 부친 역시 막대한 재산을 축적하였다. 그러나 허윤석은 부친의 유산을 거의 상속받지 못하고 경제적으로 그다지 풍족하지 못하였다. 이 연대기적 사실을 통하여 우선 짐작해 두어야 할 일은 허윤석 스스로가 봉건제도의 수혜자였음에도 불구하고 이에 대해 비판적인 태도를 견지하였으며 작품활동을 통해서도 봉건적 신분계급 제도를 비판적으로 형상화하고 있다는 점이다. 허윤석은 1935년 단편 「사라지는 무지개와 오누」가 『조선문단』 현상모집에 당선되면서 등단한다. 이 작품에서 전경화된 배경은 서정적이지만 농촌의 궁핍상과 지배층의 횡포로 고통받는 기층민의 현실을 그려내고 있다. 이 같은 작품의 경향은 허윤석 개인의 성장배경과는 상충되는 것이다. 이러한 전복적이고 혁명적인 삶의 방식은 그의 이후 문학적 생애에도 그대로 투영된다고 볼 수 있다.

1930년 허윤석은 일본으로 유학을 가서 법학을 전공하지만 법철학에 대한 회의로 공부를 다 마치지 못한다. 그 와중에 그의 문학수업은 독학에 의해 이루어진다. 와세다대학 「문학강의」와 『문예춘추』에 게재된 「문예강좌」, 세계문학 전집 등이 허윤석 문학수업의 교범이 되었다.(「허윤석군의 영부인」, 『조선문단』 25호, 1935.12) 그가 유학했던 시절 일본의 사상적 흐름이었던 사회주의 사상의 영향 때문이었는지 문단 등단 이전에 허윤석은 김우철, 정서죽 등과 같이 프로문학 활동을 하기도 한다. 그러나 국내외에서 프로문학이 퇴조하자 그는 순수문학을 표방한다. 1932년 계용묵, 정비석 등과 『해조(海潮)』 동인을 결성하고 동인지 발간을 협의하는 등 등단 이전부터 활발한 문학활동을 보여준다.

허윤석은 이미 1935년 단편소설로 등단했음에도 불구하고 김혜숙이라는 필명으로 1936년 『동아일보』에 시 「밀밭없는 동리(洞里)」가 1937년 『매일신보』에 시 「파초(芭蕉)」가 당선된다. 이 같은 등단 배경 때문에 허윤석은 시를 쓰다가 소설로 전향한 것으로 평가받는다. 1950년대부터는 더 이상 시창작을 하지 않지만 1949년까지 허윤석은 문단에서 시인으로도 인정받고 있었다. 그러나 허윤석은 자신이 등단 초기부터 시와 소설을 병행한 것이라고 밝히고 있다. 허윤석은 1937년 『조선문단』 현상모집에 단편 「마적(馬賊)」이 수석 당선되어 그 문학적 역량을 인정받는다. 그러나 당선된 작품을 일제가 검열하여 체포령이 내려지고 허윤석은 필화사건에 휘말린다. 이 사건으로 조선문단 편집인인 이학인이 망명을 했다가 객사를 했고, 『조선문단』은 폐간되었다. 그러나 허윤석은 조부가 고액납세자라는 사실이 참작되어 구속을 면한다. 이 사건으로 인해 허윤석은 8·15해방까지 본인 스스로 절필하게 된다. 문학에 대한 열정이 강했던 그에게 이 사건이 가져왔을 심적 상처는 상당했을 것이다.

허윤석은 1945년 해방 후 왕성한 창작활동을 보여준다. 그의 대부분 단편인 「비는 구름장마다」(1946) 「실낙원」(1948) 「유두」(1948) 「문화사대계」(1949) 「유맹」(1949) 「해녀」(1950) 「길주막」(1950) 「해연」(1950)은 해방에서 한국전쟁 초기까지의 5년간에 집중적으로 발표된다. 이 시기 허윤석의 시 「감각파」(『백민』 7집, 1947.3) 「산울림」(『청년신문』, 1947.8.10)은 고향에 대한 향수와 자연에 대한 애착이 주조를 이루고 있다. 그가 사용한 시어는 정지용류의 감각적 이미지를 활용하면서 모더니즘적 감수성을 계승한 것으로 볼 수 있다. 게다가 음악과 연관되는 시어의 다양한 활용은 17세까지 음악수업(바이올린)을 받았던 그의 전기적 이력과 무관하지 않다.

허윤석이 순수문학과 서정시를 추구했다고 해서 그의 문학 세계가 현실을 무시했던 것은 아니다. 그는 「문화사대계」(『민성』 32호, 1949.2)에서 문인의 친일행각에 대해 단죄함으로써 해방 후 문인의 가장 민감한 현실 문제를 형상화하려고 노력하였다. 아울러, 이데올로기에 대해 비판적인 시각을 견지하였다. 1948년 허윤석은 당대의 가장 치열한 논전이었던 김동석·김동리 간의 순수문학 논쟁을 새로울 것도 발전적일 것도 없는 소모적 논쟁으로 규정하고 문단인 간에 좌·우 이데올로기로 나뉘어 다투는 것을 비판한다. 그는 당시 문단을 이데올로기계열과 언어 계열이라는 두 경향으로 나누어 생각하며 오랜 세월 고전으로 남을 수 있는 힘은 언어의 계열이 재현해 내는 산물이라고 평가한다(「人·猿·詩歌(言語)」, 『민중일보』, 1948.2.19). 이는 단순히 그가 순수문학론에 손을 들어주는데 그치는 것이 아니라 언어의 기교성에까지 발전해 나가는 계기가 된다.

1950년 그는 평론을 통해 언어 즉 문장에 있어 시의 문장에 버금가는 미학적인 문장의 추구를 통해서만이 진정한 산문의 창작이 가능하다는 견해를 피력한다. 그는 반리얼리즘을 표방하고 그 극복할 방법을 "시정신을 고조하는 것"에서 찾고 있다(「신예작가 좌담회」, 『문예』 제7호, 1950.2). 그가 반리얼리즘을 표방하게 된 이유는 "평면묘사에 허덕이던 리얼리즘문학이 실증주의 표현방법에 그치고만 것 같은 말로"에 대한 비판에서 비롯한다. 그는 "일상생활의 현실묘사에서 작품을 해방시킴으로 하여 좀더 자유로운 픽션을 거쳐 인간생활의 밑바닥을 파헤"치는 것(「제2회 신인응모작품심사평」, 『문학』 7호, 1966.11)이 바람직하다고 보는 것이다. 때문에 허윤석은 '시정신의 고양을 통한 산문정신'을 추구하였던 것이다. 허윤석이 주장하는 산문정신이란 시의 대척점에 있는 것이 아니라 오히려 "시의 경지에 올라서는 산문"(「천재의 반성」, 『민성』, 1949.9)에 대한 작가적 지향을 뜻하는 것이다. 그 결과, 그의 소설은 반리얼리즘 혹은 모더니즘 계열의 소설로 규정되어왔다. 그러나 허윤석은 현실반영이라는 리얼리즘의 본령을 부인해 온 것이 아니라 현실 재현의 경직된 방법론을 비판했던 것이다. 허윤석의 기법적 차원에 대한 고민은 '실험정신'으로 나타난다. 이후 허윤석은 관습적인 문학 습성에서 벗어나기 위해 수많은 표현기법과 다양한 방법적 모색을 시도하게 된다.

허윤석 문학의 주제적 차원은 '인간 회복'을 위한 방법론 모색에 있다. 그것의 한 일환으로 허윤석은 자연과 인간의 생명적 연대감을 모색한다. 「옛마을」 「유두」 「해연」은 토속적 서정미와 원시적 건강성이 여실하게 드러난 작품이다. 허윤석 소설 전반에 뿌리 내리고 있는 향토성과 그로 인한 서정성은 작중 인물의 성격에 대조되기 보다는 자연을 그들의 주변에 어울리게 만들어 조화적인 양상을 띠고 있다. 그래서 「실락원」에서는 인간과 동물의 조화마저 추구 된다. 이러한 주제적 차원은 에로티시즘, 양성공유와 원시성이라는 인간 본연의 문제로까지 확대된다.

허윤석 소설에서 나타나는 양성공유는 모두 여성이 남성성을 공유하는 방향으로 이루어진다. 그의 작품에서 「유맹(流氓)」(『민족문화』 창간호, 1949.10)이 그에 해당하는 작품이다. 이러한 작품은 두 여성 가운데 한 명이 남성의 성역할을 대행함으로써 남성 부재의 공백을 메워나간다. 허윤석 소설의 에로티시즘과 섹슈얼리티는 서정성과 토속성, 원시성에 결합된다. 제주 4·3사건을 배경으로 한 「해녀」(『문예』 7호, 1950.2)의 경우, 원시적 여인상으로 형상화되는 주인공에게 이데올로기에 대한 인식은 대단히 소박하다. 이들에게는 합리적 논증을 통해 이데올로기의 선악이 구분되는 것이 아니다. 이것은 인간의 삶 자체가 이데올로기에 우선한다는 진리를 웅변하고 있는 것이라고 볼 수 있다.

문단 내에서 허윤석의 위치를 가늠하게 해주는 평론이 「슬픈 결산서」(『민성』, 1950.5)이다. 이는 『문예』에서 주최한 「신예작가 좌담회」(1950.1.9)에서 비판의 대상이 되었던 작가들이 항의해 옴에 따라 이에 대한 반론 성격으로 허윤석이 기고한 글이다. 허윤석은 문단 내에 파벌을 형성하고 객관적인 평가보다 편들기에 급급한 행태에 대해 질책한다. 그리고 객관성을 잃은 골목군(軍) 평론의 사례로 백철의 평론 「소설의 길」(『국도신문』, 1950.2.25)을 들고 있다. 백철의 평론은 철권(鐵拳) 평론으로, 자라나는 문학의 '꽃나무'를 쳐내며 문학의 길을 횡단하고 있다는 것이다. 그런데 백철 평론의 핵심적 논점은 산문 문학의 세계성이다. 따라서 백철은 허윤석의 소설 「해녀」가 소녀적인 서정시로서 비산문적인 글이라고 비판한다. 허윤석 역시 다른 리얼리즘 작가들처럼 식민지나 남북분단 후의 사회를 배경으로 한 궁핍한 인간들의 모습을 주로 그리고 있지만 리얼리즘의 비판적 요소보다 서정적 요소를 더 많이 추구하게 되는 방법론적 문제 때문에 그의 소설이 리얼리즘을 획득하지 못했다는 평가를 받게 된 것으로 보인다.

1951년 고혈압 발병 이후 긴 투병기를 거치면서 창작 기법에 일대 전환을 가져오게 된다. 긴 투병기를 통해 허윤석은 외부세계 보다 인간의 내면에 대한 탐색을 수행함으로써 인간 구원의 길을 모색하고자 하였다. "진심으로 인간을 파보는 문학"을 하고 싶었던 그는 와병 중에 "자신을 책 읽듯이 분석"하는 작업에 들어갔던 것이다. 그리고 "아무 생각없이 남의 말을 흉내내는 새의 입을 빌어서 나의 수많은 분신들과의 대화를 끌어냈던"(「한국문학 새 조명—허윤석 장편 『구관조』의 한갑수」, 『일간스포츠』, 1980.1.30) 것이다. 여기서 창작 기법의 전환이란 허윤석이 1966년부터 연작 장편 『구관조』를 통해 보여준 개아(個我)의 내면탐색, 정신분열증적인 심리서술의 양상, 그리고 근대적 시간 개념을 전복하는 꿈과 분신의 모티프, 다양한 액자구조의 이야기같은 심리소설의 실험적 기법에 주목한 것을 말한다.

1955년에 발표된 수필 「수의」(『현대문학』, 1955.5)에서 허윤석은 "우리가 겪은 6·25의 체험만으로 미루어 보더라도 인간조건을 어느 집단성에 다 둘 수 없다"고 지적하면서 집단성을 벗어난 개인의 가치를 추구하기 위해 문학적 관습성을 전복시키는 실험성을 강조했었다. 이러한 주제의식은 『구관조』에까지 반영되었고, 작품은 인간 구원의 길을 모색한다. 이때 작가가 탐색한 모색의 길은 '모성애의 회복'에 있다. 허윤석에게 있어 모성애는 정(情)이라는 보다 넓은 개념으로 확장되면서 "모든 것을 생으로 이끌어주는"(「한국문학의 새 조명」) 절대적 가치로 승화되기에 이른다. 시와 산문의 융화를 추구했던 작가의 문학적 열정이 말년에 최종적으로 도달한 지점은 인간 본연의 내면적 문제였다.

허윤석 ▸▸

1914년(1세) 2월 25일(음) 경기도 김포에서 금광업에 종사한 부친 허희선과 모친 이선의 3남 2녀 중 차남으로 태어나다.

1920년(6세) 광주(鑛主)인 조부를 따라 일가가 김포에서 평안북도 선천으로 이사하다.

1921년(7세) 평북 선천에서 보통학교에 입학하다. 가정에서 음악수업(바이올린)을 받다.

1929년(15세) 선천에서 보통학교를 졸업 후 서울로 유학, 경성중동학교와 제일고보를 수학하다.

1930년(16세) 도일하여 와세다대학 법학부 수학하였으나 법철학에 대한 회의로 학업을 접고 귀국하다.

1932년(18세) 문단 등단 이전에 김우철, 정서죽 등과 같이 프로문학활동을 하다. 그러나 국내외에서 프로문학이 퇴조하자 순수문학으로 복귀하다. 계용묵, 정비석 등과 동인을 결성하고 활동 하다.

1934년(20세) 황순원과 『죄와 벌』을 공역하여 일문사에서 출간하다.

1935년(21세) 단편 「사라지는 무지개와 오누」가 『조선문단』 현상모집에 당선되면서 등단하다. 계용묵, 정비석 등과 『해조(海潮)』 동인지 발간을 협의하다.

1936년(22세) 김혜숙(金惠淑)이라는 필명으로 시 응모를 했고, 그 결과 『동아일보』에 「밀밭 없는 동리(洞里)」가 당선되다.

1937년(23세) 김혜숙이라는 필명으로 『매일신보』에 「파초(芭蕉)」가 당선되다. 같은 해 『조선문단』 현상모집에 단편 「마적(馬賊)」이 수석 당선되었으나 일제의 검열로 체포령이 내려지고 필화사건에 휘말리다. 이 사건으로 『조선문단』은 폐간되다. 그러나 허윤은 조부가 고액납세자라는 사실이 참작되어 구속을 면하다. 이 사건으로 인해 허윤석은 해방기까지 침묵하게 되다.

1945년(31세) 해방과 동시에 월남하다.

1946년(32세) 단편 「비는 구름장마다」를 발표하다.

1947년(33세) 시 「산울림」을 『청년신문』에 발표하고, 시 「감각파」와 「하일」을 『백민』에 발표하다.

1948년(34세) 단편 「수국의 생리」를 『백민』에 단편 「실락원」을 『개벽』에 단편 「유두」를 『경향신문』에 발표하다. 평론 「人·猿·詩歌(言語)」를 『민중일보』(1948.2.19)에, 평론 「천재의 반성」을 『민성(民聲)』(1948.9)에 발표하다.

1949년(35세) 단편 「문화사대계」를 『민성』에, 단편 「옛마을」을 『문예』에, 단편 「유맹」을 『민족문화』에 발표하다. 명동 2가에 소재한 수선사(首善社)에서 근무하다.

1950년(36세) 『문예』 주최의 「신예작가 좌담회」(1950.2)에 참석하다. 『부인(婦人)』지 편집국장을 맡다. 단편 「해연」을 발표, 단편 「갈매기」를 『부산민주일보』에 발표하다. 한국전쟁이 발발하자 부산으로 피난하여 상업은행 사택에 거주하다. 평론 「슬픈 결산서」를 『민성』(1950.5)에 발표하다. 종군작가단의 일원으로 활동하며 「길 주막」을 『문예』 전시판(12호, 1950.7)에 발표하다.

1951년(37세) 1951년에는 평범사(平凡社)의 편집국장을 맡다. 처음으로 고혈압이 발병하다.

1953년(39세) 이 시기 손창섭을 발굴하여 등단시키다. 손창섭은 1953년 「사연기」를 『문예』에 발표하고 『문예』 추천을 받아 문단에 데뷔하다. 당시 손창섭을 추천한 것이 허윤석이다. 등단 이후에도 손창섭을 문학적 후배로 생각하고 각별한 애정을 기울인다.

1954년(40세) 환도 후에 서울 동대문구 청량리동 76번지에 거주하다. 명동의 갈채다방에서 『현대문학』과 문협에 몸담고 있는 문인들과 교우하다.

1955년(41세) 김동리, 황순원, 계용묵 등과 함께 『단편사인선집(短篇四人選集)』을 우성출판사에서 펴내다. 수필 「수의(囚衣)」를 『현대문학』에 발표하다.

1956년(42세) 뇌일혈로 인해서 중추신경 기능 마비가 오게 되다.

1957년(43세) 오영수 출판기념회에 참석하다.

1958년(44세) 고혈압의 악화로 인해 와병 중에 있게 되다.

1959년(45세) 단편 「삼우제(三虞祭)」를 『체신문화』에 발표하다.

1965년(51세) 척수간판탈출증(디스크) 발병하다.

1966년(52세) 긴 병고로 이렇다 할 작품 발표를 하지 못했다가 병고를 극복하고 단편 「조사와 기러기」를 『문학』에 발표하여 작품 활동을 재개하다. 같은 해 8월 장편 『구관조』연작의 1부 「구관조」를 『문학』지에 연재하다. 김동리와 함께 『문학』 주최 신인작품 소설심사(「제1회 신인응모작품 심사평」, 『문학』, 1966.8, 「제2회 신인응모작품 심사평」, 『문학』, 1966.10)를 하다.

1973년(59세) 8월 『구관조』 연작의 2부에 해당하는 「초인(草人)」을 『문학사상』에 발표하다. 장남 허각이 미국에서 신장질환으로 사망했다는 비보를 듣는다.

1974년(60세) 8월부터 『구관조』 연작의 3부 「타인을 대행하는 두뇌들」을 『현대문학』에 발표하다.

1976년(62세) 작품집 『타인을 대행하는 두뇌들』을 삼중당에서 출간하다. 이 작품집에는 단편소설들과 구관조 연작의 3부 「타인을 대행하는 두뇌들」만이 수록 되어 있다.

1979년(65세) 『구관조』 전작(全作) 수록 작품집이 문학과지성사에서 출간되다.

1994년(80세) 4월 뇌경색증이 발병하다.

1995년(81세) 1년 반 동안 침상에서 투병하던 허윤석은 결국 뇌경색증 후유증으로 인해 10월 12일 연희동 자택에서 별세하다. 세브란스병원에서 장례 절차를 마치고 경기도 장호원 대지리 공원묘역에 안장되다.

김광균 金光均, 1914~1993

/이경호/

김광균은 1914년 1월 19일에 경기도 개성에서 김창훈 씨의 3남 3녀 중 장남으로 출생한다. 부친이 포목점을 운영하여 유년시절의 김광균은 비교적 윤택한 경제 환경 속에서 자라난다. 그러나 그가 12세 되던 되던 해에 부친이 중풍으로 쓰러져 세상을 떠나자 집안 형편은 급작한 몰락의 길을 걷는다.

어려운 환경 속에서 그는 보통학교를 졸업하고 개성의 송도상업학교에 입학한다. 유년시절부터 문학적 감수성이 풍부하였던 그는 1926년에 13세의 나이로 서울의 『중외일보』에 「가신 누님」이라는 시를 투고하여 발표하는 경이로운 성과를 얻어내기도 한다. 이를 계기로 송도상업학교를 졸업할 때까지 『동아일보』를 비롯하여 몇몇 경향의 일간지와 잡지에 작품을 발표함으로써 문필 능력을 과시한다. 일본의 낭만파 시인 이시카와 다쿠보쿠의 문학과 삶에 경도된다. 후일 김광균의 시세계에 드리워지는 낭만적 고적감과 애상의 분위기는 이러한 사춘기 시절의 영향과 무관하지 않은 듯하다. 1930년에는 계급의식과 투쟁의식을 고취하는 작품 「실업자의 오월」을 『대중공론』에 발표함으로써 한때나마 카프문학에 관심을 보이고 동조하는 입장을 피력한다. 김소엽, 현동염, 김재선, 최창진, 김영일 등과 함께 동인지 『유성』을 등사판 형태로 펴낸다.

1932년에 송도상업학교를 졸업하고 1933년에는 경성고무주식회사에 입사한다. 1933년은 김광균이 3년 동안의 침묵을 깨고 새로운 경향을 작품을 선보이는 시기라는 점에서 주목할 만하다. 7월에 그는 「창백한 구도」라는 작품을 발표하는데 모더니즘의 감각과 기법을 선보이는 이 작품을 계기로 지면에 발표되는 그의 작품들은 모더니즘의 기수였던 김기림의 주목을 받게 되기 때문이다. 김광균은 1935년에 결혼을 하게 되는데 그로부터 얼마 후 조선일보사 학예부 기자로 재직하던 김기림과 만나 파리 예술세계의 동향과 이상과 오장환의 시세계, 그리고 김만형, 최재덕 같은 화가들과의 만남을 약속 받는다. 김기림과의 만남은 미술에 대한 관심을 촉발하고 시 창작의 회화적 기법을 탐구하는 계기를 마련해준다. 김광균은 오장환과의 만남을 통하여 도쿄에서 새로 발간되는 시집과 컬러 화집들을 빌려보는 도움을 얻기도 한다. 오장환과의 만남은 김광균의 첫 번째 시집 『와사등』을 오장환이 경영하는 서점 '남만서방'에서 1939

년에 간행하는 인연을 만들어주기도 한다. 1936년에는 서정주, 오장환, 김동리, 김달진 등과 함께 동인 '시인부락'을 결성하고 다음 해에는 오장환, 신석초, 이육사 등과 함께 '자오선' 동인을 결성하기도 한다. 이 두 동인 모임에 모두 오장환이 포함되어 있다는 사실로도 김광균과 오장환의 친밀한 관계를 어림할 수 있다.

1938년에는 『조선일보』 신춘문예에 「설야」가 당선되어 공식적인 문인으로서의 자격을 획득하는 기쁨을 누린다. 이러한 성과를 발판으로 창작에 매진하기 위해 그는 다니던 회사에 사표를 제출한다. 상당한 액수의 퇴직금으로 집안 빚을 해결한다. 1939년에는 제1시집 『와사등』을 펴낸다. 서울 계동에 자택을 마련하고 가족들과 함께 살게 된다. 동생에게는 사업자금을 융통해주고 자신은 창작에 전념하여 생애에 가장 빛나는 결실을 마련한다.

첫 번째 시집을 본격적인 출발점으로 하여 1947년에 발건되는 두 번째 시집 『기항지』와 1957년에 발간되는 세 번째 시집 『황혼가』에 이르기까지 김광균 시세계의 성격은 크게 두 가지로 구분될 수 있다. 1930년대 중반부터 김기림과 미술계 지인들의 영향으로 습득하게 된 모더니즘의 세계관과 이미지스트의 회화적 기법이 첫 번째 성격을 이룬다면 두 번째 성격은 낭만주의적 고적감과 애상의 정조이다.

김광균은 1930년대의 어느 시인보다도 뛰어난 언어적 감각과 운용 능력을 간직하고 있었던 바, 이러한 능력이 서구 모더니즘의 세계관과 이미지스트의 표현기법을 실제의 창작 성과로 반영하는 데 원동력으로 작용하였다. 그는 예술이론이나 문학에 대한 자의식보다 창작에 대한 의욕이나 재능으로 시세계를 구축해나간 시인이었던 것이다. 실제적으로 그의 시세계에 반영되어 있는 현대문명에 대한 모더니즘의 입장은 모호하며 소재적이거나 피상적인 특징을 노출할 때가 많다. 언어관에 있어서도 실제생활에 밀착된 언어를 구사하고 생경한 관념어를 배제하려는 태도는 기본적으로 서구 이미지스트의 강령과 일치하지만 현대문명과 도시생활을 묘파하려는 시어들은 감상성을 노출하고 표피적인 감각에 치우치는 경향을 드러내고 있다. 그 언어들은 어떠한 당대의 작품들보다 회화적인 조형성을 획득하고 있으면서도 서구 문명에 대한 이해와 비판의식을 결여하고 있는 탓에 모더니즘의 시론을 충실하게 구현해내지는 못한다. 김광균의 모더니즘 시론에 대한 피상적 이해와 현대문명에 대한 비판의식의 결여는 기본적으로 1930년대 한국사회에서 근대화와 현대문명이 본격적으로 개화되지 못한 현실과도 연루되어 있다. 모국의 현실로 체험되고 실감하기 어려운 모더니즘의 세계에 대한 이해와 실천은 김광균뿐만 아니라 그에게 영향을 미치고 이 땅에서 어느 누구보다도 가장 적극적으로 모더니즘 운동을 펼쳐보인 김기림의 경우에도 근대화와 서구문명에 대한 비판의식보다는 오히려 호기심과 매혹의 속성을 이끌어내는 경향을 보였던 것이다.

김광균의 시세계를 그런 방향으로 이끌어간 요인으로 낭만적 기질과 감수성을 꼽을 수 있는 바, 이것이야말로 김광균 시세계의 두 번째 성격이기도 하다. 그의 낭만적 기질과 감수성의 근원을 이루는 것은 상실감과 고적감이다. 도회지의 문명을 응시하는 그의 시선 속에는 대체로 유년시절의 그리운 고향과 삶의 모습을 상실한 자의 쓸쓸함이 깃들어 있다. 그 쓸쓸함이 도시 속에서 그의 존재를 소외시키고 그의 마음을 슬픔과 죽음에 대한 감상에 잠기게 만든다.

1950년에 일어난 한국전쟁은 사업을 하던 동생을 납북되게 함으로써 김광균으로 하여금 동생의 사업을 떠맡게 만들고 경영에 전념해야만 하는 현실이 그의 창작에 대한 열정과 보람을 가로막는 원인으로 작용하게 된다. 그로 인하여 1957년에 간행된 세 번째 시집 『황혼가』는 시단을 떠나는 고별시집의 성격을 갖게 된다. 1959년에는 대한민국의 재계에 본격적으로 진출하여 국제 상위 한국위원회 감사와 한일경제특위 상임위원을 역임하고 1960년에는 무역협회 부회장에 취임한다. 1982년에는 시전집 『와사등』을 근역서재에서 발간하고 전국경제인연합회 이사로 취임한다.

1982년은 그가 시작활동을 재개한 해라는 점에서 뜻깊다. 그는 문학월간지 『현대문학』에 「야반」 외 5편의 시를 발표한다. 건강이 나빠지면서 회사 경영권을 아들에게 물려주고 건강을 어느 정도 회복한 후에는 창작에 정진한다. 1985년에는 문단 원로들의 모임인 『회귀』 동인에 정비석, 구상 등과 함께 참여한다. 같은 해에 시와 산문을 모아놓은 문집 『와우산』을 범양사 출판부에서 발간한다. 1986년에는 네 번째 시집 『추풍귀우』를 발간한다.

1988년에는 뇌혈전증으로 건강이 악화되어 서울대 병원에 입원하였다가 병세가 호전되자 다시 창작활동을 시작한다. 월북문인들이 해금되자 '김기림 기념사업회' 회장을 맡는다. 1989년에는 문학활동과 지원에 끼친 공로를 인정받아 '은관문화훈장'을 받는다. 투병 기간 중에 친분을 맺은 천주교 춘천교구장의 권유로 가톨릭에 입문하여 명동 성당에서 영세를 받는다. 같은 해에 다섯 번째 시집 『임진화』를 범양사 출판부에서 펴낸다. 1990년에는 「해변가의 무덤」이라는 시 작품으로 제2회 '정지용문학상'을 수상한다.

1993년 11월 23일에 그는 건강이 악화되어 80세를 끝으로 영면한다. 그의 유해는 경기도 고양시 지축동의 와우산에 모셔진 어머니 묘지 옆에 안장되었다.

김광균 ▸▸

1914년(1세) 1월 19일 경기도 개성시 원종동에서 포목업에 종사하는 김창훈 씨의 3남 3녀 중 맏아들로 태어나다.

1920년(7세) 원종 제1보통학교에 입학하다.

1925년(12세) 부친이 뇌출혈로 사망하다. 부친의 사망 이후에 집안 형편이 어려워지다.

1926년(13세) 『중외일보』에 시 「가신 누님」을 발표하다. 보통학교를 졸업하고 개성의 송도상업학교에 입학하다.

1931년(18세) 등사판으로 동인지 『유성』을 펴내다.

1932년(19세) 송도상업학교를 졸업하다.

1933년(20세) 경성고무공업주식회사에 입사하다. 군산 공장에서 근무하다.

1935년(22세) 김선희와 결혼하다. 서울에서 김기림과 처음으로 만나다. 그의 영향을 받아 시와 미술의 관계에 대하여 관심을 갖기 시작하다. 이후로 시작활동에 더욱 정진하는 계기가 되다.

1936년(23세) 서울 용산의 경성고무 본사로 발령을 받다. 잠시 서울에서 하숙생활을 하다. 이때부터 화가 김만형, 최재덕과 소설가 이봉구, 시인 오장환, 등과 자주 만나게 되다. 서정주, 오장환, 김동리, 김달진 등과 함께 동인 '시인부락'을 결성하다.

1937년(24세) 오장환, 신석초, 이육사, 이봉구 등과 '자오선' 동인을 결성하다.

1938년(25세) 『조선일보』 신춘문예에 시 「설야」가 당선되다. 경성고무주식회사 판매부장 직책을 사임하다.

1939년(26세) 제1시집 『와사등』을 남만서방에서 자비로 펴내다. 계동에 집을 마련하여 가족을 서울로 이주시키다. 창작활동에 전념하다.

1947년(34세) 제2시집 『기항지』를 정음사에서 펴내다.

1950년(37세) 한국전쟁으로 동생 익균이 북한 정치보위부 소속 공작원에 체포되어 납북되자 시작활동을 중단하고 동생 사업체의 경영을 떠맡다.

1951년(38세) 1·4후퇴 때 부산으로 피난하다.

1957년(44세) 제3시집 『황혼가』를 펴내다. 서울의 경운동으로 이주하다.

1959년(46세) 재계로 진출하여 국제 상위 한국위원회 감사, 한일경제특위 상임위원 등을 역임하다.

1960년(47세) 무역협회 부회장에 취임하다.

1961년(48세) 모친이 세상을 떠나다. 성북동으로 이주하다.

1977년(64세) 시전집 『와사등』을 근역서재에서 펴내다. 전국경제인연합회 이사로 취임하다.

1982년(69세) 『현대문학』(3월호)에 「야반」 외 5편의 시를 발표하면서 시작활동을 재개하다.

1984년(71세) 건강이 좋지 않아 경영 일선에서 물러나다. 창작활동에 매진하다.

1985년(72세) 문집 『와우산』을 범양사 출판부에서 출간하다. 70세 이상 문단 원로모임인 『회귀』 동인에 정비석, 구상 등과 함께 참여하다.

1986년(73세) 제4시집 『추풍귀우』를 펴내다.

1988년(75세) 김기림기념사업회 회장을 맡다.

1989년(76세) 천주교에 입문하여 9월에 명동성당에서 영세를 받다. 제5시집 『임진화』를 출간하다. 은관문화훈장을 수여받다.

1990년(77세) 시 작품 「해변가의 무덤」으로 제2회 정지용문학상을 받다.

1993년(80세) 11월 23일 별세하다. 묘지는 모친의 묘소가 있는 경기도 고양시 지축동의 와우산에 마련되다.

김사량 金史良, 1914~?

/고인환/

김사량(1914~1950, 본명 시창)의 짧았던 삶의 궤적을 되짚어 볼 때, 일제 말 일본어로 창작을 했다는 점과 1945년 5월 일제의 극심한 탄압을 피해 중국 연안으로, 더 정확하게는 항일근거지인 태항산 남장촌으로 망명한 사실은 커다란 굴곡에 해당한다. 이러한 굴곡은 조선과 일본 그리고 중국을 가로지르는 동북아의 역사에 폭넓게 관련된 그의 문제적 삶을 보여준다. 김사량은 일제 강점기와 해방, 한국전쟁으로 이어지는 역사의 격랑에 주체적으로 몸을 실었다가 흔적도 없이 사라진 문인이자 혁명가이다.

김사량은 평양의 부유한 집안의 4남매 중 차남으로 태어났다. 1931년 평양고보 5학년 때 반일 학생운동인 동맹휴교사건의 주모자 중의 한 명으로 지목받아 퇴학처분을 받은 이후 일본으로 건너간다. 1933년 4월 사가고등학교 문과 을류에 입학한다. 3학년이 되면서 극예술에 관심을 가지게 되어, '조선예술좌'와도 인연을 맺는다.

1936년 4월 도쿄제국대학 독일문학과에 입학한다. 이해 6월 쓰루마루 도시오, 나카시마 요시히도 등과 동인잡지 『제방』을 발행한다. 9월 『제방』 2호에 「토성랑」을 발표한다.

1930년대 일본은 불황이 심화됨에 따라 도시와 농촌이 극심한 어려움을 겪고, 문단에서는 마르크시즘 주류를 이룬 프롤레타리아 문학이 위세를 떨치고 있었다. 당국에서는 강압적인 치안정책을 통해 좌익 및 사회주의 문학운동을 탄압하였다. 이러한 사회적 분위기 속에 김사량은 '조선예술좌'에 연루되어 사상법 보호관찰법에 의해 2개월 간의 구류 생활을 하게 된다. 석방된 후 민족의 현실을 작품에 묘사하기 시작한다. 이후 장혁주의 소개로 『문예수도』에 「조선문학풍월록」 「빛 속으로」를, 다른 잡지에도 평론과 수필 등을 발표하면서 왕성한 집필활동을 펼친다.

1939년 2월 「빛 속으로」가 아쿠타가와상 후보작에 오른다. 수상식에 참여한 김사량은 본격적인 작가로 인정받은 기쁨을 토로하면서 민족작가로서 거듭날 것을 다짐한다. 그는 조선의 작가로서 민족에 관해 글을 쓴다는 데 대한 무거운 책임감을 느끼고, 민족의 현실을 진솔하게 써 나가겠다고 다짐한다. 김사량이 작가로서 본격적으로 출발하게 되는 전환기라고 할 수 있다. 4월 귀국하여 강원도 홍천군 화전민 부락의 실태조사를 하게 되는데 이곳에서의 참담한 식민지 현실 체험은 이후 「기자림」 「덤불 헤치기」 등의 작품으로 나타나게 된다.

김사량은 일본어로 작품을 발표하면서 일본 문단에 등장했지만, 그의 작품세계는 「빛 속으로」에 나타나고 있는 것처럼 민족의 정체성을 고심하며 민족해방에 대한 관심과 어두운 식민지 현실에 주목하고 있다. 1940년대 초반 급속하게 전시체제로 돌입하는 식민지 상황에서 그는 가장 활발하게 어두운 식민지의 현실에 주목하는 역작을 발표했던 셈이다.

이를테면, 김사량은 「빛 속에서」와 「천마」에서 조선적인 것을 지워버리려는 인물들의 내면심리를 포착함으로써, 인물들의 내면적 갈등과 불안을 야기시키는 실체를 우회적으로 포착하고 있다. 이러한 그는 작품에서 일본과 조선 사이에서 갈등하는 인물들의 위선과 비굴을 비판하려는 의도보다는, 이러한 비겁하고 모순된 존재들을 낳게 한 일본 제국주의의 차별 정책과 구조적 억압을 드러내는 데 주력했다. 이는 일제의 강압적인 탄압에 응전하는 문학적 방식의 하나라 할 수 있다. 따라서 김사량의 일본어 소설을 평가하는 기준은 '그가 그 언어를 제국주의 욕망을 확대재생산하는 데 이용했느냐, 아니면 제국주의 욕망을 폭로하고 피식민자의 실상을 호소하는 데 이용했느냐'에 달려있을 것이다. 물론 김사량의 소설은 후자에 속한다.

한편, 태평양전쟁이 발발한 다음날인 12월 9일 사상범 예방구금법에 의해 가마쿠라 경찰서에 구금된다. 이듬해 1월 29일 석방 후 귀국한다. 이후 김사량은 좌절과 절망 속에서 우회적 글쓰기를 시도하는데, 과거의 역사적 사실을 배경으로 현실을 묘사한 작품을 주로 창작하게 된다.

당시 조선은 청장년 징병제 실시, 조선어 사용 금지와 맞물린 조선어학회에 대한 대대적인 탄압 등 일제의 황국 신민화 정책이 박차를 가하던 시기였다. 이러한 시대적 배경 아래 김사량은 1943년 2월부터 10월까지 『국민문학』에 『태백산맥』을 연재하고, 8월 28일 국민총력 조선연맹의 지시에 의해 해군견학단 일원으로 파견되어 르포 「해군행」, 장편소설 『바다의 노래』를 쓰게 된다. 그러나 1944년 4월 평양 대동공업전문학교 독일어 교사가 된 이후 일체의 문필활동을 중단하고 침묵으로 일관한다. 1945년 5월 중국행을 결심한 김사량은 조선일보사의 조선 출신병의 전황선전 보고단 제의를 받고 단장인 노천명과 함께 보도단에 끼게 된다. 적극적인 협조라기보다 막다른 골목에 내몰린 김사량이 연안 망명이라는 새로운 탈출구를 모색한 경우라 할 수 있다.

『노마만리』에는 당시의 심리가 잘 드러나 있다. 이 작품은 김학철의 『격정시대』와 더불어 조선의용군의 행적을 생생하게 기록한 문학적 사료의 하나이다. 그에게 '노마만리'는 시시각각으로 조여드는 신변의 위협으로부터 도피하여 창작의 자율성을 확보함과 동시에 항일투쟁에 동참하는 길이었다. 『노마만리』에는 도시 인텔리의 속성을 완전히 떨쳐버리지 못했던 지난날에 대한 반성과 더불어 조선 민족의 독립의지에 대한 열망이 낭만적 필치로 그려져 있다. 여기에는 연안 근처의 태항산에 있는 화북 조선독립동맹 조선의용군본부로 탈출하기까지의 여정과 심리가 잘 드러나 있다.

김사량은 1945년 8월 15일 일본의 패전 소식을 듣고 조선의용군본부 선발대에 참가하여 귀국한다. 이 시기 이후의 작품들은 조국독립과 조국통일로 주제가 변화한다.

해방 이후 12월 서울에서 열린 두 차례의 문학좌담회에 참석한 후, 1946년 1월 「연안망명기」를 『민성』에 발표하고, 2월 평양으로 돌아온다.

토지개혁 직후 김사량도 토지를 몰수당하게 되고, 토지개혁과 노동법령의 실시를 찬양하는 내용을 작품화하기 위해 지방과 평양 시내 특수 화학공장에 파견된다. 이후 김일성대학 독문학과 강사로 선임되었고, 평안남도 문학가총연맹의 위원장이 되었으며, 조소친선협회의 부회장이 되기도 하였다.

1947년 1월 태항산에서 지은 「복돌이와 군복」을 『적성』에, 4월에 르포 「동원작가의 수첩」을 『문화전선』에 발표하고 「노마만리」의 탈출기를 해방 2주년 기념일에 맞춰 단행본으로 발간했다.

이후 김사량은 북한의 문학에서 주목받지 못한다. 평양 대지주의 아들이라는 출신성분은 차치하고라도, 이른바 연안파라는 이념의 꼬리표는 그를 끝까지 괴롭힌 부적이었다. 〈호접〉이라는 연극을 통해서 무정 장군을 비롯한 연안파 망명인들의 항일운동의 일면을 소개한 사건은 이를 보여주는 대표적인 예이다. 꿈꾸었던 새로운 조국이 김사량을 다시 벼랑 끝에 몰아붙인 형국이다.

한국전쟁이 발발하자 김사량은 6월 26일 제1차 종군작가단의 일원으로 선발되어 전선으로 출발한다. 인천상륙작전으로 전세가 역전된 1950년 10월 원주 부근에서 인민군 1차 후퇴의 행렬에서 낙오하여 사망한 것으로 추정된다.

이렇듯 김사량은 남북한의 문학사에서 그리고 재일 조선인 문학에서 대단히 문제적인 작가이다. 재일 조선인문학에서는 그가 아쿠다가와상 후보작가에 오르면서 재일 조선인 작가로서 명망을 얻은 만큼 프롤레타리아 문학의 맥락에서 논의되기도 했다. 남한에서 김사량 문학이 국문학계에서 논의되기 시작한 것은 식민지 말기 이중 언어의 글쓰기, 친일문제와 관련해서이다. 북한에서 김사량의 문학은 1950년대 초반 연안파의 숙청과 함께 그 이름이 사라졌다가 1987년 복권된 것으로 보인다. 여기에 따르면 사회주의 건설기에 활약한 양심적 민족주의자로 평가되고 있다.

김사량 ▸▸

1914년(1세) 3월 3일 평안남도 평양부 인흥정에서 부유한 가정의 4남매 중 차남으로 태어나다. 본명은 시명(時明)이다.

1928년(14세) 평양고등보통학교(중학교)에 입학하다.

1930년(16세) 광주에서 발생한 학생 반일 투쟁에 호응하는 반일 항의 시위에 참가한 일로

경찰에 쫓기는 신세가 되다.

1931년(17세) 광주에서 일어난 반일 학생 투쟁 2주기를 기념하여, 평양고등보통학교 5학년 재학 중 동맹 휴교 사건을 주도하다. 주모자 중의 하나로 지목되어 논지(論旨) 퇴학 처분을 받다. 형 시명의 도움으로 일본으로 건너가다.

1932년(18세) 10월 시 「시정초추(市井初秋)」를 김시창이라는 이름으로 『동광(東光)』에 발표하다.

1933년(19세) 4월, 사가고등학교 문과 을류에 입학하다. 후에 『제방(堤防)』 동인으로 활동한 쓰루마루 도시오, 나카지마 요시히토 등과 알게 되다.

1934년(20세) 처녀작이라 할 수 있는 「토성랑」(일본어)을 창작하다.

1936년(22세) 사가고등학교 문과 을류 졸업 기념회지에 장편소설 『짐』을 게재하다. 4월 도쿄제국대학 문학부 독일문학과에 입학하다. 6월 '제방' 동인을 만들고 잡지 『제방』(격월간)을 발행하다. 9월 『제방』 2호에 소설 「토성랑」을 발표하다. 10월 28일 조선 예술좌에 대한 일제 검거에 의해 모토후지경찰서에 미결 구류되어, 12월 중순 미결 상태로 석방되다.

1937년(23세) 3월 『제방』 4호에 「빼앗긴 시」를 발표하고, 『도쿄제국대학신문』 20일자, 학내 동인 잡지 대표들의 '신인 콩트' 특집에 소설 「윤참봉」을 발표하다.

1939년(25세) 1월 6일 평양 계리 산정현 교회당에서 최창옥과 결혼하다. 하이네에 관한 졸업논문을 친구를 통해 제출하다. 3월 25일 도쿄제국대학을 졸업하다. 장혁주의 소개로 『문예수도』 동인으로 참가하다. 4월 5일 조선일보사의 전보로 서울행, 학예부 기자가 되다. 6월 6일 아내와 함께 도쿄로 가다. 도쿄제국대학 대학원에 입학하다. 평론 「조선문학풍월록」을 『문예수도』에 , 「극연좌의 〈춘향전〉을 보고」를 『비판』에 발표하다. 『모던 일본』 조선판 편집에 참여하여 조선문학작품의 선정 및 번역에 나서다. 수필 「북경왕래」, 평론 「조선의 작가를 말한다」, 소설 「빛 속으로」를 발표하는 한편, 이광수의 「무명」을 번역하여 『모던 일본』 조선판에 게재하다.

1940년(26세) 2월 최초의 장편 『낙조』를 『조광』에 연재하기 시작하다. 상반기 아쿠타가와상 후보작에 「빛 속으로」가 뽑히다. 이 소식을 듣고 고향에서 일본으로 건너오다. 소설 「천마」 「기자림」 「덤불 헤치기」 「무궁일가」, 평론 「조선 문화 통신」을 발표하다. 소산서점에서 간행한 『일본소설대표작전집 4』에 「빛 속으로」가 수록되다. 첫 번째 소설집 『빛 속으로』를 도쿄 소산서점에서 출간하다.

1941년(27세) 소설 「벌레」 「향수」 등을 발표하다. 태평양전쟁이 발발하여 사상범 예방구금법에 의해 가마쿠라경찰서에 구금되다. 남방군으로 순회하면서 황군을 찬양하고 전첩을 보도하도록 강요받았으나 거부하다.

1942년(28세) 1월 29일 가마쿠라서에서 석방되다. 2월 귀향하여 평양부 인흥정 458의 84번지에 거주하다. 소설 「곱사왕초」 「물오리섬」을 발표하다. 두 번째 소설집 『고향』을 발간하다.

1943년(29세) 2월 장편 역사소설 『태백산맥』을 『국민문학』에 연재하기 시작하다. 8월 28일 국민총력 조선연맹의 지시에 의해 해군견학단의 일원으로 진해경비부, 사세이호 해병단, 해군병학교, 오오다케 해군잠수학교, 해군성, 쓰지우라 해군항공대 등에 파견되다. 10월 해군견학단으로 방문한 일본에서 귀향하자마자, 르포 「해군행」을 연재하기 시작하다. 12월 14일부터 『매일신보』에 장편소설 『바다에의 노래』 연재를 시작하다.

1944년(30세) 4월 평양 대동공업전문학교 독일어 교사로 근무하다. 6월 중순부터 8월에 걸쳐 중국 여행을 떠나다.

1945년(31세) 5월 국민총력 조선연맹 병사후원부의 요청으로 '조선출신 학도병 위문단원'으로 중국에 파견되다. 북경반점에서 화북조선독립동맹과 연결되어 있는 이영선과 만나 태항산 근거지로 탈출을 감행하다. 8월 15일 일본 패전 소식을 듣고 조선의용군 선발대에 참여하여 귀국길에 오르다. 12월 10일 서울을 방문하여 봉황각에 열린 문학인 좌담회에 참석하고, 조선문학동맹 결성식에 참가하다.

1946년(32세) 1월 『민성』에 「연안망명기」 중 「산채기」를 2회에 걸쳐 연재하다. 호가장전투를 그린 희곡 〈호접〉이 서울 대륙극장 아랑극단에 의해 공연되다. 2월 서울에서 평양으로 귀환하다. 3월 장편 희곡 〈더벙이와 배뱅이〉를 『문화전선』에 연재하기 시작하고, 『적성』 창간호에 「봇돌의 군복」을 발표하다. 『민성』에 「연안망명기」 중 「노마만리」를 7회에 걸쳐 연재하다. 3월 25일 북조선예술총연맹 국제문화국장직을 맡다. 『해방 1주년 기념 희곡집』에 〈호접〉이 실리다.

1947년(33세) 「복돌이와 군복」이 『민주조선』에 김원기 역으로 전재되다. 4월 르포 「동원작가의 수첩」을 발표하다. 10월 단행본 『노마만리』가 발간되다.

1948년(34세) 작품집 『풍상』을 발간하다. 『8·15해방 3주년 기념창작집』에 소설 「남에서 온 편지」가 수록되다.

1949년(35세) 6월 소설 「칠현금」을 『문학예술』에 발표하다.

1950년(36세) 한국전쟁이 발발하자 종군작가로 조선 인민군과 함께 참전하다. 종군 기간의 체험을 담은 르포 「지리산 유격 지대를 가다」 「바다가 보인다」 「우리는 이렇게 이겼다」 등을 남기다. 인천상륙작전으로 전세가 역전된 1950년 10월 강원도 원주 부근에서 인민군 1차 후퇴의 행렬에서 낙오하여 별세한 것으로 추정된다.

서정주 徐廷柱, 1915~2000

/최현식/

서정주는 1915년 전북 고창에서 태어났다. 김성수 집안의 농감이던 아버지 서광한의 존재는 그에게 연민과 극복의 대상이었다. 그의 애증은 "애비는 종이었다"로 시작되는 「자화상」(『시건설』, 1939.10)에 잘 드러나 있다. 그는 이 운명애(哀)를 '시의 이슬'을 성취함으로써 초극하고자 하였다. 물론 그의 트라우마는 여기서만 형성된 것은 아니었다. 1930년대를 풍미하던 사회주의에의 감염과 이탈, 염세적 허무주의와 서구 상징주의를 통과해가면서, 시를 또 다른 운명이자 현실의 비극을 초월하는 적극적 기제로 세워갔다. 그에 따른 고뇌와 절망을 대범하게 표현한 것이 등단작 「벽」(『동아일보』, 1936.1)이다.

그러나 서정주는 「벽」보다는 「화사」를 진정한 처녀작으로 여겼다. 독자 투고작이었으나 신춘문예 응모작으로 오인되어 당선된 「벽」은 「화사」 특유의 관능적 생명력과 육체성, 그 연장선에서 모색된 신성의 추구와는 거리가 있었기 때문이었다(「고대 그리스적 육체성」, 『세대』, 1965.9). 시란 언어예술임을 무엇보다 강조했던 서정주는 동인 '시인부락'의 활동을 통해 임화류의 편내용주의와 정지용류의 형용수식적 언어세공에 다 같이 반대하면서, 사상과 정서의 자유, 그리고 생명의 본질을 파악하는 것에 최고의 가치를 두었다. 오장환, 유치환과 더불어 그를 '생명파'로 분류하는 통설은 여기서 비롯되었다.

『화사집』(남만서고, 1941)의 세계는 한편으로는 동양적 영원성을 발견, 추구하는 장이기도 하다. 그는 1938년 무렵부터 탈향과 귀향 의지를 동시에 표출한다. 전자가 「바다」가 전자를 대표한다면 후자는 「수대동시」가 대표한다. 전자에서는 부모형제, 애인, 심지어 조선(어)과의 결별을 선언하지만, 후자에서는 고향으로의 귀환과 서구적인 것의 결별을 새 생명의 출발로 삼는다. 이런 존재전환의 논리는 동양 문화의 재인식에 바탕한 '영원성'의 발견과 재인식에서 주어진 것이다. 그러나 일제 말기 미당의 미학적 동양주의는 일제 신체제론의 주요논리였던 '근대의 초극론'과 연결되면서 파시즘 체제를 적극 옹호하는 '전선총후'의 미학으로 타락하기도 한다.

해방 후 미당은 여러 측면에서 '영원성'의 관념에 의미심장한 보충을 가함으로써 그것을 존재와 삶의 질서원리로 세우는 데 몰두한다. 『귀촉도』(선문문화사, 1948)의 세계는 '영원성'의 지평을 동양적 세계와 인물, 심상들의 발굴과 표현에 중심을 둔다. "땅속에 파무친 꽃같은 남녀들"

은 그 세계를 선명하게 보여준다. 꽃, 땅 속, 바위 속, 누님, 순이, 영이, 도라간 님, 견우는 영원성의 세계와 접속된 존재들이며, 현실의 인간들에게 삶의 비루함을 인정하고 또 영원성의 세계를 욕망케 하는 영매에 해당한다. 하지만 이런 시의 안정과 달리, 해방기는 서정주의 보수주의와 반공주의 등이 뚜렷이 세워지는 이념의 건축기이기도 했다. 그가 김동리와 함께 주축이 되어 결성한 '조선청년문학가협회'는 보수주의적 휴머니즘과 민족주의에 기반한 순수문학의 집합체였다.

서정주는 『귀촉도』 이후 보다 근본적인 문학적 전회를 추진한다. 1940년대 말 미당은 영원성을 존재와 일상의 원리로, 또 비극적 현실을 수용하고 초극하는 절대세계로 정식화하는 노력을 부단히 수행한다. 가령 그는 '춘향의 말' 삼부작 등을 통해 인간적 한계에 나포되어 있는 춘향이 비극적 현실을 초극하여 영원성의 세계에 안착하는 자아의 서사를 완성한다. 이를 위해 그는 물리적 시간과 현세의 제한을 무효화하는 인연설과 윤회설을 적극 개진한다.

미당에게 한국전쟁은 위기이자 기회의 공간이었다. 그는 전시하의 혼란과 공포로 인해 언어상실과 정신착란, 특히 공산당이 자기를 죽인다는 피해망상에 끊임없이 시달렸다. 하지만 그는 이런 위기마저 현실을 대긍정하고 초월적 세계로 나아가는 주요 토대로 삼는다. 자연의 인간적 동화가 한 축이라면, 신라사의 탐구와 신비주의적 가치의 재구축이 다른 한 축을 구성한다. 「무등을 보며」를 통해 인간의 보편적 불행인 '가난'은 "남루에 지내지않는" 사소한 것이 되며, 「내리는 눈발 속에서는」 「상리과원」을 통해 세계의 모든 것이 "안끼어 드는" 대통합과 무갈등의 시적 세계를 현실화한다. 또한 그는 정신적 위기를 『삼국유사』 『삼국사기』에 담긴 삶의 지혜와 불교적 시간관의 재발견을 통해 극복하는 바, 따라서 『신라초』(정음사, 1961)의 세계는 존재위기의 극점에서 시작된 것이다

미당은 '신라'를 '영원성'이 관류하는 세계로 보았고, 신라인들을 풍류적 삶을 구현한 심미적 인간으로 가치화하였다. 박혁거세의 어머니 사소부인, 선덕여왕, 백결선생, 헌화가의 노인 등은 현세적 존재이기 전에 그들의 "발맡에 내려와서 길을 쓸고 있"는 신화적 존재였다. 하지만 미당의 '신라'는 현실 역사와는 거의 무관한, 상상된 신라요 그것의 정신적 등가물에 불과하다는 비판이 당대 평단에서 팽배했다. 그는 『질마재 신화』에서 가장 소외되고 비천한 인물들을 신라적 풍류를 계승한 존재로 심미화하였지만, 그것 역시 비현실적이란 점에서 몰역사성과 신비주의의 혐의를 벗지는 못하였다.

『동천』(민중서관, 1968)은 비합리적 운명주의로 치부되던 삼세인연설과 윤회전생설을 일상적 삶의 원리이자 인간 구제의 방편으로 점화하기 위한 노력의 소산이었다. 이를 위해 그는 불교적 상상과 은유를 육안이나 이성적 논리로는 도저히 파지할 수 없는 '신개지'인 동시에, "미의 새로운 세계"를 열어주는 절대논리로 규정한다. 하지만 그는 불교적 상상과 은유를 무한한 창조의 자유보다는 세계의 보편적 원리나 본지를 드러내고 질서화하는 것으로 간주하였다. 1960년대 초반부터 미당이 관심을 기울이는 한국적 정형률의 추구 역시 이런 안정과 질서 의지와

무관하지 않은 것이다.

1960년대 말 그는 그간의 시론 및 한국현대시에 대한 견해를 총결산한 『시문학원론』(정음사)과 『한국의 현대시』(일지사)를 잇달아 간행한다. 혹자가 지적한 대로, 이 책들의 기본 관점은 순수문학의 옹호와 언어예술로서의 시의 권능과 사명의 강조에 있다. 프로문학의 배제와 이데올로기의 가치절하가 두드러지는 그의 문학적 감각과 관점이 해방 후 남한의 공적 문학사를 지배해온 논리였음은 주지의 사실이다.

서정주에게 '질마재'는 고향 이상의 절대공간이다. 『화사집』 이후 수면 아래 놓여 있던 '질마재'는 1970년대 들어 성과 속, 자연과 인간과 신 등 서로 대립하고 갈등하는 세계들이 교통하고 통합되는 세계로 가치화된다. 그는 '질마재'의 사실성을 자전적 기록 「천지유정」(『월간문학』, 1968.11~1971.3, 속편 1974.2~11)을 통해, 신화성을 『질마재 신화』(일지사, 1975)를 통해 드러낸다. 이 글들은 산문과 시란 장르의 속성이, 또 시인의 세계관이 사실적 경험과 기억을 어떻게 변이시키고 또 어긋나게 하는지를 흥미롭게 제시한다. 그의 구태의연한 역사관과 영원성에의 함몰을 감안하더라도, 『질마재 신화』에서 시도한 이야기꾼 화자의 입놀림과 능청맞은 웃음의 미학은 가난한 농촌을 인간의 본연과 심미성이 흥성하는 세계로 가치화하는 데 매우 적절한 장치였다.

1970년대 중반이후 서정주의 시와 삶은 현실의 역경에 섣불리 맞서기보다 스스로 구부러져 되돌아감으로써 자연과 역사 속에서 영원성을 사는 '곡(曲)의 형이상학'의 현실화에 집중되었다. 1977년 말부터 10여 개월에 걸쳐 진행된 세계기행은 자연과 영원성만이 인간을 구원할 수 있다는 평범한 진리를 재확인하는 작업이었다. 그런 면에서 세계여행 경험을 시화한 시집 『서(西)으로 가는 달처럼…』(1980)이라는 제목은 매우 의미심장하다.

서정주는 1980년대 들어 민족과 개인의 삶에 대한 해석과 역사화에 지속적으로 매달렸다. 물론 역사화의 중점은 사실의 확인과 기록, 재해석에 있지 않았다. 단군 이래 근대 초기까지의 민족의 역사를 다룬 『학이 울고 간 날들의 시』(1982)는 삶의 지혜와 민족의 수월성을 전해줄 만한 역사적 이야기들을 골라 자유롭게 윤색하는 한편, 모범이 될 만한 가치의 생산과 부여에 집중하고 있다. 이런 지향은 시적 자서전으로 불러도 좋을 『안 잊히는 일들』(1983)과 『팔 할이 바람』(1988)에도 뚜렷하다. 그러나 유의할 점은 자서전 또는 회고록이란, 지드의 말처럼 아무리 열심히 진실을 말하려고 노력한다 해도 절반만 성실할 뿐이라는 사실이다. 이 자전적 시편에는 자기 삶과 문학에 대한 담담한 회한과 성찰이 미려하게 담겨 있다. 하지만 「천지유정」에서 솔직하게 고백하고 반성했던 친일문학 행위를 종천순일(終天順日)의 논리로 합리화하는 등 자기기만 역시 곳곳에 박혀 있다.

서정주는 '시란 근본적으로 언어예술이다'라는 명제를 평생의 모토로 삼았다. 이를 위해 미당은 한국적 정형률의 실험과 정착에 특히 집착했다. 「외할머니네 마당에 올라온 해일」(『현대문학』 1963.7)으로 공식화된 정형률의 실험은 대담한 이야기체가 일품인 『질마재 신화』 의 '제2부 노래'에 생뚱맞게 달린 월령가 형식의 시편을 거쳐 『노래』(1984)에서 정점을 고한다. 노래로 부를 수 있는 시, 유행가와 구별되는 품격 있는 노래에 초점을 맞춘 그의 노력은 시의 완성도와 무관하게 상당한 가치를 갖는다. 물론 『노래』의 길은 필생의 사업인 영원성과 자연에의 귀의, 하늘에의 순응을 정식화하는 리듬과 어휘 생산의 욕망이기도 했다.

1990년 이후의 문학적 행적은 전 생애의 느긋한 관조와 평안한 승인의 과정일 것이다. 그는 마지막 두 시집에 '떠돌이'를 같이 넣음으로써 "나를 키운 건 팔 할이 바람"이라는 젊은 시절의 치기어린 선언이 진정 운명이었고 또 자유였으며 시인됨의 조건이었음을 촉촉하게 승인하였다. 2000년 그는 이승의 떠돌이를 마감하고 그가 그토록 염원하던 '영원성'의 세계로 옮아감으로써 한국시의 새로운 세기를 후배들에게 온전히 넘겨주었다.

서정주 ▸▸

1915년(1세) 1915년 5월 18일 전북 고창군 부안면 선운리(일명 질마재)에서 김성수 집안의 농감(農監)이었던 아버지 서광한과 어머니 김정현의 장남으로 태어나다.

1929년(15세) 중앙고보에 입학하다. 11월 광주학생사건 관련 시위에 참가한 후 체포되었다가 훈방되다. 이후 사회주의에 급속히 경사되었지만, 얼마 뒤 허무주의에 물든 문학청년으로 변신, 시 창작과 독서에 열중하다.

1935년(21세) 스승 석전 박한영의 지도로 개운사에서 공부하다가 그의 소개로 중앙불교전문학교(현 동국대)에 입학하다.

1936년(22세) 『동아일보』 신춘문예에 「벽」이 당선되다. 그는 1933년경부터 종종 습작시를 투고하여 「그 어머니의 부탁」 등의 시가 게재되는 행운을 얻는다. 후일 시인은 「벽」 역시 투고작이었는데, 기자들이 신춘문예 응모작으로 오인, 당선작의 영예를 거머쥐게 되었다고 고백했다. 11월 김동리, 오장환, 여상현, 함형수, 김달진 등과 '시인부락'을 결성하고, 같은 이름의 동인지를 두 차례 발간하다.

1941년(27세) '시인부락' 동인이자 절친한 문우였던 오장환이 경영하던 남만서고에서 첫 시집 『화사집』을 간행하다. 한편으로는 관능과 생명의 열정과 욕구가, 다른 한편으로는 그것의 현실적 제약에 따른 비극적 심리의 일탈적 표출이 도드라진다. 하지만 그는 벌써 귀향 의지와 영원성에의 착목을 통해 비극적 현실의 운명론적 수락을 암시하고 있다.

1942년(28세) 그의 평생을 옥죈 친일문학에의 참여가 시작되다. 시론 「시의 이야기—주로 국민시가에 대하여」(『매일신보』, 1942.7.13~17)가 첫 작품에 해당한다. 다쓰시로 시즈오(達城靜雄)로 창씨개명을 했으며, 1943년 9월부터 「항공일에」, 「헌시」 등의 시를 비롯, 산문, 훈련참관기 등 10여 편의 글을 발표하다.

1945년(31세) 주요 우익청년단체 '한국청년회' 및 김동리, 조연현, 조지훈 등과 함께 조선문학가동맹에 대항하기 위해 결성한 '조선청년문학가협회'에 참여하면서, 공산주의 반대와 휴머니즘 및 순수문학의 옹호를 적극 주장하다.

1948년(34세) 제2시집 『귀촉도』(선문사)를 발행하다. 해방 이전과 이후에 씌어진 시들이 골고루 묶인 이 시집은 존재와 현실의 제약의 심리적 산물인 토속적 정한을 영원성과 신생에 접속시켜 초극하고 있다.

1950년(36세) 미당에게 한국전쟁은 위기이자 기회의 공간이었다. 그는 전시하의 혼란과 공포로 인해 언어상실과 정신착란, 특히 공산당이 자기를 죽인다는 피해망상에 끊임없이 시달렸다. 하지만 이런 상황은 삶과 영원성에 대한 간절한 욕구를 더욱 강화시켰다. 자연과 신라사는 이 시기부터 미당의 생명의지와 현실 대긍정의 정서가 깃드는 주요한 자리가 된다.

1956년(42세) 제3시집 『서정주시선』(정음사)를 간행하다. 시력 20년을 결산한 이 시집은 『귀촉도』 이전 시 26편과 그 이후 시 20편을 묶었다. '춘향의 말' 3부작, 「내리는 눈발 속에서는」 「상리과원」 등에서 보듯이, 영원성의 수렴은 세계의 모든 것이 "안끼어 드는" 대통합과 무갈등의 시적 세계를 현실화한다.

1961년(47세) 제4시집 『신라초』(정음사)를 간행하다. 이 시집의 근간은 영통주의와 영원한 삶, 그것의 현실적 구현체로서 풍류도에 밑받침된 신라론의 시적 해석 및 표현에 있다. 이에 대해 당대 평단은 신비주의의 혐의와 함께 가상적 신라를 창조하는 '어떤 정신적 등가물'이란 비판을 가했다. 이듬해 『신라초』는 박정희 군사정권이 5·16을 기념해 제정한 제1회 '5월문예상'(1962) 본상을 수상한다.

1968년(54세) 제5시집 『동천』(민중서관)을 펴내다. 삼세인연설과 윤회전생설의 내면화를 통해 성취한 영혼의 자유와 삶의 여유가 두드러지는 시집이다. 한편 그의 삶과 문학 이해에 중요한 자료가 되는 「천지유정」(1968.11~1971.3, 속편 1974.2~11)을 『월간문학』에 연재하기 시작하다.

1969년(55세) 그의 시론 및 한국 현대시에 대한 견해를 총결산한 『시문학원론』(정음사)과 『한국의 현대시』(일지사)를 간행하다.

1972년(58세) 『서정주문학전집』 전5권(일지사)이 간행되다. 서정주 문학의 전모를 최초로 보여준 전집이기는 하나, 자료의 수집과 정리, 문학적 연보의 사실성 등에 적잖은 문제를 가지고 있다.

1975년(61세) 1972년부터 지면을 바꾸어 가며 연재했던 '질마재 신화' 연작을 묶어 제6시집 『질마재 신화』(일지사)를 간행하다. 미당의 고향 '질마재'는 성과 속, 인간과 자연, 이승과 저승 등이 서로 넘나드는 원초성의 세계이자, 신라의 풍류도가 여전히 관류하는 웃음과 화합의 세계로 심미화 되고 있다. 갑년을 기념한 『서정주연구』(동화출판공사)를 헌정받다.

1976년(62세) 제7시집 『떠돌이의 시』(민음사)를 간행하다. 그는 '곡(曲)'의 형이상학, 즉 현실의 역경을 수락함과 동시에 그것을 비켜가기, 다시 말해 구부러져 돌아가는 것을 삶의 지혜로 적극 주장했다.

1979년(65세) 20년 가까이 봉직한 동국대에서 정년퇴임하다.

1980년(66세) 세계기행을 정리한 제8시집 『서(西)으로 가는 달처럼…』(문학사상사)을 펴내다.

1982년(68세) 제9시집 『학이 울고 간 날들의 시』(소설문학)를 펴내다. 단군 이래 근대 초기까지 민족사의 주요한 순간과 삶의 지혜를 대담한 이야기체로 담아내다.

1983년(69세) 제10시집 『안 잊히는 일들』을 발간하다. 시로 쓴 자서전이다.

1984년(70세) 제11시집 『노래』(정음사)를 펴내다. 이 시집은 미당이 1960년대 이래 줄곧 강조해온 한국적 정형률에 대한 모색과 실험을 한껏 담고 있다.

1986년(72세) 한국문학의 세계화와 문학의 국제적 교류를 촉진하는 한편, 순수예술과 생의 긍정을 널리 펼치기 위해 월간 『문학정신』을 창간하다.

1988년(74세) 제12시집이자 두 번째 자전 시집인 『팔할이 바람』(혜원)을 출간하다.

1991년(77세) 제13시집 『산시』를 펴내다. 『미당서정주시전집 I · II』(민음사) 완간되다.

1993년(79세) 제14시집 『늙은 떠돌이의 시』와 산문집 『미당산문』(민음사)을에서 펴내다.

1994년(80세) 팔순과 문학적 업적을 기린 후학들의 평론 모음집 『미당연구』와 『서정주전집』 전5권(『미당시전집 1~3』 『미당자서전 1~2』)이 민음사에서 간행되다. 이 전집 역시 텍스트의 사실성과 연보의 기록 등에서 수정되어야 할 부분이 적지 않다는 점에서, 미당의 문학전집은 여전히 미완의 상태로 놓여 있다.

1997년(83세) 최후의 저작이자 제15시집인 『80소년 떠돌이의 시』(시와시학사)를 펴내다.

2000년(86세) 12월 24일 별세하다. 그가 태어난 자리인 선운리 선영에 묻히다. 정부, 금관문화훈장을 추서하다.

2001년 중앙일보사에서 서정주의 문학적 업적을 기리고 한국시의 발전을 고취할 목적으로 '미당문학상'을 제정하다. 같은 해 정현종을 시작으로 황동규, 최승호, 김기택, 문태준, 김혜순, 문인수에게 이 상이 주어졌다.

함세덕 咸世德, 1915~1950

/김만수/

함세덕은 유년시절을 부친의 직장이 있던 목포에서 보낸 후, 가족들의 본거지인 인천으로 돌아와 인천공립보통학교(현 인천창영초등학교)를 거쳐 인천상업학교(현 인천고등학교)를 졸업한다. 가정 형편은 조부 때부터 객주와 공무원 생활, 제화점 운영 등을 한 것으로 보아 당대로서는 상당히 넉넉한 중류층의 생활을 영위한 듯 보이며, 집안에 이복 형제가 있다는 점, 중학교 시절부터 연극에 관심이 많아 학생극을 시도하였다는 점 등이 인천상고 동창 등의 증언을 통해 알려졌다.

졸업 후 일한서방(현재 서울 충무로 인근)에 취직, 수필가 김소운을 알게 되어 김소운이 주관한 아동잡지 『목마』의 간행을 돕는 한편, 일한서방 재직 동안 독서와 창작의 훈련을 거친다. 불우한 유년시절을 보낸 김소운에 대한 함세덕 자신의 감상, 김소운을 통해 알게 된 아동문학에 대한 관심 등은 이후 〈산허구리〉 〈동승〉 〈해연〉 〈무의도 기행〉 〈심원의 삽화〉 〈감자와 쪽제비와 여교원〉 〈고목〉 등 함세덕의 모든 대표작에서 나약하고 불우한 소년을 주인공으로 내세우게 되는 원천이 된 것으로 평가할 수 있다.

1935년 『동아일보』에 「내 마음의 황혼」 등 세 편의 시를 독자란에 투고하는 등의 문학적 열정을 보여주다가 1936년 9월 〈산허구리〉를 『조선문학』에 발표하면서 극작가로 데뷔한다. 〈산허구리〉는 인천 앞바다의 어촌을 무대로 한 리얼리즘 문학으로, 당대의 절박한 경제현실을 다분히 시적이면서도 사실적인 기법으로 그려내어 함세덕 문학의 출발점을 잘 보여준다. 이후 함세덕은 이 작품을 〈무의도 기행〉으로 개작하여 좀더 승화된 차원으로 나아간다. 이 작품은 일부 대사와 구성이 아일랜드의 극작가 존 밀링턴 싱(John Millington Synge)의 작품 〈바다로 가는 기사들〉의 영향을 다소 받은 것으로 밝혀졌는데, 함세덕은 이후 순수한 창작 외에도 번안과 각색 분야에서도 활발한 활동을 보인다.

1939년에 쓴 〈동승(일명 도념)〉은 동아일보사 주최 제2회 연극경연대회에 출품된 작품으로 극연좌에 의해 공연되어 호평을 받았으며, 이후 해방 직후와 현재에 이르기까지 가장 많이 공연된 함세덕의 대표작이다. 심산고찰에 버려진 가여운 동승(童僧) 도념이 어머니를 그리워하는 마음을 이기지 못해 결국 산사를 떠나는 것으로 끝나는 이 작품은 가혹한 업보와 수행이라는 종교적 진리와 어머니를 그리워하는 어린이의 인정적인 측면 사이의 갈등을 시적이고 감상적인 대사로 잘 풀어내어 함세덕의 대표작으로 평가된다. 이 희곡은 1949년 윤용규 감독에 의해 〈마음의 고향〉으로, 또한 2003년에는 주경중 감독에 의해 〈동승〉이라는 이름으로 영화화되기도 했다. 불우한 가정환경이나 사회환경으로 인해 수난 받는 어린이들의 불쌍한 사연은 〈산허구리〉와 〈동승〉을 잇는 공통점인 동시에, 이후 함세덕 대부분의 작품을 관통하는 주제가 된다.

1940년 희곡 〈해연〉이 『조선일보』 신춘문예에 당선됨으로써 가속화된 함세덕의 작품은 곧이어 백제의 멸망비사를 그린 역사극 〈낙화암〉, 동화극 〈오월의 아침〉 〈닭과 아이들〉 〈동어의 끝〉 〈무영탑〉(현진건 원작, 함세덕 각색) 〈서글픈 재능〉 〈흑경정〉(마르셀 파뇰의 원작 〈마리우스〉와 〈파니〉를 함세덕이 번안, 유치진 연출) 등으로 이어진다.

〈낙화암〉은 1940년 『조광』에 발표되지만 이미 1938년 이전에 집필되어 극예술연구회의 희곡 응모에서 김진수의 〈길〉과 끝까지 경합한 작품으로서 '백제멸망비사'라는 부제하에 신라와 백제 사이의 전쟁, 백제 내부의 정치적 알력과 내분, 일본과 백제의 관계 등이 담긴 방대한 역사극이다. 〈해연〉은 감춰진 출생의 비밀이라는 운명에 휘둘리는 남녀의 사랑을 다룬 멜로드라마에 해당하면서도 체호프 희곡의 시적 서정성에 방불한 극작술을 보여준다. 또한 〈무의도 기행〉은 데뷔작 〈산허구리〉 과도기적 작품 〈동어의 끝〉을 이은 완성작으로, 함세덕 최고의 리얼리즘 작품으로 평가된다. 한편 〈감자와 쪽제비와 여교원〉을 『춘추』에 발표하였으나 일제에 의한 강제 공출이 문제시되어 전문 삭제의 조치를 받는다.

함세덕은 1942년 희곡 〈추장 이사벨라〉를 『국민문학』에 발표하면서부터 친일연극의 길을 걷는다. 이후 1년간 일본으로 유학을 떠나 극단 전진좌(前進座)에서 문예부원으로 수학하는데, 1943년에는 일본어로 된 희곡 〈에밀레종(エミレの鐘)〉을 『국민문학』에 발표한다. 이 시기의 〈에밀레종〉과 〈추장 이사벨라〉 〈쾌청한 가을날씨(町は秋晴れ)〉(일문)는 명백한 친일연극에 해당한다. 〈에밀레종〉은 신라와 일본 사이의 우호적 외교관계를 선전하고 있으며, 나라의 종을 완성하기 위해서라면 아이의 목숨을 바쳐도 좋다는 전체주의적 세계관을 바탕에 깔고 있으며 〈추장 이사벨라〉는 2차 세계대전을 배경으로 양심적인 일본과 비인간적인 서양의 제국주의 사이의 한판 싸움을 다루어, 아시아의 해방 주체가 일본임을 선전하는 극이다. 〈거리는 쾌청한 가을날씨〉는 완전한 일어 연극으로, 전쟁 수행을 위해 헌신적으로 공출에 응하는 사람의 미담을 다룬 희극물이다. 이후 현대극장에서 창작과 연출을 맡아 매번 성황을 이루었으나, 그 작품들은 〈무의도 기행〉을 전쟁목적극에 맞춰 〈황해〉로 각색 공연하는 등 친일적인 성격이 농후하다.

유치진, 함대훈이 창립한 극단 현대극장(극예술연구회, 극연좌의 후신)에 부설 국민연극연구소 교무과장의 자격으로 참가하여 해방 전까지 활동하는 기간에는 창작보다는 각색, 연출 등의 작업이 더 많다. 〈서글픈 재능〉을 바꾼 〈추석〉이 현대극장 부설 국민연극연구소에서 시연되고, 마르셀 파뇰의 작품을 번안한 〈흑경정〉이 유치진 연출로 현대극장 제2회 공연에 오른다. 〈무의도 기행〉을 개작한 〈황해〉는 명백한 친일연극으로 수난받는 어린이의 형상을 투쟁하는 병사의 형상으로 바꾼 작품이다. 이러한 친일 경력으로 인해 민족문제연구소의 『친일인명사전』의 문화예술인란에는 함세덕이 포함되어 있다.

해방 이후에는 조선연극동맹에 가입하여 조선문학가동맹과 운명을 같이한다. 1945년 쉴러의 〈군도(群盜)」를 번안 연출한 〈산적(山賊)〉을 낙랑극회 제1회 공연으로 상연한 후, 1946년 4월 〈기미년 3월 1일〉을 낙랑극회 공연으로 조선연극동맹 주최 제1회 3·1기념연극대회에 출품한다. 7월에는 〈감자와 쪽제비와 여교원〉이 조선연극동맹 주최 희곡의 밤 행사에서 낭독되며, 1947년 1월에는 이 작품을 개작한 〈하곡(夏穀)〉이 조선문화단체 총연맹 주최 제1회 종합예술제에서 공연된다. 1947년 2월에는 〈태백산맥〉(5막 6장)이 민중·혁명·무대예술의 합동공연으로 3·1기념연극에서 상연되어 최대의 인파를 모았다고 하나 작품은 전하지 않는다.

〈기미년 3월 1일〉은 3·1운동에 대한 탁월한 현장 보고서이다. 청년 학생들이 민족대표 33인의 부르주아적 허위성을 깨닫고 운동의 선두에 서는 장면은 이 땅의 민주·민족운동의 주체가 과연 누구인가 질문하게 한다. 일제와 조선의 대립을 문제삼기보다 부르주아 지식인과 청년 학도들의 대립을 문제 삼았다는 점에서 이 작품의 핵심에는 계급 문제가 깔려 있다. 〈고목〉 또한 '일제 잔재의 청산'이라는 시대적 과제를 문제삼으면서도, 토지개혁을 둘러싼 민중들의 불만을 자극하고 있다는 점에서 이 시기 선전 선동극의 한 전범을 보여준다. 요란한 코미디로 진행되는 이 연극에서 박거복이라는 인물형상은 우리 고전의 유산인 놀부의 형상을 잘 이용한 것이어서, '사회주의적 내용과 민족주의적 형식'이 조화된 작품으로서의 가치도 지닌다. 실제로 이 작품은 '당대 놀부전'이라는 이름으로 공연되기도 했다. 그러나 절망적인 것은 이 작품이 이미 몇 년 전에 함세덕이 창작한 친일연극 〈거리는 쾌청한 가을날씨〉의 연장선상에 있다는 점이다. '새 술을 새 부대에' 담지 못하고, 치욕스런 친일연극을 개작한 것으로 소기의 정치적 소임을 표현하려 했다는 점은 함세덕 연극의 또 다른 치욕으로 볼 수도 있다.

1947년 6월 박문출판사에서 희곡집 『동승』이 발간된다. 여기에는 〈동승〉 〈추석〉 〈무의도 기행〉 〈해연〉 〈감자와 쪽제비와 여교원〉이 실려 있다.

1947년 후반 이후 함세덕은 연극동료들과 함께 월북한 것으로 알려지고 있다. 함세덕은 월북하여 두 편의 연극을 창작한다. 〈대통령〉은 1949년 유엔위원단이 한국을 방문하는 때를 배경으로 하여 외세에 의존하여 정권을 유지하려는 이승만을 풍자한 희곡작품이며, 〈산사람들〉은 1948년에 발발한 제주 4·3사건을 다룬 작품으로 대규모의 항쟁으로 확대되기까지의 전개과정에 제주도 민중들의 행동을 옹호하는 입장에서 창작된 작품이다. 제주도 지형에 대한 상세한 묘사, 제주도 방언과 풍속에 대한 치밀한 구사가 돋보인다. 이승만 대통령을 풍자한 〈대통령〉은 특유의 희극적 기법이, 제주도 4·3사건을 다룬 〈산사람들〉은 사실 취재의 방대함과 인물 형상의 복합성이 돋보이지만, 지나치게 인위적인 결말의 상투성, 이념적이고 정치적인 시사에 빠진 점이 결정적인 흠으로 지적된다.

함세덕은 1960년 6월 29일 북한 인민군 선무반 제2진으로 남하하다가 서울 신촌 부근에서 수류탄 오발로 파편이 심장에 맞아 서대문 적십자병원에서 치료 중 사망한 것으로 전해진다. 동생인 함성덕과 친구들이 그의 죽음을 확인하였다 한다.

함세덕 희곡은 유민영에 의해 재발굴되었지만 '모방의 천재' '변절의 천재'라는 부정적인 평가를 받다가 1988년 해금 이후, 국립극장, 연우무대, 신협 등 대표적인 극단에 의한 재공연과 본격적인 연구를 통해 통해 한국 근대희곡사를 대표하는 극작가로 평가를 받게 되었다.

함세덕 ▸▸

1915년(1세) 5월 23일, 부친 함근욱(咸根彧)과 모친 송근신(宋根信)의 2남 3녀 중 장남으로 태어나다. 출생지는 인천부 화평동 455번지이다. 본적은 경기도 인천부 용리 177번지이다. 10월, 부친이 목포부청으로 발령이 나 유년시절을 목포에서 보내다. 태어나자마자 이주한 곳은 목포부 북교동 91번지이다. 그의 가족관계에서 주목되는 점은 이복형이 있었다는 점과 그의 부친이 객주업에 종사하였다는 점이다. 그의 집안은 '성(聖)'을 돌림자로 썼고, 집에서는 함세덕을 함성달(咸聖達)로 불렀다 한다.

1923년(9세) 목포공립보통학교에 입학하였다가 다시 인천으로 이주, 인천공립보통학교(현재 창영초등학교) 2학년으로 전학한다. 이때 부친은 직장을 버리고 가죽신을 만드는, 일종의 제화점을 경영하였는데, 당시 주소는 '금곡리(金谷里) 14'로 되어 있다. 보통학교 재학 당시 그의 성적은 10점 만점에 평균 8~9점으로 우수한 편이었다.

1929년(15세) 인천공립보통학교를 졸업하고 인천도립상업학교(일명 북상업학교)에 진학하다. 그런데 함세덕이 5학년이 되던 해에 인천도립상업학교는 인천시립상업학교(일명 남상업학교)와 통합되어 '인천상업학교(이하 '인상'으로 약칭)'가 되며, 함세덕은 인상 20회로 졸업하다. 당시의 친구였던 이규문, 작가의 친동생 함성덕 등은 회상을 통해 4학년 때에는 졸업생 환송을 위한 연극 대본을 쓰고 연출도 맡았다고 회상한다. 당시 인천부 용동에는 영화와 악극, 연극을 공연하던 '애관(愛館)'이 있었는데, 함세덕은 이곳에서 많은 연극을 보았다고 한다.

1933년(19세) 인상 5학년이었던 1933년 여름방학에 친구들과 금강산 여행을 다녀오다. 부모님의 허락을 얻지 못하자, 관악산에 간다고 거짓말을 하고 기어이 금강산으로 떠났다고 하는데, 이 여행은 훗날 〈동승〉(1939)의 창작동기가 된다.

1934년(20세) 금융계통에 취직하는 상업학교의 상례를 깨고, 일한서방(본정통 소재, 현 충무로)에 취직한다. 일한서방 재직시 알게 된 김소운(金素雲)을 통해 연극계의 은사이자 라이벌이었던 유치진(柳致眞)을 소개받게 되다.

1935년(21세) 『동아일보』 동아문단에 「내 마음의 황혼」 등 세 편의 시를 투고하여 실리다. 이 당시의 시에서는 신석정 시인을 연상하게 하는 서정성과 낭만성이 돋보인다.

1936년(22세) 9월, 〈산허구리〉를 『조선문학』에 발표하며 극작가로 데뷔하다. 인천 앞바다의 어촌을 묘사한 이 작품은 함세덕 작품의 중요한 모티브가 된다.

1939년(25세) 3월, 〈동승(일명 도념)〉(유치진 연출, 극연좌 공연)으로 동아일보사 주최 제2회 연극경연대회에 참가하다. 6월, 〈유명〉(박동근 연출)이 도쿄 츠키지소극장에서 도쿄학생예술좌에 의해 공연 예정이었으나 "일본 내지에서는 조선말 연극을 금후로 허락지 않게 되었다"는 이유로 경시청에 의해 돌연 중지되다.

1940년(26세) 1월, 〈해연〉으로 『조선일보』 신춘문예에 당선하다. 역사극 〈낙화암〉, 아동극 〈닭과 아이들〉 〈오월의 아침〉 〈서글픈 재능〉 〈동어의 끝〉을 연이어 발표하면서 촉망받는 극작가가 된다. 〈해연〉의 독특한 낭만성, 〈낙화암〉의 방대한 역사적 스케일, 아동극의 다양한 모색 등이 두드러진다. 9월, 〈무영탑〉(현진건 원작, 함세덕 각색, 유치진 연출)을 극단 고협에서 공연.

1941년(27세) 3월, 유치진, 함대훈이 창립한 극단 현대극장에 참가하여 해방 전까지 활동하다. 8월, 〈추석〉이 현대극장 부설 국민연극연구소 제1회 졸업생에 의해 시연되다. 〈심원의 삽화〉(『문장』, 2월) 〈무의도 기행〉(『인문평론』, 4월)을 연이어 발표하다. 〈감자와 족제비와 여교원〉을 『춘추』에 발표하려다 검열로 전문이 삭제되다.

1942년(28세) 친일의 성격이 담겨 있는 〈추장 이사베라〉를 『국민문학』에 발표하다. 일본 유학, 극단 전진좌(前進座)에서 문예부원으로 수학하다.

1943년(29세) 4월, 〈에밀레종〉(서항석 연출)이 현대극장과 성보악극대에 의해 합동 공연되다. 8월, 〈남풍〉(〈흑경정〉의 개제, 허남실 연출)이 현대극장에서 공연되다. 11월, 〈황해〉(〈무의도 기행〉을 개작, 함세덕 연출, 현대극장 공연)로 제2회 연극경연대회에 참가하다.

1944년(30세) 3월, 〈청춘〉(안영일 연출)이 현대극장에서 공연되다. 6월, 〈낙화암〉(안영일 연출)이 현대극장에서 공연되다. 8월, 〈추장 이사벨라〉가 성보악극대에서 악극으로 공연되다. 11월, 〈거리는 쾌청한 가을날씨〉(일어 연극)을 발표하다.

1945년(31세) 1월, 〈백야〉가 현대극장에서 공연되다. 8월, 해방을 맞이한 후 박민천, 황해, 서일성과 함께 낙랑극회 결성하다. 11월, 〈산적〉(쉴러의 〈군도〉를 함세덕이 번안 연출)을 낙랑극회 제1회 공연으로 올리다.

1946년(32세) 4월, 〈기미년 3월 1일〉을 낙랑극회 공연으로 조선연극동맹 주최 제1회 3·1절 기념연극대회에 출품하다. 7월, 〈감자와 쪽제비와 여교원〉이 조선연극동맹 주최 희곡의 밤 행사에서 낭독되다.

1947년(33세) 1월 〈감자와 쪽제비와 여교원」을 전명 개작한 〈하곡〉을 연극동맹의 참가작(이서향·안영일 연출)으로 조선문화단체총연맹 주최 제1회 종합예술제에서 공연하다. 2월, 〈태백산맥〉이 민중·혁명·무대예술 등의 합동공연으로 3·1절 기념연극제에 공연되어 성황을 이루다. 4월, 친일잔재의 청산 등을 다룬 〈고목〉 발표, 〈고목〉은 〈당대 놀부전〉 등의 이름으로 재공연되기도 하였는데, 풍자성이 돋보인다. 6월, 그간의 작품을 모은 희곡집 『동승』(박문출판사)을 발간하다. 후반기, 제2차 전국문학자대회 이후 월북한 것으로 전한다.

1948년(34세) 〈대통령〉을 『종합단막희곡집』(문화희곡사)에 발표하다.

1949년(35세) 〈산사람들〉을 『문학예술』 12호에 발표하다.

1950년(36세) 6월 29일 북한 인민군 선무반 제2진으로 남하하다가 서울 신촌 부근에서 수류탄 오발사고로 별세하다. 서대문 적십자병원에서 동생 함성덕이 그의 죽음을 확인하다.

황순원 黃順元, 1915~2000

/박혜경/

황순원은 창작활동을 전개한 기간에 있어서나, 그의 작품세계가 보여주는 문학 장르의 다양함에 있어서나, 또 그가 생산해낸 작품의 양에 있어서나 다른 어느 작가보다도 한국문학사에서 독특하고도 비중있는 작가로 다루어질 수 있는 조건들을 지니고 있다. 황순원의 연보에 따르면, 그의 나이 16세 때인 1930년부터 시를 쓰기 시작하여 이듬해에 시 「나의 꿈」을 『동광』지에 발표함으로써 문학활동을 시작한 뒤, 그가 고희를 맞던 1985년 『신들의 주사위』를 완간하기까지, 거의 반세기가 넘는 기간 동안 작품활동을 지속한 것으로 되어 있으니, 아마도 이처럼 오랜 기간 동안 쉬지 않고 꾸준히 작품활동을 전개해온 작가는 한국문학사를 통털어 쉽사리 그 예를 찾아보기 힘들 것이다. 그야말로 황순원은 철들면서부터 창작활동을 유지할 수 없을 정도의 고령의 나이에 이르기까지 자신의 전생애를 문학을 위해 헌신한 한국문학의 대표적인 작가인 것이다.

작가 황순원은 1915년에 평안남도 대동군 재경면 빙장리에서 유서 깊은 기독교 집안의 맏아들로 태어났다. 그의 부친은 그의 나이 5세때 3·1운동이 터지자 평양시내에 독립선언서를 배포하다 일경에 체포되어 징역 1년 6개월의 실행을 받은 바 있으며, 또한 그 자신은 정주 오산중학교에 재학 중 남강 이승훈 선생을 뵙고 깊은 감명을 받았다고 한다. 그는 20살 되던 1934년에 자신의 첫 시집인 『방가』를 펴내게 되는 데, 이 시집 속에는 이렇듯 주변어른들로부터 받은 영향이 젊은 시절의 끓어오르는 울분과 어우러져 나라 잃은 백성의 슬픈 흐느낌으로 고스란히 녹아들어 있다. 노래를 그대로 풀어버린다는 '방가(放歌)'라는 제목의 의미 그대로, 이 시집에 실린 시들은 대부분 절제된 감정이나 고도의 수사적 기교보다, 자신의 마음속에서 끓어오르는 격앙된 슬픔을 날것 그대로 자유롭게 쏟아내고 있는 것이다. 젊은 시절에 쓰여진 작품들답게 젊음의 솟아오르는 열정과 패기, 그럼에도 불구하고 그러한 열정과 패기를 짓누르는 현실상황에 대한 강렬한 비판 의지를 드러내보이는 이 시집 속의 시들은 깔끔하게 정돈된 문장과 결벽에 가까울 정도로 감정의 과잉을 절제하는 그 문학의 일반적인 성향에 비추어볼 때, 기이하다는 생각이 들 정도로 시대현실에 대한 작가의 분노를 매우 직설적인 어조로 토로하고 있다.

그는 일본 와세다대학 영문과에 입학한 1936년에 두 번째 시집 『골동품』을 발간하게 된다. 이 시집은 『방가』와는 달리 시인의 주관적이고 직설적인 정서의 토로를 철저하게 억제하면서, 특정한 대상으로부터 얻은 순간적인 이미지를 극히 절제되고 압축된 시어로 표현하고 있다. 이 시들은 황순원의 문학세계 전반을 특징짓는 간결하고 군더더기 없는 문체와 감정의 직접적인 표출을 억제하면서도 시적인 서정성으로 가득 찬 특유의 절제의 미학을 매우 극명하게 드러낸다. 첫 시집과 두 번째 시집의 터울이 2년에 불과하다는 점을 감안하면 이러한 극단적인 변화는 매우 놀라운데, 이것은 그가 짧은 기간 동안 자신의 문학적 역량에 대한 실험을 매우 활발하게 모색했음을 보여주는 사례라 할 수 있다. 이후 그가 시에서 단편소설과 장편소설로 자신의 문학적 궤도를 지속적으로 확장시켜간 것도 이러한 열정과 무관하지 않을 것이다.

두 번째 시집의 발간 이후 그는 「거리의 부사」라는 작품을 시작으로 소설창작에 몰입함으로써 본격적인 소설가로서의 활동을 시작한다. 황순원 소설 특유의 시적이면서도 정제된 이미지 구사가 돋보이는 이 작품 이후 그는 「늪」 「허수아비」 등의 작품들을 모아 1940년 8월 『황순원 단편집』(후에 작가 자신에 의해 『늪』으로 제목을 바꿈)을 출간한다. 그러나 일제 말기에는 한글 말살 정책에 의해 한글로 쓰여진 작품을 발표하는 일이 불가능해지자, 「기러기」 「독짓는 늙은이」 「노새」 등의 작품들을 서랍 깊숙이 숨겨둔 채 우울하고 암담한 마음을 술로 달래는 어두운 시절을 보내게 된다. 해방 이후 이 소설들은 여러 지면을 통해 발표된 뒤 1951년 8월 『기러기』라는 제목의 단편집으로 출간된다.

해방 이후 그는 이전의 작품들과 달리 해방 후의 시대상황을 정교한 사실주의적 필치로 그려낸 「술」(발표시의 제목 「술 이야기」) 「집」 등의 작품들을 잇달아 발표한 후 1948년 12월 단편집 『목넘이 마을의 개』를 발간한다. 해방 직후에 쓰여진 그의 소설들은 그를 현실에 대한 인식이나 역사의식이 부재한 순수문학 작가로 규정지어온 일반적인 견해와는 달리 그가 누구보다도 현실문제에 대한 매우 객관적이고 치밀한 사실주의적 소설을 쓸 수 있는 작가임을 보여줌으로써 그의 문학적 역량의 폭을 짐작케 한다. 또 1950년 2월에는 그 동안 부분적으로 독립시켜 잡지에 발표해오던 최초의 장편소설 『별과 같이 살다』를 출간함으로써 그때까지 해오던 단편 위주의 작품활동을 장편으로까지 확장해나간다. 한국전쟁 중에 부산으로 피난을 한 그는 1952년 6월 피난 중에 발표한 「곡예사」 「목숨」 등의 작품들을 모아 단편집 『곡예사』를 출간한다. 「곡예사」 등을 비롯한 이 당시의 작품에는 그와 그 가족이 겪었던 피난지에서의 힘겨웠던 삶의 모습들이 생생하게 표현되어 있다.

휴전협정의 조인과 함께 1953년 8월 서울로 돌아온 그는 같은 해 9월부터 장편 『카인의 후예』를 『문예』에 연재하고, 1954년 12월 두 번째 장편 『카인의 후예』를 출간한다. 그는 41세가 되던 1955년 3월에 『카인의 후예』로 아시아 자유문학상을 수상하고, 같은 해에 『현대문학』 추천작품 심사위원에, 이듬해에 『문학예술』의 추천작품 심사위원에 피촉되는데, 이 무렵은 그가 한국문학의 대표적인 중진작가로서 보다 단단한 입지를 다지게 되는 시기라고 할 수 있다. 그는 1955년 그 동안 재직해오던 서울중고등학교 교사직을 사임한 후 그의 나이 43세 때인 1957년 10월 경희대 문리대 교수로 취임하면서 후학양성에도 힘쓰게 된다. 그러나 신춘문예를 비롯한 각종 신인상 공모에 활발하게 심사위원으로 참여하면서도, 응모작품 가운데 자신의 제자인 경희대 학생의 작품이 끼어있을 경우에는 바로 심사대상에서 제외한 채 심사를 했다는 일화는, 작가가 작품을 쓰는 일 이외에 어떠한 잡문청탁에도 응하지 않았다는 일화와 더불어, 그의 문학에 대한 엄격한 자세를 말해주는 일화로 문학하는 사람들 사이에서 널리 회자되기도 했다.

1960년 1월부터는 한국전쟁을 배경으로 전쟁이라는 실존적 극한상황 속에 놓인 젊은이들의 삶을 그린 장편소설 『나무들 비탈에 서다』를 『사상계』에 연재하기 시작하여 7월에 완결하고, 같은 해 9월 단행본으로 발간한다. 1961년 7월에는 이 작품으로 예술원상을 수상했으며, 이 작품을 계기로 벌어졌던 작가와 평론가 백철 간의 논쟁은 당시 문단에서 큰 화제가 되기도 했다. 이듬해인 1962년 1월부터는 숨돌릴 틈도 없이 『현대문학』에 자신이 백정의 후손임을 알게 된 한 남자가 겪는 정체성의 혼란과 정신적 방황을 그린 장편 『일월』의 연재를 시작하고, 1964년 12월에 창우사에서 당시까지의 황순원 문학의 총결산이라 할 『황순원전집』 전6권이 출간된다. 1966년 3월에 『일월』로 3·1문화상을 수상하고, 1953년 처음으로 단편 「산골아이」가 중학교 국어교과서에 수록된 후, 이해에 단편 「소나기」가 인문계 중학교 3학년 국어교과서에, 단편 「학」이 실업계 고교 3학년 국어교과서에 실리게 됨으로써 대한민국에서 정규 교육과정을 밟은 사람이라면 황순원이라는 이름을 모를 수가 없을 정도로 한국문학을 대표하는 가장 명망 있는 작가로 대중들에게 널리 알려지게 된다. 특히 그 「소나기」는 이후 한국 독자들로부터 가장 사랑받는 작품으로 자리잡게 된다.

그는 1974년에 오랫동안 손을 놓았던 시를 쓰기 시작하여 「동화」, 「초상화」 등의 시를 「현대문학」에 발표했으며, 이후로도 꾸준히 시를 발표하다가 1992년 9월 『현대문학』에 「죽음에 대하여」를 비롯한 시 8편을 한꺼번에 발표함으로써 그의 최종적인 문학활동을 마감한다. 1992년의 시 발표 후 모든 작품활동을 중단했으니 그의 문학적 여정은 시–단편소설–장편소설–시의 궤적을 그려왔던 셈이다. 일흔이 넘는 고령에도 간간이 시를 발표하다가, 2000년 9월 86세의 나이로 타계하기까지 그의 문학적 생에는 거의 한국 현대문학사에 해당하는 시기 전체와 맞먹는 시간의 너비를 지니는 것이었다. 그러나 무엇보다도 작가 황순원을 우리 문학사의 뛰어난 전범으로 인정할 수밖에 없게 만드는 것은, 그의 문학을 일관되게 지탱해온 투철한 장인정신과 문학에 대한 열정 이외에 다른 무엇과도 타협하지 않으려는 작가의 예술적 염결성이다. 문학 그 자체의 예술적 완성을 향한 작가의 순수하고도 엄격한 자기헌신의 태도와 그의 탁월한 문학적 성취는 한국문학의 수준을 한단계 끌어올렸을 뿐만 아니라, 문학하는 자세에 대한 우리의 인식 또한 한단계 끌어올린 우리 문학의 소중한 자산임에 틀림이 없다. 결벽한 정신으로 오로지 문학만을 위해 살았던 작가의 일생은 2000년 9월 14일 서울시 동작구 사당동 자택에서 타계함으로써 마무리된다. 정부는 타계 이틀 후인 9월 16일 그에게 '금관문화훈장'을 추서한다. 황순원의 생애는 소설가 이호철이 "근 40년이 지난 지금에 와서 되떠올려도 황선생은 그때나 지금이나 별로 달라진 것이 없다. 그야 나이에 따른 변화야 어쩔까만은 단아한 인품, 조용한 웃음, 나직한 목소리, 매사에 다맥하고도 지극히 자연스러운 거조 등 근본적으로 달라진 점은 없다"라고 회상하는 그의 풍모만큼이나 큰 기복이 없는 비교적 평탄하고 유족한 삶이었던 것으로 보인다. 작가가 『말과 삶과 자유』에서 말했던 "작가의 의식은 언제나 깨어 있어야 한다. 무의식의 세계를 그릴 때도 작가는 그걸 분명히 의식하고 있어야 한다"는 말은 겉보기에 평탄해 보이는 삶 이면에서 그가 지키려 노력했던 정신의 팽팽한 긴장을 짐작케 한다.

황순원 ▸▸

1915년(1세) 3월 26일 평안남도 대동군 재경면 빙장리에서 부친 황찬영의 장남으로 태어나다.

1919년(5세) 3·1운동이 일어나자 평양 숭덕학교 고등과 교사이던 부친이 태극기와 독립선언서 평양시내 배포 책임자 중 하나로 일경에 붙들려 징역 1년 6개월의 실행을 받다.

1923년(9세) 평양 숭덕소학교에 입학하다.

1929년(15세) 3월 숭덕소학교를 졸업하고 정주 오산중학교에 입학하다. 9월 건강 때문에 평양 숭실중학교로 전학하다.

1931년(17세) 7월 시 「나의 꿈」을 『동광』에 발표하며 활발한 시작(詩作)활동을 시작하다.

1934년(20세) 숭실중학교 졸업하고 일본 도쿄의 와세다 제2고등학원 입학하다. 도쿄에서 이해랑, 김동원 등과 함께 '도쿄학생예술좌'를 창립하다. 11월에 첫 시집 『방가(放歌)』를 도쿄학생예술좌에서 간행하다.

1935년(21세) 1월 17일 양정길과 결혼하다. 조선총독부의 검열을 피하기 위해 시집 『방가』를 도쿄에서 간행했다는 이유로 여름방학 귀성길에 평양경찰서에서 29일간 구류당하다. 동인지 『삼사문학』의 동인이 되다.

1936년(22세) 와세다대학 문학부 영문과에 입학하고 5월에 시집 『골동품』을 도쿄학생예술좌에서 간행하다. 도쿄에서 발행하는 『창작』의 동인이 되다.

1937년(23세) 7월 첫단편 「거리의 부사」를 『창작』 제3집에 발표하다

1938년(24세) 4월 장남 동규(東奎) 출생하다

1939년(25세) 와세다대학을 졸업하다

1940년(26세) 7월 차남 남규(南奎) 출생하다. 8월 『황순원 단편집』(후에 작가 자신이 『늪』으로 제목을 바꿈)을 한성도서에서 간행하다

1942년(28세) 일제의 한글 말살 정책에 의해 발표기관이 없어지기 시작하여 단편 「기러

기」「병든 나비」「애」「황노인」「머리」 등의 작품들을 발표하지 못한 채 보관해 두다.

1943년(29세) 9월 평양에서 향리인 빙장리로 소개하다. 11월 딸 선혜(鮮惠) 출생하다.

1946년(32세) 1월 3남 진규(軫奎) 출생하다. 「그날」 등의 시 5편을 『관서시인집』에 수록하다. 5월에 월남해서 9월 서울중고등학교 교사로 취임하다.

1947년(33세) 장편 『별과 같이 살다』를 부분적으로 독립시켜 잡지에 발표하다.

1948년(34세) 12월 해방 후에 발표된 단편들만을 모은 『목넘이 마을의 개』를 육문사에서 간행하다.

1950년(36세) 2월 장편 『별과 같이 살다』를 정음사에서 간행하다. 한국전쟁 발발로 경기도 광주로 피난했다 1·4후퇴 때 부산으로 피난하다.

1951년(37세) 8월 해방 전의 작품들만을 모은 소설집 『기러기』를 명세당에서 간행하다.

1953년(39세) 8월 피난지에서 환도하다. 9월부터 장편 『카인의 후예』를 『문예』에 연재했으나 잡지의 폐간으로 중단하고 나머지 부분을 따로 집필하다. 단편 「산골아이」가 중학교 국어교과서에 수록되다.

1954년(40세) 12월 장편 『카인의 후예』를 중앙문화사에서 간행하다.

1955년(41세) 1월부터 장편 『인간접목』(발표시의 제목 『무서움』)을 『현대문학』에 연재하다. 3월 장편 『카인의 후예』로 아시아 자유문학상 수상하다. 서울중고등학교 교사직을 사임했으며 『현대문학』 추천작품 심사위원에 피촉되다.

1956년(42세) 12월 단편집 『학』을 중앙문화사에서 간행하다. 『문학예술』 추천작품 심사위원에 피촉되다.

1957년(43세) 4월 경희대 문리대 교수로 취임하고 예술원 회원에 피선되다. 10월 장편 『인간접목』을 중앙문화사에서 간행하다.

1958년(44세) 3월 단편집 『잃어버린 사람들』을 중앙문화사에서 간행하다.

1959년(45세) 『별과 같이 살다』 『카인의 후예』 『인간접목』과 단편집 『늪』이 『한국문학전집』(민중서관) 제22권에 수록되다. 5월 단편 「소나기」가 영국 *Encounter*지에 게재되다.

1960년(46세) 1월부터 7월까지 장편 『나무들 비탈에 서다』를 『사상계』에 연재하다. 9월 『나무들 비탈에 서다』를 사상계사에서 간행하다.

1961년(47세) 7월 『나무들 비탈에 서다』로 예술원상을 수상하다.

1962년(48세) 1월부터 『현대문학』에서 장편 『일월』의 연재를 시작하다.

1963년(49세) 단편 「학」이 미국 계간지 *Prairie Schooner* 가을호에 게재되다.

1964년(50세) 5월에는 단편집 『너와 나만의 시간』을 정음사에서, 12월 『황순원전집』 전6권을 창우사에서 간행하다.

1966(52세) 3월 장편 『일월』로 3·1문화상을 수상하다. 「소나기」가 인문계 중학교 3학년 국어교과서에, 「학」이 실업계 고교 3학년 국어교과서에 수록되다. 「잃어버린 사람

들」「소나기」「왕모래」가 독역되어 *Die Bunten Schuhe*(Horst Erdmann Verlag 간)에 수록되다. 3·1문화상 심사위원에 피촉되다.

1968년(54세) 5월부터 장편 『움직이는 성』을 『현대문학』에 연재하다.

1969년(55세) 5월 『황순원대표작선집』 전6권을 조광출판사에서 간행하다.

1970년(56세) 8월 국민훈장 동백장을 받다. 「너와 나만의 시간」의 영역되어 필리핀 *Solidarity*지에 게재되다. 6월 국제펜클럽 제37차 서울대회에서 한국 대표로 「한국문학에 있어서의 해학의 특성」이라는 글을 발제하다.

1973년(59세) 5월 『움직이는 성』을 삼중당에서 간행하다. 「학」이 영역되어 *Ten Korean Short Stories*(Korean Studies Institute 간)에 수록되다. 「황노인」과 「곡예사」가 불역되어 *Revue de CORÉEE* 겨울호에 게재되다. 『일월』의 일역본이 『현대한국문학선집』(일본 동수사 간) 제1권에 수록되다. 12월 『황순원문학전집』 전7권을 삼중당에서 간행하다.

1974년(60세) 「학」과 「소나기」의 영역본이 *Flowers of Fire : Twentieth Century Korean Stories*(Hawaii 대학 출판부 간)에 수록되다.

1975년(61세) 『카인의 후예』의 영역본인 *The Cry of the Cuckoo*가 Pan Korea Book Corporation에서 간행되다.

1978년(64세) 2월부터 장편 『신들의 주사위』를 『문학과지성』에 연재하다.

1980년(66세) 『나무들 비탈에 서다』의 영역본인 *Trees on the Cliff*이 미국 Larchwood에서 간행되다. 경희대학교 교수직을 정년퇴임하고, 12월부터 『황순원전집』(문학과지성사) 간행이 시작되다.

1983년(69세) 12월 『신들의 주사위』로 대한민국 문학상 본상을 수상하다.

1985년(71세) 「학」이 고등학교 2학년 국어 교과서에 수록되다. 『움직이는 성』의 영역본인 *THE MOVING CASTLE*이 간행되다.

1987년(73세) 10월 제1회 인촌상(문학 부분)을 수상하고, 12월에 예술원 원로회원에 추대되다.

1989년(75세) 「탈」「겨울 개나리」 등을 비롯한 여러 단편들의 영역본인 *The Book of Masks*가 READERS INTERNATIONAL에서 간행되다. 문학과지성사에서 간행한 『황순원문학전집』의 개정판이 발간되다.

1990년(76세) 1월 「소리 그림자」「소나기」 등을 비롯한 여러 단편들의 영역본 *SHADOW OF A SOUND*이 MERCURY HOUSE에서 간행되고, 11월에는 『일월』의 영역본인 *Sunlight, Moonlight*가 에서 간행되다.

1996년(82세) 정부에서 은관문화훈장을 추서했으나 수여를 거부하다.

2000년(85세) 9월 12일 오전 4시 서울시 동작구 사당동 자택에서 별세하다. 9월 16일 정부에서 '금관문화훈장'을 추서하다.

2001년 중앙일보사 주최로 '황순원문학상'이 제정 시행되다.

오영진 吳泳鎭, 1916~1974

/김재석/

오영진은 1916년 평양에서 출생하였다. 그의 부친은 오윤선(吳胤善) 장로인데, 민족운동가로 평양에서 유명한 인물이었다. 고당 조만식과 도산 안창호, 남강 이승훈 등 당대 민족지도자들이 그의 집에 자주 출입하여 시국에 대해 논의하였다. 그러한 집안 분위기는 오영진이 민족주의자로 성장하는 바탕이 되었다. 그가 당시의 유행이었던 일본 유학을 가지 않고, 1933년에 경성제국대학 조선어문학과로 진학한 것도 민족주의 가풍의 영향으로 보인다. 학자가 되기 위해서가 아니라 "우리 조상이 남겨준 문학과 사상적 유산"(「한점의 검은 구름이」)을 지켜내기 위해 선택한 길이었다. 영화에 대한 그의 열정은 대학재학 중에 발표한 「영화 예술론」(1937)이라는 첫 평론으로 구체화 되었다. 졸업 직전에 그가 병석에 누운 도산 선생을 찾아가, "민족을 계몽하고 무의식 대중을 감동 시키는"(「도산선생이 주신 말씀」) 영화를 하겠다고 맹세했던 일화는 유명하다.

경성제대를 졸업하던 해인 1938년 9월에 일본으로 건너가 도쿄발성영화제작소에서 영화 제작 실무를 배웠다. 이론과 실기를 겸비하게 된 오영진은 1940년에 귀국하여 식민지 조선에서 영화를 모색하기 시작했다. 그의 첫 결실이 1942년에 발표한 시나리오 〈배뱅이 굿〉이다. 일본어로 써서 『국민문학』에 발표했지만, 그 당시 친일적 내용의 영화나 연극과는 경향이 다른 작품이다. 장구 하나 매고 전국을 떠돌아다니던 허풍만이 어느 마을에서 겪은 우스꽝스런 사건을 배경으로 해서, 한국의 전래 무속과 전국 각지의 민요들을 작품에 잘 녹여놓았다. 그가 조선어문학과에서 배웠던 전통문화에 대한 지식과 일본에서 배워온 영화에 대한 지식이 어울려 얻어낸 결실이라 하겠다. 그 뒤를 이은 성과가 1943년에 『국민문학』에 발표한 시나리오 〈맹진사댁 경사〉이다. 〈맹진사댁 경사〉도 민담에 흔히 나타나는 '속고 속이는 이야기'에 기반을 두고 있다. 신분 상승을 위해 억지 결혼을 추진하던 맹진사가 오히려 골탕을 먹는 유쾌한 이야기에는 친일적 국민영화의 분위기가 들어설 여지가 없다.

국민영화 시기의 오영진이 친일 국민영화와 다른 경향의 작품을 내어놓을 수 있었던 이유는 전통과 국민문학을 교묘하게 연결시켰기 때문이다. 그는 "현실에 대한 예리한 통찰과 과거에 대한 깊은 반성으로 뒷받침되어 국민문학은 비로소 정상으로 발전"(「배뱅이의 무제(巫祭)에 대하여」)한다고 했다. 국민문학에서 조선의 과거를 다룰 수 있는 여지를 확보한 것이다. 오영진은 역사적 사건을 피하고, 전통문화에 집중함으로써 친일적 성향의 이야기가 삽입될 가능성을 차단한 것이다. 허풍만의 기담(奇談)이나 맹진사의 망신담에 친일적 이야기를 섞어 넣기란 애초에 어려운 일이었다. 민족주의자 오영진의 영민한 판단력이 돋보이는 부분이라 하겠다.

조국이 광복을 얻게 되자 오영진은 현실 정치에 발을 딛게 된다. 평양에서 조만식을 보좌하는 자리에 있었던 그는 김일성이 북한을 장악하면서 서울로 피신하게 된다. 조만식의 몰락 과정을 지켜 본 그는 공산당에 대해 강한 혐오감을 지니게 되었는데, 1948년에 평양에서 남파했다고 추측되는 괴한에게 저격당하는 사건까지 겪게 되면서 반공은 오영진의 정신세계를 지배하게 된다. 그가 1952년에 전국문화단체 총연맹의 북한지부 위원장을 맡고, 북한에서 체험을 담은 수기집 『하나의 증언』을 간행하고, 반공 영화 〈주검의 상자〉(1954, 미완성) 〈조국의 통일을 위하여〉(1956)를 만든 것도 반공주의자인 오영진의 모습을 잘 보여준다. 북한의 김일성 정권에 대한 거부감은 해방 정국을 지켜보는 오영진을 혼란스럽게 만들었다. 친일파가 다시 득세하는 남한의 사회 상황을 부정적으로 보기는 하지만, 북한 김일성 정권의 문제가 더 크다고 보기 때문에, 때로는 사회 비판의 칼날이 무뎌지기도 하는 것이다. 〈정직한 사기한〉(1949) 〈살아 있는 이중생 각하〉(1949)가 그 점을 잘 보여주고 있다.

〈살아 있는 이중생 각하〉는 해방 직후의 모순된 상황을 풍자적으로 다룬 작품이다. '실재적인 것'과 '이상적인 것'의 충돌에서 이상적인 것이 승리하는 경우 희극이 된다. 오영진은 이러한 희극적 원리를 부정적 인물과 긍정적 인물 사이의 갈등으로 실제화시키면서, 실재적인 것을 체현하고 있는 부정적 인물군이 이상적인 것을 체현하고 있는 긍정적 인물군을 완전히 압도하고 있는 상황으로 설정하여 해방 직후 현실을 작품에 끌어들이는 데 성공하고 있다. 압도적 힘을 지닌 부정적 인물이 뜻하지 않게 패배를 겪게 되는 상황이 바로 이상적인 것이 승리한다는 희극적 원리의 실제화이다.

과거의 잘못을 전혀 반성하지 않는 이중생은 거짓 자살로써 자신의 재산을 지키려하지만 실패하게 된다. 그의 실패는 도덕적이고 강직한 성격의 김의원 때문인데, 그는 해방 후 건설되고 있는 조국이 중요하게 여겨야하는 품성을 체현하고 있는 인물이다. 실재적인 것과 이상적인 것의 충돌에서 이상적인 것이 승리한다는 희극적 특성은 인과응보의 플롯으로 나타나기 마련이다. 오영진은 김의원의 등장과 이중생의 몰락을 일치시킴으로써 친일 인사들의 청산을 가져오는 계기가 도덕적 가치 기준이 확립된 새로운 조국이어야 한다는 사실을 알렸다. 살아 있으면서도 죽은 인물이어서 자신의 전 재산을 잃어버리게 되는 순간에도 살아 있음을 밝힐 수 없었던 이중생이 발광하는 모습에서 오영진의 비판 의식은 제대로 드러나고 있다.

그럼에도 불구하고 극의 말미에 등장하는 하식과 이중생의 진짜 자살은 풍자극으로서의 〈살아 있는 이중생 각하〉에 결정적 흠이 되고 있다. 일제 잔재 청산 문제와 공산주의 세력의 득세에 대한 경고를 담은 하식의 이야기는 작품 내부에 아무런 근거가 제시되지 못한 것이어서 풍자극으로서의 가치를 훼손시키고 있다. 풍자극 작가가 비판의 대상이 되는 사안에 대하여 분명하고도 근거 있는 기준을 제시하지 못한다면 일방적인 비난으로 오해받을 여지가 많기 때문이다. 그와 더불어, 이중생의 진짜 자살은 이상적인 것의 승리를 무대상에 실재화 해버림으로써 풍자극의 본령에서 이탈하는 문제를 낳기도 한다. 즉 〈살아 있는 이중생 각하〉에서는 해방 직후에도 반성하지 않고 기득권을 유지하려는 친일 인사들에게 반성을 촉구하는 목적을 가지고 있으나, 지금 현재의 결말은 자살이라는 극단적인 자기 반성의 실제를 보여줌으로써 이중생을 비판받아야 할 인물에서 동정 받아야 할 인물로 바꾸어놓는 결과를 낳고 있다. 그로 인해 〈살아 있는 이중생 각하〉는 희극으로 뛰어난 자질들을 구비하고 있음에도 불구하고 자기 모순을 안고 있는 작품, 즉 풍자의 효과가 반감되고 나아가 주제마저 애매해지는 한계를 가지게 된 것이다. 〈정직한 사기한〉은 위조지폐범의 농간에 속아 넘어간 청년의 억울함을 다루고 있다. 착한 사람을 이용해먹는 부도덕한 사회를 비판하는 선 정도에 머물 뿐 해방 정국의 핵심을 풍자하지는 못한다.

1960년대에 오영진은 현실 정치에도 잠시 관여하였으나 자신의 자리가 아님을 깨닫고는 창작계로 복귀한다. 그가 세상을 떠날 때까지 다양한 경향의 작품을 남겼는데, 그 중에서 〈무희〉(1974)는 반공주의자 오영진의 특성을 그대로 보여주고 있다. 〈무희〉는 최승희를 모델로 삼았다고 알려져 있다. 그의 반공주의가 강하게 드러나 있는데, 당의 명령에 충실히 따랐으나 결국 숙청되고 마는 하순의 모습을 통해 북한에서는 개인의 자유로운 창작이 불가능하다는 사실을 강조하고 있다.

오영진은 한국과 일본의 관계에 대한 우려를 작품에 담아내었다. 박정희 정권의 경제개발 정책에 편승하여 한국에 재상륙한 일본의 야욕을 우려하는 것이겠다. 〈모자이크 게임〉(1970) 〈아빠빠를 입었어요〉(1970) 〈동천홍〉(1973)이 그것이다. 〈모자이크 게임〉(1970)은 일본을 대하는 한국의 잘못된 모습을 12장면으로 묶었다. 12장면을 모자이크하면 오영진의 의도가 드러나는데, 일본의 등장이 새로운 침략임을 알지 못하고 있는 당대 상황에 대한 비판이다. 〈아빠빠를 입었어요〉(1970)는 일본 여성 기요꼬와 결혼한 한국 남성 김상훈이 처와 갈등 끝에 살해당한다는 내용이다. 그가 죽고 난 후에야 딸 아끼꼬가 아버지의 마음을 이해하게 되면서 슬픔이 강조되고 있다. 〈동천홍〉(1973)은 김옥균을 위시한 개화파들이 일본에 의해 어떻게 이용당하였는가를 다루고 있다. 일본공사 다께소에의 속셈을 관객에게 보여주어 일본측의 의도를 알게 한다. 그 다음에 일본의 속셈을 모르는 개화파 인물들의 갑론을박과 행동을 보여줌으로써 일본의 계략을 강조하였다. 일본이 득세하는 당대 사회의 문제점을 정확하게 꼬집고는 있으나, 그것을 드러내는 방식은 정치하지 못하다. 특히 〈아빠빠를 입었어요〉에서는 한국인 남편을 독살하는 일본인 처를 내세움으로써, 한일간의 잘못된 관계에 대한 성찰보다는 일본인에 대한 감정적 증오를 불러일으키는 문제를 낳기도 했다.

1960,70년대를 대표하는 시나리오로 꼽는 작품이 〈한네의 승천〉(1972)이다. 오영진의 주요 경

향인 반공주의도, 반일주의도 나타나 있지 않아 더욱 특별해 보이는 작품이다. 〈한네의 승천〉은 만명과 한네, 만명의 아버지 필주 사이에 일어나는 비극적 사랑을 다루고 있다. 선녀담에 투신했던 한네는 만명에 의해 목숨을 건지게 된다. 만명은 한네에게 사랑을 느낀다. 그 마을에 머물던 한네는 부락제가 행해지던 날, 그녀에게서 세상을 떠난 부인의 모습을 발견한 필주에게 겁탈을 당한다. 절망한 한네는 선녀담에 투신하여 목숨을 버리고, 그 사실을 안 만명도 자살을 한다. 그 모든 상황을 지켜본 필주도 마침내 죽고 만다. 운명에 의해 저질러진 비극이라 해야 할 이야기는 평범해 보이지만, 장면과 장면을 연결하면서 이야기를 끌어가는 솜씨만은 아주 비범한 작품이다.

오영진은 생전에 작품집을 남기지 못했다. 1974년에 그가 세상을 떠나고 나서야 극제극예술협회 한국본부가 편찬한 『오영진희곡집』(동화출판공사, 1976)이 간행되었고, 이근삼·서연호가 희곡과 시나리오, 평론을 잘 갈무리 하여 편집한 『오영진전집(1~5)』(범한서적, 1989)을 내어놓았다.

오영진 ▸▸

1916년(1세) 12월 9일에 평양의 계리(鷄里)에서 3남매 중 막내로 태어나다. 아버지 오윤선(吳胤善) 장로는 평양에서 민족지도자의 한 사람으로 존경을 받고 있는 인물이었다. 그의 집에는 조만식, 안창호 등 민족지도자들이 자주 출입을 하였는데, 그러한 분위기는 오영진의 사상 정립에 큰 영향을 남긴다.

1928년(12세) 양정사립고등보통학교에 입학하고, 1930년에 평양공립고등보통학교로 전학을 가다.

1933년(17세) 3월에 평양공립고등보통학교를 졸업하고, 4월에 경성제국대학 예과에 입학하다.

1935년(19세) 4월에 경성제국대학 조선어문학과로 진학하다.

1936년(20세) 동인지 『성대문학(城大文學)』을 창간하고, 일문 단편소설 「진상」 「거울」 「친구의 사후」 「언덕 위의 생활자」를 발표하다.

1937년(21세) 첫 영화평론인 「영화 예술론」(7.6~7.9)을 『조선일보』에 발표하다. 그는 "예술영화가 높이 평가되는 만큼 오락 영화도 절대로 필요하다"고 한다. 부민관에서 개최된 총후학생문화운동에서 〈상선 테나시티(Le Paquebot Tenacity)〉(J 뒤비비에 감독)를 상영하였다 하여 학교로부터 징계를 당하다.

1938년(22세) 3월에 경성제국대학 조선어문학과를 졸업하다. 그의 졸업논문은 「영남여성의 내방가사」이다. 그 무렵 안창호를 병문안 한 자리에서 "민족을 계몽하고 무의식 대중을 감동시키는"(「도산선생이 주신 말씀」) 영화를 전공하겠다는 계획을 밝히다. 9월에 일본으로 건너가 도쿄발성영화제작소에서 영화 공부에 전념하다.

1939년(23세) 평론 「영화와 문학에 관한 프라그멘트」(『조선일보』)와 「조선영화의 제문제」(『조선일보』)를 발표하다. 그는 조선 영화계가 "한 사람의 '토키 시나리스트'를 갖지 못하고 있으며, 배우의 연기도 그렇다"고 주장한다.

1940년(24세) 10월에 귀국하여, 12월에 일본여자대학을 졸업한 김주경(金周敬)과 결혼하다. 조선영화주식회사 문예부에 잠시 근무하고, 그 뒤 아버지의 일을 돕기 시작하다.

1942년(26세) 일문 영화 시나리오 〈배뱅이 굿〉을 『국민문학』 8월호에 발표하다. 평론 「배뱅이 무제(巫祭)에 대하여」(『국민문학』)를 써서 창작의 배경을 밝히다.

1943년(27세) 4월에 일문 영화 시나리오 〈맹진사댁 경사〉(『국민문학』)를 발표하다. 12월에는 조선인학도지원병제를 반대하는 운동을 벌이다가 일본 경찰에 검거되다.

1944년(28세) 시나리오 〈맹진사댁 경사〉를 김태진이 희곡으로 각색·연출하여 4월 16일부터 5일간 제일극장에서 공연하다.

1945년(29세) 8월 17일 '평안남도건국준비위원회'에 참여하다. 조만식이 위원장, 오윤선이 부위원장이 되다. 10월에는 평양예술문화협회를 조직하고, 11월에는 조만식을 도와 조선민주당 창당에 참여하다.

1947년(31세) 평양을 떠나, 해주를 거쳐 11월 7일에 서울로 오다.

1948년(32세) 7월에 평론 「조선영화론」을 『평화일보』에 연재하다. 7월 10일 평양에서 밀파했다고 추측되는 괴한에게 피습 당하였으나 구사일생으로 목숨을 건진다.

1949년(33세) 공보처에 소속된 대한영화사의 이사 및 전국문화단체총연합회의 중앙위원으로 뽑히다. 10월에는 연극학회를 창립하고, 간사 역할을 맡아 전국대학연극경연대회를 개최하다. 〈정직한 사기한〉을 호세이대학에서 공연하고, 희곡 〈살아 있는 이중생 각하〉를 극단 신협에서 공연하다.

1950년(34세) 한국전쟁이 발발하자, 국방부 정훈국과 제휴하여 한국문화연구소 안에 비상국민선전대를 설치하다. 10월에는 국방부 정훈국 영화반 및 해군 정훈감실에서 일을 하였고, 국군이 진주한 평양으로 가서 조선민주당 재건 작업도 벌인다. 시나리오 〈사나이의 길〉을 영화로 제작하려다 중단되다.

1952년(36세) 2월에 남하한 이북 출신 예술인을 규합하여 전국문화단체총연합회 북한지부를 조직하여 위원장을 맡다. 주간 『문학예술』을 창간하였으며, 출판사 중앙문화사를 창립하여 수기집 『하나의 증언』을 간행하다. 9월에는 베니스에서 열린 세계예술회의에 참석하다.

1953년(37세) 11월에 미국 국무성의 Leader's Grant로 도미하여 영화계를 비롯하여 문화 및 교육계를 시찰하고, 이듬 해 1월에 귀국하다.

1954년(38세) 12월에 주한 미공보원과 공동으로 반공영화 〈주검의 상자〉 제작에 착수하다. 예술원 회원으로 뽑히다.

1956년(40세) 공보실 영화 〈조국의 통일을 위하여〉를 3월에 제작하다. 이병일 감독이 시나리오 〈맹진사댁 경사〉를 〈시집가는 날〉로 제목을 바꾸어 제작하다.

1957년(41세) 희곡 〈풍운〉을 집필하다. 4월에 〈맹진사댁 경사〉를 개작한 〈시집가는 날〉로 문교부 및 영화평론가협회 선정 최우수각본상을 수상하다. 제4회 아시아영화제에서 최우수 희극상을 수상하다.

1958년(42세) 희곡 〈풍운〉을 시나리오 〈청년〉으로 개작하다. 시나리오 〈종이 울리는 새벽(살인명령)〉을 발표하다. 〈살아 있는 이중생 각하〉를 각색한 시나리오 〈인생차압〉으로 부일영화 각본상을 수상하다.

1961년(45세) 6월 국가재건최고회의 기획위원회 자문위원으로 위촉되어 1개월 간 일을 하고, 국가재건최고회의 문교사회분과위원회 자문위원으로 위촉되어 5개월 간 일을 하다.

1962년(46세) 조선민주당 창당 준비위원회 위원장으로 뽑혀 창당 과정을 준비하다. 시나리오 〈심청〉을 발표하였으며, 수기 「한 점의 검은 구름이……」를 『사상계』에 발표하다. 〈시집가는 날〉이 이용민 감독에 의해 다시 제작되었다.

1966년(50세) 3월에 국제대학 국어국문학과 교수로 취임하고, 1968년에 사직하다.

1967년(51세) 희곡 〈해녀 뭍에 오르다〉를 발표하고, 극단 자유극장이 공연하다.

1970년(54세) 희곡 〈아빠빠를 입었어요〉와 희곡 〈허생전〉 〈모자이크 게임〉을 발표하다. TV 드라마 〈도산 안창호〉의 제1부를 『기러기』에 8회 연재하다.

1972년(56세) 7월에 시나리오 〈한네의 승천〉(『현대문학』)을 발표하다. 〈한네의 승천〉을 가무극으로 각색한 작품을 손진책이 연출하여 '실험극단'에서 1975년 12월에 공연하다.

1973년(57세) 11월에 〈동천홍〉을 '실험극장'에서 공연하였다.

1974년(58세) 희곡 〈동천홍〉이 『현대문학』에 게재되다. 희곡 〈무희〉를 집필하다. 희곡 〈며느리〉 〈부부〉 〈누나〉 〈섹스〉를 발표하는데, 사이코 드라마를 표방한 작품이다. 10월 29일에 별세하다.

박목월 朴木月, 1916~1978

/금동철/

박목월은 1939년 9월에 『문장』지에 정지용의 추천을 받아 「길처럼」 「그것은 연륜이다」를 발표하였고, 다시 그해 12월에는 「산그늘」이, 그리고 다음해 9월에는 「가을 으스름」 「연륜」 등이 추천을 받음으로써 시인으로 등단하였다. 이때 정지용은 "북에는 김소월이 있었거니와 남에는 박목월이 날 만하다"고 극찬하고 있다. 이때 『문장』지는 3회의 추천을 받아야 문인으로 등단시키는 신인추천제를 실시하고 있었는데, 목월은 이렇게 등단한 것이다. 사실 목월은 그 이전에 이미 동시인으로 활동하고 있었다. 목월의 나이 18세 때인 1933년에 개벽사에서 발행하는 잡지 『어린이』에 동시 「통딱딱 통딱딱」을 발표한 이후 여러 편의 동시를 발표하였던 것이다. 그렇지만 시인으로서 본격적으로 활동한 것은 『문장』지의 추천 이후라고 하겠다.

목월이 태어날 즈음 그의 부친은 당시로서는 매우 드물게 대구농업고등학교를 졸업하고 경주수리조합에서 이사로 재직하고 있었다. 이 같은 유복한 집의 장남으로 태어난 박목월은, 경주에 있는 건천보통학교와 대구에 있는 미션계 학교인 계성중학교를 졸업하였다. 그는 계성중학교 재학시절 동시를 발표하여 학우들 사이에서는 시인으로 불리기도 했으며, 중학교 졸업 후에는 경주 동부금융조합에 취직하였다. 그의 본명은 영종(泳鍾)인데, 이 이름은 동시를 발표할 때 주로 사용하였고, 『문장』지에 등단할 때는 스스로 목월이라는 필명을 지어 사용하였다. 이 시기에 그는 동향 출신의 김동리와 교류하기도 하고, 등단 이후에는 비슷한 시기에 같이 『문장』지를 통해 등단한 조지훈 등과 교류하면서 문학의 꿈을 다져나갔다. 1940년 4월에는 다니던 직장을 휴직하고 공부를 하기 위해 일본으로 건너갔다가 두 달만에 돌아오기도 한다.

이 시기의 그의 시는 「청노루」나 「윤사월」 「나그네」 등과 같이 자연과 동화된 이미지의 세계를 보여준다. 그런데 이 시기는 일본 제국주의의 탄압과 통제가 강화되는 시기로, 1941년에는 『문장』과 『인문평론』이 폐간되는 등 우리말로 된 문학활동 자체가 불가능해지는 시기였다. 그래서 해방이 되면서 본격적으로 활동하기 시작한 박목월은 1946년에 이 시기의 시들을 모아 박두진, 조지훈과 함께 3인 시집 『청록집』을 간행한다. 이 시집에 실린 그의 시들에 형상화된 자연 공간은 그의 표현을 빌면 일제 말의 어려운 현실 속에서 찾아낸 '영혼의 자연'이라고 할 수 있는 상상 속의 자연을 이미지화하고 있다고 하겠다. '구강산' '청노루' '자하산' '청운사' 같은 것들이 시인의 상상의 산물이라는 것이다. 김동리는 이 시집에 실린 3인의 시를 "전통적 자연의 재발견"으로 평가하기도 했다. 이러한 그의 시세계는 1955년 출판한 첫 개인시집 『산도화』에 이르기까지 계속된다. 이 시기를 일반적으로 그의 시에서 초기로 본다.

1945년 해방이 되면서 좌우익의 첨예한 갈등으로 어지럽던 시기에 박목월은 유치환, 김동리, 서정주, 박두진, 조지훈 등과 함께 조선청년문학가협회에 참여하여 활발하게 활동한다. 1949년에 한국문학가협회가 결성되자 문단활동을 위해 서울로 이사하여, 이화여고 교사를 지내기도 했다. 1950년 한국전쟁이 일어나자 한국문학가협회 별동대를 조직하였으며, 문총 산하 공군종군문인단의 일원이 되어 전쟁에 참가하기도 하였다.

1950년대는 사회 전체가 전쟁 직후의 혼란스럽고 어려운 상황에 빠져 있었을 뿐만 아니라, 박목월도 생계를 유지할 뚜렷한 직장도 없이 서라벌예대와 홍익대 강사로 출강하면서 잡지에 글을 발표하던 어려운 시기였다. 이러한 현실적인 어려움은 그의 시세계의 변화까지도 불러온다. 1959년 간행된 시집 『난·기타』나 1964년에 간행된 시집 『청담』에 나타나는 이러한 변화는, 그의 시를 초기의 평온하고 아름다운 자연 이미지로부터 힘들고 고통스러운 생활 공간으로 끌어내리는 역할을 한다. 「사향가」나 「소찬」 「당인리 근처」 「가정」 「밥상 앞에서」 등과 같은 이 시기의 시에는 세계에 대한 시인의 이중적인 인식이 드러나고 있다. 시인이 살고 있는 현실 공간과 시인이 도달하고 싶어하는 이상 공간사이의 뚜렷한 대비이다. 시인에게 현실 공간은, "얼음과 눈으로 벽을 짜올린 / 여기는 / 지상"(「가정」 중에서)이라서 끊임없이 고통과 아픔을 주는 공간이라면, "그 안존하고 잔잔한 / 영혼의 나라"(「사향가」 중에서)인 이상 공간은 평안과 안식을 주는 공간이다. 그러나 시적 자아는 이러한 이상 공간에 머물고 있는 것이 아니라 현실 공간 속에서 고통스러운 삶을 영위하고 있는 것이다. 이러한 목월의 세계 인식은 '상 / 하' '천상 / 지상' '서울 / 경주'와 같은 대립쌍을 만들어 내면서, 중기시의 중요한 구조를 형성한다. 게다가 1956년에는 아버지 박준필과 동생 박영호가 사망하여 심적으로 큰 충격을 받는데, 「하관」은 동생의 죽음 앞에 선 시인의 정서를 담고 있다.

1962년 한양대학교 국문과 교수로 임용되었으며, 1963년에는 육영수 여사의 문학 개인교수 역할을 하기도 했고, 육영수 여사 사후 전기를 집필하기도 했다. 1968년에는 한국시인협회 회장에 선임되어 1978년 작고할 때까지 시인협회를 이끌었다. 한국전쟁 직전인 1950년 6월에 시 전문 잡지인 『시문학』을 창간하기도 했지만, 전쟁 때문에 폐간되는 아픔을 겪기도 했다. 이런 바람을 더욱 키워 시인은 1973년 10월에 시전문지 『심상』을 창간하여 문단에 큰 기여를 하기도 하였다.

1968년에 간행된 시집 『경상도의 가랑잎』에는 이르면 삶에 대한 달관을 보여주는 후기시적인 요소가 강하게 드러난다. 이 시집에 실린 「만술아비의 축문」 「기계장날」 「천수답」 「이별가」 등의 시에는 경상도 사투리를 매우 효과적으로 사용하고 있을 뿐만 아니라, 삶의 고통스러운 현실을 포용하고 그것을 뛰어넘는 달관의 경지를 보여준다. 이것은 그의 시정신이 고향으로 회귀함으로써, '현실/이상'의 대립세계 속에서 현실에 얽매여 고통스럽게 살아갈 수밖에 없던 중기시의 자아의 상태를 초극하는 새로운 경지를 보여주는 것이라고 하겠다. 그렇기에 시인은 "사람 한 평생이/이러쿵 살아도/저러쿵 살아도/시쿵둥하구나"(「기계 장날」 중에서)라고 노래하게 되는 것이다.

이러한 그의 달관의 경지는 이후 1970년 5월부터 이듬해까지 『현대시학』에 연재한 「사력질」 연작과, 비슷한 시기의 시들인 「간밤의 페가사스」 「빈 컵」 등에서는 인간의 삶과 죽음에 대한 존재론적 성찰로 발전한다. 그가 1976년 61세의 나이로 생전에 마지막으로 낸 시집 『무순』에는 "앉으면/그것이 그의 자리다"(「좌향」 중에서)라고 노래한다. 삶의 모든 것을 담담히 받아들이는 것이다. 이러한 자리에서는 죽음마저 담담한 자세로 받아들이는(「용인행」과 같은 시가 그렇다) 삶의 여유가 형상화된다. 그런데 여기에서 생각해 보아야 하는 것이 박목월로 하여금 삶을 달관할 수 있게 만들어 주는 근본 동인이 어디에 있는가 하는 점이다. '무순'이라는 이 시집의 제목은 '무질서'라는 뜻이 아니라 인생 너머에서 그 삶을 주관하는 신의 존재를 인정하는 삶의 자세를 함축하고 있다. 그래서 이 시기의 그의 시에는 지상적 삶의 허무함과 기독교적인 신의 세계에 대한 소망이 강하게 나타난다. 이것은 그의 시세계 전반을 지배하고 있는 기독교적 세계관의 마지막 도달점이라고 할 수 있다.

목월은 기독교 신앙을 그의 어머니를 통해 물려받는다. 목월이 초등학교 4학년 때부터 그의 어머니가 가지기 시작한 기독교 신앙은, 시인에게 매우 강렬한 내적 세계를 형성하여 놓는다. 목월은 어머니에 대한 그리움과 사랑을 담은 연작시집 『어머니』를 1968년에 출간할 정도로 어머니에 대한 애정이 깊었는데, 이러한 어머니의 영향으로 그는 기독교 신앙을 어릴 때부터 지니게 된 것이다. 박목월의 시에서 어머니 이미지는 포근하고 따뜻한 모성성을 지니고 있기도 하지만, 어떤 경우에는 기독교 신앙을 통해 그에게 삶의 길을 가르쳐 주는 존재로 그려지기도 한다(「갈림길에서」 참조). 그는 계성중학교 시절에도 학적부의 종교란에 '기독교'라고 기록할 정도로 분명한 기독교 신앙을 지니고 있었다. 그의 인생이 끝나기 얼마 전인 1978년 1월에는 그가 다니던 효동교회에서 장로 안수를 받기도 한다.

이러한 목월의 신앙은 그의 시세계의 중요한 한 축을 차지하고 있다. 그의 시에 나타나는 기독교 신앙의 흔적은 중기 이후의 시에서 일관되게 발견되고 있음을 볼 수 있다. 고통스럽고 힘겨운 삶의 공간을 "귀양온 영혼의/무서운 형벌을"(「사향가」 중에서) 받는 자리라고 묘사하거나, 죽은 아우의 시신이 담긴 관을 내리면서 "주여/용납하옵소서"(「하관」 중에서)라고 기도하는 것, 그리고 자신의 시를 "신께 펴보일, 나의 음악"(「비의」 중에서)이라고 노래하는 중기시들은 이러한 기독교적 세계관을 잘 보여준다. 뿐만 아니라, 「천수답」 「빈컵」 등과 같은 후기시에도 기독교적 세계관은 강하게 나타난다. 특히 후기시에 나타나는 삶에 대한 달관은 동양적인 달관과는 달리 기독교적인 신의 세계로부터 오는 축복 혹은 은총이 삶에 대한 달관의 원인이 된다는 점에서 상당한 의미를 지닌다. 또한 그의 사후 미망인 유익순 여사와 장남 박동규에 의해 신앙시 만을 따로 모아 유고시집으로 『크고 부드러운 손』을 펴낼 정도로 많은 신앙시를 쓰기도 했다.

그는 이 같은 시집들 외에도 많은 동시집이나 수상집, 시해설집들을 펴내기도 했다. 동시집에는 『박영종 동시집』(1946년) 『산새알 물새알』(1962년) 등을 간행했으며, 수필집에는 『구름의 서정』(1956년) 『토요일의 밤하늘』(1958년) 『여인의 서』(1959년) 『밤에 쓴 인생론』(1968년) 『구름에 달 가듯이』(1968년) 『불꺼진 창에도』(1969년) 『사랑의 발견』(1970년) 『뜨거운 점하나』(1970년) 등이 있다. 또 자작시 해설집인 『보랏빛 소묘』(1958년) 『문학강화』(1959년) 『동시의 세계』(1963년) 등을 간행하기도 했다. 그리고 박목월은 1978년 3월 24일 63세의 나이로 지병인 고혈압으로 사망하여, 용인에 있는 모란가족공원에 안장되었다.

박목월 ▸▸

1916년(1세) 1월 6일 경북 경주 서면 모량리에서 박준필과 박인재 사이의 2남 2녀 중 장남으로 태어나다. 아버지 박준필은 대구농업고등학교를 졸업하고 당시 경주수리조합 이사로 재직하고 있었다. 본명은 영종(泳鍾)이며, 목월(木月)은 시인이 직접 지은 필명이다.

1923년(8세) 4월에 건천보통학교에 입학하다. 4학년 때 부모가 조부로부터 분가하여 건천에서 살았으며, 이때부터 그의 어머니가 교회에 나가기 시작하다. 어머니의 기독교 신앙을 목월이 이어받다.

1930년(15세) 4월에 기독교계 미션스쿨인 대구 계성중학교에 입학하다. 독실한 기독교 신앙을 소유하고 있던 어머니의 영향으로, 목월 자신도 2학년 때 학적부에 자신의 종교를 '기독교'로 밝힐 정도의 신앙을 소유하고 있었다.

1933년(18세) 동시 「통딱딱 통딱딱」이 윤석중에 의해 뽑혀 개벽사에서 발행하는 잡지 『어린이』에 실리고, 6월에는 『신가정』지에 「제비맞이」가 당선되어 동요시인으로 인정받기 시작하다. 이때부터 주위에서 시인이라는 별명으로 불리기도 했다.

1935년(20세) 3월에 계성중학교를 졸업하고 5월에는 경주에 내려와서 동부금융조합의 서기로 취직하다. 이 무렵 세 살 위인 김동리 등과 교류하면서 문학의 꿈을 키워나가다.

1938년(23세) 5월에 충남 공주 출신의 유익순과 결혼하여 경주읍 노량리에서 신혼 살림을 차리다. 그녀는 기독교 신자였으며, 그 전해에 공주 여학교를 졸업한 여인이었다.

1939년(24세) 장남 박동규가 태어나다. 이해 9월 『문장』지에 「길처럼」 「그것은 연륜이다」가 정지용의 추천으로 실리고, 12월에는 동지에 「산그늘」이 실려 2회 추천을 받다. 당시 『문장』지는 새로운 신인추천제를 시행하면서 3회 추천을 받는 것을 원칙으로 하였다. 목월은 25세인 이듬해 9월 동지에 「가을 어스름」 「연륜」이 세 번째 추천을 받아 문단에 정식으로 데뷔하다. 동시를 발표할 때는 영종이라는 본명을 사용하다가, 시인으로 등단한 이때 목월이라는 필명을 스스로 만들어 사용한다.

1940년(25세) 4월 직장인 금융조합에서 휴직하고 공부를 하기 위해 도쿄로 떠났다가 두 달만에 돌아오다.

1946년(31세) 해방 이후의 극심한 좌우익 대치상황에서 유치환, 김동리, 서정주, 조지훈, 박두진 등과 함께 조선청년문학가협회를 결성하여 활동하고, 6월에는 『문장』지를 통해 비슷한 시기에 등단한 박두진, 조지훈과 함께 3인 시집인 『청록집』을 발간하다. 또한 이해에 『박영종 동시집』을 발간하다. 이 시기의 시들은 주로 그의 표현을 빌면 '영혼의 자연' 혹은 '판테지' 속의 자연 이미지를 선명하게 그려, 김동리에 의해 전통적 자연의 재발견이라는 평가를 듣기도 하다.

1947년(32세) 금융조합을 그만두고 모교인 계성학교 교사로 부임했다가, 1949년에는 서울에 있는 이화여고 교사가 되어 서울로 이사하다.

1949년(34세) 한국문학가협회 사무국장을 역임하다.

1950년(35세) 1월에는 『여학생』이라는 월간지를 내기도 하고 6월에는 시전문지 『시문학』을 간행하기도 했지만, 한국전쟁으로 종간되다. 전쟁이 일어나자 한국문학가협회 별동대를 조직하고, 공군종군문인단에서 활동하다.

1955년(40세) 이전까지 발표한 시들을 모아 첫 개인시집인 『산도화』를 출판하였고, 아시아 자유문학상을 수상하다.

1956년(41세) 아버지 박준필과 동생 박영호가 사망하다. 그의 시 「하관」은 이때의 동생의 죽음에 대한 경험을 시로 읊은 것이다. 이 시기에 일정한 직장이 없이 서라벌 예대와 홍익대 강사로 출강하면서 여러 잡지에 글을 쓰는 생활을 하다. 이러한 경험은 당시의 어려운 사회 현실과 함께 그의 시를, 초기의 상상 속 자연으로부터, 힘겹고 고통스러운 삶의 현실 속으로 끌어내리는 역할을 했다.

1957년(42세) 2월에 한국시인협회가 결성되었고, 목월은 출판간사로서 적극적으로 활동하다.

1958년(43세) 자작시 해설집인 『보랏빛 소묘』를 발간하다.

1959년(44세) 두 번째 시집인 『난・기타』를 출판하다.

1962년(47세) 한양대학교 국문과 교수로 임용되다. 동시집 『산새알 물새알』을 발간하다.

1964년(49세) 시집 『청담』을 간행하다.

1968년(53세) 시인협회 회장에 선임되어 작고하는 1978년까지 시인협회를 이끌다. 시집 『청담』으로 대한민국 문학상을 수상하다. 시집 『경상도의 가랑잎』을 발간하였는데, 이 시집에는 경상도 사투리를 적극적으로 사용하여 삶에 대한 달관의 경지를 보여주는 후기시의 특징이 잘 나타난다. 어머니에 대한 그리움을 담은 연작시집

『어머니』도 이해에 간행하였으며, 조지훈 · 박두진과 함께 시집 『청록집 · 기타』를 간행하기도 하다.

1969년(54세) 서울시문화상을 수상하다.

1970년(55세) 시인의 존재론적인 성찰을 담은 「사력질」 연작을 이해 5월부터 이듬해 4월까지 『현대시학』에 발표하다. 한국기독교문인협회 회장에 선임되다.

1972년(57세) 국민훈장 모란장을 받다.

1973년(58세) 『박목월 자선집』(전10권)을 내고, 시전문지 『심상』을 간행하다.

1976년(61세) 시집 『무순』을 간행하였고, 한양대학교 문리과대학 학장에 취임하다.

1978년(63세) 1월에 원효로에 있는 효동 장로교회에서 장로 안수를 받다. 이 해 3월 24일 새벽 산책길에서 돌아온 뒤 지병인 고혈압으로 별세하여, 용인에 있는 모란공원묘지에 안장되다.

1979년 1월 미망인 유익순과 장남 박동규에 의해 신앙시 만을 모은 유고시집 『크고 부드러운 손』이 간행되다.

윤동주 尹東柱, 1917~1945

/이경호/

윤동주는 1917년 12월 30일에 중국 길림성 화룡현 명동촌에서 윤영석 씨의 맏아들로 태어난다. 부친은 명동학교 교원이었으며 부유한 농부인 조부가 교회의 장로였던 탓에 집안 식구가 모두 기독교의 영향권 아래 놓여있었다. 유년시절부터 명동촌의 고향은 윤동주에게는 풍요롭고 평화로운 정신의 공간으로 각인되어 훗날 시세계의 배경으로 자리잡게 된다.

1925년 만 8세의 나이로 명동소학교에 입학한다. 4학년 때부터 서울에서 『어린이』 『아이생활』 등의 유소년 잡지를 구독해서 읽고 5학년 때에는 학급 급우들과 함께 등사판으로 『새 명동』이란 잡지를 몇 호 편집하여 직접 발간하기도 한다. 이러한 독서와 경험이 동시창작에 대한 그의 관심과 실천을 북돋는 계기가 된다.

1931년 3월에 명동소학교를 졸업하고 부근의 중국인 소학교 6학년에 편입하여 다니다가 1932년에 용정촌에 있는 은진중학교에 입학한다. 집안도 함께 용정으로 이주하였으나 부친이 용정에서 벌이는 사업은 계속 실패와 부진을 면치 못한다. 윤동주는 어려워진 집안 환경에도 불구하고 은진중학교 시절 축구선수로 활약하고 교내 웅변대회에 참가하여 1등상을 차지하기도 한다. 교내 잡지를 만드는 활동을 제외하면 앞의 두 가지 활동은 그의 시세계에 드러나는 내성적 자아의 모습과는 상충하는 면모를 보여준다. 1934년에 윤동주는 그의 평생의 창작활동과 관련된 중요한 작업을 시작한다. 그것은 바로 작품을 완성하고 완성일자를 기록해놓는 일이다. 윤동주의 시세계가 갖는 중요한 특징이기도 하고 그의 시세계를 연구하는 작업에도 크게 긴요한 행위이다. 그는 「초한대」를 비롯한 두 작품의 완성일자를 "1934.12.24"라고 적어놓는다.

1935년 9월에 은진중학교 4학년 1학기를 마치고 만주에서 국내로 들어와 평양의 숭실중학교로 전학한다. 4학년 편입시험에는 떨어져서 3학년으로 들어간다. 숭실중학교로의 전학은 크게 두 가지 이유에서 시도되었다. 첫째로 은진중학교는 4년제여서 5년제 중학교보다 상급학교 진학에 불리할 수가 있고, 두 번째 이유는 용정의 5년제 중학교가 친일중학교였기 때문이다. 1936년 3월 숭실중학교에서 만 1년을 못 채우고 신사참배 문제로 자퇴한 후 다시 만주의 용정으로 돌아와 광명학원 중학부 4학년에 편입한다. 숭실중학교 재학 시절에도 학생회지 편집에 참여하고 시를 발표한다. 특히 만주 연길에서 발간되던 『카톨릭 소년』 잡지에 11월호부터 「병아리」를 비롯한 동시를 지속적으로 투고하여 발표하기 시작한다. 이때 발표된 시 작품으로 후일에 가장 많이 언급되는 작품이 바로 「양지쪽」이다. 양지에서 땅따먹기 놀이를 하는 어린아이들의 모습에서 일본이 중국을 침략하는 현실을 풍자하고 있다. 그 현실은 그가 감옥에서 옥사할 때까지 외면할 수 없이 괴로워하고 껴안아야만 했던 식민지의 상황으로 이어진다. 숭실중학교에 재학하던 시절에 윤동주는 그의 시 창작에 많은 영향을 미친 『정지용시집』을 구입하고 광명중학교 시절에는 백석의 한정판 시집 『사슴』을 필사본으로 제작하여 간직한다. 새벽까지 일본판 '세계문학전집'을 비롯하여 한국 시인과 작가들의 작품을 탐독하며 문학에 투신하려는 뜻을 다진다. 1937년 광명중학교에서 5학년으로 올라가자 의대 진학을 권유하는 부친과 대립하여 연희전문 문과 진학 주장을 굽히지 않는다.

1938년 2월에 광명중학교를 졸업하고 4월에 연희전문 문과에 입학한다. 대학 입학과 문학도로서의 출발이 갖는 감회와 각오를 그는 학생회지 『문우』에 발표한 시 「새로운 길」에서 "어제도 가고 오늘도 갈/나의 길 새로운 길"이라고 고백하고 있다. 그 "새로운 길"은 그러면서도 민족의 어둡고 고통스러운 현실에 대한 각오를 다지는 방향으로 나아가고 있다는 사실을 입증해주는 것이 이해에 쓰여진 또 다른 시 「사랑의 전당」이다. 이 작품에서 윤동주는 후일 그가 보다 뚜렷하게 나아가야 할 길의 윤곽을 제시해주고 있다. 이 시의 마지막 연에서 "이제 네게는 삼림 속의 아늑한 호수가 있고/내게는 험준한 산맥이 있다"고 고백함으로써 순수한 동경의 세계와 대립하는 가혹한 민족의 현실을 외면할 수 없는 자아의 모습을 그려내고 있는 것이다. 1939년에 2학년으로 진학하면서 윤동주는 기숙사에서 나와 하숙생활을 시작한다. 서울의 하숙생활은 여러모로 그의 문학창작에 중요한 계기를 마련해준다. 첫 번째로 꼽아볼 수 있는 사항은 정지용과의 만남이다. 북아현동에서 처음으로 하숙을 할 때 윤동주는 같은 동네에 살고 있던 정지용 집을 방문하여 시에 관한 담론을 주고 받으며 그의 사후에 시편들을 『경향신문』에 소개해주고 유고시집의 서문을 써주는 인연을 맺게 되는 것이다. 또한 이 무렵 윤동주는 그의 대표작인 「자화상」을 쓰게 되는데 이 작품에 등장하는 '우물'이 바로 그가 하숙집을 옮겨 간 서소문 근처에 있었던 것이다. 이 작품에서도 그는 순수한 세계와 가혹한 세계를 방황하는 자아의 모습을 그려내고 있다. 마지막으로 이해부터 윤동주는 자신의 시작품을 지면에 발표하는 일에 관심을 쏟기 시작해서 『조선일보』 학생란에 산문과 시, 동시들을 발표하기 시작한다. 1940년에 3학년이 되자 일제의 '창씨개명' 제도가 실시되고 『동아일보』 『조선일보』 등이 폐간되는 등 일제의 탄압과 민족혼 말살정책이 전개되자 윤동주는 기독교 신앙에 회의를 품고 정신적 방황을 한다. 창작에도 소홀하던 그가 다시 창작활동을 시작한 것은 그해 12월에 「병원」을 비롯한 3편의 작품을 써내면서부터이다. 「병원」에서 그는 민족이 처한 가혹한 현실과 자신의 고통을 동일시하면서도 의사조차 병명을 파악할 수 없는 '시련'과 '피로'의 병증으로 진단하고 있다. 그러면서도 희망을 포기할 수 없기에 "내 건강도 속히 회복되기를 바라며"라고 고백한다. 1941년에는 그가 정기구독 하던 잡지 『문장』과 『인문평론』이 폐간되고 일제가 태평양

전쟁을 준비하며 조선에 대한 감시와 탄압을 한층 가중시킨다. 이해에 윤동주는 「무서운 시간」을 비롯해서 모두 17편의 시작품을 창작한다. 「십자가」와 「또 다른 고향」 「별 헤는 밤」 「서시」 등 그의 대부분의 중요한 작품들이 이 시기에 쓰여졌다. 그의 대표적인 난해한 시로 꼽히는 「또 다른 고향」의 제3연 "어둠 속에 곱게 풍화작용하는/백골을 들여다보며/눈물 짓는 것이 내가 우는 것이냐/백골이 우는 것이냐/아름다운 혼이 우는 것이냐"에서 '백골'과 '아름다운 혼'의 관계는 가혹한 현실에 타협하는 자아와 이상을 좇는 자아의 차이로 이해함이 타당해 보인다. 윤동주는 이 작품에 등장하는 "지조 높은 개"가 "밤을 새워 어둠을 짖"듯이 스스로 시대의 현실을 거스르는 이상을 향해 나아갈 의지를 다지고 있는 것이다. 그 의지가 「십자가」에서는 "십자가가 허락된다면/모가지를 드리우고/꽃처럼 피어나는 피를/어두워가는 하늘 밑에/조용히 흘리겠습니다"는 고백으로, 「별헤는 밤」에서는 "이 많은 별빛이 내린 언덕 위에/내 이름자를 써보"는 행위로, 그리고 「서시」에서는 "죽는 날까지 하늘을 우러러/한 점 부끄럼이 없기를" 간구하는 마음으로 표현되고 있다. 전시체제로 학기가 단축되는 바람에 윤동주는 졸업을 3개월 앞당겨서 12월에 졸업하게 된다. 졸업기념으로 그는 19편의 시를 추려서 『하늘과 바람과 별과 시』라는 시집을 묶어내려 했으나 일제의 검열과 경제적인 형편 때문에 포기하고 3부의 필사본을 만들어서 한 부는 자신이 소장하고 다른 한 부는 존경하는 연희전문 스승 이양하 교수에게, 또 다른 한 부는 후배 정병욱에게 넘겨준다.

1942년에 윤동주는 일본으로 유학가려는 뜻을 세우고 관부연락선을 타기 위한 '도항증'을 얻기 위하여 1월에 창씨개명을 한다. 그때의 수치심이나 죄의식은 같은 시기에 쓰여진 시작품 「참회록」에 "그때 그 젊은 나이에 왜 그런 부끄런 고백을 했는가"라는 내용으로 반영되어 있다. 4월에 그는 도쿄의 릿쿄대학 문학부 영문학과에 입학한다. 도쿄에서의 유학생활은 그에게 고향과 조국에 대한 향수를 불러 일으켜 5월에 쓴 시작품 「사랑스런 추억」에는 "봄은 다 가고—동경 교외 어느 조용한/하숙방에서, 옛거리에 남은 나를 희망과/사랑처럼 그리워한다"라는 내용을 담게 된다. 그러나 그러한 향수는 같은 해 6월에 씌어진 작품 「쉽게 씌어진 시」에서 시대의 현실에 대한 냉정한 인식과 그에 대처하려는 의지로 극복된다. "육첩방은 남의 나라/창 밖에 밤비가 속살거리는데,/등불을 밝혀 어둠을 조금 내몰고,/시대처럼 올 아침을 기다리는 최후의 나"라는 확인이 그렇다. 이 확인은 마치 예언처럼 일본 땅에서 맞이해야 할 그의 저항과 구속, 그리고 옥사까지를 암시해준다. 그해 7월에는 릿쿄대학의 1학기를 마치고 북간도의 용정으로 돌아온다. 여름방학의 귀향은 그의 생애의 마지막 귀향이 되고 만다. 가을에는 교토의 도시샤대학 영문과로 편입한다. 같은 해 겨울방학에 윤동주는 귀향하지 않고 교토에 머무르며 프랑스 시인들의 작품들을 읽어내며 겨울을 보낸다.

1943년 7월에 윤동주는 독립운동 혐의로 일본 형사에게 체포된다. 다음 해에는 교토지방재판소에서 징역 2년을 선고받고 복강형무소로 이송되었다가 1945년 2월 16일 만 29세의 나이로 옥사한다. 3월에는 북간도 용정동산의 중앙교회 묘지에 유해가 매장된다. 그의 시세계는 1947년 정지용이 주간으로 관여하는 『경향신문』에 「쉽게 씌어진 시」가 실리면서 세상에 알려지고 그의 유고 31편을 수록한 『하늘과 바람과 별과 시』는 1948년에 정지용의 서문과 함께 발간된다.

윤동주 ▸▸

1917년(1세) 간도 길림성 명동촌에서 명동학교의 교원이었던 부친 윤영석의 맏아들로 태어나다. 기독교 장로교의 유아세례를 받다. 교회의 장로였던 조부시절부터 기독교는 그를 포함한 가족의 삶과 문학에 깊은 영향을 드리우다.

1925년(9세) 명동소학교에 입학하다.

1931년(15세) 명동소학교를 졸업하다. 가족과 함께 용정으로 이주하다.

1932년(16세) 용정의 은진중학교에 입학하다.

1934년(18세) 최초의 시 작품 3편을 창작하고 창작일자를 기록하여 보관하기 시작하다. 시 「초한대」(12.24) 「삶과 죽음」(12.24) 「내일은 없다」(12.24)가 이때의 작품들이다.

1935년(19세) 은진중학교 4학년 1학기를 마치고 평양 숭실중학교로 전학하다. 학우지 『숭실활천』에 시 「공상」을 최초의 발표작품으로 활자화하다.

1936년(20세) 일제의 신사참배 강요에 대한 저항으로 학교를 자퇴하다. 고향으로 돌아와 광명학원 중학부 4학년에 편입하다. 동시 「고향집」과 「병아리」를 간도 연길에서 간행되던 『카톨릭 소년』에 발표하다. 이로써 그의 작품이 잡지에 최초로 선보이는 기회를 얻다. 이후로 2년 동안 모두 5편의 동시를 이 잡지에 발표하다. 광명중학에 전학한 이해에는 시 19편 동시 20편 등의 많은 작품을 창작하다. 시보다 오히려 동시의 창작에 매진했던 그의 작업은 다음 해부터 시의 창작 비중이 높아지는 변화를 보여주다.

1937년(21세) 백석 시집 『사슴』을 필사본으로 제작하여 간직하다. 이밖에도 정지용, 변영로, 주요한, 김동환, 한용운 등의 시집과 일본판 '세계문학전집'을 구입하여 탐독하고 문학에 대한 자산을 축적할 기회로 삼다.

1938년(22세) 광명중학교를 졸업하다. 의사가 되기를 원하는 부친의 뜻을 거스르고 연희전문 문과에 입학하다. 연희전문 『학우회』지에 시 「새로운 길」을 발표하다.

1939년(23세) 정지용을 방문하여 시에 관한 조언을 듣다. 이때의 인연으로 해방 이후 정지용이 그가 주간으로 재직하는 『경향신문』에 윤동주의 시를 소개하고 윤동주의 시집에 서문을 쓰게 되다. 『조선일보』 학생을 위한 지면에 산문 「달을 쏘다」, 시 「유언」 「아우의 인상화」를 발표하다. 동시 「산울림」을 『소년』에 발표하다. 시대상황에 대한 번민으로 말미암아 기독교 신앙에 회의를 느끼다. 이러한 마음가짐을 드러내고 있는 시편들이 1940년에 발표된 「팔복」과 「위로」 「병원」 등의 작품이다.

1941년(25세) 기독교 신앙을 회복하고 시대현실로 인한 고통과 희생을 각오하는 삶의 이

정표를 세우다. 이러한 마음가짐은 「십자가」와 「서시」 등의 시편에 표현되어 있다. 전쟁 때문에 학사일정이 3개월 단축되어 12월에 연희전문을 졸업하다. 그동안 발표하거나 써두었던 19편의 작품을 묶어서 『하늘과 바람과 별과 시』라는 제목으로 필사본 시집을 만들었으나 한정판으로 시집을 출간하려는 계획은 좌절되다.

1942년(26세) 일본으로 유학길에 올라 도쿄 릿쿄대학 문학부 영문과에 입학하다. 같은 해 도시샤대학 영문학과에 편입학하다.

1943년(27세) 7월에 독립운동 혐의로 일본 경찰에 체포되다.

1944년(28세) 교토지방재판소로부터 징역 2년을 선고받고 복역하다. 후쿠오카형무소로 이송되다

1945년(29세) 2월 16일 새벽에 별세하다. 3월에 북간도 용정동산의 중앙교회 묘지에 유해를 안치하다.

1947년 유작 「쉽게 씌어진 시」가 『경향신문』에 정지용의 언급과 함께 발표되다.

1948년 유고 31편을 수록한 시집 『하늘과 바람과 별과 시』가 정지용의 서문과 함께 정음사에서 발간되다.

1955년 서거 10주년 기념으로 동명의 증보판 시집이 발간되다.

1990년 광복절에 건국훈장 '독립장'을 수여받다.

1998년 윤동주의 모든 작품을 수록한 『사진판 윤동주 자필 시고 전집』(오오무라 마스오, 윤인석, 왕신영, 심원섭 편)이 민음사에서 발간되다.

2004년 『정본 윤동주전집』(홍장학 엮음)과 『원전연구 윤동주전집』(홍장학 저)이 문학과지성사에서 간행되다.

2006년 『원본대조 윤동주전집―하늘과 바람과 별과 시』(연세대 출판부)가 간행되다.

오장환 吳章煥, 1918~1951

/오형엽/

오장환의 본격적인 문학활동은 1933년 『조선문예』 11월호에 시 「목욕간」을 발표하면서 시작된다. 1918년 5월 15일 충청북도 보은군에서 부 오학근과 모 한학수 사이에서 4남 4녀 중 3남으로 태어난 오장환은 서당에서 한문을 배우다가 1924년 4월 회인공립보통학교에 입학하지만, 1927년 4월 회인공립보통학교를 자퇴하고, 5월 안성공립보통학교 4학년에 전학한다. 이때 제2의 고향인 경기도 안성군 읍내면 서리 314번지로 이사하는데, 이 곳은 그 집안의 선영이 있고 해주 오씨의 집성촌이 있는 곳이기도 하다. 오장환이 보통학교 5학년 때인 1929년, 그의 큰어머니 즉 부친의 본처인 이민석이 안성 서리에서 사망한다(2년 후인 1931년 5월 5일 첩실로 있던 생모 한학수와 재혼 신고함으로써 서출이었던 오장환은 적자로 신고된다). 1930년 3월 안성공립보통학교를 졸업하고, 중등학교 입학시험에서 낙방하여 잠시 고향에 머물다가 상경하여 중동학교 속성과에 입학한다. 1931년 3월 중동학교 속성과를 수료하고, 4월 휘문고등보통학교에 입학한다.

오장환은 휘문고보 시절 어린 나이로 작품을 발표하여 주변의 관심을 모았는데, 1933년 『조선문예』 11월호에 시 「목욕간」을 , 1934년 9월 『조선일보』에 연작시 「카메라 · 룸」을 발표한 것은 오장환이 16~17세 때의 일이다. 이처럼 시작활동이 시작된 직후인 1935년 4월 오장환은 휘문고보를 중퇴하고 일본으로 건너가 도쿄에 있는 지산(智山)중학교에 전입하여 수료한다. 그리고 1936년 8월 귀국하여 서울 종로구 운니동 24번지로 호적을 옮기고 시작활동을 본격화하다. 1937년 4월에 다시 일본 메이지(明治)대학 전문부 문과 문예과 별과에 입학하지만 1년 만에 중퇴하고, 서정주, 김동리, 함형수, 김상원 등과 시인부락 동인을 결성하면서 왕성한 작품활동을 시작한다. 시집 『성벽』과 『헌사(獻詞)』의 시편들 대부분이 이 기간에 쓰여진 것이다. 오장환은 1937년 8월 첫 시집 『성벽』을 풍림사에서 100부 한정본으로 자비출판한다. 당시 이 시집은 큰 반향을 일으킨 것으로 보이는데, 김기림은 『조선일보』 9월 18일자에 실린 서평 「『성벽』을 읽고」에서, "오장환은 일찍이 길거리에 버려진 조개껍질을 귀에 대고도 바다와 파도 소리를 듣는 아름다운 환상과 직관의 시인이었다. 그러나 이번 『성벽』에 골라서 엮은 시편들은 그러한 꿈의 세계와는 딴판으로 성숙하고, 생각 많은 청년의 정열에 끓는 고백으로 꿰뚫어져 있다"

고 평한다.

오장환은 2년 후인 1939년 7월 제2시집 『헌사(獻詞)』를 남만서방(南蠻書房)에서 간행한다. 남만서방은 1938년 3월 메이지대학 전문부를 중퇴하고 귀국하고, 7월 부친이 종로구 운니동 24번지 자택에서 사망한 후, 오장환이 서울 종로구 관훈정에 직접 설립하고 경영한 서점이다. 김광균 시집 『와사등』과 서정주 시집 『화사집』도 여기서 간행하게 된다. 김광균은 『문장』 9월호에 실린 서평 「오장환 시집 『헌사』」에서, "장환의 첫 시집 『성벽』에서 보여주던 사랑스러운 데카당과 좋은 풍속 묘사와 풍자에서 느끼는 신선한 스타일에서 『헌사』의 혼탁과 회의의 길에 여기 우리 젊은 시가 가진 여러 문제가 임신되었다"라며 당시 전반적인 시적 경향과 더불어 오장환의 시를 다소 비판적으로 평한다.

시집 『성벽』과 『헌사』의 시편들은 과거의 전통이나 유산을 청산해야할 구시대의 유물로 간주하는 철저한 진보적 시의식과 도시문명의 이미지를 둘러싸고 형성되는 데카당스의 세계를 보여준다. 『성벽』에서 오장환은 모더니즘의 형식적 세계를 극복하고자 인간의 문학을 주장하면서 유교적 가치관을 거부하고 타락한 사회상을 고발한다. 그러나 진보적 욕구가 문화적 충격의 체험과 결부되어 문명의 왜곡된 탐닉과 자아의 분열로 전이된다. 표제작 「성벽」에서 '성'은 유교적 가치관에 근거한 과거의 유산을 상징하며, 이러한 '성벽'에 대한 부정과 거부를 통해 근대 도시문명과 관련된 진보의식을 드러낸다. 근대 지향의 강렬한 부정성과 퇴영적 모습은 『헌사』에서 허무와 죽음의 상징체계를 중심으로 한 자기 부정의 양상으로 나타난다. 부정의 대상이 외부현실에서 자기 자신으로 바뀌는 데서 오는 절망적 자조가 상실감과 멜랑콜리를 형성하는 것이다.

오장환은 일본 유학기간을 포함한 1935~1940년 사이에 외지를 떠돌다가 돌아오기를 반복하는 일종의 방랑벽이 있었던 것 같고, 경제적 형편도 좋지 않았던 것 같다. 그가 처음 일본에 갔을 때 신문배달을 하면서 고학을 했던 것 같고, 이때부터 사회주의 사상에 눈뜨기 시작한 듯하다. 1940년 생활비와 학자금을 벌기 위해 사자업(寫字業)을 했다고 하는데, 이 일이 인쇄관계 회사에 다닌 것이지 자영한 것인지 확실치는 않다. 이런 전력이 이후에 남만서방을 경영하는 계기로 작용한 듯하다. 이 무렵 정릉 입구 돈암동 105번지로 이사한다. 1941년 『삼천리』 『문장』 『춘추』 등에 시 「연화시편(蓮花詩篇)」 「귀촉도」 「귀향의 노래」 등을 발표하고, 1943년 『춘추』 『조광』 등에 시 「여중(旅中)의 노래」 「정상의 노래」 등을 발표한다. 1945년 신장병으로 입원 중에 8·15해방을 맞이하고, 8·15해방을 기점으로 제3시집 『병(病)든 서울』의 시편들을 쓰기 시작한다. 1946년 2월에 결성된 조선문학가동맹에 참여하여 활동하다가, 5월 번역 시집 『에세-닌 시집』을 동향사에서 간행하고, 7월 제3시집 『병(病)든 서울』을 정음사에서 간행한다. 1947년 1월 「성벽」 「온천지」 「경(鯨)」 「어육(魚肉)」 「어포(漁浦)」 「역(易)」 등 6편의 시를 증보하여 첫 시집 『성벽』 재판을 아문각(雅文閣)에서 간행한다. 이봉구는 이 시집 발문 「성벽 시절의 장환」에서, "『성벽』은 우리 시단에서 죽음으로 현대인의 어두운 숙명을 노래한 새로운 서정시의 등불이였고 그 당시 우리 꿈많은 시절을 회상하기에도 그리운 기항지이다."라고 쓴다. 같은 해 2월에는 강화군 강화면 신문리 출신의 장정인과 결혼한다. 그리고 6월 제4시집 『나 사는 곳』을 헌문사(獻文社)에서 간행하는데, 이 시집은 시기적으로 『병(病)든 서울』의 시편들보다 이전의 시편들로 편성되어 있다.

1947년 6월에 간행된 시집 『나 사는 곳』은 시집 『헌사』 이후 해방 때까지 발표한 작품들을 묶은 것이다. 여기서 오장환은 역사의식의 성숙과 함께 재발견한 고향의 가치를 드러내고, 향토적 삶이 부여하는 생명력으로 식민지 현실을 극복하려는 의도를 보여준다. 귀향 모티프를 서정성에 담아 노래한 이 시편들에서 식민지 현실에 대한 자각과 함께 민족적 가치를 발견하려 한다. 시집 후기에서 오장환은 "『나 사는 곳』의 시절은 1939년 7월서부터 1945년 8월, 역사적인 15일이 올 때까지다. 불로소득을 즐기고 책임 없는 비난을 일삼던 그때의 필자가 인간 최하층의 생활을 하면서도, 아주 구할 수 없는 곳에까지 이르지 않았던 것은 천만다행으로 시를 영위하였기 때문일 것이다"라고 쓴다. 1946년 7월에 간행된 『병(病)든 서울』은 현실비판 정신과 사회주의 이데올르기를 추구한 시세계를 보여준다. 이 시집에는 해방기의 환희와 함께 혼란스럽고 모순된 시대 현실이 나타나며, 자신에 대한 비판과 사회주의 이데올르기를 추구하는 모습을 보여준다. 혁명기 러시아의 시인 예세닌의 시를 번역하여 출간한 것도 이와 관련된다. 표제작 「병(病)든 서울」은 해방 직후 서울을 중심으로 이념의 대립과 정치적 타락의 실상을 고백적 어투로 진술하면서 진솔한 자기비판까지 시도하는 작품이다.

지병인 신장병을 앓으면서도 좌익전선에 뛰어들어 활동하던 오장환은 1947년 12월경 본격적인 분단을 전후하여 월북한다. 1948년 시 「2월의 노래」가 북조선문학예술 총동맹 기관지 『문학예술』에 발표하는데, 이에 앞서 그는 『현대조선문학전집』에 실린 「북조선이여!」라는 시를 먼저 썼다고 한다. 1948년 7월 산문집 『남조선의 예술운동』을 간행하고, 1950년 5월 제5시집이자 소련 기행 시편들을 수록한 『붉은 기』를 간행한다. 『붉은 기』는 좌경적 이념이 심화되어 사회주의 이데올르기가 강하게 나타나고 현실에 대한 긍적적 태도가 두드러지는 시집이다. 여기에 오장환이 소련의 수도 모스크바 시립 볼킨병원에서 치료하고 귀국하는 과정을 노래한 일련의 시편들이 수록된다. 이는 사회주의 종주국인 소련에서 신병 치료를 받게 된 고마움과 그곳에서 체험한 사회주의 문화에 대한 찬미를 기조로 하고 있다.

해방과 분단을 전후한 역사적 격동기에 좌경적 이념과 사회주의 이데올르기를 추구하다가 시적 본령인 서정과 결국은 시 자체까지 희생하게 된 오장환은, 1951년 지병인 심장병으로 34세의 나이에 사망한다. 1988년 6월 월·납북 작가에 대한 해금조치로 오장환의 작품도 간행 및 연구가 허용된 이후 1989년 1월 창작과비평사에서 최두석 편으로 『오장환전집』(전2권)이 간행되고, 2002년 2월 실천문학사에서 김재용 편으로 『오장환전집』이 간행된다. 2003년 6월 국학자료원에서 김학동 편으로 『오장환전집』이 간행되고, 2004년 10월 새문사에서 김학동 편으로 『오장환평전』이 간행된다.

1918년(1세) 5월 15일 충청북도 보은군 회인면 중앙리 140번지에서 부 오학근과 모 한학수 사이에서 4남 4녀 중 3남으로 태어나다. 모 한학수는 오학근의 첩실로 있다가 본처 이민석의 사망(1929년 1월)으로 적실로 재혼신고 된다(1931년 5월). 따라서 오장환도 서(庶) 2남으로 있다가 적출로 되면서 4남 4녀가 된다.

1924년(7세) 4월 1일 회인공립보통학교에 입학하다. 입학 전에는 서당에서 한문을 배운 것으로 되어 있다.

1927년(10세) 4월 30일 회인공립보통학교를 자퇴하고, 5월 2일 안성공립보통학교 4학년에 전학하다. 이때 거주지는 경기도 안성군 읍내면 서리 314번지로 되어 있다.

1930년(13세) 3월 24일 안성공립보통학교를 졸업하고, 중등학교 입학시험에서 낙방하여 잠시 고향에 머물다가 상경하여 중동학교 속성과에 입학하다.

1931년(14세) 3월 중동학교 속성과를 수료하고, 4월 1일 휘문고등보통학교에 입학하다.

1933년(16세) 2월 13일~3월 말까지 수업료를 내지 못해 정학처분을 받다. 『조선문예』 11월호에 시 「목욕간」을 발표하다.

1934년(17세) 9월 『조선일보』에 연작시 「카메라 · 룸」을 발표하다.

1935년(18세) 4월 일본으로 유학가서 도쿄에 있는 지산(智山)중학교에 전학하다.

1936년(19세) 3월 지산중학교를 수료하고, 8월 서울 종로구 운니동 24번지로 호적을 옮기다. 시인부락, 낭만동인으로 참여하면서 시작활동을 본격화하다.

1937년(20세) 4월 일본 메이지(明治)대학 전문부 문과 문예과 별과에 입학하다. 자오선 동인으로 참여하여 시작활동을 하다. 8월 첫 시집 『성벽』을 풍림사에서 100부 한정본으로 자비출판하다.

1938년(21세) 3월 메이지대학 전문부를 중퇴하고 귀국하다. 7월 부친이 종로구 운니동 24번지 자택에서 사망하다. 서울 종로구 관훈정에 남만서방(南蠻書房)을 경영하다.

1939년(22세) 7월 제2시집 『헌사(獻詞)』를 자신이 경영하는 남만서방에서 간행하다.

1940년(23세) 일본에서 사자업(寫字業)을 하다. 중국 등지를 방랑한 것으로 되어 있으나 확실치 않다. 정릉 입구 돈암동 105번지로 이사하다.

1941년(24세) 『삼천리』 『문장』 『춘추』 등에 시 「연화시편(蓮花詩篇)」 「귀촉도」 「귀향의 노래」 등을 발표하다.

1943년(26세) 『춘추』 『조광』 등에 시 「여중(旅中)의 노래」 「정상의 노래」 등을 발표하다.

1945년(28세) 신장병으로 입원 중에 8 · 15해방을 맞이하다. 8 · 15해방을 기점으로 제3시집 『병(病)든 서울』의 시편들을 쓰기 시작하다.

1946년(29세) 2월에 결성된 조선문학가동맹에 참여하여 활동하다. 5월 번역 시집 『에세-닌 시집』을 동향사에서 간행하다. 7월 제3시집 『병(病)든 서울』을 정음사에서 간행하다.

1947년(30세) 1월 「성벽」 「온천지」 「경(鯨)」 「어육(魚肉)」 「어포(漁浦)」 「역(易)」 등 6편의 시를 증보하여 첫 시집 『성벽』 재판을 아문각(雅文閣)에서 간행하다. 2월 강화군 강화면 신문리 출신의 장정인과 결혼하다. 6월 제4시집 『나 사는 곳』을 헌문사(獻文社)에서 간행하다. 이 시집은 시기적으로 『병(病)든 서울』의 시편들보다 이전의 시편들로 편성되어 있다. 12월경 본격적인 분단을 전후하여 월북하다.

1948년(31세) 시 「2월의 노래」가 북조선문학예술 총동맹 기관지 『문학예술』에 발표되다. 이에 앞서 그는 『현대조선문학전집』에 실린 「북조선이여!」라는 시를 먼저 썼다고 한다.

1950년(33세) 5월 제5시집이자 소련 기행 시편들을 수록한 『붉은 기』를 간행하다.

1951년(34세) 지병인 심장병으로 별세하다.

1988년 6월 월·납북 작가에 대한 해금조치로 오장환의 작품도 간행 및 연구가 허용되다.

1989년 1월 창작과비평사에서 최두석 편으로 『오장환전집』(전2권)이 간행되다. 이 전집에는 첫 시집에서 제4시집까지 수록된 시들을 발표순으로 배열하고, 신문과 잡지 등에 발표된 것들로서 시집에 수록되지 않은 시를 수록한다. 2권은 산문과 번역시집을 역시 발표순으로 수록한다. 표기는 가급적 원문을 따르는 쪽을 택한다.

2002년 2월 실천문학사에서 김재용 편으로 『오장환전집』이 간행되다. 이 전집은 창작과비평사본에 제5시집 『붉은 기』를 위시하여 오장환이 월북한 후에 창작한 시와 산문까지 포함되어 있다.

2003년 6월 국학자료원에서 김학동 편으로 『오장환 전집』이 간행되다. 이 전집은 창작과비평사본과 실천문학사본을 토대로 시부, 역시부, 산문부 등 3부로 나누어 편성한다. 시부, 역시부의 표기는 시집분을 그대로 따르며, 산문부는 '작가론 과 시론 및 기타' '미술평' '수필과 시론(時論) 및 기타'로 유형화하고 현행 철자법으로 바꾼다.

2004년 10월 새문사에서 김학동 편으로 『오장환평전』이 간행되다.

2008년 10월 실천문학사 주관으로 '오장환문학상이' 제정 제1회 수상자를 내다.

조연현 趙演鉉, 1920~1981

/김명인/

조연현은 1920년 9월 8일, 경상남도 함안군 함안면 봉성동 1202의 1번지에서 부 조문태(趙文台), 모 김복선(金福善)의 1남 2녀 중 장남으로 태어났다. 그가 태어난 곳은 함안 조씨의 집성촌이며 조부가 그 수장격이었기 때문에 유·소년기의 그의 환경은 유복했던 것으로 보인다. 그의 부친은 '일본으로, 만주로 유랑하고 다녔기 때문에' 그는 어린 시절 부친의 영향은 거의 받지 못하고 조부의 영향을 받고 자랐다고 한다.

14살이 되는 1933년에 향리의 함안보통학교를 졸업하고 서울로 올라와 보성중학에 입학했지만 그해 10월 보성중학을 '이유없이' 그만두고 고등예비학교에 들어갔다가 이듬해 다시 중동중학 2학년에 편입했다. 그러다가 다시 중동중학을 그만두고 배재중학 3학년에 편입하여 1938년 배재고보를 졸업하였다. 이러한 이례적인 학교편력의 배후에는 기계적 학업에 대한 염증과 그 자신의 낭만적 기질이 크게 작용한 것으로 보인다. 단 중동중학 재학 시 교사였던 김광섭으로부터 문학적 영향을 받은 것은 특기할 만하다.

배재중학에 편입한 1935년 『조선일보』가 발행하던 잡지 『조광』 독자란에 시를 한편 투고하였는데 그것이 게재되었다고 한다. 이것이 계기가 되어 『동아일보』 『조선일보』 『매일신보』 등 중앙일간지의 학생란에 여러 편 시를 보냈고 또 여러 번 발표되기도 하였다. 중학을 졸업하던 해인 1938년, 『조선일보』 신춘문예에 시 「하나의 향락」을 응모했으나 낙선하였다. 하지만 이 시는 그 해 3월 당시 『조선일보』 학예부장이던 이원조의 호의로 『조광』지에 학생시나 투고시가 아닌 기성시 자격으로 게재되어 조연현을 크게 고무시키게 된다.

1939년 조연현은 만주의 하얼빈에서 1년 정도를 거주하게 된다. 무슨 이유로 그가 만주에 가게 되었는가에 관해선 아직 밝혀진 바가 없지만 그 자신에 의해 '방랑시절'이라고 불린 이 시기에 그의 문학은 일정한 질적 변화를 일으킨다. 신문투고의 형태이지만 비평을 시작한 것이다. 『매일신보』 1939년 9월 3일자에 실린 「결별문에 답함」을 비롯한 세 편의 글이 비록 소략한 형태로나마 비평의 꼴을 갖추고 있는 것이다. 이를 필두로 이듬해인 1940년 다시 서울로 돌아와 혜화전문학교 흥아과(興亞科)에 입학하고서도 그는 비평적 활동을 계속한다. 1942년부터는 일본어로 쓴 평론들을 덕전연현(德田演鉉)이라는 창씨명으로 『동양지광』 『국민문학』 등 친일잡지의 지면에 본격적으로 발표하기 시작한다.

1941년에 혜화전문에서 모종의 학생사건에 연루되어 동교를 중퇴하고, 절에서 도피생활을 하던 그는 1944년에 고향에 돌아와 면 총력계 서기로 일하게 된다. 이 시절 그는 소인극단을 꾸며 군내를 순회하며 공연활동을 하기도 했다. 해방을 맞은 그는 마을의 청년대표가 되어 우익적 성향의 '자치위원회'를 결성하여 군청을 접수하려는 시도에 가담하기도 했다.

해방이 되자 조연현은 함안에서 서울로 올라온다. 당시의 시국과 문단의 동향에 예민하게 촉각을 곤두세우고 있던 조연현은 우선 친구의 도움을 받아 문예지를 발간하는 것으로 공식적인 문단활동의 길에 들어선다. 그 잡지가 1946년 1월에 창간한 『예술부락』이었다. 이 잡지의 창간호에 「새로운 문학의 방향—조선문학의 과거와 진로」라는 좌경적 평론을 써서 주목을 받았던 그는 해방문단이 좌우로 분열되는 과정에서는 우익적 진로를 택해 1946년 4월 4일 결성된 조선청년문학가협회(청문협)에 가담하여 본격적인 우익문학운동을 전개하게 된다.

조연현은 평론분과를 담당하여 회장을 맡은 김동리와 함께 이 조직의 논리를 창출하는 이데올로그로서의 역할을 전담하다시피 하였는데 김동석·김병규와 김동리·조연현 간에 이루어진 순수문학논쟁과, 좌익문인들과의 대결에 있어서 조연현이 획득한 득의의 논리인 생리론 등이 그 구체적인 성과라고 할 수 있다.

청문협이 결성된 1946년 4월부터 이승만 단독정부가 들어선 이후 문화계에 좌익인맥이 일소되는 계기가 되는 「민족정신앙양 전국문화인 총궐기대회」가 열린 1948년 12월 말경까지의 약 3년간 조연현은 반좌익투쟁의 최전선에서 좌익측의 역사주의적, 합리주의적, 계몽주의적 논리에 대항하는, 정확히 말하면 그 논리들에 대해 대타적 동일성을 구현하는 독자적인 논리를 펼쳐나간다. 즉 논리에 대해서는 생리를, 개념에 대해서는 현실을, 합리에 대해서는 생명을, 상대성에 대해서는 절대성을 내세우는 방식으로 마르크시즘이라는 거대한 체계와 대항해 나간 것이다.

1948년 이후 남한문단에서 좌익그룹이 거의 소멸하고 나자 그의 비평은 좌익과의 논쟁 중에 형성된 순수문학론, 생리론 등을 보다 세련화하고 서정주, 박두진, 김동리, 최명익, 이상 등의 작가론으로 구체화하는 한편 자신의 문학관과 세계관의 근거로서 도스토예프스키라는 또 하나의 거대한 정신을 해명하는 일에 나선다. 이는 마르크시즘적 문학관과 문학사관이 패주한 상황에서 그 나름대로 한국 근현대문학사의 정통을 수립하고 그 사상적 기반을 마련하고자 하는 노력이었다.

한편 그는 문학저널리스트로서의 욕망도 계속 추구하는데 모윤숙의 도움으로 1949년 창간한 『문예』가 그것이었다. 이 잡지의 기본입장은 "모든 문학상의 주의 주장, 모든 문단적 세력을 초월한 작품본위의 순문예지를 꾸민다"는 것이었다. 그러던 중 한국전쟁이 발발했다. 조연현은 서울을 탈출하지 못하고 인민군 점령하의 서울에서 지명수배가 된 상태에서 은신처에서 90여 일간을 버티어 냈다. 수복이 되고 '잔류파', 특히 부역문인들에 대한 서슬퍼런 단죄론이

기세를 올릴 때 조연현이 역시 서울을 탈출하지 못한 김동리와 함께 대부분의 부역문인들을 단죄론의 곤경으로부터 구출해내는 데 큰 기여를 했다는 점은 그의 인간적 면모의 일편을 보여주는 일례가 된다.

해방기의 좌우투쟁과 전쟁기의 시련을 겪으면서 조연현은 어느새 거물이 되었고 1954년에는 최연소 예술원회원에 피선되는 등 이러저러한 기득권들이 그에게 주어졌으며 조연현의 정신은 그만큼 이완되었다. 그는 흔들리지 않는 권력의 무게를 얻었지만 스스로 늘 주장하던 문학에 대한 순수하고 치열한 몸부림은 잃고 말았다. 그는 스스로 제도의 일부가 된 것이다. 그는 예술원 회원이라는 명예는 얻었으나 이와 관련하여 모윤숙 등 문총계의 공격과 여론의 비판에 의해 궁지에 몰리는 등 추문의 주인공이 되기도 하였다.

이런 상황에서 그는 1955년 독지가의 후원으로 『현대문학』을 창간하게 되었는데 이후 그는 이 『현대문학』을 통해 당대 최고의 문학저널리스트로서의 권좌를 누리는 한편 이후 1980년대 초까지 문화예술분야의 여러 공공기관과 단체의 고위직을 두루 거치게 되면서 하나의 문화권력의 자리에까지 오르게 된다. 예술원 회원에 피선된 것을 필두로 1959년 문교부 영화검열위원, 1970년 국전 연구위원회 위원장, 1971년 문협 부이사장 및 한국문화예술윤리위원회(이하 예륜) 위원장, 1972년 국제펜클럽 한국본부 부위원장, 1973년 문협 이사장, 1979년 문교부 명예박사공적심사위원, 1980년 도서잡지윤리위원, 정부헌법개정심의위원, 1981년 한국잡지협회 회장 등이 그것이다. 또한 1961년부터는 서울대, 연세대 등에 출강하는 한편 동국대학교 전임교수로 취임하여 대학강단에도 서게 되는데 1978년에는 한양대 문과대학장으로 옮겨 대학교수로서도 적지 않은 명예를 얻었다고 할 수 있다.

그는 『현대문학』 창간 이후 평론가로서보다는 잡지발행과 문단관리, 그리고 문학사 집필에 더 무게를 두게 되는데 이는 해방기와 전쟁을 거쳐 우익문학인으로서 승리자의 지위를 누리는 동안 대결해야 할 비평적 과제의 소멸에 따른 자연스러운 결과였다. 1955년부터 1958년까지 『현대문학』에 연재한 『한국현대문학사』는 1956년에 그 1부가 간행되고 1961년에 1, 2부가 완간되었으며, 1969년 마지막 개정증보판이 간행된 그의 주저였다. 이 저술은 자신을 포함한 문협정통파들의 문단사적 승리를 문학사적 승리로 승화시켜 이를 공식적으로 확인하는 작업이었다.

4·19를 전후한 시기에 그는 또 한 차례 위기를 겪는다. 이는 이승만정권의 개국공신인 그로서는 필연적인 귀결이라고 할 수 있을 것이다. 그는 1958년 '보안법 파동'의 와중에서 국회공청회에 나가 보안법 개정 지지연설을 하였고 또한 1960년에는 다른 30여 명의 문인들과 같이 이기붕을 찬양하는 글을 거금 5만원의 원고료를 받고 써준 일이 있다. 4·19혁명이 일어나자 그는 비난여론 앞에서 '자중과 인내의 한 자세'로 잠시동안 형식적이나마 『현대문학』 주간직을 내놓아야 했다.

이런 상황에서 5·16쿠데타가 일어났다. 5·16은 그를 이런 곤경에 빠뜨린 4·19적 유동성을 일거에 고사시켰으며, 혼란 대신 질서, 분열 대신 통일을 가져온, 역사가 그에게 준 최고의 선물이었다. 5・16은 조연현을 비롯한 기존의 '어용정치문인들'에 대한 비난을 종식시켜준 것 외에 여러 단체의 난립으로 그 권위를 도전받게 된 조연현 중심의 문단구도를 해체 재통합이라는 방식으로 재확립하게 되는 망외의 선물을 가져온 것이다. 한국문협과 자유문협 등 여러 개로 나뉘었던 문단은 1961년 12월 30일 한국문인협회(약칭 문협)로 통합되는데 현실적인 힘의 논리상 그 주도권은 조연현 등 이른바 '문협정통파'들이 쥘 수밖에 없었다.

이런 역사적 배경 아래서 조연현을 정점으로 하는 '문단주체세력'과 쿠데타를 성공시킨 '혁명주체세력'은 이후 오래동안 밀월관계를 유지하게 된다. 실제로 조연현은 1970년대를 일관하여 문협 이사장직을 유지하게 된다. 이러한 밀월관계는 조연현 중심의 보수우익문단이 70~80년대를 통과하면서 점차 궁지에 몰리게 됨에도 불구하고 계속 유지되며 그는 70년대 말에는 당시 새로운 기운으로 대두되던 민족민중문학의 흐름에 대해 적극적인 반격에 나서게 된다. 그는 박정희정권을 이어서 5공화국 정권 초기인 1980년까지도 새로운 독재자를 옹호하고 지원하는 역할을 적극적으로 수행하다가 그해 11월 일본여행 중에 객사함으로써 그 영욕의 일생을 마치게 된다.

조연현 ▸▸

1920년(1세) 9월 8일, 경남 함안군 함안면 봉성동에서 부 조문태, 모 김복선의 1남 2녀 중의 장남으로 태어나다. 유족한 재지지주계급 출신으로 집성촌의 수장격인 조부의 영향 아래 유복한 유년시절을 보내다.

1933년(14세) 함안 공립보통학교를 졸업하고 보성중학 입학하였으나 10월 이유 없이 학업을 중단하고 고등예비학교에 들어가다.

1934년(15세) 중동중학에 2학년으로 편입하다. 당시 중동중학 교원으로 있던 시인 김광섭 선생의 학급에 편입되어 개인적인 가르침을 받고 문학에 눈을 뜨다.

1935년(16세) 다시 중동중학을 그만두고 이번엔 배재중학 3학년에 편입하다. 이 무렵에 오스카 와일드의 『옥중기』를 읽고 '인간의 고뇌와 참회'라는 문제에 관심을 가지기 시작하고 신문 잡지의 학생란에 시와 수필 등을 투고하다. 10월 『시건설』지에 시 「과제」가 발표되다.

1937년(18세) 학생신분으로 정태용 등과 동인지 『아(芽)』를 발간하다.

1938년(19세) 배재고보를 졸업하고 정태용, 유동준 등과 동인지 『시림(詩林)』을 발간하다.

1939년(20세) 만주 하얼빈에서 약 1년 동안 거주하다. 하얼빈대학에 적을 두고 신문투고의 형태로 비평적 글쓰기를 시작하다. 「결별문(訣別文)에 답함」(『매일신보』, 9.3) 「농민문학에 대하야」(『매일신보』, 9.24) 등을 쓰다.

1940년(21세) 하얼빈에서 귀국하여 혜화전문학교(현 동국대학교) 흥아과(興亞科)에 입학하다.

1941년(22세) 혜화전문 입학 1년만에 교내 웅변대회 및 시낭송회 행사에서 몇몇 학생들과 함께 '불온한' 시를 낭송한 것이 문제가 되어 경찰에 검거되었다가 약 두 달만에 기소유예로 풀려나와 동교를 중퇴하고 산사로 들어가다.

1942년(23세) 덕전연현(德田演鉉)으로 창씨개명을 하고, 신체제론에 영합하는 「아세아부흥론서설(亞細亞復興論序說)」(동양지광 6) 등 친일 평론과 「니체적 창조(ニ-チェ的 創造)」(『동양지광』 12월~43년 1월) 등 니체의 영향을 받은 평론들을 발표하다.

1944년(25세) 산사에서 내려와 고향 함안에 돌아와 면 총력계서기로 일하면서 동네의 젊은 청년들과 소인극단을 꾸려 술집 기생들과 함께 군내 공연을 핑계로 연극연습을 하다.

1945년(26세) 해방과 더불어 우익성향의 자치위원회를 결성하여 군청을 접수하는 시도에 가담하지만 곧 서울로 상경하여 혜화전문 동창생인 김영태의 사업자금을 빌려 문예지 『예술부락』 창간작업을 하다.

1946년(27세) 『예술부락』 3호까지 발간하다. 이를 통해 정태용, 김윤성, 곽종원 등 동년배의 문인들과 긴밀한 인맥을 형성하고 유치환, 김동리, 서정주, 조지훈 등과 연결되는 기회를 가지다. 이해 4월 김동리 등과 함께 '청년문학가협회'를 결성하여 좌익계 문학가동맹과 정면대결에 나서다. 최상남과 결혼하다.

1947년(28세) 조석동(趙石童)이라는 필명으로 경향신문 신춘문예에 「우리 문학의 성격」이라는 평문으로 당선되다. 『민주일보』 『민중일보』 등의 기자를 거쳐 『민국일보』 문화부장 겸 사회부장으로 일하면서 '전국문화단체총연합회' 결성의 산파역 맡다. 「논리와 생리-유물사관의 생리적 부적응성」(『백민』, 9) 등 우익 문학의 주요한 논리를 개발하는 글들을 발표하다. 장남 광권 출생하다.

1948년(29세) '한국문학가협회' 결성하고 문학가동맹 이론가들과의 거듭된 논쟁을 통해 우익이론가로서의 입지를 확실히 하였으며 이승만정권 수립에 문화부분에서 지대한 기여를 하다. 「구국문학론의 정체」(『대조』 3) 등의 논쟁적 '순수문학론'적 평론들과, 「원죄의 형벌-『화사집』 『귀촉도』를 통해 본 서정주」(『해동공론』, 9) 등 '창조적 비평론'으로 요약되는 자신의 비평세계를 확고히 하는 문제적 평론들을 활발하게 발표하다.

1949년(30세) 모윤숙의 적극적 도움으로 월간지 『문예』를 창간하여 편집장과 주간직을 맡다. "모든 문학상의 주의주장, 모든 문단적 세력을 초월한 작품본위의 순문예지"를 표방하고 과감한 포용적 편집, 기고원칙을 실천하다. 첫 평론집 평론집 『문학과 사상』(세계문학사)을 상재하고 「본격소설론-소설의 정도와 그 구경」(『조선교육』, 2) 등 무려 40편에 달하는 평론을 발표하여 남한문단을 대표하는 비평가로서의 입지를 굳히다. 한편 대한노총 선전부장을 역임하는 등 이승만 정권에도 적극 협력하다.

1950년(31세) 한국전쟁 당시 탈출하지 못하고 왕십리의 매부의 집 천정의 은신처에서 90

일 동안 지하생활을 하다. 9·28수복 이후 역시 서울에 남아 있던 김동리와 함께 부역 혐의를 받던 상당수의 문인들을 변호해 주다. 부산으로 피난하여 『문예』 전시판을 만들어 배포하다.

1953년(34세) 서울로 복귀하다. 장녀 선영 출생하다.

1954년(35세) 학술원과 예술원이 창립되면서 최연소 예술원 회원으로 피선되다. 이를 계기로 김광섭, 이헌구, 모윤숙 등 예술원 회원 선출에서 탈락된 원로문인들과 갈등이 시작되고 이 여파로 『문예』가 폐간되다. 두 번째 평론집 『문학입문』(창인사) 간행되다.

1955년(36세) 대한교과서주식회사 김기오 사장의 도움으로 월간 『현대문학』 창간하고 주간직을 맡음으로써 문단적 곤경에서 벗어나 문단권력의 장기적 토대를 마련하다. 6월부터 『한국현대문학사』 연재를 시작하다.

1956년(37세) 『한국현대문학사(1부)』(현대문학사) 간행하다.

1958년(39세) 국회에서 이승만 정권을 위해 보안법 개정지지 연설을 하다. 세 번째 평론집 『문학과 그 주변』(인간사) 간행하다. 차녀 혜영 출생하다.

1959년(40세) 문교부 영화검열위원에 피선되다.

1960년(41세) 4·19혁명과 함께 어용정치문인으로 낙인찍혀 『현대문학』 주간직 사임하다.

1961년(42세) 동국대학교 국어국문학과에 전임교수로 취임하다. 『한국현대문학사(1, 2부 통합)』(인간사) 발간하다.

1963년(44세) 정부로부터 문화포상 수상하다.

1965년(46세) 대한민국예술상 수상하다.

1966년(47세) 예술원상 수상하다. 국문학 학술저서인 『한국신문학고』(문화당) 발간되다.

1968년(49세) 문협 사무국 공금유용 사건으로 문협 이사장 선거에서 서정주가 낙선하고 반조연현계의 수장격인 김동리가 당선하자 문협에서 일시 탈퇴하다.

1969년(50세) 『한국현대문학사(개정·증보판)』(성문각) 간행되다.

1970년(51세) 3·1문화상, 국민훈장 동백장 받다. 대만에서 개최된 펜클럽 아시아작가대회에 한 국대표로 참석하다. 국전 연구위원회 위원장, 한국문화예술윤리위원회 위원장 피선되다.

1971년(52세) 세계작가대회에 한국대표로 참석하다. 한국문인협회 부이사장에 피선되어 다시 문협 권력의 중심에 복귀하다. 한국문화예술윤리위원회 위원장에 피선되다.

1972년(53세) 국제펜클럽 한국본부 부위원장에 피선되다. 『한국현대문학사』(1, 2부 합본, 성문각) 간행되고 같은 책의 일본어판이 출간되다.

1973년(54세) 마침내 한국문인협회 이사장으로 피선되다.

1976년(57세) 현대문학사 사장으로 취임하다.

1977년(58세) 『조연현문학전집』(전6권 어문각) 간행되다.

1978년(59세) 동국대 교수직 사임하고 한양대학교 문과대학 학장으로 취임하다.

1979년(60세) 한국문인협회 이사장에 피선되다(삼선). 동국대에서 명예문학박사학위 받고 문교부 명예박사 공적심사위원으로 위촉되다. 「참여주의문학에 대하여」(『월간문학』, 1) 「민족문학과 민중문학」(『현대문학』, 8) 등으로 민족민중문학에 대해 반격을 가하다.

1980년(61세) 서울시 한강보존위원회 위원, 도서잡지윤리위원회 위원, 정부헌법개정심의 위원으로 위촉되다. 「80년대의 문화혁명적 성격」(『문예진흥』, 10)으로 신군부의 파시즘적 문화관을 앞장서 선창하다.

1981년(62세) 한국잡지협회 회장으로 추대되다. 11월 24일 일본 체류중 뇌졸중으로 별세하다.

1982년 조연현문학상 운영위원회가 구성되고 '조연현문학상'이 제정 시행되다.

조지훈 趙芝薰, 1920~1968

/김문주/

조지훈은 1939년 4월 「고풍의상(古風衣裳)」, 같은 해 12월 「승무(僧舞)」, 이듬해인 1940년 2월 「봉황수(鳳凰愁)」 「향문(香紋)」이 정지용에 의해 추천되어 시단에 나왔다. 추천을 완료하면서 지훈의 시를 '신고전'으로 규정한 정지용은 일년 가까운 추천 과정을 통해서 지훈의 시가 일정한 방향을 잡아가도록 중요한 역할을 하였다. 지훈은 『조지훈시선(趙芝薰詩選)』의 「후기」에서 자신의 "시세계는 「고풍의상(古風衣裳)」 「승무(僧舞)」를 쓰면서부터 일변하였으며" "『문장』에 추천 받을 무렵이 자신의 시를 정립하기 위한 발판이 이루어진 때"라고 밝힌 바 있다. 첫 추천작인 「고풍의상」은 서구적 경향의 습작 경향을 탈각하여 자신의 시를 정립하고자 한 첫 시도였으며, 민속학을 비롯해 민족문화에 대한 관심의 산물이었다. 물론 지훈 문학의 출발은 당대 대개의 시인들이 그러했던 것처럼 서구의 문화와 문학 체험에서 비롯되었다.

서구의 문학 체험에서 본격화된 지훈의 시는 현상 세계의 구체적 현실보다 보편적인 인간의 문제를 주제로 삼아 출발하였다. 육체적 관능과 종교적 자의식이 문학적 심미주의와 섞이면서 전개되는 그의 습작기 작품들은 성숙하지 못한 상반된 충동이 결합하여 관념적이고 자기분열적인 양상을 띠게 된다. 습작기의 작품 경향에 뿌리를 대고 있는, 이른바 「지옥기(地獄記)」 계열의 시편들에 대해 지훈은 "습작시대의 바탕을 이루었던 작품 세계와 그에 혈맥이 닿는 작품"들로서 간헐적이나마 전 기간에 걸쳐 지속되어 왔으며 자신의 "암울과 회의, 화사와 감각의 연원에 해당하는 작품"들이라고 설명한 바 있다. 작품 제작년도를 참조하면, 「지옥기」 계열의 시편들은 「고풍의상」이나 「승무」 등 『문장』 추천작들보다 시기적으로 앞섰지만 추천의 과정에서 배제됨으로써 지훈시의 주류로 부각되지 못하였다. 그러나 「지옥기」 시편들은 지훈의 의식의 심연을 보여주는 작품들로써 습작기부터 그의 시세계의 저류를 흐르는, 주요 자질들이 함축되어 있다. 이 계열의 작품들은 소멸의 비애나 민족정서를 형상화한 「승무」 계열의 작품들과 더불어 그의 시세계의 중요한 토대가 되었다. 「지옥기」 시편에 중심을 이루는 것은 육체적 관능과 탐미주의, 종교적 자의식과 존재론적 비애였다. 시는 아름다운 것이며 인간은 본질적으로 죄의 속성과 숙명적 한계를 지닌 비극적 존재라는 인식이 「월광곡」 「종소리」 「영상」

등의 시편들에 나타나 있다. 습작 무렵의 시적 방황은 「승무」와 「고풍의상」 등 『문장』 추천 과정에서 인간의 존재론적 고뇌를 민족적인 소재와 결합하는 방향으로 수렴된다. 서구적 관념에 침윤되어 있던 습작기에 중요한 전환점이 된 것은 민족적인 것에 대한 관심이었고, 이를 통해 지훈은 문학적 심미성을 구체적인 삶의 현장과 결합할 수 있었다. 「승무」 계열의 작품은 습작기의 핵심 주제였던 육체에 대한 부정적 인식을 구도 정신과 연민의 정서로 수렴하는 계기가 되었다.

오대산 월정사 시기(1941~1942)는 불과 10개월의 길지 않은 기간이었지만 세계를 보는 시인의 관점과 창작방법이 정립된 시기였다. 이 무렵 그의 시에 집중적으로 형상화된 자연은 구체적인 자연물들의 사실적 형상이 아니라 생명 현상 속에 작용하는 근원적 질서로서의 자연이었다. 「고사(古寺)」 「산방(山房)」 「정야(靜夜)」 등 이 시기에 창작된 작품들은 언어적 수사를 넘어 사물들을 구체적인 이미지로 제시하고 표현된 언어의 너머에서 의미를 생성하는 방식으로 형상화된 세계였다. 이러한 시편들에 활용된 시적 방법으로서의 선(禪)은 형식, 논리, 수식을 뛰어넘어 평범하고 단순한 풍경을 통해 비범한 의미를 환기하는 언어의 세계를 보여주었다. 사물의 이미지 자체로서 역동적인 의미로 비약하는 선적(禪的) 언어의 발견은 단순함에서 깊은 의미를, 언어 너머에서 뜻이 생성되는 상징 세계의 창조였다. 불교적인 분위기 속에서 자연을 정관하는 월정사 시기를 지나면서 지훈은 생명과 자연현상을 우주적 원리 속에서 인식하게 되는데, 이는 단순히 추상적이고 형이상학적인 원리로서 머물지 않고 시인의 감성적 인격 속에 깊이 내면화된다. 「사모」 「창」 등의 시편은 우주적 생명과 교감하며 이를 자신의 감성 생명으로 내면화한 시인의 의식을 보여주는데, 이러한 감성 생명은 자연현상을 삶의 현실과 분리하지 않는 양상으로 전개된다. 이를테면 지훈이 「낙화」(1943)에서 보았던 것은 개체에게 부여된 운명이었으며 그것은 어찌할 수 없는 일제강점기말의 현실이었다. 시인은 꽃의 소멸에서 자신이 맞닥뜨리고 있는 현실의 삶을 정관하고 있었으며, 바로 이것이 낙화를 각별한 비애로 노래할 수 있었던 이유였다.

자연현상 속에서 우주적 질서와 그 안에 놓인 인간의 삶과 현실을 사유하는 이러한 작품들 이외에, 일제강점기말 지훈의 시에 등장하는 것은 민족의 삶에 내재한 심미적 심성과 정취였다. 『문장』의 폐간과 태평양전쟁의 발발 등 냉혹한 현실을 경험하는 과정에서 창작된 「파초우(芭蕉雨)」 「완화삼(玩花衫)」 「율객(律客)」 「피리를 불면」 등의 시편에는 방랑과 우수의 심정이 짙게 형상화되어 있다. 이러한 작품들은 체념과 비애가 민족적 심미성과 결합한 작품들이라고 할 수 있다.

순수와 참여, 민족문학과 프로문학이 이데올로기적 대립이 극성했던 해방 공간에서 지훈은 유치환, 김동리, 최태웅 등과 함께 순수와 민족문학을 강조했던 문학가협회의 일원으로 활동한다. 아울러 1946년에는 『문장』으로 등단한 박목월·박두진과 함께 3인 공저 시집 『청록집(靑鹿集)』을 발간함으로써 해방공간의 시적 이정표를 제시하고, 1947년에는 고려대학교 국문과 교수로 부임한다. 한국전쟁은 개인사적으로도 지훈에게 매우 비극적인 전쟁이었다. 모친과 아우와 매부가 사망하고 부친이 납북되었으며 조부가 자결하는 등 많은 가족 구성원을 잃은 전쟁 기간 동안 지훈은 '종군문인단'의 부단장으로 전쟁에 참여하는데, 이때 씌어진 「다부원(多富院)에서」「도리원(桃李院)에서」 등의 시편에는 생명에 대한 깊은 연민과 더불어 전쟁의 비극성이 형상화되어 있다. 1952년에는 개인 시집으로는 첫 시집이라고 할 수 있는 『풀잎단장(斷章)』이 발간되고 1953년에는 박용철과 정지용으로 이어지는 순수시론을 민족시론으로 계승·확대한 시론서 『시의 원리』를 간행한다.

해방기와 한국전쟁을 지나면서 지훈의 시에서 강조되는 것은 스스로를 기지로 삼는 주체적 생명 감성과 의지였다. 물론 그러한 의식 속에도 개체의 운명을 거시적인 질서와 역사적 관점에서 사유하는 시각이 전제되어 있다. 운명과 주체의 의지를 함께 사유하려는 태도는 해방 이후 삶과 현실과 역사를 보는 지훈의 시편 속에 두루 깔려 있다. 「역사 앞에서」「십자가의 노래」를 비롯해 사회적 현실에 대한 입장을 담고 있는 작품들에는 유한한 생의 비극성에도 불구하고 자신에게 부여된 책임을 다하려는 윤리의식이 자리 잡고 있다. 이와 같은 시적 태도는 한국전쟁 이후의 사회적 삶을 통해서 실천적으로 이루어진다. 특히 1960년을 전후로 사회적 혼란기에 그가 보여주었던 올곧은 삶은 시와 시인을 분리하지 않는 한국적 시전통의 본질을 생각하게 한다. 이러한 지훈의 정신은 4·19의거를 목격하고 이틀 후에 『고대신문』(1960.4.20)에 발표한 「늬들 마음을 우리가 안다」와 유명한 논설 「지조론」에 잘 드러나 있다. 지훈은 사회적 혼란기에 양심적인 지식으로서의 역할을 적극적으로 실천하였을 뿐만 아니라 국학 연구자로서 민족문화에 대한 관심을 구체적인 연구 성과로 결집하였다. 고려대학교 민족문화연구소 초대 소장에 취임하면서 『한국문화사대계』 전6권을 기획함으로써 지훈은 한국학의 토대를 마련하였고 개인적으로는 『한국민족운동사』와 『한국문화사서설』(1964) 등의 저술을 간행한다.

지훈은 자신과 민족, 인간과 자연 생명, 삶과 현실, 역사와 우주를 하나의 연관 속에서 사유하였다. 그것은 단순히 지적인 성격에 국한되지 않고 시인의 감성과 삶과 세계관에 두루 작용한 것이었다. 그의 시에서 자연과 사물은 대상 세계의 문제가 아니라 인간의 문제였으며 동시에 자신의 문제였다. 개체를 전체의 관점에서 바라보고, 전체를 개체의 생명과 관련해서 인식하는 것은 그의 삶과 문학의 대전제이다. 그의 사유 속에 깊이 뿌리내린 우주적 생명 질서는 그의 시에 깊고 넓게 자리 잡고 있는 비애의 원인이기도 하다. 부여된 운명을 살아내야 하는 유한한 주체의 고뇌는 삶과 현실과 역사와 우주 자연을 바라보는 지훈의 시와 삶에 일관된 화두였다. 우주적 원리를 감성적 인격 속에 전면적으로 받아들였던 시인은 개체의 운명을 감수하되 어떻게 삶 자체에 충실할 수 있는가의 문제로 고민하였다. 그가 발견한 것은 주체의 감성 생명이었으며 그것은 자연에 대한 생명의 윤리로, 현실에 대한 책임의 윤리로, 삶 자체에 대한 외경으로 전개된다. 지훈의 시세계를 관통하는 이러한 생명 의식은 우주의 생명체를 근원적으로 아우르는 생명의 윤리이며, 타자와 타자의 현실을 깊이 공감하고 유대감을 마련할 수 있는 연민의 정서를 내재한 것이었다. 아울러 현실을 직시하되 구원의 가능성을 스스로에게서 찾으려는 정신이었다.

지훈은 "전체가 부분의 집합보다 큰 인물이었"으며 다면적 풍모를 지닌 전인적 인간이었다. 그는 섬세한 감수성을 지닌 시인이었으며, 한학과 역사와 민속학 등 여러 분야에 해박한 지식을 가진 학자였고 불의에 굽히지 않은 실천력을 지닌 지사였다. 유가적 현실주의와 불교적 선의 미학과 한국의 심미적 정취는 그의 시와 삶을 관통하는 핵심적인 자질이라고 할 수 있다. 시인과 학자와 지사로서 지훈이 보여주었던 시와 문학과 삶은 한국정신사의 한 모범이었다.

조지훈 ▸▸

1920년(1세) 12월 3일(陰) 경북 영양군 일월면 주곡동 202번지에서 조헌영(趙憲泳, 제헌 및 2대 국회의원, 한국전쟁 때 납북됨) 공과 유노미(柳魯尾) 여사의 3남 1녀 중 차남으로 태어나다. 본명은 동탁(東卓)이다.

1925년(6세) 조부 조인석(趙寅錫)으로부터 한문을 수학하고 영양보통학교를 3년간 다니다.

1931년(12세) 형 세림(世林, 본명 東振, 1917생, 21세 요절)과 함께 마을 소년회인 '꽃탑회'를 조직하고 문집 『꽃탑』을 펴내다. 최후의 '어린이날'을 거행한 것이 발각되어 소년회가 수색과 구류 끝에 해산되다.

1935년(16세) 첫 습작을 하다.

1936년(17세) 첫 상경을 하여 동향 선배인 오일도(吳一島)의 시원사(詩苑社)에서 머무르며, 조선어학회에 드나들기 시작하다. 보들레르, 오스카 와일드, 도스토예프스키, 플로베르 등을 읽고 상징주의와 탐미주의에 심취하여 「살로메」를 번역하다. 아방가르드 문학에 많은 관심을 기울이다. 민족문화에 대한 학술서적을 읽기 시작하다. 「춘일(春日)」 「부시(浮屍)」 등을 쓰다. 「된소리에 대한 일 고찰」을 발표하다.

1937년(18세) 시인 한용운이 심우장(尋牛莊)에서 치른 독립 투사 김동삼(金東三, 一松)의 장례(3월)에 부친과 함께 참석하다.

1938년(19세) 혜화전문학교(동국대학교 전신)에 입학(4월)하다.

1939년(20세) 정지용에 의해 『문장』 3호(4월)에 「고풍의상」을 처음 추천받다. 추천을 쉬고 있던 기간에 동인지 『백지』(3집까지 발간)를 펴내고 「계산표」 「귀곡지(鬼哭誌)」 등 '지옥기 계열'의 작품을 발표하다. 한용운, 홍사용을 방문하다. 니체와 셰스토프와 메레즈코프스키에 열중, '극예술연구회' '중앙무대' '낭만좌'를 드나들다. 12월에 「승무」(12월)로 『문장』에 2회 추천되다. 서정주, 김달진을 만나다.

1940년(21세) 「봉황수(鳳凰愁)」 「향문(香紋)」(2월)으로 추천을 완료하다. 김위남(金渭男, 蘭姬)과 결혼하다.

1941년(22세) 혜화전문학교를 졸업(3월)하고 오대산 월정사 불교전문강원(佛敎專門講院) 외전강사로 취임하다(4월~1942.3). 불교 경전과 염송(拈誦), 당시(唐詩), 한산시(寒山詩), 선가어록(禪家語錄)을 탐독하고, 노장과 스피노자, 헤겔, 베르그송을 읽다. 월정사 재직 기간에 「고사(古寺)」「산방(山房)」「달밤」 등의 시를 창작하다. 『문장』 폐간호(4월)를 가을에 받고 연일 방성통음(放聲痛飮)하다가 졸도, 전보를 받고 내려온 부친과 함께 상경하다. 「암혈(岩穴)의 노래」「비혈기(鼻血記)」를 쓰다.

1942년(23세) 조선어학회 『큰사전』 편찬에 참여하다(5월~1942.9). '조선어학회사건'으로 검거되어 심문(10월)받은 뒤 귀향하다. 성지를 순례하는 심정으로 경주를 여행, 이때 시인 박목월을 처음 만나다. 「파초우(芭蕉雨)」「완화삼(玩花衫)」 등 방랑적 서정을 노래한 작품을 쓰다.

1943년(24세) 가을에 낙향하여 고향에 은거하다.

1944년(25세) 징용 신체검사에서 노무감내불능(勞務堪耐不能) 판정을 받고 방면되다(5월). 「낙화(落花)」「낙엽(落葉)」「고목(枯木)」「바람의 노래」 등을 쓰다.

1945년(26세) 조선문화건설협의회 회원(8월), 명륜전문학교 강사(10월~1945.12), 조선어학회 국어교본 편찬위원(10월), 진단학회 국사교본 편찬위원(11월)을 역임하다. 유치환, 김동리, 이한직, 박두진, 최태응, 곽종원 등을 만나다. 순수와 경향, 민족과 계급 등 좌우로 분열된 문단에서 순수·민족문학 논객으로 활동하다. 「산상(山上)의 노래」「십자가의 노래」「불타는 밤거리에서」 등을 쓰다.

1946년(27세) 경기고등여학교 교사(2월~1946.8), 전국문필가협회 중앙위원(3월). 청년문학가협회 고전문학부장(4월), 서울여자의과대학 교수(9월, ~1948.10)에 취임하다. 박두진·박목월과 3인 공저로 『청록집(靑鹿集)』을 간행하다.

1947년(28세) 전국문화단체총연합회 중앙상임위원(2월~1947.9), 동국대학 강사(4월~1947.9), 고려대학교 문과대학 국어국문학과 조교수(10월)에 취임하다.

1948년(29세) 문교부국정교과서편찬위원, 문교부예술위원회 위원을 역임하다.

1949년(30세) 한국문학가협회 중앙상임위원(10월)에 취임하다.

1950년(31세) 문총구국대(文總救國隊) 기획위원장(7월, ~1951.5)에 취임하다. 종군하여 평양에 다녀오다. 「다부원(多富院)에서」「도리원(桃李院)에서」 등을 발표하다. 한국전쟁 중에 모친의 사망, 부친의 납북, 조부의 자결, 아우와 매부의 사망을 겪다.

1951년(32세) 공군 종군문인단 부단장(5월, ~1951.11)에 취임하다.

1952년(33세) 제2시집 『풀잎단장(斷章)』 간행하다.

1953년(34세) 시론집 『시의 원리』를 간행하고, 문교부 국어심의위원 위원을 하다. 「구철자법 사용령에 항(抗)하여」(『문예』, 11월)를 발표하다.

1956년(37세) 제3시집 『조지훈시선』을 간행하고 자유문학상을 수상하다.

1958년(38세) 만해의 지기 및 후학들과 함께 '한용운 전집 간행위원회'를 구성하다. 수상집(隨想集) 『창에 기대어』를 간행하다.

1959년(39세) 민권수호국민총연맹 중앙위원, 공명선거 전국위원회 중앙위원을 역임하다. 제4시집 『역사 앞에서』, 수상집 『시와 인생』, 번역서 『채근담』을 간행하다.

1960년(40세) 한국교수협회 중앙위원, 세종대왕 기념사업회 이사, 3·1독립선언기념비건립위원회 이사, 고려대 아세아문제연구소 평의원을 역임하다.

1961년(41세) 세계문화자유회의 한국본부 창립위원, 한국 휴머니스트회 평의원을 역임하고, 벨기에의 크노케에서 열린 국제시인회의에 한국대표로 참가하다.

1962년(42세) 고려대 한국고전국역위원장에 취임하고, 『지조론』을 간행하다.

1963년(43세) 고려대 민족문화연구소 초대 소장에 취임하고 『한국문화사대계』 전6권을 기획하다. 『한국민족운동사』를 집필하다.

1964년(44세) 동국대 동국역경원 위원에 취임하다. 수상집 『돌의 미학』, 제5시집 『여운』 『한국문화사서설』을 간행하다. 『한국문화사대계』 제1권 「민족·국가사」를 간행하다.

1965년(45세) 성균관대 대동문화연구원 편찬위원에 취임하다.

1966년(46세) 민족문화추진위원회 편집위원에 취임하다.

1967년(47세) 한국시인협회 회장, 한국신시 60주년기념사업회 회장을 역임하다.

1968년(48세) 5월 17일 새벽 5시 40분 기관지 확장으로 별세하여 경기도 양주군 마석리 송라산에 묻히다.

1972년 남산에 '조지훈시비'(작품 「芭蕉雨」)가 세워지다.

1973년 『조지훈전집』(전7권)을 일지사(一志社)에서 펴내다.

1978년(10주기) 『조지훈연구』(김종길 외)가 고려대 출판부에서 간행되다.

1996년 『조지훈전집』(별권 2권 포함 전11권)을 나남출판사에서 발간되다.

2006년 고려대학교 교정에 '조지훈시비'(작품 「승무」 「늬들 마음을 우리가 안다」)가 세워지다.